# English-Slovene/Slovene-English
# Modern Dictionary

# English-Slovene/Slovene-English Modern Dictionary

HIPPOCRENE BOOKS, INC.
*New York*

For information, address:
HIPPOCRENE BOOKS, INC.
171 Madison Avenue
New York, NY 10016

ISBN 0-7818-0252-0

# UVOD

**Angleško-slovenski in slovensko-angleški moderni slovar**, ki sva ga zasnovali z gospo Ruženo Škerlj, je prvič izšel pri Cankarjevi založbi leta 1970. Od tedaj je doživel dvanajst ponatisov, kar gotovo dokazuje njegovo uporabnost. Pokojni soavtorici bi se na tem mestu rada iskreno zahvalila za tedaj opravljeno avtorsko delo, ki mi je bilo v pomoč tudi pri nastajanju novega slovarja.

Ker se vsak jezik sčasoma spreminja, se je pokazala potreba po popolnoma prenovljeni izdaji. Novi **Angleško-slovenski in slovensko-angleški moderni slovar** je sedaj pripravljen računalniško in je obsežnejši, saj vsebuje skupaj 44.650 gesel. **Angleško-slovenski del** se opira na več enojezičnih angleških slovarjev s sodobnim angleškim besediščem, izbor slovenskih besed v **slovensko-angleškem delu** pa je bil pripravljen po Slovarju slovenskega knjižnega jezika. Slovar tako navaja res najpogostejše angleške in slovenske besede iz splošne vsakdanje rabe, s poudarkom na poslovnem izrazoslovju.

Zaradi premišljenega izbora gesel in modernega pristopa pri njihovi obravnavi, upam, da bo slovar ostal koristen pripomoček tako v šolah, na jezikovnih tečajih, pri pogovorih, branju, pisanju ali študiju, kot tudi na poslovnih potovanjih in počitnicah v tujini.

*Daša Komac*

# VSEBINA

# POJASNILA ZA UPORABO SLOVARJA

*Tilda* ~ v podgeslih nadomešča ponovljeno glavno geslo ali njegov del do *rezaja* |.

| | |
|---|---|
| key . . . ~hole . . . | ključ . . . ~na beseda |
| jet . . . ~ leg . . . | potováti . . . ~ po morju |
| heart . . . by ~ . . . | dán . . . rojstni ~ |
| duty . . . ~-free . . . | |
| biolog\|y . . . ~ist . . . | oséb\|en . . . ~na izkaznica |

Če se začetna črka ponovljene besede v podgeslu spremeni, se pravi da se mala črka spremeni v veliko ali obratno, je pred tildo ustrezna začetna črka izpisana.

| | |
|---|---|
| gulf . . . G~ Stream . . . | benéšk\|i . . . B~a Slovenija |
| Arab . . . a~esque . . . | Ángl\|ija . . . a~éški |

Nepravilni glagoli so označeni z zvezdico * v desnem zgornjem kotu.

**bring***

## Seznam kratic

Vse oznake besed (tako v angleško-slovenskem kot tudi v slovensko-angleškem delu) so v angleščini. Zapisane so z okrajšavami v oklepajih in v ležečem tisku ter stojijo pred prevedkom.
V slovensko-angleškem delu stojijo slovarske oznake lahko tudi za prevedkom, in sicer kadar se nanj nanašajo.

| | | |
|---|---|---|
| *(Am)* | American | ameriška angleščina |
| *(anat)* | anatomy | anatomija |
| *(bot)* | botany | botanika |
| *(Br)* | British | britanska angleščina |
| *(coll)* | colloquially | pogovorno |
| *(comp)* | computing | računalništvo |
| *(el)* | electricity | elektrika |

| *(fig)* | figuratively | v prenesenem pomenu |
| *(Fr)* | French | francoščina |
| *(geol)* | geology | geologija |
| *(gram)* | grammar | slovnica |
| *(Ir)* | Irish | irsko |
| *(Lat)* | Latin | latinsko |
| *(math)* | mathematics | matematika |
| *(med)* | medicine | medicina |
| *(mus)* | music | glasba |
| *(photo)* | photography | fotografija |
| *(pl)* | plural | množina |
| *(poet)* | poetically | pesniško |
| *(pol)* | politics | politika |
| *(Scot)* | Scottish | škotsko |
| *(sg)* | singular | ednina |
| *(sl)* | slang | sleng, žargon |
| *(vulg)* | vulgar | vulgarno |
| *(zool)* | zoology | zoologija |

# ANGLEŠKO-SLOVENSKI
# ENGLISH-SLOVENE

# ANGLEŠKI JEZIK, ABECEDA
# IN IZGOVARJAVA

## Angleški jezik

Angleščina sodi v skupino germanskih jezikov. Izmed vseh jezikov je najbolj razširjena, saj jo govori več kot 400 milijonov ljudi po vsem svetu. Angleško govoreče dežele so Velika Britanija (Anglija, Škotska in Wales), Irska, Združene države Amerike, Kanada, Avstralija, Nova Zelandija ter vse tiste države, ki so bile nekoč britanske kolonije. Angleščina se je razvila v knjižni jezik v 15. in 16. stoletju.

## Angleška abeceda

Angleška abeceda ima 26 črk:

| | |
|---|---|
| A [eɪ] | N [en] |
| B [bi:] | O [əʊ] |
| C [si:] | P [pi:] |
| D [di:] | Q [kju:] |
| E [i:] | R [ɑ:] |
| F [ef] | S [es] |
| G [dži:] | T [ti:] |
| H [eɪč] | U [ju:] |
| I [aɪ] | V [vi:] |
| J [džeɪ] | W ['dʌblju:] |
| K [keɪ] | X [eks] |
| L [el] | Y [waɪ] |
| M [em] | Z [zed] |

## Angleška izgovarjava

Izgovarjava angleških besed je zapisana z znamenji Mednarodne fonetične abecede (International Phonetic Alphabet). Ta abeceda vsebuje večino črk latinske abecede in nekatera druga znamenja, ki so potrebna za zapis posebnih angleških glasov. Ker ima mednarodna fonetična abeceda za glasove

[c], [č], [š], [ž] in [dž] posebna, večinoma dvočrkovna znamenja: [ts], [tʃ], [ʃ], [ʒ] in [dʒ], so zaradi enostavnejšega prepoznavanja v slovarju ti glasovi zapisani z ustreznimi črkami slovenske abecede.

## Fonetična znamenja za izgovarjavo
## posebnih angleških glasov

| SAMOGLASNIKI | | DVOGLASNIKI | | SOGLASNIKI | |
|---|---|---|---|---|---|
| [æ] | cat | [aɪ] | my | [θ] | thin |
| [ʌ] | run | [aʊ] | how | [ð] | this |
| [ɑː] | arm | [eɪ] | day | [ŋ] | ring |
| [e] | bed | [əʊ] | no | [w] | we |
| [ə] | ago | [eə] | hair | | |
| [ɜː] | her | [ɪə] | near | | |
| [ɪ] | sit | [ɔɪ] | boy | | |
| [iː] | see | [ʊə] | poor | | |
| [ɒ] | hot | | | | |
| [ɔː] | saw | | | | |
| [ʊ] | put | | | | |
| [uː] | too | | | | |

# NEPRAVILNI GLAGOLI
# IRREGULAR VERBS

Z zvezdico * označene oblike so lahko tudi pravilne.

| Infinitive | Past Tense | Past Participle | |
|---|---|---|---|
| abide | abode* | abode* | bivati |
| arise | arose | arisen | nastati |
| awake | awoke | awoke | zbuditi se |
| backbite | backbit | backbitten | obrekovati |
| be | was | been | biti |
| bear | bore | borne, born | prenašati, roditi |
| beat | beat | beaten | tepsti, bíti |
| become | became | become | postati |
| befall | befell | befallen | dogoditi se |
| beget | begot | begot(ten) | zaploditi |
| begin | began | begun | začeti |
| behold | beheld | beheld | zagledati |
| bend | bent | bent | upogniti |
| bereave | bereft* | bereft* | oropati |
| beseech | besought* | besought* | rotiti |
| beset | beset | beset | obdati |
| bespeak | bespoke | bespoken | naročiti |
| bestride | bestrode | bestridden | zajahati |
| bet | bet* | bet* | staviti |
| bethink | bethought | bethought | misliti |
| bid | bid | bid | ponuditi |
| bind | bound | bound | vezati |
| bite | bit | bitten | ugrizniti |
| bleed | bled | bled | krvaveti |
| blow | blew | blown | pihati |
| break | broke | broken | zlomiti |
| breed | bred | bred | gojiti, rediti |
| bring | brought | brought | prinesti |
| broadcast | broadcast* | broadcast* | oddajati |
| build | built | built | graditi |
| burn | burnt* | burnt* | goreti |
| burst | burst | burst | počiti |

| Infinitive | Past Tense | Past Participle | |
|---|---|---|---|
| buy | bought | bought | kupiti |
| cast | cast | cast | vreči |
| catch | caught | caught | ujeti |
| chide | chid* | chid(den)* | karati |
| choose | chose | chosen | izbrati |
| cleave | cleft (clove) | cleft (cloven) | cepiti |
| cling | clung | clung | okleniti se |
| come | came | come | priti |
| cost | cost | cost | stati, veljati |
| creep | crept | crept | plaziti se |
| crow | crew* | crowed | peti (petelin) |
| cut | cut | cut | rezati |
| deal | dealt | dealt | deliti |
| dig | dug* | dug* | kopati |
| do | did | done | storiti |
| draw | drew | drawn | vleči, risati |
| dream | dreamt* | dreamt* | sanjati |
| drink | drank | drunk | piti |
| drive | drove | driven | voziti, gnati |
| dwell | dwelt | dwelt | stanovati |
| eat | ate (eat) | eaten | jesti |
| fall | fell | fallen | pasti |
| feed | fed | fed | hraniti |
| feel | felt | felt | čutiti |
| fight | fought | fought | boriti se |
| find | found | found | najti |
| flee | fled | fled | bežati |
| fling | flung | flung | vreči |
| fly | flew | flown | leteti |
| forbear | forbore | forborne | vzdržati se |
| forbid | forbade | forbidden | prepovedati |
| forecast | forecast | forecast | napovedati |
| foresee | foresaw | foreseen | slutiti |
| forget | forgot | forgotten | pozabiti |
| forgive | forgave | forgiven | odpustiti |
| forsake | forsook | forsaken | zapustiti |
| freeze | froze | frozen | zmrzniti |
| get | got | got | dobiti |
| gild | gilded | gilt* | pozlatiti |
| gird | girt* | girt* | opasati |
| give | gave | given | dati |
| go | went | gone | iti |

| Infinitive | Past Tense | Past Participle | |
|---|---|---|---|
| grind | ground | ground | mleti |
| grow | grew | grown | rasti |
| hang | hung* | hung* | viseti, obesiti |
| have | had | had | imeti |
| hear | heard | heard | slišati |
| heave | hove* | hove* | dvigati |
| hew | hewed | hewn* | sekati |
| hide | hid | hid(den) | skriti |
| hit | hit | hit | udariti, zadeti |
| hold | held | held | držati |
| hurt | hurt | hurt | raniti |
| keep | kept | kept | ohraniti |
| kneel | knelt* | knelt* | klečati |
| knit | knit* | knit* | plesti |
| know | knew | known | vedeti, znati |
| lay | laid | laid | položiti |
| lead | led | led | voditi |
| lean | leant* | leant* | nasloniti se |
| leap | leapt* | leapt* | skočiti |
| learn | learnt* | learnt* | učiti se |
| leave | left | left | zapustiti, oditi |
| lend | lent | lent | posoditi |
| let | let | let | pustiti |
| lie | lay | lain | ležati |
| light | lit* | lit* | prižgati |
| lose | lost | lost | izgubiti |
| make | made | made | narediti |
| mean | meant | meant | pomeniti |
| meet | met | met | srečati |
| mistake | mistook | mistaken | motiti se |
| misunder-stand | misunder-stood | misunder-stood | napak razumeti |
| mow | mowed | mown* | kositi |
| pay | paid | paid | plačati |
| put | put | put | položiti |
| read [ri:d] | read [red] | read [red] | brati |
| rend | rent | rent | raztrgati |
| rid | rid* | rid | osvoboditi |
| ride | rode | ridden | jahati |
| ring | rang | rung | zvoniti |
| rise | rose | risen | vstati, vzhajati |
| run | ran | run | teči |

| Infinitive | Past Tense | Past Participle | |
|---|---|---|---|
| saw | sawed | sawn* | žagati |
| say | said | said | reči |
| see | saw | seen | videti |
| seek | sought | sought | iskati |
| sell | sold | sold | prodati |
| send | sent | sent | poslati |
| set | set | set | postaviti |
| sew | sewed | sewn* | šivati |
| shake | shook | shaken | tresti |
| shear | shore* | shorn* | striči |
| shed | shed | shed | razliti |
| shine | shone | shone | sijati |
| shoe | shod | shod | podkovati |
| shoot | shot | shot | streljati |
| show | showed | shown* | pokazati |
| shred | shred* | shred* | razrezati |
| shrink | shrank | shrunk | skrčiti se |
| shrive | shrove* | shriven* | izpovedati |
| shut | shut | shut | zapreti |
| sing | sang | sung | peti |
| sink | sank | sunk | potopiti (se) |
| sit | sat | sat | sedeti |
| slay | slew | slain | ubiti |
| sleep | slept | slept | spati |
| slide | slid | slid | drseti |
| sling | slung | slung | zalučati |
| slink | slunk | slunk | plaziti se |
| slit | slit | slit | razparati |
| smell | smelt* | smelt* | dišati |
| smite | smote | smitten | udariti, vreči |
| sow | sowed | sown* | sejati |
| speak | spoke | spoken | govoriti |
| speed | sped | sped | hiteti |
| spell | spelt* | spelt* | črkovati |
| spend | spent | spent | izdati, porabiti |
| spill | spilt* | spilt* | razliti |
| spin | span (spun) | spun | presti |
| spit | spat | spat | pljuvati |
| split | split* | split* | cepiti |
| spoil | spoilt* | spoilt* | pokvariti |
| spread | spread | spread | razprostreti |
| spring | sprang | sprung | skočiti |

| Infinitive | Past Tense | Past Participle | |
|---|---|---|---|
| stand | stood | stood | stati |
| stick | stuck | stuck | nalepiti |
| sting | stung | stung | pičiti |
| stink | stunk (stank) | stunk | smrdeti |
| strew | strewed | strewn* | trositi |
| stride | strode | stridden | stopati |
| strike | struck | struck | udariti |
| string | strung | strung | napeti |
| strive | strove | striven | stremeti |
| swear | swore | sworn | priseči |
| sweat | sweat* | sweat* | potiti se |
| sweep | swept | swept | pometati |
| swell | swelled | swollen* | oteči |
| swim | swam | swum | plavati |
| swing | swung | swung | nihati |
| take | took | taken | vzeti |
| teach | taught | taught | učiti |
| tear | tore | torn | raztrgati |
| tell | told | told | povedati |
| think | thought | thought | misliti |
| thrive | throve* | thriven* | uspevati |
| throw | threw | thrown | vreči |
| thrust | thrust | thrust | suniti |
| tread | trod | trodden | stopati |
| understand | understood | understood | razumeti |
| undertake | undertook | undertook | lotiti se |
| undo | undid | undone | odvezati |
| upset | upset | upset | prevrniti |
| wake | woke* | woken | prebuditi (se) |
| wear | wore | worn | nositi |
| weave | wove | woven | tkati |
| wed | wed* | wed* | poročiti |
| weep | wept | wept | jokati |
| (I) will | would | - | hočem |
| win | won | won | (pri)dobiti |
| wind | wound | wound | naviti |
| withdraw | withdrew | withdrawn | umakniti (se) |
| work | wrought* | wrought* | delati |
| wring | wrung | wrung | izžeti |
| write | wrote | written | pisati |

# A

**a** [eɪ] (nedoločni člen pred izgovorjenim soglasnikom) neki; [ə] v, na; *twice ~ day* dvakrat na dan; *30 miles an hour* 30 milj na uro

**aback** [ə'bæk] nazaj; *taken ~* osupel, presenečen

**abandon** [ə'bændən] zapustiti, opustiti, odstopiti; **~ed** zapuščen, zavržen

**abase** [ə'beɪs] poniževati

**abash** [ə'bæš] osramotiti, spraviti v zadrego

**abashed** [ə'bæšt] zmeden, osramočen

**abate** [ə'beɪt] ublažiti, zmanjšati; izgubiti veljavo

**abbess** ['æbes] opatinja

**abbey** ['æbɪ] opatija, samostan

**abbot** ['æbət] opat, predstojnik samostana

**abbreviate** [ə'bri:vɪeɪt] skrajšati

**abbreviation** [ə,bri:vɪ'eɪšn] kratica, okrajšava

**abdicate** ['æbdɪkeɪt] odstopiti, odreči se, odpovedati se (prestolu)

**abdomen** ['æbdəmən] trebuh; zadek

**abdominal** [æb'dɒmɪnl] trebušen

**abduct** [æb'dʌkt] odpeljati s silo, ugrabiti

**abet** [ə'bet] podpirati, hujskati, dajati potuho

**abeyance** [ə'beɪəns] negotovost, neveljavnost, začasna ukinitev; **in ~** nerešeno; **bills in ~** neplačani računi

**abhor** [əb'hɔ:(r)] studiti se, sovražiti

**abhorrent** [əb'hɒrənt] zoprn, priskuten, mrzek, oduren

**abide\*** [ə'baɪd] prenašati, ostati, vztrajati, prebivati; **to ~ by a law** spoštovati zakon

**ability** [ə'bɪlətɪ] sposobnost, zmožnost

**abject** ['æbdžekt] zavržen; podel

**abjure** [əb'džuə(r)] preklicati; odreči se

**ablaze** [ə'bleɪz] goreč, v plamenih

**able** ['eɪbl] sposoben, zmožen; **to be ~ to** moči, biti zmožen

**able-bodied** [,eɪbl 'bɒdɪd] močan, robusten; vojaške službe zmožen

**abnormal** [æb'nɔ:ml] nepravilen, poseben, nenavaden

**aboard** [ə'bɔ:d] na ladji, na ladjo; *All ~! (Am)* Potniki vstopite! (v vlak); **to go ~** vkrcati se

**abode** [ə'bəʊd] dom, bivališče; *glej* ABIDE\*

**abolish** [ə'bɒliš] odpraviti, razveljaviti

**abolition** [ˌæbə'lišn] ukinitev, uradno razveljavljenjè; ~ of slavery odprava suženjstva

**A-bomb** ['eibɒm] atomska bomba

**abominable** [ə'bɒminəbl] ostuden, oduren, gnusen

**abominate** [ə'bɒmineit] ne marati, sovražiti

**aboriginal** [ˌæbə'ridžənl] prvoten, domač; prvotni prebivalec, domačin

**abort** [ə'bɔ:t] splaviti; onemogočiti

**abortion** [ə'bɔ:šn] splav, abortus

**abound** [ə'baʊnd] biti v izobilju; to ~ in courage biti zelo pogumen

**about** [ə'baʊt] o, okoli, približno, pri; ~ and ~ tu in tam; to be ~ to biti na tem, da..., nameravati

**above** [ə'bʌv] nad, zgoraj; povrhu; *This book is ~ me.* Ta knjiga je pretežka zame.; ~-mentioned zgoraj, spredaj omenjeni

**abreast** [ə'brest] vštric; to keep ~ of (with) iti v korak s/z

**abridge** [ə'bridž] skrajšati, skrčiti; ~d skrajšan, skrčen

**abroad** [ə'brɔ:d] v tujini, v inozemstvu

**abrogate** ['æbrəgeit] razveljaviti, ukiniti, preklicati

**abrupt** [ə'brʌpt] nenaden, nepričakovan

**abscess** ['æbses] ognojek, absces

**abscond** [əb'skɒnd] uiti, zbežati; skriti se

**absence** ['æbsəns] odsotnost, izostanek; pomanjkanje; ~ of mind raztresenost; leave of ~ dopust

**absent** ['æbsənt] odsoten, raztresen, zamišljen

**absent-minded** [ˌæbsənt 'maindid] raztresen, zamišljen

**absolute** ['æbsəlu:t] popoln, neodvisen, absoluten; ~ monarchy absolutna monarhija

**absolutism** ['æbsəlu:tizəm] absolutizem, neomejena samovlada

**absolve** [əb'zɒlv] dati odvezo, oprostiti

**absorb** [əb'sɔ:b] vsrkati, prevzeti; to be ~ed in (football) zelo se zanimati za (nogomet)

**abstain** [əb'stein] vzdržati se, brzdati se

**abstemious** [əb'sti:miəs] vzdržen, skromen

**abstinence** ['æbstinəns] vzdržnost, treznost

**abstract** ['æbstrækt] abstrakten, težko razumljiv; izvleček, kratek pregled; [əb'strækt] napraviti izvleček; izločiti, umakniti (se), izmakniti

**absurd** [əb'sɜ:d] nesmiseln, neumen, smešen

**abundance** [ə'bʌndəns] izobilje, bogastvo

**abundant** [ə'bʌndənt] obilen, izdaten

**abuse** [ə'bju:z] zlorabiti, slabo ravnati, obrekovati;

[ə'bju:s] zloraba; ~ **of power** politična zloraba

**abut** [ə'bʌt] mejiti, sloneti

**abyss** [ə'bɪs] prepad

**academic** [ˌækə'demɪk] visokošolski, akademski; teoretičen; nepraktičen

**academy** [ə'kædəmɪ] akademija; **Academy of Art (Music, etc.)** umetniška (glasbena itd.) akademija; **Naval (Military) A~** pomorska (vojaška) akademija; **A~ of Sciences (and Arts)** akademija znanosti (in umetnosti)

**accede** [ək'si:d] pristopiti; soglašati; **to ~ to the throne** zasesti prestol

**accelerate** [ək'seləreɪt] pospešiti

**accelerator** [ək'seləreɪtə(r)] pospeševalec; pedal za plin

**accent** ['æksent] naglas, poudarek; izgovarjava; [æk'sent] naglasiti, poudariti

**accentuate** [ək'senʧʊeɪt] naglasiti, poudariti

**accept** [ək'sept] sprejeti, strinjati se, privoliti, sprijazniti se

**acceptance** [ək'septəns] sprejem, odobritev

**access** [ək'ses] dostop, dohod; **easy (difficult) of ~** lahko (težko) dostopen

**accessible** [ək'sesəbl] dostopen, dovzeten; ~ **to bribery** podkupljiv

**accessory** [ək'sesərɪ] dodaten, postranski; dodatek; sokriv(ec)

**accident** ['æksɪdənt] nesreča, naključje; **by ~** slučajno; **to**

**meet with an ~** ponesrečiti se

**accidental** [ˌæksɪ'dentl] slučajen; nebistven

**acclaim** [ə'kleɪm] odobravati, ploskati

**acclamation** [ˌæklə'meɪšn] odobravanje, ploskanje; **carried by ~** soglasno sprejeto

**acclimat|ize**, **~ise** [ə'klaɪmətaɪz] prilagoditi (se), navaditi (se)

**accommodation** [əˌkɒmə'deɪšn] prilagoditev, poravnava, sprava; nastanitev (prenočišče in hrana)

**accommodate** [ə'kɒmədeɪt] nastaniti, vzeti pod streho

**accompaniment** [ə'kʌmpənɪmənt] spremstvo; dodatek

**accompany** [ə'kʌmpənɪ] spremljati; hkrati se dogajati

**accomplice** [ə'kʌmplɪs] sokrivec

**accomplish** [ə'kʌmplɪš] opraviti, dovršiti, izpolniti

**accord** [ə'kɔ:d] soglašati, strinjati se, ujemati se

**accordance** [ə'kɔ:dəns] soglasje, skladnost; **in ~ with** skladno s/z

**according** [ə'kɔ:dɪŋ] soglasen, skladen; ~ **to** glede na; ~ **as** kolikor, ustrezno s/z

**accordingly** [ə'kɔ:dɪŋlɪ] zatorej, potemtakem, skladno

**accordion** [ə'kɔ:dɪən] harmonika

**accost** [ə'kɒst] ogovoriti, nadlegovati (na cesti)

**account** [ə'kaʊnt] ceniti, imeti za; **to ~ for** zagovarjati, utemeljiti

**account** [ə'kaʊnt] račun, konto; poročilo, mnenje; ~ of charges režijski stroški; balance of ~ saldo; current ~ tekoči račun; giro ~ žiro račun; to call to ~ poklicati na odgovor; to overdraw one's ~ prekoračiti sredstva na svojem računu; to take into ~ upoštevati; of no ~ nepomemben; on one's own ~ na lastno odgovornost

**accountant** [ə'kaʊntənt] računovodja, knjigovodja

**accredit** [ə'kredɪt] pooblastiti, zaupati

**accrue** [ə'kru:] povečati se, prirasti

**accumulate** [ə'kju:mjʊleɪt] (na)kopičiti, nabrati se; odložiti, naplaviti

**accumulation** [ə,kju:mjʊ'leɪšən] akumulacija, kopičenje; ~ of capital akumulacija kapitala; primitive ~ prvotna akumulacija

**accumulator** [ə'kju:mjʊleɪtə(r)] nabiralec; akumulator

**accuracy** ['ækjərəsɪ] natančnost, točnost, skrbnost, vestnost

**accurate** ['ækjərət] točen, natančen, vesten

**accursed** [ə'kɜːsɪd, ə'kɜːst] preklet, gnusen

**accusation** [,ækju:'zeɪšn] obtožba, obdolžitev

**accusative** [ə'kju:zətɪv] tožilnik, akuzativ

**accuse** [ə'kju:z] obtožiti, tožiti, obdolžiti

**accused** [ə'kju:zd] obtoženec, obtoženi

**accuser** [ə'kju:zə(r)] tožnik, tožitelj

**accustom** [ə'kʌstəm] navaditi (se)

**ace** [eɪs] as

**acerbity** [ə'sɜːbətɪ] kislost, trpkost; strogost

**acetic** [ə'si:tɪk] kisel; ~ silk umetna svila

**acetylene** [ə'setɪli:n] acetilen

**ache** [eɪk] boleti, hrepeneti; bolečina, hrepenenje

**achieve** [ə'či:v] doseči, uspešno izvršiti

**achievement** [ə'či:vmənt] dosežek, uspeh; junaštvo

**acid** ['æsɪd] kislina; kisel, jedek; ~ rain kisel dež

**acidulous** [ə'sɪdjʊləs] kiselkast; čemeren; ~ water slatina

**acknowledge** [ək'nɒlɪdž] priznati, potrditi, nagraditi

**acknowledgement** [ək'nɒlɪdžmənt] priznanje, potrdilo

**acme** ['ækmɪ] vrhunec, višek

**acne** ['æknɪ] ogrc; mozoljavost

**acolyte** ['ækəlaɪt] ministrant, pomočnik

**acorn** ['eɪkɔːn] želod

**acoustic** [ə'ku:stɪk] zvočen, akustičen; ~s akustika

**acquaint** [ə'kweɪnt] seznaniti, obvestiti, sporočiti

**acquaintance** [ə'kweɪntəns] poznanstvo; znanec, znanka; to make an ~ of a person seznaniti se s kom

**acquiesce** [,ækwɪ'es] privoliti, vdati se, sprijazniti se

**acquiescence** [,ækwɪ'esns] privolitev, sprijaznitev

**acquire** [ə'kwaɪə(r)] pridobiti; priučiti se; dobiti

**acquisition** [,ækwɪ'zɪšn] pridobitev

**acquisitive** [ə'kwɪzətɪv] lakomen, grabežljiv

**acquit** [ə'kwɪt] plačati (dolg); oprostiti tožbe; **to ~ oneself** opraviti svojo dolžnost

**acre** ['eɪkə(r)] ploščinska mera (0,4 ha)

**acrid** ['ækrɪd] trpek, oster, jedek, piker

**acrimonious** [,ækrɪ'məʊnɪəs] piker, rezek, ujedljiv

**acrobat** ['ækrəbæt] akrobat

**across** [ə'krɒs] preko, čez, na drugi strani

**act** [ækt] ravnati, delati; vesti se; pretvarjati se; igrati na odru; dejanje, zakon, listina; **to ~ as a (guide)** opravljati delo (vodiča); **~ing manager** namestnik, v. d. direktorja; **A~ of God** višja sila; **caught in the ~** zasačen pri dejanju

**action** ['ækšn] dejanje; delovanje, proces; tožba; **to be killed in ~** pasti v boju; **to put into ~** sprožiti, pognati; **to take ~** ukrepati; **out of ~** pokvarjen, izločen; **social ~** družbena akcija

**activate** ['æktɪveɪt] aktivirati

**active** ['æktɪv] delaven, aktiven; **~ voice** tvorni glagolski način

**activity** [æk'tɪvətɪ] delavnost, aktivnost, spretnost; *(pl)* opravila, področje dejavnosti

**act|or** ['æktə(r)] igralec; **~ress** igralka

**actual** ['ækčʊəl] dejanski, sedanji; **~ly** dejansko, pravzaprav, celo

**actuality** [,ækčʊ'ælətɪ] resničnost, dejstvo

**actuate** ['ækčʊeɪt] v tek spraviti, podžigati

**acumen** ['ækjʊmen] bistroumnost, bistrost

**acupuncture** ['ækjʊpʌŋkčə(r)] akupunktura

**acute** [ə'kju:t] oster; bister; silovit; akuten

**ad** ['æd] *glej* ADVERTISEMENT

**adage** ['ædɪdž] pregovor, rek

**adamant** ['ædəmənt] *(fig)* odločen, čvrst, trden; nepopustljiv; **will of ~** trdna volja; **~ly** odločno, čvrsto, nepopustljivo

**adapt** [ə'dæpt] prilagoditi, prirediti, usposobiti, predelati

**adaptability** [ə,dæptə'bɪlətɪ] prilagodljivost; porabnost

**adaptation** [,ædæp'teɪšn] prilagoditev, priredba, adaptacija

**add** [æd] dodati, sešteti; **~ing machine** računski stroj

**adder** ['ædə(r)] gad, modras; *(Am)* vrsta nestrupenih kač, gož; **~ fly** kačji pastir

**addict** ['ædɪkt] vdajati se; suženj slabe navade; **drug ~** narkoman

**addition** [ə'dɪšn] dodatek, seštevanje; **in ~ to** vrh tega, poleg tega

**additional** [ə'dɪšənl] dodaten

**additive** ['ædɪtɪv] dodatek

**address** [ə'dres] nasloviti; nagovoriti; **to ~ oneself to**

obrniti se na koga v govoru
*ali* pismu; naslov, nagovor;
**permanent** ~ naslov stalnega bivališča; **temporary** ~
naslov začasnega bivališča
**addressee** [ˌædrə'si:] naslovljenec, nagovorjenec
**adduce** [ə'dju:s] navesti, navajati (primer)
**adept** ['ædəpt, ə'dept] strokovnjak; izkušen, spreten, vešč
**adequate** ['ædɪkwət] primeren, ustrezen, skladen
**adhere** [əd'hɪə(r)] sprijeti se, prilepiti se; zvest ostati
**adherent** [əd'hɪərənt] sprijet, lepljiv; vdan; pristaš, privrženec
**adhesion** [əd'hi:žn] sprijemnost, adhezija; vdanost, zvestoba
**adhesive** [əd'hi:sɪv] lepljiv, lepilen; ~ **plaster** obliž
**adieu** [ə'dju:] zbogom; **to make one's** ~ posloviti se
**adjacent** [ə'džeɪsnt] priležen, soseden, mejen
**adjective** ['ædžɪktɪv] pridevnik
**adjoin** [ə'džɔɪn] tik česa biti, mejiti
**adjourn** [ə'džɜ:n] odložiti, odgoditi
**adjudge** [ə'džʌdž] prisoditi, obsoditi
**adjunct** ['ædžʌŋkt] dodaten, pomožen; dodatek, postranska reč; pomočnik; ~ **professor** *(Am)* izredni profesor
**adjure** [ə'džʊə(r)] resno rotiti, prositi *ali* zahtevati izjavo od zaprisežene osebe

**adjust** [ə'džʌst] prilagoditi se; urediti, poravnati
**adjutant** ['ædžʊtənt] pomožen; pomočnik, adjutant
**ad-lib** [ˌæd 'lɪb] improvizirati
**administer** [əd'mɪnɪstə(r)] upravljati, voditi; **to** ~ **a drug** dati zdravilo; **to** ~ **the law** soditi; **to** ~ **an oath** zapriseči; **to** ~ **a will** izvršiti oporoko
**administration** [əd.mɪnɪ-'streɪšn] uprava, upravljanje; *(Am)* vlada, ministrstvo; **federal (republican, communal)** ~ zvezna (republiška, občinska) uprava; **public** ~ javna uprava
**administrative** [əd'mɪnɪstrətɪv] upraven, izvršilen
**administrator** [əd'mɪnɪstreɪtə(r)] upravnik, oskrbnik, izvršilec oporoke
**admirable** ['ædmərəbl] čudovit, izvrsten, občudovanja vreden
**admiral** ['ædmərəl] admiral
**admiralty** ['ædmərəltɪ] admiraliteta; *(Br)* ministrstvo za mornarico
**admiration** [ˌædmə'reɪšn] občudovanje; **note of** ~ klicaj
**admire** [əd'maɪə(r)] občudovati, oboževati
**admirer** [əd'maɪərə(r)] občudovalec, oboževalec
**admiringly** [əd'maɪərɪŋlɪ] z občudovanjem, občudujoče
**admissible** [əd'mɪsəbl] upoštevanja vreden, dopusten
**admission** [əd'mɪšn] dostop; priznanje; ~ **fee** vstopnina
**admit** [əd'mɪt] pripustiti, dopustiti, priznati; upoštevati

**admittance** [əd'mɪtns] vstop, dostop; sprejem; *No ~ except on business.* Nezaposlenim vstop prepovedan

**admittedly** [əd'mɪtɪdlɪ] priznano, domnevno

**admonish** [əd'mɒnɪš] opomniti, posvariti; spomniti

**admonition** [ˌædmə'nɪšn] svarilo, opozorilo, ukor

**ado** [ə'duː] trušč; hrup; trud

**adolescence** [ˌædə'lesns] mladostna doba, adolescenca

**adolescent** [ˌædə'lesnt] mladostniški; mladostnik

**adopt** [ə'dɒpt] posvojiti, privzeti; **to ~ another course** spremeniti taktiko

**adoption** [ə'dɒpšn] posvojitev, prisvojitev; **country of ~** nova domovina

**adorable** [ə'dɔːrəbl] čudovit, krasen, oboževanja vreden

**adoration** [ˌædə'reɪšn] oboževanje, občudovanje, čaščenje

**adore** [ədɔː(r)] občudovati, častiti, oboževati

**adorn** [ə'dɔːn] (o)lepšati, (o)krasiti

**adrift** [ə'drɪft] na slepo srečo gnan; zbegan; **to turn ~** spoditi od hiše

**adroit** [ə'drɔɪt] pameten, spreten

**adulate** ['ædjʊleɪt] prilizovati se, laskati

**adulator** [ˌædjʊ'leɪtə(r)] prilizovalec, lizun

**adult** ['ædʌlt] odrasel, polnoleten; odrasla oseba

**adulterer** [ə'dʌltərə(r)] prešuštnik, zakonolomec

**adulterate** [ə'dʌltəreɪt] ponarediti; znakaziti

**adulteress** [ə'dʌltərɪs] nezvesta žena, prešuštnica, zakonolomka

**adultery** [ə'dʌltərɪ] nezvestoba, prešuštvo, zakonolom, nečistovanje

**advance** [əd'vɑːns] naprej pomikati, napredovati; napredovanje, napredek; predujem; **~ booking** prednaročilo; **~ guard** prednja četa, straža; **~ sale** predprodaja; **in ~** vnaprej; **to make ~s** dvoriti

**advanced** [əd'vɑːnst] napreden; nadaljevalen; zvišan (cene); **~ in years** prileten, star

**advancement** [əd'vɑːnsmənt] napredovanje, napredek; predujem; podpora

**advantage** [əd'vɑːntɪdž] prednost, ugodnost, korist; **to take ~ of** izkoristiti kaj, okoristiti se na škodo koga; **to gain an ~ over** dobiti prednost pred

**advantageous** [ˌædvən'teɪdžəs] koristen, ugoden

**advent** ['ædvənt] prihod; advent

**adventure** [əd'venčə(r)] dogodivščina, pustolovščina, naključje; upati si, tvegati, postaviti na kocko

**adventurer** [əd'venčərə(r)] pustolovec; špekulant

**adventurous** [əd'venčərəs] pustolovski, nevaren; podjeten

**adverb** ['ædvɜːb] prislov

**adversary** ['ædvəsərɪ] nasprotnik, tekmec

**adverse** ['ædvɜːs] sovražen; priskuten; neugoden; ~ **balance** pasivna bilanca

**adversity** [əd'vɜːsətɪ] nesreča, težava, neprijetnost

**advert** ['ædvɜːt] opozoriti, omeniti, namigovati; obrniti

**advertise** ['ædvətaɪz] opozoriti, delati reklamo

**advertisement** [əd'vɜːtɪsmənt] naznanilo, oglašanje, oglas, reklama

**advertiser** ['ædvətaɪzə(r)] oglaševalec; oglasni list

**advertising** ['ædvətaɪzɪŋ] reklama, propaganda

**advice** [əd'vaɪs] nasvet, novica; obvestilo; **to follow an** ~ ravnati se po nasvetu koga

**advisable** [əd'vaɪzəbl] priporočljiv, pameten

**advise** [əd'vaɪz] svetovati; sporočiti, obvestiti

**advisedly** [əd'vaɪzɪdlɪ] premišljeno, namerno

**adviser** [əd'vaɪzə(r)] svetovalec; **legal** ~ pravni svetovalec; **medical** ~ zdravnik

**advocate** ['ædvəkeɪt] odvetnik, advokat, zagovornik; braniti, zagovarjati, priporočati

**adze,** (Am) **adz** [ædz] tesla, široka sekira

**aegis** ['iːdʒɪs] varstvo, zaščita

**aerate** ['eəreɪt] zračiti; oksidirati; ~**d water** sodavica

**aerial** ['eərɪəl] zračen; ~ **railway (cableway)** žičnica; ~ **system** radijska mreža; antena

**aerobics** [eə'rəʊbɪks] aerobika

**aerodrome** ['eərədrəʊm] (Br) letališče

**aeronautics** [ˌeərə'nɔːtɪks] aeronavtika, zrakoplovstvo

**aeroplane** ['eərəpleɪn] (Br) letalo

**aesthetic** [iːs'θetɪk] okusen, estetski; (pl) estetika

**afar** [ə'fɑː(r)] daleč; **from** ~ iz daljave, od daleč

**affable** ['æfəbl] vljuden, prijazen

**affair** [ə'feə(r)] zadeva, afera; posel; Mind your own ~s! To se te ne tiče!, Skrbi zase! a **man of** ~**s** poslovni človek; **a gorgeos** ~ sijajna stvar; **home** ~**s** notranje zadeve; **foreign** ~**s** zunanje zadeve; **public** ~**s** javne zadeve

**affect** [ə'fekt] vplivati; napasti (bolezen); prizadeti; hliniti

**affectation** [ˌæfek'teɪʃn] spakovanje, pretvarjanje

**affected** [ə'fektɪd] izumetničen, afektiran, narejen

**affection** [ə'fekʃn] naklonjenost, ljubezen, vdanost

**affectionate** [ə'fekʃənət] vdan, ljubeč, ljubezniv

**affidavit** [ˌæfɪ'deɪvɪt] pismena izjava pod prisego

**affiliate** [ə'fɪlɪeɪt] pridružiti ali povezati se v večjo organizacijo

**affinity** [ə'fɪnətɪ] sorodnost, privlačnost, afiniteta

**affirm** [ə'fɜːm] (po)trditi; zagovarjati; izjaviti

**affirmation** [ˌæfə'meɪʃn] zagotovilo; trditev, potrdilo; izjava

**affirmative** [ə'fɜːmətɪv] (pri)-trdilen; pozitiven

**affix** [ə'fɪks] pritrditi, pripeti; ['æfɪks] pripona, pripis

**afflict** [ə'flɪkt] užalostiti; žaliti; okužiti

**affliction** [ə'flɪkšn] beda, trpljenje, žalost, bolest

**affluence** ['æfluəns] dotok; izobilje, bogastvo

**affluent** ['æfluənt] obilen, bogat; pritok

**afford** [ə'fɔːd] privoščiti si, imeti dovolj česa

**afforestation** [ə'fɒrɪsteɪšən] pogozditev

**affront** [ə'frʌnt] žaliti, psovati; izzivati; kljubovati

**afield** [ə'fiːld] proč od doma; **far ~** daleč proč

**afire** [ə'faɪə(r)] v plamenih, goreč; **to set ~** zanetiti; navdušiti

**afloat** [ə'fləut] plavajoč; ravno še nezadolžen

**afoot** [ə'fʊt] peš; v teku

**aforementioned** [ə,fɔː'menšənd] prej omenjeni

**afraid** [ə'freɪd] prestrašen, boječ; zaskrbljen; **to be ~** bati se; *I am ~ I can't lend you 100 £.* Žal ti ne morem posoditi 100 funtov.

**afresh** [ə'freš] znova, spet

**Africa** ['æfrɪkə] Afrika; **~n** afriški; Afričan(ka)

**after** ['ɑːftə(r)] kasneje, nato, potem ko; po, za; **the day ~ tomorrow** pojutrišnjem; *A~ you!* Za vami! **~ all** končno, navsezadnje; sicer

**afterbirth** ['ɑːftəbɜːθ] placenta, posteljica

**after-care** ['ɑːftəkeə(r)] skrb za odpuščenega iz bolnice (*ali* ječe)

**after-effect** ['ɑːftərɪfekt] posledica

**afterlife** ['ɑːftəlaɪf] posmrtno življenje

**aftermath** [ɑːftəmæθ] otava; posledice, učinek

**afternoon** [,ɑːftə'nuːn] popoldan

**aftertaste** ['ɑːftəteɪst] okus, ki ostane po jedi

**afterthought** ['ɑːftəθɔːt] poznejši domislek

**afterward(s)** ['ɑːftəwəd(z)] kasneje, nato, potem

**again** [ə'gen, ə'geɪn] zopet, ponovno, vnovič

**against** [ə'genst, ə'geɪnst] proti, zoper; ob

**agape** [ə'geɪp] odprtih ust, zevajoč

**agate** ['ægət] ahat

**age** [eɪdž] starost; čas; **~ group** starostna skupina; **~ limit** starostna meja; **old--~ pension** starostna pokojnina; **to come of ~** postati polnoleten; **under ~** mladoleten; **The Middle A~s** srednji vek

**aged** ['eɪdžd] star (z navedbo let); **middle-~** srednjih let; ['eɪdžɪd] prileten, star

**ag(e)ing** ['eɪdžɪŋ] staranje, dozorevanje

**ageless** ['eɪdžlɪs] ki se ne stara, večen

**agency** ['eɪdžənsɪ] agencija, poslovalnica, posredovalnica, zastopstvo, predstavništvo

**agenda** [ə'dʒendə] dnevni red (seje)

**agent** ['eɪdʒənt] zastopnik, agent; delujoča sila; *(med)* agens; **news~** prodajalec časopisov

**agglomerate** [ə'glɒməreɪt] kopičiti se, nabirati se

**agglomeration** [ə‚glɒmə'reɪšən] aglomeracija, kopičenje, strnjevanje; naselbinska enota

**agglutinate** [ə'glu:tɪneɪt] zlepiti, aglutinirati

**aggrand|ize**, **~ise** [ə'grændaɪz] povečati; pretiravati, poveličevati

**aggravate** ['ægrəveɪt] poslabšati; dražiti, jeziti

**aggregate** ['ægrɪgət] nakopičiti; spojiti, združiti

**aggression** [ə'grešn] napad, agresija; **war of ~** napadalna vojna

**aggressive** [ə'gresɪv] napadalen; prepirljiv

**aggressor** [ə'gresə(r)] napadalec

**aggrieve** [ə'gri:v] užalostiti, prizadeti

**aghast** [ə'gɑ:st] prestrašen, osupel

**agile** ['ædʒaɪl] spreten, okreten, gibčen; delaven, prizadeven

**agility** [ə'dʒɪlətɪ] spretnost, gibčnost, okretnost; delavnost

**agitate** ['ædʒɪteɪt] agitirati, navduševati za, hujskati; razburiti, pretresti

**agitated** ['ædʒɪteɪtɪd] razburjen, vznemirjen, živčen

**agitator** ['ædʒɪteɪtə(r)] agitator, hujskač

**aglow** [ə'gləʊ] žareč; razburjen

**ago** [ə'gəʊ] pred, v preteklosti; *three days ~* pred tremi dnevi; **long ~** davno

**agon|ize**, **~ise** ['ægənaɪz] mučiti se; hudo trpeti

**agon|izing**, **~ising** ['ægənaɪzɪŋ] mučen, zelo boleč; **~ decision** zelo težka odločitev

**agony** ['ægənɪ] hudo trpljenje, agonija; **~ aunt** oseba, ki v časopisu daje bralcem nasvete; **~ column** časopisni stolpec, v katerem pomagajo z nasveti reševati probleme

**agrarian** [ə'greərɪən] poljedelski, kmetijski, agraren

**agree** [ə'gri:] strinjati se, soglašati, razumeti se med seboj; **to ~ with** strinjati se, prijati komu; *It doesn't ~ with me.* Tega ne prenesem., To mi škoduje.

**agreeable** [ə'gri:əbl] prijeten, všečen, simpatičen; ustrezen

**agreement** [ə'gri:mənt] dogovor, sporazum, pogodba; **social ~** družbeni sporazum; **by ~** sporazumno

**agricultural** [‚ægrɪ'kʌlčərəl] kmetijski, poljedelski

**agriculture** ['ægrɪkʌlčə(r)] kmetijstvo, poljedelstvo; **small-scale ~** drobna kmetijska proizvodnja

**agronomy** [ə'grɒnəmɪ] agronomija, kmetijsko gospodarjenje

**aground** [ə'graʊnd] na dnu, na dno (morja, jezera, reke); **to run ~** nasesti (ladja)

**ahead** [ə'hed] vnaprej; naprej; spredaj

**aid** [eɪd] pomagati; pomoč, podpora; **first ~** prva pomoč

**ail** [eɪl] boleti, bolehati

**ailment** ['eɪlmənt] bolezen, bolečina, težava

**aim** [eɪm] cilj, smoter, namera; meriti kam, namigovati

**aimless** ['eɪmlɪs] brezciljen, nesmotrn

**air** [eə(r)] zrak; videz; arija, napev; zračiti, sušiti; **on the ~** po radiu; **by ~** po zraku (z letalom)

**air base** ['eəbeɪs] letalsko oporišče

**airbed** ['eəbed] pnevmatična žimnica

**airborne** ['eəbɔːn] po zraku prepeljan; **to become ~** vzleteti

**air-condition** [ˌeəkən'dɪšn] klimatizirati, hladiti prostore v poletnem času; klimatizacija

**aircraft** ['eəkrɑːft] letalo; **~ carrier** letalonosilka

**air force** ['eəfɔːs] vojno letalstvo

**air hostess** ['eəˌhəʊstɪs] stevardesa

**airline** ['eəlaɪn] letalska proga; zračna črta

**airliner** ['eəˌlaɪnə(r)] potniško letalo

**airmail** ['eəˌmeɪl] letalska pošta

**air mass** ['eəˌmæs] zračne gmote

**airplane** ['eəpleɪn] *(Am)* letalo

**air pocket** ['eəˌpɒkɪt] zračni žep

**airport** ['eəpɔːt] letališče

**air raid** ['eərˌeɪd] letalski napad; **~ shelter** zaklonišče

**airtight** ['eətaɪt] neprodušen, hermetičen

**airway** ['eəweɪ] zračna pot

**airy** ['eərɪ] zračen, lahek; vesel; površen

**aisle** [aɪl] preseka; cerkvena ladja; prehod; *(Am)* hodnik v vagonu

**ajar** [ə'džɑː(r)] priprt

**akin** [ə'kɪn] soroden

**alacrity** [ə'lækrətɪ] živahnost, prizadevnost

**alarm** [ə'lɑːm] alarm, preplah; preplašiti, razburiti; zaskrbljenost; **~ blast** sirena; **~ clock** budilka

**alarming** [ə'lɑːmɪŋ] razburljiv, vznemirljiv

**alas** [ə'læs] žal, ojoj

**Albania** [æl'beɪnɪə] Albanija; **~n** albanski; Albanec, Albanka; albanščina

**album** ['ælbəm] album; (velika) gramofonska plošča; **~ sleeve** ovitek za gramofonsko ploščo

**albumen** ['ælbjʊmɪn] beljak, beljakovina

**alcohol** ['ælkəhɒl] alkohol; **~ic** alkoholik; alkoholičen

**alcove** ['ælkəʊv] niša, vdolbina v steni

**alder** ['ɔːldə(r)] jelša

**alderman** ['ɔːldəmən] mestni (občinski) svetnik

**ale** [eɪl] svetlo pivo; **draught ~** točeno pivo

**alert** [əˈlɜːt] buden, uren, čuječ; **on the ~** buden, na preži, v pripravljenosti

**A level** [ˈeɪ levl] izobrazbena stopnja v Angliji, Walesu in Severni Irski; **~ examinations** obvezni izpiti za vpis na univerzo

**alfalfa** [ælˈfælfə] nemška detelja, lucerna

**algae** [ˈældʒiː, ˈælgaɪ] *(pl)* alge

**algebra** [ˈældʒɪbrə] algebra

**Algeria** [ælˈdʒɪərɪə] Alžirija; **~n** alžirski; Alžirec, Alžirka

**alias** [ˈeɪlɪəs] po domače; privzeto ime

**alibi** [ˈælɪbaɪ] alibi

**alien** [ˈeɪlɪən] tuj, različen, nenavaden; tujec, tujka; obiskovalec iz vesolja, vesoljan; **~'s act** zakon o priseljencih

**alienate** [ˈeɪlɪeneɪt] odtujiti; oddati; zapleniti

**alienation** [ˌeɪlɪəˈneɪšn] odtujitev; zaplemba; **~ of affections** ohlajanje čustev

**alight** [əˈlaɪt] dol stopiti; spustiti se, pristati (letalo)

**align** [əˈlaɪn] uvrstiti se, v vrsto se postaviti

**alignment** [əˈlaɪnmənt] uvrščenost, vezanost; **non-~** neuvrščenost, nevezanost

**alike** [əˈlaɪk] podoben, prav tak

**alimentary** [ˌælɪˈmentərɪ] prehramben; prebaven; **~ canal** prebavni trakt

**alive** [əˈlaɪv] živ, živahen; produktiven; pod napetostjo; **to be ~ to** dobro se česa zavedati, biti si v svesti; **to be ~ with** mrgoleti česa

**alkali** [ˈælkəlaɪ] alkalija, lug

**all** [ɔːl] ves, cel; popolnoma, povsem; vsi, vse; **on ~ fours** po vseh štirih; **by ~ means** vsekakor; **once for ~** enkrat za vselej; **~ the better** tem bolje; **~ right (alright)** v redu, prav; **~ the same** vseeno; **~ of a sudden** nenadoma; **after ~** navsezadnje, konec koncev; **at ~** sploh; **first of ~** v prvi vrsti, predvsem; **not at ~** nikakor; (odgovor na *'Thank you.'*) prosim, je že v redu; **once for ~** enkrat za vselej; **~ over** povsod; **~ the same** vseeno; **three ~** izenačen športni izid; **~ clear** znak za konec alarma; **to be ~ ears** napeto poslušati

**allay** [əˈleɪ] olajšati, pomiriti

**allegation** [ˌælɪˈgeɪšn] izjava, trditev; **false ~** pretveza

**allege** [əˈledʒ] navesti, trditi, izjaviti; domnevati

**allegiance** [əˈliːdʒəns] zvestoba, vdanost

**allegory** [ˈælɪgərɪ] prispodoba, alegorija

**allergy** [ˈælədʒɪ] alergija

**alleviate** [əˈliːvɪeɪt] olajšati, ublažiti

**alley** [ˈælɪ] sprehajališče, aleja, ozka ulica; **~ cat** potepuška mačka

**alliance** [əˈlaɪəns] zveza, zavezništvo, koalicija

**allied** [əˈlaɪd] združen; zavezniški; soroden; **~ by race** istoroden; **the ~ forces** zavezniške sile

**alligator** [ˈælɪgeɪtə(r)] aligator

**allocate** ['æləkeɪt] dodeliti, odkazati, napotiti

**allocation** [ˌælə'keɪšn] dodelitev, nakazilo; **resource ~** razdelitev sredstev, virov

**allot** [ə'lɒt] razdeliti, parcelirati; nakazati, dodeliti

**allotment** [ə'lɒtmənt] parcela, odmera; **~ holder** vrtičkar

**allow** [ə'laʊ] dovoliti, dopustiti, omogočiti; **to ~ for** upoštevati

**allowance** [ə'laʊəns] dovoljenje, odobritev, podpora; **to make ~s for** upoštevati; **daily ~** dnevnica; **family (child) ~** družinska (otroška) doklada; **pocket ~** denar za drobne potrebe; **sick ~** boleznina

**alloy** [ə'lɔɪ] zlitina, zmes; **~ steel** legirano jeklo

**all-rounder** ['ɔːlraʊndə(r)] vsestranski športnik

**allspice** ['ɔːlspaɪs] piment

**allude to** [ə'luːd tʊ] meriti na kaj, namigovati

**allure** [ə'lʊə(r)] privabiti, zapeljati; draž

**allusion** [ə'luːžn] namigovanje

**alluvial** [ə'luːvɪəl] naplavljen, aluvialen

**alluvium** [ə'luːvɪəm] aluvij, rečna naplavina

**ally** ['ælaɪ] zaveznik; [ə'laɪ] združiti, zvezati

**almanac** [ɔːlmənæk] koledar, almanah

**almighty** [ɔːl'maɪtɪ] vsemogočen

**almond** ['ɑːmənd] mandelj

**almost** ['ɔːlməʊst] skoraj, malodane

**alms** [ɑːmz] *(pl)* vbogajme, miloščina

**almshouse** [ɑːmzhaʊs] ubožnica

**aloft** [ə'lɒft] visoko

**alone** [ə'ləʊn] sam; **to let ~** pustiti pri miru

**along** [ə'lɒŋ] vzdolž, ob, po; skupaj; **Come ~!** Pojdi sem!; Pojdi z menoj!

**alongside** [ə'lɒŋsaɪd] vzdolž, ob, vštric

**aloof** [ə'luːf] daleč; **to keep ~** ne se vmešavati

**aloud** [ə'laʊd] naglas, glasno

**alpaca** [æl'pækə] alpaka; vrsta volne

**alphabet** ['ælfəbet] abeceda

**alpine** ['ælpaɪn] gorski, planinski, alpski

**already** [ɔːl'redɪ] že

**also** ['ɔːlsəʊ] prav tako, tudi

**altar** ['ɔːltə(r)] oltar; **~ boy** ministrant

**alter** ['ɔːltə(r)] spremeniti, prekrojiti

**alteration** [ˌɔːltə'reɪšn] sprememba, predelava, preureditev

**alternate** [ɔːl'tɜːnət] izmeničen; namestnik; vrstiti se, menjati se

**alternative** [ɔːl'tɜːnətɪv] alternativa (izbira med dvema možnostima)

**although** [ɔːl'ðəʊ] dasi, čeprav, četudi

**altitude** ['æltɪtjuːd] nadmorska višina

**altogether** [ˌɔːltə'geðə(r)] skupaj, popolnoma, sploh

**altruism** ['æltruːɪzəm] nese-
bičnost, altruizem

**alum** ['æləm] galun

**alumi|nium** [ˌæljʊ'mɪnɪəm],
*(Am)* **~num** [ə'luːmɪnəm]
aluminij

**always** ['ɔːlweɪz] vedno,
vselej

**am** ['æm, əm] sem; *I ~ to*
moram

**amain** [ə'meɪn] silovito,
krepko

**amalgam** [ə'mælgəm] amal-
gam

**amalgamate** [ə'mælgəmeɪt]
zmešati, spojiti, zliti

**amass** [ə'mæs] (na)kopičiti

**amateur** ['æmətə(r)] ljubitelj,
amater; diletant

**amaze** [ə'meɪz] začuditi (se),
osup(n)iti, presenetiti

**amazement** [ə'meɪzmənt] za-
čudenje, osuplost

**ambassador** [æm'bæsədə(r)]
veleposlanik, ambasador

**amber** ['æmbə(r)] jantar

**ambiguity** [ˌæmbɪ'gjuːətɪ]
dvoumnost, nejasnost

**ambiguous** [ˌæm'bɪgjʊəs]
dvoumen, nejasen

**ambition** [æm'bɪšn] želja po
uspehu (uveljavitvi), stre-
mljenje, častihlepnost

**ambitious** [æm'bɪšəs] priza-
deven, stremljiv, častihlepen

**amble** ['æmbl] kljusati, lago-
dno hoditi

**ambulance** ['æmbjʊləns] re-
ševalno vozilo; ~ **station** re-
ševalna postaja

**ambush** ['æmbʊš] zaseda; **to
lay an ~** pripraviti zasedo;
**to ~** čakati v zasedi

**ameliorate** [ə'miːlɪəreɪt] iz-
boljšati; (po)boljšati se

**amenable** [ə'miːnəbl] od-
govoren; podložen, voljan;
dostopen

**amend** [ə'mend] popraviti,
poboljšati (se); **to make ~s
for** nadomestiti, poravnati
kaj; opravičiti se

**amendment** [ə'mendmənt]
popravek, dopolnilo (k za-
konu)

**amenity** [ə'miːnətɪ] ljubkost,
prijetnost; udobnost

**America** [ə'merikə] Ame-
rika; **North ~** Severna Ame-
rika; **South (Latin) ~** Južna
(Latinska) Amerika; **the
United States of ~ (USA)**
Združene države Amerike
(ZDA); **~n** ameriški; Ameri-
čan(ka); **~n English** ameri-
ška angleščina

**amiable** ['eɪmɪəbl] prijazen,
ljubezniv

**amicable** ['æmɪkəbl] prijatelj-
ski, prisrčen

**amid** [ə'mɪd] med, sredi

**amiss** [ə'mɪs] narobe, napak;
neprimeren

**amity** ['æmətɪ] prijateljstvo

**ammonia** [ə'məʊnɪə] amo-
niak

**ammunition** [ˌæmjʊ'nɪšn]
strelivo, municija

**amnesia** [æm'nɪzɪə] izguba
spomina, amnezija

**amnesty** ['æmnəstɪ] pomilo-
stitev, amnestija

**among(st)** [ə'mʌŋ (st)] med,
izmed; vmes

**amoral** [ˌeɪ'mɒrəl] nemora-
len, sprijen

**amorous** ['æmərəs] zaljubljen, ljubeč

**amorphous** [ə'mɔːfəs] brez(ob)ličen

**amount** [ə'maʊnt] znesek, vsota, količina; vrednost; **to ~ to** znašati

**amphibian** [æm'fɪbɪən] dvoživka; amfibija (vozilo, prilagojeno za kopno ali vodo)

**amphithea|tre,** *(Am)* **~ter** ['æmfɪθɪətə(r)] amfiteater

**ample** ['æmpl] velik, prostoren; izdaten, obilen

**amplifier** ['æmplɪfaɪə(r)] ojačevalnik

**amplify** ['æmplɪfaɪ] povečati, ojačiti

**amplitude** ['æmplɪtjuːd] razsežnost, amplituda

**amputate** ['æpmjʊteɪt] odrezati, amputirati

**amulet** ['æmjʊlɪt] amulet, svetinjica

**amuse** [ə'mjuːz] zabavati, spravljati v smeh

**amusement** [ə'mjuːzmənt] zabava, razvedrilo, veselje; **~ arcade** prostor z igralnimi avtomati; **~ park** *(Am)* zabaviščni prostor, lunapark

**an** [ən, 'æn] (nedoločni člen pred izgovorjenim samoglasnikom) neki, kak

**anachronism** [ə'nækrənɪzəm] časovna neskladnost, anahronizem

**an(a)esthesia** [ˌænɪs'θiːzɪə] omrtvičenje, anestezija

**an(a)esthetist** [ə'niːsθətɪst] anestezist

**analogous** [ə'næləgəs] podoben, ustrezen

**analogy** [ə'nælədʒɪ] podobnost, analogija

**analyse** ['ænəlaɪz] razčleniti, analizirati

**analys|is** [ə'næləsɪs], *(pl* **~es)** razčlemba, analiza

**anarchism** ['ænəkɪzəm] brezvladje, anarhizem

**anarchist** ['ænəkɪst] anarhist

**anarchy** ['ænəkɪ] anarhija, brezvladje

**anathema** [ə'næθəmə] prekletstvo, izobčenje

**anatomy** [ə'nætəmɪ] anatomija

**ancestor** ['ænsestɪ] prednik

**ancest|ry** ['ænsestrɪ] predniki; izvor; rodovnik; **~er** prednik; **~ress** prednica

**anchor** ['æŋkə(r)] zasidrati se; sidro; **~ man** voditelj (TV) oddaje

**anchorage** ['æŋkərɪdʒ] sidrišče, varno pristanišče

**anchovy** ['ænčəvɪ] sardela; **~ paste** sardelna pašteta

**ancient** ['eɪnšənt] starodaven, nekdanji, star

**and** [ənd, 'ænd] in, ter, pa

**anecdote** ['ænɪkdəʊt] anekdota

**anew** [ə'njuː] znova, na novo, ponovno

**angel** ['eɪndʒl] angel

**anger** ['æŋge(r)] jeza, togota, srd

**angle** ['æŋgl] ribariti; trnek; kot; **acute ~** ostri kot; **right ~** pravi kot; **obtuse ~** topi kot; **adjacent ~** sokot

**angler** ['æŋglə(r)] ribič trnkar

**angry** ['æŋgrɪ] jezen, togoten, razjarjen

**anguish** ['æŋwɪš] tesnoba, bojazen; trpljenje

**angular** ['æŋgjʊlə(r)] oglat; koničast; koščen

**animal** ['ænɪml] žival; živalski

**animate** ['ænɪmeɪt] poživiti; navdihniti; spodbujati

**animated cartoon** [ˌænɪmeɪtɪd kɑːˈtuːn] risanka

**animator** ['ænɪmeɪtə(r)] risar figur v risanem filmu; oseba, ki premika lutko; oseba, ki spodbuja družabnost

**animosity** [ˌænɪˈmɒsətɪ] sovraštvo, mržnja

**ankle** ['æŋkl] gleženj

**annals** ['ænlz] (pl) letopisi, anali

**annex** [əˈneks] pridružiti, priključiti

**annex(e)** ['æneks] dodatek; prizidek

**annihilate** [əˈnaɪəleɪt] razveljaviti; uničiti

**anniversary** [ˌænɪˈvɜːsərɪ] jubilej, obletnica

**annotate** ['ænəteɪt] tolmačiti, komentirati

**announce** [əˈnaʊns] objaviti, naznaniti

**announcement** [əˈnaʊnsmənt] objava, naznanilo

**announcer** [əˈnaʊnsə(r)] (radijski, televizijski) napovedovalec

**annoy** [əˈnɔɪ] nadlegovati, vznemirjati

**annoyance** [əˈnɔɪəns] neprijetnost, sitnost, nadlega

**annual** ['ænjʊəl] leten, vsakoleten; letopis; enoletnica (rastlina); ~ **balance** le-tna bilanca; ~ **report** letno poročilo

**annuity** [əˈnjuːətɪ] anuiteta, letno odplačilo; **life** ~ dosmrtna renta

**annul** [əˈnʌl] razveljaviti, ukiniti

**anode** ['ænəʊd] anoda

**anoint** [əˈnɔɪnt] maziliti, namazati

**anomalous** [əˈnɒmələs] nenavaden; nepravilen

**anomaly** [əˈnɒməlɪ] posebnost, nepravilnost

**anonymous** [əˈnɒnɪməs] anonimen, neimenovan

**anorak** ['ænəræk] vetrovka s kapuco

**another** [əˈnʌðə(r)] drug, še eden; **one** ~ drug drugega, vzajemno

**answer** ['ɑːnsə(r)] odgovor; odgovoriti; **to** ~ **for** jamčiti; **to** ~ **the door (bell)** odpreti vrata

**ant** [ænt] mravlja; ~ **hill** mravljišče

**antagon|ize, ~ise** [ænˈtægənaɪz] upirati se, nasprotovati

**Antarctic, the** [ænˈtɑːktɪk] Antarktika; antarktičen; ~ **Circle** južni tečajnik

**antecedent** [ˌæntɪˈsiːdnt] predhoden; predhodnost

**antelope** ['æntɪləʊp] antilopa

**antenna** [ænˈtenə], (pl ~e) tipalka; (pl) **antennas** [ænˈtenəs] (Am) antena

**anterior** [ænˈtɪərɪə(r)] prejšnji, predhodni

**anthem** ['ænθəm] himna; hvalnica

**anther** ['ænθə(r)] prašnica

**anthology** [æn'θɒlədʒɪ] antologija, zbornik

**anthracite** ['ænθrəsaɪt] antracit

**anthropology** [ˌænθrə'pɒlədʒɪ] antropologija, nauk o človeku

**anti-aircraft** [ˌæntɪ'eəkrɑ:ft] protiletalski

**antibiotic** [ˌæntɪbaɪ'ɒtɪk] antibiotik

**antibody** ['æntɪbɒdɪ] protitelesce

**antic** ['æntɪk] smešen, burkast

**anticipate** [æn'tɪsɪpeɪt] pričakovati, slutiti; **~d profit** pričakovani dobiček

**anticlimax** [ˌæntɪ'klaɪmæks] padec; reakcija

**antidote** ['æntɪdəʊt] protistrup, zdravilo

**antifreeze** ['æntɪfri:z] sredstvo, ki preprečuje zmrznjenje

**antimony** ['æntɪmənɪ] antimon

**antipathy** [æn'tɪpəθɪ] mržnja, antipatija

**antiquarian** [ˌæntɪ'kweərɪən] antikvar, starinar

**antique** [æn'ti:k] starinski, antičen; **~ shop** starinarna

**antiquity** [æn'ti:kwətɪ] stari vek, antika; *(pl)* antične umetnine

**antisocial** [ˌæntɪ'səʊšl] antisocialen; neprijazen

**antitoxin** [ˌæntɪ'tɒksɪn] protistrup

**antonym** ['æntənɪm] beseda z nasprotnim pomenom, protipomenka

**anvil** ['ænvɪl] nakovalo; **between hammer and ~** med dvema ognjema; **to be on the ~** biti obravnavan

**anxiety** [æŋ'zaɪətɪ] strah, tesnoba, nemir, zaskrbljenost, bojazen

**anxious** ['æŋkšəs] zaskrbljen, vznemirjen; boječ; željan

**any** ['enɪ] neki; vsak; karkoli, kdorkoli, kakršenkoli; **not ~** noben; **at ~ rate** vsekakor

**anybody** ['enɪbɒdɪ] nekdo; kdorkoli, vsakdo; **not ~** nihče; **~ else?** Še kdo?

**anyhow** ['enɪhaʊ] nekako, kakorkoli; **not ~** nikakor

**anyone** ['enɪwʌn] *glej* ANYBODY

**anything** ['enɪθɪŋ] nekaj; karkoli; vse; **not ~** nič; **not for ~** za nič na svetu; **~ but** vse prej kot

**anyway** ['enɪweɪ] *glej* ANYHOW

**anywhere** ['enɪweə(r)] kjerkoli, kamorkoli; povsod

**apace** [ə'peɪs] hitro, naglo

**apart** [ə'pɑ:t] posebej, narazen, ob strani; **~ from** ne glede na

**apartheid** [ə'pɑ:theɪt] politika rasnega razločevanja in zatiranja

**apartment** [ə'pɑ:tmənt] stanovanje; **~ house** *(Am)* stanovanjski blok

**apathetic** [ˌæpə'θetɪk] brezbrižen, ravnodušen

**apathy** ['æpəθɪ] brezbrižnost, ravnodušnost

**ape** [eɪp] človeku podobna opica; oponašati

**aperture** ['æpəčə(r)] odprtina, reža

**apex** ['eɪpeks] vrh, konica; sleme

**aphid** ['eɪfɪd] listna uš

**apiary** ['eɪpɪərɪ] čebelnjak

**apiece** [ə'pi:s] vsak (kos); za vsakega

**aplomb** [ə'plɒm] samozavest; samozavesten nastop

**apolog|ize, ~ise** [ə'pɒlədžaɪz] opravičiti se

**apology** [ə'pɒlədžɪ] opravičilo, opravičevanje

**apoplexy** ['æpəpleksɪ] kap

**apostate** [ə'pɒsteɪt] odpadniški; odpadnik

**apostle** [ə'pɒsl] apostol, zagovornik kake ideje; **~'s creed** apostolska vera

**apostrophe** [ə'pɒstrəfɪ] opuščaj, apostrof

**apothecary** [ə'pɒθəkərɪ] lekarnar

**appal** [ə'pɔ:l] prestrašiti, ustrašiti, osupniti

**apparatus** [,æpə'reɪtəs] aparat, priprava, instrument; **state ~** državni aparat

**apparel** [ə'pærəl] obleči, opremiti; oblačilo, oprema

**apparent** [ə'pærənt] očiten, resničen; navidezen, dozdeven

**apparition** [,æpə'rɪšn] prikazen, strašilo, duh

**appeal** [ə'pi:l] rotiti, prositi, vložiti priziv; ugajati; priziv, privlačnost; **Court of A~** prizivno sodišče; **sex ~** spolna privlačnost

**appear** [ə'pɪə(r)] pojaviti se; nastopiti; zdeti se

**appearance** [ə'pɪərəns] videz, zunanjost; nastop

**appease** [ə'pi:z] miriti, pobotati se

**append** [ə'pend] dodati; pripeti

**appendix** [ə'pendɪks] privesek, dodatek; slepič

**appertain** [,æpə'teɪn] pripadati, nanašati se (na)

**appetite** ['æpɪtaɪt] tek; poželenje

**appet|izer, ~iser** ['æpɪtaɪzə(r)] aperitiv

**applaud** [ə'plɔ:d] ploskati, hvaliti

**applause** [ə'plɔ:z] ploskanje, odobravanje

**apple** ['æpl] jabolko; **~ tree** jablana

**appliance** [ə'plaɪəns] sredstvo, priprava, orodje; **household ~s** gospodinjski aparati

**applicable** ['æplɪkəbl, ə'plɪkəbl] uporaben; primeren

**applicant** ['æplɪkənt] prosilec; kandidat

**application** [,æplɪ'keɪšn] prošnja, uporaba; **~ form** prijavnica

**applied** [ə'plaɪd] uporaben, praktičen; **~ science** uporabne (apliciranene) vede in raziskovalne metode; **~ art** uporabna umetnost; **~ research** uporabna, aplikativna raziskava

**apply** [ə'plaɪ] prositi za kaj; uporabiti; nanesti (barvo); tikati se (biti v zvezi); prizadevati si

**appoint** [ə'pɔɪnt] določiti,

predpisati; imenovati, postaviti (za)

**appointment** [ə'pɔɪntmənt] domenek; imenovanje; dolžnost

**apportion** [ə'pɔːšn] razdeliti, dodeliti

**apposition** [ˌæpə'zɪšn] dodatek, apozicija

**appraise** [ə'preɪz] (o)ceniti

**appreciate** [ə'priːšɪeɪt] ceniti, spoštovati

**appreciation** [əˌpriːšɪ'əišn] ocenitev, presoja; hvaležnost

**apprehend** [ˌæprɪ'hend] opaziti; razumeti; prijeti, aretirati

**apprehension** [ˌæprɪ'henšn] zla slutnja, bojazen

**apprehensive** [ˌæprɪ'hensɪv] bistroumen; zaskrbljen

**apprentice** [ə'prentɪs] vajenec; dati v uk; **~ship** uk

**approach** [ə'prəʊč] približati se, ogovoriti; dostop, vhod; stališče

**approbation** [ˌæprə'beɪšn] odobravanje; privolitev

**appropriate** [ə'prəʊprɪeɪt] prilastiti si, nameniti; [ə'prəʊprɪət] primeren, značilen

**appropriation** [əˌprəʊprɪ-'eɪšn] prisvojitev; **private form of ~** privatno prilaščanje

**approval** [ə'pruːvl] odobravanje, odobritev, soglasje; **on ~** na poskušnjo

**approve** [ə'pruːv] odobriti; pritrditi; dokazati

**approximate** [ə'prɒksɪmət] približen; približati se

**apricot** ['eɪprɪkɒt] marelica

**April** ['eɪprəl] april; **All Fool's Day** 1. april

**apron** ['eɪprən] predpasnik; betonska ploščad

**apt** [æpt] sposoben, zmožen; prikladen; *I am ~ to go.* Verjetno bom šel.

**aptitude** ['æptɪtjuːd] sposobnost, nadarjenost

**aqualung** ['ækwəlʌŋ] potapljaška priprava z dvema jeklenkama, akvalunga

**aquarium** [ə'kweərɪəm] akvarij

**aquatic** [ə'kwætɪk] voden

**aqueduct** ['ækwɪdʌkt] vodovod; kanal

**aquiline** ['ækwɪlaɪn] orlovski, kljunast

**Arabia** *glej* SAUDI ARABIA

**arable** ['ærəbl] oren; **~ land** orno zemljišče (njive in vrtovi)

**arbiter** ['ɑːbɪtə(r)] razsodnik

**arbitrary** ['ɑːbɪtrərɪ] samovoljen; poljuben

**arbitrate** ['ɑːbɪtreɪt] razsoditi; poravnati

**arbitration** [ˌɑːbɪ'treɪšn] arbitraža, razsodišče, razsodba

**arboreal** [ɑː'bɔːrɪəl] drevesen, ki živi na drevesu

**arbour**, *(Am)* **arbor** ['ɑːbə(r)] senčnica, vrtna uta; **vine ~** brajda

**arc** [ɑːk] lok; **~ lamp** obločnica

**arcade** [ɑː'keɪd] obokan hodnik, arkada

**arch** [ɑːč] lok, obok; bočiti se, obokati; zvit, navihan, premeten

**arch(a)eology** [ˌɑːkɪˈɒlədʒɪ] arheologija

**archaic** [ɑːˈkeɪɪk] starodaven, starinski; nesodoben, zastarel

**archbishop** [ˌɑːčˈbišəp] nadškof

**archduke** [ˌɑːčˈdjuːk] nadvojvoda

**archer** [ˈɑːčə(r)] lokostrelec; ~y lokostrelstvo

**archipelago** [ˌɑːkɪˈpeləgəʊ] otočje, arhipelag

**architect** [ˈɑːkɪtekt] arhitekt; ~ure arhitektura, stavbarstvo

**archive(s)** [ˈɑːkaɪv(z)] arhiv, zbirka listin

**archway** [ˈɑːčweɪ] obok, obokan prehod

**Arctic, the** [ˈɑːktɪk] Arktika; arktičen, mrzel; ~ Circle severni tečajnik, vzporednik 66,5° severno od ekvatorja

**ardent** [ˈɑːdnt] goreč, vroč; navdušen, ognjevit

**ardour**, (Am) ardor [ˈɑːdə(r)] gorečnost, navdušenje, vnema, ognjevitost

**arduous** [ˈɑːdjʊəs] naporen; strm; težaven

**are** [ɑː(r)] si, smo, ste, so

**area** [ˈeərɪe] zemljišče; površina; območje, področje; **underdeveloped** ~ nerazvito območje; **mush** ~ področje slabega sprejema (radio, televizija)

**arena** [əˈriːnə] arena, prizorišče

**Argentin|a** [ˌɑːdžəntɪnə] Argentina; ~ian argentinski; Argentinec, Argentinka

**argue** [ˈɑːgjuː] pričkati se, razpravljati; dokazovati, prepričevati

**argument** [ˈɑːgjʊmənt] prerekanje, debata; dokaz; razlog; téma

**arid** [ˈærɪd] izsušen, nerodoviten; sušen

**arise*** [əˈraɪz] pojaviti se; nastati; vstati

**aristocracy** [ˌærɪsˈtɒkrəsɪ] aristokracija, plemstvo

**aristocrat** [ˈærɪstəkræt] aristokrat, plemič, pleminitaš

**arithmetic** [əˈrɪθmətɪk] računstvo, aritmetika

**ark** [ɑːk] skrinja; barka; **out of the** ~ zastarelo, staromodno

**arm** [ɑːm] laket, roka; rokav; krak; opora; (pl) orožje; oborožiti, opremiti; **coat of ~s** grb; ~s race tekma v oboroževanju; **under ~s** vpoklican, mobiliziran

**armada** [ɑːˈmɑːdə] bojno ladjevje

**armament** [ˈɑːməmənt] oborožitev, vojna oprema

**armchair** [ˈɑːmčeə(r)] naslanjač, fotelj

**armed** [ɑːmd] oborožen; opremljen; ~ **forces** oborožene sile

**armful** [ˈɑːmfʊl] naročaj (česa)

**armhole** [ˈɑːmhəʊl] odprtina za rokav

**armistice** [ˈɑːmɪstɪs] premirje

**armour**, (Am) armor [ˈɑːmə(r)] oklep; oklopiti; ~ed **concrete** železobeton; ~ed **vehicle** oklepno vozilo, oklepnik

**armpit** ['ɑːmpɪt] (pod)pazdu-
ha
**army** ['ɑːmɪ] armada, vojska;
množica; **to join the** ~ služiti
vojake
**aroma** [ə'rəʊmə] aroma, vo-
njava
**arose** [ə'rəʊz] *glej* ARISE*
**around** [ə'raʊnd] okoli, pri-
bližno; **to hang** ~ zadrževati
se v bližini; pohajkovati
**arouse** [ə'raʊz] zbuditi,
razvneti
**arrange** [ə'reɪndž] prirediti;
domeniti se, poskrbeti; raz-
mestiti, urediti
**arrangement** [ə'reɪndžmənt]
priprava, dogovor; *(pl)* na-
črti; ureditev, razvrstitev
**arrant** ['ærənt] potepuški;
prekanjen
**array** [ə'reɪ] vrsta; množica;
razpored; razporediti
**arrears** [ə'rɪəz] *(pl)* zaostanek,
dolg
**arrest** [ə'rest] zadržati, areti-
rati; aretacija, zapor
**arrival** [ə'raɪvl] prihod; pri-
šlec; prispelo blago; **list of**
~**s** seznam tujcev
**arrive** [ə'raɪv] prispeti, priti
**arrogance** ['ærəgəns] obje-
stnost, predrznost, ošabnost
**arrogant** ['ærəgənt] predr-
zen, objesten, ošaben
**arrow** ['ærəʊ] puščica, stre-
lica
**arse** [ɑːs] zadnjica; *Move your*
~*!* Umakni se!; *Get off your*
~*!* Zgani se vendar!
**arsenal** ['ɑːsənl] arzenal, oro-
žarna; velika množina
**arsenic** ['ɑːsnɪk] arzen

**arson** ['ɑːsn] požig
**art** [ɑːt] umetnost; spretnost;
zvijačnost; **fine** ~**s** upoda-
bljajoča umetnost
**artery** [ɑːtərɪ] arterija, žila od-
vodnica; prometna žila
**artesian** [ɑː'tiːzɪən] ~ **well** ar-
teški vodnjak
**artful** ['ɑːtfl] prebrisan, iz-
najdljiv
**artichoke** ['ɑːtɪčəʊk] artičoka
**article** ['ɑːtɪkl] člen; predmet,
izdelek; članek; **leading** ~
uvodnik
**articulate** [ɑː'tɪkjʊleɪt] raz-
ločno govoriti
**artifice** ['ɑːtɪfɪs] zvijača; spre-
tnost; umetnija
**artificial** [ˌɑːtɪ'fɪšl] umeten, iz-
umetničen; hinavski; ~ **fly**
umetna muha
**artillery** [ɑː'tɪlərɪ] topništvo,
artilerija
**artisan** [ˌɑːtɪ'zæn] obrtnik,
rokodelec
**artist** ['ɑːtɪst] umetnik; ~**ic**
umetniški, umetnosten
**artiste** [ɑː'tiːst] artist, akrobat
**artistry** ['ɑːtɪstrɪ] umetnost;
umetniška dejavnost; ume-
tniške odlike
**artless** [ɑːtlɪs] preprost; ne-
spreten; naiven
**as** [əz, æz] kakor, kot; med-
tem ko; zato ker; čeprav; **as**
**... as** tako kot; ~ **well** tudi; ~
**much** ~ prav toliko kot; **such**
~ tak kakor; **so** ~ **to** tako da,
zato da
**asbestos** [æs'bestɒs, əz'bes-
təs] azbest
**ascend** [ə'send] povzpeti se,
dvigniti, zajahati

ascend|ancy ~ency [ə'send-
ənsı] vpliv; premoč
ascent [ə'sent] vzpon; vzpe-
tina, pobočje
ascertain [ˌæsə'teɪn] dognati;
prepričati se
ascetic [ə'setık] asketski;
asket, krepostnik
ascribe [ə'skraıb] pripisovati;
obdolžiti
ash [æš] (bot) jesen; pepel
ashamed [ə'šeımd] osramo-
čen; to be ~ of sramovati se
česa
ashen ['æšn] pepelnat, bled
ashes ['æšız] (pl) pepel; po-
smrtni ostanki
ashore [ə'šɔ:(r)] na obali, na
obalo
ashtray ['æštreı] pepelnik
Asia ['eıšə] Azija; ~n azijski;
Azijec, Azijka
aside [ə'saıd] vstran, ob
strani
ask [ɑ:sk] vprašati, zaprositi,
prositi; povabiti; zahtevati
askance [ə'skæns] poševno,
po strani; škilasto
asleep [ə'sli:p] speč, otrpel;
to be fast ~ trdno spati; to
fall ~ zaspati
asp [æsp] trepetlika; (poet)
gad
asparagus [ə'spærəgəs] be-
luš, špargelj
aspect ['æspekt] pogled, vi-
dez, vidik; economic ~s go-
spodarske perspektive
asperity [æ'sperətı] raska-
vost, trdota, neuglajenost
aspersion [ə'spɜːšn] obreko-
vanje; poškropitev; to cast
~s on očrniti koga

asphalt ['æsfælt] asfalt;
asfaltirati
asphyxiate [əs'fıksıeıt] (za)-
dušiti
aspirant [ə'spaıərənt] prosi-
lec, kandidat, aspirant
aspire [ə'spaıə(r)] prizade-
vati si; želeti
ass [æs] osel, tepec, bedak;
(vulg) rit
assail [ə'seıl] napasti; kri-
tizirati
assailant [ʌ'seılənt] napada-
lec; sovražnik
assassin [ə'sæsın] morilec,
ubijalec; terorist
assassinate [ə'sæsıneıt]
umoriti; izvršiti atentat
assault [ə'sɔ:lt] napasti; na-
pad
assay [ə'seı] preskus, analiza;
preskusiti, analizirati
assemblage [ə'semblıdž]
zborovanje; zbirka; montaža
assemble [ə'sembl] zbirati;
zborovati; sestaviti
assembly [ə'semblı] zboro-
vanje, skupščina; montaža;
communal (republican, Ge-
neral) ~ občinska (republi-
ška, Generalna) skupščina;
~ line tekoči trak
assent [ə'sent] privoliti, odo-
briti; soglašati
assert [ə'sɜːt] zagovarjati;
trditi
assertion [ə'sɜːšn] trditev; iz-
java; zagotovilo
assess [ə'ses] oceniti; ob-
davčiti
assessment [ə'sesmənt] oce-
nitev; obdavčenje
assets ['æsəts] (pl) čisto pre-

moženje, aktiva; ~ **and liabilities** aktiva in pasiva
**assiduous** [ə'sɪdjʊəs] marljiv, vztrajen
**assign** [ə'saɪn] dodeliti, določiti; nakazati
**assignment** [ə'saɪnmənt] nakazilo; dodelitev; *(Am)* naloga
**assimilate** [ə'sɪməleɪt] usvojiti (ideje, navade); prilagoditi; presnoviti
**assist** [ə'sɪst] pomagati
**assistance** [ə'sɪstəns] pomoč, sodelovanje; podpora; **technical** ~ tehnična pomoč
**assistant** [ə'sɪstənt] pomožen; pomočnik, asistent; ~ **professor** docent; **shop** ~ prodajalec
**associate** [ə'səʊšɪeɪt] družiti se, priključiti; [ə'səʊšɪət] združen, povezan; družabnik, tovariš; ~ **professor** izredni profesor; ~**d firms** združena podjetja;
**association** [ə.səʊsɪ'aɪšn] združenje, društvo, zveza; združba (npr. rastlinska), asociacija; **economic** ~ gospodarsko združenje
**assort** [ə'sɔːt] sortirati, razporediti
**assuage** [æ'sweɪdž] zmehčati; ublažiti, pomiriti
**assume** [ə'sjuːm] domnevati; prevzeti; dopustiti; **to** ~ **measures** ukrepati
**assumed** [ə'sjuːmd] domneven, lažen; ~ **name** lažno ime, psevdonim
**assumption** [ə'sʌmpšn] domneva; prilastitev; nadutost

**assurance** [ə'šʊərəns] zagotovilo; samozavest; zavarovanje
**assure** [ə'šʊə(r)] prepričati; trditi; zavarovati, jamčiti
**astern** [ə'stɜːn] na krmi, zadaj
**astonish** [ə'stɒnɪš] začuditi, osupniti
**astonishment** [ə's tɒnɪšmənt] začudenje, osuplost
**astound** [ə'staʊnd] presenetiti, osupniti
**astray** [ə'streɪ] na napačni poti; blodeč; zmoten
**astride** [ə'straɪd] razkrečenih nog, okobal
**astrology** [ə'strɒlədžɪ] astrologija
**astronomy** [ə'strɒnəmɪ] astronomija, zvezdoslovje
**astute** [ə'stjuːt] navihan, zvit
**asunder** [ə'sʌndə(r)] narazen
**asylum** [ə'saɪləm] zatočišče, zavetišče; bolnica (za duševne bolezni)
**at** [ət, æt] ob, pri; v, na; za; ~ **all** sploh; ~ **any rate** vsekakor; ~ **first** najprej; ~ **last** končno; ~ **least** vsaj; ~ **most** kvečjemu; ~ **once** takoj, nemudoma; **not** ~ **all** sploh ne; ~ **night** ponoči; ~ **times** včasih
**ate** [et] *glej* EAT*
**atheist** ['eɪθɪɪst] brezbožnik, ateist
**athlete** ['æθliːt] atlet, športnik
**athletics** [æ'θletɪks] atletika
**atlas** ['ætləs] atlas
**atmosphere** ['ætməsfɪə(r)] ozračje, atmosfera; vzdušje
**atom** ['ætəm] atom; ~ **bomb** atomska bomba

**atomic** [ə'tɒmɪk] atomski; ~ **energy** atomska energija; ~ **weapons** atomsko orožje

**atom|izer, ~iser** ['ætəmaɪ-zə(r)] razpršilec, pršilnik

**atone** [ə'təʊn] pokoro delati; odkupiti se

**atrocious** [ə'trəʊšəs] okruten, zloben; grd

**atrocity** [ə'trɒsətɪ] krutost, zloba; ogabnost

**atrophy** ['ætrəfɪ] hiranje, oslabljenje; hirati, slabeti

**attach** [ə'tæč] privezati, pritrditi; navezati se na koga; povezati se s kom; pripisovati komu

**attaché** [ə'tæšeɪ] ataše; ~ **case** poslovni kovček

**attachment** [ə'tæčmənt] hvaležnost, vdanost; dodaten priključek za stroj

**attack** [ə'tæk] napad; napasti

**attain** [ə'teɪn] doseči; pridobiti

**attainment** [ə'teɪnmənt] doseg; znanje; ~ **of independence** pridobitev neodvisnosti

**attempt** [ə'tempt] poskušati; poskus; ~ **on someone's life** atentat

**attend** [ə'tend] udeležiti se, biti prisoten; paziti; postreči; skrbeti za; obiskovati; izvršiti (opravilo); spremljati

**attendance** [ə'tendəns] občinstvo; obisk; pripravljenost; ~ **allowance** dodatek za nego bolnika; ~ **list** seznam navzočih

**attendant** [ə'tendənt] strežnik; spremljevalec

**attention** [ə'tenšn] pozornost; nega; oskrba; **to call to** ~ opozoriti na kaj; **to stand at** ~ stati v pozoru

**attentive** [ə'tentɪv] pazljiv, pozoren; skrben, uslužen

**attenuate** [ə'tenjʊeɪt] olajšati; zmanjšati; razredčiti

**attest** [ə'test] potrditi, pričati; pismeno potrdilo

**attic** ['ætɪk] mansarda; *(pl)* podstrešje

**attire** [ə'taɪə(r)] obleči, okrasiti; obleka, lišp

**attitude** ['ætɪtju:d] stališče, odnos; naravnanost; drža; ~ **test** test stališč

**attorney** [ə'tɜːnɪ] pravni zastopnik, odvetnik; **by** ~ po nalogu; **letter of** ~ pooblastilo

**attract** [ə'trækt] privlačiti, mikati

**attraction** [ə'trækšn] privlačnost, čar, atrakcija

**attractive** [ə'træktɪv] privlačen, prikupen, mikaven, vabljiv

**attribute** [ə'trɪbju:t] pripisovati, prisojati; lastnost; ['ætrɪbju:t] *(gram)* prilastek

**attrition** [ə'trɪšn] obraba; izčrpanost; obžalovanje

**attune** [ə'tju:n] uglasiti, prilagoditi

**aubergine** ['əʊbədži:n] jajčevec, melancana

**auction** ['ɔːkšn, 'ɒkšn] dražba; dražiti, licitirati

**auctioneer** [ˌɔːkšə'nɪə(r)] dražitelj

**audacious** [ɔː'deɪšəs] drzen; nesramen

**audible** [ˈɔːdəbl] slišen, razločen

**audience** [ˈɔːdɪens] občinstvo, poslušalstvo; avdienca

**audit** [ˈɔːdɪt] pregledati račune

**auditor** [ˈɔːdɪtə(r)] kontrolor; poslušalec

**auger** [ˈɔːgə(r)] sveder

**augment** [ɔːgˈment] narasti, povečati

**augur** [ˈɔːgə(r)] vedeževalec; vedeževati

**August** [ˈɔːgəst] avgust

**aunt** [ɑːnt] teta

**au pair** [ˌəʊ ˈpeə(r)] povečini dekle iz tujine, ki pomaga v gospodinjstvu in se hkrati uči tujega jezika

**auricle** [ˈɔːrɪkl] uhelj; srčni preddvor

**aurora** [ɔːˈrɔːrə] zora, svitanje; ~ **borealis** severni sij

**auspices** [ˈɔːspɪsɪz] **under the** ~ **of** pod pokroviteljstvom (koga)

**auspicious** [ɔːˈspɪʃəs] naklonjen; ugoden

**austere** [ʊˈstɪə(r)] resen, strog; trpek

**austerity** [ʊˈsterətɪ] resnost, strogost; trpkost

**Australia** [ˌʊstˈreɪlɪə] Avstralija; ~**n** avstralski; Avstralec, Avstralka

**Austria** [ˈʊstrɪə] Avstrija; ~**n** avstrijski; Avstrijec, Avstrijka

**autarchy** [ˈɔːtɑːkɪ] avtarkija, popolna gospodarska neodvisnost, samozadostnost

**authentic** [ɔːˈθentɪk] izviren, pristen; verodostojen; točen

**authenticate** [ɔːˈθentɪkeɪt] dokazati; overiti

**author** [ˈɔːθə(r)] avtor, pisec

**authoritarian** [ɔːˌθɒrɪˈteərɪən] samovoljen, diktatorski; zagovornik diktature

**authoritative** [ɔːˈθɒrətətɪv] gospodovalen; vpliven, ugleden

**authority** [ɔːˈθɒrətɪ] ugled, oblast; ugledna oseba, strokovnjak, izvedenec; **class** ~ razredna oblast; **full** ~ pooblastilo; **on the best** ~ iz najboljšega vira

**author|ization, ~isation** [ɔːˌθəraɪˈzeɪʃn] pooblastilo; odobritev

**author|ize, ~ise** [ˈɔːθəraɪz] pooblastiti; odobriti

**authorship** [ˈɔːθəʃɪp] avtorstvo

**autobiography** [ˌɔːtəbaɪˈɒgrəfɪ] lastni življenjepis, avtobiografija

**autochthon** [ɔːˈtɑːkθən] samorasten, prvoten, izviren; domorodec

**autocracy** [ɔːˈtɒkrəsɪ] samovlada

**autocrat** [ˈɔːtəkræt] samodržec

**autograph** [ˈɔːtəgrɑːf] lastnoročna pisava, avtogram; lastnoročno se podpisati

**automatic** [ˌɔːtəˈmætɪk] avtomatičen, samodejen; ~ **pilot** avtopilot

**automation** [ˌɔːtəˈmeɪʃn] avtomatizacija

**automobile** [ˈɔːtəməbiːl, ˌɔːtəməˈbiːl] (Am) avtomobil, avto

**automotive** [ˌɔːtəˈməʊtɪv] sa-
mogiben
**autonomous** [ɔːˈtɒnəməs]
avtonomen, neodvisen, sa-
moupraven
**autonomy** [ɔːˈtɒnəmɪ] avto-
nomija, neodvisnost, samo-
uprava
**autopsy** [ˈɔːtɒpsɪ] mrliški
ogled, obdukcija
**autumn** [ˈɔːtəm] jesen; ~al
jesenski
**auxiliary** [ɔːgˈzɪlɪərɪ] poma-
gač; (gram) pomožni glagol
**avail** [əˈveɪl] koristiti, poma-
gati; korist, pomen
**available** [əˈveɪləbl] prost, ne-
zaseden; razpoložljiv
**avalanche** [ˈævəlɑːnš] plaz
**avarice** [ˈævərɪs] lakomnost,
pohlep
**avaricious** [ˌævəˈrɪšəs] lako-
men, pohlepen
**avenge** [əˈvendž] maščevati
(se); kaznovati
**avenue** [ˈævənjuː] (Am)
[ˈævənuː] avenija, široka ve-
lemestna cesta; drevored
**average** [ˈævərɪdž] povpre-
čje; povprečen
**averse** [əˈvɜːs] nenaklonjen;
protiven
**aversion** [əˈvɜːšn] odpor, mr-
žnja, nenaklonjenost
**avert** [əˈvɜːt] odvračati; ~ eyes
odvrniti pogled; preprečiti
**aviation** [ˌeɪvɪˈeɪšn] letalstvo,
aviacija; letenje

**aviator** [ˈeɪvɪeɪtə(r)] letalec,
aviatik
**avid** [ˈævɪd] željan, lakomen
**avoid** [əˈvɔɪd] izogibati se;
odpraviti
**avow** [əˈvaʊ] priznati; izjaviti;
~al priznanje
**await** [əˈweɪt] čakati, priča-
kovati
**awake\*** [əˈweɪk] zbuditi se;
zbujen, buden
**awaken** [əˈweɪkən] glej
AWAKE\*
**award** [əˈwɔːd] dodeliti, pri-
soditi; nagrada, premija
**aware** [əˈweə(r)] zavesten; to
be ~ of zavedati se česa
**away** [əˈweɪ] proč, stran; right
~ takoj
**awe** [ɔː] spoštovanje, strah;
zbuditi spoštovanje, oplašiti
**awful** [ˈɔːfl] strašen, grozen
**awhile** [əˈwaɪl] nekaj časa
**awkward** [ˈɔːkwəd] neroden,
nespreten; nevljuden
**awning** [ˈɔːnɪŋ] platnena
streha, ponjava
**awoke** [əˈwəʊk] glej AWAKE\*
**awry** [əˈraɪ] postrani, narobe
**axe**, (Am) **ax** [æks] sekira; s
sekiro sekati, krčiti
**ax|is** [ˈæksɪs], (pl ~es) os
**axle** [ˈæksl] os koles; ~ grease
kolomaz
**ay, aye** [aɪ] (Scot) ja, da (pritr-
dilni odgovor)
**azure** [ˈæzə(r), ˈæzjʊə(r)] sve-
tlo moder, sinji

# B

**babble** ['bæbl] blebetati, čebljati; žuboreti

**babbler** ['bæblə(r)] gobezdač, blebetač

**babe** [beɪb] otročiček, dojenček

**baboon** [bə'buːn] pavijan

**baby** ['beɪbɪ] dete, otročiček; **~-minder** varuška, ki na svojem domu varuje otroke v odsotnosti staršev; **~-snatcher** ugrabitelj otrok

**babyhood** ['beɪbɪhʊd] zgodnje otroštvo

**baby-sit\*** ['beɪbɪsɪt] varovati otroke v odsotnosti staršev

**bachelor** ['bæčələ(r)] samec; bakalaver, najnižja stopnja akademske izobrazbe

**bacill|us** [bə'sɪləs], (*pl* ~i) bacil

**back** [bæk] hrbet; zadnja, spodnja stran; naslonilo; obrambni igralec pri nekaterih igrah z žogo; iti nazaj, voziti nazaj; zadaj, nazaj; ~ **copy (issue)** stara številka časopisa; ~ **rent** neplačana najemnina; **~stroke** hrbtno plavanje; **to ~-comb** z glavnikom rahljati (tupirati) lase; **to ~ up** podpirati, pomagati; ~ **and forth** sem in tja; ~ **to front** narobe oblečen (s hrbtno stranjo spredaj)

**backbite\*** ['bækbaɪt] obrekovati

**backbone** ['bækbəʊn] hrbtenica

**backer** ['bækə(r)] podpornik; privrženec; indosant

**background** ['bækgraʊnd] ozadje; poreklo

**backhand** ['bækhænd] udarec s hrbtom roke

**backing** ['bækɪŋ] pomoč, podpora; glasbena spremljava

**backstage** [bæk'steɪdž] za kulisami, za odrom

**backwardness** [bækwədnɪs] zaostalost; počasnost; plašnost

**backward(s)** ['bækwəd(z)] nazaj; nazaj obrnjen; počasen; zaostal, nerazvit

**backwater** ['bæk.wɔːtə(r)] stoječa voda; zaostalost, stagnacija

**backwoods** ['bækwʊdz] (*pl*) divji gozdovi; odročni kraji

**bacon** ['beɪkən] slanina

**bacteri|um** [bæk'tɪərɪəm], (*pl* ~a) bakterija

**bad** [bæd] slab; hudoben; ~ **cheque** pokvarjen ček; ček brez kritja; ~ **habit** razvada; ~ **luck** smola; **to write off** ~ **debts** odpisati neizterljive dolgove

**bade** [bæd, beɪd] *glej* BID*
**badge** [bædž] znak, simbol; značka
**badger** ['bædžə(r)] jazbec; nadlegovati
**badminton** ['bædmɪntən] badminton, perjanica
**badness** ['bædnɪs] slabost; hudobnost
**baffle** ['bæfl] zbegati, zmesti
**bag** [bæg] vreč(k)a, torb(ic)a, bisaga; podočnjak
**baggage** ['bægɪdž] *(Am)* prtljaga; ~ **car** voziček za prtljago; ~ **room** *(Am)* garderoba
**baggy** ['bægɪ] vrečast, napihnjen; viseč
**bagpipes** ['bægpaɪps] *(pl)* dude
**bail** [beɪl] poroštvo, jamstvo, kavcija; **to** ~ **out** jamčiti za koga; odskočiti s padalom v primeru nevarnosti
**bailiff** ['beɪlɪf] uradnik; oskrbnik; sodni sluga
**bait** [beɪt] vaba; nastaviti vabo; **spoon** ~ blestivka; ~ **casting** globinski ribolov
**bake** [beɪk] peči, pražiti
**baker** ['beɪkə(r)] pek; ~**'s (shop)**, ~**y** pekarna
**balance** ['bæləns] tehtnica; ravnotežje; saldo; pretehtati, držati v ravnotežju; ~ **of power** ravnotežje sil; ~ **of payments** plačilna bilanca; ~ **of trade** trgovinska bilanca
**balance sheet** ['bæləns ˌši:t] popis imovine, bilanca
**balcony** ['bælkənɪ] balkon
**bald** [bɔ:ld] plešast, gol; **(as)** ~ **as an egg** čisto plešast

**baldness** ['bɔ:ldnɪs] plešavost
**bale** [beɪl] bala, svežanj
**baleful** ['beɪlfʊl] poguben; nesrečen
**balk** [bɔ:k] hlod, ovira, preprečitev; preprečiti, ovirati
**ball** [bɔ:l] žoga, klobčič, krogla; ples; ~ **point** kemični svinčnik
**ballad** ['bæləd] balada
**ballast** ['bæləst] balast, obtežba
**ball bearing** [ˌbɔ:l 'beərɪŋ] kroglični ležaj
**ballet** ['bæleɪ] balet
**balloon** [bə'lu:n] balon
**ballot** ['bælət] volilna kroglica, glasovnica; tajno glasovanje
**balm** [bɑ:m] balzam, blažilo; balzamirati, blažiti; **garden** (*ali* **bee**) ~ melisa
**balsam** ['bɔ:lsəm] tolažba, uteha; pomirjevalno sredstvo
**balustrade** [ˌbælə'streɪd] ograja
**bamboo** [bæm'bu:] bambus
**ban** [bæn] izobčenje, prepoved; izobčiti, prepovedati
**banal** [bə'nɑ:l] plehek; vsakdanji; navaden
**banana** [bə'nɑ:nə] banana
**band** [bænd] godba; trak, vez; tolpa; povezati
**bandage** ['bændɪdž] povoj, obveza; obvezati
**banda(n)na** [bæn'dænə] živo pisana ruta
**bandit** ['bændɪt] bandit, razbojnik
**bandmaster** ['bændmɑ:stə(r)] kapelnik

**bandy** ['bændɪ] premetavati; pričkati se; ~-legged krivonog

**bandsman** ['bændsmən] godbenik (pri godbi na pihala)

**bane** [beɪn] poguba, smrt; ~ful strupen; smrten, poguben

**bang** [bæŋ] udarec; udariti, zaloputniti

**bangle** ['bæŋgl] zapestnica, obroček

**banish** ['bænɪš] pregnati, spoditi

**banishment** ['bænɪšmənt] izgon, pregnanstvo

**banister(s)** ['bænɪstə(r)(z)] stopniščna ograja

**banjo** ['bændžəʊ] banjo

**bank** [bæŋk] breg (reke), sipina; banka; zajeziti; hraniti v banki; **blood ~** krvna banka; **branch ~** podružnica; **~ of issue** emisijska banka; **commercial ~** poslovna banka; **~ book** hranilna knjižica; **~ deposit** hranilna vloga; **~ statement** bančni izpisek

**banker** ['bæŋkə(r)] bankir; ~'s **order** trajni nalog

**banking** ['bæŋkɪŋ] bančništvo

**banknote** ['bæŋknəʊt] bankovec; **circulation of ~s** obtok bankovcev

**bankrupt** ['bæŋkrʌpt] bankrotiran, nezmožen plačila

**bankruptcy** ['bæŋkrəpsɪ] bankrot, stečaj

**banner** ['bænə(r)] transparent; prapor, zastava

**banquet** ['bæŋkwɪt] banket, slavnostna pogostitev

**banter** ['bæntə(r)] norčija; šaliti se

**baptism** ['bæptɪzəm] krst

**bapt|ize**, **~ise** [bæp'taɪz] krstiti

**bar** [bɑ:(r)] (kovinska, lesena itd.) palica; zapah; ovira; zapahniti, ovirati, zadrževati; kos (mila), tablica (čokolade); točilnica, pult; takt; **the B~** odvetništvo; **asymmetric ~s** dvovišinska bradlja; **~ code** črtna koda; **horizontal ~** drog; **parallel ~s** bradlja

**barbarian** [bɑ:'beərɪən] barbar; surov

**barbarous** ['bɑ:bərəs] barbarski, neciviliziran; neolikan; brutalen

**barbecue** ['bɑ:bɪkju:] raženj; slavje na prostem

**barbed** [bɑ:bd] **~ wire** bodeča žica

**barbel** ['bɑ:bl] mrena (riba)

**barber** ['bɑ:bə(r)] brivec

**bard** [bɑ:d] ljudski pevec; pesnik

**bare** [beə(r)] gol, nag; odkriti, razgaliti; **~ bones** gola dejstva

**barefaced** ['beəfeɪst] nesramen, predrzen

**barefoot** ['beəfʊt] bos

**barely** ['beəlɪ] komaj; samo

**bareness** ['beənɪs] golota; revščina

**bargain** ['bɑ:gɪn] barantati, trgovati; kupčija, pogodba

**barge** [bɑ:dž] barka, velik čoln

**bark** [bɑːk] lubje; lajež; odstraniti lubje; lajati; ~ **beetle** lubadar

**barley** ['bɑːlɪ] ječmen

**barman** ['bɑːmən] barman, točaj; strokovnjak za pripravo mešanih pijač

**barn** [bɑːn] skedenj, svisli

**barnyard** ['bɑːnjɑːd] kmečko dvorišče

**barograph** ['bærə͵grɑːf] merilnik z zapisovalnikom zračnega pritiska

**barometer** [bə'rɒmɪtə(r)] barometer, merilnik zračnega pritiska

**baron** ['bærən] baron; ~**ess** baronica

**barrack** ['bærək] (pl) vojašnica; **to** ~ glasno prekinjati (npr. politični govor)

**barrage** ['bærɑːg] zajezitev, zapora

**barrel** ['bærəl] sod; puškina cev; mera za tekoče gorivo (159 l)

**barrel organ** ['bærəl ͵ɔːgən] lajna

**barren** ['bærən] jalov, neploden; ~ **land** goličava

**barricade** [͵bærɪ'keɪd] cestna pregrada, zapreka

**barrier** ['bærɪə(r)] pregrada, ovira, zapora

**barrister** ['bærɪstə(r)] (Br) odvetnik (s pravico braniti na višjem sodišču), zagovornik

**barroom** ['bɑː͵ruːm] točilnica

**barrow** ['bærəʊ] samokolnica; nosila

**bartender** ['bɑː͵tendə(r)] glej BARMAN

**barter** ['bɑːtə(r)] zamenjavati

blago, barantati; direktna menjava (blaga)

**base** [beɪs] osnova, temelj; osnovati, opirati se; **military** ~ vojaško oporišče

**baseball** ['beɪsbɔːl] športna igra z žogo, baseball

**basement** ['beɪsmənt] podpritličje, kletna etaža

**bashful** ['bæʃfl] boječ, sramežljiv

**basic** ['beɪsɪk] osnoven, temeljen; ~ **slag** žlindra, uporabna za umetno gnojilo; ~ **structure** infrastruktura

**basilica** [bə'zɪlɪkə] bazilika

**basin** ['beɪsn] kotlina, udorina; umivalnik

**basis** ['beɪsɪs] osnova, podlaga, temelj, baza

**bask** [bɑːsk] greti se, sončiti se

**basket** ['bɑːskɪt] koš, košara; **as blind as a** ~ popolnoma slep

**basketball** ['bɑːskɪtbɔːl] košarka

**basket dinner** ['bɑːskɪt ͵dɪnə(r)] piknik

**basketwork** ['bɑːskɪt͵wɜːk] pletarstvo

**bass** [beɪs] nizek, globok; bas; basist

**bassoon** [bə'suːn] fagot

**bastard** ['bɑːstəd] bastard, križanec; nezakonski otrok; izrodek, izvržek

**baste** [beɪst] z maščobo politi; sešiti

**bastion** ['bæstɪən] branik

**bat** [bæt] netopir; palica za kriket; **to go** ~ ponoreti

**batch** [bæč] peka (kruha);

svežanj, kup; ~ **file** *(comp)* paketna datoteka

**bate** [beɪt] popustiti, zmanjšati; **with ~d breath** s pridušenim dihom

**bath** [bɑ:θ] kopel, kad; kopati se v kopalnici

**bathe** [beɪð] kopati se na prostem

**bathing costume** ['beɪðɪŋ ˌkɒstjuːm] kopalna obleka

**bathrobe** ['bɑ:θrəʊb] kopalni plašč; *(Am)* domača halja

**bathroom** ['bɑ:θruːm] kopalnica

**bathtub** ['bɑ:θtʌb] kopalna kad

**batman** ['bætmən] *(Br)* častnikov sluga

**baton** ['bætn, bætɒn] taktirka, palica

**battalion** [bə'tæliən] bataljon

**batten** ['bætn] deska, letev; **to ~ down** z deskami (letvami) zabiti; **to ~ on another person** živeti na račun koga

**batter** ['bætə(r)] tolči, udarjati; testo za palačinke

**battery** ['bætərɪ] baterija; akumulator

**battle** ['bætl] boj, bitka; boriti se, bojevati se

**battlefield** ['bætlfiːld] bojišče

**battlements** ['bætlmənts] grajski zid s strelnimi linami

**battleship** ['bætlʃɪp] bojna ladja

**bauble** ['bɔːbl] ničevost, kič

**bauxite** ['bɔːksaɪt] boksit

**bawl** [bɔːl] kričati, dreti se

**bay** [beɪ] morski zaliv; **~-window** okno v tinu

**bayonet** ['beɪənɪt] bajonet

**be\*** [bɪ, biː] biti, obstajati

**beach** [biːč] plaža, peščena obala in plitvo obrežno morje

**beachhead** ['bɪč.hed] obalno oporišče

**beacon** ['biːkən] svetlobni signal, svetilnik; signalizirati, svariti

**bead** [biːd] biser, korala, kapljica; **~ing** okras v obliki kroglic

**beagle** ['biːgl] angleški brak, sledni pes

**beak** [biːk] kljun; konica

**beaker** ['biːkə(r)] pokal; posoda z rilčkom

**beam** [biːm] tram, bruno; žareti; smehljati se; **~ wind** bočni veter

**bean** [biːn] fižol; **baked ~s** konzerviran bel fižol v paradižnikovi omaki; **string** *(ali* **French)** **~s** stročji fižol; **~pole** dolgin, prekla

**bear** [beə(r)] medved; **~'s foot** teloh

**bear\*** [beə(r)] nositi, prenašati; podpirati; roditi; **to ~ arms** služiti vojake; **to ~ company** delati komu družbo; **to ~ evidence** pričati, dokaz(ov)ati

**bearable** ['beərəbl] znosen, vzdržen

**beard** [bɪəd] brada

**bearer** ['beərə(r)] nosač, prinašalec

**bearing** ['beərɪŋ] vpliv; vedenje; drža; ležaj; **~ capacity** nosilnost; **to find one's ~** znajti se; **to lose one's ~** zmesti se; **beyond ~** neznosen

**bearskin** ['beəskɪn] medvedja koža; kučma iz medvedje kože

**beast** [biːst] zverina, žival; prasec

**beat\*** [biːt] udariti, biti, tolči; premagati; ritem, takt; udarec, utrip; **to ~ about the bush** ne priti z besedo na dan; **on the ~** na obhodu (policijskega) območja

**beater** ['biːtə(r)] tolkač, iztepač

**beau** [bəʊ] gizdalin, ženskar

**beautician** [bjuːˈtɪšn] kozmetičarka

**beautiful** ['bjuːtɪfl] lep, krasen

**beautify** ['bjuːtɪfaɪ] polepšati

**beauty** ['bjuːtɪ] lepota; lepotica; **~ contest** lepotno tekmovanje; **~ parlour (salon)** kozmetični salon; **~ sleep** spanje pred polnočjo

**beaver** ['biːvə(r)] bober

**becalm** [bɪˈkɑːm] pomiriti

**became** [bɪˈkeɪm] *glej* BECOME\*

**because** [bɪˈkɒz] ker; **~ of** zaradi, zavoljo

**beck** [bek] migljaj; **to be at ~ and call** biti na voljo

**beckon** ['bekən] pomežikniti, pomigniti

**become\*** [bɪˈkʌm] postati; pristajati

**becoming** [bɪˈkʌmɪŋ] primeren; spodoben

**bed** [bed] postelja; greda; struga, morsko dno; **~ linen** posteljnina; **~pan** nočna posoda

**bedding** ['bedɪŋ] posteljnina, stelja

**bedlam** ['bedləm] norišnica, kaos

**bedridden** ['bed.rɪdn] bolan; na posteljo priklenjen

**bedrock** ['bedrɒk] živa skala; trdna podlaga

**bedroom** ['bedruːm] spalnica

**bedsitter** [.bed'sɪtə(r)] *(Br)* najeta opremljena soba

**bedspread** ['bedspred] posteljno pregrinjalo

**bedstead** ['bedsted] posteljno ogrodje

**bedtime** ['bedtaɪm] čas, ko gremo spat

**bee** [biː] čebela; **~keeper** čebelar; **~line** zračna črta, najkrajša razdalja; **queen ~** matica

**beech** [biːč] bukev

**beef** [biːf] govedina; **~steak** biftek, goveji zrezek

**Beefeater** ['biːfiːtə(r)] *(Br)* stražar v trdnjavi Tower v Londonu

**beehive** ['biːhaɪv] panj

**been** [biːn] *glej* BE\*

**beer** [bɪə(r)] pivo

**beeswax** ['biːzwæks] čebelji vosek

**beet** [biːt] pesa; **sugar ~** sladkorna pesa

**beetle** ['biːtl] hrošč; **black ~** ščurek

**beetroot** ['biːtruːt] pesa

**befall\*** [bɪˈfɔːl] doleteti; zgoditi se

**befell** [bɪˈfel] *glej* BEFALL\*

**befit** [bɪˈfɪt] ustrezati, prilegati se

**before** [bɪˈfɔː(r)] prej; spredaj; v navzočnosti; preden; **~ all** predvsem; **the day ~ yester-**

**day** predvčerajšnjim; ~ **long** kmalu

**beforehand** [bɪ'fɔ:hænd] vnaprej; predhodno

**befriend** [bɪ'frend] pomagati, ravnati kot s prijateljem

**befuddle** [bɪ'fʌdl] zmesti; opiti koga

**beg** [beg] prositi; beračiti

**began** [bɪgæn] *glej* BEGIN*

**beget*** [bɪ'get] zaploditi; povzročiti

**beggar** ['begə(r)] berač, revež; spraviti na beraško palico

**begin*** [bɪ'gɪn] pričeti, začeti

**beginner** [bɪ'gɪnə(r)] začetnik, novinec

**beginning** [bɪ'gɪnɪŋ] začetek, nastanek

**begot** [bɪ'gɒt] *glej* BEGET*

**begrudge** [bɪ'grʌdž] zavidati; nerad dati

**beguile** [bɪ'gaɪl] prevarati; zapeljati

**begun** [bɪ'gʌn] *glej* BEGIN*

**behalf** [bɪ'hɑ:f] korist, prid; **in** (*ali* **on**) ~ **of** v imenu, v korist

**bahaviour,** (*Am*) **behavior** [bɪ'heɪvjə(r)] vedenje; ~ **pattern** vedenjski vzorec

**behave** [bɪ'heɪv] obnašati se, vesti se

**behaviourism,** (*Am*) **behaviorism** [bɪ'heɪvjərɪzəm] behaviorizem

**behead** [bɪ'hed] obglaviti

**beheld** [bɪ'held] *glej* BEHOLD*

**behind** [bɪ'haɪnd] zadaj; za; ~ **time** pozen, z zakasnitvijo

**behold*** [bɪ'həʊld] zagledati, opaziti

**beige** [beɪž] bež, umazano bel

**being** ['bi:ɪŋ] bitje; eksistenca

**bejewel** [bɪdžu:əl] posejati z biseri

**belated** [bɪ'leɪtɪd] zakasnel, zapoznel

**belch** [belč] kolcati se, rigati; bruhati (dim, ogenj)

**beleaguer** [bɪ'li:gə(r)] blokirati; oblegati

**belfry** ['belfri] zvonik

**Belgijum** ['beldžəm] Belgija; ~**an** belgijski; Belgijec, Belgijka

**belie** [bɪ'laɪ] nalagati; prevarati

**belief** [bɪ'li:f] prepričanje, vera, zaupanje

**believable** [bɪ'li:vəbl] verjeten

**believe** [bɪ'li:v] verjeti, zaupati; misliti

**believer** [bɪ'li:və(r)] vernik

**belittle** [bɪ'lɪtl] podcenjevati, omalovaževati

**bell** [bel] zvon, zvonec

**bellboy** ['belbɔɪ] hotelski sluga

**belligerence** [bɪ'lɪdžərəns] vojskovanje; bojevitost

**bellow** ['beləʊ] rjoveti, tuliti

**bellows** ['beləʊz] (*pl*) meh

**belly** ['belɪ] trebuh; želodec; ~ **button** popek; ~ **dance** trebušni ples

**belong** [bɪ'lɒŋ] pripadati, spadati

**belongings** [bɪ'lɒŋɪŋz] (*pl*) lastnina, premoženje

**Belorussia** [beləʊ'rʌšə] Belorusija; ~**n** beloruski; Belorus(inja)

**beloved** [bɪ'lʌvd] ljubljen, drag; ljubček, ljubica

**below** [bɪ'ləʊ] spodaj; pod; ~ **the average** pod povprečjem; ~ **par** pod nominalno ceno

**belt** [belt] pas; cona; transmisijski jermen; **conveyor** ~ tekoči trak; **black** ~ področje s strnjeno naseljenim črnskim prebivalstvom

**bemoan** [bɪ'məʊn] žalovati, objokovati

**bench** [benč] klop, delovna miza; sodni stol, sodniki; (geol) terasa

**bend\*** [bend] upogniti, skloniti, zaviti, vdati se; ovinek, pregib

**bender** [bendə(r)] **to be on a** ~ krokati

**beneath** [bɪ'niːð] glej BELOW

**benediction** [ˌbenɪ'dɪkšn] blagoslov

**benefactor** ['benɪfæktə(r)] dobrotnik

**beneficent** [bɪ'nefɪsnt] dobrotljiv, radodaren

**beneficiary** [ˌbenɪ'fišərɪ] uporabnik, dedič

**benefit** ['benɪfɪt] korist, prid, ugodnost; imeti korist od; ~ **concert** koncert v dobrodelne namene; **unemployment** ~ podpora za nezaposlene

**benevolence** [bɪ'nevələns] dobrohotnost; dobrodelnost; naklonjenost

**benevolent** [bɪ'nevələnt] dobrohoten; naklonjen; ~ **fund** podporni sklad; ~ **society** podporno društvo

**benighted** [bɪ'naɪtɪd] neveden, intelektualno ali mo-

ralno ravnodušen; ki ga je noč presenetila, zalotila

**benign** [bɪ'naɪn] blag, mil; prijazen; nenevaren

**benignity** [bɪ'nɪgnətɪ] dobrota; uslužnost

**bent** [bent] upognjen, ukrivljen, sključen, zvit; **to have a** ~ **for something** imeti nagnjenje k čemu; glej BEND\*

**benumbed** [bɪ'nʌmd] otrpel, odreveneel

**bequeath** [bɪ'kwiːð] zapustiti (v oporoki)

**bequest** [bɪ'kwest] zapuščina, volilo

**berate** [bɪ'reɪt] grajati, zmerjati

**bereave\*** [bɪ'riːv] oropati, odvzeti

**bereft** [bɪ'reft] glej BEREAVE\*

**beret** ['bereɪ] baretka

**berry** ['berɪ] jagoda

**berth** [bɜːθ] ležišče; **two-~ cabin** dvoposteljna kabina (na ladji); usidrati, preskrbeti ležišče

**beseech\*** [bɪ'siːč] rotiti, prositi

**beset\*** [bɪ'set] oblegati; obkrožati; napadati

**beside** [bɪ'saɪd] poleg, blizu; **to be** ~ **oneself** biti ves iz sebe

**besides** [bɪ'saɪdz] poleg tega, prav tako, povrhu

**besiege** [bɪ'siːdž] naskočiti, oblegati

**besotted** [bɪ'sɒtɪd] **to be** ~ **with (by)** biti ves nor na kaj

**besought** [bɪ'sɔːt] glej BESEECH\*

**bespeak\*** [bɪ'spi:k] naročiti, zagotoviti, pokazati

**best** [best] najboljši, najboljše; ~ **man** drug pri poroki; ~**-seller** zelo uspešna knjiga

**bestir** [bɪ'stɜ:(r)] zganiti se, pohiteti

**bestow** [bɪ'stəʊ] dati, podariti; položiti

**bet\*** [bet] staviti, (Am) misliti; stava

**betide\*** [bɪ'taɪd] pripetiti, zgoditi se; Woe ~ you! Gorje tebi!

**betray** [bɪ'treɪ] izdati, izneveriti se; ~**al** izdajstvo

**betroth** [bɪ'trəʊð] zaročenec, zaročenka; zaročiti

**better** ['betə(r)] boljši, bolje; izboljšati

**between** [bɪ'twi:n] med, vmes

**bevel** ['bevl] poševen; poševno odrezati

**beverage** ['bevərɪdž] pijača

**bevy** ['bevɪ] jata, gruča, krdelo

**bewail** [bɪ'weɪl] objokovati, tarnati

**beware** [bɪ'weə(r)] paziti se

**bewilder** [bɪ'wɪldə(r)] zmesti, zbegati

**bewitch** [bɪ'wɪč] začarati, uročiti; očarati

**beyond** [bɪ'jɒnd] na oni strani, prek(o), čez; ~ **hope** brezupen; ~ **one's means** prepotratno; ~ **understanding** nerazumljivo

**biannual** [baɪ'ænjʊəl] dvakrat letno

**bias** ['baɪəs] nagnjenost, poševnost; predsodek; nagniti, pristransko ravnati, vplivati

**bib** [bɪb] slinček

**Bible** ['baɪbl] sveto pismo, biblija

**bibliography** [ˌbɪblɪ'ɒgrəfɪ] bibliografija

**bicameral** [ˌbaɪ'kæmərəl] (pol) dvodomen

**bicarbonate** [ˌbaɪ'kɑ:bənət] bikarbonat

**bicentenary** [ˌbaɪsen'ti:nərɪ] dvestoletnica

**bicentennial** [ˌbaɪsen'tenɪəl] dvestoleten

**bicker** ['bɪkə(r)] prerekati se, pričkati se

**bicycle** ['baɪsɪkl] kolo, bicikel; ~ **shed** kolesarnica

**bid\*** [bɪd] ukazati, zapovedati; ponujati; ponudba, prošnja, zahteva

**bidder** ['bɪdə(r)] ponudnik; kupec

**bide** [baɪd] **to ~ one's time** čakati (na priložnost)

**bidet** ['bi:deɪ] bidé

**biennial** [baɪ'enɪəl] dveleten; (bot) dvoletnica

**bier** [bɪə(r)] mrtvaška nosila

**big** [bɪg] velik; pomemben; ~ **game** velika divjačina; ~ **mouth** blebetač; ~ **shot** ( ali fish) odličnik, velika "živina"; ~ **toe** palec na nogi

**bigamy** ['bɪgəmɪ] bigamija, dvoženstvo

**bight** [baɪt] zanka; zaliv

**bigot** ['bɪgət] pobožnjak; fanatik; ~**ry** pobožnjaštvo; fanatizem

**bilateral** [ˌbaɪ'lætərəl] dvostranski, obojestranski

**bilberry** ['bɪlbərɪ] glej BLUE-BERRY

**bile** [baɪl] žolč; jeza; žolčnost;
~-**duct** žolčevod
**bilingual** [ˌbaɪˈlɪŋgwəl] dvoje-
zičen
**bilious** [ˈbɪlɪəs] žolčen, vroče-
krven; čemeren
**bill** [bɪl] račun; zakonski
osnutek; blagajniški listek;
lepak; bankovec; kljun; ~ **of
exchange** menica; ~ **of fare**
jedilnik; ~ **of lading** ladijski
tovorni list; ~ **of sale** kupo-
prodajna pogodba; **to pass a**
~ sprejeti zakonski osnutek
**billet** [ˈbɪlɪt] nastaniti vojake,
jim dodeliti stanovanje
**billfold** [ˈbɪlfəʊld] *(Am)*
listnica
**billiards** [ˈbɪlɪədz] biljard
**billion** [ˈbɪlɪən] bilijon; *(Am)*
milijarda
**billow** [ˈbɪləʊ] velik val;
valovati
**bill poster** [ˈbɪl ˌpəʊstə(r)] le-
pilec plakatov
**billy** [ˈbɪlɪ] kotel za kuhanje
na prostem; *(Am)* policijska
gumijevka; ~ **goat** kozel
**bimonthly** [ˌbaɪˈmʌnθlɪ] štiri-
najstdneven; štirinajstdnev-
nik
**bin** [bɪn] zaboj, košara; **dust**~
smetnjak
**bind*** [baɪnd] vezati, zvezati,
zavezati; prisiliti
**binding** [ˈbaɪndɪŋ] obvezujoč;
vezava, platnice; *(pl)* vezi za
smuči
**bingo** [ˈbɪŋgəʊ] loterija
**binoculars** [bɪˈnɒkjʊləz] *(pl)*
daljnogled
**biochemistry** [ˌbaɪəʊˈkem-
ɪstrɪ] biokemija

**biodegradable** [ˌbaɪəʊdɪ-
ˈgreɪdəbl] snovi, ki se raz-
krajajo ali razpadejo po na-
ravni poti in ne onesnažujejo
okolja
**biography** [baɪˈɒgrəfɪ] življe-
njepis; ~**er** življenjepisec
**biology** [baɪˈɒlədʒɪ] biolo-
gija; ~**ist** biolog
**bipartisan** [ˌbaɪpɑːtɪˈzæn]
dvostrankarski
**biped** [ˈbaɪped] dvonožen;
dvonožec
**birch** [bɜːč] breza; brezovka
(šiba)
**bird** [bɜːd] ptič; ~ **of prey** ptica
ujeda; ~'**s-eye view** ptičja
perspektiva
**birth** [bɜːθ] rojstvo, porod;
~ **control** kontracepcija; ~
**rate** število rojstev, rodnost;
~**mark** vrojeno znamenje
**birthday** [ˈbɜːθdeɪ] rojstni dan
**birthplace** [ˈbɜːθpleɪs] rojstni
kraj
**birthright** [ˈbɜːθraɪt] pravica
po rojstvu
**biscuit** [ˈbɪskɪt] keks, piškot;
prepečenec
**bisect** [baɪˈsekt] razpoloviti
**bisexual** [ˌbaɪˈseksʊəl] dvo-
spolen
**bishop** [ˈbɪšəp] škof; (pri
šahu) tekač
**bison** [ˈbaɪsn] bizon
**bistro** [ˈbiːstrəʊ] majhna
restavracija
**bit** [bɪt] košček, malenkost,
novčič; *(comp)* bit; ~ **by** ~ po-
lagoma; **a** ~ **of** malo česa;
~**s and pieces** drobnarije,
drobni ostanki
**bit** [bɪt] *glej* BITE*

**bitch** [bɪč] psica; vlačuga

**bite\*** [baɪt] gristi, pičiti, zbosti; ugriz, pik, grižljaj

**bitten** ['bɪtn] *glej* BITE\*

**bitter** ['bɪtə(r)] grenek, bridek, oster, ogorčen; grenkoba; svetlo pivo

**bivalve** ['baɪvælv] školjka; dvolupinski, dvozaklopen

**bivouac** ['bɪvʊæk] bivak; bivakirati

**blab** [blæb] klepetati, blebetati

**black** [blæk] črn, temen; obupan; ~ **death** kuga; ~ **ice** poledica; ~ **lead** grafit; ~ **magic** magija; ~ **pudding** krvavica

**blackball** ['blækbɔ:l] glasovati proti; izključiti

**blackberry** ['blækbərɪ] robidnica; ~ **bush** robida

**blackbird** ['blækbɜːd] *(zool)* kos

**blackboard** ['blækbɔːd] šolska tabla

**blackcurrant** [,blæk'kʌrənt] črni ribez

**blacken** ['blækən] počrniti; očrniti

**blackguard** ['blægɑːd] malopridnež, falot; psovati koga

**blackhead** ['blækhed] ogrc

**blackleg** [blækleg] stavkokaz

**blackmail** ['blækmeɪl] izsiljevati

**blackout** ['blækaʊt] zatemnitev; zatemniti

**blacksmith** ['blæksmɪθ] kovač

**bladder** ['blædə(r)] mehur

**blade** [bleɪd] rezilo; ozek list; bilka; **razor** ~ britvica; **shoulder** ~ lopatica

**blame** [bleɪm] grajati, oštevati, imeti koga za krivega

**blameless** ['bleɪmlɪs] nedolžen, neoporečen

**blanch** [blɑːnč] beliti; prebledeti

**bland** [blænd] mil, pohleven, ljubezniv

**blandish** ['blændɪš] laskati, dobrikati se

**blank** [blæŋk] bel, nepopisan, prazen; obrazec; praznina; slepi naboj

**blanket** ['blæŋkɪt] odeja; **wet** ~ nekdo, ki pokvari zabavo

**blare** [bleə(r)] trobiti, rjoveti, doneti

**blaspheme** [blæs'fi:m] preklinjati, psovati, sramotiti

**blasphemy** ['blæsfəmɪ] bogokletje, preklinjanje boga

**blast** [blɑːst] sunek vetra, piš; eksplozija; razstreliti, uničiti, požgati; ~~**furnace** plavž; **to** ~ **off** sprožiti se; odleteti (raketa)

**blatant** ['bleɪtnt] odkrit, očiten; ~ **disobedience** odkrita nepokorščina; ~ **lie** očitna laž

**blaze** [bleɪz] plamen, požar, izbruh, vzbuh; vzplamteti; razglasiti

**blazer** ['bleɪzə(r)] športni suknjič

**blazon** ['bleɪzn] grb, zastava; opisati, poveličevati

**bleach** [bli:č] beliti, barvo vzeti; beljenje, belilo

**bleak** [bli:k] pust, gol; žalosten

**bleary** [blɪərɪ] moten, zameglen

**bleat** [bli:t] meketati; ječati

**bled** [bled] *glej* BLEED*

**bleed*** [bli:d] krvaveti

**bleep** [bli:p] kratek, visok zvočni signal

**blemish** ['blemɪš] napaka, hiba; pokvariti, omadeževati

**blench** [blenč] trzniti, zdrzniti se

**blend*** [blend] zmešati, spojiti; mešanica

**blent** [blent] *glej* BLEND*

**bless** [bles] blagosloviti, častiti, poveličevati; ~ing blagoslov

**blight** [blaɪt] rastlinska rja, snet; poguba; uničiti, razočarati

**blind** [blaɪnd] slep, zaslepljen; zaslonka, roleta; oslepiti, zastreti

**blind alley** [ˌblaɪnd 'ælɪ] slepa ulica; zagata; ~ occupation poklic, ki nima bodočnosti

**blindfold** ['blaɪndfəʊld] zavezati oči; zavezanih oči, na slepo

**blind man's buff** [ˌblaɪnd ˌmens 'bʌf] slepe miši (igra)

**blindness** ['blaɪndnɪs] slepota, nevednost

**blink** [blɪŋk] mežikati, migljati; blesk, migljanje; trenutek

**blinker** ['blɪŋkə(r)] smerni kazalec (avto)

**bliss** [blɪs] blaženost, sreča; navdušenje

**blister** ['blɪstə(r)] mehur, žulj; ožuliti

**blithe** [blaɪð] dobre volje, vesel

**blizzard** ['blɪzəd] snežni vihar, metež

**bloat** [bləʊt] napeti, napihniti se

**bloc** [blɒk] blok, zveza; the Eastern (Western) ~ vzhodni (zahodni) blok

**block** [blɒk] klada, tnalo; skupina hiš; beležnica; zapreti, ovirati, blokirati; ~ and tackle škripčevje; ~buster nov film ali knjiga, ki obeta velik uspeh na tržišču; velika rušilna bomba; ~ capitals (*ali* letters) velike tiskane črke

**blockade** [blɒ'keɪd] blokada, zapora; blokirati

**blockhead** ['blɒkhed] tepec, bedak, prismoda

**blond(e)** [blɒnd] plavolas(a); plavolasec (plavolaska)

**blood** [blʌd] kri; ~ donor krvodajalec; ~ count krvna slika; ~ group krvna skupina; ~ pressure krvni pritisk; ~stream krvni obtok; ~ vessel krvna žila; in cold ~ hladnokrvno

**bloodhound** ['blʌdhaʊnd] pes krvoslednik; detektiv

**blood pudding** [ˌblʌd 'pʊdɪŋ] krvavica

**bloodshed** ['blʌdšed] prelivanje krvi, pokol

**bloodshot** ['blʌdšɒt] podplut

**bloodthirsty** ['blʌdθɜːstɪ] krvoločen

**bloody** ['blʌdɪ] krvav, preklet; ~ mary vodka s paradižnikovim sokom

**bloom** [blu:m] cvet; cvetenje; cveteti

**blossom** ['blɒsəm] cvet; cveteti

**blot** [blɒt] packa; sramota; umazati, oskruniti; s pivnikom osušiti; ~ter, ~ting paper pivnik

**blotch** [blɒč] ogrc, packa; popackati

**blouse** [blaʊz] bluza

**blow\*** [bləʊ] pihati, napihniti, piskati; zapravljati; udarec, nesreča; to ~ out upihniti; to ~ over miniti; to ~ up razstreliti; to ~ one's nose usekniti se; to ~-dry s fenom oblikovati pričesko; ~lamp spajkalka; ~-out (coll) obilna pojedina; preluknjana, počena zračnica (ali guma); ~-up povečava

**blown** [bləʊn] glej BLOW\*

**blubber** ['blʌbə(r)] ihteti, dreti se; kitovo olje

**bludgeon** ['blʌdžən] krepelce, kij; tepsti, prisiliti

**blue** [blu:] modra barva; (pl) otožnost; navy-~ temnomodra barva; ~ films (stories, jokes) filmi, (zgodbe, šale) povečini v zvezi s spolnostjo; ~-collar (workers) industrijski delavci, ki opravljajo pretežno fizična dela

**bluebell** ['blu:bel] (bot) zvončnica

**blueberry** ['blu:bərı] borovnica

**bluebird** ['blu:bɜ:d] majhen severnoameriški ptič

**bluebottle** ['blu:bɒtl] mesarska muha

**blueprint** ['blu:prɪnt] osnutek, okvirni načrt

**bluff** [blʌf] natvesti, prevarati; varljivo pripovedovanje

**blunder** ['blʌndə(r)] pomota, spodrsljaj; pogrešiti, kozla ustreliti

**blunt** [blʌnt] top, skrhan, robat; skrhati, otopiti

**blur** [blɜ:(r)] zatemniti; zamazati

**blurb** [blɜ:b] knjigotržno oznanilo, reklama na knjižnem ovitku

**blush** [blʌš] zardeti; rdečica

**bluster** ['blʌstə(r)] hrumeti, besneti, širokoustiti se

**boar** [bɔ:(r)] merjasec

**board** [bɔ:d] vkrcati se, stopiti v vlak (letalo); z deskami obiti; deska, miza; oskrba; paluba; uprava; ~ and lodging hrana in stanovanje; B~ of Education ministrstvo za prosveto; ~ of examiners izpitna komisija; managing ~ upravni odbor; chess~ šahovnica; sign~ izvesek

**boarder** ['bɔ:də(r)] abonent, internatski gojenec

**boarding** ['bɔ:dɪŋ] hrana zunaj doma; opaž; vkrcanje; ~ card karta, ki daje potniku pravico do vstopa v letalo ali na ladjo, vstopni karton; ~ house penzion, gostišče; ~ school šola z internatom

**boast** [bəʊst] bahati se, širokoustiti se; ~er bahač, širokoustnež

**boat** [bəʊt] čoln, ladja; to be in the same ~ deliti isto usodo

**boathouse** ['bəʊthaʊs] čolnarna

**boatswain** ['bəʊsn] poveljnik palube

**bob** [bɒb] gugati se; na kratko ostriči; **to ~ up** nepričakovano se prikazati; poklon, trzaj; **~sleigh** tekmovalne sani z volanom

**bobbin** ['bɒbɪn] vretence, klekelj; **~ lace** klekljana čipka

**bobby** ['bɒbɪ] londonski stražnik

**bode** [bəʊd] napovedati, dati slutiti

**bodice** ['bɒdɪs] steznik, životec

**body** ['bɒdɪ] telo, život; karoserija; **~~building** krepitev mišic; **~guard** telesna straža; **~ shop** avtoklepar; **~ stocking** triko, tesno se prilegajoča pletena obleka; **economic management ~** organ gospodarskega upravljanja; **representative ~** predstavniški organ; **to keep ~ and soul together** preživljati se

**bog** [bɒg] močvirje; **to be ~ged down** pogrezniti se, obtičati (v blatu)

**bohemian** [bəʊ'hi:mɪən] boem, boemski

**boil** [bɔɪl] (za)vreti, kipeti; tvor, bula

**boiler** ['bɔɪlə(r)] bojler, grelec vode, kotel; **~ room** (ali **house**) kotlovnica; **~ suit** kombinezon

**boisterous** ['bɔɪstərəs] vihrav; glasen, hrupen

**bold** [bəʊld] drzen, smel, pogumen, močan; polkrepek (tisk)

**bolster** ['bəʊlstə(r)] blazina, vzglavnik; podpreti, oblaziniti

**bolt** [bəʊlt] zapah, vijak z matico; zapahniti, odkuriti jo, goltati

**bomb** [bɒm] bomba; bombardirati; **~ disposal squad** (ali **unit**) enota za uničevanje neeksplodiranih bomb

**bombard** [bɒm 'bɑ:d] bombardirati

**bomber** ['bɒmə(r)] bombnik; bombaš

**bombshell** ['bɒmšel] bomba; presenečenje

**bon-bon** ['bɒnbɒn] sladkorček, bonbon

**bond** [bɒnd] vez, obveznost, zadolžnica; zlepiti, povezati se

**bondage** ['bɒndɪdž] hlapčevstvo, suženjstvo; odvisnost

**bone** [bəʊn] kost; obirati kosti; guliti se

**bonfire** ['bɒnfaɪə(r)] kres

**bonnet** ['bɒnɪt] klobuk, čepica

**bonny** ['bɒnɪ] čeden, prijeten

**bonus** ['bəʊnəs] premija, nagrada; **~ job** akordno delo

**bony** ['bəʊnɪ] koščen

**booby prize** ['bu:bɪ praɪz] šaljiva nagrada zadnjemu v tekmi

**booby-trap** ['bu:bɪtræp] nastavljena ovira; mina; neslana šala

**book** [bʊk] knjiga; vknjižiti, rezervirati

**bookbinder** ['bʊkbaɪndə(r)] knjigovez

**bookcase** ['bʊkkeɪs] knjižna omara

**booking** ['bʊkɪŋ] prodaja vozovnic, vstopnic; rezervacija sob; ~ office blagajna (gledališka, železniška)

**bookkeeper** ['bʊkki:pə(r)] knjigovodja

**bookkeeping** ['bʊkki:pɪŋ] knjigovodstvo

**booklet** ['bʊklɪt] knjižica, brošura

**bookmaker** ['bʊkmeɪkə(r)] poklicni svetovalec pri dirkah

**book plate** ['bʊkpleɪt] ex libris

**bookseller** ['bʊkselə(r)] knjigarnar; second-hand ~ antikvar

**bookshop** ['bʊkʃɒp] knjigarna

**bookstall** ['bʊkstɔ:l] kiosk, stojnica za prodajo časopisov in knjig

**bookstore** ['bʊkstɔ:(r)] (Am) knjigarna

**boom** [bu:m] konjunktura, blagostanje; uspevati

**boon** [bu:n] dobrota, usluga

**boor** [bʊə(r)] neotesanec, kmetavz

**boost** [bu:st] spodbujati, podpreti, pomagati, delati reklamo; rast, pomoč, spodbujanje

**boot** [bu:t] visok čevelj; prtljažnik; obuti; brcniti

**booth** [bu:ð] koča, lopa, stojnica; telephone ~ telefonska govorilnica

**bootleg** [bu:tleg] nezakonito preskrbeti oziroma tihotapiti alkohol

**booty** ['bu:tɪ] plen

**booze** [bu:z] pijača; pijančevati; ~-up pijančevanje, krokanje

**border** ['bɔ:də(r)] rob, meja, obmejni pas; mejiti, obrobljati

**bore** [bɔ:(r)] izvrtina, luknja; vrtati, kopati, dolgočasiti

**bore** [bɔ:(r)] glej BEAR*

**bored** [bɔ:d] zdolgočasen; He is ~. Dolgočasi se.

**boredom** ['bɔ:dəm] dolgčas

**boring** ['bɔ:rɪŋ] dolgočasen, duhamoren; The book is ~. Knjiga je dolgočasna.

**born** [bɔ:n] rojen; to be ~ roditi se

**borne** [bɔ:n] glej BEAR*

**borough** ['bʌrə] mestece, trg; del večjega mesta, ki ima svojo upravo

**borrow** ['bɒrəʊ] izposoditi si

**Bosnia** ['bɒznɪə] Bosna; ~n bosanski; Bosanec, Bosanka

**bosom** ['bʊzəm] nedra, (ženske) prsi; ~ friend zaupen prijatelj

**boss** [bɒs] šef, predstojnik, vodja (oddelka); voditi, upravljati

**bossy** ['bɒsɪ] oblasten, zapovedovalen

**botany** ['bɒtənɪ] botanika

**botch** [bɒč] krpa, skrpucalo; šušmariti, krpati; ~er krpač, šušmar

**both** [bəʊθ] oba, eden in drugi

**bother** ['bɒθə(r)] nadlegovati, dolgočasiti; biti zaskrbljen

**bottle** ['bɒtl] steklenica; ustekleničiti; vlagati (sadje)

**bottom** ['bɒtəm] dno, tla, vznožje; zadnjica; najnižji, osnoven

**bough** [baʊ] veja

**bought** [bɔːt] *glej* BUY*

**boulder** ['bəʊldə(r)] prod; pečina

**boulevard** ['buːləvɑːd] bulvar, široka velemestna cesta

**bounce** ['baʊns] odbiti; zavrniti (ček); poskakovati

**bouncer** ['baʊnsə(r)] odbijač; ček brez kritja; redar v lokalu

**bound** [baʊnd] *glej* BIND*; (za)vezan; dolžan; *I am ~ to say...* Dolžan sem reči...; *It is ~ to happen.* Gotovo se bo zgodilo.; *We are ~ by an agreement.* Veže nas sporazum.; **to be ~ for** biti namenjen v; **to be ~ up with** biti (tesno) povezan s/z

**bound** [baʊnd] skakati, poskakovati

**boundary** ['baʊndrɪ] mejna linija; mejen; **~ stone** mejnik

**boundless** ['baʊndlɪs] brezmejen, neskončen

**bounteous** ['baʊntɪəs] radodaren, obilen

**bounty** ['baʊntɪ] radodarnost; nagrada, darilo

**bouquet** [bʊ'keɪ] šopek

**bourgeois** ['bɔːžwɑː] buržoazen; **petty ~** malomeščanski

**bourgeoisie** [ˌbɔːžwɑː'ziː] buržoazija, meščanstvo

**bout** [baʊt] doba; poskus; napad

**bovine** ['bəʊvaɪn] volovski; topoglav, butast

**bow** [bəʊ] lok, mavrica, pentlja; usločiti; **~ tie** metuljček

**pentlja; ~ window** izbočeno okno

**bow** [baʊ] poklon; prikloniti, klanjati se

**bowels** ['baʊəlz] *(pl)* črevesje

**bower** ['baʊə(r)] uta, senčnica

**bowl** [bəʊl] skleda, skodela, posoda; krogla

**bowler** ['bəʊlə(r)] balinar; **~ hat** polcilinder

**bowling** ['bəʊlɪŋ] kegljanje, balinanje; **~ alley** pokrito kegljišče

**box** [bɒks] škatla; loža, predelek; klofuta; boksati se

**boxing** ['bɒksɪŋ] boksanje; spravljanje v škatlo; **B~ day** *(Br)* 26. december, dan obdarovanja (zlasti prodajalcev, mlekarjev, raznašalcev časopisov, smetarjev)

**box-office** ['bɒksɒfɪs] gledališka blagajna

**boy** [bɔɪ] deček, fant; **~friend** prijatelj, fant

**boycott** ['bɔɪkɒt] bojkotiranje

**boyhood** ['bɔɪhʊd] deška doba

**bra** [brɑː] *glej* BRASSIERE

**brace** [breɪs] povezati, podkrepiti; **to ~ for** zbrati moči, opreti se; spona, vez; *(pl)* oklepaj; naramnice; opora; aparat za uravnavanje zob in čeljusti

**bracelet** ['breɪslɪt] zapestnica

**bracket** ['brækɪt] konzola, oklepaj; v oklepaj dati, izenačiti

**brag** [bræg] širokoustiti se, bahati; bahač

**braggart** ['brægət] bahač, širokoustnež

**braid** [breɪd] kita, vrvica; plesti, prepletati

**brain** [breɪn] možgani; razum; **to beat one's ~s** beliti si glavo; **~child** originalna ideja ali iznajdba; **~storm** zmedenost; **~storming** izmenjava mnenj; **~wash** prati komu možgane, ga idejno ali politično prevzgajati

**braise** [breɪz] dušiti (meso)

**brake** [breɪk] zavreti; zavora; **disk ~** kolutna zavora; **emergency ~** zasilna zavora

**bramble** ['bræmbl] robida

**bran** [bræn] otrobi

**branch** [brɑːnč] veja; odcep; razpotje; panoga, stroka; podružnica

**brand** [brænd] vžgano znamenje, žig; vrsta blaga; žigosati, vžgati znamenje

**brandish** ['brændɪš] zamahniti, vihteti

**brand-new** ['brændnjuː] popolnoma nov

**brandy** ['brændɪ] žganje; konjak

**brash** [bræš] nesramen, krhek; dračje

**brass** [brɑːs] medenina, bron; trobila; **~ band** godba na pihala

**brassiere** ['bræsɪə(r)] nedrček

**brat** [bræt] otročaj, smrkavec

**bravado** [brə'vɑːdəʊ] izzivanje, drznost

**brave** [breɪv] pogumen, hraber

**bravery** ['breɪvərɪ] pogum, hrabrost, srčnost, junaštvo

**brawl** [brɔːl] prepir, pretep; prepirati se, ragrajati

**brawn** [brɔːn] moč (mišic); svinjska hladetina; **~y** mišičast

**bray** [breɪ] rigati; riganje

**brazen** ['breɪzn] bronast; nesramen

**brazier** ['breɪzɪə(r)] žerjavica; pasar, klepar

**Brazil** [brə'zɪl] Brazilija; **~ian** brazilski; Brazilec, Brazilka

**breach** [briːč] prelom, vrzel, razpoka, prekinitev, prodor; predreti, prebiti; kršiti; **~ of the peace** kaljenje miru

**bread** [bred] kruh; **~winner** hranitelj; **on** (*ali* **near**) **~line** na robu življenjskega minimuma

**breadth** [bredθ] širina

**break\*** [breɪk] zlomiti, prelomiti, razbiti; zlom, vrzel, premor, prekinitev; **to ~ down** odpovedati, pokvariti se, porušiti; **to ~ into** vlomiti; **to ~ loose** odtrgati se, zbežati; **to ~ out** izbruhniti; **to ~ through** premagati težave; **to ~ the door** vdreti; **to ~ the law** prekršiti zakon; **to ~ the news** povedati novico; **nervous ~down** živčni zlom; **~ dancing** vrsta plesa; **~neck speed** vratolomna hitrost

**breakable** ['breɪkəbl] lomljiv, krhek

**breakage** ['breɪkɪdž] zlom, prelom, razbitina

**breakfast** ['brekfəst] zajtrk

**breakwater** ['breɪkwɔːtə(r)] valolom

**breast** [brest] dojka, prsi; **~stroke** prsno plavanje; **to ~- feed** dojiti

**breath** [breθ] dih, sapa, pihljaj

**breathal|yze**, ~**yse** ['breθəlaız] narediti preizkus treznosti

**breathe** [bri:ð] dihati, dahniti; pihljati

**breathless** ['breθlıs] zasopel, zasopihan

**bred** [bred] *glej* BREED*;**well-~** dobro vzgojen

**breeches** ['brıčız] hlače, pumparice; **riding ~** jahalne hlače

**breed*** [bri:d] roditi, vzrediti; rasa, pasma, leglo

**breeder** ['bri:də(r)] rejec, gojitelj; matica (čebela)

**breeding** ['bri:dıŋ] vzgoja, vedenje; reja

**breeze** [bri:z] vetrič, sapica

**breezy** ['bri:zı] vetroven; živahen, vesel

**brethren** ['breðrən] bratje, verniki

**brevity** ['brevətı] zgoščenost, jedrnatost

**brew** [bru:] kuhati, variti; pripravljati

**brewery** ['broərı] pivovarna

**bri|ar**, ~**er** ['braıə(r)] šipek; resje

**bribe** [braıb] podkupiti; podkupnina

**bribery** ['braıbərı] podkupovanje

**brick** [brık] opeka, zidak

**bricklayer** ['brıkleıə(r)] zidar

**bridal** ['braıdl] nevestin, poročen

**bride** [braıd] nevesta

**bridegroom** ['braıdgrʊm] ženin

**bridesmaid** ['braıdzmeıd] družica

**bridge** [brıdž] most; vrsta igre s kartami; premostiti; ~ **point** mostišče, primeren kraj za premostitev reke

**bridle** ['braıdl] uzda, zadržek; brzdati, krotiti

**brief** [bri:f] kratek, bežen; jedrnat

**briefcase** ['bri:fkeıs] aktovka

**briefing** ['bri:fıŋ] posredovanje informacij (*ali* napotkov)

**brigade** [brı'geıd] brigada

**brigand** ['brıgənd] ropar, razbojnik, tolovaj

**bright** [braıt] vesel, bister, pameten; živ (barva), svetel

**brighten** ['braıtn] razveseliti (se), razjasniti (se)

**brilliance** ['brılıəns] sijaj; odličnost

**brilliant** ['brılıənt] bleščeč, odličen

**brim** [brım] rob; okrajec

**brimstone** ['brımstəʊn] žveplo

**brine** [braın] slanica, razsol; ~ **pan** solina

**bring*** [brıŋ] prinesti, pripeljati; **to ~ about** povzročiti; **to ~ forward** predložiti; **to ~ up** vzgojiti

**brink** [brıŋk] rob; **on the ~ of** na robu

**brinkmanship** ['brıŋkmənšıp] politika na robu vojne

**briny** ['braını] slan

**brisk** [brısk] uren, isker; čvrst; živahen; svež (veter)

**brisket** ['brıskıt] zrezek iz prsnega dela, zarebrnica

**bristle** ['brısl] kocina, ščetina

**Britain** *glej* GREAT BRITAIN

**brittle** ['brɪtl] krhek, drobljiv, prhek

**broach** [brəʊč] načeti *(pogovor)*, odpreti *(steklenico)*; navrtati *(sod)*

**broad** [brɔ:d] širok, prostran; širokogruden; prostitutka; **in ~ daylight** pri belem dnevu; **~ bean** bob

**broadcast** ['brɔ:dkɑ:st] oddajati po radiu, televiziji; radijska, televizijska oddaja

**broadcloth** ['brɔ:dklɒθ] vrsta sukna; klot; *(Am)* popelin

**broaden** ['brɔ:dn] širiti (se), razširiti (se)

**broadminded** [.brɔ:d'maɪndɪd] širokosrčen, toleranten

**broadside** ['brɔ:dsaɪd] bočno; salva, streljanje iz vseh topov hkrati (ladja); hudo prerekanje

**brocade** [brə'keɪd] brokat

**brochure** ['brəʊšə(r)] brošura

**brogue** ['brəʊg] *(pl)* močen usnjeni čevelj

**broil** [brɔɪl] peči na rešetki (žaru), pražiti

**broiler** ['brɔɪlə(r)] brojler, piščanec (gojen za zakol)

**broke** [brəʊk] **dead ~** brez ficka; *glej* BREAK*

**broken-hearted** [.brəʊkən 'hɑ:tɪd] skrušen, potrt, neutolažljiv

**broker** ['brəʊkə(r)] posrednik; **stock~** borzni posrednik

**bronchitis** [brɒŋ'kaɪtɪs] vnetje sapnika, bronhitis

**bronze** [brɒnz] bron; pobronati

**brooch** [brəʊč] naprsna igla, zaponka, broška

**brood** [bru:d] zarod, leglo; valiti, tuhtati

**brook** [brʊk] potok

**broom** [bru:m] metla; **~stick** metlišče

**broth** [brɒθ] mesna juha, bujon

**brothel** ['brɒθl] bordel, javna hiša

**brother** ['brʌðə(r)] brat; redovnik

**brotherhood** ['brʌðəhʊd] bratstvo; bratovščina

**brother-in-law** ['brʌ:ðərɪnlɔ:] svak

**brought** [brɔ:t] *glej* BRING*

**brow** [braʊ] obrv, čelo

**brown** [braʊn] rjav; porjaveti; **~ coal** lignit, slabša vrsta premoga; **~ forest soil** gozdna rjavica, rjava tla

**browse** [braʊz] pasti se; listati po knjigah

**Bruin** ['bru:ɪn] kosmatinec, medved

**bruise** [bru:z] modrica, poškodba; potolči se, poškodovati se

**brunch** [brʌnč] zajtrk in kosilo v enem

**brunette** [bru:'net] temnolaska

**brush** [brʌš] ščetka, čopič; krtačiti, ščetkati; **to ~ up** osvežiti spomin, znanje

**brushwood** ['brʌšwʊd] suhljad, dračje

**brushwork** ['brʌšwɜ:k] slikanje, slikarstvo

**brusque** [bru:sk] zadirčen, osoren

**brussels sprout** [ˌbrʌslz 'spraʊt] brstični ohrovt

**brutal** ['bru:tl] grob, surov, nasilen; **~ity** grobost, surovost, nasilnost

**brutal|ize**, **~ise** ['bru:təlaɪz] poživiniti, podivjati; surovo ravnati

**brute** [bru:t] mrcina, surovež; surov, neciviliziran

**bubble** ['bʌbl] mehurček; kipeti, mehurčke delati; **~ gum** žvečilni gumi

**buccaneer** [ˌbʌkə'nɪər] pirat, gusar, pustolovec

**buck** [bʌk] jelen, srnjak; samec; (Am) dolar

**bucket** ['bʌkɪt] vedro, čeber; zajemati

**buckle** ['bʌkl] zaponka; zapeti

**buckwheat** ['bʌkwi:t] ajda

**bud** [bʌd] popek, brst, klica

**budding** ['bʌdɪŋ] cepljenje; nadobuden

**budge** [bʌdž] premakniti, odmakniti

**budgerigar** ['bʌdžərɪgɑ:(r)] papagajček

**budget** ['bʌdžɪt] proračun, budžet; delati proračun; **~ message** poročilo o proračunu

**buff** [bʌf] mehko usnje; svetlo rjav; **a film (tennis) ~** nekdo, ki se navdušuje za, mnogo ve o filmu (tenisu)

**buffalo** ['bʌfələʊ] bivol

**buffer** ['bʌfə(r)] odbijač, blažilec; **~ state** neodvisna državica med dvema velikima državama

**buffet** ['bʊfeɪ] okrepčeval-

nica, bife; **~ car** (Am) jedilni voz

**buffoon** [bə'fu:n] burkež, šaljivec

**bug** [bʌg] stenica, hrošč, okvara, nespametna misel; prisluškovati s prisluškovalnimi napravami

**bugger** ['bʌgə(r)] sodomit; falot; nečistovati, povzročati težave

**buggy** ['bʌgɪ] enovprežni voz; zasteničen

**bugle** ['bju:gl] rog, trobenta

**build*** [bɪld] graditi, zidati; oblikovati

**builder** ['bɪldə(r)] stavbenik, graditelj

**building** ['bɪldɪŋ] zidanje, gradnja; zgradba; **~ lease** gradbeno dovoljenje; **~ site** gradbišče; **~ society** stanovanjska zadruga

**built** [bɪlt] glej BUILD*

**built-in** [ˌbɪlt 'ɪn] vgrajen; **~ wardrobe** zidna omara

**built-up area** [ˌbɪltʌp 'eərɪə] zazidalna (ali zazidana) mestna površina

**bulb** [bʌlb] žarnica; gomolj

**Bulgaria** [bʌl'geərɪə] Bolgarija; **~n** bolgarski; Bolgar(ka); bolgarščina

**bulge** [bʌldž] nabrekniti, bočiti se; izboklina, nabreklina

**bulk** [bʌlk] količina, masa; **~ buying** kupovanje na debelo; **~ cargo** razsuti tovor; **~ goods** blago brez embalaže

**bulkhead** ['bʌlkhed] pregrada, predelna stena

**bulky** ['bʌlkɪ] velik, okoren

**bull** [bʊl] bik

**bulldog** ['bʊldɒg] buldog (pes)

**bulldozer** ['bʊldəʊzə(r)] buldožer

**bullet** ['bʊlɪt] krogla, svinčenka

**bulletin** ['bʊlətɪn] uradna objava, bilten

**bulletproof** ['bʊlɪtpruːf] neprebojen

**bullfight** ['bʊlfaɪt] bikoborba; ~er bikoborec, toreador

**bullfinch** ['bʊlfɪnč] kalin *(ptič)*

**bullock** ['bʊlək] junec

**bull's eye** ['bʊlzaɪ] sredina tarče

**bullshit** ['bʊlšɪt] *(vulg)* sranje, drek, figa

**bully** ['bʊlɪ] tiran; tiranizirati

**bulrush** ['bʊlrʌš] ločje, bičevje

**bulwark** ['bʊlwək] branik, ladijska ograja

**bum** [bʌm] klatež, lenuh; rit; klatiti se, prosjačiti

**bumblebee** ['bʌmblbiː] čmrlj

**bump** [bʌmp] butniti, zaleteti se; udarec, bula, oteklina, izboklina

**bumper** ['bʌmpə(r)] odbijač; polna čaša; ~ crop bogata žetev

**bumpkin** ['bʌmpkɪn] nerodnež, teleban, teslo

**bun** [bʌn] žemlja, kruhek

**bunch** [bʌnč] svežený; šop; gruča

**bundle** ['bʌndl] svežený, cula, butara; povezati, zamotati; zapakirati

**bungalow** ['bʌngələʊ] bungalov, nizka hiša; poletna hišica za turiste

**bungle** ['bʌngl] šušmariti; šušmarstvo

**bunion** ['bʌnjən] vnetje, oteklina na nogi

**bunk** [bʌnk] pograd, ležišče

**bunker** [bʌnkə(r)] bunker, shramba za premog ali drugo gorivo

**bunny** ['bʌnɪ] zajček

**bunting** ['bʌntɪn] zastavice, blago za zastave

**buoy** [bɔɪ] boja, plovec

**buoyant** ['bɔɪənt] plavajoč; lahek; veder, čil

**burden** ['bɜːdn] breme, tovor

**burdensome** ['bɜːdnsəm] težek, nadležen, siten

**bur|eau** ['bjʊərəʊ], *(pl ~eaux)* pisalna miza; pisarna

**bureaucra|cy** [bjʊə'rɒkrəsɪ] birokracija; ~t birokrat; ~tic birokratski; ~tic forms of management birokratske oblike upravljanja

**burgeon** ['bɜːdžən] brsteti, rasti

**burglar** ['bɜːglə(r)] vlomilec; ~ alarm samodejna alarmna naprava

**burglary** ['bɜːglərɪ] vlom

**burial** ['berɪəl] pogreb, pokop; ~ ground pokopališče, grobišče

**burlap** ['bɜːlæp] vrečevina, platno

**burly** ['bɜːlɪ] zastaven, močan, tršat

**burn\*** [bɜːn] goreti, žgati; opeklina

**burner** ['bɜːnə(r)] gorilnik; charcoal ~ ogljar

**burnish** ['bɜːnɪš] loščiti, polirati

**burp** [bɜːp] rigati; "kupček" podreti

**burrow** ['bʌrəʊ] brlog, jazbina

**bursar** [bɜːsə(r)] blagajnik (na šolah); štipendist; **~y** blagajna; štipendija

**burst\*** [bɜːst] počiti, izbruhniti, eksplodirati

**bury** ['berɪ] pokopati

**bus** [bʌs] avtobus; **~ depot** remiza; **~ stop** avtobusno postajališče

**bush** [bʊš] grm, goščava, področje z grmičastim rastjem

**bushel** ['bʊšl] mernik, mera za žito (36,368 l)

**bushy** ['bʊšɪ] grmičast; košat

**busily** ['bɪzɪlɪ] marljivo, živahno, vneto

**business** ['bɪznɪs] posel, kupčija; zadeva; podjetje; poklic; *Mind your own ~*. Brigaj se zase

**businesslike** ['bɪznɪslaɪk] posloven, trgovski; stvaren; praktičen

**businessman** ['bɪznɪsmən] poslovni človek, trgovec

**busk** [bʌsk] igrati ali peti za denar na prometni ulici, železniški postaji

**bust** [bʌst] doprsje, poprsje

**bustle** ['bʌsl] sukati se, poditi se, hiteti; direndaj, vrvež

**busy** ['bɪzɪ] zaposlen, delaven, marljiv, aktiven

**busybody** ['bɪzɪbʊdɪ] prizadeven človek; nadležnež

**but** [bət, bʌt] ampak; samo; pa; razen; **all ~** skoraj; **~ for** brez; **the last ~ one** predzadnji

**butcher** ['bʊčə(r)] mesar; **~y** mesarstvo; pokol

**butler** ['bʌtlə(r)] glavni služabnik; kletar

**butt** [bʌt] puškino kopito; čik; tarča; suniti, bosti; **to ~ in** vdreti kam, motiti (zabavo)

**butter** ['bʌtə(r)] maslo; **rank ~** žarko maslo

**buttercup** ['bʌtəkʌp] zlatica

**butterfly** ['bʌtəflaɪ] metulj

**buttermilk** ['bʌtəmɪlk] sirotka

**buttock** ['bʌtək] zadnji del; *(pl)* zadnjica

**button** ['bɑːtn] gumb; **~hole** gumbnica

**buttress** ['bʌtrɪs] opora, oporni zid; **flying ~** oporni lok

**buxom** ['bʌksəm] živahen; zdrav; okrogel

**buy\*** [baɪ] kupiti

**buyer** ['baɪə(r)] kupec, nakupovalec

**buzz** [bʌz] brenčanje; brenčati, brneti

**buzzard** ['bʌzəd] skobec, kanja

**buzzer** ['bʌzə(r)] brenčalo, prekinjalo

**by** [baɪ] pri, ob; poleg, mimo, skozi, čez; **~ all means** seveda, vsekakor; **~ chance** slučajno; **~ mistake** pomotoma

**bye-bye** [ˌbaɪ'baɪ, bə'baɪ] adijo, živio

**bygone** ['baɪgɒn] minul, pretekel

**by-law** ['baɪlɔː] lokalni predpis

**bypass** ['baɪpɑːs] pomožna, stranska cesta; obvoz

**by-product** ['baɪprɒdʌkt]
stranski produkt
**bystander** ['baɪstændə(r)]
očividec, priča, gledalec, pa-
sivni opazovalec

**byte** [baɪt] *(comp)* zlog, znak
**byway** ['baɪweɪ] stranska pot,
bližnjica
**byword** ['baɪwɜːd] vzdevek;
pregovor

# C

**cab** [kæb] taksi, kočija; peljati se s taksijem, kočijo

**cabaret** ['kæbəreɪ] kabaret, nočni zabavni lokal; program v takem lokalu

**cabbage** ['kæbɪdž] zelje, ohrovt; neaktivna oseba, ki ne kaže ambicij ali zanimanja za karkoli; ~ field zelnik; ~ roll sarma

**cabin** ['kæbɪn] koča, kabina, kajuta

**cabinet** ['kæbɪnɪt] omara, predalnik; ministrski svet, (Br) vlada

**cabinet-maker** ['kæbɪnɪtmeɪkə(r)] pohištveni mizar

**cable** ['keɪbl] kabel; ~ railway vzpenjača; ~ television kabelska televizija; ~way žičnica

**cacao** [kəˈkɑːəʊ] kakavovec

**cackle** ['kækl] kokodakati, gagati; klepetati

**cacophony** [kəˈkɒfənɪ] neubranost, kakofonija

**cactus** ['kæktəs] kakteja

**cad** [kæd] neolikanec, potepuh

**cadastral** [kəˈdæstrəl] katastrski, zemljiški

**caddie, caddy** ['kædɪ] nosač palic za golf

**cadence** ['keɪdns] ubranost, ritem

**cadet** [kəˈdet] kadet, praprošček

**cad|re**, (Am) ~er ['kɑːdə(r)] (politični) kader

**café** ['kæfeɪ] kavarna

**cafeteria** [ˌkæfəˈtɪərɪə] samopostrežna restavracija

**caffeine** ['kæfiːn] kofein

**cage** [keɪdž] kletka, zapor; zapreti

**cairn** [keən] kup kamenja; nagrobni spomenik; mejnik

**caisson** ['keɪsn] municijski voz; keson

**cajole** [kəˈdžəʊl] dobrikati se, laskati

**cake** [keɪk] kolač, pecivo; kos (mila); tropine; *You can't have your ~ and eat it.* Obojega ne moreš imeti.

**calamitous** [kəˈlæmɪtəs] nesrečen; katastrofalen

**calamity** [kəˈlæmətɪ] nesreča, nadloga; katastrofa

**calcify** ['kælsɪfaɪ] poapneti, okamneti

**calcine** ['kælsaɪn] upepeliti, žgati (apno)

**calcium** ['kælsɪəm] kalcij

**calculate** ['kælkjʊleɪt] (iz)računati, pretehtati, zanašati se, računati na

**calculation** [ˌkælkjʊˈleɪšn] izračunavanje, preračunavanje; predračun, račun

**calculator** ['kælkjʊleɪtə(r)] kalkulator, računalnik, računski stroj

**calculus** ['kælkjʊləs] račun; **integral** ~ integralni račun; *(med)* kamenček

**calendar** ['kælɪndə(r)] koledar, pratika

**calender** ['kælɪndə(r)] stiskalnica; stisniti

**calf** [kɑːf] tele; meča; ~**skin** telečje usnje

**calib|re**, *(Am)* ~**er** ['kælɪbə(r)] kaliber

**calico** ['kælɪkəʊ] bombažna tkanina

**California** [ˌkælə'fɔːrnɪə] Kalifornija; kalifornijski

**call** [kɔːl] imenovati, (po)-klicati, sklicati (sestanek), pozivati k, na, zbuditi; klic, (telefonski) poziv, obisk; **to ~ for** priti po koga; **to ~ in** umakniti iz prometa; **to ~ on** obiskati; **to ~ up** telefonirati; ~ **girl** dekle na poziv; ~~**up** (vojaški) vpoklic; **within ~** dosegljiv

**calligraphy** [kə'lɪɡrəfɪ] lepopis

**calling** ['kɔːlɪŋ] poklic, poslanstvo

**cal(l)isthenics** [ˌkælɪs'θenɪks] *(pl)* ritmična telovadba

**callous** ['kæləs] trdosrčen; žuljav; otrdel

**callow** ['kæləʊ] neugoden, neizkušen, nezrel

**calm** [kɑːm] miren, hladnokrven; brezvetern

**calorie** ['kælərɪ] kalorija, stara enota za merjenje toplote

**calumniate** [kə'lʌmnɪeɪt] opravljati, obrekovati

**calumny** ['kæləmnɪ] kleveta, obrekovanje

**calve** [kɑːv] oteliti se

**calyx** ['keɪlɪks] *(bot)* (cvetna) čaša

**cambric** ['keɪmbrɪk] batist

**camcorder** ['kæmkɔːdə(r)] video kamera z videorekorderjem

**came** [keɪm] *glej* COME*

**camel** ['kæml] kamela, velblod

**camel hair** ['kæml heə(r)] kamelja dlaka; mehko rjavkasto blago pretežno za plašče

**camellia** [kə'miːlɪə] *(bot)* kamelija

**cameo** ['kæmɪəʊ] kameja, poldrag kamen z reliefno podobo; ~ **part** majhna, dobro odigrana vloga (film, gledališče)

**camera** ['kæmərə] fotografski aparat, filmska kamera; ~**man** snemalec, fotograf, kinooperater

**camouflage** ['kæməflɑːž] prikrivanje, zakrivanje; prikrivati, zakrivati

**camp** [kæmp] taboriti, šotoriti; ~ **bed** zložljiva postelja; ~ **chair** lovski stolček; ~**site**, ~**ground** *(Am)* taborni prostor

**campaign** [kæm'peɪn] kampanja, vojskovanje; **election** ~ volilna kampanja

**camper** ['kæmpə(r)] tabornik

**camphor** ['kæmfə(r)] kafra

**campus** ['kæmpəs] univerzitetno zemljišče

**can** [kən, kæn] *I ~* morem, znam, smem; *C~ you stay for lunch? I ~n't.* Ali lahko ostaneš na kosilu? Ne morem. *She ~ ski.* Zna smučati. *She ~n't sing well.* Ne morem/znam dobro peti. *C~ I take you home?* (Ali) te smem spremiti domov? *Of course you ~.* Seveda smeš.

**can** [kæn] kovinska posoda; čutara; vedro; konzerva; konzervirati

**Canad|a** ['kænədə] Kanada; **~ian** kanadski; Kanadčan(ka)

**canal** [kə'næl] kanal, prekop

**canal|ize, ~ise** ['kænəlaız] kanalizirati, usmerjati

**canard** [kæ'nɑːd] časopisna raca; govorica

**canary** [kə'neərı] kanarček; svetlo rumena barva

**cancel** ['kænsl] odpovedati; razveljaviti, preklicati; prečrtati

**cancellation** [ˌkænsə'leıšn] preklic; odpoved; prečrtanje; razveljavitev

**cancer** ['kænsə(r)] *(med)* rak; **the tropic of C ~** severni *(ali* rakov) povratnik

**candid** ['kændıd] iskren, odkritosrčen

**candidacy** ['kændıdəsı] kandidatura

**candidate** ['kændıdət] kandidat, reflektant

**candied** ['kændıd] kandiran; priliznjen

**candle** ['kændl] sveča; **~light** svetloba svečnega plamena; **~stick** svečnik

**candour,** *(Am)* candor ['kændə(r)] iskrenost, odkritosrčnost

**candy** ['kændı] kandis, sladkorček, bonbon; s sladkorjem konzervirati, prevleči

**cane** [keın] trs, palica

**canine** ['keınaın] pasji; **~ tooth** podočnjak

**canister** ['kænıstə(r)] pločevinasta škatla

**canker** ['kæŋkə(r)] rakasta tvorba; muka, hudo trpljenje, nadloga; snet, rja; okužiti, prisaditi se

**cankerworm** ['kæŋkəwɜːm] gosenica; zlo

**canned** ['kænd] konzerviran; **~ music (laughter, applause)** predhodno posneta glasba (smeh, ploskanje) za radijsko ali TV oddajo

**cannery** ['kænərı] tovarna konzerv

**cannibal** ['kænıbl] ljudožerec

**cannon** ['kænən] top; **~ range** domet topniškega obstreljevanja

**cannot** ['kænɒt] *I ~* ne morem, ne znam

**canny** ['kænı] previden, zvit

**canoe** [kə'nuː] kanu; s kanujem se voziti

**canon** ['kænən] predpis, ukaz; kanon; kanonik

**canon|ize, ~ise** ['kænənaız] razglastiti za svetnika

**canopy** ['kænəpı] napušč; baldahin

**cant** [kænt] žargon, latovščina; hinavščina

**canteen** [kæn'tiːn] kantina, krčma; čutara

**canter** ['kæntə(r)] umerjeno galopirati; umirjen galop

**canvas** ['kænvəs] grobo platno, ponjava; oljnata slika

**canvass** ['kænvəs] agitirati; prizadevati si; diskutirati

**canyon** ['kænjən] kanjon, globoka tesen z reko

**cap** [kæp] čepica, kapa; pokrov; diafragma; vžigalna kapica; zapreti, pokriti s/z, prekositi

**capability** [ˌkeɪpə'bɪlətɪ] sposobnost, zmožnost; spretnost

**capable** ['keɪpəbl] sposoben, zmožen; pripraven

**capacious** [kə'peɪšəs] prostran, prostoren

**capacity** [kə'pæsətɪ] zmogljivost, storilnost, zmožnost; prostornina, tonaža

**cape** [keɪp] rt; ogrinjalo

**caper** ['keɪpə(r)] preobračati kozolce; poskakovati

**capillary** [kə'pɪlərɪ] kapilara, lasnica

**capital** ['kæpɪtl] kapital; glavno mesto; velika črka; **circulating (floating, working)** ~ obratni kapital; **expenditure** ~ investicije; ~ **fund** glavnica; ~ **goods** proizvodna sredstva; **unproductive** ~ mrtvi kapital

**capitalism** ['kæpɪtəlɪzəm] kapitalizem

**capitalist** ['kæpɪtəlɪst] kapitalist; bogataš; ~ **industry** kapitalistična industrija; ~ **society** kapitalistična družba; ~ **system** kapitalistični sistem

**capital punishment** [ˌkæpɪtl 'pʌnɪšmənt] smrtna kazen

**capitulate** [kə'pɪtjʊleɪt] vdati se, kapitulirati

**capitulation** [kəˌpɪtjʊ'leɪšn] vdaja, kapitulacija

**capon** ['keɪpɒn, 'keɪpən] kopun; kastrirati

**caprice** [kə'priːs] muhavost, kaprica

**capricious** [kə'prɪšəs] muhast, svojevoljen

**Capricorn** ['kæprɪkɔːn] kozorog (zodiakalno znamenje); Kozorog (ozvezdje); **the tropic of C** ~ južni (ali kozorogov) povratnik

**capsicum** ['kæpsɪkəm] paprika

**capsize** [kæp'saɪz] prevrniti, prekucniti (se)

**capsule** ['kæpsjuːl] strok; zdravilna kroglica; vesoljska kapsula; (sklepna) ovojnica

**captain** ['kæptɪn] kapitan, kapetan; vodja

**caption** ['kæpšn] podnapis (film, risanka, slika); aretacija, zaplemba; **letter of** ~ zaporno povelje

**captious** ['kæpšəs] dlakocepski, pikolovski

**captivate** ['kæptɪveɪt] očarati, pridobiti

**captive** ['kæptɪv] ujetnik; prevzet, očaran

**captivity** [kæp'tɪvətɪ] ujetništvo; pripor

**captor** ['kæptə(r)] ječar; ugrabitelj

**capture** ['kæpčə(r)] ujeti; zapleniti; zavzeti; aretirati

**car** [kɑː(r)] avto; voz; (Am)

vagon; ~ **repairs** avtomobilska popravila; ~ **wash** pralnica avtomobilov; **to feel** ~**sick** občutiti slabost pri vožnji z avtom

**caramel** ['kærəmel] praženi sladkor, karamel

**Caranthania** [ˌkɑːrənθɑːnɪə] Karantanija; ~**n** karantanski; Karantanec, Karantanka

**carat** ['kærət] karat

**caravan** ['kærəvæn] počitniška prikolica; karavana

**caraway** ['kærəweɪ] kumina

**carbine** ['kɑːbaɪn] karabinka, puška repetirka

**carbohydrate** [ˌkɑːbəʊ'haɪdreɪt] ogljikovodik

**carbon** ['kɑːbən] ogljik; ~ **paper** kopirni papir

**carbonate** ['kɑːbəneɪt] (z)ogleneti

**carbuncle** ['kɑːbʌŋkl] granat, rubin; čir

**carburettor** [ˌkɑːbə'retə(r)] uplinjač

**carca|ss**, ~**se** ['kɑːkəs] mrhovina; truplo; okostje

**card** [kɑːd] karta, vizitka, izkaznica, razglednica; ~**file** kartoteka; **membership** ~ članska izkaznica; ~ **sharp** profesionalni kvartopirec, goljuf; **trump** ~ adut

**cardboard** ['kɑːdbɔːd] lepenka, karton

**cardiac** ['kɑːdiæk] srčen

**cardigan** ['kɑːdɪgən] pletena jopica; brezrokavnik

**cardinal** ['kɑːdɪnl] glaven; kardinal; ~ **number** glavni števnik

**care** [keə(r)] skrb, nega, pazljivost; skrbeti za, negovati, rad imeti; I don't ~. Ni mi mar.; **with** ~ previdno; ~ **of** (c/o) pri (v naslovu)

**career** [kə'rɪər] kariera, življenjska pot

**carefree** ['keəfriː] brezskrben

**careful** ['keəfl] skrben, pazljiv, oprezen, previden

**careless** ['keəlɪs] malomaren, nemaren, zanikrn; nepreviden

**caress** [kə'res] ljubkovati, božati, dobrikati se; ljubkovanje, objemanje

**caretaker** ['keəteɪkə(r)] skrbnik, hišnik; varuh

**cargo** ['kɑːgəʊ] tovor (ladja, letalo)

**caricature** ['kærɪkətjʊə(r)] karikatura; osmešiti, karikirati

**Carinthia** [ˌkɑːr'ɪnθɪə] Koroška; ~**n** koroški; Korošec, Korošica

**carnal** ['kɑːnl] polten, pohoten, spolen

**carnation** [kɑː'neɪšn] nagelj; rožnata barva

**Carniola** [kɑː'nɪəʊlə] Kranjska; ~**n** kranjski; Kranjec, Kranjica; **Upper** ~ Gorenjska; **Lower** ~ Dolenjska; **Inner** ~ Notranjska; **White** ~ Bela krajina

**carnival** ['kɑːnɪvl] karneval, pust

**carnivorous** [kɑː'nɪvərəs] mesojed(en)

**carob** ['kærəb] rožičevec; ~ **bean** rožič

**carol** ['kærəl] božična pesem; hvalospev

**carouse** [kə'raʊz] popivati, veseljačiti; popivanje

**carp** [kɑ:p] krap

**carpenter** ['kɑ:pəntə(r)] tesar

**carpet** ['kɑ:pɪt] preproga; **~bagger** politični pustolovec; **~ slippers** udobne copate; **~ sweeper** metlica za čiščenje preprog, aspirator

**carriage** ['kærɪdʒ] železniški vagon; voz; kočija; šasija; prevoz; **bill of ~** tovorni list; **~ paid** (*ali* **free**) franko

**carrier** ['kærɪə(r)] prinašalec, nosilec, sel; špediter; prtljažnik (na strehi)

**carrier pigeon** ['kærɪə pɪdʒɪn] poštni golob

**carrion** ['kærɪən] mrhovina

**carrot** ['kærət] korenje

**carry** ['kærɪ] nositi, prevažati; **to ~ on** nadaljevati; **to ~ out** izvršiti; **to ~ through** dokončati, izpeljati; **to ~ weight** biti vpliven; narediti vtis; **~cot** prenosna posteljica za dojenčka

**cart** [kɑ:t] ciza, voz; voziti, prevažati; **~ track** kolovoz

**cartilage** ['kɑ:tɪlɪdʒ] hrustanec

**cartogram** ['kɑ:təgræm] kartogram, karta z diagramskim prikazom statističnih podatkov

**carton** ['kɑ:tn] škatla iz lepenke

**cartoon** [kɑ:'tu:n] strip; **(animated) ~** risanka (film)

**cartridge** ['kɑ:trɪdʒ] naboj, patrona; **blank ~** slepa patrona; **~ clip** šaržer; **~ paper** risalni papir

**carve** [kɑ:v] rezljati, rezati

**carver** ['kɑ:və(r)] rezbar, kipar; velik nož

**carving** ['kɑ:vɪŋ] rezbarjenje, lesorez; **~ knife** nož za rezanje mesa

**cascade** [kæ'skeɪd] kaskada, manjši stopničasti slap; brzica

**case** [keɪs] primer, zadeva; sklon; zaboj; **~ history** anamneza; **~ worker** patronažna sestra, negovalka na domu; **in any ~** vsekakor; **in ~** za vsak primer

**casement** ['keɪsmənt] oknica, okensko krilo

**cash** [kæʃ] gotovina, denar; vnovčiti, izplačati; **~-and-carry** kupovanje blaga za gotovino (na debelo); **~ card** plastična kartica za dviganje denarja; **~ point** (*ali* **dispenser**) bankomat

**cashbook** ['kæʃbʊk] blagajniška knjiga

**cash crop** ['kæʃkrɒp] pridelek za prodajo, tržni presežek

**cash-desk** ['kæʃdesk] blagajna

**cashier** [kə'ʃɪə(r)] blagajnik

**cashmere** [ˌkæʃ'mɪə(r)] fina volna, kašmir

**casing** ['keɪsɪŋ] ohišje; obloga; prevleka; opaž

**casino** [kə'si:nəʊ] igralnica; klub; kazina

**cask** [kɑ:sk] sod

**casket** ['kɑ:skɪt] škatla; šatulja; skrinja; *(Am)* krsta

**casserole** ['kæsərəʊl] kozica, ponev; vrsta jedi

**cassette** [kə'set] kaseta (magnetofonska, filmska); ~ **player** (*ali* **recorder**) kasetni magnetofon

**cassock** ['kæsək] duhovniška halja

**cast\*** [kɑːst] vreči, odvreči; leviti se; ulivati (kovino); met; zasedba vlog; lev (npr. kačji); odlitek

**castaway** ['kɑːstəweɪ] zavrženec; brodolomec

**caste** [kɑːst] družbeni razred, kasta

**caster** ['kɑːstə(r)] metalec; kockar; livar

**castigate** ['kæstɪgeɪt] kaznovati, grajati

**casting** ['kɑːstɪŋ] litina, odlitek; odločilni glas pri volitvah; **fly ~** muharjenje; **bait ~** globinski ribolov

**cast-iron** [ˌkɑːst 'aɪən] lito železo

**castle** ['kɑːsl] grad; trdnjava (pri šahu)

**cast-off** ['kɑːstɒf] zavržen, pregnan; zavrženec

**cast|or**, **~er** ['kɑːstə(r)] kolesce na pohištvu; **~ oil** ricinusovo olje; **~ sugar** sladkor v prahu

**casual** ['kæžʋəl] slučajen; nemaren; vsakdanji; priložnosten

**casually** ['kæžʋəlɪ] slučajno; tu in tam

**casualty** ['kæžʋəltɪ] poškodovanec, ponesrečenec, žrtev nesreče ali vojne; **~ ward** (*ali* **department**) nezgodni oddelek

**cat** [kæt] mačka, maček

**cataclysm** [kætəklɪzəm] poplava; potres; katastrofa

**catacomb** ['kætəkuːm] katakomba

**catalogue**, (*Am*) **catalog** ['kætəlɒg] imenik, seznam, katalog

**catapult** ['kætəpʌlt] katapult, frača

**cataract** ['kætərækt] (večja) brzica; siva mrena

**catarrh** [kə'tɑː(r)] katar

**catastrophe** [kə'tæstrəfɪ] katastrofa

**catcall** ['kætkɔːl] izžvižga-(va)ti; žvižg piščalke

**catch\*** [kæč] uloviti, zasačiti, nalesti se, razumeti; past, spona, ulov; **to ~ cold** prehladiti se; **to ~ sight of** zagledati; **to ~ up with** dohiteti

**catching** ['kæčɪŋ] nalezljiv, kužen

**catchword** ['kæčwɜːd] parola, geslo

**catechism** ['kætəkɪzəm] katekizem; knjiga z osnovami krščanskega nauka

**categorical** [ˌkætə'gɒrɪkl] odločen, neomahljiv

**category** ['kætəgərɪ] vrsta, kategorija

**cater** ['keɪtə(r)] dobaviti, preskrbeti hrano in pijačo; **~ing trade** gostinstvo

**caterpillar** ['kætəpɪlə(r)] gosenica; goseničar

**catgut** ['kætgʌt] struna iz črev

**cathedral** [kə'θiːdrəl] katedrala, stolna cerkev

**cathode** ['kæθəʊd] katoda

**catholic** ['kæθəlɪk] katoliški

**catkin** ['kætkın] mačica (*npr. na leski*)
**catnap** ['kætnæp] dremanje; dremati
**cattle** ['kætl] živina; govedo; **breeding ~** plemenska živina; **~ breeding** živinoreja; **~~grid** kovinske prečke na cesti, ki govedu ovirajo prehod; **small ~** drobnica
**caucus** ['kɔ:kəs] *(Am)* zbor volivcev, politična klika
**caught** [kɔ:t] *glej* CATCH*
**cauliflower** ['kɒlıflaʊə(r)] cvetača, karfijola
**cause** [kɔ:z] vzrok, povod; zadeva; načelo; povzročiti, sprožiti
**causeway** ['kɔ:zweı] dvignjena cesta; nasip
**caustic** ['kɔ:stık] jedek, sarkastičen
**cauter|ize, ~ise** ['kɔ:təraız] izžgati, izjedkati
**caution** ['kɔ:šn] svarilo, previdnost; posvariti; **~ money** kavcija, varščina
**cautious** ['kɔ:šəs] previden, oprezen, pazljiv
**cavalcade** [ˌkævl'keıd] skupina jezdecev (v paradi)
**cavalier** [ˌkævə'lıər] kavalir; vitez; jezdec
**cavalry** ['kævlrı] konjenica
**cave** [keıv] jama, votlina; **~man** jamski človek
**cave in** ['keıvın] zrušiti se; popustiti; **cave-in** udor
**cavern** ['kævən] votlina, (velika, globoka) jama
**caviar(e)** ['kævıɑ:(r)] kaviar
**cavity** ['kævətı] votlina, duplina

**caw** [kɔ:] krakati
**cease** [si:s] nehati; popustiti
**ceaseless** ['si:slıs] nenehen, neprestan
**cedar** ['si:də(r)] cedra
**cede** [si:d] odstopiti, umakniti se
**ceilidh** ['keılı] zabava z narodno glasbo, petjem in plesom na Škotskem in Irskem
**ceiling** ['si:lıŋ] strop; zgornja meja
**celebrate** ['səlıbreıt] slaviti, proslavljati
**celebration** [ˌselı'breıšn] praznovanje, praznik, slavnost, proslava
**celebrity** [sı'lebrətı] slava; slaven človek
**celerity** [sı'lerətı] hitrost
**celery** ['selərı] zélena
**celestial** [sı'lestıəl] božanski; nebeški
**celibacy** ['selıbəsı] samski stan, celibat
**celibate** ['selıbət] neporočen, samski; samec
**cell** [sel] (krvna, rastlinska) celica; (jetniška, samostanska) celica; **basic ~ of society** osnovna celica družbe
**cellar** ['selə(r)] klet
**cell|o** ['čeləʊ] čelo; **~ist** čelist(ka)
**cellophane** ['seləfeın] celofan
**cellular** ['seljʊlə(r)] celičen
**cellulose** ['seljʊləʊs] celuloza
**Celt** [kelt, selt] Kelt; **~ic** keltski
**cement** [sı'ment] cement; cementirati
**cemetery** ['semətrı] pokopališče, grobišče

**censer** ['sensə(r)] kadilnica za liturgično kajenje

**censor** ['sensə(r)] cenzor, kritik; cenzurirati, kritizirati

**censorious** [sen'sɔːrɪəs] kritičen, dlakocepski

**censorship** ['sensəšɪp] cenzura

**censure** ['senšə(r)] graja; grajati

**census** ['sensəs] popis prebivalstva

**cent** [sent] cent (stotina dolarja)

**centenary, centennial** [sen'tiːnərɪ, sen'tenɪəl] stoleten; stoletnica

**centigrade** ['sentɪgreɪd] stostopinjski; ~ **scale** Celzijeva temperaturna lestvica

**centipede** ['sentɪpiːd] stonoga

**central** ['sentrəl] osrednji; središčen; **C~ European Time** srednjeevropski čas; ~ **heating** centralna kurjava

**central|ize, ~ise** ['sentrəlaɪz] centralizirati; ~**ization** centralizacija

**cent|re,** *(Am)* ~**er** ['sentə(r)] središče; ~**re-forward** srednji napadalec; ~**re of gravity** težišče; ~**re-half** srednji krilec

**centrifuge** ['sentrɪfjuːdž] centrifuga

**century** ['senčərɪ] stoletje

**ceramic** [sɪ'ræmɪk] lončarski, keramičen; *(pl)* keramika

**cereal** ['sɪərɪəl] žita, žitne rastline

**cerebral** ['serɪbrəl] možganski

**ceremonial** [serɪ'məʊnɪəl] svečan, slovesen; paraden

**ceremonious** [serɪ'məʊnɪəs] pretirano vljuden; slovesen, svečan

**ceremony** ['serɪmənɪ] obred; slovesnost, svečanost

**certain** ['sɜːtn] nedvomen, zanesljiv; določen; **to make ~** prepričati se; **to a ~ extent** deloma, delno; **for ~** zagotovo

**certainly** ['sɜːtnlɪ] gotovo, seveda, kajpak

**certainty** ['sɜːtntɪ] gotovost, varnost

**certificate** [sə'tɪfɪkət] spričevalo; potrdilo; diploma; **birth ~** rojstni list; **death ~** mrliški list; **marriage ~** poročni list; **medical ~** zdravniško spričevalo

**certify** ['sɜːtɪfaɪ] potrditi, overiti

**certitude** ['sɜːtɪtjuːd] nedvomnost, gotovost

**cessation** [se'seɪšn] prenehanje, ustavitev

**cession** ['sešn] odstop, prepustitev

**cess|pit, ~pool** ['sespɪt, 'sespuːl] kloaka, greznica, gnojišče

**chafe** [čeɪf] odrgniti; oguliti; razburiti

**chaff** [čɑːf] pleva, rezanica; nagajati

**chaffinch** ['čæfɪnč] *(zool)* ščinkavec

**chagrin** ['šægrɪn] nevolja; vznevoljiti

**chain** [čeɪn] veriga, vrsta; prikleniti; ~ **reaction** verižna reakcija; ~ saw verižna žaga; ~-smoker kadilec, ki kadi eno cigareto za drugo; ~-stitch verižni vbod; ~ store *(Am)* podružnica velike trgovske hiše

**chair** [čeə(r)] stol, katedra, predsedstvo; predsedovati, ustoličiti, na stol posaditi; **deck~** ležalnik; **~lift** sedežnica

**chairman** ['čeəmən] predsednik, predsedujoči

**chalet** ['čæleı] koča; lesena hiša

**chalice** ['čælıs] kelih, čaša

**chalk** [čɔːk] kreda

**challenge** ['čælındž] pozvati, izzivati; poziv, grožnja

**chamber** ['čeımbə(r)] soba; komora, zbornica; **C~ of Commerce** trgovinska zbornica; **~ music** komorna glasba

**chamberlain** ['čeımbəlın] komornik

**chambermaid** ['čeımbəmeıd] sobarica

**chameleon** [kə'miːlıən] kameleon

**chamois** ['šæmwɑː] gams; irhovina

**champ** [čæmp] cmokati; žvečiti

**champagne** [šæm'peın] šampanjec

**champion** ['čæmpıən] prvak, šampion

**championship** ['čæmpıənšıp] prvenstvo, šampionat

**chance** [čɑːns] naključje; priložnost; **by ~** slučajno; **to take one's ~** tvegati

**chancellor** ['čɑːnsələ(r)] kancler, rektor

**chancery** ['čɑːnsərı] *(Br)* vrhovno sodišče; javni arhiv

**chandelier** [ˌšændə'lıə(r)] lestenec

**change** [čeındž] zamenjati, spremeniti; preobleči se; prestopiti; sprememba, menjava; drobiž; **social ~** družbena sprememba; **for a ~** za spremembo

**changeable** ['čeındžəbl] spremenljiv, nestalen

**channel** ['čænl] kanal, prekop; usmeriti, urediti

**chant** [čɑːnt] cerkveno petje, pesem; skandirati

**chaos** ['keıɒs] zmeda, kaos

**chaotic** [keı'ɒtık] zmeden, kaotičen

**chap** [čæp] fant, dečko, možak

**chaparral** [ˌčæpə'ræl] grmičasto rastje

**chapel** ['čæpl] kapela, cerkev

**chaperon** ['šæpərəʊn] gardedama; spremljati mlada dekleta

**chaplain** ['čæplın] kaplan, duhovnik

**chaplet** ['čæplıt] venec; trak; molek

**chapman** ['čæpmən] krošnjar

**chapter** ['čæptə(r)] poglavje

**char** [čɑː(r)] zogleniti, počrniti; priložnostno delo

**character** ['kærəktə(r)] znak; črka; številka; pismenka; značaj; igralec; literarna oseba; **public ~** javni delavec; **strange ~** čudak, posebnež

**character|ize**, **~ise** ['kærəktəraiz] karakterizirati, označevati

**characteristic** [ˌkærəktə'rɪstɪk] značilen, svojski; značilnost, lastnost, oznaka

**charade** [šə'rɑ:d] šarada, zlogovna uganka

**charcoal** ['čɑ:kəʊl] oglje; risba z ogljem

**charge** [čɑ:dž] obremeniti, obdolžiti; računati; nabiti (puško); obtožba; cena; odgovornost; **~ nurse** glavna sestra na oddelku; **~ sheet** policijski zapisnik o prestopku

**charger** ['čɑ:džə(r)] tožitelj; nabojni vložek

**chariot** ['čærɪət] voz, kočija

**charitable** ['čærɪtəbl] usmiljen, dobrodelen, radodaren

**charity** ['čærətɪ] usmiljenje; dobrodelna ustanova

**charlatan** ['šɑ:lətən] šarlatan, mazač

**charm** [čɑ:m] očarati (koga), premamiti; privlačnost, očarljivost, ljubkost; vražni obesek, amulet

**charmer** ['čɑ:mə(r)] čarovnik; očarljivec

**charming** ['čɑ:mɪŋ] očarljiv, privlačen, ljubek

**chart** [čɑ:t] tabela, diagram; zemljevid morja in obale (prirejen za navigatorje); risati zemljevid, skicirati

**charter** ['čɑ:tə(r)] ustanovna listina; podeliti posebno pravico, najeti (ladjo, letalo)

**charwoman** ['čɑ:wʊmən] snažilka, postrežnica

**chase** [čeɪs] loviti, zasledovati, preganjati; gonja, lov, hajka

**chaser** ['čeɪsə(r)] lovec, zasledovalec; lovsko letalo

**chasm** ['kæzəm] brezno, prepad

**chassis** ['šæsɪ] šasija

**chaste** [čeɪst] čist, deviški

**chasten** ['čeɪsn] kaznovati; popravljati (slog)

**chastise** [čæ'staɪz] kaznovati; tepsti

**chastity** ['čæstətɪ] nedolžnost, devištvo

**chat** [čæt] kramljati; kramljanje

**chattel** ['čætl] premičnina

**chatter** ['čætə(r)] čenčati, klepetati; klepet

**chatterbox** ['čætəbɒks] klepetulja; *(Am)* strojnica, mitraljez

**chauffeur** ['šəʊfə(r)] šofer, voznik

**chauvinism** ['šəʊvɪnɪzəm] šovinizem; zagrizenost, prenapetost

**cheap** [čɪ:p] poceni, cenen, slab; **to ~en** poceniti

**cheat** [čɪ:t] goljufati, varati; sleparija, goljuf

**check** [ček] pregledati; zadržati; posvariti; oddati prtljago; **to ~ in** prijaviti se; **to ~ out** odjaviti se; kontrolni listek, kupon, žeton; *(Am)* ček, račun; kockasto blago; **rain ~** *(Am)* vstopnica za nadomestno prireditev; **~out** blagajna v veleblagovnici; **~-up** kontrola, **medical ~-up** zdravniški pregled

**checkmate** ['čekmeɪt] šah mat; matirati, premagati

**cheek** [či:k] lice; predrznost; ~y nesramen, predrzen

**cheer** [čɪə(r)] razveseliti, vzklikati, odobravati; ~leader vodja vzklikajočih, navijačev; ~y vesel, razigran

**cheerful** ['čɪəfl] vesel, veder

**cheerfulness** ['čɪəflnɪs] vedrost, veselost, radost

**cheerio** [,čɪərɪ'əʊ] na svidenje, na zdravje

**cheerless** ['čɪəlɪs] žalosten, otožen

**cheese** [či:z] sir

**cheesecloth** ['či:zklɒθ] tanka bombažna tkanina, gaza

**chemical** ['kemɪkl] kemičen; kemikalija

**chemist** ['kemɪst] kemik, (Br) lekarnar, drogerist

**chemistry** ['kemɪstrɪ] kemija

**cheque**, (Am) **check** [ček] ček, denarna nakaznica; ~book čekovna knjižica; **to draw a ~** napisati ček

**chequer**, (Am) **checker** ['čekə(r)] (pl) kockast vzorec; dama (igra)

**cherish** ['čeriš] gojiti, negovati, ceniti, ljubkovati

**cherry** ['čerɪ] češnja; češnjev, rdeč

**cherub** ['čerəb] kerub, angel

**chess** [čes] šah; ~board šahovnica; ~man šahovska figura

**chest** [čest] skrinja, omara, zaboj; prsi, prsni koš; ~ of drawers predalnik, komoda

**chestnut** ['česnʌt] kostanj; kostanjev, rjav; **sweet ~**

pravi (užitni) kostanj; **horse ~** divji kostanj

**chevron** ['ševrən] našiv na rokavu vojaka, policista

**chew** [ču:] žvečiti, preževkovati; gristi (nohte); razglabljati; ~ing gum žvečilni gumi

**chick** [čik] piščanček; srček; ljubica

**chicken** ['čɪkɪn] piščanec; kuretina; strahopetnež

**chicken-hearted** [,čɪkɪn 'hɑ:tɪd] boječ, plašen, strahopeten

**chickenpox** ['čɪkɪnpɒks] norice, vodene koze

**chicory** ['čɪkərɪ] cikorija, radič

**chid** [čɪd] glej CHIDE*

**chide*** ['čaɪd] karati, grajati

**chief** [či:f] (vrhovni) predstojnik, šef, starešina, vodja, poveljnik; glaven, vodilen

**chieftain** ['či:ftən] vodja, plemenski poglavar

**chiffon** ['ši:fɒn] šifon

**chilblain** ['čɪlbleɪn] ozeblina

**child** [čaɪld] otrok; potomec

**childbirth** ['čaɪldbɜ:θ] porod

**childhood** ['čaɪldhʊd] otroštvo, detinstvo

**childish** ['čaɪldɪš] otročji

**children** ['čɪldrən] (pl) glej CHILD; **~ under school age** predšolska mladina

**Chile** ['čɪlə] Čile; ~an čilski; Čilenec, Čilenka

**chil(l)i** ['čɪlɪ] huda paprika

**chill** [čɪl] mraz, ohladitev; mrzlica; ohladiti, premraziti se

**chilly** ['čɪlɪ] mrzel, hladen; suhoparen

**chime** [ʧaɪm] zvonjenje, pri-
trkavanje; zvoniti
**chimney** [ˈʧɪmnɪ] dimnik;
kamin
**chimney sweep** [ˈʧɪmnɪ-
swiːp] dimnikar
**chimpanzee** [ˌʧɪmpənˈziː,
ˌʧɪmpænˈziː] šimpanz
**chin** [ʧɪn] brada
**Chin|a** [ˈʧaɪnə] Kitajska; ~ese
kitajski; Kitajec, Kitajka; ki-
tajščina; **ch~a** porcelan
**china clay** [ˌʧaɪnə ˈkleɪ] kaolin
**chink** [ʧɪŋk] žvenket; žven-
ketati
**chintz** [ʧɪnts] vzorčasto bom-
bažno blago za zavese
(prevleke)
**chip** [ʧɪp] drobec, odstružek;
igralna znamka; integrirano
vezje, čip; (od)krušiti; ~bo-
ard iverna plošča; **potato ~s**
ocvrti krompirček
**chipmunk** [ˈʧɪpmʌŋk] vrsta
severnoameriške veverice
**chiropodist** [kɪˈrɒpədɪst] pe-
diker
**chirp** [ʧɜːp] cvrkutati, šče-
betati
**chisel** [ˈʧɪzl] dleto; klesati
**chit** [ʧɪt] kal, mladika; dete;
potrdilo, zapisek; **~-chat**
kramljanje, klepet
**chivalry** [ˈʃɪvəlrɪ] viteštvo
**chive** [ʧaɪv] drobnjak
**chloride** [ˈklɔːraɪd] klorid
**chlorine** [ˈklɔːriːn] klor
**chloroform** [ˈklɒrəfɔːm] klo-
roform
**chlorophyll** [ˈklɒrəfɪl] kloro-
fil, listno zelenilo
**chock** [ʧɒk] podložek, za-
gozda, klin

**chock-a-block** [ˌʧɒkəˈblɒk]
nabito poln, natrpan
**chock-full** [ˌʧɒkˈfʊl] nabito
poln
**chocolate** [ˈʧɒklɪt] čokolada
**choice** [ʧɔɪs] izbira, alterna-
tiva
**choir** [ˈkwaɪə(r)] (cerkveni)
pevski zbor
**choke** [ʧəʊk] (za)dušiti se;
zadaviti
**choker** [ˈʧəʊkə(r)] dušilec;
ozka (damska) ogrlica
**cholera** [ˈkɒlərə] kolera
**choose*** [ʧuːz] izbrati, iz-
voliti
**chop** [ʧɒp] zrezati, sekati, ce-
piti; zarebrnica, kotlet
**chopper** [ˈʧɒpə(r)] sekira; se-
kač; drvar; helikopter
**choppy** [ˈʧɒpɪ] razburkan
**chopsticks** [ˈʧɒpstɪks] pali-
čice, ki jih Kitajci uporabljajo
kot jedilno orodje
**choral** [ˈkɔːrəl] zborovski
**chord** [kɔːd] struna; akord;
tetiva
**chore** [ʧɔː(r)] dolgočasno, ne-
prijetno vsakdanje opravilo
**chorus** [ˈkɔːrəs] zbor; pripev
**chose** [ʧəʊz] glej CHOOSE*
**chosen** [ˈʧəʊzn] glej CHOOSE*
**chowder** [ˈʧaʊdə(r)] gosta ri-
bja ali mesna juha
**christen** [ˈkrɪsn] krstiti; ~ing
krst
**Christendom** [ˈkrɪsndəm] kr-
ščanstvo
**Christian** [ˈkrɪsʧən] kršćan-
ski; kristjan
**Christianity** [ˌkrɪstɪˈænətɪ] kr-
ščanstvo
**Christmas** [ˈkrɪsməs] ~ **Day**

božič; 25. december; ~ Eve
božični večer
**chromium** ['krəʊmɪəm] krom
**chronic** ['krɒnɪk] dolgotra-
jen, kroničen
**chronicle** ['krɒnɪkl] kronika,
letopis
**chrysalis** ['krɪsəlɪs] buba
**chrysanthemum** [krɪ'sænθə-
məm] krizantema
**chub** [čʌb] klen
**chubby** ['čʌbɪ] zavaljen, de
belušen
**chuck** [čʌk] vreči ven, spo-
diti; odvreči
**chuckle** ['čʌkl] hihitati se
**chug** [čʌg] puhati, brneti
**chum** [čʌm] tovariš, prijatelj,
pajdaš
**chump** [čʌmp] štor, klada;
tepček
**chunk** [čʌŋk] (velik) kos
**church** ['čɜːč] cerkev; cerkven
**churchgoer** ['čɜːčgəʊə(r)] ti-
sti, ki hodi v cerkev, vernik
**churchyard** ['čɜːčjɑːd] poko-
pališče
**churl** [čɜːl] kmetavz, neo-
tesanec
**churn** [čɜːn] mešalnik, pinja;
mešati, delati maslo
**chute** [čuːt] brzica, drča
**cicada** [sɪ'kɑːdə] škržat
**cider** ['saɪdə(r)] jabolčnik,
mošt
**cigar** [sɪ'gɑː(r)] cigara
**cigarette** [ˌsɪgə'ret] cigareta;
~ **end** ogorek, čik; ~ **holder**
ustnik; ~ **lighter** vžigalnik
**cinch** [sɪnč] *It's a* ~. To so
mačje solze., Malenkost.
**cinder** ['sɪndə(r)] žlindra,
pepel

**cinema** ['sɪnəmɑː, 'sɪnəmə]
kino, filmska produkcija in
umetnost
**cinnamon** ['sɪnəmən] cimet
**cipher, cypher** ['saɪfə(r)] šte-
vilka, šifra; šteti, šifrirati
**circle** ['sɜːkl] krožiti, obkro-
žiti; krog; krožek; **dress** ~
prvi balkon, **upper** ~ drugi
balkon (v gledališču)
**circuit** ['sɜːkɪt] krožna pot; ob-
seg; ~ **breaker** *(electr)* preki-
njevalec; **short** ~ kratki stik
**circuitous** [sə'kjuːɪtəs] ovin-
kast; dolgovezen
**circular** ['sɜːkjʊlə(r)] okrogel;
krožen; ~ **letter** okrožnica
**circulate** ['sɜːkjʊleɪt] krožiti
**circulation** [ˌsɜːkjʊ'leɪšn] kro-
ženje, obtok, naklada; ~ **of
banknotes** obtok bankovcev
**circumcise** ['sɜːkəmsaɪz] ob-
rezati
**circumference** [sə'kʌmfər-
əns] obseg, obod
**circumlocution** [ˌsɜːkəmlə-
'kjuːšn] dolgoveznost
**circumscribe** ['sɜːkəmskraɪb]
omejiti; opisati
**circumspect** ['sɜːkəmspekt]
previden, pazljiv
**circumstance** ['sɜːkəmstəns]
okoliščina, položaj
**circumstantial** [ˌsɜːkəm'stæn-
šl] obširen; podroben; posre-
den; ~ **evidence** dokaz na
temelju indicij
**circumvent** [ˌsɜːkəm'vent]
ukaniti, preslepiti
**circus** ['sɜːkəs] okrogel trg;
cirkus
**cirr|us** ['sɪrəs], *(pl* ~**i**) cirusi,
visoki vlaknasti oblaki

**cistern** ['sɪstən] cisterna, vodni zbiralnik

**citadel** ['sɪtədəl] trdnjava, zatočišče

**citation** [saɪ'teɪšn] citat, navedba

**cite** [saɪt] citirati, navesti

**citizen** ['sɪtɪzn] državljan; meščan

**citizenship** ['sɪtɪznšɪp] državljanstvo

**citric** ['sɪtrɪk] citronov

**citron** ['sɪtrən] citrona

**citrus fruit** [ˌsɪtrəs 'fruːt] agrumi, kiselkasto južno sadje

**city** ['sɪtɪ] veliko mesto; *(Br)* mesto s katedralo; poslovni center mesta; ~ **hall** magistrat, rotovž

**civic** ['sɪvɪk] meščanski; državljanski

**civics** ['sɪvɪks] državljanski posli; pravo

**civil** ['sɪvl] državljanski; civilen; vljuden; ~ **engineer** gradbeni inženir; ~ **servant** državni uradnik; ~ **service** državna služba; ~ **war** državljanska vojna

**civilian** [sɪ'vɪlɪən] civilist; civilen

**civility** [sɪ'vɪlətɪ] vljudnost, olika

**civilization**, **~isation** [ˌsɪvəlaɪ'zeɪšn] omika, civilizacija, kultura

**civilize**, **~ise** ['sɪvəlaɪz] omikati, civilizirati

**clad** [klæd] oblečen

**claim** [kleɪm] terjati, zahtevati, trditi; reklamacija, pritožba, terjatev, trditev;

~ **of ownership** lastninska terjatev

**claimant** ['kleɪmənt] upravičenec; terjalec; tožnik

**clairvoyance** [kleə'vɔɪəns] jasnovidnost

**clam** [klæm] školjka; nabirati školjke

**clamber** ['klæmbə(r)] plezati; plezanje

**clammy** ['klæmɪ] lepljiv, vlažen

**clamour**, *(Am)* **clamor** ['klæmə(r)] hrušč, krik; razgrajati, kričati

**clamp** [klæmp] spona, primež; speti

**clan** [klæn] pleme; klika

**clandestine** [klæn'destɪn] tajen, skriven; ilegalen

**clang** [klæŋ] žvenketati, cingljati

**clangour**, *(Am)* **clangor** ['klæŋə(r), 'klæŋɡə(r)] žvenketanje, cingljanje

**clank** [klæŋk] rožljanje; žvenket

**clap** [klæp] ploskati; potrepljati; udariti

**clapper** ['klæpə(r)] jezik; raglja; žvenkelj

**claret** ['klærət] rdeče vino

**clarify** ['klærɪfaɪ] (raz)jasniti se; očistiti

**clarinet** [ˌklærə'net] klarinet

**clarion** ['klærɪən] budnica, fanfara

**clarity** ['klærətɪ] jasnost, pozornost

**clash** [klæš] nesoglasje, prepir; ne ujemati se, trčiti, žvenketati; ~ **of opposites** nasprotje idej clasp [klɑ:sp] zaponka, objem; objeti, zapeti

class [klɑ:s] razred; pouk; kategorija; stan; ~ **interest (position, conflict, struggle)** razredni interes (položaj, nasprotje, boj); ~ **solidarity (structure, consciousness, authority** razredna solidarnost (sestava, zavest, oblast); **ruling (social)** ~ vladajoči (družbeni) razred

classic(al) ['klæsɪkl] klasičen; vzoren

classicism ['klæsɪsɪzəm] klasicizem

classification [ˌklæsɪfɪ'keɪšn] razvrstitev, klasifikacija

classify ['klæsɪfaɪ] razvrstiti, razporediti

classmate ['klɑ:smeɪt] sošolec

classroom ['klɑ:srʊm] razred, učilnica

clatter ['klætə(r)] ropotati; blebetati

clause [klɔ:z] stavek; **main** ~ glavni stavek; klavzula; **subordinate (dependent)** ~ odvisni stavek

claw [klɔ:] šapa, krempelj; praskati, raztrgati

clawhammer ['klɔ:ˌhæmə(r)] kladivo z razcepom

clay [kleɪ] glina, ilovica

clean [kli:n] čist, snažen, nepopisan; čistiti, pospravljati

clean-cut [ˌkli:n'kʌt] čeden, urejen; izrazit, jasen

cleaner ['kli:nə(r)] čistilec, snažilec; čistilo; **dry** ~ kemična čistilnica; **vacuum** ~ sesalnik za prah

cleanliness ['klenlɪnɪs] čistoča, snažnost

cleanse ['klenz] očistiti; razkužiti

cleanser ['klenzə(r)] čistilo

clear [klɪə(r)] jasen, bister; razumljiv, očiten; čist; zjasniti se; pospraviti; razsvetliti; oditi

clearance ['klɪərəns] izpraznitev; prodaja; poseka; carinski izkaz; (uradno) soglasje; ~ **sale** razprodaja

clear-cut [ˌklɪə'kʌt] očiten, lahko razumljiv

clearing ['klɪərɪŋ] jasa; poseka; obračun; kliring

clearly ['klɪəlɪ] jasno, nedvomno

cleavage ['kli:vɪdž] cepljenje, razkol, razcep

cleave* [kli:v] razklati, razcepiti

cleaver [kli:və(r)] sekač; mesarski nož

cleft [kleft] razpoka, reža; ~ **palate** volčje žrelo; *glej* CLEAVE*

clemency ['klemənsɪ] dobrotljivost, milina

clement ['klemənt] blag, dober

clench [klenč] stisniti (pesti, zobe); zakovičiti

clergyman ['klɜːdžɪmən] duhovnik

clergy ['klɜːdžɪ] duhovščina, kler

clerical ['klerɪkl] duhovniški, klerikalen; pisarniški

clerk [klɑ:k] uradnik, pisar; duhovnik; **head** ~ glavni knjigovodja

**clever** ['klevə(r)] spreten, sposoben, pripraven; pameten, bistroumen; prebrisan

**cleverness** ['klevənɪs] spretnost, bistrost

**cliché** ['kli:ʃeɪ] kliše, šablona; puhlost

**click** [klɪk] cmokniti; tleskniti

**client** ['klaɪənt] odjemalec, stranka

**clientele** [ˌkli:ən'tel] stranke, odjemalci

**cliff** [klɪf] pečina, čer; **~-hanger** zgodba, tekmovanje, katerega izid je do konca negotov

**climactic** [klaɪ'mæktɪk] vrhunski

**climate** ['klaɪmɪt] podnebje, klima; (fig) atmosfera; razpoloženje

**climatic** [klaɪ'mætɪk] podneben, klimatski

**climax** ['klaɪmæks] višek, vrhunec

**climb** [klaɪm] plezati, vzpenjati se; vzpon

**climber** ['klaɪmə(r)] plezalec, alpinist; komolčar; (bot) plezalka

**clinch** [klɪnč] dokončno urediti, opraviti

**cling\*** [klɪŋ] držati se česa; priviti se; biti zvest

**clinic** ['klɪnɪk] klinika; dispanzer

**clip** [klɪp] speti, pripeti, (pri)striči, obrez(ov)ati; sponka, zaponka, broška, ščipalka

**clipper** ['klɪpə(r)] hitra ladja; (pl) škarje (za striženje nohtov, vrtne ograje)

**clipping** ['klɪpɪŋ] odrezek; izrezek; obrezovanje

**clique** [kli:k] klika

**cloak** [kləok] plašč; pretveza; **~room** garderoba

**clock** [klɒk] ura; **at two o'~** ob dveh; **around the ~** dan in noč

**clockwise** ['klɒkwaɪz] v smeri urnih kazalcev

**clockwork** ['klɒklwɜːk] kolesje (ure), **~ toy** igrača, ki se navije

**clod** [klɒd] gruda, kepa; tepec

**clog** [klɒg] zamašiti, ovirati; cokla, ovira

**cloister** ['klɔɪstə(r)] samostan, samostanski hodnik

**close** [kləoz, kləos] zapreti, končati; blizu; zaprt, zaklenjen; **~ season** lovopust; **~-up** (filmski ali fotografski posnetek iz bližine)

**closet** ['klɒzɪt] sobica; (Am) vzidana omara, shramba; stranišče

**clot** [klɒt] kepica

**cloth** [klɒθ] sukno, blago, tkanina

**clothe\*** [kləoð] obleči; pokriti

**clothes** [kləoðz] (pl) obleka; perilo; posteljnina

**clothespin** ['kləoðzpɪn] ščipalka za perilo

**clothing** ['kləoðɪŋ] oblačilo, obleka

**cloud** [klaod] oblak; **~y** oblačen

**cloudburst** ['klaodbɜːst] huda ploha, naliv

**cloudless** [klaodlɪs] jasen, brezoblačen

clout [klaʊt] krpa; zadetek; zaušnica

clove [kləʊv] nageljnova žbica; *glej* CLEAVE*

cloven ['kləʊvn] *glej* CLEAVE*

clover ['kləʊvə(r)] detelja

clown [klaʊn] klovn, pavliha, burkež; teleban

cloy [klɔɪ] naveličati, prenasititi se

club [klʌb] klub, društvo; palica, bat; križ (pri kartah)

clubfoot ['klʌbfʊt] v stopalu pokvarjena noga

cluck [klʌk] kokodakati

clue [klu:] klobčič; vodilna nit

clump [klʌmp] kepa; gruča, skupina

clumsy ['klʌmzɪ] okoren, neroden, štorast

clung [klʌŋ] *glej* CLING*

cluster ['klʌstə(r)] zbirati se; skupina, grozd, šop

clutch [klʌč] prijeti, pograbiti, držati se česa; prijem; sklopka; leglo piščancev; ~ bag ženska torbica brez ročaja

clutter ['klʌtə(r)] razmetati; narediti zmedo

coach [kəʊč] instruirati, trenirati; kočija, potniški vagon, poštni voz, *(Br)* avtobus; inštruktor, trener

coachman ['kəʊčmən] kočijaž

coagulate [kəʊ'ægjʊleɪt] strditi se, sesiriti se

coal [kəʊl] premog; ~mine premogovnik; ~miner rudar (v rudniku premoga); ~ tar (premogov) katran

coalesce [ˌkəʊə'les] zliti se, združiti se, stopiti se

coalition [ˌkəʊə'lɪšn] zveza, koalicija

coarse [kɔ:s] grob, robat, hrapav, raskav

coast [kəʊst] obala; *(Am)* sankanje; sankati se

coastal ['kəʊstl] obrežen; ~ region primorje

coaster ['kəʊstə(r)] obalna ladja; podložek za kozarec

coastguard ['kəʊstgɑ:d] obalna straža

coat [kəʊt] suknjič, plašč, prevleka, kožuh, dlaka, plast; prevleči, premazati; ~ hanger obešalnik; ~ of arms grb

coating ['kəʊtɪŋ] prevleka; premaz; blago za plašče

coax ['kəʊks] dobrikati, laskati se

cob [kɒb] pečka; koruzni storž; majhen močan konj; labod (samec)

cobalt ['kəʊbɔ:lt] kobalt

cobbler ['kɒblə(r)] krpač, čevljar

cobblestone ['kɒblstəʊn] kamen za tlakovanje, tlakovec

cobra ['kəʊbrə] kobra

cobweb ['kɒbwəb] pajčevina

cocaine [kəʊ'keɪn] kokain

cock [kɒk] petelin; vodja; pipa; šopiriti se, spravljati v kopice, na stran pomakniti (klobuk); ~-and-bull story izmišljotina

cockatoo [ˌkɒkə'tu:] kakadu

cockeyed ['kɒk aɪd] škilast; skrajno neumen

cockle ['kɒkl] ljuljka; školjka; guba

**cockpit** ['kɒkpɪt] pilotova ali voznikova kabina

**cockroach** ['kɒkrəʊč] ščurek

**cocksure** [ˌkɒk'ʃɔ:(r)] popolnoma prepričan; domišljav

**cocktail** [kɒkteɪl] koktajl, mešana pijača; ~ **party** zabava, na kateri je postreženo s pijačo in prigrizkom

**cocky** ['kɒkɪ] domišljav

**cocoa** ['kəʊkəʊ] kakav, kakavovec

**coconut** ['kəʊkənʌt] kokosov oreh

**cocoon** [kə'ku:n] zapredek, kokon

**cod** ['kɒd] polenovka

**coddle** ['kɒdl] razvajati, pomehkužiti

**code** [kəʊd] koda, kod, sistem znakov in simbolov, tajnopis; zbirka predpisov; šifrirati; **dialling**, *(Am)* **area** ~ karakteristična številka omrežne skupine

**codify** ['kəʊdɪfaɪ] zbrati zakonske predpise, kodificirati

**cod-liver oil** [ˌkɒdlɪvə(r) 'ɔɪl] ribje olje

**coeducation** [ˌkəʊedžʊ'keɪšn] skupna vzgoja (*ali* izobraževanje) mladine obeh spolov

**coerce** [kəʊ'ɜːs] priganjati, siliti

**coercive** [kəʊ'ɜːsɪv] prisilen

**coexist** [ˌkəʊɪg'zɪst] sočasno bivati

**coexistence** [ˌkəʊɪg'zɪstəns] koeksistenca, (mednarodno) sožitje; **active** ~ aktivna koeksistenca; **peaceful** ~ mirna koeksistenca

**coffee** ['kɒfɪ] kava; kavovec; ~ **bean** kavino zrno; ~ **break** odmor za kavo; ~ **grinder** kavni mlinček

**coffer** ['kɒfə(r)] skrinja; zakladnica

**coffin** ['kɒfɪn] krsta; ~ **nail** *(fig)* cigareta

**cog** [kɒg] zobec; ~**-wheel** zobato kolo

**cogent** ['kəʊdžənt] takten; važen; neizpodbiten

**cogitate** ['kɒdžɪteɪt] premišljevati, preudarjati

**cognition** [kɒg'nɪšn] spoznavanje, znanje

**coherent** [kəʊ'hɪərənt] nepretrgan; skladen; jasen

**cohesion** [kəʊ'hi:žn] zveza, stik

**cohort** ['kəʊhɔ:t] kohorta, četa

**coiffure** [kwɑ:'fjʊə(r)] pričeska

**coil** [kɔɪl] oviti, naviti; navoj, tuljava

**coin** [kɔɪn] kovanec; kovati, izmisliti si; ~**ed word** skovanka

**coinage** ['kɔɪnɪdž] kovanje denarja; denar

**coincide** [ˌkəʊɪn'saɪd] hkrati se dogoditi; skladati se

**coincidence** [kəʊ'ɪnsɪdəns] naključje; hkratnost

**coincidental** [kəʊˌɪnsɪ'dentl] naključen; soglasen

**cok|e** [kəʊk] *(coll)* kokakola; koks; ~**ing coal** premog za koksiranje

**colander** ['kʌləndə(r)] cedilo

**cold** [kəʊld] mraz, prehlad, nahod; hladen, mrzel; ~

**front** hladna fronta, stičišče hladnih s toplimi zračnimi gmotami

**cold-blooded** [ˌkəʊld 'blʌdɪd] hladnokrven; neusmiljen

**cold desert** [ˌkəʊld 'dezət] hladna pušča, tundra

**cold-hearted** [ˌkəʊld 'hɑːtɪd] brezsrčen, neusmiljen

**cold pole** ['kəʊld pəʊl] pol mraza, kraj z najnižjo temperaturo

**coleslaw** ['kəʊlslɔː] zeljna solata

**collaborate** [kə'læbəreɪt] sodelovati

**collaborator** [kə'læbəreɪtə(r)] sodelavec

**collapse** [kə'læps] zrušiti se, propasti; (fig) propad, razsulo; (med) kolaps

**collar** ['kɒlə(r)] ovratnik, ovratnica; komat

**collarbone** ['kɒləbəʊn] ključnica

**collate** [kə'leɪt] primerjati; pregledati

**collateral** [kə'lætərəl] vzporeden, pomožen, stranski; daljni sorodnik; ~ (security) poroštvo

**colleague** ['kɒliːg] kolega, tovariš

**collect** [kə'lekt] zbirati; iti po; kopičiti se; sklepati

**collection** [kə'lekšn] zbirka; zbiranje; izterjava

**collective** [kə'lektɪv] celoten, skupen, kolektiven; kolektiv

**collector** [kə'lektə(r)] zbiralec; pobiralec

**college** ['kɒlɪdž] kolidž, višja ali visoka šola, univerzi

pridružena izobraževalna ustanova

**collegiate** [kə'liːdžɪət] kolegijski; študentski; akademski

**collide** [kə'laɪd] trčiti, nasprotovati si

**colliery** ['kɒlɪərɪ] premogovnik

**collision** [kə'lɪžn] karambol, trčenje

**colloquial** [kə'ləʊkwɪəl] pogovoren, občevalen; preprost

**colloquy** ['kɒləkwɪ] pogovor; kolokvij

**collusion** [kə'luːžn] tajni dogovor, zarota

**colon** ['kəʊlən] dvopičje; debelo črevo

**colonel** ['kɜːnl] polkovnik

**colonial** [kə'ləʊnɪəl] kolonialen; naseljenec; ~ system kolonialni sistem

**colonialism** [kə'ləʊnɪəlɪzəm] kolonializem

**colonist** ['kɒlənɪst] naseljenec, kolonist

**colonization** [ˌkɒlənaɪ'zeɪšn] naselitev, kolonizacija

**colon|ize, ~ise** ['kɒlənaɪz] naseliti, kolonizirati

**colonnade** [ˌkɒlə'neɪd] stebrišče; drevored

**colony** ['kɒlənɪ] kolonija, naselbina; veliko skupaj živečih živali iste vrste

**colour**, (Am) color ['kʌlə(r)] barva; barvati; ~~fast fabric blago obstojnih barv; with flying ~s z nenavadnim uspehom, (opraviti) z odliko

**colour|blind,** *(Am)* color~ ['kʌləblaɪnd] barvno slep

**colour|ed,** *(Am)* color~ ['kʌləd] barvast; pretiran; *(Am)* temnopolt

**colour|ful,** *(Am)* color~ ['kʌləfʊl] slikovit; živobarven

**colossal** [kə'lɒsəl] velikanski, orjaški; imeniten

**colouring** ['kʌlərɪŋ] barve; značilnosti; kolorit

**colt** [kəʊlt] žrebe; novinec

**column** ['kɒləm] steber; stolpec; kolona; sprevod

**columnist** ['kɒləmnɪst] novinar, ki redno piše za določeno rubriko

**coma** ['kəʊmə] globok spanec, mrtvičnost

**comb** [kəʊm] glavnik; česati se

**combat** ['kɒmbæt] bitka, boj; bojevati se

**combatant** ['kɒmbətənt] bojevnik, borec, vojščak

**combative** ['kɒmbətɪv] bojevit

**combination** [ˌkɒmbɪ'neɪšn] sestava, kombinacija

**combine** [kəm'baɪn] sestaviti, kombinirati; zveza, trust, kartel; ~ **harvester** kombajn, poljedelski spravljalni stroj

**combustible** [kəm'bʌstəbl] gorljiv, vnetljiv; razdražljiv

**combustion** [kəm'bʌsčən] gorenje, izgorevanje

**come\*** [kʌm] priti, dospeti; **to ~ about** pripetiti se; **to ~ across** naleteti na; **(to) ~ along** napredovati, pohiti!; **to ~ back** vrniti se; **to ~ by**

priti mimo; **to ~ down** pasti, znižati (cene); **to ~ for** priti po; **to ~ in(to)** vstopiti, dospeti, priti v modo; **to ~ over** spreleteti; **to ~ round** oglasiti se; **to ~ through** uspešno končati, preboleti; **to ~ to** priti k zavesti; **to ~ to terms** dogovoriti se; **to ~ to the point** priti k stvari, jasno se izraziti; **to ~ true** uresničiti se; **to ~ under** pasti, priti pod; **to ~ up to** znašati, biti čemu enak

**comedian** [kə'miːdɪən] šaljivec, komik, glumač

**comedy** ['kɒmədɪ] veseloigra, komedija

**comely** ['kʌmlɪ] lep, čeden, brhek

**comet** ['kɒmɪt] repatica, komet

**comfort** ['kʌmfət] tolažba, udobnost; potolažiti

**comfortable** ['kʌmftəbl] udoben

**comforter** ['kʌmfətə(r)] tolažnik; topla odeja; šal; *(Br)* duda, cucelj

**comic** ['kɒmɪk] smešen, šaljiv; komik; *(pl)* strip

**comical** ['kɒmɪkl] smešen, šaljiv

**coming** ['kʌmɪŋ] prihod; bodoč

**comma** ['kɒmə] vejica

**command** [kə'maːnd] poveljevati, odrejati; ukaz, povelje, odredba, poveljstvo; znanje

**commandeer** [ˌkɒmən'dɪə(r)] rekvirirati, prisvojiti

**commander** [kə'maːndə(r)]

poveljnik, komandir, komandant; **supreme ~** vrhovni poveljnik

**commander-in-chief** [kə-ˌmɑːndər ɪn 'čiːf] vrhovni poveljnik oboroženih sil, vojskovodja

**commandment** [kə'mɑːndmənt] zapoved, povelje

**commemorate** [kə'meməreɪt] spominjati se, počastiti spomin

**commemorative** [kə'memərətɪv] spominski (znamka, medalja)

**commence** [kə'mens] začeti, pričeti

**commencement** [kə'mensmənt] začetek; slavje na šoli z delitvijo diplom

**commend** [kə'mend] priporočiti; hvaliti

**commendable** [kə'mendəbl] priporočljiv; hvalevreden

**commendation** [ˌkɒmen'deɪšn] priporočilo; pohvala

**commensurate** [kə'menšərət] primeren; enak

**comment** ['kɒment] razložiti, tolmačiti; komentar, razlaga, opazka

**commentary** ['kɒməntrɪ] razlaga, komentar; **running ~** reportaža

**commentator** ['kɒmənteɪtə(r)] komentator, poročevalec (radijski, televizijski)

**commerce** ['kɒmɜːs] trgovina

**commercial** [kə'mɜːšl] trgovski, reklamen; reklama po radiu ali TV; **~ bank** poslovna banka; **~ traveller** trgovski potnik

**commercial|ize, ~ise** [kə-'mɜːšəlaɪz] komercializirati, ravnati s čim po trgovskih načelih

**commiserate** [kə'mɪzəreɪt] sočustvovati, pomilovati

**commissar** ['kɒmɪsɑː(r)] komisar

**commissariat** [ˌkɒmɪ'seərɪət] komisariat; intendantura

**commissary** ['kɒmɪsərɪ] poverjenik, komisar; intendant

**commission** [kə'mɪšn] komisija; pooblastilo; provizija

**commissionaire** [kəˌmɪšə-'neə(r)] vratar, biljeter

**commissioner** [kə'mɪšənə(r)] pooblaščenec, poverjenik; poslovodja

**commit** [kə'mɪt] zagrešiti; zaupati, poveriti; naložiti dolžnost; izročiti

**commitment** [kə'mɪtmənt] predanost; angažiranost, obveznost

**committee** [kə'mɪtɪ] odbor, komite; **select ~** posebni odbor; **standing ~** stalni odbor

**commodious** [kə'məʊdɪəs] udoben; prostoren

**commodity** [kə'mɒdɪtɪ] proizvod; blago; **~ production** blagovna proizvodnja

**commodore** ['kɒmədɔː(r)] poveljnik ladjevja, *(Am)* upokojeni mornariški častnik

**common** ['kɒmən] skupen; navaden, vsakdanji; splošen; prostaški; **~ land** srenja, družbena zemlja; **~-law** običajno pravo; **~ market** skupni trg; **~ room** klubska soba; ~ **sense** zdrava pamet; by ~ **consent** soglasno

**commonplace** ['kɒmənpleɪs] vsakdanjost, puhlost; vsakdanji, navaden, banalen

**commons** ['kɒmənz] ljudstvo; **House of C~** spodnji dom v britanskem parlamentu

**commonwealth** ['kɒmənwelθ] splošna blaginja; zveza držav

**commotion** [kə'məʊšn] razburjenost; zmeda

**communal** ['kɒmjʊnl, kə'mju:nl] skupen, občinski, komunalen; ~ **system** komunalni (občinski) sistem

**commune** ['kɒmju:n] občina, komuna

**communicable** [kə'mju:nɪkəbl] nalezljiv; sporočljiv

**communicate** [kə'mju:nɪkeɪt] sporazumevati se; posredovati misli, informacije

**communication** [kə,mju:nɪ'keɪšn] sporočilo; obveščanje; komuniciranje; prometna zveza; ~ **source** komunikacijski izvor (oddajnik); ~ **receiver** komunikacijski sprejemnik; ~ **cord** zasilna zavora (vlak)

**communicative** [kə'mju:nɪkətɪv] zgovoren; razumljiv; dojemljiv, prilagodljiv

**communion** [kə'mju:nɪən] stik; skupnost; obhajilo

**communiqué** [kə'mju:nɪkeɪ] službeno poročilo, komunike

**communism** ['kɒmjʊnɪzəm] komunizem

**communist** ['kɒmjʊnɪst] komunist; ~ **manifesto (party, movement)** komunistični manifest (stranka, gibanje); **C~ International** Komunistična internacionala, kominterna

**community** [kə'mju:nətɪ] skupnost, soseska, občina; **European Economic C~** Evropska gospodarska skupnost; **sociopolitical** ~ družbeno politična skupnost

**commutator** ['kɒmju:teɪtə(r)] menjalnik smeri električnega toka

**commute** [kə'mju:t] redno se voziti v službo, šolo; ~**r** vozač

**compact** [kəm'pækt] gost, trden, enoten, jedrnat; pudrnica; stisniti, zgostiti; ~ **disk** laserska plošča

**companion** [kəm'pænɪən] družabnik, tovariš

**companionable** [kəm'pænɪənəbl] družaben

**companionship** [kəm'pænɪənšɪp] tovarišija, druščina

**company** ['kʌmpənɪ] družba; podjetje, tvrdka; četa

**comparable** ['kɒmpərəbl] primerljiv

**comparative** [kəm'pærətɪv] primerjalen, sorazmeren; (*gram*) primernik

**compare** [kəm'peə(r)] primerjati; stopnjevati

**comparison** [kəm'pærɪsn] primerjava; stopnjevanje

**compartment** [kəm'pɑ:tmənt] oddelek, kupe

**compass** [ˈkʌmpəs] kompas;
~es (pl) šestilo

**compassion** [kəmˈpæšn] so-
čutje, usmiljenje

**compassionate** [kəmˈpæšə-
nət] sočuten, usmiljen; ~ le-
ave izreden dopust zaradi
družinskih razlogov

**compatible** [kəmˈpætəbl]
združljiv, kompatibilen;
spravljiv, složen, harmoni-
čen

**compatriot** [kəmˈpætrɪət] ro-
jak

**compeer** [ˈkɒmpɪə(r)] tova-
riš, oseba istega položaja

**compel** [kəmˈpel] prisiliti;
izsiliti

**compensate** [ˈkɒmpenseɪt]
poravnati, odškodovati; na-
domestiti

**compensation** [ˌkɒmpenˈseɪ-
šn] odškodnina; nadome-
stek; ~ money odpravnina

**compere** [ˈkɒmpeə(r)] kon-
feransje, voditelj oddaje ali
povezovalec na radiu ali TV

**compete** [kəmˈpiːt] tekmo-
vati, kosati se, konkurirati

**competence** [ˈkɒmpɪtəns]
pristojnost; sposobnost

**competent** [ˈkɒmpɪtənt] pri-
stojen; primeren; merodajen

**competition** [ˌkɒmpəˈtɪšn]
tekma; natečaj; konkuren-
ca; perfect (imperfect) ~
popolna (nepopolna) kon-
kurenca

**competitive** [kəmˈpetətɪv]
konkurenčen, tekmovalen;
~ struggle konkurenčni boj

**competitor** [kəmˈpetɪtə(r)]
tekmovalec, konkurent

**compile** [kəmˈpaɪl] sesta-
vljati, kompilirati

**complacency** [kəmˈpleɪsnsɪ]
samozadovoljnost

**complacent** [kəmˈpleɪsnt] sa-
mozadovoljen

**complain** [kəmˈpleɪn] prito-
ževati se, nergati

**complaint** [kəmˈpleɪnt] pri-
tožba, reklamacija; bolezen;
duševna stiska; to make a ~
pritožiti se

**complement** [ˈkɒmplɪmənt]
dopolnilo, polno število (ko-
ličina); [ˈkɒmplɪment] delati
poklone; dopolniti

**complete** [kəmˈpliːt] izpol-
niti, dovršiti; popoln, dovr-
šen; polnoštevilen

**completion** [kəmˈpliːšn] do-
vršitev, izpolnitev

**complex** [ˈkɒmpleks] zamo-
tan, zapleten; predsodek

**complexion** [kəmˈplekšn]
barva polti, ten; videz

**complexity** [kəmˈpleksətɪ]
zamotanost, zapletenost

**compliance** [kəmˈplaɪəns]
privolitev; voljnost

**compliant** [kəmˈplaɪənt] po-
hleven; ustrežljiv

**complicate** [ˈkɒmplɪkeɪt] za-
plesti, otežkočiti; ~d zaple-
ten, zamotan, kompliciran

**complication** [ˌkɒmplɪˈkeɪšn]
zaplet, težava; komplika-
cija

**complicity** [kəmˈplɪsətɪ] so-
krivda

**compliment** [ˈkɒmplɪmənt]
poklon, pohvala; to pay ~s
delati poklone; [ˈkɒmplɪ-
ment] čestitati; pohvaliti

**complimentary** [ˌkɒmplɪ-
'mentrɪ] laskav; vljuden; ~
**seat (ticket, copy)** brezpla-
čen sedež (vstopnica, izvod)
**comply** [kəm'plaɪ] privoliti;
popuščati; podrediti se
**component** [kəm'pəʊnənt]
sestavni del, sestavina
**comport** [kəm'pɔːt] vesti se
**compose** [kəm'pəʊz] sesta-
viti; spisati; uglasbiti; ure-
jati; pomiriti se; misli zbrati
**composed** [kəm'pəʊzd] po-
mirjen; resnoben
**composer** [kəm'pəʊzə(r)]
skladatelj, komponist
**composite** ['kɒmpəzɪt] sesta-
vljen; mešan
**composition** [ˌkɒmpə'zɪšn]
spis, naloga; skladba; se-
stava, zmes
**compost** ['kɒmpɒst] kom-
post
**composure** [kəm'pəʊžə(r)]
ubranost; prisebnost; hla-
dnokrvnost
**compote** ['kɒmpəʊt] kuhano
sadje, kompot
**compound** [kəm'paʊnd] po-
mešati, sestaviti, dogovo-
riti se; ['kɒmpaʊnd] ograjen
prostor; mešanica, zmes; se-
stavljen; ~ **interest** obrestne
obresti; ~ **word** sestavljenka,
zloženka
**comprehend** [ˌkɒmprɪ'hend]
dojeti, doumeti, razumeti
**comprehensible** [ˌkɒmprɪ-
'hensəbl] razumljiv, doje-
mljiv, doumljiv
**comprehension** [ˌkɒmprɪ-
'henšn] dojemanje, razume-
vanje

**comprehensive** [ˌkɒmprɪ-
'hensɪv] izčrpen, temeljit; ob-
sežen; ~ **insurance** zavaro-
vanje prevoznega sredstva
za več nevarnosti; ~ **school**
(Br) srednja šola, na kateri
se šolajo otroci različnih in-
teligenčnih sposobnosti
**compress** [kəm'pres] stisniti,
tlačiti; ['kɒmpres] obkladek,
obveza
**compression** [kəm'prešn]
stiskanje, zgostitev
**comprise** [kəm'praɪz] obse-
gati, vsebovati
**compromise** ['kɒmprəmaɪz]
kompromis,       poravnava,
sporazum; sporazumeti se;
**to ~ oneself** kompromiti-
rati se
**compulsion** [kəm'pʌlšn] sila,
nuja
**compulsory** [kəm'pʌlsərɪ]
prisilen, obvezen
**compunction** [kəm'pʌŋkšn]
kesanje, obžalovanje
**computation** [ˌkɒmpju:'teɪ-
šn] račun, proračun
**compute** [kəm'pju:t] raču-
nati; oceniti
**computer** [kəm'pju:tə(r)] ra-
čunalnik
**computing** [kəm'pju:tɪŋ] upo-
raba računalnika in pisanje
programov zanj
**comrade** ['kɒmreɪd] tovariš;
~**ship** tovarištvo
**con** [kɒn] varati, izrabljati
zaupanje, goljufati; prevara
**concave** ['kɒŋkeɪv] konka-
ven, vbočen
**conceal** [kən'si:l] skriti, tajiti,
prikriti

**concede** [kən'si:d] dopustiti, dovoliti; priznati

**conceit** [kən'si:t] domišljavost, samoljubje; ~ed domišljav

**conceive** [kən'si:v] spočeti; izmisliti si

**concentrate** ['konsntreit] osredotočiti se, koncentrirati se

**concentration** [,konsn'treišn] zbranost, koncentracija; ~ camp koncentracijsko taborišče; ~ of capital koncentracija kapitala

**concentric** [kən'sentrik] sosreden, istosreden

**concept** ['konsept] pojem, predstava

**conception** [kən'sepšn] pojmovanje, zamisel; spočetje

**concern** [kən'sɜ:n] tikati se, zadevati, skrbeti; skrb, zanimanje; združenje pravno samostojnih podjetij, koncern

**concerning** [kən'sɜːnɪŋ] glede na, kar se tiče

**concert** ['konsət] koncert

**concerted** [kən'sɜːtɪd] dogovorjen, skupen

**concession** [kən'sešn] koncesija, kar kdo komu odstopi (korist, ugodnost); (delno) popuščanje; dovoljenje za opravljanje kake dejavnosti

**conciliate** [kən'sɪlɪeɪt] pomiriti, spraviti

**conciliation** [kən,sɪlɪ'eɪšn] sprava; pomiritev

**conciliatory** [kən'sɪlɪətərɪ] spravljiv, miroljuben

**concise** [kən'saɪs] kratek, jedrnat

**conclave** ['konkleɪv] tajen sestanek, konklave

**conclude** [kən'klu:d] sklepati; zaključiti, končati; strniti

**conclusion** [kən'klu:žn] sklep; zaključek, konec; odločitev; strnitev

**conclusive** [kən'klu:sɪv] končen, odločilen

**concoct** [kən'kokt] zmešati; skovati; zasnovati

**concoction** [kən'kokšn] mešanica, zvarek; izmišljotina

**concomitant** [kən'komɪtənt] hkraten, skupen; spremljajoča okoliščina

**concord** ['konkɔ:d] sloga, skladnost, ujemanje

**concordance** [kən'kɔ:dəns] skladnost, soglasnost; abecedna ureditev besed

**concordat** [kən'kɔ:dæt] konkordat, pogodba med katoliško cerkvijo in državo

**concourse** ['konkɔ:s] dotok; naval, gneča

**concrete** ['konkri:t] beton; armoured ~ železobeton; stvaren, konkreten

**concrete** ['konkri:t] betonirati; zgostiti se

**concubine** ['konkjobaɪn] priležnica, metresa

**concur** [kən'kɜ:(r)] hkrati se zgoditi; strinjati se

**concurrence** [kən'kʌrəns] soglasje; hkraten dogodek; naključje

**concurrent** [kən'kʌrənt] hkraten; soglasen

**concussion** [kən'kʌšn] pretres; trčenje

**condemn** [kən'dem] obsoditi; zavreči; ~**ation** obsodba, graja
**condensation** [ˌkɒnden'seišn] zgostitev; utekočinjanje; skrajšanje
**condense** [kən'dens] stisniti; utekočiniti; skrajšati
**condenser** [kən'densə(r)] kondenzator
**condescend** [ˌkɒndɪ'send] ponižati se, popustiti
**condiment** ['kɒndɪmənt] dišava, začimba
**condition** [kən'dɪšn] pogoj, okoliščina, stanje; pogodbeno določiti, usposobiti
**conditional** [kən'dɪšənl] pogojen; *(gram)* pogojnik; ~ **clause** pogojni stavek
**conditioner** [kən'dɪšənə(r)] mehčalec, utrjevalec (za lase, perilo)
**condole** [kən'dəʊl] izreči sožalje, sočustvovati
**condolence** [kən'dəʊləns] sožalje
**condom** [kɒndəm] kondom, preservativ
**condominium** [ˌkɒndə'mɪnɪəm] ozemlje pod upravo dveh dežel; *(Am)* večstanovanjska hiša v etažni lastnini
**condone** [kən'dəʊn] oprostiti; spregledati
**conduce** [kən'djuːs] prispevati; voditi
**conduct** ['kɒndʌkt] vedenje; vodstvo; [kən'dʌkt] voditi, dirigirati
**conductivity** [ˌkɒndʌk'tɪvəti] prevodnost
**conductor** [kən'dʌktə(r)] dirigent; vodja; sprevodnik; prevodnik
**conduit** ['kɒndɪt] vod; cev; kanal
**cone** [kəʊn] storž, češarek; stožec
**confection** [kən'fekšn] konfekcijsko oblačilo; sladkarija
**confectioner** [kən'fekšənə(r)] slaščičar
**confederacy** [kən'fedərəsɪ] konfederacija, zveza
**confederate** [kən'fedərət] zaveznik; sokrivec; [kən'fedəreɪt] zvezati, združiti se
**confederation** [kənˌfedə'reɪšn] združba, zveza; zavezništvo
**confer** [kən'fɜː(r)] posvetovati se, podeliti; Primerjaj! (**cf.**)
**conference** ['kɒnfərəns] posvet(ovanje), konferenca
**confess** [kən'fes] priznati; izpovedati; spovedati se
**confession** [kən'fešn] priznanje; spoved
**confessor** [kən'fesə(r)] spovednik
**confidant** [ˌkɒnfɪ'dænt] zaupnik; ~**e** zaupnica
**confide** [kən'faɪd] zaupati; zanašati se
**confidence** ['kɒnfɪdəns] zaupanje; samozavest
**confident** ['kɒnfɪdənt] zaupljiv; samozavesten
**confidential** [ˌkɒnfɪ'denšl] zaupen, zaupanja vreden
**confine** [kən'faɪn] omejiti; zapreti
**confinement** [kən'faɪnmənt] zapor, konfinacija; porod

**confirm** [kən'fɜːm] potrditi, ratificirati; birmati

**confirmation** [ˌkɒnfə'meɪšn] potrdilo; birma

**confiscate** ['kɒnfɪskeɪt] zapleniti, zaseči

**confiscation** [ˌkɒnfɪ'skeɪšn] zaplemba, odvzem

**conflagration** [ˌkɒnflə'greɪšn] velik požar

**conflict** ['kɒnflɪkt] spor, prepir, konflikt; ~ of interests (ideas) nasprotje interesov (idej)

**confluence** ['kɒnfluəns] sotočje; stičišče; gneča

**conform** [kən'fɔːm] prilagoditi (se), ustrezati

**conformation** [ˌkɒnfɔː'meɪšn] oblika; ustroj

**conformist** [kən'fɔːmɪst] prilagodljivec (zaradi osebnega ugodja ali koristi); član anglikanske cerkve

**conformity** [kən'fɔːmətɪ] podobnost; primernost; in ~ with glede na, v soglasju z/s

**confound** [kən'faʊnd] zmešati, zbegati; osramotiti

**confront** [kən'frʌnt] soočiti; izzivati; primerjati; zoperstaviti se

**confuse** [kən'fjuːz] zmešati, zbegati

**confusion** [kən'fjuːžn] zmešnjava, zamenjava, zmeda

**confute** [kən'fjuːt] spodbijati, ovreči

**congeal** [kən'džiːl] zmrzniti; strditi se

**congenial** [kən'džiːnɪəl] simpatičen; soroden po duhu

**congenital** [kən'dženɪtl] prirojen

**congestion** [kən'džesčən] preobljudenost, prenatrpanost; zastoj; zamašitev (nosu)

**conglomerate** [kən'glɒmǝreɪt] kopičiti, v kepo stisniti; [kən'glɒmǝrǝt] kepast, grudast; skupek, konglomerat

**congratulate** [kən'grætʃʊleɪt] čestitati, voščiti

**congratulation** [kənˌgrætʃʊ'leɪšn] čestitka, voščilo

**congregate** ['kɒŋgrɪgeɪt] zbirati se; ~ation kongregacija; skupnost

**congress** ['kɒŋgres] kongres; C~ (Am) kongres (državno zakonodajno telo); to go into ~ zasedati

**congressman** ['kɒŋgresmən] (Am) kongresnik

**conifer** ['kɒnɪfə(r)] iglavec; ~ous forest iglasti, zimzeleni gozd

**conjecture** [kən'džekčə(r)] domnevati, ugibati; domneva

**conjugal** ['kɒndžʊgl] zakonski

**conjugate** ['kɒndžʊgeɪt] spregati

**conjunction** [kən'džʌŋkšn] veznik; križišče, razpotje

**conjunctive** [kən'džʌŋktɪv] (gram) vezani naklon, konjunktiv

**conjure** ['kʌndžə(r)] čarati; žonglirati; v duhu si predstavljati; čarovnik; žongler

**connect** [kə'nekt] zvezati, spojiti

**connection** [kə'nekšn] zveza, stik; priključek; poznanstvo, klientela

**connivance** [kə'naɪvəns] prizanašanje, popustljivost, potuha

**connive** [kə'naɪv] spregledati, dajati potuho

**connoisseur** [ˌkɒnə'sɜː(r)] poznavalec

**connote** [kə'nəʊt] pomeniti; izražati; vsebovati; označevati

**connubial** [kə'njuːbɪəl] zakonski, poročen

**conquer** ['kɒŋkə(r)] zavojevati, podjarmiti; ~or zavojevalec, zmagovalec

**conquest** ['kɒŋkwest] zmaga, osvojitev

**conscience** ['kɒnšəns] vest

**conscientious** [ˌkɒnšɪ'enšəs] natančen, vesten, skrben

**conscious** ['kɒnšəs] pri zavesti, zavedajoč se

**consciousness** ['kɒnšəsnɪs] zavest, zavednost; **class ~** razredna zavest; **political (social) ~** politična (družbena) zavest

**conscript** [kən'skrɪpt] rekrutirati vojake, vpoklicati; ['kɒnskrɪpt] nabornik, rekrut

**conscription** [kən'skrɪpšn] novačenje, nabor; **universal ~** splošna vojaška obveznost

**consecrate** ['kɒnsɪkreɪt] posvetiti, blagosloviti

**consecutive** [kən'sekjʊtɪv] zaporeden; posledičen

**consensus** [kən'sensəs] soglasje, privolitev

**consent** [kən'sent] privo-

liti, strinjati se; privolitev, odobritev

**consequence** ['kɒnsɪkwəns] posledica; izid; pomembnost

**consequent** ['kɒnsɪkwənt] sledeč, dosleden; posledica

**conservation** [ˌkɒnsə'veɪšn] ohranitev, očuvanje; **~ of nature** varstvo narave; **~ of soil** zaščita tal pred erozijo

**conservatism** [kən'sɜːvətɪzəm] konservativnost

**conservative** [kən'sɜːvətɪv] zmeren; starokopiten, konservativen

**conservatory** [kən'sɜːvətrɪ] rastlinjak; konservatorij

**conserve** [kən'sɜːv] ohranjati; vzdrževati; konzervirati

**consider** [kən'sɪdə(r)] smatrati, imeti za; pretehtati

**considerable** [kən'sɪdərəbl] znaten, precejšen, občuten

**considerate** [kən'sɪdərət] premišljen; obziren

**consideration** [kən,sɪdə'reɪšn] premislek, premišljevanje; obzir; **to take into ~** upoštevati

**consign** [kən'saɪn] poslati; izročiti

**consignment** [kən'saɪnmənt] pošiljka; dostavitev; nakazilo; **~ stock** konsignacijsko skladišče

**consist** [kən'sɪst] obstajati; **~ of** biti sestavljen iz

**consistency** [kən'sɪstənsɪ] čvrstost; doslednost

**consolation** [ˌkɒnsə'leɪšn] tolažba, uteha; **~ prize** tolažilna nagrada

**console** [kən'səʊl] tolažiti; podstavek, konzola

**consolidate** [kən'sɒlɪdeɪt] utrditi, združiti

**consolidation** [kən͵sɒlɪ'deɪšn] utrditev, okrepitev, združitev; zgostitev; ~ **of the new democratic order** ustalitev novega demokratičnega reda

**consommé** [kən'sɒmeɪ] čista goveja juha

**consonant** ['kɒnsənənt] soglasnik

**consort** [kən'sɔːt] soprog(a), zakonec

**conspicuous** [kən'spɪkjʊəs] viden, pozornost vzbujajoč

**conspiracy** [kən'spɪrəsɪ] zarota, komplot

**conspirator** [kən'spɪrətə(r)] zarotnik, konspirator

**conspire** [kən'spaɪə(r)] zarotiti se, spletkariti

**constable** ['kʌnstəbl] policijski uradnik, stražnik

**constancy** ['kɒnstənsɪ] stanovitnost, trajnost, zvestoba

**constant** ['kɒnstənt] stanoviten, stalen, zvest

**constellation** [͵kɒnstə'leɪšn] ozvezdje; položaj, stanje

**consternation** [͵kɒnstə'neɪšn] osuplost; groza

**constipation** [͵kɒnstɪ'peɪšn] (med) zaprtje, zaprtost

**constituency** [kən'stɪtjʊənsɪ] volilno okrožje; volivci; klientela

**constituent** [kən'stɪtjʊənt] sestaven; ustavodajen; volilen; ~ **assembly** ustavodajna skupščina

**constitute** ['kɒnstɪtjuːt] določiti, imenovati; osnovati

**constitution** [͵kɒnstɪ'tjuːšn] sestav, ustroj; ustava; ~**ality** ustavnost

**constitutional** [͵kɒnstɪ'tjuːšənl] zakonit, ustaven; ~ **right** ustavna pravica; ~ **court (law)** ustavno sodišče (pravo, zakon)

**constrain** [kən'streɪn] prisiliti; ovirati

**constraint** [kən'streɪmt] pritisk; zadrega

**constrict** [kən'strɪkt] skrčiti, vkuppotegniti

**construct** [kən'strʌkt] zgraditi, napraviti, ustvariti; izumiti; oblikovati

**construction** [kən'strʌkšn] gradnja; sestava; tvorba; struktura

**constructor** [kən'strʌktə(r)] stavbenik, graditelj; oblikovalec

**construe** [kən'struː] sestaviti; tolmačiti

**consul** ['kɒnsl] konzul; ~**ar** konzularen

**consulate** ['kɒnsjʊlət] konzulat

**consult** [kən'sʌlt] posvetovati se; poizvedovati; ~**ing room** ordinacija

**consultant** [kən'sʌltənt] svetovalec

**consultation** [͵kɒnsl'teɪšn] posvetovanje, konferenca

**consume** [kən'sjuːm] porabiti, potrošiti

**consumer** [kən'sjuːmə(r)] potrošnik, uporabnik; ~ **goods (pl)** potrošno blago

**consumerism** [kən'sju:mə-rızəm] zaščita potrošnikovih pravic in interesov

**consummate** ['kɒnsəmeɪt] končati, dovršiti

**consumption** [kən'sʌmpšn] poraba, potrošnja; jetika; hiranje; **productive** ~ produktivna potrošnja

**contact** ['kɒntækt] dotik, stik; ~ **lenses** kontaktne leče; [kən'tækt] navezati stike

**contagion** [kən'teɪdžən] kužna bolezen; škodljiv vpliv

**contagious** [kən'teɪdžəs] nalezljiv, kužen

**contain** [kən'teɪn] vsebovati, obvladati

**container** [kən'teɪnə(r)] kontejner, posoda, embalaža

**contaminate** [kən'tæmɪneɪt] onesnažiti; okužiti

**contemplate** ['kɒntempleɪt] preudarjati; nameravati; motriti, opazovati

**contemplation** [ˌkɒntem-'pleɪšn] preudarjanje; namera; motrenje

**contemplative** [kən'templət-ɪv, 'kɒntempleɪtɪv] preudaren; zamišljen

**contemporary** [kən'temprə-rɪ] sodoben, sočasen; sodobnik, vrstnik

**contempt** [kən'tempt] prezir, zaničevanje

**contemptible** [kən'temptəbl] zaničljiv, podel

**contemptuous** [kən'temp-šʊəs] prezirljiv, zaničevalen, ošaben

**contend** [kən'tend] boriti se; prepirati se; nastopiti proti

**content** [kən'tent] zadovoljen, soglasen; zadovoljiti; *(pl)* ['kɒntents] vsebina

**contention** [kən'tenšn] prepir, sporna točka

**contentment** [kən'tentmənt] zadovoljstvo

**contest** [kən'test] spodbijati; kosati se; kandidirati; ['kɒntest] borba, tekma; spor

**contestant** [kən'testənt] tekmovalec, tekmec

**context** ['kɒntekst] kontekst, miselna zveza

**contiguous** [kən'tɪgjʊəs] stičen; blizek

**continence** ['kɒntɪnəns] vzdržnost, zmernost

**continent** ['kɒntɪnənt] celina, kontinent; ~al celinski

**contingency** [kən'tɪndžənsɪ] naključje, možnost

**contingent** [kən'tɪndžənt] kontingent, delež; odvisen od, negotov, naključen

**continual** [kən'tɪnjʊəl] pogosten, neprestan

**continuance** [kən'tɪnjʊəns] trajnost, trajanje

**continuation** [kənˌtɪnjʊ'eɪšn] nenehno trajanje, nadaljevanje; podaljšek

**continue** [kən'tɪnju:] nadaljevati, vztrajati

**continuity** [ˌkɒntɪ'nju:ətɪ] nepretrganost, neprekinjenost, stalnost

**continuous** [kən'tɪnjʊəs] nenehen, nepretrgan, trajen; ~ **current** enosmerni tok

**contort** [kən'tɔ:t] skriviti, spačiti

**contortionist** [kən'tɔ:šənɪst]

akrobat; človek, ki pači pomen besed

**contour** ['kɒntʊə(r)] obris, kontura

**contraband** ['kɒntrəbænd] tihotapstvo

**contraception** [ˌkɒntrə'sepšn] kontracepcija

**contraceptive** [ˌkɒntrə'septɪv] kontracepcijsko sredstvo

**contract** ['kɒntrækt] pogodba, sporazum; [kən'trækt] pogoditi se

**contracting parties** [ˌkən'træktɪŋ 'pɑːtɪz] stranke v pogodbi, podpisniki sporazuma

**contraction** [kən'trækšn] skrčenje, zoženje

**contractor** [kən'træktə(r)] pogodbenik; dobavitelj

**contradict** [ˌkɒntrə'dɪkt] ugovarjati, nasprotovati

**contradiction** [ˌkɒntrə'dɪkšn] protislovje; ugovor

**contradictory** [ˌkɒntrə'dɪktərɪ] protisloven; nedosleden

**contraption** [kən'træpšn] naprava, pomagalo

**contrary** ['kɒntrərɪ] nasproten, sovražen; trmast

**contrast** [kən'trɑːst] nasproti postaviti, primerjati; ['kɒntrɑːst] nasprotje

**contravene** [ˌkɒntrə'viːn] nasprotovati, prekršiti (zakon)

**contribute** [kən'trɪbjuːt] prispevati, sodelovati

**contribution** [ˌkɒntrɪ'bjuːšn] prispevek, sodelovanje; članek

**contrite** ['kɒntraɪt] skesan, skrušen, potrt

**contrivance** [kən'traɪvəns] naprava; umetnija; domislek, zvijača; iznajdljivost

**contrive** [kən'traɪv] iznajti, izumiti

**control** [kən'trəʊl] nadzorovati, upravljati; nadzorstvo, vodstvo; **to keep under ~** brzdati; **remote ~** daljinsko upravljanje; **~ tower** kontrolni stolp (na letališču)

**controller** [kən'trəʊlə(r)] nadzornik, preglednik

**controversial** [ˌkɒntrə'vɜːšl] sporen, polemičen, nasproten

**controversy** ['kɒntrəvɜːsɪ, kən'trɒvəsɪ] spor, prepir, nasprotnost

**contumely** ['kɒntjuːmlɪ] roganje, žalitev

**contusion** [kən'tjuːžn] zmečkanina, poškodba

**conundrum** [kə'nʌndrəm] zagonetka, uganka

**conurbation** [ˌkɒnɜː'beɪšn] iz več mest in krajev sestavljeno mestno področje

**convalescence** [ˌkɒnvə'lesns] okrevanje

**convalescent** [ˌkɒnvə'lesnt] okrevajoč; rekonvalescent

**convector** [kən'vektə(r)] grelec; **~ heater** konvekcijska električna peč

**convene** [kən'viːn] sklicati, zbrati se

**convenience** [kən'viːnɪəns] udobnost, pripravnost, komfort; **~ food** zmrznjena, posušena, konzervirana hrana; **public ~** (Br) javno stranišče

**convenient** [kən'viːnɪənt]

ustrezen, pripraven, priro-
čen

**convent** ['kɒnvənt] ženski
samostan

**convention** [kən'venšn] zbo-
rovanje, zbor; skupščina; do-
govor, sporazum, pogodba;
ustaljene navade

**conventional** [kən'venšənl]
običajen, konvencionalen,
dogovorjen

**converge** [kən'vɜːdž] iti sku-
paj, zbliževati se, postajati
vedno bolj podoben

**conversant** [kən'vɜːsnt] vešč,
skušen

**conversation** [ˌkɒnvə'seɪšn]
(družabni) pogovor; ~al
pogovoren

**conversationalist** [ˌkɒnvə-
'seɪšənəlɪst] kdor zna spro-
ščeno, lahkotno voditi
pogovor

**converse** [kən'vɜːs] pogovar-
jati se; ['kɒnvɜːs] nasproten,
nasprotje; nasprotna trditev

**conversion** [kən'vɜːšn] spre-
obnitev; pretvorba, zame-
njava, sprememba; preraču-
navanje

**convert** [kən'vɜːt] spreme-
niti, spreobrniti; ['kɒnvɜːt]
spreobrnjenec

**convertibility** [kənˌvɜːtə'bɪl-
ətɪ] konvertibilnost, spre-
menljivost; možnost zame-
njave

**convertible** [kən'vɜːtəbl]
spremenljiv, konvertibilen;
športni avto s premično
streho

**convex** ['kɒnvəks] izbočen,
izbokel, konveksen

**convey** [kən'veɪ] poslati, pre-
peljati; izraziti

**conveyance** [kən'veɪəns]
prevoz, prenos, transport;
**letter of ~** tovorni list

**conveyor** [kən'veɪə(r)] prina-
šalec, pošiljatelj; **~ belt** tran-
sportni tekoči trak

**convict** ['kɒnvɪkt] obsojenec,
kaznjenec; [kən'vɪkt] razgla-
siti za krivega (pravno)

**conviction** [kən'vɪkšn] ob-
sodba, dokaz krivde; pre-
pričanje

**convince** [kən'vɪns] prepri-
čati

**convivial** [kən'vɪvɪəl] druža-
ben, veseljaški

**convoke** [kən'vəʊk] sklicati

**convoy** ['kɒnvɔɪ] konvoj,
skupina vozil z varnostnim
spremstvom

**convulse** [kən'vʌls] pretresti,
omajati

**convulsion** [kən'vʌlšn] ne-
hoteno trzanje mišic, trza-
vica; pretres; **~ of nature** po-
tres, erupcija

**convulsive** [kən'vʌlsɪv] kr-
čevit

**cook** [kʊk] kuhati, pripra-
vljati jedila; kuhar(ica)

**cookbook** ['kʊkbʊk] kuhar-
ska knjiga

**cooker** ['kʊkə] kuhalnik,
štedilnik

**cookery** ['kʊkərɪ] kuhanje,
kuharska umetnost

**cookie** ['kʊkɪ] ⟨Am⟩ drobno
pecivo

**cool** [kuːl] ohladiti; hladen,
svež; hladnokrven; blaziran;
**to ~ down** pomiriti se; **to**

keep ~ ohraniti mirno kri; **to play it ~** hladnokrvno se obnašati; **~ing tower** hladilni stolp

**coolant** ['ku:lənt] hladilna tekočina

**cooler** ['ku:lə(r)] posoda za hlajenje; ječa

**co-operate** [kəʊ'ɒpəreɪt] sodelovati, pomagati, prispevati; združiti

**co-operation** [kəʊ,ɒpə'reɪšn] sodelovanje; **international ~** mednarodno sodelovanje

**co-operative** [kəʊ'ɒpərətɪv] sodelujoč, zadružen; zadruga; **farming ~** kmetijska zadruga

**co-ordinate** [kəʊ'ɔːdɪnət] usklajevati, vzporejati; enak, prireden

**co-ordination** [kəʊ,ɔːdɪ'neɪšn] priredje, uskladitev

**cop** [kɒp] stražnik, policaj; dobiti, ujeti

**cope** [kəʊp] uspešno urediti, opraviti

**copier** ['kɒpɪə(r)] kopirni stroj

**copious** ['kəʊpɪəs] obilen, bogat; gostobeseden

**copper** ['kɒpə(r)] baker; denar, drobiž; **~ beech** krvava bukev; **~plate** bakrorez

**coppice** ['kɒpɪs] hosta, goščava

**copy** ['kɒpɪ] prepisovati, posnemati; prepis, odtis, primerek; **~book** zvezek; **~cat** kdor skrivaj prepisuje, plonkar

**copyist** ['kɒpɪst] prepisovalec, posnemovalec; pisar

**copyright** ['kɒpɪraɪt] založniška, avtorska pravica

**coquetry** ['kɒkɪtrɪ] spogledovanje

**coquette** [kɒ'ket] spogledljivka

**coral** ['kɒrəl] korala; koralen

**cord** [kɔːd] vrv, konopec, motvoz; vez; **vocal ~** glasilka

**cordial** ['kɒdɪəl] prisrčen, iskren

**cordon** ['kɔːdn] kordon; čezramni trak; **~ bleu** odlična kuhinja (kuhar); **to ~ off** s kordonom zapreti, obkoliti

**corduroy** ['kɔːdərɔɪ] rebrasti žamet

**core** [kɔː(r)] jedro, srž, srčika; bistvo

**cork** [kɔːk] pluta, zamašek; zamašiti

**corkscrew** ['kɔːkskruː] odčepnik

**corn** [kɔːn] žito, zrno, (Am) koruza; žulj, kurje oko; nasoliti (meso)

**cornea** ['kɔːnɪə] roženica

**corner** ['kɔːnə(r)] vogal, kot, ovinek; ugnati v kozji rog; **to ~ the market in gold** dobiti monopol za trgovino z zlatom

**cornerstone** ['kɔːnəstəʊn] temeljni kamen; temelj, osnova

**cornet** ['kɔːnɪt] rog; vrečka, tulec

**cornflower** ['kɔːnflaʊə(r)] (bot) plavica

**cornice** ['kɔːnɪs] okrajek, napušč, karnisa

**cornucopia** [,kɔːnjʊ'kəʊpɪə] obilje

**corollary** [kə'rɒlərɪ] zaklju-
ček, rezultat
**coronation** [ˌkɒrə'neɪšn] kro-
nanje
**coroner** ['kɒrənə(r)] mrliški
oglednik
**coronet** ['kɒrənet] kronica,
diadem
**corporal** ['kɔ:pərəl] desetar;
telesen
**corporate** ['kɔ:pərət] skupen,
zadružen
**corporation** [ˌkɔ:pə'reɪšn] or-
ganizacija, korporacija,
združenje
**corps** [kɔ:(r)], (pl) [kɔ:z] zbor,
korpus
**corpse** [kɔ:ps] mrlič, truplo
**corpulent** ['kɔ:pjʊlənt] zaje-
ten, debel, rejen
**corpuscle** ['kɔ:pʌsl] krvna
celica, krvnička (bela, rdeča)
**corral** [kə'rɑ:l] ograda; za-
preti v ograd o
**correct** [kə'rekt] popraviti,
regulirati; pravilen, spo-
doben
**correction** [kə'rekšn] po-
prava, korektura (tisk), po-
boljšanje, graja; **house of ~**
poboljševalnica
**corrective** [kə'rektɪv] po-
pravljalen, izboljševalen,
korektiven
**correctness** [kə'rektnɪs] pra-
vilnost, natančnost
**correlate** ['kɒrəleɪt] biti v so-
odnosu z; vzajemen
**correlation** [ˌkɒrə'leɪšn] med-
sebojna odvisnost, sood-
visnost
**correspond** [ˌkɒrɪ'spɒnd] us-
trezati; dopisovati si

**correspondence** [ˌkɒrɪ'spɒn-
dəns] dopisovanje; ustrez-
nost
**correspondent** [ˌkɒrɪ'spɒn-
dənt] ustrezen; dopisnik, ko-
respondent
**corridor** ['kɒrɪdɔ:(r)] hodnik;
pas ozemlja (kopnega ali
vode), ki loči dve ozemlji
ali deželi
**corroborate** [kə'rɒbəreɪt]
okrepiti, jačiti
**corrode** [kə'rəʊd] razpa-
dati, razkrajati se, povzro-
čiti razpad, razkroj zemelj-
ske površine
**corrosion** [kə'rəʊžn] razpa-
danje, razkrajanje, korozija
**corrugate** ['kɒrəgeɪt] braz-
dati, grbančiti, gubati; **~d
iron** valovita pločevina; **~d
paper** valovita lepenka
**corrupt** [kə'rʌpt] (moralno)
izprijati, kvariti (navadno
s podkupovanjem); (mo-
ralno) izprijen; podkupljiv
**corruption** [kə'rʌpšn] pod-
kupovanje, podkupljivost,
(moralna) izprijenost, po-
kvarjenost
**corsage** [kɔ:'sɑ:ž] šopek (ali
cvetica) kot okras na ženski
obleki; životec, steznik
**corset** ['kɔ:sɪt] steznik, ži-
votec
**cortege** [kɔ:'teɪž] pogrebni
sprevod
**cortex** ['kɔ:teks] skorja, lubje;
opna
**corvette** [kɔ:'vet] korveta
(vojna ladja)
**cosmetic** [kɒz'metɪk] lepo-
tilo, kozmetika

**cosmic** ['kɒzmɪk] kozmičen; ~ **rays** kozmični žarki

**cosmopolitan** [ˌkɒzmə'pɒlɪtən] svetovljanski; svetovljan

**cosmos** ['kɒzmɒs] vesolje, kozmos

**cosset** ['kɒsɪt] razvajati; ščititi

**cost\*** [kɒst] veljati, stati; cena; **marginal (total, average)** ~ mejni (celotni, povprečni) strošek; ~ **of living** življenjski stroški; **at all ~s** za vsako ceno

**costly** ['kɒstlɪ] dragocen, drag

**costume** ['kɒstjuːm] obleka, kostum, noša; kostumirati

**costumier** [kɒ'stjuːmɪə(r)] kostumograf, izdelovalec kostumov

**cosy** [kəʊzɪ] udoben, domač, topel

**cot** [kɒt] posteljica; koča; zatočišče

**coterie** ['kəʊtərɪ] izbrana družba, klika

**cottage** ['kɒtɪdž] hišica, koča; (Am) letoviška hiša; ~ **cheese** skuta; ~ **industry** domača obrt; ~ **piano** pianino

**cotton** ['kɒtn] bombaž; ~ **wool** vata

**couch** [kaʊč] kavč, ležišče

**couchette** [kuː'šet] ležalni vagon; ležišče

**cough** [kɒf] kašljati; kašelj

**could** [kəd, kʊd] I ~ znal sem, smel sem, mogel bi

**council** ['kaʊnsl] svet; konferenca; ~ **flat (house)** občinsko najemniško stanovanje (hiša); ~ **of producers** svet proizvajalcev; **(federal) executive** ~ (zvezni) izvršni svet; **Security C~** Varnostni svet; **town (city, municipal)** ~ mestni svet; **worker's** ~ delavski svet

**counsel** ['kaʊnsəl] svet, nasvet; svetovalec; svetovati

**counsellor**, (Am) **counselor** ['kaʊnsələ(r)] svetovalec, odvetnik

**count** [kaʊnt] račun, grof; računati, šteti; ~**down** odštevanje

**countenance** ['kaʊntənəns] obraz, zunanja podoba; izraz

**counter** ['kaʊntə(r)] prodajna miza, števec, žeton; odvrniti, ugovarjati

**counteract** [ˌkaʊntə'rækt] delati proti, nasprotovati; preprečiti

**counterbalance** ['kaʊntəbæləns] protiutež; kompenzacija

**counterfeit** ['kaʊntəfɪt] ponarediti, hliniti; ponarejen

**counterfoil** ['kaʊntəfɔɪl] kontrolni odrezek, kupon

**countermand** [ˌkaʊntə'maːnd] preklicati, odpovedati; preklic

**counterpart** ['kaʊntəpaːt] duplikat, dvojnik

**countersign** ['kaʊntəsaɪn] sopodpisati, ratificirati

**countess** ['kaʊntɪs] grofica

**countless** ['kaʊntlɪs] brezštevilen, nešteт

**countr|y** ['kʌntrɪ] dežela; podeželje; pokrajina; domovina; država; **non-aligned**

**~ies** nevezane, neuvrščene države

**countryman** ['kʌntrɪmən] rojak, deželan

**county** ['kaʊntɪ] upravna enota v V. Britaniji in na Irskem (okraj)

**coup** [ku:] udarec, sunek; **~ d'état** [ˌku: deɪˈtɑ:] državni prevrat, puč; **~ de grâce** [ˌku: də ˈgrɑːs] zadnji, smrtni udarec

**couple** ['kʌpl] dvojica, par, zakonca; pariti, združiti

**coupon** ['ku:pɒn] odrezek, kupon, bon

**courage** ['kʌrɪdž] pogum, hrabrost, korajža

**courageous** [kəˈreɪdžəs] pogumen, srčen

**courier** ['kʊrɪə(r)] kurir, sel

**course** [kɔ:s] tek, potek, postopek; krožek, tečaj; obrok; igrišče, proga (pri športu); teči, loviti; **to run one's own ~** iti svojo pot; **in due ~** ob pravem času; **of ~** seveda

**court** [kɔ:t] dvor; dvorišče; igrišče; **~ (of law)** sodišče; **~ of appeal** apelacijsko sodišče; **~-martial** vojno sodišče; **International C~ of Justice** Mednarodno sodišče v Haagu; **Supreme C~** vrhovno sodišče

**courteous** ['kɜːtɪəs] vljuden, galanten

**courtesy** ['kɜːtəsɪ] ljubeznivost, vljudnost, uslužnost

**courtier** ['kɔ:tɪə(r)] dvorjan

**courtroom** ['kɔ:tru:m] sodna dvorana

**courtship** ['kɔ:tšɪp] dvorjenje

**court shoe** [ˌkɔ:t ˈšu:] salonar (čevelj)

**courtyard** ['kɔ:tjɑ:d] dvorišče

**cousin** ['kʌzn] bratranec, sestrična; **second ~** bratranec v drugem kolenu

**cove** [kəʊv] majhen zaliv; skrivališče

**covenant** ['kʌvənənt] dogovor, sporazum; zaveza

**cover** ['kʌvə(r)] prepotovati, prehoditi; pokriti, zavarovati; obdelati; kriti stroške; pokrov, poklopec; prevleka, odeja; pretveza; platnica; zaklonišče, zatočišče; pogrinjek; **~ girl** dekle z naslovnice; **~ing letter** spremno pismo

**covet** ['kʌvɪt] hrepeneti; biti pohlepen

**cow** [kaʊ] krava; **~shed** kravji hlev; **to ~ into** ustrahovati, prisiliti

**coward** ['kaʊəd] strahopetec, mevža; strahopeten

**cowardice** ['kaʊədɪs] strahopetnost, bojazljivost

**cowboy** ['kaʊbɔɪ] kravar, pastir na konju

**cower** ['kaʊə(r)] čepeti, prihuliti se, ždeti

**cowhide** ['kaʊhaɪd] goveje usnje

**cowslip** ['kaʊslɪp] trobentica, jeglič, (Am) kalužnica

**coxswain** ['kɒksn] krmar, poveljnik čolna

**coy** [kɔɪ] plah, sramežljiv

**cozy** glej COSY

**crab** [kræb] rakovica

**crab apple** ['kræbæpl] lesnika

**crack** [kræk] razpoka; pok; malce robata šala; treti, razbiti; kloniti; ~ed počen (glas, predmet); odličen, izreden
**cracker** ['krækə(r)] krhko pecivo; petarda; klešče za orehe
**crackle** ['krækl] prasketati, šelesteti
**cradle** ['kreidl] zibelka, pradomovina; zibati; ~-snatcher nekdo, ki se poroči z dosti mlajšo osebo (ali ima z njo spolno razmerje)
**craft** [krɑːft] rokodelstvo, obrt; ladja, plovilo
**craftsman** ['krɑːftsmən] rokodelec, obrtnik, mojster
**craftsmanship** ['krɑːftsmənšip] spretnost, strokovno delo
**crafty** ['krɑːftɪ] zvit, premeten
**crag** [kræg] skala, čer, pečina
**cram** [kræm] natrpati; preobjesti se; guliti se
**cramp** [kræmp] krč, spona; stisniti, speti
**cranberry** ['krænbərɪ] brusnica
**crane** [krein] žerjav; dvigati z žerjavom
**crank** [kræŋk] pogonska ročica; ~-shaft ročična gred; samovolja
**cranky** ['kræŋkɪ] razmajan; čudaški, ekscetričen
**cranny** ['krænɪ] praska; špranja
**crap** [kræp] neumnost, oslarija; *(vulg)* sranje
**crash** [kræš] trušč, trčenje; ~ barrier zaščitna ograja (ob cesti); ~ course kratek intenzivni tečaj; ~ helmet zaščitna čelada; ~-landing prisilni pristanek (letala); treščiti, zrušiti se; to ~ a party priti nepovabljen
**crate** [kreit] košara, gajba
**crater** ['kreitə(r)] krater, žrelo
**crave** [kreiv] prositi, rotiti; hrepeneti
**craven** ['kreivn] strahopetnež, šleva; to cry ~ prositi za milost
**crawl** [krɔːl] plaziti se, lesti; kravl (plavanje); ~er priliznjenec
**crayfish** ['kreifiš] rak; jastog
**crayon** ['kreiən] pastel, barvnik; risati, skicirati
**crazy** ['kreizi] prismojen, blazen
**creak** [kriːk] škripati; škripanje
**cream** [kriːm] smetana, krema; cold ~ mastna, nočna krema za kožo; vanishing ~ suha, dnevna krema za kožo; whipped ~ stepena smetana; to ~ the milk posneti mleko
**crease** [kriːs] guba; zmečkati, nagubati
**create** [kriː'eit] ustvariti, povzročiti
**creation** [kriː'eišn] stvaritev, umotvor
**creative** [kriː'eitɪv] ustvarjalen, tvoren
**creator** [kriː'eitə(r)] stvarnik, ustvarjalec
**creature** ['kriːčə(r)] bitje; človek, ki zaradi svojih lastnosti zbuja prezir; stvor; ~ comforts razkošje

**credence** ['kri:dns] vera, zaupanje

**credentials** [krɪ'denšlz] poverilna pisma; priporočilo

**credible** ['kredəbl] verjeten, verodostojen

**credit** ['kredɪt] kredit; dobro ime, ugled, zaupanje; kreditirati; verjeti; ~**worthy** kreditno sposoben

**creditable** ['kredɪtəbl] hvalevreden, neoporečen

**creditor** ['kredɪtə(r)] upnik

**credulity** [krɪ'dju:lətɪ] lahkovernost, zaupljivost

**credulous** ['kredjʊləs] lahkoveren

**creed** [kri:d] veroizpoved, prepričanje

**creek** [kri:k] ozek zaliv, (Am) rečica

**creep\*** [kri:p] plaziti se, lesti, polzeti; petolizник, lizun; to give someone the ~s navdajati koga z grozo

**creeper** ['kri:pə(r)] plezalka, ovijalka

**cremate** [krɪ'meɪt] sežigati (mrliče)

**crematorium** [ˌkremə'tɔ:rɪəm] krematorij

**crêpe** ['kreɪp] krep

**crept** [krept] glej CREEP\*

**crescent** ['kresnt] polmesec; trg polkrožne oblike

**crest** [krest] roža, griva, čop, greben, perjanica

**crestfallen** ['krestfɔ:lən] plašen, potrt

**crevasse** [krɪ'væs] ledeniška razpoka

**crevice** ['krevɪs] razpoka, špranja v skali, zidu

**crew** [kru:] posadka, moštvo, ekipa; ~ **cut** zelo na kratko postrižen

**crib** [krɪb] jasli, (Am) otroška posteljica; plagiat; prepisovati

**cricket** ['krɪkɪt] čriček; kriket (igra); ~**er** igralec kriketa

**crime** [kraɪm] zločin, hudodelstvo; ~ **sheet** zapisnik o prestopku

**criminal** ['krɪmɪnl] zločinec, kriminalec; zločinski, kazniv

**crimp** [krɪmp] gubati, kodrati

**crimson** ['krɪmzn] temno rdeč, škrlaten; zardeti

**cringe** [krɪndž] pripogniti se; klečeplaziti

**crinkle** ['krɪŋkl] guba; gubati, mečkati

**cripple** ['krɪpl] pohabljenec; pohabiti, ohromiti

**cris|is** ['kraɪsɪs], (pl ~es) kriza; **monetary ~is** monetarna kriza

**crisp** [krɪsp] hrustav, drobljiv, dobro zapečen; čips

**criss-cross** ['krɪskrɒs] križem kražem

**criteri|on** [kraɪ'tɪərɪən], (pl ~a) kriterij, merilo

**critic** ['krɪtɪk] ocenjevalec, kritik, recenzent

**criticism** ['krɪtɪsɪzəm] kritika, ocena

**critic|ize**, ~**ise** ['krɪtɪsaɪz] negativno ocenjevati

**critique** [krɪ'ti:k] ocena, kritika, recenzija

**croak** [krəʊk] regljati, nergati

**Croat|ia** [krəʊ'eɪšə] Hrvaška; ~**ian** hrvaški; Hrvat(ica); hrvaščina; ~ Hrvat

**crochet** ['krəʊšeɪ] kvačkati; kvačkanje

**crock** [krɒk] lončena posoda

**crockery** ['krɒkərɪ] glinasta posoda, porcelan

**crocodile** ['krɒkədaɪl] krokodil; ~ **tears** krokodilje solze, hlinjena žalost

**crocus** ['krəʊkəs] spomladanski žafran

**crone** [krəʊn] baba, babura

**crony** ['krəʊnɪ] star tovariš, dober prijatelj

**crook** [krʊk] falot, nepridiprav; krivina, vijuga; upogniti

**crooked** ['krʊkɪd] skrivljen; nepošten, sprijen

**croon** [kru:n] brundati, mrmrati, tiho peti

**crop** [krɒp] letina, pridelek, kup; **to ~ up** pripetiti se

**croquet** ['krəʊkeɪ] kroket (igra)

**croquette(s)** [krəʊ'ket(s)] debelejši panirani in ocvrti svaljki; hrustavec

**cross** [krɒs] prečrtati, prečkati, križati, ugovarjati; jezen, slabe volje, prečen; križ, izvor trpljenja; ~**ing** prehod (čez cesto, mejo itd.); ~-**stich** križni vbod

**crossbar** ['krɒsbɑ:(r)] prečka, prečni drog

**cross-breed** ['krɒsbri:d] križati, mešati se; križanec, bastard

**cross-country** [krɒskʌntrɪ] čez drn in strn; ~ **skiing** tek na smučeh

**cross-examine** [ˌkrɒs ɪg-'zæmɪn] križno zaslišavati

**cross-eyed** ['krɒsaɪd] škilast

**crossroad** ['krɒsrəʊd] prečna cesta; *(pl)* križišče

**cross-section** [ˌkrɒs'sekšn] presek, prečni prerez, profil

**crosswind** ['krɒswɪnd] bočni, nasprotni veter

**crossword puzzle** ['krɒswɜ:d pʌzl] križanka

**crotch** [krɒč] rogovila, razkorak

**crouch** [kraʊč] počeniti, prihuliti se

**croup** [kru:p] krup, davica

**croupier** ['kru:pɪə(r)] krupje

**crow** [krəʊ] vrana; krakati, bahati se

**crowd** [kraʊd] množica, gneča; prerivati se, natrpati

**crowded** ['kraʊdɪd] poln, prenatrpan

**crown** [kraʊn] krona, krošnja, vrh, teme; kronati; C~ **Prince** prestolonaslednik; C~ **Princess** prestolonaslednikova žena, prestolonaslednica

**crow's feet** ['krəʊz fi:t] gubice ob očeh

**crucial** ['kru:šl] kritičen, odločilen

**crucible** ['kru:sɪbl] talilni lonček; stroga preizkušnja

**crucifix** ['kru:sɪkfɪks] razpelo, križ; ~**ion** križanje

**crucify** ['kru:sɪfaɪ] križati

**crude** [kru:d] surov; nezrel; neolikan; neobdelan; ~ **oil** nafta

**cruel** [krʊəl] krut, neusmiljen, okruten

**cruelty** ['krʊəltɪ] krutost, brezsrčnost, okrutnost

**cruet** ['kru:ɪt] stojalo s stekleničkama za kis in olje

**cruise** [kru:z] križariti; križarjenje; ~ **missile** računalniško vodeni izstrelek z jedrskim nabojem

**cruiser** ['kru:zə(r)] križarka; motorni čoln s kabino

**crumb** [krʌm] drobtinica, mrvica

**crumble** ['krʌmbl] drobiti, krušiti

**crummy** ['krʌmɪ] slab, ničvreden; zoprn

**crumple** ['krʌmpl] mečkati se, gubati se

**crunch** [krʌnč] žvečiti, hrustati, škripati

**crusade** [kru:'seɪd] kampanja, križarska vojna

**crusader** [kru:'seɪdə(r)] udeleženec kampanje; križar

**crush** [krʌš] zdrobiti, zmečkati; gneča; ~ **barrier** varovalna ograja na nogometnem igrišču

**crust** [krʌst] skorja; krasta; ~ed **snow** sren, srež

**crustacean** [krʌ'steɪšn] (zool) rakov; rak

**crusty** ['krʌstɪ] skorjast, razdražljiv

**crutch** [krʌč] bergla, hodulja

**cry** [kraɪ] jok, vpitje; jokati, kričati; ~baby cmera

**crying** ['kraɪɪŋ] jok, krik; v nebo vpijoč

**crypt** [krɪpt] grobnica, kripta

**cryptic** ['krɪptɪk] skrivnosten, nejasen

**crystal** ['krɪstl] kristal; prozoren, čist; ~ **clear** popolnoma jasen, lahko razumljiv

**crystalline** ['krɪstəlaɪn] kristalen, prozoren

**crystall|ize, ~ise** ['krɪstəlaɪz] kristalizirati

**cub** [kʌb] mladič; neotesanec; novinec

**cube** [kju:b] kocka; kub (tretja potenca števila)

**cubic** ['kju:bɪk] kubičen, kockast

**cubicle** ['kju:bɪkl] predeljen prostor z ležiščem (lahko slačilnica, garderoba)

**cuckoo** ['kuku:] kukavica; bedak; zijalo

**cucumber** ['kju:kʌmbə(r)] kumara

**cud** [kʌd] prežvečena hrana; razglabljati

**cuddle** ['kʌdl] ujčkati, ljubkovati

**cudgel** ['kʌdžl] gorjača, krepelce; tepsti

**cue** [kju:] iztočnica (v gledališču); namig; geslo; biljardna palica

**cuff** [kʌf] manšeta, zavihek; (pl) lisice; ~ **link** manšetni gumb

**cuisine** [kwɪ'zi:n] kuhinja; jedi, pripravljene na značilen način

**cull** [kʌl] nabirati; izločati

**culminate** ['kʌlmɪneɪt] doseči višek, kulminirati

**culmination** [,kʌlmɪ'neɪšn] vrhunec, najvišja stopnja

**culpable** ['kʌlpəbl] kazniv, kriv; graje vreden

**culprit** ['kʌlprɪt] obtoženec, krivec

**cult** [kʌlt] kult, čaščenje; ~ **of personality** kult osebnosti

**cultivate** ['kʌltɪveɪt] obdelovati, gojiti, negovati; razvijati; kultivirati, izobraževati; ~d kultiviran, izobražen; obdelan

**cultivator** ['kʌltɪveɪtə(r)] gojitelj; priprava za rahljanje zemlje, kultivator

**cultural** ['kʌlčərəl] kulturen; ~ circles (development) kulturni krogi (razvoj)

**culture** ['kʌlčə(r)] omika, kultura

**culvert** ['kʌlvət] kanal pod cesto, prepust

**cumbersome** ['kʌmbəsəm] nadležen; neudoben; oviralen

**cumulate** ['kju:mjʊleɪt] kopičiti, grmaditi

**cunning** ['kʌnɪŋ] zvit, pretkan, prebrisan, navihan

**cunt** [kʌnt] *(vulg)* pizda, pička

**cup** [kʌp] skodelica, pokal, kupa; ~ tie boj za pokal (pri nogometu); to ~ napol stisniti pest

**cupboard** ['kʌbəd] omara, kredenca; ~ love ljubezen iz koristoljubja

**cupidity** [kju:'pɪdətɪ] poželenje; lakomnost

**cur** [kɜ:(r)] cucek, ščene

**curable** ['kjʊərəbl] ozdravljiv

**curate** ['kjʊərət] kurat, duhovnik, vikar

**curator** [kjʊə'reɪtə(r)] skrbnik, varuh, konservator

**curb** [kɜ:b] brzdanje, uzda, robnik; krotiti, brzdati

**curd** [kɜ:d] skuta

**curdle** ['kɜ:dl] sesiriti se

**cure** [kjʊə(r)] zdravljenje, zdravilo; zdraviti

**curfew** ['kɜ:fju:] policijska ura; zvonjenje avemarije

**curio** ['kjʊərɪəʊ] redkost, starina

**curiosity** [ˌkjʊərɪ'ɒsətɪ] radovednost; redkost, posebnost, zanimivost

**curious** ['kjʊərɪəs] radoveden, zvedav, vedoželjen; nenavaden

**curl** [kɜ:l] koder; kodrati

**curling** ['kɜ:lɪŋ] balinanje na ledu

**currant** ['kʌrənt] rozina; red ~ rdeči ribez; black ~ črni ribez

**currency** ['kʌrənsɪ] denar, valuta, veljavnost; floating ~ drseča valuta; foreign ~ tuja valuta; hard ~ zdrava, trdna valuta; soft ~ nestabilna valuta

**current** ['kʌrənt] tok, potek, trend, usmeritev, težnja; tekoč, aktualen; ~ account tekoči račun; alternating ~ izmenični tok; direct *(ali* continuous) ~ enosmerni tok

**curriculum** [kə'rɪkjʊləm] učni načrt; ~ vitae življenjepis

**curry** ['kʌrɪ] indijska začimba

**curse** [kɜ:s] kletev, prekletstvo; preklinjati, kleti

**cursive** ['kɜ:sɪv] poševna pisava, kurziva

**cursor** ['kɜ:sə(r)] drsnik

**cursory** ['kɜ:sərɪ] bežen, površen

**curt** [kɜ:t] osoren, rezek

**curtail** ['kɜ:teɪl] pristriči, zmanjšati, prikrajšati

**curtain** ['kɜːtn] zavesa, zastor; ~ **call** klicanje pred zastor (v gledališču); **~-raiser** predigra

**curts(e)y** ['kɜːtsɪ] prikloniti se; poklon, priklon

**curvature** ['kɜːvəčə(r)] krivina, ukrivljenost

**curve** [kɜːv] krivulja, vijuga; ovinek; upogniti, skriviti

**cushion** ['kʊšn] blazina; omiliti, ublažiti, oblaziniti

**custard** ['kʌstəd] jajčna krema

**custodian** [kʌ'stəʊdɪən] varuh, čuvaj

**custody** ['kʌstədɪ] varuštvo, varstvo, skrbništvo; zapor

**custom** ['kʌstəm] navada, običaj; (pl) carina; **~-free** carine prost

**customary** ['kʌstəmərɪ] običajen, navaden

**customer** ['kʌstəmə(r)] nakupovalec, potrošnik, stranka, klient

**customs house** ['kʌstəmz haʊs] carinarnica

**customs officer** ['kʌstəmz ɒfɪsə(r)] carinik

**cut\*** [kʌt] (od)rezati, prerezati, (pri)striči; zmanjšati, znižati; izpustiti; krojiti; privzdigniti (karte); kositi; rez, usek, kroj; **~-price store** trgovina z znižanimi cenami; **to ~ across** iti po bližnjici; **to ~ in** vmešavati se; **to ~ back**

ponoviti prizor (iz filma); **to ~ off** pretrgati, prekiniti

**cute** [kjuːt] pameten, bistroumen; (Am) srčkan

**cut glass** [ˌkʌt 'glɑːs] kristalno steklo

**cutlery** ['kʌtlərɪ] jedilni pribor; nožarstvo

**cutlet** ['kʌtlɪt] kotlet, zarebrnica

**cutout** ['kʌtaʊt] avtomatska varovalka, prekinjalo; izrez, izrezek, profil

**cutter** ['kʌtə(r)] prikrojevalec, sekalec; rezkalo

**cutthroat** ['kʌtθrəʊt] zavratni morilec; (Am) oderuh

**cutting** ['kʌtɪŋ] odrezek, izrezek; usek; obrezovanje; potaknjenec

**cycle** ['saɪkl] ciklus, zaključen proces; kolo; kolesariti

**cyclist** ['saɪklɪst] kolesar

**cyclone** ['saɪkləʊn] ciklon, vihar

**cylinder** ['sɪlɪndə(r)] valj, cilinder; zvitek

**cymbal** ['sɪmbl] činela

**cynic** ['sɪnɪk] cinik; **~al** ciničen

**cypress** ['saɪprəs] cipresa

**Cypr|us** ['saɪprəs] Ciper; **~iot** Ciprčan

**cyst** [sɪst] cista

**czar** glej TSAR

**Czech** [ček] češki; Čeh(inja); češčina; **the ~ Republic** Češka republika

# D

**dab** [dæb] (lahno) nanesti, obrisati; lahen udarec, dotik; majhna količina česa; **to be a ~ hand at** biti zelo spreten

**dabble** ['dæbl] omočiti; čofotati; površno delati

**dace** [deɪs] (zool) klenič, belica

**dad, daddy** [dæd, 'dædɪ] očka, oči; **daddy-longlegs** (zool) suha južina

**daffodil** ['dæfədɪl] rumena narcisa

**daft** [dɑːft] neumen, čenčast, prismuknjen

**dagger** ['dægə(r)] bodalo

**dahlia** ['deɪlɪə] dalija

**daily** ['deɪlɪ] dnevno; dnevni, vsakdanji; dnevnik (časopis); snažilka, čistilka

**dainty** ['deɪntɪ] droben, čeden; okusen; eleganten; rahločuten

**dairy** ['deərɪ] mlekarna, sirarna; **~ produce** mlečni izdelki

**dais** ['deɪs] oder, tribuna

**daisy** ['deɪzɪ] marjetica; **~ chain** (Br) ogrlica iz marjetic; **~wheel printer** (comp) marjetični tiskalnik

**dale** [deɪl] dolina, dol

**dally** ['dælɪ] čas zapravljati; spogledovati se, poigravati se

**Dalmatia** [ˌdælmeɪʃə] Dalmacija; **~n** dalmatinski; Dalmatinec, Dalmatinka

**dam** [dæm] jez, nasip; zajeziti, zagraditi

**damage** ['dæmɪdʒ] poškodovati; škoda; **action for ~s** odškodninski spor; **to claim ~s** zahtevati odškodnino

**damask** ['dæməsk] damast

**damn** [dæm] prekleti, pogubiti, kleti; grajati, obsojati; *I don't give a ~.* Prav nič mi ni mar.; **~ fool** zelo (prekleto) neumen; bedak

**damnation** [dæm'neɪʃn] prekletstvo, poguba; stroga kritika

**damp** [dæmp] moker, vlažen; vlaga; ovlažiti, udušiti; **~ course** izolacijska plast proti vlagi

**damsel** ['dæmzl] gospodična

**dance** [dɑːns] ples; plesati; **~ floor** plesišče; **~ hall** plesna dvorana; **~ music** plesna glasba; **~ studio** plesna šola

**dancer** ['dɑːnsə(r)] plesalec

**dancing** ['dɑːnsɪŋ] ples; **~ eyes** žive oči; **~ partner** soplesalec

**dandelion** ['dændɪlaɪən] regrat

**dandle** ['dændl] ujčkati, ljubkovati

**dandruff** ['dændrʌf] prhljaj
**dandy** ['dændı] gizdalin; *(Am)* prvovrsten
**danger** ['deındžə(r)] nevarnost; ~ **hazard** riziko; ~ **money** dodatek zaradi nevarnosti pri delu
**dangerous** ['deındžərəs] nevaren, vratolomen, tvegan
**dangle** ['dæŋgl] bingljati; frfotati
**dank** [dæŋk] vlažen, zmočen
**dapper** ['dæpə(r)] čeden, živahen, ljubek
**dappled** ['dæpld] pegast, lisast
**dare\*** [deə(r)] upati si, drzniti si
**daredevil** ['deədevl] drznež, pustolovec
**daring** ['dærıŋ] drzen, smel, tvegan
**dark** [dɑːk] temen; temnolas; skrivnosten, mrk; tema, mrak; negotovost; **to be in the ~** ne vedeti, ne znajti se; **The D~ Ages** (zgodnji) srednji vek; ~ **glasses** sončna očala; ~ **horse** človek, o katerem se zelo malo ve; ~**room** temnica
**darken** ['dɑːkən] zatemniti, potemniti
**darling** ['dɑːlıŋ] ljubljenec, ljubček, dragi
**darn** [dɑːn] krpati (nogavice); krpa (na nogavici)
**dart** [dɑːt] planiti, zakaditi se, vreči, metati; puščica; *(pl)* igra, metanje puščic v tarčo
**dash** [dæš] planiti, vreči, treščiti, pljuskniti; trohica, primes; pomišljaj; pljusk; za-

nos; **to ~ someone's hope** razočarati koga; **to ~ off** odhiteti; hitro in površno nekaj napisati; **a 100 m ~** tek na 100 m
**dashboard** ['dæšbɔːd] armaturna plošča
**dashing** ['dæšıŋ] sijajen, eleganten, drzen
**data** ['deıtə, 'dɑːtə] *(pl)* podatki; ~ **bank** *(comp)* podatkovna banka; ~**base** *(comp)* podatkovna baza; ~ **collection** *(comp)* zajemanje podatkov, zbirka podatkov; ~ **processing** *(comp)* obdelava podatkov
**date** [deıt] datum, sestanek; datirati, domeniti se za sestanek; **out of ~** zastarel, nemoderen; **up to ~** sodoben, moderen
**daub** [dɔːb] popackati; zmazek
**daughter** [dɔːtə(r)] hči
**daughter-in-law** ['dɔːtər ın lɔː] snaha
**daunt** [dɔːnt] prestrašiti, oplašiti
**dauntless** [dɔːntlıs] neustrašen, vztrajen ·
**davenport** ['dævnpɔːt] vrsta pisalne mize; *(Am)* zofa, kavč
**dawdle** ['dɔːdl] čas zapravljati, zijala prodajati
**dawn** [dɔːn] svit(anje), zora; svitati se, posvetiti se komu
**day** [deı] dan; **the ~ before yesterday** predvčerajšnjim; **the ~ after tomorrow** pojutrišnjem; ~ **nursery** otroški vrtec; ~ **school** šola brez

internata; ~ **ticket** povratna vozovnica (veljavna en dan)

**daybreak** ['deɪbreɪk] svitanje, zora

**daydream** ['deɪdriːm] sanjariti

**daylight** ['deɪlaɪt] dnevna svetloba; svitanje; **~-saving time** poletni čas

**daze** [deɪz] oslepiti, zbegati, omamiti; omama

**dazzle** ['dæzl] zaslepiti, zbegati, omamiti

**deacon** ['diːkən] diakon

**dead** [ded] mrtev; **~-beat** na smrt utrujen; *(Am)* delomrznež; ~ **duck** brez možnosti za uspeh, preživetje; ~ **end** slepa ulica; ~ **heat** neodločena tekma; **~line** skrajni rok; **~lock** mrtva točka, zastoj, zagata; ~ **weight** težko breme; mrtvi kapital; nosilnost; tara; ~ **wood** izvržek, izbirek; suhljad

**deadly** ['dedlɪ] smrtonosen, smrten, umrljiv; ~ **sin** smrtni greh

**deaf** [def] gluh; **~-aid** slušni aparat

**deafen** ['defn] glušeti, oglušiti

**deaf-mute** [ˌdef 'mjuːt] gluhonem

**deafness** ['defnɪs] gluhost

**deal\*** [diːl] deliti; **to ~ in** trgovati s čim; **to ~ with** obravnavati, ukvarjati se z/s; poslovni dogovor, kupčija; **big** ~ prava reč; **a great ~** veliko, dosti, mnogo

**dealer** ['diːlə(r)] trgovec; delilec kart

**dealt** [delt] *glej* DEAL\*

**dean** [diːn] dekan (cerkveni ali visokošolski)

**dear** [dɪə(r)] drag, ljubljen; drago; ljubček, ljubica

**dearth** [dɜːθ] draginja; pomanjkanje

**death** [deθ] smrt, konec; **~bed** smrtna postelja; ~ **certificate** mrliški list; ~ **duties** zapuščinski davek; ~ **feud** krvno maščevanje, poraz; ~ **penalty** smrtna kazen; ~ **rate** umrljivost; ~ **sentence** smrtna obsodba

**débâcle** [deɪ'bɑːkl] polom, propad, poraz

**debar** [dɪ'bɑː(r)] ovirati; izobčiti, izključiti

**debase** [dɪ'beɪs] ponižati se, degradirati

**debate** [dɪ'beɪt] razpravljanje, diskusija; razpravljati

**debauch** [dɪ'bɔːč] razuzdano živeti; kvariti

**debenture** [dɪ'benčə(r)] obveznica, zadolžnica

**debilitate** [dɪ'bɪlɪteɪt] oslabiti, izčrpati

**debit** ['debɪt] debet, dolg; obremeniti

**debonair** [ˌdebə'neə(r)] dobrodušen, prijazen

**debrief** [ˌdiː'briːf] izpraševati, zasliševati vojaka (astronavta, diplomata) po pravkar opravljeni nalogi

**débris** ['deɪbriː] črepinje, ostanki, ruševine

**debt** [det] dolg, obveznost; **national (public)** ~ nacionalni (javni) dolg

**debtor** ['detə(r)] dolžnik

**debug** [ˌdiːˈbʌg] *(comp)* čistiti program, odkrivati napake

**debunk** [ˌdiːˈbʌŋk] razkrinkati, pokazati v pravi luči

**début** [ˈdeɪbjuː] prvi javni nastop; ~**ant(e)** kdor prvič javno nastopi, debutant(ka)

**decade** [ˈdekeɪd] desetletje

**decadence** [ˈdekədəns] propadanje, dekadenca

**decanter** [dɪˈkæntə(r)] steklenica za vino

**decapitate** [dɪˈkæpɪteɪt] obglaviti

**decathlon** [dɪˈkæθlɒn] deseteroboj

**decay** [dɪˈkeɪ] razkroj, propad; razpadati, razkrajati se, gniti

**deceased** [dɪˈsiːst] rajnki, pokojni, umrli

**deceit** [dɪˈsiːt] prevara, goljufija

**deceitful** [dɪˈsiːtfl] goljufiv, sleparski, zahrbten

**deceive** [dɪˈsiːv] goljufati, varati

**decelerate** [ˌdiːˈseləreɪt] upočasniti, zmanjšati hitrost,

**December** [dɪˈsembə(r)] december

**decency** [ˈdiːsnsɪ] spodobnost, vljudnost

**decent** [ˈdɪsnt] spodoben, ljubezniv; skromen

**deception** [dɪˈsepʃn] prevara, goljufija; zmota

**deceptive** [dɪˈseptɪv] varljiv, zmoten

**decide** [dɪˈsaɪd] odločiti se, skleniti

**decided** [dɪˈsaɪdɪd] odločen, jasen

**deciduous** [dɪˈsɪdjʊəs, dɪˈsɪdʒʊəs] listnat, poletno zelen; ~ **tree** listavec

**decimal** [ˈdesɪml] decimalen, desetinski; ~ **point** decimalna pika (vejica)

**decimate** [ˈdesɪmeɪt] zdesetkati, decimirati

**decipher** [dɪˈsaɪfə(r)] dešifrirati, razvozlati

**decision** [dɪˈsɪʒn] odločitev, sklep; ~~**making** odločanje; **to come to a** ~ odločiti se; **man of** ~ odločen človek

**decisive** [dɪˈsaɪsɪv] odločilen, merodajen; odločen

**deck** [dek] krov, paluba; ~ **of cards** zavitek igralnih kart; ~**chair** ležalnik; **to** ~ **out** okrasiti

**declaim** [dɪˈkleɪm] deklamirati, govoriti

**declamatory** [dɪˈklæmətərɪ] deklamatorski, vznesen

**declaration** [ˌdekləˈreɪʃn] (javna) izjava, razglas; **D~ of Independence** *(Am)* Deklaracija o neodvisnosti; **D~ of Rights of Man** Deklaracija o človekovih pravicah; ~ **of war** vojna napoved

**declare** [dɪˈkleə(r)] objaviti, napovedati; izjaviti; prijaviti (carina, davki)

**declassify** [ˌdiːˈklæsəfaɪ] objaviti (zaupen dokument)

**decline** [dɪˈklaɪn] padati (cene), nazadovati, oslabeti; odkloniti; sklanjati (samostalnik)

**decode** [ˌdiːˈkəʊd] dešifrirati, dekodirati

**decompose** [ˌdiːkəmˈpəʊz]

razpadati, razkrajati se, razstaviti

**decontaminate** [ˌdiːkən'tæmɪneɪt] odstraniti nevarne snovi (bojne strupe, radioaktivne snovi), dekontaminirati

**decorate** ['dekəreɪt] okrasiti, olepšati; odlikovati

**decoration** [ˌdekə'reɪšn] okras, odlikovanje

**decorative** ['dekərətɪv] okrasen, namenjen olepšavi

**decorous** ['dekərəs] spodoben, vljuden

**decorum** [dɪ'kɔːrəm] spodobno vedenje; dostojanstvo

**decoy** ['diːkɔɪ] vaba, mamilo; mamiti, zvabiti

**decrease** [dɪ'kriːs] manjšati, upadati, pojemati; manjšanje, upadanje, pojemanje

**decree** [dɪ'kriː] odlok, odredba, dekret, sklep; odrediti; ~ **of nature** zakon narave

**decrepit** [dɪ'krepɪt] ostarel, onemogel

**decry** [dɪ'kraɪ] razvpiti, obrekovati

**dedicate** ['dedɪkeɪt] posvetiti, pokloniti

**dedication** [ˌdedɪ'keɪšn] posvetitev, posvetilo

**deduce** [dɪ'djuːs] sklepati, priti do zaključkov

**deduct** [dɪ'dʌkt] odšteti, odtegniti

**deduction** [dɪ'dʌkšn] sklepanje; odštevanje; odbitek, odtegljaj

**deed** [diːd] dejanje; listina, dokument

**deem** [diːm] soditi, meniti, domnevati

**deep** [diːp] globok; skrivnosten; temen, nizek (glas); globoko, iskreno; globina, brezno; tema; ~ **freeze** zamrzovalnik; globoko zmrzovanje; **to ~-fry** cvreti; **to ~en** poglobiti

**deer** [dɪə(r)] jelen; jelenjad, srnjad

**deerskin** ['dɪəskɪn] jelenovina

**deface** [dɪ'feɪs] popačiti, skaziti

**defamation** [ˌdefə'meɪšn] kleveta, obrekovanje

**defame** [dɪ'feɪm] psovati, obrekovati

**default** [dɪ'fɔːlt] odsotnost na sodišču; neplačanje dolga; izostanek pri tekmi; ~ **procedure** sodni postopek v odsotnosti stranke

**defeat** [dɪ'fiːt] poraz, neuspeh; premagati, poraziti

**defeatist** [dɪ'fiːtɪst] malodušnež, obupanec; malodušen, obupan

**defect** [dɪ'fekt] hiba, pomanjkljivost; zbežati, dezertirati

**defective** [dɪ'fektɪv] pomanjkljiv, nepopoln

**defector** [dɪ'fektə(r)] kdor zapusti domovino (politično stranko) in se pridruži nasprotni državi (stranki *ali* skupini)

**defen|ce**, *(Am)* ~**se** [dɪ'fens] obramba; ~**ce mechanism** obrambni mehanizem; ~**ce-less** nebogljen, nezaščiten

**defend** [dɪ'fend] braniti, ščititi

**defendant** [dɪ'fendənt] obtoženec, obdolženec

**defender** [dɪ'fendə(r)] branilec, zagovornik; privrženec

**defensive** [dɪ'fensɪv] obramben; ~ war obrambna vojna

**defer** [dɪ'fɜː(r)] odložiti; popustiti

**deference** ['defərəns] spoštljivost, ustrežljivost

**deferential** [ˌdefə'renšl] spoštljiv, ustrežljiv

**defiance** [dɪ'faɪəns] izzivanje, trma

**defiant** [dɪ'faɪənt] kljubovalen, uporen, izzivalen

**deficiency** [dɪ'fišnsɪ] pomanjkanje, hiba, primanjkljaj

**deficient** [dɪ'fišnt] nezadosten, pomanjkljiv

**deficit** ['defɪsɪt] primanjkljaj, izguba

**defile** [dɪ'faɪl] onesnažiti, onečastiti

**define** [dɪ'faɪn] definirati, določiti, opredeliti

**definite** ['defɪnət] določen, jasen, končnoveljaven

**definition** [ˌdefɪ'nɪšn] (natančna) razlaga, opis

**definitive** [dɪ'fɪnətɪv] določen, končnoveljaven, odločilen

**deflate** [dɪ'fleɪt] izpustiti zrak iz; zmanjšati količino denarja v obtoku in znižati cene; načeti ugled ali samozavest koga

**deflation** [dɪ'fleɪšn] naraščanje kupne moči denarja; odnašanje sipke zemlje z vetrom

**deflect** [dɪ'flekt] stran speljati, odvrniti

**deflower** [ˌdiː'flaʊə(r)] razdevičiti; onečastiti

**deforest** [ˌdiː'fɒrɪst] posekati drevesa; ogoličiti

**deform** [dɪ'fɔːm] popačiti, skaziti

**deformity** [dɪ'fɔːmətɪ] skaženost, telesna napaka, deformacija

**defraud** [dɪ'frɔːd] poneveriti, ogoljufati

**defray** [dɪ'freɪ] plačati, kriti stroške

**defrost** [ˌdiː'frɒst] odtajati, deblokirati

**deft** [deft] spreten, uren

**defy** [dɪ'faɪ] izzivati, kljubovati

**degenerate** [dɪ'dženəreɪt] izroditi, izpriditi se

**degrade** [dɪ'greɪd] ponižati; odstaviti, degradirati

**degree** [dɪ'griː] stopnja; stopinja; diploma

**deify** ['diːɪfaɪ] narediti za boga, oboževati

**deign** [deɪn] blagovoliti, dopustiti

**deity** ['diːɪtɪ] božanstvo

**dejected** [dɪ'džektɪd] potrt, malodušen

**delay** [dɪ'leɪ] zamuda, odložitev, zavlačevanje; odlašati, oklevati

**delectable** [dɪ'lektəbl] zabaven, prijeten; okusen

**delegate** ['delɪgət] delegat, odposlanec; ['delɪgeɪt] delegirati, prenesti pristojnost

**delegation** [ˌdelɪ'geɪšn] delegacija, odposlanstvo

**delete** [dɪ'liːt] izbrisati, prečrtati

**deliberate** [dɪ'lɪbərət] premišljen, nameren, oprezen; [dɪ'lɪbəreɪt] premisliti, preudariti

**deliberation** [dɪˌlɪbə'reɪšn] preudarek, posvetovanje

**delicacy** ['delɪkəsɪ] delikatesa; okusna, izbrana jed

**delicate** ['delɪkət] težaven, kočljiv; nežen, rahel, občutljiv, rahločuten, obziren

**delicatessen** [ˌdelɪkə'tesn] delikatesna trgovina

**delicious** [dɪ'lɪšəs] slasten, prijeten

**delight** [dɪ'laɪt] radost, veselje; uživati, navduševati se

**delightful** [dɪ'laɪtfl] očarljiv, ljubek

**delineate** [dɪ'lɪnɪeɪt] načrtati, skicirati, upodobiti

**delinquency** [dɪ'lɪŋkwənsɪ] prestopek, kaznivost

**delinquent** [dɪ'lɪŋkwənt] prestopnik, krivec; **juvenile ~** mladinski prestopnik

**delirious** [dɪ'lɪrɪəs] blazen, zmeden, deliranten

**deliver** [dɪ'lɪvə(r)] dostaviti, izročiti, roditi; **to ~ a lecture** predavati; **to ~ a speech** imeti govor

**delivery** [dɪ'lɪvərɪ] dostava, izročitev; predavanje; porod; **~ ward** porodniški oddelek; **to pay on ~** plačati po povzetju

**delouse** [ˌdi:'laʊs] razušiti, uničiti mrčes

**delude** [dɪ'lu:d] vleči koga, potegniti koga za nos

**deluge** ['delju:dž] poplava, potop; poplaviti

**delusion** [dɪ'lu:žn] prevara, zmota, slepilo

**delve** [delv] kopati; preiskovati

**demagog(ue)** ['deməgʊg] demagog, kdor si z lažnimi obljubami želi pridobiti zaupanje ljudi

**demand** [dɪ'mɑ:nd] povpraševati, zahtevati; zahteva, potreba, povpraševanje; **~ and supply** povpraševanje in ponudba; **law of ~ and supply** zakon povpraševanja in ponudbe

**demanding** [dɪ'mɑ:ndɪŋ] zahteven

**demarcation** [ˌdi:mɑ:'keɪšn] razmejitev, označitev mejne črte

**demean** [dɪ'mi:n] obnašati se; poniževati

**demean|our**, *(Am)* **~or** [dɪ'mi:nə(r)] vedenje, obnašanje

**demented** [dɪ'mentɪd] slaboumen, bebav

**demerit** [ˌdi:'merɪt] napaka, pregrešek; krivda

**demijohn** ['demɪdžʊn] demižon, velika pletenka

**demise** [dɪ'maɪz] smrt (vladarja); zapustiti v oporoki

**demobil|ize**, **~ise** [di:'məʊbəlaɪz] demobilizirati

**democracy** [dɪ'mʊkrəsɪ] demokracija, vlada ljudstva; **people's ~** ljudska demokracija; **direct ~** neposredna demokracija

**democratic** [ˌdemə'krætɪk] demokratičen; **~ society** demokratična družba; **~ rights** demokratične pravice

**demolish** [dı'mɒlıš] razdejati, uničiti

**demolition** [ˌdemə'lıšn] opustošenje, razdejanje, uničenje

**demon** ['di:mən] zli duh, demon

**demonstrate** ['demənstreıt] razložiti, prikazati, demonstrirati

**demonstrative** [dı'mɒnstrətıv] nazoren, očiten; protesten; ~ **pronoun** *(gram)* kazalni zaimek

**demoral|ize**, **~ise** [dı'mɒrəlaız] izpriditi, pokvariti; vzeti pogum, oplašiti

**demote** [ˌdi:'məʊt] ponižati

**demur** [dımɜ:(r)] obotavljati se, imeti pomisleke

**demure** [dı'mjʊə(r)] hlinjeno skromen, plah, zadržan

**den** [den] brlog, beznica

**denational|ize**, **~ise** [ˌdi:'næšənəlaız] denacionalizirati, vrniti premoženje prejšnjemu lastniku

**denatural|ize**, **~ise** [ˌdi:'næčərəlaız] odvzeti naravne lastnosti, državljanske pravice

**denial** [dı'naıəl] zanikanje, preklic, demanti

**denim** ['denım] vrsta bombažnega blaga

**Denmark** ['denmɑ:k] Danska; **Danish** danski; Danec, Danka; danščina; **Dane** Danec

**denomination** [dıˌnɒmı'neıšn] ime, naziv, označba

**denote** [dı'nəʊt] označevati, zaznamovati; pomeniti

**denounce** [dı'naʊns] ovaditi, prijaviti; odstopiti

**dense** [dens] gost; bedast

**density** ['densətı] gostota, specifična teža; ~ **of population** gostota prebivalstva, obljudenost

**dent** [dent] zobec, zareza, udrtina

**dental** ['dentl] zoben; ~ **surgeon** zobozdravnik

**dentifrice** ['dentıfrıs] zobna pasta

**dentist** ['dentıst] zobozdravnik, dentist

**dentistry** ['dentıstrı] zobozdravstvo

**denture** ['denčə(r)] umetno zobovje

**denude** [dı'nju:d] odkriti, razgaliti, ogoliti

**denunciation** [dıˌnʌnsı'eıšn] ovadba, denunciacija

**deny** [dı'naı] zanikati, utajiti; odreči se

**deodorant** [di:'əʊdərənt] deodorant, dezodorans

**depart** [dı'pɑ:t] odpotovati, oditi; odreči se

**department** [dı'pɑ:tmənt] oddelek; katedra; področje; **State D~** *(Am)* zunanje ministrstvo; ~ **store** *(Am)* veleblagovnica

**departure** [dı'pɑ:čə(r)] odhod

**depend** [dı'pend] biti odvisen; računati s čim

**dependable** [dı'pendəbl] zanesljiv

**dependant** [dı'pendənt] družinski član (ki ga preživljamo); zajedalec

**dependence** [dı'pendəns] zaupanje, odvisnost

**dependency** [dı'pendənsı]

odvisno ozemlje ali dežela, kolonija

**dependent** [dɪ'pendənt] odvisen, nesamostojen; prisklednik

**depict** [dɪ'pɪkt] slikati, upodobiti, opisati

**deplete** [dɪ'pliːt] izprazniti, izčrpati

**deplore** [dɪ'plɔː(r)] objokovati, obžalovati

**deploy** [dɪ'plɔɪ] razvrstiti čete, pripraviti se na boj

**depopulate** [ˌdiː'pɒpjʊleɪt] skrčiti število prebivalcev

**deport** [dɪ'pɔːt] izgnati, prisilno preseliti, deportirati

**deportment** [dɪ'pɔːtmənt] drža, vedenje

**depose** [dɪ'pəʊz] odstaviti, izpovedati (na sodišču)

**deposit** [dɪ'pɒzɪt] usedlina, nanos, naplavina; polog; odlagati, vložiti, dati v hrambo; ~ **account** hranilna vloga

**depositor** [dɪ'pɒzɪtə(r)] vlagatelj

**depository** [dɪ'pɒzɪtrɪ] shramba, skladišče

**depot** ['depəʊ] skladišče; *(Am)* postajno poslopje

**deprave** [dɪ'preɪv] pokvariti, izpriditi

**deprecate** ['deprəkeɪt] obsojati, grajati

**depreciate** [dɪ'priːšɪeɪt] razvrednotiti, omalovaževati

**depreciation** [dɪˌpriːšɪ'eɪšn] razvrednotenje, omalovaževanje; amortizacija

**depredation** [ˌdeprə'deɪšn] opustošenje, razdejanje, ropanje

**depress** [dɪ'pres] duševno potreti, pobiti

**depression** [ˌdɪ'prešn] potrtost, pobitost; del kopnega, ki leži nižje od morske gladine; doba, ki nastopi po gospodarski krizi; področje nizkega zračnega pritiska

**deprive** [dɪ'praɪv] odvzeti, oropati

**depth** [depθ] globina; intenzivnost

**depth charge** ['depθ čɑːdž] globinska bomba

**depute** [dɪ'pjʊt] pooblastiti, imenovati za namestnika

**deput|ize, ~ise** ['depjʊtaɪz] **(for)** zastopati, nadomeščati koga

**deputy** ['depjʊtɪ] odposlanec, zastopnik, pooblaščenec

**derail** [dɪ'reɪl] iztiriti (se)

**derange** [dɪ'reɪndž] motiti, zmešati, begati; **to be ~d** imeti duševne motnje

**derby** ['dɑːbɪ] konjske dirke

**derelict** ['derəlɪkt] zapuščen, zavržen; ~**ion of duty** zanemarjanje dolžnosti

**deride** [dɪ'raɪd] zasmehovati, rogati se

**derision** [dɪ'rɪžn] zasmeh, roganje

**derisive** [dɪ'raɪsɪv] zasmehljiv, porogljiv

**derivation** [ˌderɪ'veɪšn] izpeljava, izvor

**derive** [dɪ'raɪv] dobiti; izhajati, zasledovati izvor česa

**dermatology** [ˌdɜːmə'tɒlədžɪ] dermatologija

**derogatory** [dɪ'rɒgətrɪ] škodljiv; poniževalen

**derrick** ['derɪk] vrtalni stolp, ladijski žerjav

**derv** [dɜːv] dizelsko gorivo

**descend** [dɪ'send] spuščati se, iti navzdol; izhajati, biti po rodu

**descendant** [dɪ'sendənt] potomec, dediščina

**descent** [dɪ'sent] sestop; pobočje; izvor, poreklo; **to ~ upon** nepričakovano napasti

**describe** [dɪ'skraɪb] popisati, narisati, opisati

**description** [dɪ'skrɪpšn] popis, opis; vrsta

**descriptive** [dɪ'skrɪptɪv] opisen

**descry** [dɪ'skraɪ] izslediti, odkriti

**desecrate** ['desɪkreɪt] oskruniti, onečastiti

**desert** [dɪ'zɜːt] zapustiti, dezertirati; ['dezət] puščava, pustinja

**deserter** [dɪ'zɜːtə(r)] dezerter, ubežnik, prebežnik, odpadnik

**deserve** [dɪ'zɜːv] zaslužiti, biti vreden

**design** [dɪ'zaɪn] risba, načrt; namen, namera; risati, narediti načrt, določiti

**designate** ['dezɪgneɪt] označiti, določiti, navesti; določen, imenovan

**designation** [ˌdezɪ'gneɪšn] označba, imenovanje; naslov, cilj

**designer** [dɪ'zaɪnə(r)] oblikovalec, risar

**desirable** [dɪ'zaɪərəbl] zaželen, primeren, všečen

**desire** [dɪ'zaɪə(r)] želja, poželenje; želeti, hrepeneti

**desirous** [dɪ'zaɪərəs] željan

**desist** [dɪ'zɪst] odnehati, odreči se

**desk** [desk] pisalna miza, šolska klop, pult; **~ clerk** *(Am)* receptor

**desolate** ['desəleɪt] pustošiti; žalostiti; ['desələt] razdejan, neobljuden, zapuščen; žalosten

**desolation** [ˌdesə'leɪšn] razdejanje; obup, osamelost

**despair** [dɪ'speə(r)] obupati; obup

**desperate** ['despərət] brezupen, obupen

**desperation** [ˌdespə'reɪšn] obup, brezupnost

**despicable** [dɪ'spɪkəbl] podel, zaničljiv; priskuten

**despise** [dɪ'spaɪz] prezirati, zaničevati

**despite** [dɪ'spaɪt] kljub, navkljub

**despoil** [dɪ'spɔɪl] opleniti, oropati

**despondent** [dɪ'spɒndənt] obupan, potrt, malodušen

**despot** ['despɒt] tiran, samodržec, trinog

**dessert** [dɪ'zɜːt] poobedek, desert; **~ spoon** žlica, manjša kot navaden pribor

**destination** [ˌdestɪ'neɪšn] cilj, namen; naslov

**destined** ['destɪnd] namenjeno, določeno, usojeno

**destiny** ['destɪnɪ] usoda, neogibnost

**destitute** ['destɪtjuːt] reven, nebogljen

**destitution** [ˌdestɪ'tjuːšn] revščina, beda; zapuščenost

**destroy** [dɪ'strɔɪ] uničiti, razrušiti, pokončati

**destroyer** [dɪ'strɔɪə(r)] rušilec (ladja); vandal

**destruction** [dɪ'strʌkšn] razdejanje, opustošenje, poguba

**destructive** [dɪ'strʌktɪv] uničevalen, razdiralen

**desultory** ['desltrɪ] površen, nenačrten

**detach** [dɪ'tæč] ločiti, izločiti, odcepiti; ~ed ločen, oddeljen, neodvisen; ~ed house samostojno stoječa enodružinska hiša

**detachment** [dɪ'tæčmənt] ločitev, odcepitev; odred; samostojnost; nezanimanje, ravnodušnost

**detail** ['diːteɪl] podrobnost, detajl, posameznost; nadrobno razložiti

**detain** [dɪ'teɪn] zadržati, ovirati, aretirati

**detect** [dɪ'tekt] odkriti, zasačiti

**detection** [dɪ'tekšn] odkritje, razkrinkanje

**detective** [dɪ'tektɪv] detektiv

**detention** [dɪ'tenšn] pridrževanje, pripor

**deter** [dɪ'tɜː(r)] odvrniti, oplašiti

**detergent** [dɪ'tɜːdžənt] pralno sredstvo, detergent

**deteriorate** [dɪ'tɪərɪəreɪt] poslabšati se, pokvariti, izroditi se

**determination** [dɪˌtɜːmɪ'neɪšn] odločba, odločnost; self-~ samoodločanje

**determine** [dɪ'tɜːmɪn] določiti, ugotoviti

**determined** [dɪ'tɜːmɪnd] odločen, neomajen

**deterrent** [dɪ'terənt] svarilen, zastraševalen; svarilo

**detest** [dɪ'test] sovražiti

**dethrone** [ˌdiː'θrəʊn] pahniti s prestola

**detonate** ['detəneɪt] počiti, povzročiti eksplozijo

**détour** ['diːtʊə(r)] ovinek, obvoz

**detract** [dɪ'trækt] odtegniti; oklevetati

**detriment** ['detrɪmənt] škoda, izguba

**deuce** [djuːs] izenačenje točk (pri tenisu)

**devaluation** [ˌdiːvæljʊ'eɪšn] devalvacija, razvrednotenje

**devalue** [ˌdiː'væljuː] razvrednotiti

**devastate** ['devəsteɪt] opustošiti, pleniti

**develop** [dɪ'veləp] razvijati (se); na dan priti; dogajati se; odkriti

**development** [dɪ'veləpmənt] razvoj, dogajanje; **social ~** družbeni razvoj

**deviate** ['diːvɪeɪt] odkloniti, oddaljiti se, v stran kreniti

**deviation** [ˌdiːvɪ'eɪšn] odklon, nepravilnost

**device** [dɪ'vaɪs] naprava, priprava, sredstvo

**devil** ['devl] vrag, zlomek, hudič; hudobnež; nesrečnež

**devilish** ['devəlɪš] vražji, peklenski

**devious** ['diːvɪəs] ovinkast, bloden, nepošten

**devise** [dɪ'vaɪz] izmisliti, izumiti

**devital|ize**, **~ise** [ˌdi:'vaɪtəlaɪz] omrtvičiti, oslabiti

**devoid** [dɪ'vɔɪd] oropan, prazen

**devolve** [dɪ'vɒlv] prenesti, zvaliti, preiti

**devote** [dɪ'vəʊt] posvetiti, žrtvovati; ukvarjati se

**devoted** [dɪ'vəʊtɪd] vdan, navdušen

**devotee** [ˌdevə'ti:] oboževalec, privrženec; pobožnjak

**devotion** [dɪ'vəʊʃn] vdanost, predanost; pobožnost

**devour** [dɪ'vaʊə(r)] goltati, požreti

**devout** [dɪ'vaʊt] nabožen; resen; iskren

**dew** [dju:] rosa, solza; orositi (se); **~y** rosen, orošen

**dexterity** [deks'terətɪ] spretnost, ročnost

**dexterous** ['dekstrəs] spreten; desničarski

**diabolic** [ˌdaɪə'bɒlɪk] vražji; krut

**diadem** ['daɪədem] diadem, okrasni obroč, načelek

**diagnose** ['daɪəgnəʊz] diagnosticirati, ugotoviti in določiti bolezen

**diagnosis** [ˌdaɪə'gnəʊsɪs] diagnoza, ugotovitev in določitev bolezni, izvid

**diagonal** [daɪ'ægənl] poševen; diagonala

**diagram** ['daɪəgræm] diagram, grafikon, naris

**dial** ['daɪəl] kazalo; številčnica; zavrteti številko; **~ling code** karakteristična telefonska številka omrežne skupine

**dialect** ['daɪəlekt] narečje

**dialectic(s)** [ˌdaɪə'lektɪks] dialektika

**dialog|ue**, *(Am)* **~** ['daɪəlɒg] pogovor, dialog

**diameter** [daɪ'æmɪtə(r)] premer

**diamond** ['daɪəmənd] diamant; romb; karo (karte)

**diametric(al)** [ˌdaɪə'metrɪkl] premerski; nasproti ležeč

**diaper** ['daɪəpə(r)] *(Am)* plenica

**diaphragm** ['daɪəfræm] diafragma, prepona, opna; zaslonka

**diarrh|oea**, *(Am)* **~ea** [ˌdaɪə'rɪə] driska

**diary** ['daɪərɪ] dnevnik; koledarček

**diatribe** ['daɪətraɪb] žolčen govor; protest

**dice** [daɪs] kocka, kocke; kockati, rezati na kocke

**dicker** ['dɪkə(r)] *(Am)* barantati, zamenjavati blago

**dictate** [dɪk'teɪt] narekovati; ukazovati; ['dɪkteɪt] ukaz; narek

**dictation** [dɪk'teɪʃn] narek, diktat

**dictator** [dɪk'teɪtə(r)] samovoljni vladar, diktator; **~ial** diktatorski, ukazovalen

**dictatorship** [dɪk'teɪtəšɪp] diktatura

**diction** ['dɪkšn] slog, izražanje, dikcija

**dictionary** ['dɪkšənrɪ] slovar, besednjak

**did** [dɪd] *glej* DO*

**didactic** [dɪ'dæktɪk] poučen, didaktičen

**die** [daɪ] umreti; oveneti; ugašati; hrepeneti

**diehard** ['daɪhɑːd] trdoživ, trmast; nepopustljiv politik

**diet** ['daɪət] prehrana, dieta; dietično se hraniti; **poor ~** slaba prehrana

**dietary** ['daɪətərɪ] dietičen

**differ** ['dɪfə(r)] razlikovati se; pričkati se

**difference** ['dɪfrəns] razlika, razloček, razkorak

**different** ['dɪfrənt] različen, drugačen, nenavaden

**differentiate** [ˌdɪfə'renʃɪeɪt] razlikovati; delati razlike v čem

**differentiation** [ˌdɪfərenʃɪ'eɪʃn] diferenciacija, razlikovanje, nastajanje razlik

**difficult** ['dɪfɪkəlt] težaven, težek; muhast

**difficulty** ['dɪfɪkəltɪ] težava; zadrega, neprijetnost

**diffident** ['dɪfɪdənt] plah, skromen

**diffuse** [dɪ'fjuːs] razpršiti, raztresti, razširiti; obširen, dolgovezen

**dig*** [dɪg] kopati; riti; preučevati

**digest** [dɪ'džest, daɪ'džest] prebaviti; preboleti; preudariti

**digestion** [dɪ'džesčən, daɪ'džesčən] prebava

**digestive** [diːˈdžestɪv, daɪ'džestɪv] prebaven

**digit** ['dɪdžɪt] števka, cifra, številka od 0 do 9

**digital** ['dɪdžɪtl] digitalen, opravljen s prsti; **~ computer** računalnik, pri katerem so podatki predstavljeni v obliki niza ločenih numeričnih vrednosti

**dignified** ['dɪgnɪfaɪd] dostojanstven, vzvišen

**dignify** ['dɪgnɪfaɪ] počastiti

**dignity** ['dɪgnətɪ] dostojanstvo; visok položaj

**digress** [daɪ'gres] zaiti, skreniti

**dike, dyke** [daɪk] nasip, jez; jarek

**dilapidated** [dɪ'læpɪdeɪtɪd] razrušen, razrahljan; zanemarjen

**dilate** [daɪ'leɪt] razširiti, razprostreti

**dilemma** [dɪ'lemə, daɪ'lemə] dilema, zadrega, problem

**dilettante** [ˌdɪlɪ'tæntɪ] amater, diletant; nestrokoven

**diligence** ['dɪlɪdžəns] marljivost, delavnost

**diligent** ['dɪlɪdžənt] delaven, priden, marljiv

**dill** [dɪl] *(bot)* koper

**dilute** [daɪ'ljuːt] razredčiti, oslabiti

**dim** [dɪm] zatemniti, zamegliti; mračen, nejasen

**dime** [daɪm] *(Am)* kovanec za 10 centov

**dimension** [dɪ'menšn, daɪ'menšn] mera, razsežnost, dimenzija

**diminish** [dɪ'mɪnɪš] zmanjšati, pojemati; **~ed responsibility** zmanjšana prištevnost; **~ing return** zmanjšani donos

**diminution** [ˌdɪmɪ'njuːšn]

manjšanje, pojemanje, redukcija

**diminutive** [dɪ'mɪnjʊtɪv] droben, pomanjševalen; pomanjševalnica

**dimmer** ['dɪmə(r)] ~ **switch** stikalo za postopno naravnavanje električne luči

**dimple** ['dɪmpl] jamica v licu; majhni valovi

**din** [dɪn] trušč, hrup

**dine** [daɪn] kositi, večerjati; ~**r** kdor obeduje; *(Am)* manjša cenena restavracija

**dinghy** ['dɪŋgɪ] čolnič, barčica

**dining** ['daɪnɪŋ] ~ **car** jedilni voz; ~ **room** jedilnica

**dingy** ['dɪndʒɪ] temačen, mračen; umazan; razvpit

**dinner** ['dɪnə(r)] obed, kosilo, večerja; ~ **jacket** smoking; **public** ~ banket

**dinosaur** ['daɪnəsɔː] dinozaver

**dint** [dɪnt] **by** ~ **of something** s pomočjo, zaradi česa

**diocese** ['daɪəsɪs] škofija

**dioxide** [daɪ'ɒksaɪd] dioksid

**dip\*** [dɪp] pomočiti, potopiti; spustiti; nagniti; padati; jamica; kratka kopel; omaka

**diphtheria** [dɪf'θɪərɪə] davica

**diphthong** ['dɪfθɒŋ] dvoglasnik

**diploma** [dɪ'pləʊmə] diploma

**diplomacy** [dɪ'pləʊməsɪ] diplomacija; takt, spretno vedenje

**diplomatic** [ˌdɪplə'mætɪk] diplomatičen, oprezen; ~ **corps** diplomatski zbor; ~ **privileges and immunities**

diplomatski privilegiji in imuniteta; ~ **intervention (mission, protection)** diplomatsko posredovanje (poslanstvo, zaščita)

**dipper** ['dɪpə(r)] velika zajemalka; ponirek; potapljač

**dire** ['daɪə(r)] grozen, strašen

**direct** [dɪ'rekt, 'daɪrekt] usmeriti, upravljati, režirati; nasloviti; neposreden, odkrit; v ravni črti; ~ **current** istosmerni tok; ~ **tax(es)** neposredni davek (od dohodkov in premoženja)

**direction** [dɪ'rekʃn, daɪ'rekʃn] smer; navodilo; režija; ravnateljstvo, uprava

**directive** [dɪ'rektɪv, daɪ'rektɪv] smernica, navodilo, napotek

**director** [dɪ'rektə(r), daɪ'rektə(r)] ravnatelj, direktor, upravnik; dirigent; režiser

**directorate** [dɪ'rektərət, daɪ'rektərət] ravnateljstvo, uprava

**directory** [dɪ'rektərɪ, daɪ'rektərɪ] telefonski imenik, adresar; smernica; ~ **enquiries** informacije o telefonskih naročnikih

**dirge** [dɜːdʒ] pogrebna pesem, žalostinka

**dirt** [dɜːt] nesnaga, umazanija; ničvredna stvar; **as cheap as** ~ skoraj zastonj; ~ **road** netlakovana cesta

**dirty** ['dɜːtɪ] umazan, nesnažen; prostaški, podel

**disability** [ˌdɪsə'bɪlətɪ] nesposobnost, nezmožnost, onesposobljenost; ~ **pension** invalidska pokojnina

**disable** [dɪs'eɪbl] onesposobiti, diskvalificirati

**disabled** [dɪs'eɪbld] onesposobljen, invaliden

**disabuse** [dɪsə'bju:z] odpreti komu oči; razočarati

**disadvantage** [ˌdɪsəd'vɑ:ntɪdž] pomanjkljivost, slaba stran; neugodnost; škoda

**disaffected** [ˌdɪsə'fektɪd] nezadovoljen; nelojalen

**disagree** [ˌdɪsə'gri:] ne strinjati se; škoditi; prepirati se

**disagreeable** [ˌdɪsə'gri:əbl] neprijeten, zoprn; nevšečen

**disagreement** [ˌdɪsə'gri:mənt] nesoglasje, spor, nesporazum

**disappear** [ˌdɪsə'pɪər] izginiti, zgubiti se; ~ance izginotje

**disappoint** [ˌdɪsə'pɔɪnt] razočarati, pustiti na cedilu; ~ment razočaranje

**disapproval** [ˌdɪsə'pru:vl] neodobravanje

**disapprove** [ˌdɪsə'pru:v] ne odobravati, obsojati

**disarm** [dɪs'ɑ:m] razorožiti, pomiriti; ublažiti

**disarmament** [dɪs'ɑ:məmənt] razorožitev; **universal ~** splošna razorožitev

**disarray** [ˌdɪsə'reɪ] spraviti v nered; zmeda, nered

**disaster** [dɪ'zɑ:stə(r)] nesreča, katastrofa

**disastrous** [dɪ'zɑ:strəs] katastrofalen, poguben

**disavow** [ˌdɪsə'vaʊ] oporekati, tajiti, pustiti na cedilu

**disband** [dɪs'bænd] razpustiti čete; odsloviti; raziti se

**disbelieve** [ˌdɪsbɪ'li:v] ne verjeti, dvomiti

**disburse** [dɪs'bɜ:s] potrošiti; izplačati

**discard** [dɪ'skɑ:d] odvreči, znebiti se; opustiti

**discern** [dɪ'sɜ:n] razločiti; opaziti

**discharge** [dɪs'čɑ:dž] odpustiti (iz bolnice); opravljati (dolžnost); izločati, izlivati se; iztok; izloček; sprožitev; **~ paper** odpustnica

**disciple** [dɪ'saɪpl] učenec; apostol

**discipline** ['dɪsɪplɪn] podrejanje predpisom, pravilom; panoga, področje; strogi red; spraviti v red

**disclaim** [dɪs'kleɪm] utajiti, zanikati; zavreči

**disclose** [dɪs'kləʊz] odkriti, izpovedati

**disclosure** [dɪs'kləʊžə(r)] odkritje, razkrinkanje, razodetje

**dis|colour**, *(Am)* **~color** [dɪs'kʌlə(r)] spremeniti barvo, obledeti, beliti

**discomfit** [dɪs'kʌmfɪt] zbegati, spraviti v zadrego

**discomfort** [dɪs'kʌmfət] neudobje, nelagodnost, zadrega, nevolja; vznemiriti, nadlegovati, težiti

**disconcert** [ˌdɪskən'sɜ:t] zbegati, vznemiriti

**disconnect** [ˌdɪskə'nekt] ločiti, izklopiti, prekiniti, pretrgati

**disconsolate** [dɪs'kɒnsələt] neutolažljiv, nesrečen, razočaran

**discontent** [ˌdɪskən'tent] ne zadovoljiti, ne ugajati; nezadovoljen; nezadovoljstvo

**discontinue** [ˌdɪskən'tɪnjuː] prekiniti, ustaviti

**discord** ['dɪskɔːd] neenotnost, nesloga, disharmonija; **apple of ~** vzrok prepira

**discordant** [dɪ'skɔːdənt] nesložen, neubran, neskladen

**discotheque** ['dɪskətek] zbirka gramofonskih plošč; diskoteka, disko

**discount** [dɪs'kaʊnt] popust, odbitek, rabat; odračunati, odbiti; ne čisto verjeti; zanemariti

**discourage** [dɪ'skʌrɪdž] vzeti pogum; skušati preprečiti, odvračati

**discouragement** [dɪ'skʌrɪdžmənt] odvračanje, oplašitev; malodušnost; težava

**discourse** ['dɪskɔːs] pogovor, razprava; pogovarjati se, predavati

**discourteous** [dɪs'kɜːtɪəs] neolikan, nespoštljiv

**discourtesy** [dɪs'kɜːtəsɪ] nevljudnost, nespoštljivost

**discover** [dɪs'kʌvə(r)] odkriti, najti; ~y odkritje, izsledek, dognanje

**discredit** [dɪs'kredɪt] vzeti veljavo, ugled; sramota; nezaupanje

**discreet** [dɪ'skriːt] takten, obziren, nesiljiv, neopazen

**discrepancy** [dɪ'skrepənsɪ] nesoglasje; neskladnost; nasprotje

**discretion** [dɪ'skrešn] obzir-

nost; molčečnost; razsodnost, preudarnost

**discriminate** [dɪ'skrɪmɪneɪt] biti pristranski, favorizirati, razlikovati

**discrimination** [dɪˌskrɪmɪ'neɪšn] razlikovanje, pristranost, zapostavljanje; **racial (national) ~** rasna (narodna) diskriminacija

**discursive** [dɪ'skɜːsɪv] mnogostranski, ki skače od enega predmeta do drugega; dolgovezen

**discuss** [dɪ'skʌs] razpravljati, pretresati

**discussion** [dɪ'skʌšn] razprava, diskusija; pomenek

**disdain** [dɪs'deɪn] prezirati, zametavati; prezir, zaničevanje

**disdainful** [dɪs'deɪnfl] zaničljiv, prezirljiv

**disease** [dɪ'ziːz] bolezen

**disembark** [ˌdɪsɪm'bɑːk] izkrcati se

**disembody** [ˌdɪsɪm'bɒdɪ] ločiti od telesa; razpustiti (čete)

**disenchant** [ˌdɪsɪn'čɑːnt] razočarati; odpreti komu oči, strezniti

**disengage** [ˌdɪsɪn'geɪdž] odvezati, sprostiti, osvoboditi, rešiti, izključiti

**disentangle** [ˌdɪsɪn'tæŋgl] razmotati, razvozlati; osvoboditi

**dis|favour**, *(Am)* ~**favor** [ˌdɪs'feɪvə(r)] biti nenaklonjen; neodobravanje

**disfigure** [dɪs'fɪgə(r)] popačiti, ponarediti

**disfranchise** [dɪs'frænčaɪz] vzeti volilno pravico (*ali* državljanske pravice)

**disgorge** [dɪs'gɔːdž] izpljuniti, izbljuvati; izprazniti

**disgrace** [dɪs'greɪs] sramota, nemilost; **to bring ~** osramotiti

**disgraceful** [dɪs'greɪsfl] sramoten, nečasten

**disgruntled** [dɪs'grʌntld] nezadovoljen, razočaran, razdražen

**disguise** [dɪs'gaɪz] preobleči; hliniti; preobleka, krinka; pretveza **in ~** nespoznaven, inkognito

**disgust** [dɪs'gʌst] gnus, stud; gabiti, pristuditi se

**dish** [dɪš] skleda, krožnik, *(pl)* namizna posoda; jed; postreči, servirati; **~cloth** kuhinjska cunja; **~washer** stroj za pomivanje posode

**dishearten** [dɪs'hɑːtn] jemati pogum, plašiti

**dishevel** [dɪ'ševl] kuštrati, mršiti

**dishonest** [dɪs'hɒnɪst] nepošten, lažniv; malomaren

**dishonesty** [dɪs'hɒnəstɪ] nepoštenost, prevara; malomarnost

**dis|honour**, *(Am)* **~honor** [dɪs'ɒnə(r)] onečastiti; ne priznati veljavnosti; sramota, nečast

**dis|honourable**, *(Am)* **~honorable** [dɪs'ɒnərəbl] sramoten, nečasten

**dishy** ['dɪšɪ] čeden, spolno privlačen (moški)

**disillusion** [ˌdɪsɪ'luːžn] razočarati, odkriti resnico; razočaranje, iztreznitev

**disincline** [ˌdɪsɪn'klaɪn] odklanjati, ne marati

**disinfect** [ˌdɪsɪn'fekt] razkužiti; **~ant** razkužilo

**disinherit** [ˌdɪsɪn'herɪt] razdediniti

**disintegrate** [dɪs'ɪntɪgreɪt] razkrojiti, razpasti; sprhneti

**disintegration** [dɪsˌɪntɪ'greɪšn] razkroj, razpad; razsulo; **social ~** družbena dezintegracija

**disinterested** [dɪs'ɪntrəstɪd] nezainteresiran; nesebičen, nepristranski

**disc**, *(Am)* **disk** [dɪsk] disk; kolut; gramofonska plošča; **disk drive** *(comp)* diskovni pogon (enota)

**disjointed** [dɪs'džɔɪntɪd] nelogičen, nepovezan; izpahnjen

**dislike** [dɪs'laɪk] ne marati; odpor, nenaklonjenost, mržnja

**dislocate** ['dɪsləkeɪt] odmakniti; izpahniti; zmesti

**dislodge** [dɪs'lɒdž] pregnati, preseliti, odstraniti

**disloyal** [dɪs'lɔɪəl] nezvest, verolomen

**disloyalty** [dɪs'lɔɪəltɪ] nezvestoba, izdajstvo, odpadništvo

**dismal** ['dɪzməl] mračen, žalosten, potrt

**dismantle** [dɪs'mæntl] demontirati, razstaviti (na sestavne dele)

**dismay** [dɪs'meɪ] vzeti pogum, prestrašiti; groza, osuplost

**dismember** [dɪsˈmembə(r)] razkosati, razčleniti

**dismiss** [dɪsˈmɪs] odpustiti, odsloviti, odpraviti

**dismissal** [dɪsˈmɪsl] odslovitev, odpust

**dismount** [dɪsˈmaʊnt] razjahati; narazen vzeti, demontirati

**disobedience** [ˌdɪsəˈbiːdɪəns] neubogljivost, neposlušnost, upornost

**disobedient** [ˌdɪsəˈbiːdɪənt] neubogljiv, neposlušen, uporen

**disobey** [ˌdɪsəˈbeɪ] ne ubogati, upirati se

**disoblige** [ˌdɪsəˈblaɪdž] ne ustreči; biti nevljuden

**disorder** [dɪsˈɔːdə(r)] nered, motnja; zmešati, spraviti v nered

**disorgan|ize**, **~ise** [dɪsˈɔːgənaɪz] spraviti v nered; pokvariti

**disown** [dɪsˈəʊn] odreči (se), zavreči

**disparage** [dɪˈspærɪdž] podcenjevati, omalovaževati, obrekovati

**disparity** [dɪˈspærətɪ] neenakost, razlika

**dispassionate** [dɪˈspæšənət] hladnokrven; nepristranski

**dispatch** [dɪˈspæč] poslati, razpošiljati; hitro opraviti; **~-box** kaseta za prenašanje uradnih dokumentov; **~-rider** vojaški kurir na motorju

**dispatcher** [dɪˈspæčə(r)] dispečer, odpošiljatelj, razpečevalec

**dispel** [dɪˈspel] pregnati, razpršiti, razgnati

**dispensable** [dɪˈspensəbl] nebistven, nepotreben

**dispensary** [dɪˈspensərɪ] dispanzer, lekarna (v bolnici)

**dispensation** [ˌdɪspenˈseɪšn] podelitev dispenze, oprostitev od obveznosti (ali zakonskih predpisov), spregled; izdajanje zdravil na recept

**dispense** [dɪˈspens] deliti; pripraviti in izdati zdravilo; dati dispenzo, spregled; **to ~ with** ne potrebovati česa, shajati brez

**disperse** [dɪˈspɜːs] razkropiti, razpoditi, raztresti

**dispirit** [dɪˈspɪrɪt] oplašiti, pogum vzeti

**displace** [dɪsˈpleɪs] premestiti, odstaviti, preložiti; **~d person** razseljenec, brezdomec, begunec

**display** [dɪˈspleɪ] razstaviti, prikazovati, razpostaviti; bahati se; zaslon, prikazovalnik; razstava, parada, razkazovanje; bahanje

**displease** [dɪsˈpliːz] ne ugajati, razjeziti

**displeasure** [dɪsˈpležə(r)] nezadovoljstvo, zamera

**disposable** [dɪsˈpəʊzəbl] razpoložljiv; **~ nappies** pleničke za enkratno uporabo

**disposal** [dɪsˈpəʊzl] razpored; odredba; **~ of radioactive waste** odstranitev radioaktivnih odpadkov; **at one's ~** komu na razpolago, na voljo

**dispose** [dɪˈspəʊz] znebiti se,

odstraniti, odvreči; razpore-
diti, razpolagati; ~**d** pripra-
vljen; razpoložen; sposoben
za kaj

**disposition** [ˌdɪspəˈzɪšn] te-
lesna (duševna) pripravlje-
nost za kaj; nagnjenost, do-
vzetnost; osnutek za spis;
navodilo, napotek; razvrsti-
tev, razporeditev

**dispossess** [ˌdɪspəˈzes] od-
vzeti, razlastiti

**disproportion** [ˌdɪsprəˈpɔːšn]
neskladnost, nesorazmerje

**disprove** [ˌdɪsˈpruːv] ovreči,
dokazati lažnivost

**dispute** [dɪˈspjuːt] spor, pre-
pir, nesoglasje; prepirati se,
oporekati

**disqualify** [dɪsˈkwɒlɪfaɪ] raz-
glasiti za nesposobnega, iz-
ključiti, diskvalificirati

**disquiet** [dɪsˈkwaɪət] vznemi-
riti, razburiti

**disregard** [ˌdɪsrɪˈgɑːd] oma-
lovaževati, prezirati

**disrepair** [ˌdɪsrɪˈpeə(r)] raz-
dejanost; **in ~** v slabem
stanju

**disreputable** [dɪsˈrepjʊtəbl]
razvpit, zloglasen, nečasten

**disrespect** [ˌdɪsrɪˈspekt] ne
spoštovati, prezirati; nevlju-
dnost, prezir

**disrobe** [dɪsˈrəʊb] sleči (se)

**disrupt** [dɪsˈrʌpt] raztrgati,
razbiti, prekiniti

**dissatisfaction** [ˌdɪˌsætɪs-
ˈfækšn] nezadovoljstvo

**dissatisfied** [dɪˈsætɪsfaɪd] ne-
zadovoljen, razočaran

**dissect** [dɪˈsekt] raztelesiti,
secirati; analizirati

**dissemble** [dɪˈseml] pretvar-
jati se, hliniti

**disseminate** [dɪˈsemɪneɪt]
razsejati, raztrositi

**dissension** [dɪˈsenšn] spor,
nesporazum, nesloga

**dissent** [dɪˈsent] ne strinjati
se

**dissenter** [dɪˈsentə(r)] odpa-
dnik, disident; nekonformist

**dissertation** [ˌdɪsəˈteɪšn] raz-
prava, disertacija

**disservice** [dɪsˈsɜːvɪs] slabo
ravnanje, škoda

**dissimilar** [dɪˈsɪmɪlə(r)] nepo-
doben, drugačen

**dissipate** [ˈdɪsɪpeɪt] zapravl-
jati, tratiti; izginevati; zgu-
biti

**dissipation** [ˌdɪsɪˈpeɪšn] za-
pravljanje, potrata; razuz-
danost; oddana energija,
toplota

**dissociate** [dɪˈsəʊšɪeɪt] ločiti,
osamiti

**dissolute** [ˈdɪsəluːt] razuz-
dan, razbrzdan

**dissolution** [ˌdɪsəˈluːšn] raz-
topitev; likvidacija; razveza

**dissolve** [dɪˈzɒlv] raztopiti;
ločiti, razvezati

**dissonance** [ˈdɪsənəns] neu-
branost, nesoglasje

**dissuade** [dɪˈsweɪd] odsveto-
vati, pregovoriti, odvrniti

**distance** [ˈdɪstəns] razdalja,
oddaljenost, daljava; odda-
ljiti, odmakniti

**distant** [ˈdɪstənt] oddaljen,
odročen; (*fig*) hladen, zadr-
žan, ohol

**distaste** [dɪsˈteɪst] odpor, ne-
volja; ne marati

**distemper** [dɪs'tempə(r)] vodena barva (za pleskanje), tempera; pleskati; pasja kuga; nejevolja

**distend** [dɪ'stend] razširiti, napeti, zateči

**distil**, (Am) **distill** [dɪ'stɪl] prehlapiti, destilirati

**distillation** [ˌdɪstɪ'leɪšn] destilacija, žganjekuha

**distiller** [dɪ'stɪlə(r)] žganjar, destilater

**distillery** [dɪ'stɪlərɪ] destilarna, žganjarna

**distinct** [dɪ'stɪŋkt] razločen, izrazit

**distinction** [dɪ'stɪŋkšn] razlika; odlika; priznanje, odlikovanje

**distinctive** [dɪ'stɪŋktɪv] razločen, izrazit; značilen

**distinguish** [dɪ'stɪŋgwɪš] razločiti; odlikovati se

**distinguished** [dɪ'stɪŋgwɪšt] ugleden, odličen, imeniten, slaven

**distort** [dɪ'stɔːt] izkriviti; pohabiti, deformirati

**distract** [dɪ'strækt] odvrniti, zmotiti; vznemiriti

**distraction** [dɪ'strækšn] odvračanje; raztresenost; razvedrilo

**distraught** [dɪ'strɔːt] zbegan, raztresen; nor

**distress** [dɪ'stres] nadloga, gorje, stiska; užalostiti; spraviti v stisko

**distribute** [dɪ'strɪbjuːt] razdeljevati, razpošiljati, distribuirati

**distribution** [ˌdɪstrɪ'bjuːšn] organizirano razdeljevanje

snovi (ali blaga), razpošiljanje, porazdelitev, razvrstitev

**district** ['dɪstrɪkt] okoliš, področje, okraj; ~ **attorney** (Am) javni tožilec; ~ **nurse** patronažna sestra

**distrust** [dɪs'trʌst] nezaupanje, dvom; ne zaupati

**disturb** [dɪ'stɜːb] motiti, vznemirjati

**disturbance** [dɪ'stɜːbəns] motnja, nemir

**disunite** [ˌdɪsjuː'naɪt] ločiti, razdružiti

**disuse** [dɪs'juːs] ne uporabljati, odvaditi

**ditch** [dɪč] jarek, okop

**dither** ['dɪðə(r)] cincati, biti neodločen

**ditto** ['dɪtəʊ] že povedano, isto

**divan** [dɪ'væn] oblazinjeno ležišče brez stranic, divan

**dive** [daɪv] potapljati se, skočiti v vodo

**diver** ['daɪvə(r)] potapljač, skakalec v vodo

**diverge** [daɪ'vɜːdž] postajati vedno bolj različen; razhajati se

**divergence** [daɪ'vɜːdžəns] nastanek razlik, razhajanje

**divergent** [daɪ'vɜːdžənt] različen, raznosmeren, razhoden

**diverse** [daɪ'vɜːs] raznolik, neenak, drugačen; mnogovrsten

**diversion** [daɪ'vɜːšn] obvoz; odklon, odvračanje; diverzija; razvedrilo

**diversity** [daɪ'vɜːsətɪ] različnost, pestrost, neenakost

**divert** [dar'vɜːt] odvrniti; razvedriti

**divest** [dar'vest] sleči; odvzeti; znebiti se

**divide** [dɪ'vaɪd] deliti, razdeliti, razmejiti, ločiti

**dividend** ['dɪvɪdend] deljenec; dividenda

**divider** [dɪ'vaɪdə(r)] kar ločuje (*ali* deli) prostor, ločnica; *(pl)* merilno šestilo

**divine** [dɪ'vaɪn] božanski, nebeški

**divinity** [dɪ'vɪnətɪ] božanstvo; bogoslovje

**divisible** [dɪ'vɪzəbl] deljiv, ločljiv

**division** [dɪ'vɪʒn] delitev, deljenje; oddelek; divizija; nesloga; ~ **of labour** delitev dela; **bloc** ~ **of the world** blokovska delitev sveta; **without** ~ soglasno

**divisor** [dɪ'vaɪzə(r)] delitelj, divizor

**divorce** [dɪ'vɔːs] ločitev, razveza, razporoka; ločiti se

**divorcee** [dɪˌvɔː'siː] ločenec, ločenka

**divulge** [daɪ'vʌldʒ] širiti novice, objaviti

**dizziness** ['dɪzɪnɪs] vrtoglavica, omotica

**dizzy** ['dɪzɪ] vrtoglav, omotičen; zbegan

**do\*** [duː] delati, napraviti; zadostovati; ustrezati; **to ~ away with** odpraviti; **to be done for** biti na koncu, neuporaben; **to ~ harm** škodovati; **to ~ one's best** potruditi se, kar se da; **to ~ up** zapeti, zavezati; **to ~ well**

imeti uspeh; **to ~ without** pogrešati, shajati brez; *How ~ you ~.* Pozdravljeni., Dober dan.

**docile** ['dəʊsaɪl] pokoren, ubogljiv

**dock** [dɒk] dok; zatožna klop; namestiti (biti) v dok(u); skrajšati, prisekati (rep); suniti (denar); **dry ~** suhi dok; **floating ~** plavajoči dok

**docket** ['dɒkɪt] kratek pregled, seznam; nalepka

**dockyard** ['dɒkjɑːd] ladjedelnica

**doctor** ['dɒktə(r)] zdravnik, doktor

**doctorate** ['dɒktərət] doktorat

**doctrine** ['dɒktrɪn] doktrina, nazor, načelo

**document** ['dɒkjʊment] listina, dokument; spis

**documentary** [ˌdɒkjʊ'mentrɪ] dokumentaren; dokumentarec (film)

**dodder** ['dɒdə(r)] opotekati se, krevljati

**dodge** [dɒdʒ] izmikati se, odskočiti; odskok, zvijača

**dodger** ['dɒdʒə(r)] zmuzně, slepar, prebrisanec

**doe** [dəʊ] košuta, srna

**doff** [dɒf] odložiti, znebiti se

**dog** [dɒg] pes; biti za petami, zasledovati; **~-days** pasji dnevi, najbolj vroč poletni čas; **~-collar (tag)** pasja ovratnica (znamka); **~fight** borba med lovskimi letali; **hot ~** vroča hrenovka v štručki; **~house** pasja uta;

**~-eared** ki ima pripognjene vogalčke (knjiga)

**dogged** ['dɒgɪd] siten; trmast, trdovraten

**doggerel** ['dɒgərəl] slaba pesem, verz

**dogma** ['dɒgmə] dogma; načelo; temeljni, nespremenljivi verski nauk

**doily** ['dɔɪlɪ] prtiček

**doing** ['du:ɪŋ] početje, delovanje

**doldrums** ['dɒldrəmz] *(pl)* pobitost, otožnost; brezvetrni pas ob ravniku

**dole** [dəʊl] vladna podpora revnim in brezposelnim; podpirati; **to be on the ~** dobivati podporo za brezposelne

**doleful** ['dəʊlfl] žalosten, beden

**doll** [dɒl] punčka, lutka; **to ~ up** nališpati se

**dollar** ['dɒlə(r)] dolar; **~ diplomacy** *(Am)* politika investiranja v tujih deželah

**dolorous** ['dɒlərəs] bolesten, bridek

**dolphin** ['dɒlfɪn] delfin, pliskavica

**domain** [dəʊ'meɪn] področje, torišče, področje dejavnosti

**dome** [dəʊm] kupola, stolna cerkev

**domestic** [də'mestɪk] domač, hišen, udomačen, krotek, poselski; služabnik; **~ affairs (policy)** notranje zadeve (politika); **~ animal** domača žival; **~ trade** notranja trgovina; **~ remedy** domače zdravilo

**domesticate** [də'mestɪkeɪt] udomačiti; civilizirati

**domicile** ['dɒmɪsaɪl] (stalno) bivališče; plačilni kraj menice

**dominant** ['dɒmɪnənt] prevladujoč, v premoči; ki se dviga (stoji) nad čim

**dominate** ['dɒmɪneɪt] prevladovati; vzbujati občudovanje; stati (dvigati se) nad čim

**domineer** [ˌdɒmɪ'nɪə(r)] oblastno se vesti, strahovati

**dominion** [də'mɪnɪən] dominion, samoupravno ozemlje; gospostvo

**domino** ['dɒmɪnəʊ] domino (maska), domina

**don** [dɒn] univerzitetni dostojanstvenik; obleči, ogrniti

**donate** [dəʊ'neɪt] darovati, podariti

**donation** [dəʊ'neɪšn] darilo, prispevek, podpora

**done** [dʌn] *glej* DO*

**donkey** ['dɒŋkɪ] osel, bedak; **~ work** težko, nezanimivo delo

**donor** ['dəʊnə(r)] darovalec

**doom** [du:m] obsoditi; usoda, pogubljenje

**doomsday** ['du:mzdeɪ] sodni dan

**door** [dɔ:(r)] vrata, dohod; **~bell** hišni zvonec; **~man** vratar; **~mat** predpražnik; **~step** prag; **~way** vratna odprtina; veža

**dope** [dəʊp] mamilo; dati mamilo; preslepiti

**dopey** ['dəʊpɪ] osamljen; zbegan; neumen

**dormant** ['dɔ:mənt] speč, mirujoč; ~ **partner** tihi družabnik

**dormer** ['dɔ:mə(r)] mansardno okno; strešna lina

**dormitory** ['dɔ:mɪtrɪ] spalnica (v internatu); (Am) študentski dom

**dormouse** ['dɔ:maʊs] polh

**dorsal** ['dɔ:sl] hrbten

**dose** [dəʊs] količina zdravila, doza; odmeriti količino zdravila

**doss** [dɒs] ceneno, zanikrno prenočišče; **to ~ down** najti prenočišče

**dossier** ['dɒsɪeɪ] mapa; sveženj uradnih spisov

**dot** [dɒt] pika; posejati s pikami, izpikčati

**dotage** ['dəʊtɪdž] pešanje pameti, senilnost

**dote** [dəʊt] biti noro zaljubljen v koga, ga pretirano imeti rad

**double** ['dʌbl] dvojen, dvakraten; dvoličen; dvojnik; podvojiti; ~ **bass** kontrabas; ~~**dealing** neodkritosrčnost, hinavščina; ~~**decker** dvonadstropni avtobus; ~ **room** dvoposteljna soba; ~~**time** hitra hoja, drnec; ~~**breasted** dvoreden (suknjič); ~~**edged** dvorezen; **to** ~~**cross** prelisičiti, varati

**doubt** [daʊt] dvom, negotovost; dvomiti, sumničiti

**doubtful** ['daʊtfl] dvomljiv, sumljiv; negotov

**doubtless** ['daʊtlɪs] nedvomen, očiten

**dough** [dəʊ] testo

**doughnut** ['dəʊnʌt] ocvrtek, krof

**dour** [dʊə(r)] strog, resen, čemeren

**douse** [daʊs] pogasiti, politi z vodo

**dove** [dʌv] golob(ica); ljubica; **to ~tail** tesno se prilegati, skladati se; glej DIVE*

**dowager** ['daʊədžə(r)] vdova visokega stanu; starejša dama, matrona

**dowdy** ['daʊdɪ] staromodno in nemarno oblečen

**down** [daʊn] spodaj, navzdol; ~ **to earth** preudaren, realen; ~ **and out** popolnoma brez sredstev, službe, doma; **ups and ~s** dobro in slabo v življenju

**down** [daʊn] puh; sipina

**downcast** ['daʊnkɑ:st] potrt, otožen; povešenih oči

**downfall** ['daʊnfɔ:l] padec, propad; padavine

**downhearted** [,daʊn'hɑ:tɪd] malodušen, obupan, potrt

**downhill** [,daʊn'hɪl] navzdol, nizdol; ~ **race** smuk

**downpour** ['daʊnpɔ:(r)] naliv, ploha

**downright** ['daʊnraɪt] odkrit, pošten; popolnoma

**downstairs** [,daʊn'steəz] navzdol po stopnicah, spodaj

**downtown** [,daʊn'taʊn] središče mesta, (Am) poslovni del mesta

**downtrodden** ['daʊntrɒdn] potrt, obupan; zatiran

**downward(s)** ['daʊnwəd(z)] navzdol

**downy** ['daʊnɪ] puhast
**dowry** ['daʊərɪ] dota, talent
**doyen** ['dɔɪən] starejši član, starešina
**doze** [dəʊz] dremati
**dozen** ['dʌzn] ducat
**drab** [dræb] siv, enoličen, dolgočasen
**draft** [drɑːft] osnutek, skica, zakonski osnutek; menica; nabor; rekrutirati; narediti osnutek; ~ **treaty** predosnutek pogodbe, sporazuma
**drag** [dræg] vlačiti, potegniti, vleči (se); biti dolgočasen; breme, nadloga, mučno opravilo
**dragon** ['drægən] zmaj; ~**fly** kačji pastir; ~**'s teeth** protitankovske ovire
**drain** [dreɪn] izsuševati, kanalizirati; odvajati vodo *ali* izcedek iz rane; izmozgati; osuševalni jarek, odvodni kanal, drenažna cevka; ~**pipe** odtočna cev; **to go down the ~** propasti
**drainage** ['dreɪnɪdʒ] osuševanje, drenaža; kanalizacija
**drake** [dreɪk] racman
**dram** [dræm] frakelj
**drama** ['drɑːmə] gledališka igra; dramska umetnost
**dramatist** ['dræmətɪst] dramatik, pisec gledaliških iger
**dramat|ize**, **~ise** ['dræmətaɪz] dramatizirati; pretiravati
**drank** [dræŋk] *glej* DRINK*
**drape** [dreɪp] v gube nabrati, drapirati
**drapery** ['dreɪpərɪ] nabrana zavesa ali prevleka; trgovina s krojnim blagom

**drastic** ['dræstɪk] učinkovit, nazoren, odločen
**draught**, *(Am)* **draft** [drɑːft] prepih; koncept, skica; *(pl)* dama (igra); ~ **beer** odprto pivo; ~**y** prepišen (prostor)
**draughtsman**, *(Am)* **draftsman** ['drɑːftsmən] (tehnični) risar; načrtovalec, sestavljalec koncepta, osnutka
**draw*** [drɔː] risati; vleči, potegniti; bližati se; opisati; sklepati; izzvati; pritegniti; dvigniti (denar); vdihniti; žrebati
**drawback** ['drɔːbæk] senčna (slaba) stran; škoda
**drawbridge** ['drɔːbrɪdʒ] dvižni most
**drawer** [drɔː(r)] predal; risar; *(pl)* spodnje hlače
**drawing** ['drɔːɪŋ] risba, risanje; ~ **pin** risalni žebljiček; ~ **room** risalnica; sprejemnica, salon
**drawl** [drɔːl] počasi govoriti, vleči besede
**drawn** [drɔːn] *glej* DRAW*
**dray** [dreɪ] tovorni voz
**dread** [dred] strah, groza, strahospoštovanje; bati se
**dreadful** ['dredfl] strašen, grozen; neprijeten
**dream*** [driːm] sanjati, sanjariti; sanje
**dreamer** ['driːmə(r)] sanjač, fantast
**dreamt** [dremt] *glej* DREAM*
**dreamy** ['driːmɪ] sanjav; pravljičen
**dreary** ['drɪərɪ] puščoben, pust; mrk, žalosten
**dredge** [dredʒ] čistiti dno

(reke, jezera); potresti, posipati

**dredger** ['dredžə(r)] plovni (vedrni) bager; sipalnik

**dregs** [dregz] *(pl)* usedlina, gošča

**drench** [drenč] premočiti, prepojiti; naliv, ploha

**dress** [dres] obleči (se); oblačilo, obleka (ženska); **to ~ a wound** obvezati rano; **in full ~** v svečani obleki; **~ circle** balkon (v gledališču)

**dresser** ['dresə(r)] kuhinjska kredenca, predalnik

**dressing** ['dresɪŋ] toaleta; obveza; začinjenje, polivka; **~ gown** domača halja; **~ room** garderoba, oblačilnica; **~ table** toaletna mizica

**dressmaker** ['dresmeɪkə(r)] šivilja, damski krojač

**dress rehearsal** ['dres rɪ.hɜːsl] generalka, glavna skušnja

**drew** [druː] *glej* DRAW*

**drift** [drɪft] biti gnan; odnašati; nanesti; **snow~** snežni zamet; **~wood** plavni les; **~er** klatež, potepuh

**drill** [drɪl] sveder; mehanično vežbanje; vrtati; mehanično vežbati

**drink*** [drɪŋk] piti, popiti, nazdraviti; pijača, požirek

**drinkable** [drɪŋkəbl] piten

**drip** [drɪp] kapljati, curljati; **~-dry shirts** srajce, ki jih po pranju samo obesimo in ne likamo

**dripping** ['drɪpɪŋ] sok od pečenega mesa; moker, premočen

**drive*** [draɪv] voziti, šofirati; gnati, poganjati (stroj); zabiti (žebelj); vožnja z avtom; dovoz; gonja, gonilo; **to ~ at** namigovati; **~-in** kino (restavracija), v katerega se zapeljemo z avtom; **~way** *(Am)* zasebni dovoz

**drivel** ['drɪvl] sliniti se; blebetati

**driven** ['drɪvn] *glej* DRIVE*

**driver** ['draɪvə(r)] voznik, šofer; **~'s licence** vozniško dovoljenje

**drizzle** ['drɪzl] pršeti, rositi; pršec

**dromedary** ['drɒmədərɪ] enogrba kamela, dromedar

**drone** [drəʊn] trot; lenuh; brenčati; brenčanje

**drool** [druːl] sliniti se

**droop** [druːp] viseti, povesiti se; hirati

**drop** [drɒp] kaplja; padec; kapljati; pasti; izpustiti

**dropper** ['drɒpə(r)] kapalka, pipeta

**dropsy** ['drɒpsɪ] vodenica

**drought** [draʊt] suša; žeja

**drove** [drəʊv] množica, krdelo, čreda; *glej* DRIVE*

**drown** [draʊn] utoniti, utopiti; poplaviti

**drowse** [draʊz] dremati, biti zaspan

**drowsy** ['draʊzɪ] zaspan, dremav

**drudge** [drʌdž] garati, mučiti se

**drug** [drʌg] droga, mamilo; zdravilo; **~ addict** narkoman; dajati ali jemati mamila, omamljati (se)

**druggist** ['drʌgɪst] *(Am)* drogerist, lekarnar

**drugstore** ['drʌgstɔ:(r)] *(Am)* trgovina, v kateri prodajajo zdravila, kozmetiko, časopise, lahko hrano in brezalkoholne pijače

**drum** [drʌm] boben, bobnič; bobnati

**drummer** ['drʌmə(r)] bobnar

**drunk** [drʌŋk] pijan; pijanec; *glej* DRINK*

**drunkard** ['drʌŋkəd] pijanec, alkoholik

**dry** [draɪ] suh, sušen; suhoparen; trpek; osušiti, brisati; ~ **goods** *(Am)* krojno blago, sukanec in pozamenterija; ~ **land** kopno

**dry-clean** [ˌdraɪ 'kli:n] kemično čistiti; **~er('s)** kemična čistilnica

**dryer** ['draɪə(r)] sušilnik za lase (perilo)

**dry-farming** [ˌdraɪ 'fɑ:mɪŋ] kmetovanje v polsušnih pokrajinah brez namakanja

**dual** ['dju:əl] dvojen; *(gram)* dvojina

**dub** [dʌb] sinhronizirati; poimenovati; narediti za viteza

**dubious** ['dju:bɪəs] dvomljiv; sumljiv; neprepričljiv

**duchess** ['dʌčɪs] vojvodinja

**duchy** ['dʌčɪ] vojvodina

**duck** [dʌk] raca; hitro počepniti, skloniti glavo

**duct** [dʌkt] cev, kanal, vod

**ductile** ['dʌktaɪl] raztezen, koven; ubogljiv

**dud** [dʌd] defekten, neuporaben, neučinkovit; ponaredek

**due** [dju:] plačljiv, zapadel, pričakovan; pristojbina, taksa; *(pl)* članarina; **to be ~** prispeti po voznem redu; **in ~ time** pravočasno; **~ to** zaradi

**duel** ['dju:əl] dvoboj; dvobojevanje

**duet** [dju:'et] dvospev

**dug** [dʌg] *glej* DIG*

**dugout** ['dʌg aʊt] strelski jarek, zaklonišče; kanu

**duke** [dju:k] vojvoda; **~dom** vojvodstvo

**dulcet** ['dʌlsɪt] sladek, nežen

**dull** [dʌl] medel; dolgočasen, duhamoren; pust, nezanimiv; len, neumen

**dullard** ['dʌləd] tepec, neroda

**dullness** ['dʌlnɪs] topost; dolgočasnost

**duly** ['dju:lɪ] primerno, pravočasno

**dumb** [dʌm] nem, molčeč, neumen; **~ show** pantomima; **~ waiter** servirna mizica; kuhinjsko dvigalo

**dum(b)found** [dʌm'faʊnd] osupniti

**dummy** ['dʌmɪ] manekenka; pupa; cucelj

**dump** [dʌmp] smetišče, odlagališče; beznica; odlagati; pod ceno izvažati; **~ truck** tovornjak prekucnik

**dumper** ['dʌmpə(r)] nelojalen konkurent; **~ truck** prekucnik

**dumpling** ['dʌmplɪŋ] cmok, žličnik

**dun** [dʌn] opominjati, terjati; terjatev; medla sivo rjava barva

**dunce** [dʌns] topoglavec, butec

**dune** [dju:n] sipina, peščina

**dung** [dʌŋ] gnoj; gnojiti; ~ **hill** gnojišče, kup gnoja

**dungaree** [ˌdʌŋgə'ri:] blago za delovne obleke; (pl) delovna obleka ali hlače iz take tkanine

**dungeon** ['dʌndžən] grajska ječa; zapreti v ječo

**dupe** [dju:p] za nos potegniti, opehariti; prismoda, prevaranec

**duplex** ['dju:pleks] dvojen

**duplicate** ['dju:plıkət] dvojnik, kopija; ['dju:plıkeıt] podvojiti, kopirati

**duplicator** ['dju:plıkeıtə(r)] razmnoževalni stroj

**duplicity** [dju:'plısətı] dvoumnost; hinavstvo

**durability** [ˌdjʊərə'bılətı] trpežnost, stanovitnost

**durable** ['djʊərəbl] trpežen, trajen, stanoviten

**duration** [djʊ'reıšn] trajanje

**duress** [djʊ'res] nasilje, pritisk

**during** ['djʊərıŋ] med (časovno), ob (časovno)

**dusk** [dʌsk] mrak, polmrak

**dusky** ['dʌskı] mračen, temačen; zagorel

**dust** [dʌst] prah, drobni snovni delci; brisati prah, omesti, potresti, oprašiti; ~**bin** smetnjak; ~**man** smetar; ~**pan** smetišnica

**Dutch** [dʌč] nizozemski, holandski; Nizozemec, Nizozemka; nizozemščina; ~**man** Nizozemec, ~**woman** Nizo-

zemka; ~ **cap** diafragma; ~ **courage** pogum pijanca; ~ **treat** skupen obed, pri katerem vsak plača svoje

**dutiable** ['dju:tıəbl] podvržen carini

**dutiful** ['dju:tıfl] vesten, ubogljiv

**duty** ['dju:tı] dolžnost; služba; dajatev, carina; storilnost, produktivnost; **to be on** ~ biti v službi; **to do** ~ **for** nadomeščati; **to pay** ~ **on** plačati carino za; **customs** ~ uvozna carina; ~**-free** carine prosto

**duvet** ['du:veı] pernica

**dwarf** [dwɔ:f] pritlikavec, palček, škrat; pritlikav; zaostajati v rasti, zasenčiti, prekositi

**dwell*** [dwel] stanovati, bivati

**dwelling** ['dwelıŋ] stanovanje, bivališče; ~**-house** stanovanjska hiša

**dwelt** [dwelt] glej DWELL*

**dwindle** ['dwındl] pojemati; manjšati se; hirati

**dye** [daı] pobarvati (lase, blago); barva

**dying** ['daıŋ] umiranje; umirajoč

**dynamic** [daı'næmık] silovit, dinamičen, aktiven; ~**s** dinamika

**dynamite** ['daınəmaıt] dinamit

**dynamo** ['daınəməʊ] dinamo, generator

**dynasty** ['dınəstı] dinastija, vladarska rodbina

**dysentery** ['dısəntrı] griža

**dyspepsia** [dɪs'pepsɪə] prebavne motnje

**dyspeptic** [dɪs'peptɪk] človek s slabo prebavo

# E

**each** [iːč] sleherni, vsak(do);
~ **time** vsakokrat, vsakič; ~
**other** drug drugega

**eager** ['iːgə(r)] žêljen, vnet;
pohlepen; ~ **to fight** bojevit;
~ **to learn** vedoželjen

**eagle** ['iːgl] orel

**ear** [ɪə(r)] uho; posluh; klas;
pozornost; **by** ~ po posluhu;
**to be all ~s** napeto poslušati;
**to turn a deaf** ~ ne meniti se

**earache** ['ɪəreɪk] bolečina v
ušesu

**eardrum** ['ɪədrʌm] bobnič

**earl** [ɜːl] grof

**early** ['ɜːlɪ] zgodaj; zgodnji;
~ **in the morning** zarana; ~
**warning (system)** npr. radar,
ki opozarja na nalet sovra-
žnikovih letal, izstrelkov

**earmark** ['ɪəmɑːk] nameniti,
določiti

**earn** [ɜːn] zaslužiti, pridobiti

**earnest** ['ɜːnɪst] resen, tehten;
iskren; ~ **money** ara

**earnings** ['ɜːnɪŋz] (pl) zaslu-
žek, plača; dobiček

**earphone** ['ɪəfəʊn] slušalka

**earring** ['eɪrɪŋ] uhan

**earshot** ['ɪəšɒt] slišaj; **within**
~ dovolj blizu, da kaj lahko
razločno slišimo

**earth** [ɜːθ] zemlja, svet; prst;
ozemljitev; **down to** ~ trezno
misleč

**earthenware** ['ɜːθənweə(r)]
lončena posoda, keramika

**earthly** ['ɜːθlɪ] zemeljski, po-
sveten; telesen, polten; teh-
ten (razlog)

**earthquake** ['ɜːθkweɪk] potres

**earthworm** ['ɜːθwɜːm] dežev-
nik

**earthy** ['ɜːθɪ] zemeljski, nara-
ven, posveten

**earwig** ['ɪəwɪg] strigalica

**ease** [iːz] mir, ugodje, zado-
voljstvo; lajšati, blažiti, po-
pustiti, zmanjšati (težave);
*At ~!* Voljno!; **ill at** ~ slabega
počutja; **with** ~ z lahkoto,
brez težav

**easel** ['iːzl] slikarsko stojalo

**easily** ['iːzɪlɪ] z lahkoto, brez
težav

**east** [iːst] vzhod; vzhoden;
**Near (Middle, Far) E**~ Bli-
žnji (Srednji, Daljni) vzhod

**Easter** ['iːstə(r)] velika noč;
~ **day** (ali **Sunday**) veliko-
nočna nedelja; ~ **egg** pirh

**easter|ly** ['iːstəlɪ] vzhoden,
proti vzhodu; ~**n** vzhoden

**eastward(s)**        ['iːstwəd(z)]
proti vzhodu

**easy** ['iːzɪ] lahek, enostaven,
udoben, brezskrben, lago-
den; lahko, z lahkoto; ~~
-**going** lahkomiseln, brez-
brižen; ~ **of approach** lahko

dostopen; **on ~ terms** pod ugodnimi pogoji

**easy chair** ['i:zɪ čeə] naslanjač, udoben stol

**eat\*** [i:t] jesti, pojesti, razjedati

**eaten** ['i:tn] *glej* EAT\*

**eaves** [i:vz] *(pl)* odtočni strešni žleb, kap

**eavesdrop** ['i:vzdrɒp] prisluškovati

**ebb** [eb] oseka; upadati, umikati se; ~ **and flow** bibavica, plima in oseka

**ebony** ['ebənɪ] ebenovina

**ebullient** [ɪ'bʌlɪənt] prekipevajoč, vznemirjen

**eccentric** [ɪk'sentrɪk] nenavaden, čuden, opazen; neuravnovešenec, posebnež, čudak, ekscentrik

**eccentricity** [ˌeksen'trɪsətɪ] nenavadnost, čudaštvo

**ecclesiastic** [ɪˌkli:zɪ'æstɪk] cerkven; duhovnik

**echo** ['ekəʊ] odmev; odmevati, ponavljati (se); ~~-sounder** ultrazvočni globinomer

**eclipse** [ɪ'klɪps] mrk, zatemnitev

**ecology** [i:'kɒlədžɪ] ekologija

**economic** [ˌi:kə'nɒmɪk, ˌekə'nɒmɪk] gospodarski, ekonomski; ~ **development** gospodarski razvoj; ~ **reform** gospodarska reforma; ~ **geography** ekonomska geografija

**economical** [ˌi:kə'nɒmɪkəl] ekonomičen, gospodaren, varčen, smotrn

**economics** [ˌi:kə'nɒmɪks, ˌekə'nɒmɪks] ekonomija (veda)

**economist** [ɪ'kɒnəmɪst] ekonomist, gospodarstvenik

**econom|ize, ~ise** [ɪ'kɒnəmaɪz] varčno gospodariti

**economy** [ɪ'kɒnəmɪ] ekonomija, gospodarstvo; ekonomičnost, gospodarnost; **natural (national) ~** naturalno (nacionalno) gospodarstvo; **political ~** politična ekonomija

**ecstatic** [ɪk'stætɪk] zamaknjen, zanesen

**ecstasy** ['ekstəsɪ] navdušenje, zanos, ekstaza

**eczema** ['eksɪmə] izpuščaj

**eddy** ['edɪ] vrtinec; vrtinčiti se

**edge** [edž] rob, ostrina, greben

**edgeways** ['edžweɪz] *I cannot get a word in ~.* Ne morem priti do besede.

**edging** ['edžɪŋ] rob, našiv, resa

**edgy** ['edžɪ] oster, razdražljiv

**edible** ['edɪbl] užiten

**edict** ['i:dɪkt] odredba, ukaz

**edifice** ['edɪfɪs] poslopje, zgradba, stavba

**edify** ['edɪfaɪ] izobraziti, učiti (koga); izboljšati

**edit** ['edɪt] urejati, redigirati

**edition** [ɪ'dɪšn] izdaja, naklada

**editor** ['edɪtə(r)] urednik, redaktor, založnik, izdajatelj

**editorial** [ˌedɪ'tɔːrɪəl] uvodni članek; uredniški, založniški

**educate** ['edžʊkeɪt] vzgajati, šolati, izobraževati

**education** [ˌedžu'keišn] vzgoja, šolanje, izobraževanje; **primary ~** osnovna izobrazba; **secondary ~** srednješolska izobrazba

**education(al)ist** [ˌedžu'keišənıst, ˌedžu'keišənəlıst] pedagog (teoretik)

**eel** [iːl] jegulja; **~ pout** menek (riba)

**efface** [ı'feıs] zbrisati; podcenjevati

**effect** [ı'fekt] vtis, učinek, uspeh; izvršiti, uveljaviti, učinkovati

**effective** [ı'fektıv] učinkovit, uspešen; močan **~ range** domet

**effectual** [ı'fekčuəl] učinkovit; veljaven; praktičen

**effeminate** [ı'femınət] babji, poženščen, ženski

**effervesce** [ˌefə'ves] vzkipeti, peniti se; razvneti se

**effete** [ı'fiːt] oslabljen, izčrpan, onemogel

**efficacious** [ˌefı'keıšəs] učinkovit, uspešen

**efficacy** ['efıkəsı] učinkovitost

**efficiency** [ı'fıšnsı] storilnost, učinkovitost, zmogljivost; zmožnost

**efficient** [ı'fıšnt] uspešen, učinkovit, sposoben

**effigy** ['efıdžı] podoba, portret

**effluent** ['efluənt] odpadna voda, odplaka

**effort** ['efət] napor, trud, prizadevanje

**effrontery** [ı'frʌntərı] predrznost, nesramnost

**effusive** [ı'fjuːsıv] prekipevajoč; strasten, neobrzdan

**egg** [eg] jajce; pobirati jajca; **hard-boiled ~** trdo kuhano jajce; **soft-boiled ~** mehko kuhano jajce; **~-timer** ura za kuhanje jajc; **~ whisk** stepalnik (za sneg, smetano); **white of ~** beljak; **yolk of ~** rumenjak

**eggplant** ['egplɑːnt] jajčevec, melancana

**eglantine** ['egləntaın] šipek

**egoism** ['egɔızəm] sebičnost, samoljubje

**egotism** ['egəʊtızəm] pretirano vrednotenje lastne pomembnosti

**Egypt** ['iːdžıpt] Egipt; **~ian** egiptovski, egipčanski; Egipčan(ka)

**eiderdown** ['aıdədaʊn] pernica

**eight** [eıt] osem; osmica; osmerec

**eighteen** [eı'tiːn] osemnajst

**eighteenth** [ˌeı'tiːnθ] osemnajsti; osemnajstina

**eightieth** ['eıtıθ] osemdeseti

**eighty** ['eıtı] osemdeset

**either** ['aıðə(r)] oba, eden in drugi, eden od obeh; **not ~** tudi ne; **~ ... or** bodisi ... ali; **not ~** tudi ne

**ejaculate** [ı'džækjʊleıt] brizgniti; krikniti

**eject** [ı'džekt] vreči ven, izvreči; odstraniti, izgnati; deložirati

**eke** [iːk] povečati, podaljšati; pretolči se

**elaborate** [ı'læbərət] zamotan, spopolnjen, dovršen, izčrpen; spopolniti, izboljšati, izdelati

**elapse** [ɪ'læps] miniti, poteči

**elastic** [ɪ'læstɪk] prožen, raztegljiv, prilagodljiv; elastika

**elasticity** [,elæ'stɪsəti] elastičnost, prožnost; ~ of demand (supply) prilagodljivost povpraševanja (ponudbe)

**elate** [ɪ'leɪt] navdušiti; opogumiti

**elation** [ɪ'leɪšn] ponos; navdušenost

**elbow** ['elbəʊ] komolec; koleno pri ceveh; ~ grease moč, energija, ki jo potrebujemo pri težkem fizičnem delu; ~room dovolj prostora (svobode) za kako delo

**elder** ['eldə(r)] starejši; prednik, starešina; bezeg; the ~s spoštovanja vredne osebe

**elderly** ['eldəlɪ] postaren, prileten

**eldest** ['eldɪst] najstarejši, prvorojen

**elect** [ɪ'lekt] izbrati, izvoliti; odločiti se

**election** [ɪ'lekšn] izbira, volitev; general ~s splošne volitve; by-~s nadomestne volitve; parliamentary ~s volitve v parlament; ~ law volilni zakon

**electioneer** [ɪ,lekšə'nɪə(r)] zbirati glasove, agitirati

**elective** [ɪ'lektɪv] volilen; neobvezen, fakultativen

**elector** [ɪ'lektə(r)] volivec, elektor, volilni mož

**electorate** [ɪ'lektərət] volivci, volilno telo, volilno okrožje

**electric** [ɪ'lektrɪk] električen; ~ chair električni stol; ~ current električni tok; ~ eye fotocelica

**electrical** [ɪ'lektrɪkl] ki je v posredni zvezi z elektriko; ~ engineer elektroinženir

**electrician** [ɪ,lek'trɪšn] elektrikar

**electricity** [ɪ,lek'trɪsəti] elektrika

**electrify** [ɪ'lektrɪfaɪ] elektrificirati

**electrocute** [ɪ'lektrəkju:t] usmrtiti z električnim tokom

**electrode** [ɪ'lektrəʊd] elektroda

**electrolysis** [,lek'trɒləsɪs] elektroliza

**electron** [ɪ'lektrɒn] elektron

**electronics** [,lek'trɒnɪks] (pl) elektronika

**electroplate** [ɪ'lektrəpleɪt] posrebriti (z električnim postopkom); posrebren predmet

**elegance** ['elɪgəns] okusnost, ličnost, eleganca

**elegant** ['elɪgənt] ličen, okusen, eleganten

**elegiac** [,elɪ'dʒaɪək] otožen, elegičen

**elegy** ['elədʒi] elegija, žalostinka

**element** ['elɪmənt] prvina, element; sestavni del česa; dejavnik; naravna sila

**elementary** [,elɪ'mentrɪ] osnoven, prvoten; snoven; ~ school osnovna šola

**elephant** ['elɪfənt] slon

**elephantine** [,elɪ'fæntaɪn] neroden, okoren

**elevate** ['elɪveɪt] povzdigniti; oplemenititi; razvedriti

**elevation** [ˌelɪ'veɪšn] poviševanje, oplemenitenje; vzpetina, grič; višina

**elevator** ['elɪveɪtə(r)] *(Am)* dvigalo; višinsko krmilo; tovorno dvigalo; silos, skladišče žita

**eleven** [ɪ'levn] enajst; enajsterica

**eleventh** [ɪ'levnθ] enajsti; enajstina

**elf** [elf] škrat, palček; porednež

**elfin** ['elfɪn] čaroben, vilinji

**elicit** [ɪ'lɪsɪt] izvabiti, izvleči

**eligibility** [ˌelɪdžə'bɪlətɪ] izvoljivost, primernost

**eligible** ['elɪdžəbl] izvoljiv, primeren

**eliminate** [ɪ'lɪmɪneɪt] izločiti, odstraniti

**elite** [eɪ'liːt] elita, izbranci

**elixir** [ɪ'lɪksə(r)] čudodelna, zdravilna pijača; napoj

**elk** [elk] severni jelen, los

**elm** [elm] brest

**elocution** [ˌelə'kjuːšn] izgovarjava, dikcija

**elongate** ['iːlɒŋgeɪt] raztegniti, podaljšati; podaljšan

**elope** [ɪ'ləʊp] pobegniti (z ljubimcem), dati se ugrabiti

**eloquence** ['eləkwəns] zgovornost; govorništvo

**eloquent** ['eləkwənt] zgovoren; govorniški

**else** [els] drug; sicer; poleg tega; *Who ~?* Kdo še?; *Anything ~?* Še kaj?

**elsewhere** [ˌels'weə(r)] drugje, drugam

**elucidate** [ɪ'luːsɪdeɪt] pojasniti, razložiti

**elude** [ɪ'luːd] izogniti se, obiti

**elusive** [ɪ'luːsɪv] izmikajoč se, varljiv

**emaciated** [ɪ'meɪšɪeɪtɪd] shujšan; izmozgan

**emanate** ['eməneɪt] izhajati, izvirati; izžarevati

**emancipate** [ɪ'mænsɪpeɪt] osamosvojiti, osvoboditi; (pravno) izenačiti

**emancipation** [ɪˌmænsɪ'peɪšn] osamosvojitev, osvoboditev, emancipacija

**emasculate** [ɪ'mæskjʊleɪt] skopiti; pomehkužiti

**embalm** [ɪm'bɑːm] balzamirati

**embankment** [ɪm'bæŋkmənt] nabrežje, obrežje; nasip

**embargo** [ɪm'bɑːgəʊ] trgovinska zapora; prisilno zadrževanje tuje ladje v pristanišču

**embark** [ɪm'bɑːk] vkrcati (se); lotiti se

**embarrass** [ɪm'bærəs] zbegati, spraviti v zadrego

**embarrassment** [ɪm'bærəsmənt] zadrega, stiska

**embassy** ['embəsɪ] veleposlaništvo, ambasada; misija, poslanstvo

**embattle** [ɪm'bætl] za boj pripraviti; utrditi položaje

**embellish** [ɪm'belɪš] polepšati, okrasiti

**ember** ['embə(r)] *(nav. pl)* ogorki, žerjavica

**embezzle** [ɪm'bezl] poneveriti

**embitter** [ɪm'bɪtə(r)] zagreniti; razkačiti

**emblazon** [ɪm'bleɪzn] okrasiti (z grbom, napisom, risbo)

**emblem** ['embləm] likovno znamenje, emblem

**embody** [ɪm'bɒdɪ] utelesiti; izraziti; uresničiti

**embolden** [ɪm'bəʊldən] hrabriti, opogumiti

**emboss** [ɪm'bɒs] izbočen, reliefen; **~ed printing** tisk za slepe, izbočeni tisk

**embrace** [ɪm'breɪs] obje(ma)ti (se), vsebovati, sprejeti; objem

**embroider** [ɪm'brɔɪdə(r)] vesti; krasiti, olepšati

**embroidery** [ɪm'brɔɪdərɪ] vezenje, vezenina

**embroil** [ɪm'brɔɪl] zaplesti, zamotati

**embryo** ['embrɪəʊ] zarodek

**embryonic** [ˌembrɪ'ɒnɪk] nerazvit, nedozorel

**emerald** ['emərəld] smaragd

**emerge** [ɪ'mɜːdž] pojaviti se; vzpluti; iziti

**emergency** [ɪ'mɜːdžənsɪ] sila, stiska, težaven položaj; **~ brake** zasilna zavora; **~ exit** zasilni izhod; **~ landing** prisilni pristanek

**emery** ['emərɪ] smirek

**emetic** [ɪ'metɪk] bljuvalo

**emigrant** ['emɪɡrənt] izseljenec, begunec

**emigrate** ['emɪɡreɪt] izseliti se

**emigration** [ˌemɪ'ɡreɪšn] izselitev, emigracija

**eminence** ['emɪnəns] zelo cenjen, upoštevan (človek); visokost, naziv za kardinala

**eminent** ['emɪnənt] visok; zelo cenjen, upoštevan, imeniten

**emissary** ['emɪsərɪ] politični (*ali* vojaški) odposlanec

**emit** [ɪ'mɪt] oddajati, izžarevati, izpuhtevati; dati v promet

**emollient** [ɪ'mɒlɪənt] blažilen, blažeč, pomirjevalen

**emolument** [ɪ'mɒljʊmənt] korist; plača; *(pl)* stranski dohodki, honorar

**emotion** [ɪ'məʊšn] čustvo; ganjenost; razburjenje

**emotional** [ɪ'məʊšənl] čustven; pretresljiv

**emper|or** ['empərə(r)] cesar; **~ess** cesarica

**emphasis** ['emfəsɪs] poudarek, naglas

**emphas|ize**, **~ise** ['emfəsaɪz] poudariti

**emphatic** [ɪm'fætɪk] poudarjen, značilen

**empire** ['empaɪə(r)] cesarstvo, imperij

**empirical** [ɪm'pɪrɪkl] empiričen, izkustven

**employ** [ɪm'plɔɪ] zaposliti; uporabljati

**employee** [ˌemplɔɪ'iː] uslužbenec

**employer** [ɪm'plɔɪə(r)] delodajalec

**employment** [ɪm'plɔɪmənt] zaposlitev, služba; **full ~** polna zaposlitev

**empower** [ɪm'paʊə(r)] pooblastiti; omogočiti

**emptiness** ['emptɪnɪs] praznina, puhlost

**empty** ['emptɪ] prazen, nezaseden, puhel; izprazniti, izliti

**emulate** ['emjʊleɪt] tekmovati, kosati se; posnemati

**emulsion** [ɪ'mʌlšn] emulzija

**enable** [ɪ'neɪbl] usposobiti, omogočiti

**enact** [ɪ'nækt] igrati vlogo, uprizoriti igro; uzakoniti

**enactment** [ɪ'næktmənt] uprizoritev; uzakonitev

**enamel** [ɪ'næml] sklenina, emajl; emajlirati, poskleti

**enamour**, *(Am)* **enamor** [ɪ-'næmə(r)] zbuditi ljubezen, očarati

**encamp** [ɪn'kæmp] utaboriti se; ~ment taborjenje, tabor

**enchant** [ɪn'čɑːnt] očarati, začarati; ~ing očarljiv, čaroben

**enchantress** [ɪn'čɑːntrɪs] očarljivka; čarovnica

**encircle** [ɪn'sɜːkl] obkrožiti, obdajati

**enclose** [ɪn'kləʊz] ograditi; obsegati; priložiti

**enclosure** [ɪn'kləʊžə(r)] priloga; ograja; ograjen prostor

**encode** [ɪn'kəʊd] kodirati

**encompass** [ɪn'kʌmpəs] vsebovati, obsegati; obkrožiti

**encounter** [ɪn'kaʊntə(r)] srečati, naleteti na

**encourage** [ɪn'kʌrɪdž] bodriti, spodbujati

**encroach** [ɪn'krəʊč] vtikati se, posegati; lastiti si

**encumber** [ɪn'kʌmbə(r)] ovirati, otežiti

**encyclop(a)edia** [ɪnˌsaɪklə-'piːdɪə] enciklopedija

**end** [end] konec, razplet; končati (se), pokončati; **in**

**the ~** na koncu, končno; **to no ~** zaman

**endanger** [ɪn'deɪndžə(r)] spraviti v nevarnost, izpostavljati

**endear** [ɪn'dɪə(r)] priljubiti komu koga(*ali* kaj)

**endearment** [ɪn'dɪəmənt] naklonjenost, nežnost, mikavnost

**endeavour**, *(Am)* **endeavor** [ɪn'devə(r)] prizadevati si, truditi se; prizadevanje, trud

**endemic** [en'demɪk] endemičen, omejen na določeno področje

**ending** ['endɪŋ] konec; končnica, obrazilo

**endless** ['enlɪs] neskončen, nenehen, neizmeren

**endorse** [ɪn'dɔːs] indosirati, prenesti pravice; odobriti, potrditi

**endorsement** [ɪn'dɔːsmənt] indosament, izjava o prenosu pravic; odobritev, potrdilo

**endow** [ɪn'daʊ] dotirati, subvencionirati; obdariti

**endowment** [ɪn'daʊmənt] dotacija, subvencija, obdaritev; nadarjenost, talent; **~ policy** življenjsko zavarovanje

**endurance** [ɪn'djʊərəns] vztrajnost; potrpljenje

**endure** [ɪn'djʊə(r)] vztrajati; potrpeti

**enduring** [ɪn'djʊərɪŋ] trajen; strpen

**enema** ['enɪmə] klistir

**enemy** ['enəmɪ] sovražnik, nasprotnik

**energetic** [ˌenəˈdžetɪk] odločen, energičen; klen

**energy** [ˈenədžɪ] odločnost; podjetnost; energija; moč

**enervate** [ˈenəveɪt] oslabiti, izčrpati

**enfold** [ɪnˈfəʊld] objeti; obdajati

**enforce** [ɪnˈfɔːs] uveljaviti; vsiliti; naložiti

**enforcement** [ɪnˈfɔːsmənt] uveljavljanje; vsiljevanje, siljenje

**enfranchise** [ɪnˈfrænčaɪz] dati volilno pravico; osvoboditi

**engage** [ɪnˈgeɪdž] zaposliti; najeti; zaročiti se

**engagement** [ɪnˈgeɪdžmənt] dogovor; zaposlitev; obveznost; zaroka

**engaging** [ɪnˈgeɪdžɪŋ] mikaven, ljubek

**engender** [ɪnˈdžendə(r)] zaploditi; povzročiti

**engine** [ˈendžɪn] motor, stroj; lokomotiva; **~ room** prostor za stroje, strojnica

**engineer** [ˌendžɪˈnɪə(r)] inženir, tehnik, strojnik; pripadnik inženirske čete

**engineering** [ˌendžɪˈnɪərɪŋ] tehnika; inženirstvo; strojegradnja; **agricultural ~** agrotehnika; **civil ~** gradbeništvo; **electrical ~** elektrotehnika; **marine ~** ladjedelstvo; **mechanical ~** strojništvo

**Engl|and** [ˈɪŋglənd] Anglija; **~ish** angleški; Anglež(inja); angleščina

**engrave** [ɪnˈgreɪv] vrezati, vgravirati; **~r** graver

**engrossed** [ɪnˈgrəʊst] zatopljen (v)

**engrossing** [ɪnˈgrəʊsɪŋ] zelo zanimiv

**engulf** [ɪnˈgʌlf] pogoltniti; ponikniti

**enhance** [ɪnˈhɑːns] (z)višati, izboljšati, povečati

**enigma** [ɪˈnɪgmə] skrivnost, uganka

**enjoin** [ɪnˈdžɔɪn] ukazati, naročiti

**enjoy** [ɪnˈdžɔɪ] uživati, veseliti se, zabavati se

**enjoyable** [ɪnˈdžɔɪəbl] razveseljiv, prijeten

**enjoyment** [ɪnˈdžɔɪmənt] veselje, zadovoljstvo, užitek, naslada

**enlarge** [ɪnˈlɑːdž] povečati, širiti; **to ~ upon** nadrobno obravnavati

**enlargement** [ɪnˈlɑːdžmənt] povečava, povečanje

**enlighten** [ɪnˈlaɪtn] razsvetliti; poučiti

**enlightenment** [ɪnˈlaɪtnmənt] prosvetljenstvo

**enlist** [ɪnˈlɪst] vpoklicati, novačiti; podpreti

**enlisted man** [ɪnˌlɪstɪd ˈmæn] *(Am)* navadni vojak *ali* podčastnik

**enlistment** [ɪnˈlɪstmənt] nabor, novačenje

**enliven** [ɪnˈlaɪvn] poživiti; navdihniti

**enmesh** [ɪnˈmeš] omrežiti; zaplesti

**enmity** [ˈenmətɪ] sovraštvo, sovražnost

**ennoble** [ɪˈnəʊbl] poplemenititi, podeliti plemstvo

**ennui** [ɒn'wi:] dolgočasje, apatija

**enormity** [ɪ'nɔ:mətɪ] ogromnost; grozota

**enormous** [ɪ'nɔ:məs] ogromen, velikanski, neznanski

**enough** [ɪ'nʌf] dovolj, zadosti

**enrage** [ɪn'reɪdž] razjeziti, ogorčiti

**enrapture** [ɪn'ræpčə(r)] očarati, navdušiti

**enrich** [ɪn'rič] obogatiti, oplemenititi

**enrol**, *(Am)* **enroll** [ɪn'rəʊl] vpoklicati; včlaniti, vpisati

**enrolment**, *(Am)* **enrollment** [ɪn'rəʊlmənt] vpoklic; vpis, registracija

**ensconce** [ɪn'skɒns] ugnezditi, namestiti se

**enshrine** [ɪn'šraɪn] spraviti na varno; imeti za sveto

**ensign** ['ensən] znak, zastava; zastavonoša

**enslave** [ɪn'sleɪv] zasužnjiti

**ensnare** [ɪn'sneə(r)] v zanko ujeti; zapeljati, preslepiti

**ensue** [ɪn'sju:] slediti

**ensure** [ɪn'šɔ:(r)] zagotoviti, zajamčiti; zavarovati

**entail** [ɪn'teɪl] zapustiti neprenosno dediščino; imeti za posledico

**entangle** [ɪn'tæŋgl] zaplesti, spraviti v zadrego

**enter** ['entə(r)] vstopiti; včlaniti se; prijaviti se; nastopiti; začeti; zapisati; **to ~ into** lotiti se; sodelovati; prodreti

**enterprise** ['entəpraɪz] podjetnost, iniciativa, spodbuda; **private ~** privatno podje-

tje; **profit of ~** podjetniški dobiček

**enterprising** ['entəpraɪzɪŋ] podjeten, pogumen

**entertain** [ˌentə'teɪn] zabavati, kratkočasiti; izkazati gostoljubje

**entertainment** [ˌentə'teɪnmənt] razvedrilo, zabava

**enthral**, *(Am)* **enthrall** [ɪn-'θrɔ:l] podjarmiti, očarati

**enthusiasm** [ɪn'θju:zɪæzəm] navdušenost, zavzetost

**enthusiast** [ɪn'θju:zɪæst] navdušenec, gorečnež, zanesenjak

**entice** [ɪn'taɪs] zvabiti; zapeljati

**entire** [ɪn'taɪə(r)] ves, popoln, celoten; **~ly** docela, popolnoma

**entitle** [ɪn'taɪtl] nasloviti, dati pravico

**entity** ['entətɪ] bistvo, bit

**entomb** [ɪn'tu:m] pokopati

**entourage** [ˌɒntʊ'rɑ:ž] spremstvo

**entrails** ['entreɪlz] *(pl)* drobovje, črevesje

**entrance** ['entrəns] vhod, vstop; **~ examination** sprejemni izpit; **~ fee** vstopnina, vpisnina; [ɪn'trɑ:ns] očarati

**entrant** ['entrənt] prijavljenec; tisti, ki vstopi

**entrap** [ɪn'træp] ujeti v past, speljati na led

**entreat** [ɪn'tri:t] rotiti, milo prositi; **~y** prošnja, rotitev

**entrench** [ɪn'trenč] utrditi; obdati z jarkom

**entrust** [ɪn'trʌst] zaupati, poveriti

**entry** ['entrɪ] prihod, vstop; vknjižba; vpis, prijava; **bill of ~** carinska deklaracija; **Port of ~** uvozno pristanišče; *No ~!* Vstop prepovedan!

**enumerate** [ɪ'nju:məreɪt] šteti, naštevati

**enunciate** [ɪ'nʌnsɪeɪt] jasno izgovoriti, izreči; izjaviti, izpovedati

**envelop** [ɪn'veləp] zaviti; obdati

**envelope** ['envələʊp] pisemska ovojnica, kuverta, zalepka

**enviable** ['envɪəbl] zavidanja vreden

**envious** ['envɪəs] zavisten, nevoščljiv

**environment** [ɪn'vaɪrənmənt] okolje, okolica, ambient

**environmentalism** [ɪn‚vaɪə-rən'mentəlɪzəm] doktrina o vplivu okolja na življenje ljudi

**environs** [ɪn'vaɪərənz] *(pl)* okolica; okolje, predmestje

**envisage** [ɪn'vɪzɪdž] predstavljati si; predvideti

**envoy** ['envɔɪ] odposlanec, poslanik; sel

**envy** ['envɪ] zavist, nevoščljivost; zavidati

**ephemeral** [ɪ'femərəl] enodneven, kratkotrajen

**epic** ['epɪk] epski; pripovedna pesem, ep

**epicen|tre**, *(Am)* **~ter** ['epɪsəntə(r)] epicenter, izvor sil, ki povzročajo potres

**epicurean** [‚epɪkjʊ'ri:ən] lahkoživ, uživalski; uživač, nasladnež

**epidemic** [‚epɪ'demɪk] kužen; epidemija

**epigram** ['epɪgræm] epigram

**epilepsy** ['epɪlepsɪ] božjast, padavica, epilepsija

**epilogue** ['epɪlɒg] sklepna beseda, epilog

**episode** ['epɪsəʊd] dogodek, doživljaj

**epistle** [ɪ'pɪsl] poslanica, pismo

**epitaph** ['epɪtɑ:f] nagrobni napis

**epithet** ['epɪθet] pridevek, epitet

**epitome** [ɪ'pɪtəmɪ] izvleček, kratka vsebina

**epoch** ['i:pɒk] doba, razdobje

**equable** ['ekwəbl] miren, ravnodušen; uravnovešen

**equal** ['i:kwəl] enak, enakovreden, enakopraven; vrstnik; biti enak, ne imeti tekmeca, izenačiti; **on ~ terms** pod enakimi pogoji; **~s sign** enačaj

**equality** [ɪ'kwɒlətɪ] enakost, enakopravnost; **~ of nations** enakopravnost narodov; **national ~** nacionalna enakopravnost

**equal|ize**, **~ise** ['i:kwəlaɪz] izenačiti, izravnati

**equanimity** [‚ekwə'nɪmətɪ] ravnodušnost, hladnokrvnost

**equate** [ɪ'kweɪt] izenačiti, imeti za enakega

**equation** [ɪ'kweɪžn] enačba, izenačitev

**equator** [ɪ'kweɪtə(r)] ekvator, polutnik, ravnik

**equatorial** [‚ekwə'tɔ:rɪəl] ~

**climate** tropsko ekvatorialno podnebje

**equestrian** [ɪ'kwestrɪən] jahalen; jezdec

**equidistant** [.i:kwɪ'dɪstənt] enako oddaljen, paralelen

**equilateral** [.i:kwɪ'lætərəl] enakostraničen

**equilibrium** [.i:kwɪ'lɪbrɪəm] ravnotežje; ~ **price** ravnotežna cena

**equinox** ['i:kwɪnɒks] enakonočje, ekvinokcij

**equip** [ɪ'kwɪp] opremiti, oskrbeti; ~**ment** oprema

**equitable** ['ekwɪtəbl] nepristranski, pravičen

**equity** ['ekwətɪ] pravičnost

**equivalent** [ɪ'kwɪvələnt] enakovreden, ustrezen; protivrednost

**equivocal** [ɪ'kwɪvəkl] dvoumen, sumljiv

**equivocate** [ɪ'kwɪvəkeɪt] dvoumno se izražati, izvijati se

**era** ['ɪərə] doba, obdobje

**eradicate** [ɪ'rædɪkeɪt] izkoreniniti, zatirati

**erase** [ɪ'reɪz] zbrisati, zradirati; ~**r** (Am) radirka

**erect** [ɪ'rekt] pokončen, vzravnan; pokonci postaviti, dvigniti, zgraditi

**erection** [ɪ'rekšn] nabreknjenje spolnega uda; postavitev, zidanje; zgradba, poslopje

**ermine** ['ɜmɪn] hermelin

**erode** [ɪ'rəʊd] razjedati; spodkopavati; izpirati

**erogenous** [ɪ'rɒdžənəs] ki vzbuja spolno poželenje

**erosion** [ɪ'rəʊžn] dolbenje, razjedanje zemeljske površine, erozija; plitka razjeda na sluznici

**erotic** [ɪ'rɒtɪk] ljubezenski

**err** [ɜ(r)] motiti se, delati napake

**errand** ['erənd] opravek; pot; naročilo

**errant** ['erənt] blodeč, pustolovski

**erratic** [ɪ'rætɪk] blodeč, brezciljen; prenapet

**erroneous** [ɪ'rəʊnɪəs] zmoten, napačen

**error** ['erə(r)] pomota, napaka, zabloda

**erudite** ['eru:daɪt] učen, izobražen

**erupt** [ɪ'rʌpt] izbruhniti; predreti; ~**ion** izbruh (vulkana)

**escalate** ['eskəleɪt] stopnjevati (se)

**escalator** ['eskəleɪtə(r)] tekoče stopnice

**escapade** [.eskə'peɪd, 'eskəpeɪd] objestno dejanje, lahkomiselnost

**escape** [ɪ'skeɪp] uiti, pobegniti; pobeg, uhajanje; ~ **valve** varnostni ventil

**eschew** [ɪs'ču:] ogibati se, vzdržati se česa

**escort** [ɪ'skɔ:t] spremljati; ['eskɔ:t] spremstvo

**esoteric** [.esəʊ'terɪk, .i:səʊ'terɪk] za ozek, zaprt krog ljudi

**especial** [ɪ'spešl] poseben, nenavaden

**espionage** ['espɪɑ:ž] vohunstvo, špijonaža

**esplanade** [.esplə'neɪd] ploščad, sprehajališče

**espousal** [ı'spaʊzl] podpiranje, zavzemanje za kakšno stvar

**espouse** [ı'spaʊz] podpirati, zagovarjati, zavzemati se za

**espy** [ı'spaı] vohuniti, odkriti

**esquire** [ı'skwaıə(r)] (spoštovani) gospod (v naslovih)

**essay** ['eseı] razprava; pismena naloga; esej; ~ist esejist, pisec esejev

**essence** ['esns] bistvo; izvleček, esenca

**essential** [ı'senšl] bistven, temeljen, tehten; bistvo

**establish** [ı'stæblıš] osnovati; ugotoviti; vpeljati; uveljaviti

**establishment** [ı'stæblıšmənt] ustanova, podjetje, zavod; gospodinjstvo; skupina ljudi, ki nadzira ali lahko vpliva na vodenje države (*ali* organizacije)

**estate** [ı'steıt] imetje, posestvo; stanje; **building ~** parcela; **~ agent** posredovalec pri nakupu in prodaji zemljišč; **~ duty** davek na dediščino; **housing ~** stanovanjsko naselje; **real ~** nepremičnine

**esteem** [ı'sti:m] spoštovanje, ugled; spoštovati, ceniti

**estimate** ['estımeıt] oceniti; soditi; ['estımət] ocenitev, predračun; mnenje; **(un)biased ~** (ne)pristranska ocena

**estimation** [.estı'meıšn] spoštovanje; cenitev, mnenje

**estrange** [ı'streındž] odtujiti; odvrniti

**estuary** ['esčʊərı] široko rečno ustje; podolgovat morski zaliv, nastal s potopitvijo rečne struge

**etching** ['ečıŋ] jedkanica; jedkanje

**eternal** [ı'tз:nl] večen, neskončen

**eternity** [ı'tз:nətı] večnost, posmrtni mir

**ether** ['i:θə(r)] eter

**ethereal** [ı'θıərəl] eteričen; nežen; nebeški

**ethical** ['eθıkl] nraven, etičen

**ethics** ['eθıks] etika, morala

**etiquette** ['etıket, 'etıkət] etiketa, pravila o vedênju

**eucalyptus** [.ju:kə'lıptəs] evkalipt(us)

**eulog|ize, ~ise** ['ju:lədžaız] poveličevati, opevati

**eulogy** ['ju:lədžı] slavospev, pohvala

**eunuch** ['ju:nək] evnuh, skopljenec

**Europe** ['jʊərəp] Evropa; **~an** evropski; Evropejec, Evropejka

**euthanasia** [.ju:θə'neızıə] pospešitev smrti iz usmiljenja, evtanazija

**evacuate** [ı'vækjʊeıt] preseliti; umakniti

**evacuee** [ı.vækjʊ'i:] evakuiranec

**evade** [ı'veıd] uiti; izogniti se, izmuzniti se; obiti

**evaluate** [ı'væljʊeıt] ovrednotiti, oceniti

**evaluation** [ı.væljʊ'eıšn] ovrednotenje, ocenitev; kritika

**evanescent** [.i:və'nesnt] zginjajoč; bežen

**evangelist** [ɪ'vændžəlɪst] evangelist

**evaporate** [ɪ'væpəreɪt] izpariti; spreminjati v paro, upliniti

**evasion** [ɪ'veɪžn] izmikanje; pretveza

**evasive** [ɪ'veɪsɪv] izmikajoč se, neodkrit, dvoumen

**eve** [i:v] predvečer, večer pred praznikom, čas pred določenim dogodkom

**even** ['i:vn] celo, še; enak, enakomeren; paren; ploščat; pravičen; izravnati, izenačiti; ~ **if (though)** četudi; **not ~** niti ne; **to get ~ with** vrniti komu milo za drago; ~ **number** sodo število

**evening** ['i:vnɪŋ] večer; večeren

**event** [ɪ'vent] dogodek; primer

**eventful** [ɪ'ventfl] poln dogodkov; razigran; pomemben, znamenit

**eventual** [ɪ'venčʊəl] končen

**ever** ['evə(r)] sploh kdaj; vedno

**evergreen** ['evəgri:n] vedno zelen; zimzelen

**everlasting** [,evə'lɑːstɪŋ] večen, nesmrten

**evermore** [,evə'mɔː(r)] vedno, neprenehoma

**every** ['verɪ] vsak; ~ **time** vsakokrat, vsakič

**everybody** ['evrɪbɒdɪ] *glej* EVERYONE

**everyday** ['evrɪdeɪ] vsakdanji, navaden

**everyone** ['evrɪwʌn] vsakdo, vsi

**everything** ['evrɪθɪŋ] vse, vsaka stvar

**everywhere** ['evrɪweə(r)] povsod

**evict** [ɪ'vɪkt] nasilno izgnati, deložirati

**eviction** [ɪ'vɪkšn] deložacija, razlastitev

**evidence** ['evɪdəns] očitnost; dokaz; register; **to be called in** ~ biti klican za pričo; **to give** ~ pričati

**evident** ['evɪdənt] očiten, jasen

**evil** ['i:vl] hudoben; grešen; nesreča; greh; ~ **spirit** demon, bes

**evince** [ɪ'vɪns] pokazati zanimanje; dokazovati

**evoke** [ɪ'vəʊk] priklicati v spomin, obuditi; izzvati

**evolution** [,i:və'lu:šn] razvoj, postopno spreminjanje; korenjenje

**evolve** [ɪ'vɒlv] razviti; izdelati

**ewe** [ju:] ovca (samica)

**exacerbate** [ɪg'zæsəbeɪt] poslabšati, zaostriti

**exact** [ɪg'zækt] točen, natančen

**exacting** [ɪg'zæktɪŋ] zahteven; natančen, strog; naporen

**exaggerate** [ɪg'zædžəreɪt] pretiravati

**exalt** [ɪg'zɔːlt] dvigati; poveličevati; navduševati

**exalted** [ɪg'zɔːltɪd] zanesen; navdušen, razvnet

**examination** [ɪg,zæmɪ'neɪšn] izpit; preiskava; pregled; zasliševanje; **medical** ~ zdravniški pregled; **post-mortem** ~ obdukcija

**examine** [ɪg'zæmɪn] pregledati; preiskati; izpraševati; zasliševati

**examiner** [ɪg'zæmɪnə(r)] izpraševalec; pregledovalec

**example** [ɪg'zæmpl] primer, zgled

**exasperate** [ɪg'zæspəreɪt] razjeziti, ogorčiti

**exasperation** [ɪgˌzæspə'reɪšn] ogorčenje

**excavate** ['ekskəveɪt] izkopa(va)ti

**exceed** [ɪk'si:d] prekoračiti, pretiravati

**exceedingly** [ɪk'si:dɪŋlɪ] izredno, nenavadno

**excel** [ɪk'sel] odlikovati se, prekašati

**excellence** ['eksələns] odličnost, vrlina; prevzvišenost

**excellent** ['eksələnt] odličen, izvrsten

**except** [ɪk'sept] izvzeti, ne upoštevati; razen

**exception** [ɪk'sepšn] izjema

**exceptional** [ɪk'sepšənl] nenavaden; izjemen, enkraten

**excerpt** ['eksɜ:pt] izpisati; izvleček, odlomek

**excess** [ɪk'ses] presežek, čezmernost; ~ **fare** doplačilo za vozovnico; ~ **luggage** prtljaga, ki presega dovoljeno težo; ~ **postage** doplačilo poštnine

**excessive** [ɪk'sesɪv] pretiran, prekomeren, čezmeren

**exchange** [ɪks'čeɪndž] zamenjati, izmenjati; zamenjava; ~ **office** menjalnica; **foreign** ~ **valuta**; **stock** ~ borza; **telephone** ~ telefonska centrala; **rate of** ~ kurz, tečaj; **free** ~ **of goods** svobodna menjava dobrin; **in** ~ **for** za, namesto

**exchequer** [ɪks'čekə(r)] zakladnica, državna blagajna; finance

**excise** [ɪk'saɪz] posredni davek, trošarina; odstraniti; obdavčiti

**excitable** [ɪk'saɪtəbl] razdražljiv, razburljiv

**excite** [ɪk'saɪt] vzburiti, vznemiriti, razburiti

**excitement** [ɪk'saɪtmənt] vznemirjenje, razburjenje; dražljaj; pobuda

**exclaim** [ɪk'skleɪm] vzklikniti

**exclamation** [ˌeksklə'meɪšn] vzklik; ~ **mark** klicaj

**exclude** [ɪk'sklu:d] izključiti; ne dopustiti

**exclusion** [ɪk'sklu:žn] izključitev; **to the** ~ **of** z izključitvijo, izključno

**exclusive** [ɪk'sklu:sɪv] izjemen, poseben; izključevalen; ~ **sale** monopol

**excommunicate** [ˌekskə'mju:nɪkeɪt] izobčiti; izobčenec

**excrement** ['ekskrɪmənt] iztrebek, blato, gnoj

**excruciating** [ɪk'skru:šɪeɪtɪŋ] boleč, mučen

**exculpate** ['ekskʌpleɪt] opravičiti, oprostiti krivde, razbremeniti

**excursion** [ɪk'skɜ:šn] izlet, kratko potovanje

**excusable** [ɪk'skju:zəbl] oprostljiv, opravičljiv

**excuse** [ɪk'skju:z] oprostiti, opravičiti; [ɪk'skju:s] opravičilo, spregled

**execrable** ['eksɪkrəbl] gnusen, zoprn

**execute** ['eksɪkju:t] izvršiti smrtno kazen, usmrtiti; izvršiti, izpeljati

**execution** [,eksɪ'kju:šn] usmrtitev; izvršba

**executioner** [,eksɪ'kju:šənə(r)] rabelj, krvnik

**executive** [ɪg'zekjʊtɪv] izvršen, izvršilen; ~ **function** izvršilna funkcija

**executor** [ɪg'zekjʊtə(r)] izvrševalec (oporoke); izvajalec; davčni izterjevalec

**exemplary** [ɪg'zemplərɪ] zgleden, vzoren

**exemplify** [ɪg'zemplɪfaɪ] ponazoriti; narediti uraden prepis

**exempt** [ɪg'zempt] prost, oproščen; osvoboditi, rešiti, prizanašati, izvzeti

**exercise** ['eksəsaɪz] vaja, naloga; vaditi, vežbati, ukvarjati se; ~ **book** zvezek; **to take one's** ~ iti na sprehod, razgibati se

**exert** [ɪg'zɜ:t] prizadevati si; uporabljati

**exertion** [ɪg'zɜ:šn] prizadevanje, napor

**exhale** [eks'heɪl] izdihniti, izdihavati; izparevati

**exhaust** [ɪg'zɔ:st] izčrpati, izprazniti, utruditi; izpušni plin; ~ **pipe** izpušna cev

**exhaustion** [ɪg'zɔ:sčən] izčrpanost, utrujenost, onemoglost

**exhaustive** [ɪg'zɔ:stɪv] obširen, izčrpen; temeljit

**exhibit** [ɪg'zɪbɪt] razstava, eksponat; razstavljati

**exhibition** [,eksɪ'bɪšn] razstava

**exhilarate** [ɪg'zɪləreɪt] razveseliti; poživiti

**exhort** [ɪg'zɔ:t] opomniti, spodbujati; priporočiti

**exhortation** [,egzɔ:'teɪšn] opomin; prigovarjanje

**exhume** [eks'hju:m] izkopati (truplo)

**exigency** ['eksɪdžənsɪ] kriza; nujnost

**exile** ['eksaɪl] izgnanstvo, izgnanec; izgnati

**exist** [ɪg'zɪst] biti, živeti, obstajati; śhajati

**existence** [ɪg'zɪstəns] obstajanje, obstoj; bivanje

**existent** [ɪg'zɪstənt] obstoječ; dejanski

**exit** ['eksɪt] izhod, odhod, smrt; oditi, umreti

**exodus** ['eksədəs] preselitev, množičen odhod

**exonerate** [ɪg'zɒnəreɪt] razbremeniti, oprostiti; rehabilitirati

**exorbitant** [ɪg'zɔ:bɪtənt] pretiran; brezmejen

**exorcise** ['eksɔ:saɪz] izganjati duhove; zaklinjati

**exotic** [ɪg'zɒtɪk] nenavaden, eksotičen; redek

**expand** [ɪk'spænd] večati, raztezati se; razširiti, razprostreti

**expanse** [ɪk'spæns] prostranost, razsežnost

**expansion** [ɪk'spænšn] velik porast, širjenje, večanje (česa)

**expansive** [ık'spænsıv] razsežen; zgovoren, zaupljiv

**expatiate** [ık'speıšıeıt] razložiti; opisovati

**expatriate** [,eks'pætrıeıt] pregnati, izseliti; [,eks'pætrıət] izgnanec

**expect** [ık'spekt] pričakovati; računati na; domnevati

**expectancy** [ık'spektənsı] pričakovanje; upanje; verjetnost; **life ~** predvidena življenjska doba

**expectation** [,ekspek'teıšn] pričakovanje; verjetnost, slutnja

**expediency** [ık'spi:dıənsı] prikladnost, sebičnost, možnost

**expedient** [ık'spi:dıənt] primeren, prikladen; sredstvo, zvijača

**expedite** ['ekspıdaıt] pospešiti; hiter

**expedition** [,ekspı'dıšn] odprava, vojni pohod; odpošiljanje; naglica, spretnost

**expel** [ık'spel] spoditi; izključiti

**expend** [ık'spend] porabiti, potrošiti

**expenditure** [ık'spendıčə(r)] izdatek; potrata; **government ~s** (pl) vladni izdatki

**expense** [ık'spens] izdatek; strošek; poraba; **at my ~** na moje stroške; **free of ~** franko; **working ~s** režija

**expensive** [ık'spensıv] drag, potraten

**experience** [ık'spıərıəns] izkusiti, doživeti, prestati; izkušnja, doživljaj; **man of ~** izkušen človek

**experiment** [ık'sperımənt] poskus; delati poskuse

**experimental** [ık,sperı'mentəl] poskusen; **~ design (method)** eksperimentalni način (metoda); **~ range** poligon

**expert** ['ekspɜːt] vešč, izkušen; strokovnjak, izvedenec

**expiate** ['ekspıeıt] spokoriti se

**expiration** [,ekspı'reıšn] dospelost, zapadlost; izdih; konec

**expire** [ık'spaıə(r)] izdihniti; končati se

**explain** [ık'spleın] razložiti, pojasniti

**explanation** [,eksplə'neıšn] razlaga, pojasnilo

**explanatory** [ık'splænətrı] pojasnjevalen

**expletive** [ık'spli:tıv] mašilo, vzklik; dopolnilen

**explicit** [ık'splısıt] jasen, nedvoumen, izrecen

**explode** [ık'spləʊd] razleteti se; izbruhniti

**exploit** [ık'splɔıt] izkoriščati; izrabiti; junaštvo, podvig

**exploitation** [,eksplɔı'teıšn] izkoriščanje, črpanje

**exploration** [,eksplə'reıšn] raziskovanje; preiskava

**explore** [ık'splɔː(r)] raziskovati; **~r** raziskovalec

**explosion** [ık'spləʊžn] izbruh, eksplozija

**explosive** [ık'spləʊsıv] eksploziven; razstrelivo

**exponent** [ık'spəʊnənt] predstavnik, pooblaščenec, zastopnik; eksponent

**export** [ık'spɔ:t] izvažati; ['ekspɔ:t] izvoz; izvozno blago; ~ **of capital** izvoz kapitala

**expose** [ık'spəʊz] izpostaviti; razstaviti; kompromitirati

**exposition** [‚ekspə'zıšn] tolmačenje, obrazložitev; razstava

**expostulate** [ık'spɒsčʊleıt] pravdati se; protestirati, ugovarjati

**exposure** [ık'spəʊžə(r)] izpostavljanje; osvetlitev; ~ **meter** svetlomer; **to die of ~** umreti zaradi podhladitve

**expound** [ık'spaʊnd] razložiti, tolmačiti

**express** [ık'spres] izraziti, izjaviti; hitro, posebno; hiter, jasen; hitro sporočilo, ekspresna pošiljka, ekspresni vlak

**expression** [ık'sprešn] izraz, izražanje; formula, obrazec; **beyond ~** kar se ne da povedati

**expressive** [ık'spresıv] izrazit; značilen

**expropriate** [eks'prəʊprıeıt] razlastiti

**expropriation** [‚eks‚prəʊprı-'eıšn] razlastitev

**expulsion** [ık'spʌlšn] izključitev, izgon

**expunge** [ık'spʌndž] zbrisati; zatreti

**expurgate** ['ekspəgeıt] očistiti; iztrebiti

**exquisite** ['ekskwızıt] izvrsten, izbran

**extant** [ek'stænt] obstoječ; veljaven

**extempor|ize, ~ise** [ık'stempəraız] improvizirati, uprizoriti (ali ponazoriti) kaj brez priprave

**extend** [ık'stend] stegniti; podaljšati; napeti; nadaljevati; segati

**extension** [ık'stenšn] razširjenje; podaljšek; prizidek

**extensive** [ık'stensıv] razširjen; prostran, znaten, obsežen

**extent** [ık'stent] obseg, velikost; stopnja; **to a certain ~** deloma, delno

**extenuate** [ık'stenjʊeıt] opravičiti; omiliti

**exterior** [ık'stıərıə(r)] zunanji; zunanjost

**exterminate** [ık'stɜ:mıneıt] pokončati, uničiti

**external** [ık'stɜ:nl] zunanji; zunanjost; (pl) nepomembne posameznosti, postranske stvari

**extinct** [ık'stıŋkt] ugasel; izumrl, mrtev; neveljaven

**extinction** [ık'stıŋkšn] ugasitev; izumiranje, iztrebljenje; propad

**extinguish** [ık'stıŋgwıš] pogasiti; iztrebiti, pokončati; poravnati dolgove

**extirpate** ['ekstəpeıt] iztrebiti, zatreti, pokončati

**extol** [ık'stəʊl] hvaliti, povzdigovati

**extort** [ık'stɔ:t] izsiliti, odirati

**extortion** [ık'stɔ:šn] izsiljevanje; izžemanje, oderuštvo

**extortionate** [ık'stɔ:šənət]

oderuški; pretiran; izsiljevalen

**extra** ['ekstrə] poseben, nenavaden, izvrsten, dodaten; izredni strošek; statist(ka) v filmu; posebej, dodatno; ~mural studies izredni univerzitetni tečaji za neštudente

**extra** ['ekstrə] zunaj, izven

**extract** [ɪk'strækt] izvleči, izruvati, povzeti; izvleček, povzetek

**extraction** [ɪk'strækšn] izločitev, izdrtje; pokolenje, rod

**extradite** ['ekstrədaɪt] izročiti (osebo)

**extraneous** [ɪk'streɪnɪəs] nebistven; tuj

**extraordinary** [ɪk'strɔ:dnrɪ] izreden, enkraten; čuden, nenavaden

**extravagance** [ɪk'strævəgəns] močno odstopanje od običajnega; potratnost, zapravljivost

**extravagant** [ɪk'strævəgənt] zapravljiv, potraten; nenavaden, poseben

**extreme** [ɪk'stri:m] skrajen, pretiran, izreden; skrajnost, pretiranost

**extremity** [ɪk'stremətɪ] skrajnost; (pl) udje, okončine

**extricate** ['ekstrɪkeɪt] razmotati; rešiti, osvoboditi

**extrude** [ɪk'stru:d] iztisniti, izriniti

**exuberant** [ɪg'zju:bərənt] bohoten; obilen; živahen; gostobeseden

**exude** [ɪg'zju:d] izločiti, izpotiti

**exult** [ɪg'zʌlt] veseliti se; vriskati

**exultant** [ɪg'zʌltənt] navdušen, vesel; razvnet, zanesen

**exultation** [.egzʌl'teɪšn] zanesenost; navdušenost; razvnetost

**eye** [aɪ] oko; popek; šivankino uho; ~ball zrklo; ~brow obrv; ~lash trepalnica; ~lid veka; ~sight vid; ~shadow senčilo za veke

**eyeglass** ['aɪglɑ:s] monokel; (pl) naočniki

**eyelet** ['aɪlɪt] luknjica; obroček

**eyesore** ['aɪsɔ:(r)] ječmen na očesu; grda stvar

**eyetooth** ['aɪtu:θ] podočnjak

**eyewitness** ['aɪwɪtnɪs] očividec, priča

# F

**fable** ['feɪbl] basen; izmišljena zgodba

**fabric** ['fæbrɪk] tkanina; struktura; surova zgradba

**fabricate** ['fæbrɪkeɪt] izdelovati, proizvajati; izmišljevati si

**fabulous** ['fæbjʊləs] neverjeten, velikanski; izmišljen

**façade** [fə'sɑːd] pročelje, fasada

**face** [feɪs] obraz; videz; številčnica (ura); sprednja (zgornja, prava) stran; biti obrnjen proti; sprijazniti se; kljubovati; **half-~** profil; *Left (right) ~!* Na levo (desno)! **~ pack** lepotilna maska za obraz; **to lose ~** zgubiti ugled; **to save ~** uiti sramoti

**facetious** [fə'siːšəs] šegav, burkast

**face value** [ˌfeɪs 'væljuː] imenska, nominalna vrednost

**facial** ['feɪšl] obrazen; **~ massage** masaža obraza

**facile** ['fæsaɪl] lahek; površen; lahkoveren

**facilitate** [fə'sɪlɪteɪt] olajšati; pospešiti

**facility** [fə'sɪlətɪ] spretnost; pripomoček; olajšava

**facing** ['feɪsɪŋ] obloga; okras; sprednja stran

**fact** [fækt] dejstvo, resnica; ugotovitev; **as a matter of ~** dejansko, pravzaprav

**faction** ['fækšn] frakcija; klika; stranka

**factitious** [fæk'tɪšəs] izumetničen; nepristen

**factor** ['fæktə(r)] dejavnik; količnik (množenec in množitelj)

**factory** ['fæktərɪ] tovarna

**faculty** ['fækltɪ] sposobnost, nadarjenost; fakulteta

**fad** [fæd] najljubše opravilo; kaprica; modna norost

**fade** [feɪd] oveneti, obledeti; **~ away** starati se, propadati

**fag** [fæg] *(Br coll)* garaško delo; cigareta, čik ; **~ end** cigaretni ogorek, čik; ostanek; *(Am)* (žaljivo) peder

**faggot** ['fægət] butara; *(Am)* (žaljivo) peder

**fail** [feɪl] ne uspeti, pasti pri izpitu, pustiti na cedilu; slabšati se; pozabiti

**failing** ['feɪlɪŋ] napaka; pomanjkanje; **~ that** če ne, sicer

**failure** ['feɪljə(r)] neuspeh, polomija; bankrot; pomanjkanje

**fain** [feɪn] z veseljem, rad

**faint** [feɪnt] slaboten, izčrpan; omedleti, oslabeti

**fair** [feə(r)] velesejem, razstava; pošten; lep; svetlolas; zadovoljiv

**fairly** ['feəlı] pošteno, pravično; precej; temeljito

**fairness** ['feənıs] lepota; poštenost; plavolasost

**fairy** ['feərı] vila, pravljično bitje; ~ **tale** pravljica

**faith** ['feɪθ] vera, zaupanje

**faithful** ['feɪθfl] zvest, zanesljiv, veren; *Yours ~ly/F~ly yours* s spoštovanjem (na koncu pisma)

**faithless** ['feɪθlıs] nezvest; brezveren

**fake** [feɪk] goljufija, ponaredek; ponarediti

**falcon** ['fɔːlkən] sokol; **~ry** lov s sokoli

**fall\*** [fɔːl] pasti, upadati, zgruditi se; padec, strmec, zaton; **to ~ asleep** zaspati; **to ~ ill** zboleti; **to ~ behind** zaostati; **to ~ for** navdušiti se za; **to ~ in love** zaljubiti se; **to ~ trough** propasti; *(Am)* jesen; **~s** *(pl)* slap; ~ **guy** grešni kozel; naivnež

**fallacious** [fə'leɪšəs] varljiv, zvijačen

**fallacy** ['fæləsı] prevara; zmota

**fallen** ['fɔːlən] padli vojaki; *glej* FALL\*

**fallible** ['fæləbl] zmoten, zmotljiv

**fall-out** ['fɔːl aʊt] sevanje, ki prizadene kako področje po jedrski eksploziji

**fallow** ['fæləʊ] ledina; ledino orati

**false** [fɔːls] napačen; umeten; lažen, ponarejen; ~ **alarm**

prazen preplah; ~ **start** napačen začetek (tekme)

**falsification** [ˌfɔːlsıfı'keɪšn] ponaredek, potvorba

**falsify** ['fɔːlsıfaɪ] ponarediti; popačiti; potvoriti

**falter** ['fɔːltə(r)] opotekati se; omahovati; jecljati

**fame** [feɪm] slava, sloves

**famed** [feɪmd] slaven, znamenit; **ill-~** zloglasen

**familiar** [fə'mılıə(r)] znan, domač; predrzen

**familiarity** [fə,mılı'ærətı] zaupnost, domačnost

**familiar|ize**, **~ise** [fə'mılıəraɪz] seznaniti, udomačiti (se)

**family** ['fæməlı] družina, rodbina, rod; ~ **name** priimek; ~ **planning** načrtovanje družine; ~ **tree** rodovnik

**famine** ['fæmın] lakota, pomanjkanje

**famished** ['fæmıšt] sestradan

**famous** ['feɪməs] slaven, znamenit, slovit

**fan** [fæn] pahljača; ventilator; navijač, občudovalec; pahljati; podpihovati; ~ **belt** klinasti jermen

**fanatic** [fə'nætık] zagrizenec; prenapetež; **~al** zagrizen; prenapet

**fanciful** ['fænsıfl] muhast, čudaški; sanjav

**fancy** ['fænsı] domišljija, utvara, kaprica; predstavljati si, domnevati; rad imeti; ~ **for** nagnjenje za, simpatija do; ~ **goods** modno blago; ~ **dress** maškaradna obleka

**fanfare** ['fænfeə(r)] fanfara

**fang** [fæŋ] čekan, strupnik

**fanlight** ['fænlaɪt] nadsvetloba, okence nad vrati

**fantastic** [fæn'tæstɪk] čudovit, nenavadno lep; sanjarski; grotesken

**fantasy** ['fæntəsɪ] domišljija, fantazija

**far** [fɑ:] daleč, oddaljen; so ~ do tod, doslej; as ~ as prav do; by ~ the best daleč najboljši

**faraway** ['fɑ:rəweɪ] oddaljen; zasanjan

**farce** [fɑ:s] burka, farsa

**farcical** ['fɑ:sɪkl] burkast, smešen

**fare** [feə(r)] (pre)voznina; hrana; bill of ~ jedilni list

**farewell** [ˌfeə'wel] zbogom; ~ visit poslovilni obisk

**far-fetched** [ˌfɑ: 'fečt] za lase privlečen, neverjeten

**far-flung** [ˌfɑ: 'flʌŋ] raztresen; zelo razširjen

**farm** [fɑ:m] posestvo, kmetija, farma; kmetovati; ~house kmečka hiša, kmetija; ~land obdelovana zemlja; ~yard kmečko dvorišče

**farmer** ['fɑ:mə(r)] kmetovalec, farmar, kmet, zakupnik; strip ~ mali kmet

**farming** ['fɑ:mɪŋ] kmetijstvo, poljedelstvo

**farmstead** ['fɑ:msted] kmetija z bližnjimi gospodarskimi poslopji

**far-reaching** [ˌfɑ:'ri:čɪŋ] daljnosežen

**far-sighted** [ˌfɑ:'saɪtɪd] daljnoviden; bistroumen

**fart** [fɑ:t] (vulg) prdeti; prdec

**farther** ['fɑ:ðə(r)] oddaljen, nadaljnji; dlje, dalj

**farthest** ['fɑ:ðɪst] najbolj oddaljen, najdlje

**farthing** ['fɑ:ðɪŋ] četrt penija; belič

**fascinate** ['fæsɪneɪt] očarati, prevzeti

**Fascis|m** ['fæšɪzəm] fašizem; pro-f~t forces profašistične sile

**fashion** ['fæšn] moda, noša, način; oblikovati; prikrojiti; ~ designer modni kreator

**fashionable** ['fæšnəbl] moden, eleganten

**fast** [fɑ:st] postiti se; post; trden, stanoviten; lahkomiseln; hiter; hitro, močno, trdno

**fasten** ['fɑ:sn] pritrditi, privezati; oprijeti se

**fastener** ['fɑ:snə(r)] sponka; vez; zip ~ zadrga

**fastening** ['fɑ:snɪŋ] ključavnica, zapah; zaponka

**fastidious** [fə'stɪdɪəs] izbirčen; pedanten

**fat** [fæt] masten, debel; maščoba, mast

**fatal** ['feɪtl] poguben, usoden; neogiben

**fatality** [fə'tælətɪ] usodnost, pogubnost; neizbežnost

**fate** [feɪt] usoda; smrt

**fateful** ['feɪtfl] usoden, poguben; neizbežen

**faterhood** ['fɑ:ðəhʊd] očetovstvo

**father** ['fɑ:ðə(r)] oče; duhovnik; utemeljitelj; zaploditi; skrbeti za

**father-in-law** ['fɑːðər ɪn lɔː] tast

**fatherland** ['fɑːðəlænd] domovina

**fathom** ['fæðəm] seženj (182 cm); meriti globino

**fatigue** [fə'tiːg] utrujenost, trud; utrujati

**fatten** ['fætn] pitati; (z)debeliti (se)

**fatty** ['fætɪ] (coll) debeluhar

**fatuous** ['fæčʊəs] neumen, bedast

**faucet** ['fɔːsɪt] (Am) pipa

**fault** [fɔːlt] napaka, hiba, defekt; krivda; prelomnica; grajati

**fault-finding** ['fɔːltfaɪndɪŋ] dlakocepski; dlakocepstvo

**faultless** ['fɔːltlɪs] popoln, brezhiben, neoporečen

**faulty** ['fɔːltɪ] pomanjkljiv, nepopoln

**favour**, (Am) favor ['feɪvə(r)] naklonjenost, usluga; pomagati, biti naklonjen

**favourable**, (Am) favorable ['feɪvərəbl] naklonjen

**favourite**, (Am) favorite ['feɪvərɪt] priljubljen, najljubši; ljubljenec, favorit

**favouritism**, (Am) favoritism ['feɪvərɪtɪzəm] protekcija, protežiranje

**fawn** [fɔːn] srnjaček, jelenček

**fax** [fæks] faks, telefaks

**faze** [feɪz] motiti, begati

**fear** [fɪə(r)] strah, bojazen, groza; bati se, trepetati

**fearful** ['fɪəfl] bojazljiv; grozen

**fearless** ['fɪəlɪs] neustrašen, pogumen

**feasible** ['fiːzəbl] možen, izvedljiv

**feast** [fiːst] praznik, gostija; gostiti se

**feat** [fiːt] junaško dejanje, podvig

**feather** ['feðə(r)] pero; birds of a ~ ljudje iste vrste; ~-bedding praksa, ki ščiti počasno in neučinkovito opravljanje dela; ~ duster omelo; ~brained neumen, bedast; ~weight peresno lahka kategorija (pri boksu, teža med 53,5 in 57 kg)

**feature** ['fiːčə(r)] poteza; posebnost, značilnost; v filmu prikazati, igrati

**February** ['februərɪ] februar

**fecund** ['fiːkənd, 'fekənd] rodoviten, ploden

**fed** [fed] **to be ~ up with something** biti česa do grla sit; glej FEED*

**federal** ['fedərəl] zvezen, federalen

**federation** [ˌfedə'reɪšn] zveza, federacija; zvezna država

**fee** [fiː] honorar; pristojbina; članarina; šolnina; **entrance ~** vstopnina

**feeble** ['fiːbl] betežen, slaboten, šibek

**feeble-minded** [ˌfiːbl 'maɪndɪd] slaboumen; neinteligenten

**feed*** [fiːd] hraniti, pitati, jesti; hrana, krma

**feedback** ['fiːdbæk] odziv, povratna informacija; ~ loop (comp) povratna (ali odzivna) zanka

**feeder** ['fiːdə(r)] jedec; pritok;

slinček; stranska proga ali cesta

**feel\*** [fi:l] (ob)čutiti; dotakniti se; misliti; **to ~ certain** (ali **sure**) biti prepričan; **to ~ sorry** obžalovati; **to ~ the pulse** meriti utrip; **to ~ like** želeti si; *I don't ~ like* ne ljubi se mi

**feeler** ['fi:lə(r)] tipalka

**feeling** ['fi:lɪŋ] občutek, čustvo, tip (čut); čustven

**feet** [fi:t] (pl) glej FOOT

**feign** [feɪn] hliniti, pretvarjati se

**feint** [feɪnt] pretveza, zvijača; navidezen napad

**felicitate** [fə'lɪsɪteɪt] čestitati; osrečiti

**felicity** [fə'lɪsəti] sreča; blaženost; primerno izražanje

**feline** ['fi:laɪn] mačji

**fell** [fel] glej FALL\*

**fell** [fel] podreti, posekati

**fellow** ['feləʊ] tovariš; možak; dečko; **~ countryman** rojak; **~ sufferer** sotrpin; **~ traveller** sopotnik

**fellowship** ['feləʊʃɪp] družba, tovarištvo, bratovščina; štipendija

**felon** ['felən] zločinec; hudoben

**felony** ['felənɪ] zločin

**felt** [felt] klobučevina; glej FEEL\*

**female** ['fi:meɪl] ženska, samica; ženski

**feminine** ['femənɪn] ženski

**femininity** [ˌfemə'nɪnəti] ženskost; mehkužnost

**feminism** ['femɪnɪzm] feminizem, žensko gibanje

**fen** [fen] močvirje, barje

**fence** [fens] plot, ograja; ograditi, (za)ščititi; sabljati se

**fencing** ['fensɪŋ] sabljanje; gradivo za ograje (les, žica)

**fender** ['fendə(r)] zaslon; branik, odbijač; (Am) pokrov na sprednjem delu avtomobila

**fennel** ['fenl] (bot) koprc

**ferment** [fə'ment] kisati se, vreti, razburjati (se); kvasilo, kvašenje, razburjenje

**fern** [fɜːn] praprot

**ferocious** [fə'rəʊʃəs] divji, krut, grozen

**ferocity** [fə'rɒsəti] divjost, krutost

**ferret** ['ferɪt] (zool) beli dihur; detektiv; stikati za

**ferry** ['ferɪ] brod; z brodom prepeljati; **~boat** trajekt

**fertile** ['fɜːtaɪl] ploden, rodoviten

**fertil|ize, ~ise** ['fɜːtəlaɪz] oploditi; pognojiti

**fertil|izer, ~iser** ['fɜːtɪlaɪzə(r)] gnojilo živalskega, rastlinskega ali mineralnega izvora

**fervent** ['fɜːvənt] vnet, goreč, strasten

**fervid** ['fɜːvɪd] razvnet; navdušen

**fervour,** (Am) **fervor** ['fɜːvə(r)] vnema, gorečnost

**fester** ['festə(r)] gnojiti se, gniti; zagreniti

**festival** ['festəvl] praznik; festival

**festive** ['festɪv] praznčen; svečan, slavnosten

**festivity** [fe'stɪvəti] slavnost, svečanost; veselica

**festoon** [fe'stu:n] cvetna kita, venec; okrasiti z girlandami

**fetch** [feč] iti po, poslati po; prinesti

**fetching** ['fečɪŋ] očarljiv, prikupen

**fête** [feɪt] slavje; god

**fetid** ['fetɪd, 'fi:tɪd] smrdljiv

**fetish** ['fetɪš] fetiš, malik

**fetlock** ['fetlɒk] konjski gleženj

**fetter** ['fetə(r)] okovi, veriga; vkleniti

**feud** [fju:d] fevd; rodbinski spor

**feudal** ['fju:dl] fevdalen; ~ **society (system)** fevdalna družba (ureditev)

**feudalism** ['fju:dəlɪzəm] fevdalizem

**fever** ['fi:və(r)] vročica, mrzlica, vročina; **scarlet ~** škrlatinka; **typhoid ~** tifus

**feverish** ['fi:vərɪš] vročičen, mrzličen; razburjen

**few** [fju:] malo, nekaj; majhno število

**fiancé** [fɪ'ɒnseɪ] zaročenec; ~**e** zaročenka

**fiasco** [fɪ'æskəʊ] polomija, neuspeh

**fiat** ['faɪæt] ukaz; dekret, razglas

**fib** [fɪb] laž, potegavščina; širokoustiti se

**fib|re**, *(Am)* ~**er** ['faɪbə(r)] vlakno, nitka; vrsta; žilavost

**fibreboard** ['faɪbəbɔ:d] plošča iz stisnjenih lesnih vlaken, lesonit

**fibrous** ['faɪbrəs] vlaknat

**fickle** ['fɪkl] nestanoviten, omahljiv; frfrast, muhast

**fiction** ['fɪkšn] izmišljotina, lažna predpostavka; prozno leposlovje; **science-~** znanstvena fantastika

**fictional** ['fɪkšnəl] izmišljen; navidezen, dozdeven

**fictitious** [fɪk'tɪšəs] navidezen, zlagan

**fiddle** ['fɪdl] gosli, violina; igrati na gosli

**fiddlesticks** ['fɪdlstɪks] čenče, nesmisel

**fidelity** [fɪ'delətɪ] zvestoba; natančnost, točnost

**fidget** ['fɪdžɪt] vznemirjati se; biti nemiren

**field** [fi:ld] polje, njiva; igrišče; bojišče; področje, stroka; ~ **glasses** daljnogled; ~**work** delo na terenu

**fielder** ['fi:ldə(r)] odbijalec (pri kriketu in baseballu)

**fiend** [fi:nd] hudobec, demon; okrutnež

**fierce** [fɪəs] divji; krut; nasilen; zoprn

**fiery** ['faɪərɪ] vnetljiv; ognjevit, isker

**fife** [faɪf] piščalka

**fifteen** [ˌfɪf'ti:n] petnajst; petnajsterica

**fifteenth** [ˌfɪf'ti:nθ] petnajsti; petnajstina

**fifth** [fɪfθ] peti; petina; ~ **columnist** petokolonaš

**fifty** ['fɪftɪ] petdeset; petdeseterica

**fig** [fɪg] smokva, figa; **pulled ~s** suhe smokve

**fight\*** [faɪt] boriti se, prepirati se; boj, bitka, prepir

**fighter** ['faɪtə(r)] borec, pretepač; ~ **(plane)** lovsko letalo

**figment** ['fɪgmənt] plod domišljije

**figurative** ['fɪgərətɪv] figurativen, okrasen; olepšan; simboličen, prenesen

**figure** ['fɪgə(r)] človeška postava; številka; diagram; predstavljati si; računati; ~ of speech prispodoba; ~ skating umetnostno drsanje

**figurehead** ['fɪgəhed] človek na visokem položaju, vendar brez moči, "marioneta"

**filament** ['fɪləmənt] vlakno; (bot) prašnikova nit

**filch** [fɪlč] ukrasti, suniti, zmakniti

**file** [faɪl] mapa, fascikel, kartoteka, register, dokumentacija, datoteka; vrsta, kolona; pila; vložiti, shraniti (akte, spise), dati v arhiv, registrirati; piliti; v vrsto (se) postaviti; in single ~ v gosjem redu

**filial** ['fɪlɪəl] otroški, sinovski

**filigree** ['fɪlɪgri:] filigran

**filing** ['faɪlɪŋ] registriranje; piljenje; ~ cabinet kartoteka; ~ clerk vodja kartoteke

**filings** ['faɪlɪŋz] opilki

**fill** [fɪl] napolniti; plombirati (zob); to ~ in izpolniti (obrazec); to ~ up napolniti

**filler** ['fɪlə(r)] mašilo, polnilo

**fillet** ['fɪlɪt] file (mesni), filet (ribji); čelni trak

**filling** ['fɪlɪŋ] polnjenje; plomba; nadev; ~ station bencinska črpalka

**filly** ['fɪlɪ] žrebica; porednica

**film** [fɪlm] film; tanka kožica, mrena; prevleka; silent

~ nemi film; sound ~ zvočni film

**filmy** ['fɪlmɪ] tenek; prosojen

**filter** ['fɪltə(r)] filter, čistilnik; filtrirati, čistiti, precejati; ~-tipped cigarette cigareta s filtrom

**filth** [fɪlθ] umazanija, nesnaga; kvanta

**filthy** ['fɪlθɪ] umazan; blaten; nesnažen; svinjski

**fin** [fɪn] plavut

**final** ['faɪnl] zaključen, končen, odločilen; finale, zaključni izpit

**finale** [fɪ'nɑːlɪ] (mus) finale, zaključni prizor

**finality** [faɪ'nælətɪ] dokončnost, konec

**finally** ['faɪnəlɪ] končno, nazadnje

**finance** ['faɪnæns, fɪ'næns] financirati, denarno omogočati; international (personal) ~ mednarodne (osebne) finance

**financial** [faɪ'nænšl, fɪ'nænšl] finančen, denaren; ~ year obračunsko leto

**financier** [faɪ'nænsɪə(r)] finančnik

**finch** [fɪnč] ščinkavec

**find\*** [faɪnd] najti, ugotoviti; (raz)soditi; dragocena najdba; to ~ guilty spoznati za krivega; to ~ out odkriti, spoznati; to ~ pleasure in imeti veselje s čim

**fine** [faɪn] globa; lep, droben, tenek; kaznovati z globo, stanjšati, prečistiti; ~ arts (pl) upodabljajoča umetnost; ~ sand mivka

**finery** ['faınərı] okras, lišp; rafinerija

**finesse** [fı'nes] spretnost; zvijačnost; finesa

**finger** ['fıŋgə(r)] prst; otipati, dotakniti se; ~**nail** noht; ~**print** prstni odtis

**finicky** ['fınıkı] malenkosten, zahteven

**finish** ['fınıš] končati, prenehati; izčrpati, pokončati; apretirati; pojesti, popiti; zaključek, konec, izdelava, apretura; ~**ed goods** končni izdelki

**finite** ['faınaıt] končen; omejen

**Fin|land** ['fınlənd] Finska; ~**nish** finski; Finec, Finka; finščina; ~**n** Finec

**fir** [fɜ(r)] jelka; hoja; ~ **cone** češarek, storž

**fire** ['faıə(r)] ogenj, požar; streljati, izstreliti; ~ **brigade** gasilska brigada; ~ **engine** gasilski avtomobil; ~ **escape** požarni izhod; ~ **extinguisher** gasilni aparat

**firearm** ['faıərɑ:m] strelno orožje

**fireball** ['faıəbɔ:l] meteor; zažigalna granata

**firebrand** ['faıəbrænd] hujskač; ogorek

**firecracker** ['faıəkrækə(r)] petarda

**firefly** ['faıəflaı] kresnica

**fireman** ['faıəmən] gasilec; kurjač

**fireplace** ['faıəpleıs] ognjišče; kamin

**fireproof** ['faıəpru:f] nezgorljiv, ognja varen

**fireside** ['faıəsaıd] ognjišče; zapeček; dom

**firewood** ['faıəwu:d] drva

**fireworks** ['faıəwɜ:ks] umetni ogenj

**firing squad** ['faıərıŋ skwɒd] eksekutorska četa

**firm** [fɜ:m] podjetje, firma; trden, kompakten, čvrst, odločen, neomajen, nepopustljiv

**firmament** ['fɜ:məmənt] nebesni svod

**first** [fɜ:st] prvi; najprej; ~ **aid** prva pomoč; ~ **name** rojstno ime; ~ **night** premiera; **at** ~ **sight** na prvi pogled; ~ **of all** predvsem

**first-class** [,fɜ:st 'klɑ:s] izvrsten, prvorazreden, odličen

**first-hand** [,fɜ:st 'hænd] neposreden, iz prvega vira

**first-rate** [,fɜ:streıt] izvrsten, odličen, prvovrsten

**firth** [fɜ:θ] morski rokav; rečno ustje

**fiscal** ['fıskl] finančen; proračunski; ~ **policy** davčna politika; ~ **year** proračunsko leto

**fish** [fıš] riba; loviti ribe; ~ **culture** ribogojstvo; ~ **farm** ribogojnica; ~ **pond** ribnik; **cool** ~ hladnokrvnež

**fisher(man)** ['fıšəmən] ribič

**fishery** ['fıšərı] ribištvo; ribiška industrija

**fishing** ['fıšıŋ] ribolov, ribištvo; **sport** ~ športni ribolov; ~ **boat (rod)** ribiška ladja (palica); ~ **licence** ribiška dovolilnica

**fishmonger** ['fıšmʌŋgə(r)] trgovec z ribami; ribarnica

**fishwife** ['fɪšwaɪf] surova, robata ženska
**fishy** ['fɪšɪ] ribji; neverjeten, dvomljiv
**fission** ['fɪšn] cepitev; razkol
**fissure** ['fɪšə(r)] razpoka, špranja; razklati (se)
**fist** [fɪst] pest
**fit** [fɪt] napad, izbruh, muhavost; primeren, sposoben; prilegati se, ustrezati, prav biti
**fitful** ['fɪtfl] sunkovit; muhast, nestalen
**fitness** ['fɪtnɪs] sposobnost; zdravje
**fitter** ['fɪtə(r)] monter, instalater
**fitting** ['fɪtɪŋ] primeren, ustrezen; armatura, oprema; pomerjanje (obleke); montaža
**five** [faɪv] pet; petica
**fix** [fɪks] pritrditi, fiksirati; nepremično gledati koga; trdno določiti; popraviti; podkupiti; pripraviti; injekcija narkotika; **to ~ up** domeniti se, urediti; **to ~ up with** oskrbeti s čim
**fixation** ['fɪk'seɪšn] trdna namestitev, pritrditev; kompleks, obsedenost
**fixture** ['fɪksčə(r)] nepremičnina; pritiklina; inventar; športni dogodek ob določenem datumu
**fizzy** ['fɪzɪ] peneč se, šumeč
**flabbergasted** ['flæbəgɑːstɪd] osupel, presenečen
**flabby** ['flæbɪ] ohlapen, mlahav
**flaccid** ['flæksɪd] ohlapen, uvel

**flag** [flæg] zastava; **to hoist the ~** izobesiti (dvigniti) zastavo; **to lower the ~** spustiti zastavo
**flagellate** ['flædžəleɪt] bičati; ostro kritizirati
**flagon** ['flægən] steklenica; balon
**flagrant** ['fleɪgrənt] sramoten; očiten
**flagship** ['flægšɪp] admiralska ladja
**flagstone** ['flægstəʊn] kamnita plošča, tlakovec
**flail** [fleɪl] cepec; mlatiti
**flair** [fleə(r)] tenak nos, instinkt; poseben talent
**flake** [fleɪk] kosmič, luska; luščiti se
**flamboyant** [flæm'bɔɪənt] razkošen; pester; sijajen
**flame** [fleɪm] plamen, zubelj, strast; plapolati, goreti
**flamingo** [flə'mɪŋgəʊ] (zool) flamingo, plamenec
**flammable** ['flæməbl] vnetljiv, lahko gorljiv
**flan** [flæn] sadni kolač, sadna torta
**flange** [flændž] prirobnica; robiti
**flank** [flæŋk] bok, bočna stran
**flannel** ['flænl] volnena flanela
**flap** [flæp] prhutati, kriliti; loputa, zaklopec
**flare** [fleə(r)] (raz)plamteti; razširiti se, napihniti se proti spodnjemu robu (krilo); svetlobni signal; **to ~ up** vzplamteti; **~~-path** osvetljena pristajalna steza
**flash** [flæš] blisk, preblisk;

zabliskati se, zableščati se; ~back scena v filmu (romanu, igri), ko se dogajanje nenadoma vrne v preteklost; ~point višek, žarišče, plamenišče; ~er ekshibicionist

**flashlight** ['flæšlait] fleš, bliskavica; žepna svetilka

**flashy** ['flæši] neokusen; kričeč; kičast

**flask** ['flɑ:sk] steklenica, čutara

**flat** [flæt] stanovanje; ravnina; raven, ploščat; nezanimiv, enoličen; slab (prodaja); za pol tona znižan, molovski; ~ **battery (tyre)** prazen akumulator (kolo); ~ **prices (rate)** enotne cene (pavšal); ~~**footed** ploskonog; **to fall** ~ pasti kakor dolg in širok; **to give a ~ denial** gladko odkloniti

**flatten** ['flætn] zravnati; zgladiti; sploščiti (se)

**flatter** ['flætə(r)] laskati, dobrikati se

**flatterer** ['flætərə(r)] laskač, prilizovalec

**flaunt** [flɔ:nt] vihrati, šopiriti se; *(Am)* zaničevati

**flavour**, *(Am)* **flavor** ['fleɪvə(r)] vonj, aroma, okus; začiniti, odišaviti

**flaw** [flɔ:] razpoka; madež; napaka; pomanjkljivost

**flax** [flæks] lan; platno

**flay** [fleɪ] odreti; hudo kritizirati

**flea** [fli:] bolha

**fleck** [flek] madež, pega, lisa

**fled** [fled] *glej* FLEE*

**fledg(e)ling** ['fledžlɪŋ] mlad ptič; neizkušen človek, zelenec

**flee\*** [fli:] pobegniti, bežati

**fleece** [fli:s] runo; gosti lasje; striči ovce; oslepariti

**fleet** [fli:t] flota, ladjevje; jata letal; vozni park

**fleeting** ['fli:tɪŋ] bežen, minljiv, trenuten

**flesh** [fleš] meso; čutnost; ~y mesnàt; ~ly mesén, čuten

**flew** [flu:] *glej* FLY*

**flex** [fleks] upogniti; izolirana električna žica

**flexible** ['fleksəbl] prožen, elastičen; upogljiv; prilagodljiv

**flexitime** ['fleksɪtaɪm] spremenljiv delovni čas

**flicker** ['flɪkə(r)] migljati; plapolati

**flier** [flaɪə(r)] letalec

**flight** [flaɪt] beg, umik; letenje, polet; stopniščna rama; jata; ~ **recorder** črna skrinjica (registrator podatkov o letu)

**flighty** ['flaɪtɪ] muhast; vihrav

**flimsy** ['flɪmzɪ] tenek; netrpežen; ničev

**flinch** [flɪnč] trzniti, odskočiti

**fling\*** [flɪŋ] vreči, zagnati

**flint** [flint] kresilni kamen, kremen

**flip** [flip] hitro obračati liste (knjiga, kartoteka); tleskniti; krcniti; švigniti; **to ~ up** metati novec

**flippant** ['flɪpənt] jezikav, ujedljiv

**flipper** ['flɪpə(r)] *(pl)* prsne plavuti morskih živali; roka, taca

**flirt** [flɜːt] dvoriti, ljubimkati

**flit** [flɪt] prhutati; preletavati; bežati

**float** [fləʊt] plavati na vodi, lebdeti; plovec

**floater** ['fləʊtə(r)] *(Am)* neupravičen volivec; sezonski delavec

**flock** [flɒk] čreda, jata, krdelo; kosem; zbirati se

**flog** [flɒg] šibati, bičati

**flood** [flʌd] poplava; poplaviti; ~gate zapornica; ~light reflektorska luč

**floor** [flɔː] pod, tla; nadstropje; **to give the ~** dati besedo

**floozy** ['fluːzɪ] nemoralna ženska, prostitutka

**flop** [flɒp] sesti, leči; čofniti, pasti; polom, izjalovitev; ~**py disk** *(comp)* disketa, gibki disk; ~~**house** *(Am)* slab hotel, prenočišče

**flora** ['flɔːrə] rastlinstvo, flora

**florid** ['flɒrɪd] bogato okrašen; kričeč; zardel

**florin** ['flɒrɪn] forint, goldinar

**florist** ['flɒrɪst] cvetličar

**floss** [flɒs] mehke niti; svilni odpadki; **dental ~** zobna nitka

**flotsam** ['flɒtsəm] morska naplavina; razbitine ladje; ~ **and jetsam** zgubljenci, brezdomci

**flounce** [flaʊns] zagnati se, planiti; cepetati; postopati

**flounder** ['flaʊndə(r)] gaziti, bresti; jecljati; nerodno se izražati; opotekati se

**flour** ['flaʊə(r)] moka

**flourish** ['flʌrɪš] cveteti; uspevati, napredovati; mahati

**flout** [flaʊt] zasmehovati, rogati se; zaničevati

**flow** [fləʊ] teči, potekati; dotok, izliv, plima, obilje

**flower** ['flaʊə(r)] cvet, cvetlica; cveteti; ~**bed** cvetlična greda; ~**pot** cvetlični lonček

**flowery** ['flaʊərɪ] cvetličen, rožast; okrasen

**flown** [fləʊn] *glej* FLY\*

**flu** [fluː] gripa, influenca

**fluctuate** ['flʌkčʊeɪt] valovati; spreminjati se; menjavati zaposlitev

**flue** [fluː] ventilacijska cev, dimnik; puh; kosem

**fluency** ['fluːənsɪ] lahkotnost; spretnost

**fluent** ['fluːənt] tekoč, spreten

**fluffy** ['flʌfɪ] puhast

**fluid** ['fluːɪd] tekočina; tekoč

**fluke** [fluːk] nepričakovana sreča; uspeh; **by a ~** po srečnem naključju

**flung** [flʌŋ] *glej* FLING\*

**flunk** [flʌŋk] pasti (*ali* vreči koga) pri izpitu

**flunk(e)y** ['flʌŋkɪ] livrirani sluga; prilizovalec

**flurry** ['flʌrɪ] vznemiriti, razburiti; nemir; metež; sunek vetra

**flush** [flʌš] zardeti; izp(i)rati, splakniti (stranišče); prepoditi; preplaviti; razvneti

**flute** [fluːt] flavta, piščal(ka)

**flutter** ['flʌtə(r)] plahutanje, vznemirjenje; plahutati, drhteti, vznemiriti

**fluvial** ['fluːvɪəl] réčen

**flux** [flʌks] nenehno spreminjanje; tok; preveliko izločanje; topilo

**fly\*** [flaɪ] leteti, hiteti, planiti; muha; razporek; **to ~-fish** muhariti, loviti ribe na umetno muho; **artificial ~** umetna muha; **dry ~** plavajoča muha; **underwater** (ali **wet**) **~** muha potopka; **~-by-night** nezanesljiv, nepošten; dolžnik, ki se izmika upnikom; **~paper** muholovec; **~wheel** vztrajnik; **~ing saucer** leteči krožnik; **~ing squad** leteča patrulja

**flyover** [flaɪˈəʊvə] (Br) nadvoz

**foal** [fəʊl] žrebe

**foam** [fəʊm] pena

**fob** [fɒb] za norca imeti; podtakniti komu kaj

**focus** [ˈfəʊkəs] žarišče, gorišče; osredotočiti se

**fodder** [fɒdə(r)] krma, klaja; krmiti, pitati

**foe** [fəʊ] sovražnik, hudobnež

**f(o)etus** [ˈfiːtəs] plod, zarodek

**fog** [fɒg] megla; **~gy** meglen, nejasen

**foil** [fɔɪl] kovinski listič, folija; kontrastno ozadje; prekrižati (načrt), prelisičiti, ukaniti

**foist** [fɔɪst] podtakniti, vsiliti komu kaj

**fold** [fəʊld] preganiti, zložiti; objeti; guba

**folder** [ˈfəʊldə(r)] mapa, fascikel

**foliage** [ˈfəʊlɪɪdž] listje

**folio** [ˈfəʊlɪəʊ] list; knjiga velikega formata

**folk** [fəʊk] ljudje, narod; (pl) svojci; **~ song** ljudska pesem

**folklore** [ˈfəʊklɔː(r)] narodopisje, folklora

**follow** [ˈfɒləʊ] slediti, spremljati (koga ali kaj); ravnati se po; **~-up** kontrola bolnikov po zdravljenju; naslednja etapa; **~ing** sledeč, naslednji

**follower** [ˈfɒləʊə(r)] privrženec, pristaš

**following** [ˈfɒləʊɪŋ] naslednji, sledeči

**folly** [ˈfɒlɪ] norost, neumnost

**foment** [fəˈment] dati vroče obkladke; podpihovati

**fond** [fɒnd] ljubeč; **to be ~ of** rad imeti

**fondle** [ˈfɒndl] ljubkovati, razvajati

**food** [fuːd] hrana, živež; krma

**fool** [fuːl] bedak, tepec, norec; imeti za norca, ukaniti

**foolhardy** [ˈfuːlhɑːdɪ] neumno drzen, nepremišljen

**foolish** [ˈfuːlɪš] neumen, bedast

**foolproof** [ˈfuːlpruːf] otročje lahek, preprost

**foolscap** [ˈfuːlskæp] format pisarniškega papirja

**foot** [fʊt] noga, taca, šapa; čevelj (30,48 cm), vznožje; **on ~** peš; **to ~ the bill** poravnati račun; **to put one's ~ down** odločno ukrepati; **~ and mouth disease** slinavka in parkljevka; **~bridge** brv; **~path** steza

**football** [ˈfʊtbɔːl] nogomet; nogometna žoga

**foothills** [ˈfʊthɪlz] predgorje, obronki

**foothold** ['futhəʊld] trdna tla; opora

**footing** ['futɪŋ] podlaga; opora

**footlights** ['futlaɪts] odrske luči; igralski poklic

**footman** ['futmən] sluga, lakaj

**footnote** ['futnəʊt] opomba pod črto

**footprint** ['futprɪnt] stopinja, sled

**footsore** ['futsɔ:(r)] bolečih, ranjenih nog

**footstep** ['futstep] korak; stopinja

**footstool** ['futstu:l] pručka, stolček; (Am) svet, zemlja

**footwear** ['futweə(r)] obutev

**fop** [fop] pavliha; gizdalin

**for** [fə(r), fɔ:(r)] za; zaradi; kajti; once ~ all enkrat za vselej; ~ ever za večno; ~ certain zanesljivo; ~ good za vedno; ~ instance na primer

**forage** ['forɪdʒ] krma; iskati hrano, stikati po čem

**foray** ['foreɪ] nenaden napad; racija; kratek energičen poskus

**forbade** [fə'bæd] glej FORBID*

**forbear*** [fɔ:'beə(r)] ogibati se; potrpeti

**forbid*** [fə'bɪd] prepovedati; preprečiti

**forbidding** [fə'bɪdɪŋ] zoprn; preteč; strog

**forbore** [fɔ:'bɔ:(r)] glej FORBEAR*

**forborne** [fɔ:'bɔ:n] glej FORBEAR*

**force** [fɔ:s] moč, jakost, vpliv, nasilje; siliti, prisiliti; **air** ~ letalstvo; **armed** ~s oborožene sile; **centrifugal** ~ sredobežna, centrifugalna sila; **centripetal** ~ sredotežna, centripetalna sila; **driving** ~ gibalna sila; **land** ~ kopenska vojska; **magnetic** ~ magnetna sila; **social (progressive)** ~s družbene (napredne) sile; **by** ~ nasilno; **to** ~ **one's way** krčiti si pot, vdreti; **to join** ~s združiti sile

**forced** [fɔ:st] prisiljen, prisilen; nenaraven; ~ **landing** prisilni pristanek letala

**forceful** ['fɔ:sfl] močen; prepričljiv; nasilen

**forceps** ['fɔ:seps] klešče; pinceta

**forcible** ['fɔ:səbl] močan; učinkovit; nasilen

**ford** [fɔ:d] brod; plitvina; prebroditi

**fore** [fɔ:(r)] pred; spredaj; sprednji; **to come to the** ~ zasloveti

**forearm** [ˌfɔ:r'ɑ:m] podlaket

**forebear** ['fɔ:beə(r)] prednik; (pl) pradedje

**forebode** [fɔ:'bəʊd] prerokovati, napovedati

**foreboding** [fɔ:'bəʊdɪŋ] slutnja; slabo znamenje

**forecast*** ['fɔ:kɑ:st] napovedati, predvideti; napoved; **weather** ~ vremenska napoved

**foreclose** [fɔ:'kləʊz] odbiti zaradi poteka roka; **to** ~ **a mortgage** izjaviti, da je hipoteka zapadla

**forefather** ['fɔ:fɑ:ðə(r)] prednik, ded

**forefinger** ['fɔːfɪŋgə(r)] kazalec *(prst)*

**forefront** ['fɔːfrʌnt] ospredje; najvidnejši položaj

**forego\*** ['fɔːgəʊ] odreči se, opustiti; ~ing zgoraj, prej omenjen

**foreground** ['fɔːgraʊnd] ospredje

**forehand** ['fɔːhænd] forhend, udarec z naprej obrnjeno dlanjo (tenis)

**forehead** ['fɒrɪd, 'fɔːhed] čelo

**foreign** ['fɒrən] inozemski, tuj, tujski; ~ **body** tujek; ~ **currency** tuja valuta; ~ **exchange market** devizni trg; **F~ Office** *(Br)* zunanje ministrstvo; ~ **policy** zunanja politika; ~ **trade** zunanja trgovina

**foreigner** ['fɒrɪnə(r)] inozemec, tujec

**foreman** ['fɔːmən] delovodja, preddelavec; predsednik porotnikov

**foremost** ['fɔːməʊst] najsprednejši; glaven

**forerunner** ['fɔːrʌnə(r)] predhodnik; simptom

**foresee\*** [fɔː'siː] predvideti, slutiti

**foreshadow** [fɔː'šædəʊ] naznačiti; zaslutiti

**foresight** ['fɔːsaɪt] predvidevanje; previdnost

**forest** ['fɒrɪst] gozd; pogozditi

**forestall** [fɔː'stɔːl] prehiteti; preprečiti

**forester** ['fɒrɪstə(r)] gozdar, logar, gozdni delavec

**forestry** ['fɒrɪstrɪ] gozdarstvo

**foretaste** ['fɔːteɪst] slutnja; zaslutiti

**foretell\*** [fɔː'tel] napovedati, prerokovati

**forever** [fə'revə(r)] za vedno, večno

**forewarn** [fɔː'wɔːn] vnaprej posvariti

**foreword** ['fɔːwɜːd] predgovor, uvod

**forfeit** ['fɔːfɪt] zgubiti, zaigrati; globa, zastavnina; zaplenjen

**forfeiture** ['fɔːfɪčə(r)] izgubljena pravica; izguba; odkupnina, zastavnina; zaplemba

**forgather** [fɔː'gæðə(r)] zbirati se, shajati se

**forgave** [fə'geɪv] *glej* FORGIVE\*

**forge** [fɔːdž] kovati, ponarediti; kovaško ognjišče

**forger** ['fɔːdžə(r)] ponarejevalec

**forgery** ['fɔːdžərɪ] ponarejanje, ponaredek

**forget\*** [fə'get] pozabiti; zanemariti

**forgetful** [fə'getfl] pozabljiv

**forget-me-not** [fə'get mɪ nɒt] spominčica

**forgive\*** [fə'gɪv] odpustiti, prizanesti

**forgiveness** [fə'gɪvnɪs] odpuščanje

**forgo\*** [fɔː'gəʊ] odreči se, opustiti

**forgot** [fə'gɒt] *glej* FORGET\*

**forgotten** [fə'gɒtn] *glej* FORGET\*

**fork** [fɔːk] vile; vilice; križišče; z vilami podati; ~~-lift truck** viličar

**forlorn** [fə'lɔːn] zgubljen, zapuščen; nesrečen
**form** [fɔːm] oblika, postava; obrazec; šolska klop, razred; oblikovati, tvoriti, organizirati; vzgojiti; **in ~** v formi, v dobri kondiciji; **out of ~** v slabi kondiciji; **order (ali requisition)** ~ naročilnica
**formal** ['fɔːml] formalen, uraden; strog; slovesen; dozdeven
**formality** [fɔː'mælətɪ] formalnost, zunanja oblika
**format** ['fɔːmæt] oblika; velikost, format
**formation** [fɔː'meɪšn] razvrstitev, razporeditev; tvorba; formacija; ureditev
**formative** ['fɔːmətɪv] ki oblikuje, vpliva na (značaj, življenje, navade)
**former** ['fɔːmə(r)] prejšnji, bivši, nekdanji; **the ~** prvi imenovani
**formerly** ['fɔːməlɪ] nekoč, nekdaj, prej
**formidable** ['fɔːmɪdəbl] grozen, strašen; neznanski, mogočen
**formless** ['fɔːmlɪs] brezobličen
**formula** ['fɔːmjʊlə] obrazec, formula
**formulate** ['fɔːmjʊleɪt] izraziti; (iz)oblikovati; določiti
**fornicate** ['fɔːnɪkeɪt] nečistovati, prešuštvovati
**forsake*** [fə'seɪk] zapustiti, opustiti
**forsaken** [fə'seɪkən] *glej* FORSAKE*
**forsook** [fə'sʊk] *glej* FORSAKE*

**fort** [fɔːt] utrdba, trdnjava
**forte** ['fɔːteɪ] dobra stran; odlika
**forth** [fɔːθ] naprej, dalje; **and so ~** in tako dalje
**forthcoming** [ˌfɔːθ'kʌmɪŋ] bližnji, prihodnji
**forthright** ['fɔːθraɪt] odkritosrčen
**forthwith** [ˌfɔːθ'wɪθ] takoj, nemudoma
**fortieth** ['fɔːtɪəθ] štirideseti; štiridesetina
**fortification** [ˌfɔːtɪfɪ'keɪšn] utrjevanje; utrdba
**fortify** ['fɔːtɪfaɪ] utrditi; podpreti
**fortitude** ['fɔːtɪtjuːd] trdnost; pogum
**fortnight** ['fɔːtnaɪt] štirinajst dni, dva tedna
**fortress** ['fɔːtrɪs] trdnjava, utrdba
**fortuitous** [fɔː'tjuːɪtəs] naključen, slučajen
**fortunate** ['fɔːčənət] srečen
**fortune** ['fɔːčuːn] usoda; sreča; bogastvo; **to make one's ~** obogateti
**fortune-teller** ['fɔːšuːn telə(r)] vedeževalec, vedeževalka
**forty** ['fɔːtɪ] štirideset; **to have ~ winks** zakinkati
**forum** ['fɔːrəm] pristojno mesto
**forward** ['fɔːwəd] naprej, spredaj; sprednji, napreden; pospešiti; odposlati; **~ing address** novi naslov; **~ing agent** špediter
**fossil** ['fɒsl] okamnina, fosil
**fossil|ize**, **~ise** ['fɒsəlaɪz] okamneti

**foster** ['fɒstə(r)] rediti, hraniti, vzgajati; pospeševati; ~ **child** rejenec, posvojenec

**fought** [fɔ:t] *glej* FIGHT*

**foul** [faʊl] umazan, smrdljiv, gnil, gnusen; nepošten, slab; nepošteno, nepravilno; umazati, onečastiti; ovirati, slabo ravnati; prekršek

**found** [faʊnd] *glej* FIND*

**found** [faʊnd] osnovati, ustanoviti

**foundation** [faʊn'deɪšn] osnova, baza, temelj; ustanova (dobrodelna), zavod, sklad; utemeljitev, polaganje temeljev; ustanovitev, začetek; ~ **stone** temeljni kamen

**founder** ['faʊndə(r)] ustanovitelj, utemeljitelj

**foundling** ['faʊndlɪŋ] najdenček

**foundry** ['faʊndrɪ] livarna, topilnica, talilnica

**fountain** ['faʊntɪn] vodnjak, vodomet; vir; ~ **pen** nalivno pero

**four** [fɔ:(r)] štiri; štirica

**foursome** ['fɔ:səm] igra med dvema paroma igralcev

**four-stroke** ['fɔ:strəʊk] štiritakten (motor)

**fourteen** [ˌfɔ:'ti:n] štirinajst

**fourth** [fɔ:θ] četrti; četrtina

**fowl** [faʊl] perutnina

**fox** [fɒks] lisjak, lisica; pretkanec

**foxglove** ['fɒksglʌv] (bot) naprstec

**foxhole** ['fɒkshəʊl] strelski jarek

**foxy** ['fɒksɪ] lisičji; zvit, pretkan

**foyer** ['fɔɪeɪ] avla, veža, hala

**fracas** ['fræka:] direndaj, hrušč

**fraction** ['frækšn] frakcija; ulomek; odlomek

**fracture** ['frækčə(r)] zlom; zlomiti se

**fragile** ['frædžaɪl] (raz)lomljiv, krhek, drobljiv

**fragment** ['frægmənt] fragment, odlomek; drobec

**fragmentary** ['frægməntrɪ] nepopoln, nedokončan

**fragrance** ['freɪgrəns] prijeten vonj, dišava

**fragrant** ['freɪgrənt] dišeč, odišavljen

**frail** [freɪl] slaboten, šibek, nebogljen

**frailty** ['freɪltɪ] slabotnost, šibkost

**frame** [freɪm] okvir, obod; postava, telo; ogrodje, struktura; izraziti, uokviriti, obda(ja)ti; oklevetati; ~ **of mind** temperament, nrav

**frame-up** ['freɪmʌp] natolcevanje, podtikanje

**framework** ['freɪmwɜ:k] ogrodje; **in the** ~ v mejah

**France** ['fra:ns] Francija; **French** francoski; **Francoz(inja)**; francoščina; **Frenchman** Francoz; **Frenchwoman** Francozinja

**franchise** ['frænčaɪz] posebna pravica, privilegij

**frank** [fræŋk] odkritosrčen, iskren, odkrit; prostodušen

**frankfurter** ['fræŋkfɜ:tə(r)] hrenovka

**frankincense** ['fræŋkɪnsens] kadilo

**frantic** ['fræntɪk] besen, ves iz sebe

**fraternal** [frə'tɜːnl] bratovski, bratski

**fraternity** [frə'tɜːnətɪ] bratstvo, bratovščina, pobratenje; združenje

**fratern|ize**, **~ise** ['frætənaɪz] bratiti se

**fratricide** ['frætrɪsaɪd] bratomor; bratomorilec

**fraud** [frɔːd] nepoštenost, goljufija, prevara; goljuf, slepar

**fraught** [frɔːt] natovorjen, poln

**fray** [freɪ] pretep, prepir; ponositi, obrabiti se, razrvati živce

**freak** [friːk] čuden, čudaški, muhast; spaček, zanesenjak; ponoreti (zaradi mamil), halucinirati, blesti

**freckle** ['frekl] pega; **~ed** pegast

**free** [friː] svoboden, prost, brezplačen; osvoboditi, oprostiti česa; **~ house** pivnica, ki prodaja vse vrste piva; **~ kick** prosti strel; **~lance** neodvisen pisatelj (umetnik, novinar); **~loader** prisklednik; **~thought** svobodomiselnost; **~way** avtocesta; **to ~wheel** kolesariti v prostem teku

**freedom** ['friːdəm] svoboda, neodvisnost

**freeman** ['friːmən] svoboden človek; polnopravni meščan; častni meščan

**freestone** ['friːstəʊn] peščenjak, apnenec

**freeze\*** [friːz] zmrzovati,

zmrzniti, zamrzniti; blokirati; vezati (vloge)

**freezer** ['friːzə] zamrzovalnik

**freezing point** ['friːzɪŋ pɔɪnt] ledišče

**freight** [freɪt] tovor, breme; natovoriti, prevažati blago

**freighter** ['freɪtə(r)] prevoznik; tovorna ladja

**French** [frenč] francoski; **~ beans** stročji fižol; **~ chalk** smukec; **~ horn** rog

**frenzied** ['frenzɪd] blazen; razkačen

**frenzy** ['frenzɪ] blaznost, delirij

**frequency** ['friːkwənsɪ] pogost(n)ost, frekvenca

**frequent** ['friːkwənt] pogost, hiter; [frɪ'kwent] često obiskovati

**fresco** ['freskəʊ] freska; slikati freske

**fresh** [freš] svež, presen; nov; hladen; sladek (voda); *(Am)* predrzen

**freshen** ['frešn] osvežiti, okrepiti

**freshman** ['frešmən] bruc, novinec

**freshness** ['frešnɪs] svežost; neizkušenost

**fret** [fret] skrbeti; vznemirjati se; žalostiti se; izrezljati, cizelirati

**fretful** ['fretfl] razdražljiv, nataknjen, godrnjav

**friar** ['fraɪə(r)] menih, redovnik

**friction** ['frɪkšn] trenje, drgnjenje; prepir

**Friday** ['fraɪdɪ] petek

**fridge** [frɪdž] hladilnik

**friend** [frend] prijatelj; ljubitelj

**friendliness** ['frendlınıs] prijaznost, naklonjenost

**friendly** ['frendlı] prijazen, prijateljski

**friendship** ['frendšıp] prijateljstvo

**fright** [fraıt] strah, groza

**frighten** ['fraıtn] prestrašiti; **to ~ away (off)** preplašiti, spoditi

**frightful** ['fraıtfl] oduren, grozen

**frigid** ['frıdžıd] frigiden; leden, mrzel; brezsrčen

**frill** [frıl] naborek; načičkanost

**fringe** [frındž] resica, obšiv; obrobje (mesta); manj pomembni del kake dejavnosti; **~ benefits** ugodnosti, ki jih ima zaposleni poleg plače

**frippery** ['frıpərı] navlaka, stara šara

**Frisbee** ['frızbi:] lahka plastična okrogla plošča za metanje

**frisky** ['frıskı] isker, poskočen, razposajen

**frivolity** [frı'vɒlətı] lahkomiselnost, neresnost

**frivolous** ['frıvələs] lahkomiseln, neresen, lahkoživ

**frizz** [frız] drobno kodrati, svedrati

**frock** [frɒk] (ženska ali dekliška) obleka, halja, kuta

**frog** [frɒg] žaba; **~spawn** žabji mrest; **~man** človek žaba

**frolic** ['frɒlık] zbijati šale, biti razigran; razposajen, sproščen

**from** [frəm, frɒm] od, iz, zaradi; **~ now on** odslej; **~ London to Leeds** iz Londona v Leeds

**front** [frʌnt] čelo, pročelje, prednja stran; bojna črta; mejno področje med zračnima gmotama; področje delovanja; biti obrnjen proti; predstaviti radijski (ali TV) program; **in ~ of** pred (krajevno)

**frontal** ['frʌntl] čelen, frontalen

**frontier** ['frʌntıə(r)] mejni pas, ki loči dve deželi; obmejen

**frost** [frɒst] pozeba, zmrzal; mraz; slana, ivje

**frostbite** ['frɒstbaıt] ozeblina

**frosting** ['frɒstıŋ] glazura za torte

**frosty** ['frɒstı] ledeno mrzel, hladen

**froth** [frɒθ] pena, govoričenje; peniti se, gobezdati

**frown** [fraʊn] mrko gledati; ne odobravati

**frowzy** ['fraʊzı] zatohel; nepočesan; žaltav

**froze** [frəʊz] *glej* FREEZE*

**frozen** ['frəʊzn] *glej* FREEZE*

**frugal** ['fru:gl] skromen, varčen

**fruit** [fru:t] sadje, plod; uspeh; **~ garden** sadovnjak

**fruitful** ['fru:tfl] rodoviten; uspešen

**fruition** [fru:'ıšn] izpolnitev upanja; veselje; uživanje

**frump** [frʌmp] staromodna ženska, babnica

**frustrate** [frʌ'streıt] povzročiti občutek neugodja, vznemirjenosti, jeze; preprečiti, onemogočiti

**fry** [fraɪ] cvreti; ocvrta jed

**frying pan** ['fraɪɪŋ pæn] ponev

**fuck** [fʌk] *(vulg)* fukati, kavsati, jebati; F~ off! Odjebi!; Spizdi (stran)!

**fudge** [fʌdž] karamele; izmišljati si, zmašiti, ponarejati

**fuel** ['fju:əl] kurivo, gorivo; ~ **oil** mazut

**fug** [fʌg] zatohlost, neprezračenost

**fugitive** ['fju:džitɪv] begunec, ubežnik; minljiv

**fulcrum** ['fʊlkrəm] opora, oporna točka

**fulfil** *(Am)* ~l[fʊl'fɪl] izpolniti, dovršiti

**full** [fʊl] poln; sit; bogat česa; ~-**back** branilec (nogomet); ~ **board** polni penzion; ~ **dress** svečana obleka; ~ **-dress rehearsal** generalka; ~ **moon** ščip; ~ **professor** redni profesor; ~-**scale war** totalna vojna; ~ **stop** pika; ~-**time job** zaposlitev s polnim delovnim časom

**fulminate** ['fʌlmɪneɪt] bliskati se, grmeti; robantiti

**fulsome** ['fʊlsəm] osladen; klečeplazen

**fumble** ['fʌmbl] nerodno tipati; tavati

**fume** [fju:m] pobesneti, vzkipeti, jeziti se; ~s škodljivi plini, dim ali para; **exhaust** ~s izpušni plini

**fumigate** ['fju:mɪgeɪt] razkužiti

**fun** [fʌn] šala; potegavščina; zabava, razvedrilo; **to have** ~ zabavati se; **to make** ~ **of** norčevati se iz

**function** ['fʌŋkšn] delo(vanje), naloga, vloga, funkcija; opravljati, izpolnjevati kako nalogo, delovati

**functional** ['fʌŋkšənl] funkcionalen, uporaben; vršilen

**fund** [fʌnd] sklad; zaloga; glavnica, kapital; *(pl)* obveznice, državni papirji

**fundamental** [ˌfʌndə'mentl] osnoven, bistven, temeljen; načelen

**funeral** ['fju:nərəl] pogreb; ~ **hymn** žalostinka; ~ **rites** pogrebni obred

**funereal** [fju:'nɪərɪəl] pogreben, žalen

**fung|us** ['fʌŋgəs], *(pl* ~**i**) goba

**funnel** ['fʌnl] lijak, ventilacijska cev; usmerjati

**funny** ['fʌnɪ] smešen, šaljiv, zabaven, norčav; čuden

**fur** [fɜ:(r)] kožuh, krzno; kotlovec, obloga

**furbish** ['fɜ:bɪš] loščiti, osvežiti

**furious** ['fjʊərɪəs] divji, besen, razjarjen, srdit

**furl** [fɜ:l] zložiti; zviti

**furlong** ['fɜ:lɒŋ] osmina angleške milje (201 m)

**furlough** ['fɜ:ləʊ] dopust; dati dopust

**furnace** ['fɜ:nɪs] (talilna) peč; **blast** ~ plavž; ~ **forge** kovaška peč; ~ **house** pečna lopa

**furnish** ['fɜ:nɪš] oskrbeti; opremiti

**furniture** ['fɜːnɪčə(r)] pohištvo; oprema

**furrier** ['fʌrɪə(r)] krznar

**furrow** ['fʌrəʊ] brazda, utor, guba; brazdati, gubati se

**furry** ['fɜːrɪ] krznen, kosmat

**further** ['fɜːðə(r)] dalje, nadalje; nadaljnji; ~ **education** izobraževanje odraslih

**furtherance** ['fɜːðərəns] pospeševanje, podpiranje

**furthermore** [ˌfɜːðəˈmɔː(r)] nadalje, vrh tega

**furthest** ['fɜːðɪst] najbolj oddaljen; najdlje

**furtive** ['fɜːtɪv] skriven, prikrit

**fury** ['fjʊərɪ] besnost, razjarjenost

**fuse** [fjuːz] varovalka, vžigalnik; spojiti, združiti, zliti, (s)taliti; *The ~ has blown.* Varovalka je pregorela.

**fuselage** ['fjuːzəlɑːž] trup letala (izstreľka, rakete)

**fusillade** [ˌfjuːzəˈleɪd] streljanje

**fusion** ['fjuːžn] zlitje, združitev, spojitev

**fuss** [fʌs] prazen hrup, vznemirjenost; sitnariti, razburiti se; **to make a ~ about** razburjati se za prazen nič; **to make a ~ of** plesati okrog koga, mu posvečati pretirano pozornost

**fussy** ['fʌsɪ] siten

**futile** ['fjuːtaɪl] jalov, nepomemben

**future** ['fjuːčə(r)] bodočnost; bodoč; **in ~** odslej

**futurity** [fjuːˈtjʊərətɪ] prihodnost; posmrtno življenje

**fuzzy** ['fʌzɪ] vlaknat, puhast; nerazločen

# G

**gab** [gæb] govoričenje, čenčanje

**gabardine** ['gæbədi:n] vrsta volnenega blaga

**gabble** ['gæbl] čenčati; zmedeno govoriti

**gable** ['geɪbl] hišno čelo; ~ window podstrešno okno

**gad** [gæd] pohajkovati, potepati se

**gad-fly** ['gædflaɪ] obad, brencelj; nadležnež

**gadget** ['gædʒɪt] priprava, orodje; malenkost

**gaff** [gæf] železni kavelj za ribolov; **to blow the ~** izdati skrivnost

**gaffer** ['gæfə(r)] *(coll)* delodajalec; nadzornik; "stari"

**gag** [gæg] zamašiti komu usta, daviti se; zatik, mašilo, čep; improvizacija; šala

**gaiety** ['geɪətɪ] veselost, slavje

**gain** [geɪn] pridobi(va)ti, zaslužiti, doseči; izboljšati se; prehiteti (ura); dobiček, korist

**gainful** ['geɪnfl] pridobiten, donosen

**gainsay\*** [.geɪn'seɪ] zanikati; ugovarjati

**gait** [geɪt] hoja; drža

**gaiter** ['geɪtə(r)] dokolenka, gamaša

**gala** ['gɑ:lə] slavnosten, sve-

čan, odličen; slavje, slovesnost

**galaxy** ['gæləksɪ] samostojni zvezdni sestav; izbrana družba

**gale** [geɪl] močan veter, vihar; ~s of laughter krohot

**gall** [gɔ:l] žolč; jeza; predrznost; ~~bladder žolčnik; ~stone žolčni kamen

**gallant** ['gælənt] pogumen; udvorljiv, ljubezniv, plemenit, uglajenega vedenja; kavalir, ljubitelj žensk

**gallantry** ['gæləntrɪ] pogum; viteštvo; dvorjenje

**gallery** ['gælərɪ] razstavni prostor; najvišji balkonski prostor (v gledališču); hodnik (odprt, zastekljen)

**galley** ['gælɪ] galeja; kuhinjski prostor (ladja, letalo); ~ proof krtačni odtis

**gallivant** [.gælɪ'vænt] potepati se, pohajkovati

**gallon** ['gælən] galona: *(Br)* 4,55 l; *(Am)* 3,79 l

**gallop** ['gæləp] hitra ježa; dirjati, galopirati

**gallows** ['gæləʊz] vislice; ~ bird obešenjak

**galore** [gə'lɔ:(r)] mnogo, obilo

**galoshes** [gə'lɒʃɪz] galoše, gumijasto obuvalo

**galvan|ize**, ~**ise** ['gælvənaɪz] galvanizirati; spodbuditi

**gamble** ['gæmbl] igrati za denar, špekulirati; tvegana igra

**gambler** ['gæmblə(r)] hazarder, hazardni igralec, kockar

**gambling** ['gæmblɪŋ] hazardna igra; špekulacija; ~ **house** igralnica

**gambol** ['gæmbl] poskok; poskakovati

**game** [geɪm] divjačina, divjad; igra; *(pl)* športne igre; **big** ~ visoka divjad; ~**keeper** lovski čuvaj

**gammon** ['gæmən] prekajena slanina (gnjat)

**gamut** ['gæmət] lestvica, skala; obseg

**gander** ['gændə(r)] gosak; bedak

**gang** [gæŋ] krdelo; skupina; tolpa; ekipa

**gangplank** ['gæŋplæŋk] mostič, brv

**gangster** ['gæŋstə(r)] pripadnik zločinske tolpe, gangster

**gangway** ['gæŋweɪ] ladijski mostiček; prehod

**gaol** [dʒeɪl] *glej* JAIL

**gap** [gæp] vrzel, razpoka, soteska, praznina; ~**-toothed** škrbast

**gape** [geɪp] zevati; buljiti; zijati; strmeti

**garage** ['gærɑːʒ] garaža

**garb** [gɑːb] obleka, noša

**garbage** ['gɑːbɪdʒ] smeti, odpadki; ~ **can** *(Am)* smetnjak; ~ **man** smetar

**garble** ['gɑːbl] popačiti, potvoriti

**garden** ['gɑːdn] vrt; vrtnariti; ~ **city** vrtno (zeleno) mesto

**gardener** ['gɑːdnə(r)] vrtnar

**gargle** ['gɑːgl] grgrati; tekočina za grgranje

**gargoyle** ['gɑːgɔɪl] odtočni žleb

**garish** ['gærɪš] neokusen, kričeč; nadut

**garland** ['gɑːlənd] venec, cvetna kita

**garlic** ['gɑːlɪk] česen

**garment** ['gɑːmənt] oblačilo, obleka

**garner** ['gɑːnə(r)] zbirati; spraviti

**garnish** ['gɑːnɪš] okrasiti, obložiti

**garret** ['gærət] mansarda, podstrešna soba; ~ **window** strešno okno

**garrison** ['gærɪsn] posadka; garnizija

**garrotte** [ge'rɒt] zadaviti, zadušiti

**garrulous** ['gærələs] blebetav, zgovoren

**garter** ['gɑːtə(r)] podveza

**gas** [gæs] plin; upliniti; ~ **chamber** plinska celica; ~**-fitter** plinski instalater; ~ **mask** plinska maska; ~**-meter** plinomer

**gaseous** ['gæsɪəs, 'geɪsɪəs] plinast, hlapljiv

**gash** [gæš] zareza; brazgotina; vsekati, zarezati

**gasket** ['gæskɪt] tesnilo

**gaso|line**, ~**lene** ['gæsəliːn] gazolin, *(Am)* bencin

**gasp** [gɑːsp] loviti sapo, sopsti; **to ~ for life** biti v zadnjih zdihljajih

**gassy** ['gæsɪ] gaziran, ki se peni; zgovoren, bahaški

**gastric** ['gæstrɪk] želodčen

**gastronomy** [gæ'strɒnəmɪ] gurmanstvo, kuharska umetnost

**gate** [geɪt] lesa, vrata; dostop, izhod (letališče); **~crasher** nepovabljeni gost, vsiljivec; **~ money** (zbrana) vstopnina; **~way** dostop, pot do

**gather** ['gæðə(r)] zbrati (se); nabirati, zbirati; (na)gubati; sklepati, povečati se

**gathering** ['gæðərɪŋ] zbor, shod, sestanek; zbiranje

**gaudy** ['gɔ:dɪ] našemljen; načičkan, neokusen

**gauge** [geɪdʒ] instrument za merjenje; širina kolesnic; (iz)meriti, oceniti

**gaunt** [gɔ:nt] shujšan, upadel; pust

**gauntlet** ['gɔ:ntlɪt] (pl) dolge, debele zaščitne rokavice; **to run the ~** biti izpostavljen nevarnosti, jezi, kritiki

**gauze** [gɔ:z] gaza, tančica

**gave** [geɪv] glej GIVE*

**gavel** ['gævl] leseno kladivce

**gawky** ['gɔ:kɪ] neroden, štorast

**gay** [geɪ] homoseksualen; homoseksualec; živahen, prijeten, lahkoživ

**gaze** [geɪz] strmeti, zijati

**gazelle** ['gə'zel] gazela

**gazeteer** [,gæzə'tɪə(r)] seznam zemljepisnih imen

**gazette** [gə'zet] časopis, glasilo, uradni list

**gear** [gɪə(r)] prestava; naprava; oprema; obleka, noša; opremiti; prilagoditi (se); **in ~** v teku; **to change ~** menjati prestavo; **~box** menjalnik; **~ lever** prestavna ročica; **~wheel** zobnik

**geese** [gi:z] (pl) glej GOOSE

**gel** [dʒel] gel; zgostiti

**gelding** ['geldɪŋ] kastracija, skopljenje

**gem** [dʒem] žlahtni kamen, dragulj †

**gender** ['dʒendə(r)] (gram) spol

**genealogy** [,dʒi:nɪ'æ|ədʒɪ] rodoslovje, razvoj rodu, izvor

**general** ['dʒenrəl] general; glaven, splošen, skupen; **in ~** na splošno; **~ delivery** (Am) poštno ležeče; **~ elections** splošne volitve; **~ pardon** amnestija; **~ practitioner** splošni zdravnik

**general|ize, ~ise** ['dʒenrəlaɪz] posplošiti

**generally** ['dʒenrəlɪ] običajno; pogosto

**generate** ['dʒenəreɪt] proizvajati, povzročiti; roditi

**generation** [,dʒenə'reɪʃn] generacija; čas, doba približno 30 let; proizvajanje; **~ gap** generacijsko nasprotje

**generator** ['dʒenəreɪtə(r)] generator

**generosity** [,dʒenə'rɒsətɪ] radodarnost, velikodušnost

**generous** ['dʒenərəs] radodaren, velikodušen, nesebičen

**genetic** [dʒɪ'netɪk] izvoren, razvojen; (pl) genetika, veda o dedovanju

**genial** ['dži:nɪəl] genialen; prikupen, družaben; blag, mil (klima)

**genital** ['dženɪtl] genitalen, spolen

**genitive** ['dženətɪv] *(gram)* rodilnik, genitiv

**genius** ['dži:nɪəs] genij, veleum; nadarjenost

**genocide** ['dženəsaɪd] množični umor; iztrebljanje

**genteel** [džen'ti:l] vljuden; gosposki; dvorljiv

**gentian** ['dženšn] svišč, encijan

**gentile** ['džentaɪl] nežidovski; poganski

**gentility** [džen'tɪlətɪ] plemstvo; vljudnost; imenitnost

**gentle** ['džentl] blag; prijazen; mil, nežen; ~ **breeze** sapica, vetrič

**gentle|man** ['džentlmən] gospod, poštenjak; **~men's agreement** gentlemenski sporazum

**gentleness** ['džentlnɪs] prijaznost; milina; krotkost

**gently** ['džentlɪ] blago, nežno; polagoma

**gentry** ['džentrɪ] nižje plemstvo; ljudje

**genuflect** ['dženju:flekt] poklekniti

**genuine** ['dženjoɪn] naraven, pristen, pravi, izviren, avtentičen

**genus** ['dži:nəs] rod, vrsta

**geography** [džɪ'ɒgrəfɪ] zemljepis

**geology** [džɪ'ɒlədžɪ] geologija

**geometry** [džɪ'ɒmətrɪ] geometrija

**geophysics** [ˌdžɪəʊ'fɪzɪks] geofizika

**geopolitics** [ˌdžɪəʊ'pɒlətɪks] geopolitika

**geranium** [džə'reɪnɪəm] pelargonija, krvomočnica

**germ** [džɜːm] klica; mikrob

**German|y** [džɜːmənɪ] Nemčija; ~ nemški; Nemec, Nemka; nemščina; ~ **measles** rdečke

**germane** [džə'meɪn] soroden; primeren

**germicide** ['džɜːmɪsaɪd] razkužilo

**germinal** ['džɜːmɪnl] zaroden, začeten

**germinate** ['džɜːmɪneɪt] kliti; pospeševati

**gerontology** [ˌdžerɒn'tɒlədžɪ] gerontologija

**gerrymander** [ˌdžerɪ'mændə(r)] protežirati določeno politično stranko

**gerund** ['džerənd] *(gram)* glagolnik, gerundij

**gesticulate** [dže'stɪkjʊleɪt] izražati z gibi roka

**gesture** ['džesčə(r)] gesta, kretnja, gib

**get***  [get] dobiti, prejeti; kupiti; postati; priti; prinesti; razumeti, doumeti; ujeti (vlak); (raz)jeziti; zvedeti; končati; **to ~ along** napredovati, razumeti se; **to ~ at** doseči, meriti na; norčevati se; **to ~ by** izmuzniti se, preživeti; **to ~ in (on)** vstopiti (na avtobus itd.); **to ~ off** izstopiti; **to ~ off cheaply** poceni jo odnesti; **to ~ out** priti na dan, priti ven; **to ~ rid**

of znebiti se; **to ~ sick (ti-red)** zboleti (utruditi se); **to ~ through** končati, srečno prestati; **to ~ up** vstati; **to ~ into trouble** zaiti v težave; **to ~ well** ozdraveti; **~away** pobeg; **~-together** snidenje, zborovanje; **~-up** oprema, inscenacija

**geyser** ['giːzə(r)] gejzir, vroč vrelec; grelec za vodo, bojler

**ghastly** ['gɑːstlɪ] bled; pošasten, grozen

**ghetto** ['getəʊ] židovska mestna četrt; *(Am)* del mesta, v katerem živijo črnci

**ghost** [gəʊst] prikazen, duh, strašilo; **~-writer** pisec govorov (člankov) za druge; **~ town** zapuščeno mesto

**ghoul** [guːl] vampir; plenilec grobov

**giant** ['dʒaɪənt] velikan, orjak; velikanski

**gibber** ['dʒɪbə(r)] žlobudrati, klepetati; klepet, čenče

**gibbet** ['dʒɪbɪt] vislice

**gibe** [dʒaɪb] *glej* JIBE

**giblets** ['dʒɪblɪts] drobovje perutnine

**giddy** ['gɪdɪ] omotičen, vrtoglav; lahkomiseln

**gift** [gɪst] darilo; nadarjenost

**gifted** ['gɪftɪd] nadarjen, sposoben, talentiran

**gigantic** [dʒaɪ'gæntɪk] ogromen, velikanski, orjaški

**giggle** ['gɪgl] hihitati se; hihitanje

**gigolo** ['žɪgələʊ] najet in plačan plesalec (družabnik)

**gild\*** [gɪld] pozlatiti; pozlačevati; olepšati

**gill** [gɪl] škrga; listič (pri gobah); gube pod brado

**gilt** [gɪlt] pozlačen; **~-edged paper** papir z zlato obrezo; **~-edged securities** pupilarni vrednostni papirji

**gimcrack** ['dʒɪmkræk] ničvreden; neokusen

**gimlet** ['gɪmlɪt] sveder

**gin** [dʒɪn] vrsta brinovca

**ginger** ['dʒɪndʒə(r)] ingver; rdečkast; **~ ale** ingverjevo pivo; **~bread** medenjak, lect

**gingerly** ['dʒɪndʒəlɪ] preobčutljiv, oprezen; oprezno, previdno

**gipsy** ['dʒɪpsɪ] *glej* GYPSY

**giraffe** [dʒɪ'rɑːf] žirafa

**gird\*** [gɜːd] opasati; opremiti

**girder** ['gɜːdə(r)] bruno, nosilec, traverza

**girdle** ['gɜːdl] pas; opasati

**girl** [gɜːl] deklica, dekle; izvoljenka; **~friend** prijateljica

**giro** ['dʒaɪrəʊ] žiro, (bančni) tekoči račun

**girt** [gɜːt] *glej* GIRD\*

**girth** [gɜːθ] obseg; podprsnica

**gist** [dʒɪst] bistvo, glavna točka

**give\*** [gɪv] dati, podariti; nuditi; prirediti; oceniti; **to ~ a hand** pomagati; **to ~ away** izročiti, posredovati (informacijo), razkrinkati; **to ~ back** vrniti; **to ~ in** popustiti, vdati se; **to ~ off** oddajati, izžarevati; **to ~ out** objaviti, razdeliti; **to ~ over** odstopiti, izročiti; **to ~ up** opustiti; **to ~ way** umakniti se, izogniti se, popustiti

**given** ['gɪvn] *glej* GIVE\*

**glacial** ['gleɪsɪəl] ledeniški; leden

**glacier** ['glæsɪə(r)] ledenik

**glad** [glæd] vesel; zadovoljen; **to ~den** razveseliti

**glade** [gleɪd] jasa; *(Am)* močvirje

**gladiolus** [ˌglædɪ'əʊləs] gladiola

**glamour**, *(Am)* **glamor** ['glæmə(r)] privlačnost, mik, čar

**glance** [glɑ:ns] bežen pogled, odsev; bežno pogledati, preleteti z očmi, na hitro prebrati; **at a ~** na prvi pogled

**gland** [glænd] žleza

**glare** [gleə(r)] blesk, srep pogled; bleščati se, srepo gledati

**glass** [glɑ:s] steklo; kozarec; **~~-blower** steklopihalec; **magnifying ~** povečevalno steklo

**glasses** ['glɑ:sɪz] *(pl)* očala; **sun ~** sončna očala

**glasshouse** ['glɑ:sˌhaʊs] velik steklenjak, rastlinjak

**glassware** ['glɑ:sweə(r)] steklenina

**glassy** ['glɑ:sɪ] steklen; prozoren

**glaze** [gleɪz] lošč, glazura; zastekliti, pološčiti

**glazier** ['gleɪzɪə(r)] steklar

**gleam** [gli:m] blesk, odsev; bleščati se, žareti

**glean** [gli:n] paberkovati, nabirati

**glee** [gli:] veselje, radost

**glen** [glen] soteska, globel

**glib** [glɪb] hiter; zgovoren, gostobeseden

**glide** [glaɪd] drseti; jadrati z letalom

**glider** ['glaɪdə(r)] jadralno letalo

**glimmer** ['glɪmə(r)] slabotna luč; svetlikanje

**glimpse** [glɪmps] bežen pogled; bežno zagledati

**glint** [glɪnt] blišč; svetlikati se

**glisten** ['glɪsn] lesketati se, žareti, sijati

**glitter** ['glɪtə(r)] sijati, bleščati se; blišč, lesk

**gloat** [gləʊt] veseliti se; triumfirati

**global** ['gləʊbl] celoten, skupen; univerzalen, vesoljen; splošen; okviren

**globe** [gləʊb] krogla; zemeljska obla; globus

**globetrotter** ['gləʊb trɒtə(r)] svetovni popotnik

**globule** ['glɒbju:l] kroglica, pilula

**gloomy** ['glu:mɪ] turoben, mrk, mračen, žalosten

**glorify** ['glɔ:rɪfaɪ] poveličevati, slaviti

**glorious** ['glɔ:rɪəs] čudovit; veličasten

**glory** ['glɔ:rɪ] slava, čast, priznanje; blišč, žar; veličastnost

**gloss** [glɒs] lesk, sijaj, bleščeči videz; pojasnilo, opomba, pripis; **to ~ over** preiti, ne upoštevati

**glossary** ['glɒsərɪ] glosar; besednjak, slovar

**glossy** ['glɒsɪ] bleščeč; gladek

**glove** [glʌv] rokavica

**glow** [gləʊ] žareti; žar

**glow-worm** ['gləu wɜːm] kresnica

**glue** [gluː] lepiti; lepilo, klej

**glum** [glʌm] čemeren, tih

**glut** [glʌt] pogoltniti, prenasititi; prenasičenost

**glutinous** ['gluːtənəs] klejast, lepek

**glutton** ['glʌtn] požeruh, lakotnik

**glycerin|e**, (Am) ~ ['glɪsəriːn] glicerin

**gnarled** [nɑːld] grčav; zvit; raskav

**gnash** [næʃ] škripati, škrtati

**gnat** [næt] komar, mušica

**gnaw** [nɔː] glodati; mučiti

**go*** [gəu] iti, hoditi, potovati; oditi; postati; potekati; delovati (stroj); dati; slabšati se; soditi; voditi; **to ~ about** krožiti, širiti se (govorice); **to ~ after** prizadevati si za kaj, iti za kom; **to ~ against** upirati se; **to ~ ahead** nadaljevati; **to ~ along** napredovati, nadaljevati; **to ~ along with** strinjati se, spremljati; **to ~ back on** preklicati, opustiti; **to ~ before** imeti prednost; **to ~ beyond** prekoračiti, prekašati koga; **to ~ blind (mad)** oslepeti (znoreti); **to ~ by** miniti, ravnati se po; **to ~ down** zaiti (sonce), propasti, končati; **to ~ for** iti po, izbrati, napasti, veljati za; **to ~ in for** lotiti se česa, ukvarjati se z/s; **to ~ into** poglobiti se, preučiti; **to ~ off** sprožiti se; prenehati, oditi; potekati; **to ~ on** nadaljevati, trajati; **to ~ out** poiti, ugasniti, iti ven; **to**

~ **over** pregledati, uspešno opraviti; **to ~ through** pregledati, preboleti; **to ~ under** propasti; **to ~ up** dvigati se, naraščati; **to ~ without** pogrešati; ne imeti, biti brez

**goad** [gəud] spodbuda; spodbuditi

**goal** [gəul] gol; cilj, smoter; **to score a ~** zabiti gol; ~**keeper** vratar

**goat** [gəut] koza

**goatee** [gəuˈtiː] kozja brada

**gobble** ['gɒbl] hlastno jesti, goltati

**gobbledygook** ['gɒbldɪˌguːk] izumetničen uradni jezik, latovščina

**gobbler** ['gɒblə(r)] požeruh; puran

**go-between** ['gəu bɪtwiːn] posredovalec, posrednik

**goblet** ['gɒblɪt] pokal; čaša, kelih

**goblin** ['gɒblɪn] škrat

**go-cart** ['gəukɑːt] majhen otroški avto (igrača)

**god** [gɒd] bog, božanstvo

**godchild** ['gɒdtʃaɪld] krščenec, kumče

**goddess** ['gɒdɪs] boginja

**godfather** ['gɒdfɑːðə(r)] boter, kum

**godless** ['gɒdlɪs] brezbožen

**godlike** ['gɒdlaɪk] božji, božanski

**godly** ['gɒdlɪ] pobožen

**godmother** ['gɒdmʌðə(r)] botra, kuma

**godsend** ['gɒdsənd] božji dar, blagor

**Godspeed** [ˌgɒdˈspiːd] Srečno pot!

**goer** ['gəʊə(r)] pešec; tekač;
**cinema ~** redni obiskova-
lec kina; **comers and ~s**
mimoidoči

**go-getter** ['gəʊ gʊtə(r)] odlo-
čen, energičen človek

**goggles** ['gʊglz] zaščitna
očala; plašnice

**goings-on** [,gəʊɪŋz 'ɒn] doga-
janje; ljubimkanje, skok čez
ojnice

**goit|re**, (Am) **~er** ['gɔɪtə(r)]
golša

**go-kart** ['gəʊkɑ:t] gokart,
majhen dirkalni avto

**gold** [gəʊld] zlato; zlat, iz
zlata; **~ reserve** zlata rezerva

**golden** ['gəʊldən] zlato ru-
men; dragocen; zlat

**goldfinch** ['gəʊldfɪnč] lišček

**goldfish** ['gəʊldfɪš] zlata ri-
bica

**goldsmith** ['gəʊldsmɪθ] zlatar

**golf** [gɒlf] golf; igrati golf; **~
club (course)** palica (igrišče)
za golf; **~er** igralec golfa

**golliwog** ['gɒlɪwɒg] črna
lutka

**gone** [gɒn] minul; zgubljen;
*glej* GO*

**gong** [gɒŋ] gong

**good** [gʊd] dober, dobrotljiv;
koristen; pravi, veljaven; ko-
rist, ugodnost; (pl) imetje,
dobrine, blago; **~ for no-
thing** zanič; **~ name** ugled; **~
sense** razsodnost, modrost; **~
wishes** voščilo z dobrimi
željami (za božič)

**goodbye** [,gʊd'baɪ, ,gʊ'baɪ]
zbogom, srečno

**good-hearted** [,gʊd 'hɑ:tɪd]
dobrosrčen

**good-|humoured**, (Am) **~hu-
mored** [,gʊd 'hju:məd] dobre
volje, vesel

**good-looking** [,gʊd 'lu:kɪŋ]
čeden, prikupen

**goodly** ['gʊdlɪ] čeden, ljubek,
precejšen

**good-natured** [,gʊd 'neɪčəd]
dobrovoljen, dobrodušen

**goodness** ['gʊdnɪs] dobrota,
vrlina; *For ~' sake!* Za božjo
voljo!; *Thank ~!* Hvala bogu!

**good-tempered** [,gʊd 'tem-
pəd] prijazen, dobre volje;
uravnovešen

**goodwill** [,gʊd'wɪl] naklonje-
nost, dobrohotnost

**good|y**, **~ie** ['gʊdɪ] (coll) sla-
ščica; dobrota; dober človek,
dobrotnik (v filmu, knjigi)

**goofy** ['gu:fɪ] neumen, bedast

**goose** ['gu:s], (pl **geese**) gos,
neumnica; **~-flesh** (ali **pim-
ples**) kurja polt

**gooseberry** ['gʊzbərɪ] ko-
smulja

**gore** [gɔ:(r)] (strjena) kri; na-
bosti, predreti

**gorge** [gɔ:dž] soteska, tesen;
preobjesti, nažreti se

**gorgeous** ['gɔ:džəs] krasen,
čudovit, sijajen

**gorilla** [gə'rɪlə] gorila

**gory** ['gɔ:rɪ] krvav, okrvavljen

**gosling** ['gʊzlɪŋ] goska, go-
saček

**gospel** ['gʊspl] evangelij

**gossamer** ['gʊsəmə(r)] paj-
čevinast, tenek; tančica,
gaza, tanka tkanina

**gossip** ['gʊsɪp] klepet, čenče,
opravljanje; opravljati

**got** [gʊt] *glej* GET*

**gotten** ['gɒtn] *glej* GET*

**gouge** [gaʊdž] žlebasto dleto; dolbsti

**gourd** [gʊəd] buča; čutara

**gourmand** ['gʊəmənd] požrešnež, požeruh

**gourmet** ['gʊəmeɪ] sladokusec, gurman

**gout** [gaʊt] protin, vnetje sklepov

**govern** ['gʌvn] vladati, upravljati; vplivati; krotiti

**governess** ['gʌvənɪs] privatna vzgojiteljica, guvernanta

**governing** ['gʌvənɪŋ] upraven; vodilen; ~ **body** upravno telo; ~ **principle** vodilno načelo

**government** ['gʌvənmənt] vlada, vodstvo; **in** ~ na vladi, vladajoč; **coalition** ~ koalicijska vlada; **interim** ~ začasna vlada; **self**-~ samoupravljanje (v širšem pomenu); **to form a** ~ sestaviti vlado; **to overthrow a** ~ vreči vlado; **to resign from** ~ odstopiti

**governor** ['gʌvənə(r)] guverner; kdor ima najvišjo izvršilno oblast v posamezni zvezni državi (koloniji, pokrajini)

**gown** [gaʊn] ženska obleka, halja; talar

**grab** [græb] zgrabiti, s silo vzeti

**grace** [greɪs] ljubkost, milina; milost; molitev

**graceful** ['greɪsfl] ljubek, mil, privlačen

**graceless** ['greɪslɪs] grd; nesramen

**gracious** ['greɪšəs] prijazen, dober; milosten

**grade** [greɪd] ocena, kakovost, stopnja; (Am) razred; oceniti, razvrstiti, sortirati

**gradient** ['greɪdɪənt] nagnjenost; padec; strmina

**gradual** ['grædžʊəl] postopen

**graduate** ['grædžʊeɪt] diplomirati, (Am) maturirati; napredovati (pri delu); ['grædžʊət] diplomant, (Am) maturant; študent podiplomskega študija

**graffiti** [grə'fi:tɪ] (pl) grafiti, napisi in/ali risbe po zidovih na javnih prostorih

**graft** [grɑːft] cepič, transplantat, presadek; (Am) korupcija, podkupovanje; cepiti, presaditi, transplantirati

**grain** [greɪn] zrno, žito

**grammar** ['græmə(r)] slovnica; ~**ian** slovničar

**gram(me)** [græm] gram

**grammar school** ['græmə sku:l] (Br) gimnazija, (Am) osnovna šola

**gramophone** ['græməfəʊn] gramofon

**granary** ['grænərɪ] žitnica, kašča; silos

**grand** [grænd] krasen, imeniten; veličasten; **a** ~ (Am) tisočak; ~ **jury** (Am) velika porota (12–23 porotnikov); ~**master** velemojster (šah); ~ **piano** koncertni klavir; ~ **total** vse skupaj

**grandchild** ['grænčaɪld] vnuk(inja)

**granddaughter** ['grændɔːtə(r)] vnukinja

**grandeur** ['grændʒə(r)] veli-čina, imenitnost

**grandfather** ['grænfɑːðə(r)] stari oče, ded(ek)

**grandiloquent** [græn'dɪlə-kwənt] nadut; bombastičen; pompozen

**grandiose** ['grændɪəʊs] veli-časten

**grandma** ['grænmɑː] (coll) babica

**grandmother** ['grænmɑːð-ə(r)] stara mati, babica

**grandpa** ['grænpɑː] (coll) dedek

**grandson** ['grænsʌn] vnuk

**grandstand** ['grænstænd] glavna tribuna

**grange** [greɪndʒ] pristava; kašča

**granite** ['grænɪt] granit

**granny** ['grænɪ] (coll) babica, stara mama

**grant** [grɑːnt] dovoljenje; do-tacija, subvencija, štipendija, podpora; dovoliti, zagoto-viti, odobriti, priznati

**granulate** ['grænjʊleɪt] uzr-niti; ~d sugar sladkorna sipa

**granule** ['grænjuːl] zrnce

**grape** [greɪp] grozdna ja-goda, (pl) grozdje

**grapefruit** ['greɪpfruːt] gre-nivka

**grapevine** ['greɪpvaɪn] vin-ska trta; (Am) govorice med ljudmi

**graph** [grɑːf] grafikon, dia-gram

**graphic** ['græfɪk] grafičen, nazoren; (pl) grafika

**graphite** ['græfaɪt] grafit; risalnik

**grapple** ['græpl] zgrabiti, lo-titi se, spoprijeti se

**grasp** [grɑːsp] prijem; razu-mevanje; prijeti; doumeti

**grasping** ['grɑːspɪŋ] lako-men, grabežljiv

**grass** [grɑːs] trava; gnati na pašo

**grasshopper** ['grɑːshɒpə(r)] kobilica

**grassland** ['grɑːslænd, 'grɑːslənd] pašnik; **natural** ~ travnato rastlinje, stepa, savana

**grate** [greɪt] mreža, rešetka; strgati, praskati, škripati

**grateful** ['greɪtfl] hvaležen

**grater** ['greɪtə(r)] ribežen, str-galnik, rašpa

**gratification** [ˌgrætɪfɪ'keɪšn] zadovoljitev, zadovoljstvo; nagrada

**gratify** ['grætɪfaɪ] ustreči, raz-veseliti; poravnati škodo

**grating** ['greɪtɪŋ] mreža, rešetka

**gratis** ['greɪtɪs] brezplačno, zastonj

**gratitude** ['grætɪtjuːd] hva-ležnost

**gratuitous** [grə'tjuːɪtəs] ne-upravičen, neutemeljen; svojevoljen

**gratuity** [grə'tjuːətɪ] napi-tnina; odpravnina; premija

**grave** [greɪv] gròb; resen, kritičen

**gravel** ['grævl] prod, gramoz; ~ **pit** gramoznica

**gravestone** ['greɪvstəʊn] na-grobni kamen

**graveyard** ['greɪvjɑːd] poko-pališče, grobišče

**gravitation** [ˌgrævɪ'teɪšn] te-
žnost, privlačnost, gravita-
cija
**gravity** ['grævətɪ] resnost;
gravitacija, težnost, privla-
čnost
**gravy** ['greɪvɪ] mesni sok,
omaka; ~ **train** *(Am) (coll)*
lahko pridobljen zaslužek,
"zlata jama"
**grayling** ['greɪlɪŋ] lipan
**graze** [greɪz] pasti (se), opla-
ziti, oprasniti, odrgniti; pra-
ska, brazgotina
**grease** [gri:s] mast, tolšča;
mazati, podmazati; ~ **gun**
mazalna tlačilka
**great** [greɪt] velik; ugleden,
slaven, imeniten; sposoben
**Great Britain** [ˌgreɪt 'brɪtn]
Velika Britanija (Anglija,
Škotska in Wales); **British**
britanski; Britanec, Britanka
**greedy** ['gri:dɪ] požrešen,
pohlepen
**Gree|ce** [gri:s] Grčija; ~**k** gr-
ški; Grk(inja); grščina
**green** [gri:n] zelen; nezrel,
neizkušen; svež; bled; nevo-
ščljiv; ljubosumen; zelenica;
član političnega gibanja za
zaščito okolja; ~**s** sveža ze-
lenjava; ~ **belt** zeleni varo-
valni pas okoli mesta; ~**fly**
listna uš; ~**horn** novinec, go-
lobradec, zelenec; ~**room** ča-
kalnica za igralce (izvajalce)
v gledališču (TV studiu)
**greenery** ['gri:nərɪ] zelenje
**greengrocer** ['gri:nɡrəʊsə(r)]
prodajalec zelenjave, bran-
jevec
**greenhouse** ['gri:nhaʊs] ra-

stlinjak, steklenjak; ~ **effect**
učinek "tople grede"
**greet** [gri:t] pozdraviti,
ogovoriti
**greeting** ['gri:tɪŋ] pozdrav,
dobrodošlica
**gregarious** [grɪ'geərɪəs] dru-
žaben, priljuden
**grenade** [grə'neɪd] granata,
ročna bomba
**grew** [gru:] *glej* GROW*
**grey**, *(Am)* **gray** [greɪ] siv,
osivel; sivina; osiveti
**greyhound** ['greɪhaʊnd] hrt
**grid** [grɪd] mreža, rešetka;
omrežje
**gridiron** ['grɪdaɪən] rešetka,
raženj
**grief** [gri:f] žalost, potrtost;
bolest
**grievance** ['gri:vns] pritožba;
zamera
**grieve** [gri:v] žalovati, žalo-
stiti se
**grill** [grɪl] raženj, rešetka; peči
na žaru
**grim** [grɪm] hud, krut; če-
meren, mračen; resen; strog,
nepopustljiv
**grimace** [grɪ'meɪs] pačiti se;
nenaraven, spačen obraz
**grime** [graɪm] nesnaga, uma-
zanija; umazati
**grin** [grɪn] režati se; režanje
**grind*** [graɪnd] mleti; brusiti,
stružiti; gladiti; mučiti se,
naporno delati; **coffee ~er**
kavni mlinček; ~**stone** brus,
osla
**grip** [grɪp] zgrabiti, trdno pri-
jeti; zbuditi pozornost, za-
nimanje; stisk roke, prijem;
ročaj; **hair-~** lasnica

**gripe** [grɪp] godrnjati, pritoževati se; pritožba; *(pl)* črevesni krči, kolike

**grisly** ['grɪzlɪ] grozen; neprijeten

**grist** [grɪst] žito, mletev; korist

**gristle** ['grɪsl] hrustanec

**grit** [grɪt] posuti s peskom (*ali* prodcem); pesek, prodec; **to ~ one's teeth** škrtati z zobmi

**grizzled** ['grɪzld] osivel, siv

**grizzly (bear)** ['grɪzlɪ] grizli, severnoameriški medved

**groan** [grəʊn] stokati, vzdihovati

**grocer** ['grəʊsə(r)] špecerist; **~'s (shop),** *(Am)* **~y** špecerija; trgovina z živili

**grog** [grɒg] grog; **~gy** rahlo pijan, opotekajoč se

**groin** [grɔɪn] dimlje; obločni kot

**groom** [gru:m] konjar; ženin; oskrbovati konje, pripravljati za; **~ed** negovan, lepo oblečen

**groove** [gru:v] brazda, žlebič, utor; (iz)dolbsti, (iz)žlebiti, brazdati

**grope** [grəʊp] tipati; tavati

**gross** [grəʊs] gros, 12 ducatov; odvratno debel; vulgaren, robat; očiten; celoten; **in (the) ~** na debelo; **~ income** bruto dohodek

**grotesque** [grəʊ'tesk] grotesken, čuden, smešen

**grotto** ['grɒtəʊ] jama, špilja, votlina

**grouch** [graʊč] godrnjati; zabavljati

**ground** [graʊnd] *glej* GRIND*

**ground** [graʊnd] zemlja, zemljišče; igrišče; lovišče; vzrok, ozadje; osnovna barva; dno, tla; osnovati, utemeljiti; posredovati osnovno znanje; **to be ~ed** biti v hišnem priporu

**ground floor** [ˌgraʊnd 'flɔ:(r)] *(Br)* pritličje

**groundless** ['graʊndlɪs] neosnovan, neutemeljen

**groundnut** ['graʊndnʌt] zemeljski orešek, kikiriki

**ground water** ['graʊnd wɔ:tə(r)] talna (*ali* podzemeljska) voda

**groundwork** ['graʊndwɜːk] pripravljalna dela; osnova, temelj

**group** [gru:p] skupina, gruča; zbrati se; **~ interests** skupinski interesi; **social ~** družbena skupina; **control (experimental, interest) ~** kontrolna (eksperimentalna, interesna) skupina; **pressure ~** skupina pritiska

**grouse** [graʊs] divja kura; godrnjati

**grove** [grəʊv] gozdiček, gaj, log

**grovel** ['grɒvl] valjati se; klečeplaziti

**grow*** [grəʊ] rasti; uspevati; gojiti; razvijati se; naraščati, večati se; **to ~ into** razvijati se v kaj, dorasti; **to ~ on** priljubiti se; **to ~ out of** prerasti (obleko), odvaditi se; **to ~ up** odrasti

**growing** ['grəʊɪŋ] rastna doba

**growl** [graʊl] renčati; godrnjati

**grown** ['grəʊn] *glej* GROW*

**grown-up** [ˌgrəʊn 'ʌp] odrasel; odrasla oseba

**growth** [grəʊθ] rast, razvoj; porast, prirastek

**grub** [grʌv] ličinka, črv; kopati, stikati

**grubby** ['grʌbɪ] črviv; ogrčast; umazan

**grudge** [grʌdž] ne(je)volja, zamera; zavist; zavidati, ne privoščiti; **to have a ~ against someone** zameriti komu

**gruel** ['gru:əl] ovsena ali druga kaša (močnik)

**gruesome** ['gru:səm] strašen, oduren, grozljiv

**gruff** ['grʌf] hripav; osoren, zadirčen

**grumble** ['grʌmbl] godrnjati; godrnjanje

**grumpy** ['grʌmpɪ] razdražljiv; nezadovoljen, čemeren, godrnjav

**grunt** [grʌnt] kruliti; godrnjati; kruljenje; godrnjanje

**guarantee** [ˌgærən'ti:] zajamčiti, dati poroštvo; jamstvo, poroštvo

**guarantor** [ˌgærən'tɔ:(r)] porok

**guard** [gɑ:d] garda, straža, zaščita; paznik, čuvaj; varovalna naprava; *(Br)* sprevodnik (na vlaku); stražiti, varovati, braniti; **on ~** oprezen, pazljiv; **off ~** nepazljiv, nepreviden

**guarded** ['gɑ:dɪd] previden, oprezen, rezerviran

**guardhouse** ['gɑ:dhaʊs] stražarnica; ječa

**guardian** ['gɑ:dɪən] varuh, skrbnik, tutor

**guardianship** ['gɑ:dɪənšɪp] skrbništvo, varuštvo

**guardsman** ['gɑ:dsmən] gardist

**gudgeon** ['gʌdžən] globoček, (ribja) vaba; lahkovernež

**guer(r)illa** [gə'rɪlə] bojevanje v majhnih skupinah na zasedenem ozemlju; gverila, gverilec

**guess** [ges] ugibati, *(Am)* misliti, domnevati; domneva

**guesswork** ['gesˈwɜːk] ugibanje, domnevanje

**guest** [gest] gost, povabljenec; **~ house** gostišče

**guffaw** [gə'fɔ:] krohotati se; krohot

**guidance** ['gaɪdns] vodenje, usmerjanje; smernica, navodilo

**guide** [gaɪd] vodnik; izvidnik; vzornik; voditi, usmerjati; **~line** smernica, navodilo; **~-post** kažipot; **~d missile** vódeni izstrelek

**guidebook** ['gaɪdbʊk] vodič, vodnik

**guild** [gɪld] ceh, bratovščina

**guildhall** [ˌgɪld 'hɔ:l] mestna hiša, rotovž

**guile** [gaɪl] zvijačnost, pretkanost, prebrisanost

**guilt** [gɪlt] krivda

**guilty** ['gɪltɪ] kriv; kazniv; **~ conscience** slaba vest; **to find someone ~** spoznati za krivega; **to plead ~** priznati krivdo

**guinea** ['gɪnɪ] gvineja (angleški denar)

**guinea fowl** ['gɪnɪfaʊl] pegatka

**guinea pig** ['gɪnɪpɪg] morski prašiček

**guise** [gaɪz] videz; pretveza

**guitar** [gɪ'tɑ:(r)] kitara

**gulch** [gʌlč] (Am) globel

**gulf** [gʌlf] zaliv; prepad; razlika; **G~ Stream** Zalivski tok

**gull** [gʌl] galeb

**gullet** ['gʌlɪt] požiralnik, žrelo

**gullible** ['gʌləbl] lahkoveren; zaupljiv

**gully** ['gʌlɪ] žleb; struga; odtočni kanal

**gulp** [gʌlp] požirati, goltati; požirek

**gum** [gʌm] dlesen; drevesna smola, gumi; (z)lepiti, zalepiti; izločati smolo; **chewing ~** žvečilni gumi

**gummy** ['gʌmɪ] smolnat, lepljiv

**gun** [gʌn] strelno orožje; puška, top, (Am) revolver; **~-runner** tihotapec orožja; **~shot** topovski strel, domet topa, streljaj; **~smith** puškar

**gunboat** ['gʌnbəʊt] topnjača, majhna bojna ladja

**gunman** ['gʌnmən] (oborožen) bandit, gangster

**gunpowder** ['gʌnpaʊdə(r)] smodnik

**gurgle** ['gɜːgl] klokotati, žuboreti

**gush** [gʌš] dreti, brizgati; pretirano se navduševati; curek, tok, brizg, izliv

**gusher** ['gʌšə(r)] brizg nafte; curek

**gusset** ['gʌsɪt] trikoten vstavek v obleki

**gust** [gʌst] sunek vetra, izbruh; viharen, sunkovit

**gusto** ['gʌstəʊ] užitek, zadovoljstvo; okus

**gut** [gʌt] črevo; odločnost, hrabrost; (pl) drobovje; izprazniti, očistiti

**gutter** ['gʌtə(r)] žleb; odtočni kanal; **~ press** bulvarski tisk

**guttural** ['gʌtərəl] mehkoneben; mehkonebnik

**guy** [gaɪ] človek, fant, deček; lutka iz cunj; posmehovati se

**guzzle** ['gʌzl] žreti; pijančevati

**gym** [džɪm] telovadba; telovadnica; **~-shoe** telovadna copata

**gymnasium** ['džɪm'neɪzɪəm] telovadnica

**gymnast** ['džɪmnæst] telovadec

**gymnastics** [džɪm'næstɪks] telovadba

**gyn(a)ecology** [ˌgaɪnə'kɒlədžɪ] ginekologija

**gypsum** ['džɪpsəm] mavec, gips, sadra

**gypsy, gipsy** ['džɪpsɪ] cigan(ka)

**gyrate** [ˌdžaɪ'reɪt] krožiti, vrteti se

**gyroscope** ['džaɪrəskəʊp] žiroskop, vrtavka

# H

**haberdashery** ['hæbədæšərɪ] trgovina z drobnimi predmeti za osebno potrošnjo, galanterija

**habit** ['hæbɪt] navada, običaj, nagnjenje; redovniško vrhnje oblačilo

**habitable** ['hæbɪtəbl] primeren za stanovanje

**habitat** ['hæbɪtæt] naravno okolje, domovina rastline (ali živali); dom

**habitation** [ˌhæbɪ'teɪšn] bivališče, stanovanje

**habitual** [hə'bɪčʋəl] navaden, običajen; stalen; ponavljajoč se, kroničen; ~ **drunkard** kroničen pijanec, kronik

**habituate** [hə'bɪčʋeɪt] navaditi, privaditi se

**habitué** [hə'bɪčʋeɪ] stalen obiskovalec, gost

**hack** [hæk] (raz)sekati; grobo brcniti; pokašljevati; slab pisatelj, pisun; kljuse; **to ~ a computer system** pisati programe za, poskušati vdreti v računalniški sistem; **~er** računalniški zanesenjak, nekdo, ki poskuša vdreti v računalniški sistem

**hackneyed** ['hæknɪd] obrabljen, vsakdanji

**hacksaw** ['hæksɔ:] žaga za kovino

**had** [həd, hæd] glej HAVE*

**haddock** ['hædək] vahnja (riba)

**haemorrhage**, (Am) **hemorrhage** ['hemərɪdž] krvavitev

**haft** [hɑ:ft] ročaj, toporišče

**hag** [hæg] čarovnica; baba

**haggard** ['hægəd] upadel (obraz); utrujen; žalosten (videz)

**haggis** ['hægɪs] škotska jed iz ovčje drobovine in ovsene moke

**haggle** ['hægl] barantati; prepirati se

**hagridden** ['hægrɪdn] močno zaskrbljen; ki ga tlači mora

**hail** [heɪl] toča; padati (toča), klicati komu, pozdravljati

**hailstone** ['heɪlstəʋn] zrno toče

**hair** [heə(r)] las, lasje; kocina; dlaka; **~dryer** sušilnik za lase, fen; **~grip (-pin)** lasnica; **~piece** lasni vložek

**haircut** ['heəkʌt] kratka frizura; striženje las

**hair-pin bend** ['heə(r)piːnˌbend] dvojni cestni ovinek

**hairdo** ['heədu:] ženska frizura; friziranje

**hairdresser** ['heədresə(r)] frizer(ka); lasuljar

**hair-raising** ['heəraɪzɪŋ] strašen

**hair-splitting** ['heərsplɪtɪŋ] malenkosten, dlakocepski

**hairy** ['heərɪ] poraščen, kosmat

**halcyon** ['hælsɪən] miren, tih; vodomec; ~ **days** srečni dnevi

**hale** [heɪl] zdrav, močan

**half** [hɑːf] polovica; polovičen; na pol; ~ **and** ~ mešanica dveh stvari; ~ **board** polovični penzion

**half-back** ['hɑːfbæk] krilec (pri nogometu, hokeju)

**half-baked** ['hɑːfbeɪkt] na pol pečen; neizkušen, nezrel

**half-|brother** ['hɑːfbrʌðə(r)] polbrat; ~**sister** polsestra

**half-caste** ['hɑːfkeɪst] mešanec evropskih in azijskih staršev

**half-hearted** ['hɑːfhɑːtɪd] malodušen; mlačen

**halfpenny** ['heɪpnɪ] britanski kovanec za pol penija

**half-time** ['hɑːftaɪm] polčas

**halfway** ['hɑːfweɪ] na pol pota; poloviчarski

**half-wit** ['hɑːfwɪt] tepček

**halibut** ['hælɪbət] morski list (riba)

**halitosis** [ˌhælɪ'təʊsɪs] ustni zadah

**hall** [hɔːl] hala; avla; dvorana; predsoba; javna zgradba; **town** (ali **city**) ~ mestna hiša, magistrat; ~ **of residence** študentski dom

**hallmark** ['hɔːlmɑːk] zlatarski žig, znak pristnosti

**hallo** [hə'ləʊ] glej HELLO

**hallow** ['hæləʊ] posvetiti

**Halloween** [ˌhæləʊ'iːn] večer pred vsemi svetimi (31. oktober)

**hallucination** [həˌluːsɪ'neɪšn] halucinacija, privid

**hallway** ['hɔːlweɪ] (Am) veža, hodnik

**halo** ['heɪləʊ] svetniški sij, glorija

**halt** [hɔːlt] ustaviti (se), prenehati; H~! Stoj!; postanek (med pohodom, na potovanju), postajališče (vlak, avtobus)

**halter** ['hɔːltə(r)] povodec; krvnikova vrv

**halve** [hɑːv] razpoloviti, zmanjšati za polovico

**halyard** ['hæljəd] vrv za dviganje in spuščanje jader, zastave

**ham** [hæm] gnjat, šunka; (pl) zadnjica; **to** ~ (**up**) pretiravati, izumetničeno igrati; ~-**fisted** neroden

**hamlet** ['hæmlɪt] vasica, zaselek

**hammer** ['hæmə(r)] kladivo; zabijati, kovati

**hammock** ['hæmək] viseča mreža

**hamper** ['hæmpə(r)] košarica s pokrovom; ovirati, motiti

**hamster** ['hæmstə(r)] hrček

**hamstring** ['hæmstrɪŋ] kita v podkolenskem zgibu; ohromiti, pretrgati

**hand** [hænd] roka; delavec; kazalec; izročiti, podati; pomagati; ~**shake** stisk roke, rokovanje; ~**stand** stoja; ~**s off policy** politika nevmešavanja; **second-**~ iz druge roke, že rabljen, antikvaričen; **at ~** pri roki, blizu; **by ~** ročno (izdelan); **off ~** takoj; **on the one (other) ~** po eni (drugi) strani

**handbag** ['hændbæg] ročna torbica

**handball** ['hændbɔːl] rokomet

**handbill** ['hændbɪl] letak, prospekt

**handbook** ['hændbʊk] priročnik

**handbrake** ['hændbreɪk] ročna zavora

**handcart** [hændkɑːt] ciza, gare, voziček

**handcuff** ['hændkʌf] (pl) lisice; vkleniti

**handful** ['hændfʊl] prgišče

**handicap** ['hændɪkæp] prizadetost; ovira, zapreka; izenačenje možnosti za zmago; ovirati, prizadeti, prikrajšati, spraviti koga v neenak položaj

**handicraft** ['hændɪkrɑːft] rokodelstvo, obrt; spretnost; ročno delo

**handiwork** ['hændɪwɜːk] ročno delo

**handkerchief** ['hæŋkəčɪf] robec, ruta

**handle** ['hændl] ročaj, ročica; rokovati, obravnavati

**handlebar** ['hændlbɑː] balanca pri kolesu; vodilo

**handmade** [ˌhænd 'meɪd] ročno izdelan

**hand-me-down** [ˌhænd mɪ 'daʊn] ponošena, podarjena obleka

**hand-organ** [ˌhænd 'ɔːgən] lajna

**handout** ['hændaʊt] miloščina; prospekt, povzetek informacij, gradivo, ki ga pri predavanju (pouku, sestanku) delimo prisotnim

**handsome** ['hænsəm] lep, postaven, čeden

**hand-to-hand** ['hænd tʊ 'hænd] **~ fight** boj prsi ob prsi, boj iz neposredne bližine

**handwriting** ['hændraɪtɪŋ] pisava; rokopis

**handy** ['hændɪ] pripraven, spreten, priročen; **~man** pripraven človek

**hang*** [hæŋ] viseti, obesiti; **to ~ about** postopati, pohajkovati; **to ~ on** ostati pri telefonu, počakati; **to ~ out** obesiti (perilo), izobesiti (zastavo); **to ~ up** odložiti slušalko; **~-gliding** zmajarstvo

**hangar** ['hæŋə(r)] hangar

**hangdog** ['hæŋdɒg] podel, hinavski; podlež

**hanger** ['hæŋə(r)] obešalnik; **~-on** prisklednik, petolizec

**hanging** ['hæŋɪŋ] viseč, obešen; (pl) zastori, tapete

**hangman** ['hæŋmən] rabelj, krvnik

**hangover** ['hæŋəʊvə(r)] maček (po krokanju); ostanek

**hank** [hæŋk] klobčič, štrena

**hanker** ['hæŋkə(r)] hrepeneti, koprneti

**haphazard** [hæp'hæzəd] naključen, slučajen; naključno, slučajno; naključje, slučaj

**hapless** ['hæplɪs] nesrečen

**happen** ['hæpən] zgoditi se, pripetiti se

**happening** ['hæpənɪŋ] dogajanje, dogodek; avantgardna umetniška prireditev

**happiness** ['hæpɪnɪs] sreča

**happy** ['hæpɪ] srečen, zadovoljen; ugoden

**happy-go-lucky** [ˌhæpɪ gəʊ 'lʌkɪ] brezskrben; lahkomiseln

**harangue** [hə'ræŋ] nagovor; nagovoriti

**harass** ['hærəs], (Am) [hə-'ræs] nadlegovati, vznemirjati, trpinčiti

**harbinger** ['hɑ:bɪndžə(r)] znanilec, glasnik

**harbour**, (Am) **harbor** [' hɑ:bə(r)] pristanišče, pristan; dati zavetje, vzeti pod streho; skriti, varovati; pristati (ladja)

**hard** ['hɑ:d] trd, težak, močan, strog; težko, naporno; ~back trdo vezana knjiga; ~ cash gotovina; ~ copy trajna kopija; ~ currency trdna valuta; ~ disk trdi (čvrsti) disk; ~ drink močna alkoholna pijača; ~ labour prisilno delo; ~ shoulder odstavni pas

**hard-bitten** [ˌhɑ:d 'bɪtn] trmast; odporen

**hardboard** [ˌhɑ:dbɔ:d] lesonit

**hard-boiled** [ˌhɑ:d 'bɔɪld] trdo kuhan

**harden** ['hɑ:dn] strditi; utrditi; kaliti

**hard-headed** [ˌhɑ:d 'hedɪd] razumen, razsoden; trmast

**hard-hearted** [ˌhɑ:d 'hɑ:tɪd] trdosrčen

**hardly** ['hɑ:dlɪ] komaj; s težavo; ~ ever skoraj nikoli, malokdaj

**hardship** ['hɑ:dšɪp] stiska, težava

**hardware** ['hɑ:dweə(r)] železnina; (comp) strojna oprema

**hard-wearing** [ˌhɑ:d 'weərɪŋ] močen, ki se dobro nosi

**hardwood** ['hɑ:dwʊd] trd les

**hardy** ['hɑ:dɪ] močan, robusten; utrjen

**hare** [heə(r)] zajec

**harebrained** ['heəbreɪnd] neumen, nepremišljen

**harelip** ['heəlɪp] zajčja ustnica

**harem** ['hɑ:ri:m] harem

**hark** ['hɑ:k] poslušati, prisluškovati

**harlot** ['hɑ:lət] vlačuga, cipa

**harm** [hɑ:m] škoda, poškodba; krivica; poškodovati; užaliti

**harmful** ['hɑ:mfl] škodljiv, kvaren

**harmless** ['hɑ:mlɪs] neškodljiv

**harmonic** [hɑ:'mɒnɪk] ubran, skladen, harmoničen

**harmonica** [hɑ:'mɒnɪkə] orglice

**harmonious** [hɑ:'məʊnɪəs] ubran, skladen; složen

**harmon|ize**, ~**ise** ['hɑ:mənaɪz] skladati se, ujemati se, harmonizirati

**harmony** ['hɑ:mənɪ] ubranost, skladnost, harmonija

**harness** ['hɑ:nɪs] izkoristiti naravno silo (reko, slap); vpreči; jermenje (pri padalu, otroškem sedežu v avtomobilu); nosilno ogrodje (pri nahrbtniku); konjska vprega

**harp** [hɑ:p] harfa; igrati na harfo

**harpoon** [hɑ:'pu:n] harpuna; harpunirati

**harrow** ['hærəʊ] brana; branati, mučiti

**harry** ['hærɪ] nadlegovati, vznemirjati; pleniti, napadati

**harsh** ['hɑ:š] težek; krut; osoren, zadirčen; hrapav; kričeč (barva)

**hart** ['hɑ:t] (star) jelen

**harvest** ['hɑ:vɪst] žetev, čas žetve; letina; žeti, pospravljati pridelke

**has** [həz, hæz] ima; *glej* HAVE*

**hash** [hæš] jed iz seskljanega mesa, hašé; sekljati

**hashish** ['hæši:š] hašiš

**hassle** ['hæsl] težava, napor; prepir; prepirati, prerekati se

**hassock** ['hæsək] klečalna blazinica

**haste** [heɪst] naglica; hiteti

**hasten** ['heɪsn] hiteti, pospešiti

**hasty** ['heɪstɪ] hiter, prenagljen; razdražljiv

**hat** [hæt] klobuk

**hatch** [hæč] izvaliti, izleči (se); kovati (zaroto); odprtina v ladijskem krovu; okence med kuhinjo in jedilnico, zaklopna vratca, loputa

**hatchery** ['hæčərɪ] valilnica; ribogojnica

**hatchet** ['hæčɪt] sekirica; **to do a ~ job** ostro napasti koga ali kaj, uničiti

**hate** [heɪt] sovražiti; sovraštvo

**hateful** ['heɪtfl] sovraštva poln; odvraten, gnusen

**hatred** ['heɪtrɪd] sovraštvo, mržnja

**hatter** ['hætə(r)] klobučar

**haughty** ['hɔ:tɪ] ohol, nadut; prevzeten; objesten; ošaben

**haul** [hɔ:l] vleči, vlačiti; **~age** prevozništvo, vleka

**haunch** [hɔ:nč] bedro, krača

**haunt** [hɔ:nt] strašiti, vznemirjati; pogosto obisk(ov)an kraj, zatočišče

**have\*** [həv, hæv] imeti, posedovati; dobiti; izvedeti; **to ~ breakfast (lunch)** zajtrkovati (kositi); **to ~ a good time** dobro se imeti; **to ~ a holiday** biti na počitnicah; **to ~ a piece of bread (some coffee, a cigarette)** jesti (piti, kaditi); **to ~ a rest** počivati; **to ~ a walk** sprehajati se; **to ~ one's car repaired** dati popraviti avto; **to ~ one's hair cut** dati si ostriči lase; I ~ **to** moram; I **don't ~ to** ni mi treba; *I ~ got a house* Imam hišo.; *I ~ got to study*. Moram se učiti.

**haven** ['heɪvn] zatočišče, pribežališče

**haversack** ['hævəsæk] nahrbtnik, krušnjak; bisaga

**havoc** ['hævək] opustošenje, uničenje

**hawk** [hɔ:k] postovka, sokol, kragulj; krošnjariti; trositi govorice, laži

**hawser** ['hɔ:zə(r)] vrv za privezovanje ladje

**hawthorn** ['hɔ:θɔ:n] beli trn, glog

**hay** [heɪ] seno, mrva

**hay fever** ['heɪ fi:və(r)] senena mrzlica, nahod

**hayloft** ['heɪlɒft] senik, svisli

**haymaking** ['heɪmeɪkɪŋ] košnja, spravljanje sena

**haystack** ['heɪstæk] senena kopica

**hazard** ['hæzəd] nakljúčje; hazardna igra; tvegati, igrati na srečo

**hazardous** ['hæzədəs] tvegan, nevaren

**haze** [heɪz] soparica, meglica

**hazel** ['heɪzl] leska; svetlorjav; ~**nut** lešnik

**hazy** ['heɪzɪ] meglen; nejasen; okajen

**he** [hi:] on; samec (živali); ~-**bear** medved; ~**goat** kozel

**head** [hed] glava; razum; predstojnik; voditi, biti na čelu; ~ **of state** šef države; ~ **count** štetje prisotnih; ~ **office** uprava; ~**shrinker** psihiater

**headache** ['hedeɪk] glavobol

**headband** ['hedbænd] naćelek, okrasni trak

**header** ['hedə(r)] odbiti žogo z glavo; skok na glavo

**head-first** ['hedfɜːst] na glavo; hitro

**headgear** ['hedgɪə(r)] pokrivalo; frizura; komat

**heading** ['hedɪŋ] naslov, napis; poglavje

**headland** ['hedlænd] predgorje; rt

**headlight** ['hedlaɪt] prednja luč pri avtomobilu, žaromet

**headline** ['hedlaɪn] naslov članka v časopisu; najvažnejša novica (radio, TV)

**headlong** ['hedlɒŋ] na vrat na nos, nepremišljeno

**headman** ['hedmæn] vodja, plemenski starešina

**headmaster** [,hed'mɑ:stə(r)] ravnatelj šole, nadućitelj

**headmistress** [,hed'mɪstrɪs] ravnateljica šole

**head-on** [,hed 'ɒn] frontalen, čelen

**headphones** ['hedfəʊnz] slušalke

**headquarters** ['hedkwɔ:təz] (pl) glavni stan; delovni štab; centrala

**headstone** ['hedstəʊn] nagrobni kamen

**headstrong** ['hedstrɒŋ] trmast, svojeglav, trdoglav

**headwaters** ['hedwɔ:təz] (pl) izvir in zgornji tok reke

**headway** ['hedweɪ] napredovanje, uspeh

**heady** ['hedɪ] opojen, omamen; nepremišljen, vihrav

**heal** [hi:l] zdraviti, pozdraviti (se), zaceliti (se)

**health** [helθ] zdravje; ~ **centre** (Br) zdravstveni dom; ~ **service** zdravstvena služba; **to drink one's** ~ komu nazdraviti; ~**y** zdrav, klen

**heap** [hi:p] kopičiti; kup, kopica, gomila

**hear*** [hɪə(r)] slišati; zaslišati; zvedeti; uslišati

**heard** [hɜːd] glej HEAR*

**hearing** ['hɪərɪŋ] sluh; zaslišanje; **day** ~ rok obravnave; ~ **aid** slušni aparat

**hearsay** ['hɪəseɪ] govorice, čenče

**hearse** [hɜːs] mrliški voz

**heart** [hɑːt] srce; jedro, pogum; ~**ache** gorje, srčna bolečina; ~ **attack** srčni napad; ~**beat** srčni utrip; ~ **failure** srčna kap; ~**broken** strt, potrt; ~**felt** iskren, prisrčen; ~**less** brezsrčen, neusmiljen; ~**rending** otožen, žalosten, presunljiv; ~**sick** otožen, potrt; ~-**to**-~ iskren, odkrit pogovor; **by** ~ na pamet; ~**y** prisrčen, iskren, živahen

**heartburn** ['hɑːtbɜːn] zgaga

**hearth** [hɑːθ] ognjišče, dom

**heat** [hiːt] segreti, pogreti, razvneti; vročina, toplota, razdraženost, višek; izločitvena kurjava; ~-**stroke** sončarica; ~**wave** vročinski val; **in** ~ (zool) spolno razdražena samica

**heated** ['hiːtɪd] vnet, goreč; razdražen

**heater** ['hiːtə(r)] grelec; grelna plošča

**heath** [hiːθ] vresje; goličava

**heathen** ['hiːðn] pogan; poganski

**heather** ['heðə(r)] vresje, resje

**heating** [hiːtɪŋ] gretje, ogrevanje; kurjava; **central** ~ centralna kurjava

**heave\*** [hiːv] dvigati (se) sopsti; naraščati

**heaven** ['hevn] nebesa; nebo; blaženost; ~**ly** nebeški, božanski

**heavy** ['hevɪ] težek; znaten; silen (dež); bobneč (grom); oblačen (nebo); mo-

reč (tišina); naporen (delo); grob (poteza); prenatovorjen; težko prebavljiv; težko razumljiv; ~ **industry** težka industrija

**heavyweight** ['hevɪweɪt] tekmovalec težke kategorije; vpliven človek

**heckle** ['hekl] nadlegovati z vprašanji, skakati govorniku v besedo

**hectare** ['hekteə(r)] hektar (10 000 m²)

**hectic** ['hektɪk] nemirno dejaven; vročičen; sušičen

**hector** ['hektə(r)] biti nesramen; tiranizirati, strašiti

**hedge** [hedž] živa meja; ograditi, obdati; izmikati se

**hedgehog** ['hedžhɒg] jež

**hedgehop** ['hedžhɒp] zelo nizko leteti (letalo)

**hedgerow** ['hedžrəʊ] živa meja, ograda

**heed** [hiːd] upoštevati; paziti na

**heedless** ['hiːdlɪs] nepazljiv; nemaren; brezobziren

**heel** [hiːl] peta, podpetnik; podplesti nogavice, podpetiti; **head over** ~**s** na vrat na nos; **to bring to** ~ upogniti koga; **to come to** ~ priti k nogi (pes); **to take to one's** ~**s** zbežati

**hefty** ['heftɪ] močen, mišičast

**hegemony** [hɪ'geмənɪ] hegemonija, nadvlada

**heifer** ['hefə(r)] junica, telica

**height** [haɪt] višina, vrh, vrhunec

**heighten** ['haɪtn] zvišati, povečati se

**heinous** ['heɪnəs] ostuden, gnusen

**heir** [eə(r)] dedič; **~ess** dedinja; **~ apparent** zakonski dedič; **~ in tail** nujni dedič

**heirloom** ['eəluːm] dedna družinska lastnina

**held** [held] glej HOLD*

**helicopter** ['helɪkɒptə(r)] helikopter

**heliport** ['helɪpɔːt] letališče za helikopterje

**helium** ['hiːlɪəm] helij

**hell** [hel] pekel; hudiča!; Go to ~! Pojdi k vragu!; **~-bent** brezobziren

**hellebore** ['helɪbɔː(r)] teloh

**hellish** ['helɪš] vražji, peklenski

**hello** ['heləʊ] halo!; živijo!, zdravo!

**helm** [helm] krmilo; **to be at the ~** biti na krmilu

**helmet** ['helmɪt] čelada, šlem

**helmsman** ['helmzmən] krmar

**help** [help] pomoč, pomočnik; pomagati, postreči (si); **~line** posebna telefonska zveza za klice v sili

**helpful** ['helpfl] uslužen, koristen

**helping** ['helpɪŋ] porcija, obrok

**helpless** ['helplɪs] nebogljen, nemočen, brez pomoči

**helter-skelter** [ˌheltə'skeltə(r)] na vrat na nos

**hem** [hem] rob; zarobiti

**hemisphere** ['hemɪsfɪə(r)] polobla, hemisfera

**hemlock** ['hemlɒk] (bot) trobelika

**hemp** [hemp] konoplja; mamilo iz konoplje

**hemstitch** ['hemstɪč] ažur; robiti z ažurom

**hen** [hen] kokoš, kura

**hence** ['hens] odslej; zato

**henceforth** [ˌhens'fɔːθ] odslej, v prihodnje

**henchman** ['henčmən] politični privrženec; podrepnik

**hen-house** ['henhaʊs] kokošnjak, kurnik

**hen party** ['henpɑːtɪ] (coll) ženska družba

**henpecked** ['henpekt] **~ husband** copatar; mož, ki je v vsem podrejen ženi

**her** [hɜː(r)] njen; njo, jo, ji

**herald** ['herəld] glasnik, znanilec; najaviti, naznaniti

**heraldry** ['herəldrɪ] veda o grbih, grboslovje

**herb** [hɜːb] (zdravilno) zelišče

**herbaceous** [hɜː'beɪšəs] zeliščen

**herbage** ['hɜːbɪdž] zelišče, trava

**herbalist** ['hɜːbəlɪst] zeliščar

**herbivorous** [hɜː'bɪvərəs] rastlinojed

**herd** [hɜːd] čreda, krdelo

**herdsman** ['hɜːdsmən] pastir

**here** [hɪə(r)] tukaj, sem; H~ you are! Izvolite!

**hereabout(s)** [ˌhɪərə'baʊts] tu nekje v bližini

**hereafter** [ˌhɪər'ɑːftə(r)] odslej; na drugem svetu

**hereby** [ˌhɪə'baɪ] s tem, zaradi tega

**hereditary** [hɪ'redɪtrɪ] deden; prirojen

**heredity** [hɪ'redətɪ] dednost

**herein** [ˌhɪəˈrɪn] v tem, tu notri; ~ **after** za tem, spodaj, v nadaljevanju, odslej (v dokumentu)

**heresy** [ˈherəsɪ] kriva vera, odpadništvo

**heretic** [ˈherətɪk] krivoverec, heretik

**heretofore** [ˌhɪətʊˈfɔː(r)] do sedaj, poprej

**herewith** [ˌhɪəˈwɪð, ˌhɪəˈwɪθ] s tem

**heritage** [ˈherɪtɪdʒ] dediščina, nasledstvo

**hermetic** [hɜːˈmetɪk] neprodušen, neprepusten

**hermit** [ˈhɜːmɪt] puščavnik, samotar

**hernia** [ˈhɜːnɪə] kila

**hero** [ˈhɪərəʊ] junak; ~**ine** junakinja

**heroic** [hɪˈrəʊɪk] junaški; zanosen

**heroin** [ˈherəʊɪn] heroin

**heroism** [ˈherəʊɪzəm] junaštvo

**heron** [ˈherən] čaplja

**herring** [ˈherɪŋ] slanik (riba); ~-**bone** ribja kost (vzorec)

**hers** [hɜːz] njen; *It isn't your book, it is* ~. Knjiga ni tvoja, njena je.

**herself** [hɜːˈself] sebe, se; ona sama

**Hercegovin|a** [ˌhercəgəʊˈviːnə] Hercegovina; ~**ian** hercegovski; Hercegovec, Hercegovka

**hesitancy** [ˈhezɪtənsɪ] neodločnost, oklevanje

**hesitant** [ˈhezɪtənt] neodločen, omahljiv

**hesitate** [ˈhezɪteɪt] obotavlja-ti se, omahovati, oklevati, odlašati

**hessian** [ˈhesɪən] raševina

**heterodox** [ˈhetərədɒks] drugoverski

**heterogeneous** [ˌhetərəˈdʒiːnɪəs] raznovrsten; drugoroden

**het up** [ˌhet ˈʌp] vznemirjen, razburjen

**hew*** [hjuː] sekati; klesati

**hewn** [hjuːn] *glej* HEW*

**hexagon** [ˈheksəgən] šesterokotnik

**heyday** [ˈheɪdeɪ] višek; sreča; razcvet

**hi** [haɪ] hej!; živijo!, zdravo!

**hiatus** [haɪˈeɪtəs] prekinitev; vrzel, reža; zev

**hibernate** [ˈhaɪbəneɪt] prezimiti

**hiccup, hiccough** [ˈhɪkʌp] kolcanje; manjši problem ali prekinitev; **to get the** ~**s** kolcati se

**hickory** [ˈhɪkərɪ] ameriški beli oreh

**hid** [hɪd] *glej* HIDE*

**hidden** [ˈhɪdn] *glej* HIDE*

**hide*** [haɪd] skriti (se), prikrivati; živalska koža; ~**away** skrivališče; ~**out** skrivališče (zlasti kriminalcev); ~**bound** ozkosrčen, ki se drži ustaljenih pravil

**hide-and-seek** [ˌhaɪdnˈsiːk] skrivalnice (otroška igra)

**hideous** [ˈhɪdɪəs] ostuden

**hierarchy** [ˈhaɪərɑːkɪ] razvrstitev po položaju, funkcijah, pomembnosti; visoki, zlasti cerkveni dostojanstveniki

**hieroglyph** ['haɪərəglɪf] hieroglif, pisni znak slikovne pisave

**hi-fi** ['haɪfaɪ] veren, natančen posnetek; popolna reprodukcija glasov; visoka kakovost elektroakustičnih aparatov

**high** [haɪ] visok, velik; važen, odličen; rezek (glas); veder, vesel; natrkan, omamljen; drag; visoko, močno, zelo; ~ **chair** otroški stol na visokih nogah; ~ **jump** skok v višino; ~ **seas** odprto morje; ~ **season** glavna sezona; ~ **street** glavna ulica; ~ **tea** (izdaten) obrok s čajem pozno popoldne; ~ **tension** visoka napetost; ~ **tide** plima, vrhunec; ~ **treason** veleizdaja; ~ **water** najvišja gladina vode; ~**-flying** častihlepen, ki si močno prizadeva za uspeh; ~**-handed** samovoljen, nadut; ~ **minded** plemenit, ponosen; ~**-pitched** visok (glas); in ~ **spirits** natrkan, dobre volje; It is ~ time. Skrajni čas je.

**highbrow** ['haɪbraʊ] zelo izobražen; domišljav

**highland** ['haɪlənd] visoka planota, višavje; **the Highlands** Škotsko višavje

**highlight** ['haɪlaɪt] (pl) svetli del (na sliki, fotografiji); najvažnejši dogodek, središče zanimanja, vrhunec; prameni (las); poudariti, osvetliti (problem), označiti, zaznamovati (besedilo)

**highly** ['haɪlɪ] zelo; spoštljivo; ~**-strung** nervozen, razdražljiv

**highness** ['haɪnɪs] visočanstvo, visokost

**high school** ['haɪsku:l] srednja šola, gimnazija

**highway** ['haɪweɪ] (glavna) pot, cesta; (Am) magistrala, glavna medkrajevna cesta; **H~ Code** cestnoprometni predpisi; ~**man** cestni razbojnik

**hijack** ['haɪdžæk] ugrabiti letalo, vozilo; ~**er** ugrabitelj letala, vozila

**hike** ['haɪk] pešačiti; višati (cene); pešačenje

**hilarious** [hɪ'leərɪəs] smešen, zabaven, ki spravlja v smeh

**hilarity** [hɪ'lærətɪ] veselost, veselje

**hill** [hɪl] hrib, grič; gorica; ~ **farming** hribovsko, gorsko kmetijstvo; ~**side** pobočje, obronek; ~**y** gričevnat, hribovit

**hilt** [hɪlt] držaj, ročaj (bodala)

**him** [hɪm] njega, njemu

**himself** [hɪm'self] sebe, se; on sam

**hind** [haɪnd] košuta; zadnji

**hinder** ['hɪndə(r)] ovirati, zadrževati

**hindmost** ['haɪndməʊst] zadnji, najbolj zadaj

**hindrance** ['hɪndrəns] ovira, zapreka; zadržek

**hinge** [hɪndž] tečaj, zgib; natakniti na tečaje, viseti na tečajih

**hint** [hɪnt] namig; namigniti

**hinterland** ['hɪntəlænd] zaledje, notranjost (dežele)

**hip** [hɪp] kolk; šipek; ~-**bath** sedežna kad; ~ **flask** čutarica

**hippodrome** ['hɪpədrəʊm] konjsko dirkališče, hipodrom

**hippopotamus** [ˌhɪpə'pɒtəməs] povodni konj

**hire** [ˈhaɪə(r)] najeti; **to ~ out** dati v najem; ~ **purchase** nakup na odplačilo; ~**d** najet

**hireling** ['haɪəlɪŋ] najemnik, plačanec

**hirsute** ['hɜːsjuːt] kosmat, kocinast; naježen

**his** [hɪz] njegov

**hiss** [hɪs] sikati; izžvižgati

**historic** [hɪ'stɒrɪk] pomemben zgodovinski (dogodek, sprememba)

**historical** [hɪ'stɒrɪkl] zgodovinski (film, roman, drama)

**histor|y** ['hɪstrɪ] zgodovina; ~**ian** zgodovinar

**histrionic** [ˌhɪstrɪ'ɒnɪk] izumetničen, teatralen

**hit\*** [hɪt] udariti, zadeti, prizadeti; udarec, zadetek; uspešnica, hit; ~-**and-run accident** nesreča, ki jo je povzročil pobegli voznik

**hitch** [hɪč] sunkoma potegniti; pritrditi, zavozlati; potovati z avtostopom; potegljaj; zanka; nepričakovana ovira, težava

**hitchhike** ['hɪčhaɪk] zastonjska vožnja z avtomobilom; potovati z avtostopom

**hither** ['hɪðə(r)] sem, semkaj; ~**and thither** sem in tja

**hitherto** [ˌhɪðə'tuː] doslej

**hive** [haɪv] panj; dati v panj (roj), bivati v panju

**hives** [haɪvz] *(pl)* izpuščaj, koprivnica

**hoard** [hɔːd] zaloga, zaklad; zalogo delati, kopičiti

**hoarse** [hɔːs] hripav

**hoary** [hɔːrɪ] osivel, častitljiv

**hoax** [həʊks] potegavščina; potegniti koga; **newspaper** ~ časopisna raca

**hobble** ['hɒbl] krevsati; obirati se

**hobby** ['hɒbɪ] konjiček, hobi

**hobby-horse** ['hɒbɪhɔːs] lesen konjiček (igrača); najljubša pogovorna tema

**hobgoblin** [hɒb'gɒblɪn] škrat; porednež

**hobnailed** ['hɒbneɪld] podkovan (čevelj)

**hobnob** ['hɒb nɒb] skupaj popivati, prijateljiti se

**hobo** ['həʊbəʊ] *(Am)* potepuh, sezonski delavec

**hock** [hɒk] zastavljalnica; zastaviti

**hockey** ['hɒkɪ] hokej na travi; **ice ~** hokej na ledu

**hocus-pocus** [ˌhəʊkəs'pəʊkəs] zvijača, prevara

**hod** [hɒd] čebriček; zaboj za premog

**hoe** [həʊ] rovnica, motika; okopavati

**hog** [hɒg] prašič; požrešnež

**hogmanay** ['hɒgməneɪ] silvestrovo (na Škotskem); novoletna pojedina

**hogshead** ['hɒgzhed] sod, mera za tekočine (okrog 250 l)

**hoist** [hɔɪst] dvigniti (zastavo, jadro); dvigalo, motovilo

**hold\*** [həʊld] (ob)držati, prijeti, imeti; imeti koga za kaj; zadržati; prijem; moč, vpliv; opora; **to ~ back** prikrivati, zadrževati; **to ~ on** čvrsto se česa držati; ostati pri telefonu; **to ~ out** nuditi roko; vztrajati, vzdržati; **to ~ up** ovirati, zadržati, podpirati; **to ~ with** soglašati; **~er** prinašalec; imetnik; posoda

**holding** ['həʊldɪŋ] družba, ki si z nakupom delnic omogoča vpliv; zakupno zemljišče, posest (delnice, zemlja)

**hold-up** ['həʊld ʌp] roparski napad; zastoj v prometu

**hole** [həʊl] luknja, kotanja, vdolbina; bedno stanovanje

**holiday** ['hɒlədeɪ] praznik, dopust, (pl) počitnice; **~maker** dopustnik, letoviščar

**holiness** ['həʊlɪnɪs] svetost

**Holland** ['hɒlənd] Holandija, Nizozemska glej NETHERLANDS, DUTCH

**hollow** ['hɒləʊ] votel, prazen, puhel, zamolkel; votlina, luknja, duplina

**holly** ['hɒlɪ] božje drevce

**hollyhock** ['hɒlɪhɒk] slezenovec, rožlin

**holocaust** ['hɒləkɔːst] razdejanje; žgalna daritev

**holster** ['həʊlstə(r)] usnjen tok

**holy** ['həʊlɪ] svet, pobožen; **H~ Communion** obhajilo; **H~ Father** sveti oče, papež; **H~ Week** Veliki teden; **H~ Writ** Sveto pismo

**homage** ['hɒmɪdž] poklonitev; pokornost, spoštovanje

**home** [həʊm] dom, stanovanje, domovina; domač, hišen; **to be at ~** biti doma

**homeland** ['həʊmlænd] domovina, domača dežela

**homeless** ['həʊmlɪs] brez doma, brezdomski

**homelike** ['həʊmlaɪk] kakor doma, udoben

**homely** ['həʊmlɪ] preprost, domač; (Am) neuglajen

**home-made** [.həʊm'meɪd] doma narejen, domač

**home rule** [.həʊm 'ruːl] samovladje, avtonomija

**homesick** ['həʊmsɪk] domotožen

**homespun** ['həʊmspʌn] doma spreden; domač, preprost

**homestead** ['həʊmsted] kmetija, posestvo

**homeward(s)** ['həʊmwəd(z)] proti domu, domov

**homework** ['həʊmwɜːk] domača naloga; domače delo

**homicide** ['hɒmɪsaɪd] (Am) umor, uboj; morilec

**homily** ['hɒmɪlɪ] pridiga

**homing pigeon** [.həʊmɪŋ 'pɪdžɪn] golob pismonoša

**homogeneous** [.hɒmə'džiːnɪəs] homogen, istovrsten, enovit, enoten

**homonym** ['hɒmənɪm] enakozvočnica

**homosexual** [.hɒmə'seksʊəl] nagnjen k istemu spolu, homoseksualen

**hone** [həʊn] brus, osla; nabrusiti

**honest** ['ɒnɪst] pošten, resnicoljuben, iskren

**honesty** ['ɒnəstɪ] poštenost, iskrenost

**honey** ['hʌnɪ] med, strd; ljubica; meden, sladek

**honeybee** ['hʌnɪbi:] čebela delavka

**honeycomb** ['hʌnɪkəʊm] satovje, sat, satast vzorec; ~ed satast, luknjičast

**honeydew** ['hʌnɪdju:] medena rosa, mana; sladkan tobak

**honeymoon** ['hʌnɪmu:n] medeni tedni

**honeysuckle** ['hʌnɪsʌkl] kovačnik

**honk** [hɒŋk] hupati (avto)

**honour,** *(Am)* **honor** ['ɒnə(r)] čast, spoštovanje; spoštovati, izkazovati čast

**honorary** ['ɒnərərɪ] časten; brezplačen; ~ **degree** častna diploma

**honourable,** *(Am)* **honorable** ['ɒnərəbl] časten, pošten, spoštovan

**hood** [hʊd] kapuca; varovalni okrov

**hoodlum** ['hu:dləm] razbijač, nasilnež

**hoodwink** ['hʊdwɪŋk] prevarati, preslepiti

**hoof** [hu:f] kopito, parkelj

**hook** [hʊk] kavelj, trnek, kljuka; obesiti na kavelj, (u)loviti na trnek; **to ~ up** spojiti; ~-**up** omrežje radijskih (TV) postaj z istim programom

**hooked** [hʊkt] kljukast, zakrivljen; predan, zasvojen (z mamili)

**hooker** [hʊkə(r)] *(Am)* prostitutka

**hookworm** ['hʊkwɜ:m] trakulja

**hooky** ['hʊkɪ] **to play ~** neupravičeno izostajati od pouka

**hoop** [hu:p] obroč; obiti z obroči

**hoot** [hu:t] skovikanje; hupanje, tuljenje (sirene); skovikati; hupati, tuliti; rogati se

**hop** [hɒp] skočiti, preskočiti, poskakovati; skok; kratko potovanje; etapa pri dolgem poletu; ples; hmelj (rastlina), *(pl)* hmelj (plod)

**hope** [həʊp] upanje, pričakovanje; upati, nadejati se

**hopeful** ['həʊpfl] poln upanja, obetajoč

**hopeless** ['həʊplɪs] brezupen; nepopravljiv

**hopscotch** ['hɒpskɒč] ristanc (otroška igra)

**horde** [hɔ:d] horda

**horizon** [hə'raɪzn] obzorje, horizont

**horizontal** [,hɒrɪ'zɒntl] vodoraven, horizontalen

**hormone** ['hɔ:məʊn] hormon

**horn** [hɔ:n] rog, roževina; troblja

**hornet** ['hɔ:nɪt] sršen

**horny** ['hɔ:nɪ] rožen; rogat; žuljav

**horrendous** [hɒ'rendəs] strašanski, grozanski

**horrible** ['hɒrəbl] strašen, grozen, strahoten

**horrid** ['hɒrɪd] grozen, odvraten

**horrify** ['hɒrɪfaɪ] navdati z grozo, prestrašiti

**horror** [ˈhɒrə(r)] groza, stud; ~ **film** (ali **story**) grozljivka

**horse** [hɔːs] konj; ~ **breeding** konjereja

**horseback** [ˈhɔːsbæk] konjski hrbet; **to ride** ~ jahati

**horse chestnut** [ˌhɔːsˈʧesnʌt] divji kostanj

**horsefly** [ˈhɔːsflaɪ] obad

**horsehair** [ˈhɔːsheə(r)] žima

**horseman** [ˈhɔːsmən] jezdec, konjenik

**horseplay** [ˈhɔːspleɪ] neslana, surova šala

**horsepower** [ˈhɔːspaʊə(r)] konjska moč (približno 740 W)

**horseradish** [ˈhɔːsrædɪš] hren

**horseshoe** [ˈhɔːsšuː] podkev

**horsewhip** [ˈhɔːswɪp] bič; udariti z bičem

**horticulture** [ˈhɔːtɪkʌlčə(r)] vrtnarstvo

**hose** [həʊz] gumijasta cev; zalivati vrt, spirati (cesto); (pl) nogavice, žabe

**hosiery** [ˈhəʊzɪərɪ] trgovina z nogavicami, pleteninami in moškim perilom; trikotaža

**hospitable** [hʊˈspɪtəbl] gostoljuben

**hospital** [ˈhɒspɪtl] bolni(šni)ca

**hospitality** [ˌhɒspɪˈtælətɪ] gostoljubnost

**host** [həʊst] gostitelj; množica; ~ **computer** gostiteljski (ali glavni) računalnik

**hostage** [ˈhɒstɪdž] talec

**hostel** [ˈhɒstl] gostišče, penzion; počitniški dom (za študente)

**hostelry** [ˈhɒstəlrɪ] gostilna, gostišče

**hostess** [ˈhəʊstɪs] gostiteljica; uslužbenka (v turizmu, gostinstvu), ki spremlja, sprejema goste; **air** ~ stevardesa

**hostile** [ˈhɒstaɪl] sovražen

**hostility** [hʊˈstɪlətɪ] sovražnost; (pl) vojna

**hot** [hɒt] vroč; vročekrven; vnet, pekoč; ~ **air** širokousten; ~ **dog** vroča hrenovka v štručki; ~ **line** neposredna (telefonska) linija; ~ **spring** topli vrelec, toplice; ~-**water bottle** termofor

**hotbed** [ˈhɒtbed] topla greda; leglo; žarišče (bolezen)

**hotchpotch** [ˈhɒčpɒč] zmešnjava, mešanica

**hotel** [həʊˈtel] hotel

**hot-headed** [ˌhɒt ˈhedɪd] vročekrven

**hothouse** [ˈhɒthaʊs] rastlinjak

**hound** [haʊnd] lovski pes; loviti s psi, preganjati

**hour** [ˈaʊə(r)] ura, čas

**hourglass** [ˈaʊəglɑːs] peščena ura

**hourly** [ˈaʊəlɪ] vsako uro, pogosto

**house** [haʊs] hiša, dom, bivališče; trgovska hiša; podjetje; gledališče; parlament, skupščina; študentski dom; gostilna; [haʊz] vzeti pod streho, spraviti, uskladiščiti; **H~ of Lords (Commons)** zgornji (spodnji) dom v britanskem parlamentu; **H~s of Parliament** (Br) par-

lament; H~ of Representati-
ves *(Am)* spodnji dom (kon-
gresa); on the ~ na račun
hiše; ~trained vzgojen, dre-
siran (pes, mačka)
household ['haʊshəʊld] go-
spodinjstvo; družina, služa-
bniki
housekeeper ['haʊski:pə(r)]
gospodinja; oskrbnik, hi-
šnik; stanodajalec
housekeeping ['haʊski:pɪŋ]
gospodinjstvo
housemaid ['haʊsmeɪd] služ-
kinja, sobarica
house-warming ['haʊswɔ:-
mɪŋ] zabava ob vselitvi v
novo stanovanje
housewife ['haʊswaɪf] go-
spodinja
housework ['haʊswɜːk] hišna
dela
housing ['haʊzɪŋ] stanova-
nje, nastanitev; ohišje; ~
estate stanovanjsko naselje
hovel ['hɒvl] koliba, koča,
bajta
hover ['hɒvə(r)] lebdeti, pla-
vati po zraku; ~craft vozilo
na zračno blazino
how [haʊ] kako; ~ much *(ali
many)* koliko; H~ do you do.
Dober dan., Pozdravljeni.
however [haʊ'evə(r)] kakor-
koli, vendar, pa
howitzer ['haʊɪtsə(r)] mož-
nar, havbica
howl [haʊl] tuliti, zavijati
(volk, veter)
hub [hʌb] središče, žarišče
dejavnosti
hubbub ['hʌbʌb] hrup, nered,
zmeda

huckleberry ['hʌklbərɪ] bo-
rovnica
huddle ['hʌdl] stiskati se, pre-
rivati se; zmešnjava; *(Am)*
tajni posvet
hue [hju:] barvni odtenek,
barva
huff [hʌf] jeza, zamera; razje-
ziti, kujati se
hug [hʌg] objem; tesno objeti,
ljubkovati
huge [hju:dž] ogromen,
velikanski
hulk [hʌlk] stara ladja; okor-
než; klada
hull [hʌl] ladijski trup, lu-
ščina, strok; luščiti
hullabaloo [ˌhʌləbə'lu:]
trušč, direndaj
hum [hʌm] brenčati,
brundati
human ['hju:mən] človeški;
človek; ~ consciousness člo-
veška zavest; ~ race člo-
veštvo; ~ rights človekove
pravice
humane [hju:'meɪn] človeko-
ljuben, plemenit, človečen
humanitarian [hju:ˌmænɪ-
'teərɪən] človekoljuben, do-
brodelen; človekoljub
humanities [hju:'mænətɪz]
humanistične vede
humanity [hju:'mænətɪ] člo-
veštvo, človekoljubje
human|ize, ~ise ['hju:mənaɪz]
napraviti človeško, humani-
zirati; prosvetliti
humble ['hʌmbl] skromen,
ponižen, pohleven
humbug ['hʌmbʌg] sleparija,
prevara, slepar; goljufati
humdrum ['hʌmdrʌm] dol-

gočasen, pust; dolgočasje, enoličnost

**humid** ['hju:mɪd] vlažen; ~**ity** vlaga, vlažnost

**humiliate** [hju:'mɪlɪeɪt] ponižati

**humiliation** [hju:ˌmɪlɪ'eɪšn] poni=žanje

**humility** [hju:'mɪlətɪ] poni=žnost, skromnost

**hummingbird** ['hʌmɪŋbɜːd] kolibri

**humorous** ['hju:mərəs] še=gav, šaljiv

**humour**, (Am) **humor** ['hju:mə(r)] humor, šaljivost, du=hovitost, razpoloženje; ugo=diti, prilagoditi se komu

**hump** [hʌmp] griček, izbo=klina, grba; **to ~ (up)** zgrbiti, nositi na hrbtu, ramenih

**humpback** ['hʌmpbæk] gr=bavec; ~**ed** grbav, skrivljen

**hunch** [hʌnč] slutnja; upo=gniti, zgrbiti

**hundred** ['hʌndrəd] sto; stotica

**hundredweight** ['hʌndrə=dweɪt] cent; (Br) **long ~** 50,8 kg; (Am) **short ~** 45,4 kg

**hundredth** ['hʌndrətθ] stoti; stotina

**hung** [hʌŋ] glej HANG*

**Hungar|y** ['hʌŋgərɪ] Madžar=ska; ~**ian** madžarski; Ma=džar(ka); madžarščina

**hunger** ['hʌŋgə(r)] lakota, glad; hrepenenje

**hungry** ['hʌŋgrɪ] lačen

**hunk** [hʌŋk] velik kos, krajec

**hunt** [hʌnt] loviti, zasledo=vati, iskati; lov, lovišče

**hunter** ['hʌntə(r)] lovec

**hunting** ['hʌntɪŋ] lov; ~ **gro=und** lovišče, lovski revir

**huntsman** ['hʌntsmən] (Br) lovec

**hurdle** ['hɜːdl] zapreka, ovira

**hurl** [hɜːl] zalučati, zagnati

**hurrah, hurray** [hʊ'rɑː, hʊ'reɪ] hura!; vzpodbujati

**hurricane** ['hʌrɪkən] močen vrtinčast vihar; ~ **lamp** pred vetrom zavarovana luč

**hurry** ['hʌrɪ] hiteti, pohiteti, pospešiti, gnati; naglica; **in a ~** v naglici

**hurt*** [hɜːt] poškodovati; bo=leti; žaliti

**hurtful** ['hɜːtfl] žaljiv; neprija=zen; škodljiv

**hurtle** ['hɜːtl] brneti, rožljati, ropotati; sukati se

**husband** ['hʌzbənd] soprog, mož; varčevati

**husbandry** ['hʌzbəndrɪ] kme=tovanje; skrbno gospodarje=nje

**hush** [hʌš] tišina, pst!; umi=riti, utišati; ~ **money** podku=pnina za molk

**husk** [hʌsk] strok, luščina; pleva; luščiti

**husky** ['hʌskɪ] eskimski pes; postaven, močan (človek); hripav (glas)

**hustings** ['hʌstɪŋz] volilna kampanja

**hustle** ['hʌsl] prerivati se; suvati

**hut** [hʌt] koliba, baraka, koča

**hutch** [hʌč] kletka, zaboj za zajce

**hyacinth** ['haɪəsɪnθ] hijacinta

**hybrid** ['haɪbrɪd] mešan, kri=žan; mešanec, križanec

**hydrangea** [haɪ'dreɪndžə] hortenzija

**hydrant** ['haɪdrənt] hidrant, vodovodni priključek

**hydraulic** [haɪ'drɔːlɪk] hidravličen

**hydroelectric** [ˌhaɪdrəʊɪ'lektrɪk] hidroelektričen; ~ power plant hidroelektrarna

**hydrofoil** ['haɪdrəfɔɪl] gliser

**hydrogen** ['haɪdrədžən] vodik

**hydromel** ['haɪdrəmel] medica

**hydrophobia** [ˌhaɪdrə'fəʊbɪə] steklina

**hydropsy** ['haɪdrəpsɪ] vodenica

**hydrotherapy** [ˌhaɪdrəʊ'θerəpɪ] zdravljenje z vodo

**hyena** [haɪ'iːnə] hijena

**hygiene** ['haɪdžiːn] higiena

**hygienic** [haɪ'džiːnɪk] higienski, sanitaren

**hymen** ['haɪmən] himen, deviška kožica

**hymn** [hɪm] hvalnica, himna, slavospev; zapeti hvalnico

**hymnal** ['hɪmnəl] cerkvena pesmarica

**hyperbola** [haɪ'pɜːbələ] hiperbola, krivulja

**hyperbole** [haɪ'pɜːbəlɪ] hiperbola, besedna figura, ki izraža pretiravanje

**hypercritical** [ˌhaɪpə'krɪtɪkl] dlakocepski, preveč kritičen

**hypermarket** ['haɪpəmɑːkɪt] zelo velik supermarket

**hypersensitive** [ˌhaɪpə'sensətɪv] preobčutljiv

**hypertension** [ˌhaɪpə'tenšn] povečan krvni pritisk

**hyphen** ['haɪfn] vezaj

**hypnosis** [hɪp'nəʊsɪs] hipnoza

**hypnotic** [hɪp'nɒtɪk] uspavalen; uspavalo

**hypnot|ize, ~ise** ['hɪpnətaɪz] hipnotizirati, uspavati

**hypochondria** [ˌhaɪpə'kɒndrɪə] umišljanje bolezni; ~c hipohonder

**hypocrisy** [hɪ'pɒkrəsɪ] hinavščina, svetohlinstvo, licemerstvo

**hypocrite** ['hɪpəkrɪt] hinavec, licemerec, svetohlinec

**hypodermic** [ˌhaɪpə'dɜːmɪk] podkožen; ~ syringe brizgalka

**hypotenuse** [haɪ'pɒtənjuːz] hipotenuza

**hypothesis** [haɪ'pɒθəsɪs] domneva, hipoteza

**hypothetical** [ˌhaɪpə'θetɪkl] domneven, hipotetičen

**hysteria** [hɪ'stɪərɪə] histerija

**hysterical** [hɪ'sterɪkl] histeričen

# I

**I** [aɪ] jaz

**ibex** ['aɪbeks] kozorog

**ice** [aɪs] led; sladkorni obliv; ohladiti, zamrzniti; obliti s sladkorjem; **I~ Age** ledena doba; **~berg** ledena gora; **~-box** zamrzovalnik, *(Am)* hladilnik; **~cream** sladoled; **~ floe** ledena plošča; **~ rink** drsališče

**iced** [aɪst] pokrit z ledom; oblit s sladkorjem; ohlajen

**Iceland** ['aɪslənd] Islandija; **~ic** islandski; islandščina; **~er** Islandec, Islandka

**icicle** ['aɪsɪkl] ledena sveča

**icing** ['aɪsɪŋ] sladkorni obliv; prepovedan dolgi strel (hokej); **~ sugar** sladkor v prahu

**icon** ['aɪkɒn] ikona

**icy** ['aɪsɪ] leden; brezčuten

**idea** [aɪ'dɪə] ideja, zamisel; mnenje, predstava

**ideal** [aɪ'dɪəl] popoln, odličen; nedosegljiv; izmišljen, namišljen; vzor

**ideal|ize**, **~ise** [aɪ'dɪəlaɪz] olepševati, idealizirati

**identical** [aɪ'dentɪkl] istoveten, identičen; **~ twins** enojajčna dvojčka

**identify** [aɪ'dentɪfaɪ] ugotoviti istovetnost

**identity** [aɪ'dentɪtɪ] istovetnost, identiteta

**ideology** [ˌaɪdɪ'ɒlədžɪ] ideologija

**idiocy** ['ɪdɪəsɪ] idiotizem; omejeno, neumno dejanje

**idiom** ['ɪdɪəm] (stalna) besedna zveza, fraza

**idiot** ['ɪdɪət] idiot, bedak, bebec, trap

**idiotic** [ˌɪdɪ'ɒtɪk] bebast, neumen, omejen, trapast

**idle** ['aɪdl] brezdelen, nezaposlen; v praznem teku (stroj), len, nekoristen, mrtev (kapital); lenariti, zapravljati čas

**idol** ['aɪdl] idol, vzor, malik

**idolatry** [aɪ'dɒlətrɪ] malikovanje, pretirano čaščenje

**idol|ize**, **~ise** [aɪdələɪz] malikovati, oboževati

**idyll** ['ɪdɪl] idila

**if** [ɪf] če

**igneous** ['ɪgnɪəs] vulkanski; **~ rocks** vulkanske kamnine

**ignite** [ɪg'naɪt] vžgati (se), zažgati (se)

**ignition** [ɪg'nɪšn] vžig, gorenje

**ignoble** [ɪg'nəʊbl] podel, nizkoten

**ignominious** [ˌɪgnə'mɪnɪəs] nečasten, sramoten

**ignominy** ['ɪgnəmɪnɪ] sramota, sramotno dejanje

**ignorance** ['ɪgnərəns] nevednost, omejenost, neznanje

**ignorant** ['ɪgnərənt] neveden, nevešč, omejen (človek)

**ignore** [ɪg'nɔ:(r)] ne meniti se, ignorirati

**ill** [ɪl] bolan; slab, škodljiv, poguben; slabo, težko, komaj; **~-advised** nepremišljen, nespameten; **~-assorted** neskladen; **~-bred** nevzgojen, brez olike; **~-disposed** nenaklonjen, nerazpoložen; **~-equipped** slabo opremljen; **~-starred** pod nesrečno zvezdo (rojen); **~-tempered** slabe volje, zlovoljen; **to ~-treat** trpinčiti, grdo ravnati s kom

**illegal** [ɪ'li:gl] nezakonit, ilegalen

**illegible** [ɪ'ledžəbl] nečitljiv

**illegitimate** [‚ɪlɪ'džɪtɪmət] nezakonit, nezakonski

**illicit** [ɪ'lɪsɪt] nedovoljen, prepovedan

**illiteracy** [ɪ'lɪtərəsɪ] nepismenost, neznanje

**illiterate** [ɪ'lɪtərət] nepismen, neizobražen

**illness** ['ɪlnɪs] bolezen

**illogical** [ɪ'lɒdžɪkl] nelogičen

**illuminate** [ɪ'lu:mɪneɪt] razsvetliti; poučiti

**illumination** [ɪ‚lu:mɪ'neɪšn] slavnostna razsvetljava, osvetlitev

**illumine** [ɪ'lu:mɪn] razsvetliti, prosvetliti

**illusion** [ɪ'lu:žn] iluzija, utvara, slepilo

**illusive** [ɪlu:sɪv] varljiv, navidezen

**illustrate** ['ɪləstreɪt] ilustrirati, ponazoriti

**illustration** [‚ɪlə'streɪšn] ilustracija, slika; ponazoritev, pojasnilo

**illustrious** [ɪ'lʌstrɪəs] slaven, sijajen

**ill will** [‚ɪl 'wɪl] sovraštvo, zlonamernost

**image** ['ɪmɪdž] predstava (o čem); podoba, slika, lik; prispodoba; pooosebljenje

**imagery** ['ɪmɪdžərɪ] podobe in kipi; raba prispodob

**imaginable** [ɪ'mædžɪnəbl] možen, predstavljiv

**imaginary** [ɪ'mædžɪnərɪ] namišljen, dozdeven, nestvaren

**imagination** [ɪ‚mædžɪ'neɪšn] domišljija

**imaginative** [ɪ'mædžɪnətɪv] domiseln, iznajdljiv

**imagine** [ɪ'mædžɪn] predstavljati si; misliti

**imbecile** ['ɪmbəsi:l] slaboumen, bebast; idiot, bebec

**imbue** [ɪm'bju:] navdihniti, prežeti; prepojiti

**imitate** ['ɪmɪteɪt] posnemati; ponarejati; oponašati

**imitation** [‚ɪmɪ'teɪšn] ponaredek; posnemanje, oponašanje

**imitative** ['ɪmɪtətɪv] posnemajoč; ponarejen

**imitator** ['ɪmɪteɪtə(r)] posnemovalec, oponašalec; ponarejevalec

**immaculate** [ɪ'mækjʊlət] brezmadežen, neomadeževan, neoskrunjen

**immanent** ['ɪmənənt] značilen, tipičen; neločljiv; opredeljujoč

**immaterial** [ˌɪmə'tɪərɪəl] brez-telesen; nebistven

**immature** [ˌɪmə'tjʊə(r)] nedo-rasel, nezrel, nerazvit

**immeasurable** [ɪ'meʒərəbl] neizmeren; neizmerljiv

**immediate** [ɪ'miːdɪət] nepo-sreden, takojšen; ~ly takoj, nemudoma

**immemorial** [ˌɪmə'mɔːrɪəl] pradaven, prastar

**immense** [ɪ'mens] ogromen, neizmeren, silen

**immerse** [ɪ'mɜːs] potopiti; po-globiti se

**immersion** [ɪ'mɜːšn] potopi-tev; zatopljenost (v misli); vstop nebesnega telesa v senco drugega; ~ **heater** po-topni grelec za vodo

**immigrant** ['ɪmɪgrənt] prise-ljenec, imigrant

**immigrate** ['ɪmɪgreɪt] priseliti se

**imminent** ['ɪmɪnənt] neizbe-žen, grozeč; bližnji

**immobile** [ɪ'məʊbaɪl] nepre-mičen, nepremakljiv, ne-giben

**immobil|ize**, ~**ise** [ɪ'məʊbə-laɪz] imobilizirati, napraviti negibljivo, nepremakljivo

**immoderate** [ɪ'mɒdərət] pre-tiran, nezmeren

**immodest** [ɪ'mɒdɪst] neskro-men; predrzen

**immoral** [ɪ'mɒrəl] nenraven, razuzdan, nemoralen, po-kvarjen

**immorality** [ˌɪmə'rælətɪ] spri-jenost, nemoralnost

**immortal** [ɪ'mɔːtl] nesmrten, neminljiv; nesmrtnik

**immortality** [ˌɪmɔː'tælətɪ] ne-smrtnost

**immortal|ize**, ~**ise** [ɪ'mɔːtəl-aɪz] ovekovečiti

**immovable** [ɪ'muːvəbl] ne-premičen; trden

**immune** [ɪ'mjuːn] imun, od-poren (proti); neobčutljiv

**immunity** [ɪ'mjuːnətɪ] imu-nost, odpornost; imuniteta, nedotakljivost

**immun|ize**, ~**ise** ['ɪmjʊnaɪz] zaščititi pred boleznijo, imu-nizirati

**immure** [ɪ'mjʊə(r)] obzidati, vzidati

**immutable** [ɪ'mjuːtəbl] ne-spremenljiv, stalen

**imp** [ɪmp] škrat, premetenec

**impact** ['ɪmpækt] vpliv; trče-nje; udarec, odboj (krogle)

**impair** [ɪm'peə(r)] oslabiti, poslabšati; poškodovati

**impale** [ɪm'peɪl] natakniti na kol, nabosti

**impart** [ɪm'pɑːt] podeliti, dati; sporočiti

**impartial** [ɪm'pɑːšl] pravičen, nepristranski, objektiven

**impassable** [ɪm'pɑːsəbl] ne-prehoden, neprevozen; ne-premostljiv

**impasse** ['æmpɑːs], (Am) ['ɪmpæs] brezizhodnost, za-stoj

**impassioned** [ɪm'pæšnd] strasten, razvnet

**impatience** [ɪm'peɪšns] nepo-trpežljivost, nestrpnost

**impatient** [ɪm'peɪšnt] nestr-pen, nepotrpežljiv

**impeach** [ɪm'piːč] obtožiti zlorabe položaja; napasti

(sodbo, verodostojnost pri-
če); podvomiti o čem
**impeccable** [ɪmˈpekəbl] brez-
hiben, popoln
**impede** [ɪmˈpiːd] preprečiti,
ovirati
**impediment** [ɪmˈpedɪmənt]
ovira; zadržek
**impel** [ɪmˈpel] priganjati,
primorati
**impending** [ɪmˈpendɪŋ] gro-
zeč, preteč; neizbežen
**impenetrable** [ɪmˈpenɪtrəbl]
neprepusten, neprodušen,
neprediren
**impenitent** [ɪmˈpenɪtənt] za-
krknjen, uporen
**imperative** [ɪmˈperətɪv]
*(gram)* velelnik; ukazovalen,
nujen
**imperceptible** [ɪmpəˈseptəbl]
neopazen, nezaznaven
**imperfect** [ɪmˈpɜːfɪkt] nepo-
poln, pomanjkljiv; nedovr-
šen
**imperfection** [ˌɪmpəˈfekšn]
nepopolnost, nedovršenost,
hiba
**imperial** [ɪmˈpɪərɪəl] cesarski,
vladarski
**imperialism** [ɪmˈpɪərɪəlɪzəm]
imperializem
**imperil** [ɪmˈperəl] ogrožati,
ogroziti
**imperious** [ɪmˈpɪərɪəs] uka-
zovalen; prevzeten
**imperishable** [ɪmˈperɪšəbl]
neminljiv, večen
**impermeable** [ɪmˈpɜːmɪəbl]
nepremočljiv, neprepusten
za vodo
**impersonal** [ɪmˈpɜːsənl] neo-
seben

**impersonate** [ɪmˈpɜːsəneɪt]
poosebiti; upodobiti, pred-
stavljati; izdajati se za
**impertinence** [ɪmˈpɜːtɪnəns]
nezaslišanost, nesramnost,
predrznost
**impertinent** [ɪmˈpɜːtɪnənt] ne-
sramen, predrzen
**impervious** [ɪmˈpɜːvɪəs] gluh
za kaj; neprepusten
**impetuous** [ɪmˈpečʊəs] silo-
vit, buren, nagel, vihrav
**impetus** [ˈɪmpɪtəs] spodbuda,
zagon
**impiety** [ɪmˈpaɪətɪ] nespoštlji-
vost; brezbožnost
**impinge** [ɪmˈpɪndž] vplivati
na; zadeti
**implacable** [ɪmˈplækəbl] ne-
spravljiv, neizprosen
**implant** [ɪmˈplɑːnt] vsa-
diti, vcepiti, implantirati;
[ˈɪmplɑːnt] implantat
**implement** [ˈɪmplɪmənt] oro-
dje, instrument, sredstvo;
*(pl)* oprema, potrebščine;
[ˌɪmplɪˈment] izvršiti, izpe-
ljati, realizirati
**implicate** [ˈɪmplɪkeɪt] zaple-
sti; vključiti
**implication** [ˌɪmplɪˈkeɪšn] za-
plet, vpletenost, tesna zveza;
posledica
**implicit** [ɪmˈplɪsɪt] naznačen;
brezpogojen
**implore** [ɪmˈplɔː(r)] moledo-
vati, milo prositi, rotiti
**imply** [ɪmˈplaɪ] namigniti;
imeti za posledico; vsebo-
vati; pomeniti
**impolite** [ˌɪmpəˈlaɪt] nevlju-
den, neolikan
**imponderable** [ɪmˈpɒndərə-

bl] ki se ne da izmeriti, oceniti

**import** [ɪm'pɔːt] uvažati; ['ɪmpɔːt] uvoz; *(pl)* uvoženo blago

**importance** [ɪm'pɔːtns] pomembnost, važnost

**important** [ɪm'pɔːtnt] pomemben, važen

**importunate** [ɪm'pɔːčʊnət] nadležen, vsiljiv; vztrajen

**importune** [ɪmpɔː'tjuːn] nadlegovati; prosjačiti

**impose** [ɪm'pəʊz] vsiliti komu kaj, naložiti, naprtiti, natvesti

**imposing** [ɪm'pəʊzɪŋ] mogočen, veličasten; ki vzbuja pozornost, občudovanje

**impossible** [ɪm'pɒsəbl] nemogoč, neizvedljiv

**impostor** [ɪm'pɒstə(r)] slepar, goljuf

**impotent** ['ɪmpətənt] spolno nezmožen; nebogljen

**impound** [ɪm'paʊnd] zapleniti

**impoverish** [ɪm'pɒvərɪš] osiromašiti

**impracticable** [ɪm'præktɪkəbl] neizvedljiv

**impractical** [ɪm'præktɪkl] nepraktičen; nesmiseln

**impregnable** [ɪm'pregnəbl] neosvojljiv; neomahljiv

**impregnate** ['ɪmpregneɪt] impregnirati; oploditi

**impresario** [ˌɪmprɪ'sɑːriəʊ] impresarij

**impress** [ɪm'pres] narediti vtis; vtisniti; ['ɪmpres] znak, žig

**impression** [ɪm'prešn] vtis,

dojem, učinek; šaljivo posnemanje znane osebnosti; odtis, natis (knjige)

**impressive** [ɪm'presɪv] impresiven, izrazit, prepričljiv

**imprint** [ɪm'prɪnt] vtisniti, natisniti (na); ['ɪmprɪnt] vtis, odtis; kolofon, impresum

**imprison** [ɪm'prɪzn] zapreti (v ječo)

**imprisonment** [ɪm'prɪzənmənt] zapor, jetništvo

**improbable** [ɪm'prɒbəbl] neverjeten

**impromptu** [ɪm'prɒmptjuː] brez priprave, improviziran

**improper** [ɪm'prɒpə(r)] neprimeren, nespodoben

**improve** [ɪm'pruːv] izboljšati, izpopolniti (se)

**improvement** [ɪm'pruːvmənt] izboljšanje, izpopolnitev

**improvident** [ɪm'prɒvɪdənt] nepreviden, lahkomiseln

**improvise** ['ɪmprəvaɪz] improvizirati, narediti kaj za začasno uporabo; poustvarjati, ponazoriti, uprizoriti

**imprudent** [ɪm'pruːdnt] nepreviden, nepreudaren, nerazsoden

**impudent** ['ɪmpjʊdənt] predrzen, nesramen

**impugn** [ɪm'pjuːn] spodbijati, kritizirati

**impulse** ['ɪmpʌls] spodbuda, težnja, nagon; sunek; dražljaj

**impulsion** [ɪm'pʌlšn] nagon, spodbuda

**impulsive** [ɪm'pʌlsɪv] nagel, vročekrven

**impunity** [ɪm'pju:nətɪ] nekaznovanost

**impure** [ɪm'pjʊə(r)] umazan, nečist

**impurity** [ɪm'pjʊərətɪ] nečistost, umazanija

**impute** [ɪm'pju:t] pripisati krivdo, obremeniti

**in** [ɪn] v, na, pri, po; ~ **fact** pravzaprav; ~ **any case** vsekakor; ~ **and** ~ vedno isto; ~ **spite of** kljub, navzlic; ~ **vain** zaman, zastonj; ~ **writing** pisno, pismeno; ~ **an hour** čez eno uro; ~ **time** pravočasno; **to be** ~ biti doma; biti v modi; **to be** ~ **for** pričakovati, nadejati se česa

**inability** [ɪnə'bɪlətɪ] nesposobnost, nezmožnost

**inaccessible** [ɪnæk'sesəbl] nedostopen, nedosegljiv

**inaccurate** [ɪn'ækjərət] netočen, nenatančen

**inactive** [ɪn'æktɪv] nedelaven, neprizadeven, pasiven

**inadequate** [ɪn'ædɪkwət] neustrezen, nezadosten

**inadvertent** [ɪnəd'vɜ:tənt] nepazljiv; zanikrn

**inadvisable** [ɪnəd'vaɪzəbl] nepriporočljiv

**inalienable** [ɪn'eɪlɪənəbl] neodtujljiv; ne naprodaj

**inane** [ɪ'neɪn] nesmiseln, ničev, bedast

**inanimate** [ɪn'ænɪmət] mrtev, pust

**inapplicable** [ɪn'æplɪkəbl] neuporaben, neprimeren, neprikladen

**inappropriate** [ɪnəprəʊprɪət] neprimeren; neumesten

**inasmuch** [ɪnəz'mʌč] ker, glede na

**inattention** [ɪnə'tenʃn] nepazljivost, brezbrižnost

**inattentive** [ɪnə'tentɪv] nepazljiv, brezbrižen

**inaudible** [ɪn'ɔ:dəbl] neslišen

**inaugural** [ɪ'nɔ:gjʊrəl] začeten, nastopen

**inaugurate** [ɪ'nɔ:gjʊreɪt] slovesno začeti; umestiti

**inauguration** [ɪ.nɔ:gjʊ'reɪšn] slovesen začetek; slovesna umestitev, postavitev

**inauspicious** [ɪnɔ:'spɪšəs] neugoden; zlovešč

**inborn** [ɪn'bɔ:n] prirojen; samonikel

**inbred** [ɪn'bred] podedovan, prirojen; naraven

**incalculable** [ɪn'kælkjʊləbl] neizračunljiv, nepredvidljiv

**incandescent** [ɪnkæn'desnt] razbeljen, žareč

**incantation** [ɪnkæn'teɪšn] zaklinjanje; čar

**incapable** [ɪn'keɪpəbl] nezmožen, nesposoben

**incapacitate** [ɪnkə'pæsɪteɪt] onesposobiti, diskvalificirati

**incapacity** [ɪnkə'pæsətɪ] nesposobnost, nezmožnost

**incarcerate** [ɪn'kɑ:səreɪt] zapreti v ječo

**incarnate** [ɪn'kɑ:neɪt] utelesiti, uresničiti

**incarnation** [ɪnkɑ:'neɪšn] utelešenje, učlovečenje

**incendiary** [ɪn'sendɪərɪ] podpihovalen; zažigalen; ~ **bomb** zažigalna bomba

**incense** ['ɪnsens] kadilo; [ɪn'sens] razjeziti, razdražiti

**incentive** [ɪn'sentɪv] spodbuda, nagib, pobuda
**inception** [ɪn'sepšn] začetek
**incessant** [ɪn'sesnt] nenehen, neprestan
**incest** ['ɪnsest] krvoskrunstvo
**inch** [ɪnč] palec, cola, inča (2,54 cm)
**incidence** ['ɪnsɪdəns] pogostnost, razširjenost; vpadanje; **angle of ~** vpadni kot
**incident** ['ɪnsɪdənt] pripetljaj, neprijeten dogodek; prepir, spor, izgred
**incidental** [ˌɪnsɪ'dentl] priložnosten, naključen
**incinerate** [ɪn'sɪnəreɪt] upepeliti
**incinerator** [ɪn'sɪnəreɪtə(r)] peč za sežiganje odpadkov
**incipient** [ɪn'sɪpɪənt] začeten, v zametku
**incision** [ɪn'sɪžn] vrez, rez
**incisive** [ɪn'saɪsɪv] oster, prodoren; jedek
**incisor** [ɪn'saɪzə(r)] sekalec (zob)
**incite** [ɪn'saɪt] spodbujati, hujskati; **~r** hujskač
**inclination** [ˌɪnklɪ'neɪšn] nagnjenje, teženje; strmec, nagnjenost, naklon
**incline** [ɪn'klaɪn] nagibati (se), težiti, biti dovzeten za; ['ɪnklaɪn] pobočje, klanec, nagib
**include** [ɪn'kluːd] vključiti; vsebovati
**inclusive** [ɪn'kluːsɪv] vključno, vštevši
**incognito** [ˌɪnkɒg'niːtəʊ] pod tujim imenom
**incoherent** [ˌɪnkəʊ'hɪərənt]

medsebojno nepovezan, zmeden, protisloven, nejasen
**income** ['ɪnkʌm] dohodek, prejemki; **~ distribution** delitev dohodka; **~ price** dohodkovna cena; **~ tax** dohodnina, davek na dohodek; **national (disposable) ~** nacionalni (razpoložljivi) dohodek
**incomparable** [ɪn'kɒmprəbl] edinstven; neprimerljiv
**incompatible** [ɪnkəmp'ætəbl] nezdružljiv, neskladen, nekompatibilen
**incompetent** [ɪn'kɒmpɪtənt] nepristojen, nepooblaščen; nezmožen, nesposoben
**incomplete** [ˌɪnkəm'pliːt] nepopoln
**incomprehensible** [ɪnˌkɒmprɪ'hensəbl] nerazumljiv, nedoumljiv; nepojmljiv
**incongruous** [ɪn'kɒngrʊəs] neskladen, nezdružljiv; nesmiseln
**inconsiderate** [ˌɪnkən'sɪdərət] brezobziren, lahkomiseln
**inconsistent** [ˌɪnkən'sɪstənt] nedosleden; protisloven
**inconsolable** [ˌɪnkən'səʊləbl] neutolažljiv
**inconspicuous** [ˌɪnkən'spɪkjʊəs] neopazen, nepomemben
**inconvenience** [ˌɪnkən'viːnɪəns] nadlega, nevšečnost, sitnost; nadlegovati, motiti
**inconvenient** [ˌɪnkən'viːnɪənt] neprikladen; neudoben; nadležen

**incorporate** [ɪn'kɔ:pəreɪt] vključiti, priključiti, pripojiti
**incorrect** [ˌɪnkə'rekt] nepravilen, napačen; neprimeren
**incorrigible** [ɪn'kɒrɪdžəbl] nepopravljiv, nepoboljšljiv, zakrknjen
**increase** ['ɪnkri:s] porast, povišanje; donos; [ɪn'kri:s] povečati (se), naraščati
**incredible** [ɪn'kredəbl] neverjeten
**incredulous** [ɪn'kredjʊləs] nejeveren, nezaupljiv
**increment** ['ɪŋkrəmənt] povišica (plače); porast
**incriminate** [ɪn'krɪmɪneɪt] obtožiti, obdolžiti
**incubator** ['ɪnkjʊbeɪtə(r)] inkubator, valilnik
**inculcate** ['ɪnkʌlkeɪt] vtisniti v spomin, zabičati
**incumbent** [ɪn'kʌmbənt] obvezen; *(Br)* župnik; *(Am)* vršilec neke dolžnosti
**incur** [ɪn'kɜ:r] nakopati si; izpostaviti se
**incurable** [ɪn'kjʊərəbl] neozdravljiv; nepopravljiv
**indebted** [ɪn'detɪd] zadolžen, dolžen
**indecent** [ɪn'dɪsnt] nespodoben, nenraven, pohujšljiv; ~ **talk** kvantanje
**indecisive** [ˌɪndɪ'saɪsɪv] neodločen, omahljiv
**indeed** [ɪn'di:d] zares, resnično; seveda
**indefatigable** [ˌɪndɪ'fætɪgəbl] neutrudljiv
**indefinite** [ɪn'defɪnət] nedoločen; nejasen; *(gram)* ~ **article** nedoločni člen

**indelible** [ɪn'deləbl] neizbrisen; ~ **pencil** tintni svinčnik
**indemnify** [ɪn'demnɪfaɪ] zavarovati; odškodovati
**indemnity** [ɪn'demnətɪ] garancija, zavarovanje (pred izgubo, škodo); odškodnina, povračilo izgube; odpravnina
**indented** [ɪn'dentɪd] nazobčan
**independence** [ˌɪndɪ'pendəns] neodvisnost, samostojnost; ~ **of nations** neodvisnost narodov
**independent** [ˌɪndɪ'pendənt] neodvisen, samostojen, samorasel
**indescribable** [ˌɪndɪ'skraɪbəbl] nepopisen
**indeterminate** [ˌɪndɪ'tɜ:mɪnət] nedoločen, nejasen
**index** ['ɪndeks] kazalo, seznam; merilo; indeks; ~ **finger** kazalec; ~-**linked payments** izplačila, ki jih usklajujemo z naraščajočo inflacijo
**India** ['ɪndɪə] Indija; ~**n** indijski; Indijec; Indijka
**India(n) ink** [ˌɪndɪə(n) 'ɪŋk] tuš
**India-rubber** [ˌɪndɪə'rʌbə] kavčuk; radirka
**indicate** ['ɪndɪkeɪt] pokazati, namigniti
**indication** [ˌɪndɪ'keɪšn] naznanitev, znak
**indicative** [ɪn'dɪkətɪv] kazalen, poveden; *(gram)* povedni naklon
**indicator** ['ɪndɪkeɪtə(r)] kazalec, kazalnik; številčni podatek; indikator

**indict** [ɪn'daɪt] obtožiti (za, česa)

**indictment** [ɪndaɪtmənt] obtožba, obtožnica

**indifference** [ɪn'dɪfrəns] brezbrižnost, ravnodušnost, mlačnost

**indifferent** [ɪn'dɪfrənt] brezbrižen, ravnodušen; mlačen; neopredeljen

**indigenous** [ɪn'dɪdžɪnəs] domač, prvoten

**indigent** ['ɪndɪdžənt] zelo reven, ubog

**indigestion** [ˌɪndɪ'džesčən] slaba prebava

**indignant** [ɪn'dɪgnənt] ogorčen, razkačen, jezen; užaljen, prizadet

**indignation** [ɪndɪg'neɪšn] ogorčenost, jeza; prizadetost

**indignity** [ɪn'dɪgnətɪ] žalitev; ponižanje; sramota

**indirect** [ˌɪndɪ'rekt] posreden; ovinkast; dvoumen; ~ **tax** indirektni, posredni davek; ~ **speech** (gram) odvisni govor

**indiscreet** [ˌɪndɪ'skriːt] netakten; preradoveden; brezobziren

**indiscretion** [ˌɪndɪ'skrešn] netaktnost; brezobzirnost; nepremišljenost

**indiscriminate** [ˌɪndɪ'skrɪmɪnət] brez razločkov; nekritičen

**indispensable** [ˌɪndɪ'spensəbl] nujno potreben, nepogrešljiv

**indisposed** [ˌɪndɪ'spəʊzd] nerazpoložen; nejevoljen

**indisputable** [ˌɪndɪ'spjuːtəbl] neizpodbiten, očiten

**indistinct** [ˌɪndɪ'stɪŋkt] nejasen, nerazločen

**individual** [ˌɪndɪ'vɪdžʊəl] posamezen, poedin, oseben, poseben; posameznik, oseba

**individuality** [ˌɪndɪvɪdjo'ælɪtɪ] individualnost, posebnost; osebnost

**individual|ize, ~ise** [ˌɪndɪ'vɪdžʊəlaɪz] individualizirati, obravnavati (ali orisati) posamezno, specificirati

**indivisible** [ˌɪndɪ'vɪzəbl] nedeljiv

**indoctrinate** [ɪn'dɒktrɪneɪt] povzročati, da kdo sprejme določeno doktrino, nazor

**indolent** ['ɪndələnt] malomaren, neprizadeven; ravnodušen, brezbrižen

**indomitable** [ɪn'dɒmɪtəbl] neukrotljiv; nepopustljiv

**indoor** ['ɪndɔː(r)] v prostoru, dvorani; hišen, domač, notranji; ~ **games** družabne (tudi športne) igre; ~ **plant** sobna rastlina; ~ **swimming pool** pokrit bazen

**indoors** [ˌɪn'dɔːz] znotraj, v hiši (sobi)

**indorse** [ɪn'dɔːs] indorsirati, podpisati vrednostni papir na hrbtni strani

**indubitable** [ɪn'djuːbɪtəbl] nedvomen

**induce** [ɪn'djuːs] prepričati, pregovoriti

**induct** [ɪn'dʌkt] vpeljati, uvesti (v delo); (Am) vpoklicati

**induction** [ɪn'dʌkšn] indukcija, sklepanje iz posameznega na splošno; uvajanje v delo; (Am) vpoklic

**indulge** [ın'dʌldž] dopustiti; vdajati se čemu, uživati v čem; razvajati

**indulgence** [ın'dʌlgəns] popuščanje, prizanesljivost; vdajanje užitkom

**industrial** [ın'dʌstrıəl] industrijski; ~ **cycle** industrijski ciklus; ~ **establishment** industrijsko podjetje

**industrial|ization**, ~**isation** [ın.dʌstrıəlaı'zeıšn] industrializacija

**industrious** [ın'dʌstrıəs] priden, marljiv, delaven

**industry** ['ındəstrı] industrija in rudarstvo (pri nas); vsa proizvodnja (na Zahodu); (v ožjem smislu le) industrija, rudarstvo, kmetijstvo in trgovina; marljivost

**inebriated** [ı'ni:brıeıtıd] pijan, omamljen

**inedible** [ın'edıbl] neužiten

**ineffable** [ın'efəbl] nepopisen

**ineffective** [.ını'fektıv] neučinkovit, brezuspešen, nesposoben

**inefficient** [.ını'fišnt] neučinkovit, neuspešen

**inelastic** [.ını'læstık] neprožen, neraztegljiv, tog

**ineligible** [ın'elıdžəbl] neprimeren, nesposoben

**inept** [ı'nept] nesposoben, nevešč; neprimeren

**inequality** [.ını'kwɒlətı] neenakost, neenakopravnost; **national (political)** ~ nacionalna (politična) neenakopravnost

**inequitable** [ın'ekwıtəbl] krivičen, nepravičen

**inert** [ı'nɜːt] nedelaven, lenoben

**inertia** [ı'nɜːšə] lenobnost, nedelavnost; vztrajnost

**inestimable** [ın'estıməbl] neprecenljiv

**inevitable** [ın'evıtəbl] neizogiben

**inexcusable** [.ınık'skju:zəbl] neopravičljiv, neodpustljiv

**inexorable** [ın'eksərəbl] neizprosen, neuklonljiv

**inexpensive** [.ınık'spensıv] poceni, cenen

**inexperienced** [.ınık'spıərıənst] neizkušen, nevešč

**inexplicable** [ınık'splıkəbl] nerazložljiv

**inextricable** [.ınık'strıkəbl] zamotan, nerazrešljiv

**infallible** [ın'fæləbl] nezmotljiv, zanesljiv

**infamous** ['ınfəməs] sramoten; nesramen; razvpit, zloglasen

**infamy** ['ınfəmı] sramota; nesramnost

**infancy** ['ınfənsı] detinstvo, otroštvo

**infant** ['ınfənt] otročiček, dojenček; ~ **school** mala šola (predšolska vzgoja)

**infantile** ['ınfəntaıl] otročji, nezrel, nerazvit, zaostal; ~ **mortality** umrljivost otrok

**infantry** ['ınfəntrı] pehota; ~**man** pešak

**infatuated** [ın'fæčʋeıtıd] slepo zaljubljen, zaverovan

**infect** [ın'fekt] okužiti; vplivati na

**infection** [ın'fekšən] okužba; slab vpliv

**infectious** [ɪnˈfekšəs] nalezljiv, kužen

**infer** [ɪnˈfɜː(r)] izvajati, sklepati, domnevati

**inference** [ˈɪnfərəns] sklep, povzetek

**inferior** [ɪnˈfɪərɪə(r)] podrejen, manjvreden

**inferiority complex** [ɪnfɪərɪˈɒrətɪ kɒmpleks] manjvrednostni kompleks

**infernal** [ɪnˈfɜːnl] peklenski

**inferno** [ɪnˈfɜːnəʊ] pekel

**infertile** [ɪnˈfɜːtaɪl] neploden, nerodoviten

**infest** [ɪnˈfest] napasti, mrgoleti (mrčes, podgane); nadlegovati

**infidel** [ˈɪnfɪdəl] neveren; nevernik

**infidelity** [ˌɪnfɪˈdelətɪ] nezvestoba, verolomnost

**infiltrate** [ˈɪnfɪltreɪt] prepajati; vtihotapljati

**infinite** [ˈɪnfɪnɪt] brezmejen, neskončen, neizmeren

**infinitive** [ɪnˈfɪnətɪv] *(gram)* nedoločnik

**infinity** [ɪnˈfɪnətɪ] neskončnost

**infirm** [ɪnˈfɜːm] slaboten, šibek; bolehen, betežen

**infirmary** [ɪnˈfɜːmərɪ] bolnišnica; ambulanta

**infirmity** [ɪnˈfɜːmətɪ] betežnost; neodločnost

**inflame** [ɪnˈfleɪm] razvneti, razkačiti; **~d** vnet, razvnet

**inflammable** [ɪnˈflæməbl] vnetljiv, zgorljiv; razdražljiv

**inflammation** [ɪnfləˈmeɪšn] vnetje

**inflammatory** [ɪnˈflæmətrɪ] vneten; podžigajoč

**inflate** [ɪnˈfleɪt] napihniti; umetno zvišati cene; zvišati denarni obtok

**inflation** [ɪnˈfleɪšn] upadanje kupne moči denarja; **creeping (cost) ~** plazeča (stroškovna) inflacija; **demand ~** inflacija povpraševanja

**infle|ction**, **~xion** [ɪnˈflekšn] modulacija (glasu); *(gram)* sklanjatev, spregatev; obrazilo

**inflict** [ɪnˈflɪkt] naložiti kazen, globo; vsiliti se komu

**infliction** [ɪnˈflɪkšn] odreditev kazni; vsiljivost; nadloga, breme

**influence** [ˈɪnflʊəns] vpliv, moč; **social (political) ~** družbeni (politični) vpliv

**influential** [ˌɪnflʊˈenšl] vpliven

**influenza** [ˌɪnflʊˈenzə] influenca, gripa

**influx** [ˈɪnflʌks] pritok, dotok

**inform** [ɪnˈfɔːm] obvestiti, pojasniti, dati informacijo

**informal** [ɪnˈfɔːml] neformalen, prijateljski

**information** [ˌɪnfəˈmeɪšn] obvestilo, pojasnilo, podatki; **~ processing** obdelava informacij; **~ storage and retrieval** hranjenje in iskanje informacij; **~ technology (IT)** informacijska tehnologija

**informer** [ɪnˈfɔːmə(r)] ovaduh, obveščevalec

**infringe** [ɪnˈfrɪndž] prekršiti zakon, predpis

**infuriate** [ɪnˈfjʊərɪeɪt] razjariti, razjeziti

**infuse** [ɪnˈfjuːz] vliti; politi

(zdravilne rastline, čaj) z
vročo vodo

**infusion** [ın'fju:žn] priliv (tekočine, kapitala); oparek,
poparek

**ingenious** [ın'dži:nıəs] bistroumen, duhovit

**ingenuity** [,ındžı'nju:ətı] duhovitost, bistroumnost, iznajdljivost

**ingenuous** [ın'dži:nıəs] odkrit, pošten

**ingratitude** [ın'grætıtju:d]
nehvaležnost

**ingredient** [ın'gri:dıənt] sestavina, primes

**inhabit** [ın'hæbıt] stanovati,
prebivati

**inhabitant** [ın'hæbıtənt] stanovalec, prebivalec

**inhale** [ın'heıl] vdihavati

**inherent** [ın'hıərənt] nerazdružno, neločljivo povezan
s čim

**inherit** [ın'herıt] podedovati

**inheritance** [ın'herıtəns] dediščina, nasledstvo, zapuščina

**inhibit** [ın'hıbıt] zadrževati,
ovirati

**inhospitable** [,ınhɒ'spıtəbl]
negostoljuben

**inhuman** [ın'hju:mən] nečloveški, okruten

**inimical** [ı'nımıkl] neprijateljski, sovražen; škodljiv

**inimitable** [ı'nımıtəbl] neposnemljiv

**iniquity** [ı'nıkwətı] krivica,
nepravičnost; zlonamernost

**initial** [ı'nıšl] parafirati; začeten; velika začetnica (črka);
(pl) monogram

**initiate** [ı'nıšıeıt] začeti; vpeljati; sprejeti za člana

**initiative** [ı'nıšətıv] pobuda,
spodbuda, iniciativa

**inject** [ın'džekt] injicirati,
vbrizgniti; vtisniti

**injection** [ın'džekšn] injekcija

**injudicious** [,ındžu:'dıšəs]
nerazsoden, nepreudaren,
previden

**injunction** [ın'džʌŋkšn] opomin, sodni nalog

**injure** ['ındžə(r)] škoditi; poškodovati; raniti (čustva)

**injurious** [ın'džʊərıəs] škodljiv, kvaren; žaljiv

**injury** ['ındžərı] poškodba,
rana; okvara; žalitev

**injustice** [ın'džʌstıs] krivica,
nepravičnost

**ink** [ıŋk] črnilo; ~stand
črnilnik

**inlaid** [,ın'leıd] glej INLAY*

**inland** ['ınlənd] kopenski; domač; v notranjosti dežele

**in-laws** ['ın lɔ:z] sorodniki po
moževi ali ženini strani

**inlay*** [,ın'leı] vdelati, vložiti

**inlet** ['ınlet] zaliviček; dostop

**inmate** ['ınmeıt] sostanovalec; sotrpin

**inmost** ['ınməʊst] najgloblji,
najintimnejši

**inn** [ın] penzion, gostilna s
prenočišči, krčma

**inner** ['ınə(r)] notranji; skrit;
~most najgloblji, najbolj
skrit; ~ tube zračnica,
pnevmatika

**innkeeper** ['ınki:pə(r)] gostilničar, krčmar

**innocence** ['ınəsns] nedolžnost; naivnost

innocent ['ɪnəsnt] nedolžen, deviški; neškodljiv

innocuous [ɪ'nɒkjʊəs] neškodljiv; nestrupen

innovation [ˌɪnə'veɪšn] novost; sprememba; prenovitev

innuendo [ˌɪnjuːˈendəʊ] namigovanje; razlaga klevet

innumerable [ɪ'njuːmərəbl] neštet

inoculate [ɪ'nɒkjʊleɪt] cepiti, vcepiti

inoffensive [ɪnə'fensɪv] neškodljiv, dobronameren, dobrodušen

inordinate [ɪn'ɔːdɪnət] pretiran

in-patient ['ɪn peɪšnt] hospitalizirani bolnik

input ['ɪnpʊt] (comp) vhod; vložitev, količina, ki se dovaja ali vlaga; ~ area vhodno področje; ~ station vhodna postaja

inquest ['ɪŋkwest] sodna preiskava

inquire [ɪn'kwaɪə(r)] poizvedovati, preiskovati

inquiry [ɪn'kwaɪərɪ] anketa; povpraševanje; poizvedba, preiskava

inquisition [ˌɪnkwɪ'zɪšn] inkvizicija; preiskava, zasliševanje, izpraševanje

inquisitive [ɪn'kwɪzətɪv] radoveden, vedoželjen, zvedav

inroad ['ɪnrəʊd] to make ~s into vpasti v, zlorabiti; nasilno poseči v

insane [ɪn'seɪn] duševno bolan, blazen

insanity [ɪn'sænɪtɪ] blaznost, norost

insatiable [ɪn'seɪšəbl] nenasiten

inscribe [ɪn'skraɪb] napisati, vpisati; posvetiti komu kaj

inscription [ɪn'skrɪpšn] napis, vpis

insect ['ɪnsekt] žuželka, mrčes

insecure [ˌɪnsɪ'kjʊə(r)] negotov, nezanesljiv, nevaren

insensible [ɪn'sensəbl] neobčutljiv, brezčuten, otopel

insensitive [ɪn'sensətɪv] brezbrižen; medel, neobčutljiv

inseparable [ɪn'seprəbl] neločljiv, nerazdružljiv

insert [ɪn'sɜːt] vstaviti, vložiti; objaviti (mali) oglas; vključiti

insertion [ɪn'sɜːšn] oglas; vložek

inside ['ɪnsaɪd] notranji; [ɪn'saɪd] znotraj; notranjost

insidious [ɪn'sɪdɪəs] zahrbten, zavraten, izdajalski

insight ['ɪnsaɪt] uvidevnost; vpogled

insignia [ɪn'sɪgnɪə] znamenja časti in oblasti

insignificant [ˌɪnsɪg'nɪfɪkənt] nepomemben, nevažen, neznaten

insincere [ˌɪnsɪn'sɪə(r)] neiskren, hinavski, dvoličen

insinuate [ɪn'sɪnjʊeɪt] podtikati, namigovati; neopazno vriniti

insipid [ɪn'sɪpɪd] neokusen, plehek, omleden; suhoparen

insist [ɪn'sɪst] vztrajati, zahtevati; poudarjati

**insistence** [ɪn'sɪstəns] vztrajanje, insistiranje
**insistent** [ɪn'sɪstənt] vztrajen, trdovraten
**insofar as** [ˌɪnsə'fɑː əz] tako, do take mere
**insolence** ['ɪnsələns] predrznost, nesramnost
**insolent** [ɪnsələnt] nesramen, predrzen
**insoluble** [ɪn'sɒljʊbl] nerazrešljiv; netopljiv
**insolvent** [ɪn'sɒlvənt] ki ni sposoben poravnati svoje plačilne obveznosti
**insomnia** [ɪn'sɒmnɪə] nespečnost
**inspect** [ɪn'spekt] pregledati, nadzirati, nadzorovati
**inspection** [ɪn'spekšn] ogled; kontrola, inšpekcija, nadzorstvo
**inspector** [ɪn'spektə(r)] nadzornik, kontrolor
**inspiration** [ˌɪnspə'reɪšn] navdih
**inspire** [ɪn'spaɪə(r)] navdihniti, inspirirati
**instability** [ˌɪnstə'bɪlətɪ] nestabilnost; omahljivost, nestalnost
**install** [ɪn'sɔːl] napeljati, namestiti; umestiti
**installation** [ˌɪnstə'leɪšn] napeljava, instalacija
**instalment**, (Am) **installment** [ɪn'stɔːlmənt] obrok; nadaljevanje
**instance** ['ɪnstəns] primer, instanca; **for ~** na primer
**instant** ['ɪnstənt] trenutek, hip; nujen, takojšen; pripravljen brez (dolgega) kuhanja

**instantaneous** [ˌɪnstən'teɪnɪəs] trenuten, nemuden
**instantly** ['ɪnstəntlɪ] takoj, nemudoma
**instead** [ɪn'sted] namesto (tega); **~ of** namesto
**instep** ['ɪnstep] nart
**instigate** ['ɪnstɪgeɪt] hujskati, ščuvati
**instil**, (Am) **instill** [ɪn'stɪl] vcepiti, vbiti
**instinct** ['ɪnstɪŋkt] nagon, instinkt
**instinctive** [ɪn'stɪŋktɪv] nagonski; spontan
**institute** ['ɪnstɪtjuːt] zavod, ustanova; ustanoviti, sprožiti, začeti
**institution** [ˌɪnstɪ'tjuːšn] institucija, ustanova
**instruct** [ɪn'strʌkt] poučevati, dajati napotke
**instruction** [ɪn'strʌkšn] navodilo, napotek, nalog; pouk
**instructive** [ɪn'strʌktɪv] poučen
**instructor** [ɪn'strʌktə(r)] inštruktor, predavatelj; (Am) univerzitetni asistent, lektor; **ski ~** smučarski učitelj
**instrument** ['ɪnstrʊmənt] instrument, glasbilo; sredstvo, pripomoček
**instrumental** [ˌɪnstrʊ'mentl] uporaben, koristen
**insufferable** [ɪn'sʌfrəbl] neznosen
**insufficient** [ˌɪnsə'fɪšnt] nezadosten
**insular** ['ɪnsjʊlə(r)] otoški, osamljen, ozkosrčen
**insulate** ['ɪnsjʊleɪt] izolirati, ločiti, osamiti

**insulation** [ˌɪnsjʊ'leɪšn] ločitev, osamitev, izolacija

**insulator** ['ɪnsjʊleɪtə(r)] izolator

**insult** [ɪn'sʌlt] žalitev, psovanje; ['ɪnsʌlt] žaliti, sramotiti

**insuperable** [ɪn'su:pərəbl] nepremostljiv; nepremagljiv

**insurance** [ɪn'šɔ:rəns] zavarovanje, zavarovalnina; ~ **company** zavarovalnica; ~ **policy (premium)** zavarovalna polica (premija)

**insure** [ɪn'šɔ:(r)] zavarovati; jamčiti (komu)

**insurgent** [ɪn'sɜ:džənt] uporniški; upornik

**insurmountable** [ˌɪnsə-'maʊntəb(ə)l] nepremostljiv

**insurrection** [ˌɪnsə'rekšən] vstaja, upor, punt

**intact** [ɪn'tækt] nedotaknjen, nedolžen

**intangible** [ɪn'tændžəbl] nedotakljiv; neokrnjen; nerazumljiv

**integral** ['ɪntɪgrəl] celoten, popoln, integralen

**integrate** ['ɪntɪgreɪt] združevati, povezovati; prilagoditi se

**integration** [ˌɪntɪ'greɪšn] povezovanje v celoto, integracija; **economic** ~ gospodarska integracija; **political (cultural, racial)** ~ politična (kulturna, rasna) integracija

**integrity** [ɪn'tegrətɪ] poštenost; celovitost, neokrnjenost; **territorial** ~ ozemeljska celovitost

**intellect** ['ɪntəlekt] um, razum, pamet

**intellectual** [ˌɪntɪ'lekčʊəl] umski, intelektualen; razumnik, intelektualec

**intelligence** [ɪn'telɪdžəns] inteligenca, razumnost, pamet; ~ **quotient** inteligenčni kvocient; ~ **service** obveščevalna služba

**intelligent** [ɪn'telɪdžənt] bistroumen, inteligenten

**intelligentsia** [ɪn.telɪ'džentsɪə] izobraženstvo, razumništvo, inteligenca

**intelligible** [ɪn'telɪdžəbl] razumljiv, jasen

**intemperate** [ɪn'tempərət] nezmeren, pretiran; oster (podnebje)

**intend** [ɪn'tend] nameravati, hoteti

**intense** [ɪn'tens] močan, silen; napet; resen

**intensify** [ɪn'tensɪfaɪ] intenzivirati, večati, stopnjevati

**intensity** [ɪn'tensətɪ] intenzivnost, izrazitost (barve), globina (čustev); napetost

**intensive** [ɪn'tensɪv] intenziven, močen, velik, temeljit; ~ **care** intenzivna nega; ~ **cultivation** intenzivno (visoko donosno) kmetijstvo

**intent** [ɪn'tent] odločen, vnet; pazljiv

**intention** [ɪn'tenšn] namen, namera

**intentional** [ɪn'tenšənl] nameren, premišljen

**interaction** [ˌɪntər'ækšn] sodelovanje, medsebojno delovanje (ali vplivanje)

**intercede** [ˌɪntə'si:d] posredovati, prositi za koga

**intercept** [ˌɪntə'sept] prestre-
či, prekiniti
**intercession** [ˌɪntə'sešn] po-
sredovanje
**interchange** [ˌɪntə'čeɪndž] iz-
menjati (si); izmenjava
**inter-city** [ˌɪntə'sɪtɪ] medme-
stni (pospešeni promet)
**intercontinental** [ˌɪntəˌkɒnt-
ɪ'nentl] medcelinski
**intercourse** ['ɪntəkɔːs] dru-
ženje; **sexual ~** spolno
občevanje
**interdict** [ˌɪntə'dɪkt] prepove-
dati; ['ɪntədɪkt] prepoved
**interest** ['ɪntrəst] korist; za-
nimanje, nagnjenje, potreba,
želja; obresti; kazati zanima-
nje, nagnjenje za kaj, priza-
devati si
**interesting** ['ɪntrəstɪŋ] zani-
miv
**interfere** [ˌɪntə'fɪə(r)] vmeša-
vati se; ovirati
**interference** [ˌɪntə'fɪərəns]
vmešavanje, vtikanje; mo-
tnja, ingerenca
**interim** ['ɪntərɪm] začasen,
vmesen
**interior** [ɪn'tɪərɪə(r)] notranji;
notranjost; **~ decorator (de-
sign)** notranji arhitekt (arhi-
tektura); **Department of the
I~** (Am) ministrstvo za no-
tranje zadeve
**interject** [ˌɪntə'džekt] seči
vmes, seči v besedo
**interlace** [ˌɪntə'leɪs] pretkati,
prepletati
**interlink** [ˌɪntə'lɪŋk] spojiti,
povezati
**interlock** [ˌɪntə'lɒk] spojiti,
speti

**interloper** ['ɪntələʊpə(r)] vsi-
ljivec
**interlude** ['ɪntəluːd] odmor;
medigra
**intermediary** [ˌɪntə'miːdɪərɪ]
posreden; posrednik, posre-
dovalec
**intermediate** [ˌɪntə'miːdɪət]
posreden, vmesen; posre-
dnik; [ˌɪntə'miːdɪeɪt] posre-
dovati
**interment** [ɪn'tɜːmənt] pog-
reb, pokop
**intermingle** [ˌɪntə'mɪŋgl] po-
mešati (se)
**intermission** [ˌɪntə'mɪšn] od-
mor, premor, presledek
**intermittent** [ˌɪntə'mɪtənt]
pretrgan, v presledkih
**intern** [ɪn'tɜːn] internirati;
['ɪntɜːrn] (Am) stažist v bo-
lnici
**internal** [ɪn'tɜːnl] notranji; du-
hoven; domač; **~ combu-
stion** notranje zgorevanje;
**~ medicine** interna medi-
cina; **~ revenue** državni do-
hodki, davki; **~ trade** notra-
nja trgovina
**international** [ˌɪntə'næšnəl]
mednaroden; **~ econo-
mic assistance** mednarodna
ekonomska pomoč; **~ fi-
nance** mednarodne finance;
**~ worker's movement** med-
narodno delavsko gibanje; **~
economic cooperation** med-
narodno gospodarsko sode-
lovanje; **I~ date-line** datum-
ska meja (po 180. poldnev-
niku); **~ law** mednarodno
pravo; **~ relations** mednaro-
dni odnosi

**internee** [ˌɪntɜːˈniː] interniranec, interniranka

**interpose** [ˌɪntəˈpəʊz] seči v besedo, vmešati se

**interpret** [ɪnˈtɜːprɪt] razlagati, tolmačiti

**interpreter** [ɪnˈtɜːprɪtə(r)] tolmač

**interrogate** [ɪnˈterəgeɪt] zasliševati; povpraševati

**interrogative** [ˌɪntəˈrogətɪv] vprašalen; vprašalnica

**interrupt** [ˌɪntəˈrʌpt] prekiniti, motiti

**interruption** [ˌɪntəˈrʌpšn] prekinitev, motnja

**intersect** [ˌɪntəˈsekt] sekati (se), križati (se)

**intersperse** [ˌɪntəˈspɜːs] vmes natresti; posejati; posuti; pomešati

**interval** [ˈɪntəvl] presledek, razmik; premor

**intervene** [ˌɪntəˈviːn] posredovati; zavzeti se za

**intervention** [ˌɪntəˈvenšn] posredovanje; **military ~** vojaško posredovanje

**interview** [ˈɪntəvjuː] intervju; intervjuvati; **~er** izpraševalec, kdor intervjuva; **~ee** izpraševanec, intervjuvanec

**intestine** [ɪnˈtestɪn] črevo, *(pl)* črevesje

**intimacy** [ˈɪntɪməsɪ] zaupnost, intimnost

**intimate** [ˈɪntɪmeɪt] odkrit, zaupen, dober (prijatelj); intimen, notranji; prijeten, domač; v ljubezenskem (spolnem) odnosu

**intimidate** [ɪnˈtɪmɪdeɪt] prestrašiti; prisiliti

**into** [ˈɪntə] v; **to divide ~ parts** razdeliti na dele

**intolerable** [ɪnˈtolərəbl] neznosen, nevzdržen

**intolerant** [ɪnˈtolərənt] nestrpen, nerazumevajoč

**intone** [ɪnˈtəʊn] intonirati

**intoxicate** [ɪnˈtoksɪkeɪt] omamiti, opijaniti

**intransigent** [ɪnˈtrænsɪdž(ə)nt] trmast, nepopustljiv

**intrepid** [ɪnˈtrepɪd] neustrašen

**intransitive** [ɪnˈtrænsətɪv] *(gram)* neprehoden

**intricacy** [ˈɪntrɪkəsɪ] težavnost, zapletenost

**intricate** [ˈɪntrɪkeɪt] zamotan, zapleten

**intrigue** [ɪnˈtriːg] spletkariti; [ˈɪntrɪg] spletka

**intrinsic** [ɪnˈtrɪnsɪk] notranji; resničen, pravi; bistven

**introduce** [ˌɪntrəˈdjuːs] predstaviti (komu); uvesti (v), vpeljati (koga); seznaniti koga s čim; načeti (vprašanje); začeti; vstaviti

**introduction** [ˌɪntrəˈdʌkšn] predstavljanje; uvod, predgovor; uvajanje, uvedba

**introductory** [ˌɪntrəˈdʌktərɪ] uvoden

**introspection** [ˌɪntrəˈspekšn] pogled v lastno notranjost

**intrude** [ɪnˈtruːd] motiti, nadlegovati; vsiliti se

**intruder** [ɪnˈtruːdə(r)] vsiljivec

**intrusion** [ɪnˈtruːžn] vsiljevanje, nadlegovanje

**intuition** [ˌɪntjuːˈɪšn] neposredno dojemanje, navdih

**inundate** ['ɪnʌndeɪt] poplaviti, preplaviti

**invade** [ɪn'veɪd] vdreti (v deželo); pojaviti se v veliki množini, navaliti

**invader** [ɪn'veɪdə(r)] zavojevalec, napadalec

**invalid** ['ɪnvælɪd, 'ɪnvəli:d] invalid; bolehen, nebogljen, pohabljen; [ɪn'vælɪd] neveljaven, ničen

**invaluable** [ɪn'væljʊəbl] neprecenljiv, dragocen

**invariable** [ɪn'veərɪəbl] nespremenljiv

**invasion** [ɪn'veɪʒn] invazija, vdor, napad

**invective** [ɪn'vektɪv] žalitev, psovanje; sramotilen, žaljiv

**inveigh** [ɪn'veɪ] zmerjati, psovati, napadati

**inveigle** [ɪn'veɪgl] zapeljati, zmamiti

**invent** [ɪn'vent] izumiti, iznajti

**invention** [ɪn'venšn] izum, iznajdba; izmišljotina; domiselnost, iznajdljivost

**inventive** [ɪn'ventɪv] iznajdljiv, domiseln

**inventor** [ɪn'ventə(r)] izumitelj

**inventory** ['ɪnvəntrɪ] popis imetja, inventarja

**inversion** [ɪn'vɜːšn] inverzija, preobrat, preusmeritev; obrnjeni besedni red

**invert** [ɪn'vɜːt] preobrniti, preusmeriti

**invertebrate** [ɪn'vɜːtɪbreɪt] brezvretenčen; omahljiv

**invest** [ɪn'vest] naložiti (denar); vložiti (denar, napore)

**investigate** [ɪn'vestɪgeɪt] raziskati, preiskovati, poizvedovati

**investigation** [ɪn‚vestɪ'geɪšn] preiskava, poizvedovanje; (znanstveno) raziskovanje

**investigator** [ɪn'vestɪgeɪtə(r)] preiskovalec, detektiv

**investment** [ɪn'vestmənt] investicija, naložba; **induced (net, gross) ~s** inducirane (neto, bruto) investicije

**inveterate** [ɪn'vetərət] trdovraten, ukoreninjen; dolgotrajen

**invidious** [ɪn'vɪdɪəs] neprijeten; žaljiv; krivičen

**invigilate** [ɪn'vɪdžɪleɪt] nadzirati študente pri izpitu

**invigorate** [ɪn'vɪgəreɪt] krepiti, poživiti

**invincible** [ɪn'vɪnsəbl] nepremagljiv

**invisible** [ɪn'vɪzəbl] neviden, neopazen

**invitation** [‚ɪnvɪ'teɪšn] povabilo, vabilo

**invite** [ɪn'vaɪt] povabiti; izzivati (kritiko)

**invocation** [‚ɪnvə'keɪšn] prošnja, zaklinjanje

**invoice** ['ɪnvɔɪs] faktura, račun; fakturirati

**invoke** [ɪn'vəʊk] prositi, zaklinjati

**involuntary** [ɪn'vɒləntrɪ] neprostovoljen, nenameren

**involve** [ɪn'vɒlv] zaplesti; vsebovati

**invulnerable** [ɪn'vʌlnərəbl] neranljiv

**inward** ['ɪnwəd] notranji; notranjost

**iodine** ['aıədi:n] jod
**ion** ['aıən] ion, delec materije z električnim nabojem
**Iran** [ı'rɑ:n] Iran; ~**ian** iranski; Iranec, Iranka; iranščina
**Iraq** [ı'rɑ:k] Irak; ~**i** iraški; Iračan(ka)
**irate** [aı'reıt] jezen, besen
**Ir|eland** ['aıərlənd] Irska; ~**ish** irski; Irec, Irka; irščina; ~**ishman** Irec; ~**ishwoman** Irka
**iris** [aıərıs] šarenica; perunika
**irk** [ɜ:k] jeziti, dolgočasiti
**irksome** ['ɜ:ksəm] utrudljiv, dolgočasen
**iron** ['aıən] železo; likalnik; likati; I~ **Age** železna doba; I~ **Curtain** železna zavesa; ~ **ore** železova ruda; ~**ing board** likalna deska; **to ~ out** poravnati (spor)
**ironic(al)** [aı'rɒnık(l)] posmehljiv, ironičen
**ironworks** ['aıənwɜ:ks] železarna
**irony** ['aıərənı] posmehovanje, ironija
**irrational** [ı'ræšənl] iracionalen, nedoumljiv, nesmiseln
**irreconcilable** [ı'rekənsaıləbl] nespravljiv; protisloven
**irrefutable** [.ırı'fju:təbl] neizpodbiten, nesporen
**irregular** [ı'regjələ(r)] nepravilen; nereden
**irrelevant** [ı'reləvənt] nepomemben; nesmiseln
**irreparable** [ı'repərəbl] nepopravljiv
**irreplaceable** [.ırı'pleısəbl] nenadomestljiv
**irreproachable** [.ırı:'prəʊčəb(ə)l] brezhiben, neoporečen

**irresistible** [.ırı'zıstəbl] neubranljiv, neustavljiv, nepremagljiv
**irresolute** [ı'rezəlu:t] neodločen, omahljiv
**irresponsible** [.ırı'spɒnsəbl] neodgovoren; neprišteven
**irretrievable** [.ırı'tri:vəbl] nenadomestljiv, nepopravljiv; neizterljiv
**irreverent** [ı'revərənt] prezirljiv; nespoštljiv
**irrevocable** [ı'revəkəbl] nepreklicen
**irrigate** ['ırıgeıt] namakati; izpirati
**irrigation** [.ırı'geıšn] namakanje; izpiranje
**irritable** ['ırıtəbl] razdražljiv, razburljiv; preobčutljiv
**irritant** ['ırıtənt] dražeč; dražilo
**irritate** ['ırıteıt] vznemirjati; dražiti, razdražiti
**irritation** [.ırı'teıšn] vznemirjanje, draženje; vnetje
**island** ['aılənd] otok
**islet** ['aılıt] otoček
**isolate** ['aısəleıt] izolirati, osamiti; ločiti
**isosceles** [aı'sɒsəli:z] enakokrak; ~ **triangle** enakokrak trikotnik
**isotope** ['aısətəʊp] izotop, različek kemijskega elementa
**Israel** ['ızreel] Izrael; ~**i** [ız'reıli:] izraelski; Izraelec, Izraelka
**issue** ['ıšu:, ısju:] izdaja (knjige, znamk, denarja), številka (časopisa, revije); predmet razprave; izdaja-

nje (odredb); sporno vprašanje, problem; rezultat; dati v obtok, izdati (publikacijo), objaviti, razdeliti (hrano, obleko)

**isthmus** ['ısməs] zemeljska ožina

**Istria** ['ıstrıə] Istra; ~n istrski; Istran(ka)

**it** [ıt] on, ona, ono; to

**Ital|y** ['ıtəlı] Italija; ~ian italijanski; Italijan(ka); italijanščina

**itch** [ıč] srbečica; poželenje; srbeti; koprneti

**item** ['aıtəm] odstavek; postavka; točka

**itemize** ['aıtəmaız] posamezno naštevati, navajati; podrobno popisati

**itinerant** [aı'tınərənt] potujoč; potnik

**itinerary** [aı'tınərərı] (podroben) načrt potovanja, popis potovanja, itinerar

**its** [ıts] njegov; svoj

**itself** [ıt'self] samo; se, sebi

**ivory** ['aıvərı] slonovina; slonokoščen

**ivy** ['aıvı] bršljan

# J

**jab** [džæb] zabosti; injekcija
**jabber** ['džæbə(r)] čenčati, brbrati; čenčanje
**jack** [džæk] avtomobilsko dvigalo, vitel; vtikač; dvigniti; **~pot** velik dobitek pri igri na srečo; **Union J~** angleška zastava
**jackal** ['džækɔ:l] šakal
**jackass** ['džækæs] osel, butec, prismoda
**jackdaw** ['džækdɔ:] kavka
**jacket** ['džækɪt] jopič, suknjič; zaščitni ovoj (knjiga); **potatoes in their ~s** krompir v oblicah; **straight ~** prisilni jopič
**jack-knife** ['džæknaɪf] žepni nož, pipec
**jack of all trades** [džæk əv ɔ:l treɪdz] vseznal, mojster za vse
**jack-o'-lantern** [ˌdžæk ə 'læntən] leščerba iz buče
**jade** [džeɪd] žad, nefrit
**jaded** ['džeɪdɪd] izčrpan, utrujen
**jagged** ['džægɪd] nazobčan, skrhan
**jaguar** ['džægjʊə(r)] jaguar
**jail,** (Br) **gaol** [džeɪl] ječa, zapor; **jailbird,** (Br) **gaolbird** zapornik, kdor je pogosto v zaporu
**jailer** ['džeɪlə(r)] ječar

**jam** [džæm] džem; gneča, zastoj (prometa); motenje radijskih ali TV oddaj; stiska; blokirati (pot); motiti (oddajanje); stiskati, gnesti (se); **~med** prenatrpan, prenapolnjen
**jamb** [džæm] podboj
**jamboree** [ˌdžæmbə'ri:] zbor (skavtov); bučna zabava
**jangle** ['džæŋgl] rožljati, ropotati; vreščati
**janitor** ['džænɪtə(r)] hišnik, vratar
**January** ['džænjʊərɪ] januar
**Japan** [džə'pæn] Japonska; **~ese** [ˌdžæpə'ni:z] japonski; Japonec, Japonka; japonščina
**jar** ['džɑ:(r)] (steklena) posoda, vrč, kozarec; iti skozi ušesa (hrup), vznemirjati
**jargon** ['džɑ:gən] žargon, govorica posameznih skupin, poklicev
**jasmine** ['džæsmɪn] jasmin
**jasper** ['džæspə(r)] poldrag kamen, jaspis
**jaundice** ['džɔ:ndɪs] zlatenica; zavist
**jaunt** [džɔ:nt] kratek izlet, sprehod
**javelin** ['džævlɪn] kopje
**jaw** [džɔ:] čeljust
**jay** [džeɪ] šoja; kvasač

**jaywalker** ['dʒeɪ wɔ:kə(r)] nepreviden pešec

**jazz** [dʒæz] jazz

**jealous** ['dʒeləs] ljubosumen; nevoščljiv

**jealousy** ['dʒeləsɪ] ljubosumnost; zavist

**jean** [dʒi:n] močno platno; *(pl)* kavbojke

**jeep** [dʒi:p] džip

**jeer** [dʒɪə(r)] posmeh; posmehovati se

**jelly** [dʒelɪ] žele, želatina; hladetina, žol(i)ca

**jellyfish** ['dʒelɪfɪʃ] meduza

**jeopard|ize, ~ise** ['dʒepədaɪz] tvegati, spraviti v nevarnost

**jerk** [dʒɜːk] sunek, trzaj; tepec, budalo; sunkovito potegniti, trzniti

**jerkin** ['dʒɜːkɪn] kratek brezrokavnik

**jerky** ['dʒɜːkɪ] sunkovit, krčevit

**jerry-build\*** ['dʒerɪbɪld] graditi površno, hitro in poceni

**jersey** ['dʒɜːzɪ] mehka raztegljiva pletenina; pasma rdeče rjavega goveda

**jest** [dʒest] burka, dovtip; šaliti, norčevati se

**jester** ['dʒestə(r)] šaljivec, burkež; dvorni norec

**Jesuit** ['dʒezjʊɪt] jezuit; spletkar

**jet** [dʒet] reaktivno letalo; curek; gagát (vrsta premoga); potovati z reaktivnim letalom; brizgati; ~**lag** utrujenost po dolgem poletu zaradi časovne razlike med kraji; ~ **set** predvsem mladi, bogati, uspešni ljudje, ki potujejo po svetu zaradi poslov ali zabave

**jetsam** ['dʒetsəm] blago, vrženo z ladje; naplavljeno blago

**jettison** ['dʒetɪsn] razbremeniti; odvreči balast

**jetty** ['dʒetɪ] pomol, pristaniški nasip, valolom

**Jew** [dʒu:] Jud, Žid; skopuh, oderuh

**jewel** ['dʒu:əl] dragulj; ~**ler,** *(Am)* ~**er** juvelir, draguljar, zlatar

**jewellery,** *(Am)* **jewelry** ['dʒu:əlrɪ] nakit, dragulji, zlatnina

**Jewish** ['dʒu:ɪʃ] židovski, judovski

**jib** [dʒɪb] plašiti se; upirati se

**jibe** [dʒaɪb] žaljivka, zbadljivka; zasmehovati, rogati se

**jiffy** ['dʒɪfɪ] trenutek, hip

**jig** [dʒɪg] poskočen ples; plesati, skakljati

**jigsaw** ['dʒɪgsɔ:] rezbarska žaga; ~ **puzzle** zrezana slika (za sestavljanje)

**jilt** [dʒɪlt] pustiti (fanta, dekle) na cedilu

**jingle** ['dʒɪŋgl] zvončkljanje; zvončkljati; preprosta pesem

**jingoism** ['dʒɪŋgəʊɪzəm] šovinizem; zagrizenost

**jinx** [dʒɪŋks] človek, ki prinaša nesrečo

**jittery** ['dʒɪtərɪ] prestrašen; živčen

**job** [dʒɒb] služba; opravilo; naloga; dolžnost; delo na akord, priložnostno delo

**jobbing** ['džɒbɪŋ] ~ **worker** priložnostni delavec

**jockey** ['džɒkɪ] džokej, poklicni jahač

**jocular** ['džɒkjʊlə(r)] šaljiv, norčav

**jog** [džɒg] lahkotno (enakomerno) teči; rahlo suniti, stresti; spomniti; ~**ging** rekreacijski tek

**joggle** ['džɒgl] stresti (se); zibati

**join** [džɔɪn] spojiti, povezati; združiti, pridružiti (se); včlaniti se

**joiner** ['džɔɪnə(r)] (Br) stavbni mizar

**joint** [džɔɪnt] sklep, zgib, stikališče; (Br) kos mesa (stegno); beznica; cigareta z marihuano; skupen, spojen; ~ **account** skupen račun; ~ **property** solastnina; ~~-**stock company** delniška družba; ~ **venture** mešano podjetje

**joist** [džɔɪst] prečni tram, prečnik

**joke** [džəʊk] šala, dovtip; šaliti se

**jolly** ['džɒlɪ] vesel, razposajen, natrkan; zelo, vražje

**jolt** [džəʊlt] sunek; šok, pretres

**jonquil** ['džɒŋkwɪl] rumena narcisa

**jostle** ['džɒsl] prerivati, pehati se

**jot** [džɒt] zapisati, zabeležiti

**journal** ['džɜːnəl] dnevnik, časopis

**journalism** ['džɜːnəlɪzəm] novinarstvo, časnikarstvo, žurnalizem

**journalist** ['džɜːnəlɪst] novinar, časnikar, žurnalist

**journey** ['džɜːnɪ] potovanje; potovati

**journeyman** ['džɜːnɪmən] obrtniški pomočnik; dninar

**jovial** ['džəʊvɪəl] vesel, družaben

**jowl** [džaʊl] lice (spodnji del)

**joy** [džɔɪ] veselje, radost, sreča

**joyful** ['džɔɪfl] vesel, srečen

**joyous** ['džɔɪəs] vesel, radosten

**joystick** ['džɔɪstɪk] kontrolna ročica v letalu

**jubilant** ['džuːbɪlənt] vriskajoč, radosten

**jubilee** ['džuːbɪliː] jubilej

**judge** [džʌdž] sodnik, razsodnik; soditi, presojati, razsoditi

**judg(e)ment** ['džʌdžmənt] mnenje, ocena, sodba, razsodba; razsodnost; kazen (božja); J~ **Day** sodni dan

**judicial** [džuː'dɪʃl] praven; kritičen, razsoden

**judiciary** [džuː'dɪʃərɪ] sodstvo; sodnijski

**judicious** [džuː'dɪʃəs] razumen, razsoden

**jug** [džʌg] vrč, ročka

**juggle** ['džʌgl] žonglirati; poigravati se

**jugular** ['džʌgjʊlə(r)] vraten; vratna žila

**juice** [džuːs] sok; pogonsko gorivo

**juicy** ['džuːsɪ] sočen; zanimiv, pikanten; slikovit

**jukebox** ['džuːkbɒks] glasbeni avtomat

**July** [džu:'laɪ] julij

**jumble** ['džʌmbl] zmešnjava; izbirki, stara roba; ~ **sale** prodaja cenenih predmetov, predvsem v dobrodelne namene

**jump** [džʌmp] skočiti, skakati, preskočiti (vrsto); preskok; prednost; **broad (long)** ~ skok v daljino; **high** ~ skok v višino; ~ **jet** letalo, ki lahko vzleta navpično; ~ **leads** vžigalni kabli

**junction** ['džʌŋkšn] železniško (ali cestno) križišče; stik, dotikališče; ~ **box** priključna doza

**juncture** ['džʌŋkčə(r)] kritičen čas; določen trenutek

**June** [džu:n] junij

**jungle** ['džʌŋgl] džungla, pragozd

**junior** ['džu:nɪər] mlajši; podrejen

**juniper** ['džu:nɪpə(r)] brinje

**junk** [džʌŋk] smeti; ropotija; stara šara; ~ **food** nezdrava, na hitro pripravljena hrana; ~ **mail** reklamne tiskovine, sporočila, ki jih dobivamo po pošti

**junket** ['džʌŋkɪt] "poslovno" potovanje za zabavo; jed iz sladkane in začinjene skute

**junkie** ['džʌŋkɪ] (coll) narkič, mamilaš

**jurisdiction** [,džʊərɪs'dɪkšn] sodna oblast, sodna pristojnost

**jurisprudence** [,džʊərɪs-'pru:dns] pravo, pravna veda

**jurist** ['džʊərɪst] pravnik, jurist

**juror** ['džʊərə(r)] porotnik; član žirije

**jury** ['džʊərɪ] porota; žirija; **grand** ~ velika porota (12–23 porotnikov)

**juryman** ['džʊərɪmən] porotnik

**just** [džʌst] pravi(čen); korekten; utemeljen; pameten; pravkar; samo, komaj; **J~ a** moment! Samo trenutek!; ~ **now** pravkar; ~ **wonderful** res čudovito

**justice** ['džʌstɪs] pravica; zakonitost; **to bring to** ~ kaznovati koga, pripeljati pred sodnika; **to do** ~ **to** izkazati komu pravico, dati polno priznanje

**justifiable** [,džʌstɪ'faɪəbl] opravičljiv, upravičen; tehten; ~ **homicide** umor v samoobrambi

**justification** [,džʌstɪfɪ'keɪšn] opravičilo, zagovor

**justify** ['džʌstɪfaɪ] opravičiti, zagovarjati

**jut** [džʌt] štrleti, moleti

**jute** [džu:t] jutovina, juta

**juvenile** ['džu:vənaɪl] mladosten, mladoleten; otročji; ~ **delinquency** mladinsko prestopništvo; ~ **offender** mladoletni prestopnik

# K

**kale** [keɪl] ohrovt

**kaleidoscope** [kə'laɪdə-skəʊp] kalejdoskop

**kangaroo** [ˌkæŋgə'ruː] kenguru

**kaolin** ['keɪəlɪn] kaolin, vrsta gline

**karat** ['kærət] karat

**karate** [kə'rɑːtɪ] karaté

**karst** [kɑːst] kras

**kayak** ['kaɪæk] kajak

**keel** [kiːl] gredelj, podladje

**keen** [kiːn] oster (vid, bolečina, konkurenca); prediren (pogled); močno občuten, goreč, vnet; navdušen, poln zanimanja za

**keep\*** [kiːp] držati (se), obdržati, zadržati; prikrivati; kar naprej kaj delati, gojiti (čebele, kokoši); ne kvariti se (hrana); vztrajati, varovati; življenjske potrebščine; **to ~ away** izogibati se; **to ~ cool** ostati miren; **to ~ down** potlačiti, ponižati; **to ~ an eye on** budno paziti; **to ~ one's head** ne izgubiti glave; **to ~ in mind** zapomniti si; **to ~ on** obdržati na sebi, nadaljevati; **to ~ to** vztrajati pri, držati se (smeri, obljube); **to ~ up** nadaljevati, ne odnehati, ne kloniti; **to ~ pace with** iti v korak; *K~ off the grass!* Ne hodi po travi!; *K~ out!* Prehod (vstop) prepovedan!

**keeper** ['kiːpə(r)] paznik, čuvaj; rejec

**keepsake** ['kiːpseɪk] spominček (darilo), spominek

**keg** [keg] sodček, barigla

**ken** [ken] obzorje; spoznanje; prepoznati, videti

**kennel** ['kenl] pasja uta; *(pl)* pesjak

**kept** [kept] *glej* KEEP\*

**kerb** [kɜːb] *(Br)* robnik pri pločniku

**kerchief** ['kɜːtʃɪf] naglavna ruta; robec

**kernel** ['kɜːnl] jedro, bistvo

**kerosene** ['kerəsiːn] petrolej za razsvetljavo; svetilno ali gorilno olje

**ketchup** ['ketʃəp] pikantna paradižnikova omaka

**kettle** ['ketl] kotel, kotliček; čajnik

**kettledrum** ['ketldrʌm] pavka (glasbilo)

**key** [kiː] ključ, ključ do česa, šifra, pojasnilo; tipka; tonovski način; ključen, bistven; **major (minor) ~** dur (mol); **master ~** ključ, ki odpira vsa vrata; **~board** klaviatura, tastatura; **~hole** ključavnična luknja; **~note** glavno načelo; **~pad** pomožna tipkovnica; ~**punch** luknjalnik; ~**word** ključna beseda, geslo, iztočnica

**khaki** ['kɑːkɪ] rumenkasto rjav

**kick** [kɪk] brca, sunek puške pri strelu; brcniti; **free (penalty)** ~ prosti (kazenski) strel pri nogometu; **for ~s** le za šalo

**kid** [kɪd] malček, otrok; kozliček; vleči koga za nos, govoriti neumnosti; *No ~ding!* Brez šale!

**kidnap** ['kɪdnæp] ugrabiti (človeka, otroka); ~**per**, *(Am)* ~**er** ugrabitelj

**kidney** ['kɪdnɪ] ledvica, obist

**kidney bean** ['kɪdnɪ biːn] nizki fižol

**kill** [kɪl] ubiti; zatreti

**killer** ['kɪlə(r)] morilec, ubijalec; klavec; ~ **whale** orka

**kiln** [kɪln] žgalna peč, sušilna peč

**kilogram(me)** ['kɪləgræm] kilogram, kg

**kilome|tre**, *(Am)* ~**ter** ['kɪləmiːtə(r), kɪ'lɒmɪtə(r)] kilometer, km

**kilowatt** ['kɪləwɒt] kilovat, kW

**kilt** [kɪlt] kratko krilo (škotska noša)

**kin** [kɪn] (krvno) sorodstvo

**kind** [kaɪnd] vrsta, zvrst; prijazen, skrben, dober; ~ **of** nekako, malo; **of a** ~ iste vrste, neke vrste; **in** ~ plačilo v naturalijah; ~-**hearted** dobrosrčen, dobrodušen

**kindergarten** ['kɪndəgɑːtn] otroški vrtec

**kindle** ['kɪndl] prižgati; razvneti

**kindling** ['kɪndlɪŋ] trske; podpihovanje

**kindly** ['kaɪndlɪ] prijazen, naklonjen; prijazno, dobrohotno

**kindness** ['kaɪndnəs] prijaznost, ljubeznivost, uslužnost; usluga

**kindred** ['kɪndrɪd] soroden; ~ **spirit** sorodna duša

**kinetic** [kɪ'netɪk] kinetičen; dinamičen

**king** [kɪŋ] kralj; ~-**size** večji od običajnega

**kingdom** ['kɪŋdɒm] kraljestvo

**kink** [kɪŋk] zanka, pentlja; čudaštvo; vozlati, kodrati se (po naravi)

**kinship** ['kɪnšɪp] sorodstvo; sorodnost

**kiosk** ['kiːɒsk] kiosk

**kipper** ['kɪpə(r)] prekajen slanik

**kiss** [kɪs] poljub; poljubiti

**kit** [kɪt] oprema; orodje; komplet; **first-aid** ~ komplet za prvo pomoč; ~**bag** vojaška torba, nahrbtnik

**kitchen** ['kɪčɪn] kuhinja; ~ **range** štedilnik

**kite** [kaɪt] zmaj (igrača)

**kitten** ['kɪtn] mucek, mucka

**kleptomania** [ˌkleptə'meɪnɪə] kleptomanija; ~**c** kleptoman

**knack** [næk] spretnost; umetnija

**knapsack** ['næpsæk] nahrbtnik, telečnjak, oprtnik

**knave** [neɪv] lopov, prevarant, baraba

**knead** [niːd] gnesti, mesiti

**knee** [ni:] koleno; ~**cap** poga-
čica; ~**highs** dokolenke
**kneel*** [ni:l] klečati
**knell** [nel] mrtvaški zvon;
omen
**knelt** [nelt] *glej* KNEEL*
**knew** [nju:] *glej* KNOW*
**knickerbockers** ['nɪkəbɒkəz]
pumparice
**knickers** ['nɪkəz] ženske spo-
dnje hlače
**knife** [naɪf], (*pl* **knives**) nož;
~~**edge** rezilo
**knight** [naɪt] vitez; konj (šah);
~ **errand** klativitez; ~**hood**
viteštvo
**knit*** [nɪt] plesti; mrščiti čelo;
~**wear** pletenine
**knitting** [nɪtɪŋ] ~ **machine**
pletilni stroj; ~ **needle**
pletilka
**knob** [nɒb] gumb na vratih,
predalu, radiu itd.
**knitwear** [nɪtwɜ:(r)] plete-
nina, trikotaža

**knock** [nɒk] trkanje; trkati,
suniti, udariti; **to ~ down**
zbiti na tla; **to ~ out** knoka-
utirati; **to ~ over** prevrniti
**knocker** ['nɒkə(r)] tolkač
**knoll** [nəʊl] grič, hrib
**knot** [nɒt] vozel; grča; vo-
zel (enota za hitrost ladje,
1,852 km/h)
**knotty** ['nɒtɪ] grčast; vozlast;
težaven
**know*** [nəʊ] vedeti, znati
**know-how** ['nəʊhaʊ] znanje,
sposobnost, izkušenost
**knowledge** ['nɒlɪdž] zna-
nje, poznavanje; veščina;
izkustvo
**known** [nəʊn] poznan, znan;
*glej* KNOW*
**knuckle** ['nʌkl] členek, sklep
prsta; (*pl*) boksar (orožje)
**kohlrabi** [ˌkəʊl'rɑ:bɪ] kolera-
ba
**Kuwait** [kʊ'weɪt] Kuvajt; ~**i**
kuvajtski; Kuvajtčan(ka)

# L

**label** ['leɪbl] etiketa, nalepka, ploščica za označbo; označiti, etiketirati, karakterizirati

**laboratory** [lə'bɒrətrɪ] laboratorij

**laborious** [lə'bɔːrɪəs] težaven, mučen

**labour**, *(Am)* **labor** ['leɪbə(r)] (težko) delo, muka; delavstvo; porodni popadki; težko delati, mučiti, truditi se; dolgovezno razglabljati; **associated ~** združeno delo; **division of ~** delitev dela; **~ force** delovna sila; **~ market** trg delovne sile; **~ productivity** delovna storilnost; **socialized ~** podružbljeno delo; **surplus ~** presežno delo

**labour|er**, *(Am)* **labor~** ['leɪbrə(r)] fizični delavec, težak

**labour|-saving**, *(Am)* **labor~** ['leɪbə(r) seɪvɪŋ] ki prihrani delo (gospodinjski stroj)

**labyrinth** ['læbərɪnθ] labirint, blodnjak; zamotanost

**lace** [leɪs] vezalka; čipka; zavezati; primešati jedi ali napitku manjšo količino alkohola ali droge

**lacerate** ['læsəreɪt] raniti; razmesariti

**lack** [læk] pomanjkanje, potreba; primanjkovati, ne imeti

**lackadaisical** [ˌlækə'deɪzɪkl] sentimentalen, sanjarski

**laconic** [lə'kɒnɪk] kratek, jedrnat

**lacquer** ['lækə(r)] lak; lakirati; **~er** ličar

**lactic** ['læktɪk] mlečen; **~ acid** mlečna kislina

**lacy** ['leɪsɪ] čipkast

**lad** [læd] fant, deček, mladenič

**ladder** ['lædə(r)] lestev; spuščena zanka na nogavici

**laden** ['leɪdn] natovorjen; obremenjen

**lading** ['leɪdɪŋ] ladijski tovor; **bill of ~** tovorni list

**ladle** ['leɪdl] zajemalka; zajemati

**lady** ['leɪdɪ] dama, gospa, gospodična; plemiški naslov; **~-killer** donhuan, vetrnjak; **~-in-waiting** *(Br)* dvorna dama

**ladybird** ['leɪdɪbɜːd] pikapolonica

**ladylike** ['leɪdɪlaɪk] uglajen; vljuden, spoštljiv; dostojanstven

**lag** [læg] zaostajati, obotavljati se; izolirati (bojler, streho na notranji strani)

**lager** ['lɑːgə(r)] ležak (pivo)

**laggard** ['lægəd] počasnež, mečkač

**lagoon** [lə'gu:n] laguna, morska plitvina

**laid** [leɪd] *glej* LAY\*

**lain** [leɪn] *glej* LIE\*

**lair** [leə(r)] brlog; skrivališče

**laity** ['leɪətɪ] laiki, nestrokovnjaki

**lake** [leɪk] jezero; ~side svet ob jezeru, obrežje

**lamb** [læm] jagnje; jagnjetina

**lame** [leɪm] hrom, šepav; nepripričljiv; ~ duck plačila nezmožen dolžnik, neuspešno podjetje (oseba), ki potrebuje pomoč drugih

**lament** [lə'ment] tožiti, žalovati, tarnati

**lamentable** ['læbəntəbl] obžalovanja vreden

**lamentation** [ˌlæmen'teɪšn] tožba, žalostinka, tarnanje

**laminated** ['læmɪneɪtɪd] ploščičast; listast

**lamp** [læmp] svetilka, luč; ~-post cestna svetilka; ~ shade senčnik

**lampoon** [læm'pu:n] sramotilni spis, satira; sramotiti

**lamprey** ['læmprɪ] piškur

**lance** [lɑ:ns] kopje, sulica

**land** [lænd] kopno, dežela, zemljišče; pristati, izkrcati se; ~ reform agrarna reforma; ~ registry kataster, zemljiška knjiga; ~ use (*ali* utilization) način izkoriščanja tal, izraba tal

**landholder** ['lændhəʊldə(r)] zemljiški posestnik, zakupnik

**landing** ['lændɪŋ] pristajanje,

izkrcanje; stopniščni presledek; pristajališče; ~ stage most za prehod ljudi in prenos tovora med obalo in ladjo; ~ strip zasilno letališče, pista

**landlady** ['lændleɪdɪ] hišna lastnica; gospodarica; gostilničarka, krčmarica

**landlord** ['lændlɔ:d] hišni lastnik; gospodar; gostilničar, krčmar

**landmark** ['lændmɑ:k] mejnik, znamenje

**landowner** ['lændəʊnə] zemljiški posestnik, gruntar

**landscape** ['lændskeɪp] pokrajina; pokrajinska slika; ~ architect (*ali* gardener) arhitekt krajinar, strokovnjak za oblikovanje narave

**landslide** ['lændslaɪd] udor; velika volilna zmaga

**lane** [leɪn] pot, kolovoz; uličica; proga (za tek, plavanje); vozni pas (na cesti)

**language** ['læŋgwɪdž] jezik, govorica

**languid** ['læŋgwɪd] medel, slab; nezavzet

**languish** ['læŋgwɪš] propadati, pešati; to ~ for koprneti, hrepeneti po

**languor** ['læŋgə(r)] medlost, lenivost

**lanky** ['læŋkɪ] suh, koščen

**lantern** ['læntən] svetilka

**lap** [læp] naročje; krog (dirka); pljuskanje valov; prehiteti za en ali več krogov; goltati, lokati

**lapel** [lə'pel] zavihek, rever

**lapse** [læps] spodrsljaj, na-

paka, pomota; zastarati, zapasti; minevati (čas)
**lapwing** ['læpwɪŋ] priba (ptič)
**larceny** ['lɑːsənɪ] kraja, tatvina
**larch** [lɑːč] macesen
**lard** [lɑːd] svinjska mast, salo
**larder** ['lɑːdə(r)] jedilna shramba
**large** [lɑːdž] velik, razsežen; at ~ na svobodi, na splošno; ~-**scale** zelo obsežen, velikopotezen
**largely** ['lɑːdžlɪ] predvsem, v veliki meri
**lariat** ['lærɪət] laso, povodec
**lark** [lɑːk] škrjanec
**larva** ['lɑːvə], (*pl* **larvae**) ličinka, buba
**laryngitis** [ˌlærɪn'džaɪtɪs] vnetje grla
**lascivious** [lə'sɪvɪəs] pohoten; opolzek
**lash** [læš] trepalnica; bič; udarec z bičem; bičati; trdno zvezati
**lass** [læs] dekle, deklica, mladenka,
**lassitude** ['læsɪtjuːd] utrujenost; brezbrižnost
**lasso** [læ'suː] laso; ujeti z lasom
**last** [lɑːst] zadnji, poslednji, najnovejši (izjava); nazadnje, končno; trajati, zadostovati; ~ **but one** predzadnji; ~ **night** sinoči; ~ **year** lani; ~ **name** priimek; ~ **will** oporoka; **the ~ straw** višek, zvrhana mera
**lasting** ['lɑːstɪŋ] trajen, dolgotrajen, zdržljiv

**latch** [læč] zapah, patentna ključavnica; zapreti, zapahniti (vrata); ~**key** patentni ključ, ključ od vhodnih vrat
**late** [leɪt] pozen, kasen; kasno, pozno; pokojni; ~**comer** zamudnik
**lately** ['leɪtlɪ] nedavno, v zadnjem času
**latent** ['leɪtnt] skrit, prikrit
**lateral** ['lætərəl] stranski, bočen
**lath** [lɑːθ] letev
**lathe** [leɪð] stružnica
**lather** [lɑːðə(r)] milna pena; peniti se
**Latin** ['lætin] latinski; latinščina; ~ **alphabet** latinica
**latitude** ['lætɪtjuːd] zemljepisna širina
**latrine** [lə'triːn] latrina, stranišče na prostem
**latter** ['lætə(r)] drugi omenjeni, zadnji; **the former and the ~** prvi in drugi
**lattice** ['lætɪs] rešetka, mreža; zamrežiti
**laud** [lɔːd] hvalospev; poveličevati, slaviti
**laudable** ['lɔːdəbl] hvalevreden
**laudanum** ['lɔːdənəm] lavdanum, opijeva tinktura
**laugh** [lɑːf] smeh; smejati se; **to ~ at** posmehovati se
**laughable** ['lɑːfəbl] zabaven, smešen
**laughter** ['lɑːftə(r)] smeh
**launch** [lɔːnč] splaviti ladjo, izstreliti raketo; lansirati; ~**ing pad** rampa za izstrelitev rakete (izstrelkov); odskočna deska

**launder** ['lɔːndə(r)] prati in likati perilo

**laundry** ['lɔːndrɪ] pralnica; perilo; pranje

**laureate** ['lɒrɪət] nagrajenec; ovenčan z lovorom

**laurel** ['lɒrəl] lovor

**lava** [lɑːvə] lava

**lavatory** ['lævətrɪ] stranišče; ~ **paper** toaletni papir

**lavender** ['lævəndə(r)] sivka, lavendel

**lavish** [lævɪš] radodaren, potraten; zapravljati

**law** [lɔː] zakon; pravo; **to read** ~ študirati pravo; **election** ~ volilni zakon; ~ **of demand and supply** zakon povpraševanja in ponudbe; ~**s of the market** tržni zakoni

**law court** ['lɔːkɔːt] sodišče

**lawful** [lɔːfʊl] zakonit, pravno veljaven

**lawless** ['lɔːlɪs] nezakonit

**lawmaker** ['lɔːmeɪkə(r)] zakonodajalec

**lawn** [lɔːn] negovana trata; ~**mower** vrtna kosilnica; ~ **tennis** tenis na travi

**lawsuit** ['lɔːsuːt] pravda, proces

**lawyer** ['lɔːjə(r)] pravnik, jurist, odvetnik

**lax** [læks] površen; ohlapen

**laxative** ['læksətɪv] odvajalen; odvajalo

**laxity** ['læksətɪ] nenatančnost, popustljivost; ohlapnost

**lay** [leɪ] *glej* LIE*

**lay*** [leɪ] položiti; pripraviti (mizo); (z)nesti (jajce); nastaviti (past); naložiti (kazen); posveten, laičen; ~~**by** izo-

gibališče, parkirišče ob avtomobilski cesti; ~**man** laik, nestrokovnjak; ~**off** začasen odpust iz službe; ~**out** tloris, načrt, razpored

**layer** ['leɪə(r)] plast, sklad

**layette** [leɪ'et] novorojenčkova oprema

**lazy** ['leɪzɪ] len, delomrzen

**lead** [liːd] voditi, peljati, napeljati (koga) k/h; pasji konopec; vod; prevodna žica; glavni igralec; vodilo, napotek

**lead** [led] svinec; svinčnica; ~ **pencil** grafitni svinčnik; ~~**free** neosvinčen (bencin)

**leader** ['liːdə(r)] voditelj (zlasti politični); prvi solist v orkestru; uvodni članek; ~**ship** vodstvo

**leading** ['liːdɪŋ] vodilen, glaven, prvi; ~ **article** uvodnik; ~ **lady** glavna igralka, primadona

**leaf** [liːf] list; listati po knjigi

**leaflet** ['liːflɪt] listič; letak

**leafy** ['liːfɪ] listnat

**league** [liːg] zveza; liga; L~ **of Nations** Društvo narodov

**leak** [liːk] luknja, razpoka; kar se razve (novica); curljati, puščati

**leaky** ['liːkɪ] prepusten, luknjičast; klepetav

**lean*** [liːn] nagniti se, sloneti; pust, neploden (zemlja); vitek (človek)

**leant** [lent] *glej* LEAN*

**leap*** [liːp] skočiti, preskočiti; skok, preskok

**leapfrog** ['liːpfrɒg] skakati čez hrbet (otroška igra)

**leapt** [lept] *glej* LEAP*
**leap year** ['li:p jɪə(r)] prestopno leto
**learn*** [lɜːn] učiti se; zvedeti
**learned** ['lɜːnɪd] učen; ~ **man** učenjak
**learnt** [lɜːnt] *glej* LEARN*
**lease** [li:s] zakup, najem
**leaseholder** ['li:shəʊldə(r)] zakupnik, najemnik
**leash** [li:š] povodec, vrvica; imeti na vrvici
**least** [li:st] najmanjši; najmanj; **at** ~ vsaj
**leather** ['leðə(r)] usnje; usnjen
**leave*** [li:v] oditi, pustiti; dopust; slovo; **to** ~ **behind** pustiti, pozabiti kje kaj
**leaven** ['levn] kvas; vpliv; kvasiti; vplivati, prežeti
**Leban|on** ['lebənən] Libanon; ~**ese** libanonski; Libanonec, Libanonka
**lecherous** ['lečərəs] pohoten, razuzdan
**lecture** ['lekčə(r)] predavanje; oštevanje; predavati; dajati nauke; ~ **room** predavalnica, učilnica
**lecturer** ['lekčərə(r)] predavatelj, docent, lektor
**led** [led] *glej* LEAD*
**ledge** [ledž] okenska polica; skalna polica
**ledger** ['ledžə(r)] glavna knjiga
**lee** [li:] zavetrje; zavetje
**leech** [li:č] pijavka, zajedavec
**leek** [li:k] por
**leer** [lɪə(r)] pretkan; pretkano gledati
**left** [left] levi; na levi; levica;

~**-hander** levičar; neroda; ~ **luggage office** *(Br)* garderoba (na železniški postaji, letališču; ~**ist** levičar (političino); ~**over** ostanek
**left** [left] *glej* LEAVE*
**leg** [leg] noga, krak, stegno; hlačnica; etapa (pri potovanju)
**legacy** ['legəsɪ] volilo, zapuščina
**legal** ['li:gl] zakonit, legalen; ~ **aid** pravna pomoč (za reveže); ~ **system** pravni red; ~ **tender** zakonito plačilno sredstvo
**legal|ize**, ~**ise** ['lɪgəlaɪz] uzakoniti; overoviti; dovoliti
**legate** ['legɪt] odposlanec
**legation** [lɪ'geɪšn] poslaništvo; diplomatski poslanik
**legend** ['ledžənd] legenda, navodilo za razumevanje (zemljevida, diagrama); napis
**legendary** ['ledžəndrɪ] bajesloven, legendaren
**legible** ['ledžəbl] čitljiv
**legion** ['lɪdžən] legija; velika množina
**legislate** ['ledžɪsleɪt] izdajati zakone
**legislation** [ˌledžɪ'sleɪšn] zakonodaja
**legislative** ['ledžɪslətɪv] zakonodajen
**legislator** ['ledžɪsleɪtə(r)] član zakonodajnega zbora, zakonodajalec
**legislature** ['ledžɪsleɪčə(r)] zakonodajni zbor
**legitimate** [lɪ'džɪtɪmət] legitimen, zakonit; zakonski

**leisure** ['leʒə(r)] prosti čas; brezdelje

**lemon** ['lemən] limona; **~ade** limonada

**lend\*** [lend] posoditi; dati

**length** [leŋθ] dolžina; trajanje; **~en** podaljšati

**lengthways** ['leŋθweɪz] po dolgem, vzdolž

**lengthy** ['leŋθɪ] zelo dolg; dolgočasen

**lenient** ['liːnɪənt] prizanesljiv, popustljiv, uvideven

**lens** [lenz] optična leča

**lent** [lent] *glej* LEND\*

**Lent** [lent] postni čas

**lentil** ['lentl] leča

**leopard** ['lepəd] leopard

**lep|er** ['lepə(r)] gobavec; **~rosy** gobavost

**lesbian** ['lezbɪən] lezbičen; lezbijka

**lesion** ['liːʒn] poškodba, rana

**less** [les] manj, minus; manjši, manj pomemben; **more or ~** več ali manj

**lessen** ['lesn] zmanjšati

**lesser** ['lesə(r)] manjši, manj vreden

**lesson** ['lesn] lekcija; pouk; naloga

**lest** [lest] da ne bi

**let\*** [let] dovoliti; dati v najem; **to ~ alone** pustiti pri miru; **to ~ down** pustiti na cedilu, razočarati; **to ~ go** spustiti; **to ~ off** sprožiti (puško); pustiti koga brez kazni

**lethal** ['liːθl] smrten, smrtonosen

**lethargic** [lə'θɑːdʒɪk] duševno otopel, nedejaven

**letter** ['letə(r)] pismo, dopis;

črka; **~box** *(Br)* pisemski nabiralnik; **~ of credit** akreditiv, kreditno pismo

**lettuce** ['letɪs] zelena solata

**level** ['levl] nivo, raven, višina (vode, glasu); enak, izenačen, raven; izravnati, izenačiti; naperiti (puško, kritiko); **~ crossing** *(Br)* križanje železnice in ceste

**lever** ['liːvə(r)] vzvod; gibalna sila

**levity** ['levətɪ] lahkomiselnost

**levy** ['levɪ] obdavčenje, pobiranje davkov; odmeriti davke

**lewd** [ljuːd] nespodoben, opolzek

**lexicon** ['leksɪkən] slovar, leksikon

**liability** [ˌlaɪə'bɪlətɪ] obveznost, zavezanost, odgovornost; *(pl)* dolgovi, pasiva

**liable** ['laɪəbl] odgovoren za; nagnjen k; dolžan

**liaison** [lɪ'eɪzn] ljubezensko razmerje, zveza; **~ officer** oficir za zvezo

**liar** ['laɪə(r)] lažnivec, lažnivka

**libation** [laɪ'beɪšn] pitna daritev; zdravica

**libel** ['laɪbl] klevetniški spis, obtožnica; javno klevetati, obrekovati

**liberal** ['lɪbərəl] liberalen, strpen, širokosrčen, popustljiv; liberalec

**liberate** ['lɪbəreɪt] osvoboditi; sprostiti

**liberation** [ˌlɪbə'reɪšn] osvoboditev; **~ movement** osvobodilno gibanje

**libertine** ['lɪbəti:n] razuzdan; razuzdanec
**liberty** ['lɪbətɪ] svoboda, prostost; neodvisnost; **to take the ~ of** dovoliti si, predrzniti si
**libidinous** [lɪ'bɪdɪnəs] strasten, pohoten
**librarian** [laɪ'breərɪən] knjižničar(ka)
**library** ['laɪbrərɪ] knjižnica
**Libya** ['lɪbɪə] Libija; **~n** libijski; Libijec, Libijka
**licen|ce**, *(Am)* **~se** ['laɪsns] licenca, dovoljenje, koncesija, pooblastilo; **driver's ~** vozniško dovoljenje; **to ~se** dati dovoljenje, licencirati; **~ced house** lokal, ki ima dovoljenje za točenje alkohola
**licentious** [laɪ'senšəs] razuzdan, nebrzdan
**lichen** ['laɪkən] lišaj
**lick** [lɪk] lizati; premagati
**lid** [lɪd] pokrov, poklopec; veka
**lie** [laɪ] laž; lagati
**lie\*** [laɪ] ležati, nahajati se
**lief** [li:f] rad, z veseljem
**lieutenant** [lef'tenənt], *(Am)* [lu:'tenənt] poročnik; namestnik; **~ colonel** podpolkovnik
**life** [laɪf] življenje; **social ~** družabno življenje
**lifebelt** ['laɪfbelt] rešilni pas
**lifeboat** ['laɪfbəʊt] rešilni čoln
**lifeguard** ['laɪfgɑ:d] telesna straža
**life insurance** ['laɪf ɪnšɔ:rəns] življenjsko zavarovanje
**lifejacket** ['laɪfdžækɪt] rešilni jopič

**lifelong** ['laɪflɒŋ] dosmrten
**lifespan** ['laɪfspæn] življenjska doba
**lift** [lɪft] dvigniti, dvigati se (megla); zagrešiti plagiat; izkopati (krompir); preklicati (prepoved); prevažati z letalom (blago); dvigalo, vlečnica; **~-off** navpičen vzlet (rakete, vesoljske ladje)
**ligament** ['lɪgəmənt] vez, kita
**light\*** [laɪt] svetloba, luč; sijaj (oči); lahek, zabaven (glasba, knjiga); prhek (zemlja); lahkoživ (ženska); svetel; prižgati, razsvetliti; **~ bulb** žarnica; **~ industry** lahka industrija; **~-year** svetlobno leto
**lighten** ['laɪtn] olajšati, razbremeniti; razsvetliti; zjasniti; bliskati se
**lighter** ['laɪtə(r)] vžigalnik
**lighthouse** ['laɪthaʊs] svetilnik; **~ keeper** svetilničar
**lightning** ['laɪtnɪŋ] blisk, strela; **~ conductor** *(ali rod)* strelovod
**lightship** ['laɪtšɪp] ladja svetilnik
**like** [laɪk] rad imeti; ugajati; hoteti; enak, podoben; enako, kakor, kot; nekaj takega, podobnega
**lik(e)able** ['laɪkəbl] prijeten, priljuden, simpatičen, všečen
**likelihood** ['laɪklɪhʊd] verjetnost
**likely** ['laɪklɪ] verjetno, bržkone, predvidoma
**liken** ['laɪkən] primerjati
**likeness** ['laɪknɪs] podobnost, enakost

**likewise** ['laɪkwaɪz] enako, prav tako

**lilac** ['laɪlək] španski bezeg

**lilt** [lɪlt] ritmičen napev, vesel zvok; veselo prepevati; prožno hoditi

**lily** ['lɪlɪ] lilija; ~ of the valley šmarnica

**limb** [lɪm] ud; debela veja

**limber** ['lɪmbə(r)] gibčen, elastičen, upogljiv; **to ~ up** trenirati, ogrevati se (šport)

**limbo** ['lɪmbəʊ] zavržen kraj; negotovost; vrsta plesa

**lime** [laɪm] apno; lipa; citronka; **quick ~** (ali **live ~**) živo apno; **slaked ~** gašeno apno

**limelight** ['laɪmlaɪt] reflektor, odrska luč; **to be in the ~** biti v središču zanimanja

**limerick** ['lɪmərɪk] šaljiva petvrstična kitica

**limestone** ['laɪmstəʊn] apnenec

**limit** ['lɪmɪt] določena (najvišja, najnižja) meja česa; omejiti, limitirati; *Off* ~s. Dostop prepovedan. **within ~s** do določene meje; **~ed company** delniška družba z omejeno zavezo

**limitation** [ˌlɪmɪ'teɪšn] omejitev, meja; zastaranje

**limitless** ['lɪmɪtlɪs] neomejen, brezmejen

**limousine** ['lɪməziːn] limuzina, eleganten osebni avto

**limp** [lɪmp] mlahav; šepati

**limpid** ['lɪmpɪd] bister, prozoren; jasen (stil)

**line** [laɪn] črta, linija; guba; vrstica; vrv, žica; vod; proga; oblika, videz, obris, kontura; usmeritev (dejavnosti, politike), mejna črta; stopiti v vrsto, postrojiti se; podložiti (obleko), prevleči, obložiti, oblepiti (na notranji strani); **~ printer** *(comp)* vrstični tiskalnik

**lineage** ['lɪnɪɪdž] rod, poreklo

**lineal** ['lɪnɪəl] direkten; **~ descendant** direktni potomec

**lineament** [lɪnɪəmənt] karakteristična poteza

**linear** ['lɪnɪə(r)] linearen, premočrten; enakomeren

**linen** ['lɪnɪn] platno; posteljno perilo

**liner** ['laɪnə(r)] linijska ladja; vložek, vstavek; **dustbin ~** plastična vrečka, ki jo vložimo v posodo za smeti

**linesman** ['laɪnzmən] stranski sodnik

**linger** ['lɪŋɡə(r)] odlašati, zavlačevati

**lingerie** ['lænžariː], *(Am)* [ˌlɑːnžə'reɪ] fino žensko perilo

**lingo** ['lɪŋɡəʊ] latovščina, nerazumljiv jezik

**linguist** ['lɪŋɡwɪst] jezikoslovec; **~ics** jezikoslovje

**liniment** ['lɪnɪmənt] mazilo

**lining** ['laɪnɪŋ] podloga, obloga

**link** [lɪŋk] povezati, spojiti (se); člen, vez

**linkman** ['lɪŋkmæn] konferansjé, vodja oddaje, napovedovalec

**linoleum** [lɪ'nəʊlɪəm] linolej

**linseed** ['lɪnsiːd] laneno seme

**lint** [lɪnt] pukanica za obveze

**lion** ['laɪən] lev; ~**ess** levinja

**lip** [lɪp] ustnica; rob (kozarca); ~**stick** črtalo za ustnice; **to** ~-**read** brati z ustnic (gluhonemo)

**liquefy** ['lɪkwɪfaɪ] utekočiniti (se)

**liqueur** [lɪ'kjʊə(r)] liker

**liquid** ['lɪkwɪd] tekočina; tekoč

**liquidate** ['lɪkwɪdeɪt] usmrtiti; odpraviti, ukiniti, razpustiti

**liquor** ['lɪkə(r)] močna alkoholna pijača

**lisp** [lɪsp] slabo izgovarjati sičnike, sesljati

**list** [lɪst] seznam, spisek, lista; naštevati, narediti seznam

**listen** ['lɪsn] poslušati; ubogati; **to** ~ **in** prisluškovati

**listener** ['lɪsnə(r)] poslušalec; slušatelj

**listless** ['lɪstlɪs] brezbrižen, ravnodušen

**lit** [lɪt] *glej* LIGHT*

**litany** ['lɪtənɪ] litanije

**literacy** ['lɪtərəsɪ] pismenost

**literal** ['lɪtərəl] dobeseden

**literary** ['lɪtərərɪ] leposloven, literaren

**literate** ['lɪtərət] pismen; izobražen

**literature** ['lɪtrəčə(r)] književnost, literatura

**lithe** [laɪð] prožen, gibčen

**lithography** [lɪ'θɒgrəfɪ] kamnotisk, litografija

**litigant** ['lɪtɪgənt] pravdarski; pravdar

**litigation** [,lɪtɪ'geɪšn] pravda, spor

**litmus paper** ['lɪtməs peɪpə(r)] lakmusov papir

**lit|re**, *(Am)* ~**er** ['liːtə(r)] liter

**litter** ['lɪtə(r)] odpadki, smeti; stelja; istočasno skoteni mladiči, leglo; nastlati; ~ **bin** *(Br)* kontejner za smeti, smetnjak

**little** ['lɪtl] majhen, droben; malo, ne dosti; ~ **finger** mezinec; ~ **by** ~ pomalem

**littoral** ['lɪtərəl] obalen, obrežen; primorje; **the L~** Primorska

**liturgy** ['lɪtədžɪ] liturgija, bogoslužje

**live** [lɪv] živeti; stanovati; [laɪv] živ, neposreden prenos (po radiu, TV); nabit z elektriko (žica); nerazstreljen (bomba)

**livelihood** ['laɪvlɪhʊd] preživljanje, eksistenca

**lively** ['laɪvlɪ] živahen, živ, boder, poskočen

**liven** ['laɪvn] poživiti, razživeti se

**liver** ['lɪvə(r)] jetra

**livery** ['lɪvərɪ] livreja; posebno oblačilo

**livestock** ['laɪvstɒk] živina

**livid** ['lɪvɪd] bled, prstén; besen

**living** ['lɪvɪŋ] živ, živeč; preživljanje; ~ **room** dnevna soba; ~ **standards** *(pl)* življenjski standard; ~ **wage** eksistenčni minimum; **cost of** ~ življenjski stroški

**lizard** ['lɪzəd] kuščar, martinček

**llama** ['lɑːmə] lama (žival)

**load** [ləʊd] tovor, breme; obremeniti, natovoriti, natlačiti

**loaf** [ləʊf] hlebec, štruca

**loafer** ['ləʊfə(r)] postopač, fakin; *(Am)* mokasin (čevelj)
**loam** [ləʊm] ilovica, glina
**loan** [ləʊn] posojilo; posoditi; ~ **shark** oderuh
**loath** [ləʊθ] nenaklonjen, nasproten; nevoljen
**loathe** [ləʊð] sovražiti, gabiti se
**loathsome** ['ləʊðsəm] gnusen, ostuden, priskuten, ogaben
**lob** [lɒb] visoka žoga (tenis); visoko vreči žogo
**lobby** ['lɒbɪ] predsoba, foyer; kuloarski politiki; pritiskati na poslance; spletkariti
**lobbying** ['lɒbɪɪŋ] metoda političnih pritiskov na zakonodajalce
**lobe** [ləʊb] ušesna mečica; loputica
**lobster** ['lɒbstə(r)] jastog
**local** ['ləʊkl] lokalen, krajeven, domač
**locale** [ləʊ'kɑːl] prizorišče, scena
**locality** [ləʊ'kælətɪ] kraj, (bližnja) okolica
**local|ize, ~ise** ['ləʊkəlaɪz] lokalizirati, omejiti
**locate** [ləʊ'keɪt] poiskati, najti; določiti lego
**location** [ləʊ'keɪʃn] kraj, prostor, lokacija; **on** ~ snemanje zunaj studia
**loch** [lɒk, lɒx] jezero *(na Škotskem)*; zaliv
**lock** [lɒk] zakleniti, zapreti; biti blokiran; zaplesti se; pluti skozi zapornice; ključavnica, zapornica; koder *(ali* pramen) las

**locker** ['lɒkə(r)] omarica (s ključavnico); ~ **room** oblačilnica
**locket** ['lɒkɪt] medaljon, obesek
**lockjaw** ['lɒkdʒɔː] tetanus, otrpni krč
**locksmith** ['lɒksmɪθ] ključavničar
**locomotion** [ˌləʊkə'məʊʃn] premikanje, gibanje; hoja
**locomotive** ['ləʊkəməʊtɪv] lokomotiva; premičen
**locum** ['ləʊkəm] kdor začasno nadomešča zdravnika, duhovnika
**locust** ['ləʊkəst] kobilica; lakomnež
**locution** [lə'kjuːʃn] izražanje, frazeologija
**lodge** [lɒdʒ] hišica, (lovska) koča; manjši prostor za vratarja; nastaniti se (začasno); zaustaviti se (izstrelek); vložiti (tožbo, pritožbo)
**lodger** ['lɒdʒə(r)] stanovalec, podnajemnik
**lodging** ['lɒdʒɪŋ] stanovanje; najeta soba
**loft** [lɒft] podstrešje; svisli; golobnjak
**lofty** ['lɒftɪ] visok, vzvišen, nadut
**log** [lɒg] klada, hlod, poleno; ladijski dnevnik; ~ **cabin** brunarica; ~ **in** *(comp)* vstop v sistem; ~ **out** *(comp)* izhod iz sistema
**logic** ['lɒdʒɪk] logika
**loin** [lɔɪn] ledvična pečenka; *(pl)* ledja
**loiter** ['lɔɪtə(r)] postopati, pohajkovati

**loll** [lɒl] poležavati, lenobo pasti

**lollipop** ['lɒlɪpɒp] lizika

**loneliness** ['ləʊnlɪnɪs] osamljenost, samota

**lone, lonely, lonesome** [ləʊn, 'ləʊnlɪ, 'ləʊnsəm] osamljen, sam, samoten

**long** [lɒŋ] hrepeneti (po); dolg, dolgotrajen; dolgo; **all day ~** ves dan; *So ~!* Na svidenje!; **as ~ as** dokler, samo če; **~ ago** davno, zdavnaj; **~--sighted** daljnoviden; **~--term** dolgoročen; **~distance call** medkrajevni telefonski pogovor; **~ drink** pijača iz visokega kozarca; **~ jump** skok v daljino

**longevity** [lɒn'dževɪtɪ] dolgoživost

**longitude** ['lɒndžɪtju:d] zemljepisna dolžina

**loo** [lu:] *(coll)* stranišče

**look** [lʊk] pogled; videz; **to ~ after** paziti na; **to ~ at** gledati, motriti; **to ~ down on** zaničevati; **to ~ for** iskati; **to ~ forward to** veseliti se česa; **to ~ into** raziskati, preiskovati; **to ~ out** paziti; **to ~ over** pregledati; **to over~** spregledati; **to ~ a word up** poiskati besedo (v slovarju); **to ~ up to** občudovati

**looking-glass** ['lʊkɪŋ glɑ:s] ogledalo, zrcalo

**lookout** ['lʊkaʊt] opazovalnica; budnost, čuječnost; preža; patrulja

**loom** [lu:m] statve; pojaviti se v daljavi; ležati na duši

**loony** ['lu:nɪ] prismojen, nor

**loop** [lu:p] zanka, pentlja; **~hole** vrzel (v zakonu), izhod

**loose** [lu:s] prost; ohlapen (obleka); spuščen (lasje); razmajan (zob); rahel, prhek (zemlja); nemoralen; **~ ends** malenkosti, ki jih je treba še urediti

**loosen** ['lu:sn] popustiti, odvezati (vozel, vezi), zrahljati

**loot** [lu:t] vojni plen, nepošten zaslužek; pleniti

**lop** [lɒp] obrezati, obsekati (drevo)

**loquacious** [lə'kweɪšəs] zgovoren, gostobeseden, blebetav

**lord** [lɔ:d] lord, *(Br)* naslov za višjega plemiča; član zgornjega doma; **the L~** bog

**lordship** ['lɔ:dšɪp] lordstvo; **your ~** vaša milost

**lorry** ['lɒrɪ] *(Br)* tovorni avto, tovornjak, vagon

**lose\*** [lu:z] izgubiti, založiti (kam); zapraviti (čas); zgrešiti (pot), zamuditi (vlak); zaostajati (ura); imeti izgubo, biti premagan; **~r** premaganec, kdor izgublja

**loss** [lɒs] izguba, škoda

**lost** [lɒst] *glej* LOSE\*

**lot** [lɒt] velika množina; družba, skupina; del, delež; usoda; predmet na dražb;, parcela, zemljišče; mnogo; žrebati za, z žrebom določiti

**lotion** ['ləʊšn] tekočina za osvežitev kože

**lottery** ['lɒtərɪ] loterija, srečelov; **~ ticket** srečka

**lotus** ['ləʊtəs] lokvanj

**loud** [laʊd] glasen; glasno

**loudhailer** [laʊd'heɪlə] megafon

**loudspeaker** [laʊd'spiːkə] zvočnik

**lounge** [laʊndž] hotelska veža, čakalnica (letališče); lenariti, poležavati; lenobno sprehajati se

**louse** [laʊs], (*pl* lice) uš

**lout** [laʊt] teslo, štor, teleban

**louv|re**, *(Am)* ~er ['luːvə(r)] stolpič z linami; špranja

**lovable** ['lʌvəbl] ljubek, ljubezni vreden

**love** [lʌv] ljubezen; ljubiti; brez zadetka (tenis); **to be in ~** biti zaljubljen; **to fall in ~** zaljubiti se; **to make ~** ljubimkati; spolno občevati

**lovely** ['lʌvlɪ] ljubek, prikupen, srčkan

**lover** ['lʌvə(r)] ljubimec, ljubček, zaljubljenec

**low** [ləʊ] nizek, globok (glas, izrez obleke); majhen (zaloga); manjvreden, primitiven, prostaški; prezirljiv (mnenje); slaboten (pulz)

**lowbrow** ['ləʊbraʊ] preprost, neizobražen

**lower** ['ləʊə(r)] spustiti, znižati

**lowland** ['ləʊlənd] nižina; nižinski

**lowly** ['ləʊlɪ] ponižen, skromen; ponižno, skromno

**loyal** ['lɔɪəl] vdan, zvest, lojalen

**loyalty** ['lɔɪəltɪ] vdanost, zvestoba; poštenost

**lozenge** ['lɒzɪndž] pastila; romb

**lubricant** ['luːbrɪkənt] mazivo za stroje

**lubricate** ['luːbrɪkeɪt] naoljiti, namazati

**lucerne** [luː'sɜːn] nemška detelja, lucerna

**lucid** ['luːsɪd] jasen, razumljiv; bister

**luck** [lʌk] srečno naključje, sreča; **bad ~** smola

**lucky** ['lʌkɪ] srečen, ki prinaša srečo; **~ man** srečnež

**lucrative** ['luːkrətɪv] donosen, dobičkonosen

**lucre** ['luːkə(r)] lakomnost, grabežljivost

**ludicrous** ['luːdɪkrəs] burkast, smešen; nesmiseln

**lug** [lʌg] vleči, vlačiti

**luge** [luːž] sanke (nizke, tekmovalne)

**luggage** ['lʌgɪdž] prtljaga

**lukewarm** [.luːk'wɔːm] mlačen

**lull** [lʌl] uspavati, umiriti; zatišje, mrtvilo

**lullaby** ['lʌləbaɪ] uspavanka

**lumbago** [lʌm'beɪgəʊ] ostre bolečine v križu (ledjih)

**lumber** ['lʌmbə(r)] stavbni les; krama, navlaka; **~jack** drvar, gozdni delavec; **~yard** skladišče za les

**luminous** ['luːmɪnəs] svetel; jasen, razumljiv

**lump** [lʌmp] kepa, gruda; kos, kocka (sladkorja); buška; **~ sum** okrogla vsota, pavšal

**lumpy** ['lʌmpɪ] kepast; buškast; štorast

**lunacy** ['luːnəsɪ] blaznost

**lunar** ['luːnə(r)] mesečev,

lunaren; ~ **day** lunarni dan (24 h 50 min)

**lunatic** ['lu:nətɪk] blazen; blaznež, norec; ~ **asylum** bolnica za duševne bolezni; ~ **fringe** ekstremisti

**lunch** [lʌnč] kosilo, obed; kositi

**luncheon** ['lʌnčən] (formalno, svečano) kosilo, zakuska, obed

**lung** [lʌŋ] pljučno krilo; (pl) pljuča

**lunge** [lʌndž] planiti, skočiti naprej

**lurch** [lɜːč] nagniti se; opotekati se

**lure** [luə(r)] vaba; zvabiti

**lurid** ['luərɪd] pošasten, grozljiv

**lurk** [lɜːk] prežati, pritajiti se

**luscious** ['lʌšəs] slasten, sočen; bujen, čuten

**lush** [lʌš] bujen; bohoten; luksuzen

**lust** [lʌst] poželenje, sla; poželeti, hrepeneti

**lustful** ['lʌstfl] strasten, pohoten

**lust|re**, (Am) ~**er** ['lʌstə(r)] blesk, sijaj

**lustrous** ['lʌstrəs] bleščeč, sijoč

**lusty** ['lʌstɪ] krepak, čvrst, čil

**lute** [lu:t] lutnja

**Luxemburg** ['lʌksəmbɜːg] Luksemburg; ~**er** Luksemburžan

**luxuriant** [lʌg'žuərɪənt] bohoten, razkošen

**luxurious** [lʌg'žuərɪəs] razkošen, luksuzen

**luxury** ['lʌkšərɪ] razkošje, luksuz

**lying** ['laɪɪŋ] laganje; ležanje

**lymph** [lɪmf] mezga, sokrvica; cepivo

**lynch** [lɪnč] linčati; linčanje

**lynx** [lɪŋks] ris

**lyre** ['laɪə(r)] lira (glasbilo)

**lyric** ['lɪrɪk] liričen; lirska pesem

**lyricism** ['lɪrɪsɪzəm] liričnost; čustvenost

# M

**macadam** [mə'kædəm] ma-
kadam, makadamsko cesti-
šče

**macaroni** [ˌmækə'rəʊnɪ] ma-
karoni

**mace** [meɪs] kij, bat; žezlo;
muškatov cvet (začimba)

**Macedonia** [ˌmʌsə'dəʊnɪə]
Makedonija; ~n makedon-
ski; Makedonec, Make-
donka; makedonščina

**machete** [mə'četɪ] mačeta,
enorezen dolg nož

**machine** [mə'ši:n] stroj, pri-
prava; strojno izdelati; **an-
swering** ~ avtomatski od-
zivnik, telefonska tajnica; ~
**code** *(comp)* strojna koda;
~ **gun** strojnica; **war (po-
litical)** ~ vojna (politična)
mašinerija

**machinery** [mə'ši:nərɪ] se-
stav strojev, mehanizem,
mašinerija

**machinist** [mə'ši:nɪst] strojnik

**mackerel** ['mækrəl] skuša,
makrela

**mac(k)intosh** ['mækɪntɒš]
dežni plašč

**mad** [mæd] blazen, nor; be-
sen; stekel (žival); **to be ~
about** biti nor na kaj; **to go ~**
znoreti, ponoreti

**madam** ['mædəm] gospa (v
nagovoru)

**made** [meɪd] *glej* MAKE*

**made** [meɪd] narejen; izmi-
šljen; **hand~** ročno izdelan;
**man-~ (snow)** umetno na-
rejen (sneg); **~-to-measure**
narejen po meri; **~-up** iz-
mišljen; **self-~ man** samora-
stnik, kdor je iz sebe naredil
pomembno osebnost

**madhouse** ['mædhaʊs] nori-
šnica

**madman** ['mædmən] blaz-
než, norec

**madness** ['mædnɪs] norost,
blaznost; zanos; steklina

**magazine** [ˌmægə'zi:n] ilu-
strirana zabavna revija; (vo-
jaško) skladišče; pestra
radijska ali TV oddaja

**maggot** ['mægət] ličinka, čr-
viček, ogrc; mušica

**magic** ['mædžɪk] čaroven;
velik, močen; izredno lep;
čarovništvo, čaranje, velika
skrivnostna moč; ~ **eye** ma-
gično oko; ~ **carpet** leteča
preproga; ~ **lantern** laterna
magika

**magician** [mə'džɪšn] čarov-
nik, mag

**magistrate** ['mædžɪstreɪt]
(mirovni) sodnik

**magma** ['mægmə] magma

**magnanimous** [mæg'nænɪ-
məs] plemenit, velikodušen

**magnate** ['mægneɪt] bogat, vpliven človek; mogotec

**magnesium** [mæg'miːzɪəm] magnezij

**magnet** ['mægnɪt] magnet

**magnetic** [mæg'netɪk] magneten; privlačen; ~ **field** magnetno polje; ~ **north** smer, ki jo kaže magnetna igla (kompas); ~ **tape** magnetni trak; ~ **encoding** magnetno zapisovanje, magnetni zapis; ~ **tape unit** (MTU) *(comp)* magnetno tračna enota (MTE)

**magnet|ize**, ~**ise** ['mægnətaɪz] magnetizirati; privlačiti

**magnificence** [mæg'nɪfɪsns] veličastje, sijaj

**magnificent** [mæg'nɪfɪsnt] veličasten, sijajen

**magnify** ['mægnɪfaɪ] povečati; pretiravati; ~**ing glass** povečevalno steklo

**magnitude** ['mægnɪtjuːd] velikost, veličina; važnost

**magpie** ['mægpaɪ] sraka

**mahogany** [mə'hɒgənɪ] mahagoni; rdečkasto rjav

**maid** [meɪd] služkinja; deklica, devica; **house~** sobarica; ~ **of honour** dvorna dama; *(Am)* družica pri poroki

**maiden** ['meɪdn] deviški, dekliški; devica, dekle; ~ **name** dekliški priimek; ~ **speech** *(Br)* nastopni govor v parlamentu; ~ **voyage (flight)** prvo potovanje nove ladje (letala)

**mail** [meɪl] pošta, kar se pošlje, prejme po pošti; poslati po pošti, oddati na pošti; ~**box** *(Am)* poštni nabiralnik; ~**man** *(Am)* poštar; ~**ing list** naslovi ljudi, ki jim podjetje (ustanova) redno pošilja reklamne publikacije, informacije ipd.; **by** ~ **order** kupovanje in prodaja blaga po pošti

**maim** [meɪm] pohabiti, ohromiti

**main** [meɪn] glaven, bistven; *(pl)* glavni vod (vodovodni, plinski, električni), napeljava; **in the** ~ v glavnem, večinoma

**mainframe** ['meɪnfreɪm] veliki računalnik

**mainland** ['meɪnlənd] celina, kopno

**main line** [ˌmeɪn 'laɪn] glavna železniška proga

**mainline** ['meɪnlaɪn] injicirati (si) mamilo

**mainly** ['meɪnlɪ] zlasti, predvsem, pretežno

**mainspring** ['meɪnsprɪŋ] vodilni motiv; pobuda

**mainstay** ['meɪnsteɪ] glavna vrv; glavna opora

**maintain** [meɪn'teɪn] vzdrževati, podpirati; trditi

**maintainer** [meɪn'teɪnə(r)] vzdrževalec, podpornik

**maintenance** ['meɪntənəns] preživnina, alimenti, podpora, vzdrževanje; trditev

**maisonette** [ˌmeɪzə'net] hišica; manjše stanovanje (v dveh etažah) v večjem stanovanjskem bloku

**maize** [meɪz] *(Br)* koruza

**majestic** [mə'džestɪk] veličasten, mogočen, dostojanstven

**majesty** ['mædžəstı] veličastnost, mogočnost; veličanstvo

**major** ['meɪdžə(r)] večji, pomembnejši; starejši, polnoleten; durovski; major; to ~ **in** *(Am)* imeti kot glavni predmet

**majority** [mə'džʊrətı] večina; polnoletnost

**make\*** [meɪk] izdelovati; napraviti; zaslužiti; pripraviti (koga do česa); to ~ **allowance for** upoštevati; to ~ **the bed** postlati; to ~ **believe** hliniti; to ~ **certain** pripričati se; to ~ **the fire** zakuriti; to ~ **for** kreniti, napasti; to ~ **fun of** imeti za norca, zafrkavati; to ~ **known** sporočiti, objaviti; to ~ **a living** preživljati se; to ~ **a match** dobro se poročiti; to ~ **money** obogateti; to ~ **much of** ceniti, izkoristiti; to ~ **out** izpolniti (ček); prepoznati koga; razumeti; to ~ **a point of** vztrajati pri čem; to ~ **ready** pripraviti se; to ~ **sail** odpluti; to ~ **sure** prepričati se; to ~ **up** sestaviti (seznam); naličiti (se); izmisliti (si); poravnati (račun); to ~ **up for** nadomestiti, popraviti; to ~ **up one's mind** odločiti se; to ~ **way** utreti si pot; to ~ **war** vojskovati se

**make** [meɪk] tovarniška znamka; izdelek; **~-believe** navidezen, lažen; **~shift** začasen, provizoričen; **~-up**

lepotičenje, šminka, maskiranje (v gledališču); **~-weight** dodatek, nadomestek, priklada

**makrel** ['mækrəl] podust (riba)

**maladjusted** [ˌmælə'džʌstɪd] neprilagojen, slabo prilagodljiv

**maladroit** [ˌmælə'drɔɪt] neroden; netakten

**malady** ['mælədɪ] bolezen

**malaise** [mæ'leɪz] občutek nezadovoljstva (slabosti)

**malaria** [mə'leərɪə] malarija

**malcontent** ['mælkəntent] nezadovoljen; nergač

**male** [meɪl] moški; samec

**malediction** [ˌmælɪ'dɪkšn] prekletstvo; kletev

**malefactor** ['mælɪfæktə(r)] hudodelec

**malevolent** [mə'levələnt] zloben; zlonameren

**malice** ['mælɪs] zloba; zlonamernost; škodoželjnost

**malicious** [mə'lɪšəs] zloben; škodoželjen; zlonameren

**malign** [mə'laɪn] škodljiv, zloben; obrekovati, klevetati

**malignant** [mə'lɪgnənt] hudoben; zločest, maligen (bula)

**malinger** [mə'lɪŋgə(r)] simulirati, hliniti bolezen; **~er** simulant

**mall** [mæl, mɔːl] nakupovalno področje, zaprto za avtomobilski promet

**malleable** ['meɪləbl] voljan, prilagodljiv; koven

**mallet** ['mælɪt] bat, leseno kladivo

**malnutrition** [,mælnjuː'trıšn] podhranjenost

**malpractice** [,mæl'præktıs] zloraba (*ali* malomarno opravljanje) poklicne dolžnosti

**malt** [mɔːlt] slad

**Malt|a** [mɔːltə] Malta; **~ese** malteški; Maltežan(ka); malteščina

**maltreat** [,mæl'triːt] trpinčiti

**mammal** ['mæml] sesalec

**mammoth** ['mæməθ] mamut; velikanski

**man** [mæn], (*pl* men) človek, mož; figura (pri šahu); vojak; oskrbeti z moštvom; ojunačiti; **best ~** ženinova priča; **~ in the street** povprečen človek; **~ of honour** poštenjak; **M~** *alive!* Človek božji!

**manacle** ['mænəkl] (*pl*) lisice, okovi; ovira; vkleniti, ovirati

**manage** ['mænıdž] upravljati, ravnati; uspešno opraviti; šajati

**manageable** ['mænıdžəbl] voljan, prilagodljiv

**management** ['mænıdžmənt] vodenje (podjetja); vodilni uslužbenci; spretnost, ravnanje; **~ of socialized enterprise** upravljanje podružbljenega podjetja; **state ~** državno upravljanje

**manager** ['mænıdžə(r)] menedžer, direktor, ravnatelj; voditelj, organizator (gospodarstvo); poslovni vodja (šport, popevkarstvo)

**managerial** [,mænə'džıərıəl] vodilen, menedžerski; **~ staff** upravno osebje

**mandate** ['mændeıt] naročilo; pooblastilo; ukaz; ozemlje, ki ga upravlja kaka država po pooblastilu mednarodne organizacije

**mandatory** ['mændətərı] obvezen

**mandible** ['mændıbl] spodnja čeljust

**mane** [meın] griva

**man-eater** ['mæniːtə(r)] ljudožerec

**manful** ['mænfʊl] možat, odločen

**manganese** ['mæŋgəniːz] mangan

**mange** [meındž] garje, srab

**manger** ['meındžə(r)] jasli, korito

**mangle** ['mæŋgl] raztrgati; pohabiti

**mangrove** ['mæŋgrəʊv] mangrova (lesnate rastline tropskih močvirnih obrežij)

**mangy** ['meındžı] garjav

**manhandle** ['mænhændl] grobo ravnati; zgrabiti

**manhattan** [mæn'hætn] koktajl iz viskija in vermuta

**manhood** ['mænhʊd] moškost, možatost, odraslost

**man-hour** ['mænaʊə(r)] delovna ura

**mania** ['meınıə] manija, strast, bolezensko duševno stanje; pretiravanje v kakem početju

**maniac** ['meınıæk] manični bolnik, blaznež

**manicure** ['mænıkjʊə(r)] manikiranje; manikirati

**manifest** ['mænıfest] javna izjava, razglas; ladijska (le-

talska) tovorna listina; oči-
ten, nedvomen; izjaviti,
dokazati
**manifestation** [ˌmænɪfəˈsteɪ-
šn] manifestacija, proglasi-
tev
**manifesto** [ˌmænɪfestəʊ] ma-
nifest, javni razglas
**manifold** [ˈmænɪfəʊld] mno-
goter, mnogovrsten; raz-
množiti
**manipulate** [məˈnɪpjʊleɪt]
ravnati, upravljati; (prera-
čunljivo) delati
**mankind** [ˌmænˈkaɪnd] člo-
veštvo
**manly** [ˈmænlɪ] možat, moški
**man-made** [ˌmænˈmeɪd]
umeten, sintetičen
**manned** [mænd] ~ **vehicle**
vozilo s posadko
**mannequin** [ˈmænɪkɪn] ma-
neken(ka), model
**manner** [ˈmænə(r)] slog; na-
čin; navada; (pl) olika, ve-
denje; **in a ~** v neki meri;
**in a ~ of speaking** tako re-
koč; **in this ~** takole; **ill-~ed**
neolikan; **well-~ed** olikan
**man|oeuvre**, (Am) **~euver**
[məˈnuːvə(r)] spretno ravna-
nje, manevriranje; (pl) ma-
nevri; manevrirati
**man-of-war** [ˌmæn əv ˈwɔː]
vojna ladja
**manor** [ˈmænə(r)] velika po-
deželska hiša iz srednjega
veka z zemljiško posestjo
**manpower** [ˈmænpaʊə(r)]
delovna sila
**manse** [mæns] župnišče
**manservant** [ˈmænsɜːvənt]
sluga, služabnik

**mansion** [ˈmænšn] velika ve-
ličastna hiša; (pl) (Br) stano-
vanjski blok
**manslaughter** [ˈmænslɔːt-
ə(r)] uboj
**mantelpiece, mantlepiece**
[ˈmæntlpiːs] polica nad ka-
minom
**mantle** [ˈmæntl] ogrinjalo;
ogrniti
**manual** [ˈmænjʊəl] ročen; pri-
ročnik; ~ **alphabet** abeceda
za gluhoneme
**manufactur|e** [ˌmænjʊˈfæk-
čə(r)] izdelovati; izmišljati
si; izdelovanje; (pl) izdelki;
~**ing industry** predelovalna
industrija
**manufacturer** [ˌmænjʊˈfæk-
čərə(r)] izdelovalec; tovarnar
**manure** [məˈnjʊə(r)] gnoj,
kompost; gnojiti
**manuscript** [ˈmænjʊskrɪpt]
rokopis
**many** [ˈmenɪ] mnogi, številni;
How ~? Koliko?; ~ **a** mar-
sikateri; **a great** (ali good) ~
zelo veliko; ~ **a time** pogosto
**many-sided** [ˌmenɪsaɪdɪd]
mnogostranski, kompleksen
**map** [mæp] zemljevid, načrt;
risati zemljevid, kartirati
**maple** [ˈmeɪpl] javor
**mar** [mɑː(r)] pokvariti, uničiti
**maraud** [məˈrɔːd] pleniti, ro-
pati
**marble** [ˈmɑːbl] marmor; (pl)
frnikole; marmorirati
**March** [mɑːč] marec
**march** [mɑːč] pohod, marš;
koračnica; napredek; kora-
kati; ~**land** sporno obmejno
ozemlje

**mare** [meə(r)] kobila; **a ~'s nest** prevara, izmišljotina

**margarine** [ˌmɑːdžə'riːn] margarina

**margin** ['mɑːdžɪn] rob, meja; marža; narediti rob

**marginal** ['mɑːdžɪnl] obroben, postranski, nepomemben, marginalen; **~ product** mejni produkt

**marigold** ['mærɪgəʊld] *(bot)* meseček, ognjič

**marijuana** [ˌmærɪjʊ'ɑːnə] indijska konoplja

**marine** [mə'riːn] pomorski, morski; mornarica; *(Am)* pripadnik mornariške pehote

**mariner** ['mærɪnə(r)] pomorščak, mornar

**marital** ['mærɪtl] zakonski; **~ status** zakonski stan

**maritime** ['mærɪtaɪm] pomorski; obmorski

**marjoram** ['mɑːdžərəm] majaron

**mark** [mɑːk] znamenje, znak; madež; (šolska) ocena; zaznamovati, označiti (blago); ocenjevati (v ˉšoli); **exclamation ~** klicaj, **question ~** vprašaj

**marker** ['mɑːkə(r)] markacija, znamenje (knjižno, spominsko); števec; vodokaz; krilec (nogomet); fluorescenčni svinčnik

**market** ['mɑːkɪt] trg, tržišče; trgovati; **European Common ~** evropski skupni trg; **~ place** trg, sejmišče; **~ research** raziskovanje trga

**marketing** ['mɑːkɪtɪŋ] celotni mehanizem proizvodnje, prodaje in propagande, marketing

**marksman** ['mɑːksmən] dober strelec

**marmalade** ['mɑːməleɪd] džem (zlasti pomarančni)

**marmot** ['mɑːmət] svizec; **German ~** hrček

**marriage** ['mærɪdž] poroka, zakon

**married** ['mærɪd] poročen

**marrow** ['mærəʊ] mozeg; bistvo; vrsta jedilne buče

**marry** ['mærɪ] poročiti (se)

**marsh** [mɑːš] barje, močvirje; občasno poplavno obrežje; **~ gas** zemeljski plin, metan

**marshal** ['mɑːšl] maršal; *(Am)* predstojnik okrajne policije; razporediti, voditi

**marshmallow** [ˌmɑːš'mæləʊ] slez, ajbiš

**marshy** ['mɑːšɪ] močviren, močvirnat

**mart** [mɑːt] trgovsko središče, trg

**marten** ['mɑːtɪn] kuna

**martial** ['mɑːšl] vojen, vojaški; **~ law** obsedno stanje; naglo sodišče; **court ~** vojaško sodišče

**martinet** [ˌmɑːtɪ'net] strog predstojnik, zatiralec

**martyr** ['mɑːtə(r)] mučenik, mučenec, mučenica; mučiti

**martyrdom** ['mɑːtədəm] mučeništvo

**marvel** ['mɑːvl] čudo; čuditi se

**marvel|lous**, *(Am)* **~ous** ['mɑːvələs] čudovit

**Marx|ism** ['mɑːksɪzəm] marksizem; **~ist** marksist

**masculine** ['mæskjʊlın] moški, možat; ~ **gender** *(gram)* moški spol

**mash** [mæš] kaša, drozga; mečkati; ~ed **potatoes** krompirjev pire

**mask** [mɑːsk] krinka, maska; pretveza; zakrinkati (se), kamuflirati; ~ed **ball** ples v maskah; ~ing **tape** krep trak (avtoličar)

**mason** ['meɪsn] zidar; prostozidar; klesar

**masonry** ['meɪsnrı] zidarstvo, zidanje

**masquerade** [ˌmɑːskə'reɪd] maškerada; pretvarjanje; pretvarjati se

**mass** [mæs] maša; množica; masa, snov; množičen; zbirati, kopičiti (se); ~ **meeting** množični sestanek; ~ **media** množična občila; ~ **production** serijska proizvodnja

**massacre** ['mæsəkə(r)] pokol, pomor

**massage** ['mæsɑːž] masaža; masirati

**massif** [mæ'siːf] masiv, sklenjena skupina gor, gorovje

**massive** ['mæsıv] masiven, čvrst, gost

**mast** [mɑːst] jambor, signalni steber; želod, žir; **at half-~** na pol droga

**master** ['mɑːstə(r)] gospodar, delodajalec; mojster, učitelj; magister; gospodič; obvladati, premagati; ~ **bedroom** največja spalnica v hiši; ~ **key** univerzalni ključ; ~ **stroke** mojstrska poteza; ~**mind** duševni vodja, vo-

dilna osebnost; ~**piece** mojstrovina; ~ **switch** glavno stikalo

**mastery** ['mɑːstərı] spretnost, obvladanje; premoč

**masticate** ['mæstıkeıt] žvečiti

**mastiff** ['mæstıf] buldog

**mat** [mæt] predpražnik, rogoznica, manjša preproga; namizni podstavek

**match** [mæč] vžigalica; enak (enakovreden) človek (*ali* stvar); zakon; dobra partija; skladati se, ujemati se, biti enak, biti kos, primerjati s/z, prilagoditi; ~**box** škatlica za vžigalice; ~**maker** ženitni posrednik, posrednica; ~ **point** zadetek, ki je potreben za zmago

**matchless** ['mæčlıs] edinstven, nedosegljiv, neprimerljiv

**mate** [meıt] prijatelj, tovariš; samec, samica; pomočnik; oficir trgovske mornarice; družiti se, pariti se

**material** [mə'tıərıəl] snoven, pomemben; snov, gradivo, blago; *(pl)* potrebščine; **raw** ~ surovina; ~ **basis** materialna osnova

**materialistic** [məˌtıərıə'lıstık] materialističen; ~ **dialectical method** materialističnodialektična metoda

**material|ize**, **-ise** [mə'tıərıəlaız] uresničiti, izpolniti

**maternal** [mə'tɜːnl] materinski; materin

**maternity** [mə'tɜːnətı] materinstvo; ~ **hospital** porodnišnica

**mathematical** [ˌmæθə'mæt-ɪkl] matematičen, natančen

**mathematic|s** [ˌmæθə'mæt-ɪks] matematika; **~ian** matematik

**maths** [mæθs], *(Am)* **math** [mæθ] (coll) matematika

**matinee** ['mætneɪ] popoldanska predstava

**matriculate** [mə'trɪkjʊleɪt] vpisati (se) na univerzo

**matrimonial** [ˌmætrɪ'məʊnɪəl] zakonski

**matrimony** ['mætrɪmənɪ] zakon, poroka

**matri|x** ['meɪtrɪks], *(pl* ~ces) matrica, kalup

**matron** ['meɪtrən] glavna sestra (v bolnici); poročena ženska iz višjih slojev, starejša dostojanstvena ženska

**matt** [mæt] moten, medel; matirati; **~ed** matiran, skuštran

**matter** ['mætə(r)] stvar, zadeva, snov; biti važen, pomeniti komu; *What's the ~?* Za kaj gre? Kaj je narobe?; *It doesn't ~.* Nič ne de.; **no ~** ne glede na; **as a ~ of fact** pravzaprav; **a ~ of time (taste)** vprašanje časa (okusa); **for that ~** kar se tega tiče; **printed ~** tiskovina

**matting** ['mætɪŋ] rogoznica; izdelovanje rogoznic; motna površina

**mattock** ['mætək] kramp, rovnica

**mattress** ['mætrɪs] žimnica

**mature** [mə'tjʊə(r)] zrel, dozorel; pustiti dozoreti (sadje, vino, sir), razviti se, dozoreti

**maturity** [mə'tjʊərətɪ] zrelost; dospelost, zapadlost

**maudlin** ['mɔːdlɪn] sentimentalen, jokav, cmerav

**maul** [mɔːl] surovo ravnati, grdo zdelati; mrcvariti (kritiki)

**mauve** [məʊv] bledo vijoličen

**maw** [mɔː] vamp, želodec

**mawkish** ['mɔːkɪš] sladkoben; sentimentalen; odvraten

**maxim** ['mæksɪm] geslo, življenjsko vodilo

**maximal** ['mæksɪml] največji, najvišji

**maxim|ize, ~ise** ['mæksɪmaɪz] maksimirati, določiti najvišjo mero (zlasti ceni)

**maximum** ['mæksɪməm] višek, maksimum, skrajna meja; najvišja cena

**May** [meɪ] maj

**may** [meɪ] **I ~** smem, utegnem, morem; *You ~ well say so.* Lahko tebi.; *It ~ happen.* Utegne se zgoditi.; *M~ he live long!* Še na mnoga leta!; **~be** mogoče, nemara; **~day** mednarodni klic na pomoč (letalo, ladja)

**mayfly** ['meɪˌflaɪ] muha enodnevnica

**mayor** [meə(r)] župan; **~ess** županja

**maze** [meɪz] blodnjak, labirint; zmešnjava

**me** [miː] mene, me, meni; *Dear ~!* Zaboga!

**mead** [miːd] medica

**meadow** ['medəʊ] travnik, pašnik, senožet, livada

**meag|re**, *(Am)* **~er** ['mi:gə(r)] suh; boren (plača); pomanjkljiv (hrana); nerodoviten (zemlja)

**meal** [mi:l] obrok, obed; jed; grobo mleta moka; **~s-on-wheels** topli obroki, ki jih vozijo na domove starih ali bolnih ljudi

**mean** [mi:n] nizkoten, podel; skop, boren; povprečen; povprečje, sredina; *(pl)* sredstva, način, premoženje; **socially owned ~s of production** družbena proizvajalna sredstva; **by ~s of** s pomočjo; **by all ~s** vsekakor; **by no ~s** nikakor ne; **a man of ~s** premožen človek

**mean\*** [mi:n] pomeniti; misliti, meniti; nameravati; **to ~ business** resno misliti

**meander** [mɪ'ændə(r)] rečni okljuk; vijugati se (reka), bloditi

**meaning** ['mi:nɪŋ] pomen, smisel; smoter

**meaningful** ['mi:nɪŋfl] pomemben; razumljiv; pomenljiv

**meaningless** ['mi:nɪŋlɪs] nepomemben

**meant** [ment] *glej* MEAN\*

**meantime** ['mi:ntaɪm] medtem; vmesni čas; **in the ~** medtem

**meanwhile** ['mi:nwaɪl] medtem

**measles** ['mi:zlz] ošpice; ikrice; **German ~** rdečke

**measure** ['meʒə(r)] meriti, izmeriti; mera, merilo, merica; ukrep; velikost

**measurement** ['meʒərmənt] merjenje, mera; *(pl)* dimenzije

**meat** [mi:t] meso

**mechanic** [mɪ'kænɪk] mehanik, strojnik

**mechanical** [mɪ'kænɪkl] mehaničen, mehanski; podzavesten

**mechanics** [mɪ'kænɪks] mehanika (veda)

**mechanism** ['mekənɪzm] mehanizem; **defence ~** obrambni mehanizem

**mechan|ize, ~ise** ['mekənaɪz] mehanizirati

**medal** ['medl] medalja, odlikovanje; priznanje

**medallion** [mɪ'dælɪən] medaljon

**meddle** ['medl] vtikati se, vmešavati se

**meddlesome** ['medlsəm] vtikljiv, vsiljiv

**media** ['mi:dɪə] sredstva; **public ~** javna občila

**medi(a)eval** [ˌmedɪ'i:vl] srednjeveški

**median** ['mi:dɪən] srednji, povprečen

**mediate** ['mi:dɪeɪt] posredovati; izročiti; spraviti, pomiriti

**mediator** ['mi:dɪeɪtə(r)] posredovalec; miritelj

**medical** ['medɪkl] medicinski, zdravstveni, zdravniški; sistematski pregled; **~ certificate** zdravniško spričevalo; **~ record** bolniški list; **~ student** študent medicine

**medicament** [mə'dɪkəmənt] zdravilo

**medication** [ˌmedɪˈkeɪšn]
zdravljenje; zdravilo
**medicinal** [məˈdɪsɪnl] zdra-
vilen; ~ **herbs** zdravilna
zelišča
**medicine** [ˈmedsn] zdravilo;
zdravstvo, medicina
**medieval** [ˌmedɪˈiːvl] *glej*
MEDIAEVAL
**mediocre** [ˌmiːdɪˈəʊkə(r)]
povprečen
**meditate** [ˈmedɪteɪt] razmi-
šljati, premišljevati, mediti-
rati
**Mediterranean** [ˌmedɪtəˈreɪ-
nɪən] Sredozemlje; sredo-
zemski; Sredozemec, Sredo-
zemka
**medium** [ˈmiːdɪəm] sred-
nji, povprečen; sredina;
sredstvo
**medley** [ˈmedlɪ] mešanica,
zmes; skladba, sestavljena iz
znanih melodij in odlomkov
skladb, potpuri
**meek** [miːk] pohleven, krotek
**meet\*** [miːt] srečati, sniti se;
zbrati se; počakati koga (na
postaji, letališču); zadovo-
ljiti, zadostovati; spoprijeti
se; naleteti na koga, spoznati
koga; poravnati (račun); pre-
magati (težave); dotikati se,
stikati se (ceste); **to make
ends** ~ shajati (s plačo); **to** ~
**halfway** popustiti
**meeting** [ˈmiːtɪŋ] sestanek,
seja; shod, zborovanje; sre-
čanje; ~ **of electors** zbor
volivcev
**melancholy** [ˈmelənkɒlɪ]
otožnost, potrtost; otožen,
potrt

**mellifluous** [məˈlɪfluəs] sla-
dek (glas); prijeten
**mellow** [ˈmeləʊ] umehčan
(sadje); uležan (vino); prije-
ten (luč, barva); blag, nežen
**melodious** [mɪˈləʊdɪəs] ub-
ran, speven, peven
**melody** [ˈmelədɪ] melodija,
napev
**melon** [ˈmelən] melona, dinja
**melt** [melt] topiti, taliti se; **to**
~ **away** razbliniti se, izginiti
**melting point** [ˈmeltɪŋ pɔɪnt]
tališče
**melting pot** [ˈmeltɪŋ pɒt] ta-
lilni lonec; država številnih
narodnosti; stapljanje nacio-
nalnosti in ras
**member** [ˈmembə(r)] član,
pripadnik
**membership** [ˈmembəršɪp]
članstvo; ~ **fee** članarina
**membrane** [ˈmembreɪn] ko-
žica, opna; prožna ploščica;
ovojnica; mrena
**memorable** [ˈmemərəbl] spo-
mina vreden, nepozaben
**memorandum** [ˌmeməˈræn-
dəm] uradni spis ene vlade
drugi, spomenica; zapis (do-
govorjenih točk), zapisnik
**memorial** [məˈmɔːrɪəl] spo-
minski; spomenik; **M~ Day**
*(Am)* 30. marec
**memor|ize**, ~**ise** [ˈmeməraɪz]
učiti se na pamet; zapom-
niti si
**memory** [ˈmemərɪ] spomin;
*(comp)* pomnilnik; **in** ~ **of** v
spomin na; **within living** ~
v spominu sedaj živečih; **to
call to** ~ spomniti se
**men** [men] *(pl) glej* MAN

**menace** ['menəs] grožnja; groziti, ogrožati

**mend** [mend] popraviti, zakrpati; izboljšati (se), ozdraveti; celiti se (rana); **to be on the ~** na bolje se obračati, popravljati se; **to ~ one's ways** poboljšati se

**mendacious** [men'deɪšəs] lažniv, lažen

**mendacity** [men'dæsəti] lažnivost, laž

**mendicant** ['mendɪkənt] beraški; berač

**menfolk** ['menfəʊk] moški člani družine ali skupnosti

**menial** ['mi:nɪəl] služabniški, hlapčevski; (pl) posli, služabniki

**menopause** ['menə‚pɔ:z] mena

**menstruate** ['menstrʊeɪt] imeti mesečno perilo

**mental** ['mentl] duševen, umstven; **~ hospital** bolnica za duševne bolezni

**mention** ['menšn] omeniti; omemba, pohvala; *Don't ~ it.* Prosim. (odgovor na *Thank you*); **not to ~** da ne rečem

**menu** ['menju:] jedilni list; meni; *(comp)* izbor

**mercantile** ['mɜːkəntaɪl] trgovinski, trgovski

**mercenary** ['mɜːsɪnərɪ] podkupljiv; najemniški vojak

**merchandise** ['mɜːčəndaɪz] trgovsko blago; trgovati

**merchant** ['mɜːčənt] (vele)trgovec; **a comical ~** čuden patron; **~ navy** (*ali* **marine**) trgovska mornarica; **~ bank** komercialna banka

**merchantman** ['mɜːčəntmən] trgovska ladja

**merciful** ['mɜːsɪfl] usmiljen, milosten

**merciless** ['mɜːsɪlɪs] neusmiljen, krut, okruten

**mercury** ['mɜːkjʊrɪ] živo srebro

**mercy** ['mɜːsɪ] usmiljenje, milost; **~ killing** evtanazija

**mere** [mɪə(r)] samo, le; **a ~ coincidence** golo naključje

**merely** ['mɪərlɪ] samo, le, edino, zgolj

**meretricious** [‚merɪ'trɪšəs] neokusen, kičast, cenen

**merge** [mɜːdž] strniti (se), spojiti (se), zliti (se)

**merger** ['mɜːdžə(r)] strnitev, spojitev, fuzija

**meridian** [mə'rɪdɪən] poldnevniški, opoldanski; poldnevnik

**meringue** [mə'ræŋ] (pečena) beljakova pena

**merit** ['merɪt] zasluga, dobra stran, odlika; zaslužiti (kazen, nagrado)

**meritorious** [‚merɪ'tɔːrɪəs] zaslužen (človek)

**mermaid** ['mɜːmeɪd] morska deklica, sirena

**merman** ['mɜːmæn] povodni mož

**merriment** ['merɪmənt] veselje, smeh, zabava

**merry** ['merɪ] zabaven, živahen, vesel; natrkan

**merry-making** ['merɪmeɪkɪŋ] zabava, veseljačenje

**merry-go-round** ['merɪgəʊraʊnd] vrtiljak

**mesh** [meš] oko na mreži,

zanka, mreža; spojiti se (zobata kolesa)

**mess** [mes] godlja; nered, zmešnjava; kantina, menza; ~ **tin**, *(Am)* ~ **can** vojaška porcija, menažka; **to ~ about** (*ali* **around**) obirati se pri delu, zapravljati čas; **to ~ up** spraviti v nered

**message** ['mesɪdž] sporočilo, vest

**messenger** ['mesɪndžə(r)] sel; **by ~** po kurirju

**messy** ['mesɪ] v neredu, razmetan; umazan

**met** [met] *glej* MEET*

**metal** ['metl] kovina; *(Br)* gramoz; obložiti s kovino; nasuti z gramozom

**metallic** [mɪ'tælɪk] kovinski

**metallurgy** [mɪ'tælədžɪ] plavžarstvo, fužinarstvo, metalurgija

**metamorphosis** [,metə'mɔ:fəsɪs] preobrazba, sprememba

**metaphor** ['metəfə(r)] metafora, besedna figura, prispodoba

**metaphysic|s** [,metə'fɪzɪks] metafizika; **~al** metafizičen, nadnaraven

**mete** [mi:t] izmeriti; **to ~ out** odmeriti (kazen, nagrado)

**meteor** ['mi:tɪɔ:(r)] zvezdni utrinek, nebesno telo

**meteorite** ['mi:tɪəraɪt] meteorit, izpodnebnik

**meteorolog|y** [,mi:tɪə'rɒlədžɪ] vremenoslovje; **~ical** vremenoslovski

**meter** ['mi:tə(r)] števec; **gas (water) ~** plinski (vodni) šte-

vec; **parking ~** parkirna ura; *glej* METRE

**method** ['meθəd] metoda, način, postopek; **~ of investigation** raziskovalna metoda

**methodical** [mɪ'θɒdɪkl] načrten, premišljen

**meticulous** [mɪ'tɪkjʊləs] pikolovski, prenatančen

**met|re**, *(Am)* **~er** ['mi:tə(r)] meter; mera; metrum

**metric** ['metrɪk] metrski; decimalen; **~ units** decimalne enote za merjenje

**metropolis** [mə'trɒpəlɪs] prestolnica, glavno mesto; matična dežela

**metropolitan** [,metrə'pɒlɪtən] prestolniški, velemesten; prebivalec prestolnice; nadškof

**mettle** ['metl] vnema, elan, pogum; ognjevitost

**mew** [mju:] mijavkati; mijavkanje; galeb; *(Br)* *(pl)* konjski hlevi, ki so zdaj garaže ali stanovanja

**Mexic|o** ['meksɪkəʊ] Mehika; **~an** mehiški; Mehikanec, Mehikanka

**mica** ['maɪkə] sljuda

**mice** [maɪs] *glej* MOUSE

**micro** ['maɪkrəʊ] majhen; milijonina; **~circuit** mikrovezje

**microbe** ['maɪkrəʊb] mikrob

**microphone** ['maɪkrəfəʊn] mikrofon

**microscop|e** ['maɪkrəskəʊp] mikroskop; **~ic** mikroskopski

**microwave** ['maɪkrəweɪv] mikroval; **~ oven** mikrovalovna pečica

**micturate** ['mɪkčəreɪt] urinirati

**mid** [mɪd] srednji

**midday** [ˌmɪd'deɪ] opoldne; opoldanski

**middle** ['mɪdl] sredina; srednji; ~ **finger** sredinec

**middle-aged** [ˌmɪdl'eɪdžd] srednjih let

**Middle Ages** [ˌmɪdl 'eɪdžɪs] srednji vek

**middle class** [ˌmɪdl 'klɑːs] meščanski, buržoazen; ~ **society** srednji družbeni sloj

**middleman** ['mɪdlmæn] posrednik, posredovalec, mešetar

**middle-of-the-road** [ˌmɪdləv-ðə'rəʊd] nevtralen, zmeren

**middling** ['mɪdlɪŋ] povprečen, srednji

**midge** [mɪdž] mušica, komar

**midget** ['mɪdžɪt] pritlikavec

**midnight** ['mɪdnaɪt] polnoč; ~ **sun** polnočno sonce

**midriff** ['mɪdrɪf] (med) prepona

**midshipman** ['mɪdšɪpmən] mornariški kadet

**midst** [mɪdst] sredina

**midsummer** [ˌmɪd'sʌmə(r)] kres, poletni solsticij

**midway** [ˌmɪd'weɪ] na pol pota, v sredini

**midwife** ['mɪdwaɪf] babica (pri porodu); ~**ry** babištvo

**midwinter** [ˌmɪd'wɪntə(r)] sredina zime

**might** [maɪt] moč, oblast, sila; *He ~ come.* Nemara le pride.; *glej* MAY\*

**mighty** ['maɪtɪ] močen, mogočen, silen

**migrate** [maɪ'greɪt] seliti se, preseljevati se

**migration** [maɪ'greɪšn] selitev, preseljevanje

**migratory** ['maɪgrətrɪ] selitven, nomadski; ~ **birds** ptice selivke

**mike** [maɪk] (coll) mikrofon

**milch** [mɪlč] molzna (krava)

**mild** [maɪld] blag; prijazen, mil (klima), zmeren (kazen), lahek (pijača, hrana)

**mildew** ['mɪldjuː] plesen, snet

**mile** [maɪl] milja; **geographical** ~ geografska milja (1609 m); **nautical** (ali **sea**) ~ navtična (ali morska) milja (1852 m)

**mileage** ['maɪlɪdž] število prepotovanih milj

**milepost** ['maɪlpəʊst] kamen z označbo razdalje v miljah

**milestone** ['maɪlstəʊn] mejnik; miljnik

**milfoil** ['mɪlfɔɪl] rman

**militant** ['mɪlɪtənt] borben, bojevit

**military** ['mɪlɪtrɪ] vojaški; ~ **court** vojaško sodišče; ~ **police** vojaška policija

**militate** ['mɪlɪteɪt] boriti se, nasprotovati

**militia** [mɪ'lɪšə] milica; ~**man** miličnik

**milk** [mɪlk] mleko; molsti; izkoriščati; **skimmed** ~ posneto mleko; ~ **float** (Br) vozilo za dostavo mleka; ~ **tooth** mlečni zob

**milk bar** ['mɪlk bɑː(r)] mlečna restavracija

**milkmaid** ['mɪlkmeɪd] kravja dekla

**milkman** ['mɪlkmən] mlekar
**milky** ['mɪlkɪ] mlečen; mlečno
bel; krotek; M~ Way galaksija, rimska cesta
**mill** [mɪl] mlin; mlinček (za kavo); tovarna; mleti; pomikati se z gnečo; **spinning ~** predilnica; **wind~** mlin na veter
**millennium** [mɪ'lenɪəm] tisočletje
**miller** ['mɪlə(r)] mlinar
**millet** ['mɪlɪt] proso
**milliard** ['mɪlɑːd] *(Br)* milijarda
**millimet|re**, *(Am)* **~er** ['mɪlɪmiːtə(r)] milimeter
**milliner** ['mɪlɪnə(r)] modistka
**million** ['mɪljən] milijon
**millionaire** [ˌmɪljə'neə(r)] milijonar
**millipede** ['mɪlɪpiːd] stonoga
**millstone** ['mɪlstəʊn] mlinski kamen
**milt** [mɪlt] vranica
**mime** [maɪm] mimična igra; igrati z mimiko
**mimic** ['mɪmɪk] mimik, oponašalec; posnemalec; oponašati, posnemati
**mince** [mɪns] (se)sekljati, zmleti (meso); hoditi s kratkimi, hitrimi koraki; **~meat** zmes za mesno pašteto (sadje, rozine, meso); **~ pie** mesna pašteta (božična jed)
**mincing** ['mɪnsɪŋ] **~ steps** kratki, hitri koraki
**mind** [maɪnd] mnenje; razum, pamet; spomin; duša, duh; **absence of ~** raztresenost; **presence of ~** prisotnost duha; **to my ~** po

mojem mnenju; **to bear something in ~** zapomniti si kaj; **to change one's ~** premisliti si; **to come to one's ~** priti na misel; **to give somebody a piece of one's ~** komu odkrito povedati svoje mnenje; **to have an open ~** biti brez predsodkov, nepristranski; **to have something in ~** nameravati, načrtovati; **to have something on one's ~** biti zaskrbljen zaradi česa; **meniti se za kaj, paziti na kaj, nasprotovati;** *M~ the step!* Pazi, stopnica!; *Never ~.* Nič ne de.; *I don't ~.* Vseeno mi je.; **to ~ one's own business** pometati pred lastnim pragom
**mindful** ['maɪndfl] **to be ~ of** paziti na, misliti na
**mindless** ['maɪndlɪs] brezskrben; nespameten
**mine** [maɪn] moj; rudnik; mina; kopati rudo; minirati
**minefield** ['maɪnfiːld] minsko polje
**minelayer** ['maɪnleɪə(r)] polagalec min, minonosec (vojna ladja, letalo)
**miner** ['maɪnə(r)] rudar, minêr
**mineral** ['mɪnərəl] rudninski; rudnina, mineral; **~ water** slatina
**mineralogy** [ˌmɪnə'rælədʒɪ] mineralogija
**minesweeper** ['maɪnswiːpə(r)] minolovec
**mingle** ['mɪŋgl] mešati, družiti (se)
**mini** ['mɪnɪ] manjši, manj

pomemben (kot običajno); ~cab manjši taksi; ~computer miniračunalnik; ~skirt zelo kratko krilce

**miniature** ['mınıəčə(r)] droben, zmanjšan; drobna slika, miniatura

**miriim** ['mınım] polovinka (nota)

**minimal** ['mınıməl] najmanjši, najnižji; zanemarljiv; minimalen

**minimum** ['mınıməm] najmanjši, najnižji; najmanjša količina (ali mera); minimum

**mining** ['maınıŋ] rudarstvo; miniranje

**minion** ['mınıən] klečeplazec, suženj; miljenec

**minister** ['mınıstə(r)] minister; duhovnik; pomagati; ministrirati; **prime** ~ ministrski predsednik

**ministerial** [ˌmını'stıərıəl] ministrski, vladen

**ministry** ['mınıstrı] ministrstvo; duhovništvo; poslanstvo

**mink** [mıŋk] kanadska kuna zlatica in njeno krzno

**minnow** ['mınəʊ] pezdirk, majhna rečna riba

**minor** ['maınə(r)] manjši, mlajši; mladoleten; stranski (predmet); mladoletnik; molova lestvica; ~ **offence** prekršek

**minority** [maı'nɒrətı] manjšina, mladoletnost; **national** ~ narodnostna manjšina; **political** ~ politična manjšina

**minster** ['mınstə(r)] stol-

nica, katedrala, samostanska cerkev

**minstrel** ['mınstrəl] potujoči pevec, bard; v črnca preoblečen komedijant

**mint** [mınt] meta; kovnica; zakladnica; kovati denar

**minus** ['maınəs] manj, minus; brez; pomanjkljivost

**minute** [maı'nju:t] droben, neznaten; malenkosten

**minute** ['mınıt] minuta; opomba; (pl) zapisnik; napisati koncept, vnesti v zapisnik

**minute-hand** ['mınıt hænd] minutni kazalec

**miracle** ['mırəkl] čudež, čudo

**miraculous** [mı'rækjʊləs] čudežen, čudodelen

**mirage** ['mıra:ž, mı'ra:ž] privid, fatamorgana; iluzija, slepilo

**mire** ['maıə(r)] gosto blato, mulj; obtičati v blatu; blatiti, vlačiti koga po zobeh

**mirror** ['mırə(r)] zrcalo, ogledalo; zrcaliti se; ~ **image** zrcalna podoba

**mirth** [mɜ:θ] veselje, radost

**misadventure** [ˌmısəd'venčə(r)] nesreča, nezgoda

**misanthrope** ['mısənθrəʊp] ljudomrznež

**misapprehend** ['mısæprı'hend] napačno razumeti

**misappropriate** [ˌmısə'prəʊprıeıt] poneveriti

**misbegotten** [ˌmısbı'gɒtn] nezakonski; odvraten

**misbehave** [ˌmısbı'heıv] grdo se vesti

**miscalculate** [ˌmıs'kælkjʊleɪt] napačno računati, napačno presoditi, uračunati se

**miscarriage** [ˌmɪsˈkærɪdž] (spontan) splav; ~ **of justice** nepravična sodba

**miscast** [ˌmɪsˈkɑːst] dati komu neustrezno vlogo v gledališču

**miscellaneous** [ˌmɪsəˈleɪnɪəs] mešan, raznoter

**miscellany** [mɪˈselənɪ] mešanica, zbirka različnih člankov

**mischance** [ˌmɪsˈčɑːns] smola, nesreča

**mischief** [ˈmɪsčɪf] porednost, nagajivost, navihanost; ~ **maker** kdor seje razdor

**mischievous** [ˈmɪsčɪvəs] poreden, nagajiv, navihan, prešeren

**misconceived** [ˌmɪskənˈsiːvd] napačen, zmoten (načrt, metoda)

**misconception** [ˌmɪskənˈsepšn] napačna predstava, nesporazum

**misconstruction** [ˌmɪskənˈstrʌkšn] napačna razlaga

**misdeed** [ˌmɪsˈdiːd] hudodelstvo, zločin

**misdemeanour**, *(Am)* **misdemeanor** [ˌmɪsdɪˈmiːnər] delikt, prekršek, nedopustno dejanje

**miser** [ˈmaɪzə(r)] skopuh, stiskač

**miserable** [ˈmɪzrəbl] zelo slab, nezadosten; beden, nesrečen, ubog; bolan

**miserly** [ˈmaɪzəlɪ] skop, lakomen

**misery** [ˈmɪzərɪ] beda, siromaštvo, revščina; bridkost

**misfire** [ˌmɪsˈfaɪə(r)] ne sprožiti se (puška); odpovedati (motor); zgrešiti cilj, ne uspeti (šala, načrt)

**misfit** [ˈmɪsfɪt] posebnež, neprilagojen človek; slabo krojena obleka; biti neprimeren

**misfortune** [ˌmɪsˈfɔːču:n] nesreča, smola, gorjé

**misgiving** [ˌmɪsˈgɪvɪŋ] zla slutnja; zaskrbljenost

**mishandle** [ˌmɪsˈhændl] slabo ravnati, napačno obravnavati

**mishap** [ˈmɪshæp] nezgoda, nesreča

**misinterpret** [ˌmɪsɪnˈtɜːprɪt] napačno razumeti, napačno razložiti

**misjudge** [ˌmɪsˈdžʌdž] napačno presoditi, ušteti se

**mislaid** [ˌmɪsˈleɪd] *glej* MISLAY*

**mislay*** [ˌmɪsˈleɪ] založiti kam

**mislead*** [ˌmɪsˈliːd] zapeljati, prevarati

**misled** [ˌmɪsˈled] *glej* MISLEAD*

**mismanage** [ˌmɪsˈmænɪdž] slabo upravljati, slabo gospodariti

**misnomer** [ˌmɪsˈnəʊmə(r)] napačen izraz (*ali* ime)

**misogynist** [mɪˈsɒdžɪnɪst] sovražnik žensk

**misplace** [ˌmɪsˈpleɪs] založiti kam, dati na nepravo mesto

**misprint** [ˌmɪsˈprɪnt] tiskovna pomota

**mispronounce** [ˌmɪsprəˈnəʊns] napačno izgovarjati

**misquote** [ˌmɪsˈkwəʊt] napačno citirati, napačno navajati

**miss** [mɪs] zgrešiti, zamuditi, pogrešati; udarec v prazno, neuspeh

**Miss** [mɪs] gospodična

**misshape** [ˌmɪsˈʃeɪp] spačiti, zmaličiti

**missile** [ˈmɪsaɪl] izstrelek; **guided ~** vódeni izstrelek

**missing** [ˈmɪsɪŋ] pogrešan, manjkajoč

**mission** [ˈmɪʃn] odposlanstvo; naloga, poslanstvo, misija; misijon

**missionary** [ˈmɪʃənrɪ] misijonarski; misijonar

**misspell** [ˌmɪsˈspel] napačno pisati (ali črkovati)

**mist** [mɪst] megla, pršec; zameglíti (se)

**mistake\*** [mɪˈsteɪk] napaka, zmota; motiti se, napačno razumeti; **by ~** po pomoti

**mistaken** [mɪsˈteɪkən] zmoten, napačen; **to be ~** motiti se; glej MISTAKE\*

**mister** [ˈmɪstə(r)] gospod (**Mr.** pred priimkom)

**mistletoe** [ˈmɪsltəʊ] (bot) omela

**mistook** [mɪˈstʊk] glej MISTAKE\*

**mistreat** [ˌmɪsˈtriːt] grdo ravnati, zlorabiti

**mistress** [ˈmɪstrɪs] ljubica, priležnica; (Br) učiteljica; gospodarica, gospa

**mistrust** [ˌmɪsˈtrʌst] ne zaupati, dvomiti; nezaupanje, sum

**misty** [ˈmɪstɪ] nejasen, meglen

**misunderstand\*** [ˌmɪs.ʌndəˈstænd] napačno razumeti

**misunderstanding** [ˌmɪs.ʌndəˈstændɪŋ] nesporazum

**misuse** [ˌmɪsˈjuːz] slabo ravnati, zlorabljati; [ˌmɪsˈjuːs] napačna uporaba, zloraba

**mite** [maɪt] pršica, črviček; drobiž, majhen prispevek; malenkost; malček

**mitigate** [ˈmɪtɪgeɪt] blažiti, lajšati

**mit|re**, (Am) **~er** [ˈmaɪtə(r)] mitra; škofija, škofovska čast; kot 45°

**mitt(en)** [ˈmɪt(n)] palčnik, rokavica z enim prstom

**mix** [mɪks] mešati (se); mešanica; zmeda; **to ~ up** premešati, zamenjati s/z; **~ed up** zmeden, vmešan v kaj; **~ed farming** kmetijstvo raznih strok, mešano kmetijstvo

**mixer** [ˈmɪksə(r)] mešalnik; električni aparat za mešanje, stepanje

**mixture** [ˈmɪksčə(r)] mešanica; zmes; mikstura, tekoča zmes zdravil

**moan** [məʊn] ječati, stokati; stokanje, tarnanje

**moat** [məʊt] trdnjavski jarek; **~ feeling** občutek politične zlorabe

**mob** [mɒb] sodrga, drhal; navaliti na koga, zbrati se (drhal)

**mobile** [ˈməʊbaɪl] premičen, okreten, gibljiv

**mobility** [məʊˈbɪlətɪ] premičnost, gibljivost; **social ~** družbena gibljivost

**mobil|ize**, **~ise** [ˈməʊbɪlaɪz]

mobilizirati; ~ization mobilizacija

**mock** [mɒk] hlinjen, lažen; rogati se, posmehovati se, zasmehovati; ~-up model model v naravni velikosti

**mockery** ['mɒkərɪ] roganje, posmehovanje, zasmeh

**mockingbird** ['mɒkɪŋbɜːd] oponašalec (ptič)

**modal** ['məʊdl] (gram) načinoven, modalen

**mode** [məʊd] način; običaj; ~ of life način življenja, življenjski stil

**model** ['mɒdl] vzor, vzornik; maneken, fotomodel; kalup, maketa; modelirati, oblikovati; ~ husband vzorni soprog; ~ school eksperimentalna šola

**moderate** ['mɒdərət] zmeren, umerjen, skromen (življenje); ['mɒdəreɪt] (u)blažiti, umiriti (se), popustiti (veter)

**moderation** [ˌmɒdə'reɪšn] zmernost, vzdržnost; in ~ zmerno

**modern** ['mɒdn] sodoben, moderen

**modern|ize, ~ise** ['mɒdənaɪz] modernizirati, posodabljati

**modest** ['mɒdɪst] skromen, preprost, zmeren

**modesty** ['mɒdɪstɪ] skromnost, preprostost, zmernost

**modify** ['mɒdɪfaɪ] prilagoditi, spremeniti, preoblikovati

**modulate** ['mɒdjʊleɪt] modelirati; spreminjati višino, barvo glasu; prilagoditi

**module** ['mɒdju:l] del nekaterih vesoljskih ladij z napravami za upravljanje in posadko

**moist** [mɔɪst] vlažen, moker, deževen (letni čas)

**moisten** ['mɔɪsn] ovlažiti (se)

**moisture** ['mɔɪsčə(r)] vlaga, vlažnost

**molar** ['məʊlə(r)] kočnik (zob)

**mold** [məʊld] glej MOULD*

**mole** [məʊl] krt; vrojeno znamenje, pega; (coll) (tajni) agent; pomol; ~ cricket bramor; ~hill krtina

**molecule** ['mɒlɪkju:l] molekula

**molest** [mə'lest] nadlegovati, vznemirjati

**mollify** ['mɒlɪfaɪ] blažiti, miriti

**mollusc** ['mɒləsk] (zool) mehkužec

**mollycoddle** ['mɒlɪkɒdl] mehkužnež, razvajenec; pomehkužiti, razvajati

**molten** ['məʊltən] stopljen, staljen

**moment** ['məʊmənt] trenutek; at any ~ vsak hip; in a ~ takoj; just a ~ samo trenutek

**momentary** ['məʊməntrɪ] trenuten, bežen

**momentous** [mə'mentəs] važen, pomemben

**momentum** [mə'mentəm] gonilna moč, zagon, pobuda

**Mon|aco** [mɒnəkəʊ] Monako; ~egasque monaški; ~acan Monačan(ka)

**monarch** ['mɒnək] vladar, monarh

monarchy ['mɒnəkɪ] monarhija; **absolute (constitutional)** ~ absolutna (ustavna) monarhija

monastery ['mɒnəstrɪ] samostan

monastic [mə'næstɪk] samostanski

Monday ['mʌndɪ] ponedeljek

monetary ['mʌnɪtrɪ] denaren; ~ **policy** denarna politika

money ['mʌnɪ] denar, denaren; ~ **market** denarni trg; ~ **order** denarna nakaznica; **to make** ~ dobro zaslužiti, obogateti

monger ['mʌŋgə(r)] trgovec, prodajalec; kdor kaj širi, podpihuje

mongrel ['mʌŋgrəl] mešanec (pes)

monition [mə'nɪšn] opomin, svarilo, poziv

monitor ['mɒnɪtə(r)] monitor; opazovalec; nadzorni program *(comp)*; kontrolirati oddaje (radio, TV); prisluškovati oddajam; opazovati

monk [mʌŋk] menih, redovnik

monkey ['mʌŋkɪ] opica; nagajivec; ~ **business** spletka, traparija; ~ **nut** kikiriki; ~ **wrench** francoz; **to** ~ **about** *(ali* around) zganjati norčije, početi neumnosti

monoculture ['mɒnəʊkʌlčə(r)] pridelovanje samo ene poljščine

monogamy [mə'nɒgəmɪ] enoženstvo

monogram ['mɒnəgræm] monogram

monograph ['mɒnəgrɑːf] monografija

monopoly [mə'nɒpəlɪ] monopol

monorail ['mɒnəʊreɪl] enotirna železnica

monosyllabic [ˌmɒnəsɪ'læbɪk] enozložen

monotonous [mə'nɒtənəs] enoličen, enakomeren, monoton

monotony [mə'nɒtənɪ] enoličnost, dolgočasnost

monsoon [ˌmɒn'suːn] monsun; deževna doba

monster ['mɒnstə(r)] pošast, spaka, grdoba; velikanski

monstrosity [mɒn'strɒsətɪ] pošastnost, pošastnež

monstrous ['mɒnstrəs] pošasten, grozen; velikanski; nesmiseln

montage ['mɒntɑːž] montaža

Montenegr|o [ˌmɒntə'niː-grəʊ] Črna gora; ~**in** črnogrski; Črnogorec, Črnogorka

month [mʌnθ] (koledarski) mesec

monthly ['mʌnθlɪ] mesečen; mesečno; mesečnik (časopis)

monument ['mɒnjʊmənt] spomenik; ~**al** spomeniški, veličasten

mooch [muːč] postopati, pohajkovati

mood [muːd] *(gram)* glagolski način; razpoloženje, volja; *(pl)* muhavost

moody ['muːdɪ] čemeren, muhast

moon [muːn] luna, mesec; ~**light** mesečina; **crescent** ~

polmesec; **full ~** polna luna,
ščip; **half ~** krajec; **new ~**
prvi krajec; **~lit** z mese-
čino obsijan; **~struck** mese-
čen; prismuknjen, zmeden;
**over the ~** vzhičen, zanesen,
ves iz sebe
**moor** [mɔ:(r)] vresišče, mo-
čvirje, barje; zasidrati (se)
**mooring** ['mɔ:rɪŋ] sidrišče; si-
drna veriga
**moorland** ['mɔ:rlənd] vresi-
šče, goljava; barje, močvirje
**moose** [mu:s] severnoameri-
ški los
**moot** [mu:t] sporen; hipo-
tetičen; predlagati, sprožiti
debato; **a ~ point** sporno
vprašanje
**mop** [mɒp] brisalo (z drža-
jem), omelo, krpa; koder;
pobrisati, obrisati (tla)
**mope** [məʊp] otopeti, dolgo-
časiti se
**moped** ['məʊped] moped,
lahko motorno kolo
**moraine** [mɒ'reɪn, mə'reɪn]
morena, odkladnina lede-
nika, groblja
**moral** ['mɒrəl] nraven, mo-
ralen; nauk (zgodbe); *(pl)*
nravnost, etika
**morale** [mə'rɑ:l] morala; za-
vest; duh; pogum
**morality** [mə'rælətɪ] moral-
nost, spodobnost, morala
**moral|ize**, **~ise** ['mɒrəlaɪz]
razpravljati (z moralne
strani); vsiljivo svariti
**morass** [mə'ræs] močvirje,
barje; zmešnjava
**moratorium** [ˌmɒrə'tɔ:rɪəm]
odlog, moratorij

**morbid** ['mɔ:bɪd] bolehen,
slaboten; pretirano obču-
tljiv; bolesten
**mordant** ['mɔ:dnt] jedek,
zajedljiv
**more** [mɔ:(r)] več, bolj, še
**morel** [mɒ'rel] mavrah
**moreover** [mɔ:'rəʊvə(r)] vrh
tega, poleg tega
**mores** ['mɔ:reɪz] običaji, šege
**morgue** [mɔ:g] mrtvašnica
**moribund** ['mɒrɪbʌnd] umi-
rajoč, izumirajoč
**morning** ['mɔ:nɪŋ] jutro, do-
poldan; **~ dress** moška
obleka za posebne priložno-
sti; **~ coat** žaket; **~ star** jutra-
njica, danica
**Morocc|o** [mə'rɒkəʊ] Ma-
roko; **~an** maroški; Maro-
čan(ka)
**moron** ['mɔ:rɒn] bebec, idiot
**morose** [mə'rəʊs] čemeren
**morphine** ['mɔ:fi:n] morfij
**morphology** [mɔ:'fɒlədžɪ]
oblikoslovje
**morsel** ['mɔ:sl] grižljaj, za-
logaj
**mortal** ['mɔ:tl] smrten, umr-
ljiv; smrtnik
**mortality** [mɔ:'tælətɪ] umrlji-
vost, smrtnost
**mortar** ['mɔ:tə(r)] malta; mo-
žnar; **~board** štirioglata štu-
dentska kapa
**mortgage** ['mɔ:gɪdž] hipo-
teka, zastava; zastaviti,
zadolžiti
**mortify** ['mɔ:tɪfaɪ] ponižati, tr-
pinčiti, raniti čustva
**mort|ise**, **~ice** ['mɔ:tɪs] za-
tična luknja, utor; začepiti,
spojiti s čepom (klinom)

**mortuary** ['mɔːčərɪ] mrtvaški, pogreben; mrtvašnica
**mosaic** [məʊ'zeɪɪk] mozaik; mozaičen
**Moslem** [mɒzlm] glej MUSLIM
**mosque** [mɒsk] mošeja
**mosquito** [məs'kiːtəʊ] komar
**moss** [mɒs] mah, šotišče
**mossback** ['mɒsbæk] starokopitnež, skrajni konservativec
**most** [məʊdt] najbolj; največ; zelo; **at ~** največ
**mostly** ['məʊstlɪ] večinoma, pretežno
**mot** [məʊ] duhovita pripomba; **MOT** (Br) obvezni vsakoletni tehnični pregled vozil, starejših od treh let
**mote** [məʊt] prašek, drobec
**motel** [məʊ'tel] motel
**moth** [mɒθ] molj, vešča; **~ball** kroglica naftalina; **~-eaten** od moljev požrt, zastarel
**mother** ['mʌðə(r)] mati; materinsko skrbeti; **~ country** domovina; **M~'s Day** materinski dan; **~-to-be** nosečnica; **~-tongue** materinščina
**motherhood** ['mʌðərhʊd] materinstvo
**mother-in-law** ['mʌðərɪnlɔː] tašča
**motherland** ['mʌðərlænd] domovina
**motherly** ['mʌðərlɪ] materinski
**mother-of-pearl** [ˌmʌðə(r)əv'pɜːl] biserovina
**motion** ['məʊšn] gibanje; kretnja, gib; predlog (formalen); pomigniti, pokazati s kretnjo; **~ picture** (Am) film; **to**

go through the **~s** of pretvarjati se, navidezno kaj delati
**motionless** ['məʊšnlɪs] nepremičen, negiben
**motivate** ['məʊtɪveɪt] spodbuditi, navdušiti; utemeljiti
**motive** ['məʊtɪv] gonilen; razlog, nagib, povod, vzrok; **~ power** pogonska sila
**motley** ['mɒtlɪ] pester, pisan
**motor** ['məʊtə(r)] motor, gibalo; peljati (se) z avtom
**motorbike** ['məʊtəbaɪk] glej MOTORCYCLE
**motorcade** ['məʊtəkeɪd] avtomobilska povorka
**motor car** ['məʊtə kɑː] avtomobil
**motorcycle** ['məʊtəsaɪkl] motorno kolo
**motorist** ['məʊtərɪst] avtomobilist
**motorway** ['məʊtəweɪ] (Br) avtocesta
**mottled** ['mɒtld] lisast, pisan
**motto** ['mɒtəʊ] geslo
**mould** [məʊld] oblikovati, modelirati; kalup, šablona; plesen
**moulder** ['məʊldə(r)] plesneti; prepereti; oblikovalec, modelar
**mouldy** ['məʊldɪ] plesniv
**moult** [məʊlt] leviti se; goleti
**mound** [maʊnd] gomila, kup, nasip
**mount** [maʊnt] vzpeti se, zajahati; montirati; postaviti stražo; gora (pred imenom); straža; **~ed police** policija na konjih; **to ~ up** naraščati, rasti

**mountain** ['maʊntɪn] gora; ~ **climbing** alpinizem, planinarjenje; ~ **range** pogorje; ~**side** pobočje, reber

**mountain ash** ['maʊntɪn æš] jerebika

**mountaineer** [ˌmaʊntɪˈnɪə(r)] planinec, alpinist

**mountainous** ['maʊntɪnəs] gorat, hribovit

**mountebank** ['maʊntɪbæŋk] sejemski slepar, šarlatan

**mourn** [mɔːn] žalovati, objokovati

**mourner** ['mɔːnə(r)] žalujoči; pogrebec

**mourning** ['mɔːnɪŋ] žalovanje, črnina; **in** ~ v žalni črnini

**mouse** [maʊs], *(pl)* **mice** [maɪs] miš; *(comp)* miška

**mousetrap** ['maʊstræp] mišnica, mišelovka

**moustache** [məˈstɑːš] brki

**mouth** [maʊθ] usta, gobec; ustje (reke); grlo (steklenice); vhod (v jamo); [maʊð] oblikovati besede z ustnicami (brez glasu); afektirano govoriti

**mouthful** ['maʊθfʊl] grižljaj, zalogaj

**mouthpiece** ['maʊθpiːs] ustnik; govornik (v imenu drugih)

**mouth organ** ['maʊθɔːgən] orglice

**movable** ['muːvəbl] premičen, gibljiv; *(pl)* premičnine

**move** [muːv] premakniti (se), premikati; odstraniti; (pre)seliti se, oditi; napredovati, spodbuditi; ganiti; poteza, dejanje; **to be on the** ~ biti aktiven; **to make a** ~ ukreniti kaj

**movement** ['muːvmənt] gib(anje); premik; transport (blaga); *(pl)* ukrepi, koraki; stavek (glasba), tempo; **political** ~ politično gibanje; **workers'** ~ delavsko gibanje

**movie** ['muːvɪ] *(Am)* film; *(pl)* kino

**moving** [muːvɪŋ] gonilen, gibljiv; ganljiv; ~ **staircase** tekoče stopnice

**mow\*** [məʊ] kositi, žeti

**mower** ['məʊə(r)] kosec; kosilnica

**mown** [məʊn] *glej* MOW\*

**much** [mʌč] mnogo, veliko, precej; zelo; *How* ~? Koliko?; *not* ~ komajda (v odgovoru); **as** ~ **as** toliko kakor; **in** ~ **the same way** na skoraj isti način; **not so** ~ komaj; ~ **too** ~ veliko preveč; **nothing** ~ nič posebnega; **not** ~ **of a** ne ravno najboljši; **to make** ~ **of** zelo ceniti

**mucilage** ['mjuːsɪlɪdž] lepilo; sluz

**muck** [mʌk] gnoj, nesnaga; **to** ~ **about** *(ali* around) postopati; **to** ~ **out** izkidati gnoj; **to** ~-**rake** razkrinkati politično korupcijo; **to** ~ **up** polomiti ga

**mucous** ['mjuːkəs] sluzast; ~ **membrane** sluznica

**mucus** ['mjuːkəs] sluz

**mud** [mʌd] blato, brozga, nesnaga

**muddle** ['mʌdl] zmešnjava, godlja, nered; zmešati, zmesti; **to** ~ **along** šušmariti; ne-

načrtno živeti; **to ~ through**
nekako se prerniti; **to ~ up**
zamešati, zmešati

**muddy** ['mʌdɪ] blaten, mo-
ten, kalen, umazati z blatom,
skaliti, zmesti

**mudguard** ['mʌdgɑːd] bla-
tnik (pri kolesu, motorju)

**muff** [mʌf] muf; zgrešiti
(žogo), ne ujeti, skaziti

**muffin** ['mʌfɪn] vroč, z ma-
slom namazan kolaček

**muffle** ['mʌfl] pridušiti
(glas); zaviti; oviti (si)

**muffler** ['mʌflə(r)] šal, glu-
šnik, glušilec

**mug** [mʌg] vrček, večja sko-
delica; naivnež, tepec; napa-
sti, oropati; **~ shot** fotogra-
fija kriminalca, ki jo naredijo
na policijski postaji

**mulatto** [mju:'lætəʊ] mu-
lat(ka), mešanec (ali me-
šanka) bele in črne rase

**mulberry** ['mʌlbrɪ] murva

**mule** [mju:l] mula; trmogla-
vec

**mulish** ['mju:lɪš] mulast,
trmast

**mull** [mʌl] rtič; **to ~ over** odi-
šaviti in skuhati pijačo; tuh-
tati; **~ed wine** kuhano vino

**mullet** ['mʌlɪt] (zool) brkavica
(barbon)

**multiple** ['mʌltɪpl] mnogo-
kraten, mnogodelen; mno-
gokratnik

**multiplication** [ˌmʌltɪplɪ-
'keɪšn] množenje, množitev;
**~ table** poštevanka

**multiplier** ['mʌltɪplaɪə(r)]
množitelj; **~ theory** teorija
multiplikatorja

**multiply** ['mʌltɪplaɪ] množiti
(se)

**multi-storey** [ˌmʌltɪ'stɔːrɪ]
večnadstropen

**multitude** ['mʌltɪtjuːd] mno-
žica, množina

**mumble** ['mʌmbl] mrmranje;
mrmrati, mlaskati

**mummify** ['mʌmɪfaɪ] mumifi-
cirati

**mummy** ['mʌmɪ] mumija;
mamica

**mumps** [mʌmps] mumps;
kujavost

**munch** [mʌnč] žvečiti

**municipal** [mjuːˈnɪsɪpl] me-
sten, občinski, komunalen

**munificent** [mjuːˈnɪfɪsnt] ra-
dodaren

**munitions** [mjuːˈnɪšnz] mu-
nicija, strelivo

**mural** ['mjʊərəl] freska

**murder** ['mɜːdə(r)] umor;
umoriti

**murderer** ['mɜːdərə(r)] mori-
lec, ubijalec

**murderess** ['mɜːdərɪs] mo-
rilka

**murderous** ['mɜːdərəs] mo-
rilski; krvoločen

**murmur** ['mɜːmə(r)] mrmrati,
godrnjati, žuboreti; mrmra-
nje, godrnjanje, žuborenje

**muscle** ['mʌsl] mišica; moč;
**to ~ in** s silo si utreti pot,
vriniti se

**muscular** ['mʌskjʊlə(r)] miši-
čast; močen, čvrst

**muse** [mjuːz] muza; zami-
šljenost; sanjariti

**museum** [mjuːˈzɪəm] muzej

**mush** [mʌš] kaša, močnik;
(Am) polenta; nesmisel

**mushroom** ['mʌšrʊm] goba (užitna); nabirati gobe; rasti kakor goba; hitre rasti

**mushy** ['mʌši] mehek, mehkužen; sladkoben; jokav

**music** ['mju:zɪk] glasba; note; ~ **stand** stojalo za note

**musical** ['mju:zɪkl] glasben, muzikaličen; *(Am)* glasbena komedija, muzikal; ~ **box** glasbena skrinjica; ~ **instrument** glasbilo

**music hall** ['mju:zɪk hɔ:l] koncertna dvorana; *(Br)* dvorana za varietejske predstave

**musician** [mju:'zɪšn] glasbenik, godbenik

**musk** [mʌsk] *(zool)* pižem, mošek

**musketeer** [,mʌskɪ'tɪə(r)] mušketir

**Muslim** [mʊzlɪm]; *(Am)* ['mʌzləm] muslimanski; musliman(ka)

**muslin** ['mʌzlɪn] muslin

**mussel** ['mʌsl] užitna školjka, dagnja

**must** [mʌst, məst] I ~ moram; *I ~ not.* Ne smem.; *It ~ be true.* Gotovo je res.

**mustache** [mə'stɑ:š] *glej* MOUSTACHE

**mustard** ['mʌstəd] gorčica; ~ **gas** iperit

**muster** ['mʌstə(r)] zbrati (pogum, voljo), zbrati se (vojaki), sklicati v zbor; apel, zbor; **to pass** ~ zadovoljiti

**musty** ['mʌsti] zatohel, zastarel

**mutate** [mju:'teɪt] spreminjati, prilagajati se

**mutation** [mju:'teɪšn] spreminjanje, prilagajanje, mutacija

**mute** [mju:t] nem; mutec; **deaf** ~ gluhonemi; dušilo; dušiti zvok

**mutilate** ['mju:tɪleɪt] pohabiti, okrniti

**mutinous** ['mju:tɪnəs] uporniški

**mutiny** ['mju:tɪnɪ] upor, punt; upreti se

**mutter** ['mʌtə(r)] mrmrati, godrnjati

**mutton** ['mʌtn] bravina, ovčje meso

**mutual** ['mju:čʊəl] vzajemen; medsebojen; ~ **relations** medsebojni odnosi

**muzzle** ['mʌzl] nagobčnik; gobec; natakniti nagobčnik, zamašiti usta

**my** [maɪ] moj

**myopic** [maɪ'ɒpɪk] kratkoviden

**myriad** ['mɪrɪəd] veliko število; nešteto

**myrtle** ['mɜ:tl] mirta

**myself** [maɪ'self] sebe, se; jaz sam

**mysterious** [mɪ'stɪərɪəs] skrivnosten

**mystery** ['mɪstərɪ] skrivnost, uganka

**mystic** ['mɪstɪk] skrivnosten, mističen; mistik

**mystical** ['mɪstɪkl] mističen, okulten

**mystify** ['mɪstɪfaɪ] mistificirati, zbegati; zavajati koga

**myth** [mɪθ] legenda, bajka, mit

**mythology** [mɪ'θɒlədžɪ] mitologija, bajeslovje

# N

**nab** [næb] zalotiti pri dejanju, prijeti, aretirati

**nacre** ['neɪkə(r)] biserovina

**nag** [næg] sitnariti, zbadati (z besedo); težiti (skrbi, misel)

**nail** [neɪl] žebelj; noht, krempelj; pribiti

**naive** [naɪ'iːv] pretirano zaupljiv, lahkoveren, neizkušen, prostodušen

**naked** ['neɪkɪd] gol, nag; očiten; **with the ~ eye** s prostim očesom

**name** [neɪm] ime, naziv; ugled; imenovati; določiti (ceno, datum); **by ~** po imenu; **in the ~ of** v imenu (ljudstva); **family ~** priimek; **first** (*ali* **given**) **~** krstno ime; **~-day** god; **~ dropping** neprestano omenjanje vplivnih oseb; **to call a person ~s** psovati koga; **to make a ~ for oneself** zasloveti

**namely** ['neɪmlɪ] namreč

**namesake** ['neɪmseɪk] soimenjak

**nanny** ['nænɪ] (*Br*) pestunja, privatna vzgojiteljica; **~ goat** koza (samica)

**nap** [næp] dremež; dremati; **to take a ~** (za)dremati

**nape** [neɪp] tilnik

**napkin** ['næpkɪn] servieta, prtiček

**nappy** ['næpɪ] (*Br*) plenička

**narcotic** [nɑː'kɒtɪk] mamilo, narkotik; omamljiv, narkotičen

**narrate** [nə'reɪt] pripovedovati

**narrative** ['nærətɪv] pripoveden; pripovedka

**narrow** ['nærəʊ] ozek, tesen, omejen; (*pl*) ožina; zožiti (se), skrčiti (se), manjšati; **~-minded** ozkosrčen; **to have a ~ escape (victory)** za las uiti (tesno zmagati)

**nasal** ['neɪzl] nosen; nosnik

**nascent** ['næsnt] nastajajoč, porajajoč se

**nasty** ['nɑːstɪ] grd; zloben; nespodoben; hud (problem, bolezen)

**natal** ['neɪtl] rojsten

**natality** [nə'tælətɪ] rodnost, nataliteta

**nation** ['neɪʃn] narod, ljudstvo; **~wide** vsenaroden, vsesplošen (v državi)

**national** ['næʃnl] naroden, nacionalen, ljudski; **~ anthem** državna himna; **~ economy** narodno gospodarstvo; **~ Health Service** (*Br*) državna zdravstvena služba; **N~ Insurance** (*Br*) socialno skrbstvo; **N~ Liberation Movement** narodnoosvobodilno gibanje; ~ **park** narodni park; ~ **service** vojaška obveznost; ~ **sovereignty** nacionalna suverenost

**nationality** [ˌnæšə'næləti] pripadnost določenemu narodu, narodnost

**national|ize**, **~ise** ['næšnəlaɪz] podržaviti, nacionalizirati, podružbiti

**native** ['neɪtɪv] rojsten, domač, prirojen; domačin, rojak; ~ **country** domovina; ~ **speaker** oseba, ki govori kak jezik od rojstva

**nativity** [nə'tɪvəti] rojstvo; The N~ Kristusovo rojstvo (tudi v slikarstvu)

**natter** ['nætə(r)] čvekati, klepetati

**natty** ['næti] eleganten, izbran

**natural** ['næčrəl] naraven, pristen; rojen (govornik); prirojen; ~ **childbirth** naravni porod; ~ **death** naravna smrt; ~ **economy** naturalno gospodarstvo; ~ **gas** zemeljski plin; ~ **history** prirodopis; ~ **mother** rodna mati (prava); a ~ **note** (**in music**) nota brez predznaka; ~ **resources** naravno bogastvo; ~ **selection** naravni izbor

**naturalist** ['næčərəlɪst] prirodoslovec

**naturally** ['næčrəli] naravno; seveda

**nature** ['neɪčə(r)] narava, priroda; lastnost, čud

**naturism** ['neɪčərɪzm] nudizem

**naught**, **nought** [nɔːt] ničla; ničvreden

**naughty** ['nɔːti] poreden, neubogljiv

**nausea** ['nɔːsɪə] slabost (želodčna); morska bolezen

**nauseous** ['nɔːsɪəs] ogaben, nagnusen; I feel ~. Sili me na bruhanje.

**nautical** ['nɔːtɪkl] pomorski; ~ **mile** morska milja (1852 m)

**naval** ['neɪvl] mornariški, pomorski

**nave** [neɪv] cerkvena ladja; pesto kolesa

**navel** ['neɪvl] (med) popek

**navigable** ['nævɪgəbl] ploven; vodljiv

**navigate** ['nævɪgeɪt] krmariti, voditi; pluti

**navigation** [ˌnævɪ'geɪšn] plovba, navigacija

**navigator** ['nævɪgeɪtə(r)] navigator; pomorščak, mornar

**navvy** ['nævɪ] (Br) nekvalificiran ročni delavec na gradbišču, kopač, težak

**navy** ['neɪvɪ] vojna mornarica; **~-blue** temno moder

**near** [nɪə(r)] blizu, v bližini, pri; bližnji (sorodnik); približevati se; **~by** blizu; **~-sighted** kratkoviden; ~ **miss** le malo zgrešen (zadetek, nesreča); N~ **East** Bližnji vzhod

**nearly** ['nɪəli] skoraj, domala, približno; ~ **not** še zdaleč ne

**neat** [niːt] čeden, čist, ličen; urejen, redoljuben

**nebulous** ['nebjʊləs] meglen; nejasen; oblačen

**necessar|y** ['nesəsərɪ] potreben, nujen; **~ies** *(pl)* življenjske potrebščine

**necessitate** [nɪ'sesɪteɪt] zahtevati, siliti

**necessitous** [nɪ'sesɪtəs] reven, potreben

**necessity** [nɪ'sesətɪ] potreba, pomanjkanje, nuja; *(pl)* potrebščine

**neck** [nek] vrat, tilnik; ožina; **~lace** ogrlica; **~line** vratni izrez (obleka); **~tie** ovratnica; kravata

**need** [ni:d] potrebovati; treba je; potreba, nuja; *He doesn't ~ help.* Ne potrebuje pomoči.; *You ~n't be scared.* Ni se ti treba bati.; **if ~ be** če je potrebno; **to be in ~** biti v stiski; **to be in ~ of something** nujno kaj potrebovati; **to have no ~ to do something** ne čutiti potrebe kaj narediti

**needle** ['ni:dl] šivanka, igla; iglica (drevo); šivati, prebadati; **knitting ~** pletilka; **~work** ročno delo, šivanje, vezenje

**needless** ['ni:dlɪs] nepotreben

**needy** ['ni:dɪ] siromašen, reven, ubog

**negation** [nɪ'geɪšn] zanikanje, oporekanje

**negative** ['negətɪv] nikalen, odklonilen; nikalnica, negativ

**neglect** [nɪ'glekt] zanemarjati, omalovaževati, prezreti, ne upoštevati; zanemarjenost, omalovaževanje

**negligence** ['neglɪdžəns] malomarnost; brezbrižnost; zanikrnost

**negligent** ['neglɪdžənt] malomaren; brezbrižen; zanikrn

**negligible** ['neglɪdžəbl] nepomemben, neznaten, zanemarljiv

**negotiable** [nɪ'gəʊšɪəbl] prodajen; prenosen, unovčljiv

**negotiate** [nɪ'gəʊšɪeɪt] pogajati se; unovčiti

**negotiation** [nɪ.gəʊšɪ'eɪšn] pogajanje; unovčenje

**negotiator** [nɪ'gəʊšɪeɪtə(r)] posrednik; pogajalec

**Nègr|o** ['ni:grəʊ] črnec, zamorec; **~ess** črnka, zamorka

**neigh** [neɪ] rezgetati; rezgetanje

**neighbour**, *(Am)* **neighbor** ['neɪbə(r)] sosed, bližnji; mejiti, dotikati se

**neighbourhood**, *(Am)* **neighborhood** ['neɪbəhʊd] soseščina, okolica

**neighbouring**, *(Am)* **neighboring** ['neɪbərɪŋ] soseden, okoliški

**neighbourly**, *(Am)* **neighborly** ['neɪbəlɪ] prijazen, prijateljski, ljubezniv

**neither** ['naɪðə(r), ni:ðə(r)] nobeden (od obeh), niti eden niti drugi; **~ ... nor** niti ... niti

**neon** ['ni:ɒn] neon; **~ sign** neonska reklama

**nephew** ['nevju:, nefju:] nečak

**nepotism** ['nepətɪzəm] nepotizem, dajanje dobrih služb ali družbenih položajev sorodnikom

**nerve** [nɜːv] živec; pogum, hladnokrvnost, drznost; opogumiti; ~**less** zelo pogumen; ~~**racking** ki gre na živce

**nervous** ['nɜːvəs] živčen, nervozen, prenapet; boječ; ~ **breakdown** živčni zlom

**nervy** ['nɜːvɪ] prenapet, živčen, razdražljiv

**nest** [nest] gnezdo, leglo; gnezditi, plesti gnezdo; **to go ~ing** pleniti gnezda

**nest egg** ['nest eg] prihranek za hude čase

**nestle** ['nesl] udobno se namestiti, ugnezditi se

**nestling** ['nestlɪŋ] ptičji mladiček, golič

**net** [net] mreža; past; omrežje (cestno); **fishing ~** ribiška mreža; **landing ~** zajemalka, zajemača; ~**ball** košarka; **to net** nastaviti mrežo, loviti z mrežo, poslati žogo v mrežo; neto, čist; ~ **register ton** neto registrska tona (2,8 m³); ~ **reproduction rate** prirastek prebivalstva

**nether** ['neðə(r)] spodnji

**Netherlands, the** [neðələndz] Nizozemska, Holandija; *glej* HOLLAND, DUTCH

**nettle** ['netl] kopriva; opeči se s koprivo, dražiti

**nettle rash** ['netl ræʃ] koprivnica, urtikarija

**network** ['netwɜːk] mreža, omrežje

**neurotic** [njʊə'rɒtɪk] živčen; nevrotik, zdravilo za živce

**neuter** ['njuːtə(r)] (*gram*) srednjega spola; nevtralen; ne-

spolen, jalov; (*gram*) srednji spol; nevtralec; brezspolna žival ali rastlina

**neutral** ['njuːtrəl] nevtralen, neopredeljen, nepristranski; ravnodušen; prazni tek (stroj)

**neutral|ize, ~ise** ['njuːtrəlaɪz] nevtralizirati, napraviti neškodljivo, nenevarno

**never** ['nevə(r)] nikoli, sploh ne; ~ **mind** nič ne de; ~ **ending** neskončen, neprekinjen; **on the ~~** plačevanje na obroke

**nevermore** [,nevə'mɔː(r)] nikdar več

**nevertheless** [,nevəðə'les] vendar, kljub temu

**new** [njuː] nov; svež, mlad; neizkušen; prerojen; **N~ Testament** nova zaveza; **N~ World** Novi svet, Amerika

**newborn** ['njuːbɔːn] novorojen; prerojen

**newcomer** ['njuːkʌmə(r)] prišlek, prišlec

**newfangled** [njuː'fæŋgld] novotarski

**newly** ['njuːlɪ] na novo; nedavno; ~**weds** mladoporočenca

**news** [njuːz] novica, vest; **to break the ~** povedati (slabo) novico; *What's the ~?* Kaj je novega?; ~ **agency** časopisna agencija; ~**agent** (*ali* **dealer**) prodajalec časopisov (na debelo); ~**caster** spiker, napovedovalec (radio, TV); ~**flash** zgoščena pomembna novica, s katero prekinemo radijski ali TV program;

~**letter** okrožnica, poročilo, analiza novic; ~**print** časopisni papir; ~**stand** kiosk za prodajo časopisov ~**vendor** ulični prodajalec časopisov, kolporter

**newspaper** ['nju:speɪpə(r)] časopis; ~ **hoax** časopisna raca; ~**man** novinar

**newsreel** ['nju:zri:l] filmski tednik

**newt** [nju:t] pupek

**New Year's Day** [ˌnju: jɪəz 'deɪ] novo leto

**New Year's Eve** [ˌnju: jɪəz 'i:v] staro leto, silvestrovo

**New Zealand** [ˌnju: 'zi:lənd] Nova Zelandija; ~**er** Novozelandec

**next** [nekst] naslednji, najbližji; prihodnjič, zatem; tik ob, poleg, takoj za; ~**-door neighbour** najbližji sosed

**nib** [nɪb] kovinska konica (pero)

**nibble** ['nɪbl] grižljaj; grizljati, zbadati

**nice** [naɪs] čeden; prijazen; privlačen, prijeten; spodoben; okusen (hrana)

**nicety** ['naɪsəti] natančnost, nadrobnost; **to a** ~ natanko

**niche** [nɪč, ni:š] niša, vdolbina v zidu; kotiček, pribežališče

**nick** [nɪk] zarezati; izmakniti, ukrasti; zareza, zapor; **in the** ~ **of time** v pravem trenutku; **in good (bad)** ~ v dobrem (slabem) stanju

**nickel** ['nɪkl] nikelj, kovanec za 5 centov; poniklati

**nickname** ['nɪkneɪm] vzdevek; dati vzdevek

**niece** [ni:s] nečakinja

**nifty** ['nɪftɪ] eleganten; spreten, učinkovit; bister

**niggard** ['nɪgəd] skopuh, stiskač; skop

**nigger** ['nɪgə(r)] črnec, črnuh

**niggle** ['nɪgl] dlakocepiti; godrnjati; vznemirjati

**nigh** [naɪ] blizu; skoraj

**night** [naɪt] noč; **at** ~ ponoči; **last** ~ sinoči; ~ **owl** ponočnjak; ~ **shift** nočna izmena; ~~**watch** nočna straža; ~~**watchman** nočni čuvaj

**nightcap** ['naɪtkæp] nočna čepica; požirek žganja pred spanjem

**nightclub** ['naɪtklʌb] nočni lokal, bar

•**nightfall** ['naɪtfɔ:l] pomračitev, mrak

**nightgown** ['naɪtgaʊn] spalna srajca

**nightie** ['naɪtɪ] (coll) nočna srajca

**nightingale** ['naɪtɪŋgeɪl] slavec

**nightly** ['naɪtlɪ] nočen, ponočen

**nightmare** ['naɪtmeə(r)] môra

**night school** ['naɪt sku:l] večerna šola

**nightshirt** ['naɪt šɜːt] moška spalna srajca

**nightwear** ['naɪtweə(r)] spalna srajca, pižama

**nimble** ['nɪmbl] okreten, uren, bister

**nimbus** ['nɪmbəs] nimbus, deževni oblak

**nine** [naɪn] devet; devetica; (Am) basebalsko moštvo; muze; **dressed up to the** ~**s**

kakor iz škatlice, elegantno oblečen; ~ **days' wonder** kratkotrajna senzacija

**ninepins** ['naɪnpɪnz] keglji

**nineteen** [ˌnaɪn'tiːn] devetnajst; **to talk ~ to the dozen** nenehno klepetati

**nineteenth** [ˌnaɪn'tiːnθ] devetnajsti

**ninety** ['naɪntɪ] devetdeset

**ninth** [naɪnθ] deveti; devetina

**nip** [nɪp] pohiteti; skočiti (v trgovino); uščipniti, ugrizniti, priščipniti; oster ugriz, uščip, srk; **to ~ something in the bud** v kali zatreti

**nipper** ['nɪpə(r)] *(Br)* majhen otrok; *(pl)* klešče, ščipalke

**nipple** ['nɪpl] prsna bradavica; cucelj

**nippy** ['nɪpɪ] mrzel, hladen; hiter

**nit** [nɪt] gnida; ~**wit** topoglavec, butec; ~**picking** dlakocepski, ki razčlenjuje problem do nepomembnih malenkosti

**nitrate** ['naɪtreɪt] nitrat

**nitrogen** ['naɪtrədžən] dušik

**no** [nəʊ] ne; noben; ~ **one** nihče; ~ **doubt** seveda, nedvomno; **in ~ time** takoj, nemudoma; ~ **wonder** ni čudno; ~ **smoking** prepovedano kajenje; ~~**claims bonus** popust, če ni bilo škode (pri zavarovanju); ~~**show** potnik, ki ne pride do vzleta letala

**nobility** [nəʊ'bɪlətɪ] plemstvo; plemenitost

**noble** ['nəʊbl] plemenit, plemiški, žlahten, gosposki; plemič

**noble|man** ['nəʊblmən] plemič; ~**woman** plemkinja

**nobody** ['nəʊbədɪ] nihče, nobeden; nepomembnež

**nocturnal** [nɒk'tɜːnl] nočen, ponočen

**nocturne** ['nɒktɜːn] nokturno

**nod** [nɒd] kimati, pokimati, prikimati; kinkanje, migljaj; **to ~ off** zadremati, zakinkati

**node** [nəʊd] grča, kolence; bula, oteklina; točka najmanjše vibracije; sečišče

**nodule** ['nɒdjuːl] grča, kolence, živčni vozel; gruda

**nohow** ['nəʊhaʊ] nikakor; **to feel ~** slabo se počutiti

**noise** [nɔɪz] hrup, trušč, ropot; razvpiti, raztrobiti

**noiseless** ['nɔɪzlɪs] tih, neslišen

**noisome** ['nɔɪsəm] ogaben, smrdljiv; škodljiv

**noisy** ['nɔɪzɪ] hrupen, glasen, bučen

**nomad** ['nəʊmæd] nomadski, brez stalnega bivališča; nomad, član selilne živinorejske skupine

**no-man's land** ['nəʊ mænz lænd] ozemlje med dvema frontama (*ali* deželama)

**nominal** ['nɒmɪnl] nominalen, ki je kaj samo glede na uradno stanje; neznaten; izražen v denarnem znesku; *(gram)* samostalniški; ~ **capital** osnovni kapital

**nominate** ['nɒmɪneɪt] imenovati; predlagati (kandidata)

**nomination** [ˌnɒmɪ'neɪšn] imenovanje; predlaganje (kandidata)

**nominative** ['nɒmɪnətɪv] (*gram*) imenovalnik, nominativ

**non-aligned** [ˌnɒn ə'laɪnd] neuvrščen; ~ **countries** neuvrščene države

**non-commissioned** [ˌnɒn kə'mɪšənd] nepooblaščen; ~ **officer** podčastnik

**noncommittal** [ˌnɒn kə'mɪtl] nevtralen, zadržan

**nonconformist** [ˌnɒnkən'fɔ:mɪst] kdor odklanja družbene ali skupinske norme, odpadnik

**nondescript** ['nɒndɪskrɪpt] ki se težko opiše; neopredeljiv

**none** [nʌn] nobeden, nihče; nič; ~ **but** samo; ~ **the less** vendar pa

**nonentity** [nɒ'nentətɪ] niče; neeksistenca, neobstoj

**nonesuch** ['nʌnsʌč] brez primere (človek, stvar)

**non-fiction** [ˌnɒn'fɪkšn] stvarna literatura

**non-flammable** [ˌnɒn'flæməbl] nevnetljiv

**non-interference** [ˌnɒnɪntə'fɪərəns] nevmešavanje

**non-intervention** [ˌnɒnɪntə'venšn] neposredovanje, nevmešavanje

**non-partisan** [ˌnɒnpɑː'tɪzæn] nepristranski; ki ni v stranki

**nonplus** [ˌnɒn'plʌs] zmedenost, zadrega; zbegati

**non-resident** [ˌnɒn'rezɪdənt] kdor ne stanuje stalno v državi, mestu, hotelu, bolnišnici

**nonsense** ['nɒnsns] nesmisel, neumnost, oslarija

**non-smoker** [ˌnɒn'sməʊkə(r)] nekadilec; oddelek za nekadilce (v vlaku)

**non-stop** [ˌnɒn'stɒp] neprekinjen; neprekinjeno, ves čas

**noodle** ['nu:dl] rezanec; butec

**nook** [nʊk] kotiček, skrivališče

**noon** [nu:n] poldan; **at** ~ opoldne

**noonday** ['nu:ndeɪ] poldan; opoldanski

**noose** [nu:s] zanka; ujeti v zanko

**nor** [nɔ:(r)] niti, in tudi ne; *glej* NEITHER

**norm** [nɔ:m] pravilo, vodilo; **social** ~ družbena norma

**normal** ['nɔ:ml] normalen, naraven, pravilen; normala, pravokotnica

**north** [nɔ:θ] sever; severen; severno; **N~ Pole (Star)** severni tečaj (severnica); ~ **of** severno od

**northeast** [ˌnɔ:θ'i:st] severovzhod; severovzhoden; severovzhodno

**northern** ['nɒðən] severen; ~**er** severnjak

**northernmost** ['nɔ:ðənməʊst] najsevernejši

**northward(s)** ['nɔ:θwəd(z)] na sever, proti severu

**northwest** [ˌnɔ:θ'west] severozahod; severozahoden; severozahodno

**northwester** [ˌnɔ:θ'westə(r)] severozahodnik (veter)

**Norw|ay** ['nɔ:weɪ] Norveška; ~**egian** norveški; Norvežan(ka); norveščina

**nose** [nəʊz] nos, (ladijski) kljun, voh; zavohati
**nosedive** ['nəʊzdaɪv] pikirati; pikiranje
**nosegay** ['nəʊzgeɪ] šopek
**nos(e)y** ['nəʊzi] radoveden; nosat
**nostril** ['nɒstrəl] nosnica, nozdrv
**not** [nɒt] ne; *N~ at all*. (*Br* odgovor na *Thank you*.) Ni za kaj.; Malenkost.; Prosim.; ~ **yet** še ne
**notable** ['nəʊtəbl] znan, znamenit, pomemben; odličnik
**notary** ['nəʊtərɪ] notar
**notation** [nəʊ'teɪšn] notacija; sistem znakov za zapisovanje glasbe
**notch** [nɒč] zareza, škrbina; zarezati
**note** [nəʊt] zapis; pisemce; opomba; nota; bankovec; dopis, sporočilo, značilnost, posebnost; opaziti, zabeležiti; **to ~ down** beležiti, zapisovati; **to give** ~ sporočiti, obvestiti; **to take ~ of** posvetiti čemu pozornost
**notebook** ['nəʊtbʊk] beležnica, notes
**noted** ['nəʊtɪd] znan, slaven; razvpit
**notepaper** ['nəʊtpeɪpə(r)] pisemski papir
**noteworthy** ['nəʊtwɜːðɪ] vreden pozornosti, ugleden, pomemben, znamenit
**nothing** ['nʌθɪŋ] nič; niče; ničevost; malenkost; **for** ~ zastonj, zaman; **good for** ~ za nobeno rabo; ~ **but** samo; ~ **doing** iz tega ne bo nič;

*There's* ~ *to it*. To je čisto preprosto.
**notice** ['nəʊtɪs] opaziti, upoštevati; objava, opomin, (kratka) ocena, zaznamek; **at short** ~ v kratkem roku; **until further** ~ do nadaljnjega; **to give** ~ odpovedati (službo); **to take** ~ **of** opaziti, upoštevati; **to take no** ~ **of** ignorirati, ne zmeniti se za; ~**board** oglasna deska
**noticeable** ['nəʊtɪsəbl] opazen, obembe vreden
**notification** [ˌnəʊtɪfɪ'keɪš(ə)n] objava, obvestilo, oznanilo
**notify** ['nəʊtɪfaɪ] javiti, sporočiti, opozoriti
**notion** ['nəʊšn] pojem, ideja, predstava (o); mnenje; ~**s** (*pl*) (*Am*) galanterija
**notorious** [nəʊ'tɔːrɪəs] razvpit, splošno znan; zloglasen
**notwithstanding** [ˌnɒtwɪθ'stændɪŋ] vključub
**nought** [nɔːt] nič, ničla
**noun** [naʊn] samostalnik
**nourish** ['nʌrɪš] hraniti, vzdrževati, gojiti; ~**ing** redilen, hranilen, tečen
**nourishment** ['nʌrɪšmənt] hrana, prehrana
**novel** ['nɒvl] roman; dodatek k zakonu; nov
**novelist** ['nɒvəlɪst] romanopisec, romanopiska
**novelty** ['nɒvltɪ] novost, novotarija
**November** [nəʊ'vembə(r)] november
**novice** ['nɒvɪs] začetnik, novinec; novic, redovniški pripravnik

**now** [naʊ] sedaj, tedaj, torej; sedanjost; ~ **and then** tu in tam; ~ **that** ker, sedaj ko; ~ **then** no torej

**nowadays** ['naʊədeɪz] dandanes, sedaj

**nowhere** ['nəʊweə(r)] nikjer, nikamor; **from** ~ od neznano kje; ~ **near** še zdaleč ne, daleč od

**noxious** ['nɒkšəs] škodljiv

**nozzle** ['nɒzl] dulec, ustnik

**nuance** ['nju:ɑ:ns] niansa, odtenek

**nuclear** ['nju:klɪə(r)] jedrski, nuklearen; ~ **fission** cepljenje atomskega jedra; ~ **power** jedrska energija; ~ **war** jedrska vojna; ~ **weapons** jedrsko orožje

**nucleus** ['nju:klɪəs], (pl **nuclei**) jedro, srčika

**nude** [nju:d] gol, nag; akt

**nudge** [nʌdž] dregniti (s komolcem); namigniti

**nudity** ['nju:dətɪ] golota, nagost

**nugget** ['nʌgɪt] zlato zrno, kepa zlata; **a** ~ **of information** zanimiva, koristna informacija

**nuisance** ['nju:sns] sitnost, nadloga; nebodigatreba; **to make a** ~ **of oneself** biti nadležen, iti komu na živce

**null** [nʌl] neveljaven, ničev; ničla; ~ **and void** neveljaven, ničen

**nullify** ['nʌlɪfaɪ] razveljaviti, odpraviti

**numb** [nʌm] otrpel, odrevenel; omamiti, paralizirati

**number** ['nʌmbə(r)] število, številka; množica, (cela) vrsta; oštevilčiti, šteti; **back** ~ zastarel, pozabljen; ~ **plate** (Br) registrska tablica (avto); **to** ~ **among** prištevati (med, k); **to** ~ **off** odštevati

**numberless** ['nʌmbəlɪs] neštet, (brez)številen

**numeral** ['nju:mərəl] števnik

**numerate** ['nju:mərət] šteti, naštevati

**numerical** [nju:'merɪkl] številčen

**numerous** ['nju:mərəs] številen, mnogoštevilen

**nun** [nʌn] redovnica, nuna; ~**nery** ženski samostan

**nuptial** ['nʌpšl] svatben, poročen; (pl) poroka

**nurse** [nɜːs] bolniška sestra, negovalka; streči, negovati (bolnika); dojiti, pestovati (otroka); vzgajati, gojiti (čustva, rastline); **dry** ~ pestunja; **male** ~ bolničar; **wet** ~ dojilja

**nursery** ['nɜːsərɪ] otroški vrtec, otroška soba; drevesnica; ~ **home** (Br) privatna bolnišnica, sanatorij; ~ **rhymes** pesmi za otroke; ~ **slope** smuški teren za začetnike

**nurture** ['nɜːčə(r)] skrbeti za, vzgajati; spodbujati (rast, razvoj, uspeh); rediti; gojiti (čustva); nega, podpora, spodbuda

**nut** [nʌt] oreh, lešnik; matica; (pl) kocke premoga; **to be** ~**s** biti nor, neumen; **to go** ~**s** ponoreti; **a tough** ~ svojeglavec, trda buča

**nutcracker** ['nʌtˌkrækə(r)] klešče za orehe; *(zool)* hrestač

**nutmeg** ['nʌtmeg] muškatni orešek

**nutrient** ['njuːtrɪənt] hranljiv; hranilo

**nutrition** [njuː'trɪšn] prehrana

**nutritious** [njuː'trɪšəs] hranilen, redilen, tečen

**nutshell** ['nʌtšel] orehova lupina; **in a ~** jedrnato, na kratko

**nuzzle** ['nʌzl] z rilcem riti; iskati, vohati; drgniti z nosom; pritisniti se

**nylon** ['naɪlɒn] najlon; *(pl)* najlon nogavice

**nymph** [nɪmf] nimfa; buba

# O

**oak** [əʊk] hrast, hrastovina; ~~-apple** hrastova šiška; ~en hrastov

**oar** [ɔ:(r)] veslo; **to put one's ~ in** vmešavati, vtikati se

**oarsman** [ˈɔ:zmən] veslač

**oas|is** [əʊˈeɪsɪs], *(pl* ~es) oaza

**oath** [əʊθ] prisega; **to take an ~** priseči; **under ~** pod prisego

**oatmeal** [ˈəʊtmi:l] ovsena moka *(ali* kaša)

**oat(s)** [əʊts] oves; **to saw one's wild ~** izdivjati se

**obedience** [əˈbɪdɪəns] ubogljivost, pokorščina

**obedient** [əˈbɪdɪənt] ubogljiv, pokoren, poslušen

**obeisance** [əʊˈbeɪsns] priklon; spoštovanje

**obese** [əʊˈbi:s] debel, tolst

**obesity** [əʊˈbi:sətɪ] debelost

**obey** [əˈbeɪ] ubogati, pokoriti se

**obituary** [əˈbɪtʊərɪ] osmrtnica

**object** [ˈɒbdʒɪkt] predmet, stvar; pojem; cilj; namen; *(gram)* predmet; [əbˈdʒekt] **to ~ to** *(ali* **against)** ugovarjati, nasprotovati

**objection** [əbˈdʒekʃn] pomislek, pridržek, ugovor

**objectionable** [əbˈdʒekʃə-nəbl] neprijeten, zoprn, graje vreden, sporen

**objective** [əbˈdʒektɪv] nepristranski, pravičen, stvaren; objektiv; cilj; ~ **case** *(gram)* tožilnik, akuzativ

**object lesson** [ˈɒbdʒɪkt lesn] nazorni pouk

**obligated** [ˈɒblɪɡeɪtɪd] zavezan, dolžan

**obligation** [ɒblɪˈɡeɪʃn] obveznost, obveza, dolžnost; obveznica

**obligatory** [əˈblɪɡətrɪ] obvezen; obvezujoč, predpisan

**oblige** [əˈblaɪdʒ] (pravno) zavezati, obvezati; ustreči; **to be ~d to something** morati kaj narediti; **to be ~d to someone for something** biti komu hvaležen za kaj; *Much ~d!* Najlepša hvala!

**obliging** [əˈblaɪdʒɪŋ] uslužen, ljubezniv, ustrežljiv

**oblique** [əˈbli:k] poševen, nagnjen; indirekten

**obliterate** [əˈblɪtəreɪt] zbrisati, prečrtati; zatreti

**oblivion** [əˈblɪvɪən] pozaba; **to sink into ~** utoniti v pozabo

**oblivious** [əˈblɪvɪəs] pozabljiv; **to be ~ of** *(ali* **to) something** ne zavedati se česa; ne meniti se, biti gluh za kaj

**oblong** [ˈɒblɒŋ] podolgovat, pravokoten; pravokotnik

**obnoxious** [əbˈnɒkšəs] zoprn, žaljiv; grd (vedenje), gnusen

**obscene** [əb'si:n] opolzek, nespodoben; ~ **conversation** kvantanje

**obscure** [əb'skjʊə(r)] mračnjaški; nepomemben, zakoten; temen, mračen; zatemniti; zasenčiti; skriti (komu)

**obsequious** [əb'si:kwɪəs] klečeplazen, priliznjen, servilen

**observance** [əb'zɜ:vəns] izpolnjevanje, spoštovanje pravil, reda, predpisov

**observation** [ˌɒbzə'veɪšn] opazovanje; opazka, pripomba

**observatory** [əb'zɜ:vətrɪ] observatorij, zvezdarna

**observe** [ə'bzɜ:v] opazovati; pripomniti; spoštovati (zakone, običaje)

**observer** [ə'bzɜ:və(r)] opazovalec, gledalec

**obsess** [əb'ses] obsesti, nadlegovati, preganjati

**obsession** [əb'sešn] obsedenost, preganjavica

**obsolete** ['ɒbsəli:t] zastarel, neraben

**obstacle** ['ɒbstəkl] ovira, zapreka, napota; zadržek

**obstetric|s** [əb'stetrɪks] porodništvo; ~**ian** porodničar

**obstinate** ['ɒbstənət] trdoglav, trmast, uporen

**obstreperous** [əb'strepərəs] neposlušen; hrupen, bahav

**obstruct** [əb'strʌkt] ovirati, zavirati, blokirati

**obstruction** [əb'strʌkšn] obstrukcija, nasprotovanje, preprečevanje; *(med)* zaprtje

**obstructive** [əb'strʌktɪv] oviralen, zaviralen

**obtain** [əb'teɪn] dobiti, prejeti

**obtrude** [əb'tru:d] vsiliti (se)

**obtrusive** [əb'tru:sɪv] vsiljiv, pozornost zbujajoč

**obtuse** [əb'tju:s] zabit, otopel; ~ **angle** topi kot

**obvious** ['ɒbvɪəs] nedvoumen, samoumeven, očiten, nazoren

**occasion** [ə'keɪžn] priložnost, dogodek; povzročiti, sprožiti; **on** ~ tu in tam, včasih; **to rise to the** ~ izkazati se, odločno nastopiti

**occasional** [ə'keɪžənl] priložnosten, prigoden; ~**ly** priložnostno, tu in tam

**occident** ['ɒksɪdənt] zahod

**occult** [ɒ'kʌlt] neviden, skriven; skrivnosten, nerazumljiv; okulten

**occupant** ['ɒkjʊpənt] stanovalec, najemnik, lastnik

**occupation** [ˌɒkjʊ'peɪšn] zasedba; poklic, zaposlitev, opravilo

**occupational** [ˌɒkjʊ'peɪšənl] poklicen; ~ **disease** poklicna bolezen; ~ **therapy** zdravljenje z opravljanjem primernega dela

**occupy** ['ɒkjʊpaɪ] zasesti, osvojiti; zaposlovati; stanovati, zavzemati (prostor)

**occur** [ə'kɜ:(r)] zgoditi se, pripetiti se; priti na misel

**occurrence** [ə'kʌrəns] dogodek, pripetljaj; **to be of frequent** ~ često se pripetiti

**ocean** ['əʊšn] ocean
**o'clock** [ə'klɒk] **at five ~** ob petih
**octagon** ['ɒktəgən] osmerokotnik
**October** [ək'təʊbə(r)] oktober
**octopus** ['ɒktəpəs] hobotnica
**oculist** ['ɒkjʊlɪst] zdravnik za očesne bolezni, okulist
**odd** [ɒd] nenavaden, čuden, čudaški; lih (število), neparen; odvečen, nadštevilen; priložnosten; **thirty ~ years** nekaj čez trideset let; **~ball** posebnež; **~ jobs** drobna dela
**odds** [ɒdz] verjetnost, sreča; neenakost; razlika med stavo in dobičkom pri stavi; **against the ~** navkljub vsemu; **to be at ~ with** biti v sporu s kom; **~ and ends** to in ono, drobnarije; **~-on** z mnogo upanja, verjetno
**ode** [əʊd] oda
**odious** ['əʊdɪəs] sovražen; zoprn
**odour,** *(Am)* **odor** ['əʊdə(r)] vonj; reputacija, ugled
**oesophagus** [ɪ'sɒfəgəs] požiralnik
**of** [ɒv] od, iz, na, s/z, o, do; **at the time ~ the earthquake** ob potresu, med potresom; **all ~ a sudden** nenadoma; **because ~** zaradi; **~ course** seveda; **instead ~** namesto; **by means ~** s pomočjo; **for the sake ~** zaradi, zavoljo; **in spite ~** vkljub; **~ age** polnoleten
**off** [ɒf] stran, proč; ugasnjen, izklopljen (luč, TV); končan,

prekinjen; slab (trg): pokvarjen (hrana); v zmoti; bolj oddaljen; **to be well ~** biti dobro situiran; **to call ~** odpovedati (sestanek); **on and ~** tu in tam; **10 per cent ~** 10 odstotkov popusta; *Keep ~ the grass!* Ne hodi po travi! **~ duty** ne v službi, prost; **~-guard** nepazljiv, nepripravljen; **~-key** neuglašen, neubran (petje); **~-licence** *(Br)* trgovina z dovoljenjem za prodajo alkoholnih pijač; **~ limits** prepovedan dostop; **~ line** *(comp)* posreden, ni na liniji; **~-peak (electricity)** ki se ne troši v konicah (elektrika); **~-putting** odbijajoč, neprijeten; **~ season** izven sezone, mrtva sezona; **~-stage** zakulisen; **~-the-peg** konfekcijski; **~-the-record** ki ni za javnost; zaupen; **~-white** sivo (rumenkasto) bel
**offal** ['ɒfl] drobovje (zaklane živali)
**offen|ce,** *(Am)* **~se** [ə'fens] žalitev; prestopek; zamera; **legal ~ce** kaznivo dejanje; **minor ~ce** prekršek; **to give ~ce** razžaliti; **to take ~ce** zameriti
**offend** [ə'fend] žaliti; kršiti (zakon, pravilo); zagrešiti (kaznivo dejanje)
**offender** [ə'fendə(r)] prestopnik, kršitelj, krivec
**offensive** [ə'fensɪv] napadalen, žaljiv; napad, ofenziva; **~ word** žaljivka
**offer** ['ɒfə(r)] ponudba, pre-

dlog; nuditi, žrtvovati; **on ~** naprodaj

**offering** ['ɒfərɪŋ] ponudba; darovanje; dar, daritev

**off-hand** [ˌɒfˈhænd] nevljuden; nepripravljen, improviziran

**office** ['ɒfɪs] pisarna, urad, poslovalnica; funkcija, delovanje; **enquiry ~** informacijska pisarna; **to be in ~** opravljati funkcijo; **to hold ~** službovati; **to take ~** nastopiti službo; *(Br)* **Foreign O~** ministrstvo za zunanje zadeve; *(Br)* **Home O~** notranje ministrstvo

**officer** ['ɒfɪsə(r)] častnik; uradnik; policist; **commissioned ~** častnik; **non-commissioned ~** podčastnik

**official** [əˈfɪʃl] uraden, služben; uradnik; **~ etiquette** protokol; **~ receiver** stečajni upravitelj; **~ report** komuniké, uradno sporočilo

**officious** [əˈfɪʃəs] preuslužen, vsiljiv

**offprint** ['ɒfprɪnt] posebni odtis, separat

**offset** ['ɒfset] izravnati, nadomestiti; tiskati v ofsetu

**offside** [ˌɒfˈsaɪd] ofsajd, prehitek

**offspring** ['ɒfsprɪŋ] potomec, odrastek; zarod

**often** [ɒfn, 'ɒftən] pogosto, često, velikokrat

**ogle** ['əʊgl] zaljubljen pogled; zaljubljeno gledati

**ogre** ['əʊgə(r)] velikan (ki žre ljudi)

**oh** [əʊ] oh!, ah!

**oil** [ɔɪl] olje; nafta; *(pl)* oljnate slike *(ali* barve); naoljiti, namazati z oljem, podmazati; **~cloth** voščeno platno; **~rig** vrtalna ploščad; **~ slick** oljni madež na vodi; **~skin** plašč, hlače ali druga oblačila iz voščenega platna; **~ well** naftni vrelec; **~-fired** na olje (radiator)

**oily** ['ɔɪlɪ] oljnat, masten; priliznjen

**ointment** ['ɔɪntmənt] mazilo; **a fly in the ~** neprijetna stvar

**okay, OK** [ˌəʊˈkeɪ] *(Am)* odobriti, vidirati

**old** [əʊld] star, zastarel; prejšnji; izkušen; **in the ~ days** v starih časih; **~ age** starost; **~-age pension** starostna pokojnina; **~ hand** izkušen človek, delavec; **~ maid** stara devica; **O~ Testament** stara zaveza; **old-timer** *(Am)* veteran; **~-fashioned** staromoden, nemoderen

**oligarchy** ['ɒlɪgɑːkɪ] oligarhija; skupina ljudi, ki ima oblast

**olive** ['ɒlɪv] oliva, oljka; oliven; **~ oil** olivno olje; **~ branch** oljčna vejica

**Olympiad** [əˈlɪmpɪæd] olimpiada (moderne dobe)

**Olympic** [əˈlɪmpɪk] olimpijski; olimpski; **the O~ Games** olimpijske igre (antične); **the O~s** olimpijske igre (moderne dobe)

**omelette,** *(Am)* **omlet** ['ɒmlɪt] omleta, cvrtnjak

**omen** ['əʊmen] znamenje, napoved

**ominous** ['ɒmɪnəs] zlovešč, grozljiv, zlosluten

**omission** [ə'mɪšn] izpuščanje, opustitev

**omit** [ə'mɪt] izpustiti, prezreti, zanemariti

**omnibus** ['ɒmnɪbəs] film, sestavljen iz dveh ali več krajših filmov; skupek raznovrstnih stvari; omnibus

**omnipotent** [ɒm'nɪpətənt] vsemogočen

**omniscient** [ɒm'nɪsɪənt] vseveden

**omnivorous** [ɒm'nɪvərəs] vsejed, ki se hrani z rastlinsko in živalsko hrano

**on** [ɒn] na (TV, radiu, mizi, tleh): ~ **demand** na zahtevo; ~ **foot** peš; **~-line** *(comp)* na liniji, priključen; ~ **Monday** v ponedeljek; ~ **purpose** namenoma, nalašč; ~ **her return** ob njenem povratku; ~ **time** točno; ~ **and** ~ kar naprej; ~ **and off** tu in tam; **and so** ~ in tako dalje; ~ **the spot** na kraju samem, takoj; **to be** ~ biti prižgan (luč, TV); odprt (voda); na programu (film); odvijati se (borba); **to be** ~ **a committee** biti v komisiji; **to be** ~ **duty (sale)** biti v službi, dežuren (naprodaj); **to be** ~ **fire** goreti; **to be** ~ **strike** stavkati; **to go** ~ nadaljevati

**once** [wʌns] enkrat, nekoč; brž ko; ~ **for all** enkrat za vselej; **all at** ~ nenadoma; **at** ~ takoj; ~ **more** še enkrat; ~ **upon a time** nekoč; ~ **in a while** tu in tam

**oncoming** ['ɒnkʌmɪŋ] bližajoč se, skorajšnji

**one** [wʌn] eden; neki; nekdo; enica; posameznik; ~ **another** drug drugega; ~ **by** ~ drug za drugim; ~ **at a time** posamič; **~-sided** enostranski, pristranski, nesimetričen, neenak; **~-time** nekdanji, prejšnji; **~-way** enosmeren; **~-armed bandit** igralni avtomat z enim vzvodom; **~-night stand** kratkotrajno spolno razmerje; posamezna predstava (koncert) na turneji; **~-off** kar se naredi ali zgodi samo enkrat; **~-track mind** omejeno, enostransko razmišljanje, interes; **~-upmanship** umetnost, imeti vedno majhno prednost; **~-parent family** družina, v kateri otroci živijo le z enim od staršev

**oneself** [wʌn'self] se, sam; **to hurt** ~ raniti se; *One must see it* ~. To mora človek sam videti.

**onion** [ˌʌnɪən] čebula

**onlooker** ['ɒnlʊkə(r)] gledalec

**only** ['əʊnlɪ] edini; samo, edino, le

**onrush** ['ɒnrʌš] nalet, naval

**onset** ['ɒnset] naskok; začetek

**onto** ['ɒntə] na; **to be** ~ **something** izvohati kaj, zaslediti

**onward** ['ɒnwəd] napredujoč; dalje, naprej

**ooze** [uːz] curljati, prenikati

**opaque** [əʊ'peɪk] neprozoren, moten; nejasen

**open** ['əʊpən] odpreti; začeti; dati v promet; sprostiti; razcveteti se; odprt; dovzeten; pošten, odkritosrčen; nezavarovan, dostopen, javen; nerešen (vprašanje); dovoljen (ribolov); prost (službeno mesto); ploven; jasen; **in the ~** na prostem; **to bring out into the ~** razkriti, odkriti; **to keep ~ house** biti gostoljuben; **~-handed** radodaren; **~-minded** odkrit, dovzeten; **~-and-shut** nezapleten, nedvoumen (primer); **~-cast** površinski (kop); **~ market** svobodno tržišče; **O~ University** *(Br)* dopisna univerza, ki posreduje izobraževalne programe tudi po radiu in TV

**opener** ['əʊpnə(r)] odpirač; ključar

**opening** ['əʊpnɪŋ] uvoden, začeten; začetek, odpiranje; odprtina; jasa; **~ night** premiera

**openly** ['əʊpənlɪ] odkrito, javno

**opera** ['ɒprə] opera; **~-house** operna hiša

**operable** ['ɒpərəbl] ki se da operirati

**opera-glasses** ['ɒprə glɑːsɪz] gledališko kukalo

**operate** ['ɒpəreɪt] operirati; delovati, nastopati; **to ~ on a patient** operirati pacienta

**operatic** [ˌɒpə'rætɪk] operen; **~ singer** operni pevec

**operating** ['ɒpəreɪtɪŋ] pogonski, obratovalen; operacijski; **~ system** *(comp)* operacijski

sistem, OS; **~ theatre** operacijska dvorana

**operation** [ˌɒpə'reɪšn] delovanje, postopek; operacija; **to be in ~** delovati, opravljati delo; **to undergo an ~** dati se operirati

**operational** [ˌɒpə'reɪšənl] pogonski; pripravljen za akcijo; operativen

**operative** ['ɒpərətɪv] učinkovit, obraten; *(med)* operativen; delavec

**operator** ['ɒpəreɪtə(r)] delavec; strojnik; telefonist(ka); operater

**ophthalm|ic** [ɒf'θælmɪk] očesen; **~ologist** očesni zdravnik, okulist

**opinion** [ə'pɪnɪən] mnenje, prepričanje, nazor; **in my ~** po mojem mnenju; **a matter of ~** stvar prepričanja; **public ~** javno mnenje; **~ poll** anketa za raziskavo javnega mnenja

**opium** ['əʊpɪəm] opij

**opponent** [ə'pəʊnənt] nasproten, nasprotovalen; nasprotnik, tekmec

**opportune** ['ɒpətjuːn] primeren, koristen

**opportunism** [ˌɒpə'tjuːnɪzm] oportunizem, preračunljivost, prilagodljivost

**opportunist** [ˌɒpə'tjuːnɪst] preračunljivec, **~ line** oportunistična smer

**opportunity** [ˌɒpə'tjuːnətɪ] priložnost, prilika; **to seize an ~** zgrabiti priložnost;

**oppose** [ə'pəʊz] nasprotovati, ugovarjati, upirati se

**opposite** ['ɒpəzɪt] nasproten; nasproti; nasprotje

**opposition** [ˌɒpə'zɪšn] opozicija, nasprotna stranka; nasprotovanje, odpor

**oppress** [ə'pres] tlačiti, zatirati

**oppression** [ə'prešn] zatiranje; pritisk; pobitost, malodušnost

**oppressive** [ə'presɪv] zatiralen, krut; moreč, soparen

**oppressor** [ə'presə(r)] zatiralec, tiran

**optic** [ɒptɪk] očesen; *(pl)* optika

**optical** ['ɒptɪkl] optičen; svetloben; viden; ~ **illusion** optična prevara

**optician** [ɒp'tɪšn] optik

**option** ['ɒpšn] svobodna izbira, izbor

**optional** ['ɒpšənl] neobvezen, fakultativen, po izbiri

**opulent** ['ɒpjʊlənt] obilen, bogat

**or** [ɔː(r)] ali; **either ... ~** ali ... ali, bodisi ... ali

**oracle** ['ɒrəkl] preročišče; prerokba

**oral** ['ɒrəl] usten

**orange** ['ɒrɪndž] pomaranča, oranža; oranžen

**oration** [ɔː'reɪšn] slavnostni govor

**orator** ['ɒrətə(r)] govornik

**oratory** ['ɒrətrɪ] govorništvo; oratorij

**orb** [ɔːb] krogla; nebesno telo; zrklo; krogla s križem (znak kraljevske časti)

**orbit** ['ɔːbɪt] orbita, pot, tir; krožiti (v orbiti; nad letali-ščem pred pristankom); ~**al road** obvoznica

**orchard** ['ɔːčəd] sadovnjak

**orchestra** ['ɔːkɪstrə] orkester; ~ **stalls** sprednje vrste v parterju

**orchid** ['ɔːkɪd] orhideja

**ordain** [ɔː'deɪn] posvetiti v duhovniški stan; predpisati, ukazati

**ordeal** [ɔː'diːl] huda preizkušnja; božja sodba

**order** ['ɔːdə(r)] naročiti, ukazati, predpisati; ureditev, (vrstni) red, ukaz, odlok, naročilo, nakaznica, odlikovanje; **in ~ to** zato, da bi; **out of ~** pokvarjen; **made to ~** narejen po naročilu (meri); **to ~ about** ukazovati komu, pošiljati koga sem in tja; **to call to ~** pozvati k redu

**orderly** ['ɒdəlɪ] urejen, redoljuben, miren, lepega vedenja; ordonanc; **(medical) ~** bolničar

**ordinal** ['ɔːdɪnl] vrstilen; ~ **number** *(gram)* vrstilni števnik

**ordinance** ['ɔːdɪnəns] odlok, uredba, odredba, ukaz

**ordinary** ['ɔːdənrɪ] navaden, vsakdanji, povprečen

**ordnance** ['ɔːdnəns] orožje in vojaška oprema, arzenal; ~ **survey** *(Br)* uradno merjenje zemljišča

**ordure** ['ɔːdjʊə(r)] nesnaga, blato; nespodobnost

**ore** [ɔː(r)] ruda

**organ** ['ɔːgən] organ; pripomoček; glasilo (časopis); orgle; ~~**grinder** lajnar

**organic** [ɔː'gænɪk] organski
**organism** ['ɔːgənɪzəm] organizem
**organist** ['ɔːgənɪst] orglar(ica)
**organ|ization**, **~isation** [ˌɔːgənaɪ'zeɪšn] organizacija, ureditev, združba; **social ~** družbena organizacija
**organ|ize**, **~ise** ['ɔːgənaɪz] organizirati (se); urediti, združiti z določenim ciljem; dobiti, priskrbeti
**orgy** ['ɔːdžɪ] orgija, razbrzdano veseljačenje
**orient** ['ɔːrɪənt] zgledovati se; orientirati se; O~ Orient, dežele vzhodno od Sredozemskega morja;
**oriental** [ˌɔːrɪ'entl] oriental-ski, vzhodnjaški; O~ orientalec, vzhodnjak
**orientation** [ˌɔːrɪən'teɪšn] orientacija, usmerjenost
**orifice** ['ɒrɪfɪs] odprtina, ustje
**origin** ['ɒrɪdžɪn] izvor, začetek, zametek, rod, poreklo
**original** [ə'rɪdžənl] izviren, prvoten, svojski; izvirnik; čudak
**originality** [əˌrɪdžə'nælətɪ] izvirnost, originalnost
**originate** [ə'rɪdžɪneɪt] izvirati, nastati; začeti; ustvariti
**ornament** ['ɔːnəmənt] okras; okrasiti; **~al** okrasen
**orphan** ['ɔːfn] sirota; osirotel; osiroteti
**orphanage** ['ɔːfənɪdž] sirotišnica; osirotelost
**orthodox** ['ɔːθədɒks] pravoveren; pravoslaven
**orthography** [ɔː'θɒgrəfɪ] pravopis

**orthop(a)edic** [ˌɔːθə'piːdɪk] ortopedski; **~ surgeon** ortoped
**oscillate** ['ɒsɪleɪt] nihati, kolebati
**osier** ['əʊzɪə(r)] vrba, vezika; **~ bottle** pletenka
**ossify** ['ɒsɪfaɪ] okosteneti, otrdeti
**ossuary** ['ɒsjʊərɪ] kostnica
**ostensible** [ɒ'stensəbl] navidezen, domneven
**ostentation** [ˌɒsten'teɪšn] razkazovanje, bahanje
**ostentatious** [ˌɒsten'teɪšəs] izzivalen, bahav, posebno viden
**ostrac|ize**, **~ise** ['ɒstrəsaɪz] izgnati; bojkotirati
**ostrich** ['ɒstrɪč] noj
**other** ['ʌðə(r)] drug; drugi; drugačen; **the ~ day** ondan; **every ~ day** vsak drugi dan; **some day or ~** nekega dne, kadarkoli; **one after the ~** drug za drugim; **each ~** drug drugega; **someone or ~** nekdo, že kdo; **someway or ~** tako ali drugače; **on the ~ hand** po drugi strani
**otherwise** ['ʌðəwaɪz] drugače, sicer
**otter** ['ɒtə(r)] vidra
**ought** ['ɔːt] **~ to** moral bi; **~n't to** ne bi smel; *We ~ to speak English.* Morali bi govoriti angleško.; *He ~n't to stay up so late.* Ne bi smel tako dolgo ostajati pokonci.
**ounce** [aʊns] unča (28,35 g)
**our** [ɑː(r)] naš, najin
**ours** [ɑːz, 'aʊəz] naš, najin; *His car is better than ~.* Nje-

gov avto je boljši od našega;
**a friend of** ~ naš prijatelj
**our|self** [ɑː'self], (*pl* ~selves)
sebe, se; mi sami; **by ~selves**
sami (brez pomoči)
**oust** [aʊst] izgnati, odstraniti,
izriniti
**out** [aʊt] ven, zunaj; izven,
zdoma; ne v igri; ne na za-
logi; ~ **of breath** zadihan; ~
**of date** zastarel, iz mode;
~ **of doors** zunaj, na pro-
stem; ~ **on a limb** izposta-
vljen, vsem na očeh; ~ **of**
**order** pokvarjen; ~ **of place**
neumesten; ~ **of the way** od-
ročen; ~ **of pity** iz usmiljenja;
**to be** ~ ne biti v modi; ne go-
reti (ogenj); iziti (knjiga); **to**
**be** ~ **of something** ne imeti
česa; **way** ~ izhod; *Out!* Po-
beri se!, Izgini!
**outboard motor** [ˌaʊtbɔːd
'məʊtə(r)] zunajkrmni motor
**outbreak** ['aʊtbreɪk] izbruh,
naval
**outburst** ['aʊtbɜːst] izbruh,
izliv
**outcast** ['aʊtkɑːst] izobčen,
pregnan; pregnanec, izobče-
nec, izgnanec
**outcome** ['aʊtkʌm] izid, iz-
sledek, rezultat
**outcry** ['aʊtkraɪ] ostro mno-
žično neodobravanje; jeza;
krik; [aʊt'kraɪ] prekričati
**outdated** [ˌaʊt'deɪtɪd] zasta-
rel, nesodoben
**outdistance** [aʊt'dɪstəns]
prehiteti
**outdo\*** [ˌaʊt'duː] prekositi,
posekati
**outdoor** ['aʊtdɔː(r)] zunanji

**outdoors** [ˌaʊt'dɔːz] zunaj, na
prostem
**outer** ['aʊtə(r)] zunanji, od-
daljenejši; ~ **space** vesolje
**outfit** ['aʊtfɪt] oprema;
opremiti
**outgoing** ['aʊtgəʊɪŋ] odhaja-
joč; ki odstopi, se umika
(plima); (*pl*) izdatki
**outgrow\*** [ˌaʊt'grəʊ] prerasti
**outgrowth** ['aʊtgrəʊθ] izra-
stek, poganjek
**outhouse** ['aʊthaʊs] stransko
poslopje
**outing** ['aʊtɪŋ] izlet, ekskur-
zija
**outlast** [ˌaʊt'lɑːst] trajati, pre-
živeti
**outlaw** ['aʊtlɔː] izobčenec,
rokovnjač; izobčiti, prepo-
vedati
**outlay** ['aʊtleɪ] izdatek,
naložba
**outlet** ['aʊtlet] izhod, odtok;
izpuh; ustje
**outline** ['aʊtlaɪn] kontura,
obris; skica, osnutek; izvle-
ček; **in rough** ~ v grobih
obrisih; očrtati, opisati
**outlive** [ˌaʊt'lɪv] preživeti
(koga)
**outlook** ['aʊtlʊk] pogled (na
življenje), razgled; cilj, upa-
nje na kaj
**outlying** ['aʊtlaɪɪŋ] odročen
**outnumber** [ˌaʊt'nʌmbə(r)]
prekašati v številu
**out-of-doors** [aʊt əv 'dɔːz]
*glej* OUTDOORS
**out-patient** ['aʊtpeɪšnt] am-
bulantni bolnik
**outpost** ['aʊtpəʊst] predstra-
ža; oporišče

**outpour** ['aʊtpɔː(r)] izliv

**output** ['aʊtpɒt] proizvodnja, produkcija; storitev; učinek; *(comp)* izhod; ~ **device** *(comp)* izhodna naprava

**outrage** ['aʊtreɪdž] ogorčenje, jeza; žaliti, povzročiti zgražanje

**outrageous** [aʊt'reɪdžəs] nezaslišan, pretiran

**outrider** ['aʊtraɪdə(r)] spremljevalec vozila pomembne osebe (na motorju, konju)

**outright** ['aʊtraɪt] odkrit, popoln; popolnoma, odkrito, takoj, naravnost

**outrun*** [,aʊt'rʌn] prehiteti, prekositi; iztek

**outset** ['aʊtset] začetek

**outside** [,aʊt'saɪd] zunanjost, zunanja stran; [aʊt'saɪd] zunaj, izven, ven; ['aʊtsaɪd] zunanji, skrajen; ~ **capital** tuj kapital; ~ **lane** prehitevalni pas (avtocesta)

**outsider** [,aʊt'saɪdə(r)] nečlan, obstranec; nepoučen človek

**outskirts** ['aʊtskɜːts] mestni rob, periferija

**outspoken** [,aʊt'spəʊkən] odkrit, pošten

**outstanding** [,aʊt'stændɪŋ] štrleč; viden; pomemben, očiten; odličen, izreden; neplačan (dolg)

**outstretch** [,aʊt'streč] raztegniti; razširiti (roke)

**outvote** [,aʊt'vəʊt] preglasovati

**outward(s)** ['aʊtwɜːd(z)] ven, proč; zunanji, očividen, viden

**outweigh** [,aʊt'weɪ] biti težji; biti več vreden; prevladati

**outwit** [,aʊt'wɪt] prelisičiti, izigrati

**oval** ['əʊvl] ovalen, jajčast; oval

**ovary** ['əʊvərɪ] jajčnik

**ovation** [əʊ'veɪšn] ovacija; glasno pozdravljanje in vzklikanje; **standing ~s** ovacije, ko občinstvo stoje izraža navdušenje

**oven** ['ʌvn] pečica, peč

**over** ['əʊvə(r)] prek, mimo, čez; pri, po, na drugi strani, nad, več kakor; končano; **all ~** povsod, popolnoma; **all ~ again** še enkrat, znova; ~ **and ~ again** vedno znova; ~**night** čez noč; *Come ~!* Pridi sem!; **to think ~** premisliti

**overact** [,əʊvər'ækt] pretiravati

**overall** [,əʊvər'ɔːl] celoten; delovna halja; *(pl)* pajac

**overbalance** [,əʊvə'bæləns] prevrniti (se), zgubiti ravnotežje

**overbid*** [,əʊvə'bɪd] ponuditi več

**overboard** ['əʊvəbɔːd] **to fall ~** pasti s palube v vodo

**overburden** [,əʊvə'bɜːdn] preobremeniti

**overcast** [,əʊvə'kɑːst] oblačen

**overcharge** [,əʊvə'čɑːdž] preobremeniti; preveč računati; preobremenitev; previsoka cena

**overcoat** ['əʊvəkəʊt] plašč, suknja, površnik

**overcome\*** [,əʊvə'kʌm] premagati (strah, žalost); zmagati; **to be**.~ **with** biti prevzet od

**overcrowded** [,əʊvə'kraʊdɪd] prenatrpan, natlačen, poln (vlak, soba)

**overdo\*** [,əʊvə'du:] pretirati; predolgo kuhati ali peči

**overdone** [,əʊvə'dʌn] pretiran; preveč kuhan ali pečen

**overdraft** ['əʊvədrɑ:ft] dovoljeno prekoračenje bančnega računa; prekoračena vsota

**overdraw\*** [,əʊvə'drɔ:] prekoračiti račun (v banki); pretirati

**overdue** [,əʊvə'dju:] zakasnel, zapadel

**overeat\*** [,əʊvər'i:t] ~ (oneself) preobjesti se

**overestimate** [,əʊvər'estɪmeɪt] preceniti

**overflow** ['əʊvəfləʊ] preplavljanje, poplava; ~ **pipe** pretočnik, prelivna cev; [,əʊvə'fləʊ] preplaviti, prekipevati od česa; **full to ~ing** prepoln

**overgrow\*** [,əʊvə'grəʊ] prerasti, porasti; prehitro rasti

**overhang** ['əʊvə,hæŋ] previs; [,əʊvə'hæŋ] viseti čez, štrleti

**overhasty** [,əʊvə'heɪstɪ] prenagljen

**overhaul** [,əʊvə'hɔ:l] natančno pregledati (račune); popraviti (ladjo); dohiteti (ladjo); ['əʊvəhɔ:l] natančen pregled, remont

**overhead** ['əʊvəhed] skupen, pavšalen; (pl) režijski stroški; [,əʊvə'hed] zgoraj, nad glavo, v višjem nadstropju; *Works* ~! Pozor, delo na strehi!

**overhear\*** [,əʊvə'hɪə(r)] nehote slišati; prisluškovati

**overland** ['əʊvəlænd] kopenski; na kopnem

**overlap** [,əʊvə'læp] delno (se) prekrivati, segati čez rob

**overlay\*** [,əʊvə'leɪ] pokriti, prekriti, obložiti, prevleči s/z

**overleaf** [,əʊvə'li:f] na drugi strani (lista v knjigi)

**overload** [,əʊvə'ləʊd] preobremeniti

**overlook** [,əʊvə'lʊk] spregledati, prezreti; gledati na, prek; nadzirati

**overnight** [,əʊvə'naɪt] nočen; **an** ~ **stop** enkratna nočitev; ['əʊvənaɪt] čez noč

**overpaid** [,əʊvə'peɪd] preplačan

**overpass** ['əʊvəpɑ:s] *(Am)* nadvoz

**overplus** ['əʊvəplʌs] presežek, prebitek

**overpopulated** [,əʊvə'pɒpjuleɪtɪd] preobljuden, prenaseljen

**overpopulation** [,əʊvəpɒpju'leɪʃn] preobljudenost, prenaseljenost

**overpower** [,əʊvə'paʊə(r)] premagati, prevladati

**overpowering** [,əʊvə'paʊərɪŋ] nepremagljiv; ki prevladuje, ki prevzame; zelo močan (vonj)

**overrate** [,əʊvə'reɪt] preceniti

**override\*** [,əʊvə'raɪd] razveljaviti, ovreči; imeti prednost pred

**overrule** [,əʊvə'ru:l] zavrniti, preglasovati; ovreči; razveljaviti (sodbo); voditi, prevladati

**overrun*** [,əʊvə'rʌn] pustošiti; preplaviti; obrasti

**oversea(s)** [,əʊvə'si:(z)] čezmorski

**oversee*** [,əʊvə'si:] nadzirati, pregledovati; spreminjati potek

**overseer** ['əʊvəsɪə(r)] nadzornik, paznik

**overshadow** [,əʊvə'ʃædəʊ] zasenčiti, zatemniti

**overshoe** ['əʊvəʃu:] galoša, snežka

**oversight** ['əʊvəsaɪt] spregledanje, pomota

**oversize** ['əʊvəsaɪz] prevelik; večja številka od običajne (čevlji, obleka)

**oversleep*** [,əʊvə'sli:p] predolgo spati, zaspati

**overspill** ['əʊvəspɪl] prebitek (prebivalstva)

**overstatement** ['əʊvəsteɪtmənt] preveliko poudarjanje, pretiravanje

**overstay** [,əʊvə'steɪ] predolgo ostati

**overstock** ['əʊvəstɒk] prevelika zaloga; [,əʊvə'stɒk] preveč se založiti

**overt** ['əʊvɜ:t] javen, očiten

**overtake*** [,əʊvə'teɪk] prehiteti; zalotiti, presenetiti; prevzeti (čustvo)

**overtax** [,əʊvə'tæks] previsoko obdavčiti; preceniti svoje moči

**overthrow*** [,əʊvə'θrəʊ] strmoglaviti, zrušiti; prevrniti

**overtime** ['əʊvətaɪm] nadure; ~ **work** nadurno delo

**overture** ['əʊvətjʊə(r)] uvertura; predigra; (pl) poskusi zbližanja

**overturn** [,əʊvə'tɜ:n] prevrniti (se), strmoglaviti

**overview** ['əʊvəvju:] oris, pregled

**overweening** [,əʊvə'wi:nɪŋ] prevzeten, aroganten; pretiran, prenapet

**overweight** [,əʊvə'weɪt] prevelika teža; pretežek, tolst

**overwhelm** [,əʊvə'welm] prevzeti (žalost, hvaležnost); preplaviti; premagati

**overwhelming** [,əʊvə'welmɪŋ] silen, močan, ogromen; **an ~ majority** velika večina

**overwork** ['əʊvəwɜ:k] prenaporno delo, nadurno delo; [,əʊvə'wɜ:k] preveč delati, izmučiti (se)

**overwrought** [,əʊvə'rɔ:t] izčrpan, prenapet

**owe** [əʊ] dolgovati; **to ~ someone a grudge** imeti koga na piki

**owing** ['əʊɪŋ] dolžan; ~ **to** zaradi

**owl** [aʊl] sova; ponočnjak; ~ **train** nočni vlak

**own** [əʊn] lasten, pravi; posedovati, imeti; **with my ~ eyes** s svojimi očmi; *I have nothing of my ~.* Nimam ničesar svojega.; *She lives on her ~.* Živi sama.; **to ~ up** odkrito priznati

**owner** ['əʊnə(r)] lastnik, imetnik, posestnik; ~ **occupier** lastnik hiše (stanovanja), ki v njem stanuje; **small land~** mali zemljiški posestnik

**ownership** [ˈəʊnəšɪp] lastništvo; **personal** ~ osebno lastništvo; **small-scale** ~ drobno lastništvo; **state** ~ državna lastnina

**ox** [ɒks], (*pl* **~en**) vol

**oxide** [ˈɒksaɪd] oksid

**oxid|ize**, **~ise** [ˈɒksɪdaɪz] oksidirati

**oxtail** [ˈɒksteɪl] volovski rep; ~ **soup** juha iz volovskega repa

**oxygen** [ˈɒksɪdžən] kisik

**oyster** [ˈɔɪstə(r)] ostriga; ~ **bed** gojišče ostrig

**ozone** [ˈəʊzəʊn] ozon

# P

**pace** [peɪs] korak; hoja; tempo, hitrost; stopati, hoditi gor in dol po (sobi); meriti na korake; **to keep ~ with** iti v korak; **~maker** kdor določa hitrost (predtekač); srčni spodbujevalnik

**pacific** [pə'sɪfɪk] miroljuben, miren, pomirjevalen

**pacifier** ['pæsɪfaɪə(r)] mirilec, pomirjevalec; *(Am)* cucelj

**pacify** ['pæsɪfaɪ] (po)miriti, spraviti

**pack** [pæk] pakirati; natlačiti, nagnesti (se); cula, sveženj, zavoj; igra kart; kopica (otrok, skrbi), trop (volkov); pasja vprega; (zdravilni) ovitek; **to ~ off** poslati proč; **to ~ up** pripraviti prtljago za potovanje, selitev; **~ animal** tovorna žival; **~ ice** plavajoči led na morski gladini

**package** ['pækɪdž] zavitek, omot, paket (ukrepov), embalaža; bala (papirja); **~ tour (holiday)** organizirano (skupinsko) potovanje (počitnice)

**packet** ['pækɪt] zavitek, škatlica; zaviti

**packet-boat** ['pækɪt bəʊt] manjša obalna ladja

**packing** ['pækɪŋ] zavijanje, embalaža; **~ case** zaboj; **~ density** *(comp)* gostota zapisa (integracije)

**packman** ['pækmən] krošnjar

**pact** [pækt] dogovor, pogodba, pakt

**pad** [pæd] blazinica; svitek; pisalni blok; ploskev za izstrelitev raket (pristajanje helikopterjev); ščitnik za golen (hokej), odmev korakov; tapecirati, vatirati; **~ded shoulders** podložene rame (pri obleki)

**paddle** ['pædl] kratko veslo; kobacati; veslati; broditi; **~ boat** parnik na kolesa

**padlock** ['pædlɒk] žabica; zakleniti z žabico

**p(a)ediatrician** [ˌpiːdɪə'trɪʃn] otroški zdravnik

**pagan** ['peɪgən] pogan(ka); poganski

**page** [peɪdž] stran; paž; paginirati, ustranjevati

**pageant** ['pædžənt] slavnostni sprevod, svečanost, pomp

**pageantry** ['pædžəntrɪ] sijaj, pomp

**paid** [peɪd] *glej* PAY*

**pail** [peɪl] vedro, čeber, škaf

**pain** [peɪn] bolečina, bridkost; *(pl)* porodne bolečine; prizadeti, boleti; **to be at ~s**

(po)truditi se; **to take ~s** prizadevati si; **a ~ in the neck** zoprnik, zoprna zadeva
**painful** ['peɪnfl] boleč, mučen, bolesten; težaven
**painkiller** ['peɪnkɪlə(r)] zdravilo proti bolečinam
**painless** ['peɪnlɪs] neboleč, brez bolečin
**painstaking** ['peɪnzteɪkɪŋ] skrben, vesten
**paint** [peɪnt] barva; ličilo; slikati; barvati, pleskati; naličiti se; **~brush** čopič; **~ stripper** sredstvo za odstranjevanje barve
**painter** ['peɪntə(r)] slikar; pleskar
**painting** ['peɪntɪŋ] slika, slikarstvo; slikanje; pleskanje
**pair** [peə(r)] par, dvojica; pariti (se); **a ~ of trousers (scissors)** hlače (škarje); **to ~ off** združiti (se) v pare
**pal** [pæl] prijatelj, tovariš, pajdaš
**palace** ['pælɪs] palača
**palatable** ['pælətəbl] okusen; všečen; sprejemljiv
**palatal** ['pælətl] neben; trdonebnik, palatal
**palate** ['pælət] nebo v ustih; okus
**palatial** [pə'leɪʃl] palačen, razkošen
**palaver** [pə'lɑ:və(r)] nepotrebno besedičenje (sitnosti); pogovor, čenče
**pale** [peɪl] bled; svetel; bled (barva), medel (svetloba)
**palette** ['pælət] paleta, barvna skala; **~ knife** lopatica za mešanje barv

**palindrome** ['pælɪn̩drəʊm] beseda, ki se naprej in nazaj enako bere
**palisade** [ˌpælɪ'seɪd] ograja iz priostrenih kolov
**palings** ['peɪlɪŋz] plot, latnik
**pall** [pɔ:l] izgubiti draž; **~ of smoke** gost oblak dima
**pallbearer** ['pɔ:lbeərə(r)] pogrebec
**pallet** ['pælɪt] slamnjača, trdo, ozko ležišče; paleta za prevažanje blaga
**pallid** ['pælɪd] bled
**palm** [pɑ:m] dlan; palma; **~-oil** palmovo olje; **P~ Sunday** cvetna nedelja
**palmistry** ['pɑ:mɪstrɪ] vedeževanje z dlani
**palpable** ['pælpəbl] otipljiv, očiten
**palpitate** ['pælpɪteɪt] drhteti; biti, utripati (srce);
**palsy** ['pɔ:lzɪ] ohromelost, paraliza; ohromiti
**paltry** ['pɔ:ltrɪ] malenkosten; boren; ničvreden
**pampas** ['pæmpəs] pampa
**pamper** ['pæmpə(r)] razvajati; **~ed** razvajen, mehkužen
**pamphlet** ['pæmflɪt] pamflet, letak, brošura
**pan** [pæn] posoda, ponev; izpiralnik za zlato; izpirati zlato; ostro kritizirati; **bed~** nočna posoda; **frying ~** ponev; **sauce~** kozica
**pancake** ['pænkeɪk] palačinka, cvrtnjak; **P~ Day** pustni torek
**pander** ['pændə(r)] zadovoljiti, ustreči; zvodnik

**pane** [peɪn] šipa; steklo za šipe

**panegyric** [ˌpænɪ'dʒɪrɪk] hvalnica, slavospev

**panel** ['pænl] lesen stenski opaž; armaturna plošča, stikalna plošča; seznam porotnikov, seznam zdravnikov bolniške blagajne; forum, odbor; ~ **discussion** posvetovanje načrtno izbrane skupine oseb

**panellist** ['pænəlɪst] diskutant; tekmovalec v TV (ali radijskem) kvizu

**pang** [pæŋ] ostra bolečina; (pl) muke, tesnoba

**panhandle** ['pænhændl] držaj ponve; (Am) pas ozemlja med dvema državama; beračiti

**panic** ['pænɪk] panika, preplah, zmeda; povzročiti preplah

**panicky** ['pænɪkɪ] paničen, zbegan

**pannier** ['pænɪə(r)] koš, torba (na kolesu, motorju, tovorni živali)

**panorama** [ˌpænə'rɑːmə] panorama

**pansy** ['pænzɪ] (bot) mačeha; homoseksualec

**pant** [pænt] sopihati; **to ~ for** (ali **after**) hrepeneti po čem

**pantaloons** [ˌpæntə'luːnz] dolge hlače s širokimi, v gležnjih nabranimi hlačnicami

**pantechnicon** [pæn'teknɪkən] velik pokrit tovornjak

**panther** ['pænθə(r)] panter

**panties** ['pæntɪz] hlačke (ženske)

**pantry** ['pæntrɪ] shramba

**pants** [pænts] spodnjice; (Am) hlače

**pantyhose** ['pæntɪhəʊz] hlačne nogavice, žabe

**papa** [pə'pɑː] oče, papá

**papal** ['peɪpl] papeški

**paper** [peɪpə(r)] papir; listina; bankovec; časopis; pisna naloga; referat; (pl) dokumenti; tapete; zaviti v papir; oblagati s tapetami; ~**back** mehko vezana knjiga; ~ **boy** raznašalec časopisov; ~ **clip** spojka; ~~**knife** nož za papir; ~~**mill** tovarna papirja; ~**work** rutinska pisarniška opravila

**par** [pɑː(r)] enakost, imenska vrednost; ~ **of exchange** razmerje vrednosti valut

**parable** ['pærəbl] prilika, prispodoba

**parabola** [pə'ræbələ] parabola, krivulja

**parachute** ['pærəʃuːt] padalo; skočiti s padalom

**parachutist** ['pærəʃuːtɪst] padalec, padalka

**parade** [pə'reɪd] povorka, parada; hoditi v povorki; sprehajati se; ponašati se

**paradise** ['pærədaɪs] raj, nebesa, paradiž

**paraffin** ['pærəfɪn] parafin; ~**lamp** petrolejka

**paragon** ['pærəgən] vzor

**paragraph** ['pærəgrɑːf] odstavek; člen; zakon, določba, predpis; časopisna notica; razdeliti na odstavke

**parakeet** ['pærəkiːt] majhna papiga

**parallel** ['pærəlel] vzpore-
den, podoben, enak; vzpore-
dnica, primerjanje, enačenje;
vzporediti, primerjati
**paral|yse**, *(Am)* ~yze ['pær-
əlaız] ohromiti, preprečiti
delovanje, zavreti, otežiti
**paralysis** [pə'ræləsıs] ohro-
melost, paraliza
**paramedic** [ˌpærə'medık]
bolničar, reševalec
**paramount** ['pærəmaʊnt]
najvažnejši, vrhovni; ki vse
presega; glavni
**paraplegic** [ˌpærə'pli:džık]
paraplegik
**parasite** ['pærəsaıt] zajeda-
vec, parazit, prisklednik
**paratrooper** ['pærətru:pə(r)]
padalec (vojak)
**parboil** ['pɑ:bɔıl] na pol
skuhati
**parcel** ['pɑ:sl] paket, zavitek;
parcela; zaviti, razkosati
**parch** [pɑ:č] pražiti (se), iz-
sušiti (se)
**parchment** ['pɑ:čmənt] per-
gament
**pardon** ['pɑ:dn] oprostiti, po-
milostiti, prizanašati; odpu-
ščanje, pomilostitev, opro-
stitev; *I beg your* ~. Opro-
stite.; Prosim? (Nisem razu-
mel, kaj ste rekli.)
**pardonable** ['pɑ:dnəbl] od-
pustljiv, opravičljiv
**pare** [peə(r)] lupiti (jabolko);
obrezati, postriči (nohte); **to
~ down** zmanjšati, znižati,
omejiti
**parent** ['peərənt] oče, mati,
roditelj, prednik; *(pl)* starši; ~
**enterprise** matično podjetje

**parentage** ['peərəntıdž] po-
reklo, rod
**parenthes|is** [pə'renθəsıs],
*(pl* ~**es**) vrinjeni stavek; okle-
paj; **in** ~**is** mimogrede re-
čeno, kar se posebej ne
poudarja
**parish** ['pærıš] župnija, fara,
srenja
**parishioner** [pə'rıšənə(r)] žu-
pljan(ka), občan(ka)
**parity** ['pærətı] enakost,
enakopravnost; usklajenost,
pariteta
**park** [pɑ:k] park, javni nasad;
parkirni prostor; parkirati;
pustiti
**parking** ['pɑ:kıŋ] parkiranje;
*No* ~*!* Parkiranje prepove-
dano!; ~ **lot** parkirni pro-
stor; ~ **meter** parkirna ura;
~ **ticket** listek za nepravilno
parkiranje
**parley** ['pɑ:lı] pogajanje; po-
gajati se
**parliament** ['pɑ:ləmənt] sku-
pščina, parlament
**parliamentary** [ˌpɑ:lə'mentrı]
parlamentaren, skupščinski;
vljuden
**parlour**, *(Am)* **parlor** ['pɑ:-
lə(r)] sprejemnica, dnevna
soba; *(Am)* salon (v lokalu); ~
**game** družabna igra; ~**maid**
služkinja, ki streže pri mizi
**parody** ['pærədı] parodija,
posmehljivo, porogljivo po-
snemanje; parodirati
**parole** [pə'rəʊl] geslo, do-
govorjena razpoznavna be-
seda; častna beseda; pogojni
izpust; **to release someone
on** ~ koga pogojno izpustiti

**parquet** ['pɑ:keɪ] parket; polagati parket

**parricide** ['pærɪsaɪd] očetomor; očetomorilec, očetomorilka

**parrot** ['pærət] papiga; ponavljati kakor papiga

**parse** [pɑ:z] razčleniti, *(gram)* analizirati

**parsimonious** [‚pɑ:sɪˈməʊnɪəs] varčen, skop

**parsley** ['pɑ:slɪ] peteršilj

**parsnip** ['pɑ:snɪp] *(bot)* pastinak, rebrinec

**parson** ['pɑ:sn] župnik, duhovnik; ~'s nose škofija (pri perutnini)

**parsonage** ['pɑ:snɪdž] župnišče, farovž

**part** [pɑ:t] del, kos; sestavni del; delež; vloga; razdeliti, ločiti, raziti (se); na prečo počesati; **to take ~ in** sodelovati, udeležiti se; **to ~ with** opustiti, ločiti se od česa, posloviti se; **~ and parcel** bistveni del česa; **in ~** deloma; **~-singing** večglasno petje; **~-time job** zaposlitev s krajšim delovnim časom, honorarno delo; **~ of speech** *(gram)* besedna vrsta

**partake*** [pɑ:ˈteɪk] deliti (kosilo) s kom; pojesti; udeležiti se, sodelovati pri čem, biti deležen

**partaken** [pɑ:ˈteɪkən] *glej* PARTAKE*

**partial** ['pɑ:šl] delen, pristranski

**participant** [pɑ:ˈtɪsɪpənt] udeleženec

**participate** [pɑ:ˈtɪsɪpeɪt] udeležiti se, sodelovati, deliti (čast)

**participation** [pɑ:‚tɪsɪˈpeɪšn] udeležba, sodelovanje; prispevek; **forms of political ~** oblike političnega sodelovanja

**particip|le** ['pɑ:tɪsɪpl] deležnik; ~ial deležniški

**particle** ['pɑ:tɪkl] delec, drobec, košček

**particular** [pəˈtɪkjʊlə(r)] poseben, podroben; izbirčen, natančen; podrobnost; *(pl)* podatki (osebni); **in ~** posebno, zlasti, izčrpno

**particularly** [pəˈtɪkjʊləlɪ] posebno, zlasti, natančno

**parting** ['pɑ:tɪŋ] ločitev, slovo; preča, razpotje; poslovilen

**partisan** [‚pɑ:tɪˈzæn, 'pɑ:tɪzæn] udeleženec narodnoosvobodilnega boja, partizan; privrženec

**partition** [pɑ:ˈtɪšn] razdeliti, pregraditi, razkosati; pregrada, vmesni zid; delitev (dediščine)

**partly** ['pɑ:tlɪ] deloma

**partner** ['pɑ:tnə(r)] družabnik, soprog, soigralec, soplesalec, sodelavec, tovariš; **sparing ~** nasprotni igralec pri vajah v boksu

**partnership** ['pɑ:tnəšɪp] partnerstvo, družabništvo; podjetje, družba

**partook** [pɑ:ˈtʊk] *glej* PARTAKE*

**partridge** ['pɑ:trɪdž] jerebica

**party** ['pɑ:tɪ] stranka, politična organizacija; družabna prireditev; skupina ljudi; stranka pri pravnem postopku; ~ **line** politična usmeritev; dvojček (telefon); ~ **wall** zid med dvema hišama

**pass** [pɑːs] iti mimo (skozi, čez, naprej), prehiteti (avto), podati (žogo, sladkornico), miniti, preživljati, narediti izpit, preseči; podajanje žoge, prepustnica, prelaz, prehod; **to ~ judgement on** povedati svoje mnenje o; **to ~ a law** izglasovati zakon; **to ~ sentence on** izreči sodbo; **to ~ away** umreti; **to ~ by** iti mimo; **to ~ on** dati dalje; **to ~ out** omedleti

**passable** ['pɑːsəbl] prehoden, vozen; znosen; veljaven (denar)

**passage** ['pæsɪdž] hodnik, prehod; odlomek (v knjigi); potovanje (po morju, zraku); minevanje časa

**passageway** ['pæsɪdžweɪ] prehod, hodnik

**passenger** ['pæsɪndžə(r)] potnik, potnica; ~ **train** potniški vlak

**passer-by** [ˌpɑːsə ˈbaɪ] mimoidoči

**passion** ['pæʃn] strast, jeza, besnost; pasijon; ~ **play** pasijonska igra; **P~ Week** veliki teden

**passionate** ['pæʃənət] strasten, vročekrven

**passive** ['pæsɪv] nedejaven, nedelaven; ravnodušen; trpen; ~ **voice** *(gram)* trpnik, pasiv

**passkey** ['pɑːskiː] ključ, ki

odpira več ključavnic, ključ od vežnih vrat

**passport** ['pɑːspɔːt] potni list

**password** ['pɑːswɜːd] geslo, parola

**past** [pɑːst] preteklost; prejšnji, minuli, pretekli; čez (časovno), mimo, zunaj (dosega); ~ **master** izkušen mojster, strokovnjak; ~ **perfect** *(gram)* predpreteklik

**paste** [peɪst] testo; pašteta; lepilo; zmes za izdelavo nepravih biserov; lepiti, prilepiti

**pasteboard** ['peɪstbɔːd] lepenka, karton

**pastel** ['pæstl̩] pastel; pastelen

**pastime** ['pɑːstaɪm] razvedrilo, zabava

**pastor** ['pɑːstə(r)] župnik, pastor

**pastoral** ['pɑːstərəl] pastirski, pastoralen; ~ **farming** pašna živinoreja

**pastry** ['peɪstrɪ] krhko, listnato testo; drobno pecivo

**pasture** ['pɑːsčə(r)] pašnik, paša; pasti (se)

**pat** [pæt] trepljati, tleskniti, trkati; pripraven, pravšen; a ~ **answer** odrezav odgovor

**patch** [pæč] krpa, zaplata, obliž; zakrpati, popraviti

**patchwork** ['pæčwɜːk] kar je sestavljeno iz krpic; kompilacija

**patent** ['peɪtnt, 'pætnt] patent; patentirati; očiten, jasen; ~ **leather** lakasto usnje

**paternal** [pə'tɜːnl̩] očetovski, očetov

**paternity** [pə'tɜːnətɪ] očetovstvo; ~ **suit** tožba za ugotovitev očetovstva

**path** [pɑːθ] steza, pot

**pathetic** [pə'θetɪk] vznesen, ganljiv; slovesen

**pathfinder** ['pɑːθfaɪndə(r)] stezosledec

**pathos** ['peɪθɒs] zanos, vznesenost

**pathway** ['pɑːθweɪ] steza, pešpot

**patience** ['peɪšns] potrpljenje, strpnost; pasjansa

**patient** ['peɪšnt] potrpežljiv, strpen, vztrajen; bolnik, bolnica, pacient(ka)

**patio** ['pætɪəʊ] notranje dvorišče

**patriarch** ['peɪtrɪɑːk] patriarh, starosta, očak

**patricide** ['pætrɪsaɪd] očetomor; očetomorilec, očetomorilka

**patriot** ['peɪtrɪət] domoljub, rodoljub; ~**ic** domoljuben

**patrol** [pə'trəʊl] patrulja, obhodnica; patruljirati; ~ **car** policijski avto, marica; ~**man** (Br) delavec službe za pomoč voznikom; (Am) uniformirani policist na obhodu

**patron** ['peɪtrən] pokrovitelj, varuh, podpornik, mecen; redni obiskovalec, odjemalec; ~ **saint** cerkveni patron, svetnik

**patronage** ['peɪtrənɪdž] pokroviteljstvo, skrbstvo; redni odjemalci

**patron|ize**, ~**ise** ['pætrənaɪz] podpirati; pokroviteljsko se vesti; redno obiskovati

**patronizing** ['pætrənaɪzɪŋ] pokroviteljski; naklonjen komu

**patter** ['pætə(r)] čvekati, mehanično ponavljati; pljuskati (dež); šklopotati (kolo); topotati

**pattern** ['pætn] vzorec, šablona, model; kroj

**paunch** ['pɔːnč] trebuh, vamp

**pauper** ['pɔːpə(r)] revež, siromak

**pause** [pɔːz] premolkniti, obstati, pomišljati; imeti odmor, počivati; premolk, odmor

**pave** [peɪv] tlakovati

**pavement** ['peɪvmənt] tlak; (Br) pločnik, trotoar

**pavilion** [pə'vɪlɪən] paviljon, lopa

**paw** [pɔː] šapa, taca; udariti s šapo; grebsti, brskati; nerodno prijeti

**pawn** [pɔːn] zastaviti; kmet (šahovska figura); nepomemben človek; ~ **shop** zastavljalnica

**pawnbroker** ['pɔːnbrəʊkə(r)] lastnik zastavljalnice

**pay** [peɪ] plačati; povrniti; koristiti komu, izplačati se; plača, plačilo; **to ~ attention** paziti, posvečati pozornost; **to ~ a compliment** narediti poklon; **to ~ a visit** obiskati; **to ~ back** vrniti izposojeni denar; **to ~ down** plačati v gotovini; **to ~ off** izplačati; **to ~ through the nose** preplačati; ~**off** izplačilo, obračun; ~**roll** plačilna lista

**payable** ['peɪəbl] plačljiv, izplačljiv, zapadel

**payment** ['peɪmənt] plačilo

**pea** [pi:] grah

**peace** [pi:s] mir; at ~ with v miru s/z; to make ~ skleniti mir

**peaceable** ['pi:səbl] miren, miroljuben

**peaceful** ['pi:sfl] miren, tih, spokojen

**peacemaker** ['pi:smeɪkə(r)] pomirjevalec, miritelj

**peacetime** ['pi:staɪm] miroven, miroljuben; mir

**peach** [pi:č] breskev

**peacock** ['pi:kɒk] pav; šopiriti se

**peahen** ['pi:hen] pavica

**peak** [pi:k] vrh, konica; vrhunec

**peal** [pi:l] zvonjenje, potrkavanje; zvoniti, zveneti; zven; ~ of laughter krohot; ~ of thunder glasno grmenje

**peanut** ['pi:nʌt] kikiriki, zemeljski orešek

**pear** [peə(r)] hruška

**pearl** [pɜːl] biser; kroglica; ~ barley oluščen ječmen

**pearmain** ['peəmeɪn] rožmarinček (jabolko)

**peasant** ['peznt] kmet, poljedelec

**peasantry** ['pezntrɪ] kmetje, kmečki stan, kmetstvo

**peat** [pi:t] šota; ~ bog šotišče

**pebble** ['pebl] prodni kamen, prodnik

**pecan** ['pi:kən, pɪ'kæn] oreh ameriškega hikorija

**peck** [pek] kljuvati, zobati; cmokniti koga; bežen po-

ljub; mera za žito (okrog 9 l)

**pecker** ['pekə(r)] žolna, detel; (Am) (coll) penis; to keep one's ~ up (Br) ne zgubiti poguma, ne kloniti

**pectoral** ['pektərəl] prsen

**peculate** ['pekjʊleɪt] poneveriti

**peculiar** [pɪ'kju:lɪə(r)] svojski, nenavaden, čuden

**peculiarity** [pɪˌkju:lɪ'ærətɪ] posebnost, svojskost, čudaštvo

**pedagogy** ['pedəgɒdžɪ] pedagogika

**pedal** ['pedl] pedal; pritiskati na pedala; voziti kolo

**pedantic** [pɪ'dæntɪk] pikolovski, zelo natančen, malenkosten

**peddle** ['pedl] krošnjariti, (pre)prodajati; raznašati govorice

**pedestrian** [pɪ'destrɪən] pešec; vsakdanji, nezanimiv; ~ crossing prehod za pešce; ~ precinct mestno področje, zaprto za avtomobilski promet

**pedigree** ['pedɪgri:] rodovnik; poreklo

**pedlar** ['pedlə(r)] krošnjar; raznašalec čenč

**peek** [pi:k] kukati; bežen pogled

**peel** [pi:l] lupiti, luščiti (se); sleči (obleko); ~ing lupljenje, olupek

**peep** [pi:p] kukati, oprezovati, čivkati, cviliti; skriven (bežen) pogled; čivkanje; to ~ out štrleti, ven pokukati; ~**hole** kukalnik, linica; ~**show** ogledovanje golih žensk; sejemsko gledališče; **P~ing Tom** radovednež

**peer** [pɪə(r)] človek istega stanu; najvišji angleški plemič; ~ **of the realm** član lordske zbornice

**peerless** ['pɪəlɪs] brez primere, edinstven

**peevish** ['pi:vɪš] razdražljiv, razburljiv; zlovoljen

**peewit** ['pi:wɪt] priba

**peg** [peg] klin, kavelj, zatič; kljukica (za perilo); ogledovati; pribiti, pripeti; umetno zadržati ceno; ~~**leg** lesena noga

**pelican** ['pelɪkən] pelikan; ~ **crossing** cestni prehod, kjer pešci sami vklapljajo semafor

**pellet** ['pelɪt] kroglica, pilula

**pelt** [pelt] obmetavati; liti (dež); drveti; neustrojena (dlakava) koža, kožuhovina; **at full ~** zelo hitro, z veliko hitrostjo

**pen** [pen] pero; obor, ograda; pisati; zapreti v obor; ~~**-friend**, *(Am)* ~~**pal** oseba, s katero si dopisujemo; ~**knife** žepni nož; ~ **name** psevdonim

**penal** ['pi:nl] kazenski, kazniv; ~ **code** kazenski zakonik; ~ **institution** kazenska ustanova; ~ **servitude** zaporna kazen s prisilnim delom

**penalty** ['penltɪ] kazen, globa; ~ **area** kazenski prostor; ~ **kick** kazenski strel

**penance** ['penəns] pokora; naložiti pokoro

**pence** [pens] peniji (vrednost)

**pencil** ['pensl] svinčnik, pisalo; risati, črtati

**pendant** ['pendənt] obesek, viseč okrasek, nakit; nasprotno, dopolnjujoče

**pendent** ['pendənt] viseč, neodločen; obesek

**pending** [pendɪŋ] viseč; bližnji, čez; do (časovno); nerešen

**pendulum** ['pendjʊləm] nihalo

**penetrate** ['penɪtreɪt] predreti, vdreti; prebiti se; dojeti

**penguin** [peŋgwɪn] pingvin

**penicillin** [ˌpenɪˈsɪlɪn] penicilin

**peninsula** [pəˈnɪnsjʊlə] polotok

**penit|ence** ['penɪtəns] pokora; ~**ent** spokorniški

**penitentiary** [penɪˈtenšərɪ] kaznilnica, *(Am)* ječa za hude zločince

**pennant** ['penənt] (trioglata) zastavica

**penniless** ['penɪlɪs] brez beliča, reven

**penny** ['penɪ] peni, *(Am)* kovanec za en cent; *A ~ for your thoughts.* Rad bi vedel, o čem razmišljaš.; **to spend a ~** iti na stranišče; ~ **farthing** starinsko visoko kolo; ~~**pinching** skopuštvo

**pension** ['penšn] pokoj, upokojitev, penzija; penzion; **to ~ somebody off** upokojiti koga

**pensioner** ['penšənə(r)] upokojenec; **old-age** ~ starostni upokojenec

**pensive** ['pensɪv] zamišljen

**pentagon** ['pentəgən] peterokotnik; **the P~** obrambno ministrstvo ZDA

**Pentecost** ['pentɪkɒst] binkošti; židovski praznik žetve

**penthouse** ['penthaʊs] ~ **apartment (suite, flat)** razkošno stanovanje na strešni terasi visoke zgradbe; pristrešek, šupa

**penurious** [pɪ'njʊrɪəs] skop; ubožen, reven

**penury** ['penjʊrɪ] revščina, pomanjkanje

**people** ['piːpl] ljudje; narod, ljudstvo; svojci; naseliti, poseliti; ~**'s liberation war** narodnoosvobodilni boj

**pepper** ['pepə(r)] poper; poprati; ~**corn** poprovo zrno; **red (green)** ~ rdeča (zelena) paprika

**peppermint** ['pepəmɪnt] poprova meta

**per** [pə(r)] po, na; ~ **hour** na uro

**perambulator** [pə'ræmbjʊleɪtə(r)] *(Br)* otroški voziček

**per cent** [pə'sent] odstotek; odstotno; **10** ~ deset odstotkov; desetodstotno

**perceive** [pə'siːv] opaziti, zaznati; dojeti, razumeti

**percentage** [pə'sentɪdž] odstotek, provizija

**perceptible** [pə'septəbl] zaznaven, opazen, dojemljiv

**perception** [pə'sepšn] zaznavanje, dojemanje; vtis

**perceptive** [pə'septɪv] dojemljiv; tankočuten

**perch** [pɜːč] ostriž; gred, drog; visok sedež; sedeti na gredi; visoko sedeti

**percolate** ['pɜːkəleɪt] cediti, filtrirati; pronicati, kapljati; ponikati

**percolator** ['pɜːkəleɪtə(r)] cedilo, filter; aparat za kuhanje kave

**percussion** [pə'kʌšn] udarec; pretrkavanje (prsnega koša); ~ **instruments** tolkala

**perdition** [pə'dɪšn] poguba, prekletstvo, pekel

**peremptory** [pə'remptərɪ] odločen, ⸱ zapovedovalen; brezpogojen

**perennial** [pə'renɪəl] trajajoč, trajen; trajnica

**perfect** [pə'fekt] izpopolniti; ['pɜːfɪkt] *(gram)* perfekt; popoln, dovršen; odličen; ~ **pitch** absolutni posluh

**perfection** [pə'fekšn] popolnost, dovršenost

**perfidious** [pə'fɪdɪəs] izdajalski, nezvest; zloben, zahrbten

**perforate** ['pɜːfəreɪt] predreti, prebosti, preluknjati

**perforce** [pə'fɔːs] nujno, neizbežno; po sili, s silo

**perform** [pə'fɔːm] napraviti, izvršiti, izvesti; igrati (vlogo); nastopiti; delati (stroj)

**performance** [pə'fɔːməns] predstava, uprizoritev; prireditev, nastop; storitev, delo; ~ **analysis** *(comp)* analiza zmogljivosti

**performer** [pə'fɔːmə(r)] izvr- šitelj(ica), igralec, igralka

**perfume** ['pɜːfjuːm] parfum, vonjava, dišava; [pə'fjuːm] odišaviti

**perfumery** [pə'fjuːmərɪ] par- fumi; parfumerija

**perfunctory** [pə'fʌŋktərɪ] po- vršen, zanikrn, nemaren

**perhaps** [pə'hæps, præps] nemara, mogoče

**peril** ['perəl] nevarnost; **at one's ~** na lastno odgo- vornost

**perilous** ['perələs] nevaren, tvegan

**period** ['pɪərɪəd] doba, ob- dobje; šolska ura; mesečno perilo; pika (ločilo); konec!; stilen (pohištvo)

**periodic** [ˌpɪərɪ'ɒdɪk] periodi- čen, občasen

**periodical** [ˌpɪərɪ'ɒdɪkl] pe- riodičen; periodični tisk, časopis

**perish** ['perɪš] poginiti; sla- beti, veneti, propadati; *P~ the thought!* Še na misel mi ne pride!

**perishable** ['perɪšəbl] kvar- ljiv, minljiv, kratkotrajen; *(pl)* pokvarljivo blago

**perjure** ['pɜːdžə(r)] krivo pri- seči

**perjury** ['pɜːdžərɪ] kriva pri- sega

**perk** [pɜːk] posebna pravica, ugodnost, kot dodatek k plači (uporaba avtomobila, brezplačno parkiranje itd.); **to ~ up** postati dobre volje, razpoložen, popraviti se po bolezni

**perky** ['pɜːkɪ] čil, vesel, živahen

**perm** [pɜːm] trajna ondulacija

**permanent** ['pɜːmənənt] tra- jen, stalen

**permeate** ['pɜːmɪeɪt] preni- kati, prežeti

**permissible** [pə'mɪsəbl] do- pusten

**permission** [pə'mɪšn] dovo- ljenje, licenca

**permissive** [pə'mɪsɪv] do- voljujoč; svoboden, brez tabujev

**permit** [pə'mɪt] dovoliti, do- pustiti; ['pɜːmɪt] dovoljenje, prepustnica

**pernicious** [pə'nɪšəs] po- guben, usoden; škodljiv, kvaren

**perpendicular** [ˌpɜːpən'dɪkjʊ- lə(r)] navpičen; pravokoten; poznogotski; pravokotnica; navpičnica

**perpetrate** ['pɜːpɪtreɪt] zagre- šiti

**perpetual** [pə'pečʊəl] trajen, stalen; neodpovedljiv

**perpetuate** [pə'pečʊeɪt] ove- kovečiti

**perpetuity** [ˌpɜːpɪ'tjuːətɪ] več- nost; **for ~** za vedno

**perplexed** [pə'plekst] zelo presenečen, osupel, zbegan; zapleten, kompliciran

**perquisite** ['pɜːkwɪzɪt] po- sebna pravica, ugodnost

**persecute** ['pɜːsɪkjuːt] prega- njati, zasledovati

**persecution** [ˌpɜːsɪ'kjuːšn] preganjanje, zasledovanje; zatiranje; **~ complex** prega- njavica

**perseverance** [ˌpɜːsɪˈvɪərəns] stanovitnost, vztrajnost

**persevere** [ˌpɜːsɪˈvɪə(r)] vztrajati, vzdržati

**Persia** [ˈpɜːšə] Perzija; ~n perzijski; Perzijec, Perzijka; perzijščina

**persist** [pəˈsɪst] vztrajati, ne popustiti

**persistence** [pəˈsɪstəns] vztrajnost, nepopustljivost, trma

**persistent** [pəˈsɪstənt] vztrajen, trmast; nenehen

**person** [ˈpɜːsn] oseba, posameznik; **in ~** osebno

**personage** [ˈpɜːsənɪdž] osebnost; (gledališka) vloga

**personal** [ˈpɜːsənl] oseben, privaten; ~ **computer** osebni računalnik; ~ **pronoun** (gram) osebni zaimek; ~ **property** (ali **estate, effects**) premičnine

**personality** [ˌpɜːsəˈnælətɪ] osebnost; ~ **cult** kult osebnosti

**personi|fy** [pəˈsɒnɪfaɪ] poosebiti; ~**fication** poosebitev, utelešenje

**personnel** [ˌpɜːsəˈnel] osebje; ~ **department** personalni oddelek

**perspective** [pəˈspektɪv] perspektiva; obet; vidik; pogled na stvar (dogodek) v pravi luči

**perspiration** [ˌpɜːspəˈreɪšn] potenje, znojenje; pot, znoj

**perspire** [pəˈspaɪə(r)] potiti se; hlapeti

**persuade** [pəˈsweɪd] prepričati, pregovoriti

**persuasion** [pəˈsweɪžn] prepričanje, mnenje; prigovarjanje, prepričevanje

**persuasive** [pəˈsweɪsɪv] prepričljiv

**pert** [pɜːt] predrzen, jezikav

**pertain** [pəˈteɪn] pripadati, nanašati se, tikati se

**pertinent** [ˈpɜːtɪnənt] primeren; pristojen

**perturbation** [ˌpɜːtəˈbeɪšn] pretres; motnja

**perusal** [pəˈruːzl] skrbno branje

**peruse** [pəˈruːz] skrbno brati; skrbno pregledati

**pervade** [pəˈveɪd] predreti; prežeti; prešiniti

**perverse** [pəˈvɜːs] sprijen, nenaraven, perverzen

**pervert** [pəˈvɜːt] izpriditi, zapeljati; popačiti; [ˈpɜːvɜːt] pokvarjenec

**pessimist** [ˈpesɪmɪst] črnogled

**pest** [pest] golazen; (pl) mrčes; nadloga, sitnež

**pester** [ˈpestə(r)] gnjaviti, nadlegovati

**pesticide** [ˈpestɪsaɪd] kemično sredstvo za uničevanje mrčesa ali škodljivih rastlin

**pestilence** [ˈpestɪləns] kužna bolezen, kuga

**pet** [pet] ljubljenček (žival, otrok), miljenček; ljubkovati; ~ **name** ljubkovalno ime

**petal** [ˈpetl] cvetni list

**petition** [pəˈtɪšn] prošnja, vloga; vložiti prošnjo

**petrify** [ˈpetrɪfaɪ] okamneti; postati tog

**petrol** ['petrəl] *(Br)* bencin; ~ **station** bencinska črpalka

**petroleum** [pə'trəʊlɪəm] surova nafta

**petticoat** ['petɪkəʊt] žensko spodnje krilo, kombineža

**pettifog** ['petɪfɒg] nagajati; pravdati se

**pettifogging** ['petɪfɒgɪŋ] malenkosten, siten; ki spretno spreminja smisel besed, zakonov

**pettish** ['petɪʃ] zamerljiv

**petty** ['petɪ] neznaten, droben; malenkosten, siten; ~ **cash** majhen znesek; črni fond; ~ **larceny** majhna tatvina; ~ **officer** mornariški podčastnik

**petulant** ['petjʊlənt] zlovoljen, čemeren; nestrpen

**pew** [pju:] cerkvena klop, sedež

**pewter** ['pju:tə(r)] kositer, kositrna posoda

**phantom** ['fæntəm] prikazen, privid, pošast

**pharaoh** ['feərəʊ] faraon

**Pharisee** ['færɪsi:] farizej, licemerec

**pharmacist** ['fɑ:məsɪst] farmacevt, lekarnar

**pharmacy** ['fɑ:məsɪ] farmacija, lekarna; lekarništvo

**phase** [feɪz] faza, stopnja, stadij

**pheasant** ['feznt] fazan

**phenomen|on** [fə'nɒmɪnən], *(pl ~a)* fenomen, pojav, čudež

**philander** [fɪ'lændə(r)] letati za ženskami, ljubimkati

**philanthropy** [fɪ'lænθrəpɪ] ljubezen do ljudi, človekoljubje

**philharmonic** [ˌfɪlɑ:'mɒnɪk] filharmoničen

**philistine** ['fɪlɪstaɪn] malomeščanski, omejen, ozkosrčen, filistrski

**philology** [fɪ'lɒlədʒɪ] jezikoslovje, filologija

**philosopher** [fɪ'lɒsəfə(r)] filozof, mislec, modrijan

**philosophy** [fɪ'lɒsəfɪ] filozofija

**phlegm** [flem] sluz; ravnodušnost

**phlegmatic** [fleg'mætɪk] ravnodušen, flegmatičen

**phone** [fəʊn] telefon; telefonirati

**phonetic** [fə'netɪk] fonetičen; ~s fonetika, glasoslovje

**phon(e)y** ['fəʊnɪ] ponarejen, lažen; neiskren, prevzeten

**phosphorus** ['fɒsfərəs] fosfor

**photocopier** ['fəʊtəʊˌkɒpɪə(r)] fotokopirni stroj

**photograph|er** [fə'tɒgrəfə(r)] fotograf; ~y fotografiranje

**photograph, photo** ['fəʊtəgrɑ:f, 'fəʊtəʊ] fotografija, slika; **to take a ~** fotografirati

**phrase** [freɪz] besedna zveza, puhlica, fraza; najmanjši del skladbe; frazirati

**phut** [fʌt] **to go ~** pokvariti se (stroj); izjaloviti se (načrti)

**physical** ['fɪzɪkl] fizičen, telesen; stvaren, predmeten; ~ **education** telovadba; ~ **science** fizika, kemija, geologija

**physician** [fɪ'zɪʃn] zdravnik

**phys|ics** ['fɪzɪks] fizika; ~**icist** fizik

**physiology** [ˌfɪzɪ'ɒlədʒɪ] fizi-
ologija
**physique** [fɪ'zi:k] postava,
rast, stas
**pianist** ['pɪənɪst] pianist(ka)
**piano** [pɪ'ænəʊ] klavir; **grand**
~ koncertni klavir; **upright
(cottage)** ~ pianino
**pick** [pɪk] kramp, cepin, ro-
vača; izb(i)rati, nabirati (ro-
že, jagode); pobrati; trebiti
(nos, zobe); izzvati (prepir);
vlomiti (ključavnico); kra-
sti; jesti po malem; **to ~
someone's pocket** izprazniti
komu žep; **to ~ on someone**
gnjaviti, kritizirati; **to ~ up**
pobrati; vzeti koga v avto,
priti po koga z avtom; po-
staviti se zopet na noge,
opomoči si; prijeti koga, are-
tirati; mimogrede se nau-
čiti; **to ~ up speed** povečati
hitrost
**pick-a-back** ['pɪkəbæk] štu-
poramo
**pickax(e)** ['pɪkæks] cepin
**picker** ['pɪkə] obiralec
**picket** ['pɪkɪt] stavkovna stra-
ža; postaviti stražo; prepre-
čiti stavkokazom delo
**pickle** ['pɪkl] razsol, mari-
nada; (pl) kisle kumarice ali
druga zelenjava v razsolu;
vložiti v kis, marinirati
**pickpocket** ['pɪkpɒkɪt] žepar
**picnic** ['pɪknɪk] piknik; imeti
piknik, udeležiti se piknika
**pictorial** [pɪk'tɔ:rɪəl] slikoven,
ilustriran
**picture** ['pɪkčə(r)] slika, fo-
tografija; podoba; film; (pl)
kino; predstava, vtis, vzor;

opis; predstavljati si, ustva-
riti si sliko o čem; sli-
kati; **out of the** ~ nepomem-
ben, pozabljen; **~-book** sli-
kanica; **~-gallery** razstavni
prostor, galerija; ~ **postcard**
razglednica
**picturesque** [ˌpɪkčə'resk]
slikovit
**pidgin** ['pɪdʒɪn] žargon; ~ **En-
glish** spačena angleščina, ki
jo govorijo domačini v Aziji
**pie** [paɪ] sraka; mesna pa-
šteta; sadni kolač; pita; ~ **in
the sky** prazna obljuba
**piebald** ['paɪbɔ:ld] lisast, ša-
rast; šarec
**piece** [pi:s] kos, del; predmet;
kovanec; figura (šah); gleda-
liška igra; **~-work** delo na
akord; **~-meal** postopoma,
po kosih; **to go to ~s** zrušiti
se, izgubiti živce; **to ~ to-
gether** sestaviti, postopoma
odkriti (resnico); **to take to
~s** razstaviti (stroj)
**pied** [paɪd] lisast, pisan
**pier** [pɪə(r)] pristaniški nasip,
pomol; steber, podporni zid
**pierce** [pɪəs] prebosti; pro-
dreti; spregledati
**piercing** ['pɪəsɪŋ] hud, oster
(mraz, bolečina); predirljiv,
rezek (glas)
**piety** ['paɪətɪ] pobožnost;
spoštovanje
**pig** [pɪg] prašič, svinja; uma-
zanec; požeruh; ~ **iron** su-
rovo železo; **~-skin** svinjska
koža; **~-sty**, (Am) **~-pen** svi-
njak; **~-headed** trmast
**pigeon** ['pɪdʒɪn] golob; **~-
-hole** predalček za pisma

(spise); ~ **loft** golobnjak; spraviti v predalček, dati ad acta

**piggy** ['pɪgɪ] prašiček, pujsek; požrešen, sebičen; ~**back** štuporamo; ~**bank** otroški hranilnik

**pigment** ['pɪgmənt] barvilo; obarvati

**pigmy** ['pɪgmɪ] *glej* PYGMY

**pigtail** ['pɪgteɪl] čop (las)

**pike** [paɪk] ščuka; kopje, konica; vrh gore

**pilchard** ['pɪlčəd] sardela

**pile** [paɪl] kup, grmada, skladovnica; ošiljen kol, pilot; žametasta površina blaga; *(pl)* hemoroidi; kopičiti, naložiti; zdrenjati se; zabiti kole; **atomic** ~ nuklearni reaktor; ~~**dwelling** stavba na koleh; ~~**up** verižno trčenje (avtomobilov)

**pilfer** ['pɪlfə(r)] zmakniti, krasti; ~**er** zmikavt

**pilgrim** ['pɪlgrɪm] romar

**pilgrimage** ['pɪlgrɪmɪdž] romanje

**pill** [pɪl] pilula

**pillage** ['pɪlɪdž] plenjenje, ropanje; pleniti, ropati

**pillar** ['pɪlə(r)] steber, opornik; **from** ~ **to post** od Poncija do Pilata; podpreti s stebri

**pillar box** ['pɪlə bɒks] *(Br)* poštni nabiralnik

**pillion** ['pɪlɪən] zadnji sedež na motociklu; **to ride** ~ biti sovozač na motociklu

**pillory** ['pɪlərɪ] sramotni oder; javen posmeh

**pillow** ['pɪləʊ] blazina; ~**case**,

~**slip** prevleka za blazino; ~ **lace** klekljane čipke

**pilot** ['paɪlət] pilot, krmar; pilotirati, krmariti; ~ **light** kontrolna lučka, plamenček (plinski bojler); ~ **project** poskusni projekt; **to ~ a bill through the House** spraviti zakonski osnutek skozi parlament

**pimp** [pɪmp] zvodnik; zvoditi

**pimple** ['pɪmpl] mozolj, ogrc

**pin** [pɪn] bucika, zaponka, žebljiček; kegelj; pripeti, speti, zapeti; **drawing** ~ risalni žebljiček; **hair~** lasna igla; ~ **money** denar za manjše potrebe, žepnina; ~**s and needles** mravljinci; **rolling-~** kuhinjski valjar; **safety** ~ varnostna zaponka; ~**up** iz časopisa izrezana slika lepotice; **to ~ someone (***ali* **something) down** pritisniti na koga (*ali* kaj), da kaj stori

**pinafore** ['pɪnəfɔː(r)] otroški predpasnik

**pincers** ['pɪnsəz] klešče

**pinch** [pɪnč] uščipniti; ukrasti; tiščati (čevlji); ščipanje; ščepec, trohica; stiska; **to ~ off** odščipniti (vršičke); **at a ~** v sili; **if it comes to the ~** če bo nujno; **to be ~ed for time (money)** biti v časovni (denarni) stiski

**pine** [paɪn] bor, borovina; ~**cone** borov storž, češarek; **to ~ away** hirati, medleti

**pineapple** ['paɪnæpl] ananas

**ping-pong** ['pɪŋpɒŋ] namizni tenis, pingpong

**pinion** ['pɪnɪən] pristriči ali

zvezati peruti (roke); privezati na

**pink** [pɪŋk] rožnat; rožnata barva, vrtni nagelj; **in the ~** pri najboljšem zdravju

**pinnace** ['pɪnɪs] ladijski čoln, jadrnica

**pinnacle** ['pɪnəkl] konica (skale), visok vrh; stolpič; vrhunec, višek

**pinpoint** ['pɪnpɔɪnt] precizen, natančen; točno določiti položaj, zadeti cilj

**pint** [paɪnt] votla mera: *(Br)* 0,56 l; *(Am)* 0,47 l; vrček (piva)

**pinworm** ['pɪnwɜːm] podančica

**pioneer** [ˌpaɪə'nɪə(r)] pionir, pobudnik, začetnik; utirati pot

**pious** ['paɪəs] pobožen, reigiozen

**pip** [pɪp] peška, seme v sadju; zvočni signal

**pipe** [paɪp] cev; pipa; piščalka; *(pl)* dude; napeljati cevi, speljati po ceveh (vodo, plin); piskati (pri govorjenju, na piščalko); dudati; **~ dream** prazen up

**pipeline** ['paɪplaɪn] cevovod

**piper** ['paɪpə(r)] dudar

**piping** ['paɪpɪŋ] napeljava cevi; piskanje; rezek, visok (glas); **~ hot** vrel

**piracy** ['paɪrəsɪ] piratstvo; nezakonito kopiranje, ponatiskovanje

**pirate** ['paɪərət] pirat; kršitelj avtorske pravice; kršiti avtorsko *ali* založniško pravico

**piss** [pɪs] urinirati; seč, urin;

**~ed off** besen, vsega sit; *P~ off!* Izgini!

**pistil** ['pɪstl] pestič

**pistol** ['pɪstl] pištola

**piston** ['pɪstən] bat

**pit** [pɪt] jama, udrtina; votlina (trebušna); brazgotina; kozavost; pekel; rudnik, rov; *(Br)* parter v gledališču; prostor, kjer se vozila oskrbujejo z gorivom (dirke); **gravel ~** gramozna jama; **~-head** okno (v rudniku)

**pitch** [pɪč] igrišče (hokej, kriket); met; višina tona; najvišja stopnja, vrhunec; naklon; metati, zalučati; pasti izpodsekan; uglasiti, prilagoditi; postaviti šotor; **to ~ in** poprijeti se dela

**pitch-black** [ˌpɪč'blæk] črn kot smola

**pitchblende** ['pɪčblend] uranova ruda, smolovec

**pitcher** ['pɪčə(r)] *(Am)* vrč; metalec (baseball)

**pitchfork** ['pɪčfɔːk] senene vile

**piteous** ['pɪtɪəs] usmiljenja vreden, beden

**pitfall** ['pɪtfɔːl] past (jama); nevarnost

**pith** [pɪθ] bistvo, jedro, srčika

**pithy** ['pɪθɪ] jedrnat, tehten

**pitiable** ['pɪtɪəbl] usmiljenja vreden, ubog

**pitiful** ['pɪtɪfl] sočuten; ubog, beden

**pitiless** ['pɪtɪlɪs] neusmiljen, krut

**pitted** ['pɪtɪd] kozav

**pity** ['pɪtɪ] usmiljenje, sočutje, milost; pomilovati, soču-

stvovati; *What a ~!* Kakšna
škoda!; **to have** (*ali* **to take**)
**~ on** usmiliti se koga
**pivot** ['pɪvət] tečaj, os, zatič,
središče; ključna osebnost;
vrteti (se), nasaditi na tečaje
**placard** ['plæka:d] plakat, le-
pak; nalepiti plakat; objaviti
na plakatu
**place** ['pleɪs] prostor, kraj,
mesto; dom, hiša, stanova-
nje; služba, položaj, mesto
(pri mizi, na tekmi); name-
stiti, postaviti, položiti; nalo-
žiti (odgovornost), zaposliti;
spomniti se koga; spraviti
(na trg); **in ~** na pravem me-
stu, primeren; **out of ~** ne-
primeren; **in the first ~** pred-
vsem; **~-hunter** kruhoborec;
**~-setting** pogrinjek; **to take
~** zgoditi, dogajati se; **to
~ an order** naročiti; **to ~ a
floor under wages** določiti
najnižji osebni dohodek; **to
~ a ceiling over hours** dolo-
čiti najdaljši delovni dan
**placid** ['plæsɪd] miren, spo-
kojen, pohleven
**plague** [pleɪg] kuga, nadloga;
gnjaviti, nadlegovati
**plaice** [pleɪs] morski list
**plaid** [plæd] plet, ogrinjalo;
karirasto blago; karirast
**plain** [pleɪn] ravnina, ra-
van; preprost, navaden, eno-
staven; jasen (izjava); ne-
mikaven; **~ clothes** civilna
obleka; **~spoken** odkritosr-
čen, iskren
**plaint** [pleɪnt] pritožba, tožba
**plaintiff** ['pleɪntɪf] tožnik (v
sodnem postopku)

**plaintive** ['pleɪntɪv] otožen,
tožeč
**plait** [plæt] kita, pletenica;
plesti (kito, košaro, vrv)
**plan** [plæn] plan, načrt, osnu-
tek, projekt; planirati, načr-
tovati, snovati, nameravati;
**~ of action** akcijski načrt; **to
~ on** računati na kaj
**plane** [pleɪn] ravnina, plo-
skev; letalo; skobelj, oblič;
skobljati, oblati; **~ tree**
platana
**planet** ['plænɪt] planet, pre-
mičnica
**plank** [plæŋk] deska, ploh;
polagati deske, opažiti; *(Am)*
peči; **to ~ down** takoj plačati
**planning** ['plænɪŋ] načr-
tovanje, projektiranje; **fa-
mily ~** načrtovanje dru-
žine; **~ permission** grad-
beno dovoljenje
**plant** [plɑ:nt] rastlina; tovar-
na, obrat; saditi, zasaditi,
posejati; nastaviti (bombo),
podtakniti komu kaj, vtiho-
tapiti (vohuna)
**plantain** ['plæntɪn] trpotec;
vrsta banane
**plantation** [plæn'teɪšn] na-
sad, plantaža
**planter** ['plɑ:ntə(r)] lastnik
plantaže
**plaque** [plɑ:k] (kovinska)
ploščica; zobna obloga
**plaster** ['plɑ:stə(r)] mavec,
omet; obliž; štukatura; ome-
tati (zid), premazati z mav-
cem; nalepiti (obliž); štuki-
rati; **~ cast** mavčna obveza,
odlitek; **~ of Paris** mavec,
bela sadra

**plasterer** ['plɑːstərə(r)] štukater

**plastic** ['plæstɪk] plastičen, gnetljiv; ~ **arts** *(pl)* upodabljajoča umetnost, plastika

**plate** [pleɪt] krožnik, pladenj; plošča; kliše; tablica (z imenom); prevleči s kovino; obložiti s ploščami; ~ **glass** debelo okensko steklo; ~ **iron** pločevina

**plateau** ['plætəʊ] visoka planota; ploščad

**platform** ['plætfɔːm] ploščad; oder, tribuna; peron; program politične stranke

**plating** ['pleɪtɪŋ] galvanizacija; kovinska prevleka

**platinum** ['plætɪnəm] platina

**platitude** ['plætɪtjuːd] plitkost, puhlost, kliše

**platoon** [plə'tuːn] manjša vojaška enota

**platter** ['plætə(r)] pladenj

**plausible** ['plɔːzəbl] verjeten

**play** [pleɪ] igrati (šah, vlogo, instrument, ploščo), igrati se, uprizoriti; poigravati se (žarki, barve); igra, predstava; **fair** ~ pošteno ravnanje; **to** ~ **for time** zavlačevati; **to** ~ **a part** *(ali* **role)** igrati vlogo; pretvarjati se; **to** ~ **safe** previdno ravnati; **to** ~ **a trick on** potegniti koga za nos; **to** ~ **along with** v en rog trobiti s kom; **to** ~ **around** zabavati se, poigravati se; **to** ~ **back** zavrteti nazaj (trak); **to** ~ **down** omalovaževati; **to** ~ **on** izrabljati koga; ~**boy** veseljak, lahkoživec; ~**fellow**, ~**mate** soigralec pri igri; ~**goer** obiskovalec gledaliških predstav; ~**ground** igrišče; ~**pen** otroška stajica; ~**wright** dramatik, dramski pisatelj

**player** ['pleɪə(r)] (športni) igralec

**playful** ['pleɪfl] igriv, razposajen

**plea** [pliː] zagovor, obramba; prošnja, priziv

**plead** [pliːd] rotiti, prositi; prizadevati si, zavzemati se; zagovarjati, braniti (se), imeti končni govor na glavni obravnavi; **to** ~ **guilty** priznati krivdo

**pleasant** ['pleznt] prijeten, prijazen

**pleasantry** ['plezntrɪ] šala, dovtip

**please** ['pliːz] ugajati, ustreči; prosim; *P*~ *yourself.* Postrezite si., Izvolite.; *If you* ~ ... Če dovolite, prosim, ...

**pleasing** ['pliːzɪŋ] prijeten, prikupen, všečen

**pleasure** ['pleʒə(r)] veselje, užitek, razvedrilo; **at** ~ po mili volji; **with** ~ z veseljem; **to take** ~ **in** uživati pri, ob

**pleat** [pliːt] guba; nabirati v gube, plisirati

**plebeian** [plɪ'biːən] plebejski, neotesan; plebejec, neotesanec

**pledge** [pledž] jamstvo, poroštvo; obljuba, zaobljuba, obveza; (slovesno) obljubiti; **to** ~ **oneself** zaobljubiti se

**plenary** ['pliːnərɪ] plenaren, polnoštevilen, neomejen; ~ **meeting** plenum

**plenipotentiary** [ˌpleniˈpə-
'tenšərı] pooblaščen, neome-
jen; pooblaščenec
**plentiful** ['plentɪfl] obilen, iz-
daten
**plenty** ['plentı] obilica; mno-
go, obilo
**pliable** ['plaıəbl] upogljiv,
popustljiv
**pliant** ['plaıənt] *glej* PLIABLE
**pliers** ['plaıəz] klešče za žico;
**combination** ~ kombinirke
**plight** [plaıt] hude razmere,
težak položaj
**plod** [plɒd] težka hoja; gara-
nje; mučno, naporno delo;
vlačiti se; garati
**plot** [plɒt] spletka, zarota;
razplet (drame); parcela; ko-
vati zaroto; parcelirati; gra-
fično prikazati
**plotter** ['plɒtə(r)] zarotnik,
spletkar; *(comp)* risalnik
**plough**, *(Am)* **plow** [plaʊ]
plug; orati, plužiti; utirati
pot, prebijati se; ~**man** orač;
~**man's lunch** kruh, sir in ki-
sle kumarice; ~**share** lemež
**pluck** [plʌk] trgati (sadje, ro-
že), potegniti, vleči, skubsti
(perutnino), puliti (obrvi);
prebirati strune; srčnost, po-
gum; **to** ~ **up one's courage**
zbrati pogum
**plucky** ['plʌkı] pogumen,
drzen
**plug** [plʌg] vtikač, čep, za-
mašek; zamašiti, začepiti;
popularizirati, delati re-
klamo; **spark** ~ avtomobil-
ska svečka; **diving** ~ ume-
tna riba; **to** ~ **in** vklopiti,
vključiti

**plum** [plʌm] češplja, sliva; ~
**job** zelo dobra služba
**plumage** ['plu:mıdž] perje
**plumb** [plʌm] svinčnica, gre-
zilo; navpičen; navpično;
točno; meriti s svinčnico; po-
staviti navpično; priti stvari
do dna
**plumber** ['plʌmə(r)] klepar;
vodovodni instalater
**plumbing** ['plʌmıŋ] klepar-
stvo; vodovodna instalacija
**plume** [plu:m] okrasno pero,
perjanica
**plump** [plʌmp] debelušen,
okrogel, rejen; telebniti; **to**
~ **for** glasovati za naprej iz-
branega kandidata; **to** ~ **out**
zrediti se; **to** ~ **up** zrahljati
(blazino)
**plunder** ['plʌndə(r)] pleniti,
ropati; plenjenje; ropanje
**plunge** [plʌndž] planiti (v
sobo), skočiti (v vodo), po-
grezniti (se); vreči, pahniti,
hitro pasti (cene); **to take the**
~ napraviti odločilen korak
**pluperfect** [ˌplu:ˈpɜːfıkt]
*(gram)* predpretekel; pred-
pretekli čas, predpreteklik
**plural** ['plʊərəl] množinski,
večkraten; *(gram)* množina
**pluralism** ['plʊərəlızəm]
mnogovrstnost, raznovr-
stnost, pluralizem; **party** ~
večstrankarski sistem
**plus** [plʌs] znak za prišteva-
nje, pozitivni predznak; do-
bra stran; presežek, dobiček
**plus-fours** [ˌplʌsˈfɔːz] pum-
parice
**plush** [plʌš] pliš
**ply** [plaı] zasipati z vpra-

šanji; ponujati, siliti (k pijači); redno pluti (ladja); opravljati, izvrševati; vlakno (vrvi, niti); **three-~** vlakno iz treh niti); **~wood** vezani les

**pneumatic** [nju:ˈmætɪk] pnevmatičen, ki deluje na osnovi stisnjenega zraka; plašč in zračnica (na kolesu)

**pneumonia** [nju:ˈməʊnɪə] pljučnica

**poach** [pəʊč] tatinsko loviti; ukrasti idejo; poširati (jajce, ribo), zakrkniti

**poacher** [ˈpəʊčə(r)] divji lovec

**pocket** [ˈpɒkɪt] žep; vtakniti v žep; pogoltniti (žaljivko); prisvojiti si; žepen (nož, kalkulator); **to be in ~** imeti denar; **to be out of ~** biti v denarni stiski; **to have somebody in one's ~** imeti koga v oblasti; **~ money** denar za majhne potrebe, žepnina; **~book** žepna knjiga; beležnica; *(Am)* listnica

**pod** [pɒd] strok, luščina; luščiti

**podgy** [ˈpɒdžɪ] zavaljen, debelušen

**poem** [ˈpəʊɪm] pesem, pesnitev

**poet** [ˈpəʊɪt] pesnik; **~ry** poezija

**poetic(al)** [pəʊˈetɪk(l)] pesniški; zelo čustven

**poignant** [ˈpɔɪnjənt] oster; grenek, zajedljiv, rezek

**point** [pɔɪnt] točka, pika (decimalna); točka dnevnega reda; konica, bodica, ost; razlog, cilj, namen; stran neba; šilo; kretnica; poudariti, kazati s prstom, meriti na kaj; šiliti; **to be on the ~ of** pravkar nameravati, biti na tem, da; **to come to the ~** priti k stvari; **to make a ~ of** vztrajati, poudarjati; **to ~ out** opozoriti na kaj; **boiling ~** vrelišče; **~ of view** stališče, mnenje; **turning ~** preobrat; **beside the ~** neprimerno, ne na mestu; **up to a ~** deloma, delno

**point-blank** [ˌpɔɪnt ˈblæŋk] neposreden, direkten; neposredno, naravnost

**pointed** [ˈpɔɪntɪd] koničast, oster; zbadljiv

**pointer** [ˈpɔɪntə(r)] kazalec (ure); smerni kazalec; ptičar, prepeličar (pes)

**poise** [pɔɪz] uravnovešenost, mirnost

**poised** [pɔɪzd] v ravnotežju, uravnovešen; pripravljen na

**poison** [ˈpɔɪzn] strup; zastrupiti

**poisonous** [ˈpɔɪzənəs] strupen, kvaren

**poke** [pəʊk] suniti, dregniti, poriniti; vtikati se, vtakniti (nos), pomoliti (glavo); podrezati (ogenj); **to ~ about** brskati, stikati

**poker** [ˈpəʊkə(r)] grebljica; poker

**Pol|and** [ˈpəʊlənd] Poljska; **~ish** poljski; Poljak(inja); poljščina; **~e** Poljak

**polar** [ˈpəʊlə(r)] polaren, nasproten (značaj); **~ front** polarna fronta ali območje

**pole** [pəʊl] tečaj, pol; kol, palica, drog; **P~ Star** severnica, vodilo

**polecat** ['pəʊlkæt] dihur

**police** [pə'li:s] policija; skrbeti za red (policija); ~ **constable** stražnik, policist; ~ **station** policijska postaja

**policeman** [pə'li:smən] stražnik, policist, policaj; ~ **on point duty** prometni policist (*npr.* na križišču)

**policy** ['pɒləsɪ] politika (kot uresničevanje zastavljenih ciljev), taktika; ~ **of strength** politika sile; **internal (foreign)** ~ notranja (zunanja) politika; **insurance** ~ zavarovalna polica

**polio(myelitis)** [ˌpəʊlɪəʊˌ(maɪə'laɪtɪs)] otroška paraliza

**polish** ['pɒlɪš] lošč, loščilo; gladkost; uglajenost; loščiti; zgladiti, ugladiti; **to ~ up** popraviti, zboljšati

**polisher** ['pɒlɪšə(r)] loščilec, loščilo; gladilec, brusač

**polite** [pə'laɪt] vljuden, olikan, uglajen

**politeness** [pə'laɪtnɪs] vljudnost, lepo vedenje

**politic** ['pɒlətɪk] preudaren; zvit, diplomatičen

**political** [pə'lɪtɪkl] političen; *(Am)* spletkarski; ~ **decision-making** politično odločanje; ~ **economy (geography, sociology)** politična ekonomija (geografija, sociologija); ~ **domination** politična nadvlada; ~ **movement** politično gibanje

**politician** [ˌpɒlɪ'tɪšn] politik, državnik; *(Am)* spletkar

**politics** ['pɒlətɪks] politika (kot posebno področje družbenega življenja)

**polka dot** ['pɒlkə dɒt] pikčast vzorec (velike pike)

**poll** ['pəʊl] volitve, glasovanje, anketiranje; preštevanje glasov; volilni izid; *(pl)* volišče; voliti, glasovati, anketirati, dati (dobiti) glas; **heavy (light)** ~ velika (slaba) udeležba na volitvah; **~-tax** glavarina, davek od osebe

**pollen** ['pɒlən] pelod

**polling** ['pəʊlɪn] glasovanje, volitve; metoda raziskovanja javnega mnenja; ~ **booth** volilna skrinjica; ~ **station** volišče

**pollution** [pə'lu:šn] onesnaženje, onesnaževanje

**polychrome** ['pɒlɪkrəʊm] večbarven

**polygamy** [pə'lɪgəmɪ] mnogoženstvo

**polytechnic** [ˌpɒlɪ'teknɪk] *(Br)* višja ali visoka šola za pridobitev akademske (*ali* poklicne) izobrazbe

**pomegranate** ['pɒmɪgrænɪt] granatno jabolko

**pomp** [pɒmp] razkošje, sijaj; hrup, trušč

**pomposity** [pɒm'pɒsətɪ] pompoznost, bombastičnost, domišljavost

**pompous** ['pɒmpəs] razkošen, mogočen; domišljav; buren

**ponce** [pɒns] zvodnik; pomehkuženec

**pond** [pɒnd] ribnik; ~-lily lokvanj

**ponder** ['pɒndə(r)] razglabljati, premišljevati

**ponderous** ['pɒndərəs] težek, masiven; dolgočasen

**pontoon** [pɒn'tu:n] ponton, keson

**pony** ['pəʊnɪ] poni; ~tail konjski rep (dekliška frizura)

**poodle** ['pu:dl] koder (pes)

**pool** [pu:l] mlaka, luža, ribnik, tolmun; vrsta biljardne igre; skupen fond (različnih podjetij), kartel; vložiti denar v skupen fond, deliti tveganje, združiti moči, združiti se v kartel, podrediti interesom skupnosti; the ~s prostor za sklepanje športnih stav

**poor** [pɔː(r)] reven, ubog; pičel; slaboten, slab; ~ devil reva

**poorhouse** ['pʊəhaʊs] ubožnica

**popcorn** ['pɒpkɔːn] pokovka (koruza)

**pope** [pəʊp] papež

**popgun** ['pɒpgʌn] otroška pištola

**poplar** ['pɒplə(r)] topol, jagned

**poplin** ['pɒplɪn] popelin

**poppy** ['pɒpɪ] mak; ~ seed makovo zrno

**populace** ['pɒpjʊləs] ljudstvo, ljudska množica

**popular** ['pɒpjʊlə(r)] splošno znan, priljubljen; poljuden; zaželen; razširjen; ~ song popevka

**populate** ['pɒpjʊleɪt] naseliti, poseliti

**population** [,pɒpjʊ'leɪšn] prebivalstvo; poseljenost; growth of ~ rast prebivalstva

**populous** ['pɒpjʊləs] gosto naseljen

**porcelain** ['pɔːsəlɪn] porcelan; porcelanski; krhek, nežen; ~ clay kaolin

**porch** [pɔːč] prostor ob glavnem vhodu, pokrito preddverje, vetrnik; (Am) veranda

**porcupine** ['pɔːkjʊpaɪn] ježevec

**pore** [pɔː(r)] znojnica, pora; luknjica, razpoka; to ~ over tuhtati, poglobiti se

**pork** [pɔːk] svinjina

**pornography** [pɔː'nɒgrəfɪ] pornografija

**porous** ['pɔːrəs] luknjičav

**porpoise** ['pɔːpəs] pliskavica, delfin

**porridge** ['pɒrɪdž] jed iz ovsene kaše ali kosmičev

**port** [pɔːt] pristanišče; zavetje; levi bok ladje; portovec; obrniti ladjo na levo

**portable** ['pɔːtəbl] prenosen

**portal** ['pɔːtl] glavna vrata, portal

**portend** [pɔː'tend] napovedati, naznaniti

**portent** ['pɔːtent] (slabo) znamenje, napoved (za prihodnost), slutnja

**portentous** [pɔː'tentəs] zlosluten

**porter** ['pɔːtə(r)] nosač, postrešček; (Am) strežnik v spalniku; vratar; (Br) črno pivo; ~'s lodge vratarnica

**porterhouse** ['pɔ:təhaʊs] *(Am)* pivnica; ~ **steak** zrezek ledvične pečenke
**portfolio** [pɔ:t'fəʊliəʊ] aktovka, listnica
**porthole** ['pɔ:thəʊl] lina, okroglo okence (ladja, letalo)
**portico** ['pɔ:tɪkəʊ] stebrišče
**portion** ['pɔ:šn] del, delež; porcija; dota; usoda; **to ~ out** razdeliti
**portly** ['pɔ:tlɪ] zajeten, postaven; dostojanstven
**portrait** ['pɔ:treɪt, 'pɔ:trɪt] portret; podoba, opis
**portray** [pɔ:'treɪ] portretirati; upodobiti, opisati
**portrayal** [pɔ:'treɪəl] portretiranje; opisovanje, prikaz, upodobitev
**Portu|gal** [pɔ:rtʊgl] Portugalska; **~guese** portugalski; Portugalec, Portugalka; portugalščina
**pose** [pəʊz] pozirati (model); narejeno se vesti, nepristno ravnati; izdajati se za koga; postaviti (vprašanje)
**posh** [pɒš] prima; odličen, eleganten
**position** [pə'zɪšn] lega, položaj (v prostoru); družbeni položaj; služba; stališče; postaviti, namestiti; ugotoviti položaj
**positive** ['pɒzətɪv] pozitiven, pritrdilen; dober, sprejemljiv; ki prinaša koristi; nedvoumen, trden; dokončen; **to be ~** dobro vedeti, biti prepričan; **~ degree** *(gram)* prva stopnja pridevnika, osnovnik

**posse** ['pɒsɪ] *(Am)* šerifovi pomočniki na konjih
**possess** [pə'zes] imeti, posedovati; obvladati; obsesti
**possession** [pə'zešn] posest, last; obvladanje; obsedenost; *(pl)* nepremičnine
**possessive** [pə'zesɪv] svojilen; pohlepen, poln sebične ljubezni; ~ **case** *(gram)* (saški) rodilnik
**possessor** [pə'zesə(r)] lastnik, imetnik
**possibility** [ˌpɒsə'bɪlətɪ] možnost, morebitnost
**possible** ['pɒsəbl] možen, mogoč, verjeten; izvedljiv; **to do one's ~** storiti vse, kar je mogosče
**post** [pəʊst] pošta (storitve); drog, kol; položaj, služba; stražarsko mesto, postojanka; *(Br)* poslati (po pošti); postaviti stražo, naložiti delo; **to keep someone ~ed** koga stalno obveščati; **~-box** nabiralnik; ~ **office** pošta (urad); **~-office box** poštni predal; **~-paid** frankiran, poštnine prost
**postage** ['pəʊstɪdž] poštnina; ~ **stamp** znamka
**postal** ['pəʊstl] pošten; ~ **order**, *(Am)* **money order** denarna nakaznica
**postcard** ['pəʊstkɑ:d] dopisnica; **picture ~** razglednica
**poster** ['pəʊstə(r)] plakat, lepak
**posterior** [pʊ'stɪərɪə(r)] poznejši, zadnjičen; zadnjica
**posterity** [pʊ'sterətɪ] potomstvo, zanamci

**postgraduate** [ˌpəʊstˈgrædž-ʊət] podiplomski

**posthumous** [ˈpɒstjʊməs] posmrten; rojen po očetovi smrti

**postman** [ˈpəʊstmən] poštar, pismonoša

**postmark** [ˈpəʊstmɑːk] poštni žig; žigosati (pošto)

**postmaster** [ˈpəʊstmɑːstə(r)] poštni upravitelj

**post-mortem** [ˌpəʊst ˈmɔːtəm] avtopsija, mrliški ogled

**postpone** [pəˈspəʊn] odložiti za pozneje

**postscript** [ˈpəʊsskrɪpt] pripis, postskriptum

**postulate** [ˈpɒstjʊleɪt] zahtevati, terjati; domnevati; [ˈpɒstjʊlət] zahteva, nujnost; domneva

**posture** [ˈpɒsčə(r)] poza, drža, položaj; postaviti se v pozo

**post-war** [ˌpəʊst ˈwɔː(r)] povojen

**posy** [ˈpəʊzɪ] šopek

**pot** [pɒt] lonec, ročka, vrč; marihuana; pehar denarja; pokal; nočna posoda, kahlica; polog (pri kvartanju); posaditi lončnice; vložiti sadje; kuhati v sopari; **melting ~** talilni lonec; **tea ~** čajnik; **~-boiler** delo, pisano zgolj zaradi zaslužka; **~-herb** jušna zelenjava; **~-hole** luknja na cesti, vrtača; **~ roast** dušena govedina

**potable** [ˈpəʊtəbl] piten

**potash** [ˈpɒtæš] pepelika (kalijev karbonat)

**potassium** [pəˈtæsɪəm] kalij

**potato** [pəˈteɪtəʊ] krompir; **fried (baked, roast) ~es** ocvrt (pečen, pražen) krompir; **French fried ~es**, *(Am)* **French fries** pomfrit; **mashed ~es** pretlačen krompir, pire; **~es in their jackets** (*ali* **skins**) krompir v oblicah

**potency** [ˈpəʊtnsɪ] zmogljivost, vplivnost; (spolna) zmožnost, potenca

**potent** [ˈpəʊtnt] močan, vpliven; potenten

**potentate** [ˈpəʊtnteɪt] mogočnik, mogotec, oblastnik, vladar, veljak

**potential** [pəˈtenšl] mogoč, možen; zmogljivost, zmožnost

**potion** [ˈpəʊšn] napoj

**potter** [ˈpɒtə(r)] lončar; *(Br)* postopanje; **to ~ about** postopati

**pottery** [ˈpɒtərɪ] lončenina, lončarstvo

**potty** [ˈpɒtɪ] kahlica (nočna posoda); prismuknjen

**pouch** [paʊč] vrečka, mošnja, torbica; vreča (vrečarjev); solzni mešič; vtakniti v torbo (žep); viseti kot vreča (obleka)

**poultice** [ˈpəʊltɪs] vroč obkladek

**poultry** [ˈpəʊltrɪ] perutnina, perjad

**pounce** [paʊns] nenadoma napasti; planiti; opozoriti na napake

**pound** [paʊnd] funt (denar); funt (454 g); (raz)tolči, zdrobiti; razbijati (srce), močno udarjati

**pour** [pɔː(r)] naliti, točiti; liti (dež); **to ~ in** množično prihajati; **to ~ out** natočiti (pijačo, čaj)

**pout** [paʊt] šobiti se, kujati se

**poverty** ['pʊvətɪ] revščina, beda, uboštvo

**powder** ['paʊdə(r)] prah, prašek, puder; zdrobiti v prah; pudrati (se); **~ puff** pudrnica (blazinica); **~ room** žensko stranišče (z umivalnico); **~ed milk (sugar)** mleko (sladkor) v prahu

**powdery** ['paʊdərɪ] prahast, v prahu; prašen; napudran; **~ snow** pršič

**power** ['paʊə(r)] moč, sila, enrgija; sposobnost; oblast; oskrbeti z energijo; **to be in ~** biti na oblasti; **to come to ~** priti na oblast; **~ of attorney** pooblastilo, polnomočje; **~boat** hiter, močan motorni čoln; ~ **cut** namerna prekinitev dobave električnega toka; **~ failure** prekinitev dobave električnega toka zaradi napake; **~ line** električni vod; **~ plant (ali station)** elektrarna

**powerful** ['paʊəfl] močan, mogočen

**powerless** ['paʊəlɪs] nebogljen, nemočen; brez vpliva

**pox** [pʊks] sifilis; **chicken~** norice; **small~** koze

**practicable** ['præktɪkəbl] izvedljiv

**practical** ['præktɪkl] praktičen, uporaben; stvaren; koristen; spreten; **~ joke** šala na tuj račun, potegavščina

**practically** ['præktɪklɪ] skoraj, domala, dejansko

**practice** ['præktɪs] urjenje, vaja; običaj, navada; izkustvo; opravljanje česa; (zdravnikova, advokatova) praksa

**prac|tise**, *(Am)* **~tice** ['præktɪs] prakticirati; vaditi; opravljati; izpolnjevati

**practitioner** [præk'tɪʃənə(r)] človek s poklicem; zdravnik; **general ~** splošni zdravnik

**prairie** ['preərɪ] prerija, severnoameriška stepa

**praise** [preɪz] hvaliti, slaviti; pohvala, poveličevanje

**praiseworthy** ['preɪzwɜːðɪ] hvalevreden

**pram** [præm] otroški voziček

**prance** [prɑːns] postavljati se na zadnje noge (konj), vzpenjati se; bahavo hoditi; poskakovati

**prank** [præŋk] hudomušna šala, norčija

**prate** [preɪt] čebljati, blebetati

**prattle** ['prætl] brbrati; brbranje

**prawn** [prɔːn] jamska kozica (rak)

**pray** [preɪ] moliti; prositi, rotiti

**prayer** [preə(r)] molitev; prošnja; **~ book** molitvenik; **Lord's P~** očenaš; **to say one's ~s** moliti

**preach** [priːč] pridigati, narediti komu pridigo; **~er** pridigar

**precarious** [prɪ'keərɪəs] negotov; od drugih odvisen; tvegan, kočljiv

**precaution** [prɪ'kɔ:šn] previdnost, opreznost; varnostni ukrep

**precede** [prɪ'si:d] zgoditi se pred čim, biti ali iti pred kom, imeti prednost

**precedence** ['presɪdəns] prednost, prioriteta

**precedent** ['presɪdənt] precedens, zgled za poznejša podobna ravnanja; [prɪ'si:dənt] precendenčen, prejšnji

**preceding** [prɪ'si:dɪŋ] prejšnji, predhoden

**precept** ['pri:sept] smernica, navodilo, predpis

**preceptor** [prɪ'septə(r)] učitelj, vzgojitelj

**precinct** ['pri:sɪŋkt] ograjeno zemljišče; za promet zaprto področje v mestu; (Am) administrativna enota, policijski okoliš; (pl) okolica, območje

**precious** ['prešəs] dragocen, drag, žlahten; afektiran; ~ little hudičevo malo; ~ metal žlahtna kovina; ~ stone drag (žlahten) kamen

**precipice** ['presɪpɪs] prepad, brezno

**precipitate** [prɪ'sɪpɪteɪt] izzvati, pospešiti; vreči dol, strmoglaviti; oboriti, zgostiti

**precipitation** [prɪ,sɪpɪ'teɪšn] padavina, oborina; naglica

**precipitous** [prɪ'sɪpɪtəs] strm, prepaden

**precise** [prɪ'saɪs] točen, natančen; določen, jasen

**precision** [prɪ'sɪžn] natančnost, točnost; ~ mechanic finomehanik

**preclude** [prɪ'klu:d] izključiti; preprečiti

**precocious** [prɪ'kəʊšəs] prezgodaj zrel (razvit)

**preconceive** [,pri:kən'si:v] vnaprej si ustvariti mnenje

**preconception** [,pri:kən'sepšn] predsodek

**precursor** [,pri:'kɜ:sə(r)] predhodnik, znanilec

**predatory** ['predətrɪ] roparski, grabežljiv

**predecessor** ['pri:dɪsesə(r)] predhodnik, prednik

**predestination** [,pri:destɪ'neɪšn] predestinacija, vnaprejšnja določitev

**predicament** [prɪ'dɪkəmənt] težaven položaj, zadrega

**predicate** ['predɪkət] (gram) povedek; ['predɪkeɪt] utemeljiti, izjaviti

**predict** [prɪ'dɪkt] napovedati, prerokovati

**prediction** [prɪ'dɪkšn] napoved, prerokba

**predilection** [,pri:dɪ'lekšn] nagnjenje, pristranost

**predominant** [prɪ'dɒmɪnənt] prevladujoč

**predominate** [prɪ'dɒmɪneɪt] prevladovati

**pre-eminence** [,pri:'emɪnəns] premoč, vzvišenost

**preen** [pri:n] urediti (lase); s kljunom čistiti perje (ptica)

**prefabricated** [,pri:'fæbrɪkeɪtɪd] montažen; ~ house montažna hiša

**preface** ['prefɪs] uvod, predgovor

**prefer** [prɪ'fɜ:(r)] rajši imeti, dajati prednost

**preferable** ['prefrəbl] prefe-renčen, ki se mu da pred-nost, bolj zažated

**preference** ['prefrəns] pred-nost, posebna nagnjenost, ugodnost

**preferential** [ˌprefə'renšl] prednosten, prioriteten

**preferment** [prɪ'fɜːmənt] po-višanje (v službi), višje de-lovno mesto

**prefix** ['priːfɪks] (gram) pred-pona; naziv pred imenom

**pregnancy** ['pregnənsɪ] no-sečnost, brejost; ~ test test za ugotovitev nosečnosti

**pregnant** ['pregnənt] noseča, breja

**prehistory** [ˌpriː'hɪstrɪ] pra-zgodovina

**prejudice** ['predžʊdɪs] pred-sodek; vnaprejšnje nekri-tično mnenje, stališče; vna-prej določiti

**prejudiced** ['predžʊdɪst] pri-stranski, poln predsodkov

**preliminary** [prɪ'lɪmɪnərɪ] uvoden, predhoden, pripra-vljalen, vnaprejšen

**prelude** ['preljuːd] uvod, predigra, preludij; uvesti

**premature** ['premətjʊə(r)] prezgodaj zrel, predčasen; prenagljen

**premeditate** [ˌpriː'medɪteɪt] naklepati

**premier** ['premɪə(r)] prvi; predsednik vlade, ministr-ski predsednik

**premise** ['premɪs] osnovno načelo, vodilo, osnova; (pl) prostori, poslopje s pritiklinami

**premium** ['priːmɪəm] na-grada; plačilo; zavarovalna premija

**premonition** [ˌpriːmə'nɪšn] slutnja

**preoccupation** [ˌpriːɒkjʊ'peɪ-šən] zanimanje, zavzetost; preobremenitev; zamišlje-nost

**prepaid** [ˌpriː'peɪd] vnaprej plačan, frankiran

**preparation** [ˌprepə'reɪšn] priprava, pripravljenost; pripravek, preparat

**preparatory** [prə'pærətrɪ] pripravljalen, uvoden

**prepare** [prɪ'peə(r)] pripra-viti (se); preparirati

**preponderance** [prɪ'pɒndə-rəns] premoč, prevladovanje

**preposition** [ˌprepə'zɪšn] pre-dlog

**preposterous** [prɪ'pɒstərəs] nesmiseln, bedast, absurden

**prerogative** [prɪ'rɒgətɪv] pred-nosten; prednost, posebna pravica, prerogativa

**presage** ['presɪdž] slutnja, prerokba; slutiti, prerokovati

**Presbyterian** [ˌprezbɪ'tɪərɪən] prezbiterijanski; prezbiteri-janec, prezbiterijanka

**prescribe** [prɪ'skraɪb] predpi-sati, odrediti

**prescription** [prɪ'skrɪpšn] predpis, odredba; recept

**presence** ['prezns] priso-tnost, navzočnost; drža, ve-denje; ~ of mind prisebnost

**present** ['preznt] prisoten, navzoč; sedanji; sedanjost; (gram) sedanjik; darilo; at ~ sedaj; for the ~ za sedaj, do

nadaljnjega; [prı'zent] obda-
rovati; predložiti; to ~ one-
self priti, predstaviti se
**present-day** [ˌpreznt 'deı] da-
našnji, sedanji, sodoben
**presentiment** [prı'zentımənt]
slutnja
**presently** ['prezntlı] takoj,
kmalu
**preservative** [prı'zɜːvətıv] va-
rovalno sredstvo, preserva-
tiv; varovalen, ohranilen
**preserve** [prı'zɜːv] ohraniti,
(ob)varovati, shraniti; vku-
hati, konzervirati; (pl) vku-
hana, konzervirana hrana
**preside** [prı'zaıd] predsedo-
vati, nadzirati
**presidency** ['prezıdənsı]
predsedstvo, predsedništvo
**president** ['prezıdənt] pred-
sednik; ~-elect novo izvo-
ljeni predsednik (pred na-
stopom službe)
**presidential** [ˌprezı'denšl]
predsedniški
**press** [pres] stisniti, priti-
sniti, tlačiti; likati; pritiskati
na koga, vsiliti komu kaj,
priganjati; tisk (časopisi, no-
vinarji); stiskalnica; to get a
good (bad) ~ imeti pohvalno
(slabo) časopisno kritiko;
~ box novinarska loža; ~
conference tiskovna konfe-
renca; ~ cutting časopisni
izrezek; ~ release (kratka)
uradna izjava za tisk; ~-up
skleca
**pressing** ['presıŋ] nujen, ne-
odložljiv; vsiljiv
**pressure** ['prešə(r)] pritisk,
tlak; nujnost, sila; pritiskati

na koga; blood ~ krvni tlak;
~ cooker lonec na pritisk; ~
group vplivna skupina
**prestige** [pre'stiːž] prestiž,
ugled, veljava
**presumably** [prı'zjuːməblı]
domnevno, verjetno, menda
**presume** [prı'zjuːm] domne-
vati, sklepati; dovoliti si kaj
**presumption** [prı'zʌmpšn]
domneva, verjetnost
**presumptive** [prı'zʌmptıv]
domneven, verjeten
**presumptuous** [prı'zʌmp-
čʊəs] predrzen, prevzeten
**pretence**, (Am) ~se [prı'tens]
pretveza, izgovor, krinka;
under false ~ces z lažnimi
pretvezami
**pretend** [prı'tend] delati se,
pretvarjati se, hliniti
**pretension** [prı'tenšn] pre-
tenzija, zahteva; namera
**pretentious** [prı'tenšəs] pre-
tenciozen; ki si prizadeva
doseči več kakor zmore
**pretermit** [ˌpriːtə'mıt] pre-
zreti, izpustiti
**pretext** ['priːtekst] pretveza,
izgovor
**pretty** ['prıtı] ljubek, čeden;
precej, dokaj
**prevail** [prı'veıl] prevlado-
vati; premagati; to ~ upon
pregovoriti
**prevalence** ['prevələns] raz-
širjenost, prevladovanje
**prevalent** ['prevələnt] pre-
vladujoč, razširjen
**prevent** [prı'vent] preprečiti,
ovirati
**prevention** [prı'venšn] pre-
prečitev, odvrnitev

**preventive** [prɪ'ventɪv] preprečevalen, varovalen; preventivno sredstvo; ~ **detention** pripor

**preview** ['priːvjuː] predpremiera, poskusna oddaja (radio, TV)

**previous** ['priːvɪəs] prejšnji, dosedanji; ~ **to** pred(časno)

**previously** ['priːvɪəslɪ] že prej, poprej

**pre-war** [ˌpriːˈwɔː(r)] predvojen

**prey** [preɪ] plen; prežati, pleniti, pograbiti, požreti (plen); **bird of** ~ ptica roparica; **to fall** ~ **to** postati žrtev koga, česa; **to** ~ **on one's mind** ležati na duši, težiti

**price** [praɪs] cena, stroški; določiti ceno, oceniti; **cost** ~ stroškovna cena; **market** ~ tržna cena; **monopoly** ~ monopolna cena; ~ **policy** politika cen; ~ **list** cenik; ~ **cutting** prodaja po znižani ceni; ~ **of production** produkcijska cena; ~ **tag** listek z navedbo cene

**priceless** ['praɪslɪs] neprecenljiv, neocenljiv

**prick** [prɪk] zbosti, pičiti, prebosti, zbadati (bolečina); **to** ~ **up one's ears** vleči na ušesa; postaviti ušesa pokonci (pes)

**prickle** ['prɪkl] trn, bodica; zbadati, ščemeti

**prickly** ['prɪklɪ] trnast, bodičast, bodljiv, ščemeč; ~ **pear** opuncija (kaktus)

**pride** [praɪd] ponos, čast; ošabnost; **to take** ~ **in** biti

ponosen na; **to** ~ **oneself on** ponašati se s/z, biti ponosen na

**priest** [priːst] duhovnik, svečenik

**prig** [prɪg] nadutež, domišljavec

**priggish** ['prɪgɪš] nadut, domišljav

**prim** [prɪm] sramežljiv, občutljiv; kreposten; zelo formalen

**primacy** ['praɪməsɪ] prvo mesto, primat

**primary** ['praɪmərɪ] primaren, prvoten, temeljen; ~ **education (school)** osnovna izobrazba (šola); ~ **colour** osnovna barva (rdeča, rumena, modra); ~ **industry** proizvodnja v primarnih dejavnostih (kmetijstvo, gozdarstvo, ribolov, lov, rudarstvo); ~ **product** surovina

**prime** [praɪm] najvažnejši, bistven; odličen, izviren; pripraviti (za delo); **in one's** ~ v najboljših letih, na višku svojih moči; **P~ Minister** predsednik vlade, ministrski predsednik; ~ **number** praštevilo

**primer** ['praɪmə(r)] abecednik; začetnica; masa za grundiranje

**primitive** ['prɪmɪtɪv] preprost, enostaven, prvobiten; zastarel, nizko razvit

**primordial** [praɪˈmɔːdɪəl] prvobiten, začeten

**primrose** ['prɪmrəʊz] trobentica, primula; ~ **path** lagodno življenje

**prince** [prɪns] princ, kraljevič, knez

**princess** [prɪn'ses] princesa, kraljična, kneginja

**principal** ['prɪnsəpl] glaven, osnoven; predstojnik, vodja; glavni krivec

**principality** [ˌprɪnsɪ'pælətɪ] kneževina

**principle** ['prɪnsəpl] načelo, princip, vodilo, zakonitost, način delovanja; **in ~** v načelu, načeloma, po pravilu, praviloma; **on ~** načelno, iz principa

**print** [prɪnt] tisk, tiskanje, odtis, grafični list; sled (noge); tiskana stvar (časopis, revije); tiskati, natisniti, odtisniti, kopirati; pisati s tiskanimi črkami; **~out** (comp) izpis, natis; **out of ~** razprodan (knjiga)

**printer** ['prɪntə(r)] tiskar; (comp) tiskalnik; **~ format** (comp) format izpisa

**printing** ['prɪntɪŋ] tiskanje; tiskarski; **~ block** kliše; **~ office** (ali **house**) tiskarna; **~ press** tiskarski stroj

**prior** ['praɪə(r)] prejšnji; **~ to** pred (časovno)

**priority** [praɪ'ɒrətɪ] prednost, prioriteta

**prism** ['prɪzəm] prizma

**prison** ['prɪzn] ječa, zapor, jetnišnica

**prisoner** ['prɪznə(r)] jetnik, zapornik, interniranec; **~ of conscience** kdor je zaprt zaradi ugovora vesti; **~ of state** politični zapornik; **~ of war** vojni ujetnik

**privacy** ['prɪvəsɪ] zasebnost, mir (domá); osama; zadržanost

**private** ['praɪvɪt] zaseben, oseben, zaupen, skriven; navaden vojak; **~ eye** privatni detektiv; **~ parts** spolni organi; **in ~** zasebno, zaupno

**privation** [praɪ'veɪʃn] pomanjkanje (življenjskih potrebščin); izguba, odvzem

**privet** ['prɪvɪt] liguster, kostenika

**privilege** ['prɪvəlɪdž] ugodnost, prednost, posebna pravica; dati posebno pravico

**privy** ['prɪvɪ] zaseben, skrit; poučen o čem; **~ council** (Br) državni svet; **~ purse** (Br) denar za vladarjeve osebne potrebe

**prize** [praɪz] nagrada, dobitek, premija; ceniti, spoštovati

**prize-fighting** ['praɪz faɪtɪŋ] profesionalni boks

**probability** [ˌprɒbə'bɪlətɪ] verjetnost, možnost

**probable** ['prɒbəbl] verjeten, možen

**probably** ['prɒbəblɪ] verjetno, bržkone, najbrž

**probation** [prə'beɪʃn] poskus, preizkusna doba; pogojni odpust; **to put on ~** pogojno izpustiti; **~ officer** varuh pogojno izpuščenega kaznjenca; **~er** stažist, nameščenec na preizkusu; pogojno izpuščeni kaznjenec

**probe** [prəʊb] sondirati, preiskovati, raziskovati; (med) sonda; **space** ~ raziskovalna vesoljska ladja brez posadke

**problem** ['prɒbləm] problem, težava, težka naloga, sporna zadeva

**problematic** [ˌprɒblə'mætɪk] sporen, nejasen, problematičen

**procedure** [prə'si:dʒə(r)] postopek, obravnavanje, procedura

**proceed** [prə'si:d, prəʊ'si:d] nadaljevati (pot, govor); nadaljevati se; lotiti se; **to ~ against** začeti sodni postopek; **to ~ from** izvirati

**proceeding** [prə'si:dɪŋ] procedura, postopek, ravnanje; *(pl)* zapisnik, spisi; **legal ~s** pravni postopek

**proceeds** ['prəʊsi:dz] *(pl)* dohodek, donos

**process** ['prəʊses] proces, postopek, potek; **to be in the ~ of** razvijati se, teči; [prə'ses] obdelovati, predelovati (industrija), začeti postopek; *(comp)* obdelovati (podatke)

**procession** [prə'seʃn] sprevod, procesija

**proclaim** [prə'kleɪm] razglasiti, napovedati

**proclamation** [ˌprɒklə'meɪʃn] (slovesen) razglas, oznanilo, proklamacija

**procrastinate** [prəʊ'kræstɪneɪt] zavlačevati, odlašati, obotavljati se

**procurator** ['prɒkjʊəreɪtə(r)] prokurator, pooblaščenec, zastopnik

**procure** [prə'kjʊə(r)] nabaviti, preskrbeti

**prod** [prɒd] spodbuditi; zbosti, zbadati

**prodigal** ['prɒdɪgl] potraten, razsipen; ~ **son** izgubljeni sin

**prodigious** [prə'dɪdʒəs] velikanski; čudovit

**prodigy** ['prɒdɪdʒɪ] čudo narave; čudežen; **child** ~ čudežni otrok

**produce** [prə'dju:s] proizvajati, izdelovati, pridelovati, delati, ustvarjati; predložiti (dokaze); izvleči (iz žepa); pokazati (vstopnico); uprizoriti (igro); ['prɒdju:s] pridelki (zlasti kmetijski)

**producer** [prə'dju:sə(r)] filmski producent; proizvajalec; **direct** ~ neposredni proizvajalec; ~**s' goods** stroji in surovine

**product** ['prɒdʌkt] produkt, proizvod, izdelek, pridelek; rezultat, dosežek, zmnožek; **gross (net) national** ~ bruto (čisti) nacionalni produkt

**production** [prə'dʌkʃn] proizvodnja, ustvarjanje, produkcija, uprizoritev, pridobivanje (zlata); **basic means of** ~ osnovna proizvajalna sredstva; **commodity (social)** ~ blagovna (družbena) proizvodnja; ~ **line** tekoči trak (delo)

**productive** [prə'dʌktɪv] ploden, delaven, produktiven, ustvarjalen, donosen

**productivity** [ˌprɒdʌk'tɪvətɪ] produktivnost, ustvarjalnost; delovna storilnost

**profane** [prə'feɪn] posveten,

navaden, vsakdanji; nespodoben, bogokleten

**profess** [prə'fes] javno izpovedati, izjaviti; trditi, zatrjevati

**profession** [prə'fešn] poklic, stan, stroka

**professional** [prə'fešənl] profesionalen, poklicen, strokoven; profesionalec, strokovnjak

**professor** [prə'fesə(r)] profesor (univerzitetni); **assistant** ~ docent; **associate (full)** ~ izredni (redni) profesor

**proffer** ['prɒfə(r)] ponuditi, predlagati; ponudba, predlog

**proficiency** [prə'fišnsɪ] spretnost, sposobnost, strokovno znanje, veščina

**proficient** [prə'fišnt] spreten, sposoben, vešč

**profile** ['prəʊfaɪl] profil, obris, prečni prerez; kratka biografija; profilirati, pisati kratko biografijo o kom (čem), risati v prerezu

**profit** ['prɒfɪt] dobiček, presežek, korist; imeti dobiček, korist; izkoriščati kaj; ~ **and loss account** obračun; ~ **margin** marža

**profitable** ['prɒfɪtəbl] donosen, koristen, rentabilen

**profiteer** [,prɒfɪ'tɪə(r)] dobičkar; odirati

**profligate** ['prɒflɪgət] razuzdan, razvraten, izprijen, pokvarjen; razsipen

**profound** [prə'faʊnd] globokoumen, globok; nedoumljiv

**profuse** [prə'fju:s] bujen, obilen; radodaren, razsipen

**progenitor** [prəʊ'dženɪtə(r)] praoče, prednik; duhovni oče česa

**progeny** ['prɒdžənɪ] potomstvo, otroci; sad, produkt

**prognosticate** [prɒg'nɒstɪkeɪt] napovedati, predvideti

**program** ['prəʊgræm] *(comp)* program; programirati; ~ **counter** programski (ukazni) števec; ~ **design language** jezik za snovanje programov; ~ **listing** izpis programa; **sub~ unit** podprogram

**programme**, *(Am)* **program** ['prəʊgræm] program, plan, načrt, spored; programirati, predvideti vnaprej, uvrstiti v program

**programmer** ['prəʊgræmə(r)] programer

**progress** ['prəʊgres] napredek, potek; **in** ~ razvijajoč se, v razvoju (dogodkov); **to make** ~ napredovati; **social** ~ družbeni napredek; [prə'gres] napredovati, razvijati se

**progressive** [prə'gresɪv] naraščajoč, stopnjujoč; napreden

**prohibit** [prə'hɪbɪt] prepovedati, preprečiti

**prohibition** [,prəʊhɪ'bɪšn] prepoved, prohibicija

**prohibitive** [prə'hɪbətɪv] prepoveden; previsok (cena); ~ **tax** zaščitni davek

**project** ['prɒdžekt] projekt, načrt, osnutek; [prə'džekt] projektirati, snovati, načrtovati; projicirati (luč, sliko); štrleti

**projection** [prə'džekšn] projekcija (filma, slike); štrlenje, izboklina, izbočenost (skale); načrt, osnutek; **~ room** operaterska kabina (kino); **~ist** kinooperater, TV operater

**projector** [prə'džektə(r)] načrtovalec, projektant; projektor

**proletarian** [.prəʊli'teəriən] proletarski; proletarec, proletarka; **~ dictatorship** diktatura proletariata; **~ revolution** proletarska revolucija

**proletariat(e)** [.prəʊli'teəriət] delavski razred, proletariat

**prolific** [prə'lifik] ploden, rodoviten, bujen

**prolix** ['prəʊliks, 'prəliks] dolgovezen

**prologue** ['prəʊlɒg] predgovor, uvod

**prolong** [prəlɒŋ] podaljšati

**promenade** [.prɒmə'nɑːd] sprehod, sprehajališče, promenada; sprehajati se

**prominence** ['prɒminəns] zelo pomemben, ugleden človek; prominenca, odličnost; štrlina, vidno mesto

**prominent** ['prɒminənt] zelo pomemben, ugleden; viden, štrleč, izrazit

**promise** ['prɒmis] obljubiti, obetati, vzbujati upanje; obljuba, obet; **to make a ~** obljubiti

**promising** ['prɒmisiŋ] nadobuden, obetajoč

**promontory** ['prɒməntri] štrlina (v morje), rtič; predgorje

**promote** [prə'məʊt] povišati; pomagati; pospeševati; predstaviti v javnosti, delati reklamo; **to be ~ed** napredovati

**promoter** [prə'məʊtə(r)] sponzor, kdor pospešuje (dogajanje, delovanje), utemeljitelj, osnovatelj

**promotion** [prə'məʊšn] napredovanje, pospeševanje; reklama

**prompt** [prɒmpt] suflirati, prišepetavati, spodbosti; takojšen, hiter, točen; takoj, nemudoma

**prompter** ['prɒmptə(r)] šepetalec, sufler; spodbudnik

**promulgate** ['prɒmlgeit] razglasiti, oznaniti

**prone** [prəʊn] nagnjen, povešen; na trebuhu ležeč

**pronoun** ['prəʊnaʊn] *(gram)* zaimek

**pronounce** [prə'naʊns] izgovoriti, izgovarjati; izjaviti (se za); razglasiti (sodbo)

**pronounced** [prə'naʊnst] jasen, izrazit

**pronunciation** [prə.nʌnsi'eišən] izgovarjava

**proof** [pruːf] dokaz, dejstvo; utemeljitev; krtačni odtis; **~-reader** korektor; **to ~-read** opravljati korekture; **earthquake-~** potresno varen; **water~** neprepusten, nepremočljiv

**prop** [prɒp] podpreti, podpirati; opornik, opora, nosilec; *(pl)* gledališki rekviziti

**propagate** ['prɒpəgeɪt] propagirati, načrtno razširjati; javno opozarjati; razmnožiti, razploditi

**propel** [prə'pel] gnati, poganjati

**propeller** [prə'pelə(r)] propeler, elisa, vijak; ~ shaft zgibna, kardanska gred

**propensity** [prə'pensətı] nagnjenje

**proper** ['prɒpə(r)] pravi, primeren; spodoben; lasten; ~ name (ali noun) lastno ime

**properly** ['prɒpəlı] temeljito, pravilno, zadovoljivo; dostojno, pošteno

**property** ['prɒpətı] lastnina, posest; lastnost; (pl) rekviziti; ~ relations lastninski odnosi; real ~ nepremičnine; private ~ privatna lastnina

**prophecy** ['prɒfəsı] prerokba

**prophesy** ['prɒfəsaɪ] prerokovati

**prophet** ['prɒfɪt] prerok, videc; ~ic preroški

**propitiate** [prə'pıšıeıt] pomiriti, spraviti

**propitious** [prə'pıšəs] naklonjen, dobrotljiv; ugoden

**proponent** [prə'pəʊnənt] predlagatelj; zagovornik

**proportion** [prə'pɔ:šn] proporcija, sorazmerje, razmerje, skladnost; sorazmeren (del, delež); proporcionirati, uskladiti; in ~ to v skladu s čim

**proportionate** [prə'pɔ:šənət] sorazmeren, skladen

**proposal** [prə'pəʊzl] predlog, ponudba; snubitev

**propose** [prə'pəʊz] predlagati, nameravati; nazdraviti; snubiti

**proposition** [ˌprɒpə'zıšn] predlog, ponudba, trditev; predlagati (dekletu spolni odnos)

**propound** [prə'paʊnd] predlagati

**proprietor** [prə'praɪətə(r)] lastnik, posestnik

**propriety** [prə'praɪətı] spodobnost; prikladnost

**propulsion** [prə'pʌlšn] pogon, pogonska moč

**prosaic** [prə'zeıık] vsakdanji, navaden; plehek, pust

**prose** [prəʊz] proza, pripovedništvo; vsakdanjost, navadnost; vsakdanji, navaden, plehek, pust

**prosecute** ['prɒsıkju:t] kazenskopravno preganjati, tožiti

**prosecution** [ˌprɒsı'kju:šn] kazenskopravni pregon, obtožba; public ~ javno tožilstvo

**prosecutor** ['prɒsıkju:tə(r)] tožilec, tožitelj; public ~ državni tožilec

**prospect** ['prɒspekt] upanje, pričakovanje, obet; [prə'spekt] raziskati pokrajino, poskusno izkopavati, iskati (rudo)

**prospective** [prə'spektıv] perspektiven, predviden

**prospectus** [prə'spektəs] prospekt; reklami, obvestilu namenjen list; brošura

**prosper** ['prɒspə(r)] uspevati, razvijati se

**prosperity** [prɒ'sperəti] razvoj, razcvet, blaginja
**prosperous** ['prɒspərəs] uspešen, bogat, cvetoč
**prostitute** ['prɒstɪtju:t] vlačuga, pocestnica; prostituirati se, prodajati se, odpovedati se načelom zaradi koristi
**prostitution** [ˌprɒstɪ'tju:šn] prostitucija; onečaščenje
**prostrate** ['prɒstreɪt] na tleh ležeč; onemogel, nemočen; vreči se na tla
**protect** [prə'tekt] varovati, ščititi; braniti, zaščititi
**protection** [prə'tekšn] varstvo, zaščita; pokroviteljstvo
**protective** [prə'tektɪv] zaščiten, varovalen
**protector** [prə'tektə(r)] zaščitnik, pokrovitelj, patron
**protectorate** [prə'tektərət] protektorat
**protein** ['prəʊti:n] beljakovina
**protest** ['prəʊtest] protest, izraženo nezadovoljstvo, ugovor; **under ~** proti svoji volji; [prə'test] protestirati, javno izjavljati nezadovoljstvo, nasprotovanje
**Protestant** ['prɒtɪstənt] protestant
**protestation** [ˌprɒtə'steɪšn] zagotavljanje; izjavljanje
**protract** [prə'trækt] podaljšati, zavleči; risati, načrtovati
**protractor** [prə'træktə(r)] kotomer
**protrude** [prə'tru:d] moleti, štrleti

**protuberance** [prə'tju:bərəns] štrlina, izbočenost, oteklina, izrastek
**proud** [praʊd] ponosen, samozavesten, ošaben
**prove** [pru:v] dokazati, potrditi, izkazati se, pokazati; vzhajati (testo)
**proven** ['pru:vn] dokazan; preizkušen; ~ **lie** očitna laž; *glej* PROVE
**provenance** [prɒvənəns] izvor, rod, poreklo
**provender** ['prɒvɪndə(r)] krma, klaja
**proverb** ['prɒvɜ:b] pregovor, rek; **to be a ~** biti obče znan
**proverbial** [prɒ'vɜ:bɪəl] pregovoren, obče znan
**provide** [prə'vaɪd] preskrbeti, oskrbeti se (si), zagotoviti; **to ~ against** zavarovati se pred; **to ~ for** skrbeti za
**provided** [prə'vaɪdɪd] preskrbljen; pod pogojem, če
**providence** ['prɒvɪdəns] previdnost, skrb
**providential** [ˌprɒvɪ'denšl] po božji previdnosti, dobrotljiv (usoda)
**providing** [prə'vaɪdɪŋ] pod pogojem da, če
**province** ['prɒvɪns] provinca, podeželje; področje; torišče; stroka
**provincial** [prə'vɪnšl] provincialen, podeželski; štorast (ozek, omejen) človek
**provision** [prə'vɪžn] nabava, preskrba; predpis, klavzula, pogoj; *(pl)* živež, zaloga živil; **to make ~ for** pripraviti vse potrebno za kaj

**provisional** [prə'vɪžənl] za-časen, provizoren

**proviso** [prə'vaɪzəʊ] pogoj, pridržek, klavzula

**provisory** [prə'vaɪzərɪ] zača-sen, provizoričen

**provocation** [ˌprɒvə'keɪšn] izzivanje; provokacija; huj-skanje

**provocative** [prə'vɒkətɪv] iz-zivalen, hujskaški; dražilo

**provoke** [prə'vəʊk] izzi-vati, hujskati, razdražiti; povzročiti

**provoking** [prə'vəʊkɪŋ] izzi-valen, dražeč

**prow** [praʊ] ladijski kljun

**prowess** ['praʊɪs] hrabrost, junaštvo; izredno znanje

**prowl** [praʊl] plaziti se; sti-kati za plenom, prežati; ~ car policijski patrolni avto

**proximity** [prɒk'sɪmətɪ] so-sedstvo, neposredna bližina

**proxy** ['prɒksɪ] namestnik, pooblaščenec, zastopnik; pooblastilo

**prude** [pru:d] pretirano sra-mežljiv, kreposten

**prudence** ['pru:dns] opre-znost; preudarnost, razso-dnost; obzirnost; razumnost

**prudent** ['pru:dnt] oprezen; preudaren, razsoden; ob-ziren

**prune** [pru:n] suha sliva; ob-rezati (drevje, grmičevje)

**pry** [praɪ] poizvedovati, opre-zovati; radovednež; to ~ into something vtikati nos v kaj

**psalm** [sɑ:m] hvalospev, psalm

**pseudonym** ['sju:dənɪm] iz-mišljeno ime, psevdonim

**psychiatrist** [saɪ'kaɪətrɪst] psihiater

**psychic(al)** ['saɪkɪkl] telepat-ski, jasnoviden; psihičen, duševen

**psychoanalysis** [ˌsaɪkəʊə-'næləsɪs] psihoanaliza

**psychology** [saɪ'kɒlədžɪ] psihologija

**psychopath** ['saɪkəʊpæθ] duševni bolnik, psihopat

**pub** [pʌb] pivnica, krčma; ~ crawl krokanje, popivanje (v več lokalih zapovrstjo)

**puberty** ['pju:bətɪ] doba spol-nega dozorevanja, puberteta

**public** ['pʌblɪk] publika, ob-činstvo, javnost; javen, in ~ javno; to make ~ obja-viti, razglasiti; ~ address system sistem razglasnih naprav (mikrofon, ojačeva-lec, zvočnik); ~ convenience javno stranišče; ~ figure po-membna osebnost; ~ house (Br) pivnica, krčma; ~ opi-nion javno mnenje; ~ re-lations stik z javnostjo; ~ school (Br) zasebna šola z in-ternatom; ~ servant državni uradnik; ~ services državna (javna) služba; ~ utility ko-munalna usluga

**publican** ['pʌblɪkən] (Br) kr-čmar, lastnik pivnice

**publication** [ˌpʌblɪ'keɪšn] pu-blikacija, tiskano delo, ob-java

**publicity** [pʌb'lɪsətɪ] publici-teta, reklama, objavljanje; ~ agent reklamni agent

**publish** ['pʌblɪš] objaviti, priobčiti

**publisher** ['pʌblɪšə(r)] založnik, izdajatelj

**publishing** ['pʌblɪšɪŋ] objava, tiskanje, naklada; ~ **house** založba

**puck** [pʌk] puck, gumijasta ploščica (hokej)

**pudding** ['pʊdɪŋ] puding, kipnik; (Br) poobedek; **black** ~ krvavica; ~ **head** butec

**puddle** ['pʌdl] luža, mlaka; zmešnjava

**pudent** ['pju:dənt] skromen, plah

**puff** [pʌf] puhati, kaditi (se), sopihati, zasopsti se; izpuh (dima), pihljaj; **to be ~ed up** biti nadut; **to ~ out** napihniti (lica), upihniti (svečo); **to ~ up** oteči

**puffy** ['pʌfɪ] napihnjen, nabuhel, nadut

**pugilist** ['pju:džɪlɪst] poklicni boksar

**pugnacious** [pʌg'neɪšəs] prepirljiv, napadalen, nasilen

**puke** [pju:k] bruhati; *It makes me ~.* Sili me na bruhanje.

**pull** [pʊl] vleči, potegniti; izvleči; pritegniti; **to ~ apart** razdvojiti, spraviti narazen (pretepača); **to ~ away** odpeljati; **to ~ down** podreti (hišo), spustiti (zaveso); **to ~ in** ustaviti se, pripeljati (vlak na postajo); **to ~ off** odtrgati, hitro sleči, uspešno opraviti; **to ~ on** hitro obleči, iti, veslati naprej; **to ~ out** izvleči, odpeljati (vlak), umakniti se (pogodba); **to ~ over** zapeljati ob kraj ceste; **to ~ through** preboleti, srečno prestati; **to ~ together** sodelovati, složno delati; **to ~ oneself together** zbrati, pomiriti se; **to ~ up** dvigniti (zastavo, zavese); ustaviti (vozilo); primakniti (stol); zadržati koga; **to ~ someone's leg** potegniti koga za nos; **~-in** (Br) počivališče ob cesti; **~-out** zložljiv list (v knjigi)

**pulley** ['pʊlɪ] škripec

**pullover** ['pʊl.əʊvə(r)] pulover

**pulmonary** ['pʌlmənərɪ] pljučen

**pulp** [pʌlp] pulpa; mehka kašnata snov; sadno meso; papirna kaša; cenen senzacionalni tisk; zdrobiti, zmehčati v kašo

**pulpit** ['pʊlpɪt] prižnica

**pulsate** [pʌl'seɪt] utripati, bíti, drhteti

**pulse** [pʌls] pulz, utrip; (pl) stročnice; utripati, bíti

**pulver|ize**, ~**ise** ['pʌlvəraɪz] zdrobiti v prah

**pumice** ['pʌmɪs] plovec; gladiti s plovcem

**pummel** ['pʌml] tepsti s pestmi

**pump** [pʌmp] črpalka, (zračna) tlačilka; (pl) platneni čevlji z gumijastimi podplati; črpati, polniti (z zračno tlačilko); izprašati koga, iztisniti informacije iz koga

**pumpkin** ['pʌmpkɪn] buča

**pun** [pʌn] besedna igra; igrati se z besedami

**punch** [pʌnč] udariti s pestjo; preluknjati, štancati, puncirati; udarec s pestjo; luknjač, šilo; punč (pijača); ~**bag** (ali ~**ing bag**) hruška za vajo v boksu; ~~-**drunk** omamljen od udarca po glavi (boks)

**punctual** ['pʌŋkčʊəl] točen, pravočasen

**punctuality** [,pʌŋkčʊ'ælətɪ] točnost

**punctuate** ['pʌŋkčʊeɪt] postavljati ločila; prekinjati govor

**punctuation** [,pʌŋkčʊ'eɪšn] postavljanje ločil; prekinjanje govora z medklici; ~ **mark** ločilo

**puncture** ['pʌŋkčə(r)] luknjica, defekt, prebod; prebosti

**pundit** ['pʌndɪt] učenjak

**pungent** ['pʌndžənt] jedek, oster, zbadljiv

**punish** ['pʌnɪš] kaznovati; grobo ravnati

**punishment** ['pʌnɪšmənt] kazen; surovo ravnanje; **capital** ~ smrtna kazen

**punnet** ['pʌnɪt] košarica za jagode, maline

**punt** [pʌnt] plitek čoln, brod; z drogom potiskati čoln

**puny** [pju:nɪ] droben, slaboten

**pup** [pʌp] psiček, mladiček

**pupa** ['pju:pə] buba, zapredek

**pupil** ['pju:pl] učenec, učenka, dijak(inja); zenica

**puppet** ['pʌpɪt] marioneta (viseča lutka); (ročna) lutka; ~ **government** marionetna vlada; ~ **show** lutkovna igra

**puppy** ['pʌpɪ] kužek; ~ **love** petošolska ljubezen

**purchase** ['pɜːčəs] nakup, kupčija; kupiti; ~ **tax** prometni davek

**purchaser** ['pɜːčəsə(r)] kupec, nakupovalec

**pure** [pjʊə(r)] čist; zdrav; neomadeževan; popoln; teoretičen (znanost)

**purebred** ['pjʊəbred] čistokrven

**purgatory** ['pɜːgətrɪ] vice

**purge** [pɜːdž] očistiti; napraviti politično čisto; odvajati; oprati krivde; čistka; odvajalo

**purify** ['pjʊərɪfaɪ] čistiti, rafinirati

**puritan** ['pjʊərɪtən] puritanski; puritanec

**purity** ['pjʊərətɪ] čistost; nedolžnost; čednost

**purl** [pɜːl] leva petlja; plesti leve petlje

**purloin** [pɜː'lɔɪn, 'pɜːlɔɪn] izmakniti, izposoditi si (brez dovoljenja); napraviti plagiat

**purple** ['pɜːpl] vijoličasto rdeč, škrlaten

**purport** ['pɜːpət] vsebovati, kazati na kaj, pomeniti

**purpose** ['pɜːpəs] namen, cilj, smoter; **on** ~ namenoma; **to no** ~ zaman; **to serve a** ~ biti uporaben za; uporabljati se za

**purposeful** ['pɜːpəsfl] odločen, nameren; važen

**purposeless** ['pɜːpəslɪs] nesmiseln, brezciljen; nenameren

**purposely** ['pɜːpəslı] namerno, namenoma, hote

**purr** [pɜː(r)] presti (mačka); gosti od zadovoljstva; brneti (motor)

**purse** [pɜːs] mošnja, denarnica, ročna torbica; denar; dati v mošnjo; našobiti usta; public ~ državna blagajna

**purser** ['pɜːsə(r)] ekonom, ladijski blagajnik

**pursue** [pə'sjuː] zasledovati, preganjati; prizadevati si; opravljati poklic

**pursuit** [pə'sjuːt] zasledovanje, iskanje (lov); prizadevanje, težnja; (pl) opravki, dela

**purveyor** [pə'veɪə(r)] dobavitelj, nabavljač

**pus** [pʌs] gnoj (rana); sokrvica

**push** [pʊš] pritisniti, potisniti, poriniti; siliti; delati reklamo za kaj; prizadevati si; to ~ drugs ilegalno (pre)prodajati mamila; to give somebody the ~ odpustiti koga iz službe; prekiniti stike s kom; to ~ ahead napredovati (pri delu); to ~ around povzročati nevšečnosti, delati sitnosti; to ~ in vriniti (se); to ~ off pobrati jo, zgubiti se; to ~ on iti dalje, pohiteti z delom; to ~ over prekucniti, prevrniti; to ~ through prerniti se, prodreti; to ~ up (down) zvišati (znižati) cene; ~ bike kolo, bicikel; ~-button gumb (npr. pri električnem zvoncu); ~cart (Am) samokolnica, ročni voziček, ciza;

~chair (Br) otroški voziček (športni); ~over lahko premagljiv nasprotnik, slabič; kar ni težko storiti ali dobiti

**pushing** ['pʊšıŋ] podjeten; energičen; komolčarski

**pussy** ['pʊsı] mucka; mačica (vrbova); ~ cat muca; ~foot potuhnjenec, potuhniti se; ~-willow raznobarvna vrba

**put** [pʊt] položiti, postaviti, dati kam; poslati (v šolo); vtakniti (v ječo); izraziti z besedami; vprašati; oceniti; naložiti; to ~ across (ali over) pojasniti kaj; to be ~ out biti vznemirjen, jezen; to ~ aside odložiti (delo); prihraniti (denar); to ~ away pospraviti, dati na svoje mesto, spraviti koga s poti; to ~ by prihraniti, dati na stran; to ~ down zapisati, napisati, zatreti (upor), ponižati, zavezati komu jezik; to ~ one's foot down odločno nastopiti; to ~ in vložiti (prošnjo, čas, delo); to ~ off odložiti (sestanek), odpraviti koga, odvrniti koga od česa; to ~ on obleči; postaviti na oder; odpreti (plin); prižgati (radio); staviti na; prisiljeno se vesti; vleči koga za nos; to ~ on weight zrediti se; to ~ out objaviti, izdati, proglasiti, pogasiti (ogenj), ugasniti (luč), zapreti (plin); to ~ through zvezati (telefonsko); to ~ together sestaviti (dele), organizirati; to ~ up postaviti (šotor, zid), razpeti (dežnik); nalepiti (plakat);

nuditi (odpor); plačati; zvišati (ceno); uprizoriti (igro); **to ~ somebody up** prenočiti koga, vzeti pod streho; **to ~ up with** sprijazniti se s čim, prenašati, potrpeti

**putrefy** ['pju:trɪfaɪ] gniti, trohneti

**putrid** ['pju:trɪd] gnil; pokvarjen

**putt** [pʌt] udarec, zamah (golf); **~ing green** okolica jamice na igrišču (golf)

**putty** ['pʌtɪ] kit, zamaz; kitati

**puzzle** ['pʌzl] uganka, težek problem; zmesti, zbegati, osupiti; **to ~ over some-**

**thing** beliti si glavo s čim; **to ~ out** razvozlati, rešiti (problem); **crossword ~** križanka; **jigsaw ~** sestavljanka (igra)

**puzzling** ['pʌzlɪŋ] zapleten, težko rešljiv

**pygmy** ['pɪgmɪ] pritlikavec; pritlikav

**pyjamas** [pə'dʒɑːməz], *(Am)* **pajamas** [pə'dʒæməz] pižama

**pyramid** ['pɪrəmɪd] piramida

**pyre** ['paɪə(r)] grmada

**pyrosis** [paɪ'rəʊsɪs] zgaga

**python** ['paɪθn] udav; vrač, čarovnik

# Q

**quack** [kwæk] kvakanje; kvakati; mazaški, šušmarski; mazač, šušmar, šarlatan

**quadrangle** [ˈkwɒdræŋgl] četverokotnik; četverokotno notranje dvorišče

**quadruped** [ˈkwɒdrʊped] štirinožen; štirinožec

**quadruple** [ˈkwɒdrʊpl] četveren, štirikraten, štiričetrtinski (takt); početveriti

**quadruplet** [ˈkwɒdruːplet] četverica; četverček

**quaff** [kwɒf] lokati, izpiti na dušek

**quagmire** [kwæɡmaɪə(r)] močvirje, barje; stiska

**quail** [kweɪl] prepelica; drhteti, trepetati, bati se

**quaint** [kweɪnt] mikaven, privlačen; nenavaden, starinski

**quake** [kweɪk] drgetati, trepetati

**Quaker** [ˈkweɪkə(r)] kveker

**qualification** [ˌkwɒlɪfɪˈkeɪšn] kvalifikacija, usposobljenost, sposobnost; klasifikacija

**qualified** [ˈkwɒlɪfaɪd] kvalificiran, usposobljen, izučen, sposoben; **in a ~ sense** v omejenem smislu, pogojno; **~ approval** pogojno soglasje

**qualify** [ˈkwɒlɪfaɪ] kvalificirati (se), usposobiti (se); priti

v višje tekmovanje; izpolnjevati (pravne) pogoje; omiliti, ublažiti (pripombo)

**quality** [ˈkwɒlətɪ] kakovost, kvaliteta; lastnost, svojstvo

**qualm** [kwɑːm] pomislek, dvom

**quandary** [ˈkwɒndərɪ] zadrega, dvom, negotovost

**quantify** [ˈkwɒntɪfaɪ] kvantificirati, prikazati istovrstne pojave s števili

**quantity** [ˈkwɒntətɪ] količina, množina, kvantiteta

**quantum** [ˈkwɒntəm] količina, množina; kvant; **~ leap** (*ali* **jump**) velika sprememba; napredek, porast

**quarantine** [ˈkwɒrəntiːn] karantena, osamitev; dati v karanteno, izolirati

**quarrel** [ˈkwɒrəl] spor, prepir, razprtija; **to make up a ~** pomiriti se; **to pick a ~ with** zanetiti prepir; prepirati se, spreti se; **to ~ with one's bread and butter** pljuvati v lastno skledo

**quarrelsome** [ˈkwɒrəlsəm] prepirljiv

**quarry** [ˈkwɒrɪ] kamnolom, plen; lomiti kamen; iskati po knjigah

**quart** [kwɔːt] četrt galone (1,14 l); kvarta

**quarter** ['kwɔːtə(r)] četrtina, četrt; četrtletje; mestna četrt, predel, kraj; družbeni krog; lunin krajec; stran neba; *(Am)* novec za 25 centov; bivališče, stanovanje (zlasti vojaško); **~-finals** četrtfinale; **~master** oficir, ki vodi oskrbovanje vojaških enot, intendant

**quarterly** ['kwɔːtəlɪ] četrtleten, kvartalen; četrtletnik (revija)

**quartet** [kwɔː'tet] kvartet

**quartz** [kwɔːts] kremenjak

**quash** [kwɒš] razveljaviti (sodbo, odredbo)

**quasi** ['kweɪzaɪ, 'kweɪsaɪ] navidezen, neresničen; kakor da

**quatrefoil** ['kætrəfɔɪl] štiriperesen

**quaver** ['kweɪvə(r)] tremolo, osminka (note); tresti se, trepetati, tremolirati

**quay** [kiː] nabrežje, pristan

**queasy** ['kwiːzɪ] občutljiv (želodec); izbirčen; *I feel ~. Slabo mi je.*

**queen** [kwiːn] kraljica; dama (šahovska figura, igralna karta); **~ bee** matica (pri čebelah); **~ mother** mati vladajoče kraljice

**queer** [kwɪə(r)] čuden, nenavaden, svojevrsten; homoseksualec

**quell** [kwel] udušiti, pomiriti

**quench** [kwenč] pogasiti (žejo); potlačiti (čustva)

**querulous** ['kwerʊləs] godrnjav, siten

**query** ['kwɪərɪ] vprašanje,

povpraševanje, dvom; vprašati (se), dvomiti

**quest** [kwest] iskanje; iskati

**question** ['kwesčən] vprašanje; sporno vprašanje, problem, dvom, negotovost; spraševati, zasliševati, dvomiti; **to ask a ~** postaviti vprašanje; **to call something into ~** spodbijati, dvomiti o čem; **beyond ~** nedvomno; **out of the ~** nemogoče, ne pride v poštev; **~ mark** vprašaj; **~-master** vodja kviza

**questionable** ['kwesčənəbl] dvomljiv, problematičen, sporen

**questioner** ['kwesčənə(r)] vpraševalec, zasliševalec

**questionnaire** [ˌkwesčə-'neə(r)] anketa, vprašalnik

**queue** [kjuː] vrsta (čakajočih); **to ~ up** postaviti se v vrsto

**quibble** ['kwɪbl] izmikati se; sprevračati besede

**quick** [kwɪk] hiter, nagel, uren, isker; **~-tempered** vzkipljiv; **~ witted** odrezav, iznajdljiv; **~ly** hitro; **~ie** na hitro narejena stvar

**quicken** ['kwɪkən] pospešiti, spodbuditi; poživiti

**quicklime** ['kwɪklaɪm] živo apno

**quicksand** ['kwɪksænd] živi pesek; zahrbtnost

**quicksilver** ['kwɪksɪlvə(r)] živo srebro

**quid** [kwɪd] *(Br) (coll)* funt šterling

**quiescent** [kwaɪ'esnt, kwɪ'esnt] miren

**quiet** ['kwaɪət] miren, tih, spokojen; mir, tišina; pomiriti (se), miriti; **to keep ~** biti miren, molčati

**quill** [kwɪl] pero (iz repa ali peruti); gosje pero (za pisanje); (ježeva) bodica

**quilt** [kwɪlt] prešita odeja; vatirati, prešiti (odejo)

**quince** [kwɪns] kutina

**quinine** [kwɪ'ni:n] kinin

**quintessence** [kwɪn'tesns] bistvo, jedro

**quintet** [kwɪn'tet] kvintet

**quintuplet** [kwɪntju:plet] peterček

**quip** [kwɪp] zbadljivka; zbadati z besedami

**quirk** [kwɜ:k] čudna navada, dejanje; nenavadno naključje

**quisling** ['kwɪzlɪŋ] izdajalec, kvisling

**quit** [kwɪt] opustiti, odreči se; oditi; prenehati

**quite** [kwaɪt] popolnoma; resnično, zares; precej; **~ a few** veliko, mnogo; **~ a hero** pravi junak; *Q~ so.* Res je., Strinjam se.

**quits** [kwɪts] kvit, bot, na čistem; *We are ~ now.* Zdaj sva si bot.

**quiver** ['kwɪvə(r)] drget, trepet; tul za puščice; drhteti, trepetati

**quixotic** [kwɪk'sɒtɪk] donkihotski, zanesenjaški

**quiz** [kwɪz] kviz, preskus znanja; postavljati vprašanja, spraševati; **~master** vodja kviza

**quizzical** ['kwɪzɪkl] zbadljiv, šaljiv; čudaški

**quoit** [kɔɪt] gumén krog za metanje; *(pl)* metanje guménega kroga (igra); metati gumén krog

**quota** ['kwəʊtə] kvota, količina, delež; **to fill the ~** doseči normo

**quotation** [kwəʊ'teɪʃn] navedek, citat; **~ mark** narekovaj

**quote** [kwəʊt] citirati, (dobesedno) navesti; dati v narekovaj

**quotidian** [kwəʊ'tɪdɪən] vsakdanji, navaden

**quotient** ['kwəʊʃnt] količnik, kvocient

# R

**rabbi** ['ræbaɪ] rabin

**rabbit** ['ræbɪt] kunec (domači ali divji); **Welsh ~** topljen sir na praženem kruhu

**rabble** ['ræbl] sodrga, drhal, svojat; **~-rouser** hujskač, demagog

**rabid** ['ræbɪd] besen, razjarjen, fanatičen; ugriznjen od steklega psa

**rabies** ['reɪbiːz] steklina

**race** [reɪs] tekma, dirka; rasa, rod, pleme; tekmovati, meriti se s kom; hiteti, dohiteti, drveti; **~track** dirkalna steza, proga; **~course** dirkališče

**racial** ['reɪʃl] plemenski, rasen

**racist** ['reɪsɪst] rasist

**rack** [ræk] polica, mreža za prtljago (v vlaku); stojalo, obešalnik; **to be ~ed with pain** biti izmučen od bolečine; **to ~ one's brains** beliti, razbijati si glavo

**racket** ['rækɪt] hrušč, direndaj, veselost, razuzdano veseljačenje, pijančevanje; goljufija, gangsterstvo; (*tudi* **racquet**) lopar, reket

**racketeer** [ˌrækə'tɪə(r)] izsiljevalec, verižnik

**rackety** ['rækɪtɪ] razuzdan, hrupen

**rac(c)oon** [rə'kuːn] rakun

**racy** ['reɪsɪ] živahen, zabaven; pikanten (šala)

**radar** ['reɪdɑː(r)] radar; **~ trap** radarska kontrola (na cesti)

**radial** ['reɪdɪəl] radialen, žarkast

**radiance** ['reɪdɪəns] bleščanje, žarenje

**radiant** ['reɪdɪənt] bleščeč, žareč

**radiate** ['reɪdɪeɪt] žareti, izžarevati, sevati

**radiation** [ˌreɪdɪ'eɪʃn] izžarevanje, sevanje, radiacija; **~ sickness** radiacijska bolezen

**radiator** ['reɪdɪeɪtə(r)] radiator, grelec; hladilnik (pri motorju z notranjim izgorevanjem)

**radical** ['rædɪkl] radikalec; korenit, temeljit, popoln

**radio** ['reɪdɪəʊ] radio; javiti po radiu

**radioactivity** [ˌreɪdɪəʊæk'tɪvətɪ] radioaktivnost

**radiogram** ['reɪdɪəʊgræm] radiotelegram, brezžična brzojavka

**radiograph** ['reɪdɪəʊgrɑːf] slikanje z rentgenom; rentgenski posnetek; **~er** rentgenski tehnik

**radish** ['rædɪʃ] redkev; **horse ~** hren

**radium** ['reɪdɪəm] radij
**radi|us** ['reɪdɪəs], (pl ~i) polmer; območje
**raffle** ['ræfl] tombola, loterija, žrebanje
**raft** [rɑːft] splav; splavariti
**rafter** ['rɑːftə(r)] špirovec, škarnik (tram); splavar
**rag** [ræg] krpa, cunja, capa; ničvredni časopis; ~-and-bone man cunjar; ~ doll punčka iz cunj
**ragamuffin** ['rægəmʌfɪn] capin, razcapanec
**rage** [reɪdʒ] bes, jeza; manija; moda; besneti, divjati
**ragged** ['rægɪd] razcapan, raztrgan; neraven, nazobčan
**ragtag** ['rægtæg] drhal, sodrga
**ragtime** ['rægtaɪm] sinkopirana glasba, sinkopirani jazz
**raid** [reɪd] vpad, rop, racija, napad; napasti, opleniti
**raider** ['reɪdə(r)] napadalec, plenilec; udeleženec racije
**rail** [reɪl] ograja, rešetka; drog; tračnica, tirnica; ograditi; položiti tračnice; poslati (blago) po železnici; potovati z vlakom
**railing** ['reɪlɪŋ] ograja, plot
**rail|way** ['reɪlweɪ], (Am) ~road ['reɪlrəʊd] železniška proga, železnica; ~wayman železničar; ~way pass prosta železniška vozovnica; ~way station železniška postaja
**raiment** ['reɪmənt] oblačila
**rain** [reɪn] dež; (pl) deževje; deževati, obsuti; to ~ off odpovedati, prekiniti špor-

tno prireditev; ~ check vstopnica za nadomestno prireditev; ~drop deževna kaplja; ~fall množina dežja, padavine; ~water deževnica; ~y deževen
**rainbow** ['reɪnbəʊ] mavrica
**raincoat** ['reɪnkəʊt] dežni plašč
**rainforest** ['reɪnfɒrɪst] vlažen tropski gozd
**rainworm** ['reɪnwɜːm] deževnik
**raise** [reɪz] dvigniti, povečati, izboljšati; povišati (plačo); pobirati, zbirati (prispevke, denar); zbuditi (čustvo); vzgajati, vzrediti; gojiti, rediti; postaviti (spomenik, vprašanje)
**raisin** ['reɪzn] rozina
**rake** [reɪk] grablje, grebljica; razuzdanec; grabiti, brskati; ~-off provizija, neupravičen dobiček pri kupčiji
**rally** ['rælɪ] množično zborovanje, miting, športno tekmovanje (navadno avtomobilsko) v posebnih razmerah; pridružiti (se); zbrati nove moči; to ~ round zbrati (se) okoli
**ram** [ræm] oven, jarec; zabijač; zabijati, natlačiti, butniti
**ramble** ['ræmbl] (dolg) sprehod; pohajkovati; blebetati; ~r sprehajalec brez cilja, popotnik (pešec)
**ramp** [ræmp] nagnjena površina (za lažji dostop), klančnica
**rampage** [ræm'peɪdʒ] besneti, divjati; ['ræmpeɪdʒ]

besnost, divjanje; **to go on the ~** razsajati, besneti, divjati

**rampant** ['ræmpənt] ki se naglo širi, hitro rastoč

**rampart** ['ræmpɑ:t] okop, branik

**ramshackle** ['ræmšækl] majav

**ran** [ræn] *glej* RUN*

**ranch** [rɑ:nč] veliko živinorejsko posestvo, ranč

**rancid** ['rænsɪd] žaltav, žarek

**rancour**, *(Am)* **rancor** ['ræŋkə(r)] zamera, jeza

**random** ['rændəm] **at ~** na slepo srečo, tjavdan, brez cilja; **~ access memory (RAM)** *(comp)* bralno-pisalni pomnilnik; **~ numbers** naključna števila

**rang** [ræŋ] *glej* RING*

**range** [reɪndž] domet, območje delovanja; vrsta, serija; lestvica; *(comp)* zaloga vrednosti; imeti domet, segati, razvrstiti (se), stati, ležati (v vrsti); **~ of mountains** pogorje, gorska veriga; **rifle** *(ali* **firing)** **~** strelišče; **~finder** daljinomer; **at close ~** iz neposredne bližine, od blizu; **out of ~** iz dosega; **within ~** na dosegu

**ranger** ['reɪndžə(r)] logar, gozdar

**rank** [ræŋk] čin; mesto, položaj koga, ugled; stopnja, vrsta; razvrstiti po mestu, položaju, ugledu; zoprn; nespodoben; oduren, smrdljiv; **the ~s** navadni vojaki; **the ~ and file** preprosti, navadni

ljudje; **to pull ~** izkoriščati svoj položaj

**rankle** ['ræŋkl] povzročiti slabo voljo, zamero

**ransack** ['rænsæk] pregledati, prebrskati

**ransom** ['rænsəm] odkupnina; zahtevati odkupnino, odkupiti

**rap** [ræp] udarjati, krcati (po čem); kratek, lahen udarec; **to ~ out** blekniti, izreči; **to let someone take the ~** zvaliti krivdo na koga; **a ~ over the knuckles** opomin, graja

**rapacious** [rə'peɪšəs] grabežljiv, roparski, lakomen

**rapacity** [rə'pæsətɪ] lakomnost, pohlep

**rape** [reɪp] posiliti, storiti silo, oskruniti; posilstvo

**rapid** ['ræpɪd] hiter, deroč; *(pl)* brzice

**rapport** [ræ'pɔ:(r)] razmerje, zveza, stik

**rapt** [ræpt] prevzet, očaran, zatopljen

**rapture** ['ræpčə(r)] očaranost, prevzetost, ekstaza, zamaknjenost

**rapturous** ['ræpčərəs] prevzet, očaran

**rare** [reə(r)] redek, izjemen; *(Am)* premalo pečen, še krvav

**rarely** ['reərlɪ] redkokdaj

**rarity** ['reərətɪ] redkost

**rascal** ['rɑ:skl] lopov, malopridnež, podlež

**rash** [ræš] nagel, prenagljen, lahkomiseln; izpuščaj

**rasher** ['ræšə(r)] tanka rezina slanine ali gnjati

**rasp** [rɑːsp] (o)strgati, zgladiti, piliti; vreščati, praskati (violina); rašpa, ribežen, pila

**raspberry** ['rɑːzbrɪ] malina; ~ **juice** malinovec

**rat** [ræt] podgana; odpadnik, stavkokaz; **to smell a ~** slutiti, da se pripravlja nekaj neprijetnega

**rate** [reɪt] stopnja, razmerje; (povprečna) hitrost; pristojbina, lokalni, občinski davek; oceniti, šteti (koga) za, uvrstiti (v razred, kategorijo), prištevati se; **at any ~** vsekakor

**rateable** ['reɪtəbl] obdavčljiv

**ratepayer** ['reɪtpeɪə(r)] davkoplačevalec, davčni zavezanec

**rather** ['rɑːðə(r)] precej, rajši, raje; *I would ~* ... Rajši bi ...; **grey ~ than white** prej siv kot bel

**ratify** ['rætɪfaɪ] potrditi, priznati

**ratio** ['reɪšɪəʊ] razmerje

**ration** ['ræšn] določena ali dovoljena količina; *(pl)* (dnevni) obrok hrane; racionirati, enakomerno razdeliti, omejiti porabo

**rational** ['ræšnəl] razumski, premišljen

**rationale** [,ræšə'nɑːl] osnovno načelo, logična osnova

**rational|ize, ~ise** ['ræšnəlaɪz] napraviti kaj razumno; gospodarno urediti, ravnati; poenostaviti, racionalizirati

**rattle** ['rætl] rožljati, ropotati, prestrašiti, vznemiriti; ropotulja, raglja; **to ~ off** oddr-

drati, odlajnati; **to ~ on** blebetati; **to ~ through** opraviti kaj na hitro roko

**rattlesnake** ['rætlsneɪk] klopotača (kača)

**raucous** ['rɔːkəs] hripav

**ravage** ['rævɪdž] pustošiti, pleniti, razdejati; razdejanje

**rave** [reɪv] zaneseno, zavzeto govoriti o; blesti, fantazirati; razsajati, besneti

**ravel** ['rævl] zaplesti, zamotati se; **to ~ out** razplesti, razmotati

**raven** ['reɪvn] krokar; ~ **hair** vranje črni lasje

**ravenous** ['rævənəs] požrešen; lačen kot volk

**ravine** [rə'viːn] globel, grapa, tesen

**raving** ['reɪvɪŋ] blodnje, delirij; ki se mu blede, pobesnel; **a ~ beauty** nenavadna lepota

**ravish** ['rævɪš] očarati, navdušiti

**raw** [rɔː] surov, presen, čist; odrt; vnet, boleč (rana); neizkušen, nezrel; mrzel, vlažen, oster (podnebje); ~ **deal** kruto, krivično dejanje; **~hide** neustrojena koža; ~ **material** surovina; **~-boned** mršav, koščen

**ray** [reɪ] žarek; raža (riba); sevati, metati žarke

**rayon** ['reɪɒn] umetna svila

**raze** ['reɪz] do tal porušiti

**razor** ['reɪzə(r)] britev; odrezati; ~ **blade** britvica; **electric ~** električni brivnik

**razzle** ['ræzl] **to go on the ~** popivati, krokati

**reach** [ri:č] seči, segati (do), doseči; dospeti, priti; dočakati (starost); izprožiti (roko); **out of** (*ali* **beyond**) ~ zunaj dosega; **within** ~ blizu, dosegljiv

**react** [rɪ'ækt] reagirati, odzvati se; nasprotovati

**reaction** [rɪ'ækšn] odziv, odpor, reakcija, nazadnjaštvo

**reactionary** [rɪ'ækšənrɪ] nazadnjaški; nazadnjak, reakcionar

**reactive** [rɪ'æktɪv] nasprotno delujoč, reaktiven; odziven

**read*** [ri:d] brati, prebrati; študirati; glasiti se; razumeti; **to** ~ **off** odčitati; **to** ~ **out** glasno brati

**reader** ['ri:də(r)] bralec; univerzitetni predavatelj; korektor, lektor; čitanka

**readily** ['redɪlɪ] rad, brez oklevanja, hitro

**reading** ['ri:dɪŋ] branje, čtivo; predavanje; korektura; ~ **lamp** namizna svetilka; ~ **room** čitalnica

**readjust** [,ri:ə'dʒʌst] prilagoditi (se); popraviti, spraviti v red

**ready** ['redɪ] voljan, gotov, pripravljen; **to get** (*ali* **to make**) ~ pripraviti (se); ~ **cash** gotovina; ~-**made** narejen, gotov, konfekcijski

**real** [rɪəl] resničen, pravi, pristen, nepremičninski; ~ **estate** (*ali* **property**) nepremičnine

**realignment** [,ri:ə'laɪnmənt] preusmerjenost, preorientacija

**real|ism** ['rɪəlɪzm] realizem; ~**ist** realist; ~**istic** realističen

**reality** [rɪ'ælətɪ] resničnost, stvarnost; **in** ~ v resnici, dejansko

**real|ize, ~ise** ['rɪəlaɪz] uresničiti, izpeljati, uveljaviti, doseči; spoznati, uvideti

**really** ['rɪəlɪ] resnično, zares

**realm** [relm] kraljestvo, domena, področje

**reap** [ri:p] kositi, žeti, požeti, pobrati

**reaper** ['ri:pə(r)] žanjec, žanjica; kosilnica

**reappear** [,rɪə'pɪə(r)] spet se pojaviti

**rear** [rɪə(r)] zadnja stran, zadnji del; zaledje; zadnjica; vzpenjati se (konj); vzgajati (otroka), gojiti (rastline), rediti (živali); **at** (**in**) **the** ~ **of** zadaj, za; ~**guard** zadnja četa, zaščitnica; ~-**view mirror** vzvratno ogledalo

**rearm** [,ri:'ɑ:m] ponovno se oborožiti

**rearrange** [,ri:ə'reɪndʒ] preurediti, predrugačiti

**reason** ['ri:zn] vzrok, povod, motiv; razum, um, razsodnost; razglabljati, modrovati, razpravljati; **to listen to** ~ poslušati nasvet, priti k pameti; **by** ~ **of** zaradi

**reasonable** ['ri:znəbl] pameten, razumen; sprejemljiv, zmeren

**reasoning** ['ri:znɪŋ] razmišljanje, razglabljanje; razlaganje, dokazovanje

**reassure** [,ri:ə'šɔ:(r)] pomiriti koga; ponovno zagotavljati

**rebate** ['ri:beɪt] popust, rabat; povračilo, povrnitev

**rebel** ['rebl] uporniški; upornik, puntar; [rɪ'bel] upreti se

**rebellion** [rɪ'belɪən] upor, vstaja, punt

**rebellious** [rɪ'belɪəs] uporniški, neposlušen

**rebirth** [ˌriː'bɜːθ] preporod, prerod

**rebound** [rɪ'baʊnd] odskočiti, odbiti se; zgrešiti; ['ri:baʊnd] odboj, odskok; **on the ~** po udarcu, razočaranju

**rebuff** [rɪ'bʌf] zavrniti, odkloniti

**rebuke** [rɪ'bju:k] ošteti, grajati, ukoriti; graja

**rebut** [rɪ'bʌt] zavrniti, spodbiti

**recalcitrant** [rɪ'kælsɪtrənt] uporen, trmast; upornež, trmoglavec

**recall** [rɪ'kɔːl] spomniti (se); nazaj poklicati, odpoklicati; zopet oživiti čustva

**recapitulate** [ˌri:kə'pɪʧʊleɪt] ponoviti bistveno, povzeti

**recede** [rɪ'si:d] oddaljiti se, umakniti se; upadati, nazadovati; redčiti se (lasje)

**receipt** [rɪ'si:t] potrdilo (o prejemu), priznanica; prejem; *(pl)* prejemki, dohodki

**receive** [rɪ'si:v] prejeti, dobiti, sprejeti

**receiver** [rɪ'si:və(r)] prejemnik; sprejemnik; (telefonska) slušalka

**recent** ['ri:snt] nedaven, svež, nov, novejši

**recently** ['ri:sntlɪ] nedavno, zadnje čase

**receptacle** [rɪ'septəkl] posoda, kontejner

**reception** [rɪ'sepʃn] recepcija; sprejem (prireditev); prevzem; dojemanje; **~ist** receptor (v hotelu, ordinaciji); **~ class** prvi razred (osnovna šola); **~ room** sprejemnica

**receptive** [rɪ'septɪv] sprejemljiv, dovzeten

**recess** [rɪ'ses] nazadovanje, upadanje gospodarske dejavnosti; prekinitev dela, zasedanja; počitnice; niša, alkova

**recession** [rɪ'seʃn] upadanje, gospodarsko nazadovanje

**recharge** [ˌri:'ʧɑ:dž] ponovno polniti (akumulator)

**recipe** ['resəpɪ] (kuharski) recept; **~ for** sredstvo za

**recipient** [rɪ'sɪpɪənt] dobitnik, obdarovanec; dovzeten, sprejemljiv

**reciprocal** [rɪ'sɪprəkl] vzajemen, medsebojen, obojestranski, recipročen

**reciprocity** [ˌresɪ'prɒsətɪ] vzajemnost, medsebojnost, recipročnost

**recital** [rɪ'saɪtl] pripoved, glasbeni nastop

**recite** [rɪ'saɪt] deklamirati, recitirati; naštevati

**reckless** ['reklɪs] lahkomiseln, predrzen, nebrižen

**reckon** ['rekən] misliti, domnevati, presoditi; (iz)računati; **to ~ on** računati s čim, zanesti se na koga, kaj; **to ~ with facts** računati z dejstvi, z dejanskim stanjem

**reclaim** [rɪ'kleɪm] reklamirati,

zahtevati nazaj; krčiti, izsušiti, napraviti primerno za obdelovanje

**reclamation** [ˌreklə'meɪšn] reklamacija, pritožba; krčenje, osuševanje (zemlje); ponovna uporaba odpadnih snovi

**recline** [rɪ'klaɪn] nasloniti (se), sloneti

**recluse** [rɪ'klu:s] puščavnik, samotar

**recogn|ize**, **~ise** ['rekəgnaɪz] spoznati, prepoznati; ceniti (koga), priznati (kaj); **~ition** prepoznanje, identificiranje; priznanje

**recoil** [rɪ'kɔɪl] odskočiti, trzniti od strahu, zgroziti se

**recollect** [ˌrekə'lekt] spomniti (se)

**recollection** [ˌrekə'lekšn] spomin(janje)

**recommend** [ˌrekə'mend] priporočiti, svetovati

**recommendation** [ˌrekəmen-'deɪšn] priporočilo

**recompense** ['rekəmpens] nagraditi, poplačati, nadomestiti; nagrada, povračilo

**reconcile** ['rekənsaɪl] pobotati (se); izgladiti (prepir, spor); **to ~ oneself** sprijazniti se

**reconciliation** [ˌrekənˌsɪlɪ'eɪšən] pomiritev, sprava

**reconnaissance** [rɪ'kɒnɪsns] poizvedovanje, izvidništvo

**reconsider** [ˌri:kən'sɪdə(r)] znova premisliti, pretehtati

**reconstruct** [ri:kən'strʌkt] obnoviti, prenoviti, preurediti; nanovo zgraditi

**reconstruction** [ˌri:kən-'strʌkšn] prezidava, obnova, saniranje, preoblikovanje; reforma

**record** [rɪ'kɔ:d] zapisati, registrirati; snemati; ['rekɔ:d] zapis, zapisnik; karakteristika; rekord; gramofonska plošča; *(pl)* arhiv, anali; rekorden; **~ player** gramofon; **to break a ~** potolči rekord; **off the ~** zaupno, ne za objavo; **on ~** zapisano, dokazano

**recorder** [rɪ'kɔ:də(r)] arhivar, registrator; vrsta angleške flavte; **tape ~** magnetofon

**recording** [rɪ'kɔ:dɪŋ] snemanje; posnetek

**recount** [ˌri:'kaʊnt] pripovedovati; ['ri:kaʊnt] ponovno šteti (volilne glasove)

**recourse** [rɪ'kɔ:s] zatočišče, pribežališče; **to have ~ to** zateči se k

**recover** [rɪ'kʌvə(r)] ozdraveti, opomoči si; nazaj dobiti, nadomestiti

**recovery** [rɪ'kʌvərɪ] okrevanje, ponovna oživitev (gospodarstvo), povračilo

**recreation** [ˌrekrɪ'eɪšn] oddih, razvedrilo, počitek, rekreacija

**recrimination** [rɪˌkrɪmɪ'neɪšn] obdolžitev, protiočitek, medsebojno obtoževanje

**recruit** [rɪ'kru:t] nabornik, vojaški novinec, rekrut, novi član; novačiti, nabirati, pridobivati nove člane (somišljenike)

**rectangle** ['rektæŋgl] pravokotnik

**rectangular** [rek'tæŋgjʊlə(r)] pravokoten

**rectify** ['rektɪfaɪ] popraviti, izravnati, destilirati, preusmeriti (izmenični tok)

**rectitude** ['rektɪtjuːd] korektnost, poštenje, resnicoljubnost

**rector** ['rektə(r)] rektor; župnik, pastor

**rectory** ['rektərɪ] župnišče, župnija

**recuperate** [rɪ'kjuːpəreɪt] opomoči si, okrevati, okrepiti se, nazaj pridobiti (moči, zdravje)

**recur** [rɪ'kɜː(r)] ponavljati se, vračati se v misli, priti na um; ~ring decimal periodična decimalka

**recurrence** [rɪ'kʌrəns] vračanje, ponavljanje

**recycle** [ˌriː'saɪkl] ponovno predelati (rabljen papir, steklenice itd.)

**red** [red] rdeč, krvav; rdečkar, komunist; *(pl)* Indijanci, rdečekožci; **to be caught ~-handed** biti zasačen pri dejanju; **to be in the ~** prekoračiti bančni račun; **to see ~** pobesneti; **R~ Cross** Rdeči križ; **~ ensign** zastava britanske trgovske mornarice; **~ eye** rdečerepka (riba); **~ herring** finta, kar odvrača pozornost; **~-letter day** praznik, srečen dan; **~ light** preteča nevarnost; **~ tape** birokracija; **~-blooded** vitalen, ognjevit; **~-hot** razbeljen

**redbreast** ['redbrest] *(zool)* taščica

**redcurrant** ['red.kʌrənt] rdeči ribez

**reddish** ['redɪš] rdečkast

**redeem** [rɪ'diːm] popraviti, omiliti, nadomestiti; nazaj kupiti, odkupiti; izpolniti, držati (obljubo); ~er rešitelj, odrešenik, zveličar

**redemption** [rɪ'dempšn] odrešitev, zveličanje; odplačilo (dolga), izpolnitev (obljube); amortizacija; ~ **fund** amortizacijski sklad

**redistribution** [ˌriː.dɪstɪ-'bjuːšn] prerazdelitev; ~ **of land** komasacija, združitev zemljišč

**redouble** [ˌriː'dʌbl] podvojiti

**redress** [rɪ'dres] popraviti krivico, nadoknaditi škodo, nadomestiti, izravnati, uravnovesiti; nadomestilo, odškodnina, kompenzacija

**redskin** ['redskɪn] rdečekožec, Indijanec

**reduce** [rɪ'djuːs] (z)reducirati, zmanjšati, omejiti, odvzeti; ponižati koga; **to ~ something to order** spraviti kaj v red, urediti; **to be ~d to begging** biti prisiljen beračiti; **to be ~d to tears** biti ganjen do solz

**reduction** [rɪ'dʌkšn] znižanje, skrčenje, redukcija

**redundant** [rɪ'dʌndənt] odvečen, nadštevilen, nepotreben; ~ **workers** odvečna delovna sila

**reed** [riːd] trst(je), bičevje

**reef** [riːf] čer, greben, plitvina, zlata žila (kremenčeva plast, v kateri so zlata zrna)

**reek** [ri:k] izparina, dim, zadušljiv zrak; kaditi se, smrdeti

**reel** [ri:l] tuljava, vretence, kolut; vrsta hitrega škotskega plesa; naviti, namotati, vrteti se; **fly** ~ muharsko kolesce; **quick** ~ multikolesce; **spinning** ~ stacionarno kolesce (ribiško); **news** ~ filmski tednik; **to** ~ **in a fish** izvleči ribo z namotavanjem vrvice; **to** ~ **off** odmotati; gladko povedati, naštети

**reelect** [ˌri:ɪ'lekt] ponovno izvoliti, zopet izbrati

**refectory** [rɪ'fektrɪ] jedilnica (zlasti v samostanu)

**refer** [rɪ'fɜ:(r)] sklicevati se, nanašati se; napotiti k, na; obrniti se na; omeniti

**referee** [ˌrefə'ri:] razsodnik, sodnik (pri tekmi)

**reference** ['refərəns] sklicevanje, namigovanje, napotek, sporočilo; priporočilo, referenca; **with** ~ **to** glede na; **without** ~ **to** ne glede na; **to make** ~ **to** mimogrede omeniti; ~ **book** priročnik; ~ **library** priročna knjižnica

**refill** [ˌri:'fɪl] ponovno (na)polniti; ['ri:fɪl] novo polnjenje, rezervni vložek, baterija

**refine** [rɪ'faɪn] rafinirati, čistiti, prečiščevati

**refinery** [rɪ'faɪnərɪ] rafinerija

**refit** ['ri:fɪt] popraviti, znova usposobiti

**reflate** [ˌri:'fleɪt] znova povečati obtok denarja

**reflect** [rɪ'flekt] odbijati (se), odsevati, zrcaliti se, odražati (se); premišljevati

**reflection** [rɪ'flekšn] refleks, odsev, odraz, odboj; razglabljanje, misel; **on** ~ po premisleku

**reflex** ['ri:fleks] refleks, odsev, odraz

**reflexive** [rɪ'fleksɪv] povraten; ~ **pronoun** (gram) povratni zaimek

**reforest** [ˌri:'forɪst] vnovič pogozditi

**reform** [rɪ'fɔ:m] reforma, sprememba, izboljšanje; spremeniti, izboljšati

**reformation** [ˌrefə'meɪšn] reformacija

**reformer** [rɪ'fɔ:mə(r)] reformator

**reformist** [rɪ'fɔ:mɪst] kdor se zavzema za reformo česa

**refractory** [rɪ'fræktərɪ] neposlušen, trdovraten, uporen; ~ **wound** rana, ki se noče zaceliti

**refrain** [rɪ'freɪn] refren; brzdati (se), krotiti (se), zadrževati

**refresh** [rɪ'freš] osvežiti, poživiti, okrepčati (se)

**refresher** [rɪ'frešə(r)] okrepčilo, hladna pijača, prigrizek; ~ **course** tečaj, na katerem si udeleženci osvežijo in utrdijo znanje

**refreshment** [rɪ'frešmənt] okrepčilo; (pl) hrana ali pijača, ki osveži oz. okrepča; ~ **room** okrepčevalnica

**refrigerate** [rɪ'frɪdžəreɪt] ohladiti na nizko temperaturo

**refrigerator** [rɪ'frɪdʒəreɪtə(r)] hladilnik

**refuge** ['refju:dʒ] pribežališče, zatočišče, azil

**refugee** [.refjo'dʒi] begunec

**refund** [rɪ'fʌnd] vrniti denar, refundirati; ['ri:fʌnd] povračilo, povrnitev preveč plačane dajatve

**refusal** [rɪ'fju:zl] odklonitev, zavrnitev

**refuse** [rɪ'fju:z] odkloniti, zavrniti; ['refju:s] odpadek, izvržek, škart; odpaden

**refute** [rɪ'fju:t] spodbiti, ovreči

**regain** [rɪ'geɪn] znova pridobiti; **to ~ conscience** spet priti k zavesti

**regal** ['ri:gl] kraljevski

**regard** [rɪ'gɑ:d] imeti za; čislati, spoštovati; zadevati (kaj), nanašati se na; **with ~ to** glede na; **in this ~** v tem pogledu, glede tega; *Kind ~s to your sister.* Lepo pozdravite svojo sestro.

**regardless** [rɪ'gɑ:dlɪs] brezobziren; ne glede na

**regenerate** [rɪ'dʒenəreɪt] regenerirati, obnoviti, poživiti

**regent** ['ri:dʒənt] regent, vladarjev namestnik

**regime** [reɪ'ži:m, 'reži:m] režim, vladajoči sistem, politična ureditev

**regiment** ['redžɪmənt] regiment, polk; veliko število, truma

**region** ['rɪdžən] regija, območje, področje; predel, del telesne površine; **underdeveloped** ~ nerazvito področje

**regional** ['rɪdžənl] pokrajinski, krajeven, področen, regionalen

**register** ['redžɪstə(r)] register, (uradni) seznam, zapisnik; obseg (glasu); registrirati, zabeležiti; vpisati se, prijaviti se; na kratko opisati, poročati; priporočiti (pismo); oddati (prtljago na železnici); pokazati (čustva); civilno se poročiti; **electoral** ~ volilni imenik; **land** ~ zemljiška knjiga; ~ (*ali* **to registry**) **office** (*Br*) matični urad

**registrar** [.redžɪ'strɑ:(r)] matičar, arhivar, protokolist

**registration** [.redžɪ'streɪšn] vpis, vknjižba; priporočitev (pošiljke); ~ **fee** vpisnina; ~ **form** prijavnica; ~ **number** številka registracije; ~ **plate** registrska tablica vozila

**registry** ['redžɪstrɪ] vpis, registracija; ~ **office** matični, prijavni urad

**regress** [rɪ'gres] nazadovati, vračati se; nazadovanje, potovanje nazaj

**regret** [rɪ'gret] kesati se, obžalovati; kes, obžalovanje, žalost

**regrettable** [rɪ'gretəbl] obžalovanja vreden

**regular** ['regjolə(r)] pravilen, navaden, reden, enakomeren, ustaljen; stalen (odjemalec); zakonit

**regularity** [.regjo'lærətɪ] pravilnost, navadnost, rednost, ustaljenost

**regulate** ['regjoleɪt] regulirati, uravnavati, urejati

**regulation** [ˌregjʊˈleɪšn] predpis, določilo, uredba, pravilo; **book of ~s** pravilnik
**regurgitate** [rɪˈgɜːdžɪteɪt] izbljuvati (hrano); spahovati se
**rehabilitate** [ˌriːəˈbɪlɪteɪt] rehabilitirati; ponovno usposobiti
**rehash** [ˌriːˈhæš] ponavljati, pogrevati (stare dogodke, ideje); [ˈriːhæš] pogrevanje, ponavljanje
**rehearsal** [rɪˈhɜːsl] skušnja v gledališču; **dress ~** generalka
**rehearse** [rɪˈhɜːs] imeti gledališko skušnjo, vaditi; ponoviti
**rehouse** [ˌriːˈhaʊz] dati komu novo stanovanje
**reign** [reɪn] vladati, voditi, prevladovati; vlada(nje), doba vladanja
**reimburse** [ˌriːɪmˈbɜːs] povrniti stroške, odškodovati, refundirati
**rein** [reɪn] vajet, uzda, povodec; **to give a free ~ to** dati veliko svobode komu; **to keep a tight ~ on** imeti koga krepko na vajetih, brzdati
**reindeer** [ˈreɪndɪə(r)] severni jelen
**reinforce** [ˌriːɪnˈfɔːs] okrepiti, podkrepiti, utrditi; **~d concrete** armirani beton
**reinforcement** [ˌriːɪnˈfɔːsmənt] utrditev, okrepitev
**reiterate** [riːˈɪtəreɪt] nenehno ponavljati
**reject** [rɪˈdžekt] zavrniti, odbiti, odkloniti, zavreči, ne odobriti; [ˈriːdžekt] izvržen artikel, izmeček
**rejoice** [rɪˈdžɔɪs] veseliti, razveseliti (se)
**rejoin** [rɪˈdžɔɪn] hitro, odrezavo govoriti; [ˌriːˈdžɔɪn] zopet priti k, zopet se pridružiti
**rejoinder** [rɪˈdžɔɪndə(r)] odrezav odgovor
**rejuvenate** [rɪˈdžuːvəneɪt] pomladiti (se)
**relapse** [rɪˈlæps] znova pasti v staro stanje; recidiva
**relate** [rɪˈleɪt] poročati; nanašati se na, biti v zvezi s/z, biti soroden
**relation** [rɪˈleɪšn] zveza, odnos, razmerje; sorodnik; sorodnost; **in ~ to** glede, v zvezi s/z; **international (social) ~s** mednarodni (družbeni) odnosi; **public ~s** stik z javnostjo
**relationship** [rɪˈleɪšnšɪp] sorodnost, sorodstvo; razmerje, zveza, odnos
**relative** [ˈrelətɪv] sorodnik; ki se tiče koga (česa); relativen, sorazmeren; oziralen; **~ pronoun** (gram) oziralni zaimek
**relativity** [ˌreləˈtɪvəti] relativnost, vzročnost, odvisnost
**relax** [rɪˈlæks] sprostiti (se), pomiriti se, odpočiti se; popustiti, ublažiti
**relaxation** [ˌriːlækˈseɪšn] sprostitev, razvedrilo, počitek; popuščanje (strogosti)
**relay** [ˈriːleɪ, rɪˈleɪ] posredovati, prenašati (poročilo) prek druge postaje; zamenjati, izmenjati; [ˈriːleɪ] rele;

prenašanje (poročil); štafeta;
~ **race** štafetni tek; ~ **station**
relejna postaja
**release** [rɪ'liːs] izpustiti,
osvoboditi; odvezati obve-
znosti, izbrisati (dolg); po-
pustiti (sklopko); odreči se;
dovoliti javno predvajanje
filma (objavo novic); spro-
žiti, izklopiti; mehanizem
za sprožitev, izklop (stroja);
**press** ~ (kratka) uradna iz-
java za tisk
**relent** [rɪ'lent] omehčati (se),
popustiti
**relentless** [rɪ'lentlɪs] nepopu-
stljiv, neizprosen
**relevance** ['relevəns] po-
membnost, bistvenost; od-
nos, zveza
**relevant** ['relevənt] pomem-
ben, bistven; ustrezen, ki
spada k stvari
**reliable** [rɪ'laɪəbl] zanesljiv,
vreden zaupanja; verodo-
stojen
**relic** ['relɪk] ostanek, relikvija,
svetinja
**relief** [rɪ'liːf] olajšanje, to-
lažba; podpora, pomoč;
relief
**relieve** [rɪ'liːv] (o)lajšati, ubla-
žiti, razbremeniti
**religion** [rɪ'lɪdžən] religija, ve-
roizpoved; opravljanje ver-
skih obredov
**religious** [rɪ'lɪdžəs] pobožen,
veren, religiozen
**relinquish** [rɪ'lɪŋkwɪš] zapu-
stiti; odstopiti; odreči se
**relish** ['relɪš] uživati, imeti
rad, s tekom jesti; prijeten
okus, užitek, draž; omaka

ali v kisu vložena zelenjava
kot priloga h glavni jedi
**reluctance** [rɪ'lʌktəns] nevo-
lja, odpor, nasprotovanje
**reluctant** [rɪ'lʌktənt] nena-
klonjen; nevoljen; ~**ly** nerad,
proti svoji volji
**rely** [rɪ'laɪ] **to** ~ **(up)on** zanesti
se, zanašati se, računati na
kaj
**remain** [rɪ'meɪn] ostati; *(pl)*
ostanki, pepel, truplo
**remainder** [rɪ'meɪndə(r)] os-
tanek
**remake** ['riːmeɪk] zopet na-
rediti, obnoviti, prenarediti;
[ˌriː'meɪk] na novo posnet
star film
**remand** [rɪ'mɑːnd] poslati
nazaj v zapor; odgoditev
do naslednje sodne raz-
prave; **on** ~ v preiskovalnem
zaporu
**remark** [rɪ'mɑːk] pripomniti,
opaziti; pripomba, opomba,
komentar
**remarkable** [rɪ'mɑːkəbl] izre-
den, nenavaden, znamenit
**remedial** [rɪ'miːdɪəl] zdravi-
len, popraven
**remedy** ['remədɪ] zdravilo;
ozdraviti, popraviti; **past** ~
neozdravljiv
**remember** [rɪ'membə(r)] spo-
mniti se, zapomniti si, iz-
ročiti pozdrave, pozdraviti;
*R*~ *me to your wife!* Pozdravi
svojo ženo!
**remembrance** [rɪ'membrəns]
spominjanje, spomin; **in** ~ **of**
v spomin na
**remind** [rɪ'maɪnd] spomniti
koga na kaj; spominjati na

**reminder** [rɪ'maɪndə(r)] (pismeni) opomin; oseba ali stvar, ki spomni

**reminiscence** [ˌremɪ'nɪsns] spomin

**remiss** [rɪ'mɪs] nemaren, brezbrižen, malomaren

**remission** [rɪ'mɪšn] začasno izboljšanje bolezni; odpuščanje (grehov); spregled (kazni, dolga)

**remit** [rɪ'mɪt] odpustiti, spregledati; nakazati denar

**remittance** [rɪ'mɪtns] denarna pošiljka, rimesa

**remnant** [remnənt] ostanek

**remonstrance** [rɪ'mɒnstrəns] očitek, opomin, svarilo, protest

**remonstrate** ['remənstreɪt] ugovarjati, protestirati, očitati

**remorse** [rɪ'mɔ:s] kes(anje), skesanost

**remorseful** [rɪ'mɔ:sfl] skesan, skrušen

**remorseless** [rɪ'mɔ:slɪs] neusmiljen, krut

**remote** [rɪ'məʊt] odročen, oddaljen, zakoten; daven; tuj; **~ control** daljinsko upravljanje

**removal** [rɪ'mu:vl] odstranitev; premestitev, selitev

**remove** [rɪ'mu:v] odstraniti, znebiti se; odpustiti, odstaviti; preseliti; **~r** odstranjevalec madežev

**remuneration** [rɪˌmju:nə'reɪšn] nagrada, plačilo, honorar

**renaissance** [rɪ'neɪsns] renesansa, prerod, razcvet

**rend\*** [rend] trgati (se), raztrgati (se), razpočiti (se)

**render** ['rendə(r)] vrniti; dati; napraviti; prevesti

**rendering** ['rendərɪŋ] izvedba, interpretacija

**renegade** ['renɪgeɪd] renegat, odpadnik, dezerter

**renew** [rɪ'nju:] obnoviti, znova začeti

**renewal** [rɪ'nju:əl] obnova, ponoven začetek; podaljšanje (pogodbe)

**renounce** [rɪ'naʊns] odpovedati se, odreči se, opustiti, preklicati

**renovate** ['renəveɪt] obnoviti, predelati, pomladiti

**renown** [rɪ'naʊn] sloves, ugled; **~ed** ugleden, slaven, slovit

**rent** [rent] najemnina, najem, zakup; razporek, reža; najeti, imeti v zakupu; **to ~ out** dati v najem; *glej* REND\*

**rental** ['rentl] najemnina, zakupnina; najemninski, zakupen, izposojevalen

**renunciation** [rɪˌnʌnsɪ'eɪšn] odpoved, odreka

**reorgan|ization**, **~isation** [ˌri:ˌɔ:gənaɪ'zeɪšn] reorganizacija, preureditev, sanacija

**reorgan|ize**, **~ise** [ˌri:'ɔ:gənaɪz] reorganizirati, preurediti, sanirati

**rep** [rep] rebrasta bombažna tkanina, rips

**repair** [rɪ'peə(r)] popraviti, obnoviti, nadomestiti; popravilo, popravljanje; **in good (bad) ~** v dobrem (slabem) stanju

**reparation** [ˌrepə'reɪšn] (vojna) odškodnina; popravilo

**repartee** [ˌrepɑː'tiː] odrezav odgovor

**repast** [rɪ'pɑːst] obrok hrane, obed

**repatriate** [riː'pætrɪeɪt] omogočiti, da se kdo vrne v domovino

**repay\*** [rɪ'peɪ] povrniti, poplačati, nagraditi; maščevati se

**repeal** [rɪ'piːl] preklic; preklicati

**repeat** [rɪ'piːt] ponoviti, ponavljati (se); ponovitev, ponavljanje

**repeatedly** [rɪ'piːtədlɪ] ponovno, spet in spet

**repel** [rɪ'pel] gnusiti se, gabiti se; zavrniti, odkloniti

**repellent** [rɪ'pelənt] odbijajoč, zoprn

**repent** [rɪpent] kesati se, obžalovati

**repentance** [rɪ'pentəns] kes, obžalovanje

**repentant** [rɪ'pentənt] skesan; spokornik

**repertoire** ['repətwɑː(r)] gledališka (glasbena) dela, ki se izvajajo v eni sezoni; vloge (skladbe), ki jih obvlada kak igralec (glasbenik)

**repertory** ['repətrɪ] spored; ~ theatre repertoarno (stalno) gledališče

**repetition** [ˌrepɪ'tɪšn] ponovitev, ponavljanje; kopija

**repine** [rɪ'paɪn] pritoževati se, godrnjati, biti nezadovoljen

**replace** [rɪ'pleɪs] nadomestiti, postaviti na staro mesto

**replenish** [rɪ'plenɪš] znova napolniti, dopolniti

**replete** [rɪ'pliːt] napolnjen, natlačen; prenasičen

**replica** ['replɪkə] kopija, dvojnik

**reply** [rɪ'plaɪ] odgovoriti; odgovor

**report** [rɪ'pɔːt] poročati, sporočiti, pripovedovati, prijaviti, javiti se, delati kot poročevalec (časopis); poročilo, pripoved, šolsko spričevalo; ~ed speech (gram) odvisni govor

**reporter** ['rɪ'pɔːtə(r)] reporter, poročevalec, novinar

**repose** [rɪ'pəʊz] počitek, mirovanje, odmor; mirovati, ležati, spati, odpočiti se

**repository** [rɪ'pɒzɪtrɪ] skladišče, shramba; počivališče

**reprehend** [ˌreprɪ'hend] grajati, karati

**reprehension** [ˌreprɪ'henšn] graja, ukor

**represent** [ˌreprɪ'zent] predstavljati, zastopati; igrati

**representation** [ˌreprɪzen'teɪšən] predstavljanje, zastopanje, nadomeščanje; predstavništvo, reprezentanca; prikaz, predstavitev; ugovor, očitek, pomislek, protest; to make ~s to resno očitati, uradno zahtevati

**representative** [ˌreprɪ'zentətɪv] predstavnik, zastopnik; primerek; (Am) poslanec; ~ bodies predstavniška telesa; the House of R~s predstavniški dom (spodnji dom ameriškega kongresa)

**repress** [rɪ'pres] potlačiti; zatreti

**repression** [rɪ'prešn] represija, uporaba prisilnih ukrepov; zatrtje, udušitev

**reprieve** [rɪ'pri:v] odgoditi izvršitev smrtne obsodbe; odgoditev, odložitev

**reprimand** ['reprɪmɑ:nd] ukor, graja; grajati

**reprint** [.ri:'prɪnt] ponatis, nova izdaja

**reprisal** [rɪ'praɪzl] protiukrep; represalija, nasilni ukrep

**reproach** [rɪ'prəʊč] očitek, graja; očitati, kritizirati; ponižanje, sramota

**reproachful** [rɪ'prəʊčfl] očitajoč, graje vreden, sramoten

**reproachless** [rɪ'prəʊčlɪs] neoporečen, brezhiben

**reprobate** ['reprəbeɪt] pokvarjen, izprijen; izprijenec, ničvrednež

**reprocess** [rɪ'prəʊses] ponovno predelati

**reproduce** [.ri:prə'dju:s] reproducirati, kopirati; razmnoževati se

**reproduction** [.ri:prə'dʌkšn] reprodukcija, posnetek, odtis, kopija; obnavljanje proizvodnje (prebivalstva)

**reproof** [rɪ'pru:f] graja, očitek

**reprove** [rɪ'pru:v] grajati, očitati

**reptile** ['reptaɪl] plazilec

**republic** [rɪ'pʌblɪk] republika

**republican** [rɪ'pʌblɪkən] republikanski; republikanec

**repudiate** [rɪ'pju:dɪeɪt] zavračati, odkloniti, spodbijati

**repugnance** [rɪ'pʌgnəns] odpor, mržnja

**repugnant** [rɪ'pʌgnənt] mrzek, antipatičen

**repulse** [rɪ'pʌls] odbiti, zavrniti

**repulsion** [rɪ'pʌlšn] odvratnost, stud, odpor; odboj

**repulsive** [rɪ'pʌlsɪv] oduren, priskuten, zoprn; odbojen

**reputable** ['repjʊtəbl] ugleden, spoštovan

**reputation** [.repjʊ'teɪšn] ugled, sloves, dobro ime

**repute** [rɪ'pju:t] imeti za, smatrati; sloves; **of ~** ugleden, na glasu, renomiran; **to be held in good (bad) ~** biti na dobrem (slabem) glasu

**reputedly** [rɪ'pju:tɪdlɪ] domnevno, verjetno, baje

**request** [rɪ'kwest] prošnja, zahteva, povpraševanje; prositi, povpraševati po, zahtevati; **at your ~** na vašo prošnjo; **~ stop** postajališče, na katerem avtobus ustavi samo na zahtevo potnikov

**require** [rɪ'kwaɪə(r)] zahtevati; potrebovati

**requirement** [rɪ'kwaɪəmənt] zahteva; potreba; pogoj

**requisite** ['rekwɪzɪt] rekvizit, pripomoček; potreben, nujen

**requisition** [.rekwɪ'zɪšn] rekvizicija, odvzem; rekvirirati, odvzeti

**requite** [rɪ'kwaɪt] povrniti; nagraditi; poplačati

**re-run** [.ri:'rʌn] zopet predvajati film; ['ri:rʌn] ponovno predvajanje filma

**rescind** [rɪ'sɪnd] preklicati, razveljaviti (sodbo, zakon); odstopiti od

**rescue** ['reskju:] rešiti, osvoboditi; reševanje, osvoboditev, rešitev, pomoč; **to go (to come) to ~** iti (priti) na pomoč; **~r** reševalec

**research** [rɪ'sɜːč], (Am) ['riː- sɜːč] raziskovati (znanstvenik); (znanstveno) raziskovanje; **~ exploration** preiskovalna raziskava; **~ procedure** raziskovalni postopek; **action (basic) ~** akcijska (osnovna) raziskava; **applied ~** uporabna, aplikativna raziskava; **large-scale ~** široko zasnovana raziskava; **small-scale ~** raziskava v manjšem obsegu; **opinion ~** tehnika raziskovanja mnenj (zlasti javnega mnenja); **pure ~** teoretična raziskava; **social ~** družbena raziskava; **survey ~** sistematsko raziskovanje na osnovi vzorca

**resemblance** [rɪ'zembləns] podobnost; **to bear ~** biti podoben

**resemble** [rɪ'zembl] biti podoben

**resent** [rɪ'zent] zameriti, biti užaljen, ogorčen

**resentment** [rɪ'zentmənt] ogorčenost, zamera, prikrita jeza

**reservation** [,rezə'veɪšn] rezervacija; zadržanost, pridržek; (Am) rezervat (indijanski); **to make a ~** rezervirati; **without ~** brez pridržka

**reserve** [rɪ'zɜːv] prihraniti, dati na stran, rezervirati kaj, nameniti; rezerva, zaloga; zadržanost; rezervni igralec; **to ~ the right** pridržati si pravico; **nature ~** naravni rezervat; **in ~** na zalogi, v pripravljenosti

**reservoir** ['rezəvwɑ:(r)] zbiralnik, rezervoar

**reshape** [rɪ'šeɪp] preoblikovati

**reside** [rɪ'zaɪd] stanovati, bivati

**residence** ['rezɪdəns] uradno prebivališče visokega državnega funkcionarja, rezidenca; stanovanje, (stalno) bivališče; **to take up ~** nastaniti se; **hall of ~** študentski dom (univerze)

**resident** ['rezɪdənt] stanujoč, stalno nameščen; prebivalec, rezident; domači zdravnik (v ustanovi)

**residential** [,rezɪ'denšl] bivalen, stanovanjski

**residue** ['rezɪdju:] ostanek

**resign** [rɪ'zaɪn] dati ostavko, odstopiti; odpovedati se, odreči se; resignirati, vdati se v usodo

**resignation** [,rezɪg'neɪšn] odpoved, ostavka, demisija; vdanost v usodo

**resilient** [rɪ'zɪlɪənt] elastičen, prožen; ki se ne da duševno potreti, ki hitro prihaja k sebi (po nesreči)

**resin** ['rezɪn] rastlinska smola

**resist** [rɪ'zɪst] upirati se, vzdržati se, odreči se

**resistance** [rɪ'zɪstəns] odpor,

odpornost; upor; **air** ~ zračni upor; **to offer** ~ upirati se

**resistant** [rɪ'zɪstənt] uporen; odporen, rezistenten

**resole** [rɪ'səʊl] podplatiti, templjati

**resoluble** ['rezəljʊbl] topljiv

**resolute** ['rezəluːt] odločen, nepopustljiv

**resolution** [ˌrezə'luːšn] resolucija, javna izjava; odločitev, sklep; rešitev problema

**resolve** [rɪ'zɒlv] odločiti kaj, skleniti (uradno), rešiti (problem); raztopiti, razkrojiti; splahniti (oteklina)

**resonance** ['rezənəns] odzvok, zvočnost, akustičnost

**resorb** [rɪ'sɔːb] vsrkati, vpiti

**resorption** [rə'zɔːpšn] vpijanje, vsrkavanje

**resort** [rɪ'zɔːt] zateči se k, poslužiti se česa, često obiskovati; zatočišče, zavetje, (splošno) obiskovan kraj, sredstvo v sili; **health** ~ (klimatsko) zdravilišče; **skii** ~ smučarsko središče; **summer** ~ letovišče

**resound** [rɪ'zaʊnd] odmevati, razlegati se; zveneti

**resource** [rɪ'sɔːs, rɪ'zɔːs] vir, zaloga, sredstvo; *(pl)* dohodki, denarna sredstva, bogastvo

**resourceful** [rɪ'sɔːsfl] iznajdljiv

**respect** [rɪ'spekt] spoštovanje, spoštljivost, obzir; spoštovati, ceniti, upoštevati, imeti obzir; **self-~** samospoštovanje; **to give ~s to** izročiti spoštljive pozdrave

komu; **to pay one's ~s to** izkazati spoštovanje komu; **in some** ~ nekako; **with** ~ **to** glede na

**respectable** [rɪ'spektəbl] ugleden, spoštovanja vreden, pošten

**respectful** [rɪ'spektfl] spoštljiv, vljuden

**respective** [rɪ'spektɪv] zadeven; individualen

**respectively** [rɪ'spektɪvlɪ] oziroma, ali; posamezno, vsak zase

**respiration** [ˌrespə'reɪšn] dihanje

**respiratory** [rɪ'spaɪərətrɪ, 'respɪrətrɪ] dihalen

**respire** [rɪ'spaɪə(r)] dihati; oddahniti se; izhlapevati

**respite** ['respaɪt, 'respɪt] odgoditev, odlog, premor; odgoditi, odložiti

**resplendent** [rɪ'splendənt] bleščeč, sijajen

**respond** [rɪ'spɒnd] odgovoriti, reagirati

**respondent** [rɪ'spɒndənt] izpraševanec, anketiranec

**response** [rɪ'spɒns] odgovor, odziv, reakcija

**responsibility** [rɪˌspɒnsə'bɪlətɪ] odgovornost; **collective (personal)** ~ kolektivna (osebna) odgovornost

**responsible** [rɪ'spɒnsəbl] odgovoren, zanesljiv, soliden

**responsive** [rɪ'spɒnsɪv] dovzeten, občutljiv

**rest** [rest] počivati, odpočiti se, mirovati; biti odvisen od, opirati se; obstati; upreti pogled; počitek, miro-

vanje; opora; ostanek, ostali;
**to come to** ~ pomiriti se; **to
put one's mind at** ~ potola-
žiti, umiriti koga; **~-home**
dom za starejše ljudi; ~
**-room** *(Am)* javno stranišče;
**~ing place** počivališče; grob
**restaurant** ['restrɒnt] restav-
racija
**restful** ['restfl] miren
**restitution** [ˌrestɪ'tjuːšn] po-
vračilo, odškodnina, kom-
penzacija
**restive** ['restɪv] nestrpen,
uporen, nemiren
**restless** ['restlɪs] nemiren,
nervozen, nestrpen, nagel
**restoration** [ˌrestə'reɪšn] ob-
nova, vrnitev v prejšnje sta-
nje, restavriranje; okrevanje;
restavracija (doba)
**restore** [rɪ'stɔː(r)] obnoviti,
vrniti v prejšnje stanje, re-
stavrirati; ozdraviti; **~r** re-
stavrator, obnavljavec
**restrain** [rɪ'streɪn] zadrževati,
ovirati, omejiti, krotiti
**restraint** [rɪ'streɪnt] omeje-
vanje, oviranje; zadržanost,
rezerviranost
**restrict** [rɪ'strɪkt] omejiti,
zmanjšati
**restriction** [rɪ'strɪkšn] omeji-
tev, omejevanje
**result** [rɪ'zʌlt] izid, dosežek,
dognanje, uspeh, rezultat;
izvirati, izhajati, imeti za
posledico
**resume** [rɪ'zjuːm] znova za-
četi; ponovno se vrniti (na
prejšnje mesto); nadaljevati
**resumption** [rɪ'zʌmpšn] na-
daljevanje, ponovna lotitev

**resurrection** [ˌrezə'rekšn]
vstajenje od mrtvih
**resuscitate** [rɪ'sʌsɪteɪt] obu-
diti, oživiti, oživeti
**retail** ['riːteɪl] prodaja na
drobno; [riː'teɪl] prodajati na
drobno; pripovedovati, širiti
(govorice)
**retailer** [riː'teɪlə(r)] trgovec na
drobno
**retain** [rɪ'teɪn] zadržati, ohra-
niti; zapomniti si
**retainer** [rɪ'teɪnə(r)] preduje-
jem, ara; dolgoletni družin-
ski služabnik
**retaliate** [rɪ'tælɪeɪt] vrniti milo
za drago, maščevati se, iz-
vajati represalije
**retard** [rɪ'tɑːd] zadrževati,
ovirati, zavlačevati; **~ed**
zaostal
**retardation** [ˌriːtɑː'deɪšn] za-
muda, zavlačevanje; zaosta-
lost
**retch** [reč] daviti se, skušati
bljuvati
**retentive** [rɪ'tentɪv] ki zadr-
ži, ohrani; ~ **memory** dober
spomin
**reticent** ['retɪsnt] molčeč,
vase zaprt, redkobeseden
**retinue** ['retɪnjuː] spremstvo
**retire** [rɪ'taɪə(r)] upokojiti (se),
iti v pokoj; umakniti (se); **~d**
upokojen
**retirement** [rɪ'taɪəmənt] upo-
kojitev, pokoj; umik; ~ **age**
starostna meja za upokojitev
**retort** [rɪ'tɔːt] ostro odgovo-
riti, zavrniti
**retrace** [riː'treɪs] vrniti se po
isti poti, obujati (spomine)
**retract** [rɪ'trækt] preklicati

**retread*** [ˌriːˈtred] iti po isti poti; protektirati (avtomobilske gume)

**retreat** [rɪˈtriːt] umakniti (se), opustiti, odstopiti; umik, zatočišče, znak za počitek; **to beat a ~** umakniti, zbežati (nazaj)

**retrench** [rɪˈtrenč] zmanjšati, omejiti, varčevati

**retribution** [ˌretrɪˈbjuːšn] povračilo; maščevanje, kazen

**retrieve** [rɪˈtriːv] (izgubljeno) nazaj dobiti; popraviti (napako); nadoknaditi (izgubo); aportirati (pes)

**retrograde** [ˈretrəgreɪd] usmerjen nazaj; nazadnjaški, konservativen

**retrospect** [ˈretrəspekt] spominsko obnavljanje česa preteklega; živeti v spominih; **~ive** ki učinkuje, deluje nazaj

**return** [rɪˈtɜːn] vrniti (se), povrniti; odzvati se, vrniti milo za drago, odgovoriti, poslati nazaj; ponovno se pripetiti; prinašati (dobiček); uradno objaviti; vrnitev, povratek; povračilo; korist; obresti; povračilen; *Many happy ~s of the day.* Vse najboljše za rojstni dan.; **to ~ a verdict** proglasiti sodbo; **~ match** povratna tekma; **~ ticket** povratna vozovnica

**reunite** [ˌriːjuːˈnaɪt] znova se združiti

**revalue** [ˌriːˈvæljuː] na novo ovrednotiti, oceniti

**reveal** [rɪˈviːl] razodeti, odkriti, izdati, razkrinkati

**revel** [ˈrevl] uživati (v čem); bučno veseljačiti

**revelation** [ˌrevəˈleɪšn] razodetje, razkritje

**reveller,** *(Am)* **reveler** [ˈrevələ(r)] ponočnjak, krokar

**revelry** [ˈrevlrɪ] veseljačenje, krokanje, orgija

**revenge** [rɪˈvendž] maščevanje; maščevati se

**revengeful** [rɪˈvendžfl] maščevalen

**revenue** [ˈrevənjuː] (državni) dohodek; finančna uprava

**reverberate** [rɪˈvɜːbəreɪt] odjekniti

**revere** [rɪˈvɪə(r)] častiti, globoko spoštovati

**reverence** [ˈrevərəns] spoštovanje, čaščenje; priklon; prečastiti gospod; **to pay ~ to** izkazati spoštovanje

**reverend** [ˈrevərənd] čaščenja vreden, častit

**reverie** [ˈrevərɪ] sanjarjenje, fantazija

**reverse** [rɪˈvɜːs] obrniti, postaviti na glavo; voziti nazaj; uporabiti nasproten postopek; nasprotje, nasprotna stran; vzvratna vožnja; obraten, nasproten; vzvraten

**reversion** [rɪˈvɜːšn] pravica do vrnitve, vrnitev v prvotno stanje; atavizem

**revert** [rɪˈvɜːt] vrniti se v prvotno stanje, nazaj (se) obrniti

**review** [rɪˈvjuː] ocena, kritika, pregled, revizija, mimohod čet, revija; pregledovati, revidirati, oceniti

**reviewer** [rɪˈvjuːə(r)] ocenjevalec, kritik, recenzent

**revile** [rɪ'vaɪl] ozmerjati, žaliti, sramotiti

**revise** [rɪ'vaɪz] revidirati, pregledati, spremeniti, popraviti

**revision** [rɪ'vɪžn] revizija, pregled, poprava

**revital|ize**, ~**ise** [riː'vaɪtəlaɪz] oživiti, obnoviti

**revival** [rɪ'vaɪvl] oživitev, obnovitev; preporod

**revive** [rɪ'vaɪv] vrniti (koga) k zavesti; poživiti; obuditi (čustvo, spomin)

**revocable** [rɪ'vəʊkəbl] preklicljiv

**revoke** [rɪ'vəʊk] preklicati, razveljaviti; renonsa (pri kartah)

**revolt** [rɪ'vəʊlt] upirati se, nasprotovati; čutiti odpor do; biti ogorčen; upor, punt, odpor

**revolting** [rɪ'vəʊltɪŋ] gnusen, oduren, odvraten

**revolution** [ˌrevə'luːšn] revolucija, prevrat; hitra sprememba, preobrat; krožno obračanje, gibanje; obrat, vrtljaj

**revolutionary** [ˌrevə'luːšənərɪ] revolucionaren, prevraten; revolucionar

**revolution|ize**, ~**ise** [ˌrevə'luːšənaɪz] revolucionirati; upirati se

**revolve** [rɪ'vɒlv] vrteti se, krožiti

**revolver** [rɪ'vɒlvə] revolver

**revolving** [rɪ'vɒlvɪŋ] vrteč se, vrtljiv; ~ **credit** kredit, ki se avtomatično obnavlja; ~ **door** vrtljiva vrata

**revue** [rɪ'vjuː] (gledališka) revija

**reward** [rɪ'wɔːd] nagraditi, poplačati; nagrada, plačilo

**rewind** [ˌriː'waɪnd] previti (film), na novo naviti

**rewire** [ˌriː'waɪə(r)] obnoviti električno napeljavo; napeljati novo žico

**reword** [ˌriː'wɜːd] stilno preoblikovati (besedilo)

**rewrite\*** [ˌriː'raɪt] znova napisati, predelati

**rhetorical** [rɪ'tɒrɪkl] govorniški, zanosen; ~ **question** vprašanje, na katero ne pričakujemo odgovora

**rheumatic** [ruː'mætɪk] revmatičen, revmatik; ~ **fever** (akutni) sklepni revmatizem

**rheumatism** ['ruːmətɪzəm] revmatizem

**rhinoceros** [raɪ'nɒsərəs] nosorog

**rhubarb** ['ruːbɑːb] rabarbara

**rhyme** [raɪm] rimati (se); rima, stih; *(pl)* pesem v rimah; **nursery ~s** otroške pesmice

**rhythm** ['rɪðəm] ritem; ~**ic** ritmičen

**rib** [rɪb] rebro; ~**-tickler** duhovita šala, smešna zgodba

**ribald** ['rɪbld] prostaški, nespodoben, kvantaški; ~**ry** nespodobno kvantaško govorjenje

**ribbon** ['rɪbən] trak, vrvica

**rice** [raɪs] riž

**rich** [rɪč] bogat, premožen; obilen, bujen, izdaten; redilen; rodoviten (zemlja)

**riches** ['rɪčɪz] bogastvo, obilje

**rick** [rɪk] pretegniti (si), izviniti (si); kopa (sena)

**rickets** ['rɪkɪts] rahitis

**rickety** ['rɪkətɪ] majav, vegav, razmajan; rahitičen

**rickshaw** ['rɪkʃɔ:] rikša

**ricochet** ['rɪkəʃeɪ] odbiti (se), odskočiti

**rid*** [rɪd] rešiti (se) česa, odstraniti; **to get ~ of** znebiti se

**riddance** ['rɪdns] osvoboditev, rešitev česa; *Good ~!* Hvala bogu, da sem se ga rešil!

**ridden** ['rɪdn] *glej* RIDE*

**riddle** ['rɪdl] uganka; rešeto, grobo sito; presejati, (pre)luknjati; zasuti z vprašanji; nejasno se izražati; **to be ~d with bullets** biti prerešetan od krogel

**ride*** [raɪd] jahati, voziti se, peljati se; ježa, vožnja (kolo, javno prevozno sredstvo); **to ~ up** dvigniti se (krilo); **to take someone for a ~** peljati koga z avtom; speljati koga na led

**rider** ['raɪdə(r)] jezdec; kolesar, motorist; dodatna klavzula

**ridge** [rɪdž] (strešno) sleme, (gorski) greben

**ridicule** ['rɪdɪkju:l] (o)smešiti, norčevati se

**ridiculous** [rɪ'dɪkjʊləs] smešen, absurden

**rife** [raɪf] splošen, pogosten

**rifle** ['raɪfl] puška, karabinka; **~man** strelec; **~-range** strelišče

**rift** [rɪft] hud spor; razpoka, reža, špranja; **~ valley** koritasta rečna dolina

**rigging** ['rɪgɪŋ] ladijske vrvi

**right** [raɪt] pravica; desna stran, desnica; desni; pravi, pravilen; upravičen; resničen; prav, pravilno; desno; prav tam; takoj, nemudoma; vzravnati se, znova postaviti, poravnati (krivico, škodo); **~ist** desničar (politični); **to be ~** imeti prav; **to have a ~** imeti pravico; *It serves him ~*. Prav mu je.; **all ~** v redu; **~ now** (*ali* away) takoj, ta trenutek; **~-hander** desničar; **~-winger** desničar (politični); **~-about turn** obrat za 180° na (v) desno; **~ angle** pravi kot; **human ~s** človečanske pravice

**righteous** ['raɪčəs] pravičen, pošten

**rightful** ['raɪtfl] zakonit, legitimen, upravičen

**rigid** ['rɪdžɪd] odrevenel, okorel, otrpel, tog; strog, krut

**rigmarole** ['rɪgmərəʊl] kolobocija, vrsta brezzveznih trditev, izjav

**rigorous** ['rɪgərəs] zelo strog, nepopustljiv; dosleden, natančen

**rigour**, (*Am*) **rigor** ['rɪgə(r)] strogost, ostrost, natančnost

**rile** [raɪl] razjeziti, spraviti v slabo voljo

**rim** [rɪm] rob, okvir (za očala), platišče; obrobiti

**rind** [raɪnd] skorja, lupina; olupiti, olupiti

**ring** [rɪŋ] prstan, obroč; kolut, kolobar; boksarski ring, cirkuška arena; znak z zvoncem, zven, telefonski klic; klika; krožiti, obkrožiti, obdati, obkoliti; vreči obroč na; narezati na kolute; **to give a ~** telefonirati; **~ finger** prstanec (prst); **~leader** kolovodja; **~master** vodja cirkuških predstav; **~ road** (*ali* **way**) obvoznica; **~worm** kraste, lišaj

**ring*** [rɪŋ] komu (po)zvoniti; doneti, zveneti, razlegati se; **to ~ off** odložiti telefonsko slušalko; **to ~ someone up** telefonirati komu

**rink** ['rɪŋk] **skating ~** drsališče, kotalkališče

**rinse** [rɪns] splakniti, izpirati (usta, posodo), izprati (perilo)

**riot** ['raɪət] nemir, kaljenje miru, izgred; udeležiti se izgredov, razgrajati; **to run ~** izbesneti se; podivjati, bujno rasti (rastline)

**riotous** ['raɪətəs] hrupen, nebrzdan, razgrajaški, uporen

**rip** [rɪp] grobo strgati, razparati; razporek, raztrg; **to ~ off** ogoljufati, preveč zaračunati; **to ~ up** raztrgati na kosce; **~cord** vrvica za odpiranje padala

**ripe** [raɪp] zrel, dozorel; dorasel, goden

**ripen** ['raɪpən] zoreti, pustiti zoreti

**ripple** ['rɪpl] (majhen) val, lahno valovanje; **~ of laughter** tih, komaj slišen smeh

**rise*** [raɪz] dvigniti se, vsta(ja)ti; rasti, povečati se;

povišati, napredovati; vzhajati (sonce); dvig(anje), porast, povišanje (plače); vzhajanje; napredovanje; **to ~ to the occasion** izkazati se; **early (late) ~r** kdor vstaja zgodaj (pozno)

**risen** ['rɪzn] *glej* RISE*

**rising** ['raɪzɪŋ] oborožena vstaja; **to be ~** 50 bližati se petdesetemu letu; **the ~ generation** prihajajoča, doraščajoča generacija

**risk** [rɪsk] tveganje, nevarnost; **at one's own ~** na lastno odgovornost; **to run the ~ (of)** nase vzeti tveganje; **to take a ~** tvegati, riskirati

**risky** ['rɪskɪ] tvegan, kočljiv, nevaren

**rite** [raɪt] obred

**ritual** ['rɪtʊəl] obreden; obred

**rival** ['raɪvl] tekmec; tekmovati

**river** ['rɪvə(r)] reka; **~ bank** (rečni) breg; **~ basin** porečje; **~ bed** struga; **~ head** rečni izvir; **~side** obrežje

**rivet** ['rɪvɪt] pritegniti pozornost, prikovati (pogled), držati v napeti pozornosti; zakovati, pričvrstiti; zakovica; **~ing** izredno zanimiv

**rivulet** ['rɪvjʊlɪt] potoček, rečica

**roach** [rəʊč] platnica (riba)

**road** [rəʊd] cesta, pot; **on the ~** na potovanju, (poti, turneji); **~block** začasna ovira, barikada; **~hog** brezobziren voznik; **~house** gostišče ob cesti; **~side** cestni rob; **~way** cestišče, cesta

**roam** [rəʊm] potikati se; hoja brez cilja

**roamer** ['rəʊmə(r)] klatež, potepuh

**roar** [rɔ:(r)] rjoveti, bučati, krohotati se; rjovenje, bučanje, krohot, grmenje

**roaring** ['rɔ:rɪŋ] hrupen, bučeč, viharen; *(coll)* sijajen

**roast** [rəʊst] peči, pražiti, žgati (kavo), zasmehovati, smešiti; pečen, pražen; ~ **beef** pečena govedina

**rob** [rɒb] (o)ropati, krasti

**robber** ['rɒbə(r)] ropar, razbojnik; ~ **economy** nesmotrno izkoriščanje naravnih virov

**robbery** ['rɒbərɪ] rop(anje), kraja; **daylight** ~ previsoko zaračunavanje

**robe** [rəʊb] dolga obleka, talar; svečano službeno (akademsko, sodniško) oblačilo

**robin** ['rɒbɪn] taščica (ptica)

**robust** [rəʊ'bʌst] močan, mišičast, zdrav

**rock** [rɒk] skala, čer, pečina; *(Am)* kamen, kamnnina; vrsta paličastega bonbona; zibati, pozibavati, uspavati; pretresti; **whisky on the ~s** viski z ledom; **to be off one's** ~ biti prismuknjen; **to be on the ~s** biti v težavah; **to reach ~-bottom** močno obubožati, biti zelo potrt; ~-**climbing** plezanje; ~ **garden** *(ali* **rockery)** skalnjak; ~ **(and roll) music** rok glasba; ~**er** *(Am)* gugalnik, gugalni stol; ~**ing-chair** gugalni stol, gugalnik; ~**ing horse** gu-

galni konj; ~**y** kamnit, skalnat, trden kot skala

**rocket** ['rɒkɪt] raketa; naglo poskočiti (cene), hitro se gibati; ~ **launcher** raketomet

**rod** [rɒd] palica, prekla; **to kiss the** ~ ponižno sprejeti kazen; **fishing** ~ ribiška palica (vijačnica, beličarka)

**rode** [rəʊd] *glej* RIDE[*]

**rodent** ['rəʊdnt] glodavec; ki gloda, uničuje

**roe** [rəʊ] ikra, ikre; srna; ~**buck** srnjak; ~ **deer** srnjad

**rogue** [rəʊg] lopov, falot, baraba; samec samotar (žival); ~'**s gallery** uradna zbirka fotografij kriminalcev

**roguery** ['rəʊgərɪ] nepošteno (nemoralno) vedenje; hudomušnost, vragolija

**roguish** ['rəʊgɪš] nepošten, poreden, navihan

**roister** ['rɔɪstə(r)] hrupno veseljačiti, razgrajati

**role, rôle** [rəʊl] gledališka vloga; vloga, funkcija

**roll** [rəʊl] valiti (se), kotaliti (se), zviti, vrteti se, pozibavati, obračati se; voziti, potovati; zavijati (oči); valjati (železo); odmevati, razlegati se; žemljica, kruhek; spisek, seznam; svitek; apel; pozibavanje ladje, letala; **to** ~ **in** dospeti, prispeti; **to** ~ **over** prevaliti, prevračati se; **to** ~ **up** zviti, zavihati; kopičiti (se); ~-**call** klicanje po imenih; ~ **of honour** častni seznam *(npr.* padlih v vojni); **sausage** ~ mesna rulada; **toilet** ~ zvitek toaletnega papirja

**roller** ['rəʊlə(r)] valjar; kolesce na kotalki, pohištvu; povoj; navijalka (za lase); ~ **bearing** valjčni ležaj; ~ **coaster** tobogan; ~**-skate** kotalka, kotalkati se; ~ **towel** (neskončna) brisača v javnih straniščih

**rolling** ['rəʊlɪŋ] valjanje; kotalikanje; pozibavanje; valeč se, bučen; ~ **capital** obratni kapital; ~ **mill** valjarna; ~ **pin** kuhinjski valjar; ~ **stock** železniški vozni park; ~ **stone** nestanoviten človek

**romance** [rəʊ'mæns] romanca; romantika; ljubezensko razmerje

**Romania, Rumania** [rəʊ-'meɪnɪə] Romunija; ~**n** romunski; Romun(ka); romunščina

**romantic** [rəʊ'mæntɪk] romantičen, ki vzbuja čustva, domišljijo; privlačen, zanimiv, nežen

**romp** [rɒmp] divjati; razposajeno se igrati

**rood** [ru:d] križ, razpelo

**roof** [ru:f] streha, krov; pokriti streho; **to hit (ali to raise) the** ~ močno se razjeziti; ~**-rack** prtljažnik (avto); ~**ing** krov, ostrešje

**rook** [rʊk] trdnjava (šah); poljska vrana

**room** [ru:m, rʊm] soba; prostor; ~**mate** sostanovalec; ~**ing house** (Am) hiša, v kateri se oddajajo opremljene sobe; ~**y** prostoren

**roost** [ru:st] gred (za kokoši); počivališče; sedeti ali spati na gredi; **to come home to** ~ kdor drugim jamo koplje, sam vanjo pade; **to rule the** ~ biti gospodar, vladati

**rooster** ['ru:stə(r)] (Am) petelin

**root** [ru:t] koren(ina), izvor, vzrok, temelj, srž; **to** ~ **out** izkoreniniti, izruvati; **to take** ~ ukoreniniti se, pognati korenine; **to be** ~**ed to the spot** biti prikovan (od strahu); ~ **crop** okopavina (krompir, pesa itd.); **square** ~ kvadratni koren; ~**less** izkoreninjen

**rope** [rəʊp] vrv, konopec; niz; povezati, zvezati, navezati (se) v navezo; nanizati na vrvico; **to** ~ **someone in** vpreči koga v delo, pritegniti; **to** ~ **off** oddeliti z vrvjo; ~ **ladder** vrvasta lestev; ~ **walker** vrvohodec

**ropey** ['rəʊpɪ] slabe kakovosti, nezadovoljiv; bolan

**rosary** ['rəʊzərɪ] rožni venec, molek

**rose** [rəʊz] glej RISE[*]

**rose** [rəʊz] vrtnica; rozeta; rožnata barva; šen; **a bed of** ~**s** z rožicami postlano; ~**-bud** rožni popek; mlado dekle

**rosemary** ['rəʊzmərɪ], (Am) ['rəʊzmerɪ] rožmarin

**rosewood** ['rəʊzwʊd] palisander

**rosin** ['rɒzɪn] kolofonija, smola

**roster** ['rɒstə(r)] seznam, popis uslužbencev (vojakov) in njihovih dolžnosti ali zadolžitev

**rosy** ['rəʊzɪ] rožnat

**rot** [rɒt] gniti, trohneti, razpadati, (moralno) propadati; govoriti neumnosti; gniloba, trohnenje, razpadanje; neumnost, nesmisel

**rotary** ['rəʊtərɪ] vrteč se, krožeč, rotacijski; rotacijski stroj

**rotate** [rəʊ'teɪt] gibati se okoli osi, vrteti se; menjati, zamenjati funkcijo, rotirati

**rotation** [rəʊ'teɪšn] obračanje, kroženje, vrtenje; (za)menjava funkcije, rotacija

**rotatory** ['rəʊtətərɪ] rotacijski, vrtljiv

**rote** [rəʊt] rutina; by ~ na pamet

**rotten** ['rɒtn] piškav, preperel, gnil, trhel; slab, grd, nepošten; ~ egg klopotec; to feel ~ slabo se počutiti

**rotter** ['rɒtə(r)] ničvrednež, pokvarjenec

**rotund** [rəʊ'tʌnd] okrogel; debelušen; bombastičen

**rotunda** [rəʊ'tʌndə] okrogla stavba, navadno pokrita s kupolo

**rouble** ['ruːbl] rubelj

**rough** [rʌf] hrapav, raskav, robat, grob; težaven, naporen; približen, v glavnih črtah; razburkan (morje); to ~ it imeti trdo življenje, z muko se prebijati; to ~ out v glavnih potezah skicirati; to ~ up grobo ravnati s kom; to sleep ~ prenočevati na prostem (brezdomci); ~ and ready grobo obdelan, zasilen, improviziran; ~ and tumble nenaden pretep, ži-

vljenjski boj; divji, neizprosen; ~cast surovo ometan (zid); ~hewn grobo otesan (les), grobo oklesan (kamen); ~shod ostro podkovan; to ride ~ biti brezobziren, brez sočutja; pregaziti (koga)

**round** [raʊnd] okrogel, obel; približen; celoten; zaokrožiti, zaobliti; iti (na)okrog, zaviti okoli vogala; okroglina; krog; vrsta dogodkov; niz; obhod; runda; naboj; (na)okrog, približno; to ~ up izvesti racijo; zgnati živino; to come ~ priti na obisk; ~ trip krožno potovanje; ~ and ~ neprestano, velikokrat; ~ about zelo blizu, približno; na levo krog!; ~-the-clock nepretrgoma, non-stop

**roundabout** ['raʊndəbaʊt] vrtiljak; krožno križišče; po ovinkih, indirekten

**roundup** ['raʊndʌp] povzetek novic (TV); racija; zganjanje (živine)

**rouse** [raʊz] zbuditi (se), vzpodbuditi, zbuditi zanimanje

**rout** [raʊt] z lahkoto popolnoma premagati

**route** [ruːt] smer potovanja ali hoje, pot

**routine** [ruː'tiːn] izurjenost, izkušenost pridobljena z delom; opravilo, potekajoče po že znanem načinu

**rove** [rəʊv] klatiti se, potepati se

**rover** ['rəʊvə(r)] potepuh, vagabund

**row** [rəʊ] vrsta, niz, kolona (številke); veslati; **to ~ in the same boat** imeti isto usodo; **~(ing) boat** čoln na vesla; **~er** veslač; **~lock** vilice (za veslo); **in a ~** po vrsti, drug za drugim

**row** [raʊ] glasen prepir; kraval, hrup, vpitje

**rowan** ['rəʊən, 'raʊən] jerebika

**rowdy** ['raʊdɪ] hrupen, grob, pretepaški; razgrajač, pretepač, izgrednik

**royal** ['rɔɪəl] kraljevski, sijajen; član kraljevske družine; *(pl)* kraljevska družina

**royalty** ['rɔɪəltɪ] kraljevsko dostojanstvo; član kraljevske družine; *(pl)* tantieme

**rub** [rʌb] drgniti (se), otreti, frotirati (se), vtreti (kremo); **to ~ something in** preveč poudarjati, jahati na čem; **to ~ out** izbrisati, odpraviti; **to ~ shoulders with** biti zaupen s kom

**rubber** ['rʌbə(r)] guma, kavčuk; radirka; serija zaporednih iger (pri kriketu, bridžu); *(pl) (Am)* galoše; gumast, gumijast; **~ band** elastika; **~ boat** gumijast čoln; **~-stamp** štampiljka, gumeni žig; žigosati, odobriti brez preverjanja

**rubberneck** ['rʌbənek] zijalo, radoveden turist; iztegovati vrat, radovedno motriti

**rubbish** ['rʌbɪʃ] odpadki, ropotija; nesmisel, neumnost

**rubble** ['rʌbl] gramoz, grušč, kršje (od starih podrtih hiš)

**rubric** ['ru:brɪk] navodilo, napotek

**ruby** ['ru:bɪ] rubin; temno rdeča barva; **~ wedding** štirideseta obletnica poroke

**rucksack** ['rʌksæk] nahrbtnik, oprtnik

**rudd** [rʌd] rdečeperka (riba)

**rudder** ['rʌdə(r)] krmilo

**ruddy** ['rʌdɪ] rdeč; rožnat (od zdravja), rdečeličen; *(Br)* presnet, preklet

**rude** [ru:d] robat, neotesan, nevljuden, osoren, nevzgojen

**rudiment** ['ru:dɪmənt] zametek, zasnova; ostanek; zakrneli organ; *(pl)* temelji, osnovni elementi

**rudimentary** [,ru:dɪ'mentrɪ] nepopoln, neizoblikovan, zakrnel; osnoven, elementaren

**rue** [ru:] obžalovati, kesati se; **~ful** skrušen, pobit, žalosten

**ruff** [rʌf] nabrana ovratnica; prsten iz perja okoli vratu (ptica); vzeti z adutom (karte)

**ruffian** ['rʌfɪən] surovež, nasilnež, pridanič

**ruffle** ['rʌfl] mršiti, razkuštrati lase; valoviti (vodno površino); vznemiriti, zmesti koga; volan, naborek

**rug** [rʌg] debela odeja, plahta, ponjava, majhna preproga, predposteljnik

**rugged** ['rʌgɪd] hrapav, neraven (tla), skalnat; krepak, robusten, žilav (človek); grob, robat

**ruin** ['ru:ɪn] razvalina, po-

drtija; poškodovati, uničiti,
ugonobiti, porušiti, podreti
**ruinous** ['ru:ɪnəs] nevaren,
poguben, škodljiv; razpa-
dajoč
**rule** [ru:l] pravilo, predpis;
voditi, vladati, odločiti, od-
rediti; **to bend** (*ali* **to stretch**)
**the ~s** spremeniti ali tolma-
čiti predpise v svojo korist;
**to work to ~** izvajati pasiven
odpor; **to ~ out** izločiti, iz-
ključiti (možnost); **~s of the**
**road** cestnoprometni pred-
pisi; **the ~ of thumb** prak-
tično (ne teoretično) pravilo;
**as a ~** navadno, praviloma
**ruler** ['ru:lə(r)] vladar, gospo-
dar, oblastnik; ravnilo
**rum** [rʌm] rum; čudaški, ču-
den, smešen; **~ blossom** rde-
čica na pijančevem nosu
**rumble** ['rʌmbl] grmeti; kru-
liti (želodec); ropotati, bob-
neti, drdrati
**ruminate** ['ru:mɪneɪt] tuhtati,
premišljevati; prežvekovati
**rummage** ['rʌmɪdž] iskati,
premeta(va)ti
**rumour,** *(Am)* **rumor** ['ru:-
mə(r)] govorica, govoriče-
nje; **it is ~ed** govori se, da;
bajé
**rump** [rʌmp] majhen ostanek
(članov v politični stranki,
organizaciji, skupini); zadnji
del, zadnjica
**rumple** ['rʌmpl] zmečkati,
pomečkati
**run** [rʌn] (po)tek, smer
**run*** [rʌn] teči, drveti, dirkati;
voditi (posel, poskus), pote-
kati; delovati (stroj); redno

voziti (vlak), peljati; cur-
ljati, teči (voda), puščati; pu-
ščati barvo; objavljati (časo-
pis); trajati (pogodba); tek;
tekmovanje; hitro potova-
nje, vožnja, izlet; vrsta, niz;
naklada (časopis); delovanje
(stroj); naval; potek, traja-
nje; smer; **in the long (short)**
**~** dolgoročno (kratkoročno);
**to be on the ~** bežati; biti ve-
dno na nogah, tekati po po-
slih; **to give somebody the**
**~** pošiljati koga od enega
urada do drugega; **to ~**
**across** naleteti na koga; **to**
**~ away** popihati jo, pobe-
gniti; **to ~ down** ostro kriti-
zirati; **to ~ for an office** po-
tegovati se za kako službeno
mesto, kandidirati; **to ~ into**
trčiti, naleteti na; **to ~ off**
zbežati, **to ~ off copies** fo-
tokopirati; **to ~ on** nadalje-
vati se; **to ~ out** poteči (po-
tni list), zmanjkati; **to ~ over**
povoziti, hitro prebrati; **to ~**
**through** prešiniti, hitro pre-
gledati, doživeti, iti skozi; **to**
**~ to** doseči, znesti; *My mo-*
*uth ~s.* Sline se mi cedijo.;
*My nose ~s.* Iz nosu mi teče.;
**~about** majhen avto; klá-
tež; **~away** ubežnik, dezer-
ter; **~ inflation** nezadržna
inflacija; **~-in** spor; predpri-
prava, skušnja; **~-down** po-
trt, preutrujen
**rung** [rʌŋ] prečka, klin na
lestvi; *glej* RING*
**runner** ['rʌnə(r)] tekač, sprin-
ter; tihotapec; drsna plo-
skev sani; premično kolesce;

~ **bean** visoki fižol; **~-up** konkurent, ki osvoji drugo mesto

**running** ['rʌnɪŋ] tek, tekmovanje v teku; upravljanje, vodenje; ki teče, tekoč, nepretrgan, zapovrsten; ~ **commentary** komentar o dnevnih dogodkih (radio, TV)

**runt** [rʌnt] pritlikava ali nepomembna oseba, pritlikava žival

**runway** ['rʌnweɪ] pristajalna steza, pista

**rupture** ['rʌpčə(r)] pretrganje, raztrganje (notranjega organa), raztrganina; spor

**rural** ['rʊərəl] kmečki, kmetijski, podeželski

**ruse** [ruːz] ukana, zvijača

**rush** [rʌš] hiteti, priganjati; hitro voziti; navaliti, pognati se, zakaditi se; naval, prerivanje; nenaden izbruh, povečanje; veliko povpraševanje; bičevje, ločje; **to ~ into an affair** brez premisleka se lotiti kake zadeve; **to be ~ed off one's feet** biti zelo zaposlen; *There is no ~*. Nič se ne mudi.; **~-hour** prometna konica

**rusk** [rʌsk] piškot, prepečenec

**russet** ['rʌsɪt] rdečkasto rjav

**Russia** ['rʌšə] Rusija; ~**n** ruski; Rus(inja); ruščina; **White ~ Belorusija**

**rust** [rʌst] rja, snet (na žitu); zarjaveti, propadati

**rustic** ['rʌstɪk] preprosto, grobo izdelan; kmečki, podeželski; robat, grob (človek)

**rustle** ['rʌsl] šelesteti, šumeti; **to ~ up** hitro priskrbeti, organizirati, pripraviti

**rustless** ['rʌstlɪs] nerjaveč

**rusty** ['rʌstɪ] rjast, zarjavel, rjaste barve

**rut** [rʌt] kolovoz, kolesnica; rutina; doba parjenja, prsk; goniti se, pariti se; **to get in a ~** zapasti v rutino, biti suženj navade

**ruthless** ['ruːθlɪs] neusmiljen, krut, brezobziren

**rye** [raɪ] rž; ~ **grass** ljuljka; vrsta krmilne trave

# S

**Sabbath** ['sæbəθ] (židovska) sobota, dan počitka

**sabbatical** [sə'bætɪkl] soboten; ~ **year** enoletni (študijski) dopust vseučiliških profesorjev vsako sedmo leto

**sable** ['seɪbl] sobolj; soboljevina

**sabotage** ['sæbətɑːž] sabotaža

**sabre** ['seɪbə(r)] sablja

**sachet** ['sæšeɪ] plastična ali papirnata vrečica z dišečo snovjo (ki se da med perilo)

**sack** [sæk] vreča; **to get the ~** biti odpuščen; **to give the ~** odpustiti iz službe; **~cloth** vrečevina, raševina

**sacrament** ['sækrəmənt] zakrament

**sacred** ['seɪkrɪd] posvečen, svet; ~ **thing** svetinja

**sacrifice** ['sækrɪfaɪs] žrtev, izguba; žrtvovati, odreči se

**sacrilege** ['sækrɪlɪdž] svetoskrunstvo, bogoskrunstvo

**sad** [sæd] otožen, žalosten, mučen; **~ness** otožnost, žalost

**sadden** ['sædn] užalostiti (se)

**saddle** ['sædl] sedlo; osedlati; **to ~ someone with** naložiti, naprtiti komu kaj

**sadism** ['seɪdɪzəm] sadizem

**sadistic** [sə'dɪstɪk] sadističen

**safe** [seɪf] varen, zanesljiv, dobro čuvan; varna jeklena blagajna, sef (banka); **~-conduct** prepustnica, zajamčen prost prehod; ~ **deposit** bančni trezor; ~ **deposit box** bančni sef; **~guard** jamstvo, zaščita; varovati, ščititi; **~keeping** zanesljivo varstvo, (s)hranitev; **to be on the ~ side** ničesar tvegati, storiti kaj zaradi previdnosti; ~ **and sound** čil in zdrav

**safety** ['seɪftɪ] varnost, zanesljivost; varnosten; ~ **belt** varnostni pas; ~ **catch** varnostno zapiralo na strelnem orožju; ~ **pin** varnostna zaponka; ~ **valve** varnostni ventil; oddušek za čustva

**saffron** ['sæfrən] žafran

**sag** [sæg] upogniti (se), povesiti (se)

**saga** ['sɑːgə] ep, saga

**sagacious** [sə'geɪšəs] bister, pameten, ostroumen

**sage** [seɪdž] žajbelj, kadulja; modrijan; moder

**said** [sed] *glej* SAY*

**sail** [seɪl] jadro; jadrati, potovati z ladjo; **to hoist ~** dvigniti (*ali* razpeti) jadro, odpluti; **to set ~** odpluti

**sailcloth** ['seɪlklɒð] jadrovina

**sailing** ['seɪlɪŋ] jadranje,

plovba; ~ **boat** (*ali* **ship**) jadrnica

**sailor** ['seɪlə(r)] mornar, pomorščak

**saint** [seɪnt] svetnik, svetnica; proglasiti za svetnika; svet, svetniški; pobožen

**sake** [seɪk] razlog; **for the ~ of** zaradi; **for your ~** vam na ljubo

**salacious** [sə'leɪšəs] opolzek, pohoten

**salad** ['sæləd] solata; ~ **days** dnevi neizkušene mladosti; ~ **dressing** solatni preliv

**salami** [sə'lɑ:mɪ] salama

**salary** ['sælərɪ] plača, prejemki

**sale** [seɪl] prodaja, razprodaja; **on** (*ali* **for**) ~ naprodaj; **jumble ~** (*Br*) razprodaja cenenih predmetov; **public ~** dražba; ~**'s clerk** (*Am*) prodajalec; ~**sman** prodajalec (v trgovini), trgovski potnik; ~**swoman** prodajalka; ~**smanship** veščina prodajanja

**salient** ['seɪlɪənt] najbolj pomemben, glavni; štrleč, izbočen

**saline** ['seɪlaɪn] slan; slani vrelec (jezero), solina; ~ **solution** raztopina vode in soli

**saliva** [sə'laɪvə] slina

**salivate** [ˌsælɪ'veɪt] izločati slino, sliniti se

**sallow** ['sæləʊ] vrba; bledo rumen, bled

**salmon** ['sæmən] losos; **Danube ~** sulec

**salon** ['sælɒn] sprejemnica, salon (frizerski, modni); prostor za občasne razstave; zbirališče imenitne družbe

**saloon** [sə'lu:n] (*Am*) pivnica, gostilna, beznica; (hotelski) salon, plesna dvorana, obednica; ~**-car** limuzina; ~ **deck** potniška paluba prvega razreda

**salt** [sɔ:lt] sol; soliti; **the ~ of the earth** elita, smetana; ~ **cellar** solnica; ~**-water fish** morske ribe; **to take something with a pinch of ~** vzeti kaj z rezervo; ~**y** slan, oster; zbadljiv (opazke)

**saltpetre** [sɔ:lt'pi:tə(r)] soliter

**salubrious** [sə'lu:brɪəs] zdrav, prijeten, blagodejen

**salutary** ['sæljʊtrɪ] zdravilen, koristen, dobrodejen

**salutation** [ˌsælju:'teɪšn] pozdrav, nagovor v pismu

**salute** [sə'lu:t] pozdrav, salutiranje, izkazovanje časti; salva; pozdraviti, salutirati, izkazati čast; izstreliti salvo

**salvage** ['sælvɪdž] reševanje, dviganje potopljenih ladij; rešene stvari; reševati, zbirati koristne odpadke

**salvation** [sæl'veɪšn] rešitev, zveličanje

**salve** [sælv] olajšati si vest; zdravilna mast, mazilo

**salver** ['sælvə(r)] servirni pladenj

**same** [seɪm] isti, enak, nespremenjen; ravno tako, na isti način; **the very ~** prav tisti; **at the ~ time** hkrati, istočasno; **all the ~** vendarle, vseeno; **just the ~** prav tako, na isti način; **much the ~**

skoraj isto, enako; **to be in the ~ boat** deliti isto usodo
**sample** ['sɑ:mpl] vzorec, primerek; poskusiti, preizkusiti, vzeti vzorec
**sampling** ['sɑ:mplɪŋ] vzorčenje; **~ design** načrt vzorčenja; **random ~** vzorčenje po naključju; **~ unit** enota vzorčenja
**sanatorium** [ˌsænə'tɔ:rɪəm] sanatorij; zdravilišče
**sanctify** ['sæŋktɪfaɪ] posvetiti; potrditi, odobriti
**sanctimonious** [ˌsæŋktɪ'məʊnɪəs] licemeren, svetohlinski
**sanction** ['sæŋkšn] sankcija; odobritev, potrditev; sankcionirati, odobriti, potrditi
**sanctuary** ['sæŋkčʊərɪ] zatočišče, pribežališče; zaščiteno področje (za divjačino, ptice); sanktuarij
**sand** [sænd] pesek, prod; *(pl)* peščena puščava; morska obala; posuti, brusiti s peskom; **~bank** prod, sipina; **~ castle** grad iz peska; **~storm** peščeni vihar
**sandal** ['sændl] sandala
**sandpaper** ['sændpeɪpə(r)] smirkov papir
**sandpiper** ['sændpaɪpə(r)] piškur (obloustka)
**sandstone** ['sændstəʊn] peščenjak
**sandwich** ['sænwɪdž] sendvič; vriniti med dve enaki plasti; **~ course** izobraževanje, pri katerem se menjuje delovna praksa s teoretičnim poukom; **~man** pou-

lični nosač reklame z eno reklamno desko spredaj in drugo zadaj
**sandy** ['sændɪ] peščen, rumenkasto rdeč
**sane** [seɪn] duševno zdrav, razumen
**sang** [sæŋ] *glej* SING*
**sanguine** ['sæŋgwɪn] sangviničen; čustveno manj prizadet, optimistično razpoložen
**sanitary** ['sænɪtrɪ] sanitaren, zdravstven, higieničen; **~ towel**, *(Am)* **~ napkin** higienski vložek
**sanitation** [ˌsænɪ'teɪšn] izboljševanje zdravstvenih in higienskih življenjskih razmer; zdravstveni ukrepi
**sanity** ['sænətɪ] duševno zdravje, zdrav razum
**sank** [sæŋk] *glej* SINK*
**sap** [sæp] izsesati, izčrpati življenjsko moč, spodkopati zdravje; rastlinski, drevesni sok
**sapient** ['seɪpɪənt] moder, pameten
**sapless** ['sæplɪs] izsušen, izmozgan
**sapling** ['sæplɪŋ] mladika; mladenič
**sapphire** ['sæfaɪə(r)] safir
**sarcasm** ['sɑ:kæzəm] sarkazem; negativen, poniževalen odnos do česa
**sarcastic** [sɑ:'kæstɪk] porogljiv, piker, zbadljiv, jedko posmehljiv
**sarcophag|us** [sɑ:'kɒfəgəs], *(pl ~i)* sarkofag; (lesena, kamnita, kovinska) skrinja

**sardine** [sɑːˈdiːn] sardina
**sardonic** [sɑːˈdɒnɪk] porogljiv
**sartorial** [sɑːˈtɔːrɪəl] krojaški; ~ **elegance** eleganca v oblačenju
**sash** [sæš] ešarpa, prepasnica; ~ **window** smučno okno
**sat** [sæt] *glej* SIT*
**satanic** [səˈtænɪk] vražji, satanski; hudoben, zloben
**satchel** [ˈsæčəl] šolska torba, torbica
**sate** [seɪt] nasititi
**satellite** [ˈsætəlaɪt] satelit; ~ **state** formalno samostojna država, politično in gospodarsko podrejena močnejši državi
**satiate** [ˈseɪšɪeɪt] nasititi, zadovoljiti; ~**d** sit
**satin** [ˈsætɪn] saten, atlas
**satire** [ˈsætaɪə(r)] satira
**satiric|(al)** [səˈtɪrɪkl] satiričen; ~**al poem** zabavljica
**satirist** [ˈsætərɪst] satirik
**satisfaction** [ˌsætɪsˈfækšn] zadovoljstvo, zadoščenje
**satisfactory** [ˌsætɪsˈfæktərɪ] zadovoljiv, povoljen
**satisfied** [ˈsætɪsfaɪd] zadovoljen
**satisfy** [ˈsætɪsfaɪ] zadovoljiti, ugoditi (komu), prepričati se, zagotoviti da; ~**ing** zadovoljujoč, zadosten, prepričljiv; hranljiv, nasiten
**saturate** [ˈsæčəreɪt] saturirati, zasititi, prežeti, nasititi
**Saturday** [ˈsætədɪ] sobota
**satyr** [ˈsætə(r)] satir; pohotnež

**sauce** [sɔːs] omaka; predrznost
**saucepan** [ˈsɔːspən] ponev
**saucer** [ˈsɔːsə(r)] krožniček, podstavek
**saucy** [ˈsɔːsɪ] nesramen, predrzen
**Saudi Arabia** [ˌsaʊdɪ əˈreɪbɪə] Saudska Arabija; **Saudi** saudski; **Saudi Arabian** saudskoarabski; **Arabian** arabski; Arabec, Arabka; arabščina
**sauerkraut** [ˈsaʊəkraʊt] kislo zelje
**saunter** [ˈsɔːntə(r)] pohajkovati, potepati se; pohajkovanje
**sausage** [ˈsɒsɪdž] klobasa, salama; ~ **dog** dakel, jazbečar (pes)
**savage** [ˈsævɪdž] okruten, brutalen; divji, neciviliziran; divjak; popasti koga (pes), ostro kritizirati; ~ **act** zverinstvo
**savanna(h)** [səˈvænə] travnat svet z redkim drevjem v tropskih krajih, savana
**save** [seɪv] rešiti, obvarovati (pred); varčevati, prihraniti; razen, izvzemši; **to ~ up** privarčevati
**saver** [ˈseɪvə(r)] rešitelj; varčevalec; varčnež
**saving** [ˈseɪvɪŋ] varčevanje, prihranek; rešitev; *(pl)* prihranki; varčen, ekonomičen; ~**s bank** hranilnica; ~**s book** hranilna knjižica
**saviour**, *(Am)* **savior** [ˈseɪvɪə(r)] rešitelj, reševalec; odrešenik

**savour,** *(Am)* **savor** ['seɪvə(r)] dober okus, priokus; slast, tek; imeti okus po, dišati po; napraviti okusno; pokusiti

**savoury** ['seɪvərɪ] okusen, pikanten

**saw\*** [sɔ:] *glej* SEE*

**saw** [sɔ:] žagati; žaga; ~dust žagovina; ~-horse, *(Am)* ~buck koza za žaganje; ~mill žaga (podjetje)

**sawn** [sɔ:n] *glej* SAW*

**Saxon** ['sæksn] saški; Sas; Anglo-~ Anglosas; ~ genitive *(gram)* saški rodilnik

**saxophone** ['sæksəfəʊn] saksofon

**say\*** [seɪ] reči, izjaviti, kazati (ura); beseda, trditev; *I ~!* Presneto!; **so to ~** tako rekoč; **that is to ~** to se pravi, z drugimi besedami; **to ~ nothing of** da molčimo o, kaj šele

**saying** ['seɪŋ] izrek, rek, pregovor; *That goes without ~.* To se razume samo po sebi.

**scab** [skæb] krasta; garje, srab; stavkokaz; ~by garjav, grintav

**scabbard** ['skæbəd] nožnica (meča); vtakniti v nožnico

**scabies** ['skeɪbi:z] garje

**scabious** ['skeɪbɪəs] garjav, grintav

**scaffold** ['skæfəʊld] morišče; zidarski oder; obdati z zidarskim odrom

**scald** [skɔ:ld] popariti; opeklina, oparina

**scale** [skeɪl] lestvica, stopnja, merilo, razmerje, obseg, skala (glasba); luska

(ribe); skledica pri tehtnici; *(pl)* tehtnica; splezati, vzpenjati se; **on a large (small)** ~ v velikem (majhnem) obsegu

**scallop** ['skɒləp] pokrovača (školjka); plitva ponev; nazobčani rob obleke; nazobčati, izrezljati, valovito izrezati

**scalp** [skælp] skalp, koža z lasmi na človeški glavi; skalpirati, sneti kožo z glave

**scamp** [skæmp] porednež, navihanec

**scamper** ['skæmpə(r)] zbežati, tekati

**scan** [skæn] skrbno raziskati, pozorno pregledati; skandirati; preleteti, bežno pregledati (časopis); ~ner *(comp)* leksikalni analizator, pregledovalnik

**scandal** ['skændl] škandal; kar vzbuja ogorčenje, zgražanje, sramoto

**scandalmonger** ['skændl-mʌŋgə(r)] klevetnik

**scandalous** ['skændələs] ki vzbuja ogorčenje, zgražanje; zelo slab, nekvaliteten, škandalozen

**scant** [skænt] pičel, boren

**scanty** ['skæntɪ] komaj zadosten, majhen, ozek, tesen

**scapegoat** ['skeɪpgəʊt] grešni kozel

**scar** [skɑ:(r)] brazgotina, stara rana; sramota; opraskati, izmaličiti, pustiti brazgotino

**scarce** [skeəs] pičel, redek; ~ly komaj

**scarcity** ['skeəsətɪ] pomanj-
kanje

**scare** ['skeə(r)] strah, pre-
plah; prestrašiti, preplašiti;
**to ~ away (off)** pregnati, pre-
poditi; **to be ~d of some-
thing** bati se česa; **to be ~d
stiff** biti trd od strahu

**scarecrow** ['skeəkrəʊ] ptičje
strašilo

**scaremonger** ['skeəmɒŋ-
gə(r)] paničar

**scarf** [skɑ:f] ovratna ruta, šal

**scarlet** ['skɑ:lət] škrlat; škrla-
ten; **~ fever** škrlatinka

**scarry** ['skɑ:rɪ] brazgotinast

**scary** [skeərɪ] strašen; plah

**scatter** ['skætə(r)] raztresti,
razmetati, razkropiti se, raz-
sipati; **~brained** raztresen,
zmeden

**scavenge** ['skævɪndʒ] iskati
mrhovino (žival); prebirati
smeti, iskati še uporabne
predmete, hrano

**scenario** [sɪ'nɑ:rɪəʊ] scenarij

**scene** [si:n] prizor, prizori-
šče; *(pl)* kulise; **~ of action**
torišče; **~-shifter** premikač
kulis

**scenery** ['si:nərɪ] scenerija,
kulise; pogled; pokrajina

**scenic** ['si:nɪk] scenski; sli-
kovit

**scent** [sent] prijeten duh,
vonj; parfum; vohati, du-
hati, zavohati; priti na sled

**scepti|c** *(Am)* **~k** ['skep-
tɪk] skeptik, dvomljivec;
**~cal,** *(Am)* **~kal** skeptičen,
neveren

**scep|tre,** *(Am)* **~ter** ['septə(r)]
žezlo

**schedule** ['šedju:l] urnik,
razpored, tabela, seznam,
popis, načrt; sestaviti se-
znam (popis, tabelo), na-
praviti razpored, načrtovati,
vnaprej določiti; **according
to ~** po načrtu, kot dome-
njeno; **on ~** o pravem času,
točno

**schematic** [ski:'mætɪk] pre-
gleden, shematičen

**scheme** [ski:m] osnutek,
shema, okvirni načrt, obra-
zec; spletka, komplot; načr-
tovati; spletkariti, kovati za-
roto; **~r** načrtovalec; spletkar

**schismatic** [sɪz'mætɪk] raz-
kolniški, krivoverski

**schist** [šɪst] skril

**scholar** ['skɒlə(r)] štipendist;
učenjak; učenec; **~ly** učen,
učenjaški

**scholarship** ['skɒləšɪp] uče-
nost; štipendija

**school** [sku:l] šola; pouk;
poslati v šolo, šolati, vzga-
jati, dajati nauke; **boarding
~** šola z internatom; **elemen-
tary (primary) ~** osnovna
šola; **grammar ~** gimnazija;
**music ~** glasbena šola; **nur-
sery ~** mala šola; **public ~**
privatna šola, ki pripravlja
učence za univerzo; **secon-
dary ~** srednja šola, gimna-
zija; **vocational** *(ali* **profes-
sional) ~** strokovna šola

**schoolboy** ['sku:lbɔɪ] učenec,
šolar

**schoolfellow** ['sku:lfeləʊ] so-
šolec, sošolka

**schoolgirl** ['sku:lgɜ:l] učen-
ka, šolarka

**schooling** ['sku:lɪŋ] šolanje, izobrazba

**schoolmaster** ['sku:lmɑ:stə] učitelj, šolnik

**schoolmate** ['sku:lmeɪt] sošolec, sošolka

**schoolmistress** ['sku:lmɪstrɪs] učiteljica, profesorica

**schoolroom** ['sku:lrʊm] razred, učilnica

**schooner** ['sku:nə(r)] dvojambornik; *(Br)* kozarec za sherry; *(Am)* velik vrček za pivo

**sciatica** [saɪ'ætɪkə] išias

**science** ['saɪəns] znanost, veda, prirodoznanstvo; ~ **fiction** znanstvena fantastika; **social ~s** družbene vede

**scientific** [‚saɪən'tɪfɪk] znanstven, sistematičen, izurjen, izveden

**scientist** ['saɪəntɪst] znanstvenik, naravoslovec; **social ~** družboslovec

**scintillate** ['sɪntɪleɪt] iskriti se; biti duhovit, zabaven

**scion** ['saɪən] mladika, cepič, potomec

**scissors** ['sɪzəz] škarje

**sclerosis** [sklə'rəʊsɪs] skleroza; okorelost, neživljenjskost

**sclerotic** [sklə'rɒtɪk] sklerotičen; okorel, neživljenjski

**scoff** [skɒf] rogati se, posmehovati se; goltati (hrano)

**scold** [skəʊld] grajati, zmerjati, robantiti

**scolding** ['skəʊldɪŋ] graja, zmerjanje

**scone** [skɒn] čajni kolaček

**scoop** [sku:p] zajemalka; hitro ekskluzivno poročanje senzacionalne novice; zaje(ma)ti vodo; **to ~ out** izdolbsti, izgrebsti, izkopati

**scooter** ['sku:tə(r)] motorno kolo z majhnimi kolesi, skuter

**scope** [skəʊp] področje (delovanja), območje, obseg; glavni namen

**scorch** [skɔ:č] prismoditi (se), opeči (se), požgati; ~**ed earth policy** nameren požig in uničenje vsega, kar bi lahko koristilo sovražnikovi vojski

**scorcher** ['skɔ:čə(r)] zelo vroč dan

**score** [skɔ:(r)] rezultat (pri igri, športu); dvajseterica; dvajset (metrov, kosov); partitura; *(pl)* množica, veliko število; doseči (točke, rezultat, uspeh); vrezati, zarezati; **to keep ~** šteti točke pri igri; *What's the ~?* Kakšen je rezultat?; **on the ~ of** zaradi

**scorn** [skɔ:n] prezirati, zaničevati, s prezirom odbiti; prezir, zaničevanje; ~ **ful** posmehljiv, zaničljiv

**scorpion** ['skɔ:pɪən] škorpijon

**Scotch** ['skɒč] ~ **(whisky)** škotski viski

**scot-free** [‚skɒt 'fri:] nekaznovan, nepoškodovan

**Scot|land** ['skɒtlənd] Škotska; ~**tish** škotski, Škot(inja), škotsko narečje angleščine; ~, ~**sman** Škot; ~**swoman** Škotinja

**scoundrel** ['skaʊndrəl] pod-
lež, lopov

**scour** ['skaʊə(r)] brskati (za
čim), preiskati; poditi se,
divjati; ribati, zdrgniti, od-
plakniti

**scourge** [skɜːdž] bič, na-
dloga, šiba božja; bičati,
mučiti

**scout** ['skaʊt] skavt, izvidnik;
iskati, (budno) opazovati

**scowl** [skaʊl] mrščenje, mrk
pogled; mrko gledati

**scrabble** ['skræbl] brskati
(za), iskati kaj, grebsti; be-
sedna igra

**scraggy** ['skrægɪ] mršav, suh

**scramble** ['skræmbl] koba-
cati se, plaziti se, pehati se, s
težavo se prebijati; vzpenjati
se z rokami in nogami; ~d
eggs umešana jajca

**scrap** [skræp] košček, dro-
bec, odpadek, *(pl)* (kovin-
ski) odpadki, ostanki hrane;
odvreči, zavreči; prepirati
se; ~book knjiga (album)
z nalepljenimi časopisnimi
izrezki in slikami; ~ iron
staro železo; to throw on the
~ vreči iz službe, znebiti se
česa

**scrape** [skreɪp] (o)strgati,
(iz)praskati, drgniti (se);
skopariti, s težavo se prebi-
jati; strganje, praskanje, pra-
ska; zadrega, stiska; in a ~
v stiski; to ~ through komaj
opraviti (izpit); to ~ together
(up) komaj spraviti skupaj
(denar)

**scratch** [skrætč] (o)praskati,
praskati se; praska, raza,

udrtina; to ~ the surface
le površno obravnavati; to
start from ~ začeti iz nič; up
to ~ na višini, zadovoljiv, v
formi

**scream** [skriːm] vpiti, (za)-
kričati, vreščati; krik, vrišč;
velik šaljivec, duhovitež

**screech** [skriːč] predirljivo
krikniti; cviliti (kolesa); ~
owl čuk, skovir

**screen** [skriːn] ekran, platno
(v kinu), zaslon, vetrobran;
zasloniti, zastreti; strogo se-
lekcionirati, zaslišati; prire-
diti za film, prikazati na
filmu; ~play scenarij; ~wri-
ter scenarist

**screw** [skruː] vijak; vrtljaj vi-
jaka; priviti, pritrditi z vi-
jakom; to ~ up priviti, pri-
čvrstiti; namrdniti se; po-
kvariti (kaj); ~-nut matica
pri vijaku; ~-top pokrov z
navojem

**screwdriver** ['skruːdraɪvə(r)]
izvijač

**scribble** ['skrɪbl] čečkati; čeč-
kanje; ~r pisun, čečkač

**scribe** [skraɪb] pismena
oseba, pisar; prepisovalec
starih rokopisov

**scrimmage** ['skrɪmɪdž] gne-
ča, prerivanje

**scrimp** [skrɪmp] skopariti

**script** [skrɪpt] pisava, roko-
pis, scenarij

**Scripture** ['skrɪpčə(r)] biblija

**scroll** [skrəʊl] zvitek perga-
menta ali papirja; zviti v
zvitek

**scrounger** ['skraʊndžə(r)]
*(coll)* žicar

**scrub** [skrʌb] ribati; ribanje; grmovje, grmičevnato rastlinje

**scruffy** ['skrʌfi] neurejen, umazan

**scrunch** ['skrʌnč] drobiti (se); poteptati; škripati

**scruple** ['skru:pl] dvom, pomislek; oklevati, imeti pomisleke

**scrupulous** ['skru:pjʊləs] pretirano natančen, skrben, tankovesten

**scrutin|ize, ~ise** ['skru:tınaız] natančno opazovati, gledati, temeljito preiskovati, pregledovati

**scrutiny** ['skru:tını] natančen pregled, kontrola

**scuff** [skʌf] vleči noge pri hoji, podrsavati z nogami; ponositi, obrabiti, oguliti (čevlje)

**scuffle** ['skʌfl] tepsti se; pretep, prerivanje

**scull** [skʌl] lahko veslo

**scullery** ['skʌlərı] prostor za pomivanje posode

**sculptor** ['skʌlptə(r)] kipar, rezbar

**sculpture** ['skʌlpčə(r)] kip, kiparstvo, rezbarstvo; klesati, rezbariti

**scum** [skʌm] (umazana) pena, žlindra, gošča; izmeček, usedlina; pridanič

**scurrilous** ['skʌrələs] burkast, nespodoben

**scurry** ['skʌrı] teči z drobnimi koraki; kratek hiter tek; deževni naliv, ploha

**scurvy** ['skɜːvı] skorbut; nizkoten, podel

**scuttle** ['skʌtl] teči z drobnimi koraki; posoda za premog; odprtina s pokrovom v zidu, na strehi, na palubi

**scythe** [saıð] kosa; kositi

**sea** [si:] morje; **at ~** na morju (ladja, mornar); **at the ~side** na morju (na letovanju); **by ~** po morju; **~ bed** morsko dno; **~ breeze** mornik, veter, ki piha z morja na kopno; **~fearing** pomorsko življenje, mornarstvo; **~front** pristaniški del mesta; **~ level** morska višina; **~ mile** morska (ali navtična) milja (1852 m); **~shore** morska obala; **~sick** ki ima morsko bolezen; **~ward** ki plove na odprto morje; **~worthy** ploven; **to find one's ~ legs** spretno hoditi po palubi ob razburkanem morju

**seagull** ['si:gʌl] galeb

**seahorse** ['si:hɔ:s] morski konjiček

**seal** [si:l] pečat, plomba; tesnilo; poroštvo; tjulenj; zapečatiti, žigosati, (hermetično) zapreti, potrditi, dokončno odločiti

**sea lion** ['si:laıən] morski lev (tjulenj)

**seam** [si:m] šiv; žila, ležišče (premoga); sešiti, zarobiti, obrobiti

**seaman** ['si:mən] pomorščak, mornar

**seamstress** ['semstrıs] šivilja

**sear** [sıə(r)] ožgati, osmoditi, izžgati; suh, ovenel

**search** [sɜːč] iskati, preiskovati, pregledati; preiskava;

to ~ **out** temeljito preiskati, najti; ~ **party** iskalna (reševalna) ekipa; ~ **warrant** nalog za izvršitev hišne preiskave

**searchlight** ['sɜːčlaɪt] reflektor, žaromet

**season** ['siːzn] letni čas, sezona; začiniti, napraviti okusno; *Cherries are in ~ in May.* Češnje dozorevajo v maju.; *Our bitch is in ~ again.* Naša psica se zopet goni.; ~ **ticket** mesečna vozovnica; (gledališka) abonmajska vstopnica; ~**al** sezonski; ~**ed** izkušen, dozorel; ~**ing** začinjanje

**seat** [siːt] sedež, sedišče; zadnjica; ~**-belt** varnostni pas; **ejector** ~ katapultni sedež v letalu (vesoljski ladji); **to take a** ~ sesti; **to be** ~**ed** sedeti

**seated** ['siːtɪd] sedeč, ležeč (kraj); *Be* ~*!* Sedite, prosim!

**sea urchin** ['siː ɜːčɪn] morski ježek

**seaweed** ['siːwiːd] morske alge

**secede** [sɪ'siːd] odcepiti se od

**seceder** [sɪ'siːdə(r)] separatist, disident

**secession** [sɪ'sešn] odcepitev

**seclude** [sɪ'kluːd] ločiti, osamiti, oddaljiti; ~**d** samoten, oddaljen

**seclusion** [sɪ'kluːžn] umik, osamljenost, samota; klavzura

**second** ['sekənd] sekunda, trenutek; drugi, drugorazreden, slabši; *(pl)* drugorazre-

dno blago; ~ **thoughts** pomisleki, dvom

**secondary** ['sekəndrɪ] drugoten, manj pomemben, posreden, obroben; ~ **education** srednješolska izobrazba; ~ **industry** predelovalna industrija; ~ **school** srednja šola, gimnazija

**second-hand** [ˌsekənd 'hænd] iz druge roke, že rabljen, ponošen, antikvaričen; ~ **shop** trgovina z rabljenimi predmeti, komisijska trgovina, antikvariat

**secrecy** ['siːkrəsɪ] diskretnost, molčečnost, čuvanje skrivnosti

**secret** ['siːkrɪt] skrivnost, tajnost; *(pl)* intimni deli telesa; tajen, skriven, diskreten; **in** ~ tajno; ~ **agent** tajni agent; ~ **ballot** tajno glasovanje; ~ **police** tajna policija

**secretary** ['sekrətrɪ] tajnik, visok funkcionar (uprave ali kake organizacije)

**secrete** [sɪ'kriːt] skrivati; izločati

**secretive** ['siːkrətɪv] molčeč, zaprt; izločevalen

**sect** [sekt] sekta, ločina

**sectarianism** [sek'teərɪənɪzəm] sektaštvo

**section** ['sekšn] odsek, del, skupina; rez, prerez; **cross** ~ povprečni presek

**sector** ['sektə(r)] sector, predel, del; področje, panoga; oddelek

**secular** ['sekjʊlə(r)] stoleten; posveten, laičen

**secular|ize**, ~**ise** ['sekjʊləraɪz]

podržaviti (cerkveno premoženje)

**secure** [sɪ'kjʊə(r)] (za)ščititi, zavarovati, spraviti na varno, utrditi; nabaviti, zagotoviti (si); varen, zanesljiv

**security** [sɪ'kjʊərətɪ] varnost, zaščita, poroštvo, brezskrbnost; *(pl)* vrednostni papirji; **social (collective) ~** družbena (kolektivna) varnost

**sedate** [sɪ'deɪt] miren, resen, hladnokrven

**sedentary** ['sedntrɪ] ki mnogo sedi; pri čemer se mnogo sedi (poklic)

**sedge** [sedž] biček, šaš

**sediment** ['sedɪmənt] usedlina, gošča

**sedition** [sɪ'dɪšn] upor

**seditious** [sɪ'dɪšəs] uporen, puntarski

**seduce** [sɪ'djuːs] zapeljati, spriditi; **~r** zapeljivec, skušnjavec

**seduc|tive** [sɪ'dʌktɪv] zapeljiv, očarljiv; **~tion** zapeljevanje, skušnjava

**sedulous** ['sedjʊləs] marljiv, delaven, vztrajen

**see** [siː] škofija, nadškofija; **the Holy S~** Sveta stolica

**see\*** [siː] videti, opaziti; razbrati, razumeti; izslediti, doživeti; *I ~!* Razumem!; *Let me ~!* Naj vidim!, Počakaj, da pomislim!; *S~ you (later).* Na svidenje.; **to ~ about** poskrbeti za kaj; **to ~ off** spremiti; **to ~ through** spregledati, jasno videti; **to ~ to** poskrbeti za, pobrigati se (za kaj)

**seed** [siːd] kal, klica, seme;

**to run to ~** izroditi se; sejati; obroditi seme

**seedling** ['siːdlɪŋ] semenska rastlina, sadika

**seedy** ['siːdɪ] poln semenja; obnošen, oguljen; ki se slabo počuti, "mačkast"

**seek\*** [siːk] iskati, skušati doseči, prizadevati si

**seem** [siːm] zdeti se, dozdevati se, videti se; **~ing** navidezen, dozdeven; videz

**seemly** ['siːmlɪ] spodoben, dostojen

**seen** [siːn] *glej* SEE\*

**seep** [siːp] pronicati, prodirati; puščati; curljati

**seer** [sɪə(r)] jasnovidec, vedež; videc

**seesaw** ['siːsɔː] prevesna gugalnica; gugati (se), zibati (se)

**seethe** [siːð] kipeti, vreti; kuhati jezo

**segment** ['segmənt] odsek, del

**segregate** ['segrɪgeɪt] ločevati, zapostavljati določeno raso (družbeni sloj)

**segregation** [ˌsegrɪ'geɪšn] zapostavljanje, ločevanje določene rase (družbenega sloja); rasno razlikovanje

**seismic** ['saɪzmɪk] potresen, seizmičen

**seismograph** ['saɪzməgrɑːf] potresomer

**seize** [siːz] zgrabiti, polastiti se, zapleniti, zaseči, ujeti; izkoristiti, pograbiti (priložnost); **to ~ up** odpovedati, ustaviti se (srce, stroj); **to be ~d** biti aretiran

**seizure** ['si:žə(r)] napad (srčni, božjastni); polastitev, odvzem

**seldom** ['seldəm] redko (kdaj), malokdaj

**select** [sɪ'lekt] izbirati, odbirati, izločati po določenih kriterijih; izbran, eliten

**selection** [sɪ'lekšn] izbor, odbiranje, izbira; ločevanje, razvrščanje

**self** [self], (*pl* **selves**) sam (posameznik); svoja osebnost, prava narava; **my poor** ~ moja malenkost; **his very** ~ njegov lastni jaz; *S*~ *do*, ~ *have*. Kakor si boš postlal, tako boš spal.

**self-abuse** [ˌself ə'bju:s] masturbacija, samozadovoljevanje

**self-adhesive** [ˌself əd'hi:sɪv] samolepilen

**self-administration** [ˌself ədˌmɪnɪ'streɪšn] samouprava

**self-appointed** [ˌself ə'pɔɪntɪd] samozvan, ki si nezakonito pridobi oblast

**self-assertive** [ˌself ə'sɜːtɪv] vsiljiv, predrzen

**self-assured** [ˌself ə'šɔ:d] samozavesten

**self-centered** [ˌself 'sentəd] egocentričen, samoljuben

**self-complacent** [ˌself kəm'pleɪsnt] samovšečen, samozadovoljen

**self-confident** [ˌself 'kɒnfɪdənt] samozavesten

**self-conscious** [ˌself 'kɒnšəs] plah, v zadregi, nesproščen

**self-contained** [ˌself kən-'teɪnd] molčeč, vase zaprt; s posebnim vhodom

**self-control** [ˌself kən'trəʊl] obvladanje samega sebe; hladnokrvnost

**self-defence** [ˌself dɪ'fens] samoobramba

**self-denial** [ˌself dɪ'naɪəl] nesebičnost, skromnost; samozatajevanje

**self-determination** [ˌself dɪtɜːmɪ'neɪšn] samoodločanje; samoodločba

**self-esteem** [ˌself ɪ'sti:m] dobro mnenje o samem sebi, samospoštovanje

**self-evident** [ˌself 'evɪdənt] očiten, samoumeven, jasen kot beli dan

**self-government** [ˌself 'gʌvənmənt] samouprava, avtonomija

**self-help** [ˌself 'help] samopomoč

**self-important** [ˌself ɪm-'pɔ:tənt] domišljav, nadut, ošaben

**self-indulgent** [ˌself ɪn-'dʌldžənt] prizanesljiv do sebe, popustljiv svojim nagnjenjem

**self-interest** [ˌself 'ɪntrɪst] sebičnost, koristoljubje, egoizem

**selfish** ['selfɪš] sebičen, samoljuben; preračunljiv

**selfless** ['selflɪs] nesebičen, požrtvovalen

**self-made** [ˌself 'meɪd] ~ **man** človek, ki se povzpne brez tuje pomoči, samorastnik

**self-management** [ˌself 'mænɪdžmənt] samouprav-

vljanje; **social ~** družbeno
samoupravljanje; **workers'**
**~** delavsko samoupravljanje
**self-pity** [ˌself 'pɪtɪ] samous-
miljenje
**self-portrait** [ˌself'pɔ:treɪt,
ˌself'pɔ:rtrɪt] avtoportret, la-
stna podoba
**self-possessed** [self pə-
'zest] hladnokrven, prise-
ben, miren
**self-preservation** [self prezə-
'veɪšn] samoohranitev; **in ~**
v silobranu
**self-raising flour** [ˌself reɪzɪŋ
'flaʊə(r)] s pecilnim praškom
mešana moka
**self-respect** [ˌself rɪ'spekt]
spoštovanje samega sebe,
osebno dostojanstvo
**self-righteous** [ˌself 'raɪčəs]
ki je prepričan, da ima samo
on prav
**self-sacrifice** [ˌself 'sækrɪfaɪs]
požrtvovalnost
**self-same** ['selfseɪm] prav isti
**self-satisfaction** [ˌself sætɪs-
'fækšn] samozadovljstvo
**self-seeking** [ˌself 'si:kɪŋ] se-
bičen, asocialen
**self-service** [ˌself 'sɜːvɪs] sa-
mopostrežen; samopostrež-
ba
**self-starter** [ˌself 'stɑːtə(r)]
zaganjač; samostojen, pod-
jeten, iznajdljiv delavec
**self-sufficient** [ˌself sə'fɪšənt]
samozadosten, domišljav,
nadut, samovšečen
**self-supporting** [ˌself sə-
'pɔːtɪŋ] neodvisen, samosto-
jen
**self-taught** [ˌself'tɔːt] samouk

**self-willed** [ˌself 'wɪld] samo-
voljen, trmast
**self-winding** [ˌself 'waɪndɪŋ]
ki se sam navija (ura)
**sell\*** [sel] prodati, prodajati
(se), trgovati s čim, iti v
prodajo; **to ~ off** razprodati,
izprazniti skladišče; **to be**
**sold out** biti razprodan, ne
imeti več blaga
**seller** ['selə(r)] prodajalec;
**best~** knjiga, ki se najbolje
prodaja
**semaphore** ['semǝfɔː(r)] da-
jati znake s signalnimi
zastavicami
**semblance** ['semblǝns] vi-
dez, podobnost
**semester** [sɪ'mestə(r)] polle-
tje, semester
**semibreve** ['semɪbriːv] ce-
linka (nota)
**semicircle** ['semɪsɜːkl] pol-
krog
**semicircular** [ˌsemɪ'sɜːkjʊ-
lə(r)] polkrožen
**semicolon** [ˌsemɪ'kǝʊlǝn]
podpičje
**semi-detached** [ˌsemɪ dɪ-
'tæčt] **~ house** hiša dvojček
**semifinal** [ˌsemɪ'faɪnl] polfi-
nale
**seminar** ['semɪnɑː(r)] seminar
**seminary** ['semɪnǝrɪ] semeni-
šče, lemenat
**semolina** [ˌsemǝ'liːnǝ] pše-
nični zdrob
**senate** ['senɪt] senat, univer-
zitetni svet; zgornji dom
parlamenta
**senator** ['senǝtǝ(r)] senator
**send\*** [send] poslati, odpo-
slati; oddajati (radio); **to ~**

for poslati po, poklicati; **to ~ in** dostaviti, predložiti; **to ~ off** odposlati, spremiti koga; **to ~ up** posnemati; smešiti; **to ~ one's love** poslati prisrčen pozdrav

**sender** ['sendə(r)] pošiljatelj(ica); oddajnik

**senile** ['si:naɪl] senilen, starosten, starčevsko otročji; ostarel, starikav

**senior** ['si:nɪə(r)] starejši; višji po položaju; ki je v zadnjem letu študija; star navadno nad 18 let (šport); starešina

**sensation** [sen'seɪšn] občutek, vtis; razburjenje, govorice v javnosti

**sensational** [sen'seɪšənl] ki vzbuja veliko pozornost; zelo dober, izreden

**sense** [sens] čut, občutek; pomen, smisel; zaznavati, (ob)čutiti, slutiti; **common ~** razum, zdrava pamet; **~ of humour** smisel za humor; **out of one's ~s** ob pamet; **to come to ~s** spametovati se, priti k zavesti; **it makes ~** je razumljivo, logično; **to talk ~** pametno govoriti; **in a ~** v nekem pogledu

**senseless** ['senslɪs] nesmiseln, neumen; nezavesten, brezčuten

**sensibility** [ˌsensə'bɪlətɪ] občutljivost, čustvenost

**sensible** ['sensəbl] pameten, razumen, občutljiv, senzibilen

**sensitive** ['sensətɪv] senzitiven, čustven, občutljiv, tankočuten, čuteč; dovzeten za

**sensory** ['sensərɪ] čuten, senzoričen

**sensual** ['senšʊəl] senzualen, čuten; polten, nasladen

**sent** [sent] *glej* SEND*

**sentence** ['sentəns] stavek, (ob)sodba, razsodba, kazen; obsoditi, **life ~** kazen na dosmrtno ječo

**sententious** [sen'tenšəs] sentenčen, poln modrih misli; moder, poučen; jedrnat, zgoščen

**sentient** ['senšnt] občutljiv, čuteč

**sentiment** ['sentɪmənt] čustvo, občutje; sentimentalnost

**sentimental** [ˌsentɪ'mentl] (pretirano) čustven, sentimentalen

**sentinel** ['sentɪnl] straža; **to stand ~** stati na straži, stražiti

**sentry** ['sentrɪ] straža; **~ box** stražarnica

**separable** ['sepərəbl] ločljiv, deljiv, razstavljiv

**separate** ['seprət] oddeljen, oddvojen, ločen, posamezen; posebni odtis; ['sepəreɪt] ločiti (se), oddeliti (se), razdvajati; razdružiti, odcepiti (se)

**separately** ['seprətlɪ] posebej, posamezno

**separation** [ˌsepə'reɪšn] ločitev, odcepitev, ločenost; razveza (zakona)

**September** [sep'tembə(r)] september

**septennial** [sep'tenɪəl] sedemleten

**septic** ['septɪk] septičen, inficiran, gnoječ se; ~ **tank** septična jama, greznica

**sepulch|re**, *(Am)* ~**er** ['seplkə(r)] grob, grobnica

**sepulture** ['sepəlčə(r)] pokop, pogreb

**sequacious** [sɪk'weɪšəs] vodljiv, ubogljiv

**sequel** ['si:kwəl] nadaljevanje, posledica

**sequence** ['si:kwəns] zaporedje, zapovrstnost, sekvenca; scena (film); ~ **of tenses** *(gram)* sosledica časov

**sequent** ['si:kwənt] sledeč, zaporeden

**sequential** [sɪ'kwenšl] zaporeden, ki sledi; ki izvira, izhaja iz; sledeč, logičen

**sequestrate** ['si:kwestreɪt] zaseči, zapleniti; uradno določiti začasno upravljanje premoženja

**sequin** ['si:kwɪn] bleščica; okrasni novec (na obleki)

**seraph** ['serəf], *(pl tudi* ~**im)** angel

**Serb|ia** ['sɜ:rbɪə] Srbija; ~**ian** srbski; Srb(kinja); srbščina; ~ **Srb**

**serenade** [ˌserə'neɪd] podoknica; zapeti podoknico

**serene** [sɪ'ri:n] jasen, miren, veder

**serenity** [sɪ'renətɪ] jasnost, mirnost, vedrina

**serf** [sɜ:f] suženj, tlačan; ~**dom** suženjstvo, tlačanstvo

**serge** [sɜ:dž] serž (blago)

**sergeant** ['sɑ:džənt] narednik, stražmojster

**serial** ['sɪərɪəl] serijski, periodičen; serijski film, nadaljevanka; roman v nadaljevanjih; ~ **cableway** vzpenjača

**series** ['sɪəri:z] niz, serija, vrsta, zaporednost; TV igra *(ali* film) v nadaljevanjih

**serious** ['sɪərɪəs] resen, resnoben, premišljen, umirjen; pomemben, upoštevanja vreden

**sermon** ['sɜ:mən] pridiga; pridigati

**serpent** ['sɜ:pənt] kača

**serpentine** ['sɜ:pəntaɪn] vijuga, zavoj, rida; vijugati se, viti se

**serrated** [sɪ'reɪtɪd] nazobčan

**servant** ['sɜ:vənt] služabnik, sluga, hišna pomočnica; **civil** ~ uslužbenec državnih civilnih ustanov

**serve** [sɜ:v] služiti, delati za koga; (od)služiti kazen; opravljati učno dobo; (po)streči; servirati (tenis); ustrezati (namenu); **to** ~ **out** (po)razdeliti jedi, obroke; **to** ~ **up** prinesti (pripravljeno) hrano, pijačo na mizo; *S~s you right!* Prav ti je!

**service** ['sɜ:vɪs] ustanova za opravljanje različnih del, uslug, delavnica, služba, služenje, delo; postrežba; servís (jedilni, kavni); sêrvis (pri igrah z žogo); cerkveni obred; *(pl)* vojska, mornarica in letalstvo; natančno pregledati, vzdrževati v dobrem stanju; **civil** ~ civilna uprava; **public** ~**s** javne službe; ~ **charge** postrežnina; **~man** vojak, servisni tehnik; **~ station** bencinska črpalka s servisno službo; **to be of ~** biti koristen, uslužen; **to do a ~** narediti uslugo

**serviceable** ['sɜːvɪsəbl] uporaben, koristen, praktičen

**servile** ['sɜːvaɪl] hlapčevski, suženjski, klečeplazen

**servitude** ['sɜːvɪtjuːd] zasužnjenost, hlapčevstvo; **penal ~** prisilno delo

**session** ['sešn] zasedanje, konferenca, skupščina; učna ura; *(Br)* študijsko šolsko leto; *(Am)* polletje, semester

**set\*** [set] postaviti, namestiti; naravnati (uro); nastaviti (past); pogrniti (mizo); zaiti (sonce); urediti (lase); uglasiti (pesem); strditi se, sesiriti se (mleko); določiti; dati komu kaj za zgled; lotiti se; **to ~ free** (*ali* **at liberty**) izpustiti na svobodo; **to ~ about** lotiti se, začeti; **to ~ aside** dati na stran, opustiti načrt, razveljaviti odlok; **to ~ back** premakniti nazaj (uro), zadržati; **to ~ down** zapisati, pripisovati (čemu); **to ~ in** nastopiti, začeti se; **to ~ off** odpraviti se, kreniti, začeti; **to ~ on** naščuvati na, pripraviti do; **to ~ out** odpraviti se, kreniti; zamisliti se; načrtovati; razstaviti, pripraviti (blago za prodajo); podrobno razložiti; **to ~ up** zgraditi; pripraviti (projektor za uporabo); ustanoviti; postaviti (šotor,

rekord); povzročiti, dvigniti (hrup); oskrbeti; predložiti; uvesti

**set** [set] krog (ljudi, družbe), garnitura, niz, kolekcija; (TV, radijski) aparat; likovna oprema prizorišča (gledališče, film); določen, predpisan, konvencionalen, tog, ustaljen, stalen; **~back** poslabšanje, recidiva, zastoj, ovira; **~up** struktura organizacije; **political ~up** politični splet okoliščin

**settee** [se'tiː] kratka zofa, klop z naslonjalom

**setter** ['setə(r)] seter (pes)

**setting** ['setɪŋ] okolje, okolica, ozadje; okvir; vdelava (draguljev)

**settle** ['setl] plačati; poravnati (prepir); rešiti (vprašanje); nastaniti, namestiti (se); urediti; usedati se (prah); **to ~ down** umiriti se, ustaliti se; **to ~ for** zadovoljiti se s/z; **to ~ in** vseliti se, vživeti se; **to ~ on** odločiti se za; **to ~ up** poravnati račun

**settlement** ['setlmənt] naselbina, zaselek, kolonija; poravnava, odplačilo; dogovor, sporazum

**settler** ['setlə(r)] naseljenec, kolonist

**seven** ['sevn] sedem

**sevenfold** ['sevnfəʊld] sedemkratno; sedemkraten

**seventeen** [ˌsevn'tiːn] sedemnajst

**seventieth** ['sevntɪəθ] sedemdeseti

**seventy** ['sevntɪ] sedemdeset

**sever** ['sevə(r)] ločiti (se); pretrgati, prekiniti, prerezati

**several** ['sevrəl] nekateri, nekoliko, nekaj; posamičen, več (od njih); ~ **times** nekolikokrat, večkrat

**severally** ['sevrəlɪ] posamezno, individualno

**severe** [sɪ'vɪə(r)] strog, dosleden; oster (klima); težak (izpit); hud (udarec); velik (škoda)

**sew*** [səʊ] šivati; **to ~ on a button** prišiti gumb

**sewage** ['su:ɪdž, 'sju:ɪdž] odpadna voda, odplaka; ~ **works** čistilna naprava

**sewer** ['su:ə(r)] odtočni kanal; **main ~** zbiralni odtočni kanal; ~**age** kanalizacija

**sewing** ['səʊɪŋ] šivanje; ~ **machine** šivalni stroj

**sewn** [səʊn] *glej* SEW*

**sex** [seks] spol; ~ **appeal** spolna privlačnost, seksapil

**sextet(te)** [seks'tet] sekstet

**sexton** ['sekstən] cerkovnik, grobar

**sexual** ['sekšʊəl] spolen; ~ **intercourse** spolni odnos

**sexy** ['seksɪ] spolno privlačen

**shabby** ['šæbɪ] ponošen, oguljen; siromašno oblečen, beden; nizkoten, nelep (vedenje)

**shack** [šæk] koliba, lesena koča, kajža

**shackle** ['šækl] ovirati, vkleniti, natakniti komu okove; ovira; *(pl)* okovi, spone

**shade** [šeɪd] senca, hlad; odtenek; senčnik; zasenčiti, osenčiti; niansirati

**shadow** ['šædəʊ] senca (česa); trohica, malenkost; stalni spremljevalec, zasledovalec; namigniti na, nakazati; ~ **cabinet** *(Br)* vlada v senci; **five o'clock** ~ moška brada nekaj ur po britju

**shadowy** ['šædəʊɪ] (za)senčen, mračen, nejasen

**shady** ['šeɪdɪ] senčnat, sumljiv; ~ **side** slaba stran; **on the ~ side of forty** več kot štirideset let star

**shaft** [ša:ft] jašek; oje, gred, ojnica; žarek

**shag** [šæg] tobak za pipo; dolgodlaka tkanina; *(vulg)* imeti spolni odnos; ~**ged** zelo utrujen

**shaggy** ['šægɪ] dolgodlak, razmršen, košat, kosmat

**shake*** [šeɪk] tresti (se), drhteti, trepetati, pretresti, omajati (se); **to ~ hands** rokovati se; **to ~ off** otresti se, znebiti se (koga, česa); **to ~ up** zmešati s tresenjem, pretresti (blazino); ~-**-up** reorganizacija

**shakedown** ['šeɪkdaʊn] zasilno ležišče; temeljita preiskava; *(Am)* izsiljevanje; poskusna vožnja (let) nove ladje (letala)

**shaken** ['šeɪkən] *glej* SHAKE*

**shaky** ['šeɪkɪ] tresoč se, majav, nezanesljiv

**shale** [šeɪl] skrilavec

**shall*** [šæl, šəl] **I shall** bom; *I shan't let you go.* Ne bom te pustil oditi.; *You ~ do it.* Moraš to storiti.; *They ~ get the money in time.* Obljubljam,

da bodo pravočasno dobili
denar.; *S~ I close the door?* Ali
naj zaprem vrata?; *Whatever
~ I do?* Le kaj naj storim?

**shallow** ['šæləʊ] plitev, pu-
hel, površen

**sham** [šæm] hliniti, pretvar-
jati se; prevara, videz, farsa;
*~ patient* simulant

**shamble** ['šæmbl] racati, gu-
gati se; racanje

**shambles** ['šæmblz] popoln
nered, zmešnjava

**shame** [šeɪm] sram, sramota;
blamaža; sramovati se, čutiti
sram, osramotiti; *S~ on you!*
Sram te bodi!; *What a ~!* Ka-
kšna sramota (škoda)!; *~fa-
ced* ki izraža občutek sramu;
*~less* nesramen, brez sramu

**shampoo** [šæm'pu:] šam-
pon; umivanje las; nanašati
šampon na kaj

**shamrock** ['šæmrɒk] deteljni
list (irski narodni znak); vr-
sta detelje

**shandy** ['šændɪ] pivo z limo-
nado (napitek)

**shank** [šæŋk] krak, noga, go-
len, ročaj; *on ~'s pony* peš

**shanty** ['šæntɪ] kajža, bajta,
koliba; stara mornarska pe-
sem; *~ town* barakarsko
naselje

**shape** [šeɪp] oblika, lik, ka-
lup, struktura; (iz)obliko-
vati, formulirati, zasnovati,
prilagoditi; *in the ~ of (a
letter)* v obliki (pisma); *in
any ~ of form* v kakršnikoli
obliki; *in good (bad) ~* v do-
bri (slabi) formi; *out of ~* de-
formiran, skažen; *to lick (ali*

*knock) into ~* oklesati, ote-
sati, dati spodobno obliko;
*to take ~* izoblikovati se, re-
alizirati se; *to ~ up* dobiti
(dati) dokončno obliko

**shard** [šɑ:d] črepinja

**share** [šeə(r)] deliti (s kom),
porazdeliti med, imeti de-
lež, sodelovati; delež, del,
delnica, prispevek

**shareholder** ['šeəhəʊldə(r)]
delničar, akcionar

**shark** [šɑ:k] morski pes,
slepar

**sharp** [šɑ:p] koničast, oster;
pretkan, bister; živahen, hi-
ter; prediren, rezek; dober
(nos); povišan ali previsok
za pol tona; močan, izra-
zit; strog, zbadljiv; kisel-
kast (vino); točno, natančno,
nenadoma

**sharpen** ['šɑ:pən] nabrusiti,
naostriti (se), zbuditi tek

**shatter** ['šætə(r)] razbiti,
uničiti; zrahljati (živce),
pretresti

**shave** [šeɪv] briti (se); sko-
bljati, oblati (les); oplaziti;
britje; *It was a close ~.* Malo
je manjkalo (da ni prišlo do
nesreče).

**shaver** ['šeɪvə(r)] brivnik

**shavings** ['šeɪvɪŋz] ostružki,
opilki, oblanci

**she** [ši:] ona

**sheaf** [ši:f] snop, butara,
sveženj; povezati v snope,
butare

**shear*** [šɪə(r)] striči, ostriči
(ovce); ogoleti, oropati; *to ~
off* odstriči, odrezati

**shears** [šɪəz] velike škarje

**sheatfish** ['ši:tfɪš] som
**sheath** [ši:θ] tok, nožnica; pre-
zervativ, kondom
**sheathe** [ši:ð] vtakniti v tok;
etui
**shed** [šed] lopa, koča, baraka,
hlev, hangar; izgubiti (listje),
odvreči (rogovje), leviti se,
zgubljati dlako; **to ~ blood
(tears)** prelivati kri (solze);
**to ~ the light on** osvetliti kaj
**sheen** [ši:n] blesk, sijaj
**sheep** [ši:p] ovca, ovce; **black
~** garjeva ovca; **~dog** ov-
čarski pes; **~skin** ovčja ko-
ža, ovčji kožuh; pergament;
**~ish** bedast, v zadregi,
zmeden
**sheer** [šɪə(r)] čist, nepome-
šan; (zelo) strm, navpičen;
zelo tanek, fin (tkanina)
**sheet** [ši:t] rjuha, ponjava;
pola, list (papirja); plošča
(stekla, jekla); krtačni od-
tis; **~ anchor** zadnje upa-
nje, veliko rezervno sidro; **~
ice** gladka površina ledu na
cesti; **~ metal** pločevina; **~
music** note, ki so tiskane na
nevezanih polah
**shelf** [šelf] polica, regal;
vodoravna izbočina; **~ life**
rok uporabnosti prodajnega
blaga
**shell** [šel] lupina, skorja; lu-
ščina, strok; želvin oklep,
polževa hišica, školjka;
granata, mina; (o)lupiti,
(o)luščiti; bombardirati, ob-
sipati z izstrelki; **~fish** lu-
pinar; **to ~ out** potrošiti,
zapraviti
**shelter** ['šeltə(r)] zaklonišče,

zatočišče, zavetje; vedriti;
dati zatočišče, vzeti pod
streho, skriti; **~ed trade (in-
dustry)** (s carinami) zašči-
tena trgovina (industrija)
**shelve** [šelv] položiti na po-
lico; odložiti, odgoditi; pola-
goma se spuščati
**shepherd** ['šepəd] ovčar, pa-
stir; paziti, čuvati, voditi; **~'s
pie** mleto meso, pokrito s
krompirjevim pirejem
**shepherdess** [ˌšepə'des]
pastirica
**sheppy** ['šepɪ] tamar
**sherbet** ['šɜːbət] osvežujoča
pijača iz razredčenega sa-
dnega soka s sladkorjem in
dišavami
**sheriff** ['šerɪf] šerif
**sherry** ['šerɪ] šeri, vino iz
južne Španije
**shield** [ši:ld] ščit, ščitnik, za-
ščita; grb; ščititi, braniti
**shift** [šɪft] premakniti, pre-
mestiti, menjati (mnenje),
preložiti (odgovornost); pre-
mik, pomik; sprememba; iz-
mena, šiht; **~ key** vzvod za
velike črke (pisalni stroj)
**shifting** ['šɪftɪŋ] premikanje; **~
sand** živi pesek; **~ cultiva-
tion** selilno kmetijstvo
**shilling** ['šɪlɪŋ] šiling
**shilly-shally** ['šɪlɪ šælɪ] cin-
canje, oklevanje; oklevati,
cincati
**shimmer** ['šɪmə(r)] svetlikati
se; svetlikanje
**shin** [šɪn] golenica; **to ~ up**
splezati na (drevo, drog)
**shindy** ['šɪndɪ] kraval, glasna
zabava

**shine\*** [ʃaɪn] sijati, svetiti (se), blesteti, naloščiti; sijaj, lesk

**shingle** [ˈʃɪŋgl] skodla, prod; pokriti s skodlami

**shingles** [ˈʃɪŋglz] pasasti izpuščaj

**shiny** [ˈʃaɪnɪ] bleščeč, sijoč

**ship** [ʃɪp] ladja; vkrcati, natovoriti, naložiti na ladjo, poslati (blago) po vodni (ali kopni) poti; ~**building** ladjedelstvo; ~**ment** ladijski tovor, pošiljka; ~**per** pošiljatelj, špediter; ~**wreck** brodolom, razbitine ladje; doživeti brodolom; ~**yard** ladjedelnica; ~**shape** v (vzornem) redu, čeden, urejen

**shire** [ˈʃaɪə(r)] grofija

**shirk** [ʃɜːk] izmuzniti se (delu); zmuznè; ~**er** zabušant

**shirt** [ʃɜːt] (moška) srajca, športna bluza

**shiver** [ˈʃɪvə(r)] trepetati, drgetati, tresti se, drhteti; **to give somebody the ~s** močno prestrašiti koga

**shoal** [ʃəʊl] plitvina; množica, truma, vlak (rib)

**shock** [ʃɒk] šok, pretres, veliko presenečenje, osuplost; udarec, sunek, trzaj; čop las; šokirati, pretresti, presuniti, hudo prizadeti; vzbuditi veliko presenečenje, osuplost; ~ **absorber** amortizer, blažilec; ~ **worker** udarnik; ~**ing** škandalozen, ki vzbuja ogorčenje, zgražanje, nekvaliteten, zelo slab

**shod** [ʃɒd] *glej* SHOE\*

**shoddy** [ˈʃɒdɪ] slab, cenen

**shoe\*** [ʃuː] obuti (čevelj), podkovati (konja); čevelj; ~**horn** žlica za obuvanje; ~**lace** vezalka; ~**maker** čevljar; ~**shine** čistilec čevljev; ~**tree** kopito za čevlje; ~**string budget** skromna sredstva; **on a ~string** s par groši v žepu

**shone** [ʃɒn] *glej* SHINE\*

**shoo** [ʃuː] Ššš!; Stran!, Proč!; plašiti, odganjati

**shook** [ʃʊk] *glej* SHAKE\*

**shoot\*** [ʃuːt] streljati, ustreliti, izstreliti; šiniti; snemati (film); brsteti; streljanje; lov; poganjek; **to ~ down** sestreliti (letalo), ustreliti (koga); **to ~ up** hitro rasti; planiti, švigniti kvišku

**shooting** [ˈʃuːtɪŋ] streljanje; lov; ~ **gallery** strelišče; ~ **season** lovska sezona; ~ **star** zvezdni utrinek, meteor

**shop** [ʃɒp] trgovina, delavnica; (na)kupovati; ~ **assistant** prodajalec; ~ **floor** delavci (ne uprava); ~**keeper** trgovec (manjši); ~**lifting** kraja po trgovinah; ~ **steward** predstavnik delavcev v tovarni; ~~**window** izložba; ~~**soiled** umazan zaradi dolgega ležanja na polici (*ali* izložbi)

**shore** [ʃɔː(r)] obala, breg; **to go on ~** izkrcati se; *glej* SHEAR\*

**shorn** [ʃɔːn] zelo kratko postrižen; nizko pokošen; *glej* SHEAR\*

**short** [ʃɔːt] kratek, majhen; (*pl*) kratke hlače; ~ **circuit**

kratki stik; **~-cut** bližnjica; ~
**drinks** nerazredčene močne
alkoholne pijače; ~ **story** črtica, novela; **to be ~ of** ne
imeti, pogrešati; **to be ~ of
breath** biti zasopel, ob sapo;
**to be ~ with** someone biti
osoren s kom; **to cut the
long story ~** na kratko povedati; **to have a ~ temper**
biti nagle jeze; **to run ~ of**
zmanjkati; **~-lived** kratkotrajen; **~-term** kratkoročen;
~ **sighted** kratkoviden; **~ly**
kmalu; na kratko, osorno
**shortage** [ˈšɔːtɪdž] pomanjkanje, primanjkljaj
**shortbread, shortcake** [ˈšɔːtbred, ˈšɔːtkeɪk] drobljiv krhek kruh (kolač)
**shortcoming** [ˈšɔːtkʌmɪŋ]
pomanjkanje, hiba
**shortfall** [ˈšɔːtfɔːl] primanjkljaj, deficit, pomanjkanje
**shorten** [ˈšɔːtn] skrajšati (se)
**shorthand** [ˈšɔːthænd] stenografija; ~ **typist** stenodaktilograf, stenotipist
**shortish** [ˈšɔːtɪš] precej kratek, čokat
**shot** [šɒt] strel, izstrelek; met, udarec; fotografija, filmski posnetek; poskus; injekcija, doza (mamila); **~gun** šibrovka; **~ put(ter)** met(alec) krogle; *glej* SHOOT*
**should** [šʊd, šəd] I ~ moral bi; I **~n't** ne bi smel; *They ~ buy a new lock.* Morali bi kupiti novo ključavnico.; *He ~n't drink so much.* Ne bi smel toliko piti.; I ~ *say* rekel bi; *glej* SHALL*

**shoulder** [ˈšəʊldə(r)] rama, pleče; utrjen pas ob cesti; naprtiti si, prevzeti (odgovornost); preriniti se; **to give a cold ~** ignorirati; ~ **bag** naramna torbica; ~ **blade** lopatica, plečnica; ~ **strap** naramnica
**shout** [šaʊt] vpiti, klicati, kričati; klic, vzklik, krik; **to ~ down** prevpiti; **to ~ out** vzklikniti, zavpiti
**shove** [šʌv] poriniti, suniti; sunek; **to ~ off** odriniti
**shovel** [ˈšʌvl] lopata; lopatiti, metati z lopato, kopičiti, gomiliti, grmaditi
**show*** [šəʊ] pokazati, razstaviti, peljati, spremljati (koga), predvajati; predstava, razstava, revija; **to ~ (a)round** razkazati (hišo, tovarno); **to ~ in(to)** peljati noter, pripeljati v; **to ~ off** postavljati, ponašati se, razkazovati; **to ~ up** pojaviti se, priti; ~ **business** zabaviščna industrija; **~case** vitrina; **~down** odkrivanje (namer, dejstev, kart), odkrit spopad; **~piece** razstavni predmet; **~place** razstavni prostor, kraj z mnogimi znamenitostmi; **~room** razstavni prostor (soba, dvorana); **on** ~ razstavljen, na ogledu
**shower** [ˈšaʊə(r)] prha, ploha, naliv; prhati, tuširati (se), obsuti, padati kot dež; **~y** deževen, s pogostimi nalivi
**shown** [šəʊn] *glej* SHOW*
**shrank** [šræŋk] *glej* SHRINK*

**shred** [šred] razrezati na koščke, na drobno, raztrgati; košček, drobec, trohica

**shrew** [šru:] prepirljivka; rovka

**shrewd** [šru:d] bistroumen, pretkan, zvit

**shrewish** ['šru:ıš] prepirljiv, zadirčen

**shriek** [šri:k] krik (strahu, bolečine), vrišč; vreščati, kričati

**shrill** [šrıl] rezek, prodoren

**shrimp** [šrımp] garnela, morski rakec

**shrine** [šraın] svetnikov grob; skrinjica z relikvijami

**shrink*** [šrıŋk] skrčiti (se), uskočiti se; odskočiti, umakniti se

**shrivel** ['šrıvl] nagubati se, zgrbančiti se, oveneti

**shroud** [šraʊd] mrtvaški prt; odeti, zakriti v

**shrove** ['šrəʊv] *glej* SHRIVE*

**shrub** [šrʌb] grm(ičje)

**shrubbery** ['šrʌbərı] grmičje, grmičast nasad

**shrug** [šrʌg] skomigniti z rameni

**shrunk** [šrʌŋk] *glej* SHRINK*

**shrunken** ['šrʌŋkən] skrčen, zgubančen

**shuck** [šʌk] strok, luščina; luščiti, ličkati

**shudder** ['šʌdə(r)] tresti se (od strahu), zgroziti se; *I ~ to think of it.* Srh me spreleti, če samo pomislim na to.

**shuffle** ['šʌfl] mešati karte; pri hoji podrsavati z nogami, vleči noge za seboj; menjavati položaj, držo

**shun** [šʌn] izogibati se, bežati pred

**shunt** [šʌnt] premakniti, odložiti, oddaljiti se; ranžirati (vlak); spremeniti smer

**shut*** [šʌt] zapreti (se); **to ~ down** ustaviti delo; **to ~ off** zapreti dovod (vode, plina); **to ~ out** izključiti; **to ~ up** dobro zapreti, zakleniti; *S~ up!* Molči!, Jezik za zobe!

**shutdown** ['šʌtdaʊn] (začasna) ustavitev dela ali obratovanja tovarne

**shutter** ['šʌtə(r)] oknica, roleta; zaklopec, zaklep

**shuttle** ['šʌtl] letalo, ki vozi na stalni progi sem in tja; čolniček v šivalnem stroju, tkalski čolniček; **~cock** perjanica (pri badmintonu)

**shy** [šaı] boječ, plah, nezaupljiv; plašiti se, odskočiti (konj)

**sibilant** ['sıbılənt] sičnik; sičniški

**sick** [sık] bolan; naveličan; **to be ~** bruhati, slabo se počutiti; *It makes me ~.* Na bruhanje me sili., Gabi se mi.; **~ bay** bolniški oddelek na ladji; **~bed** bolniška postelja; **~leave** bolniški dopust; **~room** bolniška soba

**sicken** ['sıkən] zboleti, občutiti slabost; hirati; povzročiti stud, zastuditi se

**sickening** ['sıkənıŋ] ogaben, gnusen, priskuten

**sickle** ['sıkl] srp

**sickly** ['sıklı] bolehen, slaboten, nebogljen

**sickness** ['sıknıs] bolezen;

občutek slabosti; ~ **benefit**
bolniška podpora

**side** [saɪd] stran; bok; rob,
ploskev, pobočje; **to ~ with**
pridružiti se, držati s kom; **to**
**be on the safe ~** ničesar tve-
gati, previdnosti; **to take ~s**
opredeliti se; **~car** prikolica
pri motociklu; **~-effect** sprem-
ljajoči učinek, pojav; **~kick**
pomočnik; **~line** stranska
zaposlitev, zaslužek; **~ road**
stranska cesta; **~walk** ploč-
nik; **~ by ~** z ramo ob rami,
vštric; **~long** poševno, po-
strani; poševen

**sideboard** [ˈsaɪdbɔːd] omara
za namizno posodo, kre-
denca; *(pl)* zalizki

**sidle** [ˈsaɪdl] postrani hoditi;
**to ~ up** boječe se priplaziti

**siege** [siːdž] obleganje; oble-
gati; **state of ~** obsedno
stanje

**sieve** [sɪv] sito, cedilo, rešeto;
(pre)cediti, ocediti, presejati

**sift** [sɪft] presejati; pazljivo
pregledati

**sigh** [saɪ] vzdihniti, vzdiho-
vati; vzdih, vzdihljaj; **to ~**
**for** koprneti po

**sight** [saɪt] vid, pogled, pri-
zor; *(pl)* znamenitosti; za-
gledati, opazovati; **to ~-read**
brati na prvi pogled (peti
neposredno iz not) brez pri-
prave; **to catch ~ of** zagledati
koga; **to lose ~ of** izgubiti iz
vida, ne več videti; **at first**
**~** na prvi pogled; **by ~** na
videz; **in ~** v bližini, na do-
gledu; **out of ~** ki se ne vidi,
zunaj obzorja

**sightseeing** [ˈsaɪtsiːɪŋ] ogle-
dovanje ali obisk znameni-
tosti

**sign** [saɪn] znamenje, znak,
izvesek; *(comp)* predznak;
pomig, kretnja; podpisati,
pomigniti; **~ language deaf-**
**and-dumb ~s** sporazume-
valni znaki gluhonemih; **to ~**
**for** s podpisom potrditi pre-
jem česa; **to ~ off** odjaviti;
**to ~ on** prijaviti; **to ~ on/up**
podpisati delovno pogodbo,
postati vojak, vpisati se; **no**
**~ of** ne duha ne sluha

**signal** [ˈsɪgnəl] znak, signal;
dajati znake, signalizirati; **~**
**box** čuvajnica, kretniška hi-
šica; **~man** kretničar

**signatory** [ˈsɪgnətrɪ] podpis-
nik

**signature** [ˈsɪgnəčə(r)] pod-
pis; **~ tune** glasbeni signal
postaje (radijske, TV)

**signboard** [ˈsaɪnbɔːd] izve-
sek, napis

**signet** [ˈsɪgnɪt] pečat; **~ ring**
pečatni prstan

**significance** [sɪgˈnɪfɪkəns]
značilnost, važnost, po-
membnost; pomen

**significant** [sɪgˈnɪfɪkənt] zna-
čilen, važen, pomemben

**signify** [ˈsɪgnɪfaɪ] pomeniti,
biti važen

**signpost** [ˈsaɪnpəʊst] kažipot

**silage** [ˈsaɪlɪdž] silaža; spra-
viti v silos

**silence** [ˈsaɪləns] molk, mol-
čečnost, tišina, mir; utišati,
prisiliti k molku

**silencer** [ˈsaɪlənsə(r)] gluši-
lec, glušnik

**silent** ['saɪlənt] molčeč, tih, nem; ~ly potihoma

**silicon** ['sɪlɪkən] silicij

**silk** [sɪlk] svila, svilen; ~en svili podoben, svilnat (lasje); ~y svilnat, mehek, blag

**silkworm** ['sɪlkwɜːm] sviloprejka

**sill** [sɪl] okenska polica

**silly** ['sɪlɪ] bedast, neumen, prismuknjen, prismojen; the ~ season čas "kislih kumaric" (julij, avgust)

**silo** ['saɪləʊ] silos, veliko skladišče; silirati

**silt** [sɪlt] mulj, naplavina

**silver** ['sɪlvə(r)] srebro, srebrnina; jedilni pribor; srebrn denar; srebrnkast; zvonek (glas); ~smith izdelovalec srebrnine; ~ware srebrnina; ~-plated posrebren; *Every cloud has its ~ lining.* Vsaka nesreča prinese tudi nekaj sreče.

**similar** ['sɪmɪlə(r)] podoben, analogen

**similarity** [ˌsɪmə'lærətɪ] podobnost

**simile** ['sɪmɪlɪ] prispodoba, primera

**simmer** ['sɪmə(r)] počasi (se) kuhati, tiho vreti

**simper** ['sɪmpə(r)] bedasto se smehljati, režati se

**simple** ['sɪmpl] preprost, enostaven; lahek; nepotvorjen (resnica); bebast; ~-hearted prostodušen, iskren; ~-minded naiven, lahkoveren

**simpleton** ['sɪmpltən] bebec, budalo, bedak

**simplicity** [sɪm'plɪsətɪ] preprostost, enostavnost, neizumetničenost, naivnost

**simplification** [ˌsɪmplɪfɪ'keɪʃn] poenostavljenje

**simplify** ['sɪmplɪfaɪ] poenostaviti, olajšati

**simply** ['sɪmplɪ] samó, edino; preprosto, nekomplicirano

**simulate** ['sɪmjʊleɪt] posnemati, hliniti, pretvarjati se

**simulation** [ˌsɪmjʊ'leɪʃn] hlinjenje, pretvarjanje, simuliranje; ~ **model** umetno ustvarjeno okolje (v raziskovalne namene)

**simultaneity** [ˌsɪmltə'niːətɪ] sočasnost, istočasnost, hkratnost

**simultaneous** [ˌsɪml'teɪnɪəs] hkraten, istočasen; ~ly obenem, hkrati

**sin** [sɪn] greh, grešiti; **cardinal** ~ smrtni greh; **to live in** ~ živeti v divjem zakonu; ~ner grešnik

**since** [sɪns] od tedaj, odtlej, od, odkar, ker

**sincere** [sɪn'sɪə(r)] iskren, odkrit, odkritosrčen; **yours** ~ly vaš vdani

**sinecure** ['saɪnɪkjʊə(r)] donosna služba brez veliko skrbi (dela)

**sinew** ['sɪnjuː] kita, mišica; moč

**sinewy** ['sɪnjuːɪ] žilav, mišičast, močan

**sinful** ['sɪnfʊl] grešen, kriv

**sing*** [sɪŋ] peti, prepevati, žvrgoleti (ptice)

**singe** [sɪndʒ] osmoditi (se), pripaliti (se); lažja opeklina

**singer** ['sɪŋə(r)] pevec

**singing** ['sɪŋɪŋ] petje, prepevanje; žvrgolenje; ~ **voice** pevski glas

**single** ['sɪŋgl] posamezen, enojen; samski, neporočen; igra enega igralca proti enemu (tenis); **to ~ out** odbrati, izbrati; ~ **bed** postelja za eno osebo; ~ **room** enoposteljna soba; ~ **ticket** enosmerna vozovnica; ~~-breasted enoreden (suknjič); ~~-handed sam, brez tuje pomoči; ~~-minded usmerjen na en cilj

**singlet** ['sɪŋglɪt] (moška) majica

**singly** ['sɪŋglɪ] ločeno, individualno, brez pomoči

**singsong** ['sɪŋsɒŋ] enoglasno, enolično petje; improviziran koncert, skupno petje

**singular** ['sɪŋgjʊlə(r)] (gram) ednina; poedin, posamezen, nenavaden

**sinister** ['sɪnɪstə(r)] zlovešč, znaneč nesrečo

**sink\*** [sɪŋk] potoniti, potopiti; udirati, ugrezniti se; zmanjšati se, padati (cene, plače); zaiti (sonce); zadreti (nož, bodalo); pomivalno korito, (kuhinjski) izlivek, ponor; *My heart sank.* Srce mi je padlo v hlače.; *My spirit sank.* Pogum mi je upadel.

**sinner** ['sɪnə(r)] grešnik

**sinuous** ['sɪnjʊəs] vijugast, zverižen

**sip** [sɪp] srkljaj, požirek; srebati

**siphon** ['saɪfn] sifon, soda-vica; sesalna natega; izsesati, izčrpati

**sir** [sɜː(r)] gospod; S~ plemiški naslov

**sire** ['saɪə(r)] vaše veličanstvo; plemenski samec, žrebec; oče; zaploditi potomce (konjereja); biti oče

**sirloin** ['sɜːlɔɪn] ledvična pečenka

**sissy** ['sɪsɪ] slabič, pomehkuženec, "baba"

**sister** ['sɪstə(r)] sestra; oddelčna sestra (v bolnišnici); ~ **of charity** usmiljenka

**sister-in-law** ['sɪstə ɪn lɔː] svakinja

**sit\*** [sɪt] sedeti, zasedati; stati, ležati (stavba, knjiga); prilegati se, pristajati (obleka); **to ~ (for) an examination** (Br) opravljati izpit; **to ~ on a jury (commission)** biti član porote (komisije); **to ~ about** posedati; **to ~ back** umakniti se, biti neaktiven; **to ~ down** sesti; **to ~ in** biti zraven, sodelovati; **to ~ out** presedeti, vztrajati (sedé) do konca; **to ~ through** vztrajati od začetka do konca (predstave, koncerta); **to ~ up** ostati pokonci, bedeti, pokonci sedeti; **to ~ tight** ostati na svojem mestu, vztrajati pri stvari

**site** [saɪt] parcela, prizorišče, lega, položaj; stacionirati, namestiti, nastaniti

**sitter** ['sɪtə(r)] oseba, ki pozira slikarju, fotografu; ptič ali žival, ki jo je lahko ustreliti, lahek zadetek; kokoš, ki vali; **baby ~** oseba, ki varuje otroke v odsotnosti staršev

**sitting** ['sɪtɪŋ] sedenje, zasedanje, seja; poziranje; valjenje; jajca za nasad; **~ duck** lahko uničljiv cilj; **~-room** dnevna soba; **~ tenant** (sedanji) najemnik, zakupnik

**situate** ['sɪtjʊeɪt] postaviti (v določeno okolje, čas); **~d** postavljen, ležeč

**situation** [ˌsɪčʊ'eɪšn] situacija, položaj, stanje, lega; služba; **model ~** izbrana situacija; **S~s Vacant** ponudbe služb (v časopisu)

**six** [sɪks] šest, šestica; **at ~es and sevens** v popolnem neredu, zmešnjavi

**sixfold** ['sɪksfəʊld] šestkraten, šesteren; šestkratno

**sixpence** ['sɪkspəns] kovanec za šest penijev

**sixpenny** ['sɪkspənɪ] ki je vreden ali velja šest penijev; **a ~ stamp** znamka za šest penijev

**sixteen** [ˌsɪk'stiːn] šestnajst

**sixteenth** [sɪk'stiːnθ] šestnajsti; šestnajstina

**sixth** [sɪksθ] šesti; šestina

**sixtieth** [sɪk'stiːnθ] šestdeseti; šestdesetina

**sixty** ['sɪkstɪ] šestdeset

**size** [saɪz] velikost, dimenzija, format, mera, številka (obutve, obleke); **to cut someone down to ~** spraviti koga v zadrego, ponižati koga; **to ~ up** določiti velikost (težo), oceniti, presoditi

**siz(e)able** ['saɪzəbl] precejšen

**sizzle** ['sɪzl] cvrčati

**skate** [skeɪt] drsati se; drsalka; raža (riba); **~r** drsalec, kotalkar; **~board** rolka, podolgovata deščica s koleščki

**skating** ['skeɪtɪŋ] drsanje; **figure (speed) ~** umetnostno (hitrostno) drsanje; **roller ~** kotalkanje; **~ rink** drsališče

**skein** [skeɪn] povesmo, štrena

**skeleton** ['skelɪtn] okostje, okostnjak, ogrodje; okviren; **~ key** odpirač, vitrih; **~ in the cupboard** skrita družinska sramota, mučna tajnost

**skeptic** ['skeptɪk] *glej* SCEPTIC

**sketch** [skeč] skica, osnutek, oris, kratko (humoristično, satirično) odrsko delo; skicirati, opisati samo v glavnih črtah; **~book** skicirka, zvezek za skiciranje; **~y** le v glavnih potezah, naznačen, nepopoln

**skew** [skjuː] poševna ravnina, poševnost; poševno, postrani; poševen; poševno iti; nabosti (meso), zašpiliti klobaso; **~er** špila, kovinska paličica za nabadanje mesa

**ski** [skiː] smučati se; smučka; **~ jump** smučarska skakalnica; **~ lift** vlečnica; **~er** smučar

**skid** [skɪd] zdrsniti vstran, polzeti; **~dy** spolzek, drsen

**skiing** ['skiːɪŋ] smučanje; **cross-country ~** smučarski tek

**skilful**, (*Am*) **skillful** ['skɪlfl] spreten, vešč

**skill** [skɪl] spretnost, veščina, izkušenost

**skilled** ['skɪld] izučen, kvalificiran; izurjen, vešč

**skim** [skɪm] posneti (peno, smetano); oplaziti; na hitro prebrati, preleteti z očmi; **~med milk** posneto mleko

**skimp** [skɪmp] skopariti, stiskati, skrpucati; **~y** skop, pičel, skrpucan

**skin** [skɪn] koža, lupina, olupek; dati iz kože, odreti, olupiti, odrgniti si kožo; **by the ~ of one's teeth** za las, komaj; **~-flick** pornografski film; **~-deep** plitev, površen; **~-tight** tesno se prilegajoč (obleka); **~ny** suh, koščen

**skin-diving** ['skɪn daɪvɪŋ] športno potapljanje

**skinflint** ['skɪnflɪnt] skopuh, stiskač

**skip** [skɪp] poskakovati, skakljati, preskakovati (vrv), preskočiti; preskok; rudniško dvigalo v obliki kletke; *S~ it!* Pustimo to!

**skipper** ['skɪpə(r)] kapitan manjše ladje; kapetan moštva, ekipe

**skirmish** ['skɜːmɪš] spopad, praska; spopasti se

**skirt** [skɜːt] krilo, obrobek; obrobiti, obiti

**skit** [skɪt] parodija, satira; ironizirati (kaj)

**skittle** ['skɪtl] kegelj, *(pl)* kegljanje

**skive** [skaɪv] *(Br)* izogibati se delu, obveznostim

**skulk** [skʌlk] zabušant, zmuznè; (strahopetno) se skrivati, oprezovati, odtihotapiti se

**skull** [skʌl] lobanja; **~cap** lobanjski svod, okrogla čepica

**skunk** [skʌŋk] skunk, skunkovo krzno; popolnoma premagati

**sky** [skaɪ] nebo, nebesni svod; *(pl)* klima, podnebje; **~light** strešno ali stropno okno; **~line** obzorje, horizont; **pie in the ~** prazna obljuba; **~-high** zelo visoko; *The ~ is the limit.* Ni meje.

**skydiv|ing** ['skaɪdaɪvɪŋ] padalstvo; **~er** padalec

**skylark** ['skaɪlɑːk] škrjanec

**skyrocket** ['skaɪrɒkɪt] rasti z vrtoglavo hitrostjo (cene)

**skyscraper** ['skaɪskreɪpə(r)] nebotičnik

**slab** [slæb] debel kos (kruha, sira); kamnita plošča; prva z debla odžagana deska, krajnik

**slack** [slæk] mlahav (koža), ohlapen (del vrvi), medel, len; čas nazadovanja, mrtvila; *(pl)* dolge ženske hlače; popustiti pri delu, postati medel; **~ lime** gašeno apno

**slag** [slæg] žlindra

**slain** [sleɪn] *glej* SLAY*

**slake** [sleɪk] gasiti (apno), utešiti (žejo)

**slam** [slæm] treščiti s čim; zaloputniti

**slander** ['slɑːndə(r)] obrekovati, klevetati; obrekovanje, kleveta

**slanderous** ['slɑːndərəs] obrekljiv, opravljiv

**slang** [slæŋ] žargon, govorica posameznih poklicev, skupin

**slant** [slɑ:nt] poševnost, nagnjenost, nagib; tendenca, vidik; **to be ~ed** biti nagnjen, poševen, pristranski

**slap** [slæp] udarec (s plosko roko), klofuta; udariti (s plosko roko); potrepljati, ploskati; nenadoma, naravnost

**slapdash** ['slæpdæš] na hitro, površno opravljeno delo; zmašiti kaj skupaj, skrpucati

**slash** [slæš] raniti (z nožem, mečem), oplaziti, udrihati; drastično reducirati; ostro kritizirati; razporek (v obleki); **(5/1) five ~ one** pet skozi ena

**slat** [slæt] ozka (lesena, kovinska, plastična) letvica

**slate** [sleɪt] skrilavec, tablica ali opeka iz skrila; pokriti streho s ploščicami iz skrila

**slaughter** ['slɔ:tə(r)] zaklati, poklati; pokol; **~house** klavnica

**slave** [sleɪv] suženj; opravljati suženjska dela, biti suženj; biti podrejen, odvisen; **~ driver** priganjač sužnjev; **~ labour** prisilno delo; **~ trade** trgovina s sužnji

**slaver** ['slævə(r)] slina; sliniti se, pete lizati komu

**slavery** ['sleɪvəri] suženjstvo, hlapčevstvo

**slavish** ['sleɪvɪš] hlapčevski, klečeplazen; nesamostojen

**slay\*** [sleɪ] ubiti, poklati

**sledge** [sledž], *(Am)* **sled** [sled] sani; sankati se; **~hammer** kovaško kladivo

**sleek** [sli:k] gladek, mehek, lesketajoč se (lasje, krzno); sijoč od zdravja; sladkoben, polizan

**sleep\*** [sli:p] spati, mirovati, počivati; dati komu prenočišče; sen, spanje, spanec; **to go to ~** zaspati; **to put to ~** uspavati; **to ~ around** imeti spolno razmerje z različnimi partnerji; **to ~ off** prespati (bolečino); **to ~ with** imeti spolne odnose s/z

**sleeper** ['sli:pə(r)] kdor spi; spalni voz, spalnik; železniški prag; **to be a light (sound) ~** imeti rahlo (dobro) spanje

**sleeping** ['sli:pɪŋ] spanje; **~ bag** spalna vreča; **~ car** spalnik; **~ partner** tihi družabnik; **~ pill** uspavalo; **S~ Beauty** Trnuljčica

**sleepless** ['sli:plɪs] nespečen, buden; **~ night** prečuta noč

**sleepwalker** ['sli:pwɔ:kə(r)] mesečnik, sanjač

**sleepy** ['sli:pɪ] zaspan, dremav; **~head** zaspanè

**sleet** [sli:t] sodra, babje pšeno

**sleeve** [sli:v] rokav; ovitek (gramofonske plošče); **to have something up one's ~** imeti kaj za bregom

**sleigh** [sleɪ] sani; sankati se

**sleight** [slaɪt] spretnost, veščina; **~ of hand** spretnost izvajanja trikov (s prsti)

**slender** ['slendə(r)] slok, vitek, tanek

**slept** [slept] *glej* SLEEP\*

**sleuth(hound)** ['slu:θ-(haʊnd)] sledni pes; detektiv

**slew** [slu:] *glej* SLAY\*

**slice** [slaɪs] rezina; razrezati na rezine

**slick** [slɪk] gladek, spolzek; vešč, rafiniran; hitro, kot namazano; **oil** ~ oljni madež na vodi

**slide\*** [slaɪd] zdrsniti, polzeti, drseti; diapozitiv; steklo objektiva pri mikroskopu; drča, drsalnica

**slide rule** ['slaɪd ru:l] logaritemsko računalo

**sliding** ['slaɪdɪŋ] drsenje; drseč, premičen; ~ **scale** premična lestvica (za določanje davkov, plač)

**slight** [slaɪt] majhen, rahel, lahen, vitek; omalovaževati, zapostavljati

**slim** [slɪm] vitek, slok; nezadosten, pomanjkljiv; hujšati (namerno); ~**mer** kdor hujša

**slime** [slaɪm] sluz, (polževa) slina; mulj, blato

**slimy** ['slaɪmɪ] sluzast, muljast, lepek; zoprn, lizunski

**sling\*** [slɪŋ] zagnati, zalučati; frača; zanka, ramnica, preveza

**slink\*** [slɪŋk] odplaziti, odtihotapiti se; zapeljivo se gibati; tesno prilegajoč (obleka)

**slip** [slɪp] spodrsniti, zdrsniti; smukniti, skrivaj (se) vriniti; hitro obleči, sleči; spodrsljaj, napaka; listič (papirja); kombineža; **to** ~ **up** narediti napako; **to** ~ **one's mind** uiti iz spomina; **to give some-one the** ~ izmuzniti se; ~ **of tongue (pen)** govorna (pisna) napaka, spodrsljaj; ~

**road** (*Br*) uvoz (na), izvoz (z) avtoceste

**slipper** ['slɪpə(r)] copata, cokla

**slippery** ['slɪpərɪ] spolzek, gladek; nezanesljiv; kočljiv, težaven

**slipshod** ['slɪpʃɒd] zanemarjen, pošvedran

**slit\*** [slɪt] razparati (se), razrezati; razporek, razpoka, špranja

**slither** ['slɪðə(r)] spodrsniti, loviti ravnotežje

**sliver** ['slɪvə(r)] drobec, košček, mrvica, trska; razbiti (se) na koščke, cepiti (se)

**slob** [slɒb] lenuh, nemarnež

**slobber** ['slɒbə(r)] slina; solzava sentimentalnost; sliniti se; preveč se raznežiti

**slobbery** ['slɒbərɪ] slinast, vlažen

**sloe** [sləʊ] trnulja

**slog** [slɒg] trdo delati, mučiti se; naporno delo

**slogan** ['sləʊgən] geslo, parola, moto, krilatica

**slop** [slɒp] politi, razliti (se), pljuskati (v posodi); brozga, (*pl*) pomije, vsebina nočne posode, oplaka

**slope** [sləʊp] pobočje, strmina, klanec, nagib; biti nagnjen; poševno se spuščati

**sloppy** ['slɒpɪ] umazan, zanemarjen

**slot** [slɒt] reža, odprtina, špranja (za vlaganje kovancev, spuščanje pisem), žlebič, utor, zareza; ~ **machine** avtomat za prodajo cigaret, slaščic ali za hazardiranje

**sloth** [sləʊθ] lenoba, lenivec

**slouch** [slaʊč] s slabo držo telesa sedeti, stati ali hoditi

**slough** [slaʊ] močvirje, barje, mlaka

**slough** [slʌf] kačji lev; leviti se

**Slovak|ia** [sləʊ'vækɪə] Slovaška; ~ian slovaški; Slovak(inja); slovaščina; ~ Slovak

**Sloven|ia** [ˌsləʊ'viːnɪə] Slovenija; ~e slovenski; Slovenec, Slovenka; slovenščina

**slovenly** ['slʌvnlɪ] umazan, zanikrn

**slow** [sləʊ] počasen, len; malo inteligenten; slab (kupčija); zastajajoč (ura); **to ~ down** zmanjšati (čemu) hitrost, zavlačevati; ~**coach** (Br) počasne; ~**down** (Am) delavski protest z upočasnitvijo delovnega procesa; ~ **motion (film)** s časovno lupo posnet film

**slow-witted** ['sləʊ wɪtɪd] topoglav, slaboumen

**sludge** [slʌdž] blato, brozga

**slug** [slʌg] polž slinar; požirek (močne alkoholne pijače); močno udariti ali zadeti s pestjo

**sluggish** ['slʌgɪš] len, počasen

**sluice** [sluːs] zatvornica, zapornica

**slum** [slʌm] siromašni del mesta; zloglasna četrt

**slumber** ['slʌmbə(r)] spanje, dremež; dremati, spati

**slumberous** ['slʌmbərəs] uspavajoč, zaspan

**slump** [slʌmp] nepričakovan padec cen, kriza

**slung** [slʌŋ] glej SLING*

**slunk** [slʌŋk] glej SLINK*

**slur** [slɜː(r)] zlobno podtikanje, blatenje; nejasno izgovarjati, požirati zloge, besede

**slush** [slʌš] plundra; ~y pokrit z vodenim snegom; romantičen, sentimentalen

**slut** [slʌt] umazana babnica, deklina

**sly** [slaɪ] lokav, zvit, pretkan, prebrisan

**smack** [smæk] prisoliti zaušnico, oklofutati, oplaziti; mlaskniti, cmokniti, tleskati z jezikom (bičem); imeti okus po, dišati po; spominjati na; udarec s plosko roko, klofuta; tleskanje; glasen poljub; zadah po; sled

**small** [smɔːl] majhen, neznaten, droben; ~ **ads** mali oglasi; ~ **arms** ročno orožje; ~ **change** drobiž; ~ **fry** nepomembni ljudje; ~ **hours** prve ure po polnoči; ~ **screen** televizija; ~ **talk** kramljanje, pogovor o nevažnih stvareh; ~~**minded** ozkosrčen; ~~**scale** v majhnem obsegu; ~~**time** majhen, lokalen, tretjerazreden

**smallholding** ['smɔːlhəʊldɪŋ] (intenzivno obdelano) majhno posestvo

**smallpox** ['smɔːlpɒks] (med) koze, osepnice

**smart** [smɑːt] čeden, eleganten, urejen; (Am) bister, inteligenten; oster (bolečina), hud (udarec); zelo boleti, globoko občutiti grajo, neprijaznost; prizadeti bolečino, žalost; ~ **money** odškodnina za prestane bolečine

**smash** [smæš] treščiti, raztreščiti (se), razliti, streti (se); trčenje (avto); **to ~ up** popolnoma razbiti, uničiti; **~-and-grab** vlom v izložbeno okno; **~ing** zelo uspel, imeniten, "prima"

**smatter** ['smætə(r)] površno se ukvarjati, površno poznati (vedeti)

**smear** [smɪə(r)] bris, zmazek, kleveta; umazati, očrniti koga; ~ **campaign** premišljeno klevetanje

**smell\*** [smel] vohati, zaduhati, dišati; **to ~ a rat** zaslutiti nevarnost; vonj, duh, voh, smrad

**smelly** ['smelɪ] smrdljiv

**smelt** [smelt] taliti, topiti; *glej* SMELL\*

**smile** [smaɪl] smehljaj, nasmešek; smehljati se, nasmehniti se

**smirk** [smɜːk] bedasto se smehljati, režati se; režanje

**smite\*** [smaɪt] udariti, uničiti, kaznovati

**smith** [smɪθ] kovač; ~**y** kovačnica

**smitten** ['smɪtn] *glej* SMITE\*

**smock** [smɒk] delovna obleka, halja

**smog** [smɒg] smog; zmes prahu, dima in izpušnih plinov v ozračju

**smoke** [sməʊk] dim; kaditi (se), prekaditi, z dimom pre-

gnati; ~**r** kadilec; oddelek za kadilce; ~**screen** dimna zavesa, umetna megla; ~**stack** dimnik (tovarne, ladje)

**smoking** ['sməʊkɪŋ] kajenje, prekajevanje, zadimljenje; ~ **car (carriage)** vagon za kadilce; *No ~.* Prepovedano kajenje.; *Do you mind my ~?* Smem kaditi?

**smooch** [smuːč] poljubljati se; plesati tesno objet

**smooth** [smuːð] gladek, mehek, voljan; prijeten, eleganten; prilizljiv, hinavski; gladiti, poravnati; olajšati; **to ~ away** odstraniti težave, izgladiti nasprotja; **to ~ out** izgladiti (gubo), odstraniti; **to ~ over** olepšati, prikriti (napako), omiliti

**smote** [sməʊt] *glej* SMITE\*

**smother** ['smʌðə(r)] (za)dušiti (se), zadaviti, potlačiti

**smoulder**, (*Am*) **smolder** ['sməʊldə(r)] tleti, kaditi se

**smudge** [smʌdž] madež; umazati (se), omadeževati (se)

**smudgy** ['smʌdžɪ] umazan, popackan

**smuggle** ['smʌgl] tihotapiti

**smuggler** ['smʌglə(r)] tihotapec

**smut** [smʌt] opolzka zgodba (beseda, dovtip), kvantanje; sajast madež; snet (na žitu)

**smutty** ['smʌtɪ] opolzek, kvantaški, nespodoben; sajast; snetiv (žito)

**snack** [snæk] prigrizek, južina; ~ **bar** okrepčevalnica, bife

**snag** [snæg] manjša težava, ovira, skrita nevarnost; zatakniti se ob oster predmet in si strgati kaj

**snail** [sneɪl] polž

**snake** [sneɪk] kača; viti, zvijati se kot kača; ~ **charmer** krotilec kač

**snap** [snæp] hlastniti, hitro (se) sprožiti, zaklopiti, zaskočiti se, zgrabiti, naglo poseči po; zadreti se nad kom; narediti posnetek brez pripravljanja; posnetek, tlesk, zapiralo; nagel, bliskovit; **to ~ one's fingers** tleskati s prsti; **to ~ up** hlastno pograbiti; *S~ out of it!* Nehaj s tem!; ~ **fastener** pritiskač (gumb); **~shot** priložnostna fotografija, posnetek

**snapdragon** ['snæpdrægən] *(bot)* njivski odolin

**snappy** ['snæpɪ] eleganten, moden; razdražljiv, nataknjen; živahen, energičen; *Make it ~!* Napravi(te) (to) hitro!

**snare** [sneə(r)] zanka, past; **to lay a ~** nastaviti zanko; ujeti v past ali zanko

**snarl** [snɑːl] renčati, zobe kazati; (za)godrnjati, nahruliti koga; **~~up** zmešnjava, zmeda

**snatch** [snæč] pograbiti, zgrabiti, iztrgati; košček, drobec, odlomek

**sneak** [sniːk] priplaziti, odplaziti se; zmakniti kaj, (skrivaj) vtihotapiti; tožariti (v šoli); *(Br)* tožljivec; ~ **preview** (neuradno) prvo predvajanje, ogled (filma, razstave)

**sneakers** ['sniːkəz] lahki (telovadni, teniški) čevlji

**sneaky** ['sniːkɪ] potuhnjen, hinavski

**sneer** [snɪə(r)] rogati se, posmehovati se; smešenje, roganje

**sneeze** [sniːz] kihati; kihanje

**snicker** ['snɪkə(r)] hihitati se; hihitanje

**sniff** [snɪf] vohati, (p)ovohati; vdihniti, smrkati; **to ~ at** namrdniti se ob čem; **to ~ out** izvohati

**sniffy** ['snɪfɪ] prezirljiv, zmrdljiv

**snip** [snɪp] striči, odrezati

**snipe** [snaɪp] kritizirati, napadati koga; streljati iz zasede; močvirska sloka, kljunač

**sniper** ['snaɪpə(r)] ostrostrelec

**snivel** ['snɪvl] smrkelj; cmerjenje; cmeriti se; biti smrkav

**sniveller** ['snɪvlə(r)] cmera, solzav licemerec

**snob** [snɒb] snob; **~bish** snobovski

**snooker** ['snuːkə(r)] vrsta biljarda

**snoop** [snuːp] biti radoveden, vohljati okoli

**snooze** [snuːz] dremež, kratko spanje; zakinkati, zadremati

**snore** [snɔː(r)] smrčati; smrčanje

**snorkel** ['snɔːkl] cev za zrak (potapljač, podmornica)

**snort** [snɔːt] prhati (konj),

sikati (parni stroj), brneti (motor); puhati, izražati negodovanje

**snot** [snɒt] smrkelj; ~ty smrkav; domišljav, nadut

**snout** [snaʊt] gobec, smrček, rilec; kljun (posode)

**snow** [snəʊ] sneg; snežiti; kepati se; hitro rasti, razvijati se; ~**ball** snežna kepa; ~**drift** snežni zamet; ~**fall** snežne padavine; ~**flake** snežinka; ~**line** meja večnega snega; ~**man** sneženi mož; ~**plough** snežni plug; ~**shoes** krplje; ~**storm** snežni metež, vihar; **to be** ~**bound** biti zameten, odrezan zaradi snega; **to be** ~**ed in** (ali up) biti zasnežen, zasut s snegom; **to be** ~**ed under** biti do glave zasut z delom; biti premagan z veliko večino (volitve); ~**y** snežen, zasnežen

**snowdrop** ['snəʊdrɒp] zvonček (roža)

**snow-white** ['snəʊ waɪt] snežno bel; S~ W~ Sneguljčica

**snub** [snʌb] ozmerjati, žaliti; ne pozdraviti (koga); osorno zavrniti; ~**-nosed** ki ima zafrknjen (zavihan) nos

**snuff** [snʌf] njuhati, utrniti (svečo), zadušiti (odpor), podreti (upanje); njuhanec, ožgani stenj pri sveči

**snuffers** ['snʌfəz] (pl) utrinjač

**snuffle** ['snʌfl] smrkati, nosljati

**snug** [snʌg] udoben, topel, prijeten; tesno se oprijemajoč (obleka)

**snuggle** ['snʌgl] stisniti (se), priviti (se)

**so** [səʊ] tako, torej, zato, potemtakem; ~ **far** doslej; ~**-and-**~ tako ali tako; neki, ta in ta; **a mile or** ~ približno ena milja; **even** ~ celó v tem primeru, celo tako; **ever** ~ še tako; **and** ~ **on** in tako dalje; ~ **many** tako mnogi, toliki; ~ **much** toliko, v tolikšni meri; **and** ~ **is he** in on tudi; **I think** ~ mislim da; ~ **to speak** tako rekoč; S~ **long.** Na svidenje.; S~ **sorry.** Oprostite.

**soak** [səʊk] namočiti (se), namakati (se), prepojiti; kronični pijanec, alkoholik; **to** ~ **up** vpijati, absorbirati; izmolsti kaj iz koga; ~**ing wet** popolnoma premočen, zelo moker

**soap** [səʊp] milo; namiliti (se); ~**box** improviziran govorniški oder; ~**flakes** milni kosmiči; ~ **opera** sentimentalna (TV) nadaljevanka; ~**suds** milnica; ~**y** milnat, dobrikav

**soar** [sɔː(r)] poskočiti, dvigniti se (cene); vzleteti, poleteti proti nebu; plavati, lebdeti (v zraku), leteti (z ugasnjenim motorjem)

**sob** [sɒb] krčevito jokati, hlipati; ~ **story** zgodba s čustveno vsebino

**sober** ['səʊbə(r)] trezen; razumen, razsoden, zdrave pameti, uravnovešen; hladnokrven; **to** ~ **down** strezniti se

**sobriety** [sə'braɪətɪ] treznost, razumnost, zmernost

**soccer** ['sɒkə(r)] nogomet

**sociable** ['səʊšəbl] družaben, prijateljski

**social** ['səʊšl] družben, družaben; ~ **climber** oseba z družbenimi ambicijami; ~ **democrat** socialni demokrat; ~ **life** družabno življenje; ~ **order** družbeni red, sistem; ~ **science** družboslovje, sociologija; ~ **security** socialno varstvo; ~ **welfare** socialno skrbstvo; ~ **worker** socialni delavec

**socialism** ['səʊšəlɪzm] socializem; **scientific** ~ znanstveni socializem

**socialist** ['səʊšəlɪst] socialističen; socialist(ka)

**social|ize**, **~ise** ['səʊšəlaɪz] socializirati, podružbljati

**society** [sə'saɪətɪ] družba, društvo; **classless** ~ brezrazredna družba

**sociology** [ˌsəʊsɪ'ɒlədʒɪ] sociologija, družboslovje

**sock** [sɒk] kratka nogavica; **to pull up one's ~s** zavihati rokave, pljuniti v roke

**socket** ['sɒkɪt] sklepna ponvica; očesna jamica; okrov žarnice; podnožje elektronke; vtikalna doza, priključna pušica

**sod** [sɒd] (fig) svinja, falot; težko opravilo, naloga; vrhnja plast zemlje z rastlinjem, ruša; S~ **off!** Izgini!, Poberi se!

**soda** ['səʊdə] soda, sodavica; ~ **fountain** (Am) lokal, v

katerem strežejo z brezalkoholnimi pijačami in sladoledom; ~ **water** sodavica, mineralna voda

**sodden** ['sɒdn] zelo moker, premočen; namočen

**sodium** ['səʊdɪəm] natrij

**sofa** ['səʊfə] zofa; ~ **bed** raztegljiva zofa, ki rabi tudi za posteljo

**soft** [sɒft] mehek; upogljiv; popustljiv, mil; blag (podnebje); gladek (koža); lahen (veter); miren, nekričeč (barva); **to have a** ~ **spot for someone (something)** koga (kaj) imeti posebno rad; **to ~-pedal** ublažiti, stišati; **to ~-soap** laskati komu, dobrikati se; ~ **currency** nekonvertibilna valuta; ~ **drink** brezalkoholna pijača; ~ **drug** "mehka", manj nevarna droga; ~ **furnishings** blazine, zavese, prevleke in senčniki; ~ **landing** mehko pristajanje (vesoljska ladja); ~ **option** alternativa, ki obeta manj dela, nevšečnosti; ~ **palate** mehko nebo v ustih; ~**ware** (comp) programska oprema; ~**wood** mehek les; ~**-boiled** mehko kuhan; ~**-hearted** mehkega srca, sočuten; ~**-spoken** ljubezniv, prijazen; ~y slabič; tepček

**soggy** ['sɒgɪ] razmočen, namočen

**soil** [sɔɪl] tla; (orna) zemlja, (domača) gruda; umazati (se); ~ **erosion** erozija prsti

**sojourn** ['sɒdžən] začasno

(kratko) bivanje; bivati krajši čas, muditi se

**solace** ['sɒlɪs] tolažba; tolažiti

**solar** ['səʊlə(r)] sončen; ~ **plexus** *(med)* sončni pletež

**sold** [səʊld] *glej* SELL*

**solder** ['sɒldə(r)] spajkati, variti, lotati; spajka, lot

**soldier** ['səʊldžə(r)] vojak; služiti vojaščino

**sole** [səʊl] podplat; morski list (riba); sam, edin; podplatiti, templjati

**solely** ['səʊllɪ] edino, samo

**solemn** ['sɒləm] svečan, slavnosten, slovesen

**solemnity** [sə'lemnətɪ] svečanost, slavje, slovesnost

**solemn|ize, ~ise** ['sɒləmnaɪz] svečano proslaviti

**solicit** [sə'lɪsɪt] prositi, moledovati, potegovati se

**solicitor** [sə'lɪsɪtə(r)] odvetnik (s pravico braniti na nižjem sodišču), notar; *(Am)* trgovski potnik; agent, agitator (volitve); **S~ General** drugi najvišji državni pravnik; *(Am)* namestnik pravosodnega ministra

**solicitous** [sə'lɪsɪtəs] pozoren, zelo si prizadevajoč

**solicitude** [sə'lɪsɪtjuːd] skrb, prizadevnost

**solid** ['sɒlɪd] trden (netekoč), kompakten, čvrst, nepretrgan, strnjen; pristen, pravi; dober, dostojen, zanesljiv; zmeren, primeren; trdno telo

**solidarity** [ˌsɒlɪ'dærətɪ] solidarnost, vzajemna pomoč, medsebojna povezanost

**solidify** [sə'lɪdɪfaɪ] strditi, zgostiti (se)

**soliloquy** [sə'lɪləkwɪ] samogovor, monolog

**solitary** ['sɒlɪtrɪ] sam, samotarski, osamljen, posamezen; puščavnik; ~ **confinement** zapor v samici

**solitude** ['sɒlɪtjuːd] samota, osamljenost

**soloist** ['səʊləʊɪst] solist(ka)

**solstice** ['sɒlstɪs] sončni obrat, solsticij

**soluble** ['sɒljʊbl] topljiv, raztopljiv

**solution** [sə'luːšn] raztopina, razrešitev

**solve** [sɒlv] razrešiti, razvozlati

**solvent** ['sɒlvənt] plačilno sposoben; (raz)topilo

**sombre** ['sɒmbə(r)] mrk, temen

**some** [sʌm, səm] nekaj, nekoliko, približno; nekateri, neki; nekak; **at ~ time or other** prej ali slej; ~ **day** nekega dne; ~ **of it** nekaj tega; ~ **of them** nekateri od njih; ~ **more** še nekaj (česa); **to ~ extent** do neke mere

**somebody** ['sʌmbədɪ] nekdo; važna oseba

**somehow** ['sʌmhaʊ] nekako

**someone** ['sʌmwʌn] nekdo

**somersault** ['sʌməsɔːlt] prekuc, kozolec; prevračati kozolce

**something** ['sʌmθɪŋ] nekaj

**sometime** ['sʌmtaɪm] nekoč, nekdaj; enkrat (v prihodnosti), ob priliki; nekdanji, prejšnji

**sometimes** ['sʌmtaɪmz] vča-
sih
**someway** ['sʌmweɪ] nekako,
na nek način
**somewhat** ['sʌmwɒt] do ne-
ke mere, nekoliko
**somewhere** ['sʌmweə(r)] ne-
kje, nekam, ponekod
**somnolent** ['sɒmnələnt] za-
span, dremav
**son** [sʌn] sin; ~ny sinko; the
S~ Sin (drugi v sv. Trojici); ~
of a bitch pesjan, lopov
**sonar** ['səʊnɑ:(r)] sonar, pri-
prava za odkrivanje pred-
metov pod vodo z ultra-
zvokom
**sonata** [sə'nɑ:tə] sonata
**song** [sɒŋ] pesem (za pe-
tje); **folk-~** narodna pesem;
~bird ptica pevka; to make
a ~ and dance (about some-
thing) zagnati vik in krik
(zaradi česa); for a ~ zelo
poceni, skoraj zastonj
**sonic** ['sɒnɪk] zvočen, zve-
neč; ~ barrier zvočni zid; ~
boom močan pok pri prebi-
tju zvočnega zidu
**son-in-law** [sʌnɪnlɔ:] zet
**sonorous** ['sɒnərəs, sə'nɔ:-
rəs] zveneč, zvonek
**soon** [su:n] kmalu, v krat-
kem; zgodaj; hitro; as ~ as
brž ko
**soot** [sʊt] saje, čad; umazati s
sajami
**soothe** [su:ð] pomiriti, ute-
šiti, olajšati
**sooty** ['sʊtɪ] sajast, umazan
**sop** [sɒp] (skušati) koga po-
miriti, podkupiti; manjša
podkupnina, pomirilo; to ~

up popiti, pobrisati razlito
tekočino; namočiti (kruh)
**sophisticated** [sə'fɪstɪkeɪtɪd]
prefinjen, rafiniran, visoko
razvit (okus), izkušen, ugla-
jen, kultiviran; kompliciran,
spopolnjen, dovršen (stroj)
**soporific** [ˌsɒpə'rɪfɪk] uspa-
valen
**soppy** ['sɒpɪ] pretirano
sentimentalen
**soprano** [sə'prɑ:nəʊ] sopran
**sorbet** ['sɔ:beɪ, 'sɔ:bət] glej
SHERBET
**sorcer|er** ['sɔ:sərə(r)] čarov-
nik; ~ess čarovnica
**sorcery** ['sɔ:sərɪ] čarovništvo,
čaranje
**sordid** ['sɔ:dɪd] umazan,
moreč, zoprn; nepošten,
nemoralen
**sore** [sɔ:(r)] ranjeno me-
sto, rana, vnetje; skrb, te-
žava, jeza; boleč, poln ran,
vnet, občutljiv; skrajen (sti-
ska, sila); ~ about some-
thing jezen, žalosten, vzne-
mirjen zaradi česa
**sorrow** ['sɒrəʊ] žalost, bolest,
tegoba; žalostiti se, žalovati
**sorrowful** ['sɒrəʊfl] žalosten,
bolesten
**sorry** ['sɒrɪ] obžalujoč, ža-
losten; slab; S~! Oprostite!,
Pardon!; So ~! Obžalujem!,
Žal mi je!; Very ~. Zelo mi
je žal., Oprostite.; to be ~
about obžalovati kaj; I feel ~
for her. Smili se mi.
**sort** [sɔ:t] sorta, zvrst, vr-
sta; sortirati, prebirati; to ~
out razvrstiti, odbrati; re-
šiti (problem); ~ of nekak(o);

nothing of the ~ nič takega;
**out of ~s** čemeren, bolan,
slabe volje

**so-so** [ˌsəʊˈsəʊ] ne ravno do-
bro, tako tako

**sot** [sɒt] pijanec

**sought** [sɔːt] **~-after** po kate-
rem je veliko povpraševanje,
iskan; *glej* SEEK\*

**soul** [səʊl] duša; **~ful** ču-
stven; **~less** brezčuten, brez-
dušen; ~ **music** vrsta glasbe
ameriških črncev

**sound** [saʊnd] zvok, glas,
ton; sonda; svinčnica; zve-
neti, razlegati se; zdeti se;
meriti, preiskovati dno (glo-
bino); zdrav, čil, preudaren,
zanesljiv; **to ~ the alarm** dati
znak za alarm; **to ~ out** pre-
tipati, skušati zvedeti sta-
lišče kake osebe; **to be ~
asleep** trdno spati; ~ **barrier**
zvočni zid; ~ **effect** zvok,
ki spremlja dogajanje; uči-
nek, ki ga zvok doseže (ra-
dio, TV); **~track** tonski trak
(film), zvočni zapis; **~proof**
neprepusten za zvok

**sounding** [ˈsaʊndɪŋ] zve-
neč, impozanten; sondira-
nje, merjenje globine; ~ **bo-
ard** naprava za odbijanje
zvoka

**soup** [suːp] juha; **~-plate** kro-
žnik za juho, globoki kro-
žnik; **~-tureen** jušnik; **in the
~** v škripcih, v težavah; **pea
~** grahova juha

**sour** [ˈsaʊə(r)] kisel, čemeren,
slabe volje; skisati (se), oki-
sati; zagreniti, spraviti koga
v slabo voljo

**source** [sɔːs] vir, izvor, za-
četek, izvir (reke), poreklo,
glavni vzrok

**souse** [saʊs] razsol, naso-
ljeno meso, marinada

**south** [saʊθ] jug; južen

**south-east** [ˌsaʊθˈiːst] ju-
govzhod; jugovzhoden;
jugovzhodno

**south-eastern** [ˌsaʊθˈiːstən]
jugovzhoden

**southerly** [ˈsʌðəlɪ] južno,
proti jugu, južen

**southern** [ˈsʌðən] južen

**southerner** [ˈsʌðənə] južnjak

**southward(s)** [ˈsaʊθwəd(z)]
južno, na jug

**south-west** [ˌsaʊθˈwest] ju-
gozahod; jugozahodno

**south-western** [ˌsaʊθˈwes-
tən] jugozahoden

**souvenir** [ˌsuːvəˈnɪə(r)] spo-
minek

**sovereign** [ˈsɒvrɪn] vladar,
suveren, monarh; angleški
zlatnik za en funt; samosto-
jen, vrhoven, najvišji, ki po-
polnoma obvlada kako delo,
vzvišen, dostojanstven

**sovereignty** [ˈsɒvrəntɪ] po-
litična neodvisnost, suvere-
nost, samostojnost

**soviet** [ˈsəʊvɪət, ˈsɒvɪət] sov-
jet; sovjetski

**sow\*** [səʊ] sejati, posuti; **to ~
one's wild oats** izdivjati se
(v mladosti)

**sow** [saʊ] svinja

**sower** [ˈsəʊə(r)] sejalec; se-
jalni stroj

**sown** [səʊn] *glej* SOW\*

**soya bean**, *(Am)* soybean
[ˈsɔɪə biːn, ˈsɔɪ biːn] soja

**spa** [spɑ:] vrelec mineralne vode; toplice

**space** [speɪs] prostor; presledek, razmak; razdobje; **outer ~** vsemirje, vesolje; **to stare into ~** gledati v prazno, strmeti; **to ~ out** razporediti, pustiti razmak; **~ flight** polet v vesolje; **~man** vesoljec; **~port** pristajališče, vzletišče za vesoljske ladje; **~ship**, **~craft** vesoljska ladja; **~ station** vesoljska postaja; **~suit** vesoljska obleka

**spacious** ['speɪʃəs] prostoren, prostran, širen

**spade** [speɪd] lopata; pik (karte); lopatiti; **~work** pripravljalno delo

**spaghetti** [spə'getɪ] špageti

**Spa|in** [speɪn] Španija; **~nish** španski; Španec, Španka; španščina; **~niard** Španec

**span** [spæn] časovni razmak, razpon; pedenj; raztezati se, razpenjati se, obseči, zajeti; *glej* SPIN*

**spangle** ['spæŋgl] bleščica; okrasiti z bleščico

**spaniel** ['spænjəl] pes prepeličar

**spank** [spæŋk] našeškati, udariti; udarec

**spanking** ['spæŋkɪŋ] (na)šeškanje; sijajen, imeniten, hiter

**spanner** ['spænə(r)] (natikalni) ključ za vijake; **adjustable ~** francoz (orodje)

**spar** [spɑ:(r)] delati gibe obrambe (napada) s stisnjenimi pestmi (kot) pri boksanju; pričkati se; jadrnik, jamborni križ

**spare** [speə(r)] nadomesten, rezerven, prost, razpoložljiv; varčno uporabljati, prihraniti, dati na stran, odstopiti, lahko pogrešati, prizanesti (komu); **~ part (wheel)** nadomestni del (kolo); **~ room** soba za goste; **~ time** prosti čas

**sparing** ['spɑ:rɪŋ] varčen, zmeren, komaj zadosten; obziren, prizanesljiv

**spark** [spɑ:k] iskra; mrvica, trohica; iskriti se, metati iskre; podžgati, spodbuditi; **to ~ off** vžgati, sprožiti

**spark(ing)-plug** ['spɑ:k(ɪŋ) plʌg] svečka (motor); pobudnik

**sparkle** ['spɑ:kl] iskriti se, bleščati se; peniti se

**sparkling** ['spɑ:klɪŋ] iskriv, bleščeč; peneč se; **~ wine** peneče se vino

**sparrow** ['spærəʊ] vrabec

**sparse** [spɑ:s] redek, redko posejan

**spasm** ['spæzəm] krč

**spasmodic** [spæz'mɒdɪk] krčevit, trzav, sunkovit

**spat** [spæt] nizka moška gamaša; prepirček; *glej* SPIT*

**spate** [speɪt] naraščanje (vode); ploha (besed)

**spatial** ['speɪʃl] prostorski, vesoljski

**spatter** ['spætə(r)] poškropiti, obrizgati

**spawn** [spɔ:n] drstiti se, ploditi se; drst, ikre, zarod

**spay** [speɪ] skopiti, ojaloviti (samico)

**speak*** [spi:k] govoriti, pogovarjati se; imeti govor; **to ~ one's mind** povedati svoje mnenje; **to ~ out** (*ali* **up**) glasno govoriti, odkrito povedati, izjaviti; **to be on ~ing terms** ne biti sprt s kom; **so to ~** tako rekoč

**speaker** ['spi:kə(r)] govornik, govorec, spiker; zvočnik; S~ predsednik spodnjega doma angleškega parlamenta

**spear** [spɪə(r)] sulica, kopje, harpuna; bilka; preŏosti, nabosti

**spearhead** ['spɪəhed] biti na čelu (kolone, napada), voditi (kampanjo)

**spearmint** ['spɪəmɪnt] vrtna meta

**special** ['spešl] poseben, izjemen; **~ delivery** ekspresna dostava

**specialist** ['spešəlɪst] strokovnjak, specialist

**speciality,** (*Am*) **specialty** [ˌspešɪ'ælətɪ] posebnost, specialnost; specialiteta

**special|ize, ~ise** ['spešəlaɪz] specializirati (se); precizirati, natanko določiti; posebno se posvetiti

**species** ['spi:ši:z] vrsta, zvrst, sorta

**specific** [spə'sɪfɪk] poseben, svojevrsten, značilen, tipičen

**specification** [ˌspesɪfɪ'keɪšn] podroben opis, specifikacija

**specify** ['spesɪfaɪ] podrobno opisati, specificirati, označiti

**specimen** ['spesɪmən] vzorec, primerek, eksponat

**specious** ['spi:šəs] navidezen, slepilen, dozdeven

**speck** [spek] droben madež, pega, maroga, pikica; **~ of dust** drobec prahu

**speckle** ['spekl] pegica, pikica

**spectacle** ['spektəkl] slikovit (zanimiv) dogodek, dogajanje; (*pl*) očala

**spectacular** [spek'tækjələ(r)] slikovit, veličasten, sijajen, izreden

**spectator** [spek'teɪtə(r)] gledalec, opazovalec

**spec|tre,** (*Am*) **~ter** ['spektə(r)] prikazen, fantom, duh, prividi

**speculat|e** ['spekjʊleɪt] špekulirati, preračunljivo ravnati; **~or** špekulant

**speculation** [ˌspekjʊ'leɪšn] premišljevanje, razmišljanje; špekulacija

**speculative** ['spekjʊlətɪv] špekulativen, špekulantski, nezanesljiv (posel)

**sped** [sped] *glej* SPEED*

**speech** [spi:č] govor, govorjenje; sposobnost govora; jezik; **~ therapist** logoped; **~less** onemel, redkobeseden

**speed*** [spi:d] hiteti, drveti, hitro (kaj) opraviti; hitrost, brzina; **to ~ up** pospešiti, povečati hitrost (čemu); **~ limit** omejitev hitrosti; **~y** hiter, nagel

**speedboat** ['spi:dbəʊt] hitri motorni čoln

**speedometer** [spɪ'dɒmɪtə(r)] brzinomer, tahometer

**speedway** ['spi:dweɪ] spidvej, dirka z lahkimi motorji na posebni stezi

**speleology** [ˌspiːlɪˈɒlədʒɪ] jamoslovje, jamarstvo, speleologija

**spell** [spel] črkovati, pravilno pisati; pomeniti; kratko obdobje; urok, začaranost; **to be under someone's ~** biti očaran (prevzet) od koga; **to ~ out** natančno pojasniti, črkovati (besedo)

**spellbound** [ˈspelbaʊnd] uročen, očaran

**spelling** [ˈspelɪŋ] črkovanje; ~ **bee** tekmovanje v pravopisu

**spelt** [spelt] *glej* SPELL*

**spend*** [spend] potrošiti, porabiti (denar); prebiti, preživeti (čas); **to ~ a penny** iti na toaleto; **~ing money** žepnina

**spendthrift** [ˈspendθrɪft] zapravljivec; razsipen

**spent** [spent] *glej* SPEND*

**sperm** [spɜːm] sperma; semenčica

**spew** [spjuː] bruhati, bljuvati

**sphere** [sfɪə(r)] sfera, (delovno) področje; krogla, obla, svet; plast; ~ **of influence (interest)** vplivno (interesno) področje; **private (public) ~** zasebno (javno) področje

**spherical** [ˈsferɪkl] okrogel, sferičen

**sphinx** [sfɪŋks] sfinga, zagonetna oseba

**spice** [spaɪs] začimba, dišava; ščepec; začiniti, zabeliti (pogovor)

**spick-and-span** [ˌspɪk ənd ˈspæn] elegantni, kakor iz škatlice

**spicy** [ˈspaɪsɪ] začinjen, pikanten

**spider** [ˈspaɪdə(r)] pajek; ~'**s web** pajčevina

**spiel** [špiːl] dolg, na hitro pripravljen govor

**spigot** [ˈspɪgət] pipa, čep

**spike** [spaɪk] konica, ost, bodica, žebelj; klas; nabosti, pribiti

**spill*** [spɪl] razliti (se), izliti (se); raztresti (se); **to ~ the beans** izdati tajnost, vse priznati

**spilt** [spɪlt] *glej* SPILL*

**spin*** [spɪn] presti, sukati volno; hitro se obračati, vrteti se; postati omotičen; centrifugirati (perilo); ~ **drier** centrifuga

**spinach** [ˈspɪnɪdʒ] špinača

**spinal** [ˈspaɪnl] hrbteničen; ~ **column** hrbtenica; ~ **cord**, ~ **marrow** hrbtenjača, hrbtni mozeg

**spindle** [ˈspɪndl] vreteno, preslica; ~ **side** sorodstvo z ženske strani

**spine** [spaɪn] hrbtenica; hrbet knjige; trn, bodica; ~**less** brez bodic; omahljiv, nesiguren

**spinning** [ˈspɪnɪŋ] preja, predenje; ~ **wheel** kolovrat

**spinster** [ˈspɪnstə(r)] neporočena ženska, stara devica

**spiny** [ˈspaɪnɪ] bodičast, trnast; težaven

**spiral** [ˈspaɪərəl] spirala; spiralen

**spire** [ˈspaɪə(r)] koničast vrh zvonika (stolpa, drevesa); poganjati, dvigati se v višino

**spirit** ['spɪrɪt] duša, duh, prikazen, nadnaravno bitje; polet, pogum, življenjska volja, gonilna moč; smisel zakona; *(pl)* razpoloženje; močne alkoholne pijače; navdihniti, opogumiti; **in high (low, poor) ~s** dobre (slabe) volje

**spirited** ['spɪrɪtɪd] živahen, hiter, ognjevit, duhovit, smel

**spiritual** ['spɪrɪčʋəl] duhoven, duševen; cerkven; spiritual, črnska cerkvena pesem

**spit** [spɪt] raženj; nabosti na raženj

**spit\*** [spɪt] pljuvati, bruhniti iz sebe; pljunek, pljuvanje, slina

**spite** [spaɪt] jeza, srd, mržnja, zamera; ujeziti, kljubovati; **in ~ of** navzlic, kljub

**spiteful** ['spaɪtfl] zloben, hudoben, zahrbten

**spitfire** ['spɪtfaɪə(r)] ki bruha ogenj, vročekrvnež

**spittle** ['spɪtl] slina, pljunek

**spittoon** [spɪ'tu:n] pljuvalnik

**splash** [splæš] čofotati, pljuskati, pljusniti, oškropiti, obrizgati; pljusk, brizg, madež; **to ~ down** pristati na vodi (vesoljska ladja); **to ~ out** brezskrbno zapravljati denar; **to make a ~** zbuditi pozornost

**splatter** ['splætə(r)] poškropiti, pljuskniti; umazati

**spleen** [spli:n] vranica; slaba volja, napad besnosti

**splendid** ['splendɪd] sijajen, veličasten

**splendour**, *(Am)* **splendor** ['splendə(r)] sijaj, blišč

**splice** [splaɪs] splesti, spojiti dva konca (vrvi, filma); poročiti, povezati v zakon

**splint** [splɪnt] deščica za uravnavo zlomljenega uda

**splinter** ['splɪntə(r)] trska, iver, odkršek; razcepiti (se), razklati (se), razbiti na koščke; **~ group** frakcija

**split\*** [splɪt] cepiti (se), razklati (se), odcepiti (se), razdvojiti, raztrgati; razcep(itev), razkol, odcepitev; **to ~ the difference** sporazumeti se za kompromis; **to ~ hairs** dlakocepiti; **to ~ off** odcepiti, oddvojiti (se); **to ~ up** razdeliti (kaj); **~-level house** medetažna hiša; **~ personality** dvojna osebnost; **~ second** hipec, trenutek; **~ting headache** hud glavobol

**splodge, splotch** [splɒdž, splɒč] (velik) madež; narediti madeže

**splurge** [splɜ:dž] živeti prek svojih razmer; delati se važnega

**splutter** ['splʌtə(r)] momljati; momljanje

**spoil\*** [spɔɪl] pokvariti, napraviti neuporabno; razvajati, pokvariti (otroka, zabavo); *(pl)* dobiček, korist; **to ~ for** zelo si želeti, komaj čakati; **~sport** kdor kvari veselje, razpoloženje, sitnež

**spoilt** [spɔɪlt] *glej* SPOIL\*

**spoke** [spəʊk] napera, špica, lestvični klin; *glej* SPEAK\*

**spoken** ['spəʊkən] *glej* SPEAK\*

**spokesman** ['spəʊksmən] govornik, predstavnik, tolmač

**sponge** [spʌndž] goba; zastonjkar; umivati se, drgniti se z gobo; biti zastonjkar; **to ~ off** (*ali* **on**) **someone** živeti na tuj račun; **~ cake** biskvit, luknjičavo rahlo pecivo; **~y** gobast, luknjičav

**sponsor** ['spɒnsə(r)] pokrovitelj, porok, podpornik; prevzeti pokroviteljstvo, jamčiti, podpreti, pospeševati; **~ship** pokroviteljstvo, poroštvo

**spontaneity** [ˌspɒntə'neɪətɪ] spontanost, neprisiljenost

**spontaneous** [spɒn'teɪnɪəs] spontan, sproščen, naraven, ki nastane sam od sebe

**spoof** [spuːf] prevara; prevarati

**spook** [spuːk] duh, prikazen; strašiti

**spool** [spuːl] tuljava, motek; naviti

**spoon** [spuːn] žlica; zajemati z žlico; **to be born with a silver ~ in one's mouth** biti otrok bogatih staršev; **to ~-feed** pitati (otroka); razvajati, napraviti koga nesamostojnega; **~ful** (polna) žlica česa; **~-fed** ki se hrani z žličko; nesamostojen, vzdrževan s subvencijami

**sporadic** [spə'rædɪk] občasen, sporadičen; redek

**sport** [spɔːt] šport, tekmovanje; zabava, razvedrilo; prijeten, dober človek; gojiti šport; nositi kaj na sebi tako, da zbudi pozornost; **~s car** športni avto; **~sman** športnik; **~smanship** športnost, fair vedenje; **~swear** športna obleka; **~swoman** športnica; **~smanlike** vreden športnika, fair; **~ing** športen; **~y** navdušen za šport; hiter (avto)

**spot** [spɒt] pika (na blagu), lisa, madež, pega; košček, trohica, kanček; kraj, kotiček; opaziti, odkriti, izslediti; **to put someone on the ~** spraviti koga v zadrego, vzeti ga na piko; **~ check** naključna kontrola; **on the ~** na licu mesta, takoj, brez odlašanja; **~less** čist, neoporečen, neomadeževan

**spotlight** ['spɒtlaɪt] reflektor, žaromet; reflektorska razsvetlitev; **in the ~** v središču zanimanja, pozornosti

**spotted** ['spɒtɪd] pegast, pikčast

**spouse** [spaʊz] soprog(a), zakonec

**spout** [spaʊt] brizgati, izmetavati, besedovati, deklamirati; nos (vrča, posode)

**sprain** [spreɪn] izviniti, izpahniti; izvin, izpah

**sprang** [spræŋ] *glej* SPRING*

**sprawl** [sprɔːl] zlekniti se; raztezati se; **urban ~** (nenadzorovano) širjenje mestnega področja

**spray** [spreɪ] (raz)pršilo, razpršilnik; škropiti; (raz)pršiti; **~ gun** brizgalka

**spread*** [spred] razprostreti, pogrniti, raznašati, širiti, (na)mazati, razliti, razkropiti se; razširjenost, širjenje; pregrinjalo; namaz (maslo); to ~ out razgrniti, razprostreti se, raznesti (govorice); ~-eagled (ležati) z razprostrtimi rokami in nogami

**spree** [spri:] vesel družabni večer, veseljačenje, krokanje; **to be on a shopping (drinking)** ~ nakupovati (popivati); obresti več trgovin (gostiln)

**sprig** [sprɪg] vejica, mladika, poganjek

**sprightly** ['spraɪtlɪ] živahen, razigran

**spring\*** [sprɪŋ] pomlad; izvir; vzmet; skočiti; izvirati, izhajati; pognati se, planiti kvišku; nepričakovano se pojaviti, pognati, vzkliti; to ~ a leak dobiti razpoko; to ~ up pojaviti se, pognati (rastline); ~-cleaning spomladansko čiščenje; ~time pomlad, spomladanski čas

**springboard** ['sprɪŋbɔːd] odskočna deska

**springy** ['sprɪŋɪ] prožen, elastičen

**sprinkle** ['sprɪŋkl] (po)škropiti; škropljenje; pršec; ~r škropilnica

**sprint** [sprɪnt] tek na kratke proge; zelo hiter tek (plavanje, kolesarjenje)

**sprinter** ['sprɪntə(r)] tekač na kratke proge

**sprite** [spraɪt] škrat, vila

**sprout** [spraʊt] brst, poganjek, popek; brsteti; **Brussels** ~ brstični ohrovt

**spruce** [spru:s] smreka, smrekovina; čeden, eleganten; **to ~ up** gizdavo se obleči

**sprung** [sprʌŋ] glej SPRING\*

**spun** [spʌn] glej SPIN\*

**spur** [spɜ:(r)] spodbujati, pospešiti, spodbosti; ostroga; **on the ~ of the moment** brez premisleka

**spurious** ['spjʊərɪəs] nepravi, nepristen

**spurn** [spɜ:n] odvrniti (koga), zavrniti, (s prezirom) odbiti

**spurt** [spɜ:t] brizgniti; napeti vse moči v zadnjem delu proge; curek, brizg; skrajen (kratek) napor

**sputter** ['spʌtə(r)] sikati, prasketati; jezno izgovarjati besede

**spy** [spaɪ] vohun; vohuniti, skrivaj slediti, opazovati; odkriti, opaziti

**squabble** ['skwɒbl] prepir; prepirati se

**squad** [skwɒd] oddelek, vod; delovna skupina, moštvo; ~ **car** policijski avto

**squadron** ['skwɒndə(r)] eskadron, eskadra, eskadrilja

**squalid** ['skwɒlɪd] umazan, beden

**squall** [skwɔ:l] močan sunek vetra

**squalor** ['skwɒlə(r)] umazanost, beda

**squander** ['skwɒndə(r)] zapravljati; ~er razsipnik, zapravljivec

**square** [skweə(r)] kvadrat, četverokotnik, četverokoten trg; kvadrirati (število); uskladiti, skladati se; kva-

draten, štirioglat, pravokoten; odkrit, iskren; plečat;
izdaten (obrok); ~ **deal** po
šten postopek, ravnanje; ~
**root** kvadratni koren

**squash** [skwɒš] zmečkati,
sploščiti; igra, pri kateri igralec z loparjem udarja majhno
gumasto žogo ob zid; pijača
iz sadnega soka, sladkorja in
vode

**squat** [skwɒt] počepniti, čepeti, vseliti se brez dovoljenja; počep; debelušast, čokat; ~**ter** kdor se vseli, naseli
brez zakonite pravice

**squaw** [skwɔ:] Indijanka

**squeak** [skwi:k] cviliti,
škripati, ovaditi; cvilež,
škripanje

**squeal** [skwi:l] cviliti, vre
ščati; ovaditi

**squeamish** ['skwi:mɪš] preobčutljiv, slabega želodca

**squeeze** [skwi:z] stisniti, iztisniti, izžeti; izsiliti, preriniti
se; stlačiti, napolniti; stisk;
gneča

**squint** ['skwɪnt] na pol zapreti oči; škiliti; ~**-eyed**
škilast

**squire** ['skwaɪə(r)] *(Br)* zemljiški gospod, veleposestnik;
(podeželski) plemič

**squirm** [skwɜ:m] zvijati se,
biti v zadregi

**squirrel** ['skwɪrəl] veverica

**squirt** [skwɜ:t] brizgati, škropiti; curek

**stab** [stæb] zabosti; raniti z
nožem, bodalom; raniti čustva, prizadeti bolečino; **to ~**
**someone in the back** zabosti

komu nož v hrbet; **to have**
**a ~ at** poskusiti (kaj), upati
si; ~ **wound** vbodna rana;
~**bing pain** ostra bolečina

**stability** [stə'bɪlətɪ] trdnost,
stalnost

**stabil|ize**, ~**ise** ['steɪbəlaɪz]
ustaliti, stabilizirati

**stable** ['steɪbl] trdno stoječ; ustaljen, nespremenljiv,
uravnovešen; konjski hlev;
~**-boy** konjar

**stack** [stæk] kup, gomila,
kopica (sena), skladovnica
(drv); zložiti (v kopice,
na kup, v skladovnico),
nakopičiti

**stadium** ['steɪdɪəm] stadion

**staff** [stɑ:f] osebje, personal,
uprava, štab; palica, drog;
črtovje, notni sistem; podbeti z osebjem; ~ **nurse** medicinska sestra (v bolnišnici)

**stag** [stæg] jelen; ~ **party** fantovščina, moška družba

**stage** [steɪdž] stopnja, etapa,
faza; oder, prizorišče; igralski poklic; uprizoriti, inscenirati, pripraviti, prirediti za
kaj; ~**coach** poštna kočija; ~
**fright** trema; ~**hand** odrski
delavec; ~ **manager** režiser;
~ **whisper** šepet, ki se daleč
sliši; ~**struck** nor na igralski
poklic

**stagger** ['stægə(r)] opotekati
se; vznemiriti, zmesti, osupniti; razporediti tako, da
se kaj ne prekriva (dopusti,
delovne obveznosti)

**stagnant** ['stægnənt] stagnanten, ki se ne razvija,
ne napreduje; mirujoč

**stagnate** [stæg'neɪt] stagnirati, mirovati

**staid** [steɪd] resnoben, konzervativen

**stain** [steɪn] madež, packa, pega; omadeževati (se), umazati (se); **~ed glass** barvasto steklo; **~less steel** nerjaveče jeklo

**stair** [steə(r)] stopnica, (pl) stopnišče; **flight of ~s** stopniščna rama; **~case** stopnišče; **~way** stopnišče, stopnice; **~well** stopniščni jašek

**stake** [steɪk] vložek, zastavek (pri igri, stavi); delež, interes; oporni kol, drog; grmada; staviti (denar); nezanesljivo vložiti; podpreti s koli, privezati na kol; **to ~ out** zakoličiti; **to be at ~** biti v nevarnosti, na kocki

**stalactite** ['stæləktaɪt] stalaktit (viseči kapnik)

**stalagmite** ['stæləgmaɪt] stalagmit (stoječi kapnik)

**stale** [steɪl] star, nesvež, postan; zadušljiv (zrak); banalen (dovtip); medel (človek)

**stalemate** ['steɪlmeɪt] pat (šah), zastoj; pripeljati do mrtve točke

**stalk** [stɔːk] steblo, pecelj, kocen, štor (pri zelju); visok tovarniški dimnik; zalezovati (divjad), prikrasti se do; prevzetno, ošabno hoditi

**stall** [stɔːl] tržna stojnica; (pl) sedeži v prvih vrstah parterja; predelek, boks; odpovedati (motor); izogibati se, zavlačevati; preprečiti (komu)

**stallion** ['stælɪən] žrebec

**stalwart** ['stɔːlwət] strumen, močan, pogumen; zanesljiv, zvest

**stamen** ['steɪmən] prašnik

**stamina** ['stæmɪnə] žilavost, vitalnost, vzdržljivost, vztrajnost

**stammer** ['stæmə(r)] jecljati; jecljanje; **to ~ out** izjecljati

**stamp** [stæmp] poštna znamka; (poštni) žig, pečat; kolek; odtis; sled; frankirati, kolkovati; žigosati, označiti; udariti z nogo ob tla, teptati, cepetati; **to ~ down** poteptati, pogaziti; **to ~ out** zatreti, zadušiti (upor)

**stampede** [stæm'piːd] brezglavi beg, panika; panično bežati

**stance** [stæns] drža, stališče

**stand*** [stænd] stati, postaviti se pokonci; prenašati, trpeti (koga, kaj); zdržati, prestati; kandidirati; veljati tudi vnaprej; plačati račun za koga; stališče; stojalo; stojnica; parkirni prostor za taksije; tribuna; **to come to a ~** ustaviti se, zastati; **to take** (ali **to make**) **a ~** zavzeti stališče; **to take the ~** (Am) nastopiti kot priča; **S~ at ease!** Voljno!; **to ~ to reason** biti čisto razumljiv, logičen; **to ~ trial** biti pred sodiščem; **to ~ by** biti v pripravljenosti, stati ob strani in mirno gledati; **to ~ down** umakniti se, odstopiti; **to ~ for** potegovati, zavzemati se za; **to ~ in** vskočiti kot nadomestilo, dvojnik; **to ~ out**

biti posebno viden, odlikovati se; **to ~ up** vstati, upreti se, nastopiti proti, pustiti na cedilu

**standard** ['stændəd] standard; prapor; nosilni steber; *(pl)* moralna, socialna pravila, norme; splošno uveljavljen, običajen, navaden; **~-bearer** zastavonoša; **~ lamp** stoječa svetilka; **~ of living** življenjska raven

**standard|ize**, **~ise** ['stændədaɪz] standardizirati, enotno določiti mero, kakovost

**stand-in** [‚stænd'ɪn] nadomestni delavec

**standing** ['stændɪŋ] stoječ; trajen, reden, ustaljen, tekoč; ugled, sloves, stanje, trajanje; **~ order** trajno naročilo (nalog); **~ ovations** navdušeno ploskanje občinstva, ki vstane s sedežev; **~ room** stojišče

**stand-offish** [‚stænd'ɔ:fiš] hladen, rezerviran

**standpoint** ['stændpɔɪnt] stališče, gledišče

**standstill** ['stændstɪl] zastoj, mrtva točka; **to come to a ~** popolnoma prenehati, ustaviti se, priti na mrtvo točko

**stank** [stæŋk] *glej* STINK*

**staple** ['steɪpl] sponka, skoba; glavna hrana; glavni izdelek; pritrditi, speti; sortirati; **~r** spenjalni stroj

**star** [stɑː(r)] zvezda, zvezdica (v besedilih); vidna osebnost, zvezdnik; okrasiti z zvezdami, označiti z zvezdico; dati komu

glavno vlogo, igrati glavno vlogo; **S~ and Stripes** zastava ZDA; **shooting ~** zvezdni utrinek; **~lit** jasen, obsijan od zvezd; **~ry** zvezdnat

**starboard** ['stɑːbəd] desni bok ladje

**starch** [stɑːč] škrob, apretura; naškrobiti, apretirati (perilo); **~y** ki vsebuje škrob (hrana); naškrobljen (perilo); služben, tog (človek)

**stare** [steə(r)] strmeti, buljiti, debelo gledati

**starfish** ['stɑːfiš] morska zvezda

**stark** [stɑːk] pust, mračen, nemikaven, navaden; **~ naked** popolnoma gol; **~ mad** čisto nor

**starling** ['stɑːlɪŋ] škorec (ptič)

**start** [stɑːt] start, začetek; odhod; trzaj; začeti, nastopiti (na tekmi); kreniti na pot; vžgati (motor), pognati (kolo); prestrašiti, zdrzniti se; **to ~ someone off** spodbuditi koga; **to ~ with** začeti; **for a ~** za začetek, predvsem

**starter** ['stɑːtə(r)] predjed; starter, zaganjalnik

**startingly** ['stɑːtɪŋlɪ] sunkovito

**starting point** ['stɑːtɪŋ pɔɪnt] začetna točka, izhodišče

**startle** ['stɑːtl] preplašiti, presenetiti, zdrzniti (se)

**startling** ['stɑːtlɪŋ] presenetljiv, senzacionalen

**starvation** [stɑːˈveɪšn] stradanje, lakota, glad

**starve** [stɑːv] stradati, trpeti lakoto; postiti se; zelo pogrešati, koprneti po; izstradati koga

**state** [steɪt] država; stanje, razmere; sijaj, pomp; navesti, trditi, izjaviti, omeniti; državen; svečan, paraden; ~ **apparatus** državna uprava; ~ **occasion** slovesna, posebna priložnost; **single (married)** ~ samski (zakonski) stan; **in** ~ svečano; **to lie in** ~ ležati na mrtvaškem odru

**statement** ['steɪtmənt] izjava, navedba, poročilo; (bančni) izpisek

**statesman** ['steɪtsmən] državnik, politik

**static** ['stætɪkl] statičen

**station** ['steɪšn] postaja, kolodvor; položaj, baza; namestiti, stacionirati; **fire** ~ gasilska postaja; *(Am)* **filling** ~, *(Br)* **petrol** ~ bencinska črpalka; **police** ~ policijska postaja; ~**master** postajenačelnik; ~ **wagon** *(Am)* kombi

**stationary** ['steɪšənərɪ] stalen, mirujoč, ki se ne spreminja, ustaljen

**stationer** ['steɪšənə(r)] trgovec s pisalnimi potrebščinami; ~'s papirnica, trgovina s papirjem in papirnimi izdelki

**stationery** ['steɪšənərɪ] pisalne potrebščine

**statistician** [ˌstætɪ'stɪšn] statistik

**statistic|s** [stə'tɪstɪks] statistika; ~**al** statističen

**statuary** ['stætjʊərɪ] kiparski; kiparstvo

**statue** ['stætjuː] kip

**stature** ['stæčə(r)] postava, stas, rast; velikost; veličina, format

**status** ['steɪtəs] status, (pravni) položaj, stanje, razmere; **social** ~ družbeni položaj; ~ **symbol** statusni simbol

**statute** ['stætjuːt] statut, pisani zakon, odredba, predpis; ~ **book** zakonik

**staunch** [stɔːnč] zvest, lojalen; ustaviti kri

**stave** [steɪv] napraviti luknjo, razbiti; **to** ~ **off** preprečiti kaj, odgoditi, odvrniti (nesrečo)

**stay** [steɪ] ostati, začasno se zadrževati, muditi se, prebivati; začasno bivanje; **to** ~ **in** ostati doma; **to** ~ **on** ostati še naprej, dalj časa; **to** ~ **out** ostati zunaj (česa), ne mešati se v, izostati; **to** ~ **up** bedeti, ostati buden; ~ **of execution** odgoditev izvršbe

**stead** [sted] kraj, mesto; korist; **in your** ~ na vašem mestu; **to stand in good** ~ zelo koristiti

**steadfast** ['stedfɑːst] trden, neomajen

**steady** ['stedɪ] stalen, stanoviten, enakomeren; trden, čvrst; zanesljiv, preudaren; pritrditi, ustaliti (se), umiriti (se), priti k pameti; **S~!** Pozor!, Previdno!; **to go** ~ imeti stalnega fanta (dekle)

**steak** [steɪk] zrezek

**steal*** [stiːl] krasti; prikrasti se

**stealth** [stelθ] prikrito dejanje; ~ily kradoma, naskrivaj; ~y skriven, tajen

**steam** [sti:m] (vodna) para, sopara; izpuščati (delati) paro; kuhati na paro; **to let off ~** izpustiti paro; dati duška svojim čustvom; **to run out of ~** zmanjkati energije, volje; **to ~ up** dobiti nadih (steklo); razburiti se; **~ engine** parni stroj; **~ iron** vlažilni (električni) likalnik; **~er** parni valjar; **~boat**, **~ship** parnik

**steed** [sti:d] konj

**steel** [sti:l] jeklo; jekliti, krepiti, utrjevati (koga); **~worker** delavec v proizvodnji jekla; **~works** jeklarna

**steep** [sti:p] strm, pretiran, hiter; namakati, prepojiti, prežeti; **to be ~ed in** biti zatopljen v; globoko pasti; **to be ~ed with knowledge** biti natrpan z znanjem

**steeple** ['sti:pl] cerkveni stolp, konica zvonika; **~jack** popravljalec zvonikov, visokih dimnikov

**steeplechase** ['sti:plčeıs] dirka, tek z zaprekami

**steer** [stıə(r)] krmariti, upravljati, peljati, usmeriti, voditi

**steering** ['stıərıŋ] krmilen; krmarjenje; **~ wheel** krmilo, volan

**stellar** ['stelə(r)] zvezden

**stem** [stem] steblo, deblo, pecelj; držalo (čaše); cevka (pipe); ladijski kljun; osnova, izvor, rod; izvirati, izhajati; zajeziti, zadržati, brzdati

**stench** [stenč] smrad, zadah

**stencil** ['stensıl] šablona, matrica

**stenographer** [stə'nɒgrəfə(r)] stenograf(inja)

**stentorian** [sten'tɔ:rıən] zelo glasen, gromovit

**step** [step] korak, stopinja; stopnica; ukrep; *(pl)* lestev; stopiti, stopati; **to take ~s against** storiti potrebne korake proti; **to walk in ~** iti v korak; **to ~ aside** stopiti vstran, ogniti se; **to ~ in** vmešati se, intervenirati; **to ~ up** povečati, povišati, pospešiti; **~ by ~** korak za korakom, postopoma

**stepbrother** ['stepbrʌðə(r)] polbrat

**stepchild** ['stepčaıld] pastorek, pastorka

**stepdaughter** ['stepdɔ:tə(r)] pastorka

**stepfather** ['stepfɑ:ðə(r)] očim

**stepmother** ['stepmʌðə(r)] mačeha

**steppe** ['step] stepa

**stepping stone** ['stepıŋ stəʊn] kamen za prehod v plitvi vodi (blatu); odskočna deska

**stepsister** ['stepsıstə(r)] polsestra

**stepson** ['stepsʌn] pastorek

**stereotyped** ['sterıətaıpt] ustaljen, stereotipen

**sterile** [steraıl] sterilen, brezkužen; jalov, neploden; ki ne da pričakovanega uspeha

**steril|ize**, **~ise** [sterɪlaɪz] ste-
rilizirati

**sterling** [ˈstɜːlɪŋ] pravi, pri-
sten, odličen; polnovreden;
**pound ~** funt šterling (bri-
tanski denar)

**stern** [stɜːn] strog, nepopu-
stljiv, krut; krma, zadnji del
ladje; zadek (živali)

**stetson** [ˈstetsən] klobuk s
širokimi krajci, kavbojski
klobuk

**stevedore** [ˈstiːvədɔː] ladijski
skladiščnik, razkladač

**stew** [stjuː] dušeno, počasi
kuhano meso ali jed, obara;
dušiti, počasi kuhati, pariti
(se)

**steward** [ˈstjʊəd] stevard; de-
lavec, ki skrbi za namesti-
tev in udobje potnikov na
letalu, ladji, vlaku; oskrb-
nik; ekonom; **~ess** stevar-
desa; oskrbnica

**stick\*** [stɪk] zabosti, nasaditi,
zatakniti; (pri)lepiti, nale-
piti; oprijemati se; (ob)tičati;
podpreti (rastlino s palico);
palica, paličica; taktirka; po-
leno (kurivo); **to get the
wrong end of the ~** napačno
razumeti; **to ~ around** ostati
na mestu; pohajkovati; **to
~ at (ali to)** vztrajati, ostati
zvest, držati se česa; **to ~
out** moleti, štrleti, vzdržati,
vztrajati; **to ~ together** biti
vedno skupaj; **to ~ up a bank**
napasti in oropati banko; **to
~ up for** braniti, podpreti
koga; **~~-in-the-mud** nena-
preden, konservativen; **~ing
plaster** obliž

**sticker** [ˈstɪkə(r)] nalepka;
vztrajen človek

**stickle** [ˈstɪkl] trmasto vztra-
jati, "jahati" na čem

**sticky** [ˈstɪkɪ] lepek, lep-
ljiv; soparen; kritičen, ne-
popustljiv

**stiff** [stɪf] trd, tog, neupogljiv,
negibek, odrevenel; ki se za-
tika; nenaoljen; zadržan, pri-
siljen; težaven, strog; močan
(pijača, veter); **to be bored ~**
biti na smrt zdolgočasen; **~-
-necked** trdovraten, odločen

**stiffen** [ˈstɪfn] odreveneti; po-
stati tog, formalen; na-
škrobiti

**stifle** [ˈstaɪfl] (za)dušiti (se),
potlačiti

**stigma** [ˈstɪgmə] (sramotni)
madež, vžgano znamenje;
znak, simptom; brazda na
cvetnem pestiču

**stigmat|ize**, **~ise** [ˈstɪgmətaɪz]
ožigosati, vžgati znamenje,
zaznamovati

**stile** [staɪl] stopnica, prehod
čez ograjo, plot

**stiletto** [stɪˈletəʊ] bodalce, sti-
let; (pl) ženski čevlji z visoko
ozko peto

**still** [stɪl] še vedno, še, vendar;
miren, negiben, tih, molčeč;
**~born** mrtvorojen; **~ life** ti-
hožitje; **~ness** tišina, mir

**stilt** [stɪlt] hodulja; **~ed** na-
pihnjen, pompozen

**stimulant** [ˈstɪmjʊlənt] dra-
žilo, poživilo; spodbuda,
pobuda

**stimulate** [ˈstɪmjʊleɪt] dražiti,
poživiti; spodbujati, bodriti

**stimul|us** [ˈstɪmjʊləs], (pl ~i)

poživilo, spodbuda; po-
buda, impulz

**sting\*** [stɪŋ] pičiti, zbosti, za-
deti v živo, peči, boleti; želo,
pik, bodica, pekoča bolečina

**stingy** ['stɪndʒi] skop, sti-
skaški

**stink\*** [stɪŋk] smrdeti, smrad

**stint** [stɪnt] skopariti, omejiti,
ne privoščiti; določen, dode-
ljen del dela (posla)

**stipend** ['staɪpend] plača
(zlasti duhovnikov); stalen
dohodek

**stipul|ate** ['stɪpjʊleɪt] dogo-
voriti se; ~**ation** določba (v
pogodbi)

**stir** [stɜː(r)] (pre)mešati, (po)-
drezati; premakniti (se), iz-
zvati, razburiti; nemir, vzne-
mirjenje; **to ~ up** preme-
šati, pretresti; zbuditi, iz-
zvati; ~**rer** pobudnik, huj-
skač; ~**ring speech** govor, ki
razvname, navduši

**stirrup** ['stɪrəp] streme

**stitch** [stɪč] vbod (s šivanko),
pentlja (pri pletenju); šivati,
vesti; **to have a ~** zbadati
(bolečina); **to be in ~es** ne-
obvladano se smejati

**stoat** [stəʊt] hermelin, pod-
lasica

**stock** [stɒk] (pl) delnice, ob-
veznice, državni vredno-
stni papirji, kapital delni-
ške družbe, glavnica, fond;
zaloga (blaga), inventar; po-
reklo, izvor; živina; hlod,
klada; leseni del orodja; ko-
stna juha; (u)skladiščiti, za-
ložiti s čim; ki se vedno upo-
rablja, stalen, običajen; **in ~**

na zalogi, v skladišču; **out of
~** ne na zalogi, razprodan; **to
take ~** popisati blago, napra-
viti inventuro; **to ~ up** zalo-
žiti se, oskrbeti se s/z; ~**hol-
der** delničar; ~**room** skla-
diščni prostor; ~**taking** in-
ventura; ~~**still** nepremičen

**stockade** [stɒ'keɪd] palisada;
pregraja, ograja iz pokončno
postavljenih brun, kolov

**stockbreeding** ['stɒkbriːdɪŋ]
živinoreja

**stockbroker** ['stɒk.brəʊkə(r)]
borzni posrednik

**stock exchange** ['stɒkɪks-
.čeɪndʒ] borza

**stocking** ['stɒkɪŋ] nogavica

**stockpile** ['stɒkpaɪl] kopičiti
zaloge; zaloga, rezerva; ~
**of nuclear weapons** zaloga
jedrskega orožja

**stodgy** ['stɒdʒi] težak (hra-
na), nasitljiv; dolgočasen,
pust

**stoic** ['stəʊɪk] miren, rav-
nodušen

**stoke** [stəʊk] drezati, vzdrže-
vati (ogenj), nalagati; netiti
(sovraštvo)

**stole** [stəʊl] glej STEAL\*

**stolen** [stəʊln] glej STEAL\*

**stolid** ['stɒlən] ravnodušen,
flegmatičen

**stomach** ['stʌmək] želodec,
trebuh; prenašati, trpeti (ža-
litev); ~~**ache** bolečine v že-
lodcu, kolika

**stone** [stəʊn] kamen; ko-
ščica (v breskvi), pečka;
drag kamen; utežna mera
(6,35 kg); kamenjati; odstra-
niti koščico; tlakovati; **S~**

Age kamena doba; **a ~'s throw** daljava, do katere se lahko vrže kamen, lučaj; **to leave no ~ unturned** vse poskusiti; **to be ~d** biti zelo pijan, drogiran; **~-cold** leden, čisto mrzel; **~ deaf** popolnoma gluh

**stony** ['stəʊnɪ] kamnit, okamnel; koščičast; trd, hladen (pogled), krut

**stood** [stʊd] *glej* STAND*

**stool** [stuːl] stol brez naslanjala, pručica

**stoop** [stuːp] skloniti (se), sključiti se; ponižati se; sključena drža

**stop** [stɒp] ustaviti (se), prenehati s čim, prekiniti, zadržati, preprečiti; zamašiti, zapreti (vodo, plin); postajališče, postanek, pavza, zastoj; **to ~ off** prekiniti potovanje (za kratek čas); **to come to a ~** ustaviti se, prenehati; **to put a ~ to** napraviti konec čemu, ustaviti kaj; **~cock** pipa (za zapiranje vode); **~gap** mašilo, pomoč v sili; **~over** prekinitev potovanja, vmesni postanek; **~page** ustavitev, prekinitev; **~per** zamašek, čep; **~watch** štoparica

**storage** ['stɔːrɪdž] (u)skladiščenje, hranitev; *(comp)* pomnilnik

**store** [stɔː(r)] (u)skladiščiti, (s)hraniti; trgovina, skladišče, zaloga; **in ~** na zalogi; **to set great (little) ~ on** (*ali* **by**) zelo (malo) ceniti; **to ~ up** nakopičiti, dati

na stran; **~house** skladišče; **~keeper** skladiščnik; **~room** shramba, skladiščni prostor

**storey**, *(Am)* **story** ['stɔːrɪ] nadstropje, etaža

**stork** [stɔːk] štorklja

**storm** [stɔːm] nevihta, vihar, neurje; naskok, juriš; divjati (veter), razsajati; planiti, napasti, jurišati na; jezno zavpiti; **~y** viharen, razburkan, buren

**story** ['stɔːrɪ] zgodba, povest, pripoved, bajka; *(Am)* nadstropje; **to cut a long ~ short** na kratko povedati

**stout** [staʊt] debel, rejen, stasit, postaven; neustrašen; močan; črno pivo

**stove** [stəʊv] peč, grelec, štedilnik

**stow** [stəʊ] naložiti, skladati (blago); natrpati; **to ~ away** pospraviti, dati (na) stran

**stowaway** ['stəʊəweɪ] slepi potnik (na ladji, letalu)

**straddle** ['strædl] hoditi (sedeti) z razkoračenimi nogami

**straggle** ['strægl] pohajkovati brez cilja, bloditi; razkropiti se; pojavljati se mestoma

**straight** [streɪt] raven, gladek (lasje); pošten, direkten, odkrit; nerazredčen, čist (brez vode); naravnost, brez ovinkov, iskreno; takoj; **to keep a ~ face** zadržati smeh; **to live ~** pošteno živeti; **to sit up ~** pokonci sedeti; **~ away** takoj, na mestu; **~ from the horse's mouth** iz

prvega vira; **~-faced** resnega obraza; **~forward** odkrit, pošten; naravnost, naprej
**straighten** ['streɪtn] urediti, v red spraviti; **to ~ out** urediti, pojasniti; **to ~ up** zravnati se
**strain** [streɪn] pritisk, obremenjenost, napetost, napor; breme; prizadevanje, trud; izpah, izvin; *(pl)* zvoki, melodije; napeti, (pre)napenjati, truditi se, prizadevati si; precediti (hrano); izpahniti, izviniti; **~ed** napet; prisiljen (smeh)
**strainer** ['streɪnə(r)] cedilo
**strait** [streɪt] ozek, tesen; *(pl)* ožina, stiska; **~ jacket** prisilni jopič
**strand** [strænd] pramen (las), sukljaj (vrvi), niz (biserov); peščena obala, sipina; nasesti, obtičati na sipini (ladja); ostati brez sredstev
**strange** [streɪndž] čuden, tuj, nepoznan
**stranger** ['streɪndžə(r)] tujec, neznanec, prišlec
**strangle** ['stræŋgl] zadaviti, zadušiti
**strap** [stræp] (usnjen) jermen, pas; naramnica; zanka za držanje (v avtobusu); pritrditi z jermenom; privezati z vrvjo *ali* verigo (ladjo)
**stratagem** ['strætədžəm] prevara, ukana
**strateg|ist** ['strætədžɪst] strateg; **~ic** strateški
**strategy** ['strætədžɪ] strategija
**stratosphere** ['strætəsfɪə(r)] stratosfera

**strat|um** ['strɑːtəm], *(pl* **~a)** sklad, sloj, plast
**straw** [strɔː] slamnata bilka, slama; slamica (za pitje); **the last ~** kar sodu izbije dno, preseže mero; **~ poll** *(ali* **vote)** neuradno anketiranje, zbiranje podatkov o javnem mnenju
**strawberry** ['strɔːbrɪ] jagoda, jagodnik
**stray** [streɪ] bloditi, zaiti, oddaljiti se; *(pl)* atmosferske motnje (radio); ki je zašel; brezdomen; slučajen, posamezen
**streak** [striːk] proga, črta, žila (v lesu); nit (druge barve); sled; narediti proge ali črte; šiniti, švigniti; **~y** progast, žilnat
**stream** [striːm] vodni tok, reka, potok; usmeritev; obilica, velika množina (česa); (močno) teči, pretakati se; usmerjati (učence); švigniti; **blood~** krvni obtok; **~er** papirnata kača
**streamline** ['striːmlaɪn] dati (čemu) aerodinamično obliko; izboljšati, poenostaviti način dela (in pripomoči k uspešnosti podjetja)
**street** [striːt] ulica, cesta; **the man in the ~** navaden, povprečen človek; **~ value** cena blaga (droge) na ilegalnem trgu; **to have ~ cred(ibility)** imeti sodoben videz, vedenje, ki je sprejemljivo za povprečne ljudi (predvsem mladino); **~s ahead** daleč boljši, močnejši

**streetcar** ['stri:tkɑ:(r)] *(Am)* tramvaj

**streetwalker** ['stri:twɔ:kə(r)] prostitutka, pocestnica, vlačuga

**strength** [streŋθ] moč, jakost, sila; odpornost, žilavost; **at full ~** polnoštevilno, vsi; **below ~** pod običajnim številčnim stanjem; **on the ~ of** na osnovi

**strengthen** ['streŋθn] utrditi, okrepiti, ojačiti, dati novih moči

**strenuous** ['strenjʊəs] naporen, utrudljiv; marljiv, vztrajen

**stress** [stres] stres, pritisk, napor, breme, napetost; poudarek, naglas; poudariti, naglasiti

**stretch** [streč] raztezati (se), raztegniti, nategniti; prekoračiti (kredit); prenapenjati, pretiravati; po svoje krojiti (zakon); kos poti; nepretrgan čas, razdobje, razpon; košček zemlje; **to ~ out** iztegniti (roko), pretegniti se; **~ material** raztegljivo blago; **~y** prožen, raztegljiv

**stretcher** ['strečə(r)] nosila, nosilnica; **~-bearer** nosilničar

**strew\*** [stru:] posuti, prekriti, nastlati

**strewn** [stru:n] *glej* STREW\*

**stricken** ['strɪkən] udarjen, prizadet, ranjen, potrt; *glej* STRIKE\*

**strict** [strɪkt] strog, natančen, dosleden

**stridden** ['strɪdn] *glej* STRIDE\*

**stride\*** [straɪd] korakati z dolgimi koraki; stopiti prek; dolg korak; napredek

**strife** [straɪf] prepir, konflikt, spor

**strike\*** [straɪk] udariti, zadeti; napasti (bolezen); stavkati; pasti na pamet, (za)zdeti se (komu); bíti (ura); prižgati (vžigalico); presenetiti; naleteti na, najti; udarec, zamah; stavka; najdba (nafte); **to go on ~** začeti stavkati; **to ~ a bargain** skleniti kupčijo, doseči sporazum; **to ~ a balance** napraviti bilanco; **to ~ terror (fear) into someone** navdati koga z grozo (strahom); **to ~ back** braniti se, udariti nazaj; **to ~ down** podreti (ubiti) koga z udarcem; **to ~ off** črtati, izbrisati; **to ~ out** prečrtati, iti svojo pot; **to ~ up** skleniti prijateljstvo; zapeti, zaigrati; **to be struck blind (dumb)** oslepeti, onemeti; **hunger ~** gladovna stavka; **~breaker** stavkokaz; **~ pay** denarna pomoč stavkajočim

**striking** ['straɪkɪŋ] vzbujajoč pozornost, izreden, presenetljiv

**string\*** [strɪŋ] privezati z vrvico; napeti, nategniti; opremiti s strunami (žicami); odstraniti nitke pri fižolu; nanizati bisere; vrvica, vezalka; struna; *(pl)* godala

**string beans** ['strɪŋ bi:nz] stročji fižol

**stringy** ['strɪŋɪ] dolg in tanek, vlaknat, kitast, žilav

**strip** [strɪp] dolg in ozek trak (kos); strip, risana zgodba z besedilom; pomožna pista; sleči (se), slačiti (se); ogoliti; odvzeti, izropati, izprazniti (hišo); **to ~ naked** sleči se do golega; **~ped** gol, razgaljen; **~ lighting** neonska razsvetljava

**stripe** [straɪp] proga, maroga, našiv (na uniformi)

**stripper** ['strɪpə(r)] striptizeta

**striptease** ['strɪptiːz] striptiz, plesna točka s slačenjem

**strive\*** [straɪv] prizadevati si, truditi se; **to ~ for** boriti se za

**striven** ['strɪvn] glej STRIVE\*

**strode** [strəʊd] glej STRIDE\*

**stroke** [strəʊk] kap; šok; zamah (pri plavanju), poteza (s čopičem); bitje (ure); božati, ljubkovati; **~ of genius** genialna poteza, izvirna ideja; **~ of luck** srečno naključje, nepričakovana sreča; **at a ~, in one ~** z enim zamahom, udarcem

**stroll** [strəʊl] pohajkovanje, kratek sprehod; pohajkovati, potepati se; **to take a ~** iti na sprehod

**strong** [strɒŋ] močan, krepak, klen, odporen; energičen, odločen, neomajen; robat; vpliven; oster (ukrep); trajen, ustaljen; številen; soliden; **to go ~** biti v dobri formi, dobro uspevati; **~-arm tactics** taktika uporabe sile

**stronghold** ['srɒŋhəʊld] postojanka, utrdba, trdnjava

**stroppy** ['strɒpɪ] slabe volje; trmast, uporen

**strove** [strəʊv] glej STRIVE\*

**struck** [strʌk] glej STRIKE\*

**structural** ['strʌkčərəl] strukturalen, konstrukcijski

**structure** ['strʌkčə(r)] struktura, zgradba, sestava, konstrukcija; strukturirati; **social (economic) ~** družbena (ekonomska) struktura

**struggle** ['strʌgl] truditi se, prizadevati si, boriti se, utirati pot, prebijati se; borba, rvanje, prizadevanje; **~ to seize power** boj za oblast

**strung** [strʌŋ] glej STRING\*

**strut** [strʌt] ošabno hoditi, šopiriti se; opornik, prečnik

**stub** [stʌb] ogorek (cigarete), konček (svinčnika); kontrolni odrezek; štor; z nogo udariti ali zadeti ob kaj; **to ~ out** zmečkati in ugasiti cigareto

**stubble** ['stʌbl] strnišče, neobrita brada

**stubborn** ['stʌbn] trmast, svojeglav, kljubovalen, trdovraten

**stubby** ['stʌbɪ] kratek in debel (prst); čokat, tršat

**stucco** ['stʌkəʊ] zmes za izdelavo štukatur; štukatura

**stuck** [stʌk] glej STICK\*

**stud** [stʌd] okrasni žebelj s široko ploščato glavico; majhen uhan; konji v kobilarni; **~ (farm)** žrebčarna, kobilarna; **~ (horse)** žrebec

**student** ['stjuːdnt] študent (višje, visoke šole); dijak (srednje šole)

**studied** ['stʌdɪd] premišljen, nameren, nalašč narejen

**studio** ['stju:dɪəʊ] atelje, studio

**studious** ['stju:dɪəs] prizadeven, marljiv, vnet; preudaren, skrben

**study** ['stʌdɪ] učiti se, pridobivati znanje, izobrazbo, proučevati, pazljivo opazovati; študij, šolanje na višji, visoki šoli, (skrbno) proučevanje; študija, skica; etuda; študijska ali delovna soba; **field ~** terensko raziskovanje

**stuff** [stʌf] snov, roba; ničvredna stvar, neumnost; nabasati, natlačiti; pitati; nadevati (perutnino); nagačiti (žival); preveč jesti; **~ed shirt** nadut človek

**stuffy** ['stʌfɪ] zatohel, neprezračen

**stumble** ['stʌmbl] spotakniti se; pojecljavati, zatikati se; **to ~ across (on)** slučajno naleteti na

**stumbling block** ['stʌmblɪŋ blɒk] kamen spotike

**stump** [stʌmp] štor; ostanek (cigarete, svinčnika), štrcelj; zobna škrbina; zbegati; hoditi s težkimi koraki; **~y** čokat, tršat

**stun** [stʌn] zapreti komu sapo, zbegati, omamiti; začasno oglušiti

**stung** [stʌŋ] *glej* STING*

**stunk** [stʌŋk] *glej* STINK*

**stunning** ['stʌnɪŋ] izreden, nenavaden, ki vzbuja močan vtis

**stunt** [stʌnt] kaj senzacionalnega, pozornost vzbujajočega; nevarna akrobacija; mojstrstvo, umetnija (v filmu); ovirati v rasti, razvoju; **~ man** dvojnik filmskega igralca v nevarnih prizorih

**stupefy** ['stju:pɪfaɪ] osupiti; otopiti, omamiti

**stupendous** [stju:'pendəs] čudovit, kolosalen, veličasten

**stupid** ['stju:pɪd] neumen, bedast, zabit, topoglav

**stupidity** [stju:'pɪdətɪ] neumnost, omejenost; bedarija

**stupor** ['stju:pə(r)] otopelost, brezvoljnost

**sturdy** ['stɜːdɪ] krepak, močan, odločen, strumen

**sturgeon** ['stɜːdžən] jeseter (riba)

**stutter** ['stʌtə(r)] jecljati; jecljanje

**stye** [staɪ] ječmen na očesu

**style** [staɪl] stil, slog, način (življenja itd.); stilizirati, oblikovati, preoblikovati, zasnovati po najnovejši modi; **to have ~** biti uglajenega vedenja, eleganten, imeti prefinjen okus

**stylish** ['staɪlɪš] moden, eleganten, okusen

**Styria** ['stɪːrɪə] Štajerska; **~n** štajerski; Štajerec, Štajerka

**suave** [swɑːv] vljuden, prijazen, očarljiv

**subaltern** ['sʌbltən] podrejen; nižji častnik

**subconscious** [ˌsʌb'kɒnšəs] podzavesten

**subdivision** [ˌsʌbdɪ'vɪžn] pododdelek; organizacijska enota v okviru oddelka

**subdue** [səb'dju:] podjarmiti, ublažiti, pridušiti

**subheading** ['sʌbhedɪŋ] podnaslov

**subject** [səb'džekt] podvreči, podjarmiti, izpostavljati čemu; ['sʌbdžɪkt] predmet pogovora, téma; *(gram)* osebek, učni predmet; državljan; človek; podrejen, odvisen, nagnjen k, izpostavljen; s pogojem, da

**subjective** [səb'džektɪv] subjektiven, oseben

**subjugate** ['sʌbdžʊgeɪt] podjarmiti, podvreči

**subjunctive** [səb'džʌŋktɪv] *(gram)* vezani naklon, konjunktiv

**sublet** [ˌsʌb'let] dati v podnajem

**sublimate** ['sʌblɪmeɪt] sublimirati, preiti iz trdnega stanja v plinasto (in obratno); oplemenititi, idealizirati

**sublime** [sə'blaɪm] sublimen, vzvišen, plemenit

**submarine** [ˌsʌbmə'ri:n] podmornica

**submerge** [səb'mɜːdž] potopiti (se), poplaviti, pogrezniti (se)

**submission** [səb'mɪšn] podreditev, poslušnost; predložitev (prošnje, načrtov)

**submissive** [səb'mɪsɪv] ponižen, krotek, ubogljiv

**submit** [səb'mɪt] podrediti, ukloniti se, predložiti (v presojo), pripomniti

**subordinate** [sə'bɔ:dɪneɪt] podrediti; [sə'bɔ:dɪnət] podrejeni; podrejen, postranski, nevažen; ~ **clause** odvisni stavek

**subpoena** [sə'pi:nə] sodni poziv; pozvati na sodišče

**subscribe** [səb'skraɪb] (pred)naročiti se, abonirati se; soglašati s/z, odobravati; (redno) dati svoj prispevek; podpisati se

**subscriber** [səb'skraɪbə(r)] (pred)naročnik, podpisnik

**subscription** [səb'skrɪpšn] naročnina, prednaročilo, abonma; prispevek, podpis

**subsequent** ['sʌbsɪkwənt] poznejši, naslednji

**subservient** [səb'sɜːvɪənt] preuslužen, servilen

**subside** [səb'saɪd] ponehati, popustiti, unesti se; upasti (voda); pogrezniti se

**subsidiary** [səb'sɪdɪərɪ] pomožen, dopolnilen, stranski; ~ **company** podružnica

**subsid|ize**, ~**ise** ['sʌbsɪdaɪz] subvencionirati, dajati denarno pomoč

**subsidy** ['sʌbsɪdɪ] subvencija, denarna pomoč

**subsist** [səb'sɪst] obstajati, živeti

**subsistence** [səb'sɪstəns] eksistenca, obstoj, obstanek; ~ **crop** (*ali* **farming**) samoprehranitveno poljedelstvo; **minimum of** ~ življenjski minimum

**substance** ['sʌbstəns] snov, sestavina; bistvo, jedro; vsebina, téma

**substantial** [səb'stænšl] precejšen, znaten; trden, masiven; izdaten, hranilen

**substantive** ['sʌbstəntɪv] stvaren, dejanski; *(gram)* samostalnik

**substitute** ['sʌbstɪtjuːt] namestnik, nadomestek; nadomestiti

**subterfuge** ['sʌbtəfjuːdž] izgovor, pretveza

**subterranean** [ˌsʌbtə'reɪnɪən] podzemeljski, podtalen

**subtitle** ['sʌbtaɪtl] podnaslov; *(pl)* filmski podnaslovi, prevod filmskega besedila

**subtle** ['sʌtl] nežen, občutljiv; komaj opazen; spreten, rafiniran, bistroumen; zahrbten

**subtlety** ['sʌtltɪ] iznajdljivost, spretnost; zvitost

**subtract** [səb'trækt] odšteti, odvzeti

**subtraction** [səb'trækšn] odštevanje; odbitek

**suburb** ['sʌbəːb] predmestje; *(pl)* bližnja mestna okolica, periferija

**suburban** [sə'bəːbən] predmesten

**subversion** [səb'vəːšn] prevratno delovanje, prevrat

**subversive** [səb'vəːsɪv] podtalen, prevraten

**subvert** [sʌb'vəːt] vreči, zrušiti, prevrniti, izpodkopati, uničiti

**subway** ['sʌbweɪ] podhod, podvoz, podzemeljski prehod; *(Am)* podzemeljska železnica

**succeed** [sək'siːd] uspeti; naslediti; slediti (komu, čemu)

**success** [sək'ses] uspeh, srečen izid; oseba ali prireditev, ki je uspešna

**successful** [sək'sesfl] uspešen, učinkovit

**succession** [sək'sešn] zaporednost, zapovrstnost, nasledstvo; ~ **duties** davek na dediščino; **in** ~ zaporedoma

**successive** [sək'sesɪv] zaporvrsten, zaporeden

**successor** [sək'sesə(r)] slednik, dedič; ~ **to the throne** prestolonaslednik

**succinct** [sək'sɪŋkt] kratek, jedrnat, zgoščen

**succour** ['sʌkə(r)] pomoč v sili

**succulent** ['sʌkjʊlənt] sočen; *(bot)* mesnat

**succumb** [sə'kʌm] podleči, kloniti

**such** [sʌč] takšen, tak; ~ **as** tisti, ki, kot na primer

**suck** [sʌk] sesati, (iz)črpati, izvleči iz koga; dojiti; **to** ~ **up** prilizovati se, biti pasje ponižen

**sucker** ['sʌkə(r)] naivnež, bedak; prisesek

**suckle** ['sʌkl] dojiti

**suction** ['sʌkšn] sesanje, izsesavanje, vsesavanje, vpijanje; sposobnost absorpcije; podtlak

**sudden** ['sʌdn] nepričakovan, nenaden, hiter; **all of a** ~ nenadoma

**suddenly** ['sʌdnlɪ] naenkrat, iznenada, nenadoma

**suds** [sʌdz] milnica

**sue** [suː, sjuː] tožiti, sodno preganjati

**suede** [sweɪd] semiš, velurno (mehko) usnje

**suet** ['suːɪt] loj

**suffer** ['sʌfə(r)] trpeti, prenašati, dopustiti

**sufferance** ['sʌfərəns] potrpljenje, obzirnost, strpnost; **on ~** toleriran, čeprav nezaželen

**suffering** ['sʌfərɪŋ] trpljenje, bolečina; trpeč, bolan

**suffice** [sə'faɪs] zadostovati, zadovoljevati (potrebe)

**sufficiency** [sə'fɪšnsɪ] zadostnost

**sufficient** [sə'fɪšnt] zadosten, zadovoljiv; **~ly** dosti, dovolj

**suffix** ['sʌfɪks] *(gram)* pripona, sufiks; pridati, dodati (kot pripono)

**suffocate** ['sʌfəkeɪt] zadušiti (se), dušiti (se)

**suffrage** ['sʌfrɪdž] volilna pravica, volilni glas

**sugar** ['šʊgə(r)] sladkor; sladkati; **~ beet** sladkorna pesa; **~ cane** sladkorni trs; **~ daddy** starejši moški, ki vzdržuje mlado ljubico; **~ icing** sladkorni preliv; **~ lump** kocka sladkorja; **brown ~** samo enkrat rafiniran sladkor; **castor ~** sladkor v prahu; **granulated ~** kristalni sladkor; **~y** sladek, osladen, laskav

**suggest** [sə'džest] predlagati, prikrito svetovati, sugerirati; domnevati

**suggestion** [sə'džesčən] predlog, pobuda, namig, nasvet

**suggestive** [sə'džestɪv] sugestiven, ki vzbudi močen vtis; ki namiguje na, da slutiti; spodbuden

**suicidal** [ˌsuːɪ'saɪdl] samomorilski, samomorilen, poguben

**suicide** ['suːɪsaɪd] samomor; **to commit ~** narediti samomor

**suit** [suːt] moška obleka, ženski kostim; sodni proces, pravda; serija igralnih kart iste barve; ustrezati, pristajati, prilegati se, biti v skladu s/z; **to ~ oneself** napraviti po svoje, zadovoljiti, pristajati; **to follow ~** (pri kartah) odgovoriti na barvo; odgovoriti z enakim dejanjem

**suitable** ['suːtəbl] prikladen, ustrezen, primeren, smotrn

**suitcase** ['sjuːtkeɪs] (ročni) kovček

**suite** [swiːt] apartma (v hotelu); garnitura (pohištva); spremstvo

**suited** ['sjuːtɪd] primeren, prikladen, zadovoljiv; zadovoljen

**suitor** ['suːtə(r)] snubec, prosilec

**sulky** ['sʌlkɪ] čemeren, kujav

**sullen** ['sʌlən] nejevoljen, molčeč, mrk

**sully** ['sʌlɪ] umazati, omadeževati, oblatiti

**sulphur** ['sʌlfə(r)] žveplo

**sultan** ['sʌltən] sultan

**sultana** [sʌl'tɑːnə] sultanina (rozina brez pečk); sultanka

**sultry** ['sʌltrɪ] soparen, zaduišljiv; erotičen, zapeljiv

**sum** [sʌm] vsota, seštevek, znesek; povzetek; sešte(va)ti; **to ~ up** na kratko povzeti, rezimirati; **lump ~** okrogla vsota; vsota, ki se takoj plača

**summar|ize**, **~ise** ['sʌməraɪz] povzeti, rezimirati

**summary** ['sʌmərɪ] povzetek, rezime; kratek, hiter; **~ justice** nagla sodba

**summer** ['sʌmə(r)] poletje; poleten

**summit** ['sʌmɪt] vrh, višek, vrhunec; konferenca (sestanek) na vrhu

**summon** ['sʌmən] pozvati, poslati po, uradno poklicati (pred sodišče); sklicati (konferenco); **to ~ up** zbrati (moči, pogum)

**summons** ['sʌmənz] poziv, pozivnica

**sump** [sʌmp] posoda za zbiranje odvečnega olja, karter; greznica, odtočni kanal

**sumptuous** ['sʌmpčʊəs] razkošen, drag

**sun** [sʌn] sonce; **~beam** sončni žarek; **~light** sončna svetloba; **~rise** sončni vzhod; **~set**, **~down** sončni zahod; **~shine** sončna svetloba, sončno vreme; **~burned**, **~burnt** rjav, zagorel; **~lit** obsijan od sonca; **~ny** sončen, veder

**sunbathe** ['sʌnbeɪð] sončiti se

**Sunday** ['sʌndɪ] nedelja

**sunder** ['sʌndə(r)] ločiti, razdeliti (se)

**sundial** ['sʌndaɪəl] sončna ura

**sundry** ['sʌndrɪ] različen; več; **all and ~** vsi skupaj

**sunflower** ['sʌnflaʊə(r)] sončnica

**sung** [sʌŋ] *glej* SING*

**sunglasses** ['sʌn‚glɑːsɪz] sončna očala

**sunk** [sʌŋk] *glej* SINK*

**sunken** ['sʌŋkən] potopljen, upadel, udrt

**sunshade** ['sʌnšeɪd] sončnik, markiza, platnena streha nad izložbo; protisvetlobna zaslonka

**sunstroke** ['sʌnstrəʊk] sončarica

**sup** [sʌp] požirek, srkljaj; srebati, srkati; večerjati

**super** ['suːpə(r)] izvrsten, odličen; zelo-, nad-, čez-, prek-

**superb** [suːˈpɜːb] prelep, krasen; sijajen; izreden

**supercilious** [‚suːpəˈsɪlɪəs] nadut, domišljav, ohol, predrzen, omalovažujoč

**superficial** [‚suːpəˈfɪšl] površinski; površen, plitev (človek)

**superfluity** [‚suːpəˈfluətɪ] odvečnost, nepotrebnost; presežek

**superfluous** [suːˈpɜːfluəs] odvečen, nepotreben; nadštevilen

**supergrass** ['suːpəgrɑːs] (predvsem) kriminalec, ki policijo obvešča o dejavnosti teroristov ali drugih kriminalcev

**superhuman** [‚suːpəˈhjuːmən] nadčloveški, ki presega človekove moči

**superintend** [‚suːpərɪnˈtend] nadzorovati

**superintendent** [ˌsuːpərɪn-'tendənt] nadzornik, upravitelj; višji policijski inšpektor

**superior** [suː'pɪərɪə(r)] sposobnejši, več vreden, ki presega druge, vzvišen, nadut; predstojnik (zlasti samostana)

**superiority** [suːˌpɪərɪ'ɒrətɪ] premoč, prevlada

**superlative** [suː'pɜːlətɪv] *(gram)* presežnik, superlativ; nenadkriljiv

**superman** ['suːpəmæn] človek in pol; nadčlovek

**supermarket** ['suːpəmɑːkɪt] velika samopostrežna trgovina

**supernatural** [ˌsuːpə'næčrəl] nadnaraven, čudežen

**superpower** ['suːpəpaʊə(r)] velesila (država), supersila

**supersede** [ˌsuːpə'siːd] izpodriniti, nadomestiti, zamenjati

**supersonic** [ˌsuːpə'sɒnɪk] nadzvočen

**superstition** [ˌsuːpə'stɪšn] praznoverje, vraževerje

**superstitious** [ˌsuːpə'stɪšəs] praznoveren, vraževeren

**superstructure** ['suːpəstrʌkčə(r)] nadstavba, nadgradnja; **(ideological) social** ~ (ideološka) družbena nadstavba

**supervise** ['suːpəvaɪz] nadzorovati, nadzirati

**supervision** [ˌsuːpə'vɪžn] nadziranje, kontrola; pregled (teksta)

**supervisor** ['suːpəvaɪzə(r)] nadzornik, kontrolor

**supine** ['suːpaɪn] vznak ležeč; brezbrižen, apatičen; *(gram)* namenilnik

**supper** ['sʌpə(r)] večerja

**supplant** [sə'plɑːnt] izpodriniti, izriniti (s položaja), pregnati

**supple** ['sʌpl] prožen, gibčen, upogljiv, voljan

**supplement** ['sʌplɪmənt] dodati; dodatek, dopolnilo; **colour** ~ barvna priloga (časopisa)

**supplementary** [ˌsʌplɪ'mentrɪ] dodaten, dopolnilen

**supplicant** ['sʌplɪkənt] ponižen prosilec; priprošnjik

**supplier** [sə'plaɪə(r)] dobavitelj, nabavljač, oskrbovalec

**supply** [sə'plaɪ] dobavljati, preskrbeti, oskrbovati, dopolniti, nadomeščati (začasno odsotnega učitelja); oskrba, dobava, zaloga, ponudba, nadomeščanje; ~ **teacher** pomožni učitelj, suplent; ~ **and demand** ponudba in povpraševanje; **in short** ~ malo ponudbe

**support** [sə'pɔːt] podpreti, podpirati, pomagati (komu), vzdrževati (koga), financirati; navijati za (šport); podpora, pomoč, opora

**supporter** [sə'pɔːtə(r)] pristaš, navijač; hranitelj, podpornik; pomagač

**suppose** [sə'pəʊz] domnevati, misliti; *I ~ so.* Verjetno., Menda.; *Supposing it were true.* Recimo, da je res.

**supposition** [ˌsʌpə'zɪšn] domneva, hipoteza

**suppress** [sə'pres] zatreti, zadušiti (upor); obvladati (čustva); prepovedati (izdajanje česa); napraviti konec (čemu); zamolčati; ~or zatiralec

**supremacy** [suːˈpreməsɪ] nadvlada, premoč

**supreme** [suːˈpriːm] najvišji, vrhoven, glaven; odličen, izvrsten, dovršen

**surcharge** ['sɜːčɑːdž] dodatni davek, globa; dodatna kazenska poštnina, porto

**sure** [šɔː(r)] gotov, prepričan; gotovo, seveda, zares; **to make** ~ prepričati se, zagotoviti si (kaj); **to be** ~ biti prepričan; **for** ~ nedvomno, vsekakor; ~ **enough** čisto gotovo, zares; ~-**fire** zanesljiv

**surely** ['šɔːlɪ] gotovo, nedvomno

**surety** ['šɔːrətɪ] jamstvo, poroštvo, varščina, kavcija; varnost; porok

**surf** [sɜːf] kipenje morja, butanje valov; ~**board** jadralna deska; ~**ing** deskanje, jadranje na deski

**surface** ['sɜːfɪs] površina, površje, zunanjost, videz; priti na površje (potapljač, podmornica), izgladiti; površinski, površen; ~-**to-air missile** raketa zemlja-zrak; ~ **mail** (Br) navadna neletalska pošta

**surfeit** ['sɜːfɪt] preobilica (hrane, pijače, slabih filmov na TV); prenasičenost s čim

**surge** [sɜːdž] valovati; navdati (s čustvi); nenadoma

se pojaviti; narasti (povpraševanje po); valovanje; nenaden vzpon (električne napetosti)

**surg|eon** ['sɜːdžən] kirurg; ~**ical** kirurški

**surgery** ['sɜːdžərɪ] kirurgija, kirurški poseg; (Br) ordinacija splošnega zdravnika

**surly** ['sɜːlɪ] osoren, neprijazen

**surmise** [səˈmaɪz] ugibati, domnevati; ['sɜːmaɪz] domneva, hipoteza

**surmount** [səˈmaʊnt] obvladati; premagati, prebroditi (težave); dvigniti se nad

**surname** ['sɜːneɪm] družinsko ime, priimek, vzdevek

**surpass** [səˈpɑːs] prekašati, presegati

**surplus** ['sɜːpləs] presežek, prebitek, ostanek; presežen; ~ **profit** posebni dobiček; ~ **labour (value)** presežno delo (vrednost)

**surprise** [səˈpraɪz] presenetiti, zalotiti; presenečenje; nepričakovan, presenetljiv; **to take somebody by** ~ presenetiti koga

**surrender** [səˈrendə(r)] predati (se), kapitulirati, odstopiti, odreči se; predaja, kapitulacija, odpoved, odstop

**surrogate** ['sʌrəgeɪt] nadomestek; ~ **mother** nadomestna mati

**surround** [səˈraʊnd] obkrožiti, obkoliti

**surroundings** [səˈraʊndɪŋz] okolica, okolje

**surtax** ['sɜːtæks] dodatni davek; dodatno obdavčiti

**surveillance** [sɜː'veɪləns] nadzor, nadzorstvo; **police ~** policijsko nadzorstvo

**survey** [sə'veɪ] nadzirati, pregledati; premeriti; ['sɜːveɪ] ogled, pregled; poročilo, ekspertiza; anketa; katastrsko merjenje; **follow-up ~** spremljevalna študija

**surveyor** [sə'veɪə(r)] preglednik, nadzornik, merilec, geodet

**survival** [sə'vaɪvl] preživetje; ostanek (iz preteklosti)

**survive** [sə'vaɪv] preživeti, ostati pri življenju, ohraniti se (običaj)

**survivor** [sə'vaɪvə(r)] preživela, rešena oseba

**susceptible** [sə'septəbl] tankočuten, dovzeten, sprejemljiv

**suspect** [sə'spekt] sumiti, slutiti, ne zaupati, dvomiti; ['sʌspekt] sumljiv; osumljenec

**suspend** [sə'spend] začasno odgoditi, odstaviti, razveljaviti; obesiti; **~ed animation** navidezna smrt; **~ed sentence** pogojna obsodba

**suspender** [sə'spendə(r)] (Br) podveza za nogavico; **~ belt** pas za nogavice; (Am) (pl) naramnice

**suspense** [sə'spens] negotovost, boječe pričakovanje; odlog, začasna ustavitev pravic; **in ~** v negotovosti, v napetem pričakovanju

**suspension** [sə'spenʃn] začasna odgoditev, odstavitev, suspenzija; **~ bridge** viseči

most; **front wheel ~** vzmeti sprednjih koles (pri avtu)

**suspicion** [sə'spɪʃn] sum, nezaupanje; slutnja; majhna količina, malenkost; **to be under ~** biti osumljen

**suspicious** [sə'spɪʃəs] sumljiv, sum vzbujajoč; nezaupljiv

**sustain** [sə'steɪn] podpirati, vztrajati, vzdržati; hraniti, preživljati, oskrbovati; podkrepiti, odločiti se v korist koga

**sustenance** ['sʌstɪnəns] (pre)hrana, hranilna vrednost; podpora, pomoč

**suture** ['suːtʃə(r)] šiv (kirurški); kirurška nit; sešiti (rano)

**svelte** [svelt] vitek, eleganten

**swagger** ['swægə(r)] košatiti se, šopiriti se

**swallow** ['swɒləʊ] lastovka

**swallow** ['swɒləʊ] požirati, pogoltniti; potlačiti (jezo), prenesti (žalitev); požirek

**swam** [swæm] glej SWIM*

**swan** [swɒn] labod; **~ song** labodji spev

**swap, swop** [swɒp] zamenja(va)ti, menjati; pripovedovati si (anekdote, zgodbe)

**swarm** [swɔːm] rojiti, mrgoleti, biti zelo številen; roj, jata, vrvež

**swarthy** ['swɔːðɪ] temno rjav, zagorel

**swathe** [sweɪð] red pokošene trave, žita; širok pas (cvetlic); oviti, omotati, poviti

**sway** [sweɪ] zibati (se), majati (se), nihati; vplivati na; **to**

hold ~ imeti veliko moč ali vpliv

**swear\*** [sweə(r)] preklinjati; priseči; **to ~ by** prisegati na kaj; **to ~ in** zapriseči (koga); **~-word** kletvica

**sweat** [swet] potiti se, garati; pot, znoj, težko delo; **sweatband** frotirast ali drugačen trak, ki ga športniki nosijo okrog glave ali na zapestju; ~ **gland** žleza znojnica; **~shirt** udobna majica; **~shop** podjetje (delavnica), v katerem delajo bedno plačani delavci

**sweater** ['swetə(r)] sviter, debela volnena športna jopica

**Swed|en** ['swi:dn] Švedska; **~ish** švedski; Šved(inja); švedščina; **~e** Šved

**sweep** [swi:p] pometati, (po)čistiti; briti (veter); oplaziti, švigniti, preleteti z očmi; zamah; zavoj (ceste, reke); **to ~ along** potegniti (koga) za seboj; **to ~ away** odnesti, odpraviti, pomesti; **to ~ up** pomesti na kup

**sweeper** ['swi:pə(r)] pometač, dimnikar; metla

**sweeping** ['swi:pɪŋ] pometanje; dolg, širok (zavoj reke, ceste); obsežen, prostran, daljnosežen; velik (uspeh); silovit (veter)

**sweepstake** ['swi:psteɪk] stava na konjskih dirkah

**sweet** [swi:t] sladek; prijeten (vonj, zvok); prijazen, ljubezniv, ljubek; *(Br)* desert, poobedek; *(pl)* bonboni, slaščice; **to have a ~ tooth** biti sladkosneden

**sweeten** ['swi:tn] sladkati, omiliti, odišaviti

**sweetheart** ['swi:thɑ:t] ljubček, ljubica, srček

**swell\*** [swel] nabrekniti, oteči, napeti se, narasti, povečati se; kipeti (čustva); valovanje; porast, naraščanje; zelo eleganten, tiptop, imeniten; **~ing** oteklina, nabreklost

**swept** [swept] *glej* SWEEP\*

**swerve** [swɜ:v] nenadoma kreniti ali zaviti vstran

**swift** [swɪft] hiter, uren, deroč; hudournik (ptica)

**swill** [swɪl] žlampati, lokati, izprati, splakniti; pomije

**swim\*** [swɪm] plavati, preplavati; čutiti vrtoglavico; **~mer** plavalec; **~suit** kopalna obleka

**swimming** ['swɪmɪŋ] plavanje; ~ **bath** *(Br)* javno kopališče, bazen; ~ **costume** *(Br)* kopalna obleka; ~ **pool** plavalni bazen; ~ **trunks** moške kopalne hlače, kopalke

**swimmingly** ['swɪmɪŋlɪ] brez težav, gladko, kot po maslu

**swindle** ['swɪndl] goljufati, slepariti; goljufija, sleparija; **~r** slepar, goljuf

**swine** [swaɪn] prašič, svinja

**swing\*** [swɪŋ] nihati, gugati se; zamahniti; vihteti; spremeniti (mnenje); zamah; vihtenje; nihaj; gugalnica; spremenljivost; **to get into the ~ of something** priučiti se čemu; ~ **door** vrtljiva vrata; **in full ~** v polnem razmahu

**swirl** [swɜːl] vrtinčiti (se); vrtinec

**swish** [swiš] žvižgati po zraku (krogla, šiba), (za)šušteti, (za)šumeti (svila, obleka); žvižg, sik

**switch** [swič] stikalo; kretnica; obrniti (stikalo), drugam usmeriti (pogovor); **to ~ off** izključiti, izklopiti, ugasiti (luč, radio), odložiti slušalko; **to ~ on** priključiti, vklopiti, prižgati

**switchback** ['swičbæk] cesta (železnica) s številnimi zavoji; tobogan

**switchboard** ['swičbɔːd] stikalna plošča

**Switzerland** ['swicələnd] Švica; **Swiss** švicarski; Švicar(ka)

**swivel** ['swivl] tečaj; vrteti (se) okrog osi

**swollen** ['swəʊlən] otekel, nabuhel; *glej* SWELL*

**swoon** [swuːn] onesvestiti se, omedleti

**swoop** [swuːp] zviška planiti (orel), strmoglaviti (letalo); izvesti racijo; nepričakovan napad, racija; **at one ~** na mah, kot bi trenil

**sword** [sɔːd] meč, sablja

**swordfish** ['sɔːdfiš] mečarica (riba)

**swore** [swɔː] *glej* SWEAR*

**sworn** [swɔːn] pod prisego; **~ enemy** smrtni sovražnik; *glej* SWEAR*

**swot** [swɒt] guliti se, veliko se učiti; gulež

**swum** [swʌm] *glej* SWIM*

**swung** [swʌŋ] *glej* SWING*

**sycophant** ['saɪkəfænt] petolizník, prilizovalec, kimavec

**syllable** ['siləbl] zlog; *Not a ~!*. Niti besedice!

**syllabus** ['siləbəs] učni načrt, program; kratek pregled

**symbol** ['simbl] simbol, znak, znamenje

**symbol|ize**, **~ise** ['simbəlaiz] simbolizirati

**symmetrical** [si'metrikl] someren, simetričen

**symmetry** ['simətri] somernost, simetrija

**sympathetic** [,simpə'θetik] sočuten, usmiljen, solidaren, privlačen, simpatičen

**sympath|ize**, **~ise** ['simpəθaiz] sočustvovati; strinjati se, simpatizirati, biti solidaren s/z

**sympathy** ['simpəθi] sočutje, sočustvovanje; simpatija

**symphony** ['simfəni] simfonija

**symposium** [sim'pəʊziəm] simpozij

**symptom** ['simptəm] simptom, znak, znamenje

**synagogue** ['sinəgɒg] sinagoga

**synchron|ize**, **~ise** ['siŋkrənaiz] časovno uskladiti, sinhronizirati

**syndicate** ['sindikeit] združenje, konzorcij; časopisni trust

**synonym** ['sinənim] soznačnica, sinonim; **~ous** soznačen, sinonimen

**synops|is** [si'nɒpsis], (*pl* **~es**) kratka vsebina, pregled česa, sinopsis

**syntax** ['sɪntæks] sintaksa

**synthes|is** ['sɪnθəsɪs], (*pl* ~es) sinteza; sestavitev, združitev, strnitev, spajanje

**synthes|izer, ~iser** ['sɪnθəsaɪzə(r)] elektronski glasbeni instrument

**synthetic** [sɪn'θetɪk] sintetičen, umeten

**syphilis** ['sɪfɪlɪs] sifilis

**Syria** ['sɪrɪə] Sirija; ~n sirski; Sirijec, Sirijka

**syringe** [sɪ'rɪndž] štrcalka, brizgalka, injekcija

**syrup** ['sɪrəp] sirup

**system** ['sɪstəm] sistem; sestav, ustroj; metoda; celota predpisov (pravil), ureditev, red; omrežje; organizem; **social (political)** ~ družbena (politična) ureditev; **multyparty** ~ večstrankarski sistem; **digestive** ~ prebavila; ~**s analysis** *(comp)* sistemska analiza; ~**s software** *(comp)*sistemska programska oprema

**systematic** [ˌsɪstə'mætɪk] sistematičen, urejen, načrten, premišljen

# T

**tab** [tæb] košček blaga (papirja) na čem; tablica, etiketa, znak na ovratniku; **to keep ~s on** imeti pred očmi, kontrolirati kaj

**tabby** ['tæbɪ] tkanina prelivajočih se barv; **~ cat** pisana mačka

**table** ['teɪbl] miza, omizje; tabela; *(Br)* predložiti za razpravo; **(multiplication) ~** poštevanka; **to ~ a motion of confidence** postaviti vprašanje zaupnice; **to turn the ~s on sb.** lotiti se koga z njegovim lastnim orožjem; **~cloth** namizni prt; **~ manners** pravila vedenja pri mizi; **~mat** namizni podstavek; **~spoon** velika žlica; **~ tennis** namizni tenis, pingpong; **~ware** namizni pribor (posoda)

**table d'hôte** [ˌtɑːbl ˈdəʊt] meni; kosilo, večerja iz že izbranih jedi

**tablet** ['tæblɪt] tableta, pastila; (lesena, kamnita) spominska plošča

**tabloid** ['tæblɔɪd] ilustriran časopis s skopim besedilom

**taboo** [təˈbuː] nedotakljiv, prepovedan

**tabular** ['tæbjʊlə(r)] tabelaričen; **~ summary** pregledna tabela

**tabulate** ['tæbjʊleɪt] tabelarno urediti, katalogizirati

**tachograph** ['tækəɡrɑːf] tahograf, priprava, ki zapisuje hitrost vozila

**tacit** ['tæsɪt] tih, molčeč; molče priznan, odobren

**taciturn** ['tæsɪtɜːn] molčeč, redkobeseden, tih

**tack** [tæk] žebljiček s ploščato glavico, risalni žebljiček; pritrditi, pribiti z žebljički; nenadoma dodati; spremeniti smer, taktiko; v cikcaku jadrati proti vetru

**tackle** ['tækl] krepko se lotiti; uloviti, priti do žoge; nadlegovati; spoprijeti se, planiti po; oprema, pribor, rekviziti

**tact** [tækt] obzirnost, takt

**tadpole** ['tædpəʊl] žabji paglavec; kapelj

**taffeta** ['tæfɪtə] taft

**tag** [tæɡ] etiketa, ploščica, list (za označevanje stvari, na katero je pritrjen); loviti se, igrati se mance; **to ~ along** biti komu za petami, slediti komu kot senca

**taiga** ['taɪɡə] tajga (iglasti gozd severnega zmernega pasu)

**tail** [teɪl] rep; zadnji del; vlečka (obleke); *(pl)* frak; stran kovanca z napisom;

skrivaj slediti komu; **to ~ off** zmanjšati se, izgubiti se, popihati jo; **~back** kolona avtomobilov; **~ light** zadnja luč (avto, motorno kolo)

**tailor** ['teɪlə(r)] krojač; krojiti, narediti obleko, opravljati krojaški poklic; **~--made** nekonfekcijski, narejen po meri

**taint** [teɪnt] pokvariti, okužiti (se); znamenje, *(ali* sled) slabe kakovosti, razpada, gnitja, okužbe

**take*** [teɪk] vzeti, (od)nesti; (od)peljati koga; peljati se (z avtom, taksijem, vlakom), potovati; potrebovati, biti potreben; prejemati, biti naročen na; prevzeti (odgovornost); kupiti, ukrasti; jemati (zdravila); trajati (čas); najeti (stanovanje); polastiti se, ujeti; prenesti (bolečino); izmeriti (utrip); prositi za nasvet, premisliti o, razumeti, sklepati; fotografirati; **to ~ a day** vzeti si prost dan; **to ~ a decision** odločiti se; **to ~ leave** posloviti se; **to ~ a look at** pogledati kaj; **to ~ notice of** opaziti, ozirati se na kaj; **to ~ part in** udeležiti se, sodelovati; **to ~ turns** menjavati se; **to ~ after** biti podoben; **to ~ apart** narazen vzeti; **to ~ back** vrniti, nesti nazaj, vzeti nazaj; **to ~ down** napisati; demontirati, razstaviti; **to ~ for granted** imeti za dejstvo; **to ~ in** prevarati; biti naročen na časopis; razumeti, dojeti; sprejeti

(goste); **to ~ off** vzleteti; nenadoma oditi; sleči, sezuti; **to ~ on** vzeti nase, prevzeti; najeti, vzeti v službo; spoprijeti se, konkurirati; **to ~ out** peljati ven (na večerjo); **to ~ out on** stresti jezo nad kom; **to ~ over** prevzeti (službo, pobudo); **to ~ to** vzljubiti; **to ~ up** začeti, lotiti se, nadaljevati; vpi(ja)ti tekočino; **to ~ upon** naprtiti si

**take** [teɪk] izkupiček, iztržek, inkaso; ulov; kader, posnetek, scena (film)

**taken** ['teɪkən] *glej* TAKE***

**talc** [tælk] smukec, talk(um)

**tale** [teɪl] zgodba, pripoved; povest, pripovedka; izmišljotina, lažna zgodba; **fairy ~** pravljica; **old wives' ~s** babje čenče

**talent** ['tælənt] nadarjenost, talent

**talented** ['tæləntɪd] nadarjen, talentiran

**talk** [tɔːk] pogovarjati se, govoriti, kramljati, razpravljati, govoričiti; govor(ica), čenče; *(pl)* uradni pogovori dveh sprtih strani; **to ~ down to** pokroviteljsko, zviška govoriti; **to ~ into** pregovoriti; **to ~ out of** odvrniti od; **to ~ over** prediskutirati, izmenjati mnenja; **small ~** kramljanje o nevažnih stvareh; **~ show** vrsta (radijske, TV) (po)govorne oddaje; **peace ~s** mirovni pogovori

**talkative** ['tɔːkətɪv] zgovoren, klepetav

**talkie** ['tɔ:kɪ] zvočni film

**talking** ['tɔ:kɪŋ] govorjenje, govorica; ~ **book** zvočni posnetek knjige (za slepe); ~**to** graja, opomin

**tall** [tɔ:l] visok, velik, visoke postave; ~ **order** pretirana zahteva, preveč zahtevno; ~ **story** neverjetna zgodba; ~ **hat** cilinder

**tallow** ['tæləʊ] loj; namazati z lojem

**tally** ['tælɪ] kupon, listek, (ob)račun; ustrezati, skladati se

**talon** ['tælən] krempelj, dolg noht; talon, protikupon

**tame** [teɪm] ukročen, krotek, pohleven; dolgočasen; krotiti, udomačiti

**tam-o'shanter** [ˌtæmə'ʃæntə(r)] škotska čepica

**tamper** ['tæmpə(r)] vmešavati se, zaplesti se v

**tampon** ['tæmpɒn] tampon; čep, zamašek

**tan** [tæn] zagorel (koža), rumenorjav; rumeno rjava barva, čreslovina; od sonca porjaveti; strojiti

**tang** [tæŋ] oster okus, priokus, prizvok

**tangent** ['tændʒənt] tangenta; **to go off at a** ~ nenadoma preiti z ene stvari na drugo

**tangerine** [ˌtændʒə'ri:n] mandarina

**tangible** ['tændʒəbl] otipljiv, jasen, očiten

**tangle** ['tæŋgl] zamotanost, zapletenost, zmeda; zavozlati, zaplesti, zmešati; **to**

~ **with** zaplesti se, spustiti se v (boj)

**tango** ['tæŋgəʊ] tango; plesati tango

**tank** [tæŋk] tank, cisterna

**tankard** ['tæŋkəd] vrč s pokrovom; maseljc (za pivo)

**tanker** ['tæŋkə(r)] ladja (letalo) za prevoz tekočih goriv

**tannery** ['tænərɪ] strojarna

**tannin** ['tænɪn] tanin, čreslovina

**tantal|ize, ~ise** ['tæntəlaɪz] mučiti, trpinčiti

**tap** [tæp] pipa (plinska, vodovodna); čep; lahno udariti, krcniti, (po)trepljati, (po)trkati; prisluškovati (telefonskim pogovorom); nastaviti pipo (pri sodu); ~ **dancing** step (ples)

**tape** [teɪp] snemati, posneti; (magnetni) trak, ozek trak (iz tkanine, papirja), trak na ciljni črti; **red** ~ birokracija; ~ **cartridge** kaseta z magnetofonskim trakom; ~ **drive** (comp) tračna enota; ~ **file** (comp) datoteka na traku; ~ **measure** merilni trak; ~ **recorder** magnetofon

**taper** ['teɪpə(r)] tenka voščena sveča; ožiti se proti koncu

**tapestry** ['tæpəstrɪ] tapiserija, stenska preproga, dekoracijsko blago

**tapeworm** ['teɪpwɜ:m] trakulja

**tar** [tɑ:(r)] katran; premazati s katranom

**tardy** ['tɑ:dɪ] kasen, pozen, počasen

**target** ['tɑ:gɪt] tarča, cilj; ~ practice strelske vaje

**tariff** ['tærɪf] tarifa, (carinska) pristojbina; cena

**tarnish** ['tɑ:nɪš] postati moten (brez leska), potemneti; to ~ one's reputation omadeževati si ugled

**tarpaulin** [tɑ:'pɔ:lɪn] ponjava, (impregnirana) plahta

**tarragon** [tærəgən], (Am) [tærəgɒn] pehtran

**tarry** ['tærɪ] zadrževati se, muditi se, ostati, obotavljati se; ['tɑ:rɪ] katraniziran, katranast

**tart** [tɑ:t] sadni kolač (pita); cipa, vlačuga; ujedljiv, sarkastičen, oster

**tartar** ['tɑ:tə(r)] zobni kamen; srboritež, prepirljivec; kdor je močnejši

**task** [tɑ:sk] naloga, delo; to take somebody to ~ poklicati koga na odgovornost; grajati, kritizirati; ~maker oseba, ki nalaga težka dela

**tassel** ['tæsl] cof; povezan šop niti za okras

**tast|e** [teɪst] okus; pokušnja; zalogaj, košček; priokus; nagnjenje; (p)okusiti, (p)okušati, jesti majhne zalogaje; imeti okus po; izkusiti, doživeti; ~er degustator; ~eful okusen; ~eless neokusen, plehek; ~y okusen, slasten; z mnogo okusa

**tattered** ['tætəd] razcapan, raztrgan; zmečkan (papir)

**tattoo** [tə'tu:] tetovirati; bobnati ali trobiti v vojašnici za nočni počitek; nestrpno bobnati s prsti; vtetovirana risba; (večerna) parada (z godbo)

**taught** [tɔ:t] glej TEACH*

**taunt** [tɔ:nt] zasmehovati, rogati se

**tavern** ['tævən] krčma, pivnica

**tawdry** ['tɔ:drɪ] kičast, slabega okusa

**tawny** ['tɔ:nɪ] rjavkasto rumen

**tax** [tæks] taksa, davek (državni), pristojbina, kolkovina; obdavčiti, obremeniti, odmeriti davek; direct (indirect) ~ neposredni (posredni) davek; income ~ davek na dohodek; purchase ~ prometni davek; ~ evasion davčna utaja; ~payer davkoplačevalec; ~able davku zavezan; ~~free davka oproščen, neobdavčen

**taxation** [tæk'seɪšn] obdavčenje, davki

**taxi** ['tæksɪ] (avto)taksi; drseti po zemlji (vodi) pred vzletom ali po pristanku (letalo); ~ rank postajališče za taksije

**taxicab** ['tæksɪkæb] taksi

**tea** [ti:] čaj; čajevec; čaj ob petih (obrok); ~ caddy škatlica za čaj; ~ cosy grelec čajnika; ~ kettle posoda za zavretje vode, samovar; ~ shop (ali room) čajarna, čajnica; ~ strainer cedilo za čaj; ~pot čajna ročka, čajnik; ~spoon čajna žlička; ~ towel (Br) kuhinjska cunja; high ~ obilnejši obrok s čajem pozno popoldne

**teach\*** [ti:č] učiti, poučevati

**teacher** ['ti:čə(r)] učitelj, srednješolski profesor; (splošno) vzgojitelj

**teaching** ['ti:čɪŋ] poučevanje; učiteljski poklic; ~ **hospital** klinika

**team** [ti:m] moštvo, delovna skupina, ekipa; ~-**mate** delovni tovariš; ~ **spirit** solidarnost; ~**work** skupinsko delo; **to ~ up** delati skupaj

**tear** [tɪə(r)] solza; **to burst into** ~s planiti v jok; ~ **gas** solzivec; ~-**jerker** sentimentalna knjiga, film; ~**ful** solzen, v solzah

**tear\*** [teə(r)] (s)trgati, iztrgati, (iz)puliti (lase); drveti, divje hiteti; raztrgano mesto; **to ~ at** povleči za, močno potegniti; **to ~ away** odtrgati, s silo ločiti; **to ~ down** porušiti, podreti; **to ~ off** odtrgati; **to ~ up** raztrgati; spodkopati; **wear and ~** naravna obraba, odpis za zmanjšanje vrednosti

**tearful** ['tɪəfl] solzan, v solzah

**tease** [ti:z] dražiti, nagajati, zafrkavati; nagajivec; trd oreh, težavna naloga (kviz)

**teat** [ti:t] sesek; bradavična izboklina, bradavica

**technical** ['teknɪkl] tehniški, strokoven; ~ **college** tehniška visoka šola

**technique** [tek'ni:k] tehnika; metoda, postopek, način izvajanja

**teddy** ['tedɪ] ~ **bear** medvedek (otroška igrača); ~ **boy**

huligan, mladoletnik, ki krši družbene norme

**tedious** ['ti:dɪəs] dolgotrajen, dolgočasen, nezanimiv, duhamoren

**teem** [ti:m] mrgoleti, biti prepoln (česa)

**teenager** ['ti:neɪdžə(r)] (*Am*) fant ali dekle med 13. in 19. letom

**teeter** ['ti:tə(r)] tresti, majati se

**teeth** [ti:θ] (*pl*) glej TOOTH; **to ~e** dobivati zobe

**teetotaller** [ti:'təʊtlə(r)] abstinent

**telecommunications** [ˌtelɪkəˌmju:nɪ'keɪšnz] telekomunikacije

**telegram** ['telɪgræm] telegram, brzojavka

**telegraph** ['telɪgrɑ:f] telegraf; brzojav

**telephone** ['telɪfəʊn] telefon; telefonirati; **to be on the ~** imeti telefon; biti pri telefonu; ~ **book** (*ali* **directory**) telefonski imenik; ~ **booth** (**box**) telefonska kabina (govorilnica); ~ **exchange** telefonska centrala; ~ **number** telefonska številka; ~ **operator** telefonist

**telephoto lens** [ˌtelɪfəʊtəʊ 'lenz] teleobjektiv

**teleprinter** ['telɪprɪntə(r)] teleprinter, daljinski tiskalnik

**telescope** ['telɪskəʊp] teleskop, daljnogled

**television, telly** ['telɪvɪžn, 'telɪ] televizija; ~ **announcer** televizijski napovedovalec; ~ **set** televizor

**tell\*** [tel] povedati, reči; ukazati, naročiti; razjasniti, spoznati; **to ~ the time** povedati, koliko je ura; **to ~ apart** razlikovati; **to ~ off** ozmerjati, grajati

**teller** ['telə(r)] bančni blagajnik; oseba, ki šteje glasove (na volitvah, v parlamentu)

**temper** ['tempə(r)] temperament, nrav, čud, razpoloženje; ublažiti, olajšati; **to be in a ~** biti jezen (besen, razkačen); **to lose one's ~** razjeziti se, izgubiti potrpljenje

**temperament** ['temprəmənt] temperament, značaj

**temperance** ['tempərəns] umerjenost, zmernost; vzdržnost

**temperate** ['tempərət] umerjen, zmeren, vzdržen; **~ climate** zmerno podnebje

**temperature** ['temprəčə(r)] stopnja toplote; vročina

**tempest** ['tempist] vihar, neurje

**tempestuous** [tem'pesčʊəs] viharen, buren

**temple** [templ] svetišče, tempelj; sencè (del obraza)

**temporal** ['tempərəl] minljiv; časoven; posveten; sènčen

**temporary** ['temprərɪ] začasen, zasilen, provizoren

**tempt** [tempt] zapeljevati, mamiti, zavesti v skušnjavo; **to ~ one's fate** izzivati usodo; **to be** (*ali* **to feel**) **~ed to** mikati; biti v skušnjavi, da...

**temptation** [temp'teɪšn] skušnjava

**tempting** ['temptɪŋ] vabljiv, mičen, mamljiv

**ten** [ten] deset; desetica

**tenable** ['tenəbl] (u)branljiv; **scholarship ~ for one year** za eno leto podeljena štipendija

**tenacious** [tɪ'neɪšəs] vztrajen, trdovraten, žilav, lepljiv

**tenancy** ['tenənsɪ] zakup, najem, (začasna) posest

**tenant** ['tenənt] najemnik, zakupnik, stanovalec

**tench** [tenč] linj (riba)

**tend** [tend] nagibati se k, stremeti, imeti za cilj; negovati, skrbeti za, čuvati

**tendency** ['tendənsɪ] težnja, nagnjenje, tendenca

**tender** ['tendə(r)] nežen, mehak (meso), boleč, občutljiv; ponudba; ponuditi, licitirati; **legal ~** zakonito plačilno sredstvo; **of ~ age** mlad, neizkušen; **~-hearted** mehkega srca; **by ~** po razpisu

**tenderfoot** ['tendəfʊt] novinec, neizkušen človek; mlečnozobec

**tenderloin** ['tendəlɔɪn] (*Am*) najboljši del ledvične pečenke, filé; mestna četrt z nočnimi zabavišči

**tendon** ['tendən] kita

**tendril** ['tendrəl] vitica (ovijalke)

**tenement** ['tenəmənt] stanovanje, stanovanjska hiša, stalno lastništvo (zemlje, hiše)

**tenet** ['tenɪt] dogma, doktrina, načelo

**tennis** ['tenɪs] tenis; **table ~**

namizni tenis, pingpong; ~
**court** teniško igrišče

**tenor** ['tenə(r)] tenor, tenorist;
besedilo, smisel, pomen,
vsebina (listine, uredbe)

**tense** [tens] napet, živčen;
*(gram)* čas; napeti (se)

**tensile** ['tensaıl] raztegljiv,
raztezen

**tension** ['tenšn] napetost,
zaostritev

**tent** [tent] šotor; šotoriti; **to
pitch (to strike) a ~** postaviti
(podreti) šotor

**tentacle** ['tentəkl] tipalka,
tipalnica

**tentative** ['tentətıv] okleva-
joč, neodločen

**tenth** [tenθ] deseti

**tenuous** ['tenjʊəs] pičel,
boren, tanek, nežen; nepo-
memben

**tenure** ['tenjʊə(r)] čas trajanja
uživanja posesti ali položaja

**tepid** ['tepıd] mlačen

**term** [tɜːm] izraz, beseda; se-
mester, *(Br)* trimester; čas
trajanja, rok; pogoj; imeno-
vati (se), označevati; **~ of
office** čas službovanja; **to be
on good (friendly) ~s** biti
v dobrih (prijateljskih) od-
nosih; **to be not on spea-
king ~s with** ne govoriti,
biti sprt s/z; **to come to ~s
with** sporazumeti, pogoditi
se; **long(short)-~** dolgoro-
čen, (kratkoročen)

**terminal** ['tɜːmınl] končen,
mejen; smrten (bolezen); od-
hodna ali prihodna postaja;
*(comp)* terminal

**terminate** ['tɜːmıneıt] končati,

nehati (se), pripeljati do
konca

**terminology** [ˌtɜːmı'nɒlədži]
izrazoslovje

**terminus** ['tɜːmınəs] glavna
odhodna oz. prihodna (žele-
zniška, avtobusna) postaja

**terrace** ['terəs] terasa; *(Br)*
vrsta hiš; stopnici podobna
tvorba na zemeljski povr-
šini; ~ **cultivation** obdelova-
nje v terasah

**terrain** [tə'reın] teren, ozemlje

**terrestrial** [tə'restrıəl] zemelj-
ski, kopen

**terrible** ['terəbl] strašen, gro-
zen, strahoten

**terrier** ['terıə(r)] terier (pes)

**terrific** [tə'rıfık] čudovit, si-
jajen; silen, velikanski; stra-
šen, grozen

**terrify** ['terıfaı] prestrašiti

**territorial** [ˌterə'tɔːrıəl] terito-
rialen, področen, krajeven;
**T~ Army** *(Br)* teritorialna
vojska, vojska za obrambo
domovine; ~ **waters** oze-
meljske vode, del morja, ki
pripada obmorski državi

**territory** ['terətrı] ozemlje (su-
verene države)

**terror** ['terə(r)] teror, nasilje;
strah, groza; oseba ali stvar,
ki vliva strah

**terrorism** ['terərızəm] terori-
zem, strahovlada, zastraše-
vanje

**terror|ize**, **~ise** ['terəraız] te-
rorizirati, strahovati, vladati
z nasiljem

**terse** [tɜːs] kratek in jedrnat

**test** [test] test, preizkus; po-
skus, analiza; testirati, pre-

izkušati, analizirati; **to put to the ~** preizkusiti; **~ case** tipičen primer, precedens; **~ match** tekmovalno srečanje v kriketu (ragbiju); **~ pilot** poskusni pilot; **~ tube** epruveta, retorta; **~-tube baby** otrok iz epruvete

**testament** ['testəmənt] oporoka; dokaz; **The Old T~** stara zaveza

**testify** ['testɪfaɪ] pričati, izjaviti, dokazovati

**testimonial** [ˌtestɪ'məunɪəl] spričevalo, potrdilo

**testimony** ['testɪmənɪ] pričanje, dokaz; **to bear ~** pričati

**testy** ['testɪ] občutljiv, razdražljiv

**tetchy** ['tečɪ] čemeren, slabe volje, razdražljiv

**tether** ['teðə(r)] privezati (žival na povodec, h kolu); povodec, veriga; **to be at the end of one's ~** biti na koncu svojih moči, ne vedeti ne naprej ne nazaj

**text** [tekst] tekst, besedilo; **~book** učbenik

**textile** ['tekstaɪl] tekstil, tkanina; **~ industry** tekstilna industrija

**texture** ['teksčə(r)] struktura (tkiva); ustroj, sestava (snovi); **~ of soil** fizikalna sestava prsti

**than** [ðæn, ðən] kot, kakor; **rather ~** rajši kot

**thank** [θæŋk] zahvaliti se; *(pl)* zahvala; **T~ heavens!** Hvala bogu!; **~ful** hvaležen; **~less** nehvaležen

**thanksgiving** [ˌθæŋks'gɪvɪŋ] zahvala, zahvalnica (molitev); **T~ Day** zahvalni dan (v ZDA in Kanadi)

**that** [ðæt], *(pl those)* oni tam, tisti, tisto; ki, kateri; kar; da, da bi; tako, zelo; **~ far** tako daleč; *T~'s it.* Tako je prav., Tako je treba.; *T~'s ~!* In zdaj dovolj tega!; *~'s why* zato; **~ way** tja

**thatch** [θæč] pokriti s slamo; slama za streho, trstika; gosti lasje, "griva"

**thaw** [θɔ:] topiti, tajati se, kopneti; odmrzniti (hrano); odtajati; odjuga

**the** [ðɪ:, ðə, ðɪ] določni člen; **~ sooner ~ better** čim prej, tem bolje

**thea|tre**, *(Am)* **~ter** ['θɪətə(r)] gledališče, gledališka umetnost; prizorišče; (amfiteatralna) predavalnica; **open-air ~** gledališče na prostem; **operating ~** operacijska dvorana

**theatrical** [θɪ'ætrɪkl] gledališki; teatralen, nenaraven

**theft** [θeft] tatvina, kraja

**their** [ðeə(r)] njihov

**theirs** [ðeəz] njihov; *This book is ~.* Ta knjiga je njihova.

**them** [ðem] jih, nje, njim; *Tell ~ the truth.* Povej jim resnico.; *I see ~.* Vidim jih.

**theme** [θi:m] tema, predmet razgovora; glasbeni znak postaje (radio, TV); **~ song** *(ali* **tune)** karakteristična melodija, glavna popevka (filma)

**themselves** [ðəm'selvz] sebe, se; (oni) sami

**then** [ðen] nato, potem; **now and ~** tu pa tam; **from ~ on** od tistega časa, od takrat; **till ~** dotlej

**thence** [ðens] od tod; od takrat; zato

**thenceforth** [ˌðens'fɔ:θ] od takrat naprej

**theology** [θɪ'ɒlədžɪ] teologija, bogoslovje

**theoretic|al** [ˌθɪə'retɪkl] teoretičen; **~ian** teoretik

**theor|y** ['θɪərɪ] teorija; znanstvena trditev (hipoteza); abstraktna modrost; **~y and practice** teorija in praksa; **balance of power ~y** teorija ravnotežja sil; **~ize** teoretizirati

**there** [ðeə(r)] tam, tja; **~ is (are)** je, se nahaja (so, se nahajajo); **here and ~** tu in tam; **~ and then** takoj, v hipu; *T~ you are!* Zdaj pa imaš!; **~, ~** no, no (bodi priden); *He is not all ~.* Ni čisto pri pravi (pameti).

**thereabout(s)** ['ðeərəbaʊt(s)] tam nekje, približno

**thereafter** [ˌðeər'ɑ:ftə(r)] nato, zatem

**thereby** [ˌðeə'baɪ] s tem, na ta način; pri tem

**therefore** ['ðeəfɔ:(r)] zato, zaradi tega, torej

**therein** [ˌðeər'ɪn] tu (tam) notri; v tem (pogledu)

**thereof** [ˌðeər'ɒv] od tega, iz tega

**thereupon** [ˌðeərə'pɒn] nato, potem, zato

**thermal** ['θɜːml] topel, vroč, toploten, termalen; **~ energy** toplotna energija; **~ springs** topli vrelci, toplice

**thermometer** [θə'mɒmɪtə(r)] toplomer

**thermos flask** ['θɜːməs flɑːsk] termovka, posoda s toplotno izolacijo

**these** [ðiːz] *(pl) glej* THIS

**thesis** ['θiːsɪs] znanstveno delo, disertacija, teza

**they** [ðeɪ] oni, one

**thick** [θɪk] debel, košat, gost (lasje, gozd, tekočina); hripav, nerazločen (glas); neumen, omejen; pogosten; poln; meglen, moten, kalen; **to be in the ~ of** biti v sredi, v žarišču; **through ~ and thin** v dobrem in slabem; **~ and fast** pogosto, zelo hitro

**thicken** ['θɪkən] zgostiti (se); odebeliti (se); postati nerazločen (glas); povečati se; **the plot ~s** stvar se zapleta

**thicket** ['θɪkɪt] goščava, hosta

**thickset** [ˌθɪk'set] čokat, robusten

**thief** [θiːf] tat(ica), zmikavt

**thigh** [θaɪ] stegno, bedro

**thimble** ['θɪmbl] naprstnik

**thin** [θɪn] tanek, vitek, suh; lahek (obleka), prozoren (tkanina); redek (lasje); vodén (pijača); nerodoviten (zemlja); prazen (izgovor); stanjšati; razredčiti, krčiti (gozd); shujšati, zmanjšati

**thing** [θɪŋ] stvar, reč, predmet, zadeva; *Poor little ~!* Ubogi otrok! Revček!

**think*** [θɪŋk] misliti, premišljevati; izmisliti, zamisliti (si); pomisliti, spomniti se (na); nameravati; ceniti (koga); *I ~ so.* Mislim, da (odgovor).; **to ~ better of** premisliti si; **to ~ nothing of** podcenjevati, prezirati; **to ~ over** premisliti; **to ~ up** zamisliti si, izmisliti si (kaj)

**thinking** ['θɪŋkɪŋ] mišljenje, razmišljanje; **in my way of ~** po mojem mnenju; **wishful ~** zidanje gradov v oblake

**thinner** ['θɪnə(r)] razredčevalec

**third** [θɜːd] tretji; tretjina; terca; **~ degree** zasliševanje z mučenjem; **the T~ World** revnejše države Afrike, Azije in Južne Amerike; **~~rate** tretjerazreden

**thirst** [θɜːst] žeja; poželenje; **to quench one's ~** pogasiti si žejo

**thirsty** ['θɜːstɪ] žejen; izsušen; pohlepen

**thirteen** [.θɜ'tiːn] trinajst

**thirteenth** [.θɜ'tiːnθ] trinajsti; trinajstina

**thirtieth** ['θɜːtɪəθ] trideseti; tridesetina

**thirty** ['θɜːtɪ] trideset

**this** [ðɪs], (*pl* **these**) ta, to; tako, toliko; **~ evening** drevi, nocoj; **~ morning** davi; **~ year** letos

**thistle** ['θɪsl] osat, bodljika; **~down** osatov puh

**thither** ['ðɪðə(r)] tja; **hither and ~** sem in tja

**thong** [θɒŋ] dolg ozek (usnjen, plastičen ali gumast) jermen

**thorax** ['θɔːræks] prsni koš, oprsje

**thorn** [θɔːn] bodica, trn; **~ in the flesh** trn v peti

**thorny** ['θɔːnɪ] trnov, bodičast, težaven

**thorough** ['θʌrə] temeljit, natančen; radikalen, korenit

**thoroughbred** ['θʌrəbred] čistokrven (konj)

**thoroughfare** ['θʌrəfeə(r)] glavna prometna žila (cesta)

**those** [ðəʊz] (*pl*) *glej* THAT

**though** [ðəʊ] dasi, čeprav; vendar; **as ~** kakor da

**thought** [θɔːt] misel, ideja; premišljanje, mišljenje; (*pl*) miselni svet, mnenje; *A penny for your ~s.* Rad bi vedel o čem razmišljaš.; *glej* THINK*

**thoughtful** ['θɔːtfl] zamišljen, pozoren, skrben, obziren

**thoughtless** ['θɔːtlɪs] nepremišljen, lahkomiseln

**thousand** ['θaʊznd] tisoč

**thousandth** ['θaʊznθ] tisoči; tisočina

**thrall** [θrɔːl] tlačan, suženj; **in ~** v oblasti, suženj česa

**thrash** [θræš] tepsti, pretepati; popolnoma premagati; premetavati se sem in tja; **to ~ out** prerešetati, razpravljati (o)

**thread** [θred] nit, sukanec; vlakno (v mesu, stročnicah); navoj (vijaka); nit (misli, razprave); zveza; vdeti (sukanec); vložiti (film); preriniti se (skozi množico); (*fig*) **to hang by a ~** viseti na nitki

**threadbare** ['θredbeə(r)] oguljen, ponošen, obrabljen

**threat** [θret] grožnja, pretnja

**threaten** [θretn] groziti, pretiti

**three** [θri:] tri; trojka; **~-ply** trojen, iz treh niti, žic; **~-quarter** tričetrtinski

**threefold** ['θri:fəuld] trikraten

**threesome** ['θri:səm] trojica, trojka, troje

**thresh** [θreš] mlatiti (žito)

**threshold** ['θrešhəuld] prag; začetek; **on the ~ of** na pragu, na začetku česa

**threw** [θru:] *glej* THROW*

**thrice** [θraıs] trikrat

**thrifty** ['θrıftı] varčen, gospodaren

**thrill** [θrıl] vznemirjenje, srh, drget, mravljinci; vznemiriti, prevzeti, pretresti, navdušiti, zgroziti se ob; **to be ~ed with delight** drhteti od veselja; **a ~ of joy** radostno vznemirjenje

**thriller** ['θrılə(r)] grozljivka, srhljiv roman (film, drama)

**thrive*** [θraıv] uspevati, bujno rasti, lepo se razvijati; visoko se povzpeti

**throat** [θrəut] grlo, žrelo, goltanec; **to be at each other's ~s** kregati, pretepati se; **to clear one's ~** odkašljati se; **to ram** (*ali* **to force**) **something down someone's ~** vsiliti komu kaj; **to stick in one's ~** obtičati v grlu (beseda)

**throb** [θrɒb] utrip (srca), drhtenje; utripati, drhteti

**throes** [θrəuz] ostre bolečine; porodni popadki; hud napor; **in the ~ of** v mukah, bolečinah; hudo se mučiti, trpeti

**throne** [θrəun] prestol, tron

**throng** [θrɒŋ] množica, gneča; drenjati se; priteči v trumah

**throttle** ['θrɒtl] (za)daviti, (za)dušiti; oslabiti, upočasniti delo stroja

**through** [θru:] skozi; s pomočjo, zaradi; direkten; od začetka do konca, skoz in skoz

**throughout** [θru:'aut] ves čas, vseskozi, od začetka do konca

**throve** [θrəuv] *glej* THRIVE*

**throw*** [θrəu] vreči, zalučati, metati; zmesti, presenetiti; **to ~ oneself into work** vreči se na delo; **to ~ away** proč vreči, tratiti, zapravljati; **to ~ in** dati zastonj (povrhu); **to ~ out** ven vreči, izključiti, napoditi; **to ~ up** (iz)bruhati hrano, dvigniti (prah); **~away** reklamni listek, letak; množično razpošiljanje tiskovin po pošti

**thrown** [θrəun] *glej* THROW*

**thrush** [θrʌš] drozg

**thrust*** [θrʌst] (po)riniti, potiskati, suniti, prerivati se; ubod, sunek, udarec, naval

**thud** [θʌd] zamolkel udarec, bobnenje; zamolklo udariti, votlo doneti

**thumb** [θʌm] palec; dvigniti palec za avtostop; **to ~ through** listati knjigo, revijo

**thump** [θʌmp] s pestjo udariti, butati, močno biti; težak udarec s pestjo

**thunder** ['θʌndə(r)] grom, grmenje; grmeti

**thunderbolt** ['θʌndəbəʊlt]
strela, blisk z gromom; (*fig*)
strela z jasnega
**thunderstorm** ['θʌndəstɔːm]
nevihta (z grmenjem in bli-
skanjem), neurje
**Thursday** ['θɜːzdɪ, 'θɜːzdeɪ]
četrtek
**thus** [ðʌs] tako, potemtakem,
tako torej
**thwart** [θwɔːt] prekrižati ra-
čune, preprečiti
**thyme** [taɪm] materina du-
šica, timijan
**tiara** [tɪ'ɑːrə] tiara, (ženski)
diadem; papeška krona
**tick** [tɪk] označiti s kljukico
(da je kaj pregledano); tik-
takati (ura); majhen znak,
kljukica; tiktakanje; trzaj ene
ali več obraznih mišic; klòp;
**to ~ off** označiti s kljukico;
brati komu levite; **to ~ over**
teči v praznem teku; **what
makes someone ~** kar koga
drži pokonci
**ticker** ['tɪkə(r)] budilka, sr-
ce; **~ tape** papirnat trak s
podatki (teleprinter)
**ticket** ['tɪkɪt] vstopnica, vo-
zovnica, listek, etiketa; ozna-
čiti, etiketirati
**tickle** ['tɪkl] ščegetati, žgeč-
kati, dražiti, srbeti; biti všeč,
goditi; zabavati, razvedriti
**ticklish** ['tɪklɪʃ] žgečkljiv; ta-
koj užaljen; kočljiv, tvegan,
ne varen
**tidal** ['taɪdl] podvržen pli-
movanju; nastal zaradi
plimovanja
**tiddly** ['tɪdlɪ] (*Br*) zelo pijan,
nadelan; zelo majčken

**tide** [taɪd] plima in oseka,
plimovanje; tok, struja; čas,
doba; plavati s tokom; **to ~
over something** prebroditi,
prestati kaj
**tidings** ['taɪdɪŋz] novice,
sporočila
**tidy** ['taɪdɪ] čist, čeden, urejen,
redoljuben; znaten, precej-
šen; urediti, spraviti v red;
**to ~ up** počistiti, pospraviti
**tie** [taɪ] (z)vezati; doseči ne-
odločen rezultat; biti enak;
kravata; vez; **to ~ down** pri-
morati; (pri)vezati; **to ~ in
with** uskladiti, vzpostaviti
zvezo; **to ~ up** privezati, za-
vezati, povezati, obvezati;
ustaviti (proizvodnjo); **bow
~** metuljček, pentlja; **~-pin**
kravatna igla
**tier** [tɪə(r)] vrsta (sedežev);
sloj, sklad
**tiff** [tɪf] prepir, pričkanje
**tig|er** ['taɪgə(r)] tiger; okruten
človek, zver; **~ress** tigrica
**tight** [taɪt] tesen, ozek, opri-
jemajoč se; neprepusten;
čvrsto napet (vrv); nabito
poln; pijan, nadelan; tesno,
močno; (*pl*) hlačne noga-
vice, žabe; **~rope** napeta vrv
(akrobatov); **to be on the ~**
biti v težavnem položaju;
**~-fisted** skopuški, stiskaški;
**~-lipped** zadržan, redkobe-
seden, stisnjenih ustnic; **wa-
ter~** vododržen
**tighten** ['taɪtn] stisniti, pri-
tegniti, zatesniti, zadrgniti
(pas); napeti (se)
**tile** [taɪl] strešnik, pečnica, ke-
ramična ploščica; pokriti z

opeko, obložiti s ploščicami;
**to be on the ~s** razuzdano
se zabavati, popivati

**till** [tɪl] do (časovno), dokler
ne; (ročna) blagajna, mizni
predal za denar; obdelovati
zemljo

**tiller** ['tɪlə(r)] krmilna ročica

**tilt** [tɪlt] nagniti, prevrniti,
prekucniti (se); poševna
lega, nagib

**timber** ['tɪmbə(r)] stavbni les;
hlod, deblo, tram; (pl) gozd,
drevje

**time** [taɪm] čas, doba; ura;
trenutek; takt, tempo; krat
(pri množenju); meriti čas,
hitrost; izbrati pravi trenu-
tek; ujemati se; držati takt,
ritem; **ahead of** (ali **before**)
**~** prezgodaj; **at the same ~**
istočasno, hkrati; **at ~s** ob-
časno, od časa do časa; **be-
hind ~** prepozno; **for the ~
being** za sedaj, v sedanjih
okolnostih; **from ~ to ~** tu
in tam, včasih; **in ~** dovolj
zgodaj; **on ~** točno, pravo-
časno; **to keep ~** držati takt;
iti točno (ura); **to take one's
~** vzeti si čas; **to tell the
~** povedati, koliko je ura;
**~ bomb** tempirana bomba;
**~ lag** časovno zaostajanje,
zamuda; **~ out** prekinitev,
odmor; **~ sharing** (comp) po-
razdeljevanje časa; **~ zone**
časovni pas; **~-consuming**
zamuden; **~-honoured** ča-
stitljiv, časti vreden; **~less**
večen, ki ni vezan na čas

**timetable** ['taɪmteɪbl] urnik;
vozni red

**timid** ['tɪmɪd] plah, boječ

**timidity** [tɪ'mɪdətɪ] boječnost,
plahost

**timing** ['taɪmɪŋ] časovno
usklajevanje; določanje pra-
vega časa; merjenje časa

**timorous** ['tɪmərəs] plah, bo-
ječ, strahopeten

**tin** [tɪn] kositer, cin; bela plo-
čevina; (Br) pločevinka, kon-
zerva; **~ned food** konzervi-
rana hrana; **~-opener** odpi-
rač za konzerve

**tincture** ['tɪŋkčə(r)] tinktura,
alkoholni izvleček

**tinder** ['tɪndə(r)] kresilna
goba, netilo

**tinfoil** ['tɪnfɔɪl] staniol; zaviti
v staniol

**tinge** [tɪndž] sled, nadih, ni-
ansa; priokus (česa)

**tingle** ['tɪŋgl] zveneti, šumeti
(v ušesih); ščemeti, mravljin-
čiti (v životu)

**tinker** ['tɪŋkə(r)] kotlar, pi-
skrovez; šušmar; šušmariti,
brkljati; pocinkati; grobo
popraviti

**tinkle** ['tɪŋkl] cinglati, zveneti

**tinsel** ['tɪnsl] bleščica; blešče-
ča vrvica (trak) za okrasitev
novoletne jelke

**tint** [tɪnt] pobarvati, dati
barvni ton, osenčiti; barva,
odtenek; osenčenje (risbe)

**tiny** ['taɪnɪ] majcen, drobcen

**tip** [tɪp] konica, vrh; kori-
sten namig, zaupno obve-
stilo; napitnina; (Br) odlaga-
lišče, smetišče; krcniti, pre-
vrniti, zvrniti; opremiti s
konico; dati nasvet, namig,
informacijo; dati napitnino;

to have a word on the ~ of one's tongue imeti besedo na jeziku; ~-off pravočasen namig, opozorilo

**tipcart** ['tɪpkɑ:t] prekucnik

**tipster** ['tɪpstə(r)] oseba, ki daje informacije (nasvete) na konjskih dirkah ali na borzi

**tipsy** ['tɪpsɪ] (nekoliko) pijan, v rožicah

**tiptoe** ['tɪptəʊ] hoditi po prstih

**tiptop** [,tɪp'tɒp] izvrsten, odličen, perfekten

**tire** ['taɪə(r)] utruditi, dolgočasiti; **to ~ out** izčrpati, zdelati; **to be ~d of** biti naveličen, sit (česa)

**tiresome** ['taɪəsəm] utrudljiv, dolgočasen, neprijeten, zoprn

**tissue** ['tɪʃu:] tkivo; celičje; papirnati robček; **~ paper** svileni papir; **a ~ of lies** kup laži

**tit** [tɪt] sinica (ptica); bedak; (pl) (vul) joški; **~ for tat** milo za drago

**titanic** [taɪ'tænɪk] velikanski, ogromen

**titbit** ['tɪtbɪt] poslastica, slaščica

**tithe** [taɪð] desetina; zahtevati desetino

**titillate** ['tɪtɪleɪt] ščegetati (vz)dražiti, prijetno vznemirjati

**title** ['taɪtl] naslov (knjige); napis; naziv, ime; častni naslov; naslov prvaka (šport); upravičenost; pravno lastništvo, osnova; **~-holder** prvak, imetnik naslova; **~ page**

naslovna stran; **~ role** naslovna vloga

**titmouse** ['tɪtmaʊs] sinica

**titter** ['tɪtə(r)] hihitati se, režati se; hihitanje, režanje

**tittle-tattle** ['tɪtl tætl] obiranje, klepetanje, opravljanje, čenče

**titular** ['tɪtjʊlə(r)] titularen; samo po naslovu (ne v resnici)

**to** [tu:, tə, tʊ] (krajevno) k, proti, do, v, ob; (časovno) do; **as ~** kar se tiče; **~ and fro** sem in tja; **~ my cost** na moje stroške; **~ my knowledge** kolikor jaz vem; *She was a good mother ~ him.* Bila mu je dobra mati.; *They went home ~ watch TV.* Šli so domov, da bi gledali televizijo.

**toad** [təʊd] krastača

**toadstool** ['təʊdstu:l] goba klobučarka; strupena goba, mušnica

**toast** [təʊst] popečena kruhova rezina; napitnica, zdravica; popeči (kruh); nazdraviti, komu piti na zdravje; **~er** pražilec za kruh; **~ rack** stojalce za toast

**tobacco** [tə'bækəʊ] tobak

**tobacconist** [tə'bækənɪst] trafikant; trafika

**toboggan** [tə'bɒgən] vrsta nizkih sani; sankati se

**today** [tə'deɪ] danes; današnji dan

**toddler** ['tɒdlə(r)] malček, ki je komaj shodil

**toe** [təʊ] prst na nogi; konica, kapica (čevlja, nogavice); **~hold** opora (za prste) pri plezanju; **~nail** noht na nožnem prstu; **to ~ the line** postaviti se na startno črto; podvreči se strankini usmeritvi; izpolniti svoje obveznosti

**toffee** ['tɒfɪ] karamela

**together** [tə'geðə(r)] skupaj; skupno, istočasno, obenem; **to get ~** zbrati (se); **to go ~** iti skupaj; pristajati, ustrezati

**toil** [tɔɪl] garati, naporno delati, ubijati se; težko (naporno, mučno) delo; muka, trud, napor, tlaka; **to ~ away** z muko se prebijati

**toilet** ['tɔɪlɪt] stranišče, straniščna školjka; **to go to the ~** iti na stranišče; **to make one's ~** urediti, olepšati se; **to ~ train** navajati otroka na kahlico (stranišče); **~ paper** (ali **roll**) toaletni papir

**toiletries** ['tɔɪlɪtrɪz] toaletne potrebščine

**token** ['təʊkən] žeton, bon; dokaz, znak (hvaležnosti); **by the same ~** iz istega razloga, vrhu tega, nadalje

**told** [təʊld] glej TELL*

**tolerable** ['tɒlərəbl] priličen; še kar dober, znosen

**tolerant** ['tɒlərənt] strpen, potrpežljiv, obziren

**tolerate** ['tɒləreɪt] prenašati, dopuščati, trpeti kaj

**toll** [təʊl] zvoniti (mrliču), bíti (ura); pobirati ali plačevati javne dajatve; svečano zvonjenje (umrlemu), bitje (ure); pristojbina, cestnina; **death ~** število mrtvih (v prometni nesreči)

**tomahawk** ['tɒməhɔːk] indijanska bojna sekira

**tomato** [tə'mɑːtəʊ] paradižnik

**tomb** [tuːm] grob, gomila; **~stone** nagrobni spomenik

**tomboy** ['tɒmbɔɪ] razposajenka, porednica, frklja

**tomcat** ['tɒmkæt] maček

**tomorrow** [tə'mɒrəʊ] jutri; jutrišnji dan

**ton** [tʌn] tona: (Am) 907 kg; (Br) 1016 kg; glej TONNE

**tone** [təʊn] ton, glas, zvok; barva glasu; niansa, intenzivnost barve; način govorjenja, ravnanja; **to lower the ~** ublažiti (barvo, zvok); **to ~ down** popustiti, omehčati (se); **to ~ in with** skladati se, harmonirati; **~-deaf** brez posluha; **~less** brezbarven; nezvočen

**tongs** [tɒŋz] klešče

**tongue** [tʌŋ] jezik, jeziček; **to hold one's ~** molčati; **to speak with one's ~ in one's cheek** govoriti posmehljivo, neiskreno; **on the tip of one's ~** na jeziku; **slip of the ~** spodrsljaj v govoru; **~-twister** težko izgovorljiva beseda, stavek; **~-tied** nem (od strahu, zadrege)

**tonic** ['tɒnɪk] tonik; krepčilo, tonikum

**tonight** [tə'naɪt] drevi, nocoj

**tonnage** ['tʌnɪdž] tonaža

**tonne** [tʌn] (metrska) tona, 1000 kg

**tonsil** ['tɒnsl] mandelj, tonzila

**too** [tuː] tudi, prav tako; premalo, preveč; *He's been to London, too.* Tudi v Londonu je bil.; ~ **little** premalo; ~ **soon** prekmalu

**took** [tʊk] *glej* TAKE*

**tool** [tu:l] orodje; sredstvo; **to down ~s** prenehati z delom, stavkati; ~ **bag (box)** torba (zaboj) za orodje; ~ **kit** komplet orodja

**toot** [tu:t] hupati, trobiti

**tooth** [tu:θ], (*pl* **teeth**) zob; zobec (žaga, glavnik, zadrga); **~ache** zobobol; **~brush** zobna ščetka; **~paste** zobna pasta; **~pick** zobotrebec; **wisdom ~** modrostni zob; **to have a sweet ~** biti sladkosneden; **to be fed up to the back teeth** biti nezadovoljen, naveličan; **to grit one's teeth** škrtati z zobmi

**top** [tɒp] vrh, najvišja točka, stopnja; krona (drevesa); pokrov (steklenice, tube); zgornji del obleke; vrtavka; visoka "živina"; najvišji, zgornji; najboljši, prvi; opremiti s konico; okronati; odrezati vršičke; doseči vrh, prekositi, izkazati se; **to ~ up** doliti pijačo v kozarec; ~ **speed** največja hitrost; ~ **level** vrhunski; **~-notch** prvorazreden, neprekosljiv; ~ **secret** strogo zaupno

**top hat** ['tɒphæt] cilinder (klobuk)

**topic** ['tɒpɪk] téma, predmet razprave

**topless** ['tɒplɪs] brez zgornjega dela obleke; razgaljenih prsi

**topmost** ['tɒpməʊst] najvišji, vrhunski

**topography** [tə'pɒgrəfɪ] topografija, krajepisje

**topple** ['tɒpl] prevrniti, prekucniti (se), opotekati se, pasti

**topsy-turvy** [ˌtɒpsɪ'tɜːvɪ] na glavo postavljen, narobe, v velikem neredu

**torch** [tɔːč] bakla, električna žepna svetilka

**tore** [tɔː(r)] *glej* TEAR*

**torment** [tɔː'ment] mučiti; ['tɔːment] mučenje, muka, grizenje vesti

**tormentor** [tɔː'mentə(r)] mučilec, rabelj

**torn** [tɔːn] *glej* TEAR*

**tornado** [tɔː'neɪdəʊ] tornado, ciklon, vijakast viharni vrtinec

**torpedo** [tɔː'piːdəʊ] torpedo; torpedirati

**torpid** ['tɔːpɪd] otopel, apatičen, odrevenel

**torrent** ['tɒrənt] hudournik; deroč tok (vode, lave); izliv besed, vprašanj

**torrid** ['tɒrɪd] žgoč, vroč, tropski; goreč, strasten

**tortoise** ['tɔːtəs] želva; **~shell** želvin oklep, želvovina

**tortuous** ['tɔːčʊəs] vijugast (cesta, reka); dolgovezen, zapleten (razprava); umazan, nepošten, neiskren (postopek, politika)

**torture** ['tɔːčə(r)] mučiti, trpinčiti; mučenje; trpljenje, bridkost

**tory** ['tɔːrɪ] torijevski, konservativen

**toss** [tɒs] vreči, zagnati; nazaj vreči (glavo); metati kovanec v zrak; premetavati (se); **to ~ up** zagnati v zrak; hitro pripraviti (kosilo); **~-up** naključju prepuščena, negotova stvar

**total** ['təʊtl] skupna vsota, celota; sešteti, znašati; popoln, celoten, ves; **in ~** v celoti

**totalitarian** [ˌtəʊtælɪ'tærɪən] totalitaren

**totter** ['tɒtə(r)] opotekati se, majati se, omahovati

**touch** [tʌč] dotakniti, dotikati se, priti v stik, (o)tipati; ganiti, užalostiti; tip; dotik, stik; nadih; ščepec; poteza (s čopičem); lahek napad bolezni; **to ~ down** pristati (letalo), dotakniti se zemlje (žoga); **to ~-type** slepo tipkati; **to be (to keep) in ~ with** biti v (stalnem) stiku s/z; **to get in ~ with** priti v stik s/z; **to lose ~ with** izgubiti stik s/z; **out of ~ with** brez stika s/z; **~ and go** tvegan, negotov; **~-ed** malo trčen; ganjen; **~ing** ganljiv; **~y** občutljiv, razdražljiv, hitro užaljen

**tough** [tʌf] žilav, zdržljiv, trpežen, odporen; težaven, neugoden; odločen, energičen, nepopustljiv

**tour** [tʊə(r)] (krožno) potovanje, izlet; turneja; potovati po, prepotovati kot turist, iti na turnejo

**tourist** ['tʊərɪst] turist; turističen

**tournament** ['tɔ:nəmənt] turnir

**tousled** ['taʊzld] razmršen, skuštran

**tow** [təʊ] vleči (z vrvjo); vleka; **to have someone in ~** imeti koga na vratu, na skrbi; vleči koga; **~boat** vlačilec, remorker

**toward(s)** [tə'wɔ:d(z)] proti, v smeri, k; v bližini; približno, okoli (časovno)

**towel** ['taʊəl] brisača; otreti z brisačo; **~ling** frotir, zankasta bombažna tkanina

**tower** ['taʊə(r)] stolp, trdnjava; **~ block** (Br) stolpnica; **to ~ over** (ali **above**) dvigati se nad, dominirati

**town** [taʊn] mesto; **~ hall** magistrat, mestna hiša; **~ house** hiša v mestu; **~ie** meščan; **~ planning** urbanizem; **~ship** mestno območje; **~speople, ~sfolk** mestni prebivalci, meščani

**toxic** ['tɒksɪk] strupen

**toy** [tɔɪ] igrača, igračkanje; igrati se, igračkati se

**trace** [treɪs] slediti, zasledovati; najti sledove; prerisati, kopirati (skozi papir); sled, znamenje; ostanek, majhna količina

**tracing paper** ['treɪsɪŋ peɪpə(r)] prosojni papir za prerisovanje

**track** [træk] sled noge, stopala; steza, (uhojena) pot; tekališče, dirkališče; tračnica, tir; iti po sledi za kom (čem), zasledovati; **to ~ down** izslediti, najti; **~er** zasledovalec; pes, ki sledi divjad

**tracksuit** ['træksju:t] trenirka

**tract** [trækt] traktat, kratka razprava; predel, področje, površina

**tractable** ['træktəbl] prilagodljiv, vodljiv, voljan, poslušen

**traction** ['trækšn] vleka, vlečna sila, trenje; ~ **engine** vlečni stroj

**tractor** ['træktə(r)] traktor

**trade** [treɪd] trgovina, trgovski posli, menjava blaga; obrt, poklic; trgovati, menjavati blago; **to ~ the old car in for a new one** dati star avto v plačilo za novega; **to be a baker by ~** biti pek po poklicu; **~mark** zaščitni znak; **~sman** obrtnik, trgovec; **foreign (international) ~** zunanja (mednarodna) trgovina; **free ~** svobodna trgovina; **home ~** notranja trgovina; **wholesale (retail) ~** trgovina na debelo (na drobno)

**trade union** [ˌtreɪd 'juːnɪən] sindikat; združenje podjetij (organizacij) zaradi uspešnega nastopanja na trgu

**trade wind** ['treɪdwɪnd] pasatni veter

**tradition** [trə'dɪšn] tradicija, ustaljena navada; izročilo

**traditional** [trə'dɪšənl] tradicionalen, po stari šegi

**traduce** [trə'djuːs] obrekovati, oklevetati

**traffic** ['træfɪk] promet; trgovina; črna borza; trgovati, kupčevati; ~ **jam** zastoj v prometu; ~ **lights** semafor; ~ **warden** mestni redar

**tragedy** ['trædžədɪ] tragedija, žaloigra; velika nesreča, usoden dogodek

**tragic** ['trædžɪk] tragičen, pretresljiv; zelo žalosten

**trail** [treɪl] steza, sled; vleči, potegniti za seboj, vleči se, počasi iti, zasledovati koga, biti komu za petami; **to be on the ~ of** biti na sledi

**trailer** ['treɪlə(r)] prikolica; izvlečki, ki napovedujejo filmski, radijski ali TV spored

**train** [treɪn] vlak; vlečka; rep (kometa); spremstvo; sprevod; trenirati, uriti, vaditi se, vzgajati, dresirati, izučiti, šolati se

**trainee** [treɪ'niː] kdor se uči; kdor je v učni dobi; kadet

**trainer** ['treɪnə(r)] trener, vaditelj; dreser, krotilec; (pl) superge, športne copate

**training** ['treɪnɪŋ] trening, urjenje, treniranje; šolanje, izobraževanje, vzgoja

**trait** [treɪt, treɪ] poteza, značilna lastnost

**traitor** ['treɪtə(r)] izdajalec

**tram** [træm] tramvaj, jamski voziček

**trammel** ['træml] ovirati, zavirati, preprečiti

**tramp** [træmp] klatež, potepuh, capin; glasna, težka hoja; klatiti, potepati se, štorkljati, imeti težko hojo

**trample** ['træmpl] pohoditi, poteptati, pogaziti

**trance** [trɑːns] trans, zamaknjenost, ekstaza, zanos

**tranquil** ['træŋkwɪl] miren; ~**ity** mir, tišina

**tranquil‖lizer,** ~**liser,** *(Am)* ~**izer** ['træŋkwɪlaɪzə(r)] pomirjevalno sredstvo, sedativ

**transact** [træn'zækt] izvršiti, opraviti, skleniti (kupčijo)

**transaction** [træn'zækšn] transakcija, kupčija, večji trgovski posel

**transcend** [træn'send] preseči, prekositi, prekoračiti

**transcribe** [træn'skraɪb] transkribirati; prepisati

**transcript** ['trænskrɪpt] prepis, kopija; posnetek

**transcription** [træn'skrɪpšn] transkripcija, prepis; tonski posnetek

**transfer** [træns'fɜː(r)] prenesti, premestiti, prestopiti; ['trænsfɜː(r)] prenos; premestitev; virman; prestop; prestopna vozovnica

**transfigure** [træns'fɪgə(r)] preobraziti, pretvoriti, preoblikovati, spremeniti

**transfix** [træns'fɪks] presuniti, prevzeti; prebosti, predreti

**transform** [træns'fɔːm] preoblikovati, spremeniti, pretvoriti

**transformer** [træns'fɔːmə(r)] transformator

**transfusion** [træns'fjuːžn] transfuzija

**transgress** [træns'gres] prekršiti (zakon), prekoračiti (rok); narediti napako, pregrešiti se

**transient** ['trænzɪənt] minljiv, bežen, trenuten

**transistor** [træn'zɪstə(r)] tranzistor

**transit** ['trænzɪt] tranzit, prevoz, prehod (blaga, potnikov)

**transition** [træn'zɪšn] prehod, prehajanje; ~**al** prehoden

**transitive** ['trænzətɪv] prehoden; ~ **verb** *(gram)* prehodni glagol

**transitory** ['trænsɪtrɪ] začasen, minljiv

**translate** [trænz'leɪt] prevesti, prevajati; tolmačiti, razlagati; spremeniti, pretvoriti

**translation** [trænz'leɪšn] prevod, prevajanje; tolmačenje, razlaga; prenos, prestavitev

**translator** [trænz'leɪtə(r)] prevajalec

**translucent** [trænz'luːsnt] prosojen

**transmission** [trænz'mɪšn] prenašanje, prenos; oddaja (radio, TV); **data** ~ *(comp)* prenos podatkov; ~ **rate** *(comp)* hitrost oddajanja

**transmit** [trænz'mɪt] prenašati, oddajati (radio, TV); poslati, odpremiti; prenesti

**transmitter** [trænz'mɪtə(r)] oddajnik, oddajna postaja

**transmute** [trænz'mjuːt] pretvoriti, spremeniti

**transparency** [trænsˈpærənsɪ] prosojnica, diapozitiv; prozornost

**transparent** [træns'pærənt] prozoren; prosojen; bister (tekočina)

**transpire** [træn'spaɪə(r)] priti na dan, zgoditi se; potiti se, izparjati

**transplant** [træns'plɑːnt]

presaditi, transplantirati; ['trænsplɑ:nt] presadek, transplantat

**transport** ['trænspɔ:t] transport, prevoz, prevažanje (blaga, ljudi); prevozno sredstvo; [træn'spɔ:t] transportirati, prevažati, voziti

**transportation** [.trænspɔ:'teišən] prevoz, deportacija

**transporter** [træn'spɔ:tə(r)] vozilo za prevažanje težkih tovorov (avtomobilov)

**transpose** [træn'spəʊz] prestaviti, transponirati

**transverse** ['trænzvɜ:s] prečen, diagonalen

**trap** [træp] past, zaseda, zanka; nastavljati past, ujeti v past; ~**door** poklopna vrata

**trapper** ['træpə(r)] lovec na živali z dragocenim krznom

**trash** [træš] ničvredno blago, ropotija, škart; (Am) odpadki, smeti; slabo književno delo, film; kič; ~**can** (Am) smetnjak, posoda za odpadke

**travel** ['trævl] potovati; potovanje (zlasti daleč, v tujino); (pl) potopis; ~ **agency** (ali **bureau**) potovalni urad; ~ **sickness** potovalna bolezen

**travel|ler**, (Am) ~**er** ['trævlə(r)] potnik; ~**ler's cheque**, (Am) **check** potovalni ček

**travel|ling**, (Am) ~**ing** ['trævlıŋ] potovanje; potovalen; ~**ling expenses** potovalni stroški; ~**ling salesman** trgovski potnik

**travelog|ue**, (Am) ~ ['trævə-

lɒg], (Am) ['trævələ:g] film ali predavanje (z diapozitivi) o potovanju

**traverse** [trə'vɜ:s] prečkati, iti čez

**trawl** [trɔ:l] vlečna mreža; vleči mrežo, ribariti z vlečno mrežo; ~**er** ribiška ladja, ki vleče mrežo

**tray** [treı] pladenj, podstavek; predal v kovčku

**treacherous** ['trečərəs] izdajalski, zahrbten, varljiv, nezanesljiv

**treachery** ['trečərı] izdajstvo, nezvestoba, zahrbtnost

**treacle** ['tri:kl] sirup, sladkorni sok

**tread\*** [tred] stopati, hoditi, stopiti (na), iti po, pohoditi, zmečkati; korak, hoja, sled, odtis kolesa

**treadmill** ['tredmıl] enolično rutinsko delo

**treason** ['tri:zn] izdaja, zahrbtnost, verolomnost

**treasure** ['trežə(r)] zaklad, bogastvo; (pl) dragocena umetniška dela; čuvati (kot zaklad), ceniti; ~ **trove** najdeni zaklad

**treasurer** ['trežərə(r)] blagajnik; zakladnik

**treasury** ['trežərı] državna blagajna, finančno ministrstvo, zakladnica

**treat** [tri:t] ravnati (s kom); vesti se (proti komu); zdraviti (bolnika, bolezen); obravnavati, delovati na; pogostiti s čim, plačati za koga; nuditi užitek (komu); It is my ~. To gre na moj račun.; **to ~ oneself** to privoščiti si kaj

**treatise** ['tri:tɪz] razprava

**treatment** ['tri:tmənt] zdravljenje; ravnanje, obravnava; delovanje na

**treaty** ['tri:tɪ] (zlasti meddržavna) pogodba; **peace ~** mirovna pogodba

**treble** ['trebl] trikraten, trojen; potrojiti (se)

**tree** [tri:] drevo; **Christmas ~** božično drevo; **family ~** rodovnik; **~ line** drevesna meja; **~top** krošnja; **~-trunk** deblo; **to be barking up the wrong ~** biti na napačni sledi

**trellis** ['trelɪs] mreža (lesena, železna, žična); latnik

**tremble** ['trembl] tresti se, drgetati, drhteti

**tremendous** [trɪ'mendəs] strašen, strahovit, velikanski

**tremor** ['tremə(r)] tresenje, trepetanje, drhtenje, trzanje; manjši potresni sunek

**tremulous** ['tremjʊləs] tresoč se, trepetajoč, boječ

**trench** [trenč] globok ozek jarek za namakanje; strelski jarek; **~ coat** trenčkot, trpežen dežni plašč

**trenchant** ['trenčənt] oster, piker

**trencher** ['trenčə(r)] deska, pladenj za rezanje mesa, kruha

**trend** [trend] gibanje, razvojna usmeritev, tok, smer, težnja, silnica

**trepidation** [ˌtrepɪ'deɪšn] trepet, drget, strah

**trespass** ['trespəs] motiti tujo posest, stopiti na tujo zemljo brez dovoljenja; *No ~ing!* Prehod (vstop) prepovedan!

**tress** [tres] kita, koder; splesti kito

**trial** ['traɪəl] sodni postopek, proces, razprava; preizkušnja, nadloga; poskus, eksperiment; **~ hearing** avdicija; **~ order** poskusno naročilo; **~ period** poskusna doba; **by ~ and error** tipaje

**triangle** ['traɪæŋgl] trikotnik

**triangular** [traɪ'æŋgjʊlə(r)] trikoten

**tribe** [traɪb] rod, pleme; klika; **~sman** član plemena

**tribulation** [ˌtrɪbjʊ'leɪšn] bridkost, težava, nadloga, trpljenje

**tribunal** [traɪ'bju:nl] sodišče, sodni zbor

**tributary** ['trɪbjʊtrɪ] pritok; davku zavezan; podložen, vazalen

**tribute** ['trɪbju:t] tribut, davek, dajatev; dolg; dolžno spoštovanje

**trick** [trɪk] prelisičiti, za nos vleči, prevarati; trik, ukana, zvijača; **to do the ~** doseči cilj; **to play the ~ on someone** zagosti jo (komu)

**trickle** ['trɪkl] kapljati, curljati, mezeti, prihajati v majhnem številu; kapljanje, curljanje, curek

**tricky** ['trɪkɪ] zapleten, težaven, delikaten; lokav, zvit

**tricycle** ['traɪsɪkl] tricikel

**trident** ['traɪdnt] trizob

**tried** [traɪd] ~ **and tested** pre-izkušen (izdelek, metoda)

**trifle** ['traɪfl] malenkost, baga-tela; mrvica, košček; koščki biskvita s sadjem, želejem in jajčno kremo; **to ~ away** razsipavati, tratiti; **to ~ with** šaliti se s kom

**trifling** ['traɪflɪŋ] neznaten, nepomemben

**trigger** ['trɪgə(r)] sprožilec, sprožilo; sprožiti; **~-happy** bojevit, ki takoj prime za puško, revolver

**trill** [trɪl] triler, tresenje glasu; gostoleti, tresti z glasom

**trillion** ['trɪlɪən] trilijon: *(Br)* $10^{18}$, *(Am)* $10^{12}$

**trim** [trɪm] obrezati, pristriči; okrasiti, dekorirati; obtesati (les); **to ~ away** (*ali* **off**) od-rezati, odstriči

**trinity** ['trɪnətɪ] trojica, troj-stvo; **the Holy T~** Sv. Trojica

**trinket** ['trɪŋkɪt] okrasek, kič

**trip** [trɪp] krajše potovanje, izlet, ekskurzija; podstaviti nogo, spotakniti, stopicati; **round ~** krožno potovanje

**tripe** [traɪp] vampi; neum-nost; ničvredna slaba roba

**triple** ['trɪpl] trojen, trikraten; potrojiti (se)

**triplet** ['trɪplɪt] trojček

**tripod** ['traɪpɒd] trinožnik, stativ

**trite** [traɪt] obrabljen, banalen

**triumph** ['traɪʌmf] zmago-slavje, triumf; slaviti zmago, triumfirati

**triumphal** [traɪ'ʌmfl] triumfa-len, zmagovit; ~ **arch** slavo-lok zmage

**triumphant** [traɪ'ʌmfnt] zma-goslaven, zmagovit

**trivial** ['trɪvɪəl] vsakdanji, ba-nalen, nezanimiv, plehek, nepomemben

**trod** [trɒd] *glej* TREAD*

**trodden** ['trɒdn] *glej* TREAD*

**troll** [trəʊl] nadnaravno bi-tje, škrat (v skandinavski mitologiji)

**trolley** ['trɒlɪ] voziček, ser-virna mizica (na kolesih); *(Am)* tramvaj

**troop** [tru:p] vod, četa; kr-delo, truma; igralska dru-žina; formirati se, zbrati se, skupaj oditi

**trooper** ['tru:pə(r)] konjenik; policist na konju; **to swear like a ~** preklinjati kot Turek

**trophy** ['trəʊfɪ] trofeja

**tropical** ['trɒpɪkl] tropski; ~ **rainforest** tropski deževni gozd

**tropics** ['trɒpɪks] tropi, vroči pas ob ekvatorju

**trot** [trɒt] drnec; jahati (voziti se) v drncu; **to ~ out** navesti že znane dokaze (informa-cije), ustvarjati vtis; **to be on the ~ all day** biti ves dan na nogah

**trotter** ['trɒtə(r)] parkelj (svinjski)

**trouble** ['trʌbl] težava, na-dloga, nevšečnost, tegoba; motiti, nadlegovati, vzne-mirjati (koga), skrbeti; **to be in ~** biti v stiski, teža-vah; **to take the ~** potru-diti se; **to be ~d** delati si skrbi, biti vznemirjen; ~**ma-ker** kdor povzroča težave,

nemir; prepirljivec, rogovi-
lež; ~**shooter** posredovalec
pri pogajanjih; ~ **spot** krizno
žarišče; ~**some** nadležen, te-
žaven; neprijeten (človek)

**trough** [trɒf] korito za na-
pajanje ali krmljenje ži-
vine; najnižja točka (porabe
elektrike)

**trouser|s** ['traʊzəz] dolge
hlače; ~ **suit** (Br) hlačni
kostim

**trousseau** ['tru:səʊ], (pl tudi
~) nevestina bala (perilo,
obleke); darila za nevesto

**trout** [traʊt] postrv; **rainbow**
~ šarenka; **brook** ~ zlatica;
**Adria** ~ glavatica

**trowel** ['traʊəl] ometača, zi-
darska žlica; lopatica za pu-
ljenje plevela

**truant** ['tru:ənt] učenec, ki ne-
upravičeno izostaja od po-
uka; **to play** ~ špricati pouk

**truce** [tru:s] premirje, prene-
hanje, odmor

**truck** [trʌk] tovornjak; (Br)
odprt tovorni vagon; vozi-
ček, dvokolnica, ciza; ~**er**
(Am) voznik kamiona; ~**load**
poln kamion, vagon (kot
količina)

**truculent** ['trʌkjʊlənt] surov,
okruten, krut

**trudge** [trʌdž] naporna hoja;
s težavo hoditi, vleči se; z
muko prepešačiti

**true** [tru:] resničen, pravi,
pristen; iskren, zvest; točen,
predpisan (čas, teža); raven,
gladek (tla); **to come** ~ ure-
sničiti se; **to be** ~ **to one's
word** držati besedo

**true-blue** [ˌtru: 'blu:] prave
modre barve; ki ne obledi;
stanoviten, zvest privrženec
(stranke, vere)

**truly** ['tru:lı] resnično, zvesto,
iskreno; **yours** ~ vaš vdani

**trump** [trʌmp] adut; ~**ed up**
izmišljen, iz trte izvit

**trumpet** ['trʌmpɪt] tro-
benta; trobentati (slon); ~**er**
trobentač

**truncheon** ['trʌnčən] palica
(kot znak časti); pendrek,
gorjača

**trundle** ['trʌndl] kotaliti, va-
liti se; počasi potiskati, vleči
na majhnih kolesih (otroški
voziček)

**trunk** [trʌŋk] trup, deblo; slo-
nov trobec, rilec; velik poto-
valni kovček, skrinja, zaboj;
(Am) prtljažnik; ~ **call** med-
krajevni telefonski pogovor

**truss** [trʌs] zvezati, povezati,
zadrgniti z vrvico; zvezati
noge in krila (perutnini pri
peki)

**trust** [trʌst] zaupati, verjeti,
zanesti se na; zaupanje, od-
govornost, trust, združenje
sorodnih podjetij; **to take
(give) on** ~ vzeti (dati) na
kredit; **to hold in** ~ **for** hra-
niti, upravljati za (koga); ~
**fund** skrbniški fond, denar
varovancev; **brain(s)** ~ "mo-
žganski trust" (vodilni stro-
kovnjak v kaki dejavnosti)

**trustee** [trʌ'sti:] pooblašče-
nec, skrbnik, kurator; **board
of** ~**s** kuratorij, skrbništvo

**trustworthy** ['trʌstwɜ:ðı] zau-
panja vreden

**trusty** [trʌstɪ] zvest, zanesljiv
**truth** [truːθ] resnica, resničnost; **to tell the ~** povedati, govoriti resnico; **~ful** pošten, resnicoljuben; **~less** neresničen, potvorjen, lažen
**try** [traɪ] poskusiti, pokusiti (jed); utruditi (oči); voditi sodni postopek, postaviti pred sodišče; **to ~ on** pomeriti (obleko, čevlje); **to ~ out** preizkusiti, testirati; **to ~ the door** poskušati odpreti vrata; **to ~ for a scholarship** potegovati se za štipendijo
**trying** [traɪɪŋ] težaven, naporen, mučen, kritičen
**tsar** ali **czar** ali **tzar** [zɑː(r)] car; **~ina** carica
**T-shirt** [ti: ʃɜːt] majica s kratkimi rokavi (brez ovratnika)
**tub** [tʌb] kopalna kad; čeber, vedro, škaf, sod(ček)
**tubby** [tʌbɪ] debelušen
**tube** [tjuːb] cev, tuba; zračnica; (Br) podzemeljska železnica
**tuber** [tjuːbə(r)] gomolj
**tuberculosis** [tjuː.bɜːkjʊˈləʊsɪs] tuberkuloza, jetika
**tubing** [tjuːbɪŋ] cevje; sistem cevi, cevk; cevovod; inštalacija (napeljava) cevi
**tubular** [tjuːbjʊlə(r)] cevast
**tuck** [tʌk] zatlačiti, spodvihati; poriniti; **to ~ away** dati na stran; **to ~ in** spodvihniti (rjuho, odejo); vase zbasati (hrano); **to ~ up** spodrecati, zavihati (rokave); **to lie ~ed away** ležati skrit
**Tuesday** [tjuːzdɪ] torek; **Shrove ~** pustni torek

**tuft** [tʌft] šop, čop
**tug** [tʌg] močno potegniti, vleči; poteg; **~ of love** spor ločenih zakoncev za skrbništvo nad otrokom; **~ of war** vlečenje vrvi (merjenje moči)
**tugboat** [tʌgbəʊt] vlačilec, remorker
**tuition** [tjuːˈɪʃn] pouk, poučevanje; šolnina, honorar za poučevanje
**tulip** [tjuːlɪp] tulipan
**tumble** [tʌmbl] prekopicniti se, pasti; hitro teči po neravni površini (voda); slepo zdrveti; **to ~ to** nenadoma razumeti, dojeti; **~ dryer** (ali **drier**) bobnasti sušilnik za perilo; **~down** trhel, rušljiv, slab
**tumbler** [tʌmblə(r)] kozarec za vodo
**tummy** [tʌmɪ] trebuh, trebušček
**tumour**, (Am) **tumor** [tjuːmə(r)] tumor; **benign, (malignant) ~** benigni, (maligni) tumor, novotvorba
**tumult** [tjuːmʌlt] hrup, trušč, direndaj
**tumultuous** [tjuːˈmʌlčʊəs] hrupen, buren, bučen, nebrzdan
**tuna** [tjuːnə] tuna
**tundra** [tʌndrʌ] tundra
**tune** [tjuːn] napev, melodija, zvok; uglasiti, intonirati; pripraviti za vožnjo, vzlet (avto, letalo); **to ~ in** naravnati radio (TV) na želeno postajo; **to ~ up** intonirati, uglasiti instrumente; **to**

change one's ~ ubrati drug ton; **to the ~ of** v znesku od; po melodiji; **in** ~ uglašeno, skladno, pravilno, kot treba; **out of** ~ neuglašeno; razglašen

**tuner** ['tju:nə(r)] uglaševalec; sprejemnik

**tunic** ['tju:nɪk] tunika

**tunnel** ['tʌnl] tunel, predor, rov; prebiti, prevrtati, narediti tunel; ~ **vision** kratkovidnost, omejenost

**tuppenny** ['tʌpənɪ] *glej* TWO-PENNY

**turban** ['tɜːbən] turban

**turbid** ['tɜːbɪd] kalen, blaten, moten

**turbine** ['tɜːbaɪn] turbina

**turbo-jet** [,tɜːbəʊ'dʒet] turboreakcijski

**turbo-prop** [,tɜːbəʊ'prɒp] turbopropelerski

**turbulent** ['tɜːbjʊlənt] turbulenten, viharen, buren, vzkipljiv; vrtinčast

**tureen** [tə'riːn] jušnik

**turf** [tɜːf] ruša, trata, šota; pokriti, obložiti z rušo; **to ~ out** ven vreči (koga, kaj); ~ **accountant** poklicni svetovalec pri dirkah

**turgid** ['tɜːdʒɪd] pretirano zanosen; stilno nabrekel, težko razumljiv, dolgočasen

**turkey** ['tɜːkɪ] puran; ~ **cock** puran; ~ **hen** pura

**Turk|ey** ['tɜːkɪ] Turčija; ~**ish** turški; Turek, Turkinja; turščina; ~ Turek

**turmoil** ['tɜːmɔɪl] zmeda, nemir; vznemirjenost, razburjenost

**turn** [tɜːn] obrniti, obračati (se), vrteti (se), spremeniti (se), kreniti; obrat, vrtljaj, zavoj, sprememba, preobrat; runda, turnus; **to ~ grey** osiveti; **to ~ sour** skisati se; *It is your ~.* Ti si na vrsti.; **to take ~s** menjavati se; **to ~ inside out** obrniti (kaj) narobe; **to ~ upside down** prevrniti, postaviti (kaj) na glavo; **to ~ away** proč obrniti, odkloniti, spoditi (koga); **to ~ back** vrniti se po isti poti; **to ~ down** zavrniti, odbiti (ponudbo); priviti (plin), utišati (radio); **to ~ in** izročiti, predati; iti spat; **to ~ off** zaviti, kreniti s poti; zapreti (plin), ugasniti (luč), izključiti (radio); **to ~ on** vključiti, prižgati (luč, radio); spolno vzburiti; **to ~ out** dogoditi, končati se, izkazati se, da; ugasniti (luč), zapreti (vodo); prinesti dobiček; spoditi, pregnati; **to ~ over** premisliti, pretehtati; izročiti, predati; obrniti, prevrniti; **to ~ round** obrniti, spremeniti mišljenje; **to ~ up** priti, pojaviti se; močneje odviti (pipo, plin, radio); ~**-off** cesta, ki se odcepi, odcep; ~**-up** zavihek na hlačah

**turncoat** ['tɜːnkəʊt] odpadnik, renegat, oportunist

**turning** ['tɜːnɪŋ] obračanje, obrat; vrtenje; ~ **point** kritična točka, prelomnica

**turnip** ['tɜːnɪp] repa

**turnkey** ['tɜːnkiː] jetniški čuvaj; ~ **operation** *(comp)* operacija na ključ

**turnout** ['tɜːnaʊt] celotna proizvodnja; gledalci, obiskovalci

**turnover** ['tɜːnəʊvə(r)] promet, iztržek; naraščanje in upadanje delovne sile

**turnpike** ['tɜːnpaɪk] (Am) avtocesta (s plačevanjem cestnine); španski jezdec

**turnstile** ['tɜːnstaɪl] vrtljiv križ na vhodu

**turpentine** ['tɜːpəntaɪn] terpentin

**turquoise** ['tɜːkwɔɪz] turkiz; zelenkasto moder

**turret** ['tʌrɪt] stolpič

**turtle** ['tɜːtl] (morska) želva; ~neck srednje visok, okrogel, prilegajoč se ovratnik

**turtledove** ['tɜːtldʌv] grlica

**tusk** [tʌsk] čekan, okel

**tut** [tʌt] no!, fej!

**tutor** ['tjuːtə(r)] tutor; domači učitelj, inštruktor; (Br) vodja študentov skozi študij; skrbnik, varuh; poučevati, inštruirati, nadzirati; biti skrbnik

**tutorial** [tjuːˈtɔːrɪəl] tutorjevo predavanje; učna ura, vaja; tutorski

**tuxedo** [tʌkˈsiːdəʊ] (Am) smoking

**twang** [twæŋ] brnenje, nosljav glas; brneti, brenkati, govoriti skozi nos

**tweed** [twiːd] tvid (blago)

**tweezers** ['twiːzəz] (pl) pinceta

**twelfth** [twelfθ] dvanajsti; dvanajstina

**twelve** [twelv] dvanajst; dvanajsterica

**twentieth** ['twentɪəθ] dvajseti; dvajsetina

**twenty** ['twentɪ] dvajset

**twerp** [twɜːp] pridanič, bedak, vol (psovka)

**twice** [twaɪs] dvakrat

**twiddle** ['twɪdl] vrteti, obračati sem in tja, igrati se (z lasmi); **to ~ one's thumbs** vrteti palce, presti dolgčas

**twig** [twɪg] vejica, bajalica

**twilight** ['twaɪlaɪt] mrak, somrak

**twin** [twɪn] dvojček; podvojen; **identical (fraternal) ~s** enojajčna (dvojajčna) dvojčka; **~ bed** dvojna postelja (iz dveh postelj); **~~-set** ženski pulover in jopica v kompletu

**twine** [twaɪn] močna vrvica; oviti, zavezati; viti se

**twinge** [twɪndʒ] (nenadno) zbadanje, ščipanje; ostra bolečina

**twinkle** ['twɪŋkl] svetlikati se, iskriti se, migljati; mežikati, treniti z očesom

**twirl** [twɜːl] hitro se vrteti, obračati, sukati

**twist** [twɪst] obračati (se), vrteti, sukati (se); zviti (gleženj); viti, vijugati se (reka, pot); izkriviti, popačiti (resnico); zavoj, ovinek; nagnjenje; tvist (ples)

**twister** ['twɪstə(r)] spletkar, intrigant; težka uganka ali problem; (Am) tornado

**twit** [twɪt] bedak, zoprnež; posmehovati se (komu)

**twitch** [twɪč] trzniti, trzati; potegniti, povleči; trzaj

**twitter** ['twɪtə(r)] ščebetati, žvrgoleti; hihitati se; ščebet, klepet, hihitanje

**two** [tu:] dva, dvojka; dvojica, dvoje; **to put ~ and ~ together** napraviti logični zaključek; **in ~** na dvoje, na pol; **in ~s** po dva in dva, v parih; **~-faced** dvoličen, hinavski; **~-ply** dvojen, iz dveh niti, žic; **~-way** dvosmeren

**twofold** ['tu:fəʊld] dvojen, dvakraten

**twopence** ['tʌpəns] kovanec za dva penija

**twopenny** ['tʌpənɪ] dva penija vreden

**tycoon** [taɪ'ku:n] velekapitalist

**type** [taɪp] tip, vrsta; skupina (krvna); vzorec, model; tiskana črka; tipkati

**typewriter** ['taɪpraɪtə(r)] pisalni stroj

**typhoid** ['taɪfɔɪd] tifozen; **~ fever** (trebušni) tifus, pegavica

**typhoon** [taɪ'fu:n] tajfun

**typical** ['tɪpɪkl] značilen, tipičen, simboličen

**typify** ['tɪpɪfaɪ] tipizirati, razvrstiti po tipih; ponazoriti, predstavljati, simbolizirati

**typist** ['taɪpɪst] tipkar(ica)

**tyrannical** [tɪ'rænɪkl] tiranski, nasilen, trinoški

**tyrann|ize**, **~ise** ['tɪrənaɪz] kruto vladati, tiranizirati, strahovati

**tyranny** ['tɪrənɪ] trinoštvo, strahovlada, nasilje

**tyrant** ['taɪərənt] tiran, trinog, nasilnik

**tyre**, *(Am)* **tire** ['taɪə(r)] obroč, pnevmatika

# U

**ubiquitous** [juːˈbɪkwɪtəs] ubikvitaren; povsod razširjen, povsod navzoč

**udder** [ˈʌdə(r)] vime

**ugly** [ˈʌglɪ] grd, neprijeten; težaven; preteč; kritičen

**ukelele, ukulele** [ˌjuːkəˈleɪlɪ] ukelele, majhna kitara s štirimi strunami

**Ukrajn|e** [juˈkreɪn] Ukrajina; ~inan ukrajinski; Ukrajinec, Ukrajinka

**ulcer** [ˈʌlsə(r)] ulkus, čir, tvor, razjeda

**ulterior** [ʌlˈtɪərɪə(r)] prikrit, skrit (motiv)

**ultimate** [ˈʌltɪmət] končen (rezultat), najvišji (cilj), maksimalen (napor); osnoven (resnica) .

**ultimatum** [ˌʌltɪˈmeɪtəm] ultimat

**ultrasonic** [ˌʌltrəˈsɒnɪk] nadzvočen

**umbilical cord** [ʌmˌbɪlɪkl ˈkɔːd] popkovina

**umbrage** [ˈʌmbrɪdž] zamera, jeza; **to take ~ at** zameriti; spotikati, pohujšati se ob

**umbrella** [ʌmˈbrelə] dežnik, sončnik; kompromis; izhodišče, ki omogoči politikom nasprotnih mišljenj, da se zedinijo

**umpire** [ˈʌmpaɪə(r)] športni sodnik; voditi igro, tekmo kot športni sodnik

**unable** [ʌnˈeɪbl] nezmožen, nesposoben

**unabridged** [ˌʌnəˈbrɪdžd] neskrajšan

**unacceptable** [ˌʌnəkˈseptəbl] nesprejemljiv

**unaccompanied** [ˌʌnəˈkʌmpənɪd] brez spremstva, sam; brez spremljave

**unaccountable** [ˌʌnəˈkaʊntəbl] nerazložljiv, čuden; neprišteven, neodgovoren

**unaccustomed** [ˌʌnəˈkʌstəmd] nevajen; nenavaden

**unacknowledged** [ˌʌnəkˈnɒlɪdžd] neopažen; nepriznan, nepotrjen

**unadulterated** [ˌʌnəˈdʌltəreɪtɪd] neponarejen, čist, naraven

**unaffected** [ˌʌnəˈfektɪd] neprizadet, iskren, naraven

**unalterable** [ʌnˈɔːltərəbl] nespremenljiv, nepreklicen

**unambiguous** [ˌʌnæmˈbɪgjʊəs] nedvoumen, jasen

**unanimous** [juːˈnænɪməs] soglasen, enodušen

**unannounced** [ˌʌnəˈnaʊnst] nenapovedan, nenajavljen

**unarm** [ʌnˈɑːm] razorožiti; ~**ed** razorožen, brez orožja, golih rok

**unattached** [ˌʌnə'tætʃt] neve-
zan, neodvisen; nepritrjen
**unaware** [ˌʌnə'weə(r)] ne
vedoč; nevede, nenamerno
**unawares** [ˌʌnə'weəz] nena-
doma, nepričakovano; **to
catch** (*ali* **to take**) some-
body ~ presenetiti, iznena-
diti koga
**unbalanced** [ˌʌn'bælənst]
(duševno) neuravnovešen;
neizravnan
**unbearable** [ʌn'beərəbl] ne-
znosen, nevzdržen
**unbecoming** [ˌʌnbɪ'kʌmɪŋ]
neprimeren, neustrezen, ne-
umesten, nespodoben
**unbelievable** [ˌʌnbɪ'liːvəbl]
neverjeten; nepopisen
**unbidden** [ˌʌn'bɪdn] nepova-
bljen, nezaželen
**unbind\*** [ˌʌn'baɪnd] odvezati,
razvezati
**unborn** [ˌʌn'bɔːn] (še) nerojen
**unbound** [ˌʌn'baʊnd] nepri-
vezan; nevezan; broširan
**unbridled** [ˌʌn'braɪdld] neo-
brzdan, neugnan
**unbroken** [ˌʌn'brəʊkən] ne-
zlomljen, nerazbit, cel; ne-
prelomljen (obljuba); še ne-
potolčen (rekord); nedota-
knjen (zemlja)
**unburden** [ˌʌn'bɜːdn] razbre-
meniti, olajšati
**unbutton** [ˌʌn'bʌtn] odpeti
gumb
**uncalled-for** [ʌn'kɔːld fɔː(r)]
neprimeren, neumesten
**uncanny** [ʌn'kænɪ] skrivno-
sten, grozljiv
**unceasing** [ˌʌn'siːsɪŋ] nene-
hen, nepretrgan

**uncertain** [ʌn'sɜːtn] nego-
tov, dvomljiv; neodločen,
nesamozavesten
**uncertainty** [ʌn'sɜːtntɪ] nego-
tovost, dvom
**unchain** [ʌn'tʃeɪn] sneti
okove, verige, osvoboditi
**uncivil** [ˌʌn'sɪvl] nevljuden,
osoren
**uncivilized, ~ised** [ʌn'sɪvɪ-
laɪzd] neomikan, barbarski
**uncle** ['ʌŋkl] stric
**unclean** [ˌʌn'kliːn] umazan,
nesnažen; sramoten
**unclear** [ˌʌn'klɪə(r)] nejasen,
nepregleden; moten
**uncomfortable** [ʌn'kʌmf-
təbl] neudoben; neprijeten,
mučen
**uncommitted** [ˌʌnkə'mɪtɪd]
neangažiran, nevtralen,
nevezan
**uncommon** [ʌn'kɒmən] re-
dek; izreden, nenavaden
**uncompromising** [ʌn'kɒm-
prəmaɪzɪŋ] nepopustljiv, do-
sleden, načelen
**unconcerned** [ˌʌnkən'sɜːnd]
ravnodušen, brezbrižen,
neprizadet
**unconditional** [ˌʌnkən-
'dɪʃənl] brezpogojen
**unconscious** [ʌn'kɒnʃəs] ne-
zavesten, nezaveden; pod-
zavest
**unconstitutional** [ˌʌnkɒnstɪ-
'tjʊʃənl] neustaven, protiu-
staven
**uncontrolled** [ˌʌnkən'trəʊld]
nekontroliran, nenadzorovan, neobrzdan
**uncork** [ʌn'kɔːk] odčepiti,
odmašiti

**uncouth** [ʌn'ku:θ] neotesan, neuglajen, grob

**uncover** [ʌn'kʌvə(r)] odkriti (se), razkriti (se)

**unctuous** ['ʌŋktjʊəs] hlinjeno prisrčen

**undaunted** [ʌn'dɔ:ntɪd] neustrašen, pogumen

**undecided** [ˌʌndɪ'saɪdɪd] neodločen, oklevajoč; neopredeljen

**undemanding** [ˌʌndɪ'mɑ:ndɪŋ] nezahteven

**undeniable** [ˌʌndɪ'naɪəbl] ki se ne da zanikati, nesporen

**under** ['ʌndə(r)] pod, spodaj; med, ob (časovno); na osnovi; po, v skladu z; manj kakor; ~ age mladoleten

**underarm** ['ʌndərɑ:m] podpazduha

**underbrush** ['ʌndəbrʌš] podrast, goščava

**undercover** [ˌʌndə'kʌvə(r)] tajen, skriven

**undercurrent** ['ʌndəkʌrənt] podtalno, ilegalno gibanje

**underdeveloped** [ˌʌndədɪ'veləpt] nerazvit; ~ countries države v razvoju

**underdone** [ˌʌndə'dʌn] še ne dovolj kuhan (pečen)

**underestimate** [ˌʌndər'estɪmeɪt] podcenjevati, prenizko ceniti

**underfed** [ˌʌndə'fed] podhranjen

**undergo\*** [ˌʌndə'gəʊ] prestati, izkusiti; podvreči se (operaciji)

**undergone** [ˌʌndə'gɒn] glej UNDERGO\*

**undergraduate** [ˌʌndə-'grædžʊət] študent, ki še ni diplomiral; visokošolec

**underground** [ˌʌndə'graʊnd] tajen, skriven, ilegalen; tajno (odporniško) gibanje, podzemeljska železnica; ['ʌndəgraʊnd] pod zemljo; tajno, ilegalno; to go ~ iti v ilegalo

**undergrowth** ['ʌndəgrəʊθ] podrast

**underline** [ˌʌndə'laɪn] podčrtati, poudariti

**underling** ['ʌndəlɪŋ] podrejena oseba, podrejenec; reva

**undermine** [ˌʌndə'maɪn] podminirati; povzročiti, da kaj ne doseže svojega cilja, namena

**underneath** [ˌʌndə'ni:θ] spodaj, pod; izpod

**underpants** ['ʌndəpænts] (moške) spodnje hlače

**underpass** ['ʌndəpɑ:s] podvoz, podhod

**underrate** [ˌʌndə'reɪt] podcenjevati, prenizko vrednotiti

**undershirt** ['ʌndəšɜ:t] (Am) majica

**undersized** [ˌʌndə'saɪzd] ki je pod normalno velikostjo; zaostal v rasti

**understand\*** [ˌʌndə'stænd] razumeti; uvideti; misliti; zvedeti; razumeti se (na); to make someone ~ dati komu razumeti

**understanding** [ˌʌndə'stændɪŋ] razumevanje; razumevajoč, uvideven, sočuten; sporazum, dogovor; on the ~ that s pogojem, da

**understood** [ˌʌndə'stʊd] to

make oneself ~ sporazume(va)ti se s kom; *glej* UNDERSTAND*

**understudy** ['ʌndəstʌdɪ] vskočiti namesto bolnega igralca; igralec, ki vskoči po potrebi

**undertake*** [ˌʌndə'teɪk] lotiti se, začeti delati; obvezati se

**undertaken** [ˌʌndə'teɪkən] *glej* UNDERTAKE*

**undertaker** ['ʌndəteɪkə(r)] pogrebnik

**undertook** [ˌʌndə'tʊk] *glej* UNDERTAKE*

**underwear** ['ʌndəweə(r)] spodnje perilo

**underwent** [ˌʌndə'went] *glej* UNDERGO*

**underworld** [ˌʌndə'wɜːld] podzemlje; organizirana nezakonita dejavnost

**underwrite*** [ˌʌndə'raɪt] podpisati (kaj); s podpisom potrditi, jamčiti

**undesirable** [ˌʌndɪ'zaɪərəbl] nezaželen

**undeveloped** [ˌʌndɪ'veləpt] nerazvit, neobdelan

**undid** [ʌn'dɪd] *glej* UNDO*

**undisputed** [ˌʌndɪ'spjuːtɪd] nesporen

**undistinguished** [ˌʌndɪ'stɪŋgwɪʃt] nerazločen, povprečen

**undisturbed** [ˌʌndɪ'stɜːbd] nemoten; miren

**undo*** [ʌn'duː] odvezati, odpeti; razdreti (kupčijo); uničiti (upe)

**undoing** [ʌn'duːɪŋ] poguba

**undone** [ʌn'dʌn] odpet, odvezan; *glej* UNDO*

**undoubted** [ʌn'daʊtɪd] nedvomen, nesporen

**undreamed-of** [ʌn'driːmd ɒv] nesluten

**undress** [ˌʌn'dres] sleči (se), odložiti obleko; sneti obvezo (z rane)

**undue** [ˌʌn'djuː] neprimeren; pretiran

**undulate** ['ʌndjʊleɪt] valoviti

**unduly** [ˌʌn'djuːlɪ] nepravično; pretirano

**undying** [ˌʌn'daɪɪŋ] večen, neminljiv

**unearned** [ˌʌn'ɜːnd] nezaslužen; ~ **income** dohodek od premoženja, naložb

**unearth** [ʌn'ɜːθ] odkriti, priti na dan; izkopati (iz zemlje)

**unearthly** [ʌn'ɜːθlɪ] nadzemeljski, eteričen; nemogoč (čas)

**uneasy** [ʌn'iːzɪ] neprijeten; nelagoden; zaskrbljen; vznemirjen, nemiren (bolnik, noč)

**unemployed** [ˌʌnɪm'plɔɪd] nezaposlen, brezposeln

**unemployment** [ˌʌnɪm'plɔɪment] brezposelnost; ~ **benefit** (denarna) podpora za brezposelne; **disguised** ~ prikrita brezposelnost

**unequal** [ʌn'iːkwəl] neenak, nesorazmeren; pristranski

**unequivocal** [ˌʌnɪ'kwɪvəkl] jasen, nedvoumen

**unerring** [ʌn'ɜːrɪŋ] zanesljiv, nezmotljiv

**uneven** [ʌn'iːvn] neraven, hrapav, negladek (tla); neenak, neparen

**uneventful** [ˌʌnɪ'ventfl] miren, brez posebnih dogodkov

**unexpected** [ˌʌnɪk'spektɪd] nepričakovan, nenaden

**unexperienced** [ˌʌnɪk'spiːrɪənst] neizkušen, nevešč

**unfailing** [ʌn'feɪlɪŋ] zanesljiv; neizčrpen

**unfair** [ˌʌn'feə(r)] nepravičen, nepošten; pristranski

**unfaithful** [ˌʌn'feɪθfl] nezvest, nelojalen; netočen (prevod)

**unfamiliar** [ˌʌnfə'mɪlɪə(r)] nepoznan, tuj; nenavaden

**unfashionable** [ˌʌn'fæʃnəbl] nemoderen, staromoden

**unfathomable** [ʌn'fæðəməbl] nedoumljiv, nerazložljiv

**unfavourable**, *(Am)* **unfavorable** [ʌn'feɪvərəbl] neugoden, slab; pasiven (bilanca)

**unfeeling** [ʌn'fiːlɪŋ] brezčuten, krut, neusmiljen

**unfinished** [ʌn'fɪnɪšt] nedokončan, nedovršèn

**unfit** [ˌʌn'fɪt] nesposoben, ne v dobri formi; neprimeren, neuporaben

**unfold** [ʌn'fəʊld] razviti, razgrniti, razkriti (načrte, namene)

**unforeseen** [ˌʌnfɔː'siːn] nepredviden, nepričakovan

**unfortunate** [ʌn'fɔːčənɪt] nesrečen, pomilovanja vreden; **~ly** na žalost, žal

**unfounded** [ˌʌn'faʊndɪd] neosnovan, neutemeljen

**unfriendly** [ˌʌn'frendlɪ] neprijazen, odljuden

**unfruitful** [ʌn'fruːtfʊl] jalov, neploden

**unfurl** [ˌʌn'fɜːl] razviti (jadro, zastavo); odpreti (dežnik)

**unfurnished** [ʌn'fɜːnɪšt] nepremljen (zlasti s pohištvom)

**ungainly** [ʌn'geɪnlɪ] okoren, nespreten

**ungodly** [ˌʌn'gɒdlɪ] strašen, nemogoč; grešen, bogokleten

**ungracious** [ˌʌn'greɪšəs] nevljuden, neprijazen

**ungrateful** [ʌn'greɪtfl] nehvaležen

**unguarded** [ˌʌn'gɑːdɪd] nezaščiten, nezavarovan; nepreviden, nepremišljen

**unhampered** [ʌn'hæmpəd] nemoten, neoviran, prost

**unhappy** [ʌn'hæpɪ] nesrečen, žalosten

**unheard-of** [ʌn'hɜːd ɒv] nezaslišan, brez primere

**unheeded** [ʌn'hiːdɪd] neopažen; neupoštevan

**unhesitating** [ʌn'hezɪteɪtɪŋ] neoklevajoč, takojšen, hiter

**unholy** [ˌʌn'həʊlɪ] hudoben; grešen

**unidentified** [ˌʌnaɪ'dentɪfaɪd] neidentificiran, neprepoznan; **~ flying object (UFO)** neznani leteči predmet (NLP)

**unification** [ˌjuːnɪfɪ'keɪšn] združitev, zedinjenje

**uniform** ['juːnɪfɔːm] uniforma; enoten, nespremenljiv

**uniformity** ['juːnɪfɔːmɪtɪ] poenotenje, enotnost, enoličnost

**unify** ['juːnɪfaɪ] združiti, zediniti

**unilateral** [juːnɪ'lætrəl] unilateralen, enostranski; ~ **contract** enostransko obvezna pogodba; ~ **disarmament** enostransko uničenje jedrskega orožja

**unimaginable** [ˌʌnɪˈmædžɪnəbl] nepojmljiv; nesluten

**unimaginative** [ˌʌnɪˈmædžɪnətɪv] brez domišljije

**uninhabitable** [ˌʌnɪnˈhæbɪtəbl] neprimeren za bivanje

**uninhibited** [ˌʌnɪnˈhɪbɪtɪd] nezavrt, naraven

**unintelligible** [ˌʌnɪnˈtelɪdžəbl] nerazumljiv

**unintended** [ˌʌnɪnˈtendɪd] nenameravan, nehoten

**unintentional** [ˌʌnɪnˈtenšənl] nenameren

**uninterested** [ʌnˈɪntrəstɪd] nezainteresiran, brezbrižen, ravnodušen

**union** [ˈjuːnɪən] zveza, združenje; sindikat; **U~ Jack** državna zastava Velike Britanije; **~ist** član sindikata; privrženec unionizma

**unique** [juːˈniːk] edinstven, edin, enkraten

**unison** [ˈjuːnɪsn] skladnost, soglasnost, ubranost; enoglasnost, interval ene oktave

**unit** [ˈjuːnɪt] enota

**unite** [juːˈnaɪt] združiti, zediniti (se); **U~d Nations** Združeni narodi

**United Kingdom, the** [juːˈnaɪtɪd kɪŋdəm] **(Great Britain and Northern Ireland)** Združeno kraljestvo (Velika Britanija in Severna Irska)

**unity** [ˈjuːnətɪ] enotnost, solidarnost; enota

**universal** [ˌjuːnɪˈvɜːsl] univerzalen, splošen, vsestranski

**universe** [ˈjuːnɪvɜːs] univerzum, vesolje, vsemirje

**university** [ˌjuːnɪˈvɜːsətɪ] univerza; univerziteten

**unjust** [ʌnˈdžʌst] krivičen, nepravičen

**unkempt** [ʌnˈkempt] nepočesan, kuštrav; neurejen, nenegovan

**unkind** [ʌnˈkaɪnd] neprijazen; krut

**unknown** [ʌnˈnəʊn] neznan, tuj; neznanka (v matematiki)

**unlawful** [ʌnˈlɔːfl] nezakonit, protipostaven

**unlearn** [ʌnˈlɜːn] odvaditi se (česa), pozabiti

**unless** [ənˈles] če ne; razen če

**unlike** [ʌnˈlaɪk] nepodoben, različen; v nasprotju z, za razliko od; *That is ~ him.* To mu ni podobno.

**unlikely** [ʌnˈlaɪklɪ] neverjetno, malo verjetno; neverjeten, malo verjeten

**unlimited** [ʌnˈlɪmɪtɪd] neomejen, brezmejen

**unload** [ʌnˈləʊd] raztovoriti, iztovoriti; razbremeniti (se), rešiti se bremena

**unlock** [ʌnˈlɒk] odkleniti

**unlovable** [ʌnˈlʌvəbl] neprivlačen, nesimpatičen

**unlucky** [ʌnˈlʌkɪ] ki nima sreče; ki prinaša nesrečo

**unman** [ʌnˈmæn] oslabiti pogum, odločnost (oblast nad samim seboj); **~ned** brez posadke

**unmask** [ʌnˈmɑːsk] razkrinkati

**unmentionable** [ʌn'menšə-nəbl] nevreden omembe; ki se ne sme omeniti

**unmistak(e)able** [ˌʌnmɪ'steɪkəbl] ki se ne more napačno razumeti; očiten, jasen

**unmoved** [ˌʌn'muːvd] neganjen; hladnokrven; nepremaknjen

**unnatural** [ʌn'næčrəl] nenaraven, prisiljen, afektiran

**unnecessary** [ʌn'nesəsrɪ] nepotreben, odvečen

**unnoticed** [ˌʌn'nəʊtɪst] neopažen

**unobtrusive** [ˌʌnəb'truːsɪv] nevsiljiv

**unoccupied** [ˌʌn'ɒkjʊpaɪd] nezaseden, prost; nezaposlen

**unofficial** [ˌʌnə'fɪšl] neuraden; ki ne ustreza zakonskim predpisom

**unpack** [ˌʌn'pæk] izprazniti kovček; vzeti iz paketa, odmotati

**unparalleled** [ʌn'pærəleld] zelo velik, neprekosljiv, brez primere

**unpardonable** [ʌn'pɑːdnəbl] neodpustljiv

**unpleasant** [ʌn'pleznt] neprijeten, zoprn; nevšečen

**unplug** [ˌʌn'plʌg] izvleči vtikač, izklopiti

**unpopular** [ˌʌn'pɒpjulə(r)] nepriljubljen, osovražen

**unprecedented** [ʌn'presɪdentɪd] nezaslišan, brez primere

**unprepared** [ˌʌnprɪ'peəd] nepripravljen, improviziran

**unproductive** [ˌʌnprə'dʌktɪv]

neproduktiven, nedonosen; neploden

**unprofessional** [ˌʌnprə'fešənl] nestrokoven, laičen

**unprofitable** [ʌn'prɒfɪtəbl] nedonosen, nerentabilen

**unqualified** [ʌn'kwɒlɪfaɪd] nekvalificiran, neusposobljen; popoln, neomejen

**unquestionable** [ʌn'kwesčənəbl] nedvomen, nesporen, očiten

**unravel** [ʌn'rævl] razmotati, razplesti; rešiti, pojasniti (skrivnost, uganko)

**unreal** [ˌʌn'rɪəl] neresničen, dozdeven, nestvaren

**unreasonable** [ʌn'riːznəbl] nespameten; pretiran; nezmeren

**unrefined** [ˌʌnrɪ'faɪnd] nerafiniran, surov; neotesan, neizobražen

**unrelenting** [ˌʌnrɪ'lentɪŋ] neusmiljen, krut, neizprosen

**unreliable** [ˌʌnrɪ'laɪəbl] nezanesljiv (oseba); dvomljiv (informacija); nesoliden

**unremitting** [ˌʌnrɪ'mɪtɪŋ] neprestan, stalen, neutruden

**unrequited** [ˌʌnrɪ'kwaɪtɪd] nevračan (ljubezen)

**unresolved** [ˌʌnrɪ'zɒlvd] nerešen (problem); neraztopljen

**unresponsive** [ˌʌnrɪ'spɒnsɪv] ravnodušen, nedovzeten, neodziven, pasiven

**unrest** [ˌʌn'rest] nemir, vznemirjenje

**unrestricted** [ˌʌnrɪ'strɪktɪd] neomejen; popoln

**unrivalled**, *(Am)* **unrivaled**

[ʌn'raɪvld] brez tekmeca, ki mu ni enakega, neprekosljiv

**unruly** [ʌn'ru:lɪ] neposlušen, samovoljen, kljubovalen, neukrotljiv

**unsafe** [ʌn'seɪf] nevaren, tvegan

**unsatisfactory** [ˌʌnsætɪs-'fæktrɪ] nezadosten; nezadovoljiv

**unsavoury**, *(Am)* **unsavory** [ʌn'seɪvərɪ] neokusen, priskuten; odvraten

**unscheduled** [ʌn'šedju:ld, ʌn'skedju:ld] nepredviden; nenačrtovan

**unscrew** [ˌʌn'skru:] odviti (vijak, pokrov)

**unscrupulous** [ʌn'skru:pjʊləs] brezvesten, nesramen

**unseat** [ˌʌn'si:t] vreči s položaja, odstaviti

**unseemly** [ʌn'si:mlɪ] neprimeren, nespodoben

**unseen** [ʌn'si:n] neviden, neopažen

**unselfish** [ʌn'selfiš] nesebičen, požrtvovalen

**unsettled** [ˌʌn'setld] negotov, nemiren; nestanoviten (vreme); neporavnan (račun); neurejen (zadeva)

**unshaven** [ʌn'šeɪvn] neobrit, poraščen

**unsightly** [ʌn'saɪtlɪ] grd

**unskilled** [ˌʌn'skɪld] nekvalificiran, neusposobljen

**unsociable** [ʌn'səʊšəbl] nedružaben, zadržan, odljuden

**unsolicited** [ˌʌnsə'lɪsɪtɪd] nezahtevan, nezaprošen; spontan

**unsophisticated** [ˌʌnsə'fɪstɪ-

keɪtɪd] naraven, preprost, neizumetničen

**unsound** [ˌʌn'saʊnd] nezdrav; gnil; lažen; nezanesljiv, nesoliden

**unspeakable** [ʌn'spi:kəbl] neizrekljiv, neizrazljiv

**unstable** [ˌʌn'steɪbl] nestabilen, spremenljiv, nestanoviten; negotov, omahljiv, neodločen

**unsteady** [ˌʌn'stedɪ] negotov, omahljiv; nestanoviten

**unsuccessful** [ˌʌnsə'ksesfʊl] neuspešen

**unsuitable** [ʌn'su:təbl] neustrezen, neprimeren

**unsurpassable** [ˌʌnsə'pɑ:səbl] nenadkrilljiv, neprekosljiv

**unsuspected** [ˌʌnsə'spektɪd] neosumljen; nesumljiv, zanesljiv

**unthinking** [ˌʌn'θɪŋkɪŋ] nepremišljen, lahkomiseln

**untidy** [ʌn'taɪdɪ] neurejen, zanemarjen; v neredu

**untie** [ʌn'taɪ] razvezati, odvezati (se)

**until** [ən'tɪl] do, dokler ne

**untimely** [ʌn'taɪmlɪ] prezgoden, neumesten; prezgodaj, ob nepravem času

**unto** [ˌʌn'tʊ] do, proti

**untold** [ˌʌn'təʊld] neštet, neizmeren, zelo velik

**untouchable** [ʌn'tʌčəbl] najnižji družbeni sloj v Indiji; nedotakljiv

**untoward** [ˌʌntə'wɔ:d] neprijeten, zoprn; neugoden; slab

**untrue** [ˌʌn'tru:] neresničen, lažen; nezvest

**untrustworthy** [ʌn'trʌstwɜː-ði] nezanesljiv, nevreden zaupanja

**untutored** [ˌʌn'tjuːtəd] nešolan, neizobražen; preprost

**unused** [ˌʌn'juːst] (to) nenavajen; [ˌʌn'juːzd] nerabljen, neuporabljan

**unusual** [ʌn'juːžl] nenavaden, redek

**unutterable** [ʌn'ʌtərəbl] neizrekljiv, neizgovorljiv, nepopisen

**unveil** [ˌʌn'veɪl] odkriti (spomenik), sneti pajčolan; zaupati se, razkriti (načrte)

**unwanted** [ˌʌn'wɒntɪd] nezaželen, nepotreben

**unwary** [ʌn'weərɪ] neoprezen, nepreviden; lahkomiseln

**unwelcome** [ʌn'welkəm] nedobrodošel, nezaželen

**unwell** [ʌn'wel] bolan; ki se slabo počuti

**unwholesome** [ˌʌn'həʊlsəm] nezdrav, zdravju škodljiv; pokvarjen, nemoralen

**unwieldy** [ʌn'wiːldɪ] neroden, težak; nepriročen, prevelik

**unwilling** [ʌn'wɪlɪŋ] nenaklonjen, malo voljan, uporen; **to be ~** ne hoteti

**unwind*** [ˌʌn'waɪnd] sprostiti se, relaksirati; odviti, odmotati, razvezati

**unwise** [ˌʌn'waɪz] nespameten, nerazumen

**unwittingly** [ʌn'wɪtɪŋlɪ] ne zavedajoč se, nenamerno

**unwonted** [ʌn'wəʊntɪd] nevajen, nenavaden

**unworldly** [ˌʌn'wɜːldlɪ] ki ne ceni gmotnih koristi in materialnih dobrin

**unworthy** [ʌn'wɜːði] nevreden; ki ne zasluži (česa)

**unwritten** [ˌʌn'rɪtn] nenapisan; usten

**up** [ʌp] gor, navzgor, kvišku; ~ **to** (prav) do; *What are you ~ to?* Kaj nameravaš?; *It's ~ to you to decide.* Ti se moraš odločiti.; ~**s and downs** dobri in slabi časi, srečni in nesrečni trenutki v življenju

**upbraid** [ˌʌp'breɪd] grajati, karati

**upbringing** [ˌʌpbrɪŋɪŋ] vzgoja; *He has a good ~.* Dobro je vzgojen.

**update** [ˌʌp'deɪt] ažurirati; modernizirati, posodobiti

**upgrade** [ˌʌp'greɪd] dvigniti na višjo stopnjo; dati zahtevnejše delo

**upheaval** [ʌp'hiːvl] velika, hitra sprememba; prevrat, preobrat; vulkanski dvig zemeljske skorje

**upheld** [ˌʌp'held] *glej* UPHOLD*

**uphill** [ˌʌp'hɪl] navzgor, navkreber; strm, težaven

**uphold*** [ˌʌp'həʊld] podpirati, braniti (kaj); vzdrževati (običaj)

**upholster** [ˌʌp'həʊlstə(r)] tapecirati, oblaziniti; ~**er** tapetnik

**upkeep** ['ʌpkiːp] vzdrževanje; stroški vzdrževanja

**upland** ['ʌplənd] gorati predeli, višavje; gorski, visoko ležeči kraji

**uplift** [ˌʌpˈlɪft] (moralno) dvigniti, izboljšati (življenjske razmere)

**upon** [əˈpɒn] na; na osnovi

**upper** [ˈʌpə(r)] gornji, vrhnji, višji; **to have the ~ hand** imeti premoč; **~ case** velike (tiskane) črke; **~ class** (ali **crust**) gornji družbeni sloj; **~ lip** gornja ustnica

**uppermost** [ˌʌpəməʊst] najvišji, čisto zgoraj; najvažnejši

**upright** [ˈʌpraɪt] pokončen; strumen; navpičen, vertikalen; pošten, iskren; **~ piano** pianino

**uprising** [ˈʌpraɪzɪŋ] upor, vstaja; **armed ~** oborožen upor

**uproar** [ˈʌprɔː(r)] hrup, trušč, direndaj

**uproot** [ˌʌpˈruːt] izkoreniniti, odpraviti, odstraniti; izruvati s korenino

**upset\*** [ˌʌpˈset] vznemiriti, zbegati; na glavo postaviti (načrte); pokvariti (želodec, veselje); prevrniti, prekucniti

**upshot** [ˈʌpʃɒt] izid, zaključek, rezultat

**upside** [ˈʌpsaɪd] zgornja stran; **~ down** narobe, na glavo postavljeno, vsevprek, v neredu

**upstairs** [ˌʌpˈsteəz] zgoraj, po stopnicah navzgor; gornje nadstropje

**upstart** [ˈʌpstɑːt] povzpetnik, parveni

**uptake** [ˈʌpteɪk] dojemanje; **to be quick (slow) on the ~** hitro (težko) dojemati

**up-to-date** [ˌʌp tə ˈdeɪt] moderen, sodoben, najnovejši; ki je na tekočem, aktualen

**uptown** [ˌʌpˈtaʊn] v gornjem delu mesta; *(Am)* v predmestju

**upturn** [ˈʌptɜːn] izboljšanje, razmah

**upward(s)** [ˈʌpwəd(z)] navzgor, gor, kvišku; **~ of** več kakor

**urban** [ˈɜːbən] mesten

**urbane** [ɜːˈbeɪn] vljuden, uglajen, lepega vedenja

**urchin** [ˈɜːtʃɪn] paglavec, pobalin; **sea ~** morski ježek

**urge** [ɜːdʒ] siliti, naganjati, nagovarjati, spodbujati; spodbuda, gorečnost

**urgent** [ˈɜːdʒənt] nujen; pereč, neodložljiv

**urinal** [ˈjʊərɪnl] (stranjščna) školjka za moške, pisoar; javno stranišče za moške

**urine** [ˈjʊərɪn] urin, seč

**urn** [ɜːn] žara, urna; čajnik, kavnik; vrsta samovara

**us** [ʌs, əs] nas, nam

**usage** [ˈjuːsɪdʒ, ˈjuːzɪdʒ] raba, uporaba; navada, šega; obraba

**use** [juːz] uporabljati, izkoriščati; **to ~ up** popolnoma porabiti, do kraja izkoristiti; [juːs] raba, uporaba, korist; **in ~** v rabi; **of ~** koristen; **out of ~** ne v rabi, ne več uporaben; *It is no ~.* Nima smisla.; **to make ~ of** uporabiti kaj, posluževati se česa; **~ value** uporabna vrednost

**used** [juːzd] (že) rabljen, nošen; [juːst] *They ~ to live in*

*London.* Nekoč so živeli v Londonu.; **to be ~ to** biti vajen; **to get ~ to** navaditi se (na)

**useful** ['juːsfl] koristen, uporaben; uspešen

**useless** [juːslɪs] neuporaben, nekoristen, brezuspešen, zanič; zaman

**user** [juːzə(r)] (u)porabnik, potrošnik

**usher** ['ʌšə(r)] uvesti, peljati, najaviti; biljeter (v kinu, gledališču); uslužbenec, ki vodi obiskovalce na njihova mesta

**usherette** [ˌʌšə'ret] biljeterka; uslužbenka, ki vodi obiskovalce na njihova mesta

**usual** ['juːžl] običajen, navaden; **as ~** kot ponavadi; **~ly** navadno, ponavadi

**usurp** [juːˈzɜːp] polastiti se; nezakonito, nasilno si prilastiti

**usury** ['juːzərɪ] oderuštvo

**utensil** [juːˈtensl] orodje, instrument; *(pl)* priprave, delovne potrebščine; **farming ~s** poljedelsko orodje; **kitchen ~s** kuhinjska posoda, kuhinjske potrebščine

**utilitarian** [ˌjuːtɪlɪˈteərɪən] uporaben, funkcionalen

**utility** [juːˈtɪlətɪ] koristnost, prid; javno uslužnostno podjetje; **~ program(me)** *(comp)* uslužnostni, podporni program

**utili|ze, ~ise** ['juːtəlaɪz] izkoristiti, uporabiti

**utmost, uttermost** ['ʌtməʊst, 'ʌtəməʊst] skrajen, največji, kar je le možno; **to the ~** do skrajnih meja

**utopia** [juːˈtəʊpɪə] utopija, neuresničljiva zamisel

**utter** ['ʌtə(r)] izreči, izgovoriti; skrajen, popoln (temà, začudenje); **to ~ a cry** zavpiti, zakričati; **~ly** popolnoma, docela, do skrajnosti

**utterance** ['ʌtərəns] izražanje, beseda; *(pl)* govor

# V

**vacancy** ['veɪkənsɪ] prosto delovno mesto; prosta soba (v hotelu)

**vacant** ['veɪkənt] prost, nezaseden, prazen

**vacate** [vəˈkeɪt] izprazniti (sobo, stanovanje); zapustiti (službeno mesto); umakniti (vojsko); razveljaviti (pogodbo)

**vacation** [vəˈkeɪšn] šolske počitnice; *(Am)* dopust

**vaccinate** ['væksɪneɪt] cepiti

**vaccine** ['væksiːn] cepivo

**vacillate** ['væsəleɪt] omahovati, biti neodločen, cincati

**vacuity** [vəˈkjuːɪtɪ] praznina, praznota

**vacuous** ['vækjʊəs] breziizrazen, top (pogled); puhel, bedast, brez vsebine

**vacuum** ['vækjʊəm] vakuum; praznina; sesati s sesalnikom; ~ **cleaner** sesalnik za prah; ~ **flask** termovka

**vagabond** ['vægəbɒnd] klatež, potepuh

**vagary** ['veɪgərɪ] kaprica, muha

**vagrant** ['veɪgrənt] potepuh, klatež; berač

**vague** [veɪg] nerazločen, nejasen, meglen, moten; raztresen, odsoten

**vain** [veɪn] brezuspešen, jalov; nečimrn, domišljav, plitev; **in ~** zaman

**vainglorious** [ˌveɪnˈglɔːrɪəs] prevzeten, bahaški, ohol

**vale** [veɪl] dolina

**valedictory** [ˌvælɪˈdɪktərɪ] poslovilen (govor, pismo)

**valentine** ['vælntaɪn] ljubezensko pisemce, poslano osebi nasprotnega spola na dan sv. Valentina (14. februarja); na ta dan izbrani izvoljenec, izvoljenka

**valet** ['væleɪ, 'vælɪt] osebni sluga, služabnik; komornik

**valiant** ['vælɪənt] hraber, pogumen

**valid** ['vælɪd] veljaven, pravnomočen; neovrgljiv, tehten

**validate** ['vælɪdeɪt] legalizirati, potrditi

**valley** ['vælɪ] dolina

**valour**, *(Am)* **valor** ['vælə(r)] pogum, hrabrost; **the better part of ~** opreznost

**valuable** ['væljʊəbl] dragocen, drag; koristen; *(pl)* dragocenosti, vrednostni predmeti (nakit)

**valuation** [ˌvæljʊˈeɪšn] ocena, cenitev

**value** ['væljuː] (o)ceniti, določiti ceno, visoko spoštovati; vrednost, korist, pomembnost; *(pl)* moralna načela;

**exchange (surplus)** ~ menjalna (presežna) vrednost; **face** ~ nominalna vrednost; ~~**-added tax (VAT)** davek na dodano vrednost

**valuer** ['væljʊə(r)] cenilec, ocenjevalec

**valve** [vælv] ventil; zaklopka (srčna); elektronka; **safety** ~ varnostni ventil

**vampire** ['væmpaɪə(r)] vampir, krvoses

**van** [væn] dostavni avto; pokrit tovorni vagon

**vane** [veɪn] vetrnica; lopata propelerja (ventilatorja, mlina na veter)

**vanguard** ['vænɡɑːd] idejni nosilci kakega gibanja, avantgarda; predstraža

**vanilla** [və'nɪlə] vanilja

**vanish** ['vænɪš] izginiti, nehati obstajati

**vanity** ['vænətɪ] nečimrnost, samovšečnost; ničnost

**vanquish** ['væŋkwɪš] zmagati, premagati

**vantage** ['vɑːntɪdž] prednost; ~ **point** ugodna (razgledna) točka

**vapid** ['væpɪd] pust, dolgočasen, plehek

**vapour**, *(Am)* **vapor** ['veɪpə(r)] para, sopara, hlap, izparina; ~ **trail** bela sled, ki jo pušča letalo na nebu

**variability** [ˌværɪə'bɪlətɪ] spremenljivost

**variable** ['veərɪəbl] spremenljiv; spremenljivka, variabla

**variance** ['veərɪəns] različnost, neskladnost; spor; **at** ~ v protislovju

**variant** ['veərɪənt] inačica, različica, varianta; različen

**variation** [ˌveərɪ'eɪšn] variacija, sprememba; odmik

**varied** ['veərɪd] raznolik, poln sprememb; različen

**variegated** ['veərɪɡeɪtɪd] pester, pisan, raznobarven

**variety** [və'raɪətɪ] različnost, pestrost; izbor; vrsta; zabavišče z raznovrstnimi nastopi, variete

**various** ['veərɪəs] različen, številen; razni, mnogi, več

**varnish** ['vɑːnɪš] lak, firnež, loščilo; lakirati, polirati

**vary** ['veərɪ] variirati, menjavati, spreminjati (se); razlikovati se

**vase** [vɑːz] vaza

**vassal** ['væsl] podložnik, vazal

**vast** [vɑːst] velikanski, ogromen; širen, prostran

**vat** [væt] kad, velika posoda

**vault** [vɔːlt] trezor, grobnica, obok, svod; skok, preskok; obokati, bočiti se; skakati, preskočiti

**vaunt** [vɔːnt] širokoustiti, bahati se; hvalisanje, bahanje

**veal** [viːl] teletina

**veer** [vɪə(r)] obrniti se; spremeniti smer (mišljenje)

**vegan** ['viːɡən] strog vegetarijanec

**vegetable** ['vedžtəbl] rastlina, zel; *(pl)* (zelena) povrtnina, zelenjava; rastlinski

**vegetarian** [ˌvedžɪ'teərɪən] vegetarijanec

**vegetate** ['vedžɪteɪt] vegetirati, životariti

**vegetation** [ˌvedžı'teıšn] rastlinstvo, vegetacija

**vehemence** ['viːəməns] vehementnost, silovitost

**vehement** ['viːəmənt] vehementen, silovit; ognjevit, strasten

**vehicle** ['vıəkl] vozilo, prevozno sredstvo; posrednik

**veil** [veıl] pajčolan, tančica, koprena, krinka; zastreti, zakriti, prikriti; **to take the ~** iti v samostan

**vein** [veın] žila; smisel, nagnjenje; stil, način, ton; **varicose ~s** krčne žile

**vellum** ['veləm] pergament

**velocity** [vı'lɒsətı] hitrost, brzina

**velvet** ['velvıt] žamet, baržun; žameten, baržunast

**velvety** ['velvıtı] baržunast, žametast; mehek

**venal** ['viːnl] kupljiv, podkupljiv

**vending machine** ['vendıŋ məši:n] prodajni avtomat

**vendor** [vendə(r)] ulični prodajalec; prodajalec (nepremičnin)

**veneer** [və'nıə(r)] furnir; furnirati; dati zunanji sijaj

**venerable** ['venərəbl] častitljiv, spoštovanja vreden

**venerate** ['venəreıt] častiti, spoštovati, oboževati

**venereal** [və'nıərıəl] spolen, veneričen

**Venetian blind** [vəˌni:šn 'blaınd] žaluzija, navojnica

**vengeance** ['vendžəns] maščevanje; **with a ~** silovito, z vso silo

**vengeful** ['vendžfl] maščevalen

**venial** ['viːnıəl] odpustljiv

**venison** ['venızn] divjačina (meso)

**venom** ['venəm] strup; zloba

**venomous** ['venəməs] strupen; zloben

**vent** [vent] odprtina, luknja; oddušnik, odvod; **to give ~** dati duška

**ventilate** ['ventıleıt] zračiti; pretresati, javno razpravljati

**ventilator** ['ventıleıtə(r)] ventilator

**venture** ['venčə(r)] tvegati, riskirati, drzniti si; drzno tvegano dejanje, smel podvig, riziko

**venturesome** ['venčəsəm] smel, tvegan, riskanten

**veracious** [və'reıšəs] resnicoljuben

**veracity** [və'ræsətı] resnicoljubnost

**veranda** [və'rændə] veranda

**verb** [vɜːb] *(gram)* glagol

**verbal** ['vɜːbl] izražen z besedami, usten; *(gram)* glagolski; **~ noun** glagolnik

**verbatim** [vɜː'beıtım] dobesedno, z istimi besedami

**verbose** [vɜː'bəʊs] preobširen, dolgovezen; gostobeseden

**verdict** ['vɜːdıkt] razsodba porote (o krivdi ali nedolžnosti obtoženca); odločitev, sklep, mnenje; **to give a ~** izreči sodbo, povedati svoje mnenje

**verge** [vɜːdž] rob, meja; travnati obrobek ceste (grede);

on the ~ of (čisto) na robu;
to ~ on (ali upon) približe-
vati se, mejiti na
**verify** ['verıfaı] verificirati;
preveriti, potrditi, priznati
(pravilnost, resničnost česa);
overiti (listino)
**verily** ['verılı] zares, v resnici
**veritable** ['verıtəbl] resničen;
pravi, pravcat
**verity** ['verətı] resnica, dej-
stvo
**vermilion** [və'mılıən] živo
rdeč, cinobrast
**vermin** ['vɜːmın] škodljivci,
mrčes, golazen
**vermouth** ['vɜːməθ] vermut
**vernacular** [və'nækjʊlə(r)]
domač, ljudski jezik; žargon
**vernal** ['vɜːnl] spomladanski
**verruca** [və'ruːkə] bradavica,
bradavičast izrastek
**versatile** ['vɜːsətaıl] okreten,
gibljiv; prilagodljiv, spre-
menljiv; vsestranski, mno-
gostranski
**verse** [vɜːs] verz, stih; poezija;
vrstica (iz biblije)
**version** ['vɜːšn] verzija, raz-
ličica
**vertebra** ['vɜːtıbrə], (pl ~e)
hrbtenično vretence
**vertebrate** ['vɜːtıbreıt] vreten-
čar
**vertical** ['vɜːtıkl] vertikalen,
navpičen; navpičnica
**vertigo** ['vɜːtıgəʊ] omotica,
vrtoglavica
**verve** [vɜːv] (umetniški) po-
let, ustvarjalna moč; nav-
dušenje
**very** [verı] zelo; prav; ~ good
prav, v redu, se strinjam; ~

much zelo, izredno; ~ well
prav dobro, v redu; pravi,
lasten; my ~ son moj lastni
sin; that ~ day (še) istega
dne; this ~ street prav ta
ulica; in the ~ centre v sa-
mem središču
**vessel** ['vesl] ladja, plovni
objekt; posoda, skleda;
(krvna) žila
**vest** [vest] majica; (Am)
telovnik
**vested** [vestıd] dodeljen, po-
deljen, zaupan
**vestibule** ['vestıbjuːl] predd-
verje, velika veža, vestibul
**vestige** ['vestıdž] sled,
ostanek
**vestments** ['vestmənts] bo-
goslužna oblačila
**vestry** ['vestrı] zakristija
**vet** [vet] (skrajšano za) (Br)
veterinar; (Am) veteran
**veteran** [vetərən] veteran;
star vojak (uradnik); izku-
šen, dolgoleten
**veterinarian** [ˌvetərı'neərıən]
(Am) živinozdravnik, vete-
rinar
**veterinary** ['vetrınrı] veteri-
narski, živinozdravniški; ~
surgeon veterinar
**veto** ['viːtəʊ] veto, ugovor,
prepoved; vložiti veto, od-
kloniti soglasje, prepovedati
**vex** [veks] jeziti, nadlego-
vati, razburjati; a ~ question
sporno vprašanje
**vexation** [vek'seıšn] nadloga,
muka, sitnost
**via** ['vaıə] prek, čez
**viable** ['vaıəbl] sposoben za
življenje

**vibrancy** ['vaɪbrənsɪ] vibracija
**vibrant** ['vaɪbrənt] resonančen, zveneč; tresoč se, drhteč; živahen, poln življenjske moči; živ, izrazit (barva)
**vibraphone** ['vaɪbrəfəʊn], (coll) vibes [vaɪbz] vibrafon
**vibrate** [vaɪ'breɪt] vibrirati, tresti se, nihati; trepetati, drhteti
**vicar** ['vɪkə(r)] vikar (v anglikanski cerkvi); vaški župnik; ~age župnišče, farovž
**vicarious** [vɪ'keərɪəs] deljen s kom (veselje); ~ work (punishment) namesto koga drugega opravljeno delo (prestana kazen)
**vice**, (Am) vise [vaɪs] pregreha, sprijenost, nemoralno življenje; grda navada, razvada; primež; ~ squad nravstvena policija
**vice-chancellor** [,vaɪs'čɑ:nsələ(r)] (Br) prorektor, ki opravlja dolžnosti rektorja na naših univerzah
**vice-president** [,vaɪs'prezɪdənt] podpredsednik
**viceroy** ['vaɪsrɔɪ] podkralj, kraljev namestnik
**vice versa** [,vaɪsɪ 'vɜːsə] obratno, narobe
**vicinity** [vɪ'sɪnətɪ] bližina; soseščina, (bližnja) okolica; in the ~ of v bližini
**vicious** ['vɪšəs] pokvarjen, hudoben; divjaški, nasilen; močan (glavobol, veter); ~ circle (fig) začarani krog
**vicissitude** [vɪ'sɪsɪtjuːd] sprememba, nestalnost, menjavanje (razmer, okoliščin)

**victim** ['vɪktɪm] žrtev; ponesrečenec
**victim|ize**, ~ise ['vɪktɪmaɪz] žrtvovati, mučiti, šikanirati
**victor** ['vɪktə(r)] zmagovalec; ~y zmaga
**victorious** [vɪk'tɔ:rɪəs] zmagovit; zmagovalen
**video** ['vɪdɪəʊ] vidni del TV programa; snemati resnične dogodke ali TV program; ~ recorder (cassette, tape) videorekorder (kaseta, trak)
**vie** [vaɪ] tekmovati, kosati se
**Vietnam** [,vjet'næm] Vietnam; ~ese vietnamski; Vietnamec, Vietnamka; vietnamščina
**view** [vjuː] stališče, mnenje, gledanje; pogled, razgled; videti, ogledovati si, pretehtati, ustvariti si sodbo, imeti pred očmi; in ~ of glede na, v zvezi z; in my ~ po mojem mnenju; with a ~ to da bi; z namenom da; to be on ~ biti razstavljen, na ogled; to have something in ~ imeti v načrtu, nameravati kaj; to keep in ~ ne izgubiti spred oči, ne odvrniti oči (od)
**viewer** ['vjuːə(r)] gledalec, opazovalec
**viewfinder** ['vjuːfaɪndə(r)] iskalo
**viewpoint** ['vjuːpɔɪnt] stališče, vidik, mnenje; razgledna točka
**vigil** ['vɪdžɪl] bedenje, ječnost; nočna straža; to hold a ~ bedeti (pri bolniku)
**vigilant** ['vɪdžɪlənt] buden, pazljiv, ječ

**vigilante** [ˌvɪdʒɪˈlæntɪ] član prostovoljne združbe za borbo proti kriminalu, za varnost občanov
**vigorous** [ˈvɪgərəs] poln energije, elana; krepak, močan, čil
**vigour**, *(Am)* **vigor** [ˈvɪgə(r)] vitalnost, telesna in duševna aktivnost, energija, elan
**vile** [vaɪl] odvraten, podel
**villa** [ˈvɪlə] vila
**village** [ˈvɪlɪdʒ] vas; ~r vaščan(ka)
**villain** [ˈvɪlən] podlež, malopridnež, baraba
**villainous** [ˈvɪlənəs] ničvreden, malovreden, podel
**villainy** [ˈvɪlənɪ] ničvredno, malovredno dejanje; lopovščina
**vinaigrette** [ˌvɪnɪˈgret] solatna omaka; kis, olje in sol z raznimi zelišči
**vindicate** [ˈvɪndɪkeɪt] braniti, zagovarjati, dokazovati
**vindictive** [vɪnˈdɪktɪv] maščevalen
**vine** [vaɪn] vinska trta, plezalka (rastlina)
**vinegar** [ˈvɪnɪgə(r)] kis, ocet
**vineyard** [ˈvɪnjəd] vinograd
**vintage** [ˈvɪntɪdʒ] trgatev, letni pridelek vina, vinski letnik
**vintager** [ˈvɪntɪdʒə(r)] obirač grozdja, viničar
**vintner** [ˈvɪntnə(r)] trgovec z vinom
**viola** [vɪˈəʊlə] viola
**violate** [ˈvaɪəleɪt] prekršiti (pogodbo), prelomiti (obljubo); (s)kaliti (nočni mir,

tišino); oskruniti, grdo ravnati s kom
**violence** [ˈvaɪələns] nasilje, nasilnost; silovitost, sila
**violent** [ˈvaɪələnt] silovit, nasilen, močan
**violet** [ˈvaɪələt] vijolica; vijoličast; **shrinking** ~ plah, boječ človek
**violin** [ˌvaɪəˈlɪn] violina, gosli
**viper** [ˈvaɪpə(r)] gad, strupena kača; hudobnež
**virgin** [ˈvɜːdʒɪn] devica; deviški, nedotaknjen; ~ **forest** pragozd
**virginal** [ˈvɜːdʒɪnl] deviški
**virginity** [vɜːˈdʒɪnɪtɪ] nedolžnost, devištvo, nedotaknjenost
**virile** [ˈvɪraɪl] možat; krepak
**virtual** [ˈvɜːtʃʊəl] resničen, dejanski; stvaren
**virtue** [ˈvɜːtʃuː] čednost, krepost, vrlina; **by** ~ **of** zaradi
**virtuous** [ˈvɜːtʃʊəs] čednosten, kreposten
**virulent** [ˈvɪrʊlənt] strupeno sovražen, zloben, jedek; strupen, kužen
**virus** [ˈvaɪərəs] virus
**visa** [ˈviːzə] vizum
**visage** [ˈvɪzɪdʒ] obraz, lice
**viscount** [ˈvaɪkaʊnt] *(Br)* vikont, plemiška stopnja pod grofom in nad baronom
**vise** [vaɪs] *glej* VICE
**visibility** [ˌvɪzəˈbɪlətɪ] vidljivost
**visible** [ˈvɪzəbl] viden, očiten
**vision** [ˈvɪʒn] vid, pogled; daljnovidnost, sposobnost predvidevanja; privid, vizija; slika na TV ekranu

**visionary** ['vɪžənrɪ] jasnovidec; jasnoviden

**visit** ['vɪzɪt] obiskati, iti na obisk; ogledati si, pregledati (bolnika); inšpicirati (ustanovo, naprave); obisk; krajše, začasno bivanje; ogled; (zdravniški) pregled; inšpekcija

**visitation** [ˌvɪzɪ'teɪšn] vizitacija, uradni obisk; zdravniški obhod; pregledovanje, preiskovanje

**visiting** ['vɪzɪtɪŋ] obiskovanje; ~ **card** vizitka, posetnica; ~ **hours** čas obiskov (v bolnici); ~ **professor** gostujoči profesor

**visitor** ['vɪzɪtə(r)] obiskovalec, gost

**vista** ['vɪstə] panorama, razgled, perspektiva

**visual** ['vɪžʊəl] viden, vizualen; vidljiv, nazoren; ~ **aids** film, slika, zemljevid itd. kot pripomoček pri pouku

**visual|ize**, **~ise** ['vɪžʊəlaɪz] predstavljati si, ustvariti si sliko (česa)

**vital** ['vaɪtl] nujno potreben, življenjsko važen; vitalen, poln elana; ~ **statistics** obseg prsi, pasu in bokov pri ženski

**vitality** [vaɪ'tælətɪ] življenjska moč, vitalnost, elan

**vitamin** ['vɪtəmɪn] vitamin

**vitiate** ['vɪšɪeɪt] (po)kvariti, onesnažiti (zrak); spodkopati (zdravje); razveljaviti (pogodbo)

**vitreous** ['vɪtrɪəs] steklen, steklast

**vitriol** ['vɪtrɪəl] jedkost, ujedljivost, zlobnost; vitriol, žveplova kislina

**vituperate** [vɪ'tju:pəreɪt] grajati, karati, ostro kritizirati, psovati

**vivacious** [vɪ'veɪšəs] živahen, razigran, živ, vesel

**vivacity** [vɪ'væsətɪ] živahnost, razigranost

**vivid** ['vɪvɪd] živahen, poln življenja; jasen (opomin); živ (barva)

**vivisection** [ˌvɪvɪ'sekšn] vivisekcija, rezanje telesa živih živali

**vixen** ['vɪksn] lisica (samica); prepirljivka, furija

**vocabulary** [və'kæbjʊlerɪ] besedni zaklad, besedišče; besednjak

**vocal** ['vəʊkl] izražen z glasom; glasen, slišen; ~ **chords** glasilke; ~ **music** vokalna glasba, petje; ~ **organs** govorni organi

**vocation** [vəʊ'keɪšn] poklic; nagnjenje, dar

**vocational** [vəʊ'keɪšənl] poklicen

**vociferous** [və'sɪfərəs] zelo glasen, kričeč

**vogue** [vəʊg] moda, popularnost; **in** ~ v modi, populiren, priljubljen

**voice** [vɔɪs] glas; pravica do izražanja lastnega mnenja; *(gram)* način; izraziti z besedami, formulirati; **at the top of one's** ~ na ves glas, na vse grlo; **to keep one's** ~ **down** potihoma govoriti; **to raise one's** ~ povzdigniti glas, govoriti glasneje; **active (passive)** ~ *(gram)* tvorni (trpni) način; **~-over** komentar ali razlaga ob filmu ali TV programu

**voiced** [vɔɪst] zveneč

**voiceless** ['vɔɪslɪs] nezveneč; brez glasu

**void** [vɔɪd] praznina, vrzel; prazen, ničev; **null and ~** brez zakonske veljave, neveljaven

**volatile** ['vɒlətaɪl] nestanoviten, spremenljiv; bežen, minljiv; hitro hlapljiv, izparljiv

**volcanic** [vɒl'kænɪk] vulkanski, ognjeniški

**volcano** [vɒl'keɪnəʊ] ognjenik, vulkan

**vole** [vəʊl] voluhar

**volition** [və'lɪšn] volja, hotenje

**volley** ['vɒlɪ] salva; odboj žoge, preden pade na tla

**volleyball** ['vɒlɪbɔːl] odbojka

**volt** [vəʊlt] volt

**voltage** ['vəʊltɪdž] voltaža, napetost toka

**volte-face** [.vɒlt 'fɑːs] popoln obrat, popolna sprememba mišljenja, stališča

**voluble** ['vɒljʊbl] jezičen, zgovoren

**volume** ['vɒljuːm] prostornina, obseg; zvezek, knjiga; jakost zvoka (radio, TV)

**voluminous** [və'luːmɪnəs] obsežen, prostorsko razsežen, zelo velik, obilen

**voluntary** ['vɒləntrɪ] prostovoljen, hoten, nameren; preludij na orglah

**volunteer** [.vɒlən'tɪə(r)] prostovoljec; prostovoljski; prostovoljno narediti, ponuditi svojo pomoč

**voluptuous** [və'lʌpčʊəs] pohoten, čuten, nasladen, hotljiv

**vomit** ['vɒmɪt] bljuvati, bruhati; izbljuvek

**voracious** [və'reɪšəs] požrešen; pohlepen

**vortex** ['vɔːteks] vrtinec

**votary** ['vəʊtərɪ] kdor se zaobljubi; navdušen privrženec, velik ljubitelj, entuziast

**vote** [vəʊt] (iz)glasovati, (iz)voliti; volilni glas, pravica glasovanja, volilna pravica, volilni (glasovalni) izid; **to ~ in** izbrati, izvoliti; **to ~ out** preglasovati, premagati pri volitvah; **~ of (no) confidence** glasovanje o zaupnici (nezaupnici); **~ of thanks** javna, uradna zahvala komu

**voter** ['vəʊtə(r)] volivec, glasovalec

**vouch** [vaʊč] jamčiti, dokazati, potrditi

**voucher** ['vaʊčə(r)] jamstvo, potrdilo, dokazilo; bon, kupon

**vouchsafe** [vaʊč'seɪf] milostno kaj storiti, nakloniti, zagotoviti

**vow** [vaʊ] slovesno obljubiti, zaobljubiti se, priseči; svečana obljuba, prisega, zaobljuba

**vowel** ['vaʊəl] samoglasnik, vokal

**voyage** ['vɔɪɪdž] daljše potovanje (zlasti po morju ali v vesolje)

**voyager** [ˈvɔɪɪdžə(r)] potnik (po morju ali na daljšem tveganem potovanju)

**vulgar** [ˈvʌlgə(r)] vulgaren, prostaški

**vulnerable** [vʌlnərəbl] ranljiv, občutljiv

**vulture** [ˈvʌlčə(r)] jastreb

# W

**wad** [wɒd] čep; šop, kosem, kepica; zvitek, rola; kup (denarja); začepiti, zamašiti; vatirati

**wadding** ['wɒdɪŋ] mehek material za vatiranje, tapeciranje, oblazinjenje

**waddle** ['wɒdl] racati, majati se pri hoji

**wade** [weɪd] bresti, broditi, s težavo se prebijati; **to ~ through a book** z muko prebirati knjigo

**wader** [weɪdə(r)] ptica močvirnica; visok ribiški škorenj

**wafer** ['weɪfə(r)] vafel, oblat, mlinec; hostija

**waffle** ['wɒfl] blebetati, čvekati, kvasati; vafel, skladanec

**waft** [wɒft] odnesti, odpihniti (vonj, zvok); poslati (poljub)

**wag** [wæg] mahati (z repom), (s)tresti z glavo; (po)žugati (s prstom); *Tongues ~.* Ljudje otresajo jezike.

**wage** [weɪdž] mezda, tedenska plača, plačilo; **~ earner** mezdni delavec; začeti (vojno, kampanjo)

**wager** ['weɪdžə(r)] stava; staviti

**waggish** ['wægɪš] šaljiv, šegav, hudomušen

**wag(g)on** ['wægən] tovorni voz; *(Br)* tovorni vagon

**wagtail** ['wægteɪl] tresorepka (ptica)

**waif** [weɪf] brezdomec, zapuščen otrok, sirotek; stvar ali žival brez lastnika

**wail** [weɪl] glasno jokati, tožiti, javkati

**wainscot** ['weɪnskət] lesen stenski opaž

**waist** [weɪst] pas, opasje; **to watch one's ~line** paziti na vitko linijo

**waistcoat** ['weɪstkəʊt] telovnik, brezrokavnik, oprsnik

**wait** [weɪt] (po)čakati, pričakovati; čas čakanja, zaseda; *(pl)* pevci božičnih pesmi; **to ~ for** čakati na; **to ~ on** streči (zlasti pri mizi), skrbeti za koga; **to ~ up** bedeti, biti pokonci; **~ and see** le počakaj, bomo že videli (kaj bo)

**wait|er** ['weɪtə(r)] natakar; **~ress** natakarica

**waiting** ['weɪtɪŋ] čakanje; **~ game** taktika zavlačevanja; **~ list** čakalna lista; **~-room** čakalnica

**waive** [weɪv] odreči se (pravicam); ne vztrajati pri; odgoditi

**wake\*** [weɪk] bedeti, čuti; **to ~ up** zbuditi (se), zavedeti se (česa); **in the ~ of some-one** neposredno za kom, po zgledu koga

**wakeful** ['weɪkfl] buden, bedeč

**waken** ['weɪkən] zbuditi (se), prebuditi

**Wales** [weɪlz] Wales; **Welsh** waleški, velški; Valižan(ka); waleščina, velščina

**walk** [wɒk] hoditi, iti peš, sprehajati se; hoja, sprehod, steza, pot; **to ~ someone so-mewhere** peljati, spremiti koga kam (peš); **to ~ one's dog** peljati psa na sprehod; **to ~ away** oditi, iti proč; **to ~ off with** pobegniti s čim, odnesti (nagrado); **to ~ out** demonstrativno od-iti, začeti stavkati; **to ~ out on** pustiti koga na cedilu; **~ of life** miljé, okolje; **~-on** vloga statista; **~out** stavka; **~over** lahka zmaga; **~-up** *(Am)* stanovanjska hiša brez dvigala; **~way** pešpot; **~er** pešec, sprehajalec

**walkie-talkie** [ˌwɔːkɪ 'tɔːkɪ] žepni baterijski sprejemnik in oddajnik

**walking** [wɒkɪŋ] pešačenje, sprehajanje; **~ shoes** trdni, trpežni čevlji; **~ stick** spre-hajalna palica

**wall** [wɔːl] stena, zid; obdati z zidom; **to come up against a brick ~** ne moči naprej; **to drive someone up the ~** močno razjeziti koga; **to ~ in** obzidati, ograditi; **to ~ off** ločiti z zidom; **to ~ up** zazidati (odprtino)

**wallet** ['wɒlɪt] listnica, de-narnica

**wallflower** ['wɔːlflaʊə(r)] ru-meni nagnoj; dekle, ki je plesalci ne vabijo na ples

**wallop** ['wɒləp] prebunkati, neusmiljeno pretepsti; mo-čan udarec

**wallow** ['wɒləʊ] valjati se (v blatu, vodi, denarju); vdajati se, uživati v

**wallpaper** ['wɔːlpeɪpə(r)] (stenska) tapeta; lepiti tapete

**wally** ['wɒlɪ] *(Br)* neumnež, bedak

**walnut** ['wɔːlnʌt] oreh

**walrus** ['wɔːlrəs] mrož

**waltz** [wɔːls] valček; plesati valček, poplesovati; **~ time** tričetrtinski takt

**wan** [wɒn] bled, utrujen

**wand** [wɒnd] čarobna palica

**wander** ['wɒndə(r)] potepati se, tavati, oddaljiti se od; popotovati (brez cilja); biti duhovno odsoten, nepazljiv; **~er** popotnik (brez cilja), po-hajkovalec; **~ing** popotova-nje, tavanje; blodnja

**wane** [weɪn] pojemati, pešati, popuščati; **to be on the ~** sla-beti, upadati

**wangle** ['wæŋgl] znajti se, znati si pomagati

**wank** [wæŋk] *(Br)* *(vulg)* drkati

**want** [wɒnt] želeti, potrebo-vati, trpeti pomanjkanje; po-manjkanje, (nujna) potreba, revščina, želja, zahteva; **for ~ of something better** ker ni boljšega; *He is ~ed (by the police).* Iščejo ga., Sprašujejo

po njem., Za njim je izdana
tiralica.

**wanting** ['wɒntɪŋ] pomanj-
kljiv, neustrezen; manjkajoč,
brez

**wanton** ['wɒntən] igriv, mu-
hast (razpoloženje); bujen,
bohoten (rastlina); zloben,
objesten

**war** [wɔ:(r)] vojna, spopad,
boj; vojskovati se, boriti se;
**to be at ~ with** biti v vojni
z, vojaško se spopasti; **to
go to ~** začeti vojno; **cold
~** hladna vojna; **~ of nerves**
živčna vojna; **~time** vojni
čas

**warble** ['wɔ:bl] žvrgoleti, peti
(kot ptica); **~r** ptica pevka

**ward** [wɔ:d] oddelek (v bol-
nici); (mestna) četrt, okrožje;
varovanec; **to ~ off** odvrniti,
preprečiti

**warden** ['wɔ:dn] čuvaj, vra-
tar, redar; *(Am)* direktor
jetnišnice

**warder** ['wɔ:də(r)] ječar, jetni-
ški paznik

**wardrobe** ['wɔ:drəʊb] gar-
deroba, oblačila; omara za
obleko; **~ master (mistress)**
garderober(ka) v gledališču

**ware** [weə(r)] blago, roba;
*(pl)* trgovsko blago, izdelki;
**glass ~** steklenina; **kitchen
~** kuhinjska posoda; **silver~**
srebrnina

**warehouse** ['weəhaʊs] skla-
dišče

**warfare** ['wɔ:feə(r)] vojskova-
nje; konflikt

**warlike** ['wɔ:laɪk] bojevit;
krvoločen

**warm** [wɔ:m] topel, prijazen;
ogreti, segreti; **to ~ up** po-
greti (jed), segreti se, ogreti
se za kaj; **~~up** ogrevanje
(šport); **~ front** topla fronta;
**~~blooded** toplokrven; **~~
-hearted** prisrčen

**warmonger** ['wɔ:ˌmʌŋə]
vojni hujskač

**warmth** [wɔ:mθ] toplota; to-
plina, prisrčnost

**warn** [wɔ:n] opozoriti, svariti;
**to ~ off** odvrniti od

**warning** ['wɔ:nɪŋ] opozorilo,
svarilo

**warp** [wɔ:p] zviti (se), skriviti
(se); popačiti, slabo vplivati
na kaj

**warrant** ['wɒrənt] utemeljiti,
pooblastiti, jamčiti, potr-
diti; (izvršilni) nalog, poo-
blastilo, pravica; **~ for so-
meone's arrest** zaporni na-
log (povelje); **search ~** nalog
za preiskavo; **~y** garancija,
jamstvo

**warren** ['wɒrən] kuncev
polno zemljišče; prenaseljen
stanovanjski predel; velika
stanovanjska hiša, "kasarna"

**warrior** ['wɒrɪə(r)] bojevnik,
vojščak

**warship** ['wɔ:šip] vojna ladja

**wart** [wɔ:t] bradavica; **~hog**
svinja bradavičarka

**wary** ['weərɪ] oprezen, pre-
viden

**was** [wɒz] bil sem / je *glej* BE

**wash** [wɒš] umi(va)ti,
(o)prati, (o)čistiti; umivanje,
pranje; **to ~ away** odnesti,
odplaviti; **to ~ down** pópla-
kniti (jed); **to ~ out** splakniti,

izprati; spodkopati, izjedati;
to ~ up *(Br)* pomiti (posodo),
*(Am)* umiti se; **~-basin,** *(Am)*
**~-bowl** umivalnik; **~-room**
*(Am)* umivalnica, stranišče;
**~able** pralen; **~ed-out** iz-
pran, izčrpan; **~ed up** na
koncu kariere, ne več upo-
raben, koristen (športnik)
**washer** ['wɒšə(r)] tesnilo,
podložka
**washing** ['wɒšɪŋ] perilo
(umazano, oprano); ~ **basin**
izpiralna kadica; ~ **machine**
pralni stroj; ~ **powder** pralni
prašek; **~-up liquid** teko-
či detergent za pomivanje
posode
**washout** ['wɒšaʊt] popolna
polomija, fiasko
**wasp** [wɒsp] osa; **~ish** zlovo-
ljen, siten
**wastage** ['weɪstɪdž] izguba,
odpad
**waste** [weɪst] zapravljati (de-
nar, čas), zamuditi (prilo-
žnost); zapravljanje, izguba,
odpad(ki), neobdelana, za-
puščena zemlja; neobdelan,
nenaseljen, pust; **to ~ away**
hirati; **to go to ~** ki se ne
uporabi, ki se pokvari ali
odvrže
**waster** ['weɪstə(r)] zapravlji-
vec, razsipnež, pridanič
**watch** [wɒč] (žepna, zape-
stna) ura, straža, stražar,
bedenje; opazovati, motriti,
gledati, paziti; W~ **it!** Pazi!;
**to ~ out** paziti (se); **to ~ over**
čuvati (otroka, čredo); **~dog**
pes čuvaj; **~er** opazovalec;
**~man** (nočni) čuvaj; **~-strap,**

*(Am)* **~band** pasek za uro;
**~tower** stražni stolp; **~ful**
oprezen, pazljiv
**watchmaker** ['wɒčmeɪkə(r)]
urar
**watchword** ['wɒčwɜːd] geslo,
parola
**water** ['wɔːtə(r)] voda; vo-
dna površina; *(pl)* vodovje;
oskrbeti z vodo, zalivati,
namakati, ovlažiti, škropiti
(ceste); izločati slino; napo-
jiti (živali); **to pass** ~ urini-
rati; **to pour** *(ali* **to throw)**
**cold ~ on something** po-
smehovati se čemu, onemo-
gočiti kaj, zmanjšati nav-
dušenje za; *My mouth ~s.*
Sline se mi cedijo.; **to ~
down** razredčiti z vodo,
zvodeniti; **drinking ~** pitna
voda; **fresh ~** sladka voda;
~ **butt** čeber, sod za vodo; ~
**closet (WC)** angleško stra-
nišče; **~fall** slap; **~front**
obalno področje, obrežje;
**~hole** jezerce, mlaka, na-
pajališče; **~-ice** (sadni) sla-
doled; ~ **main** glavna vo-
dovodna cev; **~mark** vodni
žig, črta, ki kaže nivo vode;
~ **rate** vodarina, plačilo za
porabljeno vodo; **~shed** raz-
vodje, prelomnica, mejnik;
**~side** obala, breg; ~ **softener**
mehčalec za vodo; **~spout**
vodni tornado; ~ **supply**
oskrba z vodo, vodovod;
**~way** plovna reka, kanal;
**~works** vodovod; **~-borne**
plavajoč na (po) vodi; **~log-
ged** napojen (les), napolnjen
z vodo (čoln); **~proof** nepre-

močljiv, za vodo neprepu-
sten; ~tight za vodo nepre-
pusten; zanesljiv, trden; ~y
vodén, vlažen, medel, bled
(barva), brez okusa

**water|colour,** *(Am)* **~color**
['wɔːtəkʌlə(r)] vodena bar-
vica; akvarel

**watercress** ['wɔːtəkres] vo-
dna kreša

**waterlily** ['wɔːtəlɪlɪ] lokvanj

**watermelon** ['wɔːtəmelən]
lubenica

**water-ski** ['wɔːtəskiː] smučati
na vodi

**watt** [wɒt] vat

**wattle and daub** ['wɒtl ənd
dɔːb] stena iz prepletenega
protja, ometana z ilovico,
blatom

**wave** [weɪv] (po)mahati, za-
mahniti; valoviti, kodrati
(lase); val, valovita črta; **to ~
aside** poklicati na stran; za-
vrniti (s kretnjo); **to ~ down**
dati z roko vozniku znak, naj
ustavi vozilo; **to ~ on (thro-
ugh, away)** z roko usmer-
jati; **long (short, medium) ~s**
dolgi (kratki, srednji) radij-
ski valovi; **heat ~** vročinski
val; **~band** radijsko valovno
območje; **~length** valovna
dolžina; **~y** valovit

**waver** ['weɪvə(r)] kolebati,
omahovati

**wax** [wæks] vosek; ušesno
maslo; z voskom namazati,
prevleči, polirati; razvijati
se, postati; **~ and wane** rasti
in pojemati; **~ paper** povo-
ščen papir; **~work** voščena
figura; **~works** muzej vo-

ščenih lutk; **~en** voščen, iz
voska, voščeno bled; **~y** vo-
skast, vosku podoben

**way** [weɪ] pot, smer; način,
metoda; lastnost; **~ in** vhod;
**~ out** izhod; **~ of life** na-
čin življenja; *This ~, please.*
Semkaj, prosim.; Za menoj,
prosim.; *It is not my ~.* To
ni moja navada.; **to ask the
~** vprašati za pot; **to be in
someone's ~** biti komu na-
poti, motiti koga; **to clear
the ~** umakniti se s poti, dati
prost prehod; **to find one's
~** znajti se; **to force one's
~** izsiliti, utreti si pot; **to
go out of the ~** iti s poti,
umakniti se; **to have one's
own ~** delati po svoji glavi;
**to lose one's ~** zaiti, zgubiti
se; **to make ~ (for)** iti, po-
tovati kam (narediti prostor,
umakniti se); **~ ahead** da-
leč spredaj; **~ below** daleč
pod (nivojem); **a long ~ off**
daleč stran; **any~** vsekakor;
**by the ~** mimogrede (pove-
dano), da ne pozabim; **in
a ~** nekako, na neki način;
**in every ~** v vsakem po-
gledu; **in a small ~** ponižno,
nezahtevno; **no ~** nikakor
ne; **the other ~ round** (prav)
obratno

**waylay\*** [ˌweɪˈleɪ] nagovoriti,
ogovoriti; prežati

**wayside** ['weɪsaɪd] rob, stran
ceste; **to fall by the ~** biti po-
zabljen, preziran, neuspešen

**wayward** [weɪwəd] svojevo-
ljen, sebičen; nestalen

**we** [wiː] mi

**weak** [wi:k] šibek, brez moči, slaboten; krhek; neprepričljiv; nezanesljiv (značaj); **~ling** slabič, mehkužnež, šlapa; **~ness** slaba stran, šibkost; **~en** (o)slabiti, odvzeti moč; razredčiti (pijačo)

**weal** [wi:l] modrica, maroga (od udarca)

**wealth** [welθ] bogastvo; izobilje; **~y** petičen, premožen

**wean** [wi:n] odstaviti otroka od prsi; odvaditi, odvrniti od

**weapon** ['wepən] orožje; **nuclear ~s** jedrsko orožje

**wear*** [weə(r)] nositi (na sebi); obrabiti se, oguliti; način oblačenja, obleka; obraba; trpežnost; **to ~ well (badly)** dobro (slabo) se nositi (obleka); **to ~ away** ponositi, obrabiti se; **to ~ down** obrabiti, pošvedrati (pete); streti, zlomiti odpor; **to ~ off** izginiti (bolečina); **to ~ on** nadaljevati se (razpravljanje), počasi minevati (čas); **~ and tear** naravna obraba; **~ing** naporen, utrudljiv

**wearisome** ['wɪərɪsəm] utrudljiv, dolgočasen; mučen

**weary** ['wɪərɪ] utrujen, utrudljiv, dolgočasen; utruditi (se), naveličati se

**weasel** ['wi:zl] podlasica

**weather** ['weðə(r)] vreme; izpostaviti (se) vremenskim neprijetnostim; razpasti, prepereti (pod vplivom vremena), srečno prebroditi; **to make heavy ~ of something** najti (videti) težave pri

čem; **to be under the ~** slabo se počutiti; **~cock** petelin (na strehi); **~ forecast** vremenska napoved; **~man** vremenoslovec, meteorolog, napovedovalec vremena (radio, TV); **~ station** meteorološka, vremenska postaja; **~~vane** vetrokaz; **~beaten** soncu in vetru izpostavljen; **~proof** ki varuje proti slabemu vremenu

**weave*** [wi:v] tkati, (s)plesti (košaro), utirati si pot, iti, kreniti proti; tkanje, način tkanja; **~r** tkalec

**web** [web] pajčevina; plavalna kožica; splet, mreža; tkivo

**wedding** ['wedɪŋ] poroka, svatba; **~ ring** poročni prstan

**wedge** [wedž] pritrditi, zagozditi; klin, zagozda, zajeten kos (kolača, sira) trikotne oblike; **to drive a ~** zabiti klin; **the thin end of the ~** slab začetek, prvi korak

**wedlock** ['wedlɒk] zakonski stan, zakon; **born in (out of) ~** zakonski (nezakonski) otrok

**Wednesday** ['wenzdɪ] sreda

**wee** [wi:] majcen, droben

**weed** [wi:d] plevel; *(Br)* suhec, slabič; pleti; **to ~ out** opleti; iztrebiti, odstraniti; **~y** plevelnat

**week** [wi:k] teden; **Monday ~** ponedeljek teden; **~day** delavnik; **~end** konec tedna, vikend; **~ly** tedensko, tedenski; tednik (časopis)

**weeny** ['wiːnɪ] zelo majhen, drobcen

**weep\*** [wiːp] jokati, prelivati solze

**weeping** ['wiːpɪŋ] jok, jokajoč; ~ **willow** vrba žalujka

**weevil** ['wiːvl] rilčkar, črni žužek

**weft** [weft] votek

**weigh** [weɪ] tehtati, pretehtati, premisliti; **to ~ down** pritiskati navzdol, (po)tlačiti; **to ~ on, upon** tiščati, skrbeti; **to ~ out** stehtati, prodajati po teži; **to ~ up** pretehtati, razsoditi

**weight** [weɪt] teža, utež, breme; obtežiti; **to lose ~** shujšati; **to pull one's ~** potruditi se pri delu; **to put on** (*ali* **to gain**) **~** pridobiti (telesno) težo, zrediti se; **to take the ~ off one's feet** sesti; **~less** lahek, breztežen, nevažen; **~y** tehten, pomemben

**weightlifting** ['weɪtlɪftɪŋ] dviganje uteži

**weir** [wɪə(r)] jez

**weird** [wɪəd] nenavaden, čudaški; grozljiv

**welcome** ['welkəm] prisrčno pričakati, sprejeti; odobravati; prisrčen sprejem, dobrodošlica; dobrodošel; *You're* ~. Prosim., Ni za kaj. (odgovor na *'Thank you.'*)

**weld** [weld] variti, spajkati, tesno povezati; zvarjeno mesto; ~**er** varilec

**welfare** ['welfeə(r)] blagor, blaginja, blagostanje; skrb za zdravje, varnost, blagostanje človeka; *(Am)* izplačila nezaposlenim, invalidom ipd.; ~ **economics** ekonomija blagostanja; ~ **state** država, ki zagotavlja državljanom socialno varnost (brezplačno zdravstvo, izobraževanje, primerne življenjske razmere, pokojnine)

**well** [wel] vodnjak, vrtina, jašek za dvigalo (*ali* stopnišče); izvir, vrelec; ograjen prostor za odvetnika (v sodni dvorani); **to ~ up** privreti (solze, voda), brizgniti (nafta)

**well** [wel] dobro, v redu; pri dobrem zdravju; no!, torej; **as ~** enako, prav tako, tudi; ~ **and good** dobro, sem zadovoljen; ~ **and truly** popolnoma; ~ **into the evening** zelo pozno v noč

**well-balanced** [ˌwel'bælənst] uravnovešen, umirjen

**well-behaved** [ˌwelbɪ'heɪvd] lepega vedenja, uglajen

**well-being** ['welbiːɪŋ] blagor, blaginja, blagostanje

**well-bred** [ˌwel'bred] dobro vzgojen, vljuden, olikan

**well done** [ˌwel 'dʌn] dobro pečen (meso); bravo!

**well-heeled** [ˌwel'hiːld] premožen, bogat

**wellington, welly** ['welɪŋtən, 'weliː] zavihan škorenj

**well-intentioned** [ˌwelɪn'tenʃnd] dobronameren, dobro misleč

**well-kept** [ˌwel'kept] dobro vzdrževan (hiša, park), negovan

**well-known** [ˌwel'nəʊn] dobro znan, ugleden, znamenit

**well-nigh** [ˌwel'naɪ] skoraj, malodane

**well-off** [ˌwel'ɒf] premožen, dobro situiran

**well-preserved** [ˌwelprɪ-'zɜːvd] dobro ohranjen

**well-read** [ˌwel'red] (zelo) načitan, učen

**well-timed** [ˌwel'taɪmd] pravočasen, v pravem trenutku

**well-to-do** [ˌweltʊ'duː] petičen, imovit, bogat

**welt** [welt] maroga, modrica od udarca (z bičem, sabljo)

**welter** ['weltə(r)] zmešnjava, kaos; **~weight** velterska kategorija (težkoatleti med 63 in 74 kg telesne teže)

**wench** [wenč] deklina; cipa

**wend** [wend] kreniti, napotiti se

**went** [went] *glej* GO*

**wept** [wept] *glej* WEEP*

**were** [wɜː(r)] bili smo (ste, so); **as it ~** nekako, tako rekoč *glej* BE

**werewolf** ['wɪəwʊlf] človek, ki se ob luninem svitu (lahko) spremeni v volkodlaka

**west** [west] zahod; zahoden; zahodno; **~ of** zahodno od; **~bound** ki potuje, se pelje proti zahodu; **~ward(s)** proti zahodu

**western** ['westən] zahoden, z zahoda; knjiga, film o življenju na Divjem zahodu (največkrat kavbojka)

**wet** [wet] moker, premočen; deževen; solzen; slaboten, neaktiven; *(Br)* zagovornik zmerne politične usmeritve, konservativec; (z)močiti, premočiti, ovlažiti; **~ blanket** kdor (po)kvari zabavo, dobro razpoloženje; **~-nurse** dojilja; **~ suit** prilegajoča se gumasta potapljaška obleka

**whack** [wæk] pretepati, pretepsti

**whacked** [wækt] zelo utrujen

**whale** [weɪl] kit; loviti kite; *We had a ~ of a time.* Sijajno smo se zabavali.; **~r** kitolovec (ribič), kitolovka (ladja)

**wharf** [wɔːf] nabrežje; urejeno, utrjeno obrežje; nakladališče (za ladje)

**what** [wɒt] kako, kaj, koliko; kar, kolikor; kakšen; *W~ about a glass of wine?* Ste za kozarec vina?; *W~ a fool I am!* Kako sem neumen!; *I tell you ~!* Veš kaj!; *W~ for?* Čemu?, Zakaj?; *W~ if ...?* Kaj če ...?; *So ~.* Prava reč.

**whatever** [wɒt'evə(r)] karkoli, sploh kaj, kaj vendar; katerikoli, sploh kakšen

**whatsoever** [ˌwɒtsəʊ'evə(r)] *glej* WHATEVER

**wheat** [wiːt] pšenica; **~germ** pšenični kalček

**wheedle** ['wiːdl] pregovoriti, pretentati; izvabiti iz koga kaj

**wheel** [wiːl] kolo, volan; poganjati, potiskati (kolo); prevažati (na kolesih); vrteti (se); hitro obrniti

**wheelchair** [wi:lčeə(r)] invalidski voziček

**wheelbarrow** ['wi:lbærəʊ] samokolnica

**wheelwright** ['wi:lraɪt] kolar

**wheeze** [wi:z] sopsti, sopihati, težko dihati; *(Br)* domislica, šala, trik

**whelk** [welk] vrsta morskega polža s spiralno hišico

**whelp** [welp] kužek; mladič (zlasti zveri); nevzgojen otrok (najstnik)

**when** [wen] kdaj, ko, kadar

**whence** [wens] od koder; potemtakem

**whenever** [wen'evə(r)] kadarkoli

**where** [weə(r)] kje, kam, kjer, kamor

**whereabouts** ['weərəbaʊts] kje (približno); kam

**whereas** [,weər'æz] medtem ko

**whereby** [weər'baɪ] s čim; in s tem

**wherefore** ['weərfɔ:(r)] zakaj, čemu

**wherein** [,weər'ɪn] v čem, v čemer

**whereupon** [weərə'pɒn] nato, potem

**wherever** [,weər'evə(r)] kjerkoli, kamorkoli

**wherewithal** ['weərwɪðɔ:l] (potrebna) denarna sredstva

**whet** [wet] spodbujati tek, željo po čem

**whether** ['weðə(r)] če; ali; ~ **today or tomorrow** bodisi danes ali jutri

**whetstone** ['wetstəʊn] brus, osla

**whey** [weɪ] sírotka

**which** [wɪč] kateri, ki, kar

**whichever** [wɪč'evə(r)] katerikoli, karkoli

**whiff** [wɪf] rahla sled, duh (po parfumu, dimu); znamenje, namig (na bližajočo se nevarnost)

**Whig** [wɪg] *(Br)* whig, član liberalne stranke

**while** [waɪl] medtem ko; dokler; trenutek, hip; **to ~ away the time** prebiti, preživljati čas; **to be worth one's ~** izplačati se; **once in a ~** od časa do časa, včasih

**whilst** [waɪlst] *glej* WHILE

**whim** [wɪm] muhavost, kaprica

**whimper** ['wɪmpə(r)] (tiho) jokati, cmeriti se, tarnati, cviliti; cmerjenje, cviljenje

**whims(e)y** ['wɪmzɪ] muhavost, samovoljnost, kaprica; težnja po nenavadnem; (tiho) jokanje

**whimsical** ['wɪmzɪkl] muhast, kapricast; malce zbadljiv, nenavaden

**whine** [waɪn] cviliti, cmeriti se; jadikovati

**whip** [wɪp] bič; bičati, ošvrkniti (z bičem); stepsti (smetano); iztepati (preprogo); **to ~ off** odvreči (oblačilo); zvrniti vase (pijačo); **to ~ out** iztrgati, naglo izvleči (sabljo); **to ~ up** razvneti

**whippersnapper** ['wɪpəsnæpə(r)] bahač, "važič"

**whip-round** ['wɪp raʊnd] zbiranje prispevkov; **to have a ~** zbirati prispevke (za kaj)

**whirl** [wɜːl] vrteti se, hitro se obračati; vrtinčiti se (misli); **to be in a ~** biti zmeden, izgubiti glavo; **to give something a ~** preskusiti, poskusiti kaj na novo; **~pool** vodni vrtinec; **~wind** zračni vrtinec, vihra

**whir(r)** [wɜː(r)] brneti, brenčati

**whisk** [wɪsk] hitro odnesti, odpeljati; stepati (beljak, smetano); metlica (za sneg), omelo

**whiskers** ['wɪskə(r)z] zalizci; brki (živali)

**whisky**, (Am), (Ir) **whiskey** ['wɪskɪ] viski

**whisper** ['wɪspə(r)] šepetati, šepniti; šepet

**whistle** ['wɪsl] žvižgati, piskati; žvižg, pisk, piščalka

**whistle-stop** ['wɪsl stɒp] kratek osebni nastop (političnega kandidata); **~ tour** potovanje političnega kandidata med volilno kampanjo

**whit** [wɪt] mrvica, malenkost

**white** [waɪt] bel, bled, belopolt; belina; belec; **~ of an egg** beljak; **~ elephant** drag, toda neraben predmet; kar povzroča več stroškov ali dela, kakor je vredno; **~-collar worker** pisarniški (umski) delavec; **~ lie** nedolžna laž; **~-hot** razbeljen

**whiten** ['waɪtn] pobeliti (se); prebledeti

**whitewash** ['waɪtwɒš] apno za beljenje, belilo; beliti, pobeliti (z apnom), skušati rešiti dober glas kake osebe

**whither** ['wɪðə(r)] kam, kamor

**Whitsun** ['wɪtsn] binkošti

**whittle** ['wɪtl] rezati, rezljati; **to ~ away (down)** zmanjšati, postopno odpraviti (inflacijo)

**whiz(z)** [wɪz] švigniti; žvižgati (krogla); **to be a ~ at something** biti zelo spreten, mojster v čem; **~-kid** človek, ki zelo hitro uspe

**who** [huː] kdo; kdor; kogar; ki

**whodun(n)it** [ˌhuːˈdʌnɪt] kriminalna zgodba (igra, knjiga, film)

**whoever** [huːˈevə(r)] kdorkoli

**whole** [həʊl] cel, ves, popoln, nerazdeljen, neokrnjen; celota, vse; **as a ~** kot celota, v celoti; **on the ~** v glavnem

**wholefood** ['həʊlfuːd] polnovredna živila

**wholehearted** [ˌhəʊlˈhɑːtɪd] iskren, prisrčen

**wholemeal** ['həʊlmiːl] nepresejana moka (z otrobi)

**wholesale** ['həʊlseɪl] prodaja na debelo; na veliko, v velikem obsegu, masovno; **~r** trgovec na veliko; grosist

**wholesome** ['həʊlsəm] zdravilen, zdravju koristen, dobrodejen

**wholly** ['həʊlɪ] popolnoma, docela

**whom** [huːm] koga, komu; ki, ki ga

**whoop** [huːp] (za)vpiti, (za)kričati od veselja

**whooping cough** ['huːpɪŋ kɒf] oslovski kašelj

**whore** [hɔ:(r)] kurba, vlačuga; **~-house** bordel, javna hiša

**whorl** [wɜːl] spirala, zasuk, vzvoj spirale; vretence (na rastlini)

**whose** [huːz] čigav; čigar, kogar; katere(ga), katerih

**why** [waɪ] zakaj, čemu, zaradi česar; no!, seveda!, vendar!

**wick** [wɪk] stenj (sveče); **to get on one's ~** iti komu na živce

**wicked** ['wɪkɪd] zloben, nesramen; nespodoben, pokvarjen; poreden, nagajiv

**wicker** ['wɪkə(r)] (spleteno) vrbovo protje; **~ basket** košara pletenica; **~work** pletarski izdelki

**wicket** ['wɪkɪt] vratca (pri kriketu); **~-keeper** vratar (pri kriketu)

**wide** [waɪd] širok; prostran, obsežen, velik; splošen; **~-angle lens** širokokotni objektiv; **~ apart** daleč narazen; **~-awake** popolnoma buden; **~-eyed** s široko odprtimi očmi, osupel, naiven; **~-open** na stežaj odprt; **~spread** zelo razširjen

**widen** ['waɪdn] razširiti (se), povečati (se); poglobiti (razdor)

**widow** ['wɪdəʊ] vdova; **~er** vdovec; **~ed** ovdovel; **~hood** vdovstvo

**width** [wɪdθ, wɪtθ] širina

**wield** [wiːld] mahati, vihteti; uporabljati (orožje, orodje); imeti, uveljavljati vpliv, oblast

**wife** [waɪf], (pl **wives**) žena, soproga; ženska

**wig** [wɪg] lasulja

**wiggle** ['wɪgl] zvijati se (pri plesu); majati se; striči (z ušesi); vijugati se

**wigwam** [wɪgwæm] indijanski šotor

**wild** [waɪld] divji, neukročen, neciviliziran; neposeljen, pust, neobdelan (zemlja); viharen; nediscipliniran; razuzdan; močno razburjen; strasten; nenavaden, neumen (ideja, načrt), kar tja v dan; (pl) divjina; **to be ~ about** biti navdušen za, biti nor na; **to run ~** divje rasti, podivjati, potepsti se; **to live in the ~** živeti v naravnem okolju (živali); **~ guess** golo ugibanje; **~fire** ogenj, ki ga je težko pogasiti; **W~ West** Divji zahod

**wildcat** ['waɪldkæt] divja mačka; divji, tvegan, negotov; **~ strike** nezakonita stavka

**wildebeest** ['wɪldɪbiːst] gnu, antilopa z govedu podobno glavo

**wild-goose chase** [ˌwaɪld 'guːs ʧeɪs] jalovo početje, brezuspešen trud

**wilderness** ['wɪldənɪs] divjina, puščava; **in the ~** nič več na pomembnem, vplivnem (političnem) položaju

**wildlife** ['waɪldlaɪf] narava; neudomačeno živalstvo in rastlinstvo

**wiles** [waɪlz] (pl) zvijačnost, triki

**wilful** ['wɪlfl] svojeglav, trmast; nameren, premišljen
**will** [wɪl] želja, volja, hotenje; oporoka; prisiliti (se); zapustiti v oporoki
**will\*** [wɪl] **you will** boš; *They won't let you go.* Ne bodo te pustili oditi.; *He ~ be tired by now.* Gotovo je že utrujen.; *W~ you have some more wine?* Želite še malo vina?; *She ~ watch TV for hours every day.* Vsak dan ure in ure gleda televizijo.
**willing** ['wɪlɪŋ] voljan, pripravljen
**willow** ['wɪləʊ] vrba; **weeping ~** vrba žalujka
**willy** ['wɪlɪ] moški spolni ud, penis; **to give one the willies** prestrašiti, vznemiriti koga; **~-nilly** hočeš nočeš
**wilt** [wɪlt] veneti, sušiti (se) kloniti
**wily** ['waɪlɪ] premeten, pretkan, zvit
**wimpish** [wɪmpɪš] plah, nezaupljiv; suhljat, šibak
**win\*** [wɪn] zmagati; doseči, dobiti (igro, nagrado, tekmo); **to ~ someone over** (*ali* **round**) pregovoriti, prepričati koga
**wince** [wɪns] trzniti, treniti
**winch** [wɪnč] vitel; dvigniti (spustiti) z vitlom
**wind** [wɪnd] veter; dih; napenjanje, vetrovi; **~break** vetrobran, zaščita pred vetrom; **~-cheater** vetrovka; **~mill** mlin na veter; **~ instruments** pihala; **to break ~** spuščati vetrove; **to get ~**

**of something** zavohati, zaslutiti, slišati kaj; **~ward** vetrna stran, proti vetru; **~y** vetroven
**wind\*** [waɪnd] viti, vijugati se; naviti; oviti, omotati (se); **to ~ up** zaključiti, končati; opraviti (posle); likvidirati (podjetje); spraviti v tek, pognati
**windbag** ['wɪndbæg] frazer, brbljač
**windfall** ['wɪndfɔ:l] podrto drevo, odpadlo sadje; nepričakovan dobitek, dediščina
**windlass** ['wɪndləs] vitel, motovilo
**window** ['wɪndəʊ] okno; **~-box** zabojček za rože (na oknu); **~-dressing** aranžiranje, urejanje izložbenega okna; varljiv videz; **~-pane** okenska šipa; **~-shopping** ogledovanje izložb; **~-sill** okenska polica
**windpipe** ['wɪndpaɪp] sapnik; dušnik
**wind|screen** ['wɪndskri:n], *(Am)* **~shield** ['wɪndši:ld] vetrobran, sprednje steklo pri avtu; **~ wiper** brisalec avtomobilskih stekel
**windsurfing** ['wɪndsɜ:fɪŋ] jadranje na deski
**wine** [waɪn] vino; vinsko rdeča barva; **~-cellar** vinska klet; **~press** vinska preša
**wing** [wɪŋ] perut, krilo; prizidek; *(Br)* blatnik (pri avtu); *(pl)* stranske kulise; **right (left) ~er** desno (levo) krilo (pri nogometu, hokeju); **~span** razpon kril

**wink** [wɪŋk] mežikati, (po)-mežikniti; utripati, migljati; **to have forty ~s** zadremati, zakinkati

**winkle** ['wɪŋkl] užiten morski polž; **to ~ out** izvleči, zvabiti

**winner** ['wɪnə(r)] zmagovalec, dobitnik

**winning** ['wɪnɪŋ] ki dobiva, zmagovit; prijeten, prikupen; *(pl)* dobiček, dobitek

**winnow** ['wɪnəʊ] vejati, prebirati; ločiti od

**winsome** ['wɪnsəm] prikupen, očarljiv, simpatičen

**winter** ['wɪntə(r)] zima; prezimiti, prespati zimo

**wintry** ['wɪntrɪ] zimski, mrzel

**wipe** [waɪp] (o)brisati, otreti, (o)čistiti; **to ~ out** izbrisati, uničiti; **to ~ up** pobrisati

**wiper** [waɪpə(r)] brisalec avtomobilskih stekel

**wir|e** [waɪə] žica; *(Am)* brzojavka; pritrditi (oviti, povezati, ograditi) z žico; *(Am)* brzojaviti; **to ~e a house for electricity** instalirati električno napeljavo v hiši; *The place is ~ed.* Prostor je priključen na alarmne (ali prisluškovalne) naprave.; **to pull the ~es** biti zakulisni vodja, spletkariti; **barbed ~e** bodeča žica; **~ing** električna napeljava

**wireless** ['waɪəlɪs] radio, radijski sprejemnik

**wiry** ['waɪərɪ] žilav; žičast, ščetinast (lasje)

**wisdom** ['wɪzdəm] modrost, razumnost; **~ tooth** modrostni zob

**wise** [waɪz] pameten, razumen; preudaren, razsoden

**wish** [wɪʃ] želeti, voščiti, hoteti; želja, voščilo

**wishful** [wɪʃfl] željan, hrepeneč; **~ thinking** pobožne želje, zidanje gradov v oblake

**wisp** [wɪsp] šop (trave), pramen (las); trak (dima, megle)

**wistful** ['wɪstfl] otožen, žalosten, hrepeneč

**wit** [wɪt] duhovitost; pamet, razumnost, inteligenca; **to be at one's ~s' end** ne si znati več pomagati; **to have** *(ali* **to keep) one's ~s about** biti oprezen, priseben; **to scare somebody out of his ~s** močno prestrašiti koga

**witch** [wɪč] čarovnica; grda hudobna ženska; **~craft** čarovništvo; **~ doctor** vrač (pri primitivnih ljudstvih); **~-hunt** lov na čarovnice, preganjanje političnih nasprotnikov

**with** [wɪð, wɪθ] s/z; zaradi, od; v zvezi z, glede na; pri; kljub; skupaj s/z, istočasno, hkrati

**withdraw*** [wɪð'drɔ:] umakniti (se), oditi, izstopiti; dvigniti (denar); preklicati (izjavo); odstraniti, umakniti (čete)

**withdrawal** [wɪð'drɔ:əl] umik, izstop, dvig, preklic; **~ symptoms** abstinenčni sindrom

**withdrawn** [wɪth'drɔ:n] *glej* WITHDRAW*

**withdrew** [wɪth'dru:] *glej* WITHDRAW*

**wither** ['wıðə(r)] (o)veneti, osušiti se, usahniti; (o)slabeti, pojemati, hirati

**withheld** [wıð'held] *glej* WITHHOLD

**withhold\*** [wıð'həʊld] zadržati, ne dati, zamolčati

**within** [wı'ðın] v, znotraj; v obsegu, ne nad; ne dlje od; ~ **earshot** dovolj blizu, da kaj slišimo; ~ **reach** v dosegu, blizu, dosegljiv; ~ **sight** pred očmi, viden

**without** [wı'ðaʊt] brez, ne da bi; **to do** (*ali* **to go**) ~ shajati brez, lahko pogrešati; ~ **delay** nemudoma

**withstand\*** [wıð'stænd] upreti se, nasprotovati (čemu); biti kos

**withstood** [wıð'stʊd] *glej* WITHSTAND\*

**witless** ['wıtlıs] neumen, bedast

**witness** ['wıtnıs] priča, očividec, gledalec; dokaz, potrdilo; biti navzoč, videti (nesrečo), pričati, potrditi, podpisati se (kot priča), dokazati; ~-**box**, ~-**stand** prostor za pričo na sodišču

**witticism** ['wıtısızəm] duhovita pripomba, dovtip

**witty** [wıtı] duhovit; zabaven

**wives** [waıvz] (*pl*) *glej* WIFE

**wizened** ['wıznd] izsušen, zgrbančen, pergamenten (obraz)

**wizard** ['wızəd] čarovnik

**wobb|le** ['wɒbl] majati se, opotekati se; ~**ly** majav, opotekajoč se, negotov

**woe** [wəʊ] bol, žalost, gorje; ~**begone** zelo žalosten, potrt; ~**ful** žalosten, pomilovanja vreden, zelo slab

**woke** [wəʊk] *glej* WAKE\*

**woken** ['wəʊkən] *glej* WAKE\*

**wolf** [wʊlf], (*pl* **wolves**) volk; ~**hound** volčjak (pes); **to ~ (down)** hlastno goltati, žreti; **to ~-whistle** požvižgavati za dekleti

**woman** ['wʊmən], (*pl* **women**) ženska; žena, soproga, ljubica; ~**hood** ženstvo, ženskost, ženska zrelost; ~**kind** ženske, ženski svet

**woman|izer**, ~**iser** ['wʊmənaızə(r)] ženskar, babjek

**womb** [wu:m] maternica, materino krilo, naročje

**women** ['wımın] (*pl*) *glej* WOMAN

**won** [wʌn] *glej* WIN\*

**wonder** ['wʌndə(r)] hoteti vedeti, spraševati se, (za)čuditi se, osupniti; čudež, čudo, (za)čudenje, osuplost; čudežen; čudežno; *I* ~. Rad bi vedel., Bogve.; **to work** (*ali* **to do**) ~**s** delati čuda; *No* ~. Nič čudnega.

**wonderful** ['wʌndəfl] čudovit, presenetljiv, sijajen

**wonderland** ['wʌndəlænd] deveta dežela

**wondrous** ['wʌndrəs] čudovit, fantastičen

**wonky** ['wɒŋkı] negotov, majav

**wont** [wəʊnt] navada, običaj; **to be ~** biti navajen, imeti navado

**woo** [wu:] dvoriti, snubiti; skušati pridobiti, prositi

**wood** [wʊd] les, gozd; ~**land** gozdnata pokrajina; ~**ed** pogozden; ~**en** lesen, tog, neroden; ~**en-headed** neumen, bedast; ~**y** gozdnat, lesnat

**woodcock** ['wʊdkɒk] gozdna sloka, kljunač

**woodcut** ['wʊdkʌt] lesorez

**wood|louse** ['wʊdlaʊs], (pl ~**lice**) lesna uš

**woodpecker** ['wʊdpekə(r)] žolna

**woodshed** ['wʊdšed] drvarnica, lesena lopa

**woodwind** ['wʊdwɪnd] leseno pihalo

**woodwork** ['wʊdwɜːk] leseni del zgradbe; tesarstvo

**woodworm** ['wʊdwɜːm] lesni črv

**wool** [wʊl] volna; volnena nit (tkanje); **cotton ~** vata; **steel ~** jeklena volna; ~**-gathering** sanjarjenje, zasanjanost; ~**sack** sedež predsednika zgornjega doma v angleškem parlamentu

**woollen**, (Am) **woolen** ['wʊlən] volnen, iz volne; ~**s** volnena oblačila

**woolly**, (Am) **wooly** ['wʊlɪ] volnen, kot volna; nejasen, zamolkel; ~**-minded** zmeden, omleden (govorjenje), plehek; (lahek) volnen pulover

**word** [wɜːd] beseda; sporočilo; obljuba, častna beseda; nalog, ukaz; izraziti kaj (z besedami), formulirati; ~ **for** ~ dobesedno; **by** ~ **of mouth** ustno; **in a** ~ skratka, z eno besedo; **in other** ~**s** z drugimi besedami; **in one's own** ~**s** po svojih besedah; **to not get a** ~ **in edgeways** ne priti do besede; **to have** ~**s with** pričkati se, skregati se; ~**-blindness** motnje pri branju, disleksija; ~ **processing** (comp) obdelava besedil; ~ **processor** urejevalnik besedila; ~**ing** besedilo, formulacija; ~**-perfect** ki zna (vlogo) popolnoma na pamet; ~**y** dolgovezen

**wore** [wɔː(r)] glej WEAR*

**work** [wɜːk] delati, biti zaposlen; obdelovati (zemljo); upravljati, streči (stroju); delovati, biti v pogonu; posrečiti se, uspeti, utreti si pot; delo, zaposlitev, naloga, raziskava; (pl) tovarna, delavnica, javna dela; **to** ~ **off** preboleti, znebiti se; **to** ~ **out** oblikovati, formulirati; razumeti, rešiti (nalogo), izračunati; iziti, končati se; **to** ~ **oneself up** razburiti, razjeziti se; **to** ~ **to rule** izvajati pasiven odpor; ~**aholic** z delom zasvojen človek; ~**bench** delovna miza; ~**book** delovni zvezek; ~**day** delavnik, delovni dan; ~**force** delovna sila, delavci; ~**house** ubožnica; ~**mate** sodelavec; ~ **of art** umetnina, umetniško delo; ~**out** vaja, trening; ~**shop** delavnica, obrat; ~ **stoppage** (spontana) prekinitev dela; **out of** ~ brezposeln; ~**-shy** ki se boji dela, ki noče delati; ~**able** izvedljiv, uporaben

**worker** ['wɜːkə(r)] delavec; **research** ~ raziskovalec; **social** ~ socialni delavec; **(un)skilled** ~ (ne)kvalificirani delavec; **semi-skilled** ~ polkvalificirani delavec

**working** ['wɜːkɪŋ] delovanje, ki dela, ki deluje; *(pl)* mehanizem; ~ **capital** obratni kapital; ~ **class** delavski razred; ~ **conditions** delovne razmere; ~ **day** delovni dan, delavnik; ~ **hours** delovni čas; ~ **people** delovni ljudje

**workman** ['wɜːkmən] (ročni) delavec; ~**like** spreten, strokoven, mojstrski; ~**ship** strokovna spretnost, veščina

**world** [wɜːld] svet, Zemlja; okolje, miljé; množica; zelo mnogo; **all over the** ~ po vsem svetu; **in the** ~ na svetu; **to think the** ~ **of (somebody, something)** občudovati, rad imeti (koga, kaj); ~ **community** svetovna skupnost; ~ **market** svetovni trg; ~ **war** svetovna vojna; ~-**famous** svetovno znan, slaven; ~-**weary** utrujen, naveličan; ~**wide** povsod razširjen, splošno znan; ~**ly** zemeljski, posveten, materialen, svetovljanski; **the** ~ **over** (vse)povsod po svetu

**worm** [wɜːm] črv, glista; plaziti se, vijugati se; **to** ~ **out** izmamiti; **to** ~ **one's way into someone's confidence (affection)** pridobiti si zaupanje (naklonjenost); ~-**eaten**, ~**y** črvojeden, črviv, piškav

**wormwood** ['wɜːmwʊd] pelin; nezadovoljstvo, zagrenjenost, razočaranje; *It is* ~ *to him.* To ga grize (žre).

**worn** [wɔːn] ponošen, obrabljen; *glej* WEAR*

**worried** ['wʌrɪd] zaskrbljen

**worry** ['wʌrɪ] biti zaskrbljen, vznemirjati, mučiti se, nadlegovati, motiti; vznemirjenje, skrb, zaskrbljenost; ~**ing** vznemirljiv, mučen (vprašanje)

**worse** [wɜːs] slabši, hujši; slabše, hujše; **to be** ~ **off** biti revnejši, na slabšem

**worsen** ['wɜːsn] poslabšati (se)

**worship** ['wɜːʃɪp] častiti (boga), oboževati, globoko spoštovati; čaščenje; **Your** ~ *(Br)* vaše blagorodje (naslov sodnika, župana); ~**per** vernik, oboževalec

**worst** [wɜːst] najslabši, najhujši; najslabše, najhujše; **at** ~ v najslabšem primeru; **if the** ~ **comes to the** ~ če se zgodi najhujše

**worsted** ['wʊstɪd] tkanina iz česane volnene preje, kamgarn

**worth** [wəθ] vreden; vrednost (denarna); ~**less** brez vrednosti, ničvreden; ~**while** vreden truda, ki se izplača; kar je vredno; ~**y** vreden, cenjen; spoštovanja vreden (nasprotnik)

**would** [wʊd, wəd] *He promised he* ~ *come.* Obljubil je, da pride.; *Without work life* ~ *be miserable.* Brez dela bi bilo življenje bedno.; *W~ you pay in cash, please!* Bi plačali z gotovino, prosim!; *They ~ go to the theatre more often.* Nekoč so bolj pogosto hodili v gledališče.; *glej* WILL*

**would-be** ['wʊdbɪ] domneven, tako imenovan

**wound** [wu:nd] rana, poškodba; raniti, poškodovati; prizadeti, (u)žaliti

**wound** [waʊnd] **to be ~ up** biti napet, nervozen; *glej* WIND*

**wove** [wəʊv] *glej* WEAVE*

**woven** ['wəʊvn] *glej* WEAVE*

**wrack** [ræk] (na obalo naplavljena) morska trava

**wraith** [reɪθ] prikazen, duh (pokojnika)

**wrangle** ['ræŋgl] prepirati se

**wrap** [ræp] zaviti, oviti, objeti; **to ~ up** zaviti, toplo se obleči; izpeljati do srečnega konca; **~~around skirt** ovito krilo; **~ped up in** zatopljen, zapleten, vpleten (v kaj)

**wrapper** ['ræpə(r)] (papirnata, plastična) embalaža; ovoj, (knjižni) ovitek

**wrapping** ['ræpɪŋ] embalaža, omot, zavoj; **~ paper** ovojni papir

**wrath** [rɒθ] srd, jeza, besnost

**wreak** [ri:k] stresti jezo; maščevati krivico; povzročiti opustošenje, škodo

**wreath** [ri:θ] venec, girlanda

**wreathe** [ri:ð] plesti (venec); oviti (se); odeti; zastreti; okrasiti, ovenčati

**wreck** [rek] uničiti, razbiti, demolirati, doživeti brodolom; razbitina (ladje, avtomobila); izčrpan, bolan človek; **~er** povzročitelj nezgode; *(Am)* vozilo vlečne službe

**wreckage** ['rekɪdž] razbitine; razvaline, ruševine

**wren** [ren] kraljiček, stržek

**wrench** [renč] s silo (iz)trgati, (iz)vleči, odpreti; izpahniti, zviti (si roko); odtrgati (pogled, misli); ključ za izvijanje vijakov, matic, francoz; bolestna ločitev

**wrest** [rest] s silo iztrgati, zgrabiti; hlastno seči po

**wrestle** ['resl] boriti se, spoprijeti se, pomeriti se v rokoborbi; rokoborba, borba; **~r** rokoborec

**wretch** [reč] ubožec, nesrečnež, reva; malopridnež, zlobnež

**wretched** ['rečɪd] usmiljenja vreden, ubog, boren; neumen, zoprn; slab

**wriggle** ['rɪgl] zvijati se, premikati se sem in tja; plaziti se; **to ~ out of** izmuzniti se

**wring*** [rɪŋ] ožeti (perilo); izžeti, iztisniti (sadje); viti (roke)

**wrinkle** ['rɪŋkl] guba (na obrazu, obleki); (na)gubati, nagrbančiti, namrščiti (obrvi), vihati (nos)

**wrist** [rɪst] zapestje

**wristwatch** ['rɪstwɒč] zapestna ura

**write*** [raɪt] (na)pisati, pisateljevati; **to ~ back** odpisati, pis(me)no odgovoriti; **to ~ down** zapisati, zabeležiti; **to ~ off** napisati in odposlati (pismo); odpisati (dolg); opustiti (načrt); **to ~ out** napisati v neskrajšani obliki, izpisati (ček); **to ~ up** (izčrpno) opisati, predstaviti; **~-off** odpis; **~-up** ocena, recenzija

**writhe** [raɪð] **to ~ with (pain)** zvijati se (od bolečine); **to ~ under (an insult)** trpeti zaradi (žalitve)

**writing** ['raɪtɪŋ] pisanje, pisateljevanje; pisava, pis(me)ni sestavek; *(pl)* literarna dela; **in ~** pis(me)no; **~ desk** pisalna miza; **~ paper** pisemski papir; **~ material** pisarniški material

**written** ['rɪtn] napisan, pis(m)en; *glej* WRITE*

**wrong** [rɒŋ] napačen, nepravi, naroben, neprimeren; narobe, napačno, neprimerno; krivica, zmota, zlo; **to ~ somebody** delati krivico (komu), biti krivičen (do koga); **to ~-foot somebody** prelisičiti, zavesti koga; **to be in the ~** biti v zmoti, ne imeti prav; **to get something ~** napačno razumeti; **to go ~** spodleteti, ne iti (biti) v redu; **~-doer** prestopnik, grešnik; **~-ful** nezakonit, krivičen, nefair; **~-ful** nepravičen, nepošten, nezakonit; **~-headed** svojeglav, trmast, zabit

**wrote** [rəʊt] *glej* WRITE*

**wrought** [rɔːt] narejen, izdelan; **~ iron** kov(a)no železo

**wrung** [rʌŋ] *glej* WRING*

**wry** [raɪ] skrivljen, skremžen

# X

**Xerox** ['zɪərɒks] fotokopirni stroj; fotokopija; fotokopirati

**Xmas** ['krɪsməs] *(kratica za Christmas)* božič

**X-ray** ['eks reɪ] rentgenska slika; rentgenizirati; rentgenski

**xylograph** ['zaɪləɡrɑ:f] lesorez

**xylophone** ['zaɪləfəʊn] ksilofon

# Y

**yacht** [jɒt] jahta; križariti, voziti se z jahto; jadrati

**yank** [jæŋk] *(Br)* prebivalec ZDA; hitro, sunkovito potegniti

**yard** [jɑ:d] dolžinska mera (91,4 cm); dvorišče, delovišče; **ship~** ladjedelnica

**yardstick** ['jɑ:dstɪk] kriterij, standard

**yarn** [jɑ:n] preja; (neverjetna, izmišljena) zgodba

**yawn** [jɔ:n] zehati, dolgčas pasti; *(Am)* zevati (brezno)

**yea** [jeɪ] da; glas za

**year** [jɪə(r), jɜ:(r)] leto; **last ~** lani; **leap ~** prestopno leto; **~book** letopis, almanah; **~ly** enkrat na leto, vsako leto; vsakoleten

**yearn** [jɜ:n] hrepeneti, koprneti

**yeast** [ji:st] kvas

**yell** [jel] vpiti, kričati, dreti se; krik, klic, vzklik

**yellow** ['jeləʊ] rumen; porumeneti; ~ **fever** rumena mrzlica; ~ **pages** seznam poslovnih naročnikov v telefonskem imeniku; ~**ish**, ~**y** rumenkast

**yelp** [jelp] bevskati; bevsk

**yeo|man** ['jəʊmən], *(pl* ~**men)** (kmet) svobodnjak; manjši kmet

**yes** [jes] da, res; ~~**man** kimavec, človek brez hrbtenice

**yesterday** ['jestədɪ, 'jestədeɪ] včeraj, včerajšnji dan; včerajšnji, pretekli

**yesteryear** ['jestəjiə(r)] mi-
nuli časi, preteklost
**yet** [jet] še, že; vendar, kljub
temu; spet; **as ~** doslej; **~
again** še enkrat; **not ~** še ne
**yew** [ju:] tisa, tisovina
**yield** [ji:ld] popustiti; odsto-
piti (komu kaj), odreči se,
umakniti se; prinašati, dajati
(rezultat); nuditi; pridelek,
obrodek, dohodek, donos,
korist
**yielding** ['ji:ldɪŋ] voljan,
ustrežljiv; upogljiv, gibek
**yob, yobbo** [jɒb, 'jɒbəʊ] hu-
ligan; frajer
**yoga** ['jəʊgə] joga
**yog(h)urt** ['jɒgət], (Am) ['jəʊ-
gərt] jogurt
**yoke** [jəʊk] podrejenost; te-
ža; breme; jarem, volovska
vprega
**yolk** [jəʊk] rumenjak
**yonder** ['jɒndə(r)] tamkaj, on-
kraj; oni tam
**yore** [jɔ:(r)] davnina; **in days
of ~** v davnih časih
**Yorkshire pudding** [ˌjɔ:kʃə
'pʊdɪŋ] pečeno jajčno testo,
ki se jé z govejo pečenko
**you** [ju:] ti, vi, vidva
**young** [jʌŋ] mlad, nezrel, ne-
izkušen; mladič(i) (živali);

**the ~** mladi ljudje, mladina;
**~ lady (man)** dekle, gospo-
dična (fant, mladenič); **~ish**
mladosten
**youngster** ['jʌŋstə(r)] mlade-
nič, fant
**your** [jɔ:(r)] tvoj, tvoji; vaš,
vaši
**yours** [jɔ:z] tvoj, tvoji; vaš,
vaši; *Our flat isn't as big as
~.* Naše stanovanje ni tako
veliko kakor vaše.; **~ truly**
vaš vdani; **a friend of ~** neki
tvoj (vaš) prijatelj
**your|self** [jɔ:'self], (*pl* **~sel-
ves**) se, si; ti sam, vi sami
**youth** [ju:θ] mladost; mla-
dina; mladenič; mladinski;
**~ hostel** mladinski počitni-
ški dom
**youthful** ['ju:θfl] mladosten,
mladeniški
**yowl** [jaʊl] tuliti, zavijati; tar-
nati, tožiti
**Yugoslav|ia** [ˌju:gəʊ'slɑ:vɪə]
Jugislavija; **~** jugoslovanski;
Jugoslovan(ka)
**yule** [ju:l] božič; **Y~tide** bo-
žični čas
**yummy** ['jʌmɪ] dobro, izvr-
stno, prima
**yuppie** ['jʌpɪ] mlad ambicio-
zen poslovnež

# Z

**zany** ['zeɪnɪ] norčav, burkast

**zap** [zæp] ustreliti, pihniti koga; popihati jo, hitro kaj narediti

**zeal** [ziːl] gorečnost, vnema

**zealot** ['zelət] fanatik, prenapetež

**zealous** ['zeləs] vnet, goreč za; fanatičen, navdušen

**zebra** ['zebrə, 'ziːbrə] zebra; ~ **crossing** (progasti) prehod za pešce

**zenith** ['zenɪθ] vrhunec, višek (kariere); zenit, nadglavišče

**zephyr** ['zefə(r)] blag veter, vetrič, zefir

**zero** ['zɪərəʊ] ničla, nula; ledišče; ničè (oseba); **to ~ in on** naravnati vizir (puške, topa) na; ~ **hour** čas, določen za začetek vojaške operacije; kritičen trenutek

**zest** [zest] draž, veselje; zavzetost, interes

**zigzag** ['zɪgzæg] cikcak; premikati se v cikcakih

**zinc** [zɪŋk] cink; pocinkati

**zing** [zɪŋ] zavzetost, živahnost, temperamentnost

**zip** [zɪp] odpreti, zapreti s patentno zadrgo; ~ **(fastener)** (Br) zadrga; ~ **code** (Am) pošna številka (koda)

**zipper** ['zɪpə(r)] (Am) patentna zadrga

**zither** ['zɪðə(r)] citre

**zodiac** ['zəʊdɪæk] živalski krog, zodiak

**zombie** ['zɒmbɪ] butec; kdor podzavestno ali mehanično reagira na dogajanje (okolico)

**zone** [zəʊn] pas, področje, predel, cona

**zonked** [zɒŋkt] utrujen, izčrpan; drogiran, pijan

**zoo** [zuː] živalski vrt

**zoology** [zəʊˈɒlədʒɪ] veda o živalih, zoologija

**zoom** [zuːm] pohiteti, hitro se dvigniti (cene); zum (pri fotografiranju)

# SLOVENSKO-ANGLEŠKI
# SLOVENE-ENGLISH

# THE SLOVENE LANGUAGE, ALPHABET AND PRONUNCIATION

## The Slovene Language

The Slovenes are one of the southern Slavic peoples. Their homeland is the Republic of Slovenia which lies between Italy, Austria, Hungary, Croatia and the Adriatic Sea. The Slovene language is spoken by just over two million people, living not only in their country of origin but also in the border regions of Italy, Austrian Carinthia, Hungary and elsewhere in the world. As a literary language Slovene has existed since the midst of the 16th century.

## The Slovene Alphabet

The Slovene alphabet has 25 letters and the corresponding sounds are mostly pronounced as they are spelled.

| | | | | |
|---|---|---|---|---|
| A [á] | E [é] | J [jə] | O [ó] | T [tə] |
| B [bə] | F [fə] | K [kə] | P [pə] | U [ú] |
| C [cə] | G [gə] | L [lə] | R [rə] | V [və] |
| Č [čə] | H [hə] | M [mə] | S [sə] | Z [zə] |
| D [də] | I [í] | N [nə] | Š [šə] | Ž [žə] |

## The Slovene Pronunciation

The pronunciation of the Slovene **vowels** is denoted by three different accent marks which are not used in the written language:

| | |
|---|---|
| ACUTE | indicates long close vowels: píti, dopís |
| GRAVE | indicates short open vowels: vèndar, seznàm |
| CIRCUMFLEX | indicates long open vowels: žêlja, skôraj |

The Slovene **consonants** are not explosive or aspirated. The letters L and V at the end of the word, or before another consonant are pronounced like the English [w]: pol, volk, nov (half, wolf, new). The rule is not observed in foreign words: hotel.

|   |       | Examples | Meaning    | Similar English Sounds |
|---|-------|----------|------------|------------------------|
| A | [a]   | miza     | (table)    | comma                  |
|   | [á]   | ali      | (if)       | under                  |
|   | [à]   | brat     | (brother)  | cut                    |
| B | [b]   | boben    | (drum)     | boy                    |
| C | [ts]  | cena     | (price)    | tzar                   |
| Č | [tš]  | češnja   | (cherry)   | cherry                 |
| D | [d]   | dan      | (day)      | day                    |
| E | [e]   | Tine     | (Martin)   | parallel               |
|   | [ê]   | želja    | (wish)     | fat                    |
|   | [è]   | kmet     | (farmer)   | bed                    |
|   | [è]   | pes      | (dog)      | sir                    |
|   | [ə]   | veter    | (wind)     | about                  |
| F | [f]   | figa     | (fig)      | fig                    |
| G | [g]   | glas     | (voice)    | game                   |
| H | [h]   | hiša     | (house)    | house                  |
| I | [i]   | mati     | (mother)   | dolphin                |
|   | [í]   | priti    | (come)     | seat                   |
|   | [ì]   | miš      | (mouse)    | sit                    |
| J | [j]   | jesti    | (eat)      | yet                    |
| K | [k]   | kje      | (where)    | kite                   |
| L | [l]   | les      | (wood)     | love                   |
| M | [m]   | mleko    | (milk)     | milk                   |
| N | [n]   | nov      | (new)      | new                    |
| O | [o]   | mesto    | (town)     | letterbox              |
|   | [ó]   | koža     | (skin)     | horn                   |
|   | [ô]   | voda     | (water)    | foreign                |
|   | [ò]   | top      | (gun)      | hot                    |
| P | [p]   | palec    | (thumb)    | post                   |
| R | [r]   | roža     | (flower)   | road                   |
|   | [ər]  | vrt      | (garden)   | her                    |
| S | [s]   | seme     | (seed)     | seed                   |
| Š | [š]   | šola     | (school)   | shock                  |
| T | [t]   | teta     | (aunt)     | team                   |
| U | [u]   | kmalu    | (soon)     | value                  |
|   | [ú]   | ura      | (clock)    | fool                   |
|   | [ù]   | tu       | (here)     | put                    |
| V | [v]   | voda     | (water)    | view                   |
| Z | [z]   | zora     | (dawn)     | zero                   |
| Ž | [ž]   | žena     | (wife)     | pleasure               |

# A

**A** letter A

**a** but, however; ~ **tako** *(razu-mem)* I see; **A-dur** A major; **A-mol** A minor

**abecéd|a** alphabet; ABC; **po ~i** in alphabetical order, alphabetically

**abecéd|en** alphabetical; ~**ni vrstni red** alphabetical order

**abecédnik** first reader, ABC book, primer

**abolírati** to abolish, to do away with

**abonènt** *(na časopis)* subscriber; *(gledališki)* season ticket holder; *(v menzi)* boarder

**abonírati se** to subscribe to; to book *(ali* to take) a season ticket; to board at *(ali* with) somebody

**abonmá** subscription; season ticket

**abórtus** abortion; *(spontani)* miscarriage

**áboten** silly, foolish, preposterous

**absolút|en** absolute; ~**na monarhija** absolute monarchy; ~**na večina** absolute majority; ~**ni posluh** absolute pitch

**absolutízem** absolutism

**absolvènt** a student at a college or university who has passed all the exams but his finals and is preparing his thesis

**absolvírati** to pass all the exams but the finals in a university or college course

**absorbírati** to absorb

**abstinénca** abstinence; *(pri .glasovanju)* abstention; **popolna ~** total abstinence, teetotalism

**abstinènt** abstainer, teetotaller

**abstinírati se** to abstain (from)

**abstrákten** abstract, theoretical

**absúrden** absurd, preposterous; crazy, foolish

**adaptírati (se) (na)** to adapt (oneself to); to adjust (to)

**adíjo** goodbye, so long, bye-bye, see you (later)

**adjutánt** *glej* PRIBOČNIK

**administrácija** administration, office work; *(v podjetju)* management

**administratíven** managing, organizational

**administrator** clerk, office clerk

**admirál** admiral

**admiralitéta** admiralty

**adolescénca** adolescence; teens

**adoptírati** to adopt

**adoptív|en** adoptive; ~na *(nova)* **domovina** country of adoption; ~ni **otrok** adoptive child

**adresár** directory; **telefonski** ~ *(Br)* yellow pages

**adút** trump (card); **imeti vse** ~e to hold all the trumps

**advokát** lawyer; *(s pravico braniti na višjih sodiščih) (Br)* barrister, *(Scot)* advocate; *(brez takšne pravice) (Br)* solicitor; *(Am)* attorney; lawyer; counsel(lor)

**aérodinámičen** aerodynamic

**aerodróm** *glej* LETALIŠČE

**aeronávt** aeronaut; ~ika aeronautics *(pl)*

**aeroplán** *glej* LETALO

**afékt** affection, emotion, passion

**afektíran** affected, unnatural, feigned

**afektíranost** affectation, airs

**afêra** affair; business; matter

**afirmírati se** to establish oneself, to gain a reputation; to make a name for oneself; to win recognition

**Áfri|ka** Africa; ~čán, a~ški African

**agéncija** agency; **potovalna** ~ travel agency; **reklamna** ~ advertising agency

**agénda** agenda; matters of ritual; memo(randum) pad; diary

**agènt** agent; *(zastopnik)* representative; **policijski** ~ plain-clothes man; **tajni** ~ secret *(ali* undercover) agent; **trgovski** ~ *(Br)* sales representative, *(Am)* drummer; **zavarovalni** ~ insurance agent

**agílen** enterprising, energetic

**agitátor** agitator; *(volilni)* canvasser

**agitírati** to agitate; *(politično)* to canvass, to solicit votes

**agoníja** agony, death struggle

**agrár|en** agrarian; agricultural; ~na **reforma** agrarian reform

**agregát** generator, electric generator

**agresíja** aggression; attack

**agrésor** aggressor, attacker

**agronóm** agronomist

**agronomíj|a** agronomy, agronomics *(pl)*; **inženir** ~e agricultural engineer

**ahát** agate

**ájda** buckwheat

**akadémija** academy

**akadémik** academician; fellow of the academy

**akadémski** academic, collegiate

**akcént** accent, stress

**ákcija** drive; effort; **delovna** ~ work drive; *(delnica)* share, *(Am)* stock

**akcíjski** (of) action; ~ **odbor** action committee

**akcionár** shareholder; *(Am)* stockholder

**aklimatizírati se** to acclimatize; to get used to

**ákna** acne; spots(on the skin)

**áko** *glej* ČE

**akontácija** down payment, part payment, advance, deposit

**akórd** chord; *(delo)* piecework; **delati na ~** to work on piece rates, to do piecework

**akreditírati (pri)** to accredit (to); to open a credit in someone's favour

**akreditív** letter of credit; credentials *(pl)*

**akrobácija** acrobatic performance *(ali* trick); *(Am)* stunt

**akrobát** acrobat, artiste, tumbler; *(na vrvi)* ropedancer

**ákt** act, action; *(spis)* official document, deed, record; *(umetniško delo)* nude

**áktiv** *(gram)* active (voice)

**aktív** working group

**aktíva** assets *(pl)*, *(Am)* resources *(pl)*; **~ in pasiva** assets and liabilities *(pl)*

**aktíven** active, busy, dynamic; on active service

**aktivírati** to activate, to bring into action

**áktovka** briefcase, portfolio

**aktuál|en** topical, current; **~na tema** topical subject; **~ne novice** current news

**akumulácija** accumulation; **~ kapitala** accumulation of capital; **prvotna ~** primitive accumulation

**akumulátor** accumulator, *(Am)* (car) battery

**akumulírati** to accumulate

**akupunktúra** acupuncture

**akústičen** acoustic, resonant

**akústika** acoustics *(pl)*

**akúten** acute; critical, urgent; grave, serious

**ákuzativ** *glej* TOŽILNIK

**akvarél** watercolour

**akvárij** aquarium

**akvizítêr** travelling salesman, door-to-door salesman

**alárm** alarm, warning of danger; *(letalski)* air-raid warning; *(napačni)* false alarm

**alarmírati** to alarm, to give the alarm; to frighten

**Albán|ija** Albania; **~ec, a~ski** Albanian

**álbum** album

**alegoríja** allegory

**aléja** *glej* DREVORED

**alelúja** alleluia, halleluja(h)

**al|ergíja** allergy; **~êrgičen (na)** allergic (to)

**álg|a** alga; *(pl)* **~e** algae; **morske ~e** seaweed

**algébra** algebra

**àli** or, whether, if; **~ ... ~** whether ... or, either... or; **A~ veš?** Do you know; **A~ delaš?** Are you working?

**alíbi** alibi; **neizpodbiten ~** watertight alibi

**alimênti** alimony, maintenance, allowance

**alkohól** alcohol

**alkohól|en** alcoholic; **~ne pijače** spirits *(pl)*; *(Am)* liquor, hard stuff

**alkohólik** alcoholic; tippler, drunkard, soak

**álkotést** breathalyzer, breath test

**alkóva** alcove; recess; cubicle

**almanáh** almanac, yearbook

**alpinétum** alpine garden, rockery

**alpiníst** alpinist, mountaineer; (mountain) climber

**alpinízem** mountaineering; mountain climbing

**álpsk|i** alpine; ~a koča chalet, mountain hut (*ali* cottage)

**ált** alto

**alternatíva** alternative

**alumínij** aluminium, (*Am*) aluminum

**Alžír|ija** Algeria; ~ec, a~ski Algerian

**amandmá** amendment; ustavni ~ji constitutional amendments

**amatêr** amateur, dabbler

**amatêrski** amateur, nonprofessional

**ambasáda** embassy

**ambasádor** ambassador

**ambícij|a** ambition; gojiti velike ~e to foster great ambitions

**ambicíózen** ambitious, aspiring; ~ človek high-flyer

**ambiènt** environment, atmosphere, surroundings (*pl*)

**ambulánta** out-patient clinic, dispensary

**Améri|ka** America; ~čán, a~ški American

**ametíst** amethyst

**amfíbij|a** amphibian; ~ski amphibious

**amnestíj|a** amnesty, general pardon; zakon o ~i act of grace

**amnestírati** to declare (*ali* to grant) an amnesty

**amóniak** ammonia

**amortizácija** (*zmanjševanje vrednosti*) depreciation cost; (*odplačevanje dolga*) amortization, redemption

**amortizêr** shock absorber

**amortizírati** to amortize, to redeem, to sink

**àmpak** but, however, yet

**amputírati** to amputate, to cut off

**amulét** amulet, charm

**anagráf** register of permanent residents; ~ski urad registry (office)

**analfabét** illiterate

**análi** annals (*pl*), records (*pl*); chronicle

**analítik** analyst; ~a analytics (pl)

**analíza** analysis; (*gram*) parsing; ~ krvi blood test; spektralna ~ spectrum analysis

**analizírati** to analyse; (*gram*) to parse

**analógen** analogous, similar

**analogíja** analogy

**ánanas** pineapple, ananas

**anárhičen** anarchic, lawless, chaotic

**anarhíja** anarchy, lawlessness, chaos

**anat|omíja** anatomy; ~ómski anatomical

**anekdóta** anecdote

**anéks** (*dodatek*) annex(e)

**anektírati** to annex

**an|emíja** anaemia; ~émičen anaemic

**anemóna** anemone, wind flower

**anestezíj|a** anaesthesia; ~rati to anaesthetize, to give (*ali* to administer) an anaesthetic

**anestezíst** anaesthetist

**angažírati** to engage, to hire, to employ; (*kapital*) to invest, to lock up; ~ se to commit oneself

**ángel** angel; ~ varuh guardian angel

**angína** sore throat, angina

**Ángl|ija** England; **~éž** Englishman, English; **~éžinja** Englishwoman, English; **a~éški** English

**anglístika** English studies; English language and literature

**Anglosá|s, a~ški** Anglo-Saxon

**animátor** *(risar filmov, pri lutkah)* animator; *(pobudnik)* stimulator, animating spirit

**animírati** to animate; to give life to; to inspire, to motivate

**ankéta** (opinion) poll, questionnaire; inquiry, investigation, survey

**anonímen** anonymous

**anorgánski** inorganic

**ansámbel** band

**Antárkti|ka** Antarctica; **~čen** Antarctic

**anténa** aerial, antenna; **sobna (zunanja) ~** indoor (outdoor *ali* roof) aerial

**antíčen** antique

**ántifašíst** antifascist

**antíka** *(obdobje)* antiquity; *(starina)* antique

**antikvarlát** secondhand bookshop, *(Am)* bookstore; antique shop

**antilópa** antelope

**antipátičen** odious, repulsive, repugnant

**antipatíja** aversion, antipathy, repugnance

**antologíja** anthology

**antracít** anthracite, hard coal

**anuitéta** annuity, yearly payment

**anulírati** to annul, to cancel, to nullify

**aparát** *(naprava)* appliance, machine, device, gadget; **brivski ~** shaver; **državni ~** state apparatus; **fotografski ~** (still) camera; **gasilni ~** fire extinguisher

**apartmá** *(v hotelu)* suite; *(etažno, najemno stanovanje)* flat, apartment

**apátičen** apathetic, listless, indifferent

**apatíja** apathy, indifference

**apél** *(poziv, klic)* appeal, entreaty; *(zbor pri vojakih)* roll call

**apelacíjski** of appeal

**apelírati** to appeal (to), to make an appeal (to)

**aperitív** appetizer, aperitif

**apetít** appetite, a desire for food or drink

**aplavdírati** to applaud, to clap one's hands

**aplávz** applause, clapping; **požeti ~** to win applause

**aplicírati** to apply, to use

**apnén** limy, calcerous; **~i belež** lime-wash; **~a malta** lime mortar; **~i omet** lime-cast

**apnénica** *(peč)* lime-kiln

**ápnica** *(jama)* lime-pit

**ápno** lime; **gašeno ~** slacked lime; **živo ~** quicklime; **~ za beljenje** whitewash

**apóstol** apostle, disciple

**apostólsk|i** apostolic; **~a vera** The Apostles' Creed

**apostróf** apostrophe

**apretírati** *(blago)* to dress, to finish, to starch

**apretúra** finish, starch

**apríl** April; **prvi ~** All Fools' Day

**ar** (100 m²) are

**ára** deposit, advance (money), earnest money

**Aráb|ija** Arabia; **~ec** Arab; **a~ski** Arab, Arabian, Arabic

**aranžêr** (izložbeni) window dresser

**aranžírati** to arrange, to organize, to fix up; **~ rože** to do the flowers

**arbitráža** arbitration; (razsodišče) arbitration tribunals (pl)

**aréna** arena; (za bikoborbe) bullring; **mednarodna ~** international field

**arèst** (zapor) custody, detention, confinement, arrest; **v ~u** under arrest, in custody

**aretírati** to arrest, to detain, to apprehend

**Argentín|a** Argentina; **~ec** Argentinian; **a~ski** Argentine, Argentinian

**argumènt** argument; **~írati** to reason, to argue

**arháičen** archaic

**arheológ** archaeologist; **~íja** archaeology

**arhipelág** archipelago

**arhitékt** architect; **~úra** architecture

**arhív** archives (pl); public records (pl)

**árija** aria

**aristokr|acíja** aristocracy; **~át** aristocrat

**aritmétika** arithmetic

**arkáda** arcade; passageway

**Árkti|ka** Arctic; **a~čen** arctic

**armáda** army, forces (pl)

**armatúra** chassis, framework; mounting; (betonska) reinforcement

**aróma** aroma, flagrance, flavour

**arond|ácija** (zemljišča) rounding off; **~írati** to round (off)

**artêrija** artery

**artileríja** artillery, guns (pl)

**artíst** (v varieteju) artiste, performer; (umetnik) artist

**arzén** arsenic

**arzenál** arsenal, armoury; store, supply

**ás** ace

**asfált** asphalt; **~írati** to asphalt

**asimilácija** assimilation

**asimilírati** to assimilate

**asistènt** assistant

**asistírati** to assist, to help somebody

**àsociálen** selfish, egoistic, self-seeking

**aspirín** aspirin

**ástma** asthma

**astrofízik** astrophysicist; **~a** astrophysics (pl)

**astrológ** astrologer; **~íja** astrology

**astronávt** spaceman; astronaut; (sovjetski) cosmonaut

**astronávtika** astronautics (pl)

**astronóm** astronomer; **~íja** astronomy

**atašé** attaché

**atei|st** atheist, disbeliever; **~zem** atheism

**ateljé** (slikarski, fotografski) studio; (obrtniška delavnica) workroom, workshop

**atentát** attempt on someone's life

**atentátor** assassin, assailant

**atést** attestation; ~**írati** to attest

**átlas** (geografski) atlas; (blago) satin

**atlét** athlete; ~**ski** athletic

**atlétika** track and field sports (pl); **lahka, (težka)** ~ light, (heavy) athletics (pl)

**atmosféra** atmosphere

**atmosfêr|ski** atmospheric; ~**ske motnje** (radio) atmospherics (pl)

**atóm** atom; **cepitev** ~**a** atom(ic) fission

**atómsk|i** atomic; ~**a bomba** atom(ic) bomb; ~**a energija** atomic energy; ~**a fizika** atomic physics (pl); ~**o orožje** atomic weapons (pl)

**atrákcija** attraction

**átrij** atrium

**avantgárda** vanguard

**avantúra** adventure; **ljubezenska** ~ love affair

**ávba** coif, headdress

**avdícija** audition, trial hearing

**avdiénca** audience, formal meeting

**ávdiovizuál|en** audio-visual; ~**ni pripomočki** audio-visual aids

**avditórij** (dvorana) auditorium; (poslušalci) audience

**áve** ave; **Ave Marija** Hail Mary; ~**maríja** the Angelus (bell)

**aveníja** avenue

**avêrzija** aversion, dislike

**avgúst** August

**aviácija** glej LETALSTVO

**avión** glej LETALO

**avizírati** to notify, to announce

**ávla** hall, foyer, lobby

**Avstrál|ija** Australia; ~**ec, a~ski** Australian

**Ávstr|ija** Austria; ~**íjec, a~íjski** Austrian

**avtarkíja** autarchy, self-sufficiency

**avténtičen** authentic, genuine

**ávtobiogr|afíja** autobiography; ~**áfski** autobiographic

**ávtobus** bus, (motor) coach; **dvonadstropni** ~ double-decker; ~**na postaja** bus station, (Am) bus depot; ~**no postajališče** bus stop; ~ **proga** bus route

**ávtocésta** motorway, (Am) expressway, freeway

**ávtokámp** campsite

**avtográm** autograph

**ávtoklepárstvo** body shop

**avtomát** automaton; **glasbeni** ~ juke-box; **prodajni** ~ (coin operated) slot machine, vending machine; (za jedila) food vendor; (za pijače) drink dispenser

**avtomátsk|i** automatic, self-acting; ~**a varovalka** cutout

**ávtomehánik** car repairman; (delavnica) car repairs

**ávto(mobíl)** (motor)car, (Am) automobile; **dostavni** ~ delivery van; **reševalni** ~ ambulance; **tovorni** ~ lorry, (Am) truck; **že rabljen** ~ secondhand car

**avtomobilíst** motorist

**avtomobílsk|i** ~a izposoje-
valnica car hire (*ali* rental),
self-drive; ~a tablica num-
ber (*ali* licence) plate; ~a
vožnja ride, drive
**avtonómen** autonomous,
self-governing
**avtonomíja** autonomy, inde-
pendence, self-government
**ávtopilót** automatic pilot
**ávtoportrét** self-portrait
**ávtoprálnica** car wash
**ávtor** author, writer; ~stvo
authorship
**avtoritéta** authority, power;
expert
**avtorizíra|ti** to authorize; to
grant authority or power to;
~n authorized, granted by
the author

**ávtorsk|i** author's, by the
author; ~a pravica copy-
right
**ávtorstvo** authorship
**ávtosêrvis** (car)repair shop,
service station
**ávtost|òp** hitchhiking,
thumbing; potovati z ~ó-
pom to hitch-hike; dvigniti
palec za ~òp to thumb a lift
(*ali* ride)
**ávtostópar** hitch-hiker
**azbést** asbestos
**Ázij|a** Asia; ~ec, a~ski Asian
**azíl**     asylum,    sanctuary,
refuge, retreat
**azúren** azure, sky-blue
**ažúr** hemstitch
**až|urírati** to update; ~úren
up-to-date

# B

**B** letter B

**bába** old (ugly) woman, hag, crone, harridan

**bábica** grandmother, granny; *(med)* midwife

**bábjak** womanizer, philanderer

**babjevéren** superstitious

**bábj|i** oldwomanish; ~e čenče old wives' tales; ~e leto Indian summer; ~e pšeno sleet

**bábnica** hag, harridan, frump

**bacíl** bacillus, *(pl)* bacilli

**bagatéla** bagatelle, trifle

**báger** excavator; *(plavajoči)* dredger

**baháč** boaster, braggart, swaggerer

**baháti se** to boast, to brag

**bájalica** divining-rod

**bajè** supposedly, allegedly, reputedly; B~ je bolna. She is said to be ill.

**bájen** mythical, fabulous

**bajeslóv|en** mythological; ~je mythology

**bájka** myth; (fairy) tale, story

**bajonét** bayonet; nasajen ~ fixed bayonet

**bájta** shack, shanty, hovel; cottage, hut

**bájtar** cottager, crofter, small proprietor

**báker** copper

**bákl|a** torch; ~áda torchlight procession

**bakroréz** copper engraving

**bakrotísk** copperplate printing

**baktêrija** bacterium, *(pl)* bacteria

**bála** bale; nevestina ~ trousseau, outfit

**baláda** ballad

**balánca** *(ravnotežje)* balance, equilibrium; *(kolesa)* handlebar

**balást** ballast, burden; impediment

**baldahín** canopy, baldachin

**báldrijan** valerian; allheal

**balét** ballet; ~ka, ~nik ballet dancer; ~ni čevelj ballet shoe; ~no krilce tutu

**balín** na ~ ostrižena glava (close-)shaven head; skinhead

**balín|anje** bowling; *(Br) (na trati)* bowls; boule; ~ati to play bowls *(ali boule)*; ~íšče bowling green *(ali alley)*

**balkánsk|i** ~e države Balkan states; ~i polotok Balkan Peninsula; B~e igre the Balkan Games

**balkón** balcony; *(v gledališču)* prvi (drugi) ~ dress (upper) circle

**balón** balloon; **leteti z ~om** to balloon

**bálzam** balsam, balm; **~írati** to embalm

**bámbus** bamboo

**banálen** banal, trite, ordinary, commonplace

**banálnost** banality

**banána** banana; *(vtikač)* banana plug

**bánč|en** bank(ing); **~ni izpisek** bank statement; **~na podružnica** branch bank; **~ni predal** safe, safe-deposit box; **~ni račun** bank account

**bandít** bandit, gunman, brigand

**bánja** bath, bathtub

**bánka** bank; **emisijska ~** bank of issue; **poslovna ~** commercial bank

**bankét** banquet, formal dinner

**bankír** banker

**bankomát** cashpoint, cash dispenser

**bánkovec** (bank)note, paper money; *(Am)* bill

**bankrót** bankruptcy, insolvency, failure; **~írati** to go bankrupt *(ali* broke)

**bár** nightclub, bar

**barába** knave, rogue, villain

**baráka** hut, shed; *(Am)* shack, shanty; **~rsko naselje** shanty town, barrack camp, slums *(pl)*

**barantáti** to haggle (about), to bargain (for)

**barbár** barbarian, savage; an unrefined, rude person

**barbárski** barbarous, barbaric; cruel, uncivilized

**barétka** beret, cap; *(Scot)* tam-o'-shanter

**bariêra** barrier

**barígla** keg; small barrel *(ali* cask)

**barikáda** barricade; **cestna ~** roadblock

**báriton** baritone

**bárje** marsh, bog, morass, moor, fen; swamp

**bárka** boat, barge; ark

**barók** baroque

**bárva** colour; paint, dye; **~ polti** complexion; **neobstojna ~** fugitive *(ali* fading) colour; **obstojna ~** fast colour; **svetla (temna) ~** light (dark) colour

**bárvati** to colour, to paint, to dye; *(steklo)* to stain

**bás** *(kontrabas)* double bass; *(kitara)* bass (guitar); **~ist** bass

**básati** to stuff, to cram, to fill

**básebal** baseball; **igrišče za ~** baseball field

**básen** fable, tale

**bastárd** bastard; *(kletvica)* son of a bitch; a men person; *(pes)* mongrel

**bastárden** illegitimate; crossbred, hybrid

**bát** club, mallet, mace; *(strojni)* piston

**bataljón** battalion

**baterí|a** battery, pile; **žepna ~a** torch; **polniti ~o** to charge a battery

**báti se** to be afraid, to be frightened, to fear, to dread; to be anxious (**za** about)

**báviti se** to occupy oneself, to deal (**z** with), to busy oneself (**z** with), to go in for, to be interested in

**báza** base, basis, foundation

**bazén** swimming pool; reservoir

**bazílika** *(cerkev)* basilica; *(bot)* basil

**bébec** imbecile, idiot

**béda** misery, poverty, distress

**bedák** fool, idiot, blockhead, simpleton

**bédast** stupid, silly, goofy, foolish; *(Am)* dumb

**béden** miserable, poor, needy, shabby, distressed

**bedéti** to wake, to be awake; to sit up, to watch over

**bêdro** thigh

**bég** flight, escape, getaway; *(z ljubimcem)* elopement; *(poražene vojske)* rout; **divji ~** stampede; **~ kapitala** flight of capital

**bégati** to run about, to ramble, to stray (about), to roam (about); **~ koga** to confound, to confuse, to baffle somebody

**begúnec** refugee, fugitive, displaced person

**beketáti** to bleat

**bél** white; *(čist)* clean; *(prazen)* blank, *(lasje)* hoary; **~a vrana** rarity, **pri ~em dnevu** in broad daylight; **črno na ~em** in black and white

**Béla krájina** White Carniola, the White Country, Bela krajina; **Belokranjec, belokranjski** White Carniolan

**bélec** white man; white horse

**beléžiti** to write *(ali* to put, to take) down, to mark, to take notes

**beléžka** note, annotation, memo(randum)

**beléžnica** notebook, pocketbook

**Bélgij|a** Belgium; **~ec, b~ski** Belgian

**belíca** *(morska riba)* whiting; *(sladkovodna)* dace

**belíč** farthing; **biti brez ~a** to be broke

**belílo** whitewash; *(za perilo)* bleaching powder, bleach

**belín** *(metulj)* cabbage butterfly

**belíti** to whiten, to blanch, to discolour, to whitewash, *(blago)* to bleach; **~ si glavo** to rack one's brains

**belják** white of an egg

**beljakovína** albumin, albumen, protein

**belóčnica** sclera, sclerotic, coat of the eyeball

**belogardíst** white guard

**Belorús|ija** Byelorussia, White Russia; **~, b~ki** Byelorussian, White Russian

**beloúška** ring-snake, grass snake

**belúš** asparagus

**bencín** petrol; *(Am)* gasoline, gas; *(za čiščenje)* benzine; *(neosvinčen)* unleaded, lead-free; *(super) (Br)* five-star petrol, super, *(Am)* premium; **~ska črpalka** petrol *(ali* filling) station, *(Am)* gasoline station; **~ski boni** gasoline coupons

**benéšk|i** Venetian; **B~a Slovenija** Venetian Slovenia

**beráč** beggar, mendicant

**beráčiti** to beg, to go begging

**berášk|i** beggarly, mendicant; **spraviti na ~o palico** to reduce to poverty

**bérgla** crutch

**berílo** (*učbenik*) reader, reading-book; (*čtivo*) reading matter; **prvo ~** primer

**berívka** (*solata*) early (non-hearting) spring lettuce

**bés** evil spirit, demon; genie

**bès** rage, fury

**beséd|a** word; (*izraz*) expression, term; (*obljuba*) promise; **častna ~a** a word of honour; **težko izgovorljiva ~a** tongue twister; **biti mož ~a** to keep one's word; **dati častno ~o** to give one's word; **izraziti z ~o** to word; **prijeti za ~o** to hold someone's words against him; **priti do ~e** to get a word in edgeways; **ne priti z ~o na dan** to beat around the bush; *Prosim za ~o.* May I have the floor?; **skovati ~o** to coin a word; **verjeti na ~o** to take one's word for it; **zastaviti dobro ~o za koga** to put in a word for someone; *B~a ni konj.* Hard words break no bones.

**beséd|en** verbal; **~na igra** pun, play on words; **~ni red** word order

**besedíčiti** to palaver, to verbalize

**besedílo** wording, text

**besedíšče** word-stock, vocabulary

**besednják** dictionary, glos-sary; vocabulary, all the words of a language

**bêsen** furious, enraged, mad, rabid

**besnéti** to rage, to rave, to be furious (*ali* enraged)

**bêsnost** fury, rage, madness; **spraviti v ~** to enrage, to infuriate, to drive mad

**betéžen** infirm, feeble, decayed (with age)

**betón** concrete; **armirani ~** reinforced concrete, ferro-concrete; **prednapeti ~** pre-stressed concrete; **~írati to** concrete

**bévskati** to yelp, to yap

**bezáti** to pick, to stir

**bèz|eg** elder(tree); **španski ~** lilac; **~gova jagoda** elderberry

**bezgávka** lymphatic gland

**bezníca** den, (low) dive, joint, (*Am*) saloon

**bežáti** to flee, to run away, to take to flight, to make one's escape; *Kako čas beži!* How time flies!

**béž|en** fleeting, cursory, brief; **~no poznanstvo** casual acquaintance

**bi Jaz (on) ~ šel.** I (he) would go.; (*obveza*) *Jaz (on) ~ moral iti.* I (he) should go.

**bíbavica** tide, high tide and low tide, ebb and flow

**bíblija** the Bible; the Scriptures

**bibliografíja** bibliography

**bicíkel** *glej* KOLO

**bíč** whip, lash, scourge; **~ati** to whip, to scourge, to flog, to lash

**bíčevje** reed, rush, bulrush
**bidé** bidet
**bifé** *(Br)* pub, *(Am)* (snack) bar, lunch counter; buffet, refreshment room
**bíftek** beefsteak
**bìk** bull
**bikobór|ba** bullfight; ~ec bullfighter
**bilánca** balance (of accounts); **letna ~** annual balance sheet; **plačilna ~** balance of payments; **aktivna (pasivna) trgovinska ~** favourable (unfavourable) balance of trade
**bilijón** billion; *(Am)* trillion
**biljárd** billiards *(pl)*; *(Br)* snooker; *(Am)* pool *(s 15 oštevilčenimi kroglami)*
**biljetêr** ticket collector; *(v kinu, gledališču)* usher; ~ka usherette
**bílk|a** blade, spear; **travnata ~a** blade of grass; **oprijeti se vsake ~e** to grasp *(ali to clutch)* at a straw
**biltén** bulletin
**bingljáti** to dangle
**bínkošti** Whitsun(tide), Pentecost
**biografíja** biography; **kratka ~** profile
**biológ** biologist; ~íja biology
**biríč** catchpoll, catchpole, beadle
**bírma** confirmation; ~nec confirmee; **biti ~n** to be confirmed
**birokracíja** bureaucracy, red tape
**birokrát** bureaucrat
**bisága** bag, haversack, wallet

**bíser** pearl; *(steklen)* bead; **niz ~ov** string of pearls
**biserovína** mother-of-pearl
**biskvít** sponge cake
**bíster** clear, untroubled; transparent, limpid; *(pameten)* clever, bright, shrewd, smart, quick-witted
**bistríti** to clarify; ~ **se** to clear up
**bistroúmen** clever, bright, shrewd, smart
**bístven** essential, fundamental, principal, relevant
**bístvo** essence, nature, substance, gist
**bít** existence, entity, essence
**bíti\*** to be, to exist; *Kaj je s teboj?* What is the matter with you?; ~ **brez** to be without, to be short of
**bíti** *(bíjem)* to beat, to strike, to pulsate; ~ **se** to fight, to combat
**bítje** being, creature; beating, striking; pulse
**bítka** battle, fight; skirmish, encounter, combat
**bitúmen** bitumen
**bivák** bivouac; ~írati to bivouac, to camp out
**bivalíšče** (place of) residence, domicile; dwelling-place, abode
**bívati** to stay, to reside, to dwell; ~ **krajši čas** to sojourn
**bívol** buffalo
**bívši** former, late, past, ex-
**bízam** musk; *(krzno)* musquash
**bízon** bison, buffalo
**blág** gentle, sweet, meek; *(klima)* mild, temperate

**blagájna** money-box, cash-box; **bolniška ~** sick fund, health insurance; **državna ~** fisc, the Treasury; *(gledališka)* box office, ticket office; *(v trgovini)* till, cash-desk, check-out (counter); *(železna)* safe, strong-box; *(železniška) (Br)* booking office, *(Am)* ticket office

**blagájnik** cashier; *(v banki)* teller; *(društva)* treasurer

**blagínja** welfare, prosperity, well-being

**blagó** goods *(pl)*, commodity, merchandise; *(tekstil)* material, cloth; **potrošno ~** consumer goods; **~vna menjava** commodity exchange; **neprodano ~** goods left on hands

**blagohôten** benevolent

**blágor** *glej* BLAGINJA; **~ mu, ki** happy the man who

**blagoslòv** blessing, benediction

**blagoslovíti** to bless, to give one's blessing *(ali benediction); (posvetiti)* to consecrate

**blagoslovljèn** blessed, consecrated; **~a voda** holy water

**blagostánj|e** well-being, prosperity; **ekonomija ~a** welfare economics; **javno ~e** public welfare

**blamáža** disgrace, shame; *(neuspeh)* failure

**blamírati** *(koga)* to disgrace, to compromise someone; **~ se** to disgrace oneself, to make oneself ridiculous, to make a complete ass of oneself

**blankét** blank, form

**blanšírati** to blanch

**bláten** muddy, dirty, soiled, miry

**blátiti** to defame, to libel, to blemish; to throw *(ali* to fling) mud *(ali* dirt) at someone

**blátnik** mudguard, wing

**blát|o** mud, dirt, mire, filth; **človeško ~o** human excrement; **obtičati v ~u** to stick in the mud

**bláz|en** insane, mad, crazy, deranged; **~na sreča** sheer luck

**blazín|a** pillow, cushion; **okrogla ~a** round cushion; **(električna) grelna ~a** electric blanket; **zračna ~a** air mattress; **vozilo na zračni ~i** hovercraft

**blaझíran** blasé, cool

**blaznéti** to rave, to be crazy

**bláznež** lunatic, madman, maniac, insane person

**bláznost** insanity, madness, lunacy, mental disorder; **pripraviti koga do ~i** to drive someone mad *(ali* crazy)

**blážen** blessed, happy, overjoyed, blissful

**blažílen** soothing, appeasing

**blažíti** to soothe, to migitate, to appease

**blebetáti** to babble, to prattle, to gibber

**blebetàv** talkative, loquacious, chatty

**bléd** pale, pallid, wan

**bledéti** to grow *(ali* to turn) pale

**bléjati** to bleat
**blêkniti** to blurt out, to say, to utter; *(ovca)* to bleat
**blèsk** glitter, glare, brilliancy; *(blaga)* lustre; splendour
**blestéti** to glitter, to glare, to sparkle, to shine
**blê|sti** to be delirious, *B~de se mu.* He is delirious.; His mind is wandering.
**blestívka** *(vaba)* spinner, spoon bait
**blešč|áti se** to glitter, to sparkle, to flash, to blaze; *B~í se mi.* The light dazzles me.
**bleščíca** sequin
**blísk** lightning, flash; **širiti se kot ~** to spread like wildfire
**blískati se** to flash, to lighten
**blíšč** splendour, brilliancy, glitter
**blítva** (Swiss) chard, seakale beet
**blízu** near, close to
**blížáti se** to near, to approach, to draw *(ali* to come) near(er) *(ali* closer)
**bližína** nearness, closeness; proximity; vicinity, neighbourhood
**blížnji** near, close, neigbhouring; **~k** fellow-man, fellow-creature
**bližnjica** short-cut; *(Am)* cut-off
**bljúvati** to vomit, to throw up, to puke
**blodíti** to stray (about), to rove, to roam, to ramble, to wander about
**blódnja** aimless wandering *(ali* straying); *(zmota)* error, mistake, blunder; *(duševna zmedenost)* delirium
**blodnják** labyrinth, maze
**blók** *(skupina poslopij)* block, **stanovanjski ~** *(Br)* block of flats, *(Am)* apartment house; *(sešitek listov)* (note)pad, **~ec** jotter; *(zveza držav)* bloc, alliance
**blokáda** blockade
**blokírati** to blockade, to block (up, off); to surround with hostile troops; *(denar)* to freeze, to tie up
**blónd** blond, fair-haired
**blúza** blouse
**bòb** broad bean, horsebean; *Vse je ~ ob steno.* It is a waste of breath.; **reči ~u ~** to call a spade a spade
**bòb** *(tekmovalne sani)* bobsleigh, bobsled, bob
**bób|en** drum; **priti na ~** to go bankrupt *(ali* broke); **~nar** drummer
**bóber** beaver
**bóbnati** to drum, to beat the drum; to play drums; **s prsti ~ po mizi** to beat the devil's tattoo
**bobnéti** to boom, to roll, to rumble
**bóbnič** eardrum
**bóčen** side, lateral, flanking
**bóčiti (se)** to vault, to arch, to bend
**bodálo** dagger, poniard; *(Scot)* dirk
**bóder** brisk, lively, alert
**bodíca** point, prickle, spine, thorn; *(kovinska)* spike, barb
**bodíčast** prickly, thorny, spiny; **~a žica** barbed wire

**bódisi** ~ ... ~ either ... or, whether ... or

**bodóč|i** future, next, coming; **njegova ~a žena** his wife-to-be, his intended; **v ~e** in the future, in times to come

**bodóčnost** future, time to come, futurity

**bodríti** to encourage, to stimulate, to incite; to cheer up

**bóg** God, the Lord; **Moj ~!** Good heavens!, Good Lord!; **B~ ne daj!** God forbid!; **Če ~ da.** God willing.

**bogástvo** wealth, riches (*pl*); opulence, richness; **družbeno ~** social wealth

**bogàt** rich, wealthy, well-to-do, well off

**bogatéti** to become (*ali* to get) rich, to enrich oneself

**bogatíti** to enrich, to make rich

**bogínja** goddess

**bogočástje** worship of god, adoration

**bogomôlka** (praying) mantis

**bogoskrúnstvo** blasphemy, sacrilege

**bogoslôvje** theology, divinity

**bógvé** God knows, Heaven knows

**bohém(ski)** bohemian

**bohôten** luxuriant, exuberant, lush

**bòj** fight(ing), combat, battle, struggle; encounter, conflict, contest; **~ za obstanek** struggle for life; **narodnoosvobodilni ~** people's liberation war; **neodločen ~** drawn battle; **poulični** ~ street fighting; **smrtni ~** death struggle, agony; **volilni ~** election contest (*ali* campaign); **bíti ~** to fight a battle; **izzivati na ~** to challenge, to throw down the gauntlet; **pasti v ~u** to be killed in action

**bója** buoy

**bojázen** anxiety, anguish, apprehension, fear, dread

**bojazljív** cowardly, fearful

**bojèč** timid, shy, bashful

**bojeváti se** to fight, to struggle (**z** with, **proti** against), to combat; to contest

**bojevít** eager to fight, pugnacious, combative, militant

**bojevítost** fighting spirit, pugnacity, belligerence

**bojévnik** combatant, fighter, warrior; contender

**bojíšče** battlefield, battleground

**bojkótirati** to boycott; (*Am*) to freeze out

**bójler** (storage) water heater, (*Br*) geyser

**bók** hip, flank, side; (*živali*) haunch; **roke v ~** arms akimbo

**bóks** (*predelek*) box

**bòks** (*šport*) boxing; **~arski dvoboj** box(ing) match

**ból** pain, ache; sorrow, grief

**bolán** sick, ill, unwell, diseased

**bolèč** sore, painful, agonizing

**bolečína** pain, ache; grief, distress

**boléhati** to be in poor health, to be sickly, to be ailing; **~ na (za)** to suffer from

**bolést** grief, sorrow, affliction

**bolésten** painful, anguished, sorrowful; morbid

**boléti** to ache, to ail, to hurt, to pain; to grieve

**bolézen** illness, sickness, disease, malady, ill-health; **morska ~** seasickness; **nalezljiva ~** infectious (*ali* catching *ali* contagious) disease

**boleznína** sick benefit (*ali* allowance)

**Bolgár|ija** Bulgaria; **~r, b~ski** Bulgarian

**bólh|a** flea; **opikan od ~** fleabitten

**bólje** better; *Čim prej, tem ~.* The sooner the better.; **obrniti se na ~** to change for the better

**bóljšati (se)** to improve, to ameliorate; to better (oneself)

**bólnica** hospital, infirmary; **~ za duševne bolezni** mental hospital

**bolníca** sick woman, woman patient

**bólničar** male nurse; (*vojaški*) medical orderly, ambulance man; **~ka** nurse

**bolník** patient, sick person

**bolníšk|i** **~a blagajna** sick fund, health insurance; **~i dopust** sick leave; **~i list** medical record; **~i oddelek** sick ward; **~a postelja (soba)** sickbed (sickroom); **~a sestra** trained nurse; **~o spričevalo** doctor's note

**bolščáti** to goggle, to stare, to gaze

**bómba** bomb, shell; **atomska**

**~ atom(ic) bomb; tempirana ~** time bomb; **zažigalna ~** incendiary bomb

**bombardírati** to bombard, to bomb, to shell

**bombáž** cotton; **~no seme** cottonseed

**bómbnik** bomber

**bón** coupon, ticket, voucher; bond

**bonbón** sweet(s), confectionery; (*Am*) candy; **~iêra** box of sweets, (*Am*) candy box

**bonitéta** advantage; profit; perk

**bór** (*prvina*) boron; **~ova kislina** boric acid

**bòr** pine (tree)

**bórba** fight, struggle, combat, contest, strife

**bordél** brothel, whore house

**bórec** combatant, fighter; struggler; contender

**bóren** miserable, paltry, meagre, scarce

**boríti se** to fight, to combat, to struggle; to contest

**bôrov** pine; **~ gozdiček** pinewood; **~a iglica** pineneedle; **~ storž** pinecone

**borovníca** blueberry, billberry; (*Am*) huckleberry

**bórza** (stock) exchange, money market; **~ dela** employment agency, labour exchange; **črna ~** black market

**bórz|en** (of) exchange; **~na cena** market price; **~ni posrednik** stockbroker

**bós** barefoot(ed)

**Bós|na** Bosnia; **~anec, b~ánski** Bosnian

**bôsti** to sting, to prick, to pin; to stab, to pierce; (z rogovi) to butt; *To bode v oči.* It is an eyesore.

**bòt** even, quits; **biti ~ s kom** to be even (*ali* quits) with somebody

**botáni|ka** botany; **~čni vrt** botanical gardens (pl)

**bót|er** godfather; **~ra** godmother; sponsor; **krstni ~ri** godparents

**botrováti** to act as godfather (*ali* godmother); to sponsor; (*biti glavni vzrok*) to be responsible for

**božánski** divine, heavenly, godlike

**božánstvo** deity, divinity

**bôžati** to caress, to stroke, to pat

**bôžič** Christmas (Day), X-mas; *Vesel ~!* Merry Christmas!; **božíč|ek** Father Christmas, Santa Claus; **~ne čestitke** Christmas greetings; **~no drevo** Christmas tree; **~na pesem** Christmas carol; **~ni večer** Christmas Eve

**božjást** epilepsy, falling sickness

**božjást|en** epileptic; **~ni napad** epileptic fit (*ali* seizure)

**bôžj|i** God's, of God; divine, godlike; **~i blagoslov** God's blessing; **~a pot** pilgrimage; **~a sodba** ordeal; **po ~i milosti** by the grace of God; *Človek ~i!* Man alive!

**bráda** chin; (*dlaka*) beard; **dvojna ~** double chin; **kozja ~** goatee

**bradavíca** wart, mole; **prsna ~** nipple

**brádlja** parallel bars (pl); **dvovišinska ~** asymmetric bars (pl)

**brajda** trellis; trellis-work (for vines)

**brál|ec** reader; **pisma ~cev** correspondence column

**brámor** mole cricket

**brán** defence, resistance; **postaviti se v ~** to make a stand

**brána** harrow; **mrežna ~** (field) drag

**bránati** to harrow

**braník** bulwark, bastion

**branílec** defender; (*na sodišču*) counsel for the defence, barrister, solicitor; advocate; (*nogomet*) back

**bráníti** to defend (**pred** from, **proti** against), to shield; (*na sodišču*) to defend, to advocate, to plead for; **~ se** to resist, to withstand; **~ se česa** to refuse, to decline

**bránjevec** (*Br*) barrow boy, coaster(monger); (*Am*) pushcart man; vegetable-man, fruit-seller

**bránža** branch; line (of business)

**bràt** brother; **pol~** half-brother; **rodni ~** full brother; **samostanski ~** friar; **vinski ~** tippler, toper, soak

**bráti** to read; to collect; **~ grozdje** to gather grapes, to vintage; **~ hmelj** to pick hops; **~ mašo** to say mass

**brátiti se** to fraternize

**bratomòr** fratricide

**brátovščin|a** fraternity, brotherhood, fellowship, guild; **piti ~o s kom** to drink to the pledge of friendship

**bratránec** cousin; **pravi ~** first cousin; **~ v drugem kolenu** second cousin

**brátski** fraternal, brotherly

**brátstvo** brotherhood, fraternity; **~ in enotnost** brotherhood and unity

**brávo** bravo!; hear! hear!; well done!

**brázda** furrow, groove; *(guba)* wrinkle; *(za ladjo)* wake

**brazgotína** scar, cicatrice, gash

**Brazil|ija** Brazil; **~ec, b~ski** Brazilian

**brbljáti** to babble, to prattle, to chatter

**bŕcati** to kick

**bŕdo** hill, hillock

**brég** *(morski)* shore; *(rečni)* bank; *(gorski)* slope, hill; **Ima nekaj za ~om.** He has something up his sleeve.

**bréj ~a krava (svinja)** pregnant, with young

**brêm|e** load, burden; cargo, freight; trouble, drag; **javna ~éna** public charges; **biti komu v ~e** to be a drag on someone

**bréncelj** gadfly, horse-fly

**brenčáti** to buzz, to hum, to drone

**brénkati** to strum, to twang; **~ po strunah** to sweep *(ali* to touch) the strings

**brénta** tall wooden tub carried on shoulders

**bréskev** peach (tree)

**brést** elm(tree)

**brêsti** to wade; **~ v dolgove** to run *(ali* to get) into debts

**brez** without; **~ dela** out of work; **~ denarja** penniless; **~ doma** homeless; **~ dvoma** no doubt, undoubtedly; **~ odlašanja** without delay; **~ sape** out of breath; **~ šale** joking apart; **~ zgornjega dela obleke** topless

**bréza** birch(tree)

**brezalkohól|en** nonalcoholic; **~na pijača** soft drink

**brezbóžen** atheistic, godless, irreligious, impious

**brezbrížen** indifferent, unconcerned, negligent, easygoing

**brezcíljen** aimless, purposeless

**brezčúten** unfeeling, senseless, insensitive

**brezdélje** idleness, inactivity, leisure

**brezdómec** homeless person, stray

**brezglàv** headless, brainless, thoughtless, crazy

**brezhíben** faultless, flawless; *(vedenje)* impeccable, irreproachable

**brezmádežen** immaculate, pure; spotless, stainless

**brezmêjen** boundless, unlimited, infinite

**breznačêlen** unprincipled

**brêzno** precipice, abyss, chasm

**brezobrésten** interest-free, without interest

**brezobzíren** reckless, ruthless inconsiderate

**brézovka** birch (rod)

**brezpláčen** free (of charge), gratis

**brezpogój|en** unconditional, unreserved, absolute; ~na predaja unconditional surrender

**brezpôseln** unemployed, out of work, (Am) jobless; podpora za ~e dole, unemployment benefit

**brezpôselnost** unemployment; prikrita ~ disguised unemployment

**brezpráven** without rights, disfranchised

**brezrazréden** classless

**brezrokávnik** sleeveless pullover; vest, waistcoat

**brezskŕben** carefree, untroubled

**brezsŕčen** heartless, ruthless, cold-hearted

**brezštevílen** countless

**breztákten** tactless, indiscrete

**breztéž|en** weightless; ~nost weightlessness

**brezúpen** hopeless, desperate

**brezuspéšen** unsuccessful, ineffective, useless; fruitless

**brezvérec** atheist, unbeliever

**brezvésten** unscrupulous

**brezvétrje** calm, lull

**brezvládje** anarchy

**brezzráč|en** airless; ~ni prostor vacuum

**brezžíčen** wireless, cordless

**bŕhek** (dekle) pretty, comely; (fant) handsome; nice, graceful, (Am) cute

**brídek** bitter, painful

**bríga** glej SKRB

**brigáda** brigade; delovna ~ working brigade; udarniška ~ shock brigade

**brígati se** to care (for ali about), to concern oneself (with ali about); to see to; Zase se brigaj! Mind your own business!; To me nič ne briga. It is no concern of mine., It is none of my business.

**briljánt** diamond, brilliant

**brínje** juniper (tree); (jagoda) juniper berry

**brínovec** gin

**brís** smear

**brisáča** towel; (neskončna, na valju) roller towel

**brisálka** (krpa) duster; (za posodo) tea towel (ali cloth), dishcloth; (za brisanje tal) mop

**brísati** to wipe, to clean, to dry; ~ z gobo to sponge; ~ prah to dust; ~ tla to mop; ~ dolgove to cancel someone's debts; ~ magnetofonski zapis to erase a recording

**Britán|ija** Britain; ~ec British, Briton; b~ski British

**brítev** razor; brítvica razor blade

**brí|ti (se)** to shave (oneself), to have a shave; ~ti norce to make fun of, to make a fool of, to pull someone's leg; Veter ~je. (fig) The wind blows hard.

**brítj|e** shave, shaving; čopič (milo, krema) za ~e shaving brush (soap, cream); losjon po ~u after shave

**brívec** barber

**brívnik** *(električni)* electric razor

**brízg** jet, gush, spurt

**brizgálka** syringe, squirt

**brizgálna** *(gasilska)* fire engine; *(za škropljenje rastlin)* spray

**brízganec** wine (mixed) with soda water

**brízgati** to jet, to spurt, to gush, to spout, to hose; *(blato)* to splash

**bŕki** moustache; *(mačji)* whiskers *(pl)*; *(ribji)* barb

**brkljáti** to rummage, to make a hasty search

**brléti** to glimmer, to flicker, to twinkle

**brljàv** weak-sighted, dimsighted

**brlòg** den, lair, haunt

**brnéti** to buzz, to drone, to whiz(z), to whir(r)

**bród** *(plitvina)* ford; ferry, ferryboat

**brodár** ferryman, boatman, navigator

**brodíti** to wade; to paddle

**brodník** ferryman

**brodol|òm** shipwreck; **doživeti ~òm** to be shipwrecked; **~ómec** shipwrecked person, castaway

**bróm** bromine

**bròn** bronze

**brošíran** stitched, in paper covers *(ali* boards); **~a knjiga** paperback

**brošírati** to bind in paper covers; to sew *(ali* to stitch) together

**bróška** brooch, breast-pin

**brošúra** brochure, pamphlet; sewed *(ali* stitched) book

**brózga** slop, sludge; *(snežna)* slush

**bŕskati** to ransack, to rummage, to scour

**bŕst** bud, sprout

**brstéti** to bud, to sprout, to burst into leaves

**brstíč|en ~ni ohrovt** brussels sprouts

**bršlján** ivy

**brúc** freshman, fresher

**brúhati** to vomit, to throw up, to puke, to be sick; *(vulkan)* to erupt

**brúnarica** log cabin, shack

**brúndati** to hum, to croon

**brúno** beam, girder

**brús** grindstone, whetstone; *(osla)* hone

**brúsiti** to grind, to whet, to sharpen; to hone

**brúsnica** cranberry

**brúto** gross; **~ dohodek** gross income

**bŕv** footbridge; *(na ladji, letalu)* gangway, gangplank

**bŕz** fast, quick, rapid, swift, speedy; *(korak)* brisk

**bŕzda** bridle, *(uzda)* rein

**bŕzdati** to bridle, to curb; **~ se** to refrain, to abstain from

**brzíc|a** rapid(s); **prevoziti ~e** to run the rapids

**brzína** *glej* HITROST

**brzinomér** speedometer, tachometer

**brzojáv** telegraph; **~ka** telegram, wire, cable(gram)

**brzojáviti** to telegraph, to wire, to cable

**brzostrélka** machine gun

**bŕzovlák** fast train, express train

**bŕž** quickly, fast, swiftly, immediately, at once; ~ **ko** as soon as

**búba** pupa, chrysalis; *(sviloprejka)* cocoon

**búcika** pin

**búča** pumpkin, gourd

**bučáti** to roar, to boom

**búčen** roaring, boisterous, noisy, tumultuous

**búden** awake, sleepless, vigilant; watchful, alert

**budílka** alarm clock

**budíti** to awake, to wake, to be awaken; ~ **se** *(nemirno spati)* to have a broken sleep; **budilna služba** wake-up service

**budžét** budget; (annual) estimates (pl); **predvideti v ~u** to budget for

**bújen** luxuriant, exuberant, lush, rich, prolific

**bujón** broth, clear soup

**búk|ev** beech (tree); ~**ov žir** beech mast

**búla** tumour, bump; *(tur)* boil; *(listina)* bull

**búldožer** bulldozer

**búljiti** to gaze, to stare, to gape

**búnda** fur-lined jacket

**búnka** bump, swelling

**búnker** bunker, pillbox, shelter

**búr|en** stormy, turbulent; ~**ni časi** stirring times *(pl)*; ~**no ploskanje** thunderous *(ali* frantic) applause

**búriti** to stir up, to excite, to agitate

**búrja** (strong) north-east wind; **kraška ~** the Kras bora

**búrk|a** prank, jest, buffoonery, farce; **uganjati ~e** to fool around, to play tricks

**búrkast** farcical, clowny, ludicrous

**búrkež** jester, buffoon, clown

**búrkle** (fire-)tongs

**buržoáz|en** bourgeois; ~**na demokracija** bourgeois democracy

**buržoazíja** bourgeoisie, middle class

**búška** bump, swelling

**bútara** bundle, faggot

**bútec** blockhead, jackass, *(coll)* zombie

**butéljk|a** bottle (of wine); **odpreti in izpiti ~o** to crack a bottle

**búzdovan** spiked (fighting) club; mace

# C

**C** letter C

**cájna** wicker basket

**cándra** *(vlačuga)* prostitute, harlot, strumpet, whore

**capín** tramp, ragamuffin, guttersnipe

**capljáti** to trip, to shuffle along

**cár** tsar, tzar, emperor; ~íca tsarina, tzarina, empress

**carín|a** *(urad)* customs *(pl)*; *(dajatev)* duty, tariff; ~e prost duty-free; ~i zavezan liable to duty, dutiable; ~árnica customs house, *(Am)* customhouse

**carínik** customs officer *(ali* official)

**caríniti** to clear goods (through customs); to impose customs duties on

**carínjenje** customs examination *(ali* clearance)

**cedíl|o** strainer, colander; pustiti koga na ~u to let someone down, to leave someone on the lurch

**cedí|ti** to strain, to filter, to percolate; ~ti se to drip, to trickle; *Sline se mi ~jo.* My mouth waters.

**cédra** cedar

**cefráti** to ravel out, to unravel

**céh** guild

**cékar** shopping bag; two-handled (straw) bag; *(Am)* tote-bag

**cekín** gold coin, gold piece

**cél** whole, entire, all, complete, total, unbroken, undivided

**célica** cell; *(samica)* solitary cell; telefonska ~ telephone box *(ali* booth)

**celína** continent, mainland

**céliti (se)** to heal, to cure

**celó** even, still

**celôt|a** totality, entirety, whole; v ~i on the whole, entirely

**celôten** entire, complete, total, integral

**celovítost** integrity; ozemeljska ~ territorial integrity

**celulóza** pulp; cellulose

**cemènt** cement; zaliti s ~om to grout with cement

**cén|a** price; monopolna (stroškovna, tržna) ~a monopoly (cost, market) price; nabavna (prodajna) ~a purchase (selling) price; polovična ~a half-price; pretirana (zmerna) ~a unreasonable (moderate *ali* reasonable) price; trdne ~e *(brez popusta)* fixed prices; po lastni ~i at cost price; za smešno ~o for a mere

song; **po znižani ~i** at a reduced price; **nenaden padec ~** slump; **zahtevati previsoko ~o** to overcharge; **listek s ~o** price-tag
**cenén** cheap, inexpensive
**ceník** price list; **~ jedil** bill of fare
**cení|lec** valuer, appraiser; **~tev** valuation, appraisal, estimate
**céniti** to appraise, to estimate, to rate, to value; *(spoštovati)* to appreciate, to esteem; to treasure, to cherish; **visoko ~** to think highly of; **premalo ~** to underrate, to undervalue
**cénjen** esteemed, respected, appreciated, cherished; **~i gostje** dear guests; **vaše ~o pismo** your kind letter
**cènt** 100 kilograms; *(stotina dolarja)* cent
**cénter** centre
**céntiméter** centimetre; *(merilni trak)* tape measure
**centrála** head office; **električna ~** power plant; **telefonska ~** telephone exchange
**centrál|en** central, head, main; **~na kurjava** central heating
**centralízem** centralism
**centralizírati** to centralize; to concentrate
**centrifúga** centrifuge; *(za mleko)* cream separator; *(za perilo)* spin dryer
**cénzor** censor
**cenzúr|a** censorship; **~írati** to censor, to licence

**cépec** *(orodje)* flail; *(teslo)* boor, churl
**cepetáti** to stamp, to flounce
**cepíč** graft, scion
**cepín** ice-ax(e), ice-pick, pickax(e)
**cepíti** *(drva)* to split, to cleave; *(rastline)* to graft, to inoculate; *(med)* to vaccinate; to separate, to divide; **~ se** *(pot, reka)* to fork, *(železnica)* to diverge
**cepívo** vaccine, serum
**cérkev** church; **farna ~** parish church
**cerkóvnik** sexton, sacristan
**cerkvén** ecclesiastical, church; **~i obredi** liturgy
**césar** emperor; **~íca** empress
**cesárski** imperial; **~ rez** caesarean section
**cesárstvo** empire
**césta** road, *(Am)* highway; *(v naselju)* street, avenue; **ávto~** motorway, *(Am)* freeway, expressway; **enosmerna ~** one-way street; **glavna ~** main road, *(med mesti)* trunk road; **obvozna ~** ring road; **rimska ~** Milky Way, galaxy
**cést|en** road, street; **~ni delavec** roadman; **~ni obvoz** *(namenoma zgrajen)* bypass, *(začasen)* diversion, detour; **~no omrežje** road system *(ali network)*; **~ni podvoz (nadvoz)** underpass, subway (overpass, flyover); **~na razsvetljava** street lighting; **~ni rob** roadside; **~ni ropar** highwayman
**cestíšče** roadway; *(dvignjeno)* causeway

**cestnína** (public road) toll
**cév** tube, pipe; *(gumijasta)* hose; *(izpušna)* exhaust pipe; *(puškina)* barrel
**cevovôd** pipeline, tubing
**cigàn** gipsy, gypsy
**cigára** cigar
**cigarét|a** cigarette; **doza (ustnik) za ~e** cigarette case (holder); **zavojček cigaret** pack(et) *(ali (Am)* package) of cigarettes
**cíkati** to hint (**na** at), to allude
**cikcák** zigzag
**cikláma** cyclamen
**ciklón** cyclone, tornado
**ciklostí|l** cyclostyle; **~rati** to cyclostyle
**cíklus** cycle
**cikórija** chicory
**cilínder** *(valj)* cylinder; *(steklen)* glass; *(pokrivalo)* top *(ali* silk) hat, *(Am)* high hat; **zložljivi ~** opera hat
**cílj** aim, scope, goal; object, objective, purpose; *(tarča)* target, mark; *(potovanja)* destination; **~ati na** to aim at
**címbale** *(glasbilo)* cymbal(s)
**címet** cinnamon
**cín** *(kositer)* tin, pewter
**cíncati** to waver, to hesitate, to linger, to shilly-shally
**cingljáti** to tinkle, to jingle
**cíni|k** cynic; **~čen** cynical, contemptuous
**cínk** zinc
**cinóber** cinnabar, vermilion
**cípa** tart, whore, harlot, strumpet
**Cíp|er** Cyprus; **~rčan, c~rski** Cypriot
**ciprésa** cypress

**cirílica** Cyrillic alphabet *(ali* characters)
**cirkulárka** circular saw, *(Am)* buzz saw
**cirkulírati** to circulate
**církus** circus
**císta** cyst
**cistêrna** cistern, tank; *(kamion)* road tanker, tank lorry; *(ladja, letalo)* tanker; *(vagon)* tank car
**citát** quotation, citation
**citírati** to quote, to cite
**cítre** zither
**civíl|en** civil, civilian; **~na obleka** plain clothes
**civilizácija** civilization
**civilizírati** to civilize
**cíza** pushcart, handcart
**cmériti se** to whimper, to whine, *(Am)* to snivel
**cmòk** dumpling, ball; *(mlask)* smack
**cmokáti** to smack (one's lips); **~ pri jedi** to munch, to champ
**còf** tassel
**cókla** clog, sabot, wooden shoe; *(zavora)* skid; *(ovira)* drag
**cóla** inch (2,54 cm)
**cóna** zone, belt
**copáta** slipper
**copátar** henpecked husband
**crkníti** to die, to expire; to perish
**cúcek** cur
**cúcelj** dummy, comforter, pacifier
**cúla** bundle, pack
**cúnja** rag, cloth; *(za prah)* duster; **kuhinjska ~** dishcloth

**cúnjar** ragman, ragdealer, ragpicker

**cúrek** jet (of water), gush

**curljáti** to trickle, to drip; *(puščati)* to leak

**cvèk** brad, sprig, hobnail

**cvè|sti** to blossom, to bloom; to flourish, to prosper; ~**tóč** blossoming, blooming; flourishing, prosperous

**cvét** flower, blossom, bloom

**cvetáča** cauliflower

**cvét|en** flowery, floral; ~**ni list** petal; ~**ni prah** pollen

**cvèt|en** ~**na nedelja** Palm Sunday

**cvetéti** *glej* CVESTI

**cvetlíca** flower

**cvetličár** florist; ~**na** florist's shop

**cvíček** (tart) light red wine from Lower Carniola (Dolenjska)

**cvíliti** to whine, to wail, to squeak, to squeal

**cvrčáti** to chirp, to chirrup; *(v masti)* to sizzle

**cvŕček** cricket

**cvréti** to fry; ~ **mast** *(topiti)* to render fat

**cvŕtnik** *(posoda)* chip pan

**cvrtnják** pancake, omelette

# Č

**Č** letter Č

**čàd** soot, lampblack

**čáj** tea; **kamiliční ~** camomile tea; **lipov ~** lime-blossom tea; **skuhati ~** to make tea

**čáj|en** **~no pecivo** small cakes, tea biscuits, *(Am)* cookies; **~na ročka, čajnik** teapot; **~na skodelica** teacup; **~na žlička** teaspoon

**čakálnica** waiting room

**čákati** to wait (for), to await; **~ v vrsti** to queue (up)

**čáplja** heron

**čár** charm, fascination, glamour; *(čaranje)* spell, magic, enchantment

**čárati** to practise magic *(ali* witchcraft, sorcery), to conjure; *(začarati)* to bewitch, to enchant, to cast a magic spell over

**čarób|en** magic, enchanting, fascinating; **~na palica** magic wand; **~ni napoj** love potion

**čaróvnica** witch, sorceress, enchantress; hag

**čaróvnik** wizard, sorcerer, magician, enchanter, conjurer

**čaróvništvo** witchcraft, magic, sorcery

**čàs** time; *(gram)* tense; **poletni (delovni) ~** daylight saving time; **prosti ~** leisure, spare time; *Skrajni ~!* High time!

**čásnik** *glej* ČASOPIS

**čásnikar** newspaperman, journalist, pressman

**časomér** chronometer, timepiece, timekeeper

**časopís** newspaper, paper, journal; *(ilustriran)* magazine; periodical, review

**časóven** temporal, chronological

**část** honour; respect, distinction, esteem; **pod ~jo** beneath one's dignity

**část|en** honourable, honorary; **~ni član (doktor)** honorary member (doctor); **~no sodišče** court of honour

**častihlépen** ambitious

**častílec** worshipper, admirer, adorer, venerator

**častíti** to worship, to honour; to respect, to revere

**častítljiv** venerable, respectable

**částnik** (commissioned) officer

**čáša** glass, goblet, tumbler; calyx

**čè** if, whether, in case; **~ ne** unless; **~ le** provided; **razen ~** except if

**čebél|a** bee; **~a delavka** worker bee, honeybee; **~ár** beekeeper

**čebelnják** beehouse, apiary

**čebèr** bucket, pail, tub

**čebljáti** to prattle, to babble, to chatter

**čebúla** onion; *(npr. tulipanova)* bulb

**čečkáti** to scribble, to scrawl

**čéden** good-looking; *(dekle)* pretty, *(fant)* handsome; nice; neat, clean

**čédnost** virtue; cleanness

**čédra** (short) pipe

**ček** cheque; **~ brez kritja** bouncer, uncovered cheque; **potovalni ~** traveller's cheque

**čekàn** fang, tusk

**čeláda** helmet

**čêlen** frontal, front, head-on

**čeljúst** jaw

**čélo** *(glasbilo)* violoncello, cello

**čêlo** forehead, front, brow

**čeméren** morose, sullen, dour, grim; moody, cross

**čemú** *glej* ZAKAJ

**čénč|a** gossip, talk, tittle-tattle; **babje ~e** old wives' tales; **Č~e!** Rubbish!, Nonsense!

**čenčáti** to jabber, to babble; to chatter

**čèp** plug, stopper, cork, bung

**čepéti** to squat, to cower, to crouch

**čépica** cap, bonnet, hood

**čepràv** although, though; **Č~ je še tako pozno.** However late it may be.

**čér** cliff, rock, reef, crag

**česáti** to comb; *(konja)* to curry

**čês|en** garlic; **strok ~na** clove of garlic

**česnáti** to talk nonsense *(ali rubbish)*

**čestítati** to congratulate (on), to felicitate (on), to compliment (on)

**čestítka** congratulation, good wishes, felicitation

**čèš** on the ground (that); as if to say

**češárek** cone; fir cone, pinecone

**češčênje** adoration, worshipping, veneration

**Čé|ška ~ška republika** the Czech Republic; **~h, č~ški** Czech

**češmín** barberry

**čéšnja** cherry (tree)

**čéšnjevec** cherry brandy, kirsch

**čéšplja** plum (tree); **suha ~** dried plum, prune

**čéta** troop, company, squad

**čétnik** guerrilla fighter, chetnik

**čétrt** quarter; fourth; **~ ure** a quarter of an hour; **stanovanjska (mestna) ~** residential quarter *(ali district, area)*

**četŕtek** Thursday; **veliki ~** Holy Thursday

**četŕti** fourth

**četŕtič** fourthly, for the fourth time

**četrtín(k)a** a quarter, one fourth; *(notna vrednost)* crochet

**četrtléten** quarterly

**četúdi** although, though
**četvérček** quadruplet
**četvérec** *(brez krmarja)* (light) four; *(s krmarjem)* four with coxswain, coxed four
**četvéren** fourfold, quadruple
**četverokótnik** square, quadrangle
**četveronóžec** four-footer, quadruped
**četvórka** *(ples)* quadrille
**čév|elj** shoe; boot; *(dolžinska mera, 0,3048 m)* foot; **lakasti ~lji** patent leather shoes; **močni usnjeni ~lji** brogues; **smučarski ~lji** ski boots; **športni ~lji** *(za hojo)* walking shoes
**čevljár** shoemaker, bootmaker
**čez** over, across, beyond; past, after; via
**čezméren** excessive, extravagant, immoderate
**čezmôrski** oversea(s), transatlantic
**čežána** apple purée *(ali sauce)*
**čígar** whose
**čigáv** whose
**čík** cigarette end *(ali butt)*
**číl** lusty, sturdy, vigorous; **biti ~ in zdrav** to be fit and well
**Číl|e** Chile; **~ec, č~ski** Chilean
**čím ~ prej** as soon as possible; **Č~ prej, tem bolje.** The sooner the better.
**čín** *(vojaški)* rank
**činéle** cymbals *(pl)*
**číp** *(comp)* chip
**čípk|a** lace; **~e** lacework; **~arica** lacemaker

**čír** ulcer
**číslati** *glej* CENITI
**číst** clean, clear, pure; *(spolno)* chaste
**čistílec** cleaner, cleanser; **~ čevljev** shoeshine (boy); **kemični ~** dry cleaner
**čistíl|en** cleaning, cleansing; **~na naprava** purifying plant; sewage works; **~no sredstvo** cleanser, detergent
**čistílnica** refinery; **kemična ~** dry cleaner's shop
**čístiti** to clean, to make clean, to cleanse; to purify, to refine; **kemično ~** to dry-clean; **~ si perje** to preen one's feathers; **~ progo** to clear the line; **~ program** *(comp)* to debug a computer program
**čístk|a** purge; **narediti (politično) ~o** to purge
**čísto** purely; quite, entirely
**čistôča** cleanness, cleanliness
**čistokŕven** purebred, thoroughbred
**čistopís** fair *(ali clean)* copy
**čístost** purity, innocence; *(spolna)* chastity
**čitálnica** reading room
**čítanka** reader, book for practice in reading
**čítati** *glej* BRATI
**čitljív** readable, legible
**čívkati** to chirp, to cheep
**člán** member, fellow; **~ žirije, porote** juror, juryman
**članarína** membership fee *(ali subscription)*, dues *(pl)*
**člának** article; **uvodni ~** leading article, editorial
**članstvo** membership, affiliation

**člén** *(gram)* article; *(verige)* link

**člének** knuckle; *(gram)* particle

**člôvek** man, human (being), creature

**človekoljúbje** philanthropy, humanity

**človéšk|i** human; **~a ribica** Proteus anguineus

**človéštvo** mankind, human race, humanity

**čmŕlj** bumblebee

**čòf!** splash!

**čofotáti** to splash, to dabble; *(po blatu)* to squelch

**čóhati** to currycomb

**čokàt** thickset, short and stocky, stubby

**čokoláda** chocolate; **tablica ~e** bar of chocolate

**čóln** boat; **~ na vesla** rowing boat, *(Am)* rowboat; **gumijast ~** rubber boat; **majhen ~** dinghy; **motorni ~** motorboat; **rešilni ~** lifeboat; **ribiški ~** fishing boat; **zložljiv ~** folding *(ali* collapsible*)* boat

**čolnáriti** to boat, to sail, to row

**čolnárna** boathouse

**čolníček** *(tkalski)* shuttle

**čòp** tuft, pigtail; *(pri živali)* crest

**čópič** brush; **~ za britje** shaving brush; **slikarski ~** paintbrush

**čréda** herd, flock

**črepínja** shard, *(v arheologiji)* potsherd, splinter, sliver, fragment; *(lobanja)* skull

**čreslovína** tannin, tannic acid

**créva** bowels *(pl)*, intestines *(pl)*, guts *(pl)*

**crevésen** intestinal

**crevó debelo ~** large intestine, colon; **tanko ~** small intestine; **slepo ~** blind gut; **~ za klobase** sausage casing

**čŕhniti** to utter, to say; **ne ~ besede** not to breathe a word

**črìček** cricket

**čŕka** letter, character, type; **velika ~** capital letter; **velika tiskana ~** block letter

**črkováti** to spell

**čŕn** black; **~a borza** black market; **~ kruh** brown bread; **delo na ~o** moonlighting; **delati kot ~a živina** to work like a nigger

**Čŕn|a gôra** Montenegro; **~ogórec**, **č~ogórski** Montenegrin

**čŕn|ec** black man; coloured man; Negro; **~ka** black woman; coloured woman; Negress; *(zaničevalno)* nigger

**čŕníl|o** ink; **~nik** inkpot, inkstand

**čŕnín|a** black colour; *(žalna obleka)* weeds *(pl)*; **Je v ~i.** She is in mourning.; **~a** *(vino)* dark red wine

**črníti** to blacken, to colour *(ali* to paint*)* black; *(klevetati)* to slander, to backbite

**črnoborzijánec** black marketer, *(Br)* spiv

**čŕpálka** pump; **bencinska ~** petrol *(ali* filling*)* station, *(Am)* gas(oline) station

**čŕpati** to pump, to work a pump

**čŕta** line; *(obraza)* feature; **ravna ~** straight line; **zračna ~** beeline

**čŕtálnik** *(za ustnice)* lipstick

**čŕtálo** *(ravnilo)* ruler; *(pri plugu)* coulter

**čŕtati** to draw lines, to rule; *(razveljaviti, brisati)* to cancel, to cross out *(ali* off), to cut out; to erase

**čŕv** worm; *(v siru)* mite; *(v hrani, sadju)* maggot; **~ív** wormy, worm-eaten, maggoty

**čtívo** reading matter, books; **lahko ~** light reading

**čúd** temper, disposition, nature, temperament

**čudák** queer person *(ali* fish), odd fellow

**čudáški** queer, odd, weird, eccentric, strange, cranky

**čúden** strange, queer, peculiar, odd, uncommon, unusual

**čúdež** miracle, wonder; **delati ~e** to work wonders

**čudéž|en** miraculous, prodigious; **~ni otrok** infant prodigy

**čúditi se** to wonder, to be amazed *(ali* surprised, astonished), to marvel

**čúdo** miracle, wonder, prodigy, phenomenon

**čudodélen** miraculous, working wonders

**čudovít** wonderful, marvellous, delightful, gorgeous

**čúk** screech owl

**čústven** feeling, emotional, sentimental

**čústvo** feeling, sentiment, emotion

**čustvováti** to feel, to show emotion; **~ s kom** to feel for someone, to sympathize with

**čút** sense; **~ za barve (lepoto)** sense of colour (beauty); **~ dolžnosti (odgovornosti)** sense of duty (responsibility); **~ za orientacijo** sense of direction; **~ sluha** sense of hearing

**čútara** gourd, flask, canteen, water-bottle

**čúten** sensual, luscious

**čú|ti** to hear; to be awake, to wake; **~ječ** watchful, vigilant, alert

**čutílo** organ of sense

**čutíti** to feel, to sense

**čuváj** keeper, guard, warden, custodian, watchman; **gozdni ~** forest guard, ranger; **jetniški ~** (prison) warder *(ali* guard), jailer; **nočni ~** night watchman

**čuvár** keeper, guardian

**čúvati** to watch, to guard, to protect; *Čuvaj se!* Be careful! Take care!

**čvekáč** babbler, chatterbox, big mouth

**čvekáti** to babble, to prattle, to talk nonsense

**čvŕst** strong, vigorous, robust, muscular; solid, firm, tough

# D

**D** letter D

**dà** yes; all right; *Mislim* ~. I think so.; ~ **ali ne** yea or nay

**da** that; ~ **bi** in order that; ~ **ne bi** lest; **kakor** ~ as though

**dajálec** giver

**dajálnik** *(gram)* dative

**daját|ev** tax, tribute, duty; ~**ve** *(prispevki)* contributions *(pl)*

**dajáti** to give, to present with; to yield, to produce, to bear; *(doprinesti)* to contribute

**dáleč** far (off, away), distant(ly); **od** ~ from afar; ~ **najboljši** by far the best; ~ **od tega** far from it

**dálija** dahlia

**daljáva** distance, remoteness; length, stretch

**dálje** farther, further; **od leta 1990** ~ from 1990 onwards; **in tako** ~ and so on *(ali* forth); ~ **prihodnjič** to be continued

**dáljen** remote, far-off, distant

**daljín|a** length, range; **skok v** ~**o** long jump *(ali* leap); ~**sko vodenje** remote control

**daljnoglèd** field glasses *(pl)*, binoculars *(pl)*; telescope; opera glasses *(pl)*

**daljnoséžen** far-reaching, wide-ranging; ~ **ukrep** sweeping measure

**daljnovíden** far-sighted; *(Am)* long-sighted

**daljnovòd** power line, electricity transmission line

**Dalmá|cija** Dalmatia; ~**tínec, d~tínski** Dalmatian

**dáma** lady; **dvorna** ~ lady-in-waiting; *(igra)* draughts *(pl)*

**damást** damask

**dán** day, daylight, daytime; **delovni** ~ working day, workday; **plačilni** ~ payday; **prosti** ~ day off; **rojstni** ~ birthday; **sodni** ~ Doomsday; **štirinajst dni** fortnight; ~ **za dnem** day by day; **dvakrat na** ~ twice a day; **nekega dne** *(za prihodnost)* one *(ali* some) day; **oni** ~ the other day; **pri belem dnevu** in broad daylight; **priti na** ~ to came to light; **kakor noč in** ~ as chalk and cheese

**danášnji** today's, present, actual, up-to-date, current

**dándánes** nowadays, in these days

**dánes** today, this day; ~ **zjutraj** this morning; ~ **zvečer** this evening, tonight; *Katerega smo* ~? What is the date today?

**daníca** morning star, Venus

**daníti se** to dawn; *Dani se.* The day breaks.

**Dán|ska** Denmark; ~ec Dane; Danish; ~ski Danish

**dár** *glej* DARILO; *(nadarjenost)* talent, faculty, gift

**darežljív** generous, liberal, lavish

**darílo** present, gift; donation; *(za spomin)* keepsake, token

**daroválec** donor, giver; immolator

**darováti** to give (as a present), to present with, to make a present of; to offer, to sacrifice, to donate

**dátelj** date (tree)

**dáti** to give, to present (with); to hand (over); ~ **naprej** to pass on; ~ **si kaj narediti** to have *(ali* to get) something done; *Daj bog!* God grant!; *Bog ne daj!* God forbid!

**datotéka** *(comp)* file; **delovna (začasna)** ~ work (scratch) file

**dátum** date; **brez** ~a undated

**dávč|en** tax(ation), taxable; ~**na obveznost** taxation; ~**na olajšava (oprostitev, utaja)** tax abatement (exemption, evasion); ~**na politika** fiscal *(ali* tax) policy; ~**ni urad, davkarija** revenue office; ~**ni zavezanec** taxpayer

**dáv|ek** *(državni)* tax; *(mestni, občinski)* rate; *(carinski)* duty; *(cestnina, mitnina)* toll; ~**ek na dohodek** income tax; **posredni (neposredni)** ~**ek** indirect (direct) tax; **prometni** ~**ek** purchase tax; **zapuščinski** ~**ek** death duty; **oproščen** ~**ka** tax-free, duty free; ~**ku zavezan** tax-able, liable to tax; **naložiti** ~**ke** to impose taxes; **pobirati** ~**ke** to collect *(ali* to levy) taxes

**dáven** ancient, antique

**dávi** this morning

**dávica** diphtheria, croup

**dáviti** to strangle, to throttle, to choke, ~ **se** to gag, to retch

**dávno** long ago, ages ago

**debát|a** discussion; ~**írati** to discuss

**dêbel** *(človek)* fat, stout, corpulent, obese; *(steklo, zid)* thick; *(laž)* big; *(glas)* deep; **trgovina na debélo** wholesale

**debelíti se** to put on weight, to grow fat

**debelóst** *(človek)* fatness, stoutness, corpulence, obesity; *(stvari)* thickness

**debelúšen** plump, chubby, podgy

**debitírati** *(v gledališču)* to make one's first appearance; *(v družbi)* to be presented to society

**dêblo** trunk, stem

**decêmber** December

**decimál|en** decimal; ~**na pika (vejica)** decimal point

**deciméter** decimetre

**decimírati** to decimate

**déček** boy, lad, youngster; guy, chap

**déd** grandfather; ~**ek** gran(d)dad, grandpa

**déd|en** hereditary, inheritable; ~**na bolezen** hereditary disease; ~**na pravica** right of succession

**dédič** heir, inheritor, legatee,

successor; **nujni ~** heir in tail; **zakoniti ~** heir apparent

**dédinja** heiress, inheritress

**dédiščina** heritage, inheritance; *(zapuščina)* legacy, bequest

**dédovati** to inherit

**defékt** breakdown, failure, defect, flaw

**deficít** deficit, shortfall, deficiency

**defil|é** march past; **~írati** to march past, to defile

**defini|cija** definition; **~rati** to define, to determine

**deflácija** deflation

**deform|ácija** deformity; **~írati** to deform, to distort

**degeneríran** degenerate

**degradírati** to degrade, to debase

**dehtéti** to smell sweet, to be flagrant

**dejánj|e** action, act, deed; **biti zasačen pri ~u** to be caught red-handed

**dejánski** actual, real, virtual, existent

**dejánsko** actually, as a matter of fact, in point of fact, really, virtually

**dejáven** active, busy

**dejávnik** factor, agent, instrument

**dejávnost** activity; **gospodarska ~** economic activity; **rekreacijske ~i** recreational activities; **zunajšolske ~i** extracurricular activities

**déjstvo** fact, matter of fact

**dekàn** dean; **~át** deanery, dean's office

**dékla** maid, (maid)servant

**deklamírati** to recite, to declaim

**deklarácija** declaration; **carinska ~** customs declaration

**deklè** girl, maid, lass

**déklica** (young) girl, lass(ie); missy; **morska ~** mermaid

**deklinácija** *(odklon)* declination; *(gram)* declension

**deklíšk|i** girlish, maidenlike; **~o ime** maiden name

**deklíštvo** girlhood, maidenhood

**dekodír|ati** to decode; **~nik** decoder

**dekolt|é** décolleté, low neckline; **~írati** *(obleko)* to cut a low neckline

**dekor|ácija** decoration; *(gledališče, film)* scenery; **~írati** to decorate; **~atêr** decorator, *(v gledališču)* scenic artist

**dekrét** decree, order, edict

**dél** part, share, portion, piece; **nadomestni ~** spare (part); **sestavni ~** component, ingredient

**délati** to work, to be at work; to do, to make, to manufacture, to function; **trdo ~** to toil, to labour; **~ se** to pretend, to make believe, to feign; **~ komu krivico** to do wrong to someone; **~ napake** to make mistakes; **~ sitnosti** to cause trouble

**délavec** worker, workman, hand, labourer; **(ne)kvalificirani ~** (un)skilled worker; **polkvalificirani ~** semiskilled worker; **pisarniški ~** clerical (*ali* white-collar) worker; **ročni ~** manual (*ali* blue-collar) worker; ~ **zdomec** migrant worker

**délaven** busy, diligent, industrious, active, hard-working

**délávnica** workshop, workroom, service

**délavnik** working day, workday

**délavnost** agility, diligence, industry

**délavsk|i** labour, workers'; ~o gibanje labour movement; ~a kontrola workers' supervision; ~i razred working class; ~i svet workers' council

**délavstvo** workpeople, labour; **tovarniško** ~ factory hands (*pl*)

**delazmóžen** able (*ali* fit) to work; able-bodied

**délec** fragment, particle

**delegácija** delegation; body of delegates

**delegát** delegate; deputy; representative; ~ **zbora** deputy to the assembly; ~ski sistem delegational system

**dél|en** partial; ~no plačilo part payment; ~no partly, partially

**délež** share, portion, part

**deléžen** participating, sharing; biti ~ to participate, to share, to partake

**deléžnik** (*gram*) participle

**delfín** dolphin; porpoise

**delikatésa** delicacy; (*trgovina*) delicatessen

**delíkt** offence, crime, violation, misdeed, trespass, misdemeanour

**delírij** delirium, raving, frenzy

**delítev** division, partition, sharing, distribution; ~ **dela** division of labour; ~ **dohodka** distribution of income

**delíti** to divide, to distribute, to share (with); (*karte*) to deal

**deljênje** division

**deljív** divisible, separable

**délnica** share, (*Am*) stock; **navadna (prednostna)** ~ ordinary (preference) share

**délničar** shareholder, (*Am*) stockholder

**dél|o** work, labour; **družbeno** ~o social work; **duševno** ~o brainwork; **minulo** ~o past labour; **ročno (pisarniško)** ~o manual (clerical) work; **poljsko** ~o farm work; **poskusno** ~o trial period; **presežno** ~o surplus labour; **priložnostna** ~a odd jobs; **združeno** ~o associated labour; **živo** ~o current labour; ~o **na črno** moonlighting; **dovoljenje za** ~o work permit

**delodajálec** employer

**delojemálec** employee, workman

**delokróg** range of activities, sphere of action; domain

**déloma** partly, in part

**delomŕz|en** lazy, unwilling to work; ~než shirker

**delováti** to act, to operate, to work, to function, to run; ~ **na** to act upon, to have an effect on

**délov|en** working, labour; ~ni čas working hours;

*(uradne ure)* business *(ali office)* hours; **~ni dan** working day, workday; **~na izmena** shift; **~ni ljudje** working people; **~no področje** field of activity, domain; **~ni pogoji** working conditions; **~na sila** workforce, manpower; **~na skupnost (organizacija)** working community (organization); **~na sredstva (odnosi)** labour resources (relations); **~na storilnost** efficiency of labour, productivity

**delovódja** foreman; *(Am)* superintendent

**deložírati** to dislodge, to turn out (of a house); *(sodno)* to evict

**demag|ogíja** demagogy; **~óg** demagogue

**demantírati** to deny, to belie, to contradict

**demilitarizírati** to demilitarize

**demisíj|a** resignation; **podati ~o** to resign, to submit one's resignation

**demobiliz|ácija** demobilization; **~írati** to demobilize

**demok|racíja** democracy; **~rát** democrat; **~ratizírati** to democratize

**demokrátič|en** democratic; **~na družba** democratic society

**démon** evil spirit, demon, fiend, devil

**demonstrácij|a** demonstration; **prirediti množične ~e** to stage mass demonstrations

**demonstránt** demonstrator, protester

**demonstrírati** to demonstrate; to take part in a demonstration

**demontírati** to dismantle, to dismount, to take apart, to take to pieces

**demoralizírati** *(koga)* to demoralize, to dishearten, to discourage

**denacionalizírati** to denationalize

**denár** money, currency; *(sl)* vampum; *(drobiž)* change; *(gotovina)* ready money, cash; **kovan ~** coin; **papirnati ~** paper money; banknote, *(Am)* bill; **ponarejen ~** counterfeit money; **dvigniti (vložiti) ~** to withdraw (to deposit) money; **pobirati ~** to raise (ali to collect) money; **posoditi (dolgovati) ~** to lend (to owe) money; **potrošiti (varčevati) ~** to spend (to save) money

**denár|en** monetary, pecuniary, financial, money; **~na kazen** fine; **~na nakaznica** money *(ali postal)* order; **~ni obtok** circulation of money; **~na politika (sistem)** monetary policy (system); **~na sredstva** financial resources *(pl)*; **~ni trg** money market; **~na vrednost** cash value

**denárnica** purse; *(za papirnati denar)* wallet, *(Am)* pocket book

**dentíst** dentist

**denuncírati** to denounce; **~ koga** to split on someone

**depandánsa** annex, outbuilding; branch

**deponírati** to deposit

**deportíra|ti** to deport; ~nec deportee

**depresíja** depression

**deprimíran** depressed, rundown, despondent, in low spirits

**deputácija** deputation, delegation

**deratizácija** extermination of rats, deratization

**deréza** crampon; climbing iron

**deróč** rushing, rapid, torrential

**desánt** drop, landing; **padalski** ~ parachute drop; **pomorski** ~ landing operation

**desêrt** dessert; *(Br)* pudding, sweet, afters *(pl)*

**desét** ten; ~ **zapovedi** the Ten Commandments

**desetéren** tenfold, decuple

**desetínski** decimal

**desétkati** to decimate

**desetlétje** decade

**desk|á** board, flat length of lumber, plank, batten; **jadralna** ~a surfboard; **likalna** ~a ironing board; **odskočna** ~a springboard; **oglasna** ~a noticeboard; **risalna** ~a drawing board; **skakalna** ~a diving board; **polagati** ~e, **opažiti** to board, to plank, to panel

**désn|i** right, right-hand; **na** ~**i** on the right; **na** ~**o** to the right; **biti komu** ~**a roka** to be somebody's right-hand man

**desníčar** right-hander; *(politično)* rightist, right-winger

**destilírati** to distil

**dešifrírati** to decipher, to decode

**déšk|i** boyish; ~**a leta** boyhood

**detektív** detective, investigator; **privatni** ~ private eye

**détel** *(ptič)* woodpecker

**dételja** clover, trefoil; **nemška** ~ lucerne

**determinírati** to determine, to fix, to define, to identify

**déti dobro** ~ to do good; *Nič ne de.* It doesn't matter.

**detomòr** infanticide

**devalv|írati** to depreciate; ~**irati dolar** to devalue the dollar; ~**ácija** depreciation, devaluation

**devét** nine

**devétdeset** ninety

**devêt|i** ninth; ~**a dežela** fairyland, wonderland

**devétnajst** nineteen

**devíca** virgin, maid; **stara** ~ old maid, spinster; ~ **Marija** Virgin Mary

**devíški** virgin(al), maiden, chaste, innocent, pure

**devíštvo** virginity, chastity

**devíze** foreign currency, foreign exchange

**dezert|êr** deserter; *(strankarski)* turncoat; ~**írati** to desert, to abandon

**dezinformírati** to misinform, to mislead

**dezintegrácija** disintegration

**dèž** rain; **droben** ~ drizzle; **hud** ~ heavy rain; ~**évje** rains *(pl)*, rainy weather; *Na*

~ *kaže*. It looks like rain.;
priti z ~jà pod kap to go
from bad to worse

**dežêla** country, land; **deveta**
~ fairyland, wonderland;
**obljubljena** ~ Promised
Land; **sveta** ~ Holy Land

**dežel|àn** countryman; **~ánka**
countrywoman

**dèž|en** rain; **~ni plašč** rain-
coat, mac(kintosh); water-
proof

**deževáti** to rain; **močno** ~ to
rain hard, to pour; **rahlo** ~
to drizzle; ~ **kot iz škafa** to
rain cats and dogs

**dežéven** rainy

**deževnica** rainwater

**dežévnik** *(črv)* earthworm;
*(ptica)* plover

**dežnik** umbrella; **zložljiv** ~
folding umbrella; **odpreti** ~
to put up one's umbrella

**dežúr|ati** to be on duty; **~stvo**
turn of duty; **~en** *(častnik)*
officer of the day; *(sestra)*
duty nurse

**diagnó|za** diagnosis; **~stici-
rati** to diagnose

**diagrám** diagram, chart,
graph

**dialékt** dialect

**dialéktič|en** dialectical; **~ni
materializem** dialectical
materialism

**dialóg** dialogue

**diamánt** diamond; **surov
(brušen)** ~ rough (cut) dia-
mond

**diapozitív** (lantern) slide;
transparency

**diét|a** diet; **držati se ~e** to be
on diet; *(hujšati)* to diet

**diferencírati** to differentiate

**digitál|en** digital; **~izírati** to
digitize

**díh** breath; **zadrževati** ~ to
hold one's breath; **brez ~a**
breathless

**dihálen** breathing, respira-
tory

**díhanje** breathing, respira-
tion; **umetno** ~ artificial
respiration

**díhati** to breathe, to respire

**dihúr** polecat, *(Am)* skunk

**diják** secondary *(ali* high)
school student

**diktafón** dictaphone, dictat-
ing machine; *(Am)* voice
recorder

**dikt|át** dictation; **pisati po
~atu** to write from *(ali* at)
dictation; **~irati** to dictate

**diktátor** dictator, **~ski** dicta-
torial

**diktatúra** dictatorship

**diletánt** amateur, dilettante

**dìm** smoke; **~na zavesa**
smokescreen

**dímnik** chimney; *(cev)* flue;
*(ladje)* funnel; *(tovarniški)*
chimney stack

**dímnikar** chimney sweep

**dinámičen** dynamic, ener-
getic

**dinámo** dynamo

**dinastíja** dynasty

**dínja** melon

**diplóma** degree, diploma,
certificate

**diplom|acíja** diplomacy; **~át**
diplomat

**diplomátsk|i** diplomatic; **~i
zbor** diplomatic corps; **~a
misija (intervencija, zašči-**

**ta)** diplomatic mission (intervention, protection); **~i privilegiji in imuniteta** diplomatic privileges and immunity

**diplomíra|ti** to take a degree; to graduate; to get a certificate; **~nec** university graduate

**dír** gallop

**direkcíja** (top) management, head office, directorate, administration

**direktíva** instruction, directive

**diréktor** manager, director, *(Am)* executive; *(šolski)* headmaster

**direndáj** tumult, bustle, uproar, hullabaloo

**dirigènt** conductor, *(Am)* leader; *(godbe na pihala)* bandmaster

**dirigírati** to conduct *(ali* to lead) an orchestra

**dírka** race; **~lišče** racecourse, racetrack

**dírkati** to race, to run

**disciplín|a** discipline; **~írati** to discipline, to bring under control; **~ski** disciplinary

**disertácija** (o on) thesis, *(pl)* theses; dissertation; **doktorska ~** doctoral thesis

**dísk** discus; **metalec ~a** discus thrower; *(comp)* disk

**diskotéka** disco(theque); record collection

**diskréten** discreet

**diskriminácija** discrimination; **rasna (nacionalna) ~** racial (national) discrimination

**disku|síja** discussion, debate; **~tírati** to discuss, to debate

**diskvalificírati** to disqualify, to incapacitate

**dispanzêr** dispensary, clinic, welfare centre

**dišáti** to smell sweet, to be flagrant; **~ po** to smell of

**dišáva** fragrance, perfume; *(začimba)* spice

**dišèč** fragrant, scented, perfumed

**dívan** sofa, settee, divan

**diverzíj|a** diversion; **izvesti ~o** to carry out a diversion

**dividénda** dividend

**divizíja** division

**divjáčina** game; *(jed)* venison

**divjád** game; **drobna ~** small deer; **mala (velika) ~** small (big) game; **pernata ~** game birds

**divják** savage, wild man; vandal

**divjáški** savage, wild, barbaric, vandalic

**divjáti** to rage, to romp, to rave

**dívji** wild, savage, ferocious; *(razposajen)* boisterous; **~ kostanj** horse chestnut; **~ lovec** poacher

**divjína** wilderness

**dláka** hair; *(živalska)* fur *(ali* coat, shag); **~v** hairy, furry, shaggy

**dlakocép|ec** hairsplitter; **~iti** to split hairs; **~en** hairsplitting, pedantic

**dlán** palm; **ležati na ~i** to be evident

**dlêsen** gum; toothridge

**dléto** chisel
**dljè** farther
**dnév|en** daily; **~ni red** agenda; **dati na ~ni red** to place on the agenda; **~na soba** living room; **~na svetloba** daylight
**dnévnica** daily allowance; daily wages
**dnévnik** diary; *(časopis)* daily, journal; *(ladijski)* log book; *(televizijski)* the news
**dnínar** day labourer, journeyman
**dnò** bottom, ground; *Izpij do dna!* Bottoms up!
**do** to, up to; *(časovno)* till, until, to; *(krajevno)* as far as
**dôba** period, epoch, era, time, age, season; **kamena ~** Stone Age; **rastna ~** growing season; **~ spolnega dozorevanja** puberty
**dobáva** delivery, supply
**dobavítelj** provider, supplier, purveyor; *(živil)* caterer
**dobáviti** to provide, to supply, to purvey, to deliver, to cater
**dobávnica** supply order, bill of delivery
**dóber** good, kind, gracious
**dobeséden** literal, verbatim, word for word
**dobíček** profit, gain; **podjetniški ~** profit of enterprise
**dobíčkar** profiteer; **~stvo** profiteering
**dobičkonôsen** lucrative, profitable, gainful
**dobítek** prize; **zadeti glavni ~** to hit the jackpot
**dobíti** to get, to receive, to obtain; to gain, to win; *(bolezen)* to catch
**dobítnik** winner, gainer, recipient
**dobríkati se** to flatter, to coax
**dobrína** good, boon
**dôbro** well; *Je že ~.* Never mind., It's all right.
**dobrodéjen** wholesome, salutary, comforting, pleasant
**dobrodél|en** charitable, benevolent; **~ni prispevki** charitable donations; **v ~ne namene** for charity
**dobrodóšel** welcome
**dobrodóšlic|a** welcome; **želeti ~o** to welcome
**dobrodúšen** good-natured, kind-hearted
**dobrohôten** benevolent
**dobrosŕčen** good-hearted, kind
**dobróta** goodness, benevolence, kindness
**dobrotljív** good, benevolent, kind, beneficent
**dobrótni|k** benefactor; **~ca** benefactress
**dobrovóljen** good-natured
**dóbršen** considerable
**docènt** senior university teacher; (senior) lecturer, *(Br)* reader, *(Am)* assistant professor
**dočakáti** to live to see; **~ visoko starost** to live to a great age
**dodátek** addition, supplement, extra, appendix; *(k pogodbi)* clause; *(k plači)* bonus, allowance; *(za nevarno delo)* danger money; *(k zakonu)* novel

**dodát|en** supplementary, additional, extra; **~no** in addition to

**dodáti** to add; *(dopolniti)* to supplement; *(na koncu)* to append

**dodelíti** to assign, to allocate, to allot

**dóga** *(pri sodu)* stave; *(pes)* mastiff

**dogájati se** to take place, to happen, to occur, to come about; *Kaj se dogaja?* What's going on?

**dogléden** within sight, foreseeable

**dógm|a** dogma, **~átičen** dogmatic

**dognánje** finding, result, discovery

**dognáti** to find out, to ascertain, to establish

**dogód|ek** event, occurrence, happening, incident; **poln ~kov** eventful

**dogodíti se** to happen, to take place, to occur, to come, to pass, to befall

**dogodívščina** adventure

**dogovárjati se** to take counsel, to confer; *(za ceno)* to bargain

**dogóvor** agreement, arrangement, consensus, treaty, pact; **družbeni ~** social compact

**dogovoríti se** to agree (on, about), to make an arrangement (with), to settle, to appoint

**dohájati** to keep pace with, to keep up with

**dohitéti** to catch up

**dohòd** access, entry, driveway

**dohód|ek** income; **državni ~ek** revenue; **občinski (presežni) ~ek** local (surplus) revenue; **osebni (stranski) ~ek** personal (supplemental) income; **razporejanje ~ka** distribution of income

**dohodnína** income tax

**dojênček** baby, infant

**dojéti** to comprehend, to understand, to take in, to realize

**dojílja** wet nurse

**doj|íti** to breast-feed, to suckle; **~ênje** breast-feeding

**dójka** (woman's) breast

**dók** dock; **plavajoči (suhi) ~** floating (dry) dock

**dókaj** pretty, rather; a great deal, much, considerably

**dokàz** proof, evidence, reason, ground, token; *(math)* demonstration

**dokázati** to prove, to give proof of, to provide evidence; to demonstrate

**dokláda** (supplementary) allowance, bonus; **draginjska ~** cost-of-living adjustment; **družinska (otroška) ~** family (child) allowance

**doklèr** as long as, while; **~ ne** till, until

**dokolénk|a ~e** kneehighs; *(pumparice)* knickerbockers *(pl)*, *(Am)* knickers *(pl)*

**dokončáti** to finish, to end, to bring to an end, to terminate

**dóktor** doctor; *(zdravnik)* physician; **~ filozofije (medicine, prava, znanosti)** doctor of philosophy (medicine, law, science); **častni ~** honorary doctor

**doktor|át** doctorate, doctor's degree; **~írati** to take one's doctorate

**dokumènt** document, instrument, deed; **~írati** to document; **~áren** documentary

**dôl** down, downward(s); *(po hribu)* downhill; *(po stopnicah)* downstairs

**dólar** dollar

**dólbsti** to groove, to gouge; *(z dletom)* to chisel

**Dolénj|ska** Lower Carniola, Dolenjska; **~ec, d~ski** Lower Carniolan

**doletéti** to come upon, to befall, to happen, to occur to

**dólg** debt, sum due; **častni ~** debt of honour; **hipotečni ~** mortgage; **nacionalni (javni) ~** national (public) debt; **neizterljivi ~** bad debt

**dólg** long, lengthy; *(bolezen)* lingering

**dólgčas** boredom, dullness, tediousness; *D~ mi je.* I am bored; **preganjati ~** to beguile the time

**dolgín** very tall person, beanpole

**dólgo** long, for a long time; *Še ~ ne.* Far from it.; *Kako ~?* How long?

**dolgočásen** boring, tedious, tiresome, weary, dull

**dolgočásiti** to bore, to tire, to weary; **~ se** to be bored, to feel dull

**dolgočásnež** bore

**dolgolás** long-haired

**dolgoléten** long-lasting, of long duration

**dolgonóg** long-legged

**dolgopŕstnež** *(žepar)* pickpocket

**dolgoróč|en** long-term; long-run, long-range; **~no načrtovanje** long-term planning

**dolgorók** long-armed

**dolgóst** length; *(časovno)* duration

**dolgotrájen** lasting, of long duration

**dolgoúh** long-eared

**dolgovalóven** long-wave

**dolgováti** to owe, to be indebted to

**dolgovézen** verbose, long-winded, prolix

**dolgovéznost** verbosity, prolixity

**dolgožívost** longevity

**dôli** down there; below, beneath, underneath; *(v hiši)* downstairs

**dolína** valley; vale, dale; **koritasta rečna ~** rift-valley; **solzna ~** *(fig)* vale of tears; **udorna ~** shake hole

**doló́čb|a** provision; *(v pogodbi)* stipulation; **ustavne ~e** constitutional provisions

**doló́č|en ~ni člen** *(gram)* definite article; **~en odgovor** clear answer

**določítev** definition, determination, appointment, stipulation

**določíti** to define, to determine, to fix; to appoint, to assign

**dolomít** dolomite, magnesian limestone

**dólžen** indebted, owing, bound, obliged

**dolžína** length; *(geografska)* longitude; *(valovna)* wavelength

**dolžíti** to accuse (of), to charge (with), to blame (for)

**dolžník** debtor

**dolžnóst** duty, obligation, task; **po ~i** in duty bound; **sveta ~** bounden duty; **vršilec ~i** *(npr. direktorja)* **(v.d.)** acting (director)

**dolžnósten** obligatory, duty

**dóm** home; **počitniški ~** hostel; **~ za starejše** home for the elderly; old people's home; **~ za slepe** home for the blind; **študentski ~** hall of residence

**domá** at home, *(Am tudi)* home; *Je ~?* Is he in?; *Počutite se kakor ~.* Make yourself at home.

**domàč** home, homely; domestic; familiar; native, indigenous, local; **~ kruh** home-baked bread; **~a obrt** cottage industry; **~e zdravilo** domestic remedy; **~a žival** domestic animal

**domačín** native, local

**domének** appointment, date

**domeníti se** to arrange, to agree (on), to concert

**domèt** range; **iz ~a** out of range; **v ~u** within range

**dómina** domino; *(igra)* dominoes *(pl)*

**dominánten** dominant, **~ položaj** dominant position

**domíseln** imaginative, inventive, creative

**domíslek** idea, thought, fancy; sally

**domísliti se** to enter one's mind, to hit upon an idea, to occur to

**domíšljati si** to imagine, to fancy, to presume; to flatter oneself

**domišljàv** conceited, self-important, vain

**domišljíja** imagination, fantasy, fancy

**domnéva** assumption, supposition, hypothesis, surmise

**domnévati** to assume, to suppose, to presume, to surmise

**domnéven** supposed, assumed, alleged

**domobránec** member of the home guard, militiaman, territorial

**domobránstvo** home guard, militia, territorial army

**domoljúb** patriot; **~je** patriotism

**domotóžje** homesickness, nostalgia; **~en** homesick, nostalgic

**domóv** home, homeward(s)

**domováti** to live, to dwell

**domovína** native country *(ali* land), fatherland, homeland, native soil

**donéti** to sound, to resound, to thunder

**donòs** yield, produce, return; **padajoči ~** diminishing return

**donôsen** productive, lucrative, profitable

**dopís** letter, missive, note

**dopís|en** **~ni član** corresponding member; **~ni prijatelj** pen-friend, pen-pal; **~na šola** correspondence school

**dopísnica** postcard

**dopís|nik** correspondent; **~ováti si s kom** to correspond with someone

**doplačílo** additional payment; **~ poštnine** excess postage

**dopóldan** morning, forenoon

**dopóldne** in the morning; **jutri ~** tomorrow morning

**dopolnílo** supplement, addition, amendment; *(math)* complement

**dopolníti** to supplement, to complete

**dopovédati** to make somebody understand, to make the matter clear

**dopŕsje** bust

**dopúst** leave, holiday, vacation; *(vojaški)* furlough

**dopústen** allowed, permissible, admissible; *(gram)* concessive

**dopustítev** allowance, permission, concession

**dopustíti** to allow, to permit, to tolerate, to suffer, to concede

**dopústnik** holidaymaker; *(Am)* vacationer

**dorásel** grown-up, adult, of age

**dorásti** to grow up, to come of age

**doséči** to reach, to achieve, to attain

**dosedánj|i** previous, earlier, up to the present; **~a poro-**

čila reports so far *(ali* hitherto) received

**dosèg** reach; **na ~u** within reach, at hand; **zunaj ~a** out of reach

**doseglјív** within reach, attainable, reachable

**doselíti se** to move to, to come to, to migrate (to)

**doséžek** achievement, result, score; **testni ~** test score

**dosjé** file, dossier

**dosléden** consistent, uncompromising, strict

**doslužíti** to serve one's time; *(do upokojitve)* to become due for retirement

**dosmŕten** lifelong, for life

**dospélost** maturity, falling due; expiration

**dosp|éti** to arrive (at), to come (to), to get (to); *(menica)* to fall due, to mature; **~èl** *(menica)* due, *(račun)* payable, mature; *(zapadel)* overdue

**dostáv|a** delivery, transfer; **plačljivo ob ~i** to be paid on delivery

**dostáviti** to deliver; *(dodati)* to add

**dostávnica** bill *(ali* note, receipt) of delivery

**dôsti** enough, sufficiently; *(precej)* rather, pretty; a great deal of, much, a lot; *To bo ~!* That will do!

**dôstikrat** often, frequently, many times

**dostojánstven** dignified; **~o** with dignity

**dostojánstv|o** dignity; **~enik** dignitary, personage

**dostójen** decent, respectable, proper

**dostòp** access, admission, approach, entry, entrance; **prost ~** open access; **prepovedan ~** no admittance

**dostópen** accessible, approachable; *(oseba)* amenable; **lahko (težko) ~** easy (difficult) of access

**dóta** dowry

**dotácija** grant, endowment

**dotakníti se** to touch, to come in contact (with); *(omeniti)* to refer to, to mention

**dotík** contact, touch

**dotírati** to endow, to support (with a grant)

**dotòk** affluence, influx, flow

**douméti** to understand, to comprehend, to grasp

**dovájati** to conduct, to convey, to supply, to direct

**dovódnica** *(žila)* vein

**dovolílnica** permit, licence; **ribolovna ~** fishing permit

**dovolíti** to permit, to allow, to concede, to grant; **~ si** to take the liberty (of)

**dovòlj** enough, sufficiently

**dovoljênje** permission, licence, permit; **~ za lov** shooting licence; **~ za posest in nošenje orožja** to carry firearms licence; **vozniško ~** driver's licence

**dovòz** supply, conveying; *(za vozila)* access, approach, drive

**dovršèn** perfect, excellent; *(končan)* accomplished, finished; **~ost** perfection

**dovršíti** to accomplish, to complete, to end, to finish, to terminate

**dovtíp** joke, jest; **~en** humorous, witty

**dovzéten** susceptible, sensitive to; impressionable, receptive

**dovzétnost** susceptibility, sensitiveness, impressionability, receptiveness

**dóza** dose; **premočna ~** overdose; **prenizka ~** underdose; **~ za cigarete** cigarette case

**dozdàj** till now, up to now, up to the present, so far, hitherto

**dozdévati se** to seem, to appear, to look (like)

**dozdéven** apparent, presumptive, seeming, supposed

**doz|oréti** to ripen, to mature, to season; **~órel** ripe, mature

**doživéti** to experience, to live to see; **~ nezgodo** to meet with an accident

**doživétje** experience

**doživljáj** experience, adventure, episode

**doživljênjsk|i** lifelong, for life; **~a zaporna kazen** life imprisonment

**dráčje** brushwood

**drág** expensive, dear, costly, valuable; **~ kamen** precious stone; **vrniti milo za ~o** to pay in a person's own coin

**drági** sweetheart, lover, darling, dear

**dragínj|a** high cost of living, dearness, costliness; **~ska doklada** cost-of-living adjustment

**dragocén** precious, costly, valuable

**dragúlj** jewel, gem, precious stone

**dragúljar** jeweller('s) (shop)

**drám|a** drama, play; **~átik** dramatist, playwright; **~átičen** dramatic

**dramatúrg** stage manager (ali director); **~íja** dramaturgy

**dramíti** to wake, to rouse, to stir up, to cheer up, to encourage

**drapírati** to drape

**drástičen** drastic

**dráž** charm, allure

**drážba** auction, auction sale, public sale

**dražílec** auctioneer

**dražílo** stimulant, irritant

**drážiti** to tease, to irritate, to provoke

**dražíti** to raise the price, to outbid, to make dearer

**dŕča** chute, runway; (za les) timber slide

**drčáti** to slide, to glide

**drdráti** to rattle, to clatter, to rumble

**drégati** to poke, to thrust, to dig; **rahlo ~** to nudge

**drémati** to doze, to take (ali to have) a nap, to nap

**dremàv** drowsy, sleepy, somnolent

**drémež** snooze, nap, doze, siesta

**drèn** cornel, dogwood; **zdrav kot ~** as fit as a fiddle

**drenúlja** cornelian cherry, dogberry

**dresírati** to train

**dréti** (zobe) to pull, to extract; (kožo) to skin, to flay; (voda) to gush; **~ se** to shout, to yell, to cry

**drevésnica** (tree) nursery

**drévi** this evening, tonight

**drévje** trees (pl); **iglasto ~** conifers, coniferous trees; **listnato ~** deciduous trees

**drevó** tree; **sadno ~** fruit tree

**drevoréd** avenue, alley

**drézati** to poke, to stoke; (s komolcem) to nudge; (posredovati) to prod

**drgetáti** to quiver, to shiver, to tremble, to shake

**dŕgniti** to rub, to chafe

**drhál** mob rabble, gang

**drhtéti** glej DRGETATI

**dríska** diarrhoea

**dŕn** tek čez ~ in strn cross-country race

**dŕnec** trot

**dróbec** particle, bit, fragment, scrap, splinter

**dróben** tiny, small, little, dainty, minute, wee, fine

**drobíti** to crush, to crumble, to break into pieces; **~ se** to fall into pieces

**drobíž** (small) change

**drobljív** fragile, brittle, crumbly, crisp

**drobníca** small cattle, sheep and goats

**drobnják** chive, chives

**drobnolastníštvo** small-scale ownership

**drobóvje** intestines (pl); entrails (pl); bowels (pl); **~ perutnine** giblets (pl)

**drobtína** (bread-)crumb

**dróg** pole, post, rod, bar; **brzojavni ~** telegraph pole;

**~ za zastavo** flagpole; *(telovadni)* horizontal bar

**dróg|a** drug; **uživalec ~** drug addict

**drogeríja** druggist's (shop); *(Am)* drugstore

**drózg** thrush

**droží** *(kvas)* yeast, leaven; *(na dnu)* dregs *(pl)*, (wine) lees *(pl)*, sediment

**drsalíšče** skating rink

**dŕs|ati se** to skate; **~álec** skater

**drséti** to slide, to slip, to glide

**drstíti se** to spawn

**drúg** *(pri poroki)* best man

**drúg** another, other; **nihče ~** nobody else

**drugáče** otherwise; in another way, differently

**drugáčen** different, unlike, disparate, diverse

**drugàm** elsewhere; **nekam ~** somewhere else

**drúg|i** second; other; **~o leto** next year; **~i najboljši** second best; **vsak ~i dan** every other day; **drug za ~im** one after the other; **~i omenjeni** the latter

**drúgič** secondly, for the second time; at some other time

**drugjé** elsewhere; **nekje ~** somewhere else

**drugoróden** heterogeneous

**drugôten** secondary

**drugovŕsten** second-rate

**drúščin|a** company; **delati ~o** to keep company

**drúštvo** association, society, union, club; **dobrodelno ~** charitable society; **~ književnikov** Writers' Association; **~ narodov** League of Nations; **planinsko ~** mountaineering society

**družáben** social, sociable, companionable, convival, friendly

**družábnik** partner, companion, associate; **tihi ~** silent *(ali* sleeping) partner

**drúžba** society, company; *(povabljena)* party; **delniška ~** joint-stock company; **visoka ~** high society, jet set

**drúžben** social; **~oekonomski položaj** socio-economic status; **~o dogovarjanje** social consultation; **~a lastnina** social property; **~opolitični sistem (zbor v skupščini)** socio-political system (chamber); **~a samozaščita** social self-protection; **~a skupnost** social community; **~a sredstva** socially owned resources; **~a zemlja** common land

**družboslóv|je** sociology; **~ec** sociologist

**družíca** *(pri poroki)* bridesmaid, *(Am)* maid of honour

**družín|a** family; **načrtovanje ~e** family planning

**družínski** family; **~ človek** family man

**družíti** to unite, to join; **~ se** to associate with; to mix, to mingle with

**dŕva** wood, firewood

**drvár** woodcutter, woodsman

**drvárnica** woodshed

**drvéti** to rush, to run, to race

**dŕzen** bold, daring, audacious

**dŕzniti si** to dare, to venture; to be bold

**dŕznost** boldness, daring, audacity, nerve; *(nepremišljena)* temerity

**dŕža** deportment, bearing, attitude; *(glave, telesa)* pose, posture

**držáj** handle; *(meča)* hilt

**držáti** to hold, to keep; ~ **se** česa to cling to, to hang onto

**držáv|a** state, country; **neuvrščene ~e** non-aligned countries; ~**e v razvoju** developing countries; **skupnost suverenih ~** confederacy, confederation (of states); **tamponska ~a** buffer state; **zvezna ~a** federation

**držáv|en** state; ~**na blagajna** (public) treasury, exchequer; ~**ni dohodek** inland revenue; ~**ni dolg** national debt; ~**na himna** national anthem; ~**na služba** civil service; ~**na uprava** public administration; ~**na varnost** national security

**državljàn** citizen, subject; **tuji ~** alien, citizen of another country

**državljánski** civic, civil

**državljánstvo** citizenship, national status

**držávnik** statesman, politician

**dúcat** dozen; **tri ~e** three dozen

**dúd|e** bagpipes *(pl)*; ~**ar** bagpiper

**dúh** spirit, mind; intellect, genius; *(prikazen)* ghost, phantom, apparition, spook;

*(vonj)* smell, scent, odour; **zli ~** evil spirit; **sveti D~** Holy Spirit; **imeti ~ po** to smell of

**duhamóren** tedious, boring, dull

**dúhati** to smell, to scent

**duhóven** spiritual, religious

**duhovít** witty, ingenious, jesting, humorous

**duhóvnik** clergyman; *(katoliški)* priest; *(anglikanski)* rector, vicar; *(protestantski)* minister

**duhóvščina** clergy, churchmen; *(protestantska)* ministry

**dúlec** *(posode, balončka)* nozzle

**duplína** cavity, hollow, excavation

**dúr** D-dur D major

**dúš|a** soul; **sorodna ~a** kindred spirit, soul mate; **vernih ~ dan** All Souls' Day

**dúš|ek** *(požirek)* draught, gulp, vent; **na ~ek** at a draught; **dati ~ka** to give vent *(ali* way, expression) to

**dušév|en** mental, spiritual, psychical, intellectual; ~**na bolezen** mental disease, insanity; ~**ni bolnik** mental patient *(ali* case); ~**ni delavec** intellectual, brainworker; ~**na krutost** mental cruelty; ~**na zaostalost** mental deficiency

**dušík** nitrogen

**dušílec** *(za revolver)* silencer; *(zvoka)* muffler, damper, mute

**dušíti** *(smeh)* to stifle, to smother, to suppress; *(meso)* to stew, to braise; *(zvok)* to muffle; ~ **se** to suffocate, to choke

**dušník** windpipe; air hole

**dvá** two; **po** ~ by twos, in pairs

**dvájset** twenty

**dvákrat** twice; ~ **toliko** twice as much

**dvákraten** double

**dvánajst** twelve; ~**i** twelfth

**dvíg** rise, lifting, increase, growth, upswing; *(denarja)* withdrawal

**dvigálo** lift, *(Am)* elevator; *(za bremena)* hoist; *(ladijsko)* derrick; ~ **za avtomobile** car jack

**dvígniti** to lift, to raise, to pull up, to hoist; ~ **denar** to withdraw money; ~ **sidro** to weigh anchor; ~ **se** to rise, to soar

**dvóboj** duel

**dvocévka** double-barrelled gun

**dvóčetrtínsk|i** ~**i takt** two-four time; ~**a nota** minim

**dvódóm|en** ~**ni sistem** two-chamber system

**dvóglásnik** diphthong

**dvogóvor** dialogue

**dvójč|ek** twin; **enojajčna (dvojajčna)** ~**ka** identical (fraternal) twins; *(hiša)* semi-detached house

**dvójec** *(čoln)* ~ **s krmarjem** pair with cox(swain); *(Am)* double scull

**dvójezíčen** bilingual

**dvojíca** couple, pair, two

**dvojína** *(gram)* dual

**dvójnik** duplicate, counterpart; *(oseba)* double

**dvóléten** biennial

**dvólíčen** double-faced, two-sided; insincere, hypocritical

**dvóm** doubt; **brez** ~**a** doubtless, undoubtedly, unquestionably

**dvomíti** to doubt, to question, to be doubtful

**dvomljív** doubtful, questionable, dubious

**dvópíčje** colon

**dvór** court

**dvorána** hall; **kongresna** ~ convention hall; **plesna** ~ ballroom; **sodna** ~ courtroom; **športna** ~ sports hall

**dvórec** manor (house), mansion

**dvórézen** two-edged, double-edged

**dvoríšče** yard, court(yard), *(Am)* backyard; **kmečko** ~ farmyard

**dvóriti** to court, to pay one's addresses to, to woo

**dvorjàn** courtier

**dvórjenje** courtship, courting, gallantry

**dvósédežen** double-seated, two-seated

**dvosôben** two-roomed

**dvóspèv** duet

**dvospôlen** bisexual, hermaphrodite

**dvóstránski** bilateral; two-sided; *(blago)* double-faced

**dvótír|en** double-track; ~**na železnica** double-track railway

**dvoúmen** ambiguous, equivocal, indirect; vague, uncertain; doubtful

**dvóvŕst|en** two-rowed; of

two kinds; **~ni plašč** double-
breasted coat
**dvózlóžen** disyllabic
**dvóžénstvo** bigamy
**dvožívka** amphibian

**džámija** mosque
**džém** jam
**džézva** Turkish coffee-pot
**džíp** jeep
**džúngla** jungle

# E

**E** letter E
**ebenovína** ebony
**éden** *glej* EN
**edín|ec, ~ka** the only child, the only son (*ali* daughter)
**edíni** (the) only, the sole, unique, single
**edíno** only, solely, merely
**edínost** (*sloga*) unity, concord, union; (*skladnost*) harmony
**edínstven** unique, matchless, incomparable
**ednína** (*gram*) singular
**efékt** effect
**Egíp|t** Egypt; **~čan, e~tovski, e~čanski** Egyptian
**egocéntričen** egocentric, self-centred
**egoí|st** egoist, egotist, selfish person; **~zem** egoism, egotism, selfishness
**ekcém** eczema
**ekípa** team; **reševalna ~** rescue party; **veslaška ~** (rowing) crew
**ekonóm** (*bolnice, zavoda*) bursar, treasurer; (*ladijski*) purser; (*upravitelj*) manager of an estate
**ekonómličen** economical, sparing, thrifty
**ekon|omíja** economy; (*veda*) economics (*pl*); (*gospodarjenje*) housekeeping, husbandry; (*gospodarnost*) thrift(iness); **~ómski** economic
**ekonomíst** economist
**ekonomizírati** to economize, to use with economy, to spend carefully, to cut costs
**ekrán** screen; **~izírati** to screen
**éksati** to drink off at a draught; *Eks!* Bottoms up!
**ekscéntričen** eccentric, odd, cranky
**eksercír|en ~na municija** blank ammunition; **~ni prostor** training ground
**eksisténca** existence; livelihood
**ekskúrzija** excursion, trip, outing
**ekslíbris** bookplate
**eksótičen** exotic
**ekspanzíja** expansion
**ekspedícija** expedition
**ekspedírati** to dispatch, to send, to forward; (*z ladjo*) to ship; (*po pošti*) to post, to mail
**ekspedít** forwarding office, dispatch department
**eksperimènt** experiment, (*scientific*) test, trial
**eksperimentírati** to experiment
**ekspêrt** expert (**za** in, at), connoisseur (of)

**ekspertíza** expert analysis, expert evidence, expert valuation

**eksploatácija** exploitation; *(delavcev)* sweating

**eksploatírati** to exploit

**eksplodírati** to explode, to blow up, to burst forth, to break out

**eksplozíja** explosion, blast, blow-out; *(jeze)* outbreak, outburst

**eksplozív** explosive

**eksponát** exhibit, specimen

**eksponírati** to expose; ~ se to expose oneself

**ekspórt** export

**ekspozé** account, statement, exposé

**ekspozitúra** branch establishment *(ali* office)

**eksprés** *(vlak)* express; *(pošiljka)* special delivery

**ekstáza** ecstasy, rapture, trance

**eksterníst** day pupil; extramural student; *(v bolnici)* nonresident medical assistant

**ekuménski** ecumenical

**ekvátor** equator

**ekvinókcij** equinox

**elaborát** elaboration

**elán** élan, mettle; impetus, momentum; vitality, eagerness, vigour; **imeti** ~ to be on one's mettle

**elástičen** elastic, stretchy, flexible

**elástičnost** elasticity, flexibility; ~ **povpraševanja** elasticity of demand

**elástika** elastic, rubber band

**elegánca** smartness, elegance

**elegánten** smart, stylish, fashionable, well-dressed, elegant

**elegíja** elegy

**eléktor** *(volilni mož)* elector, qualified voter

**elektrárna** power plant *(ali* station), generating station

**eléktričar** electrician

**eléktrič|en** electric(al); ~**na napeljava** electric conduit; ~**no omrežje** network of electricity supply, *(Br)* the National Grid; ~**ni števec** electricity meter; ~**ni tok** electric current; **prekinitev** ~**nega toka** power breakdown

**eléktri|ka** power; electricity; ~**ficírati** to electrify

**elektrizírati** to electrify; to thrill

**eléktroinženír** electrical engineer

**elektrolíza** electrolysis

**elektrón|ika** electronics *(pl)*; ~**ski** electronic

**elektrónka** (wireless) valve, *(Am)* tube

**elektrotéhnika** electrotechnics *(pl)*; *(veda)* electrical engineering

**elemènt** element; constituent, component, basics *(pl)*

**elementár|en** elementary, elemental, rudimentary; ~**na nesreča** natural disaster

**eliminírati** to eliminate

**elípsa** *(math)* ellipse; *(gram)* ellipsis

**elísa** propeller; (air)screw

**elít|a** elite; ~ne čete select (*ali* picked) troops *(pl)*

**emájl** enamel; ~írati to enamel

**embaláža** packing, packaging, wrapping, wrappage; *Prazne embalaže ne sprejemamo!* Empties not taken back!

**emigr|ánt** emigrant, ~írati to emigrate

**emisár** emissary, messenger

**emisíja** issue; ~ **bankovcev** issue of banknotes

**emitírati** to issue; to emit

**emulzíja** emulsion

**èn** one; *(neki)* a, some; **eden in drugi** both of them; **eni in drugi** all of them; **eden od obeh** either of them; **eden poleg drugega** side by side; **eden za drugim** one by one, one after another; **še eden** one more, another; *Eni pravijo...* Some say...

**enačáj** sign of equation; equals (*ali* is equal) to

**enáčba** equation

**enájst** eleven

**enák** equal, identical, alike

**enakokrák** isosceles; ~ **trikotnik** isosceles triangle

**enakoméren** uniform, even, regular, proportionate, symmetrical; steady, monotonous

**enakonóčje** equinox

**enakoprávn** having equal rights; equal

**enakoprávnost** equality (of rights); ~ **narodov** equality of nations

**enákost** equality, parity, identity, sameness, conformity

**enakostráničen** equilateral

**enakovréden** equivalent, equal, on a par with

**encíján** gentian

**enciklopedíja** encyclopedia

**endémičen** endemic

**endívija** endive, *(Am)* chicory

**energétika** energetics *(pl)*; power supply

**enêrgičen** energetic, (physically) active, vigorous; *(ukrep)* drastic, severe

**energíja** energy, vigour

**ênkrat** once; ~ **na dan** once a day; **še** ~ once more (*ali* again); **za** ~ for the time being; ~ **pač (prej ali slej)** at some time or other, sometime; ~ **za vselej** once and for all

**enkráten** unique, singular; extraordinary, exceptional

**enobárven** one-coloured, in one colour

**enobóštvo** monotheism

**enocéličen** unicellular

**enodejánka** one-act play

**enodnéven** a day's, ephemeral

**enodnévnica** mayfly; ephemera

**enodómnost** unicameralism

**enoglásno** unanimously, as one man; ~ **sprejeto** carried (*ali* passed) unanimously; **péti** ~ to sing in unison

**enój|en** single; ~na **postelja** single bed

**enoléten** one-year; annual

**enolíč|nost** monotony, dullness, uniformity; ~en monotonous, dull, uniform

**enolônčnica** stew, hotpot

**ênomésečen** one month old, of one month; monthly

**ênomotóren** single-engined

**ênonadstrópen** two-storeyed

**enoóčnik** monocle, eye-glass

**ênoók** one-eyed

**ênorók** one-armed, one--handed

**ênosméren** (ulica) one-way

**ênosôben** one-roomed

**enostáven** simple, plain; easy

**ênostránski** one-sided, partial; unilateral

**enôta** unit, unity

**enôten** uniform, homogeneous, identical

**enotír|en** single-track; ~na železnica single-track railway, monorail

**enôtnost** unity, uniformity, harmony

**ênozlóž|nica** monosyllable; ~en monosyllabic

**ênožénstvo** monogamy

**ép** epic (poem); ~ika epic poetry; ~ski epic

**epicénter** epicentre

**epid|emíja** epidemic (disease); ~émičen epidemic

**epilepsíja** epilepsy, falling sickness

**epilóg** epilogue

**epizóda** episode, event, happening; filmska ~ episode, instalment

**epóh|a** epoch, era, time, age, period; ~álni dogodek epoch-making event

**epoléta** epaulet; shoulder knot

**epopéja** epopee, epic poem

**epruvéta** test tube

**êra** era, time, period, epoch

**erár** fisc; public treasury; ~ičen fiscal, public

**eróti|ka** eroticism; ~čen erotic

**erozíja** erosion; erodírati to erode

**eséj** essay

**eskádrilja** (v vojnem letalstvu) squadron (of fighter planes)

**eskórta** escort, convoy

**estét|ika** aesthetics (pl); ~ski aesthetic

**estuárij** estuary, firth

**etamín** cheesecloth

**etápa** stage; (dolgega potovanja) leg

**etatízem** statism; birokratski ~ bureaucratic statism

**etáža** floor; storey

**etéričen** ethereal; unearthly

**éti|ka** ethics (pl); ~čen ethical

**etikéta** (za označbo) label, tag, ticket; (pravila vedenja) etiquette, manners; ceremonial

**etimológ** etymologist; ~íja etymology

**etnográf** ethnographer; ~íja ethnography

**etnológ** ethnologist; ~íja ethnology

**etúda** étude, study

**etuí** (za očala) case; (za nož) sheath; (za revolver) holster

**evakuíranec** evacuee

**evaku|írati** to evacuate; ~ácija evacuation

**evangélij** gospel

**evangelíst** evangelist

**eventuál|en** possible, potential; probable; **~no** possibly, perhaps

**evid|entírati** to keep a record (*ali* records (*pl*)); **~énca** record(s)

**evnúh** eunuch

**evolúc|ija** evolution; **~íjski** evolutionary

**Evr|ópa** Europe; **~opéjec, e~ópski** European; **v ~ópi** in Europe, (*Br*) on the continent

# F

**F** letter F

**fabricírati** to make, to produce, to manufacture; *(zgodbo)* to fabricate; *(dokument)* to forge

**fabrikát** (finished) product; article

**fábula** fable; plot

**fagót** bassoon

**fajánsa** fine pottery, faience

**fakín** layabout, loafer, idler

**faksímile** facsimile; ~ **podpis** signature stamp

**fáktič|en** actual, real, factual; ~**no** in fact, really

**fáktor** factor; agent; **produkcijski ~ji** factors of production

**faktúr|a** invoice, bill; ~**írati** to invoice

**fakultatíven** optional, elective

**fakultéta** faculty; **filozofska** ~ Faculty of Arts; **tehniška (pravna)** ~ Faculty of Engineering (Law)

**falót** scoundrel, crook, rogue

**falzifi|círati** to falsify, to forge, to fake; ~**kát** falsification, forgery, fake

**falzifikátor** falsifier, forger, faker

**familiár|nost** familiarity, intimacy; ~**en** familiar, intimate

**fanáti|čnost** fanaticism, zeal; ~**k** fanatic; ~**čen** fanatic(al), zealous

**fanfára** fanfare; flourish of trumpets

**fànt** boy, chap, guy, lad, youngster; *(ljubček)* boyfriend, sweetheart; *(neporočen)* bachelor

**fantalín** urchin, waif

**fantást** dreamer, visionary

**fantástika** fiction; **znanstvena** ~ science fiction

**fantazí|rati** to daydream, to fancy, to muse; ~**ja** imagination; fantasy, fancy

**fántovščina** stag party; bachelor's farewell party

**fár|a** parish; **fant od ~e** strapping fellow, great guy

**farizéj** hypocrite, pharisee

**fárma** farm, ranch

**farmacévt** pharmacist, chemist; *(Am)* druggist; ~**ski** pharmaceutical

**farmacíja** pharmacy, chemist's (shop); *(Am)* drugstore

**fármar** farmer, rancher

**fárovž** *glej* ŽUPNIŠČE

**fasáda** front, façade, frontage

**fascíkel** file, folder

**fašírati** *(meso)* to mince

**faší|zem** fascism; ~**st** fascist

**fatálen** fatal, fateful, inevitable

**fátamorgána** mirage, illusion

**favorizírati** to favour, to prefer

**fáz|a** phase, stage; **~en eno~ni tok** single-phase current; **tri~ni tok** three-phase current

**fazán** pheasant

**fébruar** February

**federá|cija** federation; association, league; **~len** federal, federative

**fén** hairdryer

**fenomén** phenomenon, *(pl)* phenomena

**festivál** (cultural) festival

**fevd|alízem** feudalism; **~álen** feudal

**fíg|a** fig (tree); *(pričeska)* bun; **konjske ~e** horse droppings; **držati ~e** to keep one's fingers crossed

**figúra** figure; **besedna ~** metaphor; **~ pri šahu** piece, chessman

**fiksírati** to fix; to determine; **~ koga** to stare at someone

**fiktíven** fictitious

**filatelíja** philately, stamp collecting

**filé** fillet, tenderloin, undercut

**filharmoníja** philharmonic society *(ali* orchestra)

**filiá|a** branch, subdivision

**filigrán** filigree

**filíster** philistine, narrowminded person

**film** film, *(Am)* movie, motion picture; roll of film; **animirani ~** (animated) cartoon; **nemi ~** silent film; **zvočni ~** sound film, talkie; **vložiti ~ v kamero** to load a camera

**fílmati** to film, to shoot a film

**filmsk|i** film, movie; **~i posnetek** shot; **~a premiera** first release, *(Am)* movie première; **~i tednik** newsreel; **~a zvezda** film *(ali (Am)* movie) star

**filol|ogíja** philology, linguistics *(pl)*; **~óg** philologist, linguist

**filoz|ofíja** philosophy; **~óf** philosopher, **~ófski** philosophical

**filozofírati** to philosophize

**fílt|er** filter; **cigareta s ~rom** filter-tipped cigarette; *(čistilec zraka)* airfilter

**fín** fine, thin; *(lahek)* flimsy, light; *(vedenje)* well-bred, well-mannered

**finále** *(glasba)* finale; *(šport)* final; **pól~** semi-final

**finánce** finance(s); pecuniary resources *(pl)*

**financírati** to finance, to provide funds *(ali* capital, money)

**finánč|en** financial; **~no leto** financial *(ali* fiscal) year; **~na politika** financial *(ali* fiscal) policy

**finánčnik** financier, expert in financial affairs

**finomehánik** precision mechanic

**Fín|ska** Finland; **~ec** Finn, Finnish; **f~ski** Finnish

**fírm|a** firm, business companies; *(naslov)* name; **pod ~o** under the name of

**fírnež** varnish

**fizič|en** physical; bodily, material; **~no delo** manual work; **~na kondicija** fitness; **~na kultura** physical education (*ali* training); **~no kaznovanje** corporal punishment

**fízik|a** physics (*pl*); **~** physicist

**fizikál|en** physical; **~ne vede** physical sciences; **~na kemija** physical chemistry

**fiziognomíja** physiognomy

**fiziologíja** physiology

**fizkultúra** physical education (*ali* training)

**fižól** bean(s); **stročji ~** string (*ali* French) beans; **visoki ~** runner beans

**fižólovka** beanpole

**fjórd** fiord, fjord

**flanéla** flannel

**flávt|a** flute; **~íst** flautist

**flegmátičen** phlegmatic, stolid

**flírtati** to flirt, to dally, to philander

**flóta** fleet, flotilla

**flúor** fluorine

**fluorografíja** fluorography

**fólija** foil; **kovinska ~** (*staniol*) tin foil

**folklóra** folklore

**fónd** fund

**fonéti|ka** phonetics (*pl*); **~čen** phonetic

**fonotéka** library (*ali* collection) of records

**forínt** florin

**fórm|a** form, shape; **biti v ~i** to be as fit as a fiddle

**formácija** formation

**formál|nost** formality; ceremony; **~en** formal

**formát** form, shape; size, format; layout; **žepni ~** pocket size

**formírati** to form, to make, to constitute, to organize

**fórmula** formula, form; solution

**formulár** form, (*Am*) blank; **izpolniti ~** to fill in (*ali* out) a form

**formulírati** to formulate, to work out, to express, to put together

**fósfor** phosphorus

**fosforescírati** to phosphoresce

**fosíl** fossil

**fotélj** armchair, easy chair

**fotogéničen** photogenic

**fotográf** photographer

**fotografíja** photo(graph), snapshot, picture; (*veščina*) photography

**fotografírati** to take a photo (*ali* picture), to photograph; **dati se ~** to get (*ali* to have) one's photo taken

**fotográfski** photographic; **~ aparat** camera

**fotokopír|ati** to photocopy; **~ni aparat** photocopier

**fótomodél** model, cover girl

**foyer** foyer, lobby

**fráča** sling, catapult

**fragmènt** fragment, bit, scrap; (*pesmi*) snatch

**frák** tailcoat, tails (*pl*)

**frákar** dandy

**frákcija** fraction; (*politična*) faction, splinter group, camp

**frákelj** dram; **izpiti ga ~** to have a dram

**framasón** freemason, mason

**Fránc|ija** France; ~óz Frenchman, French; ~ózinja Frenchwoman, French; f~óski French

**francóz** *(orodje)* monkey wrench, adjustable spanner

**frančiškán** Franciscan (friar); ~ski red Franciscan order

**frankírati** to prepay, to stamp, to frank

**fránko** carriage free *(ali* paid); postage free, *(Am)* postpaid, uncharged

**fráz|a** idiom, idiomatic expression; phrase; **prazne ~e** empty talk, mere words, verbiage

**frčáti** to fly, to rush

**fregáta** frigate

**frekvénca** frequency; **visoka (nizka) ~** high (low) frequency

**fréska** fresco, mural

**frfotáti** to flutter, to flitter, to flit

**frfrast** unsteady, fickle, harum-scarum

**friz|êr** hairdresser, hairstylist; ~írati koga to dress *(ali* to do) someone's hair

**frizúra** hairdo, haircut

**frklja** teenager, school girl; tomboy

**frkolín** urchin

**frníkola** marble

**frónta** front; **hladna ~** cold front; **Osvobodilna ~** Liberation Front

**frotír** sponge cloth, terry; ~ka rough *(ali* terry) towel, bath towel

**fùj** disgusting! shame!

**fúksija** fuchsia

**fundamènt** foundation, basis, base

**fungírati** to function, to act as

**fúnkcij|a** office, position, duty, occupation of a person, service; function; **javne ~e** public offices

**funkcionár** official, officer, functionary

**funkcionírati** to function, to work, to operate, to act; **dobro ~** to be in good working order; **ne ~** to be out of order

**fúnt** *(utež in denar)* pound

**furgón** luggage van; *(mrliški)* hearse

**fúrija** fury

**furnír** veneer; covering; ~ati to veneer

**furúnkel** furuncle, boil

**fuzíja** fusion; *(podjetij)* merger; amalgamation, *(Am)* consolidation

**fuzionírati** to merge; to amalgamate, to consolidate

**fužína** ironworks *(pl)*, iron foundry

# G

**G** letter G
**gáber** white beech
**gábi|ti se** to disgust, to cause disgust; **G~** *se mi.* I loathe it., It disgusts me.; It makes me sick., It turns my stomach.
**gàd** viper, adder; **~ja zalega** brood of vipers
**gágati** to gaggle, to cackle
**gáj** grove
**gála** gala; **biti ~** in full dress
**galánt|en** gallant, courteous, chivalrous; **~nost** gallantry, courtesy, chivalry
**galanteríja** wares, haberdashery, fancy goods *(pl)*; *(Am)* notions *(pl)*
**galéb** seagull, mew
**galéja** galley
**galeríja** gallery; **umetnostna ~** art gallery
**gálica** copperas, vitriol
**galóna** gallon; *((Br)* 4,54 l, *(Am)* 3,78 l)
**galòp** gallop; **spustiti se v ~** to break into a gallop
**galóš|a** overshoe; **~e** galoshes *(pl)*; *(Am)* rubbers *(pl)*
**galún** alum
**galvanizírati** to galvanize
**gamáše** *(nizke)* spats, leggings; *(ovojke)* puttees, gaiters
**gáms** chamois
**gangréna** gangrene

**ganíti** to touch, to affect, to move; **~ se** to move, to stir, to budge
**gánjen** moved, touched; **do solz ~** moved to tears
**ganljív** moving, touching; **~ka** weepie, tearjerker
**garancíj|a** guarantee, warranty, security; responsibility; **~ski list** indemnity bond
**garantírati** to guarantee, to warrant, to secure, to vouch for
**gará|ti** to drudge, to toil, to plod; **~č** toiler, swot
**garáža** garage
**gárda** guard; **~ na konju** horse guards *(pl)*; *(pešaki)* foot guards *(pl)*; **bela ~** the White Guard
**gárdedama** chaperon(e), escort
**garderóba** cloakroom, *(Am)* checkroom; *(oblačilnica v gledališču)* dressing room; *(za obleko)* wardrobe; *(za prtljago)* left-luggage office
**gardíst** guardsman
**gárj|e** scabies; *(živali)* mange; **~av** scabby, mangy; **~ava ovca** *(fig)* rotten apple, black sheep
**garnírati** *(jedi)* to garnish, to decorate; *(s čipkami)* to trim
**garnitúra** set; *(pohištva)* suite

**garnizíja** garrison; *(Am)* (army) post

**garsonjêra** *(Br)* bedsitter, flatlet, studio flat

**gasíl|ec** fireman, firefighter; ~**ci** firemen, fire brigade

**gasíl|en** ~**ni aparat** fire extinguisher

**gasílsk|i** ~**i avto** fire engine; ~**a četa** fire brigade, firemen

**gasíti** to extinguish, to put out (a fire); *(žejo)* to quench; *(apno)* to slake

**gáte** (under)pants *(pl)*

**gáz** trail, path

**gáza** gauze, cheese-cloth

**gáziti** to tread, to trudge; *(vodo)* to wade

**generácija** generation

**generál** general; **brigadni** ~ brigadier; ~**major** major general; ~**polkovnik** colonel general; **armadni** ~ *(Br)* field marshal

**generál|en** general; ~**ni direktor** general manager, managing director; ~**ni pregled (avtomobila)** general overhaul

**generálka** *(zadnja odrska vaja)* dress rehearsal

**generátor** generator, dynamo

**geniál|en** ingenious, brilliant; ~**na ideja** brilliant idea

**génij** genius, a man of genius

**genitálije** genitals *(pl)*, genitalia

**génitiv** *glej* RODILNIK

**geod|ezíja** geodesy, surveying; ~**ét** geodesist, (land) surveyor

**geogr|afíja** geography; ~**áf** geographer

**geográfsk|i** geographic(al); ~**a dolžina** longitude; ~**a milja** geographical mile (1609 m); ~**a širina** latitude

**geoló|g** geologist; ~**gíja** geology; ~**ški** geological

**geométer** land surveyor

**geometríja** geometry; **analitična (opisna)** ~ analytical (descriptive) geometry

**geopolítika** geopolitics *(pl)*

**gépard** cheetah

**germanístika** Germanic studies; Germanic philology

**germanizírati** to germanize

**gerúndij** *glej* GLAGOLNIK

**gêslo** slogan, motto; password, watchword, catchword, cue

**gésta** gesture

**gestikulírati** to gesticulate, to make gestures

**géto** ghetto

**gíb** movement, motion, gesture

**gibálo** motive, motive power

**gíbanica prekmurska** ~ the Prekmurje cake

**gíbanje** movement, motion; exercise; **narodno (osvobodilno)** ~ national (liberation) movement

**gíbati** to move, to stir, to agitate; ~ **se** to be in motion, to stir, to move; to range (from ... to)

**gíbčen** lithe, supple, nimble

**gíbljív** mobile, movable, pliable

**gigánt** giant; ~**ski** gigantic, huge, enormous

**gimnástika** gymnastics *(pl)*; **ritmična** ~ callisthenics *(pl)*

**gimnázija** grammar school; secondary ((*Am*) high) school

**ginekol|ogíja** gynaecology; **~óg** gynaecologist

**gínjen** *glej* GANJEN

**gíps** *glej* MAVEC

**gizdalín** dandy, fop; **~ski** dandyish, foppish

**glád** hunger, famine, starvation

**gládek** smooth; (*raven*) even; (*spolzek*) slippery; (*govor*) fluent; (*koža*) sleek; (*lasje*) straight

**gladína** (*vodna*) water surface

**gláditi** to smooth, to polish; (*z roko*) to stroke, to caress

**gládko** smoothly, evenly; **~ odkloniti** to refuse flatly

**glágol** (*gram*) verb

**glagólica** Glagolitic alphabet

**glágolnik** (*gram*) gerund, verbal noun

**glás** voice, sound, tone; (*pri volitvah*) vote; (*sloves*) reputation; **na dobrem ~u** of repute, reputable; **na slabem ~u** notorious; **na ves ~** at the top of one's voice

**glásb|a** music; **~enik** musician

**glásben** musical; **~i avtomat** jukebox; **~a spremljava** accompaniment, backing

**glasbílo** musical instrument

**glásen** loud, noisy, blaring, deafening, roaring

**glasílka** vocal chord

**glasílo** (official) gazette; organ

**glasíti se** to sound; to run, to read

**glasník** herald, harbinger

**glasoslóvje** phonetics; phonology

**glasoválec** voter

**glasovánje** vote, voting, polling, (*tajno*) ballot; **ljudsko ~** plebiscite, referendum

**glasováti** (**za, proti**) to vote (for, against), to poll, to cast a vote; **tajno ~** to vote by ballot; **~ z dvigom rok** to vote by a show of hands; **~ o čem** to take a vote on something

**glasóvnica** voting paper, ballot paper

**gláv|a** head; (*vodilna oseba*) chief, leader, (*Am*) boss; (*kovanca*) face; **beliti si ~o** to rack one's brains; **~e delati** (**zelje**) to head, to heart; **ne izgubiti ~e** to keep one's head; **znati iz ~e** to know by heart; *Gre nam za ~o.* Our lives are at stake.; *To mi ne gre v ~o.* It is beyond me.

**glavár** head, chief; (*plemena*) chieftain

**glavarína** poll tax; capitation

**glavárstvo** district (board)

**gláven** principal, main, chief; cardinal, capital

**glávnica** capital, fund(s); (*delniška*) stock, joint stock

**glavník** comb

**glavnína** main body, main power

**glavobòl** headache; **hud ~** splitting headache

**gledálec** spectator, viewer, onlooker, observer

**gledalíšče** theatre; playhouse; **amatersko (lutkov-**

no) ~ amateur (puppet) theatre; ~ **na prostem** open-air theatre

**gledalíšk|i** theatrical, dramatic, stage; **~a blagajna** booking (*ali* ticket) office; **~i igralec (igralka)** actor (actress); **~a predstava** theatrical performance; **~a umetnost** dramatic art

**glédati** to look (at); to watch, to observe; to view; to eye; **mrko ~** to frown; **srepo ~** to stare; **zaljubljeno ~** to make sheep's eyes at; **zviška ~** to look down on

**gledé** as to, as for, with regard (*ali* respect) to, regarding; **ne ~ na** irrespective of

**gledíšče** point of view, viewpoint, standpoint

**gléž|enj** ankle; **do ~njev** ankle-deep

**glicerin** glycerin(e)

**glicínija** wisteria

**glína** clay, argil, loam

**glíser** hydrofoil

**glísta** worm; **navadna ~** earthworm

**glíva** fungus

**glôb|a** fine, penalty, forfeit; **naložiti ~o** to fine

**globél** hollow, dell, ravine; (*Scot, Ir*) glen

**globína** depth, deepness, profundity, profoundness

**globinomér** depth gauge, echo sounder

**globòk** deep, profound

**glóbus** globe

**glódati** to gnaw, to nibble; (*kost*) to pick

**glodávec** rodent (animal)

**glòg** hawthorn, whitethorn

**glúh** deaf; **~ost** deafness

**gluhoném** deaf-and-dumb, deaf-mute

**glumáč** buffoon, comedian

**glušílec** silencer; muffler

**glušíti** to deafen; (*zvok*) to muffle

**gmájna** common land

**gmôten** material, financial

**gnáti** to drive, to move, to run, to work, to propel

**gnéča** crush, throng, crowd, mass of people

**gnêsti** to knead; **~ se** to throng

**gnézditi** to nest

**gnézdo** nest; **orlovo ~** eyrie

**gníd|a** nit; **poln ~** nit-ridden

**gníl** rotten, putrid, foul, (*zob*) decayed, carious; (*jajce*) addled

**gnilôba** rottenness, putridity, decay, caries

**gníti** to rot, to decay, to decompose, to putrefy; (*zob*) to become carious

**gnját** ham; **prekajena ~** smoked ham

**gnjáviti** to bore, to bother, to pester, to annoy

**gnój** dung, manure, compost; (*v rani*) pus; **~nica** liquid manure

**gnój|en** (*rana*) running, festering; **~na jama** cesspit, cesspool; **~ne vile** dung fork

**gnojílo** manure; **umetno ~** fertilizer

**gnojíšče** dunghill, dungheap

**gnojíti** to dung, to manure, to fertilize, to compost; **~ se** to suppurate, to fester, to run

**gnús** disgust, aversion, nausea, repugnance

**gnúsen** disgusting, revolting, nauseating, repulsive, abominable; ~ **zločin** heinous crime

**gnúsi|ti se** *G~ se mi.* I am disgusted with., It makes me sick., It nauseates me.

**góba** fungus, *(pl)* fungi, funguses; **užitna ~** (edible) mushroom; **strupena ~** poisonous mushroom, toadstool; **~ za brisanje** sponge; **hišna ~** dry rot; **kresilna ~** tinder

**góbast** spongy, fungous

**góbav|ost** leprosy; **~ec** leper; **~** leprous

**góbec** muzzle, snout, mouth; *Drži ~!* Shut up!

**gobelín** gobelin, arras

**gobezdáti** to babble, to chatter

**gód** name day

**godálo** string instrument

**gódba** music; band; **~ na pihala** brass band

**gódbenik** musician; bandsman

**gód|en** ripe, mature; fit for; *(ptič)* fledged; **~na za možitev** marriageable

**góditi** to suit

**godí|ti se** to take place, to occur, to happen; *Kaj se tu ~?* What's going on here?; *Kako se vam ~?* How are you?

**gódlja** thick soup, sausage broth; mess, muddle; *Kakšna ~!* What a mess!

**godrnjáti** to grumble, to growl, to complain

**godrnjàv** grumbling, fretful

**gojênec** pupil; *(internatski)* boarder

**gojítelj** grower, breeder, cultivator

**gojíti** to cultivate; *(rože)* to grow; *(živali)* to breed; *(čustvo)* to foster, to nurse; *(upanje)* to cherish; *(šport)* to go in for

**gójzarji** hobnailed boots; mountaineering boots

**gól** *(vrata ali zadetek pri nogometu)* goal

**gòl** naked, nude, unclothed; bare; **~a skala** sheer rock; **z ~imi rokami** with bare hands

**golázen** vermin, pest

**gólaž** goulash

**goldínar** florin

**golén** shank

**goleníca** shin (bone)

**gólf** golf; **~íšče** golf course, golf links *(pl)*; **igralec ~a** golfer; **nosač palic za ~** caddie; **palica (žogica) za ~** golf club (ball); **mini~** miniature golf

**golíca** blank (form)

**golíč** nestling

**goličáva** barren land, heath

**golída** milk pail

**goljùf** impostor, swindler, cheat, deceiver, fraud

**goljufáti** to swindle, to cheat, to deceive

**goljufíja** deceit, swindle, cheat, fraud

**goljufív** deceitful, fraudulent

**gol|ób** pigeon, dove; **~obíca** hen pigeon; **~ób pismonoša** homing pigeon

**golobnják** dovecote, pigeon loft

**golobrádec** beardless man; greenhorn

**gologlàv** bareheaded, hatless; *(plešast)* bald

**golosèk** clearing; clear felling

**golôta** nakedness, nudity

**gólša** goitre; *(ptičja)* crop

**gólšast** goitrous, goitred

**goltánec** gullet, throat

**góltati** to gulp, to gobble, to bolt one's food

**gomíla** mound; stack, heap; tomb

**gomólj** bulb, tuber

**gomoljíka** truffle

**goníl|en** driving, moving; ~na sila motive power

**goníti** to chase, to pursue, to hunt; to drive, to work; *(divjad)* to beat up; ~ se to be in heat, to rut

**gónja** drive, chase; *(proti komu)* agitation, campaign

**gonjáč** *(lovski)* beater; *(živine)* drover

**gôr** up, upwards; ~ in dol up and down

**gôra** mountain; mount; ledena ~ iceberg

**goràt** mountainous

**gorčíca** mustard

**gorèč** burning, afire, ardent, eager, fervent

**goréčnež** enthusiast

**goréčnost** ardour, eagerness, fervour; enthusiasm

**gôrek** warm

**Gorénj|ska** Upper Carniola, Gorenjska; ~ec, g~ski Upper Carniolan

**goréti** to burn, to blaze, to be on fire

**goríca** hill, vineyard

**goríla** gorilla

**gorílnik** burner

**goríšče** focus

**gorív|o** fuel; pomanjkanje ~a fuel shortage; poraba ~a fuel consumption

**gorjáča** cudgel, club

**gorjánec** highlander, uplander; *(Am)* mountaineer

**gorjé** woe, distress, misfortune; G~! Alas!; G~ meni! Woe is me!

**gorkóta** warmth

**gorljív** combustible; *(vnetljiv)* inflammable

**gorôvje** mountains *(pl)*, massif, mountain range

**gôrsk|i** mountain, alpine; ~i greben ridge, crest; ~o kmetijstvo hill farming; ~a koča mountain hut *(ali* lodge); ~o pobočje mountainside, mountain slope; ~a reševalna služba mountain rescue service; ~a veriga mountain range *(ali* chain); ~i vodnik (alpine) guide; ~i vrh mountaintop, peak

**gós** goose, *(pl)* geese; ~ák gander; ~ka gosling

**gosénica** caterpillar

**gósj|i** ~e pero quill(pen), v ~em redu in single file

**gósli** violin, fiddle

**gospá** lady; *(v nagovoru)* madam; *(z imenom)* Mrs.; *(če je zakonski stan neznan)* Ms.

**gospód** gentleman; *(v nagovoru)* sir; *(z imenom)* Mr.; igrati ~a to give oneself airs; **dame in ~je** ladies and gentlemen

**gospodár** master, landlord; householder, proprietor; *(Am)* boss

**gospodáren** economical, thrifty

**gospodaríca** mistress, landlady; proprietress

**gospodáriti** to keep house, to run a farm; to manage, to husband, to economize

**gospodárnost** economy, thriftiness

**gospodársk|i** economic; **popolna ~a neodvisnost** autarchy; **~a geografija** economic geography

**gospodárstvenik** economist

**gospodárstvo** economy; administration, management; **drobno ~** small-scale economy; **kmečko ~** farming, husbandry; **~ za domači trg** autarchy; **nacionalno ~** national economy

**gospodíčna** (young) lady; *(z imenom)* Miss

**gospodínja** housewife, housekeeper; landlady

**gospodínjiti** to keep house

**gospodínjsk|i ~o delo** housework; **~i aparati** labour saving devices, household appliances

**gospodínjstvo** housekeeping, household

**gospodoválen** authoritative, ruling, despotic, domineering

**gospodováti** to rule, to dominate, to domineer, to hold sway

**gospôska** lords *(pl)*; **posvetna (cerkvena) ~** temporal (ecclesiastical) lords

**gospôski** gentlemanly, noble, seigniorial, genteel; fashionable, smart

**góst** thick, dense; compact

**gòst** guest; *(gostilniški)* customer; **častni ~** guest of honour; **soba za ~e** spare room

**gósti** to play the violin; to make music; **~ od zadovoljstva** to purr

**gostíja** feast, treat, banquet

**gostílna** inn, public house, pub, tavern, *(Am)* saloon

**gostílničar** innkeeper, landlord, host

**gostínstvo** catering industry

**gostíšče** guest *(ali lodging)* house, hostel

**gostítelj** host; **~ica** hostess

**gostíti** to treat, to entertain; **~ se** to feast (on)

**gostíti se** to become thick, to thicken; to condense

**gostobeséden** verbose, loquacious

**gostoljúb|nost** hospitality; **~en** hospitable

**gostôta** density, thickness; **~ prebivalstva** density of population

**góšča** sediment, dregs *(pl)*, residue, lees *(pl)*

**goščáva** thicket, coppice

**gotòv** certain, positive, sure; *(pripravljen)* ready, prepared; *(končan)* finished, done

**gotovína** cash (in hand), ready money

**gotóvo** certainly, sure(ly), positively

**gotóvost** certainty, sureness; *(pripravljenost)* readiness

**govédina** beef, **konzervirana ~** corned beef; **kuhana (pečena) ~** boiled (roast) beef

**govédo** cattle

**góvno** *(vulg)* shit, turd, dung, excrement

**góvor** speech; *(javen)* address; *(slovesen)* oration; *(jezik)* language; *(zdravica)* toast

**govoríca** rumour, talk(ing); language, dialect; *(čenče)* gossip, blabber

**govoríčiti** to talk nonsense

**govorílnica** parlour; **samostanska ~** locutory; **telefonska ~** telephone box *(ali* booth)

**govoríti** to speak, to talk, to tell; **otročje ~** to drivel; **tekoče ~** to speak fluently; **uglajeno ~** to be well-spoken; **~ sam s seboj** to soliloquize

**govórnik** speaker, orator; *(v imenu koga)* spokesman, mouthpiece

**govórniški** oratorical, rhetorical

**gòzd** wood, forest; **poraščen z ~om** forested

**gozdár|stvo** forestry; **~** forester

**gózd|en** forest, sylvan; **~ni čuvaj** forest keeper, *(Am)* ranger; **~na jasa** clearing, glade; **~na uprava** forest management

**góž** grass snake

**grabežljív** greedy, grasping, rapacious

**grabíti** to grab (at), to seize (upon), to grasp, to snatch (at); *(seno)* to rake

**gráblje** rake

**grád** castle, manor; **zidanje ~ov v oblake** wishful thinking; building castles in the air

**gradánica** *(za pse)* spiked dog collar

**grádben** construction, building, architectural; **~o dovoljenje** building permit; **~i inženir** civil engineer; **~i les** timber; **~i oder** scaffolding

**grádbenik** builder, building contractor

**gradbíšče** building site

**gradíti** to build, to construct; **~ površno** to jerry-build

**gradívo** material; *(na sejah)* handout(s)

**grádnj|a** construction, building; **v ~i** under construction

**gráfi|ka** graphic arts *(pl)*, print; **~čen** graphic

**gráfikon** graph, chart diagram

**grafít** graphite, black lead; *(napis)* graffiti *(pl)*

**gràh** pea, *(pl)* peas; **strok ~a** pea pod

**grája** blame, reprimand, rebuke

**grájati** to blame, to reprimand, to rebuke

**grám** gram(me)

**gramofón** record player, turntable

**gramóz** road metal, gravel, pebbles *(pl)*

**gramóznica** gravel pit, sand pit

**granáta** grenade, shell

**gráničar** border (*ali* frontier) guard

**granít** granite

**grápa** ravine, gorge, cleft

**graščína** manor, mansion, castle

**grátis** gratis, free (of charge)

**gravírati** to engrave

**gravitácija** gravitation, gravity

**gŕb** coat of arms, blazon

**gŕba** hump, hunch; ~vec humpback, hunchback

**grbánčiti** to wrinkle; ~ čelo to frown

**gŕča** gnarl, knot

**Gŕčija** Greece; **Grk, grški** Greek

**gŕd** ugly; (*vreme*) nasty, bad

**grdôba** ugliness, nastiness; monster, horror

**grdobíja** dirty trick, wickedness

**grebén** crest, ridge; **koralni ~** coral reef

**grebljíca** poker

**grêbsti** to scrape, to scratch, to dig, to scrabble, to paw

**gréd** perch, beam, shaft; **telovadna ~** balance beam

**grêda** flowerbed; garden bed; **topla ~** hotbed

**grédelj** keel

**gréh** sin, offence; **smrtni ~** deadly (*ali* mortal) sin

**grélec** heater, warmer

**grênek** bitter; poignant

**greníti** to embitter, to make or become bitter

**grenkôba** bitter taste, bitterness

**gréšen** sinful, erring

**grešíti** to sin, to commit a sin, to do wrong

**gréšnik** sinner, wrongdoer

**gréti** to warm, to heat

**grétje** warming, heating; **centralno ~** central heating; (*za vso mestno četrt*) district heating

**grezílo** plumb, plummet

**gréznica** cesspit, cesspool, septic tank

**grgráti** to gargle

**gríč** hill, hillock; ~évnat hilly

**grípa** influenza, flu, grippe

**grísti** to bite, to chew; to sting, to smart; ~ se to grieve, to fret, to worry

**gríva** mane

**grizljáti** to nibble, to nip

**gríža** dysentery

**grižljáj** bite, morsel, mouthful

**gŕlica** turtle (dove)

**gŕl|o** throat, gullet; (*steklenice*) neck; G~o me boli. I have a sore throat.; **do ~a sit** fed up with, sick and tired of

**gŕm** bush, shrub

**grmáda** stake, pile; (*za sežig mrliča*) pyre

**grmáditi** to pile (up), to heap, to accumulate

**grmênje** thunder, rumbling

**grméti** to thunder; to rumble, to roar

**grmóvje** shrubbery, shrubs (*pl*), bushes (*pl*); scrub

**grób** rough, coarse, gruff; brutal

**gròb** grave, tomb, sepulchre; **množični ~** mass grave

**grobár** gravedigger

**grôb|en** sepulchral; ~ni napis epitaph; ~ni kamen

tombstone; ~na tišina dead
silence
**grobíšče** burial ground,
cemetery, graveyard,
churchyard
**gróblja** (ledeniška) moraine
**gróbnica** vault, sepulchre;
crypt
**gròf** count; (angleški) earl
**grofíca** countess
**grofíja** county, shire
**gròm** thunder, thunderclap,
burst of thunder
**grosíst** wholesaler
**gròš** ne vredno ~a not worth
a farthing (ali groat)
**gróza** dismay, horror, dread;
~ me je (ob) I shudder (at),
it gives me the creeps
**gròzd** bunch, cluster
**grózd|en** ~na jagoda grape;
~ni sladkor grape sugar
**grózdje** grapes
**grozèč** threatening, menac-
ing, impending
**gròzen** dreadful, awful, ter-
rible, horrible
**grozíti** to threaten, to me-
nace
**grozljívka** (film) thriller, hor-
ror film
**grozôta** atrocity, horror,
dread
**grúča** (ljudi) crowd, throng
**grúda** lump, clod; **rodna ~**
native soil
**grúliti** to coo

**grúp|a** group, gang, team;
~írati to group, to concen-
trate, to arrange
**grúšč** rubble, gravel
**gúba** fold, pleat; (na hlačah)
crease; (na obrazu) wrinkle;
(ob očeh) crow's feet
**gúbati (se)** to fold, to crease;
to wrinkle
**gugálnica** swing, seesaw
**gugálnik** rocking-chair
**gúgati (se)** to swing, to rock
**gúlež** swot, plodder, (Am)
digger
**gúliti** (kožo) to skin, to flay;
~ se (koža) to peel off, to
shed skin; (učiti se) to plod,
to swot, (Am) to dig
**gúma** rubber, caoutchouc;
**avtomobilska ~** tire; **sin-
tetična ~** synthetic rubber
**gúmb** button; ~ na vratih
doorknob; **manšetni ~i** cuff-
links (pl)
**gúmbnica** buttonhole
**gúmi** rubber, gum; žvečilni ~
chewing gum
**gúmijast** rubber; ~e rokavice
rubber gloves
**gúmijevka** truncheon; (Am)
billy, nightstick
**gúmno** threshing floor
**gurmán** gourmet, epicure
**gúsar** pirate, corsair, bucca-
neer; ~ska ladja privateer
**guvernánta** governess
**guvernêr** governor

# H

**H** letter H

**hahljáti se** to chortle, to laugh quietly

**hajdúk** brigand, highwayman, bandit

**hájka** chase, pursuit, hunt

**h/k** to

**hála** hall; foyer; **hotelska ~** lounge, lobby

**hálja** gown, frock; **delovna ~** overall, smock; **domača ~** dressing gown; *(Am)* bathrobe

**haló** Hello!, Hallo!, Hullo!, Hi!

**halucin|ácija** hallucination; **~írati** to hallucinate

**halúga** seaweed

**hángar** hangar, shed

**hárem** harem

**hárf|a** harp; **~íst(ka)** harpist, harper

**harmónij** harmonium

**harm|oníja** harmony; **~óničen** harmonious, harmonic

**harmónika** accordion, concertina; **klavirska ~** piano accordion

**harpúna** harpoon, spear

**hávba** *(avtomobilska)* bonnet, *(Am)* hood; *(sušilna kapa)* drying hood

**hávbica** *(top)* howitzer

**hazárd** hazard; **~êr** gambler

**hazárd|en** hazardous, risky; **~na igra** gambling, aleatory game

**hčí** daughter

**hehetáti se** to giggle, to chuckle

**héj** hey, hi, hello

**hektár** hectare (10,000 m²)

**hektolíter** hectolitre

**helikópter** helicopter, chopper

**hemisfêra** hemisphere

**hemoroídi** haemorrhoids *(pl)*, piles *(pl)*

**herbárij** herbarium

**Herceg|ovína** Hercegovina; **~óvec, ~óvski** Hercegovinian

**hermafrodít** hermaphrodite

**hermelín** ermine, stoat

**hermétičen** hermetic, airtight

**herój** hero; **~ski** heroic

**hidránt** hydrant, fireplug

**hidrocentrála** hydroelectric power plant

**hidroglíser** hydrofoil

**hidroplán** seaplane

**hierarhíja** hierarchy

**hieroglíf** hieroglyph

**higién|a** hygiene; **~ski** hygienic; **~ski ukrep** sanitary measure

**hihitáti se** to giggle, to snigger, to chuckle

**hijacínta** hyacinth

**hijéna** hyena

**hímen** hymen; vaginal membrane

**hímna** hymn; **državna ~** national anthem

**hináv|ec** hypocrite, dissembler; **~ski** hypocritical, dissembling

**hinávščina** hypocrisy, dissimulation

**híp** moment, instant; **v ~u** in no time, in a trice

**híp|en** instantaneous; **~na smrt** instant death

**hipêrbola** *(math)* hyperbola; *(pretiravanje)* hyperbole

**hipn|otizírati** to hypnotize, to mesmerize; **~óza** hypnosis; **~otizêr** hypnotist

**hipodróm** hippodrome, racecourse

**hipohónder** hypochondriac

**hípoma** in an instant, instantly

**hipotéka** mortgage

**hipotéza** hypothesis, supposition

**híralnica** old people's home, hospice

**hírati** to pine away, to dwindle, to wither away

**hist|eríja** hysteria, hysterics *(pl)*; **~êričen** hysteric(al)

**híša** house, *(stavba)* building; household; **javna ~** brothel; **samostojno stoječa ~** detached house

**híš|en ~ni ključ** front-door key, latchkey; **~ni lastnik** householder; **~na pomočnica** housemaid, house servant; **~ni prag** threshold; **~ni pripor** house-arrest; **~ni red** rules of the house; **~na**

**številka** house *(ali* street) number

**híšica** cottage, little house, hut

**híšnik** housekeeper, caretaker, janitor

**híter** quick, fast, swift, rapid, speedy

**hitéti** to hurry, to make haste, to speed, to haste(n)

**hítro** quickly, fast, swiftly, rapidly, speedily

**hitróst** speed, velocity; *(teka-ča)* swiftness; hurry, haste; **največja ~** top speed; **omejitev ~i** speed limit

**hkráten** simultaneous, concurrent

**hkráti** simultaneously, at the same time

**hláče** *(dolge)* (a pair of) trousers *(pl)*, *(Am)* pants *(pl)*; *(dolge ženske)* slacks *(pl)*; *(jahalne)* breeches *(pl)*; *(kratke)* shorts *(pl)*; *(pumpa-rice)* plus-fours *(pl)*; *(spodnje, moške)* drawers, (under)pants *(pl)*; *(spodnje, ženske)* panties, knickers, briefs *(pl)*

**hlád** cool, coolness, freshness, moderate cold

**hlád|en** cold, cool, chilly, fresh; **~no sprejeti** to give a cold shoulder

**hladétina** jelly

**hladíl|en** cooling; **~ne naprave** cold-storage installation; **~ni pult** cold shelf; **~no sredstvo** coolant

**hladílnica** refrigerating chamber, cold store

**hladílnik** refrigerator, fridge,

*(Am)* icebox; *(pri avtu)* radiator

**hladíti** to make cool, to cool, to refresh, to freshen, to refrigerate; ~ se to cool down, to get cool

**hladnokŕven** cold-blooded, cool, calm

**hláp** vapour

**hlapčeváti** to slave, to be kept in bondage

**hlápčevstvo** servitude, slavery, bondage

**hlápec** farmhand; **konjski ~** stableman

**hlapéti** to vaporize, to evaporate

**hlapljív** volatile, evaporable

**hlásten** greedy, eager, hasty

**hlébec** loaf, *(pl)* loaves

**hlepéti** to long for, to yearn, to thirst (**po** for, after)

**hlév** *(konjski)* stable; *(kravji)* cowshed; *(svinjski)* pigsty

**hlíniti (se)** to simulate, to feign, to pretend, to dissemble, to fake

**hlípati** to sob, to pant, to gasp

**hlód** log, tree-trunk, balk, timber

**hmélj** *(rastlina)* hop, *(plod)* hops; **obirati ~** to pick hops

**hmeljárstvo** hop culture, hop growing

**hobótnica** octopus

**hodíti** to walk, to go; ~ **po prstih** to tiptoe

**hodník** corridor, passage, passageway

**hodúlja** stilt

**hója** *(drevo)* fir

**hókej** hockey; ~ **na ledu (travi)** ice (grass) hockey

**Holándska** Holland *glej* NIZOZEMSKA

**hólm** hill, hillock, knoll

**homogén** homogeneous

**homoseksuálec** homosexual, gay, *(Am)* *(vulg)* faggot

**honorár** fee, remuneration; *(avtorski)* royalties *(pl)*

**horizónt** horizon

**horizontálen** horizontal

**horoskóp** horoscope; **sestaviti ~ za koga** to cast someone's horoscope

**horténzija** hydrangea

**hospitalizírati** to hospitalize

**hospitírati** to attend lectures as an occasional student (teacher)

**hósta** *(gozd)* forest; *(goščava)* thicket, coppice; *(suhljad)* brushwood

**hóstija** wafer

**hoté** willingly, intentionally, purposely

**hotél** hotel; **~ír** hotelier

**hotéti** to want, to wish, to desire; to be willing; *(marati)* to like; *(nameravati)* to intend, to have in view

**hráber** brave, courageous, heroic, fearless

**hrabríti** to encourage, to give courage, to cheer up

**hrábrost** bravery, courage, gallantry, valour

**hràm** *(božji)* house of God, church; **vinski ~** wine room *(ali* store)

**hrána** food, nourishment, provisions *(pl)*; **angleška ~** English cooking *(ali* cuisine); **domača ~** home-made food; **osnovna ~** staple food; **pred-**

pisana ~ diet; **lahka (obilna)**
~ light (rich) food; ~ **in sta-**
**novanje** board and lodging
**hranílen** nourishing, nutri-
tious; substantial, rich
**hraníl|en** ~**na knjižica** sav-
ings book; ~**na vloga** bank
deposit
**hranílnica** savings bank
**hranílnik** money-box; *(otroš-*
*ki)* piggy bank
**hranítelj** supporter, bread-
winner, nourisher
**hraníti** *(varčevati)* to save,
to economize, to lay aside;
*(vzdrževati)* to support, to
sustain, to keep
**hraníti** to feed, to nourish;
~ **se** to feed (on), to eat,
to live on; **slabo (dobro)**
**hránjen** ill-fed (well-fed)
**hrápav** rough, coarse, un-
even, harsh, unpolished
**hrást** oak (tree); ~**ov** oaken,
oak
**hŕb|et** back; **gorski** ~**et** ridge;
~**et knjige** spine (of a book);
**bogu za** ~**tom** at the back of
beyond
**hŕbt|en** dorsal; ~**ni mozeg**
spinal marrow; ~**no pla-**
**vanje** backstroke
**hrbtení|ca** spine, backbone,
spinal column; ~**čen** spinal,
vertebral
**hrbtenjáča** spinal cord,
spinal marrow
**hŕček** hamster
**hrèn** horseradish
**hrénovka** frankfurter, frank;
**vroča** ~ *(v štručki)* hot dog
**hrepenéti** to long for, to
yearn for, to languish for

**hreščáti** to crackle, to crunch
**hríb** hill, mountain; **po** ~**u**
**navzdol** downhill; **po** ~**u**
**navzgor** uphill; **pobočje** ~**a**
hillside; **čez** ~**e in doline**
over hill and dale
**hríbovec** highlander, uplan-
der
**hribovít** mountainous, hilly
**hrípav** hoarse, husky, rasping
**hròm** lame, paralysed
**hromíti** to paralyse, to lame
**hrômost** lameness, paralysis
**hrôpsti** to wheeze, to breathe
with a rattle in one's throat
**hròšč** beetle, chafer, bug
**hŕt** greyhound
**hrúliti** to scold, to bluster
**hruméti** to roar, to boom
**hrúp** noise, bustle, uproar, tu-
mult; **mnogo** ~**a za nič** much
ado about nothing
**hrúpen** noisy, tumultuous,
boisterous
**hrustánec** cartilage, gristle
**hrústati** to crunch
**hrustljàv** *(pecivo)* crisp
**hrúšč** *glej* HRUP
**hrúška** pear (tree)
**Hrvá|ška** Croatia; ~**t** Croat,
Croatian; **h**~**ški** Croatian
**hŕzati** to neigh
**húd** bad, hard, evil; ~**i časi**
hard times; ~ **kašelj** bad
cough; ~ **mraz** severe cold;
~ **veter** sharp wind; **biti** ~
**na koga** to be angry *(ali*
cross) with somebody; **nič**
~**ega ne nameravati** to mean
no harm
**hudíč** devil, satan; **H**~**a!** Oh,
bother!; **klicati** ~**a** to talk of
the devil

**hud|obíja** malice, wickedness; **~ôben** malicious, wicked, bad

**hudodél|ec** criminal, malefactor, lawbreaker, violation, evildoer; **~stvo** crime, misdeed, offence

**hudomúš|nost** roguery, waggishness; **~en** roguish, waggish

**hudoúrnik** torrent; mountain stream; *(ptič)* swift

**hudováti se** to be angry with, to be mad at

**hujskáč** inciter, agitator, firebrand; **vojni ~** warmonger

**hújskati** to incite, to agitate, to provoke

**hújšati** to lose weight, to grow lean

**huligán** hooligan, *(sl)* yob, yobbo

**humaní|zem** humanism; **~stičen** humanistic, classical

**humór** humour; **~ístičen** humoristic

**húpati** to honk, to hoot, to toot

**hurá** Hurrah!, Hurray!; **trikrat ~ za** three cheers for

**hurikán** hurricane

**huzár** hussar

**hvála** thanks *(pl)*; *(pohvala)* praise; *H~ lepa.* Many thanks.; Thank you very much.; *H~ bogu!* Thank God!

**hvalevréden** laudable, praiseworthy

**hvaléžen** thankful, grateful; *Zelo sem vam ~.* I am much obliged to you.

**hvaléžnost** gratitude, thankfulness, appreciation

**hvalísati** to extol, to exalt; to praise highly; **~ se** to boast, to brag

**hvalíti** to praise, to laud, to commend; *Dobro blago se samo hvali.* Good wine needs no bush.

**hválnica** hymn, laud, canticle; panegyric

# I

**I** letter I

**ide|alíst** idealist; **~ál(en)** ideal

**idéja** idea, thought, notion

**identificírati** to identify

**ideologíja** ideology; **malomeščanska ~** petty-bourgeois ideology

**idíl|a** idyll; **~ičen** idyllic

**idiót** idiot, fool, imbecile

**ígl|a** needle; **injekcijska ~a** hypodermic needle (ali syringe); **~a za pletenje** knitting needle; **udarna ~a** firing pin; **ušesce ~e** eye of a needle; **vdeti nit v ~o** to thread a needle

**íglavec** conifer, coniferous tree

**ignorírati** to ignore, to disregard, to pay no attention to

**ígr|a** play; game; **besedna ~a** pun, play on words; **družabne ~e** parlour games (pl); **nagradna ~a** prize/award game; **hazardna ~a** gamble, gambling; **neodločena ~a** draw; **olimpijske ~e** (moderne dobe)) the Olympics; **poštena (nepoštena) ~a** fair (foul) play; **tovariš pri ~i** playmate

**igráča** toy, plaything

**igráčkati se** to trifle, to toy

**igrál|ec** player; (gledališki) actor; **~ka** actress; (hazardni) gambler

**igrálnica** gambling house; gaming house; card room

**igráti** to play; (v gledališču) to act, to perform; (za denar) to gamble; (pretvarjati se) to act

**igríšč|e** playground; **~e za golf** golf course, golf links (pl); **nogometno ~e** football field (ali ground); **~e za tenis** tennis court; **tekma na domačem (tujem) ~u** home (away) match

**ihtéti** to sob

**ikón|a** icon; **~ostás** iconostasis

**íkra** roe, spawn; (lupinarjev, ostrig) spat; **odložiti ~e** to spawn, to spat

**íksast ~e noge** knock knees (pl)

**ilegál|a** underground movement; **iti v ~o** to go underground

**ilegálen** illegal, unlawful, illicit; clandestine

**ílovica** clay, loam, argil

**ílovnat** clayey, loamy, argillaceous

**iluminácija** illumination, floodlighting

**ilustr|írati** to illustrate; **~átor** illustrator

iluzíja illusion

imé name; dekliško ~ maiden name; dobro ~ reputation; krstno ~ first (ali Christian) name; ~ in priimek name and surname; klicati po ~nih to call the roll; v ~nu on behalf of, in the name of

imeník list of names, roll, register; telefonski ~ telephone directory ((Am) book); volilni ~ electoral register (ali roll)

imeníten distinguished, eminent, prominent; excellent, noteworthy, great

imenoslóvje onomastics (pl)

imenoválec (math) denominator

imenoválnik (gram) nominative (case)

imenováti to call, to name; to appoint, to nominate

iméti to have, to own, to possess; rad ~ to like, to be fond of; rajši ~ to prefer; Kako se imate? How are you?; Za koga me imaš? Whom do you take me for?; Prav imaš. You are right.

imétje glej PREMOŽENJE

imétnik owner, possessor, holder

imigr|írati to immigrate; ~ánt immigrant

imit|írati to imitate, to copy; ~ácija imitation, copy; ~átor imitator

imperialí|zem imperialism; ~st imperialist; ~stičen imperialistic

impêrij empire

imponírati to inspire with admiration, to impress, to impose

impotén|ca impotence; ~ten impotent

impozánten imposing, impressive

impregnírati to impregnate

impresárij impresario; manager

impres|ionírati to impress, to affect; ~íven impressive, imposing

improvizírati to improvise, to ad-lib, to extemporize

impúlz impulse, impetus, stimulus

imunitéta immunity; diplomatska (poslanska) ~ diplomatic (parliamentary) immunity; imún immune

in and; ~ tako dalje and so on (ali forth)

ináčica variant, variety

incident incident, occurrence, event

índeks index

indiferénten indifferent, apathetic

índigo (barva) indigo, deep blue (dye); (papir) carbon paper

Índij|a India; ~ec, i~ski Indian

Indiján|ec Red Indian; i~ski Indian

indirékt|en indirect; ~ni govor (gram) indirect (ali reported) speech

indiskrét|nost indiscretion; ~en indiscreet, tactless

individuálen individual

indolénten indolent, careless

**indos|ánt** endorser; ~atár endorsee

**indosírati** to endorse

**industrializ|írati** to industrialize; ~ácija industrialization

**industríja** industry; **lahka (težka) ~** light (heavy) industry; **predelovalna ~** manufacturing industry, processing industry

**industríjski** industrial; **~ ciklus** industrial cycle

**infanteríja** glej PEHOTA

**infékcija** infection, contamination

**inficírati** to infect, to contaminate

**infiltrírati** to infiltrate

**inflácija** inflation; **plazeča se (stroškovna) ~** creeping (cost) inflation; **~ povpraševanja** demand inflation

**influénca** influenza, flu

**informácij|a** (a piece of) information; **okence za ~e** information desk, enquiries; **vir ~** information source

**informacíjsk|i ~a sredstva** media, means of information; **~i urad** information office

**informatív|en ~na oddaja (knjiga)** informative broadcast (book)

**informírati** to inform, to notify; **~ se** to enquire, to make enquiries

**infrastruktúra** infrastructure, basic structure

**íngver** ginger

**inhalírati** to inhale, to breathe in

**iniciálka** initial, initial letter

**iniciatív|a** initiative; **dati ~o** to initiate

**ínje** glej IVJE

**inj|ékcija** injection, shot, jab; **~icírati** to inject

**inklinírati** to incline, to tend to, to be inclined to

**inkluzíven** inclusive, including

**inkubátor** incubator; *(valilnik)* hatchery

**inkvizícija** inquisition

**ínlet** *(tkanina)* ticking

**inozém|ec** foreigner, foreign subject, alien; **~ski** foreign, alien

**inozémstvo** foreign country; **iti v ~** to go abroad

**inscen|írati** to stage, to put on, to produce; **~ácija** staging, production

**insékt** insect; **~icíd** insect killer

**insígnije** insignia *(pl)*; **kraljevske ~** regalia *(pl)*

**inspirírati** to inspire, to encourage; **~ se** to draw one's inspiration *(pri* from)

**instánc|a** instance; higher court; **sodišče prve ~e** first instance court; **zadnja ~a** highest appeal

**instínkt** instinct; **~íven** instinctive

**institúcija** institution, establishment; **politična (družbena) ~** political (social) institution

**instrumènt** instrument, tool, implement, utensil, apparatus

**inšpék|cija** inspection, examination, audit; ~tor inspector

**inšpicírati** to inspect, to examine, to survey, to audit

**inštalácija** installation; **električna** ~ wiring; **vodovodna** ~ plumbing

**inštalatêr** fitter; *(elektrike)* electrician; *(plina)* gas fitter; **vodovodni** ~ plumber

**inštalírati** to install, to put in, to set up

**inštitút** institute, institution

**inštruírati** to give private lessons, to tutor, to coach

**inštrúktor** tutor, private instructor, coach, private teacher

**integrácija** integration; **gospodarska (kulturna, rasna)** ~ economic (cultural, racial) integration

**integrál|en** integral; **~ni račun** integral calculus

**integrí|rati** to integrate; **~téta** integrity

**intelektuálec** educated person, intellectual person

**inteligénca** intelligence; *(izobraženci)* intelligentsia

**inteligénten** intelligent, bright, clever, smart

**intendánt** *(vojaški)* commisariat officer; *(gledališki)* stage manager; superintendent

**intenzív|en** intense, intensive; **~no kmetijstvo** intensive cultivation

**intenzivírati** to intensify

**interès** interest; *(korist)* advantage, profit; *(zanimanje)* concern (in); **javni (skupinski)** ~ public (group) interest

**interesánten** interesting, intriguing

**interesènt** person *(ali* party) interested *(ali* involved)

**interesírati** to interest; ~ **se** to be interested in; to have an interest in

**internácija** internment, confinement

**internát** boarding school

**interníranec** internee, camp prisoner

**internírati** to intern

**interníst** specialist in internal medicine

**interpretírati** to interpret, to explain, to comment (upon)

**intervéncija** intervention, mediation; **vojaška** ~ military intervention

**intervenírati** to intervene, to step in, to mediate

**intervjú** interview; **~vati** to interview

**intím|nost** intimacy; **~en** intimate

**inton|ácija** intonation; **~írati** to intone, to tune

**intríg|a** intrigue, plot; **~ánt** intriguer, plotter

**intrigírati** to intrigue, to plot

**intuícija** intuition, instinct

**invalíd** disabled person, handicapped person, invalid

**invalídsk|i ~a pokojnina** disability pension; **~i voziček** wheelchair

**inventár** inventory, stock

**inventarizírati** to inventory, to take stock

**inventúra** stocktaking

**investícij|a** investment; mon-

ey invested in; **inducira-ne (bruto, neto) ~e** induced (gross, net) investments
**investítor** investor
**inženír** engineer; **~ elektro-tehnike (strojni)** electrical (mechanical) engineer; **gradbeni ~** civil engineer; **~ kemije** chemical engineer
**ión** ion
**ionosfêra** ionosphere
**Irà|k** Iraq; **~čán, i~ški** Iraqi
**Iràn** Iran; **~ec, i~ski** Iranian
**irhovína** chamois leather, chammy
**ironíja** irony; **iróničen** ironical
**Ír|ska** Ireland; **~ec** Irishman, Irish; **~ka** Irishwoman, Irish; **i~ski** Irish
**íshias** sciatica
**iskálec** seeker, searcher
**iskáti** to look for, to seek, to search for; **~ besedo (v slovarju)** to look up a word
**ísker** brisk, quick, fiery, frisky
**iskra** spark; flash; **~ upanja** flicker of hope
**iskrén** sincere, frank, honest; **~ prijatelj** true friend
**iskrénost** sincerity, frankness, honesty
**iskríti se** to sparkle, to scintillate, to glitter
**íslam** Islam, Moslemism; **~ski** Islamic, Moslem
**Islánd|ija** Iceland; **~ec** Icelander; **i~ski** Icelandic
**ísti** the same; **prav ~** the very same
**istočásen** simultaneous, contemporary, contemporaneous

**istovéten** identical, the same
**istovŕsten** of the same kind, homogeneous
**Ístr|a** Istria; **~án, i~ski** Istrian
**íšias** sciatica
**Itáli|ja** Italy; **~n, i~ánski** Italian
**íti** to go, to walk; **~ mimo** to pass, to go by; **~ po kaj** to go for, to fetch; **~ prek** to cross; **~ spat** to go to bed
**íva** willow, osier
**ivér** splinter, chip
**ívje** hoar-frost, rime
**iz** from, out of, of; **biti ves ~ sebe** to be beside oneself; **~ ljubezni** for love
**ízba** chamber, room
**izbír|a** choice, selection; assortment, collection; alternative, option; **po ~i** of one's choice
**izbírati** to choose, to select, to pick out, to sort out
**izbírčen** particular, fastidious, choosey
**izbistríti** to clear up
**izbíti** to beat out, to knock out, to drive out
**izblebetáti** to blab out, to blurt out
**izbljúvati** to vomit, to throw up, to disgorge
**izbóčen** convex; protruding, bulging, embossed; **~o okno** bow window
**izbóčiti** to bulge, to project
**izbojeváti** to fight out, to gain by fighting; **~ zmago** to gain a victory, to win the day
**izbóljšati** to improve, to amend, to ameliorate, to make better

**izbòr** choice, selection, assortment

**izbráti** to pick out, to choose, to select, to make one's choice; ~ **pravi trenutek** to time

**izbrísati** to erase, to wipe out, to efface, to delete; ~ **sledove** to remove traces

**izbrúh** eruption, outburst, outbreak

**izbrúhniti** *(ognjenik)* to erupt; *(vojna)* to break out; *(iz želodca)* to throw up

**izbúljiti** to goggle; **imeti ~ene oči** to be goggle-eyed

**izcímiti se** to spring up, to develop

**izčŕpan** run down, exhausted

**izčŕpati** to exhaust, to tire out, to drain

**izčŕpen** exhaustive, comprehensive

**izdáhniti** to expire, to breathe out

**izdája** *(knjige)* edition; **posebna (žepna)** ~ special (pocket) edition; *(broširana)* paperback; *(denarja)* issue; *(izdajstvo)* treason, betrayal

**izdajál|ec** traitor; **~ka** traitress

**izdajálski** treacherous, treasonable, perfidious

**izdajátelj** publisher, editor

**izdájati** to publish, to edit, to issue; ~ **se za** to pretend to be, to pose as

**izdájstvo** treason, betrayal, treachery; **vèle~** high treason

**izdátek** expense, expenditure, outlay

**izdáten** abundant, plentiful; substantial, rich; ample, efficacious

**izdáti** *(koga)* to betray, to sell someone; to desert, to abandon; *(denar)* to spend; *(knjigo)* to edit, to publish, to bring out; *(denar)* to issue; *(skrivnost)* to reveal, to divulge; ~ **predpise (zakon)** to pass regulations (a law); ~ **ukaz** to give an order

**izdélati** to make, to manufacture, to finish; *(razred)* to pass, to get through; **ne ~** to be kept back

**izdeláva** make, making, workmanship, finish

**izdélek** make, product, article

**izdeloválec** manufacturer, producer, maker

**izdíhniti** *(umreti)* to expire, to pass away

**izdivjáti se** to spend one's fury; to calm down; *(v mladosti)* to sow one's wild oats

**izdólbsti** to excavate, to hollow out; to chisel out

**izdréti** to pull out, to extract; *(s koreninо)* to eradicate, to root out

**izenáčiti** to equal(ize), to make equal, to level; ~ **račune** to square *(ali* balance) accounts; ~ **rekord** to equal a record

**izgánj|ati** to drive out, to expel; **~ati hudiča** to exorcise; **~álec hudiča** exorcist

**izgíniti** to disappear, to vanish; ~ **kot kafra** to vanish into the blue; *Izgini!* Get lost!

**izgladíti** to smooth (out), to polish, to rub up; *(spor)* to straighten out, to sort out

**izgladováti** to starve, to famish

**izglasováti** to pass a vote; ~ **z aklamacijo** to vote by acclamation; ~ **zaupnico** to give a vote of confidence

**izgnán|ec** exile, banished person, outcast, outlaw; ~**stvo** exile, banishment

**izgnáti** to exile, to banish, to ban, to cast *(ali* to drive) out, to expel

**izgòn** expulsion, banishment, exile

**izgotovíti** to manufacture, to make, to accomplish, to finish

**izgovárjati** to pronounce, to articulate, to utter; ~ **se** to give one's excuses

**izgovarjáva** pronunciation, articulation, accent

**izgóvor** pronunciation; *(opravičilo)* excuse; *(pretveza)* pretext

**izgovoríti** to pronounce, to articulate, to speak out, to utter; ~ **se** to excuse oneself, to make excuses

**izgradíti** to build, to construct, to erect

**izgrêbsti** to dig out; *(mrliča)* to exhume

**izgr|èd** riot; ~**édnik** rioter

**izgúba** loss, waste; *(v boju)* casualties *(pl)*

**izgubíti** to lose; ~ **se** to lose one's way, to get lost, to go astray; ~ **voljo za** to lose one's zest for; ~ **zavest** to faint, to pass out; to swoon; *Izgubi se!* Get lost!

**izgubljèn** lost; *(zapuščen)* forlorn; *(zašel)* astray; **urad za ~e predmete** lost property office

**izhájati** *(časopis)* to be published *(ali* issued), to come out; ~ **(iz)** to arise, to result *(ali* to derive) from; to originate in

**izhlapévati** to evaporate, to vaporize

**izhòd** exit, way out, outlet; ~ **v sili** emergency exit

**izhodíšče** starting point, basis; point of departure

**izíd** result, issue, outcome; *(knjige)* publication, appearance

**izigráti** *(koga)* to double-cross *(ali* to outwit) someone; to take someone in

**izíti** to come out, to appear, to be published; to emerge

**izjalovíti se** to fail, to come to nothing, to go wrong, to end in failure

**izjáva** statement, declaration; *(prič)* deposition, evidence; **ustna ~** utterance; ~ **pod prisego** affidavit, statement under oath; ~ **za tisk** press release

**izjáviti** to state, to declare; *(pred sodiščem)* to depose, to give evidence; ~ **pod prisego** to depose *(ali* to attest) on oath

**izjéda|ti** to erode; ~**nje** erosion

**izjém|a** exception; **z ~o** except, barring

**izjém|en** exceptional, special, exclusive; **~no stanje** state of emergency

**izjémoma** exceptionally, by way of exception

**izkášljati** to cough up, to expectorate; **~ se** to get something off one's chest

**izkàz** certification, attestation; **šolski ~** (school) report

**izkázati** to demonstrate, to attest, to show; **~ čast** to do honour; **~ komu zadnjo čast** to pay one's last respects to someone; **~ se** *(legitimirati se)* to prove one's identity; *(pokazati se)* to prove, to turn out

**izkáznica** card; **članska ~** membership card; **osebna ~** identity card; **zdravstvena ~** health card; **živilska ~** ration card

**izklepetáti** to blab out, to let the cat out of the bag

**izklesáti** to chisel out

**izkliceválec** *(na dražbi)* auctioneer

**izkljúčiti** to exclude, to debar from; *(tok)* to disconnect, to switch off; *(likalnik)* to unplug; *(iz šole)* to expel; *(izobčiti)* to excommunicate; **~ člana** to suspend a member; **~ javnost** to bar the public

**izkljúčno** exclusively

**izkljúvati** to peck out

**izklopíti** to disengage, to disconnect, to cut out; *(tok)* to switch *(ali* to turn) off

**izkòp** digging out, excavation, exhumation

**izkopanína** excavation

**izkopáti** to dig out *(ali* up), to unearth, to excavate; *(mrliča)* to exhume

**izkoreníniti** to uproot, to root out, to eradicate, to extirpate

**izkorístiti** to make use of, to take advantage of; **kar najbolje ~** to make the most of

**izkoríščanje** exploitation; **~ delavcev** sweating; **nesmotrno ~ naravnih virov** robber economy

**izkoríščati** to exploit; to utilize, to profit from

**izkoriščevál|ec** exploiter; bloodsucker; **~ski** exploiting

**izkŕcanje** landing, disembarkation, unloading

**izkŕcati** to disembark, to unload; **~ se** to land, to disembark, to go ashore

**izkŕčiti** to clear land; to deforest

**izkrivíti** *(besede)* to distort, to pervert, to twist, to misinterpret

**izkrvavéti** to bleed to death

**izkupíček** takings *(pl)*, income, receipts *(pl)*

**izkupíti ~ jo** to come off badly

**izkúsiti** to experience, to find out by experience, to learn

**izkústvo** experience, knowledge

**izkúšen** experienced, expert

**izkúšnja** experience

**izléči** to hatch, to brood; to lay (eggs)

**izlèt** trip, excursion, outing; **~ v neznano** mystery tour

**izlétnik** tripper, excursionist

**izlív** (out)flow, effusion, out-burst, gush; *(reke)* mouth, estuary; *(vodovodni)* sink

**izlívati** to pour out, to empty; ~ **se** to empty *(ali* to flow) into

**izlívek** sink, washbasin

**izlóčati** to secrete, to excrete, to discharge

**izločíl|en** eliminating; **~na tekma** heat

**izločílo** secretory organ

**izločíti** to eliminate, to sep-arate, to extract from; to secrete, to excrete; to isolate

**izlóžb|a** shop-window, dis-play window; **ogledovanje ~** window-shopping

**izlúščiti** to husk, to shell

**izlúžiti** to lixiviate

**izmakníti** to snatch away, to steal, to pilfer; ~ **se** to evade, to avoid

**izmalíčiti** to deform, to dis-tort; *(dejstva)* to misrepre-sent

**izmámiti** to draw from, to elicit from

**izmázati** ~ **se** to pull through; to sneak (in, out, away)

**izméček** *(blato)* excrement; *(odpadek)* refuse, offal, scraps *(pl)*; *(ljudje)* scum of society, riffraff

**izmed** from among, out of, among(st)

**izména** exchange, alterna-tion; *(vprege)* relay; *(pri delu)* shift

**izméníč|en** alternating; **~ni tok** alternating current; **~no delati** to work alternately *(ali* in turns)

**izménjati** to exchange, to re-place; to swap

**izmenjáva** exchange, alter-ation, interchange

**izmenjávati** ~ **se** to alternate, to rotate, to take turns

**izménoma** in turns, alter-nately

**izméríti** to measure, to take measurements; *(zemljo)* to survey

**izmetáti** to throw out, to cast out, to eject

**izmíkati** to pilfer, to steal; ~ **se** to shun, to avoid, to evade, to shirk

**izmísliti** ~ **si** to invent, to devise, to think out, to con-trive; *(zgodbo)* to concoct, to make up

**izmišljotína** invention, fic-tion, fabrication, fable, con-coction

**izmodríti** to make wiser

**izmótati** to extricate, to disentangle

**izmózga|ti** to exhaust, to make very tired; **~n** ex-hausted, worn-out

**izmúčen** tired out, ex-hausted, weary

**izmúčiti** to wear out, to tire out, to fatigue

**izmúzniti** ~ **se** to slip away, to escape, to shirk; **komaj se ~** to have a narrow escape

**iznad** above, from above

**iznájd|ba** invention; **~ítelj** in-ventor; **~íteljica** inventress

**iznajd|ljív|ost** inventiveness, ingenuity; ~ inventive, inge-nious, resourceful, smart

**iznájti** to invent, to contrive

**iznenáda** suddenly, unexpectedly, surprisingly

**iznenáditi** to surprise, to take by surprise

**iznevériti** ~ **se** to betray, to let down, to become disloyal, to change sides

**izóbčenec** outlaw, outcast, pariah; excommunicated person

**izóbčiti** to outlaw, to expel, to banish; to excommunicate

**izobésiti** *(zastavo)* to hang out

**izobílje** abundance, wealth, profusion, opulence

**izoblikováti** to shape, to form, to fashion, to mould, to model; ~ **se** to take shape

**izobrá|zba** education, schooling, culture; **vsestransko** ~**žen človek** all-rounder

**izobráziti** to educate, to instruct, to cultivate, to civilize, to polish

**izobráženec** educated *(ali* cultivated) person

**izobráženstvo** intelligentsia

**izobraževálen** educational, cultural

**izogibalíšče** lay-by; *(obvoz)* bypass; *(železnica)* siding

**izogíbati** ~ **se** to avoid, to evade, to shun; ~ **se delu** to skive, to shirk

**izolácija** insulation; isolation

**izolátor** insulator; isolator

**izolírati** *(zvočno, električno, vodno)* to insulate; *(človeka)* to isolate (from)

**izostánek** absence, nonappearance, non-attendance

**izostáti** to absent oneself, to fail to come, to stay away;

**namenoma** ~ **iz šole** to play truant

**izotóp** isotope

**izpàd** outburst; *(vojaški)* sally, sortie, foray; ~ **las** hair loss; ~ **električnega toka** cutout of an electric circuit

**izpádati** to come out, to fall out

**izpàh** sprain, dislocation, luxation

**izpahníti** to sprain, to dislocate

**izparévati** to evaporate, to exhale, to steam

**izpásti** to be eliminated; ~ **iz spomina** to escape one's memory; **slabo** ~ to turn out badly

**izpeljánka** derivative

**izpeljáti** to carry out, to accomplish, to implement, to realize

**izpírati** to wash out, to rinse

**izpísati** to extract, to copy, to write out

**izpít** exam(ination), test; **pisni (ustni)** ~ written (oral) examination; **popravni** ~ re-examination; **sprejemni** ~ entrance examination; **delati** ~ to sit for an examination; **narediti** ~ to pass *(ali* to get through) an examination; **pasti pri** ~**u** to fail *(ali* to flunk) an examination

**izpíti** to drink out, to empty the glass; ~ **kozarec na dušek** to empty one's glass at one draught

**izpláčati** to pay out, to disburse; *(dolg)* to pay off; *(razliko)* to balance

**izplačílo** payment

**izplačljív** payable

**izplakníti** to rinse, to wash out; *(stranišče)* to flush

**izpljúniti** to spit out, to expectorate

**izplúti** to leave port

**izpod** from under *(ali below, beneath)*

**izpolnítl** to fulfil, to carry out, to realize, to accomplish; *(formular)* to fill in; ~ svoje dolžnosti to perform one's duties; ~ se to come true

**izpopolníti** to improve, to perfect, to make better, to upgrade

**izpopolnjevánje** perfecting; ~ v Angliji study-visit to England; znanstveno ~ advanced scientific study

**izposlováti** to arrange, to procure, to obtain, to bring about; ~ posojilo to negotiate a loan

**izposodíti** to lend; ~ si to borrow

**izposojevál|ec** *(kdor izposoja)* lender; *(kdor si izposoja)* borrower; ~nica filmov (smuči) film hire (ski rental)

**izpostáv|iti** to expose; ~iti nevarnosti to endanger; ~iti se to expose oneself to; ~ljen exposed (to), subject (to), liable (to)

**izpóved** declaration; *(prič)* deposition, evidence; *(priznanje)* confession

**izpovédati** to declare; to depose, to give evidence; to confess

**izpráskati** to scratch out, to scrape off

**izpraševálec** examiner, interrogator, questioner

**izpraševánec** examinee

**izpraševáti** to examine, to interrogate, to ask (questions), to question

**izprašíti** to dust, to beat out the dust

**izpráti** to wash out, to rinse; ~ rano to bathe a wound

**izprazníti** to empty, to clear, to evacuate; ~ kovček to unpack; ~ stanovanje to vacate one's flat

**izpréči** to take a break; *(konja)* to unharness; *(vola)* to unyoke

**izpred** from before; *Poberi se mi ~ oči!* Get out of my sight!

**izpréti** *(začasno odpustiti z dela stavkajoče delavce)* to lock out

**izpríčati** to testify, to bear witness, to attest

**izpríditi** to corrupt, to spoil, to deprave, to vitiate

**izpríjen** corrupt, depraved, perverted, vicious

**izprosíti** to obtain by request

**izpúh** exhaust, outlet

**izpuhtévati** to evaporate, to exude

**izpúliti** to pull (out), to extract, to pluck

**izpúst** release; omission

**izpustíti** to release, to set free, to let out; to leave out, to omit

**izpuščáj** rash, spots (on the skin), eczema; pasasti ~ shingles; vročinski ~ heat rash

**izrába** exploitation, utilization; ~ **tal** land utilization

**izrabíti** to make use of, to profit by, to exploit, to take advantage of

**izračúnati** to calculate, to reckon up

**Ízra|el** Israel; ~**élec, i~élski** Israeli

**izrástek** outgrowth, excrescence

**izrásti** to grow out, to sprout

**izravnáti** to level, to straighten, to (make) even; (*račun*) to square, to balance; (*spor*) to resolve, to settle

**izráz** expression, word, term; (*obraza*) countenance

**izrazít** expressive, distinctive, marked, pronounced

**izráziti** to express, to utter, to put into words; **jasno se ~ to** make something clear

**izrécen** explicit, strict, express

**izréči** to utter, to say, to speak out, to express; ~ **sodbo** to pass sentence on; ~ **prekletstvo nad** to pronounce a curse upon; ~ **sožalje** to condole with somebody (on something)

**izréd|en** extraordinary, outstanding, exceptional; ~**ni profesor** (*Br*) reader, senior lecturer, (*Am*) associate professor

**izrèk** saying; (*math*) theorem; ~ **porotnikov** verdict

**izrézati** to cut out, to clip

**izréz|ek** cutting, clipping; cutout; **album s časopisnimi** ~**ki** scrapbook

**izrezljáti** to carve, to cut out

**izríniti** to oust, to supplant, to dislodge

**izročílo** tradition; **ustno ~** oral tradition

**izročítelj** deliverer, transmitter

**izročíti** to hand over, to deliver; ~ **pozdrave** to give (*ali* to send) compliments (*ali* love), to remember someone to a person; ~ **poziv** to serve a summons upon someone; (*zločinca*) to extradite

**izródek** degenerate person; monster, freak

**izrodíti se** to degenerate, to become worse

**izrópati** to rob, to plunder, to loot

**izrúvati** to pull out, to root out, to extract; (*s koreníno*) to uproot

**izselíti** (*sodno*) to evict, (*neza-želenega tujca*) to deport; ~ **se** to move; (*v tujino*) to emigrate

**izséljenec** emigrant, expatriate, deportee; displaced person

**izsiljevá|nje** blackmail, extortion; ~**lec** blackmailer, extortioner

**izsiljeváti** to blackmail, to extort

**izslédek** result, outcome; discovery

**izsledíti** to track down, to discover, to spot; ~ **divjačino** to rouse

**izstòp** withdrawal, retirement; exit; way out

**izstopíti** to get out, to step

out; to retire, to withdraw, to resign from

**izstrádati** to famish, to starve out, to reduce by famine

**izstrélek** missile, projectile; vódeni ~ guided missile

**izstrelíti** to shoot, to fire; *(raketo)* to launch

**izsušíti** to drain, to dry up, to desiccate; *(zemljo)* to parch

**izšólati** to educate, to send to school; ~ se to finish one's studies

**iztakníti** *(oko)* to put out; *(likalnik)* to unplug, to disconnect

**iztêči** to run out, to elapse, to come to an end; *(rok)* to expire; *(ura)* to run down

**iztepáč** carpetbeater

**iztérjati** *(sodnijsko)* to exact; ~ davek to levy *(ali* to collect) a tax

**izterjáva** exaction; collection (of taxes)

**izterjeválec** exactor; tax collector

**iztíriti** to derail; ~ se to be derailed, to run off the track

**iztísniti** to press (out), to squeeze (out of, from)

**iztočíti** to empty, to pour out

**iztóčnica** keyword; *(v slovarju)* headword, entry; *(v gledališču)* cue

**iztòk** efflux, discharge, outflow, outlet

**iztovóriti** to unload, to discharge; *(ladjo)* to clear a vessel

**iztrébek** excrement, faeces *(pl)*

**iztrebíti** to exterminate, to ex-

tirpate; *(gozd)* to clear, to deforest; *(zaklano žival)* to gut; korenito ~ to root out

**iztrésti** *(obleko)* to shake out; to empty (by shaking)

**iztrézniti se** to sober up, to become sober; to be disenchanted, to be disillusioned

**iztŕgati** to tear *(ali* to pull, to draw, to wrench, to pluck) out, to snatch away from

**iztŕž|iti** to get, to realize; ~ek takings *(pl)*, receipts *(pl)*, income

**izučèn** qualified, trained, skilled

**izučíti** to train, to teach, to instruct; to give someone skill (in) *(ali* knowledge (of))

**izúm** invention, creation; ~ítelj inventor

**izumetníčen** artificial, not natural

**izúmiti** to invent, to create

**izumréti** to die out, to become extinct

**izúriti** to train, to drill; ~ se v to practise at, to acquire skill in

**izúrjen** skilled, trained, experienced

**izúrjenost** skill, experience, practice, routine

**izústiti** to say, to utter, to mouth

**izvabíti** to entice, to elicit, to lure; to draw out

**izvájati** to perform, to carry out, to execute, to implement

**izvalíti** to hatch, to brood

**izváljati** to roll out

**izvážati** to export

**izvédba** *(dela)* execution, realization; *(v gledališču)* performance, recital

**izvédenec** expert, authority

**izvédeti** to learn, to get to know, to hear

**izvedljív** feasible, practicable, possible

**ízven** *glej* ZUNAJ

**izvések** signboard, sign

**izvêsti** to carry out *(ali* through), to execute, to accomplish, to implement

**izvíd** diagnosis, findings *(pl)*

**izvídnic|a** reconnoitring party; **biti v ~i** to be engaged in reconnaissance

**izvídnik** scout, reconnoitrer

**izvijáč** screwdriver

**izvín** sprain, dislocation, luxation

**izvíniti** to sprain, to dislocate, to luxate

**izvír** source, spring, well

**izvírati** *(reka)* to spring, to take its source; to originate, to arise from, to descend from

**izvíren** original, genuine, authentic

**izvírnik** original, first copy

**izvít|i** to wrench, to wrest from; **~i se** to disengage oneself from; **iz trte ~** far-fetched

**izvléček** extract, abstract, summary, resumé, excerpt

**izvléči** to draw out, to pull out, to extract; **~ se** to extricate oneself, to disentangle oneself, to pull through

**izvòd** copy; **brezplačen ~** free *(ali* complimentary) copy

**izvóhati** to detect, to trace (out), to scent, to smell

**izvojeváti** *glej* IZBOJEVATI

**izvolíti** to elect; *(z glasovanjem)* to vote; **~ z dviganjem rok** to elect by a show of hands; **~ s tajnim glasovanjem** to elect by secret ballot

**izvolít|i** *I~e (vzeti)!* Here you are!; *I~e sesti!* Sit down, please!

**izvòr** origin, source, root, descent, provenance

**izvóšček** coachman

**izvotlíti** to hollow out, to excavate

**izvòz** export, exportation; **~no dovoljenje** export permit

**izv|ozíti** to export; **~óznik** exporter

**izvréči** to eject, to throw out; to remove, to expel

**izvŕsten** excellent, first-class, superior, exquisite, splendid, superb

**izvŕš|en** executive; **~ni odbor (svet)** executive committee (council)

**izvrševáti** to perform, to carry out, to practise

**izvršíl|en** executive; **~na oblast** the executive

**izvršítelj** executor; performer

**izvršíti** to execute, to perform, to carry out, to accomplish; **~ se** to occur, to take place, to come true

**izvŕtati** to drill, to bore, to perforate, to pierce

**izvŕžek** offal, refuse; *(oseba)* scum, riffraff

**izvŕženec** outcast, pariah

**izvzémši** except, with the exception of, save, but

**izvzéti** to except, to exempt from

**izza** from behind; ~ **oblakov** from behind the clouds

**izzív** provocation, challenge, defiance

**izzívati** to provoke, to challenge, to defy, to brave, to look for trouble

**izžarévati** to radiate, to irradiate; to emanate, to emit rays

**izžémati** *(perilo)* to wring (out); *(limono)* to squeeze; *(koga)* to extort

**izžgáti** to burn out; *(rano)* to cauterize, to sear

**izžívljati se** to enjoy, to take pleasure in, to delight in

**izžrébati** to draw *(ali* to cast) lots, *(Am)* to lot

**izžvížgati** to hiss off, to boo

# J

**J** letter J

**jáblana** apple tree

**jábolčnik** cider

**jábolko** apple; **ugrizniti v kislo ~** to swallow a bitter pill

**Jádran** the Adriatic (Sea)

**jádrati** to sail, to yacht; *(na deski)* to surf, to windsurf; *(z letalom)* to glide

**jádrnica** sailing boat/ship

**jádr|o** sail; **dvigniti (spustiti) ~o** to hoist (to lower) the sail; **z razpetimi ~i** with all sails set

**jadrovína** sailcloth

**jágned** poplar

**jágnj|e** lamb; **~ič** lambkin; **~etina** lamb

**jágoda** berry; **(rdeča) ~** strawberry; **črna ~** *(borovnica)* billberry, *(Am)* blueberry, huckleberry; **grozdna ~** grape; **volčja ~** deadly nightshade; *(na ogrlici)* bead

**jáguar** jaguar

**jaháč** rider, horseman

**jahál|en** riding, equestrian; **~ni bič** horsewhip; **~ni konj** riding horse; **~na steza** bridle path, bridleway

**jahálnica** riding school *(ali* ground); manège

**jáhanje** riding, horsemanship, equitation

**jáhati** to ride, to go on horseback; **~ v drncu** to trot; **~ v diru** to gallop; **~ na čem** *(fig)* to insist on, to make a point of

**jáht|a** yacht; **voziti se z ~o** to yacht

**jájc|e** egg; **mehko kuhano ~e** soft-boiled egg; **trdo kuhano ~e** hard-boiled egg; **surovo (gnilo) ~e** raw (rotten) egg; **umešana ~a** scrambled eggs; *(vulg)* balls *(pl)*

**jájčast** egg-shaped, egg-like, oval, oviform

**jájčevec** eggplant, aubergine

**jájčnik** omelette; *(spolna žleza)* ovary

**jákost** strength, power, energy, intensity, force

**jálov** sterile, barren, fruitless, vain

**jálovost** sterility, barrenness, fruitlessness

**jáma** pit, cave, cavern, grotto; *(grob)* grave; *(rudnik)* mine

**jámar** speleologist, cave explorer; **~sko društvo** caving club

**jámarstvo** speleology

**jámb** iambus

**jámbor** mast; **glavni (sprednji, zadnji) ~** mainmast (foremast, mizenmast)

**jámčiti** to guarantee, to warrant; to answer for, to be liable for, to vouch for; *(na sodišču)* to stand security for, to go bail for

**jámica** *(v licu)* dimple; **očesna** ~ eye socket

**jámsk|i** cave; **~i človek** caveman, troglodyte; **~e risbe** rock drawings

**jámstvo** guarantee, security, bail

**jánež** anise; *(začimba)* aniseed; **sladki** ~ fennel

**jáničar** janizary; *(fig)* renegade

**jántar** amber

**jánuar** January

**Japón|ska** Japan; **~ec, j~ski** Japanese

**járd** yard (0,914 m)

**járec** ram; *(skopljen)* wether

**járek** ditch, dyke, dike; **grajski** ~ moat; **namakalni** ~ irrigation ditch *(ali* canal); **obcestni** ~ gutter; **strelski** ~ trench

**járem** yoke; ~ **volov** *(par)* yoke of oxen; **zakonski** ~ yoke of matrimony

**jása** glade, clearing

**jásen** clear, bright, serene; distinct, articulate; *(očiten)* evident, obvious; *(razumljiv)* intelligible, easy-to-understand

**jásli** manger, crib; **otroške** ~ (day) nursery; **božične ~ce** (Christmas) crib

**jasmín** jasmine

**jasníti se** to clear up, to become clear

**jásnost** brightness, serenity; intelligibility, clarity

**jasnovíde|c** clairvoyant, visionary; **~n** clairvoyant, visionary, clearsighted

**jáspis** jasper

**jástog** lobster

**jástreb** vulture

**jášek** shaft; *(rudniški)* mineshaft; **servisni** ~ *(jama)* inspection pit; ~ **za seno** fodder funnel; **zračni** ~ ventilating shaft

**játa** flight, swarm, flock

**jáv|en** public, open; **~na dela** public works *(pl)*; **~na hiša** brothel; **~no mnenje** public opinion

**jáviti** to let know, to inform, to notify, to report; ~ **se** to present oneself; to send word of oneself

**jávka|ti** to whine, to moan, to lament; **~nje** whining, moaning, lamentation

**jávnost** public; **stik z ~jo** public relations *(pl)*

**jávor** maple (tree)

**jàz** I; ~ **sam** I myself; *To sem* ~. It is I *(ali* me).

**jázbec** badger

**jázbečar** *(pes)* dachshund

**jázbina** badger's lair, burrow

**jázz** jazz, ~ **orkester** jazz band

**jecljáti** to stammer, to stutter

**jecljávec** stammerer, stutterer

**jéča** *(zgradba)* jail, prison, gaol; *(zapor)* imprisonment, arrest; *(na policiji)* custody; **vtakniti v ~o** to put in prison, to imprison; **dosmrtna** ~ life imprisonment

**ječár** jailer, gaoler; *(jetničar, paznik)* prison warder

**ječáti** to groan, to moan

** jêčmen** barley; ~ **na očesu** sty(e)

**jéd** dish, meal; food; *(del kosila ali večerje)* course; **narodna** ~ national dish; **med ~jo** during the meal

**jédec** eater; **dober (slab)** ~ great (poor) eater

**jédek** caustic, corrosive, corrodent

**jedíl|en** ~**ni kot** dining area; ~**ni list** bill of fare, menu; ~**no olje** table oil; ~**ni pribor** (table) cutlery; knife, fork, spoon and teaspoon; ~**na shramba** larder

**jedílnica** dining room; *(v samostanu, internatu)* refectory

**jedílnik** menu, bill of fare

**jedíl|o** dish; ~**a** eatables *(pl)*, victuals *(pl)*

**jédka|ti** to etch; ~**nica** etching

**jedrnàt** concise, condensed, laconic, terse, succinct, pithy; **kratek in** ~ short and to the point

**jêdro** kernel, core, stone; nucleus; *(najpomembnejše, najvažnejše)* gist

**jêdrsk|i** nuclear; ~**a elektrarna** nuclear power station *(ali plant)*; ~**a energija** nuclear energy; ~**a fizika** nuclear physics *(pl)*; ~**o orožje** nuclear weapons; **na** ~**i pogon** nuclear-powered

**jegúlja** eel

**jék** echo

**jeklár|na** steelworks *(pl)*, steel mill; ~ steelworker

**jêklo** steel; **kaljeno** ~ hardened steel; **legirano** ~ alloy steel; **nerjaveče** ~ stainless steel

**jékniti** to resound, to reverberate

**jêl|en** stag, deer, hart, red deer; **severni** ~**en** reindeer; ~**énovo rogovje** antlers *(pl)*

**jélka** fir (tree)

**jélša** alder (tree)

**jemáti** to take; ~ **na kredit** to take on credit; ~ **na pósodo** to borrow; ~ **slovo** to take leave

**jérbas** (wicker) basket, hamper

**jerebíca** partridge

**jerebíčar** *(pes)* setter

**jerebíka** mountain ash, rowan (tree)

**jêrmen** strap, belt; *(ozek)* thong; ~ **za brušenje britve** razor strap; **klinasti** ~ fan belt; **pasji** ~ leash; **pogonski** ~ transmission belt

**jesén** autumn; *(Am)* fall; ~**ski** autumnal

**jêsen** ash (tree)

**jeséter** sturgeon

**jésti** to eat, to take one's meals

**jestvíne** food, foodstuff, provisions *(pl)*

**jéšprenj** pot *(ali* peeled) barley; pearl barley

**jétičen** tubercular, consumptive

**jétika** tuberculosis, consumption

**jetník** prisoner; **politični** ~ state prisoner

**jetníšnica** prison, jail, gaol

**jetníštvo** imprisonment, detention, captivity

**jétr|a** liver; **bolan na ~ih** liverish

**jétrnik** liverwort

**jéz** dam, barrier; dike, dyke

**jéz|a** anger, rage; **biti na-gle ~e** to be hot-tempered; **kuhati ~o** to bear a grudge, to sulk

**jézdec** rider, horseman

**jézditi** to ride (on horseback)

**jézen** angry; **biti ~ na koga** to be angry (*ali* cross) with; to be mad at

**jézero** lake; **gorsko ~** tarn; **presihajoče ~** periodic lake

**jezíčen** voluble, talkative

**jêzik** tongue; (*govor*) language; **knjižni (strokovni, tuji) ~** literary (technical, foreign) language; **materni ~** mother tongue; **pogovorni ~** colloquial language, vernacular; **uradni ~** formal language; *J~ za zobe!* Shut up!, Hold your tongue!

**jezikáti** to babble, to wrangle

**jezikoslóv|je** linguistics (*pl*), philology; **~ec** linguist, philologist

**jezíti** to make angry, to anger, to vex; **~ se** to be angry (*ali* cross), to be vexed

**jéž** hedgehog, urchin; **morski ~** sea urchin

**jéža** ride, riding

**jéževec** porcupine

**jéži|ti se** to bristle; *Lasje se mi ~jo.* My hair stands on end.

**jód** iodine

**jóga** yoga

**jógurt** yogh(o)urt, yogurt

**jòj!** oh!, oh dear!, ah!

**jók** cry(ing), weeping, tears;

**bruhniti v ~** to burst out crying

**jókati** to cry, to weep, to shed tears

**jokàv** (*otrok*) snivelling, whimpering; (*glas*) whining, plaintive

**jópa** jacket; **pletena ~** cardigan

**jópič** jacket, coat; **prisilni ~** straitjacket; **vetrni ~** windcheater; (*s kapuco*) anorak

**jubiléj** anniversary, jubilee

**jùg** south; **na ~u Anglije** in the south of England; **proti ~u** southwards

**Jugo|slávija** Yugoslavia; **~slován, ~slovánski** Yugoslav

**júha** soup, (*mesna*) broth; **gosta (čista) ~** thick (clear) soup; **goveja ~** beef-broth; **kokošja ~** chicken-soup

**júlij** July

**Júlijske Alpe** the Julian Alps

**junák** hero; **~inja** heroine

**junáš|tvo** heroism, bravery; **~ki** heroic, brave

**júnec** bullock, young bull

**júnij** June

**júrček** (*goba*) edible boletus, stone fungus

**juríst** lawyer, jurist

**júriš** storm, attack; **~ati** to storm, to attack

**justifi|kácija** execution; **~círati** to execute, to put to death

**júšnik** soup dish, soup-tureen

**júta** jute

**jútranj|i** morning; **zgodnje ~e ure** small hours

**jútranjica** morning star, Venus

**jútri** tomorrow; ~ **zjutraj** tomorrow morning; ~ **teden** tomorrow week

**jútro** morning; old square measure (5755 sq metres)

**juvelír** jeweller

**júž|en** south, southern; ~**ni Slovani** South Slavs (*pl*); ~**no sadje** tropical fruits (*pl*); ~**no od Londona** (to the) south of London; **v** ~**ni Angliji** in Southern England

**júžina** lunch, luncheon; snack, light meal; **suha** ~ (*žuželka*) daddy-longlegs

**júžinati** to take lunch; to have a short meal, to have a snack

**južnjàk** southerner, person from the south

# K

**K** letter K
**k** to, toward(s)
**kabarét** cabaret, floor-show in a cabaret
**kábel** cable, wire rope
**kabína** cabin; ~ **dvigala** cage; (dvoposteljna) ~ **na ladji** (a two-berth) cabin; ~ **za pomerjanje** fitting room; ~ **žičnice** cable car; **kopališka** ~ dressing cubicle (ali cabin); **telefonska** ~ (tele)phone booth, call box
**kabinét** small room; (delovni prostor) study; (ministrski svet, vlada) cabinet; (v muzeju) section
**káča** snake, serpent
**káčast** snake-like, serpentine, winding
**káčji** ~ **lev** slough; ~ **pastir** dragonfly
**kàd** tub, vat; **kopalna** ~ bathtub
**kàdar** when; ~**kóli** whenever, whensoever
**káder** personnel, management (personnel); (v vojski) cadre; (enota filma) take
**kadét** cadet, trainee; ~**nica** military academy (ali college)
**kadílec** smoker; **ne**~ non--smoker; **hud** ~ chain smoker

**kadílnica** smoking room; (posoda za kadilo) censer
**kadílo** incense, frankincense
**kadíti** to smoke, to have a smoke; (s kadilom) to incense; **K**~ **prepovedano!** No smoking!
**káfra** camphor; **izginiti kot** ~ to vanish into thin air
**káhla** chamber pot; potty
**káhlica** (ploščica) (wall) tile
**káj** what; **K**~ **še?** What else?; **K**~ **zdaj?** Well?; **K**~ **je s teboj?** What's the matter with you?; **K**~ **se je potem zgodilo?** What happened then?
**kájak** kayak
**kájfež** (candle) extinguisher
**kajnè** On je Anglež, ~? He is English, isn't he?; Ona ni Nemka, ~? She isn't German, is she?; On dela v Nemčiji, ~? He works in Germany, doesn't he?; Ona ne kadi, ~? She doesn't smoke, does she?
**kájpak** of course, sure, certainly
**kájti** for, as
**kajúta** cabin; **luksuzna** ~ **na ladji** stateroom
**kájža** shack, shanty, hut
**kák** a, an, some, any
**kakáv** cocoa; ~**ovec** cacao (tree)

**kakó** how, in what way; *K~ dolgo?* How long?; *K~ lep dan!* What a lovely day!

**kàkor** like, as; ~ **hitro** as soon as; **večji** ~ bigger than

**kàkorkóli** however; anyhow, no matter how

**kakóvost** quality, property

**kákšen** what, what kind of, some; *K~ je?* What is he like?

**kaktéja** cactus, *(pl)* cacti

**kál** germ, seed, bud; **v ~i zatreti** to nip in the bud

**kálati** to split, to cleave

**kálcij** calcium

**kalcít** calcite

**kálen** muddy, troubled, turbid

**kalíber** calibre, bore

**kálij** potassium

**kalín** bullfinch

**kalíti** to trouble, to disturb; *(železo)* to temper, to steel; *(seme)* to germinate

**kalkul|írati** to calculate, to compute; ~**ácija** calculation, computation

**kaloríja** calorie

**kalúp** mould, shape, cast

**kalúžnica** marsh marigold

**kám** where (to), to what place

**kaméla** camel

**kaméleon** chameleon

**kámen** stone, rock; **brusni** ~ whetstone; **drag(i)** ~ precious stone, gem; **kresilni** ~ flint; **mlinski** ~ millstone; **obcestni** ~ milestone; ~ **spotike** stumbling block; **temeljni** ~ foundation stone; **zobni** ~ tartar

**kamenjáti** to stone

**kámgarn** worsted

**kamílica** camomile

**kamín** fireplace; *(geol)* chimney

**kami|ón** lorry, truck

**kamnolòm** quarry, stone-pit

**kamnosèk** stonecutter; stonemason

**kamnotísk** lithography

**kámor** where; ~**kóli** wherever, anywhere

**kámp** camp; ~**írati** to camp

**kampánja** campaign, crusade; **volilna** ~ election campaign

**kamufláža** camouflage, cover, concealment, disguise

**kamuflírati** to camouflage, to disguise

**Kán|ada** Canada; ~**ádčan, k~ádski** Canadian

**kanál** canal; channel; **podzemni cestni** ~ sewer

**kanalizácija** sewer, sewage; drainage

**kanálja** rogue, rascal, scoundrel

**kanapé** sofa, settee

**kanárček** canary

**káncler** chancellor

**kandidát** candidate; *(kdor se poteguje za službo)* applicant; *(predlaganec)* nominee; **izpitni** ~ examinee

**kandidatúra** candidature, candidacy, application for

**kandidírati** *(koga)* to propose for election; *(sam)* to stand for, to be a candidate for

**kánec** drop

**kángla** can, pot

**kániti** *(nameravati)* to intend, to have in mind; *(kapniti)* to drip; to pour some drops

**kánja** buzzard
**kánjon** canyon
**kanón** cannon, gun
**kanónik** canon
**kánta** can; ~ **za bencin** petrol can; ~ **za smeti** dustbin; *(Am)* thrashcan, garbage can
**kantína** canteen; cafeteria, mess; **alkoholna (brezalko- holna)** ~ wet (dry) canteen
**kanú** canoe; ~**íst** canoeist; **vožnja s** ~**jem** canoeing
**kaolín** kaolin, China clay
**káos** chaos; complete disor- der, confusion, mess; **kaó- tičen** chaotic
**káp** stroke, apoplexy; *K~ ga je zadela.* He had a stroke.
**káp** eaves *(pl)*, drip; **z dežja pod** ~ out of the frying pan into the fire
**káp|a** cap, bonnet, hood; *Ima ga malo pod* ~*o.* He is tipsy.
**kapacitéta** capacity; *(oseba)* authority
**kapálka** dripping-tube, dropper
**kápati** to drip, to dribble
**kápavica** gonorrhoea
**kapéla** chapel; band
**kapélnik** conductor, band- master
**kapétan** captain; *(moštva)* skipper
**kapilára** capillary
**kapitál** capital; funds *(pl)*; principal; **mrtvi** ~ unpro- ductive capital; **obratni** ~ circulating *(ali* floating, working) capital
**kapitalístič|en** capitalist(ic); ~**ni sistem** capitalist system
**kapitalízem** capitalism

**kapitán** captain; *(manjše ladje)* skipper
**kapitulácija** capitulation, surrender
**kapitulírati** to capitulate, to surrender; *(brezpogojno)* to surrender unconditionally; *(pogojno)* to surrender upon terms
**kaplán** chaplain; curate, vicar
**káplj|a** drop; *(goste tekočine)* blob; **dežna** ~**a** raindrop; ~**ica** droplet
**kapljáti** to drip, to dribble, to trickle
**kapníca** rainwater
**kápnik** stalactite, stalagmite
**kapríca** whim, caprice, fancy, freak
**kápsula** capsule
**kapúca** hood
**kapucín** Franciscan friar; *(ka- va)* coffee with cream (or frothy milk)
**kàr** what, which, that; ~ **se mene tiče** as far as I am concerned; *Povej mi,* ~ *veš.* Tell me what you know.; *(odkar)* since; *Kako dolgo je,* ~ *si ga videl?* How long is it since you saw him?
**karabínka** carbine, rifle
**karákter** character, nature, temperament
**karakterístičen** characteristic
**karakterístika** *(značilnost)* characteristic, feature, trait; **politična** ~ political record
**karamból** collision; ~**írati** to collide with, to run into
**karaméla** caramel, toffee
**Karantán|ija** Caranthania; ~**ec, k~ski** Caranthanian

**karantén|a** quarantine; **dati v ~o** to quarantine
**karát** carat
**kárati** to blame, to reprimand
**karavána** caravan
**karávla** frontier guardhouse; checkpoint
**karbíd** carbide; **~na svetilka** acetylene lamp
**kardánsk|i ~a gred (~i zgib)** cardan shaft (joint)
**kardinál** cardinal
**kardiológ** heart specialist, cardiologist; **~íja** cardiology
**kariêra** career, success in one's life
**karikatúr|a** caricature; **~íst** caricaturist
**karíran** chequered, plaid; *(papir)* squared; **škotski ~i vzorec** tartan
**kàrkóli** anything, whatever
**karnísa** cornice, curtain-rod
**káro** *(karte)* diamond
**karoseríja** car body
**kárt|a** *(zemljevid)* map; *(pomorska)* chart; *(vozovnica, vstopnica)* ticket; **mesečna ~a** season ticket, *(Am)* commutation ticket; **metereološka ~a** weather chart; **peronska ~a** platform ticket; **igralne ~e** (playing) cards *(pl)*, *(srce, karo, pik, križ)* (hearts, diamonds, spades, clubs); **mešati (privzdigniti, razdeliti) ~e** to shuffle (to cut, to deal) cards
**kartél** cartel, pool
**kárter** *(pri avtu)* sump
**kartón** cardboard; index-card
**kartotéka** card index, card file, files *(pl)*

**kasác|ija** cassation, annulment; **~íjsko sodišče** Supreme Court of Appeal
**kasárna** barracks *(pl)*
**kaséta** cassette; cash *(ali strong)* box
**kaskáda** cascade; waterfall
**kásko ~ zavarovanje** *(avtomobilov)* comprehensive insurance
**kásta** caste
**kastrírati** to castrate, to emasculate, to geld
**káša** gruel, mush; **ovsena ~** *(Br)* porridge; **papirna ~** pulp
**kášča** granary
**kášelj** cough; **oslovski ~** whooping cough
**kášljati** to cough
**kašmír** cashmere
**katafálk** catafalque
**katalóg** catalogue
**katalogizírati** to catalogue, to list in a catalogue, to tabulate
**katár** catarrh
**katást|er** cadastre; land register, **~rski urad** land registry
**katastrófa** catastrophe, disaster
**katéder** *(šolski)* (master's) desk
**kátedr|a** chair, professorship; **imeti ~o za filozofijo** to hold the chair of philosophy
**katedrála** cathedral, minster
**kategoríja** category, class, rank, type
**kategorizírati** to categorize
**katehét** catechist, teacher of religion

**katekízem** catechism
**katéri** which, who, that
**katérikóli** whichever, whoever
**katéta** cathetus, *(pl)* catheti
**katóda** cathode
**katoličán, katóliški** Catholic
**katrán** tar
**káva** coffee; **bela (črna) ~** white (black) coffee; **ledena ~** iced coffee
**kavalír** cavalier, courtly gentleman, gallant
**kavárna** café, coffeehouse
**kávboj** cowboy; **~ke** (blue) jeans, denims *(pl)*; **~ka** cowboy film, western
**kávcija** surety, guarantee; *(na sodišču)* bail
**kávč** couch
**kávčuk** india rubber, caoutchouc
**kávelj** hook, peg
**káviar** caviar
**kávka** jackdaw
**kávovec** coffee tree *(ali* plant)
**kávsniti** to peck
**kazáljec** forefinger, index finger; pointer; **vrteti se v (nasprotni) smeri urnega ~ca** to move clockwise (anticlockwise)
**kazáljen** indicative, demonstrative; **~ni zaimek** *(gram)* demonstrative pronoun
**kazálo** index, table of contents; *(na uri)* dial; **~ datotek** *(comp)* file directory
**kázati** to show, to point out, to indicate; to exhibit, to display; **~ pot** to lead the way; **~ s prstom** to point at
**kázen** punishment; *(denarna)*

penalty, fine; **smrtna ~** capital punishment
**kázenski** penal, criminal, punitive; **~ zakonik** penal code
**kazíjti** to disfigure, to deform, to spoil; *Vreme se ~.* The weather is breaking up.
**kaznílnica** prison, jail, gaol; penitentiary, house of correction; **mladinska ~** *(Br)* borstal; *(Am)* reformatory *(ali* reform school)
**kaznív** punishable, liable to punishment; **~o dejanje** penal act, criminal offence
**káznjenec** prisoner, convict, jailbird
**kaznováti** to punish, to chastise; *(z globo)* to fine
**kážipót** signpost, finger-post, guide-post
**kdáj** when, (at) what time; **do ~** till when; how long; **od ~** since when; **sploh ~** ever
**kdó** who; **~ še** who else; *Ali je ~ v hiši?* Is there anyone in the house?; **málo~** hardly anyone
**kdór** who; **~kóli** whoever, anybody
**kégelj** skittle, pin
**kegljáti** to play at skittles *(ali* ninepins)
**kegljíšče** bowling alley
**kélih** chalice; goblet
**Kélt** Celt; **k~ski** Celtic
**kemíja** chemistry; **kémik** chemist; **kémičen** chemical
**kemikálija** chemical
**kengurú** kangaroo
**képa** lump; *(zemlje)* clod; **snežna ~** snowball

**képati** to snowball; ~ **se** to throw snowballs at (one another)

**ker** because, as, since

**kerámi|ka** ceramics *(pl)*; ~**čen** ceramic

**kès** regret, remorse, repentance

**kesáti se** to repent, to rue, to regret, to be sorry for

**ki** which, who, that

**kibernétika** cybernetics *(pl)*

**kíč** trumpery, kitsch, rubbish, trash; *(slika)* daub

**kídati** to shovel, to scoop

**kíhati** to sneeze

**kíj** club, mace, bludgeon

**kikiríkati** to cockcrow

**kikirikí** peanut, groundnut

**kíla** hernia, rupture

**kilográm** kilogram

**kilom|éter** kilometre; ~**etrína** allowance for travelling expenses

**kímati** to nod; *(kinkati)* to drowse

**kímav|ec** yes-man, sycophant; **parlament** ~**cev** rubber-stamp parliament

**kinematografíja** film industry

**kíno** cinema, *(Br)* pictures *(pl)*; *(Am)* movies *(pl)*

**kiósk** news-stand; kiosk, booth, stall

**kíp** statue, sculpture; ~**ec** statuette

**kipár|stvo** sculpture; ~ sculptor

**kipéti** to boil, to seethe, to bubble

**kir|úrg** surgeon; ~**urgíja** surgery; ~**úrški** surgical

**kís** vinegar; **vložiti v** ~ to pickle

**kís|el** sour, acid; *(čemeren)* morose, peevish; ~**le kumarice** pickled cucumbers *(ali* gherkins); ~**la repa** sour turnip; ~**la voda** mineral water; ~**lo zelje** sauerkraut

**kisík** oxygen

**kislína** acid; sourness, acidity

**kít** *(zool)* whale; *(zamazka)* putty; ~**ati** to putty

**kíta** plait, braid; *(anat)* sinew; ~ **cvetja** nosegay, bunch of flowers

**Kitáj|ska** China; ~**ec, k~ski** Chinese

**kitára** guitar

**kítica** *(pesmi)* strophe, stanza

**kjé** where, in what place; ~ **drugje** somewhere else; *K~ neki! (Kaj še!)* No such thing!

**kjèr** where; ~**kóli** wherever, anywhere

**kláda** log, block; *(neroda)* blockhead

**kládivo** hammer; **kovaško** ~ sledgehammer; **leseno** ~ mallet

**klánec** slope, incline, rising road

**klánjati (se)** to bow, to curts(e)y

**klarinét** clarinet

**klás** ear; **iti v** ~**je** to ear

**klasificírati** to classify, to categorize

**klási|ka** classics; ~**k** classic; ~**čen** classic(al)

**klátež** vagabond, vagrant, hobo, tramp, roamer

**kláti** *(živino)* to slaughter, to

butcher; *(prašiča)* to stick; *(drva)* to split

**klatíti** to knock down, to beat down

**klatíti se** to tramp, to roam, to rove, to be vagrant

**klátivítez** knight errant

**klávec** slaughterer, killer

**klaviatúra** keyboard, keys *(pl)*; *(pri orglah)* **nožna ~** pedals; **ročna ~** manual

**klavír** piano; **koncertni ~** grand piano; **~ski koncert** *(prireditev)* piano recital; *(kompozicija)* piano concerto

**klávnica** slaughterhouse

**klávrn** poor, depressed, low-spirited

**klávzula** clause (of stipulation); *(pogoj)* stipulation, provision

**klavzúra** seclusion, isolation

**klečáti** to kneel

**klečeplázec** groveller, fawner, cringer

**klečepláziti** to grovel, to fawn, to cringe

**kléj** glue, adhesive, lime

**klék|elj** bobbin; **~ljana čipka** bobbin lace

**klèn** *(riba)* chub, cheven; *(drevo)* (common) maple tree

**klén** vigorous, strong, energetic, healthy

**klepár** plumber, tinman, tinsmith; **~stvo** plumbery, plumbing

**klepáti** to hammer; **~ koso** to sharpen a scythe

**klepetáti** to chatter, to prattle, to babble

**klepetáv** talkative, loquacious

**klepetúlja** chatterbox

**klèr** clergy; **~ikálen** clerical

**klesáti** to sculpture, to dress stone, to hew

**kléstiti** to lop off, to cut off

**kléšče** (a pair of) tongs *(pl)*; *(manjše)* pincers *(pl)*; pliers *(pl)*; *(medicinske)* forceps *(pl)*; **~ za orehe** nutcracker

**klét** cellar; basement

**kletár** cellarman, butler; wine waiter

**klétev** curse, malediction, execration

**kléti** to swear, to curse, to execrate

**klétka** cage; **ptičja ~** birdcage

**klétvica** curse, swearword, oath

**klevetáti** to slander, to calumniate, to defame, to backbite; *(javno)* to libel

**klevétnik** slanderer, calumniator, libeller

**klevétniški** slanderous, calumnious, libellous

**klíc** call, shout, yell, cry; **~ v sili** emergency call

**klíca** germ, seed, bud; origin

**klicáj** exclamation mark

**klícati** to call, to cry; **~ po imenih** to call the roll

**kliènt** client, customer, patron

**klím|a** climate; **~átičen** climatic

**klimatizácija** air-condition

**klín** wedge; *(obešalnik)* peg; **na ~ obesiti** to give up, to throw to the winds; **zabiti ~ v** to drive a wedge into

**klínika** clinic; private *(ali* specialized) hospital

**klínker** clinker, hard-burned brick

**klistír** clyster, enema

**klišé** cliché, banality, platitude

**klíti** to germinate, to sprout

**kljúb** despite, in spite of; ~ temu yet, nevertheless

**kljuboválen** defiant, obstinate, stubborn

**kljubováti** to defy, to face, to brave, to affront; to confront or stand up to

**kljúč** key; **univerzalni** ~ master key; **francoski** ~ wrench; **natikalni** ~ **za vijake** spanner; **patentni** ~ latchkey; **violinski (basovski)** ~ treble (bass) clef; ~**na beseda** keyword

**ključávnica** lock; *(viseča)* padlock; *(luknja)* keyhole

**ključávničar** locksmith

**kljúčnica** collarbone

**kljúka** hook; *(za obleko)* peg; *(na vratih)* doorknob, (door)handle, latch

**kljúkast** hooked; ~ **nos** hooknose; ~**i križ** swastika

**kljún** beak, bill; **ladijski** ~ stem, bow, prow

**kljunáč** snipe, woodcock

**kljúse** jade, hack

**kljúvati** to peck

**klobása** sausage; **kranjska** ~ spiced pork sausage, Carniolan sausage

**klôbčič** ball, hank; ~ **volne (žice)** ball of wool (wire); **zviti se v** ~ to curl up

**klobúčar** hatter, hat-maker

**klobučevína** felt

**klobúk** hat

**klofúta** smack, slap, box on the ear

**klóp** bench; **cerkvena** ~ pew; **šolska** ~ form; **zatožna** ~ dock

**klòp** tick; sheep-louse

**klopotáča** rattlesnake

**klopôtec** wind operated rattle; rotten egg

**klór** chlorine; ~**írati** to chlorinate

**klóvn** clown

**klúb** club, clubhouse

**kmálu** soon, presently, shortly, before long

**kméčk|i** peasant, rustic, rural; ~**o dekle** country girl; ~**a hiša** farmhouse; ~**o posestvo** farm, *(Am)* ranch; ~**i turizem** holidaymaking ((*Am*) vacationing) on a farm

**kmèt** farmer; peasant; **mali** ~ crofter, strip farmer; *(pri šahu)* pawn

**kmetíca** countrywoman, peasant woman

**kmetíja** farm, farmhouse, *(Am)* homestead; **mala** ~ small holding

**kmetíjsk|i** agrarian, agricultural; ~**o gospodarjenje** agronomy

**kmetíjstvo** farming, agriculture, rural economy

**kmetováti** to farm, to run a farm; to cultivate the soil and to raise livestock

**knéginja** princess; **vélika** ~ grand duchess

**knéz** prince; **véliki** ~ grand duke

**kneževína** principality

**knéžji** princely

**knjíga** book; **blagajniška ~** cashbook; **glavna ~** ledger; **kuharska ~** cookery book; **pritožna ~** book of complaints; **spominska ~** album; **broširana ~** paperback; **trdo vezana ~** hardback; **žepna ~** pocketbook

**knjigárna** bookshop, *(Am)* bookstore

**knjigové|štvo** bookbinding; **~z** bookbinder

**knjigovódja** bookkeeper, accountant

**knjigovódstvo** bookkeeping, accountancy; **enojno (dvojno) ~** bookkeeping by single (double) entry

**knjíž|en ~ni jezik** literary language; **~ni molj** bookworm

**književnik** writer, author, man of letters

**književnost** literature, letters *(pl)*; **primerjalna ~** comparative literature

**knjížica** booklet; **hranilna ~** depositor's book

**knjížnica** library; **potujoča ~** mobile library; **priročna ~** reference library

**knjížničar** librarian

**ko** when; as; than; **brž ~** as soon as; **medtem ~** while; **večji ~** bigger than

**koalícija** coalition, *(Am)* fusion

**kobíla** mare

**kobilárna** stud farm

**kobílica** grasshopper, locust

**kocína** hair, bristle

**kócka** cube, *(sladkorja)* lump; **igralna ~** die, *(pl)* dice

**kócka|r** dicer, gambler; **~ti** to dice, to throw *(ali* to roll) dice

**kóckast** *(oblika)* cubic; *(vzorec)* check

**kóča** hut, cottage; **smučarska ~** ski lodge

**kóčar** cottager, crofter

**kočíja** coach, carriage; **poštna ~** stagecoach

**kočijáž** coachman

**kočljív** delicate, ticklishl; **~ost** delicacy, ticklishness

**kóčnik** molar (tooth)

**kóda** code; **~ za odkrivanje napak** error-detecting code

**kódeks** code

**kóder** *(las)* curl, lock, ringlet; *(pes)* poodle

**kodificírati** to codify

**kodírati** to encode, to code

**kódra|ti se** to curl; **~st** curly, wavy

**koeksisténca** coexistence; **aktivna (miroljubna) ~** active (peaceful) coexistence

**kóga** who(m); **K~ vidiš?** Whom *(ali* who) do you see?; **Od ~?** Whom *(ali* who) from?

**kóitus** sexual intercourse, copulation

**kok|etírati** to coquette, to flirt; **~éta** coquette, flirt; **~éten** coquettish, flirtatious

**kokodákati** to cackle

**kokón** cocoon

**kókos** coconut tree; **~ov oreh** coconut

**kokóš** hen; *(mlada)* pullet; **~ja juha** chicken broth *(ali* soup)

**kokošeréja** poultry farming

**kokošnják** henhouse, hencoop

**kòks** coke

**kòl** post, pale, stake; **stavbe na ~éh** pile dwellings *(pl)*, lake dwellings *(pl)*

**koláč** cake, tart, pastry

**koláj|na** medal; **~na za hrabrost (zasluge)** medal of honour (for merit); **podeliti ~no** to award a medal

**kolár** cartwright, wheelwright; *(ovratnik)* clerical collar

**kólcati** to hiccup, to hiccough

**kolébati** to vacillate, to fluctuate; *(omahovati)* to hesitate, to waver, falter; *(gugati)* to swing

**kolébnica** skipping rope

**koledár** calendar

**koléd|nica** *(voščilna pesem)* **božična ~nica** Christmas carol; **~ováti** to go carolling; **~nik** caroller

**koléga** colleague, associate, fellow-worker; fellow

**kôl|ek** stamp; **~kováti** to stamp, to stick a stamp on; **~kovína** stamp duty, tax

**kolékcija** collection; **~ znamk** stamp collection

**kolektív** collective body; **delovni ~** workers' collective

**kolektív|en** collective; **~no gospodarstvo (pogodba)** collective economy (agreement)

**kolén|o** knee; *(reke, poti)* bend, curve; *(cevi)* elbow; **bratranec v drugem ~u** second cousin

**kólera** cholera

**kolerába** kohlrabi

**kolesár|iti** to cycle, to ride a bicycle; **~ cyclist**, bicycle rider

**kolesárnica** bicycle shed

**kolésce** *(ribiško)* reel; **muharsko ~** fly reel; **stacionarno ~** spinning reel; *(na pohištvu)* roller

**kolésje** wheels *(pl)*; **~ ure** clockwork

**kolesníca** car track, rut

**kolíba** shanty, hut, hovel

**kolíbri** hummingbird

**količína** quantity; **~ denarja** volume of money; **~ dežja** rainfall; **~ padavin** intensity of rainfall; **~ zdravila** dose

**kolíčnik** quotient, factor

**kóliko** how much; how many; **K~ je ura?** What time is it?

**kólikokrat** how many times, how often

**kólikor** as far as, as much as; **v ~** inasmuch as, insofar as, provided that

**kólikšen** how big (large, wide, ...), what size

**kolíne** pork and sausages

**kólk** hip, haunch

**kolníca** cart *(ali* wagon) shed, coach house

**kólo** *(ples)* round dance; **voditi ~** to lead the dance

**kol|ó** wheel; (bi)cycle, bike; **dirkalno ~ó** racing bicycle, racer; **gorsko ~ó** mountainbike; **motorno ~ó** motorcycle, motorbike; **sprednje (zadnje, rezervno) ~ó** front (back, spare) wheel; **zobato ~ó** cogwheel; **voziti se s ~ésom** to ride a bicycle, to cycle

**kolobár** ring, circle
**kolobáriti** to spin, to revolve; to rotate (crops)
**kolobócija** *(coll)* confusion, chaos, mess
**kolodvór** (railway) station
**kolomáz** axle grease
**kolóna** column; **peta ~** fifth column; **~ avomobilov** backup
**koloniál|en** colonial; **~na klavzula** colonial clause
**koloníja** colony; settlement
**koloniz|ácija** colonization; **~írati** to colonize
**kólos** colossus
**kolosál|en** colossal, tremendous; **K~o!** Splendid!
**kolovódja** ringleader
**kolovòz** cart track, rut
**kolóvrat** spinning wheel
**kolportêr** newsboy, newsvendor
**kolút** disc, *(Am)* disk, reel; **~na zavora** disc brake
**kómaj** hardly, scarcely, barely; **komaj ... že** no sooner ... than; *K~ smo odšli od doma, že se je ulil dež.* No sooner had we left home than it began to rain.
**kománda** command; order
**komandánt** commander, commanding officer; **vrhovni ~** commander-in-chief
**komandírati** *(coll)* to order around; to command
**komár** gnat, mosquito
**komasácija** redistribution of land
**komát** horse-collar
**kombájn** combine (harvester)
**kombinácija** combination;

alpska **~** slalom and downhill racing; **nordijska ~** ski jumping and cross-country racing
**kombinát** combine
**kombinezón** *(mehanikov)* overalls *(pl)*; *(pilotski)* one-piece flying suit
**kombinéža** slip; petticoat
**kombinírke** *(klešče)* combination pliers *(pl)*
**komédij|a** comedy; **~ánt** comedian
**komemorácija** commemoration
**komentár** comment, commentary
**komentírati** to comment, to make comments on
**komerciála** sales department
**komerci|alizírati** to commercialize; **~álen** commercial
**komét** comet
**komfórt** comfort, convenience; **~en** comfortable, convenient
**kómičen** comic(al), funny, laughable
**kómik** comedian, comic actor
**komís** army/ration bread
**komisár** commissar; commissioner
**komisíj|a** committee, commission; **izpitna ~a** board of examiners; **~a izvedencev** commission of experts; **mešana ~a** joint commission; **nadzorna ~a** supervisory committee; **biti v ~i** to be (*ali* to sit) on a commission; **imenovati ~o** to appoint (*ali* to set up) a commission; **prodati (kupiti) v**

~ski trgovini to buy (to sell) on commission

**komité** committee; **centralni (izvršni, vojaški, volilni)** ~ central (executive, military, electoral) committee

**komóda** chest of drawers

**komólčar** social climber, pusher

**komólec** elbow

**kómora** chamber; **zgorevalna** ~ combustion chamber

**kómor|en** ~**na glasba** chamber music; ~**ni orkester** chamber orchestra

**kómornik** chamberlain; **kraljev** ~ groom in waiting

**kompákten** firm, compact, solid

**kómpas** compass

**kompenzírati** to compensate (**za** for, **z** with)

**kompet|énca** competence; ~**ènt** competitor, applicant

**kompeténten** competent, qualified, able to

**kompil|írati** to compile; ~**ácija** compilation, patchwork

**kompléks** complex, fixation; **manjvrednostni** ~ inferiority complex

**kompléksen** complex, many-sided, complicated

**kompl|etírati** to complete; ~**éten** complete, everything included

**kompli|círati** to complicate; ~**kácija** complication; ~**círan** complicated

**komplimènt** compliment; **delati** ~**e** to pay compli-

ments; **loviti** ~**e** to fish for compliments

**komplót** conspiracy, plot; ~ **zoper varnost države** treason-felony

**komponírati** to compose, to write music, to set (words) to music

**komponíst** composer

**kompót** stewed fruit, compote

**komprésor** compressor; supercharger

**kompromís** compromise; **doseči** ~ to reach a compromise

**kompromitírati** to compromise, to expose

**kómu** (to) whom

**komún|a** commune; **ljudske** ~**e** people's communes

**komunál|en** communal, municipal; ~**na uprava** municipal administration, *(Am)* local government

**komuni|círati** to communicate; ~**kácija** communication

**komunikacíjski** (of) communication; ~ **sistem** communication system

**komunikatíven** communicative; talkative

**komuniké** bulletin, official report, communiqué

**komunístič|en** communist; ~**na internacionala** Communist International; ~**ni manifest** Communist Manifesto; ~**na stranka** Communist Party

**komuní|zem** communism; ~**st** communist

**koncentrácija** concentration;

**~ kapitala** concentration of capital

**koncentracíjsk|i ~o tabori-šče** concentration camp

**koncentrírati** to concentrate

**koncépt** concept; rough copy, first draft

**koncêrn** trust, concern; business establishment

**koncêrt** concert; *(skladba)* concerto

**koncêrt|en ~na dvorana** concert hall; **~ni klavir** grand piano; **~ni mojster** leader of an orchestra; **~ni obiskovalec** concert-goer; **~na poslovalnica** concert management

**koncesíj|a** concession; licence; **dati ~o** to licence

**končáti** to finish, to end, to stop, to terminate; **~ se** to end, to come to an end

**kônč|en** final, ultimate, terminal; **~na postaja** terminal, terminus

**končníca** ending; **panjska ~** (decorated) beehive panel; *(gram)* inflection

**kônčno** finally, eventually, at last, in the end

**končnoveljáven** final, ultimate, definitive

**kondenzátor** capacitor; condenser

**kondenzírati** to condense

**kondícij|a** physical fitness *(ali* shape), condition; **biti v odlični (slabi) ~i** to be in excellent (poor) condition

**kondolírati** to offer one's condolences to, to express one's sympathy

**kondóm** condom, sheath

**kondomínij** condominium

**konduktêr** conductor; **~ na vlaku** *(Br)* guard

**kônec** end; termination, conclusion, stop, finish

**konfékcija** ready-made clothes *(pl)*; ready-made products *(pl)*

**konfekcíjski** ready-made; ready-to-wear, off-the-peg

**konferansjé** announcer, presenter, linkman, compere

**konferénc|a** conference; **mirovna ~a** peace conference; **sklicati ~o** to convene a conference

**konferírati** to confer

**konfin|írati** to confine; **~ácija** confinement

**konfiscírati** to confiscate, to seize

**konfiskácija** confiscation, seizure

**konflíkt** conflict; **~ idej** clash of opposites

**konfrontírati** to confront, come up against

**konfúzija** confusion, chaos

**kongregácija** congregation, assembly; **Marijina ~** Legion of Mary

**kongrés** congress

**koníca** *(igle, noža)* point; *(peresa)* nib; *(prsta, veje)* tip; **prometna ~** rush-hour

**koníčast** pointed

**kònj** horse; *(pri šahu)* knight; *(telovadno orodje)* vaulting horse; **dirkalni ~** racehorse; **gugalni ~** rocking horse; **polnokrvni ~** thoroughbred (horse); **povodni ~** hip-

popotamus; **ukrotiti ~a** to
break a horse; **vpreči ~a** to
harness a horse; **zajahati ~a**
to mount a horse
**kónjak** cognac
**konjedérec** knacker, flayer
**konjeníca** cavalry, horse
**konjeník** horseman; trooper,
mounted soldier
**konjeréja** horse breeding
**konjíček** pony; *(najljubše op-
ravilo)* hobby
**kónjsk|i** horse-like, equine;
~**e fige** horse droppings; ~**i
hlev** stable; ~**a moč** horse-
power; ~**a muha** horsefly,
gadfly
**kónjunktiv** *(gram)* subjunc-
tive, conjunctive
**konjunktúr|a** conjuncture,
opportunity, business pros-
pects *(pl)*; *(Am)* boom; **ana-
liza ~e** trend analysis
**konjúšnica** stables *(pl)*
**konkréten** concrete, definite
**konkurénca** competition;
**močna ~** keen competition
**konkur|írati** to compete;
~**ènt** competitor; ~**énčen**
competitive
**konkúrz** bankruptcy, insol-
vency, failure
**konôpec** rope, cord
**konôplja** hemp
**konservatíven** conservative
**konservatórij** music acade-
my, conservatory
**konsolidírati** to consolidate
**konstánt|nost** constancy,
permanence; ~**en** constant,
permanent
**konstatácija** statement *(ali*
establishment) of facts

**konstatírati** to state, to estab-
lish, to determine
**konstituírati** to constitute, to
set up, to establish
**konstruírati** to construct, to
build; to erect, to make; to
formulate
**konstrúkcija** construction,
building; structure
**konsúm** *glej* PORABA; co-
operative, co-op
**konsumírati** to consume, to
use
**kontákt** contact, touch
**kontéjner** container, recepta-
cle
**kontinènt** continent
**kontingènt** quota, contingent
**kontinu|itéta** continuity;
~**íran** *(trajen)* continual, con-
stant; *(nepretrgan)* continu-
ous, incessant
**kónto** account
**kóntrabas** double bass
**kontracépcij|a** contracep-
tion, birth control; ~**sko
sredstvo** contraceptive
**kontróla** check, checking, in-
spection, supervision, veri-
fication
**kontrolírati** to check, to su-
pervise, to monitor, to ver-
ify; *(finančno poslovanje)* to
audit; *(oddaje)* to monitor
**kontrolór** supervisor, in-
spector, checker; controller;
auditor
**kontúra** contour, outline
**konvéncija** convention,
agreement, contract; assem-
bly, (large) meeting
**konvertibíl|nost** convertibil-
ity; ~**en** convertible

**konverzácija** conversation, talk

**konvíkt** boarding school

**konvój** convoy

**konzêrva** tin, *(Am)* can; preserve

**konzervírati** to preserve, to tin, *(Am)* to can

**konzóla** console, bracket; pedestal, stand

**kónzul** consul; **generalni ~** consul-general

**konzulát** consulate

**kooperá|cija** co-operation; **~nt** co-operator

**koordinírati** to co-ordinate

**kôp dnevni ~** surface mining; open-cast (coal-mining)

**kôpa** stack, rick; **oglarska ~** charcoal pile

**kopáč** digger, navvy

**kopálec** bather, swimmer

**kopál|en** bathing; **~ne hlač(k)e** bathing trunks *(pl)*; **~na obleka** bathing costume *(ali* suit); **~ni plašč** bathrobe

**kopalíš|če (javno) ~** (public) baths *(pl)*; swimming pool; **~ki kraj** watering place

**kopálnica** bathroom

**kopáti** to dig, to excavate

**kópati se** *(na prostem)* to bathe; *(v kadi)* to have *(ali* to take) a bath

**kopél** bath; **blatna ~** mudbath; **parna ~** steam bath; **sončna ~** sunbathing

**kopíca** heap, pack, stack; a lot of, plenty of, a good deal of

**kopíčiti** to heap, to pile up, to accumulate; **~ zaloge** to stockpile

**kópija** copy, duplicate; *(photo)* print; imitation, counterfeit, replica

**kopírati** to copy; *(photo)* to print; to imitate

**kopírni|ca** printing shop *(ali* studio); **~ stroj** (photo)-copier

**kopíto** hoof; **čevljarsko ~** last; **puškino ~** butt

**kópj|e** spear, lance, javelin; **metalec ~a** javelin thrower

**kopnéti** to melt (away), to thaw

**kôpn|o** land, mainland; **po ~em** by land; **iti na ~o** to go ashore

**kopríva** nettle; **K~ ne pozebe.** Ill weeds grow apace.

**koprívnica** *(izpuščaj)* nettle rash, urticaria

**koprnéti** to long for, to yearn (for), to crave (for), to desire, to wish

**kopún** capon

**kôr** choir, chorus; *(prostor)* organ loft

**koráčnica** march; **pogrebna ~** dead march

**korájž|a** courage, bravery, guts *(pl)*; **~en** courageous, brave, bold

**korák** step; crotch; **dolg ~** stride; **držati ~ s kom** to keep pace with, to keep up with

**korákati** to march, to stride; **na mestu ~** to mark time

**korál|a** coral; **~da** bead

**kordón** cordon; **s ~om zapreti ulico** to cordon off a street

**kôrec** dipper, scoop

**kor|ektúra** correction, reading; **~ektúre** *(tisk)* proofs *(pl)*; proof-sheets *(pl)*; **brati ~ektúre** to proof-read; **~éktor** proof-reader

**korén** root; **kvadratni ~** square root; **~ lečen** mandrake, magic root

**korénček** carrot

**korenín|a** root; **pognati ~e** to take root

**korenít** radical, thorough

**korenják** stalwart, stout fellow

**koreogr|afíja** choreography; **~áf** choreographer

**korespondénca** correspondence

**koridór** corridor, passage

**koríst** benefit, gain, profit, advantage, interest; usefulness; **imeti ~ od** to benefit (by, from); to profit (*ali* to gain) (by, from)

**korísten** useful, advantageous, good, profitable, beneficial

**korístiti** to be useful (*ali* of use); to be (*ali* to prove) profitable; to benefit; to do good

**koristolôvec** profiteer

**korít|o** trough, manger; **rečno ~o** river bed; **biti pri ~u** to live at rack and manger

**Koróš|ka** Carinthia; **~ec, k~ki** Carinthian

**korozíja** corrosion

**kor|úpcija** corruption, graft; **~umpírati** to corrupt

**korúz|a** maize, *(Am)* Indian corn; **pečena ~a** parched corn; **ličkati ~o** to husk (*ali* to hull) corn; **vreči puško v ~o** to throw up the sponge, to give up; **živeti na ~i** to live in sin, to cohabit

**korúz|en ~na moka** cornflour; **~ni storž** corn-cob

**kós** piece; **~ mila** bar of soap

**kós** *(ptič)* blackbird

**kôsa** scythe

**kósati se** to compete, to contest, to vie

**kós biti** to be a match for, to be equal to, to cope with

**kôsec** mower, haymaker

**kôsem** *(snega)* flake; *(volne)* flock

**kosílnica** lawnmower, mowing machine, harvester

**kosílo** lunch; **slovesno ~** luncheon

**kosíter** tin; pewter

**kósiti** to have (*ali* to take) lunch

**kosíti** to cut grass, to mow

**kosmàt** hairy, furry; shaggy, pilose; *(šala)* obscene, bawdy, dirty; **~a teža** *(bruto)* gross weight

**kosmíč** **ovseni ~i** (oatmeal) porridge; **koruzni ~i** cornflakes

**kosmúlja** gooseberry

**kóst** bone; **sama ~ in koža** all (*ali* nothing but) skin and bone

**kôstanj** chestnut (tree); **divji ~** horse chestnut; **užitni ~** (sweet) chestnut

**kostím** costume; suit

**kostúm** theatrical costume

**kòš** basket; **prsni ~** chest, thorax; **~ za odpadke** wastepaper basket

**košára** basket; ~ **s pokrovom** hamper

**košárka** basketball

**košát** branchy, bushy, thick

**košátiti se** to strut, to boast, to swagger

**kóšček** bit, particle, scrap (of paper)

**koščén** bony, skinny

**koščíca** *(v breskvi)* stone

**kôšnja** haymaking, mowing

**koštrún** wether, (castrated) ram

**košúta** hind, doe

**kót** angle; corner; **pravi (ostri, topi)** ~ right (acute, obtuse) angle

**kòt** as, like; than; **rajši** ~ rather than; **prav** ~ just as, just like; ~ **da** as if; **večji** ~ bigger than

**kotalíti** to roll, to trundle

**kotálka|ti** to roller-skate; ~ roller skate

**kotánja** hole, hollow; basin

**kôtel** kettle, cauldron, boiler; ~ **za kuhanje žganja** still

**kotíč|ek** nook, small corner; **nabit do zadnjega ~ka** packed to capacity

**kotlárna** boiler house *(ali* room)

**kotlét** cutlet, *(Am)* chop

**kotlína** basin, depression, hollow

**kôtlovec** *(Br)* fur; *(Am)* scale

**kotomér** protractor, goniometer

**kováč** blacksmith, forger; ~**nica** smithy, forge

**kováčnik** honeysuckle

**kovánec** coin

**kováti** to forge, to hammer; *(denar)* to coin, to mint; *(spletke)* to plot; *(načrte)* to devise

**kóvček** suitcase; *(velik)* trunk

**kovín|a** metal; ~**ski** metallic

**kovínar** metal worker, metallurgist; ~**stvo** metallurgy

**kóvnica** mint

**kôza** goat; *(stojalo)* trestle; **divja** ~ chamois

**kozárec** glass; *(za vodo)* tumbler; *(kupa)* goblet; ~ **z mersko lestvico** measuring glass; ~ **za vlaganje** preserving bottle

**kôz|e** smallpox, variola; ~**àv** pockmarked, pitted

**kôzel** he-goat, billy goat; *(na kočiji)* coach box; **grešni** ~ scapegoat

**kozíca** pan, saucepan; *(zool)* shrimp

**Kozjánsko** the region of Kozjansko

**kôzj|i** ~**a bradica** goatee; ~**i parkeljci** *(kovačnik)* honeysuckle; **(travniška)** ~**a brada** goat's beard; **brati komu ~e molitvice** to teach someone a lesson, to give someone a piece of one's mind

**kozlíček** kid

**kozméti|ka** cosmetics *(pl)*; ~**k** cosmetician, beautician; ~**čni salon** beauty parlour *(ali* salon)

**kózmičen** cosmic

**kozmonávt** *glej* VESOLJEC

**kozólec** hayrack, dryingframe; *(pri telovadbi)* somersault

**kozoróg** rock goat, capricorn

**kóž|a** skin; *(odrta, za usnje)* hide; *(polt)* complexion; **iz ~e dati** to skin, to flay

**kóžica** membrane, film, cuticle; **deviška ~** hymen; **plavalna ~** web

**kôžuh** fur; *(plašč)* fur coat

**kráča** haunch, leg, joint

**kragúlj** hawk

**kragúljč|ek ~ki** sleigh bells *(pl)*

**kràj** place, locality, site, spot; *(konec)* end, finish

**krája** theft, stealing; *(v trgovini)* shoplifting; *(majhna)* pilfering

**krájec** chunk (of bread); brim (of a hat); *(lunin)* **prvi (zadnji) ~** first (last) quarter

**krajév|en** local; **~ne oblasti** local authorities

**krájina** region, country

**krajína** landscape; **~rstvo** landscape painting; **(arhitekt) ~r** landscape architect

**krájnik** slab

**krájšati** to shorten, to abridge; **~ ulomek** to reduce a fraction

**krák** leg, arm, shank

**krákati** to croak, to crow

**králj** king; **sveti trije ~i** *(praznik)* Epiphany, Twelfth Day

**kraljéstvo** kingdom, realm

**kraljeváti** to reign, to rule

**kraljévski** royal, kingly, regal

**kraljíca** queen; **~ mati** Queen Mother; **lepotna ~** beauty queen

**kraljíček** *(ptič)* wren

**krámar** small dealer, petty tradesman

**kramljáti** to chat, to have a chat

**kràmp** pick, mattock

**Kránj|ska** Carniola; **~ec, k~ski** Carniolan

**kráp** carp

**Kràs** the Kras, the Carso, the Karst

**krás** karst

**krásen** beautiful, gorgeous, superb, splendid, grand

**krasíti** to adorn, to decorate

**krasôta** splendour, magnificence

**krasotíca** beauty, belle

**krásta** scab, crust (on the skin); **~v** scabby

**krastáča** toad

**krásti** to steal, to pilfer, to pinch; *(v trgovini)* to shoplift

**krat** times; **ên~** once; **dvá~** twice; **trí~** three times, thrice

**krátek** short, brief, concise

**kratíca** abbreviation; acronym

**krátiti** to curtail, to reduce; **~ komu pravice** to encroach (up)on someone's rights

**kratkočásen** amusing, entertaining

**kratkočásiti** to amuse, to divert, to entertain; **~ se** to amuse oneself, to while away the time

**kratkoróč|en** short-term; **~no posojilo** short loan

**krátkost** shortness, brevity, briefness

**kratkotrájen** short lived, of short duration, passing

**kratkovalóven** short-wave

**kratkovíden** short-sighted, myopic

**kráva** cow; **molzna ~** milch cow

**krávar** cowboy, cowman, cattleman

**kraváta** necktie, tie

**krávl** crawl

**kŕč** cramp, convulsion, spasm; **mrtvični ~** lockjaw, tetanus; **~na žila** varicose vein; varices (pl)

**krčevít** convulsive, spasmodic

**kŕčiti** to reduce, to contract, to shorten; (gozd) to clear

**kŕčma** tavern, inn, pub, (Am) saloon

**krčmár** innkeeper, landlord, host

**krčmaríca** innkeeper, landlady, hostess

**krdélo** herd, flock, troop, pack, gang

**kreatív|nost** creativity; **~en** creative

**kreátor** fashion designer; creator

**kréda** chalk; **krojaška ~** soapstone, tailor's chalk; **risarska ~** drawing chalk

**kredénca** sideboard; (kuhinjska) cupboard

**kredít** loan; **~no pismo** letter of credit

**kreditírati** to credit, to give on credit

**krégati** to blame, to chide, to scold, to reprimand; **~ se** to quarrel

**kréma** cream; **brivska ~** shaving cream; **~ za čevlje** shoe polish; **~ za nego kože** cold cream; **~ za zobe** toothpaste

**krem|atórij** crematorium; **~ácija** cremation

**krêmen** flint, flintstone

**kremenják** quartz

**krémp|elj** (sesalcev) claw; (ptičev) talon; **priti komu v ~lje** to fall into someone's clutches

**krémžiti** to pull faces, to grimace

**kreníti** to start, to set out (ali off); **~ na levo** to turn to the left; (nenadoma) **~ vstran** to swerve

**krepčáti** to strengthen, to refresh

**krêpek** strong, vigorous, robust

**krepêlce** cudgel, club

**krepílen** invigorating, refreshing

**krepíti** to invigorate, to refresh, to strengthen

**krepóst** virtue; **~en** virtuous

**krés** bonfire; (dan) Midsummer's Day

**kresíl|en ~na goba** tinder; **~ni kamen(ček)** flint

**kresníca** firefly, glow-worm

**kréša** cress; **vodna ~** watercress

**krétnica** points (pl), (Am) switch

**krétnja** gesture, motion, move(ment); **delati ~e** to gesticulate

**krévljast** crook-kneed, crook-legged

**kŕhati** to blunt; **~ se** to grow blunt, to break off, to crumble

**kŕhek** fragile, brittle, breakable

**kŕh|elj** limonin ~ segment of a lemon; **~lji** dried apples (*ali* pears)

**kr|í** blood; **dajalec ~ví** blood donor; **prelivanje ~ví** bloodshed

**kričáti** to shout, to cry, to scream, to yell

**kričèč ~éča barva** gaudy (*ali* garish, loud) colour; **~éča krivica** blatant injustice

**krík** cry, shout, outcry, scream, yell

**kríkniti** to utter a cry, to shriek, to scream out

**krilática** slogan, catchword

**krílec** (*nogomet*) **desni (levi) ~** right (left) half

**kríliti** to flutter, to flap one's wings

**krílo** wing; (*oblačilo*) skirt; (*naročje*) lap; **hlačno ~** divided skirt; culottes (*pl*); **nagubano ~** pleated skirt; **spodnje ~** petticoat; **škotsko ~** kilt

**kriminál** crime

**kriminálec** criminal

**krínka** mask; disguise

**kristál** cut glass; crystal

**kristalizírati** to crystallize

**kristján** Christian

**kritêrij** criterion, (*pl*) criteria

**kríti** to hide; to cover, to keep secret

**kritíčen** critical, grave; (*odločilen*) crucial

**krítik** critic, reviewer

**krítika** criticism, review, critique, evaluation

**kritizírati** to criticize, to review, to critique; to censure; to blame, to judge

**krív** curved, bent, crooked; guilty, culpable; **~a prisega** perjury; **~a vera** heresy

**krívd|a** guilt, fault; **priznati ~o** to plea guilty; *To ni moja ~a.* It isn't my fault.

**krívec** culprit, offender

**krivíca** injustice, wrong

**krivíčen** unjust, wrongful, unfair

**krivína** curve, bending

**krivíti** to curve, to bend; (*dolžiti koga*) to accuse someone of; to blame someone for

**krivogléd** cross-eyed, squinting

**krivonóg** (*na O*) bandy-legged; (*na X*) knock-kneed

**krivoprisézhnik** perjurer, forswearer

**krivovér|ec** heretic; **~stvo** heresy

**krivúlja** curve

**kríza** crisis, (*pl*) crises; **gospodarska ~** depression; **monetarna ~** monetary crisis

**krizantéma** chrysanthemum

**kríž** cross; (*razpelo*) crucifix; (*karte*) clubs (*pl*); **kljukasti ~** swastika; **Rdeči ~** Red Cross; **vrtljivi ~** (*pri vhodu*) turnstile

**krížanec** cross-bred, hybrid; bastard

**krížanje** crossing; (*pasme*) crossbreeding; (*pribijanje na križ*) crucifixion

**krížanka** crossword puzzle

**krížar** crusader

**križáriti** to cruise

**krížarka** cruiser

**krížati** to crucify; (*pasme*) to crossbreed, to interbreed;

*(poti)* to intersect, to cross;
**(po)križati se** to make the sign of the cross

**krížem** crosswise; crossways; across; **držati ~ roke** to have one's arms folded

**kríž|en** cross-shaped; contradictory; **~ni hodnik** cloister; **~ni prerez** cross-section; **~ni vbod** cross-stitch; **~no zaslíševanje** cross-examination

**krížev** ~ **pot** Stations of the Cross; **moliti ~ pot** to do the stations

**križíšče** crossing, crossroads, junction; **nivojsko ~** level crossing

**kŕma** fodder, provender, food; *(ladje)* stern

**krmár** steersman, helmsman, pilot; *(čolna)* coxswain

**krmáriti** to steer, to helm, to pilot; to cox

**krmežljàv** bleary-eyed

**krmílnik** *(comp)* controller

**krmílo** *(v vodi)* rudder; *(zunanje)* helm; **priti na ~** *(oblast)* to come to power

**kŕmiti** to feed, to fodder

**kròf** doughnut

**króg** circle, ring; **~i** *(telovadno orodje)* rings; **začarani ~** vicious circle; **obrat na desno za pol ~a** right-about turn

**krógla** sphere, globe; ball, bullet

**króglica** *(papirnata)* pellet; *(volilna)* ballot; *(zdravilna)* pill

**krohòt** guffaw, roars *(pl)* of laughter; hearty or coarse burst of laughter

**krohotáti se** to guffaw, to roar with laughter

**kròj** cut, shape, model, make; *(oblika)* style, fashion

**krojáč** tailor; **damski ~** ladies' tailor

**krojíti** to cut, to tailor; **~ pravico** to administer justice

**krókar** raven; *(pivec)* reveller, carouser

**krókati** to be on a binge *(ali* bender*)*, to have a night out, to go on a pub crawl, to carouse

**krokodíl** crocodile

**króm** chrome, chromium

**krompír** potato; **ocvrt (pečen, pražen) ~** fried (baked, roast) potatoes; **~ v oblicah** potatoes in their jackets; **pretlačen ~** *(pire)* mashed potatoes

**króna** crown

**króna|ti** to crown; **~nje** coronation

**krónič|en** chronic, habitual, recurring; **~na astma** chronic asthma; **~ni pijanec** habitual *(ali* chronic*)* drunkard, soak

**krónika** chronicle

**kròp** boiling water

**kropílni|ca** holy-water sprinkler; **~k** holy-water font

**kropíti** to sprinkle

**krôšnja** crown (of a tree), treetop; *(krošnjarjeva)* pack

**krošnjár** pedlar, hawker

**krošnjáriti** to hawk, to peddle

**krôtek** gentle, docile, meek, submissive, tame, domestic(ated)

**krotílec** tamer; ~ **levov** liontamer

**krotíti** to domesticate, to tame; *(konja)* to break in; *(radovednost)* to suppress, to restrain

**krotkóst** gentleness, tameness, meekness, submissiveness

**kròv** roof; *(ladijski)* deck

**krôvec** tiler, roofer, slater

**króžek** circle

**krόžen** circular

**krόžíti** to circle, to circulate, to rotate, to revolve

**krόžnik** plate; **globoki ~** soup plate; **leteči ~** flying saucer; **majhen ~** saucer; **nizki ~** dinner plate

**kŕpa** *(zaplata)* patch; *(cunja)* rag, mop; *(za prah)* duster; *(kuhinjska)* dishcloth, tea towel

**krpáč** patcher, botcher; *(čevljar)* cobbler

**kŕpanec** darning yarn *(ali* wool, cotton)

**kŕpati** to patch, to botch, to mend; *(nogavice)* to darn

**kŕst** christening, baptism

**kŕsta** coffin; *(Am)* casket

**kŕst|en** ~**ni boter (botra)** godfather (godmother); ~**no ime** first name, Christian name; ~**ni list** birth certificate

**krstíti** to christen, to baptize

**krščáns|tvo** Christianity, Christendom; ~**ki** Christian

**kršítelj** offender, violator; trespasser, transgressor

**kršítev** offence, violation; trespass, transgression; ~

**državljanskih pravic** violation of civic rights; ~ **pogodbe** breach *(ali* infringement) of contract

**kršíti** to break, to violate, to offend; to trespass, to transgress

**kŕt** mole; ~**ína** molehill

**krtáča** brush; **zobna ~** toothbrush; ~ **za lase** hairbrush

**krtáčiti** to brush

**krùh** bread; **čŕn(i) ~** brown bread; **kos ~a** slice of bread; ~ **z maslom** bread and butter

**krúhek obloženi ~** (open) sandwich

**krulíti** to grunt; *(v želodcu)* to rumble

**krúljav** crippled, lame

**krúš|en** ~**ni oče (mati)** foster father (mother); ~**na peč** baker's oven

**krušíti (se)** to crumble, to chip, to break

**krút** cruel, merciless, fierce, harsh

**krútost** cruelty, ferocity, mercilessness

**krváv** bloody, bloodstained

**krvavéti** to bleed

**krvavíca** black pudding

**krvavítev** bleeding; *(notranja)* haemorrhage

**kŕv|en** ~**ni pritisk** blood pressure; ~**na skupina** blood group *(ali* type); ~**na slika** blood count; ~**ni sorodnik** blood relation, kinsman

**krvník** executioner, hangman, headsman

**krvodajálec** blood donor

**krvolóčen** bloodthirsty, murderous

**krvosès** bloodsucker, vampire; *(oderuh)* leech

**krvoskrúnstvo** incest

**krznár** furrier

**kŕzn|o** fur, *(neobdelano)* pelt; ~**én** fur, furry; ~**én plašč** fur coat

**kubíč|en** cubic; ~**ni centimeter** cubic centimetre; ~**ni koren** cube root

**kúčma** fur cap; **visoka vojaška** ~ *(Br)* bearskin, busby

**kúga** plague, pestilence

**kuhálnica** wooden spoon (used when cooking)

**kuhálnik** cooker; **električni (plinski)** ~ electric (gas) cooker

**kúhar** cook, chef

**kúharsk|i** ~**a knjiga** cookery book, cookbook; ~**a umetnost** culinary skill, gastronomy

**kúha|ti** to cook, to do the cooking; ~**ti jezo na koga** to bear someone a grudge; ~**ti kavo** to make coffee; ~**ti krompir** to boil potatoes; ~**ti žganje (iz)** to distil spirits (from); ~**ti na majhnem ognju** to simmer; *Nekaj se* ~. Something is brewing.

**kúhinja** kitchen; *(način priprave jedi)* cuisine; **javna** ~ *(za reveže)* soup kitchen

**kújati se** to sulk, to pout

**kukálo** opera glasses *(pl)*; *(linica v vhodnih vratih)* peephole

**kúkati** *(kukavica)* to cry cuckoo; *(gledati)* to peep, to peek

**kúkavica** cuckoo

**kulís|a** (stage) scenery, set; ~**e** scenes *(pl)*; **premikač** ~ scene-shifter

**kúlt** cult, worship(ping); ~ **osebnosti** cult of the individual, cult of personality

**kultivírati** to cultivate, *(zemljo)* to farm, to till; to foster, to promote

**kultúra** culture, civilization; *(umetnost)* arts *(pl)*; **rastlinska** ~ crop; **telesna** ~ physical education/training

**kultúr|en** cultural, cultured, civilized; ~**ni dom** cultural centre

**kúmara** cucumber

**kúmaric|a** gherkin; **kisle** ~**e** pickled gherkins *(pl)*

**kúna** marten; ~ **belica (zlatica)** stone (pine) marten

**kúnec** rabbit

**kùp** heap, pile, stack; ~ **ljudi** crowd of people

**kupčeváti** to trade, to deal in

**kupčíj|a** bargain, business; **napraviti dobro** ~**o** to strike a good bargain

**kupé** compartment; ~ **za kadilce** smoking compartment, smoker; ~ **za nekadilce** non-smoking compartment, non-smoker

**kúpec** buyer, purchaser, customer

**kúp|en** buying, purchasing; ~**na moč** purchasing power; ~**na pogodba** bill of sale

**kupíti** to buy, to purchase; ~ **za gotovino** to buy for cash; ~ **na kredit** to buy on credit; ~ **na obroke** to buy on the instalment plan

**kúpola** dome, cupola

**kupón** coupon, voucher; *(vstopnice)* tear-off, counterfoil

**kúra** hen; *(kuretina)* chicken; *(zdravljenje)* cure, course of treatment

**kurát** curate, army chaplain

**kúrb|a** *(vulg)* whore, tart, *(Am vulg)* hooker; **~in sin** *(vulg)* son of a bitch; **~áti se** *(vulg)* whore (around), sleep around, fuck around

**kúrec** *(vulg)* cock, dick, prick

**kurír** messenger; courier

**kuríti** to heat; to make a fire; to burn (fuel)

**kurívo** fuel

**kurjáč** stoker, fireman

**kurjáva** heating; **centralna ~** central heating

**kúrj|i ~e oko** corn; **~a polt** gooseflesh, goose pimples *(pl)*

**kúrnik** hen-house, hen-coop

**kúrz** course; *(denarja)* exchange rate

**kurzíva** italics *(pl)*

**kústos** *(muzeja)* curator

**kúščar** lizard

**kúštra|ti** to dishevel; **~v** dishevelled, unkempt

**kúta** *(meniška)* monk's frock

**kútina** quince (tree)

**kuvêrta** envelope

**kúžek** pup(py), doggy

**kúžen** contagious, catching, infectious, epidemic

**kváčka** crochet needle *(ali hook)*

**kváčkati** to crochet

**kvadrát, ~en** square

**kvalificíra|ti** to qualify; **~n** skilled, qualified

**kvalitét|a** quality; **~no blago** quality goods

**kvantánje** indecent talk, smut, obscene conversation

**kvantáti** to talk smut, to use dirty language

**kvantitéta** quantity

**kvár** damage, harm, disadvantage

**kváren** harmful, pernicious, injurious

**kváriti** to spoil, to damage, to mar; *(moralno )* to corrupt, to deprave, to pervert; *(zrak)* to pollute; **~ se** *(živila)* to perish, to rot, to deteriorate, to decay, to taint

**kvartál** quarter (of the year); **~en** quarterly

**kvartét** quartet

**kvás** yeast, leaven

**kvátrn ~i teden** Ember Week; **~i post** Ember Days *(pl)*

**kvéčjemu** at most, at the utmost

**kvintét** quintet

**kvíšku** up, upward(s); *Roke* **~!** Hands up!

**kvíz** quiz; **vodja ~a** quizmaster

**kvócient** quotient

**kvóta** quota

# L

**L** letter L

**labirínt** *glej* BLODNJAK

**labód** swan; ~ji spev swan song

**laboránt** laboratory worker (*ali* assistant)

**laboratórij** laboratory, lab

**láčen** hungry, famished, starving; ~ česa to be hungry for something

**ládijski** ~ dnevnik log book; ~ gredelj keel; ~ kljun stem, prow; ~ krov deck; ~ trup hull

**ládja** ship, vessel, boat; craft; bojna ~ battleship; cerkvena ~ nave; drsna ~ hydrofoil; linijska ~ liner; ribiška ~ fishing boat; šolska ~ training ship; tovorna ~ cargo ship; trgovska ~ merchant ship; vesoljska ~ spaceship; vojna ~ warship, man-of--war; ~ brez stalne proge, voznega reda tramper; ~ za razsuti (tekoči) tovor bulk carrier (tanker)

**ladjedélnica** shipyard, dockyard

**ladjévje** fleet, navy; trgovsko ~ merchant marine

**lagáti** to lie, to tell lies

**lagóden** easy, comfortable, snug, leisurely, unhurried

**lagúna** lagoon

**láh|ek** *(po teži)* light; *(preprost, nezapleten)* easy; L~ko noč! Good night!

**lahkó** lightly; easily; L~ greš. You may go.; *Mi ~ poveš?* Can you tell me?

**lahkomíseln** thoughtless, inconsiderate, reckless

**lahkôta** easiness, facility

**lahkôten** easy, light

**lahkovéren** credulous, gullible, too ready to believe, naive

**lahkožív** epicurean, frivolous; ~ec man of pleasure, epicurean; ~ka frivolous woman, lady of easy virtue

**lái|k** layman; ~čen lay, unprofessional

**láj|ati** to bark, to bay; ~ež bark(ing)

**lájna** barrel organ; ~r organgrinder

**lájšati** to mitigate, to alleviate, to ease, to soothe

**lák** varnish, lacquer; ~ za lase hair lacquer; ~ za nohte nail varnish

**lakáj** lackey; footman

**lákomen** greedy, avid, covetous, miserly

**lákota** hunger, famine, starvation

**láma** *(žival)* llama; *(budistični duhovnik)* lama

**lán** flax

**lanén** flaxen, flaxy; ~o olje linseed oil; ~o platno linen; ~o seme linseed

**láni** last year

**lansírati** to launch; to start, to bring out, to set up

**Lapón|ska** Lapland; ~ec Lapp, Laplander; l~ski Lappish

**lápor** marl; ~ast, ~en marly

**lapúh** coltsfoot

**lás** hair; gosti (redki) ~jé thick (thin) hair; kodrasti (gladki) ~jé curly (straight) hair; skočiti si v ~é to come to blows; uiti za ~ to have a narrow escape; za ~é privlečen far-fetched; *L~jé mi izpadajo.* My hair is thinning.; *L~jé se mi ježijo.* My hair stands on end.

**lasáti** ~ koga to pull someone's hair

**lasíšče** scalp

**láskati** to flatter, to compliment, to cajole, to coax

**lásnica** hairpin, hair-grip; *(žila)* capillary

**lást** property, possession; osebna ~ personal property

**lást|en** proper, own; ~no ime proper noun; ~na podoba self-portrait; ~ni življenjepis autobiography

**lastíti si** to arrogate something to oneself; to claim, to encroach on

**lastník** proprietor, owner

**lastnína** property, belongings, possessions *(pl)*; družbena (zasebna) ~ social (private) property; podružbljena ~ socialized property

**lastnínsk|i** ~a pravica right of ownership; ~opravna razmerja law of property relations

**lastníštvo** ownership; skupno ~ public ownership

**lastnoróč|en** in one's own hand; autobiographic; ~ni podpis autograph; ~no podpisati to autograph

**lastnóst** property, characteristic; nature, quality

**lástovka** swallow

**lasúlja** wig

**láta** batten, lath; *(majhna)* slat

**latínica** Latin alphabet *(ali* characters)

**látnik** trellis

**látovščina** lingo, cant, gibberish, gobbledygook

**latrína** latrine

**látvica** milk bowl, (small) dish

**lavína** avalanche, snowslip, snowslide

**lazarét** field hospital; military hospital

**lazíti** to creep, to crawl, to sneak

**láž** lie, mendacity; debela ~ blatant lie; manjša ~ fib; nedolžna ~ white lie; postaviti koga na ~ to belie someone

**lážen** false, untrue; *(ponarejen)* falsified, forged

**lažnív** mendacious, lying

**lažnívec** liar; fibber

**lè** only, just, merely; *Kdo ~?* Who on earth?

**lebdéti** to float; to hover

**léct** gingerbread
**léča** lentil(s); *(optična)* lens
**léči** to lie down; ~ **jajca** to lay eggs
**léd** ice
**ledén** ice, icy; ~**a doba** Ice Age; ~**a gora** iceberg; ~**a kava** iced coffee; ~**a kocka** ice cube; ~**a plošča** ice floe; ~**a sveča** icicle
**ledení|k** glacier; ~**ški** glacial
**ledín|a** fallow (land); **orati** ~**o** to break fresh ground
**ledíšče** freezing point
**ledolomílec** ice-breaker
**ledvíca** kidney
**ledvíč|en** renal; ~**na pečenka** sirloin
**léga** position, situation; site, location
**légar** typhus, typhoid fever
**legénda** legend; myth
**légi|ja** legion; ~**onár** legionary, legionnaire
**legitimácija** *glej* IZKAZNICA
**legitimírati** to check someone's identity; ~ **se** to prove one's identity
**lêglo** brood, litter, clutch
**lehnják** tufa
**lekárna** pharmacy, chemist's (shop), *(Am)* drugstore
**lekárnar** pharmacist, chemist, *(Am)* druggist
**lékcija** lesson
**léktor** language editor; foreign lecturer; *(tisk)* (proof)-reader
**lemenát** *(coll)* seminary; ~**ar** seminarian, seminarist
**lémež** ploughshare
**lén** lazy, idle, indolent, slothful

**lenáriti** to (be) idle, to lounge, to laze
**lenívec** sloth
**lenôba** laziness, idleness, indolence, slothfulness
**lenúh** idler, loafer, lazybones, slob
**leopárd** leopard
**lép** beautiful, pretty, handsome, good-looking; *(vreme)* fine, fair
**lepák** bill, poster, placard; **deska za** ~**e** billboard; **lepilec** ~**ov** bill-sticker; **nalepiti** ~ to post a bill
**lepénka** pasteboard, cardboard
**lepíl|en** adhesive; ~**ni trak** *(selotejp)* adhesive tape (Sellotape)
**lepílo** glue, paste
**lepíti** to stick, to paste, to glue
**lepljív** sticky, gluey, adhesive
**leposlóven** literary, belletristic
**leposlóvje** fiction, drama and poetry
**lepôta** beauty, loveliness, prettiness, fairness
**lep|ôtec** handsome man; ~**otíca** beauty, belle
**lepôt|en** ~**na kraljica** beauty queen; ~**na pika** beauty spot; ~**ni salon** beauty parlour *(ali* salon); ~**no tekmovanje** beauty contest
**lepotíčiti** to embellish, to adorn, to decorate
**lépšati** to beautify, to improve, to make something look more beautiful
**lés** wood; **mehek** ~ softwood; **trd** ~ hardwood; **jamski** ~

pitwood, pitprop; **stavbni ~** timber; **vezani ~** plywood; **žagani ~** sawn wood

**lés|en ~ni črv** woodworm; **~na gniloba** dry rot; **~ni odpadki** wood waste, wood chips; **~no oglje** charcoal; **~ni trgovec** timber (*(Am)* lumber) merchant

**lesén** wooden, made of wood; stiff, clumsy

**lèsk** gloss, glitter, lustre, brilliance

**léska** hazel (tree), hazel bush

**lesketáti se** to glimmer, to gleam, to glisten, to glitter

**lesníka** crab apple, wild pear

**lesnína** wooden ware

**lesonít** hardboard, fibreboard

**lesoréz** woodcut

**lesténec** chandelier

**lést|ev** ladder; **požarna ~ev** fire escape; **klin ~ve** rung, spoke; **plezati po ~vi** to climb a ladder

**lésti** to creep, to crawl, to sneak

**léstvica** scale; **davčna (plačilna) ~** tax (pay) scale; **durova (molova) ~** major (minor) scale

**léšnik** hazelnut

**lèt** flight; **prvi ~** maiden flight; **poskusni ~** *(novega letala)* shakedown flight

**leták** leaflet, handbill

**letálec** pilot, airman, flyer, flier

**letálíšče** airport, *(manjše)* airfield, *(pomožno)* airstrip, landing strip

**letálo** plane, aeroplane, aircraft; **jadralno ~** glider;

lovsko **~** fighter; **nadzvočno ~** supersonic aircraft; **poskusno ~** test plane; **potniško ~** airliner, passenger aircraft; **reaktivno ~** jet (plane); **tovorno ~** air freighter

**letalonosílka** aircraft carrier

**letálsk|i ~a industrija** aircraft industry; **~i napad** air raid; **~o oporišče** air base; **~a pošta** airmail; **~a proga** airway, airline; **~i promet** air traffic

**letálstvo** aviation; *(veda)* aeronautics *(pl)*; **civilno ~** civil aviation; **vojno ~** air force

**letèč ~éči krožnik** flying saucer; **~éči policijski oddelek** flying squad; **neznani ~éči predmet (NLP)** unidentified flying object (UFO)

**lét|en** yearly, annual; **~ni čas** season; **~na poraba (promet)** annual consumption (turnover); **~no poročilo** annual report; **~na proizvodnja** yearly output (*ali* production)

**letéti** to fly, to run

**létev** lath, batten

**létina** crop(s), harvest, yield

**létnica** year, date; annual ring

**létnik** *(vina)* vintage; *(revije)* year of publication

**lét|o** year; **preteklo (prihodnje) ~o** last (next) year; **poslovno ~o** financial (*(Am)* fiscal) year; **prestopno ~o** leap year; **sončno (svetlobno) ~o** solar (light-)year; **šolsko ~o** school year; **na**

**starega ~a dan** on New Year's Eve; **biti v ~ih** to be advanced in years; **biti v najlepših ~ih** to be in the prime of life; *Srečno novo ~o!* Happy New Year!; *Še na mnoga ~a!* Many happy returns of the day!

**Letón|ska** Latvia; **~ec** Lett; **l~ski** Lettish

**letopís** chronicle, yearbook, annual

**létos** this year

**letováti** to spend one's holiday, *(Am)* to vacation

**letovíščar** holidaymaker, *(Am)* vacationist

**letovíšče** resort; **obmorsko (zimsko) ~** seaside (winter) resort

**lèv** lion; **~ínja** lioness; **morski ~** sea lion; **salonski ~** lady-killer

**lévi** left, left-hand, **hoditi po ~ strani** to keep to the left; *Na levo!* Left about!

**levíca** left hand; *(politična)* left wing

**levíčar** left-hander; *(politično)* leftist, left-winger

**levíti se** to slough, to cast off one's skin; **lév** *(kačji)* slough

**lêvji** leonine; **~ delež** lion's share

**levkemíja** leukemia

**ležáj** bearing; **kroglični ~ball** bearing

**ležáti** to lie; to be situated; **~ na mrtvaškem odru** to lie in state; **~ zaradi gripe** to be down with flu; **~ v zasedi** to lie in ambush

**lež|èč ~éča črka** italic

**ležíšče** bed, berth; *(pograd)* bunk; *(zasilno, na tleh)* shakedown; *(geol)* layer, stratum, deposit

**Líban|on** Lebanon; **~ónec, l~ónski** Lebanese

**liberál|ec** liberal; **~na stranka** liberal party

**Líbij|a** Libya; **~ec, l~ski** Libyan

**líce** cheek

**licéj** (girls') secondary school; Lyceum

**licemér|ec** hypocrite; **~en** hypocritical, two-faced

**licénca** licence, permission

**licitácij|a** (sale by) auction; *(pri kartanju)* bidding; **priti na ~o** to come under hammer

**líčar** varnisher, lacquerer

**líčen** neat, nice, elegant

**ličínka** larva, grub, maggot

**líčiti** *(obraz)* to make up (one's face)

**líčkati ~ koruzo** to husk corn, *(Am)* to shuck maize

**líga** league, alliance

**lignít** lignite

**ligúster** privet

**líh** odd; **~o število** odd number

**liják** funnel; **kuhinjski ~** sink

**lík** figure, form, shape, image

**likálnik** iron; **vlažilni ~** steam iron

**líkati** *(perilo)* to iron, *(Am)* to press; to polish

**likêr** liqueur

**líkof** *(na stavbi)* topping-out (ceremony); builder's treat; wetting a bargain

**líkov|en ~ni pouk** art lesson;

**~ni umetnik** artist (painter, sculptor, graphic artist); **~na umetnost** fine art(s) (painting, sculpture, graphic arts)

**likvidírati** to liquidate, to wind up (a company); *(ubiti)* to do in

**lílija** lily

**límanic|a** lime-twig; **iti (komu) na ~e** to fall into a trap

**limón|a** lemon; *(sladka)* lime; **ožeti ~o** to squeeze a lemon

**limonáda** lemonade, lemon squash

**lína** *(ladijska)* porthole; *(strelna)* loophole; *(strešna)* dormer (window); *(v vratih)* peephole

**línij|a** line; **avtobusna ~a** bus route; **letalska ~a** airway, airline; **obrambna ~a** line of defence; **proizvodna ~a** assembly line; **biti na ~i** *(politično)* to toe the line, to be in line

**línj** *(riba)* tench

**linolèj** linoleum

**linoréz** linocut

**líp|a** lime (tree); **~ov čaj** lime-blossom tea

**lípan** grayling

**líra** lyre; *(denar)* lira

**lír|ika** lyrics *(pl)*, lyric poetry; **~ičen** lyrical; **~ski pesnik** lyrist

**lísa** spot, stain, blot

**lísec** *(konj)* piebald

**lisíc|a** fox, *(samica)* vixen; **~e** *(okovi)* handcuffs

**líst** *(knjige, drevesa)* leaf; *(papirja)* sheet; **cvetni ~** petal; **jedilni ~** menu, bill of fare; **morski ~** *(riba)* plaice, sole;

**mrliški ~** death certificate; **orožni ~** licence to carry firearms; **pastirski ~** pastoral letter; **poročni ~** marriage certificate; **rojstni ~** birth certificate; **tovorni ~** bill of landing; **uradni ~** official gazette

**lísta** list; **črna ~** black list; **kandidatna ~** list of candidates; **prezenčna ~** attendance list

**lístek** leaflet; **~ s ceno** price tag; **~ papirja** slip of paper; **kontrolni ~** counterfoil; **vozni ~** ticket

**lístina** document, paper

**lístje** leaves *(pl)*, foliage

**lístnat** foliate, leaved, leafy; **~o drevje** deciduous trees; **~o testo** flaky *(ali* puff) pastry

**lístnica** pocketbook, wallet, notecase, portfolio; *(Am)* billfold

**lišáj** *(bot)* lichen; ringworm, tetter

**líšček** goldfinch

**litaníje** litany; long (boring) story

**líter** litre

**literáren** literary

**literát** man of letters, literary man, writer

**literatúra** literature; **stvarna ~** non-fiction; **umetniška ~** fiction; **znanstvenofantastična ~** science-fiction

**lí|ti** to pour; *L~je kot iz škafa.* It is raining cats and dogs.; The rain is coming down in buckets.; *(ulivati)* to cast, to found

**lítina** casting, founding
**lit|urgíja** liturgy; ~**úrgičen** liturgical
**Lítv|a** Lithuania; ~**ánec**, **l**~**ánski** Lithuanian
**liváda** meadow
**livárna** foundry
**lízati** to lick
**lízika** lollipop
**lizún** flatterer, adulator; creep
**ljúb** dear, beloved; **naj**~**ši** favourite; **naj**~**še opravilo** hobby
**ljúbček** lover, darling, sweetheart
**ljúbek** lovely, charming, graceful, sweet
**ljubézen** love, affection, fondness, fancy; passion; **petošolska** ~ calf (*ali* puppy) love
**ljubézensk|i** love, erotic; ~**a igra** (*brez koitusa*) petting, snogging; ~**i napoj** love potion; ~**o razmerje** love affair
**ljubeznív** kind, amiable, obliging, nice, cordial; *Bodite tako* ~**i in povejte** ... Be so kind as to tell ..., Be kind enough to tell...
**ljubeznívost** kindness, amiability, courtesy
**ljúbica** love, sweetheart; honey, darling; kept woman, mistress
**ljubímec** lover, sweetheart
**ljubímkati** to make love, to flirt
**ljubítelj** lover, fancier; amateur
**ljubíti** to love, to be fond of, to like; *Ne ljúbi se mi.* I don't feel like.

**ljúbkost** charm, grace(fulness), sweetness
**ljubkováti** to caress, to fondle, to cuddle, to pet
**ljúbljenec** favourite, darling, pet
**ljubosúm|en** jealous; ~**nost** jealousy
**ljudjé** people, folk(s); **pre-prosti** ~ ordinary people; ~ **z dežele** country people
**ljudomŕz|než** misanthrope; ~**en** misanthropic
**ljudožérec** cannibal, man-eater
**ljúdsk|i** people's, national, public; ~**a demokracija** people's democracy; ~**i blagor** public welfare; ~**o glasovanje** plebiscite, referendum; ~**a knjižnica** public library; ~**a kuhinja** soup kitchen; ~**i odbor** people's committee; ~**a pesem (ples)** folk song (dance); ~**a šola** elementary (*ali* primary) school; ~**o štetje** census; ~**a veselica** public merrymaking
**ljúdstvo** people, nation
**ljúljka** darnel; tare
**lobánja** skull, cranium
**lóčen** separated, segregated, detached; divorced
**ločíka** lettuce
**ločíl|o** punctuation mark; **postavljati** ~**a** to punctuate
**ločítev** separation, segregation, detachment; (*slovo*) leaving, parting; (*zakona*) divorce; ~ **cerkve od države** separation of church and state

**ločíti** to separate, to move apart, to break up, to come apart; *(razlikovati)* to distinguish, to differentiate; ~ se to divorce

**lóčje** rush, reeds *(pl)*

**ločljív** separable, divisible

**ločníca** line of separation *ali* demarcation/dividing line

**lóg** grove

**logár** forester; *(Am)* ranger

**lógi|čen** logical; ~ka logic

**lój** suet, tallow

**lojál|en** loyal; ~nost loyalty

**lójnica** sebaceous gland

**lójtrnik** hay cart, rack wag(g)on

**lók** bow; *(obok)* arch; *(geometrijski)* arc

**lóka** meadow

**lokál** premises *(pl)*

**lokálen** local

**lókati** to swill, to guzzle; *(mačka)* to lap (up)

**lokàv** sly, cunning, tricky

**lokomotíva** engine, locomotive

**lokostrél|ec** archer, bowman; ~stvo archery

**lókvanj** waterlily

**lòm** break(age); *(kosti)* fracture; ~ svetlobe (žarkov) refraction of light (rays)

**lomíti** to break, to fracture, to refract; ~ ga (v politiki) to dabble (in politics); ~ angleščino to speak broken English

**lomljív** breakable, fragile

**lončárstvo** pottery, earthenware; potter's trade

**lončén** clayey, earthen

**lončenína** earthenware, pottery, crockery

**lônčnica** pot *(ali* potted) plant

**lônec** pot; **cvetlični** ~ flowerpot; ~ **na (zvišani) pritisk** pressure cooker; **talilni** ~ *(stapljanje nacionalnosti ali ras)* melting pot

**lópa** shed, *(Am)* shack; *(za letala)* hangar

**lopár krušni** ~ (baker's) peel; ~ **za namizni tenis** table-tennis bat; **teniški** ~ tennis racket *(ali* racquet)

**lopáta** shovel, spade

**lopática** shoulder blade; **zidarska** ~ trowel; ~ **ža nanašanje barve, kita** spatula; ~ **pri mlinskem kolesu** vane

**lópov** rogue, scoundrel, villain, rascal, ruffian

**lopúta** flap; *(v podu, stropu)* trapdoor

**lopútniti** to slam

**lós** elk, moose

**lósos** salmon; **pravkar izvaljeni** ~ alevin

**lóšč** polish, glaze; varnish, enamel

**lóščiti** to polish, *(Am)* to shine, to glaze; to varnish, to burnish

**loteríja** lottery; *(blagovna)* raffle

**lotíti se** to start, to begin, to undertake, to commence; ~ **težavne naloge** to tackle a difficult task

**lòv** hunt(ing), chase; shooting, pursuit; **divji** ~ poaching; ~ **na lisico** fox-hunting;

~ s sokoli hawking; dovolilnica za ~ shooting licence
**lôvec** hunter; **divji ~** poacher; ~ **na doto** fortune hunter
**lovíšče** hunting ground
**lovíti** to hunt, to chase, to try to catch; ~ **ribe** to fish; ~ **sapo** to gasp; ~ **se** *(igra)* to play at cat and mouse
**lóvka** *(zool)* tentacle, arm
**lôvor** laurel; ~**íke** laurels *(pl)*; **priboriti si ~íke** to win one's laurels *(pl)*
**lóvsk|i ~i čuvaj** game keeper; ~**i krst** blooding; ~**i pes** hound; ~**i plen** booty; ~**a sezona** shooting season
**lóža** box, lodge
**lubádar** bark beetle
**lúbenica** watermelon
**lúbje** bark
**lucêrna** lucerne, *(Am)* alfalfa
**lúč** light; *(svetlika)* lamp; **prometne ~i** traffic lights *(pl)*
**lučáj** (a stone's) throw
**lúčati** to cast, to throw, to fling, to toss
**lúg** lye, leach; lixivium; buck; **milni ~** soapsuds *(pl)*
**lúknja** hole; puncture; *(v siru)* eye; *(v cesti)* pothole; *(v zobu)* cavity
**luknjá|č** punch; ~**lnik** *(comp)* keypunch

**lúknjičav** porous, perforated
**Lúksembur|g** Luxemburg; ~**žán** Luxemburger
**lúksuz** luxury; ~**en** luxurious
**lúlati** to urinate, to pee; *(otroško)* to wee
**lún|a** moon; **polna ~a** full moon; ~**in svit** moonlight
**lunár|en** lunar; ~**ni dan** lunar day; ~**ni modul** lunar module
**lúpa** magnifying glass *(ali* lens*)*
**lupína** skin; peel; *(trda)* shell; *(semena)* husk, hull
**lupínar** shellfish
**lúpiti** to peel, to skin, to pare, to shell
**lúska** scale
**luščína** husk, hull, shell
**lúščiti** to husk, to hull, to shell; ~ **se** to peel off, to scale; to flake (off *ali* away)
**lúštrek** lovage
**lútka** puppet, marionette; **krojaška ~** (tailor's) dummy; **ročna ~** hand puppet
**lútkar** puppeteer, marionette player
**lútkov|en** ~**no gledališče** puppet theatre; Punch and Judy show
**lútnja** lute
**lúža** puddle, pool
**lúžiti** to lye, to leach; to lixiviate; to buck

# M

**M** letter M

**macêsen** larch

**máčeha** stepmother; *(rast-lina)* pansy

**máč|ek** male cat, he-cat, tom-cat; **imeti ~ka** to have a hangover; **kupiti ~ka v ža-klju** to buy a pig in a poke

**máčica** kitten, pussy(cat); *(pri vrbi, leski)* catkin

**máčj|i** catlike, feline; **~e oko** *(svetlobni odbojnik)* cat's eye; *To niso ~e solze.* This is not to be sneezed at.

**máčka** cat, she-cat; **hoditi kot ~ okoli vrele kaše** to beat around the bush

**mádež** stain, spot, speck

**Madžár|ska** Hungary; **~, m~ski** Hungarian

**magič|en** magic; **~no oko** magic eye

**magíja** magic

**magíster** master; **~ druž-boslovnih in humanistič-nih znanosti** Master of Arts (M.A.); **~ naravoslovnih znanosti** Master of Sciences (M.Sc.)

**magistrála** main road, arte-rial road

**magistrát** town hall, city hall; **~en** municipal

**magnát** magnate, *(Am)* ty-coon

**magnét** magnet; **(naravni) ~** lodestone

**magnét|en** magnetic; **~na igla** magnetic needle; **~ni pol** magnetic pole; **~no polje** magnetic field; **~ni trak** magnetic tape; **~ni zapis** *(comp)* magnetic encoding

**magnetízem** magnetism

**magnetizírati** to magnetize

**magnetofón** tape recorder; **snemati na ~** to tape(-rec-ord), to record on tape; **~ski trak** (magnetic) tape

**magnézij** magnesium

**máh** *(rastlina)* moss

**màh** *(zamah)* stroke, blow; **ubiti dve muhi na en ~** to kill two birds with one stone

**mahagóni** mahogany

**máhati** *(z roko)* to wave; *(s palico, sabljo)* to brandish; *(z repom)* to wag, *(s pahljačo)* to fan

**mahedráti** to dangle, to hang loosely

**máhniti** to strike, to give a blow

**máj** May

**majarón** marjoram

**májati (se)** to shake, to sway, *(močno)* to rock; *(pri hoji)* to stagger

**majáv** shaking, shaky, un-

steady; ~ **stol** rickety chair;
~ **zob** loose tooth
**májcen** tiny, wee
**májhen** small, little; *(po
postavi)* short
**májica** *(s kratkimi rokavi)*
T-shirt; *(telovadna)* gym vest;
*(spodnja) (Br)* vest, singlet,
*(Am)* undershirt
**majonéza** mayonnaise; salad
cream
**majór** major
**májski** ~ **hrošč** may-bug,
cockchafer
**màk** poppy; **poljski** ~ corn
*(ali* field*)* poppy; **vrtni** ~
opium poppy; **~ovo seme**
poppy seed
**makadám** macadam
**Makedón|ija** Macedonia;
**~ec, m~ski** Macedonian
**makéta** model
**maksimál|en** maximal, max-
imum; **~na cena** maximum
price, control price
**málce** a bit, a trifle, a little
**málček** little child, kid, little
boy *(ali* girl*)*; toddler, tot
**malénkost** trifle, small mat-
ter, scrap; **moja** ~ my poor
*(ali* humble*)* self
**malénkosten** trifling, petty;
pedantic, hair-splitting
**málha** beggar's bag *(ali* sack*)*
**mál|i** small, little; **M~a Azija**
Asia Minor; **~i oglasi** small
advertisements *(ali* ads*)*; **~a
šola** nursery school
**málica** snack, refreshment;
**~ti** to have a snack
**malíčiti** to disfigure, to de-
form
**malík** idol

**malíkovati** to idolize
**malína** raspberry
**malínovec** raspberry juice
**málo** *(komaj kaj)* little, few;
*(kar nekaj)* a little; a few;
~ **časa** little time; ~ **ljudi**
few people; ~ **prej** a few
moments ago; **še** ~ **ne** not a
bit; **zelo** ~ next to nothing
**málodanè** nearly, almost
**malodúšen** low-spirited,
downcast, faint-hearted
**málokdàj** hardly ever, sel-
dom, very rarely
**malomáren** careless, messy,
sloppy, slovenly, untidy,
negligent
**malomeščàn** petit bour-
geois, small-town person
**málone** almost, nearly
**malopríden** good-for-noth-
ing, wicked, naughty
**maloprodáj|a** retail trade;
**~na cena** retail price
**maloštevíl|en** few in num-
ber, scarce, rare; **~no
poslušalstvo** slim audience
**Mált|a** Malta; **~ežán, m~éški**
Maltese
**málta** mortar
**maltretírati** to mistreat, to
maltreat; to ill-treat; to abuse
**mám|a** mother, mam(m)a,
ma, mum; **~ica** mummy;
**stara ~a** grandmother,
grandma, granny
**mamíl|o** drug, narcotic, dope;
bait, lure, enticement; **ulični
preprodajalec** ~ peddler,
drug dealer; **uživalec** ~ drug
addict, junkie
**mámiti** to sedate, to dope; to
entice, to lure, to tempt

**mamljív** alluring, enticing, tempting

**mámut** mammoth; **~ska skakalnica** *(smučarska)* mammoth ski jump

**mandarína** mandarin, tangerine

**mandát** mandate; term of office

**mándelj** almond; *(v grlu)* tonsil

**manekén** (fashion) model

**manéver** manoeuvre

**manevrírati** to manoeuvre, to manipulate, to manage

**mangán** manganese

**manifést** manifesto

**maníja** mania (for); craving (for)

**manik|írati** to manicure; **~êr** manicurist

**manipulírati** to manipulate, to handle; to jockey, to maneuver

**mànj** less, fewer; minus

**mánjka|ti** to lack, to be missing; to be absent; *M~ mi časa.* I am short of time.

**mánjšati** to lessen, to diminish, to reduce

**mánjši** smaller, minor

**manjšína** minority; **narodnostna (politična) ~** ethnic (political) minority

**manjvréd|nost** inferiority; **~en** inferior; of little value

**mansárda** attic

**manšét|a** cuff; **~ni gumb** cufflink

**manufaktúra** manufacture, making, production; textiles *(pl)*, textile fabrics *(pl)*; *(Br)* drapery

**mápa** folder, file; **personalna ~** personal file

**márati** to like, to be fond of, to care for, to be keen on; **ne ~** to dislike, to hate

**máraton** marathon; **~ec** marathon runner

**márec** March

**marélica** apricot

**margarína** margarine, *(coll)* marge

**márica** *(intervencijsko vozilo)* black Maria, *(Am)* paddy wagon

**marinírati** to marinade, to marinate; to pickle

**marjética** daisy

**markácija** (orientation) mark, marker

**markírati** to mark; *(drevo, stezo)* to blaze

**marksí|zem** Marxism; **~st** Marxist; **~stičen** Marxian

**marljív** diligent; hard-working, industrious

**marljívost** diligence, hard work, industry

**marmeláda** *(marelična, češpljeva itd.)* jam; *(pomarančna)* marmalade

**mármor** marble

**Maró|ko** Morocco; **~čán, m~ški** Moroccan

**maróga** stripe, speck, spot

**maróni** marrons *(pl)*

**màrsikàj** many a thing

**màrsikdàj** many a time

**màrsikdó** many a man

**màrsikjé** in many a place

**màrš** march; **~írati** to march; *Naprej, ~!* Forward, march!

**maršál** marshal

**martínček** lizard

**màrveč** but

**márža** profit margin; (Am) spread

**más|a** mass, bulk; (mnogo) lots of, a great deal, loads; (množica ljudi) crowd; **široke ~e** broad masses (pl)

**mas|áža** massage; **~êr** masseur; **~êrka** masseuse; **~írati** to massage

**masív** massif

**masíven** massive; solid, compact, not hollow

**máska** mask; (kozmetika) make-up; **plinska ~** gas mask; **podvodna ~** goggles; **ples v ~h** masquerade, fancy dress ball, masked ball

**maskíra|ti** to mask, to disguise, to cover up, to dissemble, to camouflage; **~n** masked, disguised

**másl|o** butter; **presno ~o** fresh butter, (Am) sweet butter; **slano ~o** salted butter; **iti kot po ~u** to go like clockwork, to go swimmingly

**masóven** glej MNOŽIČEN

**mást** fat, grease; **svinjska ~** lard; **rastlinska ~** vegetable fat

**másten** greasy, oily

**mastíti** to grease, to lard; **~ se** to feast

**máša** mass; (polnočnica) midnight mass; (zadušnica) requiem mass; **tiha (slovesna) ~** low (high) mass

**maščévalen** vindictive, revengeful, vengeful

**maščevá|ti** to avenge, to revenge; **~nje** vengeance, revenge

**maščôba** fats

**máš|en ~na knjiga** missal; **v ~ni obleki** in one's Sunday best

**maševáti** to say (ali to celebrate) mass

**mašílo** stopgap; (v sili) makeshift; (beseda) filler; (za usta) gag

**mašíti** to cram, to stuff; **~ komu usta** to gag someone; **~ si ušesa** to stop one's ears

**máškar|a** masker; **~áda** masquerade, fancy dress ball, masked ball

**mášnik** priest; **biti posvečen v ~a** to be ordained

**mát** (pri šahu) mate; **šah ~** checkmate; (barva) dull

**matemáti|ka** mathematics (pl); **~k** mathematician; **~čen** mathematical

**materiál** material, substance; **utrujenost ~a** material fatigue

**materiál|en** material; **~na baza** material basis; **~ne dobrine** material goods (pl)

**materialíst** materialist; **~ičen** materialistic

**materialízem** materialism; **dialektični ~** dialectical materialism

**máter|in** mother's; **~ínski** motherly, maternal; **~ni jezik** mother tongue; **~ino znamenje** birthmark

**materínstvo** motherhood, maternity

**máternica** womb, uterus

**máti** mother; **M~ božja** Mother of God, Mother of Christ, Virgin Mary; **kruš-**

na ~ foster mother; **stara ~** grandmother

**mática** *(pri čebelah)* queen bee; **biserna ~** mother-of-pearl; *(vijaka)* nut

**mátičar** registrar

**mátič|en ~na banka** parent bank **~no podjetje** parent company; **~na knjiga** register of births, marriages and deaths; *(cerkvena)* parish register; **~ni urad** registry office

**matinéja** *(dopoldanska)* morning performance; *(zgodnja popoldanska predstava)* matinee

**matírati** *(šah)* to checkmate; *(steklo, kovino ipd.)* to tarnish, to make opaque

**matríca** *(tiskarska, matematična, (pl))* matrices; *(za razmnoževanje)* stencil

**matróna** matron; dowager

**matúra** school-leaving examination

**maturírati** to graduate from secondary school

**mávec** plaster (of Paris)

**mávrica** rainbow

**mazáč** *(zdravnik)* quack (doctor); *(šušmar)* bungler, botcher; *(slab slikar)* dauber, would-be painter

**mázati** to smear, to grease, to oil, to lubricate; *(smuči)* to wax

**mazíliti** to anoint

**mazílo** ointment, salve, liniment

**mazívo** lubricant; lubricating oil *(ali* grease)

**mazút** maz(o)ut, masut; fuel oil

**mecén** patron, sponsor, Maecenas

**mèč** sword; **z golim ~em** with drawn sword

**méča** calf

**mèčarica** swordfish

**mečeváti se** to fence

**méčica ušesna** ~ earlobe

**mečkáti** to crease, to crush; to mash; to squash; *(omahovati, obotavljati se)* to hesitate, to linger; *(ljubkovati)* to fondle, to caress, to pet

**méd** *(zlitina)* brass

**méd** honey

**med** between, among; *(časovno)* during

**medálj|a** medal; **~a za hrabrost** Medal for Bravery, *(Am)* Medal of Honor; **~a za zasluge** *(Am)* Medal for Merit; **dobiti ~o** to win a medal; **odlikovati koga z ~o** to decorate somebody, to award a medal to somebody

**medaljón** locket

**mèdcelínski** intercontinental

**mèddržáven** international, interstate

**mèd|el** faint, dull, boring; **~el spomin** vague recollection; **~lo razsvetljen** dimly lit

**medén** sweet as honey, flattering; **~i tedni** honeymoon

**medenína** *(zlitina)* brass

**medenják** gingerbread

**medíca** mead, hydromel

**medicín|a** medicine; **~ski** medical

**medicínec** medical student, medic

**mèdígra** intermezzo, interlude

**médij** medium, *(pl)* media
**medíti se** to ripen, to mellow, to mature
**mèdkrajév|en** ~ni telefonski pogovor long-distance phone call; ~ni promet intercity transport; ~ni vlak (avtobus, letalo) inter-city train (coach, air shuttle)
**medléti** to languish, to pine
**mèdmésten** interurban
**mèdmet** interjection
**mednároden** international
**mednóžje** pubic area
**medsebójen** mutual, reciprocal, interacting
**medtém** (in the) meantime, meanwhile; ~ ko while, however
**medúza** jellyfish
**mèdv|ed** bear; beli (rjavi, sivi) ~ed polar (brown, grizzly) bear; jamski ~ed cave bear; ~édek *(igrača)* teddy bear
**medvládje** interregnum
**megafón** megaphone, loudhailer
**megalomaníja** megalomania; vanity
**meglà** fog, *(jutranja)* mist; umetna ~ *(dimna zavesa)* smokescreen; *(meglica, sparina)* haze
**meglén** foggy, misty, hazy; *(nejasen)* nebulous
**méh** ~ za vodo (vino) waterskin (wineskin); kovaški ~ bellows *(pl)*
**meháničen** mechanical, automatic
**mehánik** mechanic
**mehánika** mechanics *(pl)*

**mehaniz|ácija** mechanization; ~írati to mechanize
**mehanízem** mechanism
**mehčálec** softener; conditioner
**mehčáti** to soften; to weaken, to enervate
**mêhek** soft; *(meso)* tender; *(sadje)* mellow
**Méhi|ka** Mexico; ~čán, m~ški Mexican
**mehkôba** softness, tenderness
**mehkúžec** mollusc
**mehkúžen** weak, pampered
**mehkúžnež** weakling, milksop; softy, sissy
**mehúr** bladder, *(na koži)* blister, *(na vodi)* bubble
**mêja** *(državna)* frontier, border; drevesna ~ tree line; starostna ~ age limit; živa ~ hedge
**méj|en** boundary, adjacent; ~ni pas marchland, borderland; ~na črta demarcation line; ~no področje borders *(pl)*; *(črta ločnica)* boundary
**mejíti** to border on, to adjoin
**mejník** landmark, boundary stone
**melancána** eggplant, aubergine
**melanhóličen** melancholy, sad, despondent
**melanholíja** melancholy, low spirits *(pl)*, despondency, blues *(pl)*
**melása** molasses
**meliorírati** *(zemljo)* to improve, to ameliorate; to reclaim
**melísa** garden balm

**melíšče** scree, waste
**melodíja** melody, tune
**melóna** melon; *(polcilinder)* bowler hat, *(Am)* derby
**membrána** membrane; diaphragm
**memorándum** memorandum, memo
**memorírati** to memorize, to learn by heart
**mén|a** menopause; **lunine ~e** phases of the moon; **~a glasu** breaking of a boy's voice
**menážka** mess tin; *(Am)* mess can
**mencáti** *(drgniti)* to rub; *(omahovati)* to hesitate, to waver; *(nemirno sedeti, prestopati se)* to fidget
**mendà** maybe, perhaps, possibly, presumably
**meníc|a** bill of exchange; **neplačana ~a** bill of abeyance; **zapadla ~a** matured bill; **izstaviti ~o** to draw a bill
**meníh** monk, friar
**meníti** to think, to mean, to suppose; **~ se** to talk; **~ se za kaj** to care for *(ali* about)
**menjálnica** exchange office
**menjálnik** gearbox
**ménj|ati** to change, to exchange, to swap; **~ávati se (s kom)** to alternate (with someone)
**menjáva** change, alternation, rotation; **neposredna ~** barter; **svobodna ~ dobrin** free exchange of goods
**menstruácija** menstruation, period
**menú** (set) menu, table d'hôte

**ménza** mess, canteen, student restaurant
**méra** measure; *(velikost)* size; *(obseg, stopnja)* extent, dimension, degree; *(ukrep)* measure, step; **dobra (slaba) ~** full (short) measure; **dolžinska (ploščinska, prostorninska) ~** linear (square, cubic) measure; **obrestna ~** rate of interest; **votla ~** measure of capacity
**meríl|en ~na lestvica** scale; **~no orodje** measuring tools; **~ni trak** tape measure; **~na ura** dial gauge
**merílo** measure, gauge; standard, criterion
**mériti** to measure; *(zemljišče)* to survey; *(ciljati)* to aim at; *(namigovati)* to allude to; **~ se s kom** to compete with
**merjásec** boar; wild boar
**mérnik** bushel; ((*Br*) 36,4 l; (*Am*) 35,3 l)
**merodájen** competent, authoritative, decisive, adequate, qualified
**mes|ár** butcher; **~níca** butcher's (shop); butchery
**mesáriti** to butcher, to slaughter, to massacre
**mésec** month; *(luna)* moon
**méseček** *(bot)* marigold
**mesèč|en** monthly; moonstruck, somnambular; **~na noč** moonlit night; **~no perilo** period
**mesečína** moonlight
**mesèčnik** *(časopis)* monthly; *(bolnik)* somnambulist, sleepwalker
**mês|en ~ni cmok** meatball;

~**na juha** broth; ~**na klobasa** meat sausage; ~**ni sok** gravy
**mesén** ~**o poželenje** fleshly (*ali* bodily, sensual) desire
**mésiti** to knead
**mesnàt** fleshy; (*sadež*) pulpy
**mesó** (*hrana*) meat; **živo** ~ flesh; **divje** ~ proud flesh; **goveje (svinjsko, telečje)** ~ beef (pork, veal); **kuhano (pečeno)** ~ boiled (roast) meat; **mastno (pusto)** ~ fat (lean) meat; **mehko (žilavo)** ~ tender (tough) meat; **prekajeno** ~ smoked meat
**mesojédec** (*žival*) carnivore; (*človek*) meat eater
**mést|en** town, city; municipal, urban; ~**ni grb** city arms (*pl*); ~**na hiša** (*magistrat*) town hall, (*Am*) city hall, (*hiša v mestu*) town house; ~**na uprava** municipal authorities (*pl*); ~**na vrata** town gate, city gate
**mést|o** town, (*veliko*) (*Br*) city; **glavno** ~**o** capital, metropolis; **podeželsko** ~**o** country town; **vrtno, zeleno** ~**o** garden city; (*kraj*) locality, place; (*v knjigi*) passage; (*služba*) employment, job; post; **prazno službeno** ~**o** vacancy; **na** ~**u** (*takoj*) on the spot; **na tvojem** ~**u** if I were you
**mešálnik** mixer; ~ **za koktejle** shaker
**méšanec** bastard, hybrid, cross-bred; (*pes*) mongrel
**méšanica** mixture, blend; medley
**méšati** to mix, to stir, to

blend; ~ **karte** to shuffle cards; ~ **se v kaj** to meddle with, to interfere with
**meščàn** townsman, townie; ~**ka** townswoman; ~**i** townsfolk, townspeople; **častni** ~ freeman
**meščánski** civic, civil; middle class, bourgeois
**mešétar** broker, agent, middleman, go-between; **konjski** ~ horse dealer; **borzni** ~ stockbroker
**mèt** cast, throw, toss, pitch
**méta** mint; **poprova** ~ peppermint
**metafízi|ka** metaphysics; ~**čen** metaphysical
**metáfora** metaphor
**metálec** thrower, tosser, pitcher; ~ **diska (kladiva)** discus (hammer) thrower; ~**min** mortar, minethrower; ~ **ognja** flamethrower
**metalúrg** metallurgist; ~**íja** metallurgy
**metamorfóza** metamorphosis
**metán** methane
**metáti** to throw; to pitch, to fling, to hurl; (*s fračo*) to sling; (*kovanec*) to toss
**meteorol|ogíja** meteorology; ~**óška postaja** weather station
**méter** metre; **kvadratni (kubični)** ~ square (cubic) metre
**métež** (*snežni*) snowstorm, blizzard
**méti** ~ **si oči (roke)** to rub one's eyes (hands)
**mêtl|a** broom, (*iz šib*) besom; ~**íšče** broomstick

**metóda** method, system, technique; **eksperimentalna ~** experimental method; **raziskovalna ~** method of investigation

**metódičen** methodical, systematic

**metrésa** mistress, concubine

**metrópola** capital, metropolis

**métrski** metric; **~ merski sistem** the metric system

**metúlj** butterfly

**mévža** milksop, coward

**mèzd|a** wage(s); **~no delo** hired labour; **~ni delovni odnos** hired labour relationship; **~a po kosu** piece rate

**mezèg** *(potomec žrebca in oslice)* hinny

**mézga** jam; sap; lymph

**mezín|ec** little finger; **imeti v ~cu** to have at one's fingertips

**mežíkati** to blink, to wink, to twinkle

**méžnar** sacristan

**mí** we; *(meni)* (to) me

**míčen** attractive, charming

**mídva, mídve** we

**míg** hint, sign, wink

**mígati** to move, to motion; to beckon, to make signs; **~ z repom** to wag one's tail

**migljáj** hint, sign; suggestion; *(z očmi)* wink

**migljáti** to twinkle, to blink, to flicker

**mígni|ti** to move, to make a sign, to wink; **kot bi ~l** before you can (*ali* could) say Jack Robinson; very quickly

**migrácija** migration

**migréna** migraine

**mijávkati** to mew, to miaow, to caterwaul

**mík** charm, appeal, attraction, grace, glamour

**míkati** to allure, to attract, to tempt

**mikáven** attractive, alluring, charming, graceful

**Miklavž** Santa Claus; Saint Nicholas

**mikrób** microbe, germ

**mikrofón** microphone, mike

**mikroskóp** microscope; **~ski** microscopic

**míl** mild, gentle, sweet, graceful; **pod ~im nebom** in the open (air); **vrniti ~o za drago** to return tit for tat

**mílica** *glej* POLICIJA

**milijárda** *(Br)* milliard; *(Am)* billion

**milijardêr** multi-millionaire

**milijón** million

**milijonár** millionaire

**miliméter** millimetre

**milína** grace, charm, sweetness, gentleness

**militaríz|em** militarism; **~irati** to militarize

**mílja** mile (1609 m); **morska ~** nautical mile (1852 m)

**míljenček** favourite, darling; pet

**mílnica** soapsuds *(pl)*, soapy water

**míl|o** soap; **kos ~a** a bar of soap; **~o za britje** shaving soap

**mílost** mercy, grace, pity, pardon; **prositi za ~** to plead for mercy

**mílosten** merciful, gracious

**míloščina** alms *(pl)*, charity

**mímik|a** mime; **igrati z ~o** to mime

**mímo** by, past, over; **~ mene** *(proti moji volji)* against my will; **vsi ~ mene** *(razen mene)* all but me; **iti ~** to pass (by); **peljati se ~** to drive past

**mímogredé** in passing (by); **~ povedano** by the way

**mimohòd** march-past, military review

**mímoidóči** passer-by

**mín|a** mine; **magnetna ~a** magnetic mine; **plavajoča ~a** drifting *(ali* floating) mine; **položiti (naleteti na, sprožiti) ~o** to lay (to hit, to spring) a mine

**minerál** mineral; **~na voda** mineral water

**mineralogíja** mineralogy

**minévati** to pass, to go by, to elapse

**miniatúra** miniature

**minimálen** minimal, the least possible

**mínimum** minimum; **življenjski ~** subsistence level

**minírati** to mine, to undermine, to blast, to sap

**miníster** minister, secretary; **finančni ~** *(Br)* Chancellor of the Exchequer, *(Am)* Secretary of the Treasury; **notranji ~** *(Br)* Home Secretary, *(Am)* Secretary of the Interior; **zunanji ~** *(Br)* Foreign Secretary, *(Am)* Secretary of State

**ministr|ánt** altar boy, acolyte; **~írati (pri maši)** to serve (at mass)

**minístrski** ministerial; **~ predsednik** Prime Minister, Premier

**minístrstvo** ministry, department; **finančno ~** *(Br)* Exchequer, Treasury, *(Am)* Treasury Department; **notranje ~** *(Br)* Home Office, *(Am)* Department of the Interior; **zunanje ~** *(Br)* Foreign Office, *(Am)* State Department

**miníti** to be over, to pass by, to pass away; to run out, to expire, to elapse

**minljív** transitory, transient, fleeting, of short duration, short-lived, passing

**minolóvec** minesweeper

**minomèt** (trench) mortar; **~álec** *(vojak)* minethrower

**minúl|i** past, gone by; **~o delo** past labour; **~i mesec** last month

**minúta** minute

**mír** peace; calmness, tranquillity, quietness, stillness; **duševni ~** peace of mind; **kaliti ~** to breach the peace; **skleniti ~** to make peace

**míren** peaceful, tranquil, at ease, cool, calm; **ostati ~** to keep one's temper

**mirítelj** peacemaker, mediator; pacifier

**miríti** to quiet, to appease, to tranquillize

**mirnodôb|en** peacetime; **~no gospodarstvo** peacetime economy

**miroljúben** peace-loving, pacific, conciliatory

**mirovánje** standstill, stagnation; rest; *(zastoj)* deadlock

**mirováti** to rest, to be at a standstill, to keep quiet

**miróv|en** ~na konferenca (pogodba) peace conference (treaty); ~na pogajanja negotiation of peace; ~ni pogoji peace terms

**mírta** myrtle (tree)

**mísel** thought, idea; *Njegovo ime mi ne pride na* ~. His name doesn't come into my mind.; *V glavo mi je šinila* ~. It suddenly occurred to me.

**míse|n** ~i napor mental effort; ~a sposobnost mental ability

**míselnost** mentality, manner of thinking

**misijón** mission; ~ár missionary

**míslec** thinker, reasoner, philosopher

**mísli|ti** to think, to reason, to reflect, to meditate; (*meniti*) to mean, to suppose, (*Am*) to guess, to reckon; (*predstavljati si*) to imagine, to fancy; *M~m, da ne.* I don't think so.; *Na to ni* ~*ti.* It is out of the question.

**mistificírati** to mystify, to fool, to hoax

**místi|ka** mysticism; ~čen mystic

**míš** mouse, (*pl*) mice; poljska ~ field-mouse; slepe ~i (*igra*) blind man's buff; ne ptič ne ~ neither fish, flesh nor fowl; videti bele ~i to see pink elephants

**mišelóvka** mousetrap

**míšica** muscle

**míšičast** muscular, brawny

**mišljênj|e** thought, thinking; judgement, opinion, view; po mojem ~u in my opinion

**míting** (mass) rally

**mítn|ica** tollhouse; ~íčar tollman, toll collector; ~ína toll

**mitologíja** mythology

**mítra** mitre

**mitralj|éz** machine-gun; ~írati to machine-gun; ~éško gnezdo pillbox

**mívka** fine sand, river sand

**míza** table; pisalna ~ writing desk, (*Br*) bureau; prodajna ~ counter; toaletna ~ dressing table; raztegljiva ~ extending (*ali* pull-out) table; zložljiva ~ folding table

**mizár** joiner; pohištveni ~ cabinet-maker; ~stvo joinery, joiner's trade

**míznica** drawer (of a table)

**mižáti** to have one's eyes closed

**mláčen** lukewarm, tepid; indifferent

**mlád** young

**mladénič** young man, youngster, lad

**mladénka** young girl, lass

**mladíč** (*žival*) young one, little one; cub, pup

**mladína** young people, youth

**mladínsk|i** youth, juvenile; ~i dom (*počitniški*) youth hostel; ~a organizacija youth organization

**mladolétén** under age, minor

**mladolétnik** minor, juvenile, person under age; (*(Br) med 16. in 21. letom*) juvenile adolescent

**mladóst** youth, adolescence; **v cvetu ~i** in the prime of life (*ali* youth); **v neizkušeni ~i** in one's salad days

**mladósten** youthful, juvenile

**mláhav** flabby, limp

**mláj** new moon; (*drevo*) maypole; **postaviti ~** to set up a maypole

**mlájši** younger, junior; *On je pet let ~ od mene.* He is my junior by five years.

**mláka** puddle, pool, waterhole

**mláskati** to smack one's lips

**mlatílnica** threshing-machine, thresher

**mlatíti** to thresh, to flail; to beat; **~ prazno slamo** to flog a dead horse

**mléč|en** milk, milky, lactic; **~ni izdelki** dairy products; **~na restavracija** milk bar; **~no steklo** frosted glass; **~ni zob** milk tooth

**mlékar** milkman, dairyman; **~ica** milkmaid, dairymaid

**mlekár|na** dairy; **~stvo** dairy farming

**mléko** milk; **kislo ~** sour milk; **polnomastno (posneto) ~** whole (skimmed) milk; **~ v prahu** powdered milk

**mléti** to grind, to mill, to crush

**mlín** mill; **valjčni ~** rolling-mill; **~ na veter** windmill; *To je voda na njegov ~.* It is all grist to the mill.; **~ček za kavo** coffee grinder

**mlínar** miller

**mlínec** flat cake

**mnênj|e** opinion, view, thinking, belief; **javno ~e** public opinion; **izmenjava ~** brainstorming, discussion; **raziskava javnega ~a** opinion poll; **povedati komu svoje ~e** to give somebody a piece of one's mind

**mnógo** many, many a, a great many

**mnógo** (*pred neštevnimi samostalniki*) much; (*pred števnimi samostalniki*) many; a lot of, a great deal of, plenty of

**mnógokrat** frequently, often, many times

**mnogostránski** many-sided, multilateral, versatile

**mnogoštevílen** numerous, countless

**množênje** multiplication; increase, growth

**mnóžic|a** crowd, mass, throng, multitude; **široke ~e** (*ljudi*) broad masses

**mnóžič|en** mass; **~no zborovanje** mass meeting (*ali* rally)

**množína** quantity, abundance; (*gram*) plural

**množíti** to multiply, to augment, to increase

**mobiliz|ácija** mobilization; **~írati** to mobilize, to call up, to raise troops

**môč** force, power, strength; vigour, energy, might; **delovna ~** working power, workforce, worker(s); **gonilna ~** motive power; **konjska ~** horse power

**môč|en** strong, forceful, vig-

orous, powerful, mighty;
~en dež heavy rain; ~na pijača strong drink

môči to be able to, to be capable of; mórem I can; *Ne mórem si kaj, da se ne bi smejal.* I can't help laughing.

močíti to wet, to moisten, to soak; ~ posteljo to wet the bed

móčnat mealy, farinaceous, made of flour

móčnik pap, gruel, mush

močvíren swampy; marshy, boggy

močvírje swamp; marsh(land), bog, moor, morass

mód|a fashion, style, vogue; iz ~e out of fashion; v ~i in fashion, in vogue, fashionable

modél model; ~ (stroja, letala) v naravni velikosti mock-up

modelírati to model, to mould, to fashion (iz out); to shape into

mód|en stylish, fashionable, in vogue, snappy; ~ni kreator fashion designer; ~na revija fashion show; ~na norost fad

móder *(barva)* blue, azure; *(pameten)* wise, sage, prudent

modêren modern, up-to-date, fashionable, stylish

modernizírati to modernize, to update

modificírati to modify

modístka milliner

mód|o testicle, ball; ~nik scrotum

modràs (horned) viper, cerastes

modríca *(od udarca)* bruise, weal, welt

modriján sage, philosopher, wise man

modríkast bluish

modroók blue-eyed

modróst wisdom, good sense, prudence

modrováti to reason, to philosophize

mogóč possible, feasible, potential

mogóče perhaps, possible; *M~ je bolan.* He may be ill.

mogóčen powerful, mighty; gigantic, imposing

mogótec powerful person, potentate, magnate

mój my, mine; ~ klobuk my hat; *Ta klobuk je ~.* This hat is mine.; *M~ bog!* Dear me!

mójster master, skilled workman, expert

mojstrovína masterpiece

mójstrsk|i masterly; ~o skillfully

móka flour, meal; koruzna ~ cornflour; ovsena ~ oatmeal; pšenična ~ wheat flour; ~ s primesjo pecilnega praška self-rising flour

mokasín moccasin, *(Am)* loafer

móker wet, moist, damp, dank, drenched; ~ kot miš soaking wet

mokrôta wetness, moisture, dampness

molčáti to be *(ali* to keep) silent; *Mólči!* Keep silent!, Hold your tongue!, Shut up!

**molčèč** silent, taciturn, reticent; discreet

**molčéčnost** silence, taciturnity, reticence; discretion

**molédovati** to beg, to implore, to supplicate

**môlek** rosary; **moliti na ~** to say the rosary

**molékul|a** molecule; **~áren** molecular

**moléti** to project, to jut out, to overhang, to tower

**mol|tev** prayer; **~ti** to say one's prayers

**molítvenik** prayer book

**mòlj** moth; **knjižni ~** bookworm

**mólk** silence, stillness, quietness; secrecy

**mólsti** to milk

**mólz|en ~na krava** milch cow; **~ni stroj** milking machine

**momljáti** to mumble, to mutter

**monarhíja** monarchy; **absolutna (ustavna) ~** absolute (constitutional) monarchy

**monetár|en** monetary; **~ni sistem** monetary system

**monográm** monogram, initials *(pl)*

**monopól** monopoly; **~izírati** to monopolize

**monotón** monotonous; **~ost** monotony

**monsún** monsoon

**montáža** assembly, fitting, installation

**montážen** *(hiša)* prefab(ricated)

**montêr** fitter

**montírati** to assemble, to fix, to put together; **~ film** to edit a film

**móped** moped

**môra** nightmare, incubus; *On je prava ~.* He is a regular bore.

**morál|a** *(nravnost)* morals *(pl)*; morality; *(vojaka)* morale; *(zgodbe)* moral; **~en** moral

**móra|ti** to have to; **~m** I must, I have to, I am obliged to *(ali* compelled, forced) to, I am to; **~l bi** I should, I ought to

**moratórij** moratorium

**mordá** perhaps, maybe, possibly, probably, likely; *M~ bo deževalo.* It may rain.

**morebíten** possible, potential, presumptive

**mórfij** morphine, morphia

**morílec** murderer, killer; **množični ~** mass murderer

**morílski** murderous, homicidal

**moríšče** place of execution; scaffold

**moríti** to murder, to kill; *(dolgočasiti)* to bother, to bore

**mórj|e** sea, ocean; *M~e je mirno (rahlo vzvalovljeno, razburkano).* The sea is calm (choppy, rough).; **odprto ~e** open sea, high sea; **Jadransko ~e** the Adriatic (Sea); **Sredozemsko ~e** the Mediterranean; **na ~u** at the seaside, *(ladja, mornar)* at sea; **po ~u** by sea; **potovati po ~u** to sail (the seas), to voyage

**mornár** sailor, seaman, mariner; **star ~** old salt, seadog

**mornárica** trgovska ~ merchant marine; **vojna** ~ navy; fleet

**mornáriškǀi** naval, nautical; ~**a pehota** marines *(pl)*; *(Am)* marine corps

**mornárstvo** seamanship, seafaring

**mórnik** *(veter)* sea breeze

**mórskǀi** sea(-), maritime, naval, nautical; ~**a bolezen** seasickness; ~**a deklica** mermaid; ~**a gladina** surface of the sea; ~**o dno** sea bottom; ~**a globina** sea depth; **višina** ~**e gladine** sea level; ~**a obala** coast(land), seashore, beach; ~**a ožina** straits *(pl)*; ~**i ježek** sea urchin; ~**i pes** shark

**mortadéla** Bologna sausage

**móst** bridge; **dvižni** ~ drawbridge; **ladijski** ~ *(za prehod ljudi)* gangway; **viseči** ~ suspension bridge

**mošéja** mosque

**môški** male, masculine; manly, virile

**môški** *(človek)* man

**môškost** manhood, virility

**môšnja** bag, purse; pouch

**môšt** *(jabolčni)* cider; *(vinski)* must

**móštvo** *(ladje, letala)* crew; *(športno)* team; personnel; men (in an army), soldiers *(pl)*; **oskrbeti z** ~**m** to man (a ship or plane)

**mótati** to wind, to reel; ~ **se** to potter about *(ali* around)

**mótek** reel; spool

**môten** *(tekočina)* troubled, turbid, muddy; *(nejasen)* dim, vague; *(neprozoren)* opaque

**motíka** hoe

**motíti** to disturb, to inconvenience, to trouble, to interfere, to jam; ~ **se** to be mistaken, to err; ~ **tujo posest** to trespass

**motív** motive, reason; *(v slikarstvu)* motif

**motivírati** to motivate, to inspire

**môtnjǀa** disturbance, inconvenience, interference, jamming; **atmosferske** ~**e** atmospherics *(pl)*; **duševne** ~**e** mental disturbance; **prebavne** ~**e** indigestion

**motór** motor, engine; **letalski** ~ aircraft engine; **dvotaktni** ~ two-stroke engine; *(vozilo)* motorcycle, motorbike

**motoríziran** motorized; *(vojska)* mobile; ~**e čete** *(hitre)* mobile troops *(pl)*

**motorizírati** to motorize, to equip with motors *(ali* motor vehicles)

**motovílec** corn-salad, lamb's lettuce, lamb's tongues

**motovílo** winch, hoist; capstan; *(nerodnež)* clumsy person

**mozaíǀk** mosaic; ~**čni tlak** mosaic pavement

**mózeg** marrow; **hrbtni** ~ marrow; **kostni** ~ medulla

**mozólj** pimple, pustule; ~**ast** pimply, spotty

**môž** man; *(soprog)* husband; **biti** ~ **beseda** to keep one's word

**možát** manly, manful, virile

**móžen** possible, feasible, potential

**možgán|i** brain, brains *(pl)*; intelligence; **beg ~ov** *(iz ene dežele v drugo)* brain drain; **pretres ~ov** concussion of the brain; **napenjati ~e** to rack one's brain; **prati komu ~e** to brainwash somebody

**možgánsk|i** cerebral; **~a kap** stroke, apoplexy of the brain; **~a krvavitev** cerebral haemorrhage

**móžnar** mortar; howitzer

**móžnost** possibility, chance, feasibility; **druga ~** alternative

**mráčen** dusky, dim, dark; *(obraz)* gloomy, sad

**mračíti se** to grow dark

**mrák** dusk, twilight, nightfall

**mrávlj|a** ant; **~íšče** ant hill

**mràz** cold, chill, frost; **strupen ~** bitter cold; **tresti se od ~a** to shiver with cold

**mrcína** beast, brute

**mrčés** vermin, pests *(pl)*

**mréna** membrane; film; **očesna ~** cataract; *(riba)* barbel

**mrestíti se** *(zool)* to spawn, to deposit spawn

**mréža** net, netting, mesh; network, lattice; **kanalska ~** sewage system; **ležalna ~** hammock; **~ zoper komarje** mosquito net; **nakupovalna ~** string bag; **ribiška ~** fishing net; **telefonska ~** telephone network; **žična ~** wire netting

**mréžast** netlike, meshed, reticular

**mréžnica** retina

**mrgoléti** to swarm with, to teem with

**mrhovína** carrion, carcass

**mŕk** eclipse; **lunin (sončni) ~** lunar (solar) eclipse

**mŕk** gloomy, scowling, sullen

**mrlíč** dead person, dead body, corpse; **bedenje pri ~u** wake, deathwatch

**mrlíški** cadaverous, gaunt; **~ list** death certificate; **~ oglednik** coroner; **~ voz** hearse

**mrmráti** to murmur, to mutter, to mumble, whisper; rumble

**mróž** walrus

**mŕšav** thin, lean, skinny, meagre

**mŕščíti** to frown, to wrinkle one's forehead

**mŕt|ev** dead, deceased, lifeless; **~vi kapital** unemployed *(ali* frozen) capital; **~vi tir** dead-end siding; **~va točka** standstill, deadlock

**mrtvášk|i ~a glava** skull; **~a koračnica** funeral march; **~i zvon** death-bell; **~o bled** livid, deadly pale

**mrtvášnica** mortuary, morgue

**mrtvíčiti** to mortify

**mrtvílo** standstill, stagnation, dullness, lethargy

**mrtvorojèn** stillborn

**mŕvica** bit, scrap, pinch, crumb

**mŕzel** cold, chilly, icy

**mŕzlica** fever, shivers *(pl)*; chill

**mŕzličen** feverish

**múcek** puss, pussy, kitten

**múč|en** painful, wearisome, tormenting; **~na negotovost** agonizing suspense; **~en položaj** awkward situation

**mučên|ec** martyr; **~íštvo** martyrdom

**mučílnica** torture chamber

**múčiti** to torture, to torment; **~ se** to toil, to slave; to struggle, to strive hard; to be at pains

**mudí|ti** *(ovirati)* to detain, to delay, to hinder; **~ti se** *(zadrževati se kje)* to stay, to sojourn, to linger; *M~ se mi.* I am in a hurry.

**múf** muff

**múha** fly; *(muhavost)* whim, caprice; **konjska ~** horsefly; **mesarska ~** blowfly, bluebottle; *(na strelnem orožju)* sight; **umetna ~** artificial fly

**múhast** whimsical, unsteady, freaky, capricious, fickle, moody

**muholóvec** flypaper, *(rastlina)* fly trap

**múkati** to moo, to low

**múla** *(potomec osla in kobile)* mule

**mulát** mulatto, person having one white and one black parent

**múlj** slime, silt

**múmi|ja** mummy; **~ficírati** to mummify

**múmps** mumps

**munícija** ammunition, munitions *(pl)*

**múren** field cricket

**múrva** mulberry (tree)

**Muslimán, m~ski** Moslem, Muslim

**mušíca** midge, gnat

**muškát** *(grozdje, vino)* muscat (grapes, wine); **~ni oREšček** nutmeg

**múšnica** toadstool; **rdeča ~** fly agaric

**mútast** dumb, mute

**mutírati** to break one's voice; *Začel je ~.* His voice began to break.

**múza** muse

**múzati se** to laugh up one's sleeve

**muzéj** museum

**múzika** *glej* GLASBA

# N

**N** letter N

**na** on, in, at, to; ~ **desni** on the right; ~ **desno** to the right; ~ **deželi** in the country; ~ **morju** at the seaside; ~ **nebu** in the sky; ~ **sliki** in the picture; ~ **mestu** *(takoj)* on the spot; ~ **moje strošken** at my expense; ~ **primer** for instance; ~ **prvi pogled** at first sight; ~ **srečo** fortunately; ~ **vsak način** at any rate, by all means; **enkrat** ~ **mesec** once a month; **četrt** ~ **tri** a quarter past two

**ná(te)!** there!; here you are!

**nabáva** purchase, acquisition, provision

**nabáviti** to provide, to procure, to get, to purvey; ~ **denar** to raise money

**nabavljávec** provider, purveyor, supplier

**nabirálec** collector, gatherer

**nabirálnik** *(poštni)* letter-box, post-box; pillar-box; *(Am)* mailbox; reservoir

**nabírati** to collect, to gather; ~ **se** to accumulate, to amass; ~ **gobe** to pick mushrooms

**nabíti** *(puško)* to load, to charge; *(natepsti)* to beat, to thrash

**nabòj** charge, load, cartridge; **slepi** ~ blank cartridge

**nabòr** recruitment, conscription, enlistment; *(guba)* fold, pleat; ~ **ukazov** *(comp)* instruction set

**nabórek** frill

**nabórnik** recruit, conscript, drafted *(ali* enlisted*)* man

**nabôsti** to pin, to prick, to pierce; *(na vilice)* to fork; *(na kol)* to impale; *(na raženj)* to spit

**nabóžen** religious, pious, devout

**nabrékel** swollen, bloated, puffed up, turgid

**nabr|eklína** swelling, bulge, bump; ~**éklost** swollen state, bloatedness

**nabrékniti** to swell, to bloat, to bulge, to puff up

**nabrúsiti** to sharpen, to whet, to grind, *(z oslo)* to hone

**nabúhel** swollen, inflated, puffed up

**nacionál|en** national; ~**na enakopravnost** national equality

**nacionalíz|acija** nationalization; ~**írati** to nationalize

**nací|zem** Nazism; ~**st** Nazi

**načečkáti** to scribble, to write hastily or carelessly

**načêlen** principled, fundamental; ~ **človek** a man of principle

**načêlnik** head, chief; **posta-jni ~** stationmaster

**načêlno** on principle, fundamentally

**načêlo** principle, tenet, rule, nature

**načelováti** to head, to direct, to manage

**načéti** to start, to begin; **~ vprašanje** to bring up *(ali* to raise) a question

**načíčkan** tricked out, dolled up, gaudy

**načín** manner, mode, way, method; **glagolski ~** mood; **~ proizvodnje** mode of production; **~ življenja** way of life, life style; **na noben ~** by no means, not at all; **na ta ~** in this way; **na vsak ~** by all means, at any rate

**načítan** well-read

**načȓt** plan, design, scheme, layout, outline, draft; strategy; **učni ~** syllabus, curriculum

**načȓtati** to sketch out, to draft, to design; to delineate

**načrtováti** to project, to scheme, to plan

**nad** above, over; **5° ~ nič-lo** 5 degrees above zero; **~ vsemi pričakovanji** beyond expectations

**nadálje** further, moreover, then

**nadaljevál|en** (of) continuation, advanced; **~ni tečaj** course for advanced students

**nadaljevánje** continuation; *(zgodbe)* sequel, follow-up; **~ sledi** to be continued

**nadaljevánka** serial

**nadaljeváti** to continue, to carry on, to go on, to keep up, to proceed

**nadáljnj|i** further, additional; **do ~ega (obvestila)** until further notice

**nadárjen** gifted, talented; **biti ~ za jezike** to have a gift for languages

**nadárjenost** talent, capacity, aptitude, gift

**nàdčlôvek** superman

**nàdčlovéški** superhuman; **~ napori** superhuman efforts *(pl)*

**nadéjati se** to hope, to expect

**nad|èv** stuffing, filling; **~évana piška** stuffed chicken

**nàdgrádnja** superstructure

**nadíh** tint, tinge; touch

**nadláket** upper arm

**nadléga** nuisance, bother, trouble, annoyance, inconvenience

**nadlegováti** to bother, to trouble, to annoy, to inconvenience; **~ z vprašanji** to heckle

**nadléžen** bothering, annoying, troublesome, inconvenient

**nadlóga** nuisance, bother, drag, trouble, distress

**nadmôrski na ~ višini 100 m** 100 metres above sea level

**nàdnaráven** supernatural

**nadobúden** promising, budding

**nadoméstek** surrogate, substitute; compensation

**nadomést|en** substitutional,

spare; **~ni deli** spare parts
*(pl)*; **~ne volitve** by-election
**nadomestílo** substitute; *(od-*
*škodnina)* indemnity, com-
pensation
**nadomestíti** to substitute, to
replace, to make amends
for, to compensate, to in-
demnify; *(zastopati koga)* to
deputize for, to stand in for
**nadpís** title, heading
**nadrej|èn** superior; **~énost**
superiority
**nàdstávba** superstructure;
**ideološka ~** ideological
superstructure
**nadstréšek** jutting *(ali* pro-
jecting) roof
**nadstrópj|e** floor, storey; **v**
**drugem ~u** on the second
floor
**nàdsvetlôba** skylight
**nàdškòf** archbishop; **~íja**
archdiocese, archbishopric
**nadštevílen** supernumerary,
outnumbering, redundant
**nàdučítelj** headmaster, se-
nior master
**nadú|ha** asthma; **~šljív**
asthmatic, wheezy
**nàdúre** overtime; extra hours
*(pl)*; **delati ~** to work
overtime
**nadút** haughty, conceited,
presumptuous, self-impor-
tant
**nadvláda** supremacy, he-
gemony
**nadvôden** above the water-
line; surface
**nàdvójvoda** archduke
**nadvòz** road bridge; over-
pass, *(Am)* flyover

**nadzémski** above ground,
overhead; unearthly
**nadzórnik** supervisor, in-
spector, controller, overseer
**nadzorováti** to supervise,
to inspect, to control, to
oversee
**nadzórstvo** supervision, in-
spection, control
**nadzvóčen** supersonic, ul-
trasonic
**naênkrat** at once, suddenly,
all of a sudden
**náfta** (rock) oil; petroleum;
naphtha; **surova ~** crude oil
**naftovòd** pipeline
**nág** naked, nude; bare; **sleči**
**do ~ega** to strip naked
**nagáčiti** *(ptico)* to stuff (a
bird)
**nagájati** to tease, to chaff, to
banter, to pull someone's leg
**nagajív** rougish, mis-
chievous, bantering
**nagánjati ~ koga** to urge,
to hurry, *(Am)* to chivvy
someone; **~ ovce** to drive
sheep
**nág|el** quick, rapid, swift,
speedy, fast; **~la smrt** sud-
den death; **~lo sodišče** mar-
tial law
**nágelj** carnation, pink
**nagíb** slope, incline, tilt,
gradient; motive, reason,
incentive
**nagíbati (se)** to slope, to in-
cline, to slant, to tilt, to lean;
**~ se k** to be inclined to, to
tend
**naglàs** accent, stress, empha-
sis; *(glasno)* loud(ly), aloud
**naglasíti** to accentuate, to

stress, to emphasize, to lay stress on

**náglica** hurry, haste

**náglo** quickly, rapidly, swiftly, apace

**naglúšen** hard of hearing

**nagnáti** *(spoditi)* to drive out, to chase away; *(priganjati)* to urge, *(Am)* to chivvy

**nagníti (se)** to slope, to incline, to tilt, to lean, to bend

**nágnjen|je** inclination, tendency, disposition, interest; **imeti ~je do** to have a bent for; **biti ~ k** to be prone to

**nagóbčnik** muzzle; **natakniti ~** to muzzle

**nag|òn** instinct, impulse, urge; **~ónski** instinctive

**nagóta** nakedness, nudity, bareness

**nagóvor** address, allocution

**nagovoríti** to address, to accost

**nagrabíti** to accumulate, to hoard, to amass

**nagráda** prize, award, reward, gratification, premium, recompense; **tolažilna ~** consolation prize

**nagradíti** to award a prize, to reward, to recompense

**nagrajênec** prizewinner; laureate

**nagrbánčiti** to wrinkle; *(čelo)* to frown

**nagrmáditi** to accumulate, to pile up, to heap

**nagrób|en** sepulchral; **~ni spomenik** tombstone; **~ni napis** epitaph

**nagúbati** to fold, to crease, to wrinkle

**nahajalíšče** location, whereabouts *(pl)*; *(biol)* habitat; *(rudnin)* deposit

**náhod** cold; **seneni ~** hay fever; **stakniti ~** to catch a cold

**nahŕbtnik** rucksack, knapsack

**nahrúliti** to shout at, to berate, to revile

**nahújskati** to instigate, to incite, to set against, to stir to action or feeling

**naíven** naïve, simple-minded, unrealistic, artless

**naj** *Kaj ~ storim?* What am I to do?; *N~ počiva v miru.* May he rest in peace.; *N~ vstopi!* Let him come in!

**najbòlj** the most; **~ zanimiv** the most interesting

**najbólje** best; *N~ govori angleško.* He speaks English best.

**najbóljš|i** the best; *Vse ~e!* Many happy returns of the day; **v ~ih letih** in the prime of life

**nàjbrž** probably, (most) likely; *N~ bo prišel.* He is likely to come.

**nájdba** find, discovery

**nájden** found; **urad za ~e predmete** lost property office; **~i zaklad** treasure trove

**nájdenček** foundling

**najdítelj** finder

**najèm** hire, rent, lease; *(ladje, letala)* charter; **dati v ~** to hire for rent, to rent out, to lease; **vzeti v ~** to hire, to rent, to take on lease, to charter

**najémnik** tenant, occupant,

renter, leaseholder; **vojaški**
~ mercenary

**najemnína** rent, rental, hire

**najemodajálec** lessee

**najésti se** to eat one's fill, to
appease one's hunger

**najéti** to hire, to rent, to take
on lease, to charter, to en-
gage; ~ **posojilo** to raise a
loan

**nájin** our; ours; *N~a hiša je
samo ~a.* Our house is only
ours.

**nájlon** nylon

**nàjprej** first, first of all, in the
first place

**nájstnik** teenager

**nájti** to find, to discover, to
locate

**nakána** intention, purpose,
aim

**nakàr** whereupon, thereupon

**nakázati** to indicate, to sug-
gest; *(denar)* to send, to remit

**nakazílo** *(denarno)* money or-
der, assignment, remittance;
voucher

**nakít** jewels *(pl)*; jewellery;
**cenen ~** trinket

**naklád|a** printing, impres-
sion, edition; **časopis z ve-
liko ~o** newspaper with a
large circulation

**nakládati** to load, to lade

**nakl|èp** plan, intention;
~**épati** to plan

**nakljúč|je** chance, coinci-
dence; ~**en** coincidental,
accidental

**naklòn** incline, gradient;
*(gram)* mood

**nakódrati** to curl

**nakopáti si** ~ **dolgove** *(jezo)*

to incur debts (anger); ~
**odgovornost** to burden one-
self with responsibility

**nakopíčiti** to accumulate, to
heap, to pile up

**nakoválo** anvil

**nakrémžiti** *(obraz)* to distort
(one's face)

**nakŕmiti** to feed, to fodder

**nakúpiti** to buy, to purchase

**nakupoválec** buyer, pur-
chaser, shopper

**nakupováti** to do the shop-
ping

**nalàšč** on purpose, deliber-
ately, intentionally

**nalépiti** to stick, to paste on,
to glue on

**nalépka** label, *(Am)* sticker

**nalésti** ~ **bolezen** to catch a
disease; ~ **se ga** *(fig)* to get
drunk

**naletéti** to come, across, to
run into, to meet

**nalezljív** infectious, conta-
gious, catching; ~**e bolezni**
infectious diseases

**nalíti** to pour (in); ~ **kozarec**
to fill a glass

**nalív** shower, downpour

**nálog** order, commission;
instruction

**nalóga** task, mission, job;
composition, exercise; **do-
mača ~** homework; **razisko-
valna ~** research project

**nalóžba** investment, outlay

**naložíti** *(tovor)* to load, to
lade, to ship; ~ **davke** to
impose taxes; ~ **denar (v
banko)** to deposit money;
~ **na ogenj** to make *(ali* to
kindle) a fire

**namákati** to irrigate, to water, to soak

**namázati** to smear, to grease, to oil; to anoint, to lubricate; to coat

**namèn** intention, purpose; **imeti skrite ~e** to have something up one's sleeve

**namenílnik** *(gram)* supine

**nameníti** to destine (to, for), to intend for, to earmark for

**naménoma** on purpose, intentionally, purposely, deliberately

**naméra** intention, purpose, design, aim

**namerávati** to intend, to be about to, to plan, to have in mind

**naméren** intentional, deliberate, wilful

**namestíti** to place, to set; *(imenovati)* to appoint, to employ

**naméstnik** substitute, deputy, proxy; **kraljevi ~** regent; **~ filmskega zvezdnika** stand-in

**namésto** instead of

**naméščenec** employee

**namíg** hint, tip, suggestion; **razumeti ~** to take the hint

**namígniti** to hint, to insinuate, to allude

**namíliti** to soap, to lather

**namíšljen** imaginary, fictitious; **~i bolnik** hypochondriac

**namíz|en** table; **~ni podstavek** tablemat; **~ni pribor** *(posoda)* tableware; **~ni prt** tablecloth; **~ni tenis** table tennis; **~no vino** table wine

**namočíti** to wet, to moisten, to soak

**námreč** namely, that is to say

**nanášati se** to refer to, to relate to, to have a bearing on

**nanêsti ~ barvo** to apply paint; **~ drva** to bring in wood; **~ kup listja** *(veter)* to pile up leaves; **~ prod** *(reka)* to bring down gravel

**nanízanka** serial

**nanòs** alluvium, wash, deposit; *(snega)* drift

**nanóvo** anew, afresh, again

**naôknica** shutter

**naóljiti** to oil

**nápa kuhinjska ~** cooker hood

**nápačen** wrong, false, incorrect, erroneous

**napàd** attack, assault; aggression; fit, seizure; **zračni ~** air raid

**napadálec** attacker, assaulter, aggressor; *(nogomet)* forward

**napadálen** aggressive, belligerent, offensive

**napájati** to give to drink, to supply water (electricity); **~ konja** to water a horse

**napáka** mistake, fault, blunder, error; **govorna ~** speech impediment *(ali* handicap); **~ v materialu** flaw *(ali* defect, fault); **tiskovna ~** misprint; erratum, *(pl)* errata

**napásti** to attack, to assault, to assail, to storm

**napeljáti** *(vodo)* to install, to lay on; *(pogovor)* to direct, to lead

**napeljáva** installation; **električna** ~ electric installation, wiring; **vodovodna** ~ plumbing

**napét** strained, stretched, tense; ~**i odnosi** strained relations (pl); ~**o ozračje** tense atmosphere; ~**i živci** taut nerves (pl)

**napéti** to stretch, to strain; ~ **lok** to bend the bow; ~ **vse sile** to do one's best

**napétost** strain, tension, stress; voltage; **izpad** ~**i** power cut

**napèv** tune, air, melody

**napíhniti** to blow up, to puff up, to inflate

**napís** inscription, heading

**napísati** to write (down), to put (ali to take) down (in writing)

**napíti** to drink a toast, to toast someone; to drink someone's health; ~ **se** to get drunk (ali tight)

**napítnica** toast

**napítnin|a** tip, gratuity; **dati komu** ~**o** to tip someone

**napláviti** to deposit, to wash ashore, to accumulate

**napodíti** to drive away, to chase away, to dismiss

**napòj** drink, beverage; **ljubezenski** ~ love potion

**napól** half; ~ **pota** halfway; **deliti** ~ to go halves

**napolníti** to fill; **popolnoma** ~ to fill to capacity

**napòr** effort, strain, exertion, hassle

**napóren** strenuous, hard, trying, tiring

**napóta** obstacle, impediment, obstruction, bar(rier)

**napótek** direction, instruction, directive

**napotíti** to direct, to instruct, to give instructions; ~ **se** to set off, to leave for, to go to

**napóved** announcement; **vojna** ~ declaration of war; **vremenska** ~ weather forecast

**napovédati** to announce, to declare, to foretell, to predict, to forecast; ~ **vojno** to declare war; ~ **vreme** to forecast weather

**napovedoválec** announcer

**napráv|a** device, gadget, apparatus, contrivance, appliance; **krmilne (pristajalne)** ~**e** steering (landing) gear; ~**a za prenos podatkov** (comp) data communication equipment

**napráviti** to make, to do, to manufacture, to create; ~ **se gluhega** to pretend to be deaf; ~ **izpit** to pass an examination

**napréči** to harness (a horse)

**naprédek** progress, advancement; **družbeni** ~ social progress

**napréden** progressive, advanced

**napredovánje** progress, advancement; (v službi) promotion

**napredováti** to make progress, to get along, to advance; (v službi) to be promoted

**napréj** forward, ahead; **od**

**sedaj** ~ henceforth; **v**~ in advance; **N**~! *(Vstopite!)* Come in!; **iti** ~ to go ahead, to take the lead

**napródaj** for sale, on sale

**naprosíti** to ask, to request

**napŕstnik** thimble

**napŕtiti** to burden with; ~ **(komu)** to impose a burden (on someone); to charge someone with

**napúh** haughtiness, pride, arrogance

**napúmpati** *(coll)* to inflate; ~ **zrak v zračnico** to pump air into a tyre; ~ **koga za denar** *(fig)*to touch somebody for money

**narámnice** (a pair of) braces *(pl)*; *(Am)* suspenders *(pl)*; *(pri kombineži)* straps *(pl)*

**narástek** increase, growth; *(jed)* soufflé

**narásti** to increase, to grow, to rise, to augment

**naraščáj** rising generation, children *(pl)*, kids *(pl)*; *(živalski)* brood, young

**naráv|a** nature; **muha** ~**e** *(spaček)* freak of nature; **pla-čilo v** ~**i** payment in kind; **po** ~**i** by nature

**naráv|en** natural, true to nature, genuine, unaffected; **(kip) v** ~**ni velikosti** life-sized (statue); ~**ni pojav** natural phenomenon; ~**ni zakon** law of nature

**narávnost** straight, directly, outright

**naravoslóvje** natural science

**narázen** asunder, apart

**narcísa** daffodil, narcissus

**naréčje** dialect

**naredíti** to make, to do; ~ **izpit** to pass an examination; ~ **napako** to make a mistake; ~ **vtis** to impress somebody; ~ **se gluhega** to pretend to be deaf

**narédnik** sergeant

**nar|èk** dictation; **pisati po** ~**éku** to write from dictation; ~**ekováti** to dictate

**narekováj** inverted commas *(pl)*, quotation marks *(pl)*

**narézek** cold meats *(pl)*; *(Am)* cold cuts *(pl)*

**naríbati** *(sir, jabolka)* to grate

**narísati** to draw, to sketch, to design

**narkomán** drug addict, junkie

**narkó|za** narcosis; ~**tizírati** to narcotize, to anaesthetize

**naróbe** wrong(ly); inside out; upside down; head over heels

**naročílnica** order (form); indent

**naročíl|o** order, indent; command; **narejeno po** ~**u** made to order

**naročíti** to order; ~ **se** to subscribe for

**naróčje** lap, arms *(pl)*; armful

**naročník** subscriber; consignee

**naročnína** subscription

**národ** nation, people; **Združeni** ~**i** United Nations; **Društvo** ~**ov** League of Nations

**národ|en** national, popular, folk; ~**na noša** national costume; ~**na pesem** folk song

**národnost** nationality

**narodopísje** ethnography; folklore

**nárt** instep

**nasàd** plantation, garden, park

**nasadíti** to plant; ~ **kokoš** to set a hen; ~ **na kol** to impale; ~ **sekiro (metlo)** to furnish an axe (a broom) with a helve (handle)

**nasékati** to chop, to cut; ~ **koga** (*fig*) to beat, to hit someone very hard

**nasélbina** colony, settlement; (*zaselek*) hamlet

**naselíti** to populate, to people with, to colonize

**naséljen** inhabited, populated

**naséljenec** settler, colonist

**nasésti** (*ladja*) to run aground, to get stranded; ~ **komu** to be taken in, to be imposed upon

**nasíčen** saturated, full of

**nasíl|en** violent, forcible, tyrannical; ~**no** by force, forcibly

**nasíp** dyke, dike, dam, embankment; **obrambni** ~ rampart; **obrežni, pristaniški** ~ pier, jetty; ~ **za pot, cesto** causeway

**nasípati** (*s peskom*) to sand; (*s prodom*) to gravel

**nasítiti** to appease hunger, to satiate; to saturate

**naskočíti** to assault, to attack, to storm

**naskòk** assault, attack, storm

**nasláda** lust, delight, pleasure; voluptuousness

**naslájati se** to enjoy, to relish, to take delight (*ali* pleasure) in

**naslanjáč** armchair, easy chair

**naslánjati (se)** to lean (**na, ob**) (on, against); to rely on, to be dependent on

**naslédnik** successor, descendant, heir; replacement; **prestolo~** successor to the throne

**naslédnji** next, following, ensuing

**naslédstvo** succession, inheritance, heritage

**naslíkati** to paint, to picture, to portray

**naslonjálo** (*za hrbet*) back (of a chair); (*za roko*) arm (of a chair)

**naslòv** address; direction; destination; title, heading

**naslovíti** to address, to direct; to address with a title, to title

**naslóvljenec** addressee

**nasm|èh** smile; ~**éhniti se** to smile

**nasolíti** to salt, to add salt

**nasprót|en** opposite, contrary; opposed, unwilling; ~**na sila** counterforce; ~**ni veter** adverse (*ali* contrary) wind

**naspróti** opposite, in face of, facing, in front of

**nasprótje** contrary, contrast, opposite

**nasprótnik** adversary, opponent, enemy, foe

**nasprótno** on the contrary

**nasprot|ováti** to oppose, to object to, to contradict; *Izjavi* si ~*újeta*. The two statements conflict.

**nastánek** origin, source, beginning, root

**nastániti** to accommodate, to house, to put up; *(vojake)* to billet; ~ **se** to take up lodgings, to settle down

**nastáti** to arise, to originate, to come into existence

**nastáviti** to employ, to engage, to appoint; ~ **budilko** (past) to set an alarm clock (trap); ~ **sod** to tap a cask

**nastávljenec** employee

**nastežáj** *Vrata so odprta* ~. The door is wide open.

**nastláti** to strew, to litter; ~ **živini** to spread litter, to bed down

**nastòp** *(v gledališču)* appearance; *(službe)* entering service, assumption of duties

**nastopíti** to set in, to begin, to arise; *(v gledališču)* to appear; ~ **proti** to proceed against, to contend

**nastŕgati** to scrape, to grate

**nasvèt** advice, counsel, suggestion

**nasvídenje** bye-bye, cheerio; so-long, see you later

**nàš** our; ours

**naščúvati** to instigate, to abet, to incite

**našémi|ti** to dress up; *N~li so ga v paža*. They dressed him up as a page.

**našéškati** to spank, to smack; *(z brezovko)* to birch

**naškróbiti** to starch, to stiffen

**našóbiti** to pout, to sulk

**naštéti** to enumerate, to state, to list, to itemize, to count up

**natákar** waiter; ~**ica** waitress; **plačilni** ~ head waiter

**natáknjen** ill-tempered, snappy, sulky, fretful

**natánčen** exact, accurate, precise, particular

**natánko** exactly, accurately, precisely

**natečáj** competition; **z ~em razpisano mesto** post open to competition

**nategníti** to stretch, to strain, to extend

**natêpsti** to beat, to thrash; **pošteno koga** ~ to beat somebody black and blue

**natezálnic|a** rack; **dati koga na ~o** to put someone on the rack

**natís|kati** to print; ~ **print**, printing, impression

**natláčiti** to stuff, to cram, to pack, to squeeze into; ~ **pipo** to fill a pipe

**natò** then, afterwards, thereafter

**natolcováti** to slander, to defame, to libel

**natovóriti** to load, to lade, to freight; to burden, to charge

**nátrij** sodium

**natŕkan** tipsy, high, jolly

**natrosíti** to strew, to scatter

**naturalizírati** to naturalize

**natvésti** to tell a tale, to make someone believe something, to bluff

**naučíti** to teach, to instruct; ~ **se** to learn; ~ **se na pamet** to learn by heart, to memorize

**náuk** teachings *(pl)*, lesson, doctrine; *(zgodbe)* moral

**naúšnik** ear-muff; *(del pokrivala)* ear-flap

**navád|a** habit, practice, usage; custom, tradition; ~a je it is customary; **imeti ~o** to be in the habit of; *Imel je ~o zgodaj vstajati.* He used to get up early.

**naváden** ordinary, usual, customary, habitual; common, plain

**naváditi se** to get accustomed to, to get used to, to get into the habit of

**navádno** usually, habitually, as a rule, normally, naturally, customarily

**navàl** *(v trgovine)* rush; *(strasti, jeze)* fit; *(ljudi)* throng, crowd; *(napad)* attack, assault

**navalíti** to rush at, to storm, to fall upon, to attack, to assault

**návček** death bell

**navdíh** inspiration; ~**niti** to inspire

**navdúšen|je** enthusiasm; ~ enthusiastic, ardent, keen, enraptured

**navdúšiti** to fill with enthusiasm, to enrapture, to thrill, to motivate

**naveličan** fed up with, sick of, tired of

**naveličáti se** to get tired *(ali* sick) of, to weary of, to be fed up with

**navêsti** to allege, to state, to quote, to cite, to bring forward, to mention

**navéz|a** roped party; **biti v ~i** to be roped up

**navézati** to fasten, to tie; ~ **stike** to come into touch with

**navídezen** seeming, apparent, fictitious

**navíhan** cunning, sly, shrewd

**navíjač** *(na tekmi)* supporter, *(Am)* fan

**navijálka** *(za lase)* roller, curler

**navíjati ~ za domače moštvo** to support the home team; to cheer it on; *(Am)* to root for the home team

**navíti** to wind up, to coil up, to roll up

**navkljúb** despite, in spite of

**navkréber** uphill

**navlážiti** to moisten, to wet

**navodílo** direction, instruction, guideline; ~ **za razumevanje legend**

**navòj** coil

**navójnica** shutter, blind, roller blind

**navpíčen** upright, vertical, perpendicular

**navsezádnje** after all

**navzdòl** down(wards), downhill; *(po stopnicah)* downstairs

**navzéti se** to absorb, to imbibe, to adopt

**navzgòr** up(wards), uphill; *(po stopnicah)* upstairs

**navzkríž** crosswise, crossways

**navzóč** present; **povsod ~** ubiquitous

**navzóčnost** presence, occurrence

**nazadnják** reactionary, conservative

**nazádnje** at last, finally, eventually, lastly

**nazadováti** to retrograde, to regress, to recede

**nazáj** back, backward(s), aback

**nazdráviti ~ komu** to drink someone's health, to toast someone

**nazív** name, denomination, title

**naznáčiti** to denote, to indicate, to foreshadow

**naznaníslo** announcement, notice

**naznaníti** to announce, to notify; **~ tatu** to inform against a thief

**nazóbčati** to indent, to jag, to teethe

**názor** view, opinion; **politični ~** political views *(pl)*; **življenjski ~** view of life

**nazór|en** clear, evident, obvious; **~ni pouk** object lesson

**nažréti se** to overeat, to gorge oneself (on); to be fed up with

**ne** no, not, nay

**nebésa** heaven, paradise

**nebés|en ~na sinjina** sky blue; **~ne strani** cardinal points; **~na telesa** celestial bodies

**nebéšk|i** heavenly, celestial, divine; **~o kraljestvo** celestial kingdom

**nèbístven** unessential, unimportant, irrelevant

**nebó** sky; *(v ustih)* palate; *(nad posteljo, prestolom)* canopy, baldachin; **pod milim nébom** in the open (air); **strela z jasnega nebá** a bolt from the blue

**nebogljèn** frail, sickly, weakly, helpless

**nebotíčnik** skyscraper

**nèbŕzdan** dissolute, debauched, licentious, riotous

**nečák** nephew; **~inja** niece

**nèčásten** dishonourable, shameful, disgraceful

**nèčíst** impure, unclean, dirty

**nečistováti** to fornicate, to be unchaste

**nèčitljív** illegible; **~ost** illegibility

**nečké** kneading-trough

**nèčlovéški** inhuman, brutal

**nèdávno** recently, lately newly

**nèdélaven** idle, inactive, inert, passive

**nedélja** Sunday; **cvetna (velikonočna, binkoštna) ~** Palm (Easter, Whit) Sunday

**nèdeljív** indivisible

**nèdisciplíniran** undisciplined, disorderly, wild

**nèdolóčen** indefinite, undetermined, uncertain, vague

**nèdoločljív** indeterminable, indefinable

**nèdolóčnik** infinitive

**nedólžen** innocent, not guilty; *(neškodljiv)* harmless, inoffensive; *(deviški)* virgin, chaste, pure

**nedólžnost** innocence; virginity, chastity

**nèdonóšenček** prematurely born *(ali* abortive) child

**nèdopústen** inadmissible,

inexcusable, not allowed, intolerable

**nèdorásel** minor, under age; immature, not equal to

**nèdosegljív** out of reach, unattainable, inaccessible

**nèdosléden** inconsequent, inconsistent

**nèdoslédnost** inconsequence, inconsistency

**nèdostójen** indecent, unbecoming, shocking

**nèdostópen** inaccessible, remote

**nèdotakljív** intangible, untouchable

**nèdotáknjen** untouched, intact; virgin

**nèdoumljív** inconceivable, incomprehensible

**nèdovóljen** not allowed, prohibited, forbidden

**nèdovŕš|en** ~ni čas *(gram)* imperfect

**nèdovršèn** unfinished, unaccomplished; defective, faulty

**nèdovzéten** unsusceptible, unresponsive

**nédra** bosom, breasts *(pl)*

**nédrček** brassière, bra

**nèdružáben** unsociable

**nèduhovít** witless, dull

**nèdvómen** doubtless, undoubted, obvious, unquestionable

**nèdvómno** obviously, undoubtedly, surely

**nèdvoúmen** unequivocal, unambiguous; positive

**nèenák** unequal, unlike, different, diverse

**nèenakoméren** asymmetrical, disproportionate, irregular

**nèenakopráv|nost** inequality; **nacionalna (politična)** ~**nost** national (political) inequality; ~**en** not having equal rights; unequal

**nèenôt|nost** disunity, discord; ~**en** disunited, not uniform

**néga** care, nursing, tending; **intenzivna** ~ intensive care

**nègíben** motionless, immobile

**nègledé** irrespective of, apart from, regardless of

**negnòj** *(bot)* gillyflower

**nègóden** unripe, immature; green

**negodováti** to find fault with, to disapprove, to grumble

**nègostoljúben** inhospitable

**nègotòv** uncertain, doubtful; insecure

**nègotóvost** uncertainty, doubtfulness; insecurity

**negoválka** nurse

**negován** well-kept

**negováti** to take care of, to care for; *(otroka)* to nurse; *(bolnika)* to tend; *(drevje, rože)* to cultivate

**néhati** to stop, to end, to finish, to cease, to terminate

**nèhoté** unintentionally, involuntarily, automatically

**nèhvaléžen** ungrateful, unthankful, thankless

**nèhvaléžnost** ingratitude, ungratefulness

**nèimenován** unnamed, anonymous

**nèiskrén** insincere, hypocritical

**nèizbéžen** inevitable, unavoidable

**nèizbrísen** ineffaceable, indelible

**nèizčŕpen** inexhaustible

**nèizgovorjèn** unspoken, unexpressed

**nèizkúšen** inexperienced; green

**nèizméren** immense, infinite, endless

**nèizmerljív** immeasurable

**nèizmérnost** immensity, vastness

**nèizobrážen** uneducated, unschooled, uncultured, lowborn

**nèizogíben** inevitable, unavoidable

**nèizpeljív** unfeasible, unachievable, impossible

**nèizpodbíten** unquestionable, indisputable, incontestable

**nèizpólnjen** unfulfilled, not realized

**nèizprôsen** inexorable, relentless

**nèizrábljen** unexploited

**nèizrážen** unexpressed

**nèizrečèn** untold, unspoken

**nèizrekljív** unspeakable, unutterable

**nèizterljív** irrecoverable, irretrievable; **~i dolg** bad debt

**nèizučèn** untrained, unskilled

**nèizvedljív** unfeasible, impracticable, impossible

**nèjásen** not clear, dim, vague, undefined

**nejevólja** *glej* NEVOLJA

**nèkadíl|ec** non-smoker; **oddelek za ~ce** non-smoking section (*ali* compartment)

**nékaj** some, something; **~ knjig** some books; **~ novega** something new; **~ bolje** somewhat better

**nekáko** somehow, in some way; sort of

**nekákšen** a certain, some, a sort (*ali* kind) of; **~ odvetnik** lawyer of a sort

**nékam** somewhere, to some place

**nekatéri** some, several

**nèkaznován** unpunished; scot-free; with impunity

**nékdaj** once, sometime; once upon a time

**nekdánji** one-time, former

**nekdó** somebody, someone

**néki** a, a certain

**nekjé** somewhere; **~ drugje** elsewhere, somewhere else

**nekóč** once, once upon a time, formerly, at one time; (*v bodočnosti*) some day

**nekóliko** a little, a bit, a few, some, several

**nèkorísten** useless, unprofitable; idle, vain

**nekrológ** obituary notice, necrology

**nèkrváv** bloodless, not bloodstained

**nèkultúren** uncultured, ill--bred, rude

**nèkuránten** unmarketable

**nèkvalifíciran** unskilled; **~a delovna sila** unskilled labour

**nèlikvíden** illiquid

**nèločljív** inseparable
**nèlojálen** disloyal
**ném** dumb, mute; speechless; ~a črka silent letter; ~i film silent film ((*Am*) movie)
**nèmaksimíran** free of price ceilings
**nemára** maybe, perhaps
**nemáren** careless, negligent, casual
**Ném|čija** Germany; ~ec, n~ški German
**nèmílost** disgrace, disfavour
**nemír** unrest, disquiet, restlessness; (*zaskrbljenost*) anxiety, uneasiness, concern; ulični ~i riots (*pl*), disorders (*pl*)
**nemíren** restless, fidgety; anxious, agitated, uneasy, concerned; (*morje*) choppy, rough; (*časi*) turbulent
**nèmóč** weakness, powerlessness, incompetence; impotence
**nèmóčen** weak, helpless, powerless, incompetent; impotent
**nèmodêren** out of fashion, old-fashioned, unfashionable
**nèmogóč** impossible
**nèmorálen** immoral
**nemúdoma** at once, promptly, instantly, immediately, without delay
**nènadárjen** talentless, not gifted
**nenáden** sudden, unexpected, unforeseen, abrupt
**nènadkriljív** unsurpassable
**nenádoma** suddenly, unexpectedly, all of a sudden

**nènadomestljív** irreplaceable; irreparable; irretrievable
**nènaglašèn** unaccented, unstressed
**nènaklónjen** averse, opposed, unfavourable
**nènaméren** unintentional
**nènapadál|en** non-aggressive; ~na pogodba non-aggression pact
**nènapovédan** unannounced
**nènaráven** unnatural, artificial; affected
**nènaséljen** uninhabited, not populated, unoccupied
**nènasíten** insatiable
**nènatánčen** inaccurate
**nènaváden** unusual, uncommon; exceptional, extraordinary; strange, curious, odd, weird, peculiar
**nenéhen** incessant; neverending, continuous
**nèobčutljív** insensible to, insensitive, indifferent (to), immune
**nèobdávčen** untaxed
**nèobdélan** (*zemlja*) uncultivated, untilled, waste; raw
**nèobhóden** indispensable; necessary
**nèobičájen** unusual, uncommon
**nèobjávljen** unpublished
**nèobljúden** uninhabited, not populated
**nèoborožèn** unarmed
**nèobremenjèn** unburdened; ~o zemljišče unencumbered land
**nèobrít** unshaven, hairy
**nèobvéščen** uninformed

nèobvézen not obligatory, optional, elective

nèobzíren reckless, regardless, inconsiderate

nèodgovóren irresponsible, unaccountable

nèodkritosrčen insincere

nèodlóčen undecided, irresolute, hesitant; ~a tekma dead heat; končati se z ~im izidom to end in a tie (ali draw)

nèodlóčnost indecision, irresolution, hesitancy

nèodložljív urgent, pressing

nèodobrávanje disapproval, objection, disapprobation

nèodpustljív unforgivable, unpardonable

nèodvísen independent

nèodvísnost independence, autonomy; freedom, liberty

nèokŕnjen whole, entire, intact, undamaged, integral

nèokús|en tasteless, insipid, distasteful; N~no je. It is bad taste.

nèolíkan impolite, ill-mannered, rude

nèomadežéván spotless, immaculate; (preteklost) unblemished

nèomahljív steady, unwavering

nèomájen steady, firm, unshak(e)able; determined

nèomejèn unlimited, unrestricted, limitless; ~o zaupanje boundless confidence

nèomíkan uneducated, uncivilized

nèopázen imperceptible, invisible, minute

nèopážen unnoticed, unremarked, unacknowledged

nèoporéčen faultless, irreproachable, blameless

nèopravičljív inexcusable, unjustifiable

nèopredeljèn undecided, indifferent, neutral

nèoprézen incautious, heedless, imprudent, off one's guard

nèorganizíran disorganized

nèorgánsk|i inorganic; ~a kemija inorganic chemistry

nèosében impersonal

nèoskrúnjen unprofaned, immaculate, pure

nèosnován unfounded, groundless, baseless

nèosvojljív unconquerable, impregnable

nèotesán (les) unhewn; (vedenje) unpolished, uncivil, rude

nèotesánec churl, boor, lout

nèovíran unimpeded, unrestrained, unhampered

nèovrgljív irrefutable, incontestable

nèozdravljív incurable; past recovery (ali cure)

nèožénjen single, unmarried

nèpáren odd, uneven

nèpazljív inattentive, inadvertent

nèpazljívost inattention, inadvertence

nèpísmen illiterate; ~ost illiteracy

nèpíten undrinkable

nèpláčan unpaid, unsettled, outstanding

nèplóden infertile, unfruitful, unproductive, sterile, barren

**nèplódnost** infertility, unfruitfulness, unproductiveness, sterility, barrenness

**nèplôven** unnavigable

**nèpoboljšljív** incorrigible, confirmed

**nèpočesán** uncombed, unkempt

**nèpodkupljív** unbribable, incorruptible

**nèpodóben** dissimilar, unlike

**nèpodpísan** unsigned

**nèpogasljív** inextinguishable, unquenchable

**nèpogrešljív** indispensable, necessary

**nèpojmljív** inconceivable, unimaginable

**nèpokóren** disobedient, rebellious

**nèpokvárjen** unspoiled, unaffected, untainted

**nèpokvarljív** not subject (*ali* liable) to perish

**nèpomémben** insignificant, unimportant, trivial, irrelevant, negligible

**nèpomirljív** unappeasable, irreconcilable, implacable, relentless

**nèpooblášćen** not authorized, incompetent, noncommissioned

**nèpopísen** indescribable, unbelievable, ineffable

**nèpopóln** incomplete, imperfect, flawed, faulty

**nèpopravljív** incorrigible, irreparable, hopeless, irretrievable

**nèpopustljív** unyielding, intransigent, obstinate, uncompromising, firm

**nèporáben** useless, unserviceable

**nèporočèn** single, unmarried

**nèposlúš|en** disobedient; ~nost disobedience

**nèposréden** direct, immediate

**nèposrédno** directly, immediately

**nèpoškodován** undamaged, unharmed, unhurt

**nèpoštèn** dishonest, unfair, crooked, foul

**nèpotrében** unnecessary, needless, uncalled-for, redundant

**nèpotŕjen** unconfirmed, not verified

**nèpotrpežljív** impatient; ~ost impatience

**nèpoučèn** not informed, uninitiated

**nèpoudárjen** unstressed, unaccented

**nèpovábljen** uninvited, unasked

**nèpozáben** unforgettable, memorable

**nèpoznán** unknown, unfamiliar, strange

**nèpoznávanje** ignorance, lack of knowledge (about)

**nèpráktičen** impractical

**nèprávi** wrong, improper; not genuine; ~ **biser** imitation pearl

**nèpravíčen** unjust, unfair, inequitable

**nèpravíčnost** injustice, unfairness, iniquity

**nèpravílen** incorrect, false; irregular

**nèprebáven** indigestible

**nèprebójen** bullet-proof

**nèprecenljív** invaluable, priceless, inestimable

**nèpredíren** impenetrable

**nèpredvíden** unforeseen, unexpected, unpredicted

**nèpreglédjen** unclear, complex, muddled; ~ni ovinek blind corner

**nèprehóden** impassable; *(glagol)* intransitive

**nèprekínjen** uninterrupted, unceasing, continual, unremitting

**nèpreklícen** irrevocable, unalterable

**néprekosljív** unsurpassable, unparalleled, unrivalled, surpassing

**nèpremagljív** invincible, unbeatable

**nèpremíčen** motionless, immovable, immobile

**nèpremičnína** real estate, realty, immovable property

**nèpremíšljen** inconsiderate, thoughtless, unaccountable

**nèpremočljív** impermeable, watertight, waterproof

**nèpremostljív** unbridgeable, insurmountable

**nèprenéhen** incessant, ceaseless, never-ending

**nèprenéhoma** incessantly, ceaselessly, continually

**nèprenosljív** untransferable; not portable

**nèprepričljív** unconvincing, dubious

**nèprepústen** impervious,

impenetrable, hermetic; watertight; *(blago)* waterproof

**nèpreskrbljèn** unprovided for, not supplied with; ~ otrok dependent child

**nèprestán** incessant, continual, ceaseless

**nèprestáno** incessantly, continually; ~ delati to keep on working

**nèpretŕgan** uninterrupted, continuous, unceasing, steady

**nèpreudáren** thoughtless, inconsiderate

**nèprevedljív** untranslatable

**nèprevíden** incautious, imprudent, careless, improvident

**nèprevídnost** imprudence, improvidence

**nèprevózen** impassable

**nèpričakován** unexpected, unforeseen, sudden

**neprídipráv** villain, crook, good-for-nothing, layabout

**nèprijáteljskl** unfriendly, inimical

**nèprijázen** unkind, ungracious, unfriendly, uncivil; *(vreme)* dull, gloomy

**nèprijéten** disagreeable, unpleasant, annoying

**nèprijétnost** inconvenience, annoyance, trouble, botheration

**nèprikláden** unsuitable, inconvenient, inappropriate

**neprílika** trouble, distress, difficulty

**nèprijúbljen** unpopular, disliked, unwelcome

**nèpriméren** unsuitable, inappropriate, unbecoming, inconvenient, unfit

**nèpripráven** awkward, unhandy, unwieldy

**nèpriprávljen** unprepared, not ready

**nèprisíljen** not forced (*ali* compelled); natural, unaffected

**nèprísten** false, not genuine, counterfeit, artificial, pretended, feigned

**nèpristójen** incompetent

**nèpristópen** inaccessible

**nèpristránost** impartiality, neutrality

**nèpristránski** impartial, unbiased, neutral

**nèprištéven** irresponsible, not of sound mind; non compos mentis

**nèprizadét** unaffected, unconcerned

**nèpriznán** unacknowledged

**nèproduktíven** unproductive

**nèprodúšen** airtight, airproof, hermetic

**nèprostovóljen** involuntary

**nèprozór|en** opaque, non-transparent; ~**nost** opacity

**nèpróžen** inelastic, unyielding

**nèrában** useless, unserviceable

**neràd** unwillingly, reluctantly

**nèranljív** invulnerable

**nèráven** uneven, rugged, rough

**nèrazdružljív** inseparable

**nèrazlóčen** indistinct, unclear, vague

**nèrazložljív** inexplicable, unexplainable

**nèrazpoložèn** ill-humoured, gloomy

**nèrazsóden** imprudent, injudicious

**nèraztopljív** insoluble

**nèrazumljív** incomprehensible, unintelligible

**nèrazvít** undeveloped, underdeveloped; ~**e države** developing countries

**neréd** disorder, confusion, chaos, mess; **poulični ~i** riots (*pl*), disturbances (*pl*)

**nèréden** disorderly, untidy; irregular

**nèrédno** irregularly, from time to time, occasionally

**nèréšen** unsolved, unsettled; not saved; ~**o vprašanje** outstanding question

**nèrešljív** insolvable, insoluble

**nergáč** grumbler, nagger, complainer, faultfinder

**nergáti** to grumble, to nag, to complain

**nèrjav|èč** rust-proof, rust-resistant; ~**éče jeklo** stainless steel

**neróda** awkward (*ali* clumsy) person

**neróden** awkward, clumsy, maladroit

**nèrodovíten** infertile, sterile, barren

**nervózen** nervous, jittery, tense, uneasy

**nèsamostójen** dependent, reliant

**nèsebíčen** unselfish, generous

**nèshójen** untrodden, unbeaten

**nèsimpátičen** unlikable, unattractive, unlovable

**nèskláden** disharmonious, discordant, incompatible

**nèskládnost** disharmony, discord(ance), incompatibility

**nèsklépčen biti** ~ to lack a quorum

**neskônčen** endless, infinite, eternal, interminable, never-ending

**nèskŕben** careless, negligent, thoughtless

**neslán** unsalted, saltless, insipid; improper, unbecoming

**nèslíšen** inaudible, noiseless

**nèslóga** discord, disagreement, dissension

**nèslóžen** discordant, disagreeing

**nèslúten** undreamt of, unimaginable, unthinkable

**nèsmísel** nonsense, rubbish, fiddlesticks

**nèsmíseln** nonsensical, absurd, irrational, preposterous

**nèsmótrn** aimless, purposeless

**nesmŕt|en** immortal, everlasting; ~**nost** immortality

**nesnága** dirt, filth, dirtiness, filthiness

**nesnážen** dirty, filthy, unclean

**nèsnica** *(kokoš)* **dobra** ~ good layer

**nèsociálen** unsocial, antisocial

**nèsodôben** old-fashioned, outmoded, outdated

**nèsoglásje** disagreement, disharmony, dissension, discord

**nèsorazmér|en** disproportionate; ~**nost** disproportion

**nespámeten** unreasonable, unwise, irrational, imprudent

**nèspéč|nost** sleeplessness, insomnia; ~**en bolnik** insomniac; ~**a noč** sleepless night

**nèspodôben** indecent, improper, shocking, obscene

**nèsporazúm** misunderstanding, misapprehension, disagreement

**nèspóren** undisputed, unquestionable

**nèsposóben** incapable, unable, incompetent, unfit

**nèspoštljív** disrespectful, irreverent

**nèsprejemljív** unacceptable, inadmissible

**nèspremenjèn** unchanged, unaltered; fixed, stereotyped

**nèspréten** clumsy, awkward, artless

**nesrámen** impertinent, cheeky, impudent, insolent, rude

**nesréč|a** accident, misfortune, calamity; **prometna** ~**a** road accident; **po** ~**i** by accident

**nesréčen** unhappy, unfortunate, miserable

**nèstálen** unsteady, unstable, inconstant, changeable; *(vreme)* unsettled

**nèstálnost** unsteadiness, instability, inconstancy

**nêsti** to carry, to bear; ~ pismo na pošto to take a letter to the post office; ~ jajca to lay eggs

**nèstrokóven** unskilled, unprofessional, inexpert

**nèstrokovnják** layman, non--expert

**nestŕpen** impatient, restless; intolerant

**nestŕpnost** impatience, intolerance

**nèstváren** unreal, imaginary

**nèsumljív** unsuspected; unsuspicious

**nèškodljív** harmless, inoffensive, innocuous

**néšplja** medlar

**neštét** innumerable, countless

**neštétokrat** lots of times, times without number

**nètákten** tactless, indiscreet

**netílo** tinder, touchwood

**nétiti** ~ ogenj to make (ali to build, to lay) a fire; ~ upanje to inspire hopes; ~ jezo to kindle anger

**néto** net; ~ dobiček (teža) net profit (weight); ~ plača (po odbitku prispevkov) net pay, take-home pay

**nètóčen** unpunctual; inaccurate, inexact; ~ prepis unfaithful copy

**netopír** bat

**nètopljív** insoluble

**nètrpéžen** nondurable, nonsolid

**nèubogljív** disobedient, rebellious, naughty

**nèubogljívost** disobedience, opposition, naughtiness

**nèubrán** disharmonious, out of tune, discordant

**nèučinkovít** ineffective, inefficient, useless

**nèudóben** uncomfortable, uneasy, inconvenient

**nèugasljív** inextinguishable, unquenchable

**nèuglajèn** impolite, ill-mannered, uncouth

**nèugóden** unfavourable, adverse

**nèugódje** uneasiness, discomfort

**nèugódnost** disadvantage, inconvenience, harm

**nèukrotljív** untamable, indomitable

**neúmen** stupid, foolish, silly, dumb

**nèumésten** out of place, inappropriate, ill-timed

**nèuméven** unintelligible, incomprehensible

**neúmnost** stupidity, folly, foolishness, nonsense, stuff, trash

**nèumóren** glej NEUTRUDLJIV

**nèumrljív** immortal

**nèuničljív** indestructible

**nèupogljív** inflexible, stiff, unbending; obstinate

**nèuporáben** useless, of no use, inapplicable, unfit

**nèupoštévan** ignored, disregarded, unappreciated

**nèupravíčen** unjustified

**nèuráden** unofficial

**nèuravnovéšen** unbalanced; duševno ~ mentally unbalanced

nèurejèn disorderly, untidy, unkempt, scruffy

neúrje storm, thunderstorm, tempest

nèuslíšan ungranted, refused

nèuslúžen disobliging

nèusmíljen pitiless, merciless, ruthless, cruel

nèuspèh failure, fiasco

nèuspéšen unsuccessful, inefficient

nèustáven unconstitutional

nèustrášen fearless, intrepid, bold

nèustrézen unsuitable, inadequate

nèutemeljèn groundless, unfounded, baseless

nèutolažljív inconsolable, disconsolate

nèutrudljív tireless, indefatigable, untiring

nèuvidéven unappreciative (za of), uncomprehending

nèuvrščên non-aligned; ~ost non-alignment

nèužíten uneatable, inedible

nèvájen not used to, unaccustomed

nevár|en dangerous, perilous, risky; ~no področje danger zone

nevárnost danger, peril, risk, jeopardy; biti v ~i to be in danger (ali jeopardy), to run a risk; spraviti koga v ~ to endanger (ali to jeopardize) someone

nèvážen unimportant, insignificant

nevéd|en ignorant; ~nost ignorance

nèveljáven invalid, null and void

nèvenljív unfading, fadeless, immortal

nèvéren incredulous, sceptical, unbelieving; infidel

nèverjéten incredible, unbelievable, improbable, unlikely

nèvérnik unbeliever, infidel

nevésta bride; bodoča ~ bride-to-be

nevéstin ~a bala (dota) trousseau (dowry); ~a družica bridesmaid

nevéšč inexperienced, ignorant, unacquainted with; unskillful, unskilled

nèvézan free, not engaged; (knjiga) in sheets, unbound; ~e države non-aligned countries

nèvíd|en invisible, unseen; ~nost invisibility

nevíhta thunderstorm, storm, tempest

nèvljúden impolite, uncivil, rude

nèvljúdnost impoliteness, rudeness, incivility, disrespect

nèvmešávanje non-intervention, non-interference

nevólja displeasure, reluctance

nevóljen ill-humoured, ill-tempered, displeased; unwilling, reluctant

nevoščljív envious, jealous, grudging

nevoščljívost envy, jealousy, grudge

nèvréden unworthy (of)

nèvsiljív unobtrusive, discreet

nevtralizírati to neutralize

nevtrál|nost neutrality, impartiality; ~en neutral, impartial

nèvzdržen unbearable, intolerable

nèvzgojèn uneducated, ill--bred

nèzadôsten insufficient, inadequate, deficient, unsatisfactory

nèzadovóljen dissatisfied, discontented

nèzadovoljív unsatisfactory

nèzadovóljnež malcontent, grumbler

nèzadovóljstvo discontent, dissatisfaction, displeasure

nèzahtéven unpretentious, unassuming, undemanding

nèzakonít illegal, unlawful

nèzakónski illegitimate; ~ otrok illegitimate child, child born out of wedlock

nèzanesljív unreliable, untrustworthy, insecure

nèzanimív uninteresting, tedious, dull

nèzaposl|èn unemployed, idle; ~ênost unemployment, idleness

nèzaséden unoccupied, vacant, available

nèzaslíšan unheard-of, outrageous

nèzaslúžen undeserved, unmerited

nèzaščíten unprotected, unguarded

nèzaúpanje mistrust, distrust, disbelief

nèzaupljív distrustful, mistrustful

nèzaúpnic|a izglasovati ~o to pass a vote of no confidence

nèzavarován uninsured, unprotected, unguarded

nèzavést unconsciousness, faint; pasti v ~ to faint, to pass out; zbuditi se iz ~i to regain consciousness

nèzavésten unconscious, senseless

nèzaželèn undesirable, unwanted

nèzdràv unhealthy, sickly; (klima, okolje) insalubrious, unwholesome

nèzdružljív incompatible, incongruous, irreconcilable (with)

nezgóda accident, misadventure, mishap

nèzméren immoderate, intemperate, excessive

nèzmérnost immoderation, intemperance, excess

nèzmotljív infallible, unerring; ~ost infallibility

nèzmóžen unable, incapable, incompetent; impotent

nèzmóžnost inability, incapacity, incompetence, impotence

nèznačáj|en characterless; ~nost lack of character

neznàn unknown; izlet v ~o mystery tour

neznánec stranger

neznánje ignorance

neznánski enormous, huge, uncommon

nèznánstven unscientific

**neznáten** insignificant, trifling, petty, negligible, minute

**neznôsen** intolerable, unbearable

**nèzrèl** unripe, immature, green

**nèzvenèč** voiceless

**nezvést** unfaithful, faithless, disloyal, untrue

**nèzvestôba** unfaithfulness, infidelity, disloyalty

**néža bodeča** ~ thistle (Carlina acaulis)

**néžen** tender, gentle; *(slaboten)* frail

**nèžív** lifeless, inanimate

**niánsa** shade, hue, nuance

**nìč** nothing, not anything; *Rezultat je 2 proti* ~ *(2:0)*. The score is two nil.; *N~ ne de.* It doesn't matter., Never mind.; *N~ ne morem za to.* I can't help it.; **za prazen** ~ for no reason

**níčen** worthless; null and void

**níč|la** nought; **~elni znak** null character; *(pri termometru)* zero; *(pri telefoniranju)* O [əʊ]

**ničvréden** worthless, good-for-nothing, crummy

**nihálo** pendulum

**níhati** to oscillate, to swing, to hover

**nihčè** nobody, not anybody, no one, none

**nikákor** by no means, not at all, in no way

**nikákršen** no, none, not any

**nikál|en** negative; **~nica** negation, negative

**nikámor** nowhere, to no place

**nikár** *N~ ne hodi!* Be sure not to go!

**nikjér** nowhere, not anywhere

**nikóli** never, at no time; **skoraj** ~ hardly ever; ~ **već** nevermore, never again

**nímbus** *(oblak)* nimbus, *(pl)* nimbi

**nímfa** nymph

**níša** alcove, niche, recess

**nìt** thread; ~ **za šivanje** sewing thread; ~ **pri stroku** *(fižol)* string

**níti** not even; ~ ... ~ ... neither ... nor ...

**nitrát** nitrate

**nitrolák** nitrolacquer

**nivelírati** to level

**nivó** level; **na istem ~ju** on the same level

**níz** string, series, train; ~ **biserov (čebule)** string of pearls (onions); ~ **napak** series of mistakes; ~ **težav** train of difficulties; ~ **znakov** *(comp)* character string

**nízati** to string, to thread, to put on a string

**ní|zek** low; **~žati** to lower

**nizkôten** mean, vile, infamous

**Nizozém|ska** the Netherlands; **~ec** Dutchman, Dutch, Netherlander; **~ka** Dutchwoman, Dutch; **n~ski** Dutch

**nižáj** *(mus)* flat

**níže** lower, lower down

**nižína** lowland

**njegóv** his

**njén** her, hers
**njíhov** their, theirs
**njíva** field, tilled ground
**njúhati** to snuff
**njún** their, theirs
**nò** well; ~ **torej** well then; *(tolažeče)* there, there!
**nobêden** nobody, no one, none; **skɔraj** ~ hardly any; ~ **od njih** none of them
**nobèn** no; **na** ~ **način** in no way; **prav** ~ none whatsoever
**nocój** this evening, tonight
**nóč** night; **poročna** ~ wedding night; **velika** ~ Easter; ~ **brez spanja** sleepless night; *Lahko* ~*!* Good night!; **čez** ~ overnight
**nôč|en** nightly, nocturnal; ~**ni čuvaj** night-watchman; ~**na izmena** night shift; ~**na omarica** bedside table; ~**na posoda** chamber pot, bedpan; ~**na srajca** nightgown, nightie, *(moška)* nightshirt
**nočnína** charge for a night's lodging
**nôg|a** leg; foot, *(pl)* feet; *(kozarca)* stem, foot; *(mize, stola)* leg; ~**e na O** bandy legs; ~**e na X** knock knees; **od nóg do glave** from head to foot, from top to toe
**nogavíc|a** stocking; *(kratka)* sock; *(dokolenke)* kneehighs *(pl)*; **hlačne** ~**e** tights *(pl)*
**nogavíčar** hosier; ~**stvo** hosiery
**nogom|èt** football, soccer; ~**etáš** football player, footballer
**nogomét|en** ~**no igrišče**

football field (*ali* grounds *(pl)*); ~**ni sodnik** referee, *(stranski)* linesman; ~**na tekma (prvenstvo)** football match (championship); ~**na žoga** football
**nóht** nail
**nój** ostrich
**nomád** nomad; ~**ski** nomadic
**nominál|en** nominal; ~**na vrednost** nominal (*ali* face) value
**nòr** *(bolezen)* mad, insane, deranged; *(neumen)* foolish, loony, crazy; *(ves iz sebe)* wild, frantic; **biti** ~ **na** to be mad about, to be nuts on
**norčáv** jocular, humorous, zany
**norčeváti se** to make fun of, to ridicule, to make a fool of, to scoff at
**norčíja** prank, practical joke
**nôr|ec** madman, fool, lunatic; **dvorni** ~ (court) jester; **imeti koga za** ~**ca, briti** ~**ce iz koga** to fool someone
**noréti** to be crazy, to be mad, to play the fool; ~ **za kom** to dote on someone; ~ **za čim** to rave about something
**noríce** chickenpox
**noríšnica** madhouse, insane asylum
**nórma** quota; norm, standard; **družbena** ~ social norm
**normála** normal
**normálen** normal, regular, typical
**normalízirati** to normalize, to become normal

**noróst** madness, insanity, folly, foolishness, stupidity

**Norvé|ška** Norway; ~**žán, n~ški** Norwegian

**nós** nose; *(vrča)* beak; **potegniti koga za ~** to pull someone's leg; **na vrat na ~** head over heels

**nosáč** porter, carrier; *(na odpravah)* bearer

**noséčn|ost** pregnancy; ~**ica** expectant mother, pregnant woman

**nósen** nasal

**nosíla** stretcher, litter; *(za krsto)* bier

**nosílec** bearer, carrier; support, prop

**nosíl|en** supporting, bearing; ~**na stena** bearing wall

**nosílnica** sedan chair

**nosílnost** carrying *(ali* bearing) capacity

**nosíti** to carry; *(nakit, obleko)* to wear; *(podpirati)* to support, to bear, to hold; ~ **stroške (odgovornost)** to bear expenses (responsibility); ~ **štuporamo** to carry pickaback

**nosljáti** to snuff, to speak through one's nose

**nosníca** nostril

**nosoróg** rhinoceros

**nóša** costume, dress; wear, fashion; **narodna ~** national costume

**nót|a** note; **protestna ~** note of protest; ~**e (za klavir)** (piano) music

**nót|en** ~**no črtovje** stave, staff; ~**ni zapis** musical notation

**nóter** in, into

**nótes** notebook

**notírati** to note (down), to take down

**notóríč|en** notorious; ~**ni pijanec** notorious drunkard

**nótranji** internal, interior; indoor; inner, inside

**nótranjost** interior, inside

**Nótranj|ska** Inner Carniola, Notranjska; ~**ec, n~ski** Inner Carniolan

**nótri** in, inside, within

**nòv** new, recent, fresh; **na ~o** afresh, anew

**Nóva Zelándija** New Zealand; **Novozelándčan** New Zealander

**nováčenje** recruiting, enlistment, conscription

**nováčiti** to recruit, to enlist

**novátor** innovator

**nôv|ec** coin; **sprednja (zadnja) stran ~ca** head (reverse) of a coin; *(pri stavi)* heads and tails *(pl)*; **vreči ~ec v zrak** to toss a coin

**novéla** short story

**novêmber** November

**novíc|a** (an item of) news; tidings *(pl)*, intelligence, information; **kratke ~e** news in brief

**novínar** journalist, newspaperman, pressman, reporter

**novínars|tvo** journalism; ~**ki** journalistic

**novínec** beginner, novice, learner, greenhorn, fledgling, initiate

**novodôben** modern, up-to--date

**nôvoporočèn|ec** ~**ca** newlyweds, recently married couple

**novorojènček** newborn baby

**novóst** novelty, newness

**novotaríja** innovation, novelty

**nozdŕv** nostril

**nòž** knife, *(pl)* knives; **mesarski ~** butcher's knife; **~ za razrezovanje mesa** carving knife; **žepni ~** pocket knife, penknife

**nôž|en ~na klaviatura** *(pri orglah)* pedals; **~na zavora** footbrake

**nóžnica** sheath; vagina

**nráv|en** moral; **~stvenost** morality

**núditi** to offer, to bid, to tender

**nújen** urgent, pressing; necessary

**nújno** urgently, badly, necessarily

**nújnost** urgency, necessity

**nukleár|en** nuclear; **~na energija** nuclear energy *(ali* power); **~na fizika** nuclear physics *(pl)*; **~o orožje** nuclear weapons *(pl)*

**numerírati** to number

**numizmátika** numismatics *(pl)*

**núna** nun; **postati ~** to take the veil, to enter a convent

**núncij** nuncio

# O

**O** letter O

**o** of, about, at, on, in; ~ **božiču** at Christmas; **govoriti ~ čem** to speak about something

**oáza** oasis, *(pl)* oases

**ob** at, by, along, on, against; ~ **letu** in a year; ~ **nedeljah** on Sundays; ~ **treh** at three o'clock; **biti ~ pamet** to be out of one's mind; *To se razume samo ~ sebi.* That is understood.

**ob|á** both; **za naju ~a** for the two of us; **v ~éh primerih** in either case

**obád** gadfly, horse-fly

**obákrat** both times

**obál|a** *(morska)* coast, shore; *(rečna, jezerska)* bank; *(peščena)* beach; **tri milje od ~e** three miles offshore

**obál|en** coastal, littoral; ~**na ladja** coaster; ~**no morje** coastal waters; ~**na straža** coastguard

**obára** stew; **kurja ~** chicken stew

**občàn** member of a community; parishioner

**občás|en** periodic(al); recurrent

**óbč|en** common, general, public; ~**no ime** *(gram)* common name; ~**ni zbor** general assembly

**óbčestvo** community

**občevál|en** ~**ni jezik** colloquial language, language of intercourse

**občevánje** intercourse, communication, relationship, relations *(pl)*; **spolno ~** sexual intercourse

**občeváti** to have intercourse *(ali* relations), to associate, to communicate

**občíl|o** means of communication; **množična ~a** mass media *(pl)*

**óbčina** commune, community; *(mestna)* municipality, township

**občínsk|i** communal, municipal; ~**i davek (dohodek)** local rate (revenue); ~**i svet** city *(ali* town) council; ~**a uprava** local *(ali* municipal) administration *(ali* government); ~**a zemlja** common land

**občínstvo** public, audience

**občudoválec** admirer, fan

**občudová|ti** to admire, to adore; ~**nje** admiration, adoration

**občútek** feeling, sentiment, sensation, sense

**občút|en** considerable, extensive, ~**na izguba** heavy loss; ~**en napredek** perceptible progress; ~na razlika appreciable difference

**občutíti** to feel, to perceive

**občutljív** sensitive, touchy, tender, delicate, vulnerable

**občutljívost** sensitivity, touchiness; tenderness, delicacy

**obdarováti** to present (with), to give a present to, to make a present of

**obdáti** to surround, to encircle; (z ograjo) to enclose, to fence in

**obdávčenec** taxpayer, ratepayer

**obdávčenje** taxation

**obdávčiti** to tax, to impose taxes on; previsoko ~ to overtax

**obdélan** cultivated, tilled, under cultivation

**obdeláva** processing; ~ besedil (comp) word (ali text) processing; ~ napak (comp) error handling; ~ podatkov (comp) data processing; ~ simbolov (comp) symbol manipulation

**obdeloválec** (zemlje) labourer, cultivator, tiller

**obdelovánje** (zemlje) cultivation, tillage; (znanstveno) treating

**obdelováti** to work, to cultivate, to till; to process, to treat

**obdóbje** period, era; ~ mirovanja latency; prehodno ~ transition period

**obdolžèn** charged with

**obdolžênec** defendant, accused, culprit

**obdolžítelj** accuser, plaintiff

**obdolžítev** charge, accusation, imputation; indictment; javna ~ impeachment

**obdolžíti** to charge with, to accuse of, to impute something to someone, to indict for, to impeach, to blame for

**obdržáti** to keep, to retain; ~ ravnotežje to keep one's balance

**obd|ucírati** to carry out an autopsy; ~úkcija post-mortem examination, autopsy

**obèd** lunch, dinner, (midday) meal; odmor za ~ lunch hour

**obédnica** dining room

**obedováti** to dine, to have/eat one's lunch (dinner)

**óbel** rounded, round

**obeléžiti** to mark, to denote; (s kredo) to chalk; (z zarezo) to score

**obelísk** obelisk

**obelíti** to whiten; (odstraniti lubje) to bark

**obênem** simultaneously, at the same time

**obések** pendant, locket

**obésiti** to hang (up), to suspend; ~ službo na klin to give up one's job

**obešálnik** (coat) hanger, clothes rack (ali peg)

**obešenjá|k** hanged person; gallows bird, rogue; ~ški humor gallows humour

**obèt** promise, word; prospect, perspective

**obétati** to promise, to give one's word; to give hope, to raise expectations

**obgláv|iti** to behead, to decapitate; **~ljenje** beheading, decapitation

**obhája|ti** *(praznovati)* to celebrate; *(deliti hostije)* to administer Holy Communion; *Strah me ~.* I am seized with fear *(ali* panic).

**obhajílo** (Holy) Communion

**obhòd** round, rounds *(pl)*; beat; inspection

**obhodíti** to go one's rounds *(pl)*; to make a tour of inspection; to patrol one's beat

**obíčáj** habit, wont, custom, use, practice; **star ~** old usage; **~i in navade** habit and custom, use and wont

**običájen** habitual, customary, usual, common

**obílen** abundant, profuse, plentiful, copious, ample, rich

**obílica** abundance, copiousness, exuberance

**obílo** plenty, a great *(ali* good) deal of

**obirálec** picker, gatherer

**obírati** to pick, to gather; *(obrekovati)* to calumniate, to defame, to backbite; **~ se** to linger, to hesitate, to be slow

**obísk** visit, call; *(prisotnost)* attendance; *(oseba)* visitor; **čas ~ov** visiting hours; **državniški ~** state visit; **vljudnostni (uradni) ~** duty (formal) call

**obiskáti** to visit, to pay a visit, to come to see, to call on, to come round

**obiskoválec** visitor, caller

**obiskováti ~ šolo** to attend school; **~ gledališče** to frequent the theatre

**obíst** kidney; **~na pečenka** roast sirloin, porterhouse steak

**obíti** *(obídem)* to make the rounds *(pl)* of; *(izogniti se)* to avoid, to evade; **~ pravilo** to circumvent a rule; **~ mesto** to bypass a town; *(obíjem)* **~ z lesom** to panel, to line with boards

**objádrati** to sail round, to circumnavigate; *(rtič)* to double (a cape)

**objásniti** *glej* POJASNITI

**objáva** publication, public announcement, notification, notice

**objáviti** to publish, to announce, to declare, to bring out, to notify

**objédati** to nibble, to gnaw (off)

**objékt** object; building; **športni ~** sports facility

**objektíven** objective, impartial, dispassionate

**objektívnost** objectivity, impartiality

**objèm** embrace, hug

**objésten** arrogant, haughty, wanton

**objéstnost** arrogance, haughtiness, wantonness

**objéti** to embrace, to hug, to clasp in one's arms

**objókan** tearful

**objokováti** to weep for, to bemoan, to mourn the loss of, to deplore

**obkládek** (hot, cold) compress; *(vroč)* poultice

**obklesáti** to hew, to hack; to carve

**obkolíti** to surround, to encircle, to cordon off; *(trdnjavo)* to invest, to besiege

**obkrožíti** to surround, to encircle, to ring round, to enclose, to cordon off

**óbla** globe, sphere

**obláčen** cloudy, overcast

**oblačílnica** dressing room

**oblačílo** clothing, garment

**obláčiti** to dress, to clothe; ~ se to put on clothes, to dress (oneself)

**oblačíti se** to become cloudy (*ali* overcast with clouds, clouded)

**oblák** cloud; gradovi v ~ih castles in the air

**óblanci** shavings *(pl)*

**oblást** authority, might, power; državna ~ state authority; izvršilna ~ executive power; ljudska ~ people's government; sodna ~ jurisdiction; zakonodajna ~ legislative power; biti na ~i to be in power; priti na ~ to come to power

**oblásten** domineering, bossy, despotic, authoritative

**oblastník** ruler, leader, potentate

**óblat** wafer

**óblati** to plane, to shave

**oblátiti** to soil, to dirty, to stain; *(oklevetati)* to defame, to calumniate, to backbite, to slander, to libel

**oblazíniti** to upholster, to pad, to cushion

**oblazínjen** upholstered, padded, cushioned; ~o pohištvo upholstered furniture

**obléčen** dressed, clad; elegantno (svečano) ~ dressed up; in fine feathers; praznično ~ in one's Sunday best

**obléči** to put on, to dress; ~ se to dress oneself, to put on one's clothes

**obled|éti** to fade, to lose colour, to shade off; ~èl faded

**oblég|ati** to besiege, to lay siege to, beset; ~oválec besieger

**obléka** clothes *(pl)*, clothing, garment; *(moška)* suit, *(ženska)* dress; konfekcijska ~ ready-made (*ali* off-the-peg) suit (*ali* dress); ~ po meri suit (*ali* dress) made-to-measure; delovna ~ overalls *(pl)*; kopalna ~ bathing (*ali* swimming) costume; potapljaška ~ diving suit; službena ~ *(sodnika)* gown

**oblétnica** anniversary

**obležáti** to remain lying; ~ se to mature; ~ za gripo to go down with flu

**oblíca** krompir v ~h potatoes in their skins (*ali* jackets)

**óblič** plane

**oblíčje** face

**oblík|a** form, shape, format; ~e vedenja behaviour patterns; ~e, v katerih se izraža kultura cultural patterns; ~a znakov *(comp)* font

**oblikoslóvje** morphology, accidence

**oblikoválec** designer, modeller, moulder; **industrijski (modni) ~** industrial (fashion) designer

**oblikováti** to design, to form, to shape, to model, to mould

**oblí|ti** to pour over, to flow over; *O~le so ga solze.* He burst into tears.

**óbliti** to round

**oblízniti** to lick; **~ se** to lick one's lips

**oblíž** sticking plaster

**obljúb|a** promise, word, vow, pledge; **držati ~o** to keep one's promise; **preklicati ~o** to go back on one's promise

**obljubíti** to promise, to give one's word

**obljúden** populated; **gosto ~** populous; **premalo ~** underpopulated

**obljúdenost** density of population

**oblóčnica** arch light/lamp

**oblóga** lining, coating; *(opaž)* wainscot; *(na jeziku)* fur

**oblòk** arch, vault

**obložíti** to coat, to cover; *(otovoriti)* to load, to saddle with burden

**obméj|en** frontier; **~ni pas** border

**obmetávati** to pelt with, to throw at; *(z malto)* to roughcast

**obmóčje** range, field, sphere, domain, zone, province, area; **~ polarnega ledu** ice-sheet; **nerazvito ~** underdeveloped area

**obmólkniti** to become silent

**obmôrski** littoral, maritime

**obnemôči** *glej* ONEMOČI

**obnemógel** *glej* ONEMOGEL

**obnêsti se** to turn out well, to succeed, to acquit oneself, to stand the test; **ne ~** to fail

**obnóva** renewal, renovation, restoration, reconstruction; **~ sovražnosti** resumption of hostilities

**obnovíti** to renew, to renovate, to restore, to rebuild, to reconstruct; to resume

**óbo|a** oboe; **~íst** oboist

**obòd** circumference, periphery, perimeter

**obogatéti** to become (*ali* to get) rich, to make money, to enrich oneself

**obogatíti** to enrich, to make rich (*ali* wealthy)

**obojestránski** mutual, reciprocal, bilateral

**ob|òk** vault, arch; **~ókati** to vault, to arch

**oboléti** to fall ill, to be taken ill, to sicken

**oborožèn** armed; **~e sile** armed forces

**oboroževánj|e** armament, arming

**oborožíti** to arm, to supply with arms

**obotávljati se** to hesitate, to delay, to tarry, to linger

**oboževálec** admirer, adorer, lover, worshipper, idolater, (*Am*) fan

**oboževáti** to admire, to adore, to love, to worship, to idolize

**obrába** wearing out, wear and tear

**obrabíti** to wear out, to outwear, to use up

**obrábljen** worn out, frayed, trite, shabby

**obráčati** to turn (round), to revolve, to rotate; ~ **se na koga** to appeal to someone

**obračún** (itemized) statement, clearing, balance; **mesečni** ~ monthly settlement; **končni** ~ final account

**obračúnati** to settle (*ali* to square) accounts; to balance; ~ **s kom** to get quits (*ali* even) with

**obrámba** defence, protection; justification, vindication; plea

**obrámb|en** defensive; protective; ~**ni govor** pleading, speech for the defence; ~**ni mehanizem** defence mechanism

**obraníti** to succeed in defending, to keep off; to protect, to shelter

**obrásti** to overgrow; to overrun

**obràt** turn, turning point, revolution; plant, workshop; **v** ~**u** in operation, working

**obrát|en** opposite, reverse, inverse; working; ~**ni kapital** working capital; **z** ~**no pošto** by return of post

**obráti** to pick, to gather; ~ **koga** to fleece someone

**obrátno** the other way round; **ravno** ~ just the opposite

**obratováti** to work, to be in operation

**obratovódja** works manager; head, chief, boss

**obravnáva** treatment, dealing with, handling; discussion; **sodna** ~ trial, proceedings *(pl)*, lawsuit

**obravnávati** to deal with, to treat, to handle; to discuss, to debate; **sodno** ~ to try

**obràz** face, visage; countenance; **kisel** ~ wry face; **delati** ~**e** to make faces

**obrázec** form, *(Am)* blank; **izpolniti** ~ to fill in a form

**obrazílo** ending, inflection; formant

**obrazložítev** explanation, interpretation, exposition, account, commentary

**obrazložíti** to explain, to expound, to account for, to comment on

**obŕcati** to kick

**obréčen** riverside

**obrèd** ceremony, rite, ritual; **poročni (pogrebni)** ~ marriage (funeral) rites *(pl)*

**obréd|en** ritual; ~**ni ples** ritual dance

**obrekljív** slanderous, defamatory, backbiting, calumnious

**obrekoválec** slanderer, backbiter, calumniator

**obrekovánje** slander, calumny, defamation, *(pismeno)* libel

**obrekováti** to slander, to calumniate, to backbite

**obremeníl|en** aggravating; ~**na priča** witness for the prosecution

**obremenítev** burdening, charge; *(posestva)* encumbrance; debit(ing); **dedna** ~ hereditary taint

**obremeníti** to burden, to charge, to encumber

**obrést|en ~na mera** rate of interest; **~ne obresti** compound interest

**obrésti** (rate of) interest; **oderuške ~** exorbitant rates of interest; **zamudne ~** interest for delay; **živeti od ~ to** live on annuities (*pl*)

**obrêsti** to tour, to visit; **~ trgovine** to tour the shops, to be on a shopping spree

**obrestováti** to pay interest on; **~ se** to bear interest

**obréza** (*knjige*) edges (*pl*); **zlata ~** gilt edges (*pl*)

**obrézati** to cut; (*pristriči*) to trim, to clip; (*drevo*) to prune, to dress; **obredno ~** to circumcise

**obréžen** littoral, coastal; riverside, riparian

**obréžje** bank, embankment; (*morsko*) coast, shore, seaside

**obrís** outline, contour; sketch

**obrísati** to wipe (up), to rub off, to mop (up); (*prah*) to dust

**obrít** shaven; **gladko ~** clean-shaven

**obríti (se)** to shave, **dati se ~** to shave, to have a shave

**obrízgati** to splash, to spatter

**obrníti** to turn (round), to reverse; **~ se na** to address, to appeal to; **biti obrnjen proti parku** to face the park

**obróben** marginal, secondary

**obrobíti** to hem, to rim, to border

**obróč** hoop, ring; (*platišče*) rim; **kolesni ~** band; **nabi-jati ~e na sode** to hoop a cask

**obróč|en kupiti na ~no odplačilo** (*Br*) to buy on the never-never; to buy by hire purchase (*ali* on credit); (*Am*) to buy on the instalment plan

**obrodíti** to bear fruit

**obròk** (*jedi*) meal; **dnevni ~ kruha** daily bread ration; **mesečni ~** (*vračilo dolga*) monthly instalment

**obrónek** hillside, slope

**obŕt** trade, craft; **domača ~** cottage industry

**obŕt|en** trade, industrial; **~ni list** trade licence; **~na šola** trade (*ali* vocational) school; **~na zbornica** chamber of trade

**obrtník** tradesman, craftsman; artisan

**obŕv** eyebrow

**obséči** to comprise, to consist of; to embrace

**obséd|en** obsessed, fixated, possessed; **~no stanje** state of siege

**obsédenost** obsession, fixation, possession

**obsedéti** to remain seated; (*na plesu*) to be a wallflower

**obsèg** extent, dimension, volume, range; (*kroga*) circumference; **~ prsi, pasu, bokov** (*pri ženskah*) vital statistics (*pl*)

**obségati** to comprehend, to include, to comprise, to contain, to enclose

**obsékati** to lop (off); to hew, to cut into shape

**observatórij** astronomical observatory

**obsévanje** irradiation, insolation; *(zdravljenje)* ray treatment *(ali* therapy)

**obsévati** to irradiate, to insolate, to shine upon

**obséžen** ample, extensive, comprehensive

**obséžnost** extensiveness, ampleness, comprehension

**obsôdba** sentence, condemnation, verdict, judgement; ~ **v odsotnosti** judgement by default; **pogojna (smrtna)** ~ suspended (death) sentence; **nalog za izvršitev smrtne** ~ death warrant

**obsodíti** to sentence, to condemn, to find guilty; ~ **na denarno kazen** to fine; ~ **pogojno** to put on probation

**obsójati** to disapprove, to object (to), to deprecate

**obsójenec** condemned person, convict, prisoner

**obstájati** to exist, to be, to live, to subsist, to be in existence; ~ **iz** to consist of, to be made of

**obstánek** existence, living; **boj za** ~ struggle for life; **boriti se za** ~ to fight for survival

**obstáti** to stop, to come to a halt, to pause

**obstòj** existence, subsistence

**obstojèč** existing; ~ **iz** consisting of; **še vedno** ~ extant

**obstopíti** to encircle, to surround

**obstreljeváti** to fire upon, to snipe, to shell, to bombard

**obstrèt** *(sončni)* corona; *(svetniški)* gloriole, halo

**obstrúkcija** obstruction, opposition

**obsúti** to cover with, to heap with, to shower on

**obšíren** extensive, ample, voluminous, comprehensive, detailed

**obšírnost** extensiveness, voluminosity, vastness

**obšíti** to hem, to trim, to border

**obšív** hemming, trimming, border

**obtesáti** to hew, to shape

**obtežílnik** paperweight

**obtežíti** to burden, to load, to lade, to charge, to weight

**obtičáti** to get stuck, to be *(ali* to remain) stuck, to be stranded; to come to a halt

**obtòk** circulation; **krvni** ~ circulation of blood; ~ **bankovcev** circulation of banknotes; **biti v ~u** to be in circulation; **vzeti iz ~a** to withdraw from circulation

**obtôžb|a** accusation, charge, indictment, impeachment; **vložiti ~o proti** to proceed against

**obtôženec** defendant, accused, respondent

**obtožítelj** accuser, impeacher, plaintiff

**obtožíti** to accuse, to charge with, to indict, to incriminate, to impeach

**obtóžnica** bill of indictment

**obubóžan** impoverished, pauperized

**obubóžati** to become poor

obudíti to rouse, to awaken; *(v življenje)* to revive, to resuscitate

obúp despair, desperation

obúpan desperate, despondent, disheartened

obúpati to despair, to lose heart *(ali* hope)

obúpen hopeless, desperate

obút shod; **biti dobro ~** to be well-shod

obúti to put on shoes

obvarováen preventive, protective

obvar|ováti to protect, to preserve; *Bog ~uj!* God forbid!; By no means!

obveljáti to prevail, to remain in force, to remain valid

obvestílo notice, notification, information, word, intelligence

obvestíti to inform, to let know, to send word, to notify, to advise, to apprise, acquaint

obvéščèn informed, notified, apprised

obveščeválec informer, informant

obveščevál|en **~na služba** intelligence service

obvéza bandage, dressing; *(dolžnost)* obligation, engagement, commitment, liability, pledge

obvézati to dress, to bandage; *(zadolžiti)* to oblige, to engage, to bind; **~ se** to engage oneself, to pledge oneself, to bind oneself to

obvézen obligatory, compulsory, binding

obvéznica debenture; debenture bond

obvéznik vojaški ~ national serviceman

obvéznost obligation, engagement, commitment, liability

obvezovalíšče dressing station

obvládanje mastery, command, knowledge; ~ samega sebe self-control, self-discipline

obvládati to master, to be in command of, to control, to overcome; **~ se** to control oneself, to keep one's temper

obvôz detour, diversion; bypass, slip road

obzídati to wall in, to immure

obzídje trdnjavsko ~ battlement; **mestno ~** town wall

obzír consideration, regard, respect

obzíren tactful, considerate, regardful, discreet, tolerant

obzírnost tact, discretion, regardfulness, tolerance

obzórje horizon, skyline

obzórnik review

obžalováti to be sorry, to regret, to rue, to repent, to deplore

obžaríti to irradiate, to shine upon, to illuminate

ocaríniti to assess duty on (imported, exported) goods; to carry out a customs examination

oceán ocean

océna *(ugotavljanje vrednosti, veljave)* estimation, evaluation, appraisal; *(sodba o čem)* judgement, criticism, review; *(red v šoli)* mark, grade

**ocenítev** estimate, appraisal, assessment, evaluation

**océniti** to estimate, to appraise, to assess; to review, to criticise; to mark, to grade; **previsoko ~** to overrate

**ocenjeválec** valuer, assessor; reviewer, critic

**ócet** vinegar; **~na kislina** acetic acid

**ocvírki** cracklings *(pl)*; greaves *(pl)*

**ocv|réti** to fry; **~ft** fried

**očák** ancestor, forebear; senior person; patriarch

**očála** spectacles *(pl)*, specs *(pl)*; (eye)glasses *(pl)*; **sončna ~** dark glasses, sunglasses; **zaščitna ~** goggles

**očárati** to charm, to enchant, to enthral, to fascinate; to bewitch

**očarljív** charming, enchanting, fascinating

**ôče** father; **stari ~** grandfather, granddad; **krušni ~** foster father

**očéditi** to clean (up), to tidy (up)

**očenàš** Lord's prayer, Our Father; **moliti ~** to say the Lord's prayer

**očés|en** (of the) eye, ophthalmic; **~ni zdravnik** eye specialist, ophthalmologist, oculist

**očétovski** fatherly, paternal

**očétovstvo** fatherhood, paternity

**očí** eyes *(pl)*; **izbuljene (krmežljave) ~** goggle (bleary) eyes; **med štirimi očmi** in private, face to face; **imeti pred očmi** to bear in mind; **mencati ~** to rub one's eyes; **zatisniti ~ ob, nad** to turn a blind eye to; **zavezati komu ~** to blindfold someone; *Izgini mi izpred ~!* Get out of my sight!

**óčim** stepfather

**očístiti** to clean, to cleanse, to clear; to purify, to refine

**očít|ati** to reproach, to remonstrate; **~ek** reproach

**očít|en** obvious, evident, apparent, unquestionable; **~na laž** blatant lie

**očivídec** eyewitness

**ôčka** dad, daddy, papa, pa

**očníca** eye socket; edelweiss, lion's foot

**óčnjak** eye tooth, canine tooth

**očrnéti** to blacken, to become black

**očrníti** to blacken; to slander, to backbite

**očŕt** outline, sketch

**očŕtati** to outline, to sketch

**očúvati** to preserve (from); to keep safe (from); to save (from)

**od** from, of, since; **~ 2 do 4** from two to four; **~ jutra do večera** from morning till night; **~ pomladi** since spring; **lepo ~ vas** nice of you; **večji ~ tebe** taller than you; **drgetati ~ strahu** to tremble with fear; **umreti ~ lakote** to die of hunger

óda ode
odbijáč buffer; *(avto)* bumper
odbijajóč repulsive, repellent
odbíjati to reflect; *glej* ODBITI
odbírati to sort, to pick (up), to select
odbítek discount, deduction, rebate
odbíti to refuse; *(prošnjo)* to reject; *(napad)* to repulse, to repel; *(od zneska)* to deduct; *(žarke)* to reflect; ~ se to rebound, to recoil, to ricochet
odbòj reflection, rebound, repulsion
odbójka volleyball
odbòr committee, board; posebni (stalni) ~ select (standing) committee; upravni ~ managing board; biti v ~u to be on the committee
odbórnik committeeman, member of a committee
odcedíti to strain, to drain
odcèp turning, branch
odcepíti se to secede from, to separate; to branch off, to diverge
odčepíti to open, to uncork, to unstopper
odčépnik corkscrew
odčít|ati to read; ~ek reading
oddahníti se to rest, to recover breath
oddája *(radio, TV)* broadcast, transmission; *(izročitev)* delivery
oddájati to emit, to give off; *(radio, TV)* to broadcast, to transmit; ~ sobe to let rooms
oddájnik transmitter, sender
oddáljen remote, distant, far

oddáljenost distance, remoteness
oddaljíti se to retire, to withdraw, to recede, to stray
oddáti to give (away); *(na pošto)* to post, *(Am)* to mail; to deliver; *(v najem)* to let, to lease
oddélek department, division; *(kupé)* compartment; *(vojaški)* detachment, platoon; *(v bolnici)* ward; otroški ~ paediatric ward
oddelíti to separate, to detach, to divide
oddíh time off, break; breathing space; recreation, relaxation
odéja blanket, rug; električna ~ electric blanket; prešita ~ quilt, *(Am)* comforter
óder gledališki ~ stage; govorniški ~ platform, rostrum; morilni ~ scaffold; mrtvaški ~ catafalque, bier; sramotni ~ pillory; zidarski ~ scaffolding
oderúh usurer, loan shark
oderúšk|i usurious, extortionate; ~e obresti usurious rates of interest
oderúštvo usury, extortion
odéti to cover, to put on
odfrčáti to fly away, to flutter away
odgánjati to drive away, to turn away, to chase away
odgodítev postponement, adjournment, delay
odgodíti to postpone, to delay, to put off, to adjourn, to suspend

**odgòn** deportation, expulsion; ~ **živine** cattle drive

**odgóvor** answer, reply, response; **poklicati na** ~ to call to account

**odgovóren** responsible, answerable, accountable

**odgovoríti** to answer, to reply, to retort; ~ **pritrdilno** to answer in the affirmative; ~ **odklonilno** to answer in the negative

**odgovórnost** responsibility; **kolektivna (osebna)** ~ collective (personal) responsibility; **na lastno** ~ on one's own account (*ali* responsibility); **prevzeti (odklanjati)** ~ to assume (to disclaim) responsibility for

**odgrízniti** to bite off

**odgrníti** to uncover; (*zaveso*) to draw, to remove (a curtain)

**odhájati** to be leaving (*ali* departing)

**odhitéti** to hurry off

**odhòd** departure, leaving; (*igralca z odra*) exit

**odhódnica** farewell party (*ali* celebration)

**odigráti** (*tekmo, vlogo*) to play, to perform

**odírati** to flay, to skin; to extort; to overcharge

**odišáviti** to scent, to perfume

**odíti** to leave, to depart, to go away, to clear off

**odjádrati** to set sail, to sail off

**odjáva** notice of departure

**odjáviti** ~ **koga** to report someone's departure (*ali* change of lodgings) to the authorities; ~ **se v hotelu** to check out

**odjèk** echo, reverberation, resonance

**odjékniti** to echo, to re-echo, to reverberate, to resound

**odjèm** sale, market

**odjemálec** customer, client, buyer; **stalni** ~ regular customer

**odjézditi** to ride away

**odjúga** thaw

**odkàr** since

**odkášljati se** to clear one's throat, to hawk

**odkázati** to assign, to allot, to allocate

**odkídati** to shovel away

**odkímati** to shake one's head, to answer by nodding

**odklánjati** *glej* ODKLONITI

**odkleníti** to unlock

**odklòn** deviation, declination, deflection

**odklonílen** negative; ~ **odgovor** refusal

**odkloníti** to refuse, to reject, to decline, to turn down

**odklopíti** to disconnect; (*vagon*) to uncouple; (*tok*) to switch off, to turn off (*ali* out)

**odkód** from where, whence; O~ *prihaja?* Where does he come from?

**odkopáti** to dig out, to excavate, to unearth; (*mrliča*) to exhume

**odkorákati** to march off

**odkŕhniti** to break off, to chip off

**odkrít** uncovered; sin-

cere, frank, straightfor-
ward; *(razoglav)* bareheaded;
*(spomenik)* unveiled
**odkríti** to uncover; to dis-
close, to reveal; to find,
to discover, to detect;
*(spomenik)* to unveil; ~ se
to take off one's hat
**odkrítje** discovery; *(skrivno-
sti)* disclosure, revelation;
*(spomenika)* unveiling
**odkritosŕčen** sincere, frank,
open-hearted, candid
**odkritosŕčnost** sincerity,
frankness, openness, can-
dour
**odkrížati se** to get rid of
**odkrúšek** fragment, bit,
scrap
**odkrušíti** to break off, to chip
(off)
**odkúp** buying off; redemp-
tion; ransom
**odkupíti** to buy off; to re-
deem; to ransom
**odkupnína** ransom
**odlagalíšče** (rubbish) dump,
dumping ground
**odlágati** to deposit, to un-
load, to dump; *(delo)* to post-
pone, to put off, to adjourn
**odlášati** to delay, to post-
pone, to put off, to adjourn
**odlépiti** to detach, to unglue
**odlèt** takeoff, flying off
**odletéti** to take off, to fly
away, to take wing
**odlíčen** excellent, first-class,
outstanding, distinguished
**odlíčnik** distinguished per-
son, person of rank, big shot
**odličnják** top student, out-
standing pupil

**odlík|a** distinction, merit;
**izdelati z ~o** to pass
with distinction *(ali* with
honours)
**odlikovánje** decoration, or-
der, medal
**odlikováti** to decorate, to
honour; ~ se to distinguish
oneself, to excel
**odlítek** cast
**odlíti** to pour away *(ali* off),
to decant
**odljúden** unsociable, un-
friendly, shy
**odljúdnost** unsociability, un-
friendliness, shyness
**odlóčanje** decision-making
**odlóčba** decree, official or-
der, rule, provision, ordi-
nance
**odlóčen** resolute, deter-
mined, decided
**odločílen** decisive; crucial,
critical; ~ glas casting voice
**odločítev** decision, resolu-
tion, determination
**odločíti** to decide, to deter-
mine, to resolve, to make a
decision; ~ se to make up
one's mind, to decide
**odlóčno** resolutely, firmly,
determinedly
**odlóčnost** resoluteness, firm-
ness, determination, cour-
age
**odlòg** delay, adjournment,
postponement, respite
**odlòk** decree, order, ordi-
nance, edict
**odlómek** fragment, passage,
excerpt, scrap, chip, bit
**odlomíti** to break off
**odložíti** *(obleko)* undress;

*(odgoditi)* to put off, to postpone, to adjourn; to deposit, to put down

**odmakníti** to move *(ali to push, to shove)* off *(ali away)*, to shift

**odmašíti** to open, to uncork

**odméríti** to apportion, to allot, to measure out *(ali off)*; ~ **davek** to assess taxes; ~ **kazen** to mete out a sentence

**odmetáti** to shovel away, to throw away, to remove

**odmèv** echo, resounding

**odmévati** to echo, to resound

**odmírati** to die away *(ali off)*, to wither away

**odmísliti** to abstract, to ignore

**odmòr** break, pause; *(v gledališču)* interval, *(Am)* intermission; *(počitek)* rest, repose

**odmótati** to unreel, to uncoil, to unwind, to unwrap, to undo

**odmŕzniti** to defrost, to thaw

**odnéhati** to give in, to desist, to cease, to give way, to yield

**odnêsti** to carry *(ali to take)* away; *(veter)* to blow away; *(reka)* to sweep away; ~ **pete** to escape; ~ **zmago** to win the day

**odnòs** relation, relationship; **delovni (družbeni, lastninski, mednarodni) ~i** labour (social, property, international) relations; **biti v dobrih ~ih** to be on good terms

**odobrávati** to approve, to applaud, to acclaim; **ne ~** to disapprove, to deprecate, to condemn

**odobríti** to approve, to grant, to consent; to ratify, to confirm

**odójek** sucking pig, piglet

**odpàd** waste, no longer useful; (rubbish) dump

**odpádek** refuse, trash, garbage, rubbish; litter

**odpádnik** renegade, deserter, turncoat, apostate

**odpádništvo** disloyalty, apostasy, desertion, heresy

**odpáhniti** to unbolt, to unbar, to push open

**odpásati** to ungird, to undo one's belt

**odpásti** to fall away, to drop off; to desert, to secede; *(se ne zgoditi ob določenem času)* not to take place

**odpečátiti** to unseal, to break the seal

**odpeljáti** to take *(ali to lead)* away; *(s silo)* to abduct, to kidnap someone; ~ **se** to depart, to drive away *(ali off)*, to leave

**odpéti** to undo; *(gumb)* to unbutton, *(zaponko)* to unbuckle

**odpíhniti** to blow off *(ali away)*

**odpiráč** opener; *(ključ za konzerve)* tin *(ali can)* opener

**odpírati** to open, to unclose

**odpísati** to answer, to reply; *(dolg)* to write off

**odpláčati** to pay off *(v obrokih* by instalments); ~ **dolg** to settle a debt; ~ **hipoteko** to redeem a mortgage

**odplačílo** paying off, settlement; **obročno ~** instalment, part payment

**odpláka** sewage, waste water

**odplakníti** to wash away, to sweep away

**odpláviti** to float (*ali* to drift, to carry) away

**odplúti** to set sail, to sail off, to depart

**odpočítek** rest, relaxation, recreation

**odpočíti se** to rest, to take a rest, to repose

**odpoklíc** recall; order to return

**odpoklícati** to call back; (*poslanca*) to recall

**odpòr** resistance, opposition, revolt

**odpóren** resistant, resisting, tough, tenacious, immune

**odpórnišk|i** resistance; **~o gibanje** resistance movement

**odpórnost** resistance, immunity

**odposlánec** delegate, emissary, deputy, messenger

**odposlánstvo** delegation, mission

**odposláti** to send, to dispatch, to forward

**odpošiljátelj** sender, dispatcher, forwarder; addresser

**odpotováti** to leave (for), to start (for), to depart, to set out (for)

**odpóved** notice, resignation, denouncement, cancellation; **dati ~** to give notice

**odpovédati** to cancel; (*stanovanje, službo*) to give notice; (*pogodbo*) to de-

nounce; (*naročilo*) to countermand; (*glas*) to fail; (*motor*) to break down; (*predstavo, tekmo*) to call off; **~ se (čemu)** to resign, to renounce; (*prestolu*) to abdicate

**odpráva** expedition; dispatch, forwarding; (*ukinitev*) abolition; **~ plodu** forced abortion; **~ zemljiške lastnine** abolition of landed property

**odpráviti** to send off (*ali* away), to dispatch, to forward; (*ukiniti*) to abolish, to do away with

**odprávnik** forwarder, dispatcher; **~ poslov** diplomatic agent, chargé d'affaires; **vlakovni ~** train dispatcher

**odpravnína** indemnity, compensation money

**odpréma** *glej* ODPRAVA

**odprémiti** *glej* ODPRAVITI

**odprét|i** to open; (*svečano*) to inaugurate; (*nasilno*) to force open; **~i ples** to lead off a dance; **iti ~ vrata** to answer the door (*ali* bell)

**odpŕt** open, opened, uncovered

**odprtína** opening, aperture, hole; orifice; slot

**odpúst** dismissal, discharge

**odpústek** indulgence; **popolni ~** plenary indulgence

**odpustíti** to dismiss, to discharge, to sack, to fire; (*oprostiti*) to pardon, to forgive, to excuse

**odpustljív** pardonable, forgivable, excusable

**odpústnica** discharge paper, document (*ali* ticket, card) of dismissal

**odpúščanje** pardon, forgiveness, remission

**odpuščèn** (*iz službe*) dismissed; (*iz vojske*) discharged; (*greh*) remitted

**odračúnati** to deduct, to discount, to subtract

**odrásel** grown-up, adult

**odrástek** sprout, offspring

**odrásti** to grow up, to become adult

**odràz** reflex, reflection

**odrážati** to reflect, to reflex

**odréči** to refuse, to decline; ~ se to resign, to give up, to renounce, to waive

**odrèd** detachment; commando

**odrédba** decree, order, ordinance, regulation, stipulation

**odredíti** to order, to determine, to decree, to stipulate

**odrešeník** saviour, redeemer

**odrešítelj** liberator, deliverer

**odrešítev** liberation, deliverance; redemption

**odrešíti** to redeem; to liberate, to save, to release

**odréti** to skin, to flay

**odrevenèl** stiff, rigid, torpid; ~ od mraza numb with cold

**odrevenélost** stiffness, rigidity, torpor

**odrevenéti** to stiffen, to become rigid, to get benumbed

**odrézati** to cut off, to amputate

**odrézek** cutting, coupon, counterfoil

**odŕgniti** to rub off, to fray, to chafe

**odríniti** to push (*ali* to shove) off (*ali* away)

**odróčen** distant, out-of-the-way, remote

**odrtína** scratch

**odsedéti** to do one's time

**odsèk** section, segment

**odsékati** to cut off, to chop off

**odselíti se** to move (away); to emigrate

**odsèv** reflection, reflex

**odsévati** to reflect, to reverberate

**odskakováti** to rebound, to jolt, to bounce

**odskóč|en ~na deska** springboard; (*izhodišče*) stepping stone

**odskočíšče** jumping-off point

**odskočíti** to jump off (*ali* back), to rebound, to recoil, to bounce

**odskòk** jump, rebound, recoil

**odslovíti** to dismiss, to discharge, to give notice, to turn away

**odslužíti** to do (*ali* to serve) one's time; to pay off by work (*ali* service)

**odsôt|en** absent; ~nost absence

**odstávek** paragraph, passage, item

**odstáviti** to depose, to remove, to suspend; (*otroka*) to wean

**odstôp** resignation, withdrawal, retirement, ab-

dication; *(pravic)* cession;
digression

**odstopíti** to resign, to with-
draw, to retire; to abdicate;
to give up, to yield

**odstót|ek** percentage, per
cent; **10 ~kov** ten per cent

**odstraníti** to remove, to elim-
inate, to do away with; **~ se**
to go away, to withdraw

**odstríči** to cut off

**odsvétovati** to dissuade
from, to warn

**odščípniti** to pinch off, to nip
off

**odškodnína** indemnity,
compensation, reparation,
damages *(pl)*

**odškodováti** to compensate,
to indemnify, to reimburse,
to make amends for

**odštévanje** deduction, sub-
traction; countdown

**odštévati** to deduct, to sub-
tract, to count down

**odtájati** to defrost, to thaw

**odtêči** to flow off *(ali away)*

**odtegljáj** deduction

**odtegníti** to deduct, to re-
move; **~ se** to withdraw, to
avoid; **~ se dolžnosti** to back
out of a duty

**odtéhtati** to weigh; to com-
pensate for, to make up for

**odtének** shade, nuance

**odtís** impression, print; **kr-
tačni ~** galley proof; **prstni
~** fingerprint

**odtísniti** to print, to impress

**odtóč|en ~na cev** drainpipe,
waste pipe; **~ni jarek** gutter,
ditch; **~ni žleb** gutter (pipe)

**odtòk** outlet, outflow; outlet

pipe, drain; **odmašiti ~ to**
unblock the drains *(pl)*

**odtŕgati** to tear *(ali to pull,
to pluck)* off; **~ se** *(gumb)* to
come off; **~ si od ust** to deny
oneself (food)

**odtujíti** to alienate, to
estrange

**odúren** loathsome, repul-
sive, abominable, revolting,
abhorrent

**odúrnost** loathing, repul-
siveness, abhorrence

**odváditi se** to unlearn; to
give up *(ali to break)* a habit;
**~ kajenja** to give up smok-
ing; **~ mamil** to kick the
drug habit

**odvajálen, odvajalo** purga-
tive, aperient, laxative

**odvájati** to lead *(ali to take)*
away *(ali off)*, to divert from;
*(vodo)* to drain off

**odval|íti** to roll *(ali to move)*
away; *Kamen se mi je ~il od
srca.* It took a weight off my
mind.

**odvážati** to remove, to cart
away

**odvèč** too much, too many;
*Imaš kaj denarja ~?* Have you
got any money to spare?

**odvèčen** superfluous, redun-
dant, surplus

**odvêsti** to lead away, to carry
off; **~ s silo** to kidnap, to
abduct

**odvétnik** *(splošno)* lawyer,
legal adviser, *(Am)* attor-
ney, counsel; advocate; *(Br)*
*(s pravico, braniti na nižjem
sodišču)* solicitor; *(Br) (s prav-
ico, braniti na višjem sodišču)*

barrister; **zakotni ~** pettifogger; **postati ~** to be called to the bar

**odvétništvo** legal profession, bar, advocacy

**odvéza** unbinding, discharge, acquittal; *(cerkvena)* absolution

**odvézati** to unbind, to untie, to undo, to unfasten; *(cerkveno)* to absolve from

**odvís|en** dependent (on), subordinate; **~ni govor** *(gram)* (reported speech; **~ni stavek** *(gram)* subordinate clause

**odvísnost** dependence, subordination; **medsebojna ~** interdependence

**odvíti** to unwind, to unroll, to unpack, to unscrew

**odvléči** to drag away

**odvòd** *(vode)* draining, drainage; vent, duct

**odvód|en ~na cev** drainpipe, waste pipe

**odvódnica** artery

**odvòz** removal, carting off

**odvozláti** to untie, to undo (a knot)

**odvráčati** to turn away, to divert, to discourage, to deter, to ward off

**odvráten** repulsive, disgusting, abhorrent, revolting

**odvréči** to throw away, to cast off, to discard

**odvrníti** to avert, to divert, to turn away, to prevent; *(odgovoriti)* to answer, to reply

**odvzèm** seizure, confiscation, dispossession; **~ držav-**ljanskih pravic suppression of citizen's rights

**odvzéti** to seize, to confiscate, to dispossess, to take away

**odzdàj** from now on, hence(forth)

**odzdráviti** to return a greeting *(ali* salute)

**odzív** response, feedback, echo, reaction; **naleteti na ~** to meet with response *(ali* sympathy)

**odzváti se** to respond to, to reply, to echo, to react; **~ vabilu** to accept an invitation

**odzv|òk** resonance; **~óčen** resonant

**odžéjati se** to quench one's thirst

**ofenzíva** offensive

**oficír** officer; **štabni ~** staff officer

**ogáben** loathsome, disgusting, sickening

**ógel** corner

**ôgenj** fire; *(kres)* bonfire; **taborni ~** camp fire; **umetni ~** *(ognjemet)* fireworks *(pl)*; **ustavitev ognja** ceasefire, truce; **naložiti na ~** to replenish a fire; **pogasiti ~** to put out *(ali* to extinguish) a fire; **zanetiti ~** to make *(ali* to kindle) a fire

**ogíbati se** to shun, to avoid

**ogláriti** to char wood; **óglar** charcoal-burner

**oglás** *(v časopisu)* advertisement, ad; *(objava)* announcement; **mali ~i** small ads *(pl)*

**oglás|en ~na deska** noticeboard, bulletin board

**oglasíti se** ~ **se pri** to call on, to come and see, to drop in

**ogláš|ati** to advertize; **~eválec** advertiser

**oglát** angular, cornered

**oglèd** inspection, examination; ~ **znamenitosti** sightseeing

**ogledálo** mirror, looking-glass

**oglédati si** to examine, to inspect, to view, to take a good look at; ~ **znamenitosti** to go sightseeing

**oglédnik** scout; **mrliški ~** coroner

**ogledúh** spy, mole

**óglje** charcoal

**ogljík** carbon

**oglóbiti** to fine

**ogluš|íti** to deafen; **~ujòč** deafening

**ogníti se** to step aside, to get out of the way, to avoid, to shun

**ognjení|k** volcano; **~ški** volcanic

**ognjevít** fiery, ardent, mettlesome

**ognjevítost** fieriness, ardour, fervour, mettle

**ognjíšče** hearth, fireplace, fireside

**ogoljufáti** ~ **koga** to deceive someone, to cheat someone (out of something)

**ogòn** strip of field between two furrows

**ogórčen** indignant, outraged, incensed

**ogórčenost** indignation, outrage, resentment

**ogórek** firebrand; **cigaretni ~** cigarette end (*ali* butt), *(coll)* fag

**ogórel** sunburned, tanned

**ogoréti** to get sunburned

**ogovoríti** to address, to accost

**ográda** enclosure, pen; fence, stockade

**ogradíti** to enclose; to fence (*ali* to stockade) in (*ali* round); to wall in

**ográja** railings *(pl)*, fence; **stopniščna, balkonska ~** balustrade; **zaščitna ~** *(okoli nove gradnje)* hoarding; **žična ~** wire fence

**ógrc** blackhead, acne, pimple; maggot, larva

**ogreníti** to make bitter, to embitter

**ogréti** to warm, to heat, to make warm; ~ **se za** to become interested in, to warm to

**ogreváča** hot-water bottle

**ogrévanje** warming, heating; *(pri športu)* warm-up, limbering-up

**ogrinjálo** shawl, plaid, mantle, cape

**ogrísti** to nibble, to gnaw, to bite

**ogrízek** bit, scrap (of eaten fruit)

**ogŕlica** necklace

**ogrníti** to put on; ~ **se** to wrap oneself up

**ogródje** framework, skeleton

**ogrômen** immense, enormous, huge, gigantic, colossal

**ogrômnost** enormity, immensity, hugeness

**ogróžati** to threaten, to menace, to endanger, to jeopardize

**ogúliti** *(obleko)* to wear out; to wear down, to harm by rubbing

**ogúljen** shabby, threadbare, worn

**ohíšje** casing, housing

**ohladíti** to cool (off *ali* down); to chill; ~ **se** to grow cold (*ali* cool, chilly)

**ohlápen** loose, flabby, slack; lax

**ohlápnost** looseness, slackness; laxity

**ohól** haughty, puffed-up, arrogant, proud

**ohólost** haughtiness, arrogance, pride

**ohrabríti** to encourage, to embolden, to cheer up; ~ **se** to take (*ali* to summon up) courage

**ohraníti** to preserve, to conserve, to save, to keep, to retain

**ohromél|ost** lameness, paralysis; ~ paralysed, lame

**ohrométi** to become (*ali* to get) paralysed (*ali* lame)

**ohromíti** to paralyse, to lame

**óhrovt** kale; **brstični** ~ brussels sprouts *(pl)*

**ojačeválec** amplifier

**ojáčiti** to strengthen, to reinforce, to intensify, to amplify

**ojágnjiti se** to yean, to lamb

**ojé** shaft, pole

**ojeklenéti** to become hard as steel

**ojekleníti** to steel, to harden

**ójnic|a** connecting rod, shaft;

skakati čez ~**e** to kick over the traces

**ojunáčiti** to encourage; ~ **se** to take courage

**okadíti** to smoke; to fumigate

**okajèn** smoked; *(pijan)* drunk, tipsy, soaked, tight; ~**o steklo** dim glass

**okamn|éti** to petrify, to fossilize; ~**èl** petrified, fossilized

**okamnína** fossil, petrifiction

**ôkel** tusk

**ôkence** small window; *(blagajniško)* counter; *(na ladji, letalu)* porthole; *(stropno)* skylight

**okísati** to sour, to acidify

**oklátiti** to beat down, to knock down, to shake down, to strip

**okleníti se** to cling to, to hold fast to

**oklèp** armour, cuirass, harness

**oklepáj** bracket, parenthesis

**oklépati** to enclose, to clasp; ~ **se** to cling to

**oklesáti** to hew (into shape); ~ **kamen** to dress a stone

**okléstiti** to lop, to prune

**oklévati** to hesitate, to linger, to vacillate, to waver

**oklevetáti** to slander, to calumniate, to detract

**oklíc** (public) announcement, proclamation; ~**i** bans *(pl)*

**oklícati** to announce, to proclaim; *(za poroko)* to publish the bans *(pl)*

**oklofutáti** to box someone's ears; to smack (*ali* to slap) someone's face

**oklópen** armoured, armour-plated

**oklópnik** armoured vehicle, tank

**óknica** casement, shutter, roller blind, blind

**ôkno** window; **izbočeno ~** bow window **izložbeno ~** shop-window; **smučno ~** sash window; **strešno ~** dormer window; **~ v tinu** bay window

**okó** eye; **kurje ~** corn; **mačje ~** (rear) reflector, cat's eye; **magično ~** magic eye

**okobál** astride, straddling

**okóli** around, round; *(približno)* about, some, approximately

**okólica** surroundings *(pl)*, environs *(pl)*, vicinity, neighbourhood

**okóliš** district, area

**okóliščina** circumstance; **olajševalna ~** extenuating circumstance

**okóliški** neighbouring, adjoining

**okólje** environment, surroundings *(pl)*, environs *(pl)*

**okomatáti** to harness, to gear

**okončíne** extremities *(pl)*

**okòp** entrenchment, trench, rampart, ditch

**okópati** to bath; *(v naravi)* to bathe; **~ se** to have *(ali to take)* a bath

**okopáti** to hoe, to earth up; *(krompir)* to hill

**okorèl** stiff, torpid, rigid

**okóren** awkward, clumsy

**okoréti** to stiffen, to become rigid

**okorístiti se** to profit *(s/z)* (from, by); to benefit (by); to avail oneself (of)

**okórnost** clumsiness, awkwardness

**okosten|éti** to ossify; **~ítev** ossification

**okóstje** skeleton, framework of bones

**okostnják** skeleton

**okòv** fitting; mounting; **~i** irons *(pl)*, fetters *(pl)*, shackles *(pl)*; *(na rokah, lisice)* handcuffs *(pl)*, manacles *(pl)*

**okováti** *(konja)* to shoe; *(čevlje)* to nail

**ókra** ochre

**okràj** district, administrative area; county, ward

**okrájšati** to shorten, to abridge, to abbreviate

**okrajšáva** abbreviation, abridgement

**okràs** decoration, ornament, adornment

**okrasíti** to decorate, to ornament, to adorn

**okrásti** to rob someone of, to steal something from

**okrégati** to scold, to chide

**okreníti** to turn (round), to reverse

**okrepčáti** to strengthen, to fortify, to invigorate; **~ se** to refresh oneself

**okrepčeválnica** refreshment room, snack bar, buffet

**okrepčílo** refreshment; *(pijača)* pick-me-up

**okrepítev** strengthening, invigoration; *(vojaška)* reinforcement

**okrepíti** to reinforce, to

strengthen, to intensify, to toughen

**okrèt** turning, turn; revolution, rotation

**okréten** agile, nimble, swift, brisk

**okrétnost** agility, adroitness, nimbleness, swiftness

**okrevalíšče** convalescent hospital (*ali* home)

**okrévati** to recover, to convalesce, to recuperate

**okŕhati** (*nož*) to blunt

**okrílje** wings (*pl*); patronage, protection

**okrnítev** truncation, mutilation; (*pravic*) encroachment, derogation, restriction

**okrníti** to truncate, to mutilate, to curtail; to encroach, to derogate, to restrict

**okróg** round, about

**okrógel** round, circular, spherical

**okróglast** roundish

**okròv** case, box; **varovalni ~** guard, hood

**okRóžje** district, department; **volilno ~** constituency

**okróžnica** circular (letter)

**okrtáčiti** to brush

**okrúten** cruel, ruthless, merciless, atrocious

**okrútnost** cruelty, ruthlessness, mercilessness, atrocity

**okrvavíti** to stain with blood

**oksidírati** to oxidize

**oktáva** octave

**oktét** octet

**október** October

**okulíst** ophthalmologist, eye specialist, oculist

**okupá|cija** occupation; **~tor** invader, conqueror, occupier

**okupírati** to occupy, to take over, to seize

**okús** taste, flavour, savour; **imeti ~ po** to taste of

**okúsen** tasteful, savoury

**okúsiti** to taste; (*doživeti*) to experience

**okúžba** infection, contagion, contamination; pollution

**okúžen** infected, contaminated; polluted

**okúžiti** to infect, to contaminate; to pollute

**okvára** damage, injury; (*avto*) breakdown

**okvír** frame, framework; **dati v ~** to frame

**olájšati** to alleviate, to facilitate, to mitigate, to relieve

**olajšáva** facility, relief

**olajševál|en** facilitating, relieving; **~ne okoliščine** extenuating circumstances (*pl*)

**oleánder** oleander

**oledenéti** to congeal, to turn into ice

**olépšati** to beautify, to embellish

**olepšáva** beautification, embellishment

**olesenéti** to lignify, to become wood

**oligarhíj|a** oligarchy; **železni zakon ~e** iron law of oligarchy

**olíka** (good) manners (*pl*), breeding

**olíkan** well-mannered, well-bred, polite

**olimpiáda** (*moderna*) Olympiad

**olímpijsk|i** ~e igre *(antične)* the Olympic Games, *(moderne dobe)* the Olympics

**olíva** olive

**oljárna** oil mill

**óljčnica** oleaginous plant

**ólje** oil; **bučno (laneno, olivno)** ~ pumpkin (linseed, olive) oil; **kurilno** ~ fuel oil; **rastlinsko** ~ vegetable oil; **ribje** ~ cod-liver oil; **ricinovo** ~ castor oil

**oljénka** oil lamp

**óljka** olive (tree)

**óljnat** oil, oily; ~**a barva** oil paint; ~**a slika** oil painting

**olóščiti** to polish, to wax; to enamel, to glaze

**oltár** altar; **glavni** ~ high altar

**olúpek** peel(ing), skin

**olupíti** to peel, to skin, to pare, to rind; *(drevo)* to bark

**olúščiti** to shell, to husk, to pod, to scale

**omadeževáti** to stain, to soil; *(dobro ime)* to tarnish, to blemish

**omágati** to lose strength *(ali vigour)*, to tire; ~ **pod bremenom** to sink beneath a burden

**omahljív** indecisive, hesitant, irresolute, fickle, wavering

**omahljívost** indecision, hesitation, irresolution, fickleness

**omahováti** to waver, to hesitate

**omajáti** to shake, to weaken

**omáka** sauce; *(mesna)* gravy

**omalovaževáti** to belittle, to disregard; to disdain, to think little or nothing of

**omáma** stupor, stupefaction, daze; narcosis, intoxication

**omámiti** to stupefy, to benumb, to daze, to stun, to intoxicate

**omámljen** stunned, stupefied, dazed, intoxicated

**omára** wardrobe, cupboard, chest, case; **knjižna** ~ bookcase; ~ **za namizno posodo** sideboard; **zamrzovalna** ~ deep freeze, freezer

**omárica** *(garderobna)* locker; **nočna** ~ bedside table; ~ **za prvo pomoč** medicine cabinet

**omedléti** to faint, to pass out, to lose consciousness, to swoon

**omedlévica** loss of consciousness, swoon

**omehčáti** to soften, to mollify, to make tender

**omejèn** limited, confined, restricted; *(duševno)* stupid, narrow-minded; *(sredstva)* scanty; ~**o jamstvo** limited liability

**omejênost** narrow-mindedness, stupidity, ignorance; confinement; scantiness

**omejeválen** restrictive

**omejítev** limitation, restriction, restraint; ~ **hitrosti** speed limit

**omejíti** to limit, to restrict, to restrain, to confine; ~ **se pri hrani** to stint oneself of food

**oméla** mistletoe

**omêlo** mop, whisk, feather duster

**omémb|a** mention, remark; ~**e vreden** noteworthy

**omeníti** to mention
**omêsti** to sweep, to dust; ~ **dimnik** to sweep a chimney
**omèt** roughcast, plaster
**ometáča** trowel
**ometáti** to plaster, to roughcast;
**omíka** culture, civilization; ~**n** cultivated, civilized
**omíkati** to civilize, to cultivate, to educate; *(lan)* to hackle
**omíliti** to mitigate, to moderate, to extenuate
**omízje** company at table, guests *(pl)*
**omlátiti** to thresh
**omléden** tasteless, insipid, stale
**omléta** omelette
**omočíti** to moisten, to wet, to drench
**omogóčiti** to make possible, to enable
**omòt** package, parcel, packet; *(ovoj)* wrapper
**omótati** to wrap in *(ali* up), to envelop
**omótica** giddiness, dizziness, vertigo
**omótičen** giddy, dizzy; drowsy; *(od vina)* hung over
**omračí|ti** to obscure, to darken; *O~l se mu je um.* He became mentally deranged.; He went insane.
**omréžiti** *(okno)* to lattice; ~ **koga** to net *(ali* to ensnare) someone
**omréžje** network, net; **cestno ~** road system *(ali* network); **električno ~** *(Br)* the National Grid

**omrtvíčiti** to anaesthetize, to paralyse, to mortify
**òn** he; **ôna** she; **onó** it; *(pl)* they
**onaní|ja** masturbation; ~**rati** to masturbate
**ondulácija trajna ~** permanent wave, perm; **vodna ~** wash and blow dry
**onečástiti** dishonour, to disgrace
**onečístiti** to soil, to dirty, to pollute
**onemêti** to become speechless; ~ **od groze** to be struck dumb with terror
**onemôči** to lose strength, to be exhausted
**onemógel** exhausted, effete, enervated
**onemóglost** exhaustion, enervation, debility
**onemogóčiti** to make *(ali* to render) impossible, to thwart, to hinder, to prevent
**onesnážiti** to soil, to dirty, to pollute, to contaminate
**onesposóbiti** to incapacitate, to disable, to make unfit, to disqualify
**onesposóbljenost** incapacity, disability, disqualification
**onesréčiti** to make unhappy
**óni** *(kazalni zaimek)* that, *(pl)* those
**ónstran** beyond, on the other side
**opál** opal
**opáriti** to scald
**opásati** to gird, to belt; ~ **jermen** to fasten a belt
**opát** abbot; ~**inja** abbess

**opatíja** abbey

**opazíti** to notice, to perceive, to catch sight of, to spot

**opázka** remark, observation, note; ~ **pod črto** footnote

**opazoválec** observer, spectator, viewer

**opazoválnica** observatory; observation post, lookout

**opazováti** to observe, to watch, to eye, to monitor

**opáž** panelling, boarding

**opážiti** to panel, to wainscot, to board up

**ópcija** option, choice

**opéči** to burn, to scorch, to singe; *(na ražnju)* to roast; ~ **si prste** to burn one's fingers

**opeháriti** to cheat, to dupe, to take in

**opéka** brick; **strešna ~** tile

**opékar** brickmaker, tiler

**opekárna** brickworks *(pl)*, brickyard; tilery

**opeklína** burn, scald

**ópera** opera; *(stavba)* opera house

**operácij|a** (surgical) operation; **finančna ~** financial transaction; **vojaška ~** military operation; **iti na ~o** *(bolnik)* to undergo an operation

**operacíjsk|i** ~**a dvorana** operating theatre; ~**a miza** operating table

**operatêr** operating surgeon; operator; **filmski ~** projectionist

**óper|en** opera, operatic; ~**na glasba** operatic music; ~**ni pevec** opera singer

**operéta** operetta, light opera, musical

**operírati** to operate (on), to perform an operation

**opériti** to fledge, to feather; ~ **se** to become fledged

**opéšati** to grow tired, to feel exhausted

**opévati** to praise in song, to celebrate in verse

**ópica** monkey; *(višje razvita)* ape

**ópičji** monkey, apish

**ópij** opium

**opijániti** to make drunk, to intoxicate, to inebriate; ~ **se** to get drunk *(ali* intoxicated)

**opíkati** to sting

**opíliti** to file (away), to file smooth

**opílki** filings *(pl)*

**opírati** *(na)* to base (on, upon); ~ **se** to be based upon, to rest on

**opís** description, account, report; ~ **z drugimi besedami** paraphrase

**opísati** to describe, to depict, to paraphrase; *Ne da se ~.* It defies description.

**opísen** descriptive

**opítati** to fatten

**opíti** to make drunk, to intoxicate, to inebriate

**oplakníti** to rinse, to wash

**oplašíti** to intimidate, to frighten, to deter, to dishearten

**oplát** felly, felloe; *(oplatica)* inlay, veneer

**oplátiti** to provide with felloes, to rim; to inlay, to veneer

**oplazíti** to brush, to strike (lightly), to sweep

**opleníti** to plunder, to raid, to ransack, to pillage

**opléti** to weed

**oplodíti** to fecundate, to fertilize, to fructify, to inseminate

**ópna** membrane

**opogúmiti** to encourage to embolden; ~ **se** to take heart, to pluck up one's courage

**opój|en** intoxicating, inebriating; **~ne pijače** ardent spirits, hard drinks

**opójnost** intoxication

**opóldan** noon, midday

**opóldne** at noon, at midday

**opólnoči** at midnight

**opólzek** obscene, lascivious; slippery

**opólzkost** obscenity, lasciviousness; slipperiness

**opómba** remark, comment, observation, note; **podčrtna ~** footnote

**opomín** warning, admonition, reminder; *(za dolg)* dunning

**opomínjati** to admonish, to remind of, to exhort, to warn; to dun

**opómniti strogo ~** to reprimand, to blame

**opomóčl si** to recover, to rally, to get over

**oponášati** to imitate, to ape, to mimic, to copy; *(očitati)* to blame for, to reproach with

**oponènt** opponent, adversary

**oponírati** to be opposed to, to oppose

**opóra** support, prop, stay, footing; **glavna ~** mainstay

**oporékati** to contradict, to oppose, to object

**oporíšče letalsko ~** air base; **utrjeno ~** stronghold; **vojaško ~** military base, army post

**opórnik** pillar, prop, stay

**oporóčen** testamentary

**oporóčni|k** testator; **~ca** testatrix

**oporók|a** last will, testament; **ovreči ~o** to upset a will; **umreti brez ~e** to die intestate

**oportuní|st** opportunist; **~zem** opportunism

**opotékati se** to stagger, to totter, to dodder

**opozícija** opposition

**opozorílo** admonition, warning, notice

**opozoríti** to warn, to caution, to admonish, to call one's attention to

**opráskati** to scratch, to scar

**oprašíti** to cover with dust; *(cvet)* to pollinate

**opráti** to wash; ~ **se** to have a wash, to wash (oneself)

**opráva** furniture, fittings *(pl)*, equipment, outfit, implements *(pl)*

**opráv|ek** business, errand, dealing; **imeti ~ka** to deal with, to have dealings with

**opravíčilo** excuse, apology, justification

**opravíčiti** to excuse, to justify, to exculpate; ~ **se** to apologize, to excuse oneself

**opravičljív** excusable, justifiable, pardonable

**opravílo** business, occupation, job, function; *(cerkveno)* service

**opráviti** to do, to perform, to attend to; ~ **izpit** to pass an examination; **imeti ~ s** to have to do with; *Z njim ni lahko ~.* He is not easily dealt with.

**oprávljati ~ koga** to slander, to calumniate, to backbite

**oprávljati ~ svoje dolžnosti** to attend to *(ali* to discharge) one's duties; ~ **nakupe** to do the shopping

**opravljív** slanderous, calumnious

**opravljívec** slanderer, calumniator

**oprážiti** to roast, to toast, to grill

**opredelíti** to define; ~ **se za (proti)** to declare oneself for (against)

**opréma** equipment, outfit, fittings *(pl)*, tackle; ~ **knjige** get-up; **sobna ~** furniture; **ribiška ~** fishing tackle; **pisarniška ~** office equipment; *(comp)* **programska ~** software, **strojna ~** hardware

**oprémiti** to equip, to supply with, to fit out, to furnish; *(z orožjem)* to arm; *(knjigo)* to get up

**oprémljen** equipped, fitted out; ~**a soba** furnished room

**opremljeválec** outfitter, furnisher

**opréti** to support, to prop; ~ **se na** to lean on, to be based on, to rely on

**oprézen** cautious, careful, prudent, wary

**opréznost** caution, precaution, prudence

**oprézovati** to be on the look out, to watch, to wait for

**opŕhati se** to take a shower

**oprijémati se** to cling to; to attach oneself to

**opróda** squire, shield-bearer

**oprostítev** dispensation; *(na sodišču)* acquittal; absolution, pardon; ~ **davkov** exemption from taxes

**oprostíti|l** to excuse, to pardon, to forgive; to exempt, to acquit, to absolve; to liberate, to set free; ~**i se** to apologize, to excuse oneself; *O~e, koliko je ura?* Excuse me, what is the time?; *O~e, da sem pozen.* I am sorry I am late.; *O~e, ponovite vprašanje, prosim!* Pardon, repeat the question, please!

**oproščèn** excused, pardoned, acquitted; ~ **vojaške službe** exempt(ed) from military service

**opŕsje** human chest, bosom, breast; bust

**opŕsnik** waistcoat, vest; corset, bodice

**opŕtati** to take *(ali* put) on one's back

**opŕtnik** knapsack, rucksack

**óptič|en** optic; ~**na prevara** optical illusion; ~**na pisava** *(comp)* optical font

**óptik** optician; ~**a** optics *(pl)*

**optimí|zem** optimism; ~**st** optimist; ~**stičen** optimistic

**optírati** to opt

**ópus** work; *(glasba)* opus

**opustíti** to give up, to drop,

to abandon, to leave off, to quit

**opustóšiti** to devastate, to demolish, to destroy, to waste, to ravage

**opuščáj** apostrophe

**oráč** ploughman

**orál** old square measure (5.755 sq metres)

**orálo** plough

**orangútan** orang-utan

**oránža** orange

**oranžáda** orange juice; orangeade

**oránžen** orange

**oráti** to plough; ~ ledino to break fresh ground

**oratórij** oratorio

**ordinácija** (Br) surgery, consulting room; (Am) doctor's office; (Br) surgery (hours); (Am) office hours

**ordinírati** to give medical advice, to have consulting hours

**ôreh** walnut; **muškatni ~** nutmeg

**orehovína** walnut

**ôrel** eagle; **dvoglavi ~** double-headed eagle

**ôr|en** arable; **~na zemlja** arable land

**orgán** body, agent, organ; **predstavniški ~** representative body; **~ gospodarskega upravljanja** economic management body; **posvetovalni ~** advisory organ

**organíst** organist

**organizácij|a** organization; **delovna ~a** working organization; **družbeno politične ~e** sociopolitical organiza-

tions (pl); **~a združenega dela** organization of associated labour

**organizátor** organizer, manager

**organízem** organism

**organizírati** to organize

**orgánski** organic

**órgija** orgy; revelry, carousal

**órglar** organist

**órglati** to play the organ

**órgle** organ

**órglice** mouth organ

**orhidéja** orchid

**oriènt** orient, east

**orientácij|a** orientation; **čut za ~o** sense of direction

**orientacíjsk|i ~a točka** landmark

**orientál|ec** Oriental; **~ski** oriental

**orientírati** to orient, to orientate; **~ se** to take one's bearings, to find one's way

**originál** original; eccentric, odd fish

**originálen** original; (čudaški) odd, queer, peculiar

**originálnost** originality

**orís** outline, sketch

**orísati** to delineate, to sketch, to outline, to describe

**orják** giant; **~inja** giantess

**orjáški** gigantic, immense, colossal, titanic

**orkán** hurricane

**orkéster** orchestra, band

**orkestrálen** orchestral

**orlóvsk|i** eagle, aquiline; **~o gnezdo** eyrie; **~i nos** aquiline nose; **~e oči** sharp eyes

**ornamènt** ornament

**oródje** tool, implement, utensil, instrument

**orópati** ~ **koga** to rob (*ali* to deprive) someone (of something)

**orožárna** arsenal, armoury

**oróžje** arms (*pl*), weapon; **jedrsko** ~ nuclear weapons (*pl*); **strelno** ~ firearms (*pl*); **nositi** ~ to bear arms (*pl*); **poklicati pod** ~ to call to arms (*pl*)

**oróžnik** gendarme; member of an armed police force

**ortodóksen** orthodox

**ortop|edíja** orthopaedics (*pl*); ~**éd** orthopaedic surgeon; orthopedist

**ós** axis, (*pl*) axes; (*kolesa*) axle; (*tehtnice*) pivot

**ôsa** wasp; **dregniti v osje gnezdo** to stir up a hornet's nest

**osámiti** to isolate, to separate, to quarantine

**osámljen** lonely, solitary, isolated, secluded

**osamosvojítev** independence, emancipation

**osamosvojíti se** to attain independence; to emancipate oneself, to free oneself of

**osát** thistle

**oséba** person, personage, figure, individual; (*v gledališču*) character, personage; **pravna** ~ corporation; **družbena (civilna)** ~ social (civil) entity

**osébek** subject

**oséb|en** personal, individual; ~**na izkaznica** identity card; ~**ni podatki** personal data (*pl*); ~**ni vlak** passenger train

**osébje** personnel, staff; **medicinsko** ~ medical staff; **pomožno** ~ ancillary personnel; **tehnično** ~ (*na letališču*) ground crew

**osébno** personally, in person

**osébnost** personality; **znana** ~ notability

**osedláti** to saddle

**oséka** ebb, low tide; **plima in** ~ ebb and flow

**ôsel** donkey, ass

**ósem** eight

**ósemdeset** eighty; ~**i** the eightieth

**osemdesetlétnik** octogenarian

**osemeníti** to inseminate, to fecundate

**ósemkraten** octuple

**ósemnajst** eighteen

**osíp** dropout

**osiromašéti** to become poor, to be reduced to poverty

**osiromášiti** to make poor, to impoverish

**osirot|éti** to be left an orphan; ~**èl** orphaned

**osivèl** grey, gray, greyish, hoary, grizzled

**osivéti** to grow (*ali* to turn) grey

**oskŕb|a** supply, provision; ~**a z vodo (elektriko, živili)** water (power, food) supply; **plača in vsa** ~**a** pay and all found; **imeti polno** ~**o** to be provided with board and lodging; **biti v zdravniški** ~**i** to be under medical treatment

**oskrbéti** to provide (with), to procure, to supply (with)

**oskrbník** administrator, janitor, caretaker; housekeeper

**oskrboválec** supplier, purveyor

**oskrbováti** to supply (with), to purvey (for), to tend

**oskrúniti** to violate, to dishonour, to profane, to desecrate

**oskúbsti** to deplume, to pluck; **pošteno koga ~** to fleece someone

**ôsla** hone, whetstone

**oslabèl** weak, feeble, powerless

**oslabíti** to weaken, to enfeeble, to enervate

**osláden** sweetish, sugary, fulsome, mawkish

**osladíti** to sweeten, to make sweet

**oslaríja** stupidity, nonsense, tomfoolery

**oslepáriti** to deceive, to cheat, to swindle

**oslepéti** to lose one's sight, to go blind

**oslepíti** to blind; to dazzle

**oslóvsk|i ~i kašelj** whooping cough; **~a ušesa** (v knjigi) dog-ears (pl)

**osluškováti** (med) to examine by auscultation; **~ pljuča (srce)** to sound one's lungs (heart)

**osmérec** (čoln) eight; (verz) octosyllable

**osmerokótnik** octagon

**osméšiti** to ridicule, to make fun of, to mock someone, to poke fun at; **~ se** to make a fool of oneself, to make oneself ridiculous

**osmínka** eighth (part); (nota) quaver

**osmodíti** to singe, to scorch, to burn

**osmolíti** to pitch

**osmŕtnica** obituary notice

**osnážiti** to clean, to cleanse

**osnóva** base, basis, foundation, groundwork

**osnován** founded, grounded, established

**osnováti** to found, to ground, to establish, to set up, to start

**osnóven** elementary, basic, fundamental, rudimentary

**osnútek** draft, outline, (rough) sketch; **zakonski ~** bill

**osolíti** to salt

**osóren** gruff, rude, harsh

**osovrážen** hated, unpopular, disliked

**osprédj|e** front, fore, foreground; **biti v ~u** to be in the limelight

**osramočèn** disgraced, ashamed, abashed, humiliated

**osramotíti** to shame, to humiliate, to abash, to disgrace

**osréčiti** to make happy

**osrédnji** central

**osredotóčiti** to focus, to centre (on); **~ se** to concentrate

**ôst** point, sting

**ost|àl** left, remaining; **~áli** the rest, those left, the others

**ostán|ek** rest; (blaga) remnant; leftover; **~ki jedi** leavings (pl); (math) remainder, difference

**ostarèl** aged, decrepit, senile

**ostaréti** to grow old, to age

**ostáti** to remain, to stay; ~ **pri** to abide by, to stick to

**ostávk|a** resignation, demission; **dati ~o** to resign, to send in (*ali* to give) one's resignation

**osteklenéti** to vitrify, to become glass

**óst|er** sharp, keen; pointed; strict, severe; acute, intense; ~**ra konkurenca** keen competition; ~**ri kot** acute angle; ~**ri ukrepi** stern measures

**ostréšje** roofing; roof

**ostŕgati** to scrape from, to scrape off

**ostríči** to cut; (*ovce*) to shear; **dati si ~ lase** to have one's hair cut

**ostríg|a** oyster

**ostrína** sharpness, acuteness; cutting edge

**ostríti** (*svinčnik, nož*) to sharpen; (*koso*) to whet; ~ **z brušenjem** to grind

**ostrívec** acute accent

**ostríž** (*riba*) bass; freshwater perch

**ostrméti** to be amazed, to be astonished

**ostróga** spur

**ostróst** sharpness, acuteness; severity, rigour

**ostrostrélec** sharpshooter, sniper

**ostroúmen** sagacious, shrewd, acute

**ostrúž|ek** (wood) chip; ~**ki** shavings (*pl*), scrapings (*pl*)

**ostrúžiti** to plane, to turn

**ostúden** disgusting, loathsome, abominable, sickening

**óstva** harpoon

**osúm|iti** to suspect someone; **biti ~ljen česa** to be suspected of something

**osúmljenec** suspect

**osúpel** astonished, amazed, taken aback, (*coll*) flabbergasted

**osúpiti** to astonish, to amaze, to bewilder

**osúplost** astonishment, amazement

**osúpniti** to be amazed, to be astonished at

**osušíti** to dry; (*les*) to season; (*zemljišče*) to drain

**osvetlíti** to light up, to illuminate; (*razložiti*) to elucidate; (*photo*) to expose

**osvežílen** refreshing

**osvežíti** to refresh, to freshen (up)

**osvobodíl|en** liberation; ~**no gibanje** liberation movement; ~**na vojna** liberation war

**osvobodítelj** liberator, deliverer

**osvobodítev** liberation, deliverance

**osvobodíti** to liberate, to free, to set (*ali* to make) free, to release; ~ **se** to free (*ali* to liberate) oneself; to get rid of

**osvoboj|èn** liberated, freed; ~**êno ozemlje** liberated territory

**osvojeválec** conqueror

**osvojevál|en** ~**na vojna** war of conquest

**osvojít|i** to conquer; ~**ev** conquest

**osvojljív** open (*ali* vulnerable) to attack, conquerable

**ošáben** haughty, arrogant, proud, self-important

**ošábnost** haughtiness, arrogance, pride

**ošíliti** to point, to sharpen

**ošíniti** (*s pogledom*) to glance at, to glimpse at, to take a quick look at

**oškodováti** to damage, to cause damage (*ali* loss)

**oškropíti** to sprinkle, to spatter, to splash

**óšpice** measles (*pl*)

**oštévati** to blame, to scold, to reprimand, to rebuke

**oštevílčiti** to number

**otájati se** to thaw, to melt, to soften

**otáva** aftermath, rowen, second mowing

**otéči** to swell, to puff up

**otékel** swollen, tumid, distended

**oteklína** swelling, bump, lump

**otelíti se** to calve

**otèp** ~ **slame** truss (*ali* bundle) of straw

**otesáti** to hew, to cut; ~ **hlod** to square a log; ~ **les** to trim timber

**otežíti** to aggravate, to render (*ali* to make) difficult

**otípati** to touch, to feel, to finger

**otipljív** palpable, evident; ~**i rezultati** tangible results

**otírati** to rub down, to wipe (away *ali* off); ~ **se z brisačo**

to give oneself a rub-down; to dry oneself with a towel

**otiščánec** callus, callosity

**otóček** islet; **rečni** ~ eyot

**otóčje** archipelago, group of islands

**ôtok** island, isle; **koralni** ~ coral island; ~ **za pešce** refuge; **prometni** ~ traffic island

**otólči** to bruise, to hurt

**otomána** ottoman

**otopèl** indifferent, apathetic, torpid

**otopéti** to become indifferent (*ali* apathetic, torpid)

**otóški** insular

**otovóriti** to load, to lade, to burden

**otóžen** sad, gloomy, melancholic, sorrowful, downhearted

**otóžnost** sadness, melancholy, blues (*pl*)

**otrd|éti** to harden, to set, to toughen; ~**èl** hardened, set, tough

**otrébiti** to clear; ~ **ribo** to gut a fish; ~ **se** to relieve oneself; ~ **si zobe** to pick one's teeth

**otrésti** to shake off (*ali* down); ~ **se** to get rid of

**otréti** to wipe off (*ali* away), to dry (by wiping)

**otróbi** bran

**otročáj** child, kid(dy), brat

**otročaríja** childishness

**otročíček** baby, kid, tot, infant

**otróčji** childish, infantile

**otróčjost** (*odraslih*) dotage

**otròk** child, (*pl*) children; kid, offspring, *(zaničljivo)* brat; **čudežni ~** infant prodigy; **mrtvorojeni ~** stillborn child; **~ ljubezni** love child; **(ne)zakonski ~** (il)legitimate child

**otróšk|i** infantile, childish; **~a doba** infancy, childhood; **~a paraliza** infantile paralysis; **~a soba** nursery; **~i voziček** perambulator, pram; **~i vrtec** kindergarten

**otróštvo** childhood, infancy; **zgodnje ~** babyhood

**otŕpel** stiff, rigid, numb, torpid

**otŕplost** stiffness, rigidity, numbness, torpidity

**otŕpniti** to stiffen, to get rigid *(ali* numbed*)*

**ovácija** ovation

**ovádba** denunciation, denouncement, delation, (secret) information

**ováditi** to denounce, to delate, to inform against

**ovadúh** denouncer, delator, informer, informant

**ovadúštvo** delation, secret informing against

**oválen** oval

**ôvca** sheep; *(samica)* ewe; **garjava ~** black sheep; **čreda ovác** flock of sheep

**ovčár** *(pastir)* shepherd; *(rejec)* sheep farmer, sheep breeder; *(pes)* sheepdog; **škotski ~** collie

**ovčeréja** sheep farming *(ali* breeding*)*

**ovčják** *(staja, obor)* sheepfold, sheep-cote, sheep-par

**óvčj|i ~i kožuh** sheepskin;

**~e meso** mutton; **~a volna** sheep's wool

**ovdovéti** *(moški)* to become a widower; *(ženska)* to become a widow; to be widowed

**ovekovéčiti** to immortalize, to perpetuate

**ôven** ram; *(skopljen)* wether; *(orodje)* ram; **oblegovalni ~** battering ram

**ovénčati** to crown (with wreaths), to wreathe

**ovenéti** to fade, to wither

**ovériti** to verify, to confirm, to certify, to legalize

**ôves** oats *(pl)*

**ovijálka** creeper, climber

**ovínek** turn(ing), bend; *(obvoz)* detour; **nepregleden ~** blind corner; **oster ~** hairpin bend

**ovíra** obstacle, impediment, hindrance, obstruction; **žične ~e** barbed wire entanglements *(pl)*; **tek z ~mi** hurdle race, hurdles *(pl)*

**ovírati** to hinder, to obstruct, to impede

**ovítek pisemski ~** envelope; **ščitni ~** jacket, wrapper; **~ prvega dneva** *(filatelija)* first-day cover

**ovíti** to wind, to twist round, to coil, to wrap round

**ovlažíti** to moisten, to wet, to damp

**ovòj** wrapping; bandage; package, parcel

**ovrátnica** necktie, tie; **pasja ~** dog-collar

**ovrátnik** collar

**ovréči** to disapprove, to refute; to cancel, to annul; (*sodbo*) to reverse

**ovrednôtiti** to evaluate, to assess

**ozádje** background, setting

**ozdravéti** to recover, to grow well again, to pull through

**ozdráviti** to cure, to heal, to remedy

**ozdravljív** curable

**ozébel** frozen, frostbitten

**ozeblína** chilblain, frostbite

**ózek** narrow; tight, strait

**ozelenéti** to get (*ali* to grow) green

**ozémlje** territory, region, ground, terrain

**ozímina** winter crops (*pl*)

**ozímnica** stores (*pl*) for the winter

**ozír** respect, regard, consideration

**ozirál|en** (*gram*) relative; ~ni stavek (**zaimek**) relative clause (pronoun)

**ozírati se** to look back; ~ na to take into consideration; ne ~ to take no notice, to disregard

**oziroma** respectively

**ozkosŕčen** narrow-minded, hidebound, philistine

**ózkost** narrowness, tightness

**ozkotír|en** ~na železnica narrow-gauge railway

**ozmérjati** to scold, to chide

**označíti** to mark, to denote, to indicate, to characterize, to label

**oznáka** mark, sign, denotation, marking, characteristic; label, tag

**oznanílo** announcement,

publication, proclamation, notification

**oznaníti** to announce, to notify, to proclaim

**oznanjeválec** announcer, herald

**oznojíti se** to perspire, to sweat

**ozráčje** atmosphere; **nestabilno** ~ atmospheric instability

**ozréti se** to look back

**ozvézdje** constellation

**ozvóčiti** (*prostor*) to supply with loudspeakers (*ali* with a public address system)

**ožemálnik** (*za perilo*) wringer, mangle; (*za sadje*) squeezer

**ožémati** to wring, to press (out), to squeeze (out)

**oženíti se** to marry, to get married

**oženjen** married

**ožéti** *glej* OŽEMATI

**ožgáti** to burn, to singe, to scorch

**ožigósati** to stigmatize, to brand

**ožína** narrow(s), strait(s); **zemeljska** ~ isthmus

**oživéti** to revive, to resuscitate

**oživítev** revival, reanimation, resuscitation

**oživíti** to restore to life, to revive, to resuscitate

**ožrebíti se** to foal

**ožúliti** to gall, to blister, to rub sore

**ožúljen** blistered, rubbed sore

**ožvepláti** to sulphurize, to sulphurate

# P

**P** letter P

**pa** but, and, however; ~ **dobro** well, then; ~ **vendar** yet, still

**páberek** gleaning

**paberkováti** to glean

**paciènt** *(bolnik)* patient

**pácka** blot, stain, blotch

**packáti** to smear, to blot, to blotch; *(slabo slikati)* to daub

**pač** yes, indeed, of course, certainly

**páčiti** to deform, to distort, to disfigure; ~ **se** to make *(ali* to pull) faces

**padálec** parachutist, skydiver

**padáll|o** parachute; **vrvica za odpiranje** ~**a** ripcord; **skočiti s** ~**om** to parachute

**padálstvo** *(šport)* skydiving

**pádar** *(mazač)* quack doctor, mountebank

**pádati** to fall, to drop, to decrease, to go down

**padavína** snowfall, rainfall; precipitation

**pádec** fall, drop, decrease, decline, descent, gradient, collapse; ~ **vlade** downfall of a government

**páglavec** urchin, rogue; *(žaba)* tadpole

**pahljá|ča** fan; ~**ti** to fan

**pahníti** to push, to thrust

**paják** *(delovna obleka)* overalls *(pl)*; *(burkež)* clown, buffoon

**pajčevína** cobweb

**pajčolán** veil

**pajdáš** chum, mate, pal; *(Am)* buddy, comrade

**pajdášiti se** to associate with, to keep company with

**pájek** spider

**pakét** packet, parcel

**pakírati** to pack, to package

**pákt** pact, treaty; ~ **o nenapadanju** pact of non-aggression; ~ **o zavezništvu** treaty of alliance

**paláča** palace

**palačínka** pancake, omelette

**pálček** dwarf; *(ptič)* wren

**pálč|en** ~**ni odtis** thumbprint, thumbmark

**pálčnik** *(rokavica)* mitten; *(prevleka za palec)* thumbstall

**pálec** thumb; *(na nogi)* big toe; inch (2,54 cm)

**paléta** palette

**pálic|a** stick, cane, rod, pole; **beraška** ~ beggar's staff; **biljardna** ~**a** (billiard) cue; **čarovna** ~**a** (magic) wand; **dirigentska** ~**a** baton; **hokejska (smučarska)** ~**a** hockey (ski) stick; **ribiška** ~**a** fishing rod; **sprehajalna** ~**a** walking stick, cane; **škofovska** ~**a** crosier; **štafetna**

**~a** (relay) baton; **skok ob ~i** pole vault

**páličic|a jedilne ~e** chopsticks

**pálma** palm (tree)

**palúba** deck; **glavna ~** main deck

**pámet** intellect, sense, mind, wit, mentality, brains *(pl)*; **zdrava ~** common sense; **na ~** by heart

**pámeten** reasonable, sensible, wise, intelligent, clever, rational

**pámtivek od ~a** within the memory of man

**pánika** panic, anxiety, fear

**pánj** tree-stump, stock; **čebelni ~** beehive

**pánoga** branch, line, discipline

**pánter** panther

**pantomíma** pantomime, panto, dumb show

**papagáj** parrot; **(avsralski) ~ček** budgerigar, budgie

**pápež** pope

**papír** paper; *(časopisni)* newsprint; *(notni)* music paper; *(kopirni)* carbon paper; *(odpadni)* wastepaper; *(ovojni)* wrapping paper; *(pergamentni)* greaseproof paper; *(pisemski)* notepaper; *(smirkov)* sandpaper; *(svileni)* tissue paper; *(toaletni)* toilet paper; **državni ~ji** *(pl)* government securities *(pl)*; **pola ~ja** sheet of paper

**papírnat** (of) paper; **~i denar** banknotes, paper money, *(Am)* bills

**papírnica** paper-mill; stationer's shop

**páprika** red pepper; *(začimba)* paprika

**pár** pair, couple

**pára** steam, vapour

**paráda** parade, review, display

**parád|en** ceremonial; **~na obleka** full dress

**paradíž** paradise

**paradížnik** tomato

**parafírati** to initial (a document)

**paragráf** paragraph

**paralíza** paralysis, palsy; **otroška ~** infantile paralysis

**paralizírati** to paralyse, to palsy; to numb

**párati** to undo, to unstitch

**parazít** parasite, hanger-on

**parcéla** plot (of land), allotment, parcel, *(Am)* lot (of ground); **gradbena ~** building plot

**parcelírati** to parcel (out), to divide into lots

**páren** even, in pairs

**parfúm** perfume, scent

**parfumeríja** perfumery

**paritéta** parity

**páriti** to mate, to couple, to pair; *(polivati z vrelo vodo)* to steam, to stew

**párk** park, gardens *(pl)*; **narodni ~** national park; **vozni ~** rolling stock

**párkelj** hoof, claw; trotter

**parkét** parquet

**parkíranje** parking; **P~ prepovedano!** No parking!; **listek za nepravilno ~** parking ticket

**parkírati** to park

**parkír|en** ~na hiša (multi-storey) car park; ~na ura parking metre

**parkiríšče** car park; *(Am)* parking lot; *(ob cesti)* lay-by; ~ za taksije taxi rank, *(Am)* cab rank

**parlamènt** parliament; član ~a member of parliament

**parlamentáren** parliamentary

**párnik** steamer, steamship

**paróbek** stump

**paróla** watchword, password; slogan

**párte** *glej* OSMRTNICA

**partêr** ground floor; *(v gledališču)* pit, stalls *(pl)*

**pártija** *glej* STRANKA

**partíja** *(igra)* game; *(pri sklenitvi zakonske zveze)* match

**partizán** partisan, guerrilla

**partizánsk|i** ~o vojskovanje guerrilla warfare

**pártner** partner; ~stvo partnership

**pás** belt, girdle; *(del trupa)* waist; ~ za nogavice suspender belt; obmejni ~ border zone; rešilni ~ lifebelt; varnostni ~ seat-belt

**pasánt** passer-by

**pasát** *(veter)* trade wind

**pasáža** passageway, passage

**pasijón** passion; passion play

**pásiv** passive voice

**pasíva** liabilities *(pl)*; aktiva in ~ assets and liabilities *(pl)*

**pasív|en** passive, unresponsive, inactive; ~na bilanca adverse balance; ~ni kraji depressed areas *(pl)*

**pásj|i** ~i dnevi dog days; ~i jermen (dog's) leash; ~i mraz bitter cold; ~a ovratnica dog-collar; ~a znamka dog-tag; ~a uta dog-house, kennel

**pásma** breed, species, stock

**pást** trap; *(zanka)* snare; nastaviti ~ to set a trap

**pásta** paste; ~ za čevlje shoe polish; ~ za zobe toothpaste

**pastél** pastel, crayon

**pasterizírati** to pasteurize

**pásti** *(pádem)* to fall, to drop, to decline, to go down; ~ na bojišču to be killed in action; ~ pri izpitu to fail *(ali* to flunk*)* an exam

**pásti** *(pásem)* to pasture, to graze

**pastíla** *(med)* pastille, lozenge

**pastír** herdsman, shepherd; kačji ~ dragonfly

**pastiríca** shepherdess; *(ptica)* wagtail

**pastírski** shepherd's; pastoral

**pástor** parson, minister; pastor; rector

**pástor|ek** stepson; ~ka stepdaughter; stepchild

**páša** pasture, grassland; *(vladar)* pasha

**pášnik** pastureland, grassland, pasture

**paštéta** paste, pie; jetrna ~ liver pâté

**pat|entírati** to patent, to take out a patent for; ~ènt patent

**patriárh** patriarch

**patriót** patriot; ~ski patriotic

**patrón** protector, patron

**patróna** *(naboj)* cartridge

**patr|úlja** patrol; ~**uljírati** to patrol, to go the rounds (pl)

**páv** peacock, ~**ica** peahen

**paviján** baboon

**paviljón** pavilion; **godbeni ~** bandstand

**pávka** kettledrum

**pavlíha** clown, buffoon

**pavšál** lump sum, flat rate

**pávza** break, pause, stop; (v gledališču) interval, (Am) intermission

**pavzírati** to make a pause, to pause

**pázduha** armpit

**pazíti** to pay attention to, to take care of, to see to, to look after

**pazljív** attentive, careful, cautious

**pazljívost** attention, watchfulness, caution

**páznik** keeper, attender, warder, guard, watchman; overseer, foreman

**páž** page (boy)

**pêcelj** stem, stalk

**pecívo** pastry, fancy bread; **čajno ~** biscuits (pl); **drobno ~** small cakes (pl)

**péč** stove, oven; **sušilna ~** kiln; **tovarniška ~** furnace; **trajno žareča ~** slow-combustion stove

**pečár** stovemaker

**pečát** seal; signet; (žig) stamp

**pečát|en** ~**ni prstan** signet ring; ~**ni vosek** sealing wax

**pečáti se** to be engaged in, to be busy with, to occupy oneself with

**pečèn** baked, roast(ed), done; **dobro ~** well done;

**premalo ~** underdone; **preveč ~** overdone

**pečeníca** grilled (ali fried) sausage

**pečénk|a** roast meat; **goveja (svinjska, telečja) ~a** roast beef (pork, veal); **sok ~e** dripping

**pêč|i** to bake, to roast; to burn; (na žaru) to grill; to broil; (na ražnju) to barbecue; ~**i koruzo** to parch corn; Vest me ~**e.** I have pangs of remorse.; Zgaga me ~**e.** I have heartburn.

**pečíca** oven; **mikrovalovna ~** microwave oven

**pečkà** kernel; (v breskvi) stone; (v jabolku, pomaranči) pip

**pečníca** glazed tile, Dutch tile

**péd** span (9 col, tj. 22,86 cm)

**pedagóg** educationalist, educatonist; ~**ika**, pedagogy, education

**pedál** pedal; (pri klavirju) **desni (levi) ~** loud (soft) pedal; ~ **za plin** accelerator

**pedánt** pedant; ~**en** pedantic, fastidious

**pedikêr** chiropodist

**péga** speck, spot, freckle

**pégast** speckled, spotted, freckled

**pegátka** guinea hen

**pêhar** round straw basket; bread basket

**peháti** to push, to thrust; ~ **se** (prizadevati si) to strive, to endeavour; ~ **se** (iz želodca) to belch, to burp

**pehôta** infantry, foot

**péhtran** tarragon
**pék** baker; **~árna** baker's shop, bakery
**pekèl** hell, inferno
**peketáti** to trot, to tramp
**peklénski** infernal, devilish, hellish; **~ stroj** time bomb
**peklénšček** devil, the evil one
**pelerína** pelerine, cape
**pelikán** pelican
**pêlin** wormwood
**pelínkovec** wormwood liqueur, absinthe
**peljáti** to lead, to guide, to take; **~ se z avtom (vlakom, avtobusom)** to go by car (train, bus); **~ na sprehod** to go for a drive; *P~íte ga v sobo, prosim!* Show him into the room, please!
**pêlod** pollen
**péna** foam; *(na pivu)* froth; **milna ~** lather
**péndrek** rubber truncheon
**pénis** *(anat)* penis; *(coll)* prick, pecker, willy
**péniti se** to foam; *(pivo)* to froth; *(vino)* to sparkle, to fizz; *(milo)* to lather
**pêntlja** tie, bow, ribbon; *(zanka)* mesh
**penúša** cardamine; **travniška ~** cuckoo flower, lady's smock
**penzión** boarding house, hostel; **polni (polovični) ~** full (half) board
**penzionírati** *glej* UPOKOJITI
**pepél** ash, ashes *(pl)*; cinders *(pl)*
**pepelíka** potash
**Pepélka** Cinderella

**pepelníca** Ash Wednesday
**pepélnik** ashtray
**perèč** burning, urgent
**perésnica** pencil-case
**perésnik** penholder
**perfékten** perfect; supreme
**pergamènt** parchment, vellum
**períca** washerwoman, laundress
**periferíj|a** periphery, outskirts *(pl)* of a town, **na ~i** in the suburbs *(pl)*
**perílnik** washboard
**perílo** laundry, washing; **posteljno ~** bed linen; **spodnje ~** underwear; **mesečno ~** period, menstruation
**perióda** era; *(mesečno perilo)* period, menstruation
**periódičen** periodic(al)
**perjád** birds *(pl)*; poultry, fowls *(pl)*
**perjánica** plume, crest; *(igra)* badminton; *(žogica)* shuttlecock
**pérje** feathers *(pl)*, plumage
**pérnat** feathery, feathered; **~a divjad** feathered game
**pérnica** eiderdown, quilt, duvet
**peró** pen; *(ptičje)* feather; *(okrasno)* plume; *(vzmet)* spring; **figovo ~** fig leaf; **gosje ~** *(za pisanje)* quill; **nalivno ~** fountain pen
**perón** platform
**personál** personnel, staff
**personifícirati** to personify, to embody
**perspektíva** prospect, perspective; **ptičja ~** bird's eye view

**perúnika** iris
**perút** wing
**perutnína** poultry, fowls (pl)
**perutnínar** poultry breeder; **~stvo** poultry breeding (ali farming)
**pervêrzen** perverse, perverted, evil
**Perzij|a** Persia; **~ec**, **p~ski** Persian
**pès** dog; (mladič) puppy; **~ čuvaj** watchdog, guard dog; **lovski ~** hound; **~ mešanec** mongrel; **morski ~** shark; **pastirski ~** sheepdog; **stekel ~** mad dog; Pozor, hud ~! Beware of the dog!
**pésa** beet; **rdeča ~** beetroot; **sladkorna ~** sugar beet
**pések** sand; **živi ~** quicksand
**pésem** poem; song; **božična ~** Christmas carol; **cerkvena ~** hymn; **črnska duhovna ~** spiritual; **narodna ~** folk-song; **otroška ~** nursery rhyme
**pesjàk** kennel
**peskóvnik** sandpit, (Am) sandlot
**pesmaríca** song book, hymnbook
**pésni|k** poet; **~ca** poetess
**pesnikováti** to write verses (pl) (ali poetry)
**pésniš|tvo** poetry; **~ki** poetic(al)
**pesnítev** poem
**pést** fist; **polna ~** handful; **stisniti ~í** to clench one's fists; **na lastno ~** on one's own (account)
**péster** variegated, motley, gaudy, gay

**pestìč** pistil
**pestíti** (udariti s pestjo) to punch, to fist; **~ koga** to press (ali to urge) somebody
**péstovati** to nurse, to carry on one's arms
**péstrost** variety, diversity, diverseness
**péstunja** nurse, nanny
**péš** on foot
**pešáčiti** to go on foot, to walk, to hike
**pešák** (vojak) infantryman, foot soldier
**péšati** to lose strength, to get tired; to wane, to lessen
**peščén** sandy; **~a plaža** sandy beach; **~a sipina** dune; **~a ura** hourglass; **~i vihar** sandstorm
**peščenják** sandstone
**peščíca** small fist; **~ ljudi** handful of people
**peščína** sandy beach; dune, sandy ground
**péšec** pedestrian, walker
**péšpót** footpath, pathway; **Evropska ~** European hiking trail
**pét** five; **ob pètih** at five o'clock
**pêt|a** heel; **moja Ahilova ~a** my weak point; **od glave do ~e** from head to toe; **biti komu za ~ámi** to shadow (ali to dog) someone
**petárda** petard; cracker, firecracker
**pétdeset** fifty
**pétdeseti** the fiftieth; **v ~h letih** (starost) in one's fifties
**petdesetlétnica** the fiftieth anniversary

**petdesetlétnik** quinquage-narian

**pétek** Friday; **veliki ~** Good Friday

**petêlin** cock, *(Am)* rooster; **divji ~** capercaillie; **~ na strehi** weather-vane, weathercock

**petelínj|i ~i boj** cockfight; **~i greben** cockscomb; **~e petje (kikirikanje)** cock-crow (cock-a-doodle-do)

**petéren** fivefold

**peterobòj** pentathlon

**peterokót|en** pentagonal; **~nik** pentagon

**peterokràk** five-armed; **~a zvezda** pentagram, five--pointed star

**peteršílj** parsley

**péti** to sing; *(ptice)* to twitter, to warble; *(petelin)* to crow; **enoglasno ~** to sing in unison; **napačno ~** to sing out of tune; **večglasno ~** to sing in parts; **~ v zboru** to sing in a choir

**pêti** the fifth

**petícij|a** petition; **vložiti ~o** to submit a petition

**petíčen** wealthy, rich, well--to-do

**petín|a** one fifth; **dve ~i** two fifths

**pétje** singing; **ptičje ~** twit-tering, warbling; **dvoglasno ~** two part singing

**pétkrat** five times

**petíj|a** *(pri pletenju)* **dve desni, dve levi ~i** knit two, purl two

**pétnajst** fifteen

**petolíznik** toady, bootlicker, creep

**petórček** quintuplet, quin

**petroléj** petroleum, paraffin, mineral oil

**petroléjka** oil lamp, paraffin lamp

**petroléjsk|i ~a družba** oil company; **~i vrelec** oil well

**pévec** singer; **operni ~** opera singer

**pévka** singer; **ptica ~** song-bird, warbler

**pevovódja** choir-master, con-ductor

**planíno** upright piano, cot-tage piano

**planíst** pianist

**píčel** scarce, scanty, poor

**píčica** jot, dot

**píčiti** to sting, to bite; to prick

**piedestál** *glej* PODSTAVEK

**pietéta** piety (**do** to); rever-ence (**do** for)

**píh** breath, breeze, gust, zephyr

**pihálnik** blowpipe, blower

**píhati** to blow, to puff

**pijáča** drink, beverage; **alko-holna ~** alcoholic drink; *(coll)* booze; **brezalkoholna ~** soft drink; **močna ~** strong drink; **opojna ~** hard drink, spirits *(pl)*

**piján** drunk(en), intoxicated, tipsy; **~ kot žolna** as drunk as a lord (*ali* skunk)

**pijančeváti** to booze, to drink habitually, to be addicted to drinking

**pijánec** drunk(ard), soaker, tippler

**pijávka** leech, blood sucker

**pík** sting, bite; *(igle)* prick; **čebelji (osji) ~** bee (wasp) sting; **bolši ~** flea-bite; **kačji ~** snake bite

**pík|a** *(ločilo)* full stop, *(Am)* period; *(na črki, blagu)* dot; **decimalna ~a** decimal point; **imeti koga na ~i** to bear someone a grudge

**pikánten** piquant, spicy, hot

**pikapolónica** ladybird

**píkati** to sting, to bite, to prick

**píkčast** dotted, speckled, spotted; **~i vzorec** polka dot

**píker** sharp, bitter, sarcastic

**píknik** picnic, basket dinner; barbecue

**pikolóvec** hairsplitter, pedant

**píla** file; **ploščata (trikotna) ~** flat (triangular) file

**píliti** to file, to polish

**pilót** pilot; **pomožni ~** co-pilot; **poskusni ~** test pilot

**pilotírati** to pilot, to fly

**pílula** *(med)* pill, tablet

**píment** allspice, pimento

**pincéta** tweezers *(pl)*; pincers *(pl)*

**pingvín** penguin

**pínija** stone pine

**pínj|a** churn, butter tub; **~eno mleko** buttermilk

**pionír** pioneer

**pípa** *(vodovodna)* tap, *(Am)* faucet; *(za kajenje)* pipe

**pípati** to pluck, to pull out

**pípec** jack-knife, pocket knife

**pír** banquet, feast

**piramída** pyramid; **starostna ~** age-pyramid

**pirát** pirate, buccaneer; **~stvo** piracy

**piré** puree, mash; **krompirjev ~** mashed potatoes

**pírh** (coloured *ali* painted) Easter egg

**pisál|en ~na miza** writing desk; **~ne potrebščine** writing materials *(pl)*; **~ni stroj** typewriter

**pisálo** pencil, crayon, pen

**písan** gaily coloured, variegated, mottled

**pisár** (junior) clerk, clerical worker, copyist, penpusher

**pisárna** office

**pisátelj** writer, author

**písati** to write, to take down; **napačno ~** to misspell; **~ na stroj** to type; **~ po nareku** to write from dictation; **~ zapisnik** to take the minutes *(pl)*; *Kako se pišete?* What is your name?; *Kako napišete svoje ime?* How do you spell your name?

**pisáva** handwriting

**pisec** writer, author

**pisemsk|i ~i papir** writing paper, notepaper; **~i nabiralnik** letterbox; **~a ovojnica** envelope

**pís|en ~na napaka** slip of the pen, misspelling; **~no sporočilo** written message; **~na naloga** paper, essay

**pískati** to whistle, to pipe

**písmen** written, in writing; *(oseba)* literate

**pisménost** literacy, ability to read and write

**písmo** letter; **anonimno (ljubezensko) ~** anonymous (love) letter; **ekspresno ~** express letter; **kreditno ~** letter of credit; **letalsko ~** airletter; **nedostavljivo ~** dead letter; **pastirsko ~** pastoral letter; **priporočeno ~** registered letter; **sveto ~** the Bible, Holy Writ

**pismonóša** postman, *(Am)* mailman

**písno** in writing, by letter

**pisoár** urinal

**písta** runway, landing strip; **osvetljena ~** flare-path

**píš** blast, gust of wind

**piščál** whistle, pipe, flute

**piščánec** chicken

**piškav** worm-eaten, rotten

**piškót** biscuit; *(Am)* cookie

**piškúr** lamprey

**pištóla** pistol, handgun; **~ za brizganje** spray-gun

**píta** pie; **jabolčna ~** apple pie

**pítati** to fatten, to feed, to stuff; *(z žlico)* to spoon-feed

**pít|en** drinkable; **~na voda** drinking water

**píti** to drink; *(vpijati)* to absorb, to soak; **hlastno ~** to gulp down; **~ bratovščino s kom** to drink the pledge of brotherhood with someone; **~ na zdravje koga** to drink someone's health

**pívec** drinker

**pívnica** pub, public house, bar, *(Am)* saloon, alehouse

**pívnik** blotting paper, blotter

**pívo** beer; **veliko ~** pint; **malo ~** half-pint; **odprto ~** draught beer

**pivovárna** brewery

**pižáma** pyjamas *(pl)*

**pláča** salary, pay, wages *(pl)*

**pláčanec** mercenary, hireling

**pláčati** to pay; **~ v gotovini** to pay in cash; **~ v naturalijah** to pay in kind; **~ v obrokih** to pay by instalments; **drago ~ to** pay through the nose

**plačí|len** **~ni dan** pay-day; **~ni nalog** order to pay; **~ni razred** salary grade; **~ni seznam** payroll; **zakonito ~no sredstvo** legal tender

**plačílo** payment, pay; *(honorar)* fee; *(nagrada)* reward

**plačljív** payable, to be paid, due

**plačník** payer; *On je dober ~.* He is a prompt payer.; He pays on the nail.

**pládenj** tray, plate, platter

**plagiát** plagiarism, piracy

**pláh** shy, bashful, timid, self-conscious

**plahutáti** to flap (one's wings), to flutter

**plakát** poster, placard, bill

**plámen** flame, blaze

**plamenéti** to flame, to flare, to blaze, to glow

**plameníca** torch

**plán** plan, schedule; **petletni ~** five-year plan; **po ~u** according to plan *(ali schedule)*

**planét** planet

**planíka** edelweiss

**planína** mountain, highlands *(pl)*

**planínec** mountaineer, climber, alpinist

**planínsk|i** mountainous, alpine; **~a koča** mountain *(ali alpine)* lodge

**planínstvo** mountaineering, mountain-climbing

**planíranje** *(načrtovanje)* planning; **dolgoročno (kratko-**

**ročno)** ~ long-range (short-term) planning; **urbanistično** ~ town planning

**planírati** to plan, to schedule; *(teren)* to level the ground

**planíti** to rush *(ali* to dash) forward; ~ **na** to fall upon, to leap on

**planjáva** plain, flatland

**planôta** plateau; **visoka** ~ tableland

**plánski** planned, according to plan

**plánšar** alpine herdsman *(ali* dairyman)

**plánšarica** alpine dairymaid

**plánšarstvo** alpine dairy farming

**plantáža** plantation

**plapoláti** to flare, to flicker, to flutter

**plasírati** to place

**plást** *(geol)* stratum, *(pl)* strata; *(prahu)* layer

**plástič|en** plastic; ~**na kirurgija** plastic surgery; ~**na vrečka** plastic bag

**plástika** plastic; plastic arts *(pl)*; sculpture, ceramics, (high, low) relief

**plášč** coat, overcoat; **dežni** ~ raincoat, mackintosh; ~ **za kolo** tyre; **kopalni** ~ bathrobe; **krznen** ~ fur coat

**plášen** shy, timid, bashful

**plašíti** to frighten, to intimidate, to scare; ~ **se** to be afraid of, to dread, to fear

**plašljívec** coward, timid person

**plašljívost** timidity, shyness, bashfulness

**plašníce** *(pri konju)* blinkers *(pl)*

**plát** side; **zadnja** ~ *(zadnjica)* backside, behind, buttocks *(pl)*

**platána** plane tree

**plátina** platinum

**platíšče** ~ **kolesa** felloe, felly, rim

**platnén** ~**i čevlji** canvas shoes; ~**a srajca** linnen shirt; ~**a streha** awning, sunshade

**platníc|a** cover; ~**e** binding; *(riba)* roach

**plátno** linen; **filmsko** ~ screen; **slikarsko** ~ canvas

**plató** plateau; stable period or condition

**platónski** platonic, spiritual

**plàv** *(moder)* blue; ~**oók** blue-eyed; *(pšenične barve)* fair; ~**olás** fair-haired, blond(e)

**plaválec** swimmer

**plaváljen** ~**ni bazen** swimming pool; ~**na kožica** web

**plávanje** swimming; **hrbtno (prsno)** ~ backstroke (breaststroke); **kravl** crawl; **metuljček** butterfly stroke; **delfin** dolphin butterfly stroke

**plávati** to swim; *(s tokom)* to drift; *(na vodni površini)* to float

**plavíca** cornflower

**plavút** fin; ~**i** *(za plavanje in potapljanje)* flippers

**plávž** blast furnace

**pláz** avalanche; **snežni** ~ snowslip, snowslide; **zemeljski** ~ landslip, landslide

**plazílec** reptile

**plazíti se** to creep, to crawl, *(skrivaj)* to sneak

**pláža** sands *(pl)*, beach; trashy goods *(pl)*

**plebéjec** commoner, plebeian

**plebiscít** plebiscite; **ljudski ~** national referendum

**pléča** shoulders *(pl)*

**plečàt** broad-shouldered

**pléče** shoulder piece

**pléhek** tasteless, insipid; flat, trivial

**pléme** tribe, race, clan; stock, breed

**plemenít** noble, generous; aristocratic; *(kovina)* precious; *(konj)* thoroughbred

**pleménsk|i** tribal, racial; **~a živina** breeding cattle

**plémič** nobleman, aristocrat

**plémstvo** nobility, aristocracy

**plén** prey, booty, loot

**plenár|en** plenary; **~na seja** plenary meeting

**pleníca** *(Br)* napkin, nappy; *(Am)* diaper; **~ za enkratno uporabo** disposable nappy *(ali* diaper)

**pleníti** to plunder, to loot, to rob

**plénum** plenary meeting, plenum

**plés** dance, dancing, ball

**plesálec** dancer, dancing partner

**plésati** to dance; **~ valček** to waltz; **~ tango** to tango

**plés|en** **~ni čevlji** dancing shoes; **~na dvorana** ballroom; **~ni orkester** dance band; **~na šola** dance studio

**plésen** mould, mildew

**plesíšče** dance floor

**pléska|ti** to paint; *Pozor, sveže ~no!* Wet paint!

**plesnív** mouldy, mildewy

**plêsti** *(nogavice)* to knit; *(kite)* to plait, to braid; *(mrežo)* to net; *(košaro)* to weave

**pléšast** bald, bald-headed

**pletárstvo** wickerwork, basketwork, basket weaving

**pletèn** **~a košara** wicker basket

**pletenína** knitwear, knitted goods *(pl)*, hosiery

**pléti** to weed

**pletílja** knitter

**pletílka** knitting needle

**pletívo** knitting yarn

**pléva** chaff, husk

**plevél** weed, weeds *(pl)*

**plezálec** climber; mountaineer

**plezálka** *(bot)* climber, creeper, climbing plant

**plézati** to climb, to scale, to clamber (up)

**plíma** high tide; **~ in oseka** ebb and flow; high and low tide

**plín** gas; **izpušni ~i** exhaust (fumes); **solzilni ~** tear gas; **zemeljski ~** natural gas

**plinárna** gasworks *(pl)*

**plínast** gaseous, gassy

**plinomér** gas meter

**plínsk|i** **~a bomba** gas bomb; **~a celica** gas chamber; **~i gorilnik (kuhalnik)** gas burner (cooker); **~a maska** gas mask; **~a napeljava** gas main, gas supply; **~a svetilka** gas lamp

**plisírati** to pleat, to fold

**plíš** plush
**plítev** shallow, low; superficial
**plitvína** shoal, shallows (pl), ford
**pljúč|a** lungs (pl); ~no krilo pulmonary lobe
**pljúčnica** pneumonia, inflammation of the lungs
**pljúnek** spit, spittle
**pljúniti** to spit, to expectorate
**pljúskati** to splash, to plash
**pljuválnik** spittoon
**plочevína** sheet metal; bela ~ tin plate; jeklena ~ steel plate; valovita ~ corrugated iron
**pločevínka** tin, (Am) can
**plóčnik** pavement, (Am) sidewalk
**plód** fruit; product, yield
**plóden** fertile, fruitful, productive, prolific
**plodíti se** to multiply, to procreate, to breed
**plódnost** fertility, fecundity, productiveness, fruitfulness
**plòh** plank, board
**plôha** shower, downpour
**plómba** seal; (zobna) filling
**plombírati** to seal, to lead; (zob) to fill (a tooth)
**plôskanje** applause, acclamation
**plôskati** to clap one's hands, to applaud
**plôskev** plane, surface, flat
**ploskonóg** flat-footed
**plôšča** plate, plaque, table, board; tablet; gramofonska ~ record, disc; povezovalna ~ patchboard
**ploščád** platform, plateau

**ploščàt** flat, even, plane
**plóščič** (riba) bream
**plôščina** area, superficies; (math) square dimension
**plót** fence; barrier made of wooden posts (ali stakes)
**plóvba** navigation, sailing
**plôvec** pumice-stone; buoy
**plôv|en** navigable, seaworthy; ~na reka, prekop waterway
**plúg** plough
**plúndra** slush
**plúta** cork
**plúti** to sail, to navigate
**plúžiti** to plough
**pnevmátika** pneumatic tyre, (Am) tire
**po** after, on, at, by; through, according to; ~ božiču after Christmas; ~ kopnem in morju by land and sea; ~ sobi about the room; ~ ulici along the street; ~ abecednem redu in alphabetical order; ~ tej ceni at this price; ~ dolžini lengthwise; kot ~ maslu like clockwork; ~ naročilu by order; ~ mojem mnenju in my opinion; ~ spominu from memory; ~ zakonu under the law
**poapnéti** to calcify
**pobalín** urchin, scamp, rascal
**pobárvati** to colour, to paint; to dye, to tint
**pobèg** escape, flight, getaway; elopement
**pobégniti** to escape, to run away, to flee; to elope
**pobelíti** to whiten; to whitewash; (na soncu) to bleach
**pobesnéti** to get mad, to

become furious, to fly into rage

**pobíjati** to kill, to slaughter, to struggle against

**pobirálec** picker, gatherer, collector

**pobírati** glej POBRATI

**pobít** downhearted, depressed

**pobíti** to kill, to slaughter; to knock down, to break; to depress, to discourage

**pobledéti** to turn pale; to lose colour, to shade off

**pobóčje** hillside, incline, slope

**pobóljšati** to improve, to better, to amend

**poboljševálnica** house of correction, (Br) borstal

**pobótati se** to reconcile, to make it up with

**pobótnica** receipt, acknowledgement

**pobóžati** to caress, to pat

**pobóžen** religious, pious

**pobožnják** bigot, devotee

**pobóžnost** religiousness, piety, devotion

**pobráti** to pick up, to collect, to gather

**pobrátim** bosom friend

**pobrátiti se** to fraternize, to drink the pledge of brotherhood

**pobrígati se** (coll) to take care of, to see to, to look after

**pobrísati** to wipe (off), to mop; ~ **jo** to take to one's heels

**pobúda** initiative, incentive, suggestion, stimulus

**pocéni** cheap, inexpensive

**poceníti** to cheapen, to reduce the price

**pocéstnica** prostitute, streetwalker, whore, (Am) hooker

**pocíniti** to tin, to tin-plate

**pocínkati** to zinc, to galvanize

**pocŕkati** (coll) to perish, to die

**počákati** to wait (for); ~ **koga (na postaji)** to meet somebody (at the station)

**počásen** slow, sluggish

**počasnè** laggard, sluggard

**počastíti** to honour, to favour, to render homage, to commemorate

**počečkáti** to scribble

**póčen** cracked, broken

**počèp** squat, crouch

**počépniti** to squat, to crouch

**počesáti** to comb

**počéti** to do, to undertake, to perform

**početvériti** to quadruple

**počéz** across, crosswise

**počístiti** to clean, to clear, to tidy (up)

**počítek** rest, repose, relaxation

**póčiti** to burst, to crack, to split, to explode

**počítnice** holiday(s), vacation; recess

**počívati** to rest, to take a rest, to pause, to be idle

**počrnéti** to become black, to blacken

**počrníti** to make black, to blacken

**počutiti se** to feel; Kako se počutite? How do you feel?, How are you?

pòd floor

pod under, below, beneath

podáljšati to lengthen, to extend, to prolong

podáljšek addition, additional piece; continuation, extension

podaríti to make (*ali* to give) a present; to donate; ~ komu kaj to present someone with something

podát|ek datum, (*pl*) data; (piece of) information; obdelava ~kov data processing

podáti to hand, to pass, to give

podbòj jamb, doorpost

podbrádek double chin

podcenjeváti to underestimate, to underrate

pòdčástnik *glej* PODOFICIR

podčŕtati to underline; to emphasize

podédovati to inherit; ~ posestvo to come into an estate

pôdel mean, vile

podelíti to confer, to grant, to award, to give

podežêlje country, province, countryside

podežêlski country, province, rural

podgána rat

podhòd underpass, subway

podhránjen underfed, malnourished

podiplómski postgraduate; ~ študij postgraduate studies (*pl*)

podíti to chase, to hunt

podivján wild, unruly

podivjáti to grow wild (*ali* savage); (*rastlina*) to run wild

podjármiti to subjugate, to subdue, to enslave, to conquer

podjéten enterprising, active, adventurous

podjétje enterprise, undertaking, establishment, firm, business

podjétnik entrepreneur, contractor; businessman

podjétnost enterprising spirit, drive

pôdkev horseshoe

podkován (*konj*) shod; (*čevlji*) hobnailed; biti dobro ~ v (*fig*) to be well up in, to be proficient in

podkováti to shoe (a horse); to furnish with nails, to stud with hobnails

podkrepíti to corroborate, to confirm, to sustain

podkupíti to bribe, to corrupt

podkupnína bribe; ~ za molk hush money

podkúriti to make (*ali* to light) a fire

podlága basis, base, foundation, groundwork

podláket forearm

podlásica weasel

podléči to succumb, to be defeated

podlések meadow saffron; jesenski ~ autumn crocus

pôdlež scoundrel, rascal, villain

podlístek feuilleton

podlóga lining

podlóžen subject to, dependent on, amenable

**podložíti** to lay under; *(obleko)* to line

**podlóžnik** subject; *(tlačan)* serf, bondsman

**podmládek** the rising generation, progeny, descendant

**podmórnica** submarine

**pòdnajèm** subletting, sublease, sub-tenancy

**pòdnajémnik** subtenant, sublessee, lodger

**pòdnaslòv** subtitle, caption; subheading

**podnébje** climate; **milo (vlažno, zmerno) ~** mild (damp, temperate) climate; **tropsko ~** tropical climate

**podnévi** by day, during the day

**podnóžje** *(kipa)* socle, base; *(gore)* foot

**podóba** picture, image, portrait

**podóben** resembling, similar, alike, like; analogous

**podóbnost** resemblance, similarity; analogy

**podóčnik** canine tooth, eye tooth

**pòdodbòr** sub-committee

**pòdoficír** non-commissioned officer, junior officer

**podôknica** serenade

**podolgovàt** oblong

**podpásati** to undergird, to tuck up

**podpázduh|a** armpit; **držati se koga za ~o** to go arm in arm with

**podpíčje** semicolon

**podpihováti** to incite, to instigate, to fan

**podpírati** to support, to help, to assist, to back up; to prop up; *(s prispevki)* to contribute (to)

**podpís** signature; **lastnoročni ~** autograph

**podpísati** to sign, to put one's name to, to underwrite

**podpísnik** signer, signatory, subscriber

**podpl|àt** sole; **~átiti** to sole, to resole

**podplút** bloodshot; **~ba** suffusion

**pòdpolkóvnik** lieutenant colonel

**podpór|a** support, aid, help, assistance; subsidy, subvention; **dobivati ~o za brezposelne** to be on the dole; **dobivati socialno ~o** to be on relief

**pòdpredsédnik** vice-president, vice-chairman

**podpréti** *glej* PODPIRATI

**pòdpritlíčje** basement

**podrást** undergrowth, underbrush

**pòdravnátelj** vice-director, assistant manager

**podražíti** to raise the price, to make more expensive; **~ se** to rise in price, to become more expensive

**podredíti** to subordinate, to subject (to)

**podrejèn** subordinate, subject, inferior

**podréti** to pull down, to knock down, to tear down; **~ drevo** to fell a tree; **~ kupček** to burp

**podrézati** to stir, to poke; to intervene

**podróben** detailed, thorough, exhaustive

**podróbnost** detail, particular

**podróčje** region, area, province, sphere, field, domain; ~ **dejavnosti** sphere of action, field of work; **interesno (vplivno)** ~ sphere of interest (influence); **javno (zasebno)** ~ public (private) sphere; **nerazvito** ~ underdeveloped region; **nevarno** ~ danger zone; ~ **slabega sprejema** *(TV, radio)* mush area; *To ne spada v moje ~.* This is not within my province.

**podrúžblj|ati** to socialize; ~**eno delo** socialized labour

**podrúžnica** branch office, branch

**podržáv|iti** to nationalize; ~**ljenje** nationalization

**podstávek** support, socle; pedestal; *(krožniček)* saucer

**podstréšje** attic, loft, garret

**podtál|en** underground, subterranean; ~**no delovanje** undercover work

**podtíkati** to insinuate, to foist, to impose on; to plant something on someone

**podúhati** to smell, to sniff

**podúst** *(riba)* mackerel

**podvéza** suspender, garter

**podvíg** exploit, venture; adventurous *(ali* brave*)* deed

**podvíhati** to tuck up, to roll up

**podvôd|en** underwater, subaqueous; ~**ni kabel** submarine cable; ~**na kamera** underwater camera;

~**no rastlinje** underwater vegetation

**podvojíti** to duplicate, to double

**podvòz** subway, underpass

**podvréči** to subjugate, to subject, to subdue; ~ **se** to submit (to), to undergo (something)

**podvŕžen** subject, liable to; ~ **carini** dutiable

**pòdzavést** subconsciousness; ~**en** subconscious

**podzêmeljsk|i** underground, subterranean; ~**a jama** cave, grotto; ~**a železnica** *(Br)* underground, tube, *(Am)* subway

**podzémlje** underground, underworld

**podžígati** to spur on, to animate, to incite

**poenostáviti** to simplify, to rationalize

**poezíja** poetry

**pogáča** (round) flat cake

**pogájanj|e** negotiation(s); **mirovna** ~**a** peace negotiations

**pogájati se** to negotiate, to confer, to parley; ~ **za** to bargain for, to haggle

**pogàn** pagan, heathen

**pogánjati** to drive, to propel, to push; *(delati poganjke)* to bud, to sprout; *(prizadevati si)* to strive for something

**pogánjek** sprout, shoot, outgrowth

**pogasíti** to put out, to extinguish; to quench

**pogázíti** to trample down, to tread upon, to run over

**pogíniti** to perish, to die

**pogláditi** to caress, to stroke

**poglavár** chief, head; *(plemena)* chieftain

**poglavíten** main, principal, chief, head, capital

**poglávje** chapter

**poglèd** look; *(bežen)* glimpse, glance; view, sight; **na prvi ~** at first sight

**poglédati** to look at, to glance at

**poglobíti** to deepen; **~ se v** to absorb oneself (in), to immerse oneself (in)

**pognáti** to start, to set in motion; to bud, to put forth

**pognojiti** to manure, to fertilize

**pogódba** contract, agreement, pact, treaty, convention; **kolektivna ~** collective agreement; **mirovna ~** peace treaty; **najemna ~** lease

**pogodíti** *(zadeti)* to hit; *(uganiti)* to guess; **~ se** to make an agreement, to come to terms

**pogódu ~ biti** to please, to suit, to be after one's own heart

**pogòj** condition, term; **delovni (življenjski) ~i** working (living) conditions *(pl)*; **pod nobenim ~em** on no account, on no condition

**pogój|en** conditional; **~na obsodba** suspended sentence; **~ni odpust** parole, to be on parole; **~ni refleks** conditioned reflex; **~ni stavek** conditional clause

**pogojèn** dependent on, reliant on

**pogóltniti** to swallow, to devour

**pogòn** drive; **električni (jermenski) ~** electric (belt) drive; **lovski ~** battue; **na reakcijski ~** jet-propelled; **~ na zadnja kolesa** rear-wheel drive

**pogónsk|i ~a sila** motive power; propulsion

**pogoréti** to burn down, to be destroyed by fire

**pogoríšče** site of a fire

**pogórje** mountain range *(ali chain)*; mountains *(pl)*

**pogóst** frequent, repeated, recurrent

**pogostíti** to treat, to give a treat, to entertain

**pogósto** often, frequently

**pogovárjati se** to talk about, to speak of, to discuss, to converse

**pogóvor** conversation, talk, discussion

**pogóvoren** colloquial, conversational

**pogozdíti** to afforest, to plant with trees

**pograbíti** to seize, to grasp, to grab, to snatch

**pógrad** bunk, plank-bed

**pogrèb** funeral, interment, burial

**pogrébec** mourner; *(nosilec krste)* pallbearer

**pogréb|en ~ni govor** funeral oration; **~na koračnica** funeral march; **~ni obred** funeral rites *(pl)*; **~ni zavod** funeral parlour; **lastnik ~nega zavoda** undertaker, mortician

**pogrébščina** (*sedmina*) funeral repast

**pogréšati** to miss, to do without

**pogréti** to warm up

**pogrézniti se** to sink, to go down, to submerge

**pogrinjálo posteljno** ~ coverlet, bedspread; **namizno** ~ tablecloth

**pogrínjek** cover

**pogrníti** to cover, to spread; ~ **mizo** to lay the table

**pogúba** ruin, destruction; damnation, perdition

**pogubíti** to ruin, to doom

**pogúm** courage, bravery, guts (*pl*), nerve

**pogúmen** courageous, brave, bold, fearless

**pohábiti** to cripple, to maim, to mutilate

**pohábljenec** cripple, disabled person

**pohajkováti** to stroll, to ramble, to wander, to roam

**póhan** (*coll*) ~**i piščanec** breaded chicken

**pohíštvo** furniture

**pohitéti** to hurry, to hasten

**pohlépen** greedy, covetous, avaricious

**pohléven** humble, meek, tame

**pohòd** march, expedition

**pohodíti** to tread down, to trample down

**pohôten** lustful, sensual, lascivious

**pohôtnost** lust, sensuality

**pohújšanje** corruption of morals, indecency; scandal, offence

**pohújšati** to scandalize, to offend, to shock

**pohujšljív** scandalous, offensive, indecent

**pohvála** praise, commendation; **javna** ~ honourable mention

**pohvalíti** to praise, to commend, to approve

**poimenováti** to name, to give a name, to call

**poiskáti** to look for, to seek, to search (for), to try to find

**poíti** to run out, to come to an end

**poizvédba** inquiry, investigation, information

**poizvedováti** to inquire, to make inquiries (*pl*); to investigate, to search (for *ali* after), to collect information

**pojasnílo** explanation, interpretation, comment, illustration

**pojasníti** to explain, to make clear, to illustrate, to interpret

**pojàv** phenomenon, (*pl*) phenomena; occurrence, appearance

**pojáviti se** to appear, to turn up, to emerge, to arise

**pojédina** feast, banquet, treat

**pójjem** idea, notion, concept(ion); *Nimam* ~*ma*. I have no idea.

**pojémati** to decrease, to decline; (*luna*) to wane

**pojésti** to eat up, to consume, to finish

**pojíti** (*napajati*) to water, to give to drink

**pojmováti** to comprehend, to

understand, to take in, to grasp

**pojútrišnjem** the day after tomorrow

**pòk** detonation, explosion; ~ púške gunshot

**pokál** goblet, cup

**pokárati** to scold, to blame, to reprimand

**pókati** to crack, to detonate, to explode

**pokázati** to show, to demonstrate, to display; to indicate, to point at

**pokesáti se** to feel sorry, to repent (of)

**pokímati** to nod, to make a sign

**pokláti** to slaughter, to slay, to kill, to massacre

**poklékniti** to kneel (down), to genuflect; ~ **pred kom** to bend the knee to someone

**poklíc** profession, vocation, calling, occupation

**poklícati** to call; ~ **po imenu** to call by name; ~ **po telefonu** to call up, to ring up; ~ **pod orožje** to call to arms; **uradno ~** to summon, to send for

**poklícen** professional, vocational, occupational

**poklòn** gift, present; bow, reverence, compliment, curt(e)sy

**pokloníti** to give as a gift, to present with, to make a present; to donate; ~ **se** to make a bow, to pay reverence, to pay one's respects (pl)

**poklópec** cover, lid

**pôk|oj** retirement; tranquillity, quiet, peace; **iti v ~oj** to retire; **biti v ~óju** to be retired; *Bog mu daj večni ~oj!* May he rest in peace!

**pokój|en** quiet, calm; late, deceased; **moj ~ni mož** my late husband

**pokójnik** the deceased, the late

**pokojnína** pension; **družinska ~** widow's pension; **invalidska ~** disability pension; **starostna ~** old age pension

**pokojnínski ~ sklad** pension fund

**pokòl** massacre, slaughter, butchery

**pokolênje** generation; origin

**pokônci** upright, erect, straight

**pokončáti** to demolish, to destroy, to annihilate, to exterminate

**pokòp** burial, interment; funeral

**pokopalíšče** cemetery, churchyard, graveyard

**pokopáti** to bury, to inter

**pokór|a** penitence, penance; **delati ~o** to atone for, to do penance

**pokorávati se** to obey, to yield to

**pokór|en** obedient; **~ščina** obedience

**pokoríti** to subdue, to submit; ~ **se** to obey

**pokosíti** to mow, to cut down

**pokósiti** to finish one's lunch

**pokrájina** country, landscape, countryside; **av-**

**tonomna ~** autonomous province

**pokramljáti** to chat, to have a chat

**pokrepčáti** to refresh, to revive

**pokristjániti** to convert to Christianity, to Christianize

**pokríti** to cover, to place over, to lay on; **~ s streho** to roof

**pokriválo** head-covering, headgear

**pokropíti** to besprinkle

**pokròv** cover, lid, cap, top

**pokrovítelj** patron, sponsor

**pokrovíteljstvo** patronage, sponsorship, backing

**pokŕpati** to patch, to cobble

**pokúkati** to peep in, to peer, to peek

**pokúsiti** to taste, to try

**pokváriti** to spoil, to ruin, to destroy, to corrupt, to pollute; **~ se** *(stroj)* to break down; *(hrana)* to go bad

**pokvárjen** spoiled, ruined, corrupt, polluted, broken--down, unfit for use, bad; *(želodec)* upset

**pokvarljív** perishable; **~o blago** perishables *(pl)*

**pól** pole; **severni (južni) ~** North (South) Pole

**pól** half; **~ ure** half an hour; **ob ~ dveh** at half past one

**pôla** sheet; **vprašalna ~** questionnaire

**polágati** to lay, to put, to place; **~ parket** to parquet; **~ račun** to account for; **~ venec** to lay a wreath

**polágoma** slowly, gradually, step by step, gently

**polár|en** polar, arctic; **~ni krog** the Arctic Circle; **~ni sij** northern lights *(pl)*

**poláskati** to flatter someone, to pay someone a compliment, to cajole

**polastíti se** to take (possession of), to seize, to usurp

**pólbóg** demigod

**pólbràt** half-brother

**pólcilínder** bowler hat

**pólčas** half-time

**póldan** midday, noon

**poldnévnik** meridian

**poldrúgi** one and a half

**poléči** to lie down; **~ se** to subside, to abate; **~** to die away, to fade

**poledenéti** to freeze, to ice over *(ali* up)

**polédica** black ice; *Na cestah je ~.* The roads are slippery *(ali* skiddy).

**póleg** beside, by, next to, close by; **~ tega** besides, furthermore

**polémika** polemics *(pl)*, controversy

**polemizírati** to dispute aggressively, to indulge in polemics *(pl)*

**poleníti se** to get idle, to laze

**poléno** log, piece of wood, stick

**polénovka** cod; **posušena ~** stockfish

**polénta** hominy, polenta

**polépšati** to beautify, to embellish, to adorn

**polèt** flight; enthusiasm, ardour; **poskusni ~** test flight; **smučarski ~** ski jump

**polét|en** **~ni čas** summer

time, *(Am)* daylight saving time; **~no gledališče** open--air theatre

**poletéti** to fly (away), to take wing, to soar up; *(letalo)* to take off, to become airborne

**polétje** summer, summer-time; **babje ~** Indian summer

**poležáti** *(zjutraj)* to lie in; *(po kosilu)* to have a lie-down *(ali* a nap); *(žito)* to beat down

**pólglásen** low, soft

**pólglásnik** semivowel

**pólh** dormouse; **spati kot ~** to sleep like a log

**políca** shelf, *(pl)* shelves; **~ nad kaminom** mantelpiece; **knjižna ~** bookshelf; **okenska ~** window--sill; **zavarovalna ~** insurance policy

**policíja** police (force); **leteča (tajna, vojaška) ~** flying (secret, military) police

**policíjsk|i ~i patruljni avto** police *(ali* squad) car, *(Am)* cruiser; **~a ura** curfew

**policíst** policeman, constable, *(Br)* bobby, *(Am)* cop

**políč** old measure of capacity (7,5 dcl); glass, jug

**poligón** polygon; testing ground, experimental range

**poliklínika** polyclinic; outpatients' department of a hospital

**políp** polyp, polypus

**polír** foreman

**polírati** to polish, to smooth, to refine

**políti** *(tekočino)* to spill, to pour; to water

**polítič|en** political; **~na ekonomija** political economy; **~na geografija** political geography; **~na veda** political science

**polítik** politician, statesman

**polítika** *(področje družbenega življenja)* politics; *(uresniče-vanje zastavljenih ciljev)* policy; **denarna (davčna) ~** monetary (fiscal) policy; **notranja (zunanja) ~** domestic (foreign) policy

**politírati** to polish, to lacquer

**politizírati** to talk politics

**polízati** to lick up

**pólizdélki** semi-manufactures *(pl)*

**poljána** plain, large field

**pólje** field; **bojno ~** battlefield; **magnetno ~** magnetic field; **minsko ~** minefield; **naftno ~** oilfield; **vidno ~** field of sight; **šahovsko ~** square

**poljedélec** farmer, peasant

**poljedélstvo** farming, agriculture, cultivation of land

**Pólj|ska** Poland; **~ák** Pole, Polish; **p~ski** Polish

**poljúb** kiss; **glasen ~** smack

**poljúben** any, optional

**poljubíti** to kiss

**poljúden** popular

**pólk** regiment

**pólka** polka

**pólkno** *(coll)* shutter

**polkóvnik** colonel

**pólkróg** semicircle

**pólkrógla** hemisphere

**póllétje** half-year; term, semester

**pólmer** radius, *(pl)* radii

**polmésec** half moon, crescent

**polmésečen** half-monthly, *(Br)* fortnightly

**polmrák** dusk, twilight

**póln** full, filled; crammed, crowded; whole, entire; ~a luna full moon; ~i penzion full board; ~a zaposlitev full-time job; s ~o hitrostjo at full speed

**polníti** to fill, to feed; *(puško)* to load; ~ se *(dvorana)* to become full *(ali* crowded)

**pólnoč** midnight

**pólnočnica** midnight mass

**polnoléten** of age, major, adult; postati ~ to come of age

**polnomóčje** full power, authority, procuration; imeti ~ to be authorized to

**polnoštevílen** complete, full-numbered

**pólóbla** hemisphere

**pològ** deposit, down payment, stake

**polòm** breakdown, collapse, bankruptcy, failure, flop

**polomíti** to break

**polóščiti** to glaze, to enamel

**pólotok** peninsula

**polovíc|a** half; na ~o by halves

**polovíčarski** superficial, halfway

**položáj** situation, position, state of affairs *(pl)*, condition; *(lega)* site; *(služba)* rank, status; socialni ~ social standing

**položen** gentle, not steep, gently sloping

**položíti** to put, to lay, to place; ~ kavcijo to deposit caution money; ~ račun to render an account (of)

**polóžnica** postal order

**pólsêstra** half-sister

**pólt** complexion; kurja ~ gooseflesh, goose pimples *(pl)*

**poltén** sensual, voluptuous

**polúlati se** *(coll)* to pee, to have a pee; ~ v plenice to wet one's nappies

**pólzek** slippery, skiddy; lascivious

**polzéti** to slip, to slide, to glide

**pólž** snail

**pólžast** ~e stopnice winding stairs

**pomagáč** helper, assistant, aid

**pomágati** to help, to assist, to aid, to give a hand; ~ komu v težavah to help somebody out; ne znati si ~ to be at a loss

**pomáhati** to wave, to beckon

**pomákati** to dip in, to dunk

**pomakníti** to move, to shift

**pomálem** step by step, little by little, gently

**pománjkanje** want, lack, shortage, deficiency; ~ hrane shortage of food; ~ vitaminov vitamin deficiency

**pomanjkljív** deficient, defective, imperfect, flawed

**pománjšati** to diminish, to reduce, to decrease

**pomaránča** orange

**pomečkáti** to crumple, to crease

**pomehkúžiti** to mollycoddle, to effeminate, to pamper, to cosset

**pomémben** important, significant, notable, noteworthy

**pomémbnost** significance, importance

**pom|èn** meaning, sense; importance, significance; *Brez ~éna je govoriti z njim.* There is no point in speaking to him.

**pomének** talk, conversation, discussion

**pomeníti** to mean, to matter; to denote, to stand for; ~ **se** to talk, to speak, to discuss

**pomériti** to measure; *(obleko, čevlje)* to try on

**pomêsti** to sweep up *(ali away)*; ~ **s čim** to do away with

**poméšati** to stir; ~ **se** to mix, to mingle

**pometáč** street *(ali* pavement) sweeper

**pometáti** to sweep, to clean by sweeping

**pomežíkniti** to wink, to blink

**pomígniti** to beckon, to motion

**pomíje** dishwater, slops *(pl)*, swill

**pomíkati** to move, to push, to shove

**pomilostítev** amnesty, pardon; **prositi za** ~ to appeal for clemency

**pomilostíti** to amnesty, to (grant a) pardon

**pomilováti** to pity, to feel pity for, to commiserate with

**pomiríti** to appease, to placate, to soothe, to calm

**pomirjevál|en** reassuring, soothing; **~no sredstvo** tranquillizer, sedative

**pomíslek** scruple(s), doubt, hesitation

**pomísliti** *(na)* to think (of), to fancy, to consider

**pomišljáj** dash

**pomíšljati si** to hesitate, to waver

**pomíti** to wash up

**pomivál|en ~no korito** sink; **~ni stroj** dishwasher

**pomiválka** dishcloth; scullerymaid

**pomívati** to wash, to wash up, to do the washing

**pomlád** spring, springtime

**pomladíti** to make young, to rejuvenate

**pomnílnik** *(comp)* storage, memory

**pómniti** to remember, to be mindful of, to keep in mind

**pomnožíti** to multiply, to increase, to augment

**pomóč** help, aid, assistance, support; **mednarodna ekonomska (tehnična)** ~ international economic (technical) assistance; ~ **in informacije** highway repair service; **prva** ~ first aid

**pomočíti** to dip (in), to wet, to moisten

**pomočníca** assistant, help; **gospodinjska** ~ domestic help, maid; **trgovska** ~ shop assistant

**pomočník** assistant, help; ~ **direktorja** assistant manager; **kleparski** ~ plumber's mate; **trgovski** ~ shop assistant

**pomòl** pier, jetty

**pomolíti** to hold out, to hand, to reach forth

**pomólsti** to milk

**pomôrsk|i** sea, maritime, naval, nautical; **~a agencija** shipping agency; **~a akademija** naval academy; **~i muzej** maritime museum

**pomorščák** seaman, sailor, mariner

**pomóta** mistake, error, blunder, miscue, slip; **tiskovna** ~ misprint

**pomótoma** by mistake

**pomóžen** auxiliary, subsidiary, assistant

**ponarédek** forgery, counterfeit, imitation, fake

**ponaredíti** to forge, to counterfeit, to imitate, to fake

**ponarodéti** to become popular

**ponášati se** to boast of, to brag, to pride on

**ponatís** reprint, reissue

**ponatísniti** to reprint, to reissue, to reproduce

**ponávljati** to repeat, to reiterate, to recur, to echo

**ponazoríti** to make clear, to illustrate

**ponedéljek** Monday; **binkoštni** ~ Whit Monday; **velikonočni** ~ Easter Monday

**ponéhati** to cease, to stop, to abate, to slacken, to relent

**ponekód** somewhere, in places

**ponemčeváti** to Germanize

**ponesréčenec** victim, injured person, casualty

**ponesréčiti| se** to meet with an accident; **smrtno se** ~ to be killed in an accident

**pônev** frying pan

**ponevédoma** unknowingly, unaware

**ponevérba** embezzlement, misappropriation

**ponevériti** to embezzle, to misappropriate

**póni** pony

**poniglàv** roguish, mischievous; hypocritical

**ponikálnica** underground (*ali* disappearing) stream

**poníkniti** to disappear underground, to sink, to get lost

**ponížati** to humiliate, to humble, to abase, to degrade

**poníž|en** humble, submissive; **~eválen** humiliating, degrading

**ponížnost** humility, humbleness

**ponjáva** rug, tilt, awning, tarpaulin

**ponjúhati** to sniff, to smell

**ponôčen** nightly, nocturnal

**ponočeváti** to stay out late; (*po lokalih*) to go on a pub crawl, to tour pubs (*ali* bars)

**ponôči** by night, at night

**ponočnják** night owl, reveller

**ponòr** sink, swallow-hole

**ponôrel** crazy, mad

**ponoréti** to go mad (*ali* crazy)

**ponòs** pride; self-esteem

**ponôsen** proud; **biti** ~ **na** to be proud of, to take pride in

**ponosíti** to wear out

**ponóšen** worn out, shabby

**ponovíti** to repeat, to reiterate; *(znanje)* to brush up

**ponóvno** repeatedly, (once) again, anew

**ponúdba** offer, bid, proposal, tender

**ponudíti** to offer, to bid, to propose, to tender

**poobédek** dessert, sweet, *(Am)* pudding; afters *(pl)*

**pooblačíti se** to become cloudy *(ali* overcast)

**pooblastílo** authorization, power, authority, proxy; **generalno ~** power of attorney

**pooblastíti** to authorize, to give authority; to give power of attorney

**pooblaščénec** proxy, deputy, attorney, trustee, plenipotentiary

**poóblati** to plane (off)

**poosébiti** to personify, to embody, to impersonate

**poostríti** to aggravate, to intensify

**popáčiti** to deform, to distort, to disfigure

**popád|ek porodni ~ki** contractions, labour pains *(pl)*; **imeti ~ke** to be in labour

**popadljív** biting, mordacious

**popáriti** to scald; to discourage, to dishearten

**popásti** to seize, to grasp; *(travo)* to graze

**pópek** bud; *(anat)* navel

**pôper** pepper

**popévka** popular song, pop song, hit (song)

**popís** description; list, register, inventory; **~ prebivalstva** census; **~ zalog** stocktaking

**popísati** to describe; to make an inventory, to list, to catalogue

**popíti** to drink up, to empty one's glass, to finish a bottle

**popívati** to drink hard, to carouse

**popláčati** to repay, to compensate; **~ dolgove** to pay off debts

**poplakníti** to wash down *(ali* out), to rinse

**popláva** flood, inundation

**poplávíti** to flood, to inundate, to overflow, to submerge

**popléska|ti** to paint

**popóldan** afternoon; **popóldne** in the afternoon

**popóln** complete, total, utter, absolute; **~a tema** utter darkness; **~i tujec** perfect stranger; **~o znanje** thorough knowledge

**popolníti** to complement, to fill up

**popólnoma** completely, entirely, throughout; **~ nov** brand-new

**popólnost** perfection

**popót|en ~na torba** travelling bag

**popráskati** to scratch, to scrape

**poprávek** correction, rectification; *(comp)* patch

**popravílo** repair, mending

**popráviti** to repair, to mend, to fix; to correct

**popravljálnica** repair shop
**popréj** before, previously, formerly
**poprék** crosswise, crossways
**popŕsje** bust, half-length picture; bosom
**popul|arizírati** to popularize; **~áren** popular
**popúst** discount
**popustíti** to abate, to relax, to decrease, to slacken, to yield, to indulge, to give in (*ali* way)
**popustljív** indulgent, yielding, complying
**popustljívost** indulgence, compliance
**popúščanj|e** **~e napetosti** détente; **politika ~a** appeasement act
**pòr** leek
**póra** pore
**poráb|a** consumption, use; **blago za široko ~o** consumer goods (*pl*)
**poráben** usable, useful, handy
**porabíti** to use up, to consume, to spend
**porábnik** consumer, user
**porást** growth, increase, rise
**poráščen** overgrown; hairy, unshaven
**poravnáti** (*tla*) to level; (*račun*) to settle; (*spor*) to make up, to settle; (*škodo*) to compensate; (*kar je ukrivljeno*) to straighten, to make even; (*vzravnati se*) to straighten up
**poravnáva** compromise, arrangement, settlement
**poràz** defeat, failure

**porazdelíti** to distribute, to allot, to divide, to apportion
**poráziti** to defeat, to beat, to overpower
**porcelán** porcelain, china
**pórcija** helping, portion
**poréčje** river basin
**poréden** mischievous, naughty, wicked
**porêklo** descent, background, origin; (*kamnin*) provenance
**porézati** to cut off (*ali* up), to clip, to pare, to trim
**poríbati** to scrub
**poríniti** to push, to thrust, to shove
**porjavéti** to get brown, to tan, to bronze; (*zarjaveti*) to rust
**poróčati** to report, to inform, to give an account of, to relate
**poróč|en** **~ni list** marriage certificate; **~no potovanje** (*medeni tedni*) honeymoon; **~ni prstan** wedding ring
**poročèn** married (to)
**poročeválec** reporter
**poročíl|o** report, account, bulletin; **letno ~o** annual report; **radijska, TV ~a** news bulletin, the news
**poročíti** to marry; **~ se** to get married, to marry
**poróčnik** lieutenant
**poròd** childbirth, birth, delivery, confinement
**porodíti** to give birth to; **~ se** to be born
**poródnica** woman in labour; woman in childbed
**porodníški** obstetric; **~ do-**

**pust** maternity leave; ~ **oddelek** maternity ward

**porodníšnica** maternity hospital

**porodní|štvo** obstetrics *(pl)*; ~**čar** obstetrician

**porogljív** mocking, sarcastic, scornful

**pôrok** guarantor, *(na sodišču)* bailsman; **biti ~** to guarantee, to stand bail

**poróka** wedding, marriage; **cerkvena ~** church wedding; **civilna ~** civil wedding, marriage in a registry office

**poróštvo** guarantee, warranty; security, assurance

**porót|a** jury; **mnenje, razsodba ~e** verdict

**porótnik** member of a jury, juryman, juror; **sodnik ~** assessor, nonprofessional member of bench

**portír** porter, doorman

**pórto** postage due

**portrét** portrait; ~**írati** to portray

**Portugál|ska** Portugal; ~**ec**, **p~ski** Portuguese

**porúšiti** to pull down, to destroy, to demolish, to ruin

**porúvati** to pluck out, to pull out

**posadíti** *(sadike)* to plant, to set; *(lončnice)* to pot; *(s sadilnim klinom)* to dibble; *(namestiti)* to put, to place, to seat someone

**posádka** crew, team, personnel

**posámezen** separate, individual, single

**posámeznik** individual, single person

**posámeznost** detail, particulars *(pl)*

**posébej** extra, separately, apart

**poséb|en** particular, specific, special; ~**na izdaja** *(časopisa)* special edition, extra; ~**na pravica** prerogative

**posébnež** character, eccentric, oddball

**posébnost** speciality, particularity, curiosity, oddity

**poséči ~ po** to reach for; ~ **v** to intervene in, to interfere with, to encroach on

**posédati** to sit about

**posedováti** to possess, to have, to own

**posèg** intervention

**poségati** *glej* POSEČI

**posejáti** to sow

**poséka** clearing

**posékati** to fell, to cut down

**pôs|el** work, job, business, affair; **po ~lih** on business; *Ne vmešavaj se v moje ~le!* Mind your own business!

**posést** property, possession, tenure

**poséstnik** owner, proprietor; **hišni ~** householder; **mali ~** small holder; **zemljiški ~** landowner

**poséstvo** estate, landed property, farm

**posétnica** card, visiting card, *(Am)* calling card

**posévek** crop

**posíliti** to force, to compel, to oblige; *(žensko)* to rape

**posílstvo** rape

**posinóviti** to adopt (a son)

**posípati** to strew, to sand, to gravel, to powder

**posivéti** to grow (*ali* to turn) grey

**poskakováti** to jump, to leap, to hop, to bounce

**poskóčen** merry, lively; ~ **konj** frisky horse

**poskóčnica** dancing song

**poskrbéti** to take care of, to look after, to see to

**poskús** experiment, trial, attempt; **jedrski** ~ nuclear test

**poskús|en** experimental, tentative; ~**na doba** trial period; ~**ni polet** test flight

**poskúsiti** to try, to attempt

**poskúšnja** trial, attempt

**poslábšati** to make worse, to aggravate

**poslánec** deputy, delegate; messenger; *(Br)* Member of Parliament, *(Am)* representative

**poslánica** official letter, circular, missive, epistle

**poslánik** ambassador

**posláništvo** legation, embassy

**poslánstvo** mission

**poslástica** delicacy, titbit, *(coll)* goodies *(pl)*

**posláti** to send, to forward, to dispatch; *(denar)* to remit; ~ **nazaj** to return, to send back; ~ **po zdravnika** to send for a doctor; ~ **prisrčen pozdrav** to send one's love

**poslédica** consequence, outcome, result, after-effect

**poslédnji** the last, final

**poslédnjič** for the last time

**poslíkan** ~**o okno** stained glass window

**poslíkati** to paint

**poslópje** building, edifice

**posloválnica** office, agency

**poslováti** to manage, to run a business

**poslóv|en** *(zadržan, uraden)* formal, official; ~**ni človek** businessman; ~**ni dogovor** deal, transaction; ~**na organizacija (združenje)** business organization (association)

**poslovéniti** to translate into Slovene

**poslovíl|en** farewell; ~**no pismo (večerja)** farewell letter (dinner)

**poslovíti se** to take leave, to say goodbye

**poslóvnik** (rules of) procedure; *(v parlamentu)* standing orders *(pl)*

**poslovód|en** ~**ni organ** business board

**poslovódja** head *(ali* chief) clerk; manager of a small business

**poslúh** musical ear; **brez** ~**a** tone-deaf

**poslušál|ec** listener; **skrit** ~**ec** eavesdropper; ~**ci** *(v dvorani)* audience, public

**poslúšati** to listen to; **ne** ~ to turn a deaf ear to

**poslúšen** obedient

**poslúžiti se** to help oneself to, to make use of

**posmèh** mockery, scorn; **biti vzrok za** ~ to be a laughing stock

**posmehováti se** to mock,

to laugh at, to deride, to ridicule

**posmŕt|en** posthumous, post-mortem; ~**ni ostanki** mortal remains *(pl)*; ~**no življenje** afterlife

**posnémati** to imitate, to ape, to parrot, to mimic, to copy, to emulate

**posnemoválec** imitator

**posnétek** copy, recording; snap-shot, take

**posnéti** *(mleko)* to skim; *(zapisovati zvok, sliko)* to record; *(fotografirati)* to take pictures, to photograph; ~ **film** to shoot a film

**posóda** vessel, container, receptacle; **kuhinjska** ~ dishes *(pl)*, crockery, kitchenware; **nočna** ~ chamber pot, bedpan

**posodíti** to lend, to give a loan

**posodôbiti** to update, to modernize

**posojílnica** loan bank

**posojílo** loan; **notranje** ~ domestic loan; **vzeti** ~ to raise a loan, to borrow money

**posolíti** to salt

**pospéšek** acceleration

**pospeševálec** accelerator; promoter

**pospeševáti** to promote, to foster, to forward, to accelerate

**posplôšiti** to generalize

**pospráviti** to tidy up; *(mizo)* to clear up; *(pridelke)* to gather in, to harvest

**posrebríti** to silver, to electroplate

**posréčiti se** to succeed (in), to manage (to)

**posréd|en** indirect, mediate; ~**ni davek** indirect tax; ~**ni dokaz** circumstantial evidence

**posrédnik** middleman, go-between, mediator, agent

**posredoválnica** agency; ~ **za delo** employment agency

**posredováti** to mediate, to intervene, to intercede

**pòst** fasting, fast; **štiridesetdnevni** ~ Lent

**postáj|a** station; **avtobusna** ~**a** bus station, *(postajališče)* bus stop, *(samo na zahtevo potnikov)* request stop; **končna** ~**a** rail *(ali* bus) terminus; **radijska, TV oddajna** ~**a** broadcasting station; **železniška** ~**a** railway station; **šef** ~**e** stationmaster; *Na kateri* ~*i boste izstopili?* Which stop will you get off at?

**postajališče** stop, halting place

**postán** not fresh; *(jed, pijača)* stale; *(pivo)* flat

**postánek** stop, halt

**postárati** to age; ~ **se** to grow old, to age

**postáren** elderly, aged

**postáti** to become, to get, to grow, to go, to grow

**postáv|a** figure; **srednje** ~**e** medium-sized; *(zakon)* law; **kršiti** ~**o** to break the law

**postáven** stout, well-built; legal, lawful

**postáviti** to put, to place, to post; ~ **past (zasedo)**

to set a trap (an ambush); ~ **spomenik** to erect a monument

**postávka** item

**póstelja** bed; **bolniška ~** sickbed; **otroška ~** cot; **smrtna ~** death bed; **zložljiva ~** folding bed

**posteljnína** bed linen, bedding, bedclothes *(pl)*

**postíti se** to abstain from, to fast

**postláti** to make the bed

**postojánka** post, stronghold

**postópati** *(hoditi brez cilja)* to mooch about, to wander; *(lenariti)* to idle, to loaf; *(ravnati, delati)* to proceed, to act; **grdo ~ s kom** to treat someone badly

**postópek** proceeding, procedure, technique, process; **sodni (kazenski) ~** legal (criminal) proceedings *(pl)*; **raziskovalni ~** research procedure

**postópoma** gradually, by degrees

**postotériti** to centuple

**postóvka** *(ptica)* kestrel

**postráni** askance, sideways

**postránski** additional, secondary, marginal, extra

**postréči** to serve, to attend to, to wait on

**postrelíti** to shoot (dead), to kill

**postréšček** porter

**postréžba** service, attendance

**postrežljív** obliging, kind

**postréžnica** daily help, daily; charwoman

**postŕgati** to scrape off

**postríči ~ lase** to cut one's hair; ~ **ovce** to shear *(ali* to fleece) sheep

**postrojíti se** to line up

**postŕv** trout; **potočna ~** brown (river) trout; **jezerska ~** lake trout; **soška (kalifornijska) ~ Adria** (rainbow) trout

**posušíti** to dry; *(z dimom)* to smoke; *(meso, na zraku)* to dry-cure; ~ **se** *(rastlina)* to wither; *(reka)* to dry up, to run dry

**posúti** to powder, to sand, to gravel

**posváljkati** to crumple, to rumple

**posvaríti** to caution, to warn against, to admonish

**posvečèn** consecrated, hallowed, dedicated (to); *(v mašnika)* ordained

**posvèt** consultation, conference

**posvéten** worldly, earthly, secular, temporal

**posvetílo** dedication

**posvetíti** to consecrate, to hallow, to dedicate, to devote; to ordain

**posv|etíti** to light; *P~étilo se mi je.* It flashed across my mind.

**posvetoválnica** consulting room; council chamber; **zakonska ~** marriage guidance council

**posvetovánje** conference, consultation

**posvetováti se** to consult, to confer, to deliberate

**posvoj|ênec** adopted child, adoptee; ~ítelj adopter
**posvojít|i** to adopt; ~ev adoption
**pošalíti se** to joke, to make fun of
**pošást** monster, ghost, phantom
**pošásten** monstrous, ghastly, abhorrent
**poščegetáti** to tickle
**pošepetáti** to whisper
**pošév|en** slanted, inclined, tilted
**pošiljátelj** sender, conveyor, forwarder; *(denarja)* remitter; *(z ladjo)* shipper
**pošíljati** to send, to dispatch, to convey, to forward, to remit, to ship
**pošíljka** consignment, shipment, *(denarna)* remittance
**poškódba** injury, lesion, harm, hurt
**poškodováti** to injure, to harm, to hurt, to damage
**poškróbiti** to starch
**poškropíti** to sprinkle, to splash, to spatter
**póšt|a** post office; *(pisma)* mail, post; **glavna ~a** General Post Office; **letalska ~a** airmail; **z navadno ~o** by surface mail; **z obratno ~o** by return of post; **oddati pismo na ~o** to post *(ali* to mail*)* a letter
**póštar** postman; *(Am)* mailman
**póšt|en** ~na kočija stagecoach; ~ni nabiralnik post-box, letterbox; *(Am)* mailbox; ~na nakaznica postal

order, *(Am)* money order; ~ni predal post-office box; ~na številka postcode, *(Am)* zip code; ~no ležeče poste restante, *(Am)* general delivery
**poštèn** honest, fair, straightforward, honourable, clean-cut
**poštenják** honest man, man of honour
**poštênost** honesty, integrity, fairness
**poštèv vzeti v ~** to take into consideration
**poštévanka** multiplication table
**poštnína** postage, mailing fee; *(porto)* postage due
**pót** sweat, perspiration
**pót** way, (foot)path; road, street; *(smer)* route, course; **božja ~** pilgrimage; **izhojena ~** beaten track; **jezdna ~** bridle path, bridleway; **biti komu na ~i** to be in one's way; **krčiti si ~** *(utreti)* to force one's way; **utreti ~ za** to pave the way for
**potapljáč** diver
**potápljati se** to dive, to submerge, to sink, to drown
**potêči** to expire, to run out
**potegávščina** hoax, prank, practical joke
**potegníti** to pull, to draw; ~ **koga** to fool someone, to take someone in; ~ **se za koga** to stand up for, to take the side of
**potegováti** ~ **se za kaj** to apply for, to put in for, to make a request for

**potèk** course, process;
~ **zdravljenja (dogodkov)**
course of treatment (events)
**potékati** to go on, to run
**potém** afterwards, then
**potemnéti** to darken, to grow
dark
**potempljáti** to sole
**pót|en** ~ni list passport; ~ni
**stroški** travelling expenses
*(pl)*, *(službeno priznani)* trav-
elling allowance; P~ni list
mi je včeraj potekel, treba ga je
podaljšati. My passport ex-
pired yesterday; it needs
renewing.
**pôten** sweaty, perspiring
**poténca** (sexual) potency;
power; **druga ~** *(kvadrat
števila)* second power
**potépati se** to roam, to stroll,
to ramble, to wander, to rove
**poteptáti** to tread down, to
trample (on)
**potepúh** tramp, rambler,
vagabond
**potéza** stroke, line, move,
feature
**potíca** potica; cake, baked
from raised dough with wal-
nut, raisin or other filling
**potíhoma** quietly, silently, in
a low voice
**potípati** to touch, to feel
**potísniti** to push, to shove
**potíti se** to sweat, to perspire
**potláčiti** to press down, to
oppress, to restrain
**pótnik** passenger, traveller;
**slepi ~** stowaway; **svetovni
~** globetrotter; **trgovski ~**
sales representative, com-
mercial traveller

**potóč|en** ~na postrv brown
(river) trout; ~ni rak crayfish
**potočíti** to spill; *(solze)* to
shed
**pôtok** brook, rivulet, stream,
*(Am)* creak
**potolažíti** to console, to com-
fort, to cheer up
**potólči** to beat, to knock
down, to defeat; ~ **rekord**
to break a record; ~ **se** to
injure *(ali* to hurt) oneself
**potómec** descendant, child,
offspring, issue
**potónika** peony
**potoníti** to sink, to go down;
*(utoniti)* to drown
**potòp** flood, deluge
**potopís** travel book, travel-
ogue; itinerary
**potopíti** to dip, to immerse;
*(ladjo)* to sink; *(poplaviti)* to
flood; ~ **se** to sink, to go
down; *(utopiti)* to drown
**potovál|en** ~ni urad tourist
office, travel agency
**potovánje** travel, journey,
voyage, tour; **krožno ~**
round trip; **poročno ~** hon-
eymoon; ~ **za zabavo** plea-
sure trip; **skupinsko ~** *(z
vodnikom)* conducted tour;
**službeno ~** business trip
**potováti** to travel, to jour-
ney, to voyage; ~ **po morju
(kopnem)** to travel by sea
(land)
**potóžiti se** to complain, to
lament
**potpurí** medley
**potráta** dissipation, lavish-
ness, extravagance; ~ **časa**
waste of time

**potráten** wasteful, prodigal, lavish, extravagant

**potrdílo** confirmation, attestation, receipt

**potrdíti** to confirm, to certify, to attest, to acknowledge

**potréba** need, want, demand, requirement, necessity

**potrében** needed, necessary, required; **neobhodno ~** indispensable

**potreb|ováti** to need, to require, to want; *Do doma ~úje dve uri.* It takes him two hours to get home.

**potrébščine** necessaries *(pl)*; **toaletne (potovalne) ~** toilet (travelling) requisites *(pl)*

**potrepljáti** to pat, to tap

**potrès** earthquake

**potrés|en ~ni sunek** seismic tremor; **~ni val** seismic wave

**potrésti** to shake, to stir up, to strew, to scatter

**potŕgati** to tear (off); *(rože)* to pick, to pluck

**potŕkati** to knock, to rap

**potrkávati** to chime, to ring the changes, to peal

**potrošíti** to spend, to consume, to use up

**potróšnik** consumer, spender, user

**potróšnj|a** consumption; **izdelki za široko ~o** consumer goods *(pl)*

**potrpéti** to endure, to have patience, to be patient

**potrpežljív** patient, tolerant; **~ost** patience, tolerance

**potŕt** downhearted, in low spirits *(pl)*

**potŕtost** depression, low spirits *(pl)*

**potrudíti se** to endeavour, to strive, to make an effort

**potúh|a** connivance; **dajati ~o** to connive at something, to abet someone

**potúhniti se** to duck, to sneak

**potúhnjen** hypocritical, sneaky, malicious

**potujčeváti** to deprive of national rights, to denationalize

**poúčen** instructive, educational, informative

**poučeváti** to teach, to instruct, to coach, to give lessons

**poučíti** to acquaint with, to inform of

**poudárek** accent, stress, emphasis

**poudáriti** to accentuate, to stress, to emphasize

**poúk** lessons *(pl)*, school, instructions *(pl)*; **imeti ~** to have lessons

**použíti** to eat up, to consume

**povabílo** invitation; **~ na večerjo** invitation to dinner

**povabíti** to invite, to ask

**povábljenec** guest

**povéčati** to enlarge, to increase, to amplify, to magnify, to raise

**povečevál|en ~no steklo** magnifying glass

**povečíni** mostly

**povédati** to tell, to say

**povédek** predicate

**poveličeváti** to praise, to glorify

**povêlje** order, command
**poveljeváti** to command, to be in command of
**povêljnik** commander, commanding officer; **vrhovni ~** commander-in-chief
**povêljstvo** command
**poverĺl|en ~na pisma** credentials *(pl)*, letters of credence
**povériti ~ komu kaj** to entrust somebody with something; to trust somebody to take charge of something
**povérjenik** person in charge, commissioner
**povésiti** to lower, to sink, to bend, to droop, to sag; to hang downwards
**povést** story, tale
**povézan** linked, connected
**povézati** to tie, to bind (up); to link, to connect with, to associate
**povíšanje** rise, increase; promotion
**povíšati** to increase, to raise, to promote
**povléči** to pull, to draw, to drag, to tug
**povòd** motive, reason, cause
**povódec** halter, guide rope, leash
**povôd|en ~ni konj** hippopotamus; **~ni mož** water sprite
**povódenj** flood, inundation
**povóhati** to smell, to sniff
**povòj** bandage; *(za dojenčka)* *(Br)* nappy, *(Am)* diaper
**povôjen** post-war
**povórka** procession, parade
**povoščíti** to wax

**povozíti** to run over, to knock down
**povprášati** to inquire about *(ali* for, after); to ask for *(ali* after)
**povpraševánje** inquiry, demand, request; **~ in ponudba** demand and supply
**povpréčje** average; **~no** on the average
**povračíl|en ~ni napad (ukrep)** retaliatory attack (measure)
**povračílo** return, repayment, refund; reprisal
**povrátek** return, comeback
**povrát|en** return, reflexive; **~ni glagol (zaimek)** *(gram)* reflexive verb (pronoun); **~na informacija** feedback; **~na vozovnica** return ticket
**povrátnik** returned person; *(zločinec)* recidivist; **kozorogov (rakov) ~** tropic of Capricorn (Cancer)
**povréči** to bring forth (young ones), to whelp, to drop
**povŕhu** over, above, into the bargain, besides
**povrníti** to return, to repay; to give back
**povŕšen** superficial, shallow, desultory, negligent
**površína** surface, area, outward appearance
**povŕšnik** overcoat
**povrtnína** vegetables *(pl)*, greens *(pl)*
**povsèm** entirely, completely, fully
**povsód** everywhere, in all places, all over
**povšéči** *glej* POGODU

**povzdígniti** to lift, to raise, to elevate

**povzétek** summary, résumé, recap(itulation), abstract

**povzéti** to summarize, to recap(itulate)

**povzétj|e po ~u** cash on delivery

**povzpéti se** to ascend, to mount, to rise, to climb (up)

**povzpétnik** parvenu, upstart

**povzročíti** to cause, to bring about

**pozáb|a** oblivion; **~jív** forgetful, oblivious

**pozabíti** to forget

**pozakóniti** to legitimate

**pozávna** *(na poteg)* trombone

**pozdràv** greeting, salutation; *(vojaški)* salute; *(v pismih, po drugih)* compliments *(pl)*, love, regards *(pl)*; *Prejmite najlepše ~e.* With kind regards.

**pozdrávit|i** to greet, to salute; *(za dobrodošlico)* to bid someone's welcome; *(po kom drugem)* to give one's love *(ali respects, regards (pl))* to someone; *P~e sestro!* Remember me to your sister!, Give her my love!

**pozdráviti** *(bolezen)* to cure, to heal; **~ se** to recover from

**pozéba** frost

**pozébsti** to freeze, to be killed by frost

**pôzen** late, behind time

**pozícija** position, location, place

**pozími** in (the) winter

**pozitív|en** positive, affirmative; **~ni predznak** plus

**pozív** call, appeal; *(uradni)* summons; **~ na sodišče** subpoena; **~ k vojakom** call-up; **dekle na ~** call girl

**pozlačèn** gilt, gilded, gold-plated

**pozlatíti** to guild, to plate with gold

**poznàn** known, noted for, renowned for

**poznánstvo** acquaintance; connection

**poznáti** to know, to be acquainted with; **~ navidez (po imenu)** to know by sight (by name)

**poznaválec** connoisseur, expert

**poznéje** later, afterwards

**poznéjši** subsequent, following

**pôzno** late

**pozòr** attention; *P~!* Caution! **stati v ~u** to stand at attention; *P~, hud pes!* Beware of the dog!; *P~, stopnice!* Mind the steps!

**pozóren** watchful, attentive, intent; caring, solicitous, considerate, thoughtful

**pozórnost** attention; care, concern

**pozváti** to call, to summon, to invite

**pozvoníti** to ring the bell

**požár** fire; **velik ~** conflagration

**požár|en ~ni hidrant** fire hydrant; **~na lestev** fire escape; **predpisi o ~ni varnosti** fire regulations *(pl)*

**poželênje** desire, longing, lust

**poželéti** to desire, to long for, to lust after

**poželjív** desirous; eager (for), greedy for

**požerúh** glutton, gobbler

**požéti** to reap (a field)

**požgáti** to burn up (ali down), to destroy by fire

**požíg** arson

**požigálec** arsonist, fire raiser

**požirálec** ~ mečev sword swallower; ~ ognja fire eater

**požirálnik** gullet; (v kraških tleh) swallow hole, sinkhole

**požírati** to swallow, to gulp, to devour

**požír|ek** swallow, gulp; (krepek) swing; ~ek vode drink of water; v enem ~ku in one draught (ali gulp)

**poživíti** to revive, to enliven, to reanimate

**požréšen** gluttonous, greedy, voracious

**požréti** to swallow, to devour

**požrtvoválen** self-sacrificing, selfless, unselfish

**požúgati** to threaten, to menace; ~ s pestjo to shake one's fist at

**požvížgati** to whistle; ~ se not to care a pin for

**prábábica** great-grandmother

**práča** (orožje) sling

**práčlôvek** primitive man

**prádéd** great-grandfather

**prádôba** prehistory, prehistorical times (pl)

**prádomovína** original homeland, cradle

**pràg** threshold, doorstep; bolečinski ~ pain threshold;

železniški ~ sleeper, (Am) tie

**prágòzd** virgin forest, primeval forest; jungle

**práh** dust, powder; mleko v ~u powdered milk; sladkor v ~u caster (ali castor) sugar

**práks|a** practice, experience, practical work; zdravnik splošne ~e general practitioner; (privatna) zdravniška ~a (private) medical practice

**prakticírati** to practise

**práktičen** practical, handy, functional, serviceable, useful, utilitarian

**prál|en** washable, washing; ~ni prašek washing powder, soap powder; ~ni stroj washing machine

**prálnica** laundry, washroom; ~ avtomobilov car wash; samopostrežna ~ laund(e)rette

**prám|en** ~en las tuft of hair; ~en svetlobe beam (ali jet) of light; svetli ~éni (las) blonde highlights

**prápor** banner, flag, ensign

**praporščák** cadet, (Am) ensign; standard-bearer

**práprábábica** great-great--grandmother

**práprot** fern

**práska** scratch, scar

**práskati** to scratch, to scrape

**prasketáti** to crackle, to sputter

**prásniti** ~ v smeh to burst into laughter; ~ vžigalico to strike a match

**prášek** powder; **pecilni**

**(pralni)** ~ baking (washing *ali* soap) powder

**prášen** dusty

**prášič** pig, hog; *(merjasec)* boar, *(svinja)* sow; *(psovka)* swine; **divji** ~ wild boar

**prašíček** piglet, piggy, sucking pig; **morski** ~ guinea pig; *(hranilnik)* piggybank

**prašičjeréja** pig breeding, pig farming

**prašíčj|i** ~a kuga swine-fever; ~i parklji pig's trotters *(pl)*

**prašíti** to dust, to powder

**prášnik** stamen

**práti** to wash, to do the laundry *(ali* washing); *(lase)* to shampoo; *Ona pere za nas.* She does our washing.

**prátika** almanac, calendar

**pràv** just, right, *(zelo)* very; ~ **rad** with pleasure; *Imaš* ~. You are right; *Meni je* ~. *(meni ustreza)* It suits me.; *Čevlji so mi* ~. These shoes fit (me).; *Kruh je* ~ dober. The bread is very good.; *P~ ti je!* (It) serves you right!

**právd|a** case, suit, lawsuit, process; action; **dobiti (izgubiti)** ~o to win (to lose) a case *(ali* suit)

**právdati se** *(na sodišču)* to litigate, to engage in a lawsuit, to go to law

**práv|en** legal, juridical, judicial, law; ~ni naslednik heir apparent; ~na oseba artificial *(ali* juristic) person, body corporate; ~na pomoč *(za reveže)* legal aid; ~ni postopek legal proceedings

*(pl)*; ~ni svetovalec legal adviser; ~no veljáven valid, legal, lawful

**právi** right, proper, true, authentic, genuine

**právic|a** justice, right; legitimacy; **človečanske** ~e human rights *(pl)*; **demokratične (ustavne)** ~e democratic (constitutional) rights *(pl)*; **volilna** ~a right to vote, franchise

**pravicoljúben** righteous, just

**pravíčen** just, rightful; fair, impartial, objective

**pravílen** correct, right, true, regular

**pravílnik** book of rules *(ali* regulations)

**pravílo** rule, regulation, principle, statute

**práviti** to say, to tell

**pràvkar** just now, this very moment

**právljica** fairy tale

**právljič|en** ~no bogastvo fabulous wealth; ~na dežela wonderland, fairyland

**právnik** lawyer, jurist

**právnúk** great-grandson; ~inja great-granddaughter

**právo** jurisprudence, (science of) law; **avtorsko** ~ copyright; **kazensko (civilno)** ~ criminal (civil) law; **mednarodno** ~ international law; **običajno** ~ common law; **ustavno** ~ constitutional law; **študirati** ~ to read *(ali* to study) law

**pravočásen** punctual, timely, due

**pravokóten** rectangular,

right-angled; ~ **na** perpendicular to

**pravokótnik** rectangle, oblong

**pravopís** spelling, orthography; *(knjiga)* usage guide; spelling dictionary

**pravoréčje** orthoepy; phonology

**pravosláven** orthodox

**pràvzapràv** as a matter of fact, actually

**prázen** empty, vacant, blank; *(ničen)* null

**prázgodovínski** prehistoric

**prázničen** festive, joyous, joyful

**práznik** holiday, festival, feast; *(v koledarju)* red-letter day; **božični ~i** Christmas holidays; ~ **dela (1. maj)** Labour Day; **državni ~** national holiday

**prazníti** to empty, to clear

**praznováti** to celebrate, to keep a holiday

**praznovér|je** superstition; **~en** superstitious

**prážen** ~ **krompir** roast potatoes; ~ **sladkor** caramel, burnt sugar

**práženec** shredded pancake (with raisins)

**prážiti** to roast, to toast, to fry, to scorch

**prdéti** *(vulg)* to break wind, to fart

**prebáva** digestion; **slaba ~** indigestion

**prebáv|en ~ni sistem (sokovi)** digestive system (juices); **~ne motnje** digestive trouble

**prebáv|iti** to digest; **(ne)~ljiv** (in)digestible

**prebedéti** ~ **noč** to spend a sleepless night

**prebelíti** to whitewash

**prebežáti** to run away from, to desert

**prebéžnik** runaway, deserter

**prebírati** to pick out, to select, to sort out; *(knjigo)* to read

**prebítek** surplus, excess

**prebíti** to break through, to pierce; ~ **čas** to pass the time

**prebiválec** inhabitant, resident; **prvotni ~** *(Avstralije)* aboriginal

**prebiválíšče** (place of) residence, dwelling, domicile

**prebiválstv|o** population, inhabitants *(pl)*; **gostota ~a** population density; **kmečko (mestno) ~o** rural (urban) population; **popis ~a** census

**prebívati** to live, to dwell, to reside; *(za krajši čas)* to stay, to sojourn

**prebledéti** to turn pale, to blanch

**preboléti** to get over, to recover (from); to forget

**prebôsti** to pierce, to perforate; *(z mečem, nožem)* to stab; *(z rogovi)* to gore

**prebráti** to read; to pick out, to select

**prebrêsti** to wade, to ford

**prebrísan** sly, smart, cunning, clever, artful

**prebŕskati** to search, to rummage, to ransack

**prebudíti** to wake up, to awake, to waken

**precedíti** to filter, to strain

prècej *glej* TAKOJ

precéj a great deal, much, many; rather, fairly, pretty

precéjšen considerable, pretty large

precéniti to overestimate, to overvalue, to overrate; *(oceniti)* to estimate, to value, to rate

prec|èp cleft, fissure, crevice; dilemma; *(primež)* vice; **biti v ~épu** to be on the horns of a dilemma; **dobiti koga v ~ep** to drive someone into a corner

precíz|en precise, accurate, correct, definite, proper, exact; **~ni instrumenti (orodje)** precision instruments (tools)

préča parting

préč|en cross, transverse, diagonal; **~ni prerez** cross-section

prečítati to read; *(na hitro)* to skim through

préčka crossbar, rung

préčkati to cross, to traverse

prečŕtati to delete, to cross out, to strike out, to cancel

pred before, previous to, beforehand, ahead of; in front of; **~ kratkim** recently, lately; **~ polnočjo** before midnight; **~ hišo** in front of the house; **~ Kristusom (pr. Kr.)** before Christ (B.C.); **~ pričami** in the presence of witnesses

predája capitulation, surrender; delivery; *(zločinca)* extradition

predál drawer; **poštni ~** post-office box

predálnik chest of drawers; *(Am)* dresser

predáti to deliver, to hand over; **~ se** to surrender, to capitulate

predaválnica lecture room

predávanje lecture, reading

predavátelj lecturer, instructor

predávati to lecture, to hold a lecture on

predčásen premature, untimely

prèddélavec foreman, supervisor

prèddôben anterior, prior

preddvérje porch, entrance hall, lobby

prèddvòr *(srčni)* atrium

predél region, section, zone, tract

predélati to remake, to adopt, to recycle, to remodel, to recast, to rewrite

predelíti to separate, to partition off

predelováljen ~na industrija secondary industry

préden before

predgórje foothills *(pl)*

predgóvor preface, foreword, introduction, prologue

predhóden preceding, previous, preliminary

predhódnik forerunner, predecessor

prèdígra prelude, overture; foreplay

predíl|en ~ni stroj spinning machine

predílnica spinning mill, spinnery

**predirljív** penetrable, shrill, piercing

**prèdjéd** starter, hors d'oeuvre

**predlágati** to propose, to suggest

**prediánskim** two years ago

**prêdlog** proposal, proposition, suggestion; *(gram)* preposition

**predložíti** to purpose, to suggest; to produce, to present, to submit

**predmést|je** suburb; ~en suburban

**prêdmet** object, article; nez-nani leteči ~ (NLP) unidentified flying object (UFO); ~ razgovora topic; učni ~ subject; obvezni (neobvezni) ~ compulsory (optional) subject

**prèdnaročílo** advance booking, subscription

**prédnica** *(predstojnica samostana)* mother superior

**prédnik** ancestor, forefather, predecessor

**prednjáčiti** to take the lead, to be better than

**prédnj|i** front, fore; ~e kolo (sedež) front wheel (seat)

**prédnost** advantage, priority, prerogative, privilege

**prédnost|en** preferential, prerogative, privileged; ~ne delnice preference shares

**predóber** too good, too indulgent

**predòr** tunnel

**prèdosnútek** prior draft

**predpásnik** apron; otroški ~ pinafore

**predpís** regulation, provision, rule; *(navodilo)* instruction, direction

**predpísati** to order, to direct; *(zdravilo)* to prescribe

**prèdplačílo** prepayment

**prèdplačník** *(naročnik)* subscriber

**predpóldne** in the morning, before noon

**predpostávljati** to suppose, to presume, to take for granted

**predpósteljnik** bedside carpet *(ali* rug)

**prèdpravíca** privilege, prerogative

**predprážnik** doormat

**prèdpredzádnji** the last but two

**prèdpreték|el** ~li čas past perfect (tense); ~lo noč the night before last

**prèdprodája** advance sale; *(v kinu, gledališču)* advance booking

**predpúst** carnival

**prèdračún** estimate, calculation

**predrámiti** to awaken, to wake (up)

**predréti** to pierce, to perforate, to penetrate, to break through

**predrugáčiti** to alter, to change, to transform

**predŕzen** bold, daring, impudent, cheeky, fresh

**predsédnik** president, *(zborovanja)* chairman; ministrski ~ prime minister, premier

**predsedováti** to preside over (a meeting), to be in the chair

**predsédstvo** presidency, presidium, chairmanship; **prevzeti ~** to take the chair

**predsinóčnjim** the night before last

**prèdsôba** hall, passage, corridor, antechamber

**predsódek** prejudice, forejudgment, bias (against)

**predstáva** performance, show; **zgodnja popoldanska ~** matinée; idea, notion, view

**predstáviti** to introduce, to present

**predstávljati** to impersonate, to represent, to act, to perform; **~ si** to imagine, to fancy

**predstávnik** representative, spokesman

**predstávništvo** representative body, agency

**predstójnik** superior, principal, director, manager, chief, head, boss

**prèdstráža** outpost, vanguard

**prèdšólsk|i ~i otroci** children under school age; **~a vzgoja** nursery education

**prèdtékma** eliminating trial

**predújem** advance (payment)

**predvájati** to present, to show; to perform, to produce

**predvčérajšnjim** the day before yesterday

**prèdvečér** eve; **na ~** on the eve of

**predvíden** foreseen, expected, anticipated

**predvídeti** to foresee, to anticipate; to programme

**predvídoma** probably, likely

**predvôjen** pre-war

**predvsèm** above all, first of all, mainly

**predzádnji** the last but one, penultimate

**prèdzgodovínski** prehistoric

**prefékt** prefect

**preganíti** to fold

**pregánjati** to pursue, to chase; *(sodišče)* to prosecute

**pregáziti** to trample on, to run over; to tread upon, to trudge through (snow)

**pregíbati** to bend, to inflect, to move

**pregíbljív** flexible, pliable

**preglasováti** to outvote, to overrule

**preglávica** trouble, bother

**preglèd** survey, review, revision, walk through; **carinski ~** customs examination; **zdravniški ~** medical examination, check-up

**preglédati** to examine, to check, to inspect, to survey, to look over; **~ čete** to review troops; **~ račune** to audit accounts

**preglédnik** examiner, inspector, surveyor; **carinski ~** customs officer; **~ računov** auditor

**pregnánstvo** exile, banishment

**pregnáti** to banish, to drive out, to exile

**pregoré|ti** to burn through; *Varovalka je ~la.* The fuse has blown.

**pregóvor** proverb, saying

**pregovoríti** to persuade, to talk someone into something

**pregráda** barrier, partition

**pregradíti** to partition off, to divide, to fence

**pregréha** sin, vice

**pregrešíti se** to commit an offence, to trespass, to sin

**pregréti** to overheat

**pregrinjálo** cover; **posteljno ~** bedspread

**pregrísti** to bite through

**pregrníti** to cover, to spread over

**prehitéti** to overtake, to pass by

**prehlàd** cold, chill

**prehladíti se** to catch cold

**prehòd** crossing, passage, transition; **mejni ~** border crossing; **~ za pešce** pedestrian crossing, zebra crossing; **železniški ~** level crossing

**prehód|en** (*doba*) transitional; (*glagol*) transitive; (*dostopen*) passable; (*začasen*) temporary; (*nedokončen*) provisional; **~ni gost** transient guest

**prehodíti** to go through, to cover

**prehrána** diet, nourishment, food, nutrition

**prehraníti** to nourish, to feed, to provide with food

**preimenováti** to rename, to give another name

**preiskáti** to search, to examine, to investigate, to ransack

**preiskáva** search, examination, investigation; **hišna ~** house search

**preiskovál|en ~ni zapor** (*zgradba*) remand prison; (*omejitev svobode*) imprisonment pending trial

**preíti** to go over, to pass over, to devolve

**preizkús** test, trial; **naredíti ~ treznosti** to breathalyze somebody; to take a breath test

**preizkúsiti** to try, to test

**preizkúšnja** trial, test, ordeal

**préj** before, previously; sooner, earlier

**préja** yarn, thread

**prej|èm** receipt, reception; **ob ~ému** on receipt

**prejémek** income, salary; takings (*pl*)

**prejémnik** receiver, addressee

**prejéti** to receive, to obtain, to get

**préjkone** probably, likely

**préjšnji** former, previous, prior

**prekadíti** to smoke, to fumigate

**prekalíti** to temper, to harden

**prekášati** to surpass, to outshine, to beat, to outrank

**prekàt** compartment, chamber, partition; **srčni ~** ventricle

**prekinítev** break, interruption, time out; **~ dela** stoppage, interruption of work; **~ električnega toka** (*namerna*) power cut; (*zaradi napake*) power failure

**prekíniti** to interrupt, to make a break, to cut off, to disconnect, to suspend, to discontinue

**prekinjálo** circuit breaker

**prekipéti** to boil over, to brim over

**prékla** pole, stick, rod; **fižolova** ~ beanpole

**prekláti** to split (up), to cleave

**preklét** cursed, damned

**prekléti** to curse, to damn

**preklétstvo** curse, malediction, damnation

**preklícati** to revoke, to take back, to cancel

**preklínjati** to curse, to swear

**preklopíti** to switch, to change over; ~ **prestavo** to change the gear

**prekmálu** too soon

**prekomôrski** glej ČEZMORSKI

**Prékmurje** Prekmurje

**preko** over, across, beyond

**prekomér|en** excessive, immoderate; ~**no delo** overwork

**prekòp** (naraven) channel; (umeten) canal; drain, trench

**prekopáti** to dig, to turn the earth up

**prekopícniti se** to tumble over, to turn head over heels (pl)

**prekoráčiti** to cross, to go across; to exceed; (kršiti) to violate, to infringe; ~ **bančni račun** to overdraw one's account

**prekosíti** to surpass, to beat, to outmatch

**prekrásen** splendid, most beautiful, exquisite

**prekrížati** to cross; (preprečiti) to thwart; ~ **roke** to fold one's arms; ~ **se** to make the sign of the cross

**prekrojíti** to remake, to alter

**prekrókati** to spend time carousing (ali boozing)

**prekrstíti** to rebaptize, to rename

**prekŕšek** minor offence, trespass

**prekršítelj** offender, transgressor, trespasser

**prekŕšiti** to offend, to trespass, to transgress, to infringe, to violate, to break

**prekúc** somersault, tumble

**prekúcnik** dump(er) truck, tipper lorry (ali truck)

**prekúcniti** to overturn, to overthrow; ~ **se** to topple, to tumble, to tip (ali to fall) over; (čoln) to capsize

**prekupčeválec** reseller; jobber

**prekupčeváti** to buy for selling again, to do intermediate business

**prekvalifikácija** retraining

**preláhek** too light; too easy

**preláz** pass, passage; **gorski** ~ mountain pass; **železniški** ~ level crossing

**prelépiti** to paste over

**prelést** charm, splendour

**preletéti** to fly over; (s pogledom) to glance (ali to skim) through

**prelevíti se** to cast off one's skin, to change

**preležanína** bedsore

**prelisíčiti** to outwit, to outsmart, to trick

**prelístati** to leaf (*ali* to browse, to thumb) through a book, to turn over the pages

**prelíti** to decant, to pour over, to spill; (*solze, kri*) to shed (tears, blood)

**prelív** channel; (*morski*) strait(s); (*kulinarika*) dressing

**prelòm** break, rupture, breach, rift; **kostni ~** fracture

**prelomíti** to break, to infringe, to violate; **~ besedo** to break one's word

**prelómnica** turning point; (*geol*) fault

**preložíti** to displace, to shift; (*odgoditi*) to put off, to delay, to postpone, to adjourn

**prelúknjati** to perforate, to pierce, to punch

**premágati** to defeat, to beat, to overwhelm; **~ se** to bring oneself to; **~ svoja čustva** to restrain one's feelings

**premakljív** movable, mobile

**premakníti** to move, to shift, to set in motion, to budge

**premálo** too little

**premamíti** to allure, to charm, to tempt, to entice

**premér** diameter; (*pri strelnem orožju*) calibre

**premériti** to measure, to gauge, to survey

**premestítev** transfer, displacement, removal

**premestíti** to transfer, to displace, to move

**preméšati** to mix, to stir (up)

**premetáti** to toss (about); to turn upside down; (*iskati*) to search, to rake through, to ransack

**premetèn** cunning, sly, artful

**prémica** straight line

**premíčen** movable; mobile

**premíčnica** planet

**premičníne** movable property, movables (*pl*)

**premiêra** first night

**prémija** premium, award, prize, bonus; **zavarovalna ~** insurance premium

**premìk** move, motion, shift

**premikáč ~ kulis** scene shifter; **~ na železnici** shunter

**premíkati** to move, to shift; (*vlak*) to shunt

**preminíti** to die, to pass away, to expire

**premírje** armistice, truce

**premíslek** consideration, reflection, second thought

**premísliti** to think over, to consider, to reflect; **~ si** to change one's mind; **ponovno ~** to reconsider

**premíšljen** considered, deliberate, intentional

**premišljeváti** to ponder, to cogitate, to ruminate, to mediate

**premlatíti** to thrash over, to beat black and blue

**premóč** predominance, superiority, supremacy

**premóčen** soaked, wet through

**prêmog** coal

**premogóvnik** coalmine, colliery

**premòr** break, pause, interval, intermission

**premostíti** to bridge over, to overcome

**premotíti** to mislead, to deceive, to seduce

**premotríti** to examine, to consider

**premóžen** wealthy, rich, well-off, well-to-do

**premožênje** property, fortune, wealth

**premráziti** to chill; ~ **se** to catch cold

**premrážen** shivering (with cold), chilled

**premŕl** stiff, rigid

**prenágliti se** to precipitate, to hasten, to act without proper consideration

**prenajésti se** to overeat, to stuff oneself

**prenapét** eccentric, extravagant; overstrained, exaggerated

**prenapéti** to overstrain, to exaggerate

**prenapólnjen** overfilled, crammed, crowded, jammed

**prenaredíti** to alter, to transform, to remake

**prenaséljen|ost** overpopulation; ~ overpopulated

**prenášati** to carry, to transport; to bear, to stand; to broadcast, to transmit

**prenatŕpan** overcrowded, crammed, jammed

**prenéhati** to stop, to finish, to cease, to quit

**prenêsti** to transfer, to carry, to transport; to bear, to stand

**prenočíšče** accommodation for the night

**prenočíti** to pass the night; ~ **koga** to put someone up for the night

**prenòs** transmission, broadcast; transfer, conveyance; ~ **misli** thought transference

**prenôsen** transportable, portable

**prenovíti** to renovate, to restore, to reconstruct, to modernize

**preobílen** (super)abundant, plentiful, copious

**preobléčen** changed; in disguise

**preobléči** to change one's clothes

**preobljúden** overpopulated

**preobložíti** to overload; to overtax

**preobràt** (sudden) change; *(javnega mnenja)* about-turn, about-face

**preobrázba** transformation, metamorphosis; ~ **družbe** transformation of society

**preobráziti** to transform, to change

**preobremeníti** to overload, to overburden, to overcharge, to overtax

**preobrníti** to turn over, to overturn, to turn upside down, to reverse

**preoráti** to plough up

**preosnováti** to reorganize, to reform

**preostánek** remnant, remains *(pl)*, remainder, rest

**preostáti** to remain, to be left over

**prepàd** abyss, precipice

**prepáden** steep, precipitous; startled, alarmed, shocked

**prepečênec** biscuit, rusk; *(Am)* cracker

**prepelíca** quail

**prepeljáti** to transport, to transfer, to convey, to ferry

**preperèl** rotten, mouldered, weatherbeaten

**prepévati** to sing

**prepíh** draught, current of air

**prepír** quarrel, row, dispute, conflict, argument

**prepírati se** to quarrel, to have a row, to argue

**prepís** copy, transcript

**prepísati** to copy; *(v šoli)* to crib

**prepláčati** to overpay

**preplàh** alarm, scare, panic

**preplašíti** to alarm, to scare, to frighten, to startle

**prepláviti** to flood, to overflow, to inundate

**prepléskati** to paint, to repaint

**prepodíti** to drive away, to frighten away, to chase

**prepojíti** to soak, to drench, to saturate, to imbue

**preporòd** renaissance, regeneration, revival, rebirth

**prepotováti** to tour, to travel through, to cover

**prepóved** prohibition, interdiction; ~ **uvoza** embargo

**prepovédati** to forbid, to prohibit, to ban

**prepoznáti** to recognize, to identify

**prepréčiti** to prevent, to obstruct, to hinder, to impede

**prepríčan** convinced, persuaded, sure

**prepríčati** to persuade, to convince; to talk into; ~ **se** to make sure

**prepričljív** convincing, persuasive; cogent

**preprodájati** to resell, to retail, to profiteer

**prepróga** carpet, rug

**prepròst** simple, plain, modest

**preprôstost** simplicity, plainness, modesty

**prepustíti** to leave, to give up, to yield, to assign

**prepuščèn** abandoned; **biti ~ samemu sebi** to be left to one's own

**preračúnati** to calculate, to estimate, to compute

**preračunljív** calculable, computable; selfish, self-interested

**prerahljáti** to loosen, to shake up

**prerásti** to overgrow, to outgrow

**prerékati se** to quarrel, to argue, to wrangle, to hassle

**prerešetáti** to discuss, to riddle, to sift

**prerèz** section, cross-section; *(comp)* cut set

**prerézati** to cut (through), to sever

**preríja** prairie

**prerísati** to copy, to draw from the original

**prerívati se** to throng, to hustle (through)

**preročíšče** oracle

**prerodíti** to regenerate, to renew

**prerojên** reborn, regenerated

**prêrok** prophet

**prerokováti** to foretell, to predict, to prophesy

**presadíti** to transplant; to graft

**preséči** to exceed, to surmount, to surpass

**preséda|ti** to change, to move, to transfer; *To mi ~.* I am tired of it., I am fed up with it.

**presejáti** to sift, to sieve; *(pesek)* to screen

**preselítev** transfer, move, migration

**preselíti** to remove, to dislodge; ~ **se** to move, to migrate

**présen** fresh, raw

**presenétiti** to surprise, to take by surprise

**presenetljív** surprising

**presésti** to change, to transfer

**preséžek** surplus, profit, excess

**preséžnik** superlative

**presihajóč** ~e **jezero** periodic lake

**presíhati** to run dry, to dry up

**preskočíti** to jump, to leap, to skip over

**preskŕba** provision, supply

**preskrbéti** to supply with, to provide for

**preslédek** interval, interspace; *(med črkami)* space

**preslepíti** to blind, to dazzle

**préslica** horse-tail; *(pri kolovratu)* distaff

**preslíšati** to miss, not to hear

**pres|odíti** to judge; ~ója **judgement**

**presolíti** to oversalt

**prespáti** to sleep off, to sleep

through, to spend the night; ~ **zimo** *(živali)* to hibernate

**présta** pretzel, cracknel

**prestán** *(jed)* stale

**prestáti** to endure, to stand, to experience, to go through, to undergo

**prestáv|a** transfer; gear, transmission; **kolo s tremi** ~**ami** threespeed bicycle; **menjati** ~**o** to change the gear

**prestáviti** to move, to displace; to transfer; *(predstavo)* to postpone, to put off

**prêsti** to spin; *(mačka)* to purr

**prêstol** throne

**prestólnica** capital, metropolis

**prestolonaslédnik** successor to the throne; crown prince

**prestòp** transgression, transfer, passing over (to), change

**prestópek** offence, trespass, violation

**prestóp|en** ~**no leto** leap year

**prestopíti** to step over something, to change over to; ~ **na drugi vlak** to change trains; *(preseči)* to exceed, to overstep

**prestópnik** offender, transgressor, trespasser; **mladoletni** ~ juvenile delinquent

**prestrašíti** to frighten, to terrify, to startle, to scare, to discourage

**prestréči** to intercept; ~ **udarec** to parry a blow

**presúniti** *(ganiti)* to move, to fill with emotion

**presunljív** heartbreaking

**preščípniti** to punch, to perforate

**prešíniti** to pervade, to penetrate, to flash through

**prešít ~a odeja** quilt, duvet

**preštéti** to count (over)

**prešúštni|k** adulterer; **~ca** adulteress

**prešuštvováti** to commit adultery, to fornicate

**pretákati** to decant, to transfuse, to bottle

**pretéči** *(v teku)* to cover, to run; *(prehiteti v teku)* to outrun, to overtake; *(prenehati trajati)* to pass by, to elapse

**pretegníti se** to stretch one's arms *(ali legs)*; *(s čezmernim delom)* to overwork, to overstrain oneself

**pretéhtati** to weigh, to reconsider, to reflect upon

**pret|ěk na ~ek** in abundance, more than enough; **po ~éku** after a lapse of

**pret|ékel** past, bygone; **~ěkli teden** last week

**pretěklost** past

**pretěp** fight, row, brawl, scuffle

**pretepáč** fighter, rowdy, brawler

**pretépati** to beat, to thrash; **~ se** to fight

**pretéžen** prevailing, predominant

**pretéžno** mainly, mostly, chiefly, predominantly

**pretihotápiti** to smuggle through

**pretikálo** switch, commutator; *(prestavna ročica)* gear lever

**pretípkati** to type, to copy

**pretíran** exaggerated, overstated, immoderate, excessive

**pretirávati** to exaggerate, to overstate, to carry too far, to exceed, to overdo

**pretíti** to threaten, to menace

**pretkán** cunning, sly, shrewd

**pretrès** concussion, commotion, shock; discussion

**pretresljív** touching, moving, affecting, tragic

**pretrésti** to shock, to move, to affect, to stir; to discuss

**pretŕgati** to tear (apart), to break (off), to rend, to interrupt

**pretrpéti** to suffer, to stand, to bear, to endure

**pretvárjati se** to pretend, to feign, to sham, to simulate

**pretvéza** pretence, pretext

**pretvóriti** to transform, to change, to convert

**preudáren** considerate, clever, deliberate

**preudáriti** to consider, to think over, to deliberate

**preurediti** to reorganize, to rearrange, to alter, to change

**preusmériti** to divert, to reroute, to redirect

**preužítek** (legal right to) means of subsistence

**prev|ájati** to translate; **~ajálec** translator; **~òd** translation

**prevalíti** to overturn, to overthrow

**prevára** deception, fraud, swindle, trick; **optična ~** optical illusion

**prevárati** to deceive, to cheat, to trick, to take in

**prevážati** to transport, to convey, to ferry

**prevèč** too much, too many

**prevériti** to examine, to check, to try out, to make sure

**prevêsti** to translate

**prevetríti** to air, to ventilate

**prevézati** to re-bandage, to re-dress

**prevíden** cautious, careful, provident

**prevídnost** caution, precaution, providence

**previjalíšče** dressing station

**prevís** overhang

**previti** *(otroka)* to change a baby; *(rano)* to change a bandage *(ali* dressing*)*

**prevladováti** to prevail, to predominate, to dominate

**prevléči** to coat, to line, to overlay; ~ **s kovino** to plate

**prevléka** cover, coat(ing), film; *(za blazino)* (pillow) case, slip

**prevódnik** conductor

**prevòz** transport, conveyance, shipping; **javni** ~ public conveyance; **letalski** ~ air transport, airlift

**prevóz|en** transportable; *(ceste)* passable, clear of obstructions *(pl)*; able to be driven on; ~**no sredstvo** vehicle, conveyance; ~**ni stroški** transport charges *(pl)*, freight charges *(pl)*

**prevozíti** to transport, to convey; ~ **10 km** to cover 10 km; *(prehiteti)* to over-

take, to pass; ~ **rdečo luč** to drive against the red light

**prevpíti** to shout down

**prevràt** revolution, subversion; **državni** ~ coup d'état

**prevráten** revolutionary, subversive

**prevrednôtiti** to revalue

**prevrníti** to turn over, to overturn, to tip over, to topple; *(čoln)* to capsize

**prevŕtati** to perforate, to pierce, to bore (through)

**prevzéten** haughty, conceited, proud

**prevzéti** to take over, to take possession of; *(ganiti)* to move, to touch; *(očarati)* to entrance, to fascinate

**prevzgojíti** to re-educate

**prevzvíšenost** eminence, excellence

**prezadolžèn** involved in debt, overindebted

**prezaposlèn** overbusy, overburdened

**prezébati** to suffer from cold, to shiver with cold

**prezervatív** sheath, condom

**prezgódaj** too early, prematurely

**prezgódnji** too early, premature, untimely; ~ **porod** premature birth

**prezídati** to rebuild, to reconstruct

**prezidáva** rebuilding, reconstruction

**prezímiti** to winter, to spend the winter; *(živali)* to hibernate

**prezimovalíšče** winter quarters *(pl)*

**prezír** disregard, disdain, contempt
**prezírati** to disregard, to disdain, to despise, to scorn
**prezirljív** disdainful, contemptuous
**prezráčiti** to air, to ventilate
**prezréti** to overlook, to neglect
**préž|a** lookout; **biti na ~i** to lie in wait
**prežáti** to lurk, to be on the lookout (for)
**prežgánje** roux; flour browned on butter (*ali* oil, lard) used to thicken soups or sauces
**prežgánka** brown flour soup
**preživéti ~ teden dni v Londonu** to spend a week in London; *(ostati živ)* to survive; ~ **koga** to outlive somebody
**prežívljati ~ koga** to support, to maintain, to keep, to provide for somebody; ~ **se** to make a living (**kot** as); ~ **težke čase** to have a hard time
**preživnína** alimony, maintenance, allowance
**prežvekováti** to chew (the cud); to ruminate
**prgíšče** handful
**pŕha** shower, shower bath
**pŕhati se** to take a shower
**pŕhek** loose, light, brittle
**prhljáj** dandruff, scurf
**prhnéti** to rot, to putrefy, to moulder
**prhútati** to flutter, to flit, to flap
**pri** at, by, near, about, with; ~ **delu** at work; ~ **nas** with us, at our place; ~ **odprtem oknu** with the window open; ~ **tej priložnosti** on this occasion; ~ **roki** at hand; ~ **sveči** by candlelight; ~ **vratih** at (*ali* near) the door; ~ **dobrem zdravju** in good health; *Nimam denarja ~ sebi.* I have no money on me.
**príba** *(ptič)* lapwing, peewit
**pribežalíšče** refuge, recourse, sanctuary
**pribežáti** to flee to, to take refuge
**pribíti** to nail (to, down, up); ~ **na križ** to crucify
**priblížati** to bring near; ~ **se** to approach, to come near, to draw near
**priblížno** approximately, about, some
**pribóčnik** adjutant, aide-de-camp
**pribòr** kit, tackle, outfit; **brivski** ~ shaving kit; **jedilni** ~ cutlery: knife, fork and spoon; **ribiški** ~ fishing tackle; ~ **za popravljanje avtomobila** *(orodje)* car repair outfit
**priboríti si** to obtain by great effort
**príča** witness, *(očividec)* eyewitness; **razbremenilna (obremenilna)** ~ witness for the defence (for the prosecution); **poročna** ~ witness to a marriage
**pričakovánje** expectation, anticipation, prospect
**pričakováti** to expect, to anticipate, to wait for

**príčati** to give evidence, to testify, to bear witness

**pričéska** hairdo, hairstyle

**pričéti** to begin, to start, to commence

**príčkati se** to quarrel, to argue, to dispute

**pričujóč** present

**pričvrstíti** to fasten, to attach, to fix

**príd** advantage, benefit, interest; **komu v ~** in favour of, to one's advantage, on behalf of someone

**pridáti** to add

**pridélati** to harvest, to produce, to grow

**pridél|ek** harvest, produce, crop, yield; **kmetijski (vrtni) ~ki** farm (garden) produce, agricultural produce

**pridelováti** to grow, to produce

**príden** diligent, industrious, hard-working; well-behaved

**pridévnik** *(gram)* adjective

**prídig|a** sermon, homily; **narediti komu ~o** to lecture someone

**prídigati** to preach, to deliver a sermon

**pridírjati** to come running

**prídnost** diligence; good behaviour

**pridobíten** profitable, gainful, productive

**pridobíti (si)** to acquire, to attain, to gain, to earn, to obtain

**pridréti** to come storming, to rush in

**pridružíti** to unite, to associate with; **~ se** to join

**pridrvéti** to come rushing

**pridržáti** to retain, to reserve, to hold back

**pridřžek** reservation, proviso, objection

**priganjáč** *(živine)* driver; *(pri delu)* slave driver, taskmaster

**prigánjati** to urge, to impel; *(živino)* to drive (on); *(konja)* to spur

**prigíb** bend; **v ~u** enclosed, annexed

**priglasíti se** to report, to declare; to register; to enter one's name for

**prigóden** occasional, accidental

**prigoljufáti** to gain by tricks, to obtain by cheating

**prigovárjati** to persuade, to try to convince, to encourage

**prigrízek** snack, light meal, refreshment

**prigrízniti** to take *(ali* to have) a snack

**prihájati** to arrive, to come

**prihitéti** to come running

**prihòd** arrival

**prihódnj|i** next, future; **~i čas** time to come; *(gram)* future tense; **~e leto** next year

**prihódnjič** next time

**prihódnost** future; **v bližnji ~i** in the near future

**prihránek** saving

**prihraníti** to save, to spare

**prihúljen** sneaky, hypocritical

**priigráti** to win, to gain

**priímek** surname, family name

**prijátelj** friend, pal, *(Am)* buddy; *(fant)* boyfriend; **dober (velik, iskren)** ~ close (bosom, true) friend; **dopisni** ~ pen-friend, pen pal; **intimni** ~ *(ljubimec)* lover; ~ **glasbe** music lover

**prijáteljica** friend, girlfriend

**prijáteljski** friendly, amicable, chummy

**prijáteljstvo** friendship; **skleniti** ~ to make friends *(pl)* with

**príjati** to please, to suit, to be agreeable

**prijáva** notification, report; ~ **rojstev, smrti, porok** registration of births, deaths and marriages; ~ **za tekmovanje** entry for a competition

**prijáv|en** ~**ni urad** registry office, register office

**prijáviti** to notify, to report; to register, to enrol, to enter one's name for; ~ **se** *(v hotelu, bolnici)* to check in; ~ **se za izpit** to enter for an examination

**prijávljenec** entrant, competitor

**prijávnica** registration form, entrance blank, application form

**prijavnína** registration/enrolment fee, inscription fee

**prijázen** kind, friendly, nice, pleasant

**prijáznost** kindness, friendliness, gentleness

**prijèm** grip, grasp, hold; handle

**prijéten** agreeable, pleasant, enjoyable, pleasing

**prijéti** to grasp, to take hold of, to seize

**prikázati** to show, to present, to demonstrate; ~ **se** to appear, to show up

**prikázen** apparition, ghost, phantom

**prikímati** to nod

**prikl|eníti** to chain up, to fasten; ~**énjen na posteljo** bedridden, confined to one's bed

**prikljúč|ek** connection, junction; **dodatni** ~**ki za stroj** attachments

**priklúčiti** to join, to attach, to annex, to connect, to incorporate

**priklòn** bow, reverence, curt(e)sy

**prikloníti se** to bow, to make a bow *(ali* curts(e)y), to incline

**priklopíti** to couple, to join, to connect

**prikólica** *(avtomobilska)* trailer; *(pri motociklu)* sidecar; *(stanovanjska)* caravan, *(Am)* trailer

**prikrájšati** to shorten, to curtail; ~ **koga za** to deprive someone of

**prikrásti se** to sneak up

**prikríti** to hide, to keep secret, to conceal, to hush up

**prikrojíti** to adapt, to cut, to tailor

**prikúha** vegetables *(pl)*, trimmings *(pl)*

**prikúpen** attractive, pleasing

**prikupíti se** to win someone's heart, to take someone's fancy

**prilagodíti se** to get accustomed to, to adapt oneself to

**prilagodljív** adaptable, flexible

**prilástek** attribute

**prilastíti si** to appropriate, to purloin, to usurp

**prilégati se** to fit, to suit, to match, to do good

**prilepíti** to paste, to stick, to glue on

**prilésti** to creep, to approach creeping

**priléten** aged, elderly

**priléžnica** mistress, concubine, lover, kept woman

**prílíčen** considerable, pretty large; suitable, acceptable, tolerable

**prílika** opportunity, occasion, chance

**prilíti** to pour to, to add

**prilív** influx, inflow

**prilizoválec** flatterer, adulator

**prilizováti se** to flatter, to coax, to adulate

**priljubíti se** to become popular, to win someone's favour

**priljúbljen** popular, much liked, in vogue, favourite (with)

**priljúden** kind, polite, affable, likable

**prilóga** enclosure; (del časopisa) supplement, addition

**priložíti** to enclose, to add, to annex

**prilóžnost** occasion, opportunity, chance

**prilóžnosten** occasional, incidental

**primadóna** prima donna, leading lady

**primanjkljáj** deficit, deficiency, shortage

**primanjkováti** to be in want of, to run short of, to lack

**primáren** primary

**primér** example, instance, case

**primérek** specimen, (knjige) copy

**priméren** suitable, adequate, appropriate, becoming, fit

**primériti se** to happen, to occur, to come about

**primérjati** to compare, to collate (with), to contrast (with)

**primerjáv|a** comparison; **brez ~e** beyond comparison

**primérnik** (gram) comparative

**primérno** suitably, adequately, duly

**primés** admixture, addition

**prímež** vice

**primitíven** primitive

**primórati** to compel, to force, to oblige

**primórje** coastal region, littoral

**Primór|ska** the (Slovene) Littoral; **~ec**, **p~ski** (Slovene) Littoral

**prinašálec** bearer, carrier; holder

**prinášati** to bring (in), to produce, to yield, to bear

**prínc** prince; **~ésa** princess

**princíp** principle; **iz ~a** on principle; **v ~u** in principle

**prinêsti** to bring, to fetch; to carry to, to convey

**prinòs** yield; contribution

**prióbčiti** to publish; to communicate

**príor** prior

**prioritéta** priority, precedence

**pripádati** to belong to, to appertain to

**pripádnik** subject, member, adherent, partisan

**pripásti** to fall to one's share

**pripékati** to burn, to scorch

**pripeljáti** to bring, to convey, to carry; ~ se to drive up, to arrive

**pripéti** to fasten, to pin, to buckle

**pripetíti se** to happen, to occur

**pripetljáj** event, occurrence, accident, adventure

**pripísati** to ascribe, to attribute, to add in writing

**pripogníti se** to bend, to bow

**pripómba** remark, note, observation

**pripómniti** to remark, to observe, to mention, to note, to comment

**pripomóček** resource, expedient, facility

**pripomôči** to help, to aid, to contribute

**pripòr** detention, captivity

**pripórnik** prisoner, detainee

**priporočèn** recommended; ~o pismo registered letter

**priporočílo** recommendation, reference

**priporočíti** to recommend, to advise

**priporočljív** (re)commendable, advisable

**pripovédka** tale, story

**pripóvednik** narrator, story--teller, tale-writer

**pripovedováti** to tell, to narrate, to relate, to report

**pripráva** device, apparatus, instrument, appliance; preparation

**pripráven** convenient, suited to, handy, clever, capable

**priprávíti** to prepare, to make ready; ~ se to get ready

**pripravljál|en** preparatory; ~na dela groundwork

**priprávljen** ready, prepared; *Pozor, ~i, zdaj!* Ready, steady, go!

**priprávljenost** readiness, willingness

**priprávniš|ki** ~a doba probation (*ali* trial) period

**priprôšnja** intercession, meditation

**pripŕt** ajar, slightly open

**pripustíti** to admit, to give admission, to let in

**prirástek** increase, growth, augmentation; ~ prebivalstva net reproduction rate

**prirásti** to increase (by growth), to grow to; ~ k srcu (*priljubiti se*) to grow on somebody

**prirédba** adaptation, version, arrangement

**priredítelj** organizer, arranger; editor

**prireditev** performance, show, entertainment

**priredíti** to organize, to arrange, to prepare; (*na odru*) to stage; (*TV, radio, tisk*) to edit; ~ zabavo to throw (*ali* to give) a party

**prirédje** compound sentence, coordination

**prirézati** to cut, to clip, to prune, to pare, to trim

**priróč|en** handy, convenient; **~na knjižnica** reference library

**priróčnik** handbook, reference book, manual

**prirodopís** natural history, nature study

**prirojèn** inborn, inbred, hereditary

**prisadíti se** to gangrene, to become gangrenous

**priséb|nost** presence of mind; **biti ~en** to have presence of mind, to be of sound mind

**priséči** to swear, to take an oath; **po krivem ~** to commit perjury

**priség|a** oath; **pod ~o** under oath; **kriva ~a** perjury

**priselíti se** to immigrate

**priséljenec** immigrant

**prisíl|en** compulsory, forced; **~no delo** forced labour; **~ni jopič** strait jacket; **~ni pristanek** *(letala)* forced landing

**prisíliti** to force, to compel, to make someone do something

**prisíljen** compelled, forced, obliged

**prisklédnik** hanger-on, parasite, sponger

**priskrbéti** to provide, to procure

**priskúten** disgusting, repulsive, loathsome, abhorrent

**prisloníti** to lean against

**prislòv** *(gram)* adverb; **~ časa** (kraja, načina) adverb of time (place, manner)

**prisluškováti** to eavesdrop, to listen secretly to; to tap, to bug

**prislužíti** to earn, to gain

**prismóda** blockhead, jackass

**prismo|díti** to burn, scorch; **~jèn** burnt

**prismójen** crazy, stupid, silly, loony

**prismojèn** *(kulinarika)* burned

**prismúknjen** daft, silly, barmy

**prisodíti** to adjudge, to award

**prisójen** exposed to the sun, on the sunny side

**prisolíti** to add salt; **~ klofuto** to slap somebody's face, to box somebody's ears

**prisostvováti** to be present, to attend

**prisôten** present; **povsod ~** ubiquitous

**prisôtnost** presence; **~ duha** presence of mind; **v ~i** in the presence of

**prispéti** to arrive (at, in), to come (to), to get (to), to reach one's destination

**prispévati** to contribute

**prispévek** contribution, participation, share

**prispodóba** metaphor, simile

**prisŕčen** cordial, hearty

**pristajalíšče** landing ground, landing stage

**pristájati** to fit, to suit, to become; to land

**pristán** port; landing-place, pier, quay, wharf, jetty

**pristánek** *(letalo, ladja)* landing; *(soglasje)* agreement, assent

**pristaníšče** harbour, port

**pristaníšk|i** ~i delavec docker, stevedore; ~o mesto seaport; ~e naprave harbour facilities

**pristáš** supporter, adherent, follower, partisan

**pristáti** to land; to agree, to consent, to approve of

**pristáva** farmhouse, grange

**pristáviti** *(dodati)* to add; ~ stol k mizi to move the chair to the table; ~ lonec to put the pot on

**prísten** genuine, real, authentic, true

**pristojbína** tax, fee, charge, duty

**pristój|en** competent, proper; in charge of; ~ni organ competent agency

**pristójnost** competence, legal authority

**pristòp** access, approach, entrance, way in

**pristópen** accessible, approachable

**pristopíti** to accede to, to enter, to join

**pristopnína** joining fee, entrance fee

**pristránsk|i** partial, bias(s)ed, unfair; ~e ocene bias(s)ed estimates

**pristríči** to cut, to clip, to trim

**pristúditi** to disgust, to make someone sick

**prisvojíti si** to appropriate, to usurp

**príšč** small blister, pimple

**prišépniti** to whisper, to breathe a word to

**prišíti** to sew on

**príšlec** newcomer

**prištéti** to add

**pritakníti** to put to, to join to; ~ se to touch

**pritêči** to come running, to run up to; to flow to

**pritegníti** to attract, to draw. (in); to tighten, to draw tight

**príti** to come, to arrive, to turn up; ~ do česa to get hold of something

**pritiklín|e** accessories *(pl)*; dvosobno stanovanje s ~ami two roomed flat with conveniences *(pl)*

**pritísk** pressure, stress, strain; krvni ~ blood pressure

**pritískati** to press, to put pressure on, to urge

**pritlíčje** ground floor, *(Am)* first floor

**pritlíkavec** dwarf, midget, pygmy

**pritòk** afflux, tributary, affluent

**pritôžba** complaint, grievance

**pritoževáti se** to complain (about, of), to lament; to appeal against

**pritrdílen** affirmative, positive

**pritrdítev** assent, consent, agreement; fastening, fixing

**pritrdíti** to consent, to agree, to answer in affirmative; *(pričvrstiti)* to fix, to fasten (to)

**pritrkáva|ti** to ring the

changes, to chime; ~nje carillon, chiming

**priučèn** trained to, used to

**priučíti| se** to get used (ali accustomed) to; ~ **koga** to instruct, to teach somebody

**privabíti** to attract, to lure

**privarčeváti** to save, to put by

**privát|en** private, confidential, personal; ~**na lastnina** private property

**privések** appendage, appendix

**privézati** to tie, to fasten, to bind; (psa) to chain (up); (čoln, ladjo) to moor

**privíd** vision, illusion, hallucination

**privíden** apparent, visionary

**privilégij** privilege, advantage

**privilegíra|ti** to privilege; ~**n** privileged, favoured

**privíti** (plin) to turn down; (vijak) to screw down, to tighten up; ~ **se h komu** to snuggle to somebody

**privláčen** attractive, charming, nice

**privláčiti** to attract, to allure, to appeal to

**privláčnost** attraction, appeal, charm; **spolna ~** sex appeal

**privolíti** to consent, to agree, to approve

**privóšči|ti** not to grudge, not to envy; ~**ti si** to afford, to treat oneself to; ~**ti si koga** to make fun of, to ridicule; P~**m mu (prav mu je)!** It serves him right!

**privŕženec** follower, adherent, devotee, partisan

**privzéti** to adopt, to assume

**prizadéti** to affect, to inflict, to hurt

**prizadévanje** endeavour, effort

**prizadévati si** to endeavour, to strive, to do one's best

**prizadéven** ambitious, striving, aspiring, keen

**prizanesljív** indulgent, lenient

**prizanêsti** to spare, to show mercy to

**prizídek** extension, wing, lean-to

**prizív** appeal; **vložiti ~ proti razsodbi** to appeal against the verdict

**prizív|en** ~**no sodišče** (high) court of appeal

**prízma** prism

**priznánje** confession, acknowledgement, recognition

**priznáti** to confess, to admit, to recognize, to acknowledge

**prizòr** scene, sight

**prizoríšče** scene, site, locality; (v gledališču) stage

**príželjc** sweetbread

**prižgáti** to light, to kindle; (luč, radio) to turn (ali to switch) on; (jed) to burn

**prížnica** pulpit

**problém** problem, question; **rešiti ~** to solve a problem; **~, ki ga proučujemo** problem on hand

**problemátičen** problematic(al), questionable

**procedúra** procedure, proceeding

**procènt** per cent, percentage; **deset ~ov** ten per cent

**procés** process; **sodni ~** trial, lawsuit; **civilni (kazenski) ~** civil (criminal) suit

**procésija** procession

**pròč** away, off

**pročêlje** front, façade

**pród** sandbank; gravel

**prodáj|a** sale; **~a na drobno (na debelo)** retail (wholesale); **celotni mehanizem ~e** marketing

**prodajálec** seller, vendor, salesman, shop assistant; **~ zelenjave** greengrocer

**prodajálka** salesgirl, shop assistant

**prodájati** to sell, to vend; **~ na dražbi** to sell at an auction; **~ zijala** to stand around gaping

**prodáj|en** **~ni avtomat** vending machine, slot machine; **~na miza** counter; **~ni oddelek** sales department; **~ni pogoji** terms of sale

**prodírati** to penetrate, to advance, to break through

**prodóren** piercing, penetrating, shrill

**producènt** producer, manufacturer

**producírati** to produce, to manufacture, to make

**prodúkcija** production, yield, output; **glasbena ~** *(prireditev)* recital, performance of music

**produkcíjsk|i** **~a sredstva** means of production

**prodúkt** *glej* PROIZVOD

**produktív|nost** productivity; **~en** productive

**profesionálec** professional, pro

**profésor** *(na visoki šoli)* professor; *(na srednji šoli)* teacher, master; **izredni ~** reader, senior lecturer, *(Am)* associate professor; **redni ~** professor, *(Am)* full professor

**profésorica** professor, teacher, schoolmistress

**profíl** profile, cross-section

**próga** line, stripe, streak; *(pri športu)* course, track, lane; **avtobusna ~** bus route; **enotirna ~** single-track line; **železniška ~** railway line

**prógast** striped, streaked

**prognóza** prognosis, forecast; **~ vremena** weather forecast

**prográm** programme; *(učni)* curriculum, syllabus; *(comp)* program

**proizvajál|ec** producer; **svet ~cev** council of producers

**proizvájati** to produce, to manufacture, to make

**prizvòd** product, produce; **bruto (čisti, družbeni, nacionalni) ~** gross (net, social, national) product; **končni ~** finished product; **prvotni ~** primary product; **stranski ~** by-product

**proizvódnja** production, yield, output; **družbena (serijska) ~** social (mass) production; **primarna ~** *(kmetijstvo z ribolovom, goz-*

*darstvo, lov, rudarstvo)* primary industry; **blagovna ~** commodity production; **drobna kmetijska ~** small--scale agriculture
**projékcija** projection
**projékt** design, project, scheme, plan
**projektíl** missile, projectile
**projektírati** to plan, to design, to scheme
**projéktor** projector
**projicírati** to project, to show
**proklamírati** to proclaim, to announce publicly
**prokuríst** authorized clerk
**proletárec** proletarian
**proletariát** proletariat; **diktatura ~a** dictatorship of the proletariat
**proletársk|i** proletarian; **~a razredna zavest** proletarian class-consciousness
**promenáda** promenade, walking
**promèt** traffic; *(poslovanje)* business, trade; **živahen (velik, majhen) ~** busy (heavy, light) traffic; **enosmerni ~** one-way traffic; **plačilni ~** turnover; **potniški (zračni) ~** passenger (air) traffic; **tovorni (blagovni) ~** freight (goods *(pl)*) traffic; **tujski ~** tourist trade, tourism
**promét|en ~ni davek** purchase tax; **~no dovoljenje** car registration; **~na konica** rush hour; **~ni pravilnik** traffic regulations *(pl)*, highway code; **~ni prekršek** motoring offence; **~na sredstva** means of communication

*(ali* conveyance, *(Am)* transportation); **~ni znak** traffic sign; **~ni zastoj** traffic jam; **~na ulica** busy street
**prométnik** traffic policeman; *(na križišču)* policeman on point-duty
**promovírati** to get one's doctorate; **~ koga** to confer the title of doctor upon someone; *(predstaviti javnosti)* to promote, to try to make something popular
**pronícati** to trickle through, to percolate, to ooze out, to leak out
**propád** ruin, destruction, downfall; **na robu ~a** on the brink of ruin
**propádati** to decay, to deteriorate, to perish, to decline; *(hiša)* to dilapidate, to get out of repair
**propagánd|a** propaganda; **ekonomska ~a** advertising; **delati ~o** to propagandize, to spread propaganda
**propagírati** to propagate, to spread propaganda
**propásti** to fail, to be unsuccessful, to be brought to ruin; *(podjetje)* to go bankrupt; *(živalska vrsta)* to become extinct
**propéler** propeller
**propústnica** pass, permit
**proračún** budget, estimate, calculation; **~sko leto** fiscal year
**proréktor** *(univerze)* vice--chancellor
**prosílec** applicant, petitioner; suitor

**prosíti** to ask, to beg, to pray; to request; **milo ~** to implore, to supplicate; **~ za koga** to intervene for somebody; **~ za službo** to apply for a job

**prosjáčiti** to beg, to go begging

**prosláva** celebration, commemoration; *(obletnica)* anniversary

**proslavíti se** to become famous, to win glory *(ali* fame)

**prosó** millet

**prosójen** transparent, translucent

**prospékt** prospectus, handbill

**pròst** free, at liberty, at large; available; *(sedež, soba,* WC) vacant; **~i čas** spare time, leisure hours; **~ dan** day off; **~i pad** free fall; **~i strel** free kick; **~i trg** free market; **carine ~** duty-free; **na ~em** in the open (air); **s ~im očesom** with the naked eye

**prosták** *(vojak)* private, ranker, *(Am)* GI (government issue); *(prostaška oseba)* boor, lout; rude fellow

**prostáški** vulgar, ribald, mean, common

**prostitúcija** prostitution

**prostitútka** prostitute, streetwalker, whore, *(Am)* hooker

**prostodúšen** sincere, frank, open-hearted, naive

**pròstor** room, space, area, site; *(sedež)* seat; **življenjski ~** living space

**prostóren** roomy, spacious, ample

**prostornína** volume, (cubic) capacity

**prostoróč|en ~no risanje** free-hand drawing

**prostóst** freedom, liberty

**prostovóljec** volunteer

**prostovóljen** voluntary, of one's own free will; by choice

**prostozídar** freemason

**prostrán** spacious, vast, extensive, broad, wide

**prosvéta** education, culture; enlightenment; educational system

**prosvét|en** educational, cultural

**prosvetlíti** to enlighten, to educate, to cultivate

**prosvetljênstvo** enlightenment

**proščênje** parish festival, church fair

**prôšnja** application, request, petition, demand

**protékcija** favouritism, partiality, backstairs influence; *(prek družinskih vezi)* nepotism

**protektorát** protectorate

**protést** protest, objection

**protestánt** Protestant

**protestírati** to protest against, to object to

**protéza** prosthesis, artificial limb; **zobna ~** dentures *(pl)*

**protežíranec** protegé, favourite

**protežírati** to favour, to patronize, to protect

**próti** against, towards, to; contrary to; compared with

**protifašístičen** antifascist

**protiletálski** anti-aircraft

**protín** gout

**prótinapàd** counter-attack

**prótiofenzíva** counter-offensive

**prótipostáven** illegal, unlawful

**prótireformácija** counter-reformation

**prótirevolúcija** counter-revolution

**protislóven** contradictory, discrepant, inconsistent; paradoxical

**protislóvje** contradiction, discrepancy, inconsistency; paradox; **razredno ~** class contradiction

**prótistrúp** antidote, antitoxin

**prótitánkovsk|i ~e ovire** dragon's teeth

**prótiukrèp** counter-measure, reprisal

**prótiustáven** unconstitutional

**prótiutéž** counterbalance, counterpoise

**prótivrédnost** equivalent, countervalue

**prótizakonít** illegal, unlawful, illicit

**protokól** protocol, official etiquette

**protokolírati** to register, to report, to make (*ali* to write) protocols

**proučeváti** to study, to research, to examine, to investigate

**proviánt** provisions (*pl*); food supplies (*pl*)

**province|a** province; **~íalen** provincial

**provizíja** commission, percentage, brokerage

**provizóričen** provisional, temporary

**próza** prose; fiction; **~íst** prose writer

**prozór|en** transparent, clear; **~na folija** transparency

**próžen** elastic, stretchy, flexible, yielding

**prsàt** full-chested, full-breasted, bosomy

**pŕsi** breast, chest, bosom; **ploskih ~** flat-chested; **razgaljenih ~** bare-chested

**pŕst** finger; **~ na nogi** toe

**pŕst, -í** (*vrhnja plast tal*) soft soil, fine earth, humus; **erozija ~í** soil erosion

**pŕstan** ring; **poročni ~** wedding ring; **zaročni ~** engagement ring

**pŕstanec** ring finger

**pršéti** to drizzle, to sprinkle, to spray

**pršíč** powder snow

**pršút** air-dried ham; **kraški ~** the Kras ham

**pŕt** tablecloth, cloth, sheet

**prtíček** napkin, serviette

**prtljága** luggage, (*Am*) baggage

**prtljážnik** boot, (*Am*) trunk; carrier

**prúčka** footstool

**prvák** champion, record holder; **~inja** woman champion

**prvénstvo** championship, priority

**pŕv|i** (the) first, leading, top; **na ~i pogled** at first sight; **~a pomoč** first aid pŕvič for the first time, in the first place

prvína element

prvorazréden first-class, first-rate

prvorojênec first-born child

prvošólec first-former

prvôten primary, original, elementary

pŕvovŕsten first-class, first-rate, prime

psálm psalm

psevdoním pseudonym, assumed name, pen name

psíca bitch, she-dog

psíček puppy, doggie

psíha (duševnost) soul, psyche; (omara z ogledalom) swinging mirror, cheval-glass

psihiáter psychiatrist

psihoanalíza psychoanalysis

psihologíja psychology; družbena ~ social psychology

psihóza psychosis

psováti to abuse, to insult, to call names

psóvka term of abuse, abusive language

pšeníca wheat

pšêno babje ~ sleet

ptíca bird; ~ pevka songbird; ~ roparica bird of prey; ~ selivka bird of passage, migratory bird

ptíčar bird catcher, bird seller; (pes) pointer

ptíček birdie, little bird

ptíčj|i birdlike; ~a perspektiva bird's eye view; ~e strašilo scarecrow

ptíčnica birdcage; (velika) aviary

pubertét|a puberty, adolescence; ~nik adolescent

publicírati to publish

publicírati to publicize, to make sth. widely known

publicíst publicist, press (ali publicity) agent, journalist

públika public, audience

publikácija publication

púč coup d'état, putsch

púd|er powder; ~rati to powder

púding mousse

púdrnica powder compact

púh down, fluff; (vetra) puff, breath

púhast downy, fluffy, fluzzy

púhati to blow, to puff

púhel empty, hollow, shallow, spongy

puhlogláv empty-headed

puhtéti to vapour, to steam

púliti to pull, to pluck

pulóver pullover

púlt (writing) desk, counter

púlz pulse; otipati ~ to feel the pulse

púmpa (coll) (črpalka) pump; (zračna tlačilka) inflator

púmparice knickerbockers (pl); breeches (pl), (Am) knickers (pl); plus-fours (pl)

púnč punch

púnčica pupil

púnčka (igrača) doll, dolly

pùnt revolt, rebellion, mutiny, insurrection

púntar rebel, mutineer, insurgent

púntati to incite (to); ~ se to rise against, to rebel

púr|a turkey hen; ~án turkey (cock)

**púst** carnival; **~ni torek** Shrove Tuesday

**púst** desolate, waste; dreary, bleak, dull, tedious; *(meso)* lean

**pustínja** desert, wasteland, wilderness

**pustíti** to allow, to permit; **~ koga na cedilu** to leave somebody in the lurch; **~ koga čakati** to keep someone waiting; **~ koga spati** to let someone sleep; **~ se fotografirati** to have *(ali* to get) one's photo taken; **~ si rasti brado** to grow a beard; **~ službo** to quit, to resign, to give up one's job

**pustolóvec** adventurer, daredevil

**pustolóvščina** adventure

**pustóšiti** to devastate, to ravage

**púščati** *(lonec, streha)* to leak

**puščáva** desert, wilderness

**puščávnik** hermit, recluse, anchorite

**púščica** arrow; dart

**púška** gun, shotgun, rifle; **avtomatska ~** sub-machine gun; **strojna ~** machine gun

**púškar** gunsmith

**púškin ~a cev** barrel; **~o kopito** butt

**púšpan** box tree

**pútika** gout

# R

**R** letter R
**ráb|a** use, usage; **v ~i** in use
**rabárbara** rhubarb
**rabát** rebate, discount, abatement
**rábelj** executioner, hangman
**rabíti** to use, to make use of, to employ
**rábljen** used; **že ~ avto** second-hand car
**rabljív** useful, fit for use
**ráca** duck; **novinarska ~** false report, hoax, canard
**racáti** to waddle, to shamble
**rácija** raid, swoop, roundup
**racionálen** rational, economic
**racioníra|ti** to ration; **~n** rationed
**rácman** drake
**ráčka** duckling
**račún** account, bill, invoice; **tekoči (žiro) ~** current (giro) account; **zaključni ~** annual balance sheet; **poravnati ~** to settle an account
**računálnik** computer
**računálo** abacus; calculator; **logaritemsko ~** slide ruler
**računáti** to calculate, to reckon, to compute; **~ kaj** to charge for something
**računica** arithmetic book
**računovódja** accountant, keeper of financial accounts

**računovódstvo** accountancy; keeping of financial accounts
**račúnski ~ stroj** calculating machine
**račúnstvo** arithmetic, sums *(pl)*
**ràd** gladly, with pleasure, willingly; **~ imeti** to like, to care, to fancy, to be fond of; **R~ bi šel.** I would like to go.
**rádar** radar
**radiácija** radiation
**radiátor** radiator
**radíč** chicory
**rádij** radium; **zdravljenje z ~em** radium treatment; *(polmer)* radius, *(pl)* radii
**rádijsk|i ~ napovedovalec** announcer; **~a oddaja** broadcast, transmission; **~ oddajnik (sprejemnik)** (radio) transmitter (receiver)
**rádio** radio, wireless
**rádioaktív|en** radioactive; **~ne padavine** fall-out
**rádioamatêr** radio ham; operator of an amateur radio station
**rádiomehánik** radio mechanic, radio repairman
**rádiotelegrafíst** radio operator
**radírati** to erase, to wipe out

**radírka** rubber, eraser
**radodáren** generous, charitable, benevolent, liberal
**rádost** joy, delight, cheerfulness
**radovéden** curious, inquisitive, nos(e)y
**radovédnost** curiosity, inquisitiveness
**rafineríja** refinery
**rafiníran** refined; artful, sophisticated
**rafinírati** to purify, to refine
**ráglja** rattle; *(klepetulja)* chatterbox
**ragú** ragout
**ráhel** *(kruh)* light, soft; *(zemlja)* loose; *(zdravje)* delicate, frail
**rahíti|s** rickets; ~čen rachitic, rickety
**rahljáti** to loosen
**rahločúten** delicate, dainty, sensitive
**rahločútnost** delicacy of feeling, sensitiveness
**ràj** paradise, heaven
**rájati** to dance (in a ring)
**rájni** the late, the deceased, the departed
**rájski** paradisiacal, heavenly
**rájši** better, rather; ~ imeti to like better, to prefer
**rájželjc** mesentery
**ràk** crayfish, crab; *(bolezen)* cancer
**rakéta** rocket; ~ zemlja-zrak surface-to-air missile; **signalna** ~ *(v primeru nesreče)* distress rocket
**rákev** coffin
**rakún** rac(c)oon
**ráma** shoulder

**rán** early, before one's time
**rána** wound, injury, sore, hurt, lesion
**ránč** ranch
**ráng** grade, rank
**raníti** to wound, to hurt, to injure
**ránjenec** wounded person
**ranljív** vulnerable
**ráno** early
**rapír** rapier
**raportírati** to report
**rása** race; *(pri živalih)* breed, stock
**rás|en** racial; ~na diskriminacija (integracija) racial discrimination (integration); ~ni nemiri race riots
**ráskav** rough, coarse
**rást** growth; figure, physique; ~ prebivalstva growth of population
**rásti** to grow, to increase, to go up, to rise
**rastlína** plant, vegetable; **zdravilna** ~ medicinal herb
**rastlinják** greenhouse, hothouse
**rastlínstvo** vegetation, flora
**ráševina** sackcloth, rough fabric, hessian
**ratificírati** to ratify, to confirm
**raván** plain, level country
**ráv|en** level, even, flat; *(smer)* straight; ~na cesta straight road; ~no polje level field; ~na streha flat roof
**ráv|en** level, standard; **nizka** življenjska ~ low standard of living; **konferenca na najvišji** ~ni conference at the highest level
**ravnátelj** *(šolski)* headmaster;

principal, director; *(bančni)* manager

**ravnáteljica** headmistress, principal, directress

**ravnáteljstvo** headmaster's office; directorship

**ravnáti** to deal with, to handle, to treat; *(kar je ukrivljeno)* to straighten, to make even; *(tla)* to level

**ravník** equator

**ravnílo** ruler, rule

**ravnína** plain; flat *(ali* level) country

**rávno** just, exactly

**ravnodúšen** equanimous, indifferent, neutral

**rávnokar** just, just now

**ravnotéžje** balance, equilibrium; ~ **sil** balance of power

**ráza** rent, fissure; scratch

**razbéliti** to make red-hot

**razbíti** to break to pieces, to smash, to crash, to shatter

**razbóbnati** to divulge, to proclaim from the house-tops

**razbójnik** robber, brigand, *(morski)* pirate

**razborít** hot-blooded; lively, restless

**razbráti** to make out, to grasp, to decipher

**razbremeníti** to discharge, to unburden, to relieve of

**razbŕzdan** unbridled, unrestrained, dissolute

**razbúriti** to excite, to agitate, to alarm, to upset

**razbúrjenje** excitement, agitation, commotion

**razbúrkan** agitated, stirred up; ~**o morje** heavy *(ali* rough, choppy) sea

**razbúrkati** to stir up, to agitate

**razburljív** irritable, peevish; excitable, alarming

**razcapán** ragged, tattered

**razcefráti** to tatter, to tear to pieces

**razcèp** cleavage, cleft, fissure

**razcepíti** to cleave, to split

**razcvèsti se** to blossom, to come into bloom, to flourish, to flower

**razcvèt** bloom, blossoming; prosperity

**razčesáti** to comb out

**razčetvériti** to quarter

**razčístiti** to clarify, to solve, to elucidate

**razčléniti** to analyze, to examine

**razdálja** distance; **goríšcna** ~ focal length; **zavorna** ~ stopping distance

**razdáti** to give away, to make a present

**razdedíniti** to disinherit

**razdejáti** to destroy, to demolish, to devastate, to ruin

**razdélek** division, section; compartment

**razdelítev** distribution, division; classification; ~ **sredstev** *(ali* virov) resource allocation; ~ **vlog v gledališču** casting

**razdelíti** to distribute, to divide, to classify, to allot, to partition

**razdevíčiti** to deflower

**razdirálen** destructive

**razdóbje** period, space of time

**razdolžíti** to free from debts

**razdòr** discord, dissension, disagreement, split

**razdražíti** to irritate, to provoke, to make angry

**razdražljív** irritable, edgy, excitable

**razdrobíti** to crumble, to break into small pieces

**razdružíti** to separate, to disunite

**razdvojíti** to separate, to break in two, to split

**rázen** except (for), but; ~ če unless; ~ **tega** besides, moreover

**ráz|en** various, varied; ~**ni ljudje** various people

**razgáliti** to bare, to expose, to reveal; **popolnoma** ~ to strip naked

**razgíbati** to agitate, to stir up; ~ **se** to have some exercise

**razglàs** proclamation, manifesto

**razglasíti** to proclaim, to issue a proclamation (*ali* manifesto), to announce; ~ **zakon** to promulgate a law

**razglèd** view, outlook

**razglédnica** picture postcard

**razgnáti** (*kotel*) to burst open, to blow up; (*množico*) to disperse, to break up, to drive asunder

**razgóvor** conversation, talk, discussion

**razgrabíti** to snatch and carry away, to rake asunder; to plunder

**razgrajáč** rowdy, noisy fellow

**razgrájati** to make noise, to romp, to kick up a row

**razgréti** to heat, to make hot; ~ **se** to get excited

**razgrníti** to spread, to unfold

**razhájati se** to part, to separate

**razhòd** separation, parting, detachment

**razigrán** jolly, cheerful, vivacious

**raziskáva** research, investigation; **sistematska** ~ (*na osnovi vzorca*) survey research; **temeljna** ~ basic research; **terenska** ~ field study

**raziskoválec** researcher, investigator, explorer

**raziskováti** to research, to investigate, to explore, to examine

**razíti se** to part, to separate, to break up, to disperse

**razjáhati** to dismount, to alight from a horse

**razjárjen** furious, enraged

**razjárjenost** fury, rage

**razjasníti** to clear up, to elucidate

**razjédati** to corrode, to erode; to cauterize

**razjezíti** to make angry, to enrage; ~ **se** to get angry

**razjókati se** to burst into tears, to cry

**razkáčiti** to enrage, to irritate, to make angry

**razkázati** to show, to exhibit, to display; ~ **komu tovarno** to show somebody around the factory

**razkládati** to unload; (*ladjo*) to clear

**razkláti (se)** to cleave, to split up

**razkòl** rift, split, schism; rupture, cleavage

**razkólnik** schismatic, sectarian

**razkopáti** to dig up, to turn over

**razkoráčiti se** to straddle, to stand astride

**razkorák** crotch; difference, gap; ~ med besedami in dejanji gap between words and deeds

**razkósati** to dismember, to cut up, to partition

**razkóšen** luxurious, comfortable

**razkóšje** luxury, great comfort

**razkrájati** to disintegrate, to decompose, to decay

**razkričáti** to defame, to slander

**razkrínkati** to unmask, to reveal, to expose

**razkrít** bareheaded

**razkríti** to uncover, to reveal, to disclose, to unveil, to bring to light

**razkròj** disintegration, decomposition, decay; disorganization

**razkrojíti** to disintegrate, to decompose, to decay

**razkropíti** to disperse, to scatter

**razkúštrati** to dishevel, to tousle

**razkužílo** disinfectant

**razkúžiti** to disinfect, to decontaminate

**razlága** explanation, interpretation, account, commentary

**razlágati** to explain, to interpret, to illustrate

**razlastíti** to expropriate, to dispossess

**razlégati se** to resound, to echo

**razletéti se** to burst, to explode

**razlíčen** different, dissimilar; various, diverse

**razlíčnost** variety, diversity

**razlíka** difference, distinction, discrepancy

**razlikováti** to distinguish, to tell one thing from another; ~ se to differ

**razlíti** to spill, to shed

**razlóček** difference, distinction

**razlóčen** clear, distinct, evident; discernible

**razlóčiti** to distinguish, to discern, to tell one from another

**razlóčnost** distinctness

**rázlog** reason, ground, motive

**razložíti** to explain, to interpret, to comment; ~ blago to display the goods (pl)

**razmàh** swing, upturn; biti v polnem ~u to be in full swing

**razmahníti se** to give full swing to, to have a go

**razmájati** to shake

**razmehčáti** to soften, to mollify, to mellow

**razmejíti** to delimit, to divide, to fix the limits

**razmére** circumstances (pl), conditions (pl)

**razmérj|e** relation, proportion, ratio; **v ~u 1:3** at a ratio of one to three; **ljubezensko ~e** love affair

**razméroma** comparatively, relatively

**razmesáriti** to lacerate, to mangle

**razmestíti** to place, to arrange, to assign a place

**razmetávati** to scatter, to jumble; **~ denar** to spend money recklessly

**razmík** interval, distance; span, space

**razmíšljati** to think about, to ruminate, to deliberate, to meditate

**razmnoževál|en ~ni stroj** duplicating machine, duplicator

**razmnožíti** to multiply; to duplicate, to make copies

**razmŕš|iti** to dishevel; **~en** dishevelled, tousled

**raznarodovánje** denationalization

**raznašálec** roundsman, delivery boy; *(mleka)* milkman; *(časopisov)* paper boy

**raznášati** to deliver; *(govorice)* to spread

**raznêsti** to explode, to burst, to blow up

**raznéžiti** to pamper, to spoil, to coddle

**raznobárven** many-coloured, variegated

**raznovŕsten** various, diverse, heterogeneous

**razobésiti** to hang out, to peg out

**razočáranje** disappointment, disillusion

**razočárati** to disappoint, to disillusion; **~ se** to be disappointed

**razodéti** to make known, to reveal, to disclose

**razodétje** revelation, disclosure

**razogláv** bareheaded

**rázor** *(brazda)* furrow; *(za ladjo)* wake

**razoráti** to plough up, to break up ground, to furrow

**razorožítev** disarmament; **splošna ~** universal disarmament

**razorožíti** to disarm

**razpàd** disintegration, decomposition, ruin, decay, downfall

**razpadajóč** decaying; *(hiša)* ramshackle; **~e truplo** decomposing corpse

**razpádati** to decay, to decompose, to rot; to crumble, to disintegrate

**razpárati** to undo, to unstitch, to cut open

**razpásti** to decay, to decompose, to disintegrate, to fall to pieces

**razpečáti** to sell out, to dispose of, to distribute

**razpêlo** crucifix, cross

**razpéti** to spread, to extend, to stretch; **~ dežnik** to put up an umbrella; **~ jadro** to set sail; **~ na križ** to crucify; **~ šotor** to pitch a tent

**razpís** notice, invitation for applicants; **javni ~** public competition

**razpísati** to invite applications; **~ referendum** to call a referendum; ~ **volitve** to issue writs for election

**razplamtéti se** to flare up

**razplèt** outcome, end

**razplíniti** to degas, to free from gas

**razplodíti** to multiply, to reproduce

**razpóčiti se** to crack, to burst (open), to explode, to break

**razpóka** crack, cleft, breach, rift; *(ledeniška)* crevasse

**razpókati** to crack, to burst, to split; *(koža)* to chap

**razpolág|a** *Na ~o sem.* I am at your disposal.

**razpolágati** ~ **s čim** to have something at one's disposal

**razpolovíti** to halve, to divide into two equal parts, to bisect

**razpoložèn dobro (slabo)** ~ in a good (bad) mood *(ali* humour); *Nisem ~, da bi šel v gledališče.* I don't feel like going to the theatre.

**razpoložênje** humour, temper, mood, spirit

**razpoložljív** available; ~ **denar** ready cash, loose cash

**razpòn** span; ~ **kril** wing span; ~ **med plačami** salary range; ~ **mostu** span of a bridge

**razporèd** arrangement, disposition, scheme, layout, plan; **bojni** ~ battle array

**razporedíti** to arrange, to dispose, to organize, to sort out, to array; *(dohodek)* to allocate

**razpórek** slash, slit, rent; fly

**razporóka** divorce, separation

**razposajèn** jolly, rompish, boisterous, frisky

**razposláti** to send round, to dispatch, to forward to

**razpótje** crossroads, junction

**razpráva** essay; discussion, debate; *(sodna)* trial, legal process, proceedings *(pl)*

**razprávljati** to discuss, to debate

**razpredélnica** table, chart

**razprodája** (clearance) sale

**razprodán** sold out, out of stock; *(knjiga)* out of print; *(gledališče)* full house

**razprostírati se** to spread, to extend, to stretch

**razprostréti** to spread out, to expand

**razpršílec** atomizer, spray; *(nastavek za razprševanje)* sprinkling-nozzle

**razpršíti** to spray, to atomize, to disperse, to sprinkle

**razprtíja** discord, quarrel

**razpustíti** to dissolve, to dismiss; *(čete)* to disband

**rázred** class, form; *(Am)* grade; **delavski** ~ working class; **prvi (drugi, turistični)** ~ first (second, tourist) class; **vladajoči** ~ ruling class

**razrédčiti** to thin, to dilute, to rarefy

**razréd|en** ~**ni boj** class struggle; ~**na družba** class society; ~**ni učitelj** class teacher, form master; ~**na zavest** class consciousness

**razrédnica** class book, class register

**razrédničarka** class teacher; class mistress

**razrédnik** class teacher; class master

**razrézati** to cut up; *(meso pri kosilu)* to carve

**razrúšiti** to destroy, to demolish, to pull down

**razsàd** nursery garden; seed-plot

**razsájati** to storm, to rave, to rage

**razsékati** to hack, to chop

**razs|elíti** to displace; ~**éljenec** displaced person

**razséžen** extensive, extending, wide-ranging

**razsípati** to scatter, to dissipate, to waste, to squander, to trifle away

**razsípen** lavish, prodigal, squandering, wasteful, spendthrift

**razsípnik** squanderer, waster

**razsôdba** arbitration, judgement; *(porotnikov)* verdict

**razsodíšče** court of arbitration

**razsodíti** to arbitrate, to pass judgement on, to give a verdict

**razsodník** arbiter, judge; umpire, referee

**razsódnost** judgement, reason, good sense

**razsoljèn** ~**o meso** salted meat; ~**a voda** desalinated water

**razsrdíti** to make angry, to enrage; ~ **se** to get angry

**razstáva** exhibition, show, display, fair

**razstáv|en** ~**ni predmet** exhibit, showpiece; ~**ni prostor** showroom, display room

**razstavíšče** showrooms *(pl)*, exhibition grounds *(pl)*

**razstáviti** to exhibit, to show, to display, to put on show; *(na sestavne dele)* to take to pieces, to dismantle

**razstavljávec** exhibitor; *(na sejmu)* showman

**razstrelíti** to blow up, to blast; ~ **mino** to spring a mine

**razstrelívo** explosive

**razsúlo** collapse, breakdown, disintegration, ruin, disorganization

**razsvetlíti** to light, to lighten, to illuminate

**razsvetljáva** illumination, lighting; **električna (plinska)** ~ electric (gas) lighting

**razšíriti** to extend, to widen, to enlarge, to spread, to expand, to propagate

**raztegljív** extendible, elastic, stretchy, *(pojem)* ambiguous; ~**o blago** stretch material; ~**a lestev** extendible ladder

**raztegníti** to extend, to stretch, to dilate

**raztelésiti** to dismember, to dissect

**raztézen** ductile, extensible, extendible

**raztogotíti** to make angry, to enrage, to infuriate

**raztopína** solution

**raztopíti** to dissolve, to liquefy

**raztopljív** soluble, dissoluble

**raztovóriti** to unload, to unburden

**raztrésen** absent-minded; scattered

**raztrésenost** absent-mind-edness, distraction

**raztrésti** to scatter, to dis-perse

**raztŕgan** torn, ragged

**raztŕgati** to tear (up), to rip (up); *(čevlje, obleko)* to wear out; ~ **na koščke** to tear to pieces

**raztrosíti** to scatter, to dis-seminate

**razúm** intellect, intelligence, reason; **zdrav** ~ common sense

**razúmen** intelligent, reason-able, sensible

**razuméti** to understand, to comprehend, to grasp, to take in; **napačno** ~ to misunderstand

**razumévanje** understand-ing, comprehension

**razumljív** understandable, intelligible, comprehensible, clear

**razúmništvo** intelligentsia; intellectuals *(pl)*

**razuzdán** dissolute, de-bauched, amoral, loose; ~**o življenje** dissolute life

**razuzdánec** debauchee, loose person, libertine

**razváda** bad habit, vice

**razvájati** to spoil, to pamper, to mollycoddle

**razvájenec** spoilt child; pam-pered person

**razvalína** ruin, wreck

**razvédeti se** to come to light, to leak out, to become known

**razvedrílo** pastime, enter-tainment, fun

**razvedríti (se)** to cheer up, to buck up, to amuse (oneself)

**razveljáviti** to annul, to can-cel, to nullify, to invalidate

**razveljávljen** annulled, can-celled, nullified, null and void

**razveselíti** to delight, to cheer up; ~ **se** to rejoice, to be delighted

**razveseljív** delightful, agree-able, pleasing

**razvéza** divorce, separation; ~**nec** divorcee

**razvézati** to untie, to unbind; ~ **se** to divorce, to separate

**razvíden** evident, obvious

**razvít** developed, well-built; **nè~** underdeveloped

**razvíti** to develop, to evolve, to promote; to unfold, to un-furl; ~ **se** to make progress

**razvnéti** to inflame, to excite, to inspire, to stimulate, to arouse; ~ **sovraštvo** to kindle hatred

**razvódje** watershed, *(Am)* divide

**razvòj** development, growth, evolution, progress; **država v** ~**u** developing country; **kulturni (družbeni, gospo-darski)** ~ cultural (social, economic) development

**razvozláti** to undo a knot; to make out, to disentangle

**razvpít** notorious, disrep-utable, having a bad name

**razvpíti** to defame, to decry

**razvrednôtiti** to devalue, to depreciate

**razvrstíti** to classify, to grade, to range, to sort

**razžágati** to saw to pieces
**razžalítev** offence, insult
**razžalíti** to offend, to insult, to upset
**ráža** *(riba)* ray, skate; devil fish
**ráženj** spit, broach
**rdèč** red; *(lica)* ruddy
**rdečekóžec** redskin, Red Indian
**rdečelíčen** rosy-cheeked, ruddy
**rdečíca** ~ lic blush, flush; *Oblila ga je ~.* He blushed. (**od sramu** for shame); He flushed (**od jeze** with anger).
**rdečílo** red ink; rouge, lipstick
**reagírati** to react to, to respond
**reákcija** reaction, response; **verižna** ~ chain reaction
**reakcionáren** reactionary
**reaktív|en** ~no letalo jet plane; ~ni pogon jet propulsion
**reáktor** reactor; **jedrski** ~ atomic pile, nuclear reactor
**reálen** realistic, actual
**realíst** realist, pragmatist, matter-of-fact person
**realizácija** fulfilment, implementation, realization
**realizírati** to fulfil, to carry out, to implement, to realize; ~ **se** to come true
**reálka** non-classical secondary school
**réber** slope, incline
**rêbrast** ribbed; ~i žamet corduroy
**rêbro** rib; **listno** ~ vein
**recenzènt** reviewer, critic

**recenzíja** review, critique
**recépcija** reception
**recépt** prescription; *(kuhinjski)* recipe
**recéptor** *(v hotelu)* receptionist, reception clerk
**recipróčen** reciprocal, mutual
**recitírati** to recite
**réč** thing, matter, stuff; *(zadeva)* affair, concern, object
**réč|en** river, fluvial; ~ni breg river bank, riverside; ~na struga river bed
**rêči** to say, to tell; ~ zbogom to say *(ali* to bid) goodbye; ~ komu svoje mnenje to give someone a piece of one's mind; *Nimam več kaj* ~. I have nothing more to say.; *Rekli so mi, da je doma.* I was told that he was at home.; *Ne vem, kaj hočeš* ~. I don't follow you.
**réd** order; *(odlikovanje)* decoration; *(ocena)* mark, grade; **dnevni** ~ agenda; **družbeni (javni)** ~ social (public) order; **pravni** ~ legal system; **vozni** ~ timetable; **vrstni** ~ order (of precedence); ~í *(pokošene trave)* swathe, row
**redákcija** editorial office; *(teksta)* editing, wording
**redák|tor** editor; ~cijski odbór editorial board
**redár** policeman, constable; **mestni** ~ traffic warden
**rédčiti** to thin, to make thin, to rarefy; to dilute, to water; ~ **se** to become thinner *(ali* less dense)
**rédek** rare; scarce; infrequent,

exceptional; thin, watery, diluted

**réden** ordinal, regular, standing

**redílen** nutritious, nourishing, substantial

**redítelj** *(v šoli)* monitor; *(na prireditvah)* marshal, steward

**redíti** to breed, to rear, to bring up, to raise; ~ **se** to put on *(ali* to gain) weight; to grow fat

**rêdkev** radish

**rédko** rarely, seldom; **zelo** ~ hardly ever

**redkobeséden** taciturn, reticent

**rédkost** rarity, curiosity

**rední|k** foster father; ~**ca** foster mother

**rédno** regularly, usually

**redoljúben** tidy, neat, orderly

**redováti** *(učence)* to assess, to grade; *(naloge)* to mark, to classify

**redóvnica** nun, sister

**redóvnik** friar, monk, brother; *(pripravnik)* novice

**reducírati** to cut down, to reduce

**redúkcija** reduction, power cut

**referát** paper, report

**referírati** to report (on), to give an account (of)

**refléks** reflection, reflex

**reflektánt** candidate, applicant, prospective customer *(ali* buyer)

**reflektírati** *(odbijati svetlobo)* to reflect; ~ **na** *(želeti si)* to look out for, to be interested in, to have something in view

**refléktor** floodlight, spotlight, searchlight

**refórma** reform; **agrarna** ~ land reform; **ekonomska (družbena)** ~ economic (social) reform

**reformá|cija** reformation; ~**tor** reformer

**refrén** refrain, chorus

**refundírati** to refund, to reimburse

**regáta** regatta

**regènt** regent

**régija** region, district

**regionál|en** regional; ~**na geografija** regional geography

**regíster** register, file; record, list, evidence; *(kazalo)* index, table of contents; **orgelski** ~ organ stop; **zemljiški** ~ cadastre

**registr|írati** to register, to record; ~**ácija** registration, recording

**regljáti** to croak

**régrat** dandelion

**regrés** recourse, reimbursement

**regulírati** to regulate, to adjust

**rehabilitírati** to rehabilitate, to reinstate

**réja** *(živali)* breeding; *(otrok)* rearing, fostering

**réjec** breeder

**rejèn** well-fed, corpulent

**rejên|ec** foster child; foster son; ~**ka** foster daughter

**rèk** saying, adage

**réka** river, stream

**réket** racket, racquet

**reklám|a** advertising, advertisement; promotion, publicity; **~a po radiu, TV** commercial; **delati ~o** to advertise

**reklamácija** claim, complaint

**reklám|en ~ni agent** publicity agent; **~na cena** special offer

**reklamírati** to claim, to make a claim; to advertise

**rêklo** phrase, saying

**rekonstruírati** to reconstruct

**rekonvalescènt** convalescent

**rekórd** record, best performance; **držati ~** to hold a record; **postaviti ~** to set a record; **potolči ~** to break a record

**rekórd|en** record-breaking; **~ni dobiček** record profit

**rekordêr** record-holder

**rekr|út** recruit, conscript; **~utírati** to recruit, to enlist

**réktor** chancellor, *(Am)* president (of a university)

**rektorát** rectorate, rectorship, chancellor's office

**rekvirírati** to requisition, to commandeer

**rekvizít** requisite

**relácija** relation; route

**relatíven** relative, comparative

**reliéf** relief; **visoki (ploski) ~** high (low) relief

**relígija** religion, faith, creed, persuasion

**religiózen** religious, pious

**relíkvij|a** relic; **skrinjica za ~e** reliquary

**remí** *(neodločen izid igre)* drawn game; **rémi** *(igra s kartami)* rummy

**remíza** bus depot, coach house, shed

**remizírati** to draw a game

**remónt** refit, refitting, overhaul

**remórker** tugboat, boat for towing ships

**renčáti** to snarl

**renegát** renegade, turncoat

**renesánsa** renaissance, rebirth, revival

**rénta** annuity (that provides a regular income); **dosmrtna ~** life annuity; **zemljiška ~** ground rent

**rentabílen** remunerative, paying, profitable

**rentáčiti** to scold, to grumble

**réntgen** X-ray machine, roentgen

**rentgenizírati** to X-ray, to roentgenize

**rentírati se** to pay, to be worthwhile, to be profitable

**réntnik** rentier, person of independent means

**reorganizírati** to reorganize

**rèp** tail; *(vrsta)* queue; **konjski ~** *(frizura)* ponytail; **lisičji ~** *(žaga)* crosscut-saw; **mahati z ~om** to wag one's tail

**répa** turnip, turnips *(pl)*

**reparatúra** repair, repairing

**repatíca** comet

**repatriírati** to repatriate, to send home

**repénčiti se** to make objections, to contradict; to complain, to grumble

**repertoár** repertoire

**repetírka** magazine rifle (*ali* gun)

**replíka** (*zavrnilen odgovor*) rejoinder; (*kopija umetniškega dela*) replica, replication

**reportáža** radio (*ali* TV) news item; on-the-spot report; news report

**repôrter** reporter; (*Am*) (*terenski*) legman

**represálije** reprisals (*pl*)

**represíja** repression

**reprezentánca** representation, representative body; (*šport*) team

**repríza** restaging, revival

**reprodúkcija** reproduction; razširjena družbena ~ expanding social reproduction

**repúblika** republic; ljudska ~ people's republic

**rés** true, truly, in fact, really, indeed

**résa** fringe, tassel; (*koruze*) awn, beard

**résen** serious, earnest, grave

**resignírati** to resign

**résje** heather; (*belo*) briar, brier

**resníc|a** truth; gola ~a naked truth; govoriti čisto ~o to tell the plain truth

**resnicoljúben** truthful, veracious

**resníčen** true, real

**resnôben** serious, earnest

**résnost** seriousness, earnestness

**resolúcij|a** resolution; sprejeti ~o to pass a resolution

**restavrácija** restaurant; mlečna ~ milk bar; samopo-strežna ~ self-service restaurant; (*obnova*) restoration, renovation

**restavrátor** restorer

**restavrírati** to restore, to renovate, to renew

**rešetáti** to riddle, to sift, to screen; (*obravnavati*) to discuss, to talk over; (*premišljevati*) to think (deeply) about, to reflect upon

**rešêtka** grate, grating, grid, grill; lattice

**rešêto** sieve; (*za žito*) riddle

**reševálec** rescuer, deliverer, saviour

**reševál|en** ~na akcija rescue operation; ~na ekipa rescue party; gorska ~na služba mountain rescue service; ~na postaja first-aid station

**rešíl|en** ~ni avtomobil ambulance; ~ni čoln lifeboat; ~ni izhod emergency exit; ~ni jopič lifejacket; ~ni obroč lifebelt

**rešítelj** saviour; deliverer

**rešítev** salvation, rescue; solution

**rešíti** to save, to rescue, to deliver; to solve; ~ se koga to get rid of; ~ problem to solve a problem; komaj se ~ to have a narrow escape

**réšnj|i (sveto) ~e telo** Corpus Christi

**rešó** (*coll*) (small) stove; plinski ~ gas cooker

**retušírati** to retouch

**réva** wretch, poor devil

**revánša** revenge; (*pri igri*) return game

**revanšírati se** to take one's revenge, to return a favour, to repay

**réven** poor, penniless, needy

**revêr** *(zavihek)* lapel

**révež** poor man, poor devil

**revidírati** to revise, to check, to review

**revíja** magazine, periodical; **modna ~** fashion show

**revír** district, quarter; **lovski ~** hunting grounds *(pl)*; **policijski ~** beat

**revizíja** revision, check-up, review

**revízor** reviser

**revmatízem** rheumatism; **sklepni ~** articular *(ali* acute) rheumatism

**revolúci|ja** revolution; **~onár** revolutionary

**revólver** revolver, gun

**révščina** poverty, misery, poorness

**réz** cut, incision

**rézanci** noodles *(pl)*, pasta

**rézanica** *(krma)* chopped straw *(ali* hay)

**rézati** to cut, to carve, to slice

**rezbár** carver, engraver

**rézek** sharp, piercing, shrill

**rezêrva** reserve, stockpile; **zlata ~** gold reserve

**rezervácija** reservation, booking

**rezervát** reserve, reservation

**rezêrv|en** reserve, spare; **~ne čete** supporting troops, reserve army; **~ni del (kolo, ključ)** spare part (wheel, key)

**rezervíran** reserved; uncommunicative, aloof

**rezervírati** to reserve, to book; to set aside

**rezervíst** reservist

**rezervoár** reservoir, tank

**rezgetáti** to neigh

**rezidénca** residence

**rezílo** blade

**rezimé** summary, abstract, résumé

**rezín|a** slice; **kremna ~a** custard pastry; **ocvrte krompirjeve ~e** potato crisps *(pl)*

**rezljá|ti** to fret, to cut; **~ríja** fretwork

**rezultát** result, score, outcome, issue, consequence

**réža** slot, rift, fissure, rent

**režáti se** to grin, to smirk

**režíja** direction (of a film, play); stage management; administration, management

**režíjski ~ stroški** overhead expenses *(pl)*

**režím** régime, system of government

**režírati** to direct, to manage, to be in charge of (actors, a film, a play)

**režisêr** *(gledališče)* stage manager; *(film, radio)* director, producer

**ríb|a** fish; **morska ~a** sea fish, saltwater fish; **sladkovodna ~a** freshwater fish; **zlata ~ica** goldfish; **jata ~** shoal of fish

**ribáriti** to fish, *(s trnkom)* to angle; *(z vlečno mrežo)* to trawl

**ribárnica** fishmonger's (shop); fish market

**ríbati** *(tla)* to scrub, to rub (hard); *(sir)* to grate

**ríbez** currant bush; **rdeči (črni)** ~ redcurrants (blackcurrants) *(pl)*

**ríbežen** grater; rasp

**ríbič** fisher(man), angler

**ríbišk|i** ~**a mreža** fishnet; ~**a palica** fishing rod; ~**i pribor** fishing tackle; ~**a vrvica** fishing line

**ríbištvo** pisciculture, fishing, fishing trade

**ríbj|i** ~**a jajčeca** fish spawn; ~**a kost** *(vzorec)* herringbone, *(okrasni vbod)* fishbone stitch; ~**e luske** scales; ~**e oko** *(objektiv)* fisheye lens; ~**e olje** cod-liver oil; ~**a plavut** fin

**ríbnik** fish pond, pond

**ribogójnica** fish farm, fish nursery, hatchery

**ribogójstvo** fish farming, pisciculture

**ribolòv** fishing, angling; **športni** ~ sport fishing; **talni (globinski)** ~ bait casting

**rícin(us)ov** ~**o olje** castor oil

**ríčet** barley stew with smoked pork ribs

**rída** hairpin bend, serpentine

**rígati** *(osel)* to bray; ~ **se** to belch, to burp

**rigólati** to trench-plough

**rílec** *(slonov)* trunk; *(svinjski)* snout

**ríma** rhyme; ~**ti** to rhyme

**ríniti** to push, to shove

**rís** lynx

**risál|en** ~**na deska** drawing board; ~**ni žebljiček** drawing pin

**risálnica** art room

**rísanje** drawing, sketching

**rísanka** drawing book, sketchbook; *(film)* animated cartoon

**rísar** drawer, sketcher; *(poklicni)* draughtsman; *(modelov)* designer

**rísati** to draw, to sketch, to design

**rísba** drawing, *(skica)* sketch; draught, draft, design

**riskírati** glej TVEGATI *(izpostaviti nevarnosti)* to endanger, to jeopardize

**rístanc** hopscotch

**rìt** bottom, backside, behind; *Piši me v* ~! Ask my arse!

**rítem** rhythm

**rítensko** backward(s); ~ **zapeljati avto v garažo** to back the car into the garage

**ríti** to dig, to grub, to turn up the ground, to root

**ríziko** risk, venture, danger, hazard

**ríž** rice; **mlečni** ~ rice pudding

**rja** rust; **žitna** ~ wheat rust, corn smut

**rjàv** brown, tanned, sunburnt

**rjavéti** to become brown, to rust

**rjavíca** **gozdna** ~ brown forest soil

**rjovéti** to roar, to howl

**rjúha** sheet

**rmán** yarrow, milfoil

**rób** *(mize)* edge; *(kozarca)* brim; *(gozda)* border; *(ceste)* roadside; *(v zvezku)* margin; **biti na** ~**u državljanske vojne** to be on the brink of civil war

**róba** *(coll)* ware, goods

*(pl)*, merchandise; **suha ~** wooden household utensils, wooden ware

**robántiti** to bluster, to fume, to grumble

**robàt** rude, rough, coarse, gross, raw

**róbec** handkerchief, hanky

**robíd|a** bramble; blackberry bush; **~nica** blackberry

**róbiti** to seam, to hem

**robník** kerb(stone); *(pri pisalnem stroju)* margin stop

**robót** robot

**ročáj** handle, *(pri nožu)* haft; *(pri sekiri)* helve; *(pri metli)* (broom)stick

**rôč|en** manual; **~ni delavec** manual worker; **~no delo** *(žensko)* needlework; **~na torbica** handbag; **~na ura** wristwatch; **~na zavora** handbrake

**ročíca** handle, arm, crank

**rôčka** jug; **čajna ~** tea pot, tea jug; *(telovadno orodje)* dumbbell

**ród** descent, origin, family; **človeški ~** human race; **iz ~a v ~** from generation to generation; **po ~u** by birth; **biti v ~u** to be related to

**rodbína** family

**ród|en** **~ni brat** full brother; **~no mesto** native town; **~na zemlja** native country

**rodílnik** *(gram)* genitive (case)

**rodítelj** parent; father, mother

**rodíti** to bear, to give birth; **~ se** to be born

**rôdnost** fertility, fecundity; birth rate, natality

**rododéndron** rhododendron; *(Am)* great laurel

**rodoljúb** patriot

**rodovíten** fertile, fecund, fruitful, prolific

**rodóvnik** family tree; pedigree

**róg** horn; **lovski ~** hunting horn, bugle; *Tema je kot v ~u.* It is pitch-dark.; **nasaditi možu ~e** to make one's husband a cuckold; **ugnati koga v kozji ~** to drive someone into the corner

**rogáč** stag-beetle

**rogàt** horned, horny

**rógati se** to mock, to poke fun at, to scoff at

**rogljíč** crescent-shaped roll

**rogovíla** forked branch

**rogóznica** rush mat, reed mat, doormat

**rohnéti** to fume, to rage

**roják** fellow countryman, compatriot

**rôjen** born; **~ pod srečno zvezdo** born with a silver spoon in one's mouth

**rojeníca** one of the Three Weird Sisters; one of the Fates

**rojíti** to swarm; **~ swarm**

**rôjst|en** **~ni dan** birthday; **~ni kraj** birthplace; **~ni list** birth certificate; **~no mesto** native town

**rôjst|vo** birth; **po ~vu** by birth; **število ~ev** birth rate, natality

**rók** term, time limit; **skrajni ~** deadline

**rôk|a** hand, arm; **pri ~i** at hand; **peljati pod ~o** to walk arm in arm; **blago iz druge ~e** second-hand goods *(pl)*; **novice iz prve ~e** news (straight) from the horse's mouth

**rokáv** sleeve; **iz ~a stresti** to do something off-hand

**rokavíca** glove; *(palčnik)* mitten

**rokavíčar** glover

**rokobór|ba** wrestling; **~ec** wrestler

**rokodélec** craftsman, artisan

**rokodélstvo** handicraft, trade

**rokomèt** handball; *(Am)* fieldball

**rokopís** manuscript, handwriting

**rokováti se** to shake hands (with)

**rokovnjáč** bandit, brigand, outlaw

**roléta** (rolling) shutter, rollerblind

**román** novel; **~opísec** novelist

**róma|nje** pilgrimage; **~r** pilgrim

**romántičen** romantic

**romántika** romanticism; romantic poetry

**rómati** to go on a pilgrimage, to wander

**rómb** rhombus, diamond

**Romún|ija** Romania, Rumania; **~, r~ski** Romanian, Rumanian

**róp** robbery; **bančni ~** bank robbery

**rópar** robber; **cestni ~** highwayman; **morski ~** pirate, buccaneer

**róparica** *(ptica)* bird of prey

**róparski ~ napad** hold-up, robbery

**rópati** to rob, to plunder

**ropòt** noise, rattle, rumble

**ropotárnica** lumber room

**ropotáti** to make noise, to rattle, to rumble

**ropotíja** junk, trash, rubbish, lumber

**ropotúlja** rattle

**rôs|a** dew; **~en** dewy

**rosíti** to drizzle, to dew

**rotácija** rotation, revolution

**rotíti** to implore, to entreat

**rótovž** town hall, city hall

**ròv** *(v rudniku)* pit, gallery, shaft; tunnel, passage; **strelski ~** trench, dugout

**rováriti** to plot, to intrigue

**róvnica** hoe, mattock

**rozína** raisin, currant, sultana

**róž|a** flower, rose; **ledene ~e** frost flowers; **petelinja ~a** cockscomb; **zdravilne ~e** medicinal herbs *(pl)*

**roženíca** cornea

**rož|evína** horn; **~én** horny, of horn

**róžica biti v ~h** to be tipsy, to be on the happy side

**rožíčevec** carob; **rôžič** carob; carob pod

**rožljáti** to rattle, to clank, to jangle

**róžmarin** rosemary

**róžnat** pink, rosy, reddish-pink; **~a lica** rosy cheeks

**ŕt** cape, headland

**rúbež** seizure, distraint

**rubín** ruby

**rúbiti** to seize, to distrain

**rubríka** rubric, column

**rúda** ore; **bakrena ~** copper ore

**rudár** miner, coalminer

**rudárstvo** mining, mining industry

**rúdnik** mine, pit; **~ premoga** coalmine

**rudnína** mineral

**rúj** *(bot)* sumach

**ruláda** roll; **biskvitna ~** Swiss roll

**rúm** rum

**rumèn** yellow

**rumeníca** yellow screen; *(bolezen)* jaundice

**rumenják** yolk

**rúnd|a** round; *(coll)* **plačati ~o pijače** to pay for a round of drinks

**rúno** fleece

**rusálka** water nymph

**Rús|ija** Russia; **~, r~ki** Russian

**rúša** turf, sod

**rúšenje** tearing down, demolition, destruction; **~ kamnin** plucking

**rúševec** heath cock, blackcock

**rušévina** ruin, ruins *(pl)*, wreckage

**rúševje** dwarf pine

**rušílec** destroyer *(tudi ladja)*, demolisher

**rúšiti** to destroy, to demolish, to pull down; **~ se** to crumble, to fall into ruins, to collapse

**rúta** kerchief, scarf

**rutína** routine

**rváti se** to fight, to wrestle

**řž** rye

# S

**S** letter S

**s** (*ali* **z**) with, by, from; ~ **pomočjo** by means of; ~ **tega stališča** from this point of view; **jesti** ~ **krožnika** to eat off a plate; **potovati z vlakom (letalom)** to travel by train (by plane); **prepirati se** ~ **kom** to quarrel with somebody; *On je z njo v sorodu.* He is related to her.

**sáblja** sabre, heavy sword

**sabljá|nje** fencing; **~č** fencer

**sabljáti se** to fence

**sabot|áža** sabotage; **~êr** saboteur

**sabotírati** to commit sabotage, to sabotage

**sád** fruit; result, consequence; **prepovedan** ~ forbidden fruit; **~óvi zemlje** (*pridelki*) fruits of the earth; **uživati ~óve svojega dela** to enjoy the fruits of one's labours

**sád|en ~no drevo** fruit tree; **~ni sok** fruit juice

**sádež** fruit

**sadíka** seeding, plant; (*drevo*) sapling

**sadíti** to plant, to set

**sadjár** fruit grower; (*prodajalec*) fruiterer

**sadjárstvo** fruit growing

**sádje** fruit; **južno** ~ (*agrumi*) citrus fruit; **tropsko** ~ tropical fruit; **kandirano** ~ candied fruit; **kuhano** ~ (*kompot*) stewed fruit; **suho** ~ dried fruit; **obirati** ~ to pick fruit; **vkuhavati** ~ to preserve (*ali* to bottle) fruit

**sádjevec** (*žganje*) fruit brandy; (*mošt*) **jabolčni** ~ cider; **hruškov** ~ perry

**sadovnják** orchard, fruit garden

**sádra** gypsum, plaster (of Paris)

**safaláda** saveloy

**safír** sapphire

**saharín** saccharin

**sàj** but; *S~ sem mu rekel.* But I told him so.; *S~ vidim.* I do see it.; *S~ ga poznaš.* You know him, don't you.

**sáje** soot

**saksofón** saxophone

**saláma** salami, sausage

**saldírati** to balance, to settle, to square

**sáldo** balance, amount in hand

**sálmiak** sal ammoniac, ammonium chloride

**sálo** fat, lard

**salón** drawing room; (*razstavni*) exhibition hall; (*na ladji, letalu*) saloon; **frizerski**

**(kozmetični)** ~ hairdresser's (beauty) parlour; **literarni** ~ literary salon

**sálto** somersault

**salutírati** to salute

**sálva** salvo, volley, salute

**sám** *To sem* ~ *naredil.* I did it single-handed.; *Presodi* ~*!* Judge for yourself!; **biti** ~ **v hiši** to be alone in the house; **na** ~ **novoletni dan** on the very New Year's day

**sámec** single man, bachelor, unmarried man; *(žival)* male; **zakrknjen** ~ confirmed bachelor

**samévati** to be (all) alone, to live by oneself, to lead a solitary life

**samíca** single lady; spinster; *(žival)* female; **stara** ~ *(devica)* old maid; *(ječa)* solitary (confinement)

**samó** only, solely, merely, nothing but; *S~ počasi, fantje!* Easy, boys!; *S~ trenutek, prosim.* Just a moment, please.; *S~ tega ne!* Anything but that!; ~ **ob torkih** only of Tuesdays; ~ **da** provided (that)

**samodŕžec** autocrat, tyrant, despot

**samoglásnik** vowel

**samogólten** greedy, voracious

**samogóvor** monologue, soliloquy

**sámohvála** self-praise

**samokólnica** wheelbarrow

**samokrés** revolver, *(Am)* gun

**samoljúben** selfish, ego(t)istic(al), self-centred

**samoljúbje** selfishness, egoism

**samomòr** suicide; **narediti** ~ to commit suicide

**samomorílsk|i** suicidal; ~**o nagnjenje** suicidal tendency

**samoníkel** original, inborn; (growing) wild

**sámoobrámba** self-defence

**sámoobvládanje** self-control, self-discipline

**sámoodlóčba** self-determination

**sámoohranítev** survival, self-preservation

**sámopomóč** self-help, self-aid

**sámopostréžba** self-service

**samorásten** self-made; independent, original

**samorástnik** self-made man

**samospèv** solo

**sámospoštovánje** self-respect, self-esteem

**sámosprožílec** self-timer, autotimer

**samostálnik** noun

**samostán** monastery; *(ženski)* nunnery, convent

**samostójen** independent, self-reliant; autonomous, self-governing

**samostójnost** independence, autonomy, sovereignty

**samosvój** stubborn, obstinate; original; independent

**samôta** solitude, loneliness

**samotár** hermit, recluse

**samôten** lonely, lonesome, solitary, secluded

**samoúk** self-taught person

**sámouméven** self-evident, obvious, natural

**sámoupráva** self-government, home rule, autonomy

**sámoupráven** self-governing, autonomous

**sámouprávljanje** *(v delovnih organizacijah)* self-management; *(v širšem pomenu)* self-government

**samovár** samovar, tea kettle

**samovóljen** self-willed, headstrong, wilful, authoritarian

**samovšéčen** self-sufficient, complacent, smug, self-satisfied

**sámozadovoljeváti se** *(spolno)* to masturbate; *(coll)* to wank

**sámozadovóljstvo** self-satisfaction

**sámozalóžb|a v ~i** published by the author

**sámozaščíta** self-protection; **družbena ~** social self--protection

**sámozavést** self-confidence, self-assurance

**sámozavésten** self-confident, self-assured

**sámozvánec** usurper

**sámski** single, unmarried

**sanáclja** improvement of sanitary *(ali* financial) conditions *(pl)*; sanitation; reform, reorganization

**sanatórij** sanatorium; small hospital

**sandála** sandal

**saní** *(s konjsko vprego)* horse (-drawn) sleigh; **motorne ~** snowmobile

**sanírati** to improve sanitary *(ali* financial) conditions *(pl)*; to sanitize; to reform, to reorganize

**sanitár|en** sanitary, hygienic; **~ni inšpektor** sanitary inspector; **~ne razmere** sanitary conditions *(pl)*

**sanitéta** sanitary service, medical service

**sanjáč** (day)dreamer

**sanjáriti** to daydream, to be lost in reverie

**sanjárjenje** daydreaming, reverie

**sánjati** to dream

**sanjáv** dreaming, dreamy

**sánj|e** dream; **niti v ~ah ne** far from it

**sankáč** tobogganer, sledger

**sankalíšče** toboggan run, *(Am)* coasting path

**sánkanje** tobogganing, sleighing, *(Am)* coasting

**sánkati se** to toboggan, to sled(ge), to sleigh, to luge, *(Am)* to coast

**sánkcij|a** sanction, measure; **uvesti ekonomske ~e proti** to impose economic sanctions against

**sankcionírati** to sanction, to approve

**sánke** toboggan, sledge; *(Am)* sled; **tekmovalne ~ luge; tekmovalne ~ z volanom** bobsleigh, bobsled

**sáp|a** breath; **loviti ~o** to catch one's breath, to grasp; **zadrževati ~o** to hold one's breath; **brez ~e** out of breath

**sápica** breeze, gentle wind, breath of air

**sápnik** windpipe

**sardéla** anchovy

**sardína** sardine

**sarkofág** sarcophagus, stone coffin

**sárma** cabbage roll

**sát** (a piece of) honeycomb

**sátan** Satan, Devil

**sátanski** satanic, diabolic

**satelít** satellite; **komu-nikacijski ~** communications satellite

**satír|a** satire; **~ičen** satirical

**Saudsk|a Arabija** Saudi Arabia; **~i Arabec** Saudi; **s~i** Saudi

**savána** savanna(h)

**sávna** sauna

**scáti** (vulg) to piss, to urinate

**scéna** scene; sequence, take

**scenárij** scenario, screenplay, script

**scenaríst** scenarist, screenwriter, scriptwriter

**scenogr|afíja** scenography; **~áf** scenographer, scenepainter

**sčásoma** in the course of time, gradually

**se** myself, yourself, himself, herself, itself; ourselves, yourselves, themselves

**sêb|e priti k ~i** to come to oneself; *Nimam denarja pri ~i.* I have no money on me.

**sebíčen** selfish, ego(t)istic(al), self-seeking, self-centred

**sebíčnež** egoist, egotist, selfish person

**sebíčnost** egoism, egotism, selfishness, self-interest

**secírati** to dissect, to cut up

**séč** urine, water

**séči** to reach, ~ **po čem** (*ali za* **čim**) to reach for; ~ **si v roke** to shake hands

**sečíšče** point of intersection

**séčnica** secant

**séčnja** woodcutting, felling trees

**sedáj** now, at present; **do ~** until now, up to now, by now; **od ~ naprej** from now on; **za ~** for the time being

**sedánji** present, actual, current, modern

**sedánjik** (*gram*) present tense, present

**sedánjost** the time being, present time

**sédem** seven

**sédemdeset** seventy

**sédemnajst** seventeen

**sedéti** to sit, to be seated; ~ **na ušesih** to be deaf to; *Sédite, prosim!* Take a seat, please!

**sédež** seat, place

**sédežnica** chair-lift

**sedlár** saddler, harness maker

**sêdlo** saddle; **gorsko ~** mountain saddle

**sedmína** one seventh; (*po pogrebu*) funeral repast; post-funeral ham and whisky

**ségati** to extend, to stretch, to range; ~ **čez rob** to overlap

**segregácija** segregation; **rasna ~** racial segregation

**segréti** to warm, to heat

**séizmič|en** seismic; **~ni valovi** seismic waves

**seizmol|ogíja** seismology; **~óg** seismologist

**séj|a** meeting, assembly, gathering, sitting, session;

**sklicati ~o** to call (ali to convene) a meeting
**sejálec** sower
**sejáti** to sow, to seed; (presejati) to sieve, to riddle
**sêjem** market, fair
**sejmíšče** market place, fairground
**sekálec** cutter, chopper; (zob) incisor
**sékati** to cut, to chop; ~ se to intersect
**sékcija** section, dissection
**sekíra** axe, hatchet
**sekretár** secretary
**sekretariát** secretariat, secretary's office
**séks** sex
**seksapíl** sex appeal, desirability
**seksuál|nost** sexuality; ~en sexual
**sékt** champagne
**sékt|a** sect; ~áštvo sectarianism
**séktor** sector, section; privatni (družbeni) ~ private (public) sector
**sekúnd|a** second; na ~o točno on the dot
**sekundánt** second
**sekundáren** secondary
**sekundírati** to second, to back up, to support
**sekvestrírati** to sequestrate
**sèl** messenger, courier
**selíti (se)** to migrate, to move, to change one's residence
**selítven ~i stroški** (furniture) removal expenses (pl); ~i voz removal van, moving van

**selívka ptica** ~ bird of passage, migratory bird
**sèm** here; ~ in tja to and fro; hither and thither
**semafór** traffic light(s (pl)); stop-go sign; (na železnici) semaphore
**séme** seed
**seménčica** sperm
**semeníšč|e** seminary; ~nik seminarist
**semènj** market, fair
**seménsk|i ~i krompir** seed potatoes (pl); ~a tekočina semen
**seméster** semester, term, half-year
**seminár** seminar
**sémiš** suede
**sèn** sleep, slumber, dream
**senát** senate
**senátor** senator
**sénc|a** shade, shadow; sedeti v ~i to sit in the shade; Boji se lastne ~e. He is afraid of his own shadow.
**sencè** temple
**sénč|en** shady; shadowy; ~en gozd shady forest; ~na stran dark side, drawback
**sénčiti** to shade, to cast a shade
**sénčnica** arbour, bower
**sénčnik** lampshade
**séndvič** sandwich
**senén ~a kopica** haystack; ~i nahod hay fever
**seník** hayloft, hay shed
**senó** hay; sušiti ~ to make hay
**senôžet** meadow
**sentimentálen** sentimental, mawkish

senzáci|ja sensation; ~oná-
len sensational, thrilling
senzál broker; borzni ~
stockbroker
separát|en ~ni odtis sepa-
rate, offprint
septêmber September
serenáda serenade
sêrija series, range
sêrijsk|i serial; ~a proizvod-
nja mass production; ~i TV
film television serial
serpentína serpentine, (hair-
pin) bend, turn
sêrum serum
serviéta napkin, serviette
servílen servile, obsequious
servírati to serve, to dish up
servís service, set of dishes;
čajni ~ tea service (ali set);
jedilni ~ dinner service (ali
set); sêrvis service
sesálec mammal; (za prah)
vacuum cleaner
sesáti to suck, to absorb
sèsek teat
sesekljáti to mince, to hash
sesésti se to collapse, to
faint; to cave in, to crumble
sesíriti se to curdle, to clot,
to coagulate, to set
sesírjen ~o mleko clotted
milk, curd
sesljáti to lisp
sestánek meeting, gather-
ing, session; dogovorjen ~
appointment, (Am) date
sestáti se to meet, to assem-
ble, to gather
sestáv structure, constitu-
tion, system; sončni ~ solar
system
sestáva composition, con-

struction, combination,
structure, texture
sestávek composition, essay,
article
sestáven constituent, com-
ponent
sestavína component, part,
ingredient
sestáviti to compose, to com-
bine, to put together, to
assemble, to compile; ~
pogodbo to draw up a
contract
sestávljenka compound
word
sésti to sit down, to take a
seat, to be seated
sestopíti to descend
sêstra sister; medicinska ~
nurse
sestrádati to famish, to
starve
sestrelíti (letalo) to shoot
down
sestríčna (female) cousin
sêstrski sisterly
sesúti se to fall to pieces, to
collapse
sešíti to sew, to stitch
seštê|ti to add up, to sum up;
~vanje addition; ~vek sum
sétev seed time; (dejanje)
sowing
séva|ti to radiate; ~nje radi-
ation
sevéda of course, certainly,
naturally, sure, indeed
séver north; na ~u in the
north; proti ~u northward(s)
séver|en north, northern;
S~na Amerika North Amer-
ica; ~na Evropa Northern
Europe; ~ni tečaj North Pole

**sévernica** polestar, North Star

**severnják** northerner, Northman

**séverozahòd** north-west

**sezídati** to build, to construct, to raise

**seznàm** list, register, catalogue; **plačilni ~** payroll

**seznaníti** to make known, to introduce a person; **~ se** to get acquainted with

**sezóna** season; **glavna (turistična) ~** high season

**sezónski** seasonal; **~ delavec** seasonal worker

**sezúti ~ čevlje** to take off one's shoes

**séženj** fathom (1,8 m)

**sežgáti** to burn, to cremate; **~ na grmadi** to burn at the stake

**sfêra** sphere

**sfínga** sphinx

**sfŕčáti** to flutter up; **~ pri izpitu** to fail an exam, to flunk

**sfrizírati** to do someone's hair; **dati se ~** to have one's hair done

**shájati** to make both ends meet; to get along; **~ brez** to do without

**shájati se** to meet, to come together, to assemble

**shéma** scheme, outline, plan, design

**shírati** to waste away, to pine away

**shladíti** to cool; **~ se** to cool down

**shlapéti** to evaporate, to vaporize

**shòd** meeting, gathering, assembly

**shodíti** to find one's legs, to begin to walk

**shrámba** larder, pantry

**shraníti** to keep, to preserve, to deposit

**shújšati** to lose weight, to grow thin, to slim

**shujševál|en delati ~no kuro** to be on a slimming diet

**sícer** else, otherwise; *(namreč)* namely

**síčnik** sibilant, hissing sound

**sidríšče** anchorage, mooring

**sídro** anchor; **vreči ~** to drop anchor; **dvigniti ~** to weigh anchor

**sífilis** syphilis

**sifón** U-bend, trap; siphon

**síga** sinter

**signál** signal; **~izírati** to signal, to beacon

**signatúra** sign, mark, pressmark

**signírati** to sign, to mark; *(knjigo)* to give a pressmark to a book

**sigúren** safe, certain, sure

**sigúrnost** safety, certainty, sureness

**síj** shine, splendo(u)r; **severni ~** northern lights *(pl)*; **svetniški ~** halo

**sijáj** splendo(u)r, lustre, pomp

**sijájen** splendid, magnificent, gorgeous, dashing

**sijáti** to shine, to glitter

**síkati** to hiss, to sizzle

**síl|a** power, might, force, strength; emergency, distress, need; **delovna ~a** manpower, workforce, labo(u)r force; **mirovne ~e** peace-keeping forces *(pl)*; **oborožene ~e** armed forces *(pl)*; **pogonska ~a** motive power; **višja ~a** vis maior, superior force; **klic v ~i** emergency call

**siláža** silage

**sílen** powerful, mighty, intense, overwhelming, terrific

**silhuéta** silhouette

**síliti** to compel, to urge, to press, to force, to push

**síloma** by force, perforce

**sílos** granary, silo

**silovít** violent, impetuous

**silvéstrovo** New Year's Eve

**simból** symbol, token, sign; **statusni ~** status symbol

**simbolizírati** to symbolize

**sim|etríja** symmetry; **~étričen** symmetrical

**simfóničen** symphonic; **~ni orkester** symphony orchestra

**simfoníja** symphony

**simpátičen** lik(e)able, agreeable, nice, attractive

**simpatíja** fancy for, liking, sympathy, inclination

**simpatizírati** to sympathize with, to feel sympathy for

**simptóm** symptom

**simulánt** malingerer, sham patient

**simulátor** simulator

**simulírati** to simulate, to pretend, to malinger

**sín** son; **nezakonski ~** illegitimate son

**sinagóga** synagogue

**sindik|át** trade union; **~alíst** trade unionist

**sinhronizírati** to synchronize; **~ v drug jezik** to dub

**siníca** titmouse

**sínji** sky-blue, azure

**sinóči** last night, yesterday evening

**sintáksa** syntax

**sintéza** synthesis

**sípa** *(sladkor)* granulated sugar; *(mivka)* river *(ali fine)* sand; *(morska žival)* cuttlefish, squid

**sípati** to scatter, to strew

**sipína** sandbank, dune, barkhan

**sìr** cheese; **mladi ~** green cheese

**sirárna** cheese dairy

**siréna** siren, mermaid; alarm, hooter

**Sir|íja** Syria; **~ec, s~ski** Syrian

**siromàk** poor man; **~i** the poor

**siromášen** poor, needy, impoverished, indigent, miserable

**siromáštvo** poverty, poorness, indigence, misery

**siróta** orphan

**sirotíšnica** orphanage

**sírotka** buttermilk, whey

**sírup** syrup, treacle

**sistém** system, method, structure, regime; **gospodarski (političnii) ~** economic (political) system; **prebavni ~** digestive system; **~ na ključ** turnkey system

**sistemátičen** systematic, methodical

**sistematizírati** to systematize
**sìt** full, satiated, fed; *(naveličan)* tired of, fed up with
**síten** annoying, bothersome, fussy, petty, disagreeable, irritating
**sitnáriti** to be fussy, to bother, to nag, to annoy
**sítnež** annoying person; pest, nuisance
**sitnost** annoyance, trouble, inconvenience, bother, nuisance
**síto** sieve
**situácija** situation, circumstances *(pl)*
**sív** grey, gray
**sivéti** to grow grey
**sívka** lavender
**sivolás** grey-haired
**skafánder** diving suit; *(astronavtski)* space suit
**skakáč** *(šahovska figura)* knight
**skakálec** jumper, vaulter, diver
**skakálnica smučarska ~** ski jump, **~ v kopališču** diving board *(ali* tower)
**skákati** to jump, to leap, to vault; *(v vodo)* to dive
**skakljáti** to hop, to skip
**skála** rock, cliff; *(lestvica)* scale
**skalíti** to trouble, to spoil
**skálnat** rocky
**skalnják** rockery, rock garden
**skalóvje** rocks *(pl)*, rocky mass
**Skandinávⅼija** Scandinavia; **~ec, s~ski** Scandinavian
**skandírati** to scan, to chant

**skávt** (boy) scout; **starešina ~ov** scoutmaster
**skazíti** to spoil, to blotch, to disfigure, to deform
**skedènj** barn
**skelét** skeleton
**skeléti** to smart
**sképtičen** sceptical
**sképtik** sceptic
**skesán** repentant, remorseful
**skesánost** repentance, remorse
**skesáti se** to repent, to feel remorse; to change one's mind
**skíca** sketch, draft, outline
**skicírati** to sketch, to make a draft, to outline
**skicírka** sketchbook
**skiró** scooter
**skísati se** to turn sour
**sklàd** stratum, *(pl)* strata, layer; *(skladnost)* accordance, harmony; *(denarna sredstva)* fund, funds *(pl)*, resources *(pl)*; **Mednarodni monetarni ~** International Monetary Fund
**skládanec** wafer, waffle
**skladátelj** composer
**skládati** to compose; *(drva)* to pile up; **~ se** to agree with, to correspond to
**skládba** composition, piece of music
**skláden** harmonious, congruent, accordant
**skladíšče** warehouse, storehouse; magazine, store, depot
**skladíščiti** to store, to stock
**skladíščnik** warehouse keeper, warehouseman

**skládnost** harmony, congruity, accordance

**skládovnica** pile, stack; ~ drv woodpile, pile of firewood

**sklanjátev** *(gram)* declension

**sklánjati** *(gram)* to decline; ~ se to bend, to bow, to stoop

**sklatíti** to knock down

**skléda** dish, bowl

**sklenína** enamel

**skleníti** *(po premisleku, razpravi)* to decide, to take a decision, to make up one's mind, to resolve; *(končati)* to terminate, to close, to conclude; ~ mir (pogodbo) to make peace (a contract); ~ roke to join hands

**sklèp** conclusion, resolution, decision; joint

**sklépati| (iz)** to infer (from), to gather (from); **prehitro ~** to jump to conclusions *(pl)*

**sklícati** *(sestanek)* to call a meeting; *(konferenco)* to convene a conference; *(parlament)* to summon the Parliament

**skliceváti se (na)** to refer to

**skljúčen** bent, curved, crooked

**sklòn** *(gram)* case

**skloníti** to bend, to bow, to incline, to stoop

**sklòp** connection, joint, complex

**sklopíti** to connect, to join, to fold

**sklópka** clutch

**skôbec** sparrow-hawk

**skóbelj** smoothing plane

**skóbljati** to plane, to shave

**skočíti** to jump, to leap, to spring; ~ s padalom to parachute

**skodéla** bowl, dish

**skodélica** cup; ~ za čaj teacup; ~ čaja cup of tea

**skódla** shingle

**skòk** jump, leap, spring; ~ v daljino (višino) long (high) jump; ~ s palico pole vault; ~ v vodo dive; smučarski ~ ski jump

**skókoma** jumping, by leaps

**skomígniti** *(z rameni)* to shrug one's shoulders

**skomína|ti** S~ me. It sets my teeth on edge.

**skomíne** desire, longing; delati komu ~ to make someone's mouth water

**skóp** stingy, mean, miserly, avaricious, mingy

**skopáti** to dig out, to exhume

**skópati** to bathe; ~ se *(doma)* to take a bath; *(na prostem)* to bathe

**skópiti** to castrate, to geld, to emasculate

**skópljenec** eunuch

**skopnéti** to melt, to disappear

**skopóst** stinginess, meanness, avarice

**skopúh** niggard, miser

**skôraj** nearly, almost; ~ nikoli hardly ever

**skôrajšnji** imminent, early, speedy

**skorbút** scurvy

**skórja** drevesna ~ bark; sirova ~ rind of cheese; krušna ~ crust of bread; zemeljska ~ earth's crust

**skotíti** to bring forth

**skovánka** coined word, coinage

**skováti** to forge, to coin, to hammer, to concoct

**skovíkati** to hoot, to screech, to shriek

**skovír** screech owl

**skózi** through, throughout; ~ vse leto all year round; pogledati ~ prste to turn a blind eye to

**skráj|en** utmost, extreme, the very last; *Je ~ni čas.* It is high time.; ~ni rok deadline

**skrájnež** extremist

**skrájnost** extreme; iti do ~i to go to extremes

**skrájšati** to shorten, to abridge, to abbreviate

**skrátka** in a word, briefly, in short

**skŕb** care, concern, anxiety, worry; delati si ~í to worry, to fret, to be concerned (about); brez ~í carefree

**skŕben** careful, attentive, thoughtful

**skrbéti** to worry, to fret; ~ za to care for (*ali* about), to take care of; to see to, to provide for; to look after, to be in charge of

**skrbník** guardian, trustee, tutor, caretaker

**skrbníšk|i** ~o ozemlje trust territory

**skrbníštvo** guardianship, trusteeship, tutelage

**skŕbstvo** welfare; socialno ~ social welfare

**skŕčiti** to contract, to reduce, to restrict; ~ se to shrink, to contract

**skrémžiti** ~ obraz to distort one's face, to frown

**skreníti** to divert from, to digress

**skŕhan** jagged, blunt

**skŕhati** to take off the edge, to blunt

**skríl** slate, schist

**skrínja** chest, trunk, shrine; zamrzovalna ~ deep freeze

**skrípta** lecture notes (*pl*)

**skríti** to hide (from), to conceal (from)

**skriváč** person in hiding

**skrivàj** secretly, in secret

**skrivalíšče** hiding place, hideout, lair

**skrívati** to hide, to conceal; ~ se (*igra*) to play hide and seek

**skríven** secret, hidden, clandestine

**skrivíti** to crook, to bend, to distort

**skrivnóst** secret, mystery; stroga ~ top-secret

**skrivnósten** mysterious, mystical

**skrôm|en** modest, humble, moderate; ~no kosilo frugal lunch

**skrômnost** modesty, humbleness, frugality

**skrpucálo** botch, bungle

**skrpúcati** to botch, to bungle

**skrtáčiti** to brush

**skrúniti** to profane, to violate

**skrupulózen** scrupulous

**skrúšen** depressed, low--spirited, broken-hearted

**skúbsti** to pluck; ~ koga to fleece someone, to overcharge someone

**skúhati** to cook; ~ **kavo** to make coffee; ~ **krompir** to boil potatoes

**skújati se** to change one's mind

**skulptúra** sculpture

**skúpaj** together, jointly

**skúpen** common, joint, collective

**skupína** group; **igralska** ~ drama group; **interesna** ~ interest group; **intervencijska** ~ flying squad; **krvna** ~ blood group; **starostna** ~ age group

**skupínsk|i** ~**o delo** teamwork; ~**o potovanje** (z vodnikom) conducted tour; ~**a slika** group photograph; ~**a terapija** group therapy

**skúpnost** community; **družbenopolitična** ~ sociopolitical community; **Evropska gospodarska** ~ **(EGS)** European Economic Community (EEC); **interesna** ~ community of interest; **krajevna** ~ local community; **samoupravna** ~ self-governing community

**skúpščina** assembly, parliament; **generalna** ~ General Assembly; **republiška (občinska, zvezna)** ~ republican (communal, federal) assembly

**skúriti** to burn up, to heat up

**skúša** mackerel

**skúšati** to try, to endeavo(u)r; to tempt

**skúšnja (glavna) gledališka** ~ (dress) rehearsal

**skušnjáva** temptation

**skušnjávec** tempter, seducer

**skúštrati** to dishevel, to ruffle, to tousle

**skúta** cottage cheese, curd

**skváriti** to spoil, to ruin

**slà** lust, strong desire

**slàb** bad, evil; weak, frail, feeble; ~**i časi** hard times (pl); ~**a prodaja** poor sale

**slabéti** to weaken, to grow weak, to wither

**slabíč** weakling; (coll) cissy, sissy

**slabíti** to weaken, to enfeeble, to lessen

**slabó** badly, poorly

**slabóst** weakness, feebleness, frailty, nausea

**slabôten** weak, feeble, delicate, frail

**slaboúmen** imbecile, feeble-minded, slow-witted

**slaboúmnež** mental patient, imbecile

**slaboúmnost** imbecility, idiocy, stupidity

**slábšati** to make worse, to worsen

**slábše** worse; *Ti igraš tenis ~ kot ona.* You play tennis worse than she does.

**slábši** worse; *On je ~ šofer kot jaz.* He is a worse driver than I am.

**sláčenje** undressing, stripping; (kabaretna točka) striptease

**slačílnica** changing room

**sláčiti** to take off one's clothes, to undress; to strip

**slád** malt

**slád|ek** sweet; ~**ka voda** fresh water

**sladkaríje** sweets (pl)

**sladkáti** to sweeten, to make sweet

**sládkor** sugar; ~ **v kockah** cube (ali lump) sugar; **kristalni** ~ granulated sugar; ~ **v prahu** castor (ali caster) sugar, icing sugar; **enkrat rafiniran** ~ brown sugar

**sladkór|en** ~**na bolezen** diabetes; ~**ni preliv** icing; ~**na pesa** sugar beet; ~**ni trs** sugar cane

**sladkórnica** sugar basin, sugar bowl

**sladkosnéden** fond of sweets (pl), sweet-toothed

**sladkosnédež** sweet tooth

**sladkóst** sweetness

**sladkovôden** (of) fresh water

**sladoléd** ice cream

**sladolédar** ice-cream seller, ice-cream man

**sladostrásten** sensual, hedonistic, voluptuous

**slálom** slalom (race); **vele~** giant slalom

**sláma** straw; (strešna) thatch(ing)

**slámnat** ~**a streha** thatched roof; ~**a vdova** grass widow

**slámnik** straw hat

**slamnjáča** straw bed, straw mattress

**slán** salty, briny; salted

**slána** hoar-frost, white-frost

**slaníca** salt water, brine

**slaník** (riba) herring; salted bread roll

**slanín|a** bacon; **nasoljena** ~**a** salted bacon; **prekajena**

~**a** smoked bacon; **rezina** (pečene) ~**e** rasher of bacon

**sláp** waterfall, cascade, cataract

**slást** delight, deliciousness

**slásten** delicious, appetizing

**slaščíca** sweet; candy, bonbon, titbit

**slaščičár|na** confectionery, sweetshop; ~ confectioner

**slátina** mineral water

**sláva** glory, fame

**slávec** nightingale

**sláven** famous, renowned, noted, illustrious

**slavíti** to celebrate, to praise, to glorify

**slávje** celebration, festivity, solemnity, triumph

**slávnost** celebration, solemnity, festivity

**slávnosten** solemn, festive, festal

**slavohlépen** ambitious, craving for fame

**slavohlépnost** thirst for glory, love of fame

**slavolók** triumphal arch

**Slavon|ija** Slavonia; ~**ec**, **s~ski** Slavonian

**slavospèv** hymn, panegyric, eulogy, tribute

**sléč** rhododendron

**sléči (se)** to undress, to take off one's clothes

**siéd** trace, trail, track, footprint

**sledíti** to follow, to come after, to ensue; (divjad) to track; ~ **komu** to shadow someone; (prevzeti položaj po drugem) to succeed someone

**sléherni** every, each

**sléhernik** everyman
**sléj prej ali ~** sooner or later
**slême** ridge, top, apex
**slép** blind; **popolnoma ~** stone blind; **~ za barve** colour blind; **~i naboj** blank cartridge; **~i potnik** stowaway; **~a ulica** cul-de-sac, dead end; **igrati se ~e miši** to play at blind man's buff
**slepár** impostor, swindler, deceiver, fraud
**slepáriti** to cheat, to swindle
**slépec** blind man; *(plazilec)* blindworm
**slépič** appendix
**slepílo** delusion, illusion, bluff
**slepíti** to blind, to dazzle; to deceive, to delude
**slepôta** blindness
**sléz** mallow
**slíka** picture, image, painting, portrait; snapshot, photo
**slíkanica** picture-book
**slíkanje** painting; photographing
**slikár** painter, artist; **sôbo~** house painter
**slikársk|i ~i atelje** painter's studio; **~o platno** canvass; **~o stojalo** easel
**slikárstvo** painting, art of painting
**slíkati** to paint, to portray; to take a photograph
**slikóv|en ~ni slovar** pictorial dictionary
**slikovít** picturesque, colo(u)rful, spectacular
**slína** saliva, spittle, slobber

**slínček** bib, feeder
**slíniti (se)** to salivate, to slobber
**slíšati** to hear; **slučajno ~** to overhear
**slíšen** audible
**slíva** plum tree; *(sadež, svež)* plum; **suha ~** dried plum, prune
**slívovka** plum brandy, slivovitz
**sljúda** mica
**slóg** style, manner
**slóga** concord, harmony, unity
**slòj** stratum, *(pl)* strata, layer; class, rank; **srednji (družbeni) ~** middle-class (society)
**slók** slim, slender
**slóka** woodcock
**slòn** elephant
**slonéti** to lean (on, against)
**slono|vína** ivory; **~koščén** (of) ivory
**Slován** Slav; **s~ski** Slav, Slavonic, Slavic
**slovár** dictionary; **žepni ~** pocket dictionary
**Slová|ška** Slovakia; **~k** Slovak, Slovakian; **s~ški** Slovakian
**Slovén|ija** Slovenia; **~ec, s~ski** Slovene, Slovenian
**slôves** reputation; **znanstvenik velikega ~ésa** scientist of high repute
**slovésen** solemn, festive
**slovésnost** ceremony, solemnity
**slovéti** to be famous for, to have a reputation as (*ali* for)
**slovít** famous, renowned

**slóvni|ca** grammar; **~čen** grammatical

**slóvničar** grammarian

**slovó** parting, leave-taking, farewell; **vzeti ~** to take leave

**slóvstvo** literature

**slóžen** harmonising, harmonious, unanimous; compatible

**slučáj** chance, hazard, contingency, accident

**slučájen** accidental, incidental, casual, contingent

**slučájno** accidentally, by chance; **S~ sem ga srečal.** I happened to meet him.

**slúga** (man)servant, domestic, attendant; footman, valet; **sodni ~** bailiff

**slúh** (sense of) hearing

**slušálka** headphone, earphone; **telefonska ~** receiver

**slušátelj** (university) student; listener

**slutíti** to sense, to have a premonition, to anticipate, to suspect

**slútnja** premonition, presentiment, anticipation

**slúz** mucus, slime, phlegm

**slúznica** mucous membrane

**služábnik** *glej* SLUGA

**slúžb|a** job, employment, service; **~a družbenega knjigovodstva** social accountancy service; **~a državne varnosti** state security service; **javne ~e** public services *(pl)*; **obveščevalna ~a** intelligence service; **vojaška ~a** military service; **biti (ne biti) v ~i** to be on (off) duty; **biti brez ~e** to be out of work; **odpustiti iz ~e** to dismiss, to fire somebody

**slúžben** *(uraden, zadržan)* official, formal, stiff; **~i čas** business hours *(pl)*; **~o kosilo** official dinner, business lunch; **~o potovanje** business trip

**službodajálec** employer

**službováti** to be employed, to serve

**služínčád** domestics *(pl)*, servants *(pl)*

**služíti** to serve; to be used as *(ali* for), to be suitable for, to be useful to; **~ si kruh** to earn one's living; **~ vojsko** to serve in the army

**slúžkinja** maid, housemaid, servant

**smarágd** emerald

**smátrati** to consider, to think, to regard; **~ koga za poštenjaka** to believe somebody to be honest

**sméh** laughter, laugh

**smehljáj** smile

**smehljáti se** to smile (at)

**smejáti se** to laugh (at)

**smér** direction, course, line, tendency, trend

**smérnic|a** guideline, directive; **dati ~e** to issue guidelines

**sméšen** ridiculous, funny, comical

**sméšiti** to make fun of, to ridicule

**sméšnica** anecdote, funny story

**smétana** cream; **stepena ~** whipped cream

**smetár** dustman, *(Am)* garbage collector

**smé|ti** to be allowed to; če ~**m vprašati** if I may ask

**smetí** rubbish, litter, garbage, trash, refuse, sweepings *(pl)*

**smetíšče** rubbish dump; *(jama)* refuse pit

**smetíšnica** dustpan

**smetnják** dustbin, *(Am)* garbage can

**smíliti se** to be sorry for, to pity

**smír|ek** emery; ~**kov papir** sandpaper

**smísel** sense, meaning, signification, bearing

**smodíti** to singe, to scorch, to burn

**smodník** gunpowder

**smodníšnica** powder magazine

**smóking** dinner jacket, *(Am)* tuxedo

**smókva** fig tree, fig

**smôla** pitch, tar; **drevesna ~** resin; bad luck, misfortune

**smolíti** to pitch, to tar, to resin

**smóter** aim, goal, purpose, intention

**smótka** cigar

**smótrn** suitable, proper

**smrád** stink, stench, bad odour

**smrčáti** to snore

**smŕček** snout

**smrdéti** to stink, to stench, to reek

**smrdljív** stinking, smelly

**smréka** spruce

**smŕkati** to sniffle, to snuffle

**smŕkav** snotty, snivelling

**smŕkavec** snotty fellow, brat

**smŕkelj** snot, snivel

**smŕt** death; **umreti naravne (nasilne) ~i** to die a natural (violent) death

**smŕt|en** deadly, lethal, mortal; ~**ni greh** mortal sin; ~**na kazen** capital punishment

**smŕtnost** mortality

**smrtonôsen** lethal, deadly

**smúčanje** skiing; **vodno ~** water-skiing

**smúčar** skier

**smúčarsk|i** ~**a oprema** skiing equipment; ~**i tečaj (učitelj)** skiing course (instructor); ~**i tek** cross--country skiing

**smúčati se** to ski, to go in for skiing

**smučíšče** ski slope, skiing ground; ~ **za začetnike** nursery slope

**smúčke** (a pair of) skis; **tekaške ~** cross-country skis

**smúk** downhill race

**smúkec** French chalk, talc

**smúkniti** to slip, to sneak

**snága** cleanliness, neatness; *(podjetje za odvoz smeti)* refuse collection

**snáha** daughter-in-law

**snážen** clean, neat, tidy

**snažílec** cleaner; ~ **čevljev** bootblack

**snažílka** cleaner, daily, cleaning woman *(ali lady)*

**snážiti** to clean

**snég** snow; **beljakov ~** whipped white of an egg; **puhasti ~** powdery snow

**Snegúljčica** Snow White

**snemálec** cameraman, camera operator

**snémati** to shoot, to film; to record, to tape

**snésti** to eat up, to eat

**snét** smut, blight, mildew

**snéti** to take off (*ali* down); (*vrata*) to unhinge

**snéž|en** snow, snowy; **~na meja** snowline; **~ni metež** snowstorm, blizzard; **~ne padavine** snowfall; **~ni plug** snowplough; **~na veriga** snowchain, non-skid chain; **~ni zamet** snowdrift

**snežén ~a kepa** snowball; **~i mož** snowman

**snežínka** snowflake

**snežíšče** snowfield

**snežíti** to snow

**snéžka** overshoe

**snežníca** snow-water

**sníti se** to meet, to come together

**snòp** sheaf, (*pl*) sheaves

**snopìč** part, number, fascicle

**snóv** material, matter, stuff, substance; subject

**snováti** to plan, to project, to scheme, to plot

**snóven** material

**snúbec** suitor, wooer, courter

**snubíti** to woo, to propose (to), to court

**sôba** room; **bolniška ~** sick room; **dnevna ~** living room; **enoposteljna ~** single room; **~ za goste** spare room; **sejna ~** assembly room

**sôbarica** chambermaid

**sòbórec** fellow-combatant

**sôboslikár** house painter

**sobóta** Saturday; **ob ~h** on Saturdays

**sociál|en** social; **~ni dela-** **vec** social worker; **~no skrbstvo** social welfare; **~no zavarovanje** social insurance

**socialíst** socialist; **~ičen** socialist(ic)

**socializácija** socialization

**socialízem** socialism

**socializírati** to socialize

**sociol|ogíja** sociology; **~óg** sociologist

**sóčen** juicy, succulent

**sočívje** vegetables (*pl*), legumes (*pl*)

**sočustvováti** to sympathize, to have compassion

**sočúten** sympathetic, understanding, compassionate

**sočútje** sympathy, compassion

**sód** cask, barrel

**sód** even; **~o število** even number

**sóda** baking soda, sodium bicarbonate

**sodár** cooper, hooper

**sódavica** soda water, soda

**sôdb|a** judgement, sentence; (*porotnikov*) verdict; (*mnenje*) opinion, thinking; **izreči ~o** to pass sentence on

**sódček** little barrel, keg

**sòdédi|č** coheir; **~nja** coheiress

**sodélavec** co-worker, co--operator, collaborator

**sodelovánje** co-operation, collaboration; **mednarodno ~** international co-operation

**sodelováti** to co-operate, to team up, to collaborate

**sód|en ~ni dan** Doomsday, Judgement Day; **~na dvo-**

rana courtroom; ~na medicina forensic medicine; ~ni nalog warrant, injunction; ~na obravnava (razprava) trial, legal process; ~ni poziv subpoena

sodíšče court (of justice), law court; ljudsko (vojaško, ustavno) ~ people's (military, constitutional) court; naglo ~ court martial; preiskovalno ~ court of inquiry; vrhovno ~ supreme court; mednarodno ~ v Haagu International Court of Justice

sodíti to judge, to hear a case, to try; to think, to be of the opinion

sodník judge, magistrate; (pri športu) referee, umpire, linesman; ~ na cilju, točkovni ~ judge

sodôb|nost contemporaneity; ~en contemporary, modern, up-to-date

sódra sleet

sódrga rabble, mob

sòdržavlján fellow citizen

sódstvo judiciary, judicature

soglásen concordant (with), in agreement, unanimous

soglásj|e accordance, approval; consensus; v ~u z in accordance with

soglásnik consonant

soglásnost concordance, agreement, unanimity

soglášati to agree, to consent; ne ~ to disagree

sòigrálec partner, coactor

sòimenják namesake

sòj lunin ~ moonlight; ~ sonca sunshine

sója soya (bean)

sók juice; drevesni ~ sap; ~ pečenke gravy, dripping

sôkol falcon, hawk

sòkrívec accessory to a crime, accomplice

sokŕvica lymph

sól salt; dišeče ~í smelling salts (pl); kuhinjska ~ common salt; namizna ~ table salt; ščepec ~í pinch of salt

solár|en ~na celica solar cell; ~na energija solar energy

solárna saltworks (pl), saltern

sòlastník co-proprietor, partowner, joint owner

sòlastnína joint property

soláta (jed) salad; (rastlina) lettuce

solidárnost support, solidarity; razredna ~ class solidarity

solíden solid, firm, compact; reliable, solvent

solídnost solidity, firmness; reliability

solína saltpan, brine pan, salina

solíst soloist, solo performer

solíter potassium nitrate; saltpetre

solíti to salt; na~ meso to corn meat

solníca salt cellar

solstícij solstice

sólz|a tear; pretakati ~e to shed tears

sólzen tearful, in tears

solzí|ti se to be wet with tears; Oči se mi ~jo. My eyes water.

solzívec tear gas

**sòm** sheatfish
**somérnost** symmetry
**sòmeščán** fellow-townsman *(ali* -citizen)
**somíšljenik** adherent, backer
**somrák** twilight, dusk
**sònarodnják** fellow-countryman
**sónc|e** sun, sunshine; **na ~u** in the sun
**sónčarica** sunstroke
**sónč|en** sunny, of the sun, solar; **~na energija (sistem)** solar energy (system); **~na ura** sundial; **~ni vzhod (zahod)** sunrise (sunset)
**sónčiti se** to sunbathe, to bask in the sun
**sónčnica** sunflower
**sónčnik** sunshade, parasol
**sónda** sound, probe
**sondírati** to sound, to probe
**sonét** sonnet
**sòobtóženec** co-defendant
**soóčiti** to confront, to bring face to face
**sòodvísnost** interdependence
**sopára** vapo(u)r, steam
**sopáren** sultry, stuffy
**sopárica** sultriness, haze
**sopíhati** to pant, to gasp
**sòpilót** co-pilot
**sòpodpís** countersignature; **~nik** co-signatory
**sòpodpísati** to countersign
**sòposéstnik** joint owner
**sopótnik** fellow traveller
**soprán** soprano
**sopróg** husband, consort
**sopróga** wife, consort
**sôpsti** to pant, to gasp, to breathe heavily

**sòrazméren** proportional, proportionate; relative
**sòrazmérje** proportion
**soród|en** related, kindred, akin, allied; **~ni jeziki** cognate languages
**soródnik** relative, relation; **daljni ~** collateral (relative); **priženjeni ~i** the in-laws
**soródnost** relationship, relation, affinity, congeniality
**soródstv|o** relationship, relations *(pl)*, relatives *(pl)*; **biti v ~u** to be related to
**sórta** sort, kind, species
**sortimènt** assortment
**sortírati** to sort, to assort, to grade
**sôsed** neighbour
**soséden** neighbouring, adjoining, next-door
**soséska** neighbourhood, community
**soséščina** neighbourhood, vicinity
**soslédica ~ časov** *(gram)* sequence of tenses
**sòstanoválec** roommate, cohabitant, inmate, joint tenant
**sosvèt** advisory committee
**sošólec** schoolfellow, schoolmate, classmate
**sotéska** gorge, ravine, glen, *(Am)* canyon
**sotóčje** confluence
**sòtrpin** fellow sufferer
**sotrúdnik** co-operator, collaborator, contributor
**sòudel|éžba** participation; **~ežèn** participating, partaking
**sòuporába** joint use

**sòuredník** co-editor

**sôva** owl

**sòvladár** co-regent, joint ruler

**sòvozáč** *(na motorju)* pillion rider

**sovpásti** to coincide with, to clash with

**sovráštvo** hatred, hate; hostility, animosity

**sovrážen** hostile, inimical, adverse

**sovražíti** to hate, to detest, to dislike, to loathe, to abhor

**sovrážnik** enemy, foe

**soznáčnica** synonym

**sožálje** condolence; **izreči ~** to condole, to convey condolences; *Moje iskreno ~.* My deepest sympathy.

**spáček** deformed creature; *(igra narave)* freak of nature

**spáčen** deformed, distorted, misshapen

**spáčiti** to deform, to distort, to misshape

**spádati** to belong to, to appertain

**spahníti se** to burp, to regurgitate

**spájkati** to solder, to braze

**spáka** deformed creature; grimace

**spakedránščina** jargon

**spakedráti** to deform, to distort

**spakováti se** to make *(ali to poke)* faces

**spál|en** sleeping; **~na bolezen** sleeping sickness; **~na srajca** nightdress, nightie; **~ni vagon** sleeper, sleeping car; **~na vreča** sleeping bag

**spálnica** bedroom; *(v internatu)* dormitory; **kombinirana ~** in dnevna soba bed-sitting-room, bedsitter

**spálnik** sleeping car, sleeper; **ležišče v ~u** berth

**spametováti** to bring someone to his senses; **~ se** to grow wiser, to come to one's senses

**spánec** sleep, slumber

**spánje** sleeping, sleep; **zimsko ~** hibernation

**spáriti** to couple, to pair, to mate

**spáti** to sleep, to be asleep; **~ kot ubit** to sleep like a log

**speciálen** special, particular

**specialíst** specialist, expert

**specializácija** specialization

**specializírati se** to specialize in, *(Am)* to major in

**speciálka** ordnance survey map

**specificírati** to specify, to itemize

**specífič|en** specific, particular; **~na teža** specific gravity

**spečáti se** to have sexual intercourse with

**spêči** to bake, to roast; to broil, to grill

**speleologíja** speleology

**speljáti** to lead away, to draw off, to drain off; **~ koga na led** to take someone in

**spésniti** to write *(ali to compose)* a poem

**spét** again, once more, afresh

**spéti** to pin, to staple, to clip, to tie *(ali to bind)* together; *(v knjigoveštvu)* to whipstitch

**spèv** song, canto

**spevoígra** operetta, musical comedy, vaudeville

**spíker** announcer, speaker

**spirála** spiral

**spírati** to rinse, to wash out

**spiritízem** spiritism, spiritualism, spirit rapping

**spís** composition, essay; (written) document, official paper; **sodni ~** court records (pl)

**spísek** list, register, roll

**splahnéti** to subside, to decrease

**splakníti** to wash out, to rinse out, to flush

**splanírati** to level, to flatten

**splašíti** to frighten, to startle, (ptice) to shoo (away); **~ se** to take fright, (konj) to bolt

**splàv** raft; (povzročeni) abortion, (spontani) miscarriage

**splavár** raftsman, rafter

**spláviti** to float, to raft; to wash away; (ladjo) to launch; to abort, to have a miscarriage

**splazíti se** to creep, to crawl

**splesnéti** to get mouldy (ali musty)

**splêsti** (nogavice) to knit; **~ lase** (košaro, vrv) to plait one's hair (basket, cord); to interlace

**splèt** politični **~ okoliščin** political set-up

**splétka** intrigue, plot

**spletkár** plotter, intriguer

**spletkáriti** to intrigue, to plot, to conspire

**splézati** to climb up

**splòh** altogether, at all; **~ ne** not at all

**sploščíti** to flatten

**splôš|en** general, common, universal; **v ~nem** as a rule, generally

**spočét|i** to conceive; **~je** conception

**spočíti se** to rest, to take a rest

**spôdaj** below, beneath; (v pritličju) downstairs

**spodbíjati** to impugn, to contest, to repudiate

**spodbôsti** to spur, to point, to stimulate, to incite

**spodbúda** stimulation, incentive, impulse

**spodbúden** stimulating, incentive, inspiring

**spodbújati** to stimulate, to encourage

**spodíti** to drive away, to turn out (away), to chase

**spodletéti** to fail, to fall through, to give out

**spôdnji** lower, inferior; (Br) **~ dom** House of Commons; (Am) House of Representatives

**spodóben** decent, becoming, proper

**spodóbiti se** to befit, to be becoming (ali decent, proper)

**spodrsljáj** slip, lapse, blunder

**spodŕsniti** to slip, to slide, to skid

**spoglédati se** to exchange glances, to look at each other

**spogledljív** coquettish, flirtatious

**spogledováti se** to coquette, to flirt; **~ nad** to take offence, to be scandalized by

**spòj** junction, union, connection

**spojína** compound

**spojíti** to join, to unite, to connect, to couple

**spójka** paper clip

**spokoríti se** to atone for, to make amends for, to repent

**spokórnik** penitent, repentant

**spòl** sex; *(gram)* gender

**spôl|en** sexual; ~na bolezen venereal disease; ~ni odnosi sexual intercourse

**spôlnik** *(gram)* article

**spolovíl|o** sexual organ; ~a genitals *(pl)*

**spólzek** slippery, skiddy

**spomeníca** memorandum, *(pl)* memoranda; memorial

**spomeník** monument, memorial; **nagrobni ~** tombstone

**spomín** memory, remembrance, recollection; ~i memoirs

**spomínčica** forget-me-not

**spomínek** souvenir, keepsake

**spomínsk|i** memorial, commemorative; ~a plošča memorial tablet; ~a svečanost commemoration

**spomlád** spring, springtime

**spómniti** to remind somebody of; ~ se to remember, to recollect

**spón|a** holdfast, catch, clamp; **nadeti komu ~e** to handcuff someone

**spónka kovinska ~** metal clip; **lasna ~** hair-clip; ~ za papir paper clip, staple

**spontán** spontaneous

**spopàd** conflict, encounter, skirmish, engagement

**spopásti se** to clash with, to come to blows (with); ~ s sovražnikom to engage the enemy

**spòr** conflict, quarrel, dispute, controversy

**sporazúm** agreement, concurrence, consent; **gentlemanski ~** gentleman's agreement

**sporazuméti se** to come to terms, to make an agreement, to agree

**sporazumévati se** to communicate

**sporêči se** to have a dispute with, to quarrel

**spor|èd** programme, repertory; **po ~édu** according to the programme

**spór|en** disputable, questionable; ~no vprašanje moot question; ~na zadeva matter in dispute

**sporočílo** message, communication, information, notice, word

**sporočíti** to inform, to tell, to communicate, to report, to let know; *(uradno)* to notify

**sposóben** capable, able, fit for; gifted, clever, competent; ~ človek man of ability

**sposóbnost** capability, ability, competence, faculty, fitness

**spoštljív** respectful, estimable

**spoštljívost** respect, deference

**spoštován** respected, respectable, honourable

**spoštovánje** respect, esteem, reverence, homage; *Z odličnim ~m* Yours faithfully; Respectfully yours

**spoštováti** to respect, to esteem, to honour

**spotakljív** scandalous, shocking

**spotakníti se** to stumble, to make a false step

**spotík|a** scandal, offence; **kamen ~e** stumbling block

**spotíkati se** *(ob, nad)* to be scandalized at, to take offence at

**spotíti se** to perspire, to sweat

**spótoma** on the way

**spóved** confession

**spovédati** to confess someone, to hear someone's confession; **~ se** to confess one's sins, to go to confession

**spovední|ca** confessional (box); **~k** confessor

**spozabíti se** to lose one's temper, to forget oneself

**spoznáti** to recognize; to realize, to become aware; **~ se s kom** to make one's acquaintance, to meet someone

**spráskati** to scratch, to scrape off

**spraševáti** *glej* IZPRAŠEVATI

**správa** reconciliation; conciliation

**správiti** *(shraniti)* to store, to save up, to retain; **~ koga v jok (smeh)** to make somebody cry (laugh); **~ koga v zadrego** to embarrass somebody; **~ otroke v posteljo** to put children to bed; **~ dva sovražnika** to reconcile two enemies

**spravljív** conciliatory, forgiving

**spréči** *glej* IZPREČI

**sprédaj** in front, ahead

**sprédnj|i** fore, front; **~a noga** foreleg; **~i zobje** front teeth

**spr|egátev** *(gram)* conjugation; **~égati** to conjugate

**spreglédati** to overlook, to take no notice of; to forgive

**sprehajálec** walker, stroller, promenader

**sprehajalíšče** promenade, *(Am)* avenue

**sprehájati se** to walk, to take a walk, to promenade

**sprehòd** walk, promenade

**sprejèm** reception, acceptance, admission

**sprejém|en ~ni izpit** entrance exam(ination); **~ni pogoji** conditions of admission

**sprejemljív** acceptable

**sprejémnica** drawing room, reception room, parlo(u)r

**sprejémnik** receiver; **komunikacijski ~** communication receiver

**sprejéti** to accept, to receive; to admit; to welcome

**sprel|etéti** to flash through; *Strah me je ~étel.* I felt a shudder of fear.

**spremémba** change, alteration, modification, turn; **družbena ~** social change

**spremeníti** to change, to alter, to amend, to reform

**spremenljív** changeable; *(vreme)* unsettled; ~ **delovni čas** flextime

**sprémiti** to accompany, to escort, to convoy

**spremljáva** *(glasbena)* accompaniment

**spremljeválec** companion, attendant, accompanist

**sprémstvo** suite, escort, attendance

**spreobrníti** to convert to; ~ **se** to become converted

**spréten** skilful, handy, deft, adroit, clever

**spréti se** to quarrel, to have a quarrel

**sprétnost** skill, adroitness, cleverness

**sprevídeti** to understand, to comprehend, to realize

**sprevòd** procession, train, column

**sprevódni|k** conductor, guard; ~**ca** conductress, guard

**sprhnéti** to rot, to decompose, to putrefy, to fall to dust

**spričeválo** certificate; **šolsko** ~ school report; **zdravniško** ~ medical certificate, bill of health

**spríčkati se** to have a quarrel

**sprijateljíti se** to become friends, to make friends with

**sprijázniti se** to reconcile oneself, to get familiar with, to tolerate, to face, to accept

**sprijéti se** to adhere, to stick to, to agglutinate

**sproletarizírati** to proletarianize

**sprostíti** to let loose, to loosen, to set free; ~ **se** to relax, to unwind

**spróti** *Za* ~ *imamo dovolj.* We have enough to live from hand to mouth *(ali* to make both ends meet).

**sprožílec** release; *(pri puški)* trigger

**sprožíti** to pull the trigger, to fire; ~ **se** to go off; ~ **vprašanje** to raise a question

**spustíti** to let loose, to release, to set free; ~ **se** to descend, to come down; *(letalo)* to land; ~ **ladjo v morje** to launch a ship; ~ **psa z verige** to unchain a dog; ~ **zastor** to lower a curtain

**sráb** scab, mange

**srájca** *(moška)* shirt; **nočna** ~ nightdress, nightie

**sráka** magpie

**srakopêr** butcher-bird

**srám** shame; **brez** ~**ú** shameless, impudent; *S~ me je.* I am ashamed of myself.

**sramežljív** bashful, diffident

**sramežljívost** bashfulness, diffidence

**sramôt|a** shame, disgrace; **delati komu** ~**o** to shame somebody; *Kakšna* ~*!* What a shame!

**sramôten** shameful, disgraceful, infamous

**sramotíl|en** defamatory, insulting, abusive; ~**ni spis** lampoon; ~**ni steber** pillory

**sramotíti** to defame, to shame, to insult, to abuse

**sramováti se** to be ashamed (of)

**srbečíca** itching
**srbéti** to itch, to tickle
**Sŕb|ija** Serbia; ~ Serb, Serbian; **s~ski** Serbian
**src|é** heart; *Ima zlato (trdo) ~é.* He's got a heart of gold (of stone).; *Po srcu sem Slovenec.* I am a Slovene at heart.; **gnati si k sŕcu** to take something to heart
**sŕček** darling, love, sweetheart, honey
**sŕč|en** hearty, cordial; **~na kap** heart failure; **~ni napad** heart attack; **~na napaka** cardiac defect; **~ni spodbujevalnik** pacemaker; **~ni utrip** heartbeat; *(pogumen, odločen)* brave, bold, courageous
**sŕčíka** heart, nucleus, core
**sŕčkan** lovely, sweet
**sŕd** anger, rage, resentment
**srdít** angry, furious, enraged
**srébati** to sip
**srebŕn** (made of) silver
**srebrník** silver coin
**srebrnína** silverware, silver
**srebró** silver; **živo ~** quicksilver, mercury
**sréč|a** happiness, luck, fortune; **imeti ~o** to be lucky; **na ~o** fortunately, luckily
**sréčanje** meeting, get-together
**sréčati** to meet, to come across, to encounter
**srečelóv** lottery, raffle
**sréč|en** happy, fortunate, lucky; *S~no novo leto!* Happy New Year!; *S~o pot!* Pleasant journey!; Godspeed!, Farewell!

**sréčka** lottery ticket, raffle ticket
**sréčnež** lucky man, fortunate person
**sréčno** *S~!* Good luck!; *Sedaj sva ~ poročena.* We are safely married now.
**sréda** Wednesday; **pepelnična ~** Ash Wednesday; *(sredina)* middle
**srédi** in the middle of; **~ zime** in mid winter
**sredíca** *(kruha)* soft inside (of bread); **reaktorska ~** (reactor) core
**sredína** middle, centre; **~ tarče** bull's eye
**sredínec** middle finger
**sredíšče** centre; **~ mesta** downtown
**sredíšč|en** central; **~na razdalja** middle distance
**srednjeevrópski ~ čas** Central European Time
**srednjeróč|en** medium term; **~no programiranje** medium-term programming
**srednješólec** secondary *(ali* high) school student
**srednjevéški** medi(a)eval
**srédnj|i** middle, central; **~ih let** middle-aged; **~e velik** of medium height; **S~a Amerika** Central America; **~a izobrazba** secondary education; **~i napadalec** centre forward; **~a šola** secondary school; **~e uho** middle ear; **~i valovi** medium waves *(pl)*; **~i vek** Middle Ages *(pl)*; **S~i vzhod** Middle East
**sredobéžen** centrifugal
**sredotéžen** centripetal

**Sredozémlje** the Mediterranean

**srédstv|o** means ((*sg*) in (*pl*)), way, instrument; funds (*pl*), resources (*pl*), money; **kemično ~o** chemical agent; **proizvajalna ~a** means of production; **~a javnega (množičnega) obveščanja** mass media; **zakonita ~a** legal measures (*pl*)

**srén** crusted snow

**srénja** community, parish, common land

**srép** (*pogled*) staring, glassy

**sréž** crusted snow; white frost

**sŕh** shudder, thrill; *S~ me je spreletel.* It gave me the creeps.

**sŕk|ati** to sip; **~niti** to take a sip

**sŕn|a** roe, doe; **~ják** roebuck; **~jáček** fawn

**srnjád** roe deer

**srobót** clematis

**sŕp** sickle; (*lunin*) crescent; **~ in kladivo** sickle and hammer

**sršáti** to bristle, to stand up

**sŕšèn** hornet

**stabíl|en** stable, firm; **~en stol** steady chair; **~na valuta** stable currency

**stabilizírati** to stabilize

**stacionáren** stationary

**stádij** stage, phase

**stádion** stadium

**stagn|írati** to stagnate; **~ácija** stagnation

**stája** pen, stable, fold

**stájati** to melt, to thaw

**stájica** (*otroška*) playpen

**stakníti ~ prehlad** to catch a cold; **~ skupaj** to put together

**stalagmít** stalagmite

**stalaktít** stalactite

**stál|en** permanent, constant, regular, continual, steady; **~ne cene** fixed prices (*pl*)

**stálež** status, rank

**stalíšče** point of view, viewpoint, standpoint, attitude

**stálnica** (*zvezda*) fixed star

**stálno** constantly, continually, permanently

**stálnost** stability, permanence, continuity

**stán** state, class; (*bivališče*) residence, lodgings (*pl*); **glavni ~** headquarters (*pl*); **samski (zakonski) ~** single (married) state; **srednji ~** middle classes (*pl*); **vojaški ~** military profession

**stanarína** rent; flat (*ali* house) rent

**stándard** standard; **življenjski ~** standard of living

**staniól** tinfoil

**stánj|e** state, condition, situation; **duševno ~e** state of mind; **izredno ~e** state of emergency; **obsedno ~e** state of siege; **zdravstveno ~e** state of health; **v dobrem (slabem) ~u** in good (bad) repair

**stánjšati** to thin, to make thinner

**stanodajálec** landlord, housekeeper

**stanoválec** tenant, lodger

**stanovánje** apartment, flat, residence, lodgings (*pl*), accommodation; **dvosobno ~** two-roomed flat; **službeno ~** official residence; **hrana in ~** board and lodging

**stanovánjsk|i ~i blok** block of flats, *(Am)* apartment house; **~i naselje** housing estate; **~a pravica** tenant's rights *(pl)*; **~a prikolica** caravan; **~e razmere** housing conditions; **~a soseska** residential area; **~o vprašanje** housing problem

**stanováti** to live, to dwell, to reside, to stay

**stanovíten** steady, firm, constant

**stár** old, aged, elderly, advanced in years; ancient

**stárati se** to grow old

**stárec** old man, aged man

**staréjši** older, elder, senior

**starešína** senior; elder; doyen

**staríkav** oldish, senile

**starína** antique

**starínar** antiquarian, second-hand dealer

**starinárna** antique shop

**starínski** antique, ancient; old-fashioned

**stárka** old woman

**starodáven** ancient, former, antique

**starokopíten** conservative, old-fashioned

**staromóden** old-fashioned, out-of-date

**stárost** age; old age

**stárost|en ~na meja** age limit; **~na pokojnina** old age pension; **~na skupina** age group

**stárši** parents; **adoptivni ~** adoptive parents; **krušni ~** *(očim, mačeha)* stepparents; *(rednika)* foster parents; **stari ~** grandparents

**stárt|ati** to start; **~** start

**státi** *(stojim)* to stand; **~ na prstih** to stand on tiptoe; **~ na straži** to stand guard; **~ v vrsti** to stand in a queue *((Am)* in line)

**státi** *(stanem)* to cost; *Koliko stane?* How much does it cost?, What is the price?

**státika** statics *(pl)*

**statíst** *(v gledališču)* walk-on; *(v filmu)* extra

**statísti|ka** statistics *(pl)*; **~k** statistician; **~čen** statistical

**statív** stand, support, tripod

**statút** statute, by-laws *(pl)*; standing rule, ordinance

**státve** loom

**stáva** bet, wager, stake

**stávba** building, edifice

**stavbárstvo** architecture; art of constructing buildings

**stávb|en ~ni les** timber; **~ni mizar** joiner

**stávbenik** builder, building contractor, architect

**stavbíšče** building site

**stávec** compositor, typesetter

**stávek** *(gram)* clause, sentence, clause; **glavni ~** main clause; **odvisni ~** subordinate *(ali* dependent*)* clause; **analizirati ~** to parse *(ali* to analyse*)* a sentence

**stáviti** to bet, to wager, to stake; *(postaviti)* to put, to place

**stávka** strike, walkout; **gla-**

**dovna** ~ hunger strike; **opozorilna** ~ token strike; **splošna** ~ general strike

**stávkar** striker

**stávkati** to strike, to be on strike

**stavkokàz** strike-breaker, blackleg

**stáž** probationary period, course of instruction; **zdravniški** ~ internship

**stažíst** probationer; *(zdravnik)* intern

**stebèr** column, pillar; *(pri mostu)* pier

**stêblo** stalk, stem

**stebríšče** colonnade, portico

**stečáj** bankruptcy, failure, insolvency

**stêči** to run off (away), to flow down; *(pes)* to go mad

**stegníti** to stretch (out), to extend

**stêgno** thigh, leg; *(meso)* joint

**stéhtati** to weigh

**stékati** to flow together, to run into

**stékel** mad, rabid

**steklár** glazier, dealer in glassware

**steklárna** glassworks *(pl)*, glass factory

**steklén** made of glass, glassy; ~**i biser** glass bead; ~**i papir** sandpaper; ~**a volna** glass wool

**stekleníca** bottle, flask

**steklenína** glassware

**steklenják** glasshouse, greenhouse

**steklína** rabies, hydrophobia

**stêklo** glass; **barvasto (brušeno)** ~ stained (cut) glass;

**kristalno** ~ flint glass; **motno** ~ frosted *(ali* dim) glass; **povečevalno** ~ magnifying glass; **svinčevo** ~ lead glass

**stêklopihálec** glass-blower

**stélja** litter, bedding

**stemníti se** to grow dark, to darken

**aséna** wall; *(skalnato pobočje)* rock wall; **predelna** ~ partition wall; **španska** ~ folding screen

**sténčas** wall newspaper

**steníca** (bed) bug

**sténj** wick

**stenográf** stenographer, shorthand writer

**stenografíja** shorthand, stenography

**stenografírati** to take down in shorthand

**sténski** mural, wall; ~ **koledar** wall calendar; ~ **opaž** wainscot

**stépa** grassland, steppe

**stepálnik** egg whisk *(ali* beater); carpet beater

**stépati** to whisk, to beat

**stêpsti** to whip; ~ **se** to fight, to scuffle

**steptáti** to trample down, to stamp out

**sterilizírati** to sterilize

**stévard** steward; ~**ésa** stewardess, (air) hostess

**stezà** path, footpath; **gorska** ~ mountain track; **letalska** ~ runway

**stéznik** corset, bodice; stays *(pl)*

**stíh** verse, line

**stík** contact, connection, relation; ~ **z javnostjo** public relations *(pl)*; **kratek ~** short circuit

**stikál|en** **~na plošča** switchboard, panel

**stikálo** (on/off) switch

**stíl** style, manner

**stímulans** stimulant, incentive

**stimulírati** to stimulate, to animate

**stísk** pressure, compression; **~ rok** handshake

**stíska** distress, need, hardship, emergency

**stiskáč** miser, niggard, penny pincher

**stiskálnica** press

**stískati** to press, to compress, to squeeze; **~ z denarjem** to be stingy; **~ pest** to clench one's fists

**stkáti** to weave

**stláčiti** to press, to compress, to squeeze (into); to cram (into)

**stó** a *(ali* one) hundred

**stója** standing; *(pri telovadbi)* handstand, headstand

**stojálo** stand, rack; **~ za dežnike** umbrella stand

**stojíšče** standing-room

**stójnica** booth, stall, stand

**stókati** to moan, to groan

**stókrat** a hundred times

**stókraten** centuple, hundredfold

**stôl** chair; *(brez naslonjala)* stool; *(v cerkvi)* pew; **gugalni ~** rocking-chair; **ležalni ~** deckchair; **otroški (visoki) ~** high chair; **vrtljivi ~** swivel-chair

**stôlček** footstool

**stólči** to smash, to bruise, to pound

**stoléten** a hundred years old, century-old; centenarian

**stolétje** century

**stolétnica** centenary, centennial

**stolétnik** centenarian

**stólica** *(na univerzi)* chair, professorship; *(papeški sedež)* the Holy See; *(iztrebljanje)* motion, stool

**stolíca** chair, stool

**stólnica** cathedral, minster

**stòlp** tower, steeple; **konica stôlpa** spire; **vrtalni ~** derrick

**stôlpec** column

**stolpič** turret, little tower

**stonóga** millipede, centipede

**stóp|a** stamp; **~e** stamp-mill

**stopálo** foot, *(pl)* feet

**stópati** to step, to tread, to pace

**stópica** metrical foot

**stopínja** footstep, footprint; degree; **5 stopinj pod (nad) ničlo** five degrees below (above) zero

**stópiti** to step, to tread; **~ v veljavo** to come into force

**stopíti** to melt, to dissolve, to liquefy, to merge

**stopníc|a** step, stair; **~e** staircase; **tekoče ~e** escalator, moving staircase

**stopníšče** staircase, stairway

**stopníšč|en** **~na ograja** banister; **~na rama** flight of stairs; **~ni presledek** (podest) landing

**stôpnja** degree, grade, stage, rate

**stopnjevánje** gradation, increase, escalation; *(gram)* comparison

**stopnjeváti** to graduate, to increase; to compare

**storílec** doer, perpetrator; *(krivec)* culprit

**storílnost** capacity, productivity, efficiency, efectiveness; **delovna ~** labour productivity

**storítev** service; production, performance, output, achievement

**storíti** to do, to make, to perform; **~ svojo dolžnost** to do one's duty; **~ komu krivico** to do someone wrong; **~ napako** to make a mistake; **~ uslugo** to do a favour

**stornírati ~ naročilo** to countermand an order; **~ pogodbo** to rescind a contract

**stòrž** cone; **koruzni ~** corncub

**stót** (100 kg) hundredweight, quintal

**stoták** a hundred-pound note; a hundred-tolar note

**stotéren** hundredfold, centuple

**stotíca** the number hundred, a hundred

**stotín|a** a hundred; **na ~e** by hundreds

**stotínka** a hundredth

**stótnik** captain

**stôžec** cone; **prisekani ~** truncated cone

**stožér** hinge, holdfast

**strádati** to starve, to suffer from hunger

**stráh** fear, dread, fright, awe, anxiety, terror

**strahopéten** cowardly, chicken-hearted

**strahopétnež** coward, chicken

**strahopétnost** cowardice, faint-heartedness

**strahôta** horror, terror, dread, atrocity

**strahôten** dreadful, horrible, awful, terrible

**strahováti** to terrorize, to bully, to intimidate

**strahovít** terrible, horrible, dreadful

**strahovláda** terrorism, reign of terror, tyranny

**strán** side; *(v knjigi)* page; **~ neba** cardinal point; **na levi (desni) ~i** on the left (right) side

**strán** *(proč)* away; **iti na ~** to go to the toilet

**straníca** side

**straníšče** water closet (WC), lavatory, toilet, washroom, loo

**stránk|a** party; **politična ~a** political party; **član ~e** party member; *(odjemalec)* client, customer; **stalna ~a** regular customer

**stránsk|i** lateral, side, secondary; **~a proga** branch line; **~i proizvod** by-product; **~a vrata** side door

**strást** passion, lust, fervour, ardour

**strásten** passionate, lustful, fervent, ardent

**strášen** terrible, horrible, dreadful, awful

**strašílen** deterrent, warning

**strašílo** scarecrow; ghost, phantom, apparition

**straší|ti** to frighten, to scare, to startle, to intimidate; *V tej hiši ~.* This house is haunted.

**strašljív** fearful; timid, shy

**strášno** terribly, awfully, dreadfully, horribly

**stratég** strategist

**strat|egíja** strategy, strategics *(pl)*; **~éški** strategic

**stratifikácija** *družbena in politična ~* social and political stratification

**stratosfêra** stratosphere

**stráž|a** watch, guard, sentry, sentinel; *častna ~a* guard of honour; *mejna ~a* border guards *(pl)*; *obalna ~a* coastguard; *telesna ~a* bodyguard; *biti na ~i* to be on guard duty; *izmenjati ~o* to relieve the guard

**stražár** guard, sentinel, watch(man), sentry

**stražárnica** guardhouse, sentry box

**strážiti** to keep watch (over), to guard, to be on guard

**strážnik** policeman, constable, bobby

**stŕdek** *krvni ~* blood clot

**strdíti se** to harden, to solidify, to set; *(kri)* to coagulate

**stréči** to serve, to wait on, to attend; *~ komu po življenju* to make an attempt on someone's life

**stréh|a** roof; *ravna ~a* flat roof; *vzeti koga pod ~o* to accommodate someone, to put someone up

**strél** shot; *(alarmni) ~ v sili* shot of distress; *(pri nogometu)* **kazenski (prosti) ~** penalty (free) kick

**stréla** lightning, thunderbolt

**strélec** shooter, shot, marksman, rifleman

**strélica** arrow

**strelíšče** shooting gallery, shooting range; butts *(pl)*

**strelívo** ammunition, munitions *(pl)*

**streljáj** (shooting) range, (reach of a) gunshot

**stréljati** to shoot, to fire at; *~ iz zasede* to snipe

**strelovòd** lightning conductor, *(Am)* lightning rod

**strélsk|i** *~a družina* rifle club; *~i jarek* trench; *~e vaje* rifle practice; *~i vod* firing squad *(ali party)*

**strême** stirrup

**streméti** to strive for, to aspire to, to aim at, to endeavour

**stremúh** ambitious person, careerist

**strésati** to shake (off)

**strésti** to shake; *~ se* to tremble, to shiver

**stréš|en** *~na lina* skylight; *~no okno* dormer window; *~ni žleb* gutter, eaves *(pl)*

**stréšica** *(naglas) (gram)* circumflex

**stréšnik** tile

**stréti** to crush, to smash, to break

**strézniti** to sober (up); to disillusion, to bring down to earth; *~ se* to become sober, to sober up

**stréžnica** servant, attendant; **bolniška ~** nurse

**stréžnik** servant, attendant, footman, valet; **bolniški ~** male nurse, medical orderly

**strgálnik** grater; *(pred vrati)* scraper

**stŕgati** to scrape, to grate; *(raztrgati)* to tear, to rend

**stríc** uncle

**stríči** to cut; *(ovce)* to shear; **~ z ušesi** to prick one's ears

**strígalica** earwig

**strihnín** strychnine

**strínjati se** to agree, to be in accord, **ne ~ se** to disagree

**stríp** comic strip

**stŕm** steep, precipitous

**stŕmec** slope, fall, inclination

**strméti** to stare, to gaze

**strmína** slope, gradient

**strmoglàviti** to plunge headlong, to precipitate; *(letalo)* to crash; **~ vlado** to overthrow a government

**strnád** yellowhammer

**strníšče** stubbly field, stubble

**strníti** to join, to combine, to sum up, to unite, to merge

**stróčnice** pulses, leguminous plants

**stróg** severe, rigorous, strict

**strogóst** severity, rigour, strictness

**strohnéti** to putrefy, to rot, to turn to dust

**stròj** machine; **peklenski ~** time bomb, infernal machine; **pisalni ~** typewriter; **pralni ~** washing machine; **šivalni ~** sewing machine; **tiskarski ~** printing press

**strôj|en ~ni inženir** mechanical engineer; **~na puška** machine gun

**strojepísec** typist

**strojepísje** typewriting, typing

**strojevódja** engine-driver, *(Am)* engineer

**stroj|íti** to tan; **~ár** tanner

**strójnica** engine-room *(ali -house)*; machine gun

**strójnik** engine operator, machinist

**strójništvo** mechanical engineering, engine building

**stròk** husk, shell, pod

**stróka** branch, field, line, profession

**strokóv|en** technical, professional; **~na izobrazba** professional *(ali* technical) education; **~ni izraz** technical term; **~ni nasvet** expert advice

**strokovnják** expert, specialist, authority

**stròp** ceiling

**stróš|ek** cost, expense; **potni (tekoči) ~ki** travelling (current) expenses *(pl)*; **življenjski ~ki** cost of living; **na državne ~ke** at public expense

**stroškóvnik** record of expenses *(pl)*; expense account

**stŕpati** to cram (into), to pack, to jam; *(ljudi)* to crowd together

**stŕpen** tolerant, patient, enduring

**stŕpnost** tolerance, patience, endurance, toleration, indulgence

**stŕt** broken, smashed, crushed

**strúga** river bed, channel

**strugár** turner

**strúja** *(tok vode)* stream; *(zraka)* air current; **literarna (politična)** ~ literary (political) movement

**struktúra** structure; **fizikalna** ~ **prsti** texture of soil; **razredna (družbena)** ~ **class** (social) structure

**strúmen** sturdy, smart, upright

**strúna** string, chord

**strúp** poison, venom; toxin

**strupén** poisonous, venomous; toxic; ~ **jezik** malicious tongue; ~ **mraz** bitter cold; ~ **pajek** venomous spider; ~**a rastlina** poisonous plant

**strúžiti** to turn, to plane

**strúžnica** lathe

**stŕžek** *(ptič)* wren

**stržén** pith, kernel, core

**stúd** disgust, loathing, abhorrence; ~**iti se** to disgust, to loathe

**studénčnica** spring water

**studênec** spring, well, source; brooklet

**stvár** thing, matter, object, stuff; *(skrb)* concern; *(zadeva)* affair, business; **boriti se za dobro** ~ to fight for a good cause; *To je bistvo* ~*í.* It is the gist of the matter.; *To je čisto druga* ~. That's completely off the point.; *To ni moja* ~. This is no business of mine.; *Brigaj se za svoje* ~*í!* Mind your own business!

**stváren** real, material, objective, physical

**stvarítev** creation, formation

**stvárnik** maker, creator

**stvárnost** reality, actuality

**stvárstvo** universe, creation

**stvòr** creature

**subjékt** subject

**subjektíven** subjective

**subskrípcija** subscription

**subtrópski** subtropical

**subvéncija** subsidy, endowment, subvention

**subvencionírati** to subsidize, to finance, to give a subsidy, to endow

**sufl|êr** prompter; ~**írati** to prompt

**sugerírati** to suggest

**sugestíven** suggestive

**súh** *(mršav)* thin, skinny, meagre; *(ne moker)* dry; *(les)* seasoned; *(ovenel)* withered, dried-up; *(brez denarja)* short of cash, stony broke, penniless, hard up; ~**a roba** wooden ware, wooden household utensils

**suhljád** brushwood, dead wood

**suhopáren** dull, tedious, uninteresting

**suhozémski** continental

**súkanec** thread

**súkati** to turn, to twist, to spin, to wind

**súknja** coat, overcoat

**súknjič** coat, jacket

**súkno** cloth

**súlec** (a kind of) salmon, river char

**súlica** lance, spear

**súltan** sultan; ~**ka** sultana

**súm** suspicion, mistrust; **imeti koga na ~u** to suspect somebody

**súmiti** to suspect, to mistrust

**sumljív** suspicious, dubious, distrustful

**sumníčiti koga** to suspect someone of

**súnek** thrust, jerk, push, stroke; **električni ~** electric shock; **potresni ~** seismic tremor; **~ vetra** gust of wind

**súniti** to thrust, to shove

**súnkoma** jerkily

**superióren** superior

**súperlativ** superlative

**suplírati** to substitute for, to stand in for; to deputize for

**surogát** substitute, surrogate

**suròv** raw, crude; rough, brutal

**surovína** raw material

**suróvost** rawness, crudity, roughness, brutality

**suspendírati** to suspend, to debar from office

**súša** dryness, drought

**súšen** arid, dry; rainless

**sušíca** tuberculosis, consumption

**sušílec** drier, dryer; **~ za lase** hairdryer

**sušílnica** drying room (ali house)

**sušíti** to dry; **~ meso** (v dimu) to smoke meat; **~ seno** to make hay; **~ se** (rastlina) to wither

**súvati** to push, to thrust; (z nogo) to kick

**suverén** sovereign

**suverénost** sovereignty; complete political power

**súž|enj** slave; **~nja** female slave; **~enj slabe navade** addict

**súženjstvo** slavery, bondage, servitude

**súžnost** slavery, servitude

**svák** brother-in-law

**svákinja** sister-in-law

**sváljek** roll

**sváljkati** to roll (out, up)

**svarílo** warning, monition, caution

**svaríti (pred)** to warn (against)

**sváštvo** relationship by marriage

**svàt** wedding guest

**svátba** wedding, marriage

**svatováti** to celebrate a wedding

**svéč|a** candle; **ledena ~a** icicle; **40-~na žarnica** a 40 candlepower bulb

**svečàn** solemn, festive

**svečánost** festivity, celebration, ceremony, solemnity

**svečár** candle maker

**svečáva** candlelight

**svečení|k** priest; **~ca** priestess, priest

**svéčka** (avtomobilska) spark plug, **žarilna ~** (pri dizelskem motorju) glow plug; (zdravilo) suppository

**svéčnica** Candlemas Day

**svéčnik** candlestick

**svéder** borer, drill, gimlet

**svédrati** to bore

**svét** world, Earth, globe, universe; land, soil

**svét** sacred, holy, saint; **~o pismo** the Bible, Holy Writ, the Scriptures; **~i večer**

Christmas Eve; **vsi ~i** All Saints' Day

**svèt** advice, counsel; council, board; **delavski ~** workers' council; **državni ~** Council of State; *(Br) (kronski)* Privy Council; **hišni ~** tenants' council; **(zvezni) izvršni ~** (federal) executive council; **mestni ~** municipal *(ali* town, city) council; **~ proizvajalcev** council of producers; **~ narodov** council of nationalities; **Varnostni ~** Security Council

**svèt|el** light, bright, clear; **~le barve** light colours

**svetíl|en ~na boja** light buoy; **~ni plin** coal gas; **~na raketa** signal rocket, flare

**svetílka** lamp, lantern; **žepna ~** pocket torch, flashlight

**svetílni|k** lighthouse; **~čar** lighthouse keeper

**svetínja** relic, medal, sacred thing

**svetíšče** sanctuary, temple

**svetíti** to light, to shine; **~ se** to glitter, to glisten

**svetlíkati se** to glimmer, to gleam, to phosphoresce

**svetlôba** light; **dnevna ~** daylight; **sončna ~** sunshine, sunlight

**svetlôb|en ~no leto** lightyear; **~ni reklamni napis** illuminated advertising; **~ni signal** flare, beacon

**svetlolás** fair-haired, blond

**svetlomér** exposure meter, light meter

**svétnik** councillor, member of a council

**svetní|k** saint; **~ca** (woman) saint

**svetobólje** world-weariness, sentimental pessimism

**svetohlín|ec** hypocrite; **~stvo** hypocrisy

**svetopísemski** biblical, scriptural

**svetoskrúns|tvo** sacrilege, blasphemy; **~ki** sacrilegious

**svetóst** holiness, sanctity

**svetoválec** adviser, councellor; **pravni ~** legal adviser

**svetováti** to advise, to counsel

**svetóv|en** world('s), worldwide, universal; **~ni nazor** view of life, outlook on life; **~no prvenstvo** world championship; **~na skupnost** world community; **~ni trg** world market; **~na vojna** world war

**svetóvje** universe

**svetovljàn** cosmopolitan, man of the world

**svéž** fresh, new, recent; *(hladen)* cool, chilly; **~a srajca** clean shirt

**svéženj** bundle, bunch, pack

**svežína** freshness, coolness, chill

**svídenje** meeting; *Na ~!* Goodbye!; Cheerio!; *(Am)* So long!

**svíla** silk; **umetna (surova) ~** artificial (raw) silk

**svilárstvo** silk industry, sericulture

**svilén** silk(y), silken; **~i lasje** silken hair; **~i papir** tissue paper

**svilogój||stvo** sericulture,

silkworm breeding; ~ec
sericulturist
**sviloprėjka** silkworm
**svinčén** (made of) lead,
leaden; heavy; ~a cev lead
pipe; ~e barve leaden
**svinčénka** (lead) bullet
**svínčnica** plumb line, lead
**svínčnik** pencil; barvni ~
crayon; kemični ~ ballpoint
(pen), biro
**svínec** lead
**svínja** sow, female pig;
(psovka) swine
**svinják** pigsty, piggery
**svinjár** swineherd, keeper of
swine
**svinjaríja** filth, obscenity
**svínjsk|i** swinish, piggish;
filthy, obscene; ~a mast pork
fat, lard; ~o meso pork; ~i
kotlet pork chop
**svísli** hayloft, barn
**svíšč** gentian; drift-sand
**svít** dawn, daybreak
**svítati se** to dawn
**svítek** pad, roll, coil
**svízec** (zool) marmot
**svobôda** freedom, liberty; ~
govora freedom of speech; ~
tiska press freedom
**svobôd|en** free, at liberty;
~na volja free will

**svobodnják** freelance; free-
holder, yeoman; liberal
**svobodoljúben** freedom-
-loving
**svobodomíseln** liberal, free-
-thinking
**svobodomíslec** liberal, free-
-thinker
**svobóščin|a** privilege, spe-
cial benefit; ~e freedoms (pl);
pesniška ~a poetic licence
**svòd** vault, arch
**svój** one's own; vsak po
svôje each in his own way
**svoját** mob, rabble, riffraff
**svój|ec** relation, relative; ~ci
folks
**svojegláv** stubborn, obsti-
nate, headstrong, wilful
**svojerôč|en** with one's own
hand; ~ni podpis autograph
**svojevóljen** arbitrary, wilful;
capricious, wayward
**svojevŕsten** original, special;
peculiar, queer
**svojíl|en** (gram) posses-
sive; ~ni zaimek possessive
pronoun
**svójski** original, peculiar,
characteristic
**svójstvo** nature, quality,
property
**svórnik** bolt

# Š

**Š** letter Š
**šablóna** stencil, pattern, model, mould
**šablónsko** by routine, mechanically
**šáh** chess; **držati v ~u** to keep in check; **~ mat** checkmate
**šahí|rati** to play (at) chess; **~st** chess player
**šahóvnica** chessboard
**šáhovsk|i ~a figura** chessman; **~o polje** square; **~i turnir** chess tournament
**šakál** jackal
**šál** scarf; shawl
**šál|a** joke, jest, gag; **v ~i** in jest, jokingly
**šalíti se** to joke, to jest, to make jokes
**šaljív** funny, humorous
**šaljívec** humorist, joker, jester
**šaloígra** comedy
**šalótka** shallot
**šamót** fire-clay; **~na opeka** fire-brick
**šampánjec** champagne
**šampinjón** champignon
**šampión** champion
**šampionát** championship
**šampón** shampoo
**šánsa** *(coll)* chance, prospect, outlook
**šansón** chanson, song
**šápa** paw

**šára** lumber, junk, trash, rubbish; bric-à-brac
**šárec** piebald horse; machine gun
**šárenica** *(anat)* iris
**šárenka** *(zool)* rainbow trout
**šáriti** to rummage, to search, to scour
**šárkelj** cake
**šarlatán** charlatan, quack
**šarmánten** charming, delightful
**šárža** rank
**šaržêr** cartridge clip
**šasíja** chassis, carriage
**šatráj** savory
**šatúlja** box, case, casket
**šávsniti** to snap
**ščebetáti** to chirp, to twitter
**ščegèt** tickling, tickle
**ščegetáti** to tickle, to titillate
**ščegetljív** ticklish
**ščem|éti** to prickle, to itch; *Oči me ~íjo.* My eyes smart.
**ščenè** puppy, doggie
**ščepèc** pinch
**ščepériti** *(dlako)* to bristle; *(obrvi)* to wrinkle; *(perje)* to ruffle up; **~ se** to brag, to boast of
**ščetína** bristle
**ščétka** brush; **~ za čevlje** shoe brush; **~ za lase** hairbrush; **~ za obleko** clothes brush; **zobna ~** toothbrush

**ščínkavec** chaffinch, finch

**ščíp** full moon

**ščipálka** (za obešanje perila) clothes peg, (Am) clothes pin

**ščipálnik** pince-nez

**ščíp|ati** to pinch; *Po trebuhu me ~lje.* I've got the gripes.

**ščít** shield, buckler

**ščítiti** to protect (**pred** from, against); to shield, to guard

**ščúka** pike

**ščúrek** cockroach

**ščúvati** to incite, to instigate

**šè** still, yet; **~ ne** not yet; **~ vedno** still; **~ enkrat** once more; **~ danes** this very day; **~ včeraj** only yesterday; *Š~ kaj?* Anything else?

**šéf** head, chief, principal, boss

**šéga** custom, usage, observance

**šegàv** waggish, facetious, humorous

**šéjk** sheik

**šelè** not until, not before; *Š~ teden dni poznele.* Not until a week later.

**šelèst** rustle; **~éti** to rustle, to crackle

**šém|a** fool, idiot; **pustne ~e** carnival masqueraders

**šémast** foolish, silly

**šèn** erysipelas

**šépast** limping, lame, halting

**šépati** to limp, to hobble

**šepèt** whisper(ing)

**šepetálec** whisperer; (v gledališču) prompter

**šepetáti** to whisper, to prompt

**šêrif** sheriff

**šêrpa** scarf; (ešarpa) sash

**šést** six

**šéstdeset** sixty

**šéstdesetlétnik** sexagenarian

**šestérček** sextuplet

**šestérec** hexameter

**šestéren** sixfold

**šesterokóten** six-angled, hexagonal

**šesterokótnik** hexagon

**šestílo** (a pair of) compasses (pl)

**šestína** one sixth

**šéstkraten** sixfold

**šéstnajst** sixteen

**šeststoléten** sexcentenary

**šíba** rod, switch, birch; **~ božja** The Scourge of God

**šíbati** to whip, to switch, to flog

**šíbek** weak, feeble, delicate, frail

**šíbica** twig; (vžigalica) match

**šibíti se** to bend; **~ pod bremenom** to weaken under a load

**šíbkost** weakness, feebleness, delicacy, frailty

**šíbr|a majhne ~e** lead shot; **velike ~e** buckshot

**šífra** code, cipher, cypher

**šifrírati** to code, to write in code, to encode, to cipher, to cypher

**šíht** (coll) shift; **nočni ~** night shift

**šílček** (pencil) sharpener

**šíliti** to point, to sharpen

**šílo** awl, pricker, punch, point

**šimpánz** chimpanzee

**šíniti** to flash, to flit, to whiz, to shoot

**šípa** (window-)pane

**šípek** *(grm)* dog rose; *(plod)* dog-rose berry; brier, briar

**šíren** vast, wide, broad, extensive, spacious

**šiŕína** width, breadth; *(zemljepisna)* latitude

**šíriti** to spread, to propagate, to extend, to widen

**širòk** broad, wide, extensive

**širokogrúden** broad-minded

**širokopléč** broad-shouldered

**širokotíŕ|en** ~na železnica broad-gauge railway

**širokoústiti se** to boast, to talk big, to brag

**širokoústnež** boaster, braggart

**šírom** ~ po svetu throughout the world

**šíška** gall; hrastova ~ oak-apple

**šív** seam, suture

**šivál|en** ~ni stroj sewing machine; ~na košarica sewing basket

**šívanje** sewing, needlework

**šivánk|a** needle; vdeti ~o to thread a needle

**šívati** to sew, to stitch, to do needlework; *(med)* to suture

**šivílja** dressmaker, seamstress

**škàf** tub, pail

**škandál** scandal, disgrace

**škandalizírati** to scandalize; ~ se to be scandalized (at)

**škandalózen** disgraceful, scandalous

**škárje** (a pair of) scissors *(pl)*; velike ~ (a pair of) shears *(pl)*; ~ pri rakih claws *(pl)*;

vrtnarske ~ pruning shears; voziti v ~ *(avtomobil)* to cut in

**škárpa** scarp

**škàrt** waste, refuse, trash, rubbish

**škátla** box, case

**škátlic|a** kot iz ~e spick and span

**škílast** cross-eyed, squint-eyed, strabismal

**škíliti** to squint, to be cross-eyed

**šklepetá|ti** to rattle, to clatter; *Zobje mu ~jo.* His teeth chatter.

**škód|a** damage, harm; loss; vojna ~a war damage; *Kakšna ~a!* What a pity!; v *(ali na)* ~o koga to the prejudice *(ali* detriment) of somebody

**škóditi** to damage, to do harm, to injure, to hurt

**škodljív** harmful, damaging, injurious

**škodljívec** pest, nuisance; troublemaker

**škodováti** *glej* ŠKODITI

**škodožéljen** malicious, spiteful, invidious

**škodožéljnost** malice, spite

**škòf** bishop

**škofíja** diocese; kurja ~ rump, parson's nose

**škofíjski** diocesan

**škofóvsk|i** episcopal, bishop's; ~a kapa mitre; ~a palica pastoral staff, crosier

**škóljka** shell; clam, mussel; straniščna ~ lavatory bowl; ~ umivalnika washbasin

**škópa** thatch, thatching

**škôrec** starling

**škór|enj** boot, high boot; **gu-mijasti ~nji** wellingtons *(pl)*; **ribiški ~nji** waders *(pl)*

**škorpijón** scorpion

**Škót|ska** Scotland; **~** Scot, Scotsman, Scottish; **~inja** Scotswoman, Scottish; **š~ski** Scottish, Scotch

**škrát** dwarf, sprite, goblin; **tiskarski ~** misprint

**škŕbast** notchy, snaggy, gap toothed

**škŕbína** stump (of a tooth); tooth-gap; jag, notch

**škŕga** gill

**škríc** coat-tail; dandy

**škrípati** to squeak, to gnash, to creak; **~ z zobmi** to grind one's teeth

**škríp|ec** pulley; **biti v ~cih** to have one's back to the wall; to be in distress

**škrjánec** *(zool)* (sky)lark

**škrláten** scarlet, purple, crimson

**škrlatínka** *(med)* scarlet fever

**škrlúp** scab; **hrušev (jabla-nov) ~** pear (apple) scab

**škrób** starch; **~iti** to starch

**škropílnica** water can, sprinkler

**škropíti** to sprinkle, to water, to spray

**škŕtati ~ zobmi** to grate one's teeth

**škŕžat** *(zool)* cicada

**šlém** helmet

**šléva** coward, craven

**šmárnica** *(bot)* lily of the valley

**šmínka** make-up, rouge, lipstick

**šmínkati (se)** to make up

one's face, to put on make-up, to apply cosmetics

**šób|a** pout; **~iti se** to pout

**šofêr** driver, chauffeur

**šofírati** to drive

**šója** *(zool)* jay

**šók** shock; **~írati** to shock, to shake up

**šóla** school; **mala ~** nursery school, preschool; **osnovna ~** primary (*ali* elementary) school; **srednja ~** secondary (*ali* high) school; **~ z internatom** boarding school; **glasbena (tehniška, trgovska) ~** music (technical, commercial) school; **gospodinjska ~** school of domestic science; **kmetijska ~** school of agriculture; **večerna ~** night school, evening classes *(pl)*

**šólan** educated, trained

**šólanje** schooling, training; **obvezno ~** compulsory education

**šólar** pupil, schoolboy; **~ka** pupil, schoolgirl

**šólati** to send to school; to educate, to school, to train; **~ se** to attend school, to study

**šólnik** educationalist, educator, teacher, pedagogue; schoolmaster, tutor, instructor

**šolnína** school fee, school money, tuition fee

**šóloobvéz|en** obliged to attend school; **~ni otrok** school-age child

**šólsk|i ~a klop** school desk, form; **~e počitnice** school

holidays (pl), vacation; ~i
razred class, form, (Am)
grade; ~o spričevalo school
record (ali report); ~a tabla
blackboard; ~a torba school-
bag, satchel; ~a ura lesson,
period
šòp tuft, wisp, bunch, cluster
šôpek ~ cvetja bunch of
flowers, nosegay; poročni ~
bride's bouquet
šopíriti se to strut, to give
oneself airs, to show off
šôta peat, turf
šôtor tent; (velik) marquee;
postaviti ~ to put up a tent;
podreti ~ to strike a tent
šovini|st chauvinist; ~zem
chauvinism
špág|a (vrvica) string; (pri
športu) narediti ~o to do the
splits (pl)
špagéti spaghetti
špalír double row (ali line);
(ogrodje) trellis, espalier;
postaviti se v ~ to line the
streets
Špán|ija Spain; ~ec Spaniard,
Spanish; š~ski Spanish
špárgelj glej BELUŠ
špeceríja grocery, grocer's
(shop)
špeditêr forwarding agent,
shipping agent
špekul|ácija speculation;
~írati to speculate
špijón glej VOHUN
špíla (za klobaso) skewer
špináča spinach
špírit spirit, alcohol
špírovec rafter
špórt sport; vodni ~ wa-
ter sports (pl), aquatics (pl);

zimski ~ winter sports (pl);
gojiti ~ to go in for sport
špórt|en sporting, relating
to sport, used for sport;
~ni dan sports day; ~ni
klub sports club; ~no igrišče
sports ground; ~na oblačila
sportswear; ~na prireditev
sporting event
špórtni|k sportsman; ~ca
sportswoman
špránja slot, rent, slit, crevice
šprícati to splash, to sprinkle;
to spatter; to spray; ~ pouk
to play truant, (Am) to play
hooky
šrapnél shrapnel
štáb staff, headquarters
štafét|a relay; ~ni tek relay
race
Štájer|ska Styria, Štajerska;
~ec, š~ski Styrian
štampíljka rubber stamp
štárt glej START
štedílnik stove, cooker,
kitchen range
štéti to count, to number
štétje counting; ljudsko ~
census
štévec counter, meter; elek-
trični (plinski, vodni) ~
electricity (gas, water) me-
ter; (pri ulomkih) numerator
števílčen numerical
števílčnica face, dial
štévilen numerous
štévilka figure, number, ci-
pher; (časopisa) copy; rimska
~ Roman numeral
štévilo number; liho (sodo)
~ odd (even) number; deci-
malno ~ decimal fraction
štévnik numeral, number;

**glavni (vrstilni)** ~ cardinal (ordinal) number

**štipéndija** scholarship, fellowship, grant, bursary

**štipendíst** scholar, scholarship-holder, bursar

**štíri** four; **po vseh ~h** on hand and knees, on all fours; **na ~ oči** in private

**štírideset** forty; **~i** the fortieth

**štírikráten** fourfold, quadruple

**štírinadstrópen** four storied

**štírinajst** fourteen

**štírinajstdnévnik** fortnightly

**štírinóžec** quadruped

**štíripéresen** quatrefoil

**štóparica** stopwatch

**štór** (tree) stump; *(neroda)* awkward *(ali* clumsy) fellow, fumbler

**štórast** awkward, clumsy

**štórklja** stork

**štorkljáti** to tramp along

**štrájk** *glej* STAVKA

**štrbúnkniti** to plump, to plop, to plunge, to tumble

**štrén|a** skein, hank; **zmešati komu ~e** to thwart *(ali* to foil) one's plans, to foil somebody

**štrléti** to jut (out), to project over (into), to stick out

**štrúca** loaf, *(pl)* loaves

**štrúkelj** rolled dumpling

**študènt** student

**štúdij** study, studies *(pl)*

**štúdija** study; **pilotska (opisna, eksperimentalna)** ~ pilot (descriptive, experimental) study; **spremljevalna** ~ follow-up survey

**študírati** to study, to read

**štukatúra** stucco, plaster

**štúliti se** to intrude on someone

**šúm** noise, bustle

**šuméti** to rush, to rustle, to murmur

**šúnka** boiled ham

**šušljáti** to whisper

**šušmár** quack, bungler, botcher

**šušmáriti** to bungle, to botch

**šuštéti** to rustle, to swish

**Švéd|ska** Sweden; ~ Swede, Swedish; **š~ski** Swedish

**Švíca** Switzerland; **~r, š~rski** Swiss

**švígni|ti** to shoot; *Avto je ~l mimo.* A car swept past.

**švŕkniti** to flick, to strike, to whip

# T

**T** letter T

**tá, tá, tó** this, *(pl)* these

**tabéla** table, chart

**tabernákelj** tabernacle

**tábla** board; **oglasna ~** notice board, *(Am)* bulletin board; **šolska ~** blackboard

**tabléta** *(med)* tablet, lozenge

**táblic|a ~a čokolade** bar of chocolate; **logaritemske ~e** logarithmic tables *(pl)*; **registrska ~a** *(Br)*number plate, *(Am)* licence plate

**tábor** camp, encampment

**taboríšče** camp; **koncentracijsko ~** concentration camp

**taboríti** to camp, to live under canvass

**tabú** taboo, prohibition

**táca** paw, foot

**tájati (se)** to melt, to thaw

**táj|en** secret, clandestine, undercover; **~ni agent** secret agent, undercover man; **~ni fondi** secret service money; **~no glasovanje** secret ballot

**tajfún** typhoon

**tájga** taiga

**tajíti** to deny; to keep secret

**tájnik** secretary; **generalni ~** secretary general; **osebni ~** private secretary

**tájništvo** secretary's office

**tájno** secretly, in secret

**tájnost** secret, mystery; **javna ~** open secret

**ták** such, of this kind, like this; **v ~ih primerih** in such cases; **kot ~** as such; **nič ~ega** nothing of the sort

**takó** so, like that, in this way; **~ ali ~** in one way or other; **~ rekoč** so to say; **~ velik kot** as big as

**takój** at once, immediately, right away

**takójšen** immediate, prompt

**takóle** like this, as follows

**takràt** at that time, then; *(medtem)* in the meantime; **do ~** till then, by then

**táks|a** tax, rate; **carinska ~a** duty; **~e prost** tax-free

**táks|i** taxicab, taxi, cab; **postajališče za ~ije** taxi rank, *(Am)* cab stand; **~íst** taxi driver

**tákšen** such, of this kind

**tákt** time, measure; **dajati (držati) ~** to beat (to keep) time; **~ valčka** waltz time

**tákt** *(občutek za primerno vedenje)* tact, diplomacy, thoughtfulness

**tákten** tactful, discreet

**táktika** tactic(s *(pl)*), policy; stratagem, ploy

**taktírati** to beat time

**taktírka** conductor's baton

**talár** gown, robe
**tálec** hostage
**tál|en** underground, subsoil;
~**na voda** ground water
**talentíran** talented, gifted
**talílnica** foundry, smelting
plant
**tálisman** talisman, charm
**talíšče** melting point
**talíti (se)** to smelt; to melt
**tàm** there; **tu in ~** here and
there
**támar** cote, pen
**tambúrica** tamburitsa, kind
of stringed musical instru-
ment
**tampón** tampon; ~**írati** to
tampon, to stop (up); ~**ska
država** buffer state
**tančíca** veil, gauze; gossamer
**tánek** thin, slim, slender
**tangénta** (*math*) tangent
**tánjšati** to thin, to make thin
**tánk** tank, armoured car
**tánker** tanker
**tankočúten** sensitive, per-
ceptive; susceptible, delicate
**tantiéme** (*avtorjev delež*) roy-
alties; (*delež pri dobičku*)
share in the profit, dividend;
premium, bonus
**tapecírati** to upholster; to
pad
**tapéta** wallpaper
**tapétnik** upholsterer, paper
hanger
**tapiseríja** tapestry, wall
hangings (*pl*)
**tára** tare
**tárč|a** target, butt, mark; **sre-
dina** ~**e** bull's eye; **biti** ~**a
posmeha** to be a laughing
stock

**tarífa** tariff
**tárnati** to lament, to bemoan
**tarók** tarok; ~**írati** to play at
tarok
**tást** father-in-law
**tášča** mother-in-law
**táščica** (*zool*) robin, (robin)
redbreast
**tát** thief, (*pl*) thieves; (*v tr-
govini*) shoplifter; (*zmikavt*)
pilferer
**tatvína** theft, shoplifting, pil-
ferage
**távati** to rove around, to wan-
der, to roam, to grope about
**teáter** theatre
**tečáj** pole; **južni ~** South
Pole; (*pri vratih*) hinge;
(*menjalni tečaj*) rate of ex-
change; (*pouk*) course (of
lectures); **ponavljalni ~** re-
fresher course
**tečájnik severni (južni) ~** the
Arctic (the Antarctic) Cir-
cle; (*udeleženec tečaja*) partic-
ipant in a course
**téčen** nourishing, nutritious;
annoying
**tèči** to run; to flow, to stream;
(*čas*) to go by; (*promet*) to
circulate
**tedàj** then, at that time
**tedánji** the then
**téd|en** week; **dva ~na** (*Br*)
a fortnight; **konec ~na**
weekend; **medeni ~ni** hon-
eymoon
**tédnik** weekly (paper); **film-
ski ~** news reel
**tegôba** sorrow, trouble, pain,
difficulty
**téhnič|en** technical; ~**na izo-
brazba** technical educa-

tion; **~ne težave** technical difficulties

**téhnik** technician

**téhnika** *(veda)* technical science; *(način izvajanja)* technique

**téhniš k|i ~i muzej** technical museum; **~a šola** technical college

**tehnokracíja** technocracy

**tehnologíja** technology

**téhtati** to weigh, to scale, to balance

**téhten** well-grounded, justifiable, weighty, essential

**téhtnica** balance, (a pair of) scales *(pl)*

**ték** course, run, race; appetite

**tekáč** runner; *(pri šahu)* bishop; *(preproga)* stair carpet, carpet strip

**tekalíšče** cinder track, running track

**tékma** match, competition, contest, race; **prvenstvena ~** championship

**tékmec** rival, opponent, contestant

**tekmoválec** competitor, contestant

**tekmovánje** competition, contest

**tekmováti** to compete with, to enter a competition, to contest (**z, za** with, for), to race

**tékniti** to be to one's taste

**tekóč** running, flowing, streaming; fluent; current, liquid; **~e leto** current year; **~i račun** current account; **~e stopnice** escalator, moving staircase; **~i trak** conveyor belt, assembly line; **~a voda** running water

**tekočína** liquid, fluid

**tékst** text, wording

**tekstílen** textile

**tektónski** tectonic

**têle** calf, *(pl)* calves

**telebán** bumpkin, lout

**telébniti** to fall headlong, to plump

**teléčji ~e meso** veal

**telefón** telephone; **brezžični ~** cordless phone; *Ali imate ~?* Are you on the phone?; *T~ je zaseden.* The line is engaged.; *Ostanite pri ~u.* Hold the line.

**telefoníra|ti** to (tele)phone, to ring up; *T~j mi!* Ring me up!; Give me a ring!

**telefoníst** telephone operator

**telefónsk|i ~a centrala** telephone exchange; **~i dvojček** party line; **~a govorilnica (kabina)** telephone box (booth); **~ imenik** phone book, directory; **~i naročnik** telephone subscriber; **~a slušalka** telephone receiver

**telegrafírati** to telegraph, to wire

**telegrafíst** telegraphist, telegrapher

**telegrám** telegram, cable, wire

**telekomunikacíjsk|i ~e naprave** telecommunications *(pl)*; **~i satelit** communications satellite

**téleobjektív** *(photo)* telephoto lens

**telésce rdeče (belo) krvno ~** red (white) corpuscle

**telés|en** bodily, corporal, physical; **~na kazen** corporal punishment; **~na straža** bodyguard; **~na vzgoja** physical education

**teleskóp** telescope

**telétina** veal

**televizíj|a** television, telly, TV; **barvna (črno-bela) ~a** colour (black-and-white) television; **gledati ~o** to watch TV; **prenašati po ~i** to broadcast by television

**televizíjsk|i ~i gledalec** televiewer; **~a nadaljevanka** TV serial; **~i napovedovalec** television announcer; **~a oddaja** TV broadcast; **~i sprejemnik** television set

**telíca** heifer, young cow

**telíti se** to calve, to bring forth a calf

**teló** body; **geometrijsko ~** solid (figure); **mrtvo ~** dead body, corpse, carcass; **predstavniško ~** representative body; **sveto (rešnje) ~** Corpus Christi

**téloh** hellebore

**telovádba** gym(nastics *(pl)*); physical exercises *(pl)*; *(po-uk)* physical education; **miselna ~** mental gymnastics *(pl)*

**telovádec** gymnast

**telovád|en ~ni nastop** gymnastic display; **~no orodje** gymnastic apparatus

**telovadíšče** athletic grounds *(pl)*, sports grounds *(pl)*

**telovádíti** to practise gymnastics, to do physical exercises

**telovádnica** gymnasium, gym

**telóvnik** waistcoat, vest

**tém ~ bolj** the more; *Čim prej,* **~ bolje**. The sooner the better.

**téma** topic, subject, theme

**temà** darkness, dark, obscurity

**temáčen** dusky, obscure, dim

**tême** vertex; apex, summit, top

**têmelj** groundwork, base; foundation, basis

**têmelj|en** fundamental, basic; essential, primary; **~ni kamen** cornerstone

**temeljít** thorough, radical

**temeljíti (na)** to be founded on, to rest on

**tèmen** dark, dim, obscure

**temníca** prison, jail; darkroom

**temníti se** to darken, to get dark

**temnolás** dark-haired; **~ka** brunette

**têmpelj** temple

**temperamènt** temperament, disposition, frame of mind; temper, spirit

**temperamênten** temperamental; volatile

**temperatúra** temperature

**témpo** tempo, pace, time, rate, speed

**tèmveč** but

**tén** complexion

**tendénca** tendency, trend

**tendénčen** tendentious, controversial

**ténis** (lawn) tennis; **namizni ~** table tennis

**ténišk|i** ~i igralec tennis player; ~o igrišče tennis court; ~i lopar tennis racket (*ali* racquet)

**tenór**; tenor; ~íst tenor

**teol|ogíja** theology; ~óg theologian

**teoréti|k** theorist; ~zírati to theorize

**teoríja** theory; **evolucijska** ~ theory of evolution; **glasbena** ~ music theory; ~ **relativnosti** theory of relativity; ~ **in praksa** theory and practice

**têpec** fool, blockhead, clot, jerk

**tépka** perry-pear; stupid girl, muttonhead

**têpsti** to beat, to thrash; ~ **se** to have a fight

**teptáti** to stamp, to tread down

**ter** and; **sem** ~ **tja** here and there

**terása** terrace

**terén** terrain, land, ground; **smučarski** ~ ski slope, skiing ground; **delo na** ~**u** fieldwork

**teritoriál|en** territorial; ~**na obramba** territorial army

**teritórij** territory; ground, land, terrain

**terjátev** claim, request, demand; **neplačane** ~**e** outstanding debts (*pl*)

**térjati** to claim, to request, to demand

**termál|en** thermal; ~**ni izviri** thermal springs

**termín** (fixed) day, term, closing date, deadline

**termít** termite, white ant

**têrmocentrála** steam power station

**termofór** hot-water bottle

**termométer** *glej* TOPLOMER

**têrmovka** thermos flask, vacuum flask

**terór** terror, terrorism

**terorizírati** to terrorize, to bully

**tesár** carpenter

**tesáti** to hew, to trim a log

**tésen** gorge, ravine

**têsen** tight, close-fitting; narrow, close

**têslo** lout, bumpkin

**tesnílo** washer, gasket, seal

**tesnôba** anxiety, anguish, uneasiness

**tést** test, trial

**testamènt** (last) will, testament

**testeníne** farinaceous food, spaghetti, noodles

**testírati** to test, to try out

**testó** dough, paste; ~ **za palačinke** batter

**têšč** fasting; **na** ~**e** on an empty stomach

**tešíti** to comfort, to console, to appease

**têta** aunt

**tétanus** (*med*) tetanus; lockjaw

**tetíva** (*pri loku*) string; (*kita*) tendon, sinew; (*v geometriji*) chord

**tetovírati** to tattoo

**téza** thesis, (*pl*) theses; dissertation

**též|a** weight; gravity; **bruto (neto)** ~**a** gross (net) weight; **specifična** ~**a** specific grav-

ity; **živa ~a** live weight;
**paziti na svojo ~o** to be a
weightwatcher
**težák** labourer, navvy; **pristaniški ~** stevedore, docker
**težáva** difficulty, problem,
trouble, hardship
**težáven** difficult, trying,
hard, tricky
**tèž|ek** heavy, difficult, hard;
**~ko delo** hard work; **~ka
industrija** heavy industry; **~ko vprašanje** difficult
question
**težíšče** centre of gravity
**težíti (k)** to long for, to strive
for
**težkó** heavily, with difficulty;
*(komaj)* hardly, scarcely
**téžnja** striving, tendency,
aspiration
**téžnost** gravity, gravitation
**tí** you
**tičáti (v)** to stick (in); **~ v
dolgovih** to be up to one's
ears in debt
**tífus** typhoid (fever)
**tíg|er** tiger; **~rica** tigress
**tíh** silent, taciturn; quiet,
calm, noiseless, still; **~i
družabnik** sleeping partner; **T~i ocean** the Pacific
(Ocean)
**tihotápec** smuggler; **~ orožja**
gun-runner
**tihotápiti** to smuggle
**tihožítje** still life
**tík** close by, next to, adjoining
**tíkati (se)** to concern, to have
to do with; **~ se s kom** to
be on thee-thou terms (*ali*
on first name terms) with
somebody

**tiktákati** to tick
**tílnik** nape, neck
**tímijan** thyme
**típ** (sense of) touch; feeling;
type
**tipálka** feeler, tentacle
**típati** to touch, to feel
**típičen** typical, characteristic,
specific
**típka klavirska ~** key of a
piano; **~ na pisalnem stroju**
key of a typewriter
**típkarica** (lady) typist
**típkati** to type, to typewrite
**tipkopís** typescript
**tipkóvnica** *(tastatura)* keyboard
**tipografíja** typography
**tipologíja** typology
**tír** track, line, rails *(pl)*; **enojni
(dvojni) ~** single (double)
track; **stranski ~** siding; **~
okoli nebesnega telesa** orbit
**tirálica** warrant for someone's arrest
**tirán** tyrant, despot, oppressor
**tiranizírati** to tyrannize
(over), to browbeat, to bully
someone
**tírnica** rail
**tísa** *(bot)* yew (tree)
**tísk** print(ing), press; type;
**dnevni ~** daily press; **periodični ~** periodicals *(pl)*;
*Knjiga je v ~u.* The book is
being printed.
**tiskálnik** *(comp)* printer; **daljinski ~** teleprinter
**tiskár** printer
**tiskárna** printing office (*ali*
house)
**tiskárski ~ stroj** printing

press; ~ **škrat** misprint, erratum; ~ **znak** printer's mark

**tiskárstvo** art of printing, typography

**tískati** to print

**tiskóv|en** ~**na napaka** printer's error, misprint; ~**na konferenca** press conference; ~**ni stroški** printing expenses (pl)

**tiskovína** printed matter; (obrazec) form

**tísoč** a thousand; **na** ~**e** thousands of

**tisočínka** one thousandth

**tisočléten** millenarian, millenary

**tisočlétje** millennium, (pl) millenia; millenary

**tísti** that, (pl) those

**tišč|áti** to press, to squeeze; Čevlji me ~íjo. These shoes pinch (me).; They are tight.

**tišína** silence, quiet, stillness, quietness

**tjà** there, that way

**tjúlenj** seal

**tkálnica** weaving mill; ~ **bombaža** cotton mill

**tkanína** textile, fabric, tissue

**tkáti** to weave

**tkívo** tissue; web; **vezivno** ~ connective tissue

**tlà** floor; soil, ground; **domača** ~ native land; **rodovitna (nerodovitna)** ~ rich (barren) ground; **od vrha do tal** from top to bottom; **na trdnih tléh** on firm ground

**tlačán** villein, serf

**tlačánstvo** villeinage, serfdom

**tláčenka** pressed sausage

**tlačílka zračna** ~ (za kolo) inflator

**tláčiti** to press, to compress; to oppress

**tlák** pressure; (cestni) pavement

**tláka** soc(c)age, drudgery

**tlakováti** to pave, to cobble

**tléti** to smoulder

**tlорís** ground plan

**tnálo** chopping block

**tó** this, that; **razen tega** besides

**toaléta** (obleka) (evening) dress; (prostor s straniščem in umivalnico) lavatory, toilet, powder room

**toalét|en** ~**no milo** toilet soap; ~**na mizica** dressing table; ~**ne potrebščine** toiletries (pl)

**tobáčnica** tobacco box; snuff box

**tobák** tobacco; (njuhanec) snuff

**tóbogan** slide; (na zabaviščnem prostoru) roller coaster, switchback; (nizke sani) toboggan

**tóča** hail, hailstone; T~ **pada.** It hails.

**točáj** barman, bartender; ~**ka** barmaid

**tóčen** punctual, accurate, exact, precise, literal

**točílnica** bar, taproom; (Am) saloon

**točíti** to pour (out), to sell alcoholic drinks

**tóčka** point, spot, dot, item; **boleča** ~ sore point; **izhodiščna** ~ starting point;

kontrolna ~ checkpoint; mrtva ~ deadlock

**tóčnost** punctuality, accuracy, preciseness

**tód** here, this way

**tóda** but, yet, however

**tóg** stiff, rigid, tense

**togôta** rage, anger, wrathfulness

**togôten** angry, wrathful, quick-tempered

**tók** current, stream; **električni** ~ electric current; **enosmerni (izmenični)** ~ direct (alternating) current; ~ **podatkov** *(comp)* data stream, dataflow; **Zalivski** ~ Gulf Stream

**tòk** case, sheath, holster

**tókrat** this time

**tolážba** consolation, comfort, solace

**tolažíti** to console, to comfort, to solace

**tólči** to beat, to pound, to strike

**tolerírati** to tolerate, to put up with

**tóliko** as (so) much, as (so) many

**tólikokrat** so often

**tólikšen** so high (large); such a

**tolkáč** *(na vratih)* knocker; *(v možnarju)* pestle; *(pri bobnih)* stick

**tolkálo** percussion instrument

**tolmáč** interpreter, commentator

**tolmáčiti** to interpret, to comment

**tolmún** pool

**tolováj** bandit, brigand, robber

**tôlpa** band, gang

**tólst** fat, overweight, obese

**tólšča** fat, grease

**tómbola** tombola, bingo, raffle

**tón** tone, sound; manner, character; *(barvni)* shade, hue

**tóna** ton; **metrska** ~ metric ton (1000 kg); **neto (bruto) registrska** ~ net (gross) register ton

**tonáža** tonnage, capacity; **neto registrska** ~ **ladij** net register tonnage

**toníti** to sink, to go down

**tòp** cannon, gun

**tòp** blunt, pointless

**tôpel** warm; hearty, kind

**topílnica** foundry, smeltery

**topíti (se)** to dissolve; *(taliti)* to melt, to thaw; ~ **mast** to render fat *(ali* lard) down

**toplárna** heating plant

**toplíce** thermal springs *(pl)*, spa; thermae *(pl)*

**toplína** warmth

**toplomér** thermometer

**toplôta** warmth, heat

**toplôt|en** thermal; ~**ni val** heat wave

**toplovòd** heat conductor

**topníštvo** artillery

**topnjáča** gunboat

**topogláv** stupid, foolish, silly, slow-witted

**topografíja** topography

**tôpol** poplar

**toporíšče** helve, haft

**topotáti** to tramp, to stamp, to patter

**tórba** ~ **za orodje** tool bag; **potovalna** ~ travelling bag; **šolska** ~ schoolbag, satchel
**tórbica toaletna** ~ toilet bag; **ženska** ~ handbag
**toreadór** bullfighter, toreador
**tórej** thus, so, therefore; now, then, well
**tôrek** Tuesday; **pustni** ~ Shrove Tuesday
**toríšče** scene of action, domain
**torpedírati** to torpedo
**torpédovka** torpedo boat
**tórta** gâteau, cake; **sadna** ~ fruit cake
**tóstran** on this side
**totalitár|en** totalitarian; **~na država** totalitarian state
**továriš** comrade, companion, colleague, fellow, mate; **bojni** ~ comrade in arms
**továriš|tvo** comradeship; **~ki** comradely
**továrna** factory, mill, plant, works (pl); ~ **čevljev** shoe factory; **kemična** ~ chemical plant; ~ **papirja** paper mill; **jeklarna** steelworks (pl)
**továrniš|ki ~i delavec** factory worker; **~i dimnik** chimney stack; **~a znamka** trademark
**tôvor** cargo, freight, load
**továr|en ~ni avto** lorry, (Am) truck; **~na ladja** cargo ship, freighter; **~ni list** bill of lading, waybill; **~ni vlak** goods train, freight train; **~na žival** pack animal
**továriti** to carry, to transport
**tozadéven** relative, respective, referring to

**tožáriti** (v šoli) to sneak, to snitch
**tôžba** complaint, lamentation; charge
**tóženec** defendant, person accused of a crime
**tožílec** accuser, claimant, plaintiff; prosecutor
**tožílnik** (gram) accusative, objective (case)
**tožílstvo** prosecution; **javno** ~ Public Prosecution
**tožíti** (v šoli) to sneak, to snitch; (na sodišču) to sue somebody (for); to lament, to complain; ~ **se po domu** to be homesick
**tráčnica** rail
**tradíci|ja** tradition; **~onálen** traditional
**trafíka** tobacco shop, tobacconist's
**trafikánt** tobacconist
**tragédija** tragedy; **trágičen** tragic
**trájan|je** duration, continuation, length of time
**trájati** to last, to continue, to go on, to take time
**tráj|en** lasting, enduring; permanent; **~ni nalog** (v banki) standing order; **~na ondulacija** perm, permanent wave
**trájnica** perennial
**trák** ribbon, strip, band, tape; **izolirni (lepilni)** ~ insulating (adhesive) tape (ali sellotape); **magnetni** ~ magnetic tape; **merilni** ~ tape measure; ~ **za pisalni stroj** typewriter ribbon; **tekoči** ~ conveyor belt, assembly line

**tráktor** tractor

**trakúlja** tapeworm, hookworm

**trám** beam

**trámper** tramp (steamer)

**trámvaj** tram (car), streetcar

**transákcija** transaction

**transformátor** transformer

**transfuzíja** transfusion

**transkribírati** to transcribe

**transparènt** transparency; banderol(e), placard, banner

**transpirácija** transpiration

**transpórt** transport, *(Am)* transportation, conveyance

**transportírati** to transport, to convey

**tranzít** transit

**tràp** blockhead, idiot, fool

**traparíja** stupidity, idiocy

**trápast** stupid, foolish, idiotic, silly

**trapéz** trapeze; *(v geometriji)* trapezium

**trása** layout, location (of the line, road)

**trasírati** to lay out, to mark out, to peg out, to locate; *(menico)* to draw (on)

**tráta** lawn, grass, turf

**trátiti** to waste, to lavish, to dissipate

**tráva** grass, herbage

**travêrza** traverse, crossbeam, girder

**trávnik** meadow; **~i** grassland

**tŕčenje** collision, crash, clash

**tŕčiti** to collide, to crash, to clash, to knock against; **~ s kozarci** to touch glasses

**tŕd** hard, firm, stiff, rigid; **~i časi** hard times; **~o gorivo** solid fuels *(pl)*; **~a kazen** severe punishment; **~o koleno** stiff knee; *Zanj je potrebna ~a roka.* He needs a firm hand.

**tŕd|en** solid, firm, steady; **~en dokaz** firm evidence; **~ni temelji** solid foundations *(pl)*; **~na valuta** hard currency; **~en kot skala** as steady as a rock

**trdílen** affirmative, positive

**trdítev** statement, declaration, affirmation

**trdíti** to state, to declare to affirm

**trdnjáva** fortress, fort, stronghold; *(pri šahu)* castle

**tŕdnost** hardiness, firmness, solidity, steadiness

**trdó ~ delati** to work hard, to drudge; **~ kuhano jajce** hard-boiled egg; **~ vezana knjiga** hardback

**trdoglàv** headstrong, stubborn, obstinate

**trdosŕčen** hard-hearted, callous, unfeeling

**trdôta** hardness

**trdovrát|en** tenacious, dour, insistent; *(bolezen)* inveterate

**tréba** *To je ~ storiti.* It must be done.; *Ni se ti ~ bati.* You needn't fear.; *Ni mu ~ tvojega denarja.* He doesn't need your money.

**trebíti** to clear, to prune, to pick; *(žival)* to disembowel; **~ si zobe (nos)** to pick one's teeth (nose)

**trébuh** stomach, belly, abdomen; **velik ~** paunch, pot belly; **govoriti iz ~a** to ventriloquize

**trebúšast** paunchy, bellied

**tréma** izpitna ~ examination nerves *(pl)*; **odrska** ~ stage fright

**trenêr** *(Br)* trainer, *(Am)* coach, instructor

**trenírati** to train, to practise; ~ **koga** *(za/v)* to coach somebody (for/in)

**trenírka** tracksuit, training suit

**treníti** to blink, to wink, to twinkle

**trênje** friction, rubbing, dissension

**trenútek** moment, instant

**trenút|en** momentary, instantaneous, brief, fleeting; ~**na smrt** instant death

**trepálnica** eyelash

**trepetáti** to tremble, to shiver, to shake, to quiver

**trepetlíka** trembling poplar

**trepljáti** to pat, to tap

**tréskati** to bang, to knock; ~ **z vrati** to slam the door

**tresljáj** vibration, tremor, shake

**tresorépka** wagtail

**trésti** to shake, to toss, to jolt; ~ **se** to shake, to tremble, to shiver, to quiver

**tréšči|ti** to crash, to strike; to throw, to fling; to slam; *T~lo je v hišo.* The lightning struck the house.

**tréti** to crush, to grind; *(orehe)* to crack

**trétji** the third

**trétjič** thirdly, for the third time

**tretjína** one third, third part

**trézen** sober, moderate, temperate

**trezór** safe, safe deposit

**tŕg** market, market place; square, circus; *(naselje)* borough, market town; **bolšji** ~ flea market; **skupni (svobodni)** ~ common (free) market; **svetovni (domači)** ~ world (home) market; **raziskovanje** ~**a** market research

**trgáč** picker; ~ **grozdja** grape-picker

**tŕganje** picking, gathering; tearing, wearing out (clothes); rheumatic pains *(pl)*

**trgátev** vintage (time), grape-gathering

**tŕgati** to pick, to pluck; to tear, to rend

**trgováti** to trade, to do business, to traffic, to deal (in)

**trgóvec** merchant, tradesman; shopkeeper, dealer; ~ **na debelo (na drobno)** wholesaler (retailer)

**trgovína** trade, business, commerce, traffic; ~ **na drobno (na debelo)** retail (wholesale) trade; **izvozna (uvozna)** ~ import (export) trade; **komisijska** ~ second-hand shop; **zunanja** ~ foreign trade

**trgóvka** (female) merchant, shopkeeper

**trgóvsk|i** trade, businesslike, commercial; ~**a mornarica** merchant navy; ~**i pomočnik** shop assistant; ~**i potnik** sales representative, commercial traveller

**tŕhel** rotten, putrid, decayed

**trí** three; **ob tréh** at three o'clock

**tríbárven** three-coloured

**tríbárvnica** tricolour

**tribúna** stand, gallery; **glavna ~** grandstand; **govorniška ~** platform, rostrum

**tricíkel** tricycle

**tríčetrtínski ~ takt** waltz time, triple measure (*ali* time)

**trídejánka** three-act play

**trídeset** thirty; **~i** the thirtiest

**trík** trick; prank

**trikó** knitwear; tights (*pl*)

**trikotáža** knitwear, hosiery

**trikótnik** triangle; **enakostranični (pravokotni) ~** equilateral (right-angled) triangle; **varnostni ~** warning triangle

**tríkrat** three times, thrice

**tríkraten** threefold, triple

**trímésečen** quarterly

**trímésečje** three months, quarter

**trínadstrópen** three-storeyed

**trínajst** thirteen

**trínít|en ~na volna** three-ply wool

**trínóg** tyrant, despot, oppressor, autocrat

**trinóžnik** tripod; trivet

**tríptik** triptyque, pass sheet

**trísto** three hundred

**trístolétnica** tercentenary, tercentennial

**triumfírati** to triumph, to gloat

**triúr|en ~na hoja** three hours' walk

**tŕkati** to knock, to rap

**trkljáti (se)** to roll

**tŕma** stubbornness, obstinacy, persistence

**tŕmast** stubborn, obstinate, headstrong, persistent

**tŕn** thorn, spine, prickle

**tŕnek** (fish-)hook; **loviti ribe na ~** to angle

**tŕnov** thorny, spiny, prickly

**trnúlja** (*bot*) (*plod črnega trna*) wild plum, sloe

**Trnúljčica** Sleeping Beauty

**tróbec** (*slonov*) trunk

**trobelíka** hemlock

**trobént|a** trumpet, bugle; **~áč** trumpeter, bugler

**trobéntati** to trumpet, to bugle

**trobéntica** primrose, cowslip

**trobílo** wind instrument

**trobíti** to honk, to hoot; **~ na trobento (rog)** to blow a trumpet (a horn)

**tróblja** horn, hooter

**troféja** trophy

**trôha** (a) bit, a tiny bit

**trohéj** trochee

**trohnéti** to rot, to putrefy, to decay

**trohnôba** rottenness, putridy, decay

**trójček** triplet

**trójen** triple, treble

**trojíca sveta T~** Holy Trinity

**trólejbus** trolley bus

**tròp ~ ovc** flock of sheep; **~ volkov** pack of wolves

**tropíne** grapeskins (*pl*)

**tropínovec** grape-brandy

**trópski** tropical; **~ gozdovi** tropical rain forests; **~ pas** the tropics (*pl*)

**trós** spore

**trosíti** to scatter, to strew; **~**

**gnoj** to spread manure; ~ **seno** to toss hay

**tróskòk** hop, step, and jump

**trošíti** to spend, to consume, to dissipate

**trót** drone

**tŕpati** to cram, to pack, to stuff

**tŕpek** bitter, unpleasant; (*vino*) dry

**tŕpen** (*gram*) passive

**trpéti** to suffer (from), to be in pain; to endure, to stand, to tolerate

**trpéžen** hard-wearing, durable, tough

**trpín** sufferer

**trpínčiti** to torture, to torment, to harass, to maltreat

**tŕpkost** bitterness; dryness

**trpljênje** suffering, torment, anguish, agony; **duševno ~** mental pain

**tŕpnik** (*gram*) passive (voice)

**trpôtec** plantain

**tŕs** reed; vine (stock)

**tŕska** splinter, sliver, chip

**tŕst** reed, reeds (*pl*); **sladkorni ~** sugar cane

**tršát** thickset, burly, stout; stumpy, stubby

**tŕt|a** vine; *To je iz ~e izvito.* That is rather far-fetched.

**tŕtica** (*anat*) coccyx

**trubadúr** troubadour

**trúd** effort, endeavour, hard work; *Ni vredno ~a.* It isn't worth the trouble.

**trúden** weary, tired, exhausted

**trudíti se** to endeavour, to strive, to take trouble (*ali* pains)

**trúdoma** with great difficulty, with much trouble

**trúma** crowd, band, troop

**trúmoma** in crowds, in bands

**trúp** trunk; torso; **ladijski ~** hull; **~ letala** fuselage

**trúplo** dead body; (*človeško*) corpse; (*živalsko*) carcass

**trúst** trust; **možganski ~** brains trust; **naftni ~** oil trust

**trúšč** noise, tumult, uproar, clamour

**tŕzniti** to jerk, to twitch, to recoil

**tŕž|en ~na cena (vrednost)** market price (value); **~na pristojbina** market dues, stallage

**tržíšče** market, centre of trade, emporium

**tržnica** market hall

**tù** here, in this place; **~ in tam** here and there

**túba** tube

**tuberkulóza** tuberculosis, consumption

**tuberkulózen** tuberculous, consumptive

**túdi** also, too, as well; *On dobro bere ... Jaz ~.* He reads well ... So do I.; *Tega nisem vedel ... Mi ~ ne.* I didn't know that ... Neither did we.; *Ne samo ... ampak ~ ...* Not only ... but also ...; **~ tu** here too; **ti ~** you too

**tùj** strange, unknown, not of one's own; foreign, alien; **~ avto** strange car; **~e dežele** foreign countries; **~ jezik** foreign language; **~i običaji** alien customs; **~a valuta** foreign currency; **pod ~im**

imenom under an assumed name; na ~em abroad

tújec (pripadnik tuje države) foreigner; (neznan človek) stranger

tújek foreign body

tujín|a foreign country; iti v ~o to go abroad

tújka (beseda) foreign word

tújski foreign, alien; ~ promet tourism

túkaj here, in this place

túkajšnji of this place

túl (za puščice) quiver

túlipan tulip

tuliti to howl, to roar, to wail

tuljáva spool, coil, reel

túmor tumour; možganski ~ brain tumour

túna tuna fish

túndra tundra, cold desert

tunél glej PREDOR

túr glej TVOR

túr (zool) bison, buffalo

túra tour, trip, excursion

turbína turbine

Túr|čija Turkey; ~ek Turk, Turkish; t~ški Turkish

turíst tourist, visitor

turístič|en tourist; ~ni urad tourist office; ~na taksa tourist rate; ~ni vodič (tourist) guide

turízem tourist trade, tourism

turnéj|a tour; biti na ~i to be on tour

turnír tournament; šahovski ~ chess tournament

túrnus turn; delati v ~u to work in shifts

turóben gloomy, mournful, sad

túš Indian ink; (prha) shower

tútor tutor, guardian, teacher, educator

tùzémski native, local, home

tùzémstv|o homeland, native country; v ~u in inozemstvu at home and abroad

tvarína matter, substance, material

tvégan risky, hazardous, chancy

tvégati to risk, to run a risk, to venture; (izpostaviti nevarnosti) to endanger, to jeopardize

tvój your, yours

tvór ulcer, tumour, abscess, boil

tvórba formation, creation, product

tvór|en creative; ~ni način (gram) active (voice)

tvóriti to form, to create, to constitute, to produce, to make

tvŕdka firm; (business) company; commercial establishment; ugledna ~ firm of high standing

# U

**U** letter U

**ubádati se** ~ **z delom** to work hard, to toil, to drudge

**ubelíti** *(platno)* to bleach

**ubežáti** to run away, to escape

**ubéžnik** fugitive, runaway, deserter, escaper

**ubijálec** killer, murderer, assassin

**ubíjati** to kill, to murder, to slaughter

**ubírati** ~ **strune** to strum; to play an instrument, to make music

**ubíti** to kill, to murder; ~ **se** to commit suicide

**ublažíti** to alleviate, to ease, to relieve, to soothe

**ubóg** poor, indigent, needy, miserable

**ubógati** to obey, to be obedient; **ne** ~ to disobey

**ubogljív** obedient, submissive

**ubòj** manslaughter, *(Am)* homicide

**ubóštvo** poverty, indigence

**ubóžnica** almshouse, poorhouse

**ubrán** harmonious, melodious, rhythmic

**ubraníti** to prevent, to defend

**ubráti** ~ **jo** to run away, to escape; ~ **druge strune** to change one's tune

**učákati** to live to see

**účbenik** textbook, manual; *(abecednik)* primer

**úč|en** ~**na doba** apprenticeship; ~**ni načrt** curriculum, syllabus; ~**ni predmet** subject; ~**ni pripomoček** teaching aids *(pl)*; ~**na ura** lesson, class, session, tutorial

**učèn** learned, well-read

**učênec** pupil, schoolboy; disciple; ~ **v gospodarstvu** apprentice

**učenják** learned man, scholar, scientist, man of letters

**učenjákar** sciolist, smatterer

**učênje** learning, study

**učênka** pupil, schoolgirl

**učenóst** erudition, learning, scholarship

**učílnica** classroom, schoolroom, lecture room

**učín|ek** effect; result, output; **delovni** ~**ek** efficiency; **pla-čilo po** ~**ku** merit pay

**učinkováti** to have an effect on, to act upon, to have an influence on

**učinkovít** effective, efficient, successful

**učítelj** teacher, schoolmaster, tutor, instructor

**učíteljica** teacher, schoolmistress

**učiteljíšče** teachers' training college; college (*ali* faculty) of education

**učíteljstvo** teaching staff; teaching profession

**učíti** to teach, to instruct, to give lessons; ~ **se** to learn, to study; ~ **se na pamet** to learn by heart, to memorize

**učlovéčiti** to incarnate

**učnína** school fee, tuition fee

**úd** limb; member; ~je limbs, extremities (*pl*)

**udàr** blow, stroke; državni ~ coup d'état; ~ **strele** stroke of lightning

**udárec** blow, stroke; (*s plosko dlanjo*) slap, smack; (*s pestjo*) punch

**udár|en** shock; ~ne čete shock troops

**udáriti** to strike, to slap, to smack, to punch, to hit, to knock

**udárnik** shock worker

**udarnína** bruise, contusion

**udàv** boa (constrictor)

**udejstvováti se** to take active part in; (*pri športu*) to go in for

**udeléžba** participation (in), attendance

**udeléženec** participant, partaker

**udeležíti se** to take part in, to attend, to participate in

**udóben** comfortable, cosy

**udóbnost** comfort, cosiness

**udomáčen** tamed, domesticated

**udomáčiti** to domesticate, to tame; ~ **se** to become familiar with; to make oneself at home

**udòr** ~ **jamskega stropa** cave-in; ~ **zemlje** landslide, landslip

**udorína** depression, hollow, basin

**udréti se** to sink, to yield, to give way

**udríhati** to beat, to cudgel

**udušíti** to suffocate; to suppress, to repress, to restrain

**ugája|ti** ~ **mi** I like, I am pleased with, I relish, I am fond of

**ugániti** to guess

**ugánjati** to do; ~ **neumnosti** to play the fool

**ugánka** riddle, puzzle, mystery, brain teaser

**ugás|el** extinct; ~li ognjenik extinct volcano

**ugasíti** to extinguish, to put out; ~ **ogenj (svečo)** to put out a fire (candle); ~ **žejo** to quench one's thirst

**ugásniti** to go out; (*nehati veljati*) to expire; ~ **luč (radio)** to turn (*ali* to switch) off the light (radio); ~ **motor** to stop the engine

**ugíbati** to guess, to surmise

**ugladíti** to smooth, to polish

**uglajèn** polished, well-mannered, well-behaved, polite

**uglajênost** politeness, good manners (*pl*)

**uglásbiti** to set to music, to compose

**ugla|síti** to tune; ~šèn in tune

**uglaševálec** ~ klavirjev piano tuner

**uglèd** reputation, credit, good name

**uglédati** to catch sight of, to see, to perceive

**ugléden** distinguished, respectable, reputable, well--known

**ugnáti** to intimidate, to master, to defeat; ~ **v kozji rog** to corner someone

**ugóden** favourable, propitious

**ugodíti** to grant, to consent (to); ~ **prošnji** to comply with a demand

**ugódje** comfort, ease, delight

**ugódnost** advantage, benefit; **plačilne ~i** facilities for payment

**ugotovíti** to find out, to ascertain, to establish, to see (from)

**ugovárjati** to object, to contradict, to oppose, to protest

**ugóvor** objection, contradiction, opposition, protest

**ugrabítelj** ~ **letala** hijacker; ~ **otroka** kidnapper

**ugrabíti** to abduct, to kidnap, to hijack

**ugríz kačji** ~ snake bite; ~ **komarja** mosquito bite

**ugrízniti** to bite; to take a bite

**uhájati** to run away, to desert; *(plin)* to escape; *(voda)* to leak

**uhàn** earring

**úharica** horned owl

**úhelj** outer ear, auricle

**uhó** ear; **notranje (srednje, zunanje)** ~ inner (middle, outer) ear; **oslovsko** ~ *(v knjigi)* dog-ear; **šivankino** ~ eye of a needle

**uhodíti** ~ **pot** to beat a track

**uíti** to escape, to flee, to run away; ~ **z ljubimcem** to elope

**újčkati** to dandle

**újec** uncle, mother's brother

**ujéda** bird of prey

**ujédati se** to quarrel, to say biting words

**ujedljív** sarcastic, snappish

**ujémati| se** to match, to harmonize, to agree (with); to tally (with), to balance, to correspond; **se ne** ~ to disagree (with); to differ

**ujésti** *(z besedo)* to hurt, to offend, to upset; *(pičiti)* to sting; *(ugrizniti)* to bite

**ujéti** to catch, to capture, to seize, to take prisoner; ~ **v past** to trap

**ujétnik** prisoner, captive; **vojni** ~ prisoner of war

**ujétništvo** captivity; **priti v** ~ to be taken prisoner, to fall into captivity

**ujezíti** to make angry, to enrage; ~ **se** to get angry, to lose one's temper

**ukána** trick, ruse, stratagem

**ukániti** ~ **koga** to trick someone, to take someone in

**úkati** to yodel, to shout (for joy)

**ukáz** order, command, instruction

**ukázati** to order, to give orders, to command, to tell

**ukazoválen** imperious, dictatorial

**ukažêljen** eager to learn

**ukažêljnost** thirst for knowledge

**ukíniti** to abolish, to do away with, to cancel

**ukléti** to enchant, to bewitch, to cast a spell on

**uklóniti (se)** to bend, to submit (oneself), to give in, to yield

**ukòr** reprimand, blame, admonition

**ukoreníniti se** to take root

**Ukrajín|a** the Ukraine; **~ec, u~ski** Ukrainian

**ukrásti** to steal, to pilfer, to pinch; to purloin

**ukreníti** to undertake, to take steps

**ukr|èp** measure, step; **varnostni ~épi** safety measures

**ukrépati** to take steps, to decide

**ukresáti ~ vžigalico** to strike a match

**ukrivíti** to bend, to curve, to crook

**ukrívljen** bent, crooked, curved

**ukročèn** tamed, domesticated; *(konj)* broken in

**ukrojíti ~ obleko** to cut out a dress

**ukrotíti** to tame, to domesticate; to break in; to subdue, to bring under control

**ukvárjati se** to be busy with, to work (at), to go in for, to take an interest in, to be concerned with

**uléči se** to lie down

**ulékniti se** to bend, to sag

**uležáti se** to mature, to mellow; *(vino)* to season

**úlic|a** street; **enosmerna ~a** one-way street; **glavna**

**(stranska) ~a** main (side) street; **ozka ~a** lane; **slepa ~a** cul-de-sac; **živahna ~a** busy street; **na ~i** in the street; **prečkati ~o** to cross the street

**ulíti** *(kovino)* to cast

**ulóm|ek** *(math)* fraction; **imenovalec (števec) ~ka** denominator (numerator)

**ulomíti** to break, to break off

**ulòv** catch, take; **~ rib** catch of fish

**ulovíti** to catch, to take hold of; **~ v past** to trap

**ultimát** ultimatum

**últravijólič|en ~ni žarki** ultraviolet rays

**úm** reason, intellect, intelligence; **največji ~ svojega časa** the greatest intellect of one's time; **bolan na ~u** mentally deranged, mad

**umakníti** to remove, to take away; to retract, to take back, to withdraw; **~ se** to retreat, to withdraw, to retire (from)

**umázan** dirty, filthy, smutty, sordid

**umazaníja** dirt, filth

**umázati** to dirty, to soil, to sully

**umedíti** to mature, to mellow

**úmen** intelligent, clever, smart, wise, reasonable, sensible

**umériti** to take one's measure

**umésiti ~ testo** to knead dough

**umésten** appropriate, suitable, to the point

**umésti ~ maslo** to churn milk *(ali* cream) to make butter

**umestíti** *(uradno postaviti, uvesti)* to invest, to inaugurate, to enthrone

**umét|en** artificial, man--made, false, contrived; ~**no dihanje** artificial respiration; ~**na inteligenca** artificial intelligence; ~**ni nakit** imitation jewellery; ~**na obrt** arts and crafts *(pl)*; ~**na oploditev** artificial insemination; ~**ni smehljaj** contrived smile; ~**na svetloba** artificial light; ~**no zobovje** false teeth *(pl)*

**uméti** to understand; to be able to, to know how, to be skilled (in)

**umetníja** artistic skill, artifice

**umétni|k** artist; ~**ca** woman artist

**umetnína** work of art

**umétnišk|i** artistic; ~**a galerija (razstava)** art gallery (exhibition)

**umétnost** art, skill, artistry; **likovna** ~ fine arts *(pl)*; painting, sculpture and graphic arts; **uporabna** ~ applied art

**umétnost|en** artistic; ~**no drsanje** figure skating; ~**na zgodovina** history of art

**uméven** intelligible, comprehensible, clear

**umík** retreat, withdrawal

**umírati** to be dying

**umiríti** to calm, to quieten (down), to hush

**umísliti si** to imagine, to fancy, to think out; *(z razmišljanjem ustvariti)* to find, to

invent; *(kupiti, priskrbeti)* to buy, to provide

**umíšljen** imaginary, hypothetical

**umiválnica** lavatory, washroom

**umiválnik** washbasin

**umívati** to wash; ~ **se** to have a wash, to wash (oneself)

**umobólen** insane, mad, mentally deranged

**umobólnica** mental hospital, mental home

**umólkniti** to stop speaking, to become silent

**umòr** murder, assassination, homicide

**umoríti** to murder, to assassinate, to kill

**umotvór** work of art, masterpiece, creation

**umováti** to reason, to think things over, to deliberate, to cogitate

**umréti** to die, to pass away, to expire; ~ **junaške smrti** to die a hero; ~ **naravne (nasilne) smrti** to die a natural (violent) death; ~ **za rakom** to die of cancer; ~ **od žalosti** to die of grief

**umŕli** (the) deceased; **moj** ~ **stric** my late uncle

**umrljív** mortal

**umrljívost** mortality, death rate

**úmski** intellectual; ~ **delavec** brain worker

**únča** ounce (28,35 g)

**unêsti se** to abate, to lessen, to calm, to subside

**uničeválec** destructor, destroyer, annihilator

**uničeválen** destructive, destroying, annihilating

**uníčiti** to destroy, to demolish, to ruin, to annihilate, to exterminate

**unifórma** uniform; **paradna ~** full-dress uniform

**uniformírati** to make uniform; to dress in uniform

**uníja** union

**univêrza** university, college; **delavska ~** workers' university; **~ za tretje življenjsko obdobje** the Third Age University

**univerzálen** universal, all-purpose, global

**unóvčiti** to negotiate, to convert into money, to capitalize, to realize; *(ček)* to cash

**uokvíriti** to frame

**úp** hope; credit; **na ~** on credit

**upàd** decline, decrease; **~ produkcije** drop in production

**upádel** fallen in, sunken

**úpanje** hope, expectancy, prospect; **dajati ~** to raise one's hopes; **izgubiti ~** to abandon hope

**upásti** to subside, to decrease, to recede, to fall

**úpati** to hope, to cherish hopes; to expect, to anticipate

**úpa|ti si** to dare, to venture, to risk; *Ne ~ si.* He dare not *(ali* he doesn't dare).

**upéhati se** to get tired, to exhaust oneself

**upepelíti** to burn to ashes; *(truplo)* to cremate; *(odpadke)* to incinerate

**upíhniti** to blow out

**upijániti** to intoxicate, to make drunk; **~ se** to get drunk

**upírati ~ pogled k** *(ali* **na)** to fix one's eyes on

**upírati se** to offer resistance, to defy, to revolt

**uplahníti** to decrease, to diminish, to go down

**uplašíti** to frighten, to scare, to intimidate

**upleníti** to take as booty, to loot

**uplinjáč** carburettor

**úpnik** creditor

**upodóbiti** to form, to shape, to sculpture; to impersonate, to depict, to portray

**upogljív** flexible, pliant, yielding

**upogníti** to bend, to curve, to bow

**upokojênec** pensioner, retired person; **starostni ~** old-age pensioner

**upokojíti ~ koga** to pension somebody off; **~ se** to retire

**upòr** rebellion, revolt, mutiny, insurrection, resistance, opposition; **kmečki ~** peasant uprising; **zračni ~** air resistance

**uporáb|a** use, usage, application; **navodila za ~o** instructions for use

**uporáb|en** fit for use, applicable, practical, useful; **~no raziskovanje** applied research; **~na umetnost** applied art

**uporabíti** to use, to make use of, to apply

**uporábnik** user, consumer

**upóren** rebellious, defiant, disobedient, unwilling, mutinous

**upórnik** rebel, insurgent, mutineer

**upórniški** rebellious, insurgent, mutinous

**upórnost** disobedience; perseverance, obstinacy; resistance

**upoštévati** to consider, to take into consideration, to bear in mind; ne ~ to ignore, to pay no regard (to)

**upráva** administration, management; **davčna ~** revenue office, (Am) tax office; **javna ~** public administration; **prisilna ~** sequestration

**upráv|en** administrative, managerial; **~ni delavci** staff, office workers; **~ni odbor** managing board, board of directors; **~ni organ** administrative body (ali agency)

**upravíčen** entitled to, authorized, legitimate; ~ **sum** justified suspicion

**upravíčiti** to authorize, to entitle, to justify

**upravítelj** manager, director; **šolski ~** headmaster

**uprávljanje** administration, management; **daljinsko ~** remote control; **državno ~** state management; **~ s podatki** data management

**uprávljati** to manage, to administer, to direct, to run

**uprávnica** manageress, directrix, administratrix

**uprávnik** manager, director, administrator

**upréti se** to resist, to withstand, to oppose, to rebel, to revolt

**uprizorítev** performance, staging, enactment; production

**uprizoríti** to perform, to stage, to enact; to produce

**úra** (čas) hour; watch; (stenska, stolpna) clock; ~ **budilka** alarm clock; **parkirna ~** parking meter; **peščena ~** sandglass; **policijska ~** curfew; **ročna ~** wristwatch; **sončna ~** sundial; ~ **štoparica** stopwatch; **vodna ~** water meter; **žepna ~** pocket watch

**uračúnati se** to miscalculate

**uràd** office, bureau; **matični ~** register (ali registry) office; **patentni ~** patent office

**uród|en** official, formal; **~ni list** gazette, official journal; **~ne ure** office hours

**urádnik** official, clerk; **državni ~** civil servant

**uradováti** to officiate, to hold office

**urán** uranium; **~ova ruda (rudnik)** uranium ore (mine)

**urár** watchmaker, clockmaker

**urásti** (obleko) to outgrow

**uravnáti** to regulate, to set, to adjust; to settle, to coordinate

**uravnotéžiti** to balance, to equilibrate

**urbanízem** town planning, (Am) city planning

**urbár** land register, register of land property

**uréči** to bewitch, to cast a spell on

**urédba** ordinance, regulation, official rule, order

**uredítev** arrangement, organization, order, settlement; **družbena ~** social order; **pravna ~** legal system; **~ spora** settlement of a dispute

**uredíti** to regulate, to arrange, to settle; to put in order, to tidy; (*rokopis*) to edit

**uredník** editor; **glavni ~** chief editor

**uredníški** editorial

**uredníštvo** editorial office, editorial staff; editorial board

**urejèn** settled, in good order; tidy, neat, smart

**úren** quick, brisk, swift, nimble

**uresníčiti** to realize, to fulfil, to carry out; **~ se** to come true

**uresničljív** realizable, feasible

**urèz** incision, cut

**urézati** to cut; **~ se** to cut oneself

**urg|írati** to urge; **~énca** urgency

**urín** urine

**urinírati** to urinate, to make water; to piss

**úriti** to train, to practise, to exercise

**úrnik** timetable, schedule

**uročíti** to bewitch, to spellbind

**uròk** bewitchment, spell

**usàd zemeljski ~** landslip, landslide

**usahníti** to wither, to fade; to dry up, to run dry

**usedlína** sediment, deposit; precipitate

**usèk** cutting, cut

**usékati** to cut, to strike

**usékniti se** to blow one's nose

**usésti se** to sit down, to take a seat

**usídrati** to anchor; **~ se** to drop anchor

**usíhati** to dry up, to run dry, to sink into the ground

**uskladíščiti** to store, to warehouse, to house

**uskladíti** to harmonize (with), to synchronize, to adjust to

**uskočíti** to desert, to run away; **~ se** to shrink

**uskòk** deserter, renegade

**uslíšati** (*prošnjo*) to grant, to fulfil; (*molitev*) to hear

**uslóčiti** to bend, to curve

**uslúg|a** service, favour, kindness; **narediti ~o** to do a favour

**uslúžbenec** employee, official

**uslúžen** obliging, helpful, attentive, kind; obedient, servile

**uslúžnost** helpfulness, courtesy, kindness

**usmériti** to direct, to aim, to orientate, to channel; **~ se** to head for

**usmérjenost** orientation, inclination

**usmerjeválec** rectifier; *(smerni kazalec)* pointer

**usmíliti se** to have pity on, to show mercy

**usmíljen** merciful, charitable; kind

**usmíljenj|e** pity, mercy, charity; **brez ~a** pitiless(ly), merciless(ly); **iz ~a** out of pity (for); **~a vreden** piteous, pitiable

**usmíljenka** sister of charity

**usmradíti se** to begin to stink, to made a stench

**usmrtítelj** *(rabelj)* executioner, hangman

**usmrtíti** to execute, to kill, to put to death; **~ z električnim tokom** to electrocute; **~ se** to commit suicide

**usnjár** leather dealer, skin dresser

**usnjárna** tannery

**usnjárstvo** leather industry *(ali* trade)

**úsnje** leather

**usóda** destiny, fate, fortune

**usód|en** fatal; **~na napaka** fatal mistake

**usójen** fated, destined; *U~o nam je.* We are doomed to.

**uspaválo** sleeping pill, soporific

**uspávanka** lullaby

**uspávati** to lull (to sleep)

**uspèh** success, good result

**uspéšen** successful, efficient

**uspéti** to succeed (in), to be successful, **ne ~** to fail

**uspévati** to prosper, to flourish, to do well

**uspósobiti** to qualify (someone) for; **~ cesto** to repair a road; **~ invalida** to rehabilitate an invalid

**usposóbljen** qualified; **~ost** qualification

**ústa** mouth; **polna ~** mouthful

**ustalíti** to stabilize, to establish firmly, to fix; **~ se** to settle (down)

**ustanóva** institution, foundation, establishment

**ustanóv|en** founding; **~ni član** founder member

**ustanovítelj** founder; founding father

**ustanovíti** to found, to establish, to create, to set up

**ustáv|a** constitution; **~nost** constitutionality

**ustáv|en** constitutional; **~na pravica** constitutional right; **~na monarhija** constitutional monarchy

**ustáviti** to stop, to cease, to finish, to halt, to check, to hold up

**ustavodáj|en** constituent; **~na skupščina** constituent assembly

**ustekleníčiti** to bottle

**úst|en** oral, verbal; **~no izročilo** oral tradition

**ústiti se** to talk big, to boast, to brag

**ústje** orifice; outlet; **~ reke** river mouth, *(široko)* estuary

**ústnica** lip

**ústničnik** labial

**ústnik** mouthpiece; **~ za cigarete** cigarette holder

**ustolíčiti** to enthrone, to install, to invest

**ustrahováti** to intimidate

**ustrášiti** to frighten, to scare; to startle; ~ **se** to get frightened

**ustréči** to comply with, to meet, to satisfy, to oblige, to indulge

**ustreliti** to shoot, to kill by shooting

**ustrézati** to suit, to meet, to correspond

**ustrézen** suitable, corresponding, adequate

**ustrežljív** obliging, helpful, compliant

**ustròj** structure, system, order

**ustrojíti** *(kožo)* to tan

**ustváriti** to create, to make, to establish, to produce

**ustvarjálec** creator, maker

**ustvarjálen** creative, productive

**usúti se** to fall, to strew, to pour (down)

**usvojíti** to adopt, to appropriate, to make one's own

**úš** louse, *(pl)* lice

**uščípniti** to pinch

**ušív** lousy, lice-ridden

**uštéti se** to miscalculate, to misjudge

**úta** pasja ~ doghouse, kennel; **vrtna** ~ summerhouse, arbour

**utaboríti se** to encamp, to set up one's camp

**utája** davčna ~ tax evasion

**utajíti** to disclaim, to dissimulate, to keep secret

**utegníti** *Jutri utégne deževati.* It may rain tomorrow.; *Če bo utégnil, bo prišel.* If he has time, he'll come.

**utéha** consolation, comfort

**utekočíniti (se)** to liquefy, to condense

**utelésiti** to embody, to personify, to incarnate

**utemeljèn** founded, grounded, justified

**utemeljítelj** founder, establisher, promoter

**utemeljítev** argument, reason, proof

**utemeljíti** to found, to establish; to prove

**utesníti** to restrict, to limit, to narrow

**utešíti** to console, to comfort, to soothe

**utéž** weight; **dviganje** ~**í** weight lifting

**utíhniti** to become silent (*ali* quiet)

**utilitarístičen** utilitarian, functional

**utíšati** to silence, to cause to be silent (*ali* quieter); ~ **bolečine** to soothe pains: ~ **radijski sprejemnik** to turn the radio down

**utoníti** to drown, to sink, to go down; ~ **v pozabo** to fade into oblivion

**utopíti** to drown; ~ **skrbi v alkoholu** to drown one's sorrows; ~ **se v solzah** to cry one's eyes (*ali* heart) out

**utopljênec** drowned person

**utòr** groove; furrow

**utŕdba** fortification, fortress, fort, stronghold

**utrdíti** to fortify, to strengthen, to consolidate, to reinforce

**utréti** to rub in; ~ **pot** to beat

a path, to pave the way, to be a pioneer

**utŕga|ti** to pluck, to pick; **~ti si od ust** to stint oneself (of something); *Oblak se je ~l.* There was a cloudburst.

**utrínek zvezdni ~** shooting star, falling star

**utríp** pulse, heartbeat; **meriti ~** to take someone's pulse

**utripálka** (*smerni kazalec*) direction indicator

**utrípati** to beat, to pulsate, to pulse, to throb; to blink, to flicker

**utŕjen** fortified, hardened

**utrjeválec** (*za lase*) conditioner

**utrníti** to put out, to snuff out

**utrpéti** to suffer; to do without

**utrudíti** to tire, to exhaust; to fatigue; **~ se** to get tired

**utrudljív** tiring, exhausting, fatiguing

**utrújen** tired, exhausted, weary, fatigued

**utrújenost** tiredness, exhaustion, weariness, fatigue

**utvára** fancy, illusion; vain hopes (*pl*)

**uvážati** to import

**uvél** withered; **~o listje** dead leaves

**uveljáviti** to put into force, to bring forward; **~ se** to make oneself valued, to win recognition; **~ svoje pravice** to assert one's rights

**uvériti** to convince, to persuade

**uvertúra** overture

**uvêsti** to introduce, to initiate

**uvídeti** to understand, to realize, to become aware

**uvidéven** understanding, tolerant, lenient

**uvòd** introduction, preface, foreword

**uvód|en** introductory; **~ni članek** leading article, editorial

**uvòz** import, imported goods (*pl*)

**uvóz|nik** importer; **~íti** to import

**uvoznína** import duty (*ali* tax)

**uvrstítev** placing, ranging, classification

**uvrstíti** to place, to range, to classify, to rank

**uzakóniti** to legalize, to enact, to make legal

**úzda** bridle, rein

**uznojíti** to make perspire; **~ se** to perspire, to sweat

**uzurp|átor** usurper; **~írati** to usurp

**užalíti** to offend, to insult, to hurt

**užalostíti (se)** to grieve, to sadden, to distress

**užéjati** to make thirsty; **~ se** to get thirsty

**užítek** enjoyment, delight, pleasure, zest

**užít|en** eatable, edible; **~na goba** edible mushroom

**užítkar** usufructuary

**uživáč** man of pleasure, sybarite

**uživáški** sybaritic

**uживati** to enjoy, to find pleasure in, to take a delight in, to indulge in

# V

**V** letter V

**v** *(kje)* in, on, at; *(kam;* to, into; ~ **inozemstvu** abroad; ~ **mestu** in town; ~ **prvem nadstropju** on the first floor; ~ **mojih letih** at my age; ~ **soboto** on Saturday; ~ **London** to London

**vába** bait, lure, decoy

**vabílo** invitation; **pisno** ~ invitation card; ~ **na večerjo** invitation to dinner

**vabíti** to invite, to ask; to attract, to lure

**vabljív** inviting, attractive; tempting, alluring

**vádba** exercise, training, practice, drilling

**vadíšče** practice ground, training area

**vadítelj** trainer, coach

**váditi** to exercise, to train, to practise, to drill; to rehearse

**vádnica** textbook, manual

**váfelj** waffle, wafer

**vagabúnd** vagabond, tramp

**vagón** carriage, coach; **jedilni** ~ dining car, diner; **potniški** ~ passenger coach; **spalni** ~ sleeping car, sleeper; **tovorni** ~ goods van; *(Am)* boxcar

**vája** exercise, practice, drill; **gledališka** ~ rehearsal

**vájen** used to, accustomed to

**vájen|ec** apprentice; ~ska **doba** apprenticeship

**vájet** rein, bridle

**vájin** your, yours

**vál** wave; *(velik)* billow

**válček** waltz; **plesati** ~ to waltz

**valílnica** hatchery

**valíti** to hatch (eggs), to brood; to roll, to trundle

**válj** cylinder

**váljar** *(za valjanje testa)* rolling pin; **parni** ~ steamroller

**valjárna** rolling mill

**váljati** to roll, to flatten with a roller; ~ **se** to roll, to wallow

**valobrán** breakwater, jetty

**valováti** to wave, to billow, to fluctuate

**valovít** wavy, rough, turbulent

**valúta** currency; **konvertibilna (drseča, nestabilna, trdna)** ~ convertible (floating, soft, hard) currency; **tuja** ~ foreign currency

**vàmp** belly, paunch

**vámpi** tripe

**vampír** vampire

**vandál** vandal, destroyer

**vanílja** vanilla

**várati** to deceive, to cheat; ~ **se** to be mistaken

**várčen** economical, frugal, saving

**varčeváti** to save, to economize, to put by

**váren** safe, secure

**varieté** variety, (Am) vaudeville

**varírati** to vary

**váriti** (pivo) to brew

**varíti** (železo) to weld

**varljív** deceptive, delusive, delusory, misleading, treacherous

**várnost** safety, security; družbena (kolektivna) ~ social (collective) security

**várnost|en** ~ni pas safety belt, seat belt; ~ni svet Security Council; ~ni trikotnik warning triangle; ~ni ukrepi safety measures, measures of precaution; ~na zaponka safety pin; ~ni ventil escape valve

**varoválen** protective, preventive

**varoválka** (safety) fuse; avtomatska ~ cutout; V~ je pregorela. The fuse has blown.

**varován|ec** protegé; ward; ~ka protegée; ward

**varováti** to safeguard, to protect (from), to guard (from, against)

**várstven** ~a znamka trademark

**várstvo** protection, custody, guardianship, tutelage

**várščina** caution money; (na sodišču) bail

**váruh** guardian, tutor, custodian, trustee

**váruška** nurse, baby-sitter

**váruštvo** guardianship, custody, trusteeship

**vás** village; ~íca small village, hamlet

**vasováti** to pay a nocturnal visit to one's sweetheart

**vàš** your, yours

**vaščàn** villager

**váški** rural, (of a) village

**vát** watt

**váta** cotton wool, wadding

**vátel** old linear measure (77 cm)

**váterpólo** water polo

**vatírati** to pad, to wad

**váza** vase

**vazál** vassal

**vazelín** vaseline

**váž|en** important, significant, essential; ~na zadeva matter of importance

**vbádati** to stitch, to prick

**vbíjati** ~ komu kaj v glavo to hammer (ali to put) something into someone's head

**vbòd** stitch; križni ~ cross stitch

**vbrízgniti** to inject

**vcepíti** to inoculate, to implant

**včásih** sometimes, at times

**včéraj** yesterday; ~ zvečer yesterday evening, last night; ~ teden yesterday week

**včlániti** to affiliate, to enrol to make a member of; ~ se to join, to become a member of

**včlánjen** affiliated (to)

**včŕtati** to draw in, to delineate in; to engrave, to incise

**vdahníti** to inspire; to breathe in

**vdán** devoted, loyal, faithful

**vdáti se** to submit, to give

way, to give in; *(predati se)* to surrender; ~ **pijači** to become addicted to drink; ~ **v usodo** to resign oneself to one's fate

**vdélati** to insert, to build into; *(diamant)* to set, to mount; *(intarzije)* to inlay

**vdéti** ~ **šivanko** to thread a needle

**vdíhniti** to breathe in, to inhale

**vdolbína** hollow, hole; recess, alcove

**vdólbsti** to engrave, to hollow out, to carve

**vdóva** widow; **slamnata** ~ grass widow

**vdóvec** widower; **slamnati** ~ grass widower

**vdréti** to break in, to enter by force, to invade

**vèč** more; ~ **ali manj** more or less; **čim** ~, **tem bolje** the more the better

**véčati** to enlarge, to increase, to augment, to expand

**véč|en** eternal, everlasting; ~**ni sneg** perpetual snow; ~**no življenje** eternal life

**večér** evening; **božični** ~ Christmas Eve

**večér|en** evening; ~**ni časopis** evening paper

**večériti se** to get dark

**večérja** supper, dinner, evening meal

**večérjati** to have/eat/take one's dinnner/supper, to sup, to dine

**večérnic|a** evening star; Venus, Mercury; ~**e** *(cerkveno opravilo)* vespers *(pl)*

**večína** majority, greater part; ~ **glasov** majority of votes

**večínoma** mostly, mainly, for the most part

**večínsk|i** ~**i sklep** majority decision; ~**a stranka** majority party

**véčji** bigger, greater, larger, major

**vèčkrat** several times, repeatedly

**vèčnacionálen** multinational

**vèčnadstróp|en** multi-storey; ~**na garažna hiša** multi-storey carpark

**vèčnaménski** general-purpose; ~ **računalnik** general-purpose computer

**véčnost** eternity, perpetuity

**vèčstránkarski** multiparty

**vèčzlóžen** polysyllabic

**véd|a** science; **družbene (naravoslovne, uporabne)** ~**e** social (natural, applied) sciences *(pl)*

**vedé** knowingly, on purpose

**vedênj|e** behaviour, conduct, manners *(pl)*; **lepega** ~**a** well-mannered

**véder** serene, clear; cheerful, merry

**védeti** to know, to be aware (of), to realize

**vedeževálec** fortune-teller

**vedeževáti** to tell someone's fortune

**védno** always, at all times, ever; **še** ~ still; **še** ~ **ne** not yet

**védnost** knowledge; **dati komu v** ~ to let someone know, to inform someone

**vedožêljen** eager to learn,

curious, inquisitive, thirsty
for knowledge
**vedríti** to take shelter; ~ **se** to
clear up
**vêdro** pail, bucket
**vêdrost** serenity, brightness,
cheerfulness
**végav** shaky, rickety, une-
ven
**vegetácija** vegetation
**vegetarijánec** vegetarian
**vegetírati** to vegetate, to
linger on
**véha** bung, bung hole
**véja** branch, bough
**véjica** twig, sprig; *(ločilo)*
comma; **decimalna** ~ deci-
mal point
**vék** century; age; **srednji** ~
Middle Ages *(pl)*
**véka** eyelid
**vékomaj za** ~ for ever and
ever
**velblód** camel; ~**ja dlaka**
camel's hair
**vèleblagóvnica** department
store
**vèleizdája** high treason
**vèleizdajálec** traitor, some-
one guilty of high treason
**velélnik** *(gram)* imperative
**vèlemésto** large *(ali* big)
town, city, metropolis
**vèleposéstnik** owner of a
large estate
**vèleposlánik** ambassador
**vèleposláništvo** embassy
**velesêjem** fair
**velesíla** superpower, great
power
**vèletók** large river
**vèletrgóvec** wholesale deal-
er, wholesaler

**vèletrgovína** wholesale
house; wholesale business
**vèleúm** genius, man of
genius
**veličánstvo** majesty; **Vaše** ~
Your Majesty; Sire
**veličásten** grand, majestic,
imposing, magnificent
**veličína** greatness, magni-
tude; size
**vêl|ik** big, large, great; *(visok)*
tall, high; ~**íka črka** capital
letter; ~**íka noč** Easter; ~**ik**
**pesnik** great poet; ~**íka živ-**
**ina** big shot, big wheel
**Vélika Britanija** Great Britain
**velikán** giant, ogre
**velikánski** gigantic, huge,
enormous
**velikáš** magnate, aristocrat
**velíko** much, many, a lot of
**velikodúš|en** generous,
~**nost** generosity
**velíkokrat** often, frequently,
many times
**velikonôč|en** ~**ni pirhi**
Easter eggs; ~**ni teden**
Easter week
**velikóst** largeness, height;
size; **naravna** ~ life-size, full-
-size
**velják** man of distinction
**veljáti** to be worth, to cost; to
be valid; to be true
**veljáv|a** value, worth; valid-
ity; **priti v** ~**o** to come into
force
**veljáven** valid; good, current
**veljávnost** validity; currency
**vélnica** winnowing shovel
*(ali* fan)
**velúr** velour
**vèn** out, outward(s)

**vênčati** to crown, to wreathe, to festoon

**vèndar** yet, still, however; **~le** nevertheless

**vênec** wreath; **rožni ~** rosary

**venéti** to wither, to fade

**vénomer** continually, incessantly

**ventíl** valve; *(pri trobilih)* piston

**ventilácija** ventilation

**ventilátor** fan, ventilator

**ventilírati** to ventilate, to air

**vér|a** faith, religion, belief; **kriva ~a** heresy; **v dobri ~i** in good faith

**veránda** veranda(h), porch

**véren** believing, faithful, religious

**veríga** chain; **~ dogodkov** chain of events; **gorska ~** mountain chain; **snežna ~** snowchain, non-skid chain

**veríž|en ~na reakcija** chain reaction

**verížiti** to buy and sell illegally, to profiteer

**verížnik** profiteer, racketeer

**verjéten** probable, likely, plausible, credible

**verjéti** to believe, to trust

**verjétno** probably, likely

**verjétnost** probability, likelihood

**vêrmut** vermouth

**vérnik** believer, religious person, churchgoer

**verodostójen** authentic, reliable, credible

**verodostójnost** authenticity, reliability

**veroizpóved** religion, creed, confession, faith

**veroúk** religious education

**verováti (v)** to believe (in)

**vérsk|i ~a blaznost** theomania; **~i obred** religious service; **~a skupnost** religious community; **~a svoboda** freedom of worship

**vêrz** verse, line

**vêrzija** version

**verzíran** versed (in), skilled (in)

**vès** all, whole, total, entire, complete; **biti ~ iz sebe** to be beside oneself

**vesél** merry, cheerful, jolly; glad, pleased, delighted

**veselíca** (public) festivity, merry-making

**veselíti** to give pleasure, to gladden, to cheer; **~ se (česa)** to be glad (of), to delight (in), to be happy (to), to rejoice (at); **~ se v pričakovanju** to look forward to

**veseljáčiti** to carouse, to make merry

**veselják** jolly fellow

**vesêlje** joy, pleasure, delight

**veseloígra** comedy

**vesláč** rower, oarsman, paddler, sculler

**veslánje** rowing, paddling

**veslášk|i** rowing; **~a tekma** regatta, boat race

**vesláti** to row, to paddle

**vêslo** oar, paddle, scull

**vesólje** universe; outer space

**vesóljec** astronaut, cosmonaut; spaceman; alien

**vesólj|en** universal; **~ni potop** the Deluge, the Flood

**vesóljsk|i** spatial; **~a ladja** spaceship, spacecraft; **~o**

letalo space shuttle; ~a obleka spacesuit; ~i polet space flight; ~a postaja space station; ~ sprehod spacewalk

vést a piece of news, news, intelligence

vést conscience; čista (slaba) ~ clear (guilty) conscience

vésten conscientious, scrupulous, dutiful

vèsti to guide, to lead; ~ se to behave

vésti (vézem) to embroider

véstnik messenger, courier; herald

véšč skilful (at, in); skilled, proficient (at, in), experienced (in), good (at)

véšča night butterfly, moth; witch

veščína skill, proficiency, knowledge, know-how, mastery

véter wind; blag ~ gentle wind, breeze; močan ~ strong wind, gale; ugoden ~ favourable (ali fair) wind

veterán ex-serviceman, veteran

veterína veterinary medicine

veterinár veterinary surgeon; (Am) veterinarian, vet

véti to blow

vét|o veto; pravica (do) ~a power of veto; dati ~o (na) to veto something

vétrc gentle breeze, light wind

vétrnica (bot) anemone; (na strehi) weathercock, weather-vane

vetrnják turncoat

vetrobrán windbreak, windscreen

vetromér wind-gauge, anemometer

vetróven windy, blustery

vétrovka windcheater, (Am) windbreaker; anorak

véverica squirrel

véz tie, bond, link; družinske ~í family ties; prijateljske ~í bonds of friendship; smuška ~ binding

vezáj hyphen

vezálka shoelace, shoestring

vézati to tie, to bind, to fasten; to connect

vezáva binding; mehka ~ limp binding

véz|en (gram) ~ni naklon subjunctive; (anat) ~no tkivo connective tissue

vezênje embroidery, fancywork

vezílo present, gift

véznik conjunction

véža vestibule, (entrance) hall, doorway; mrliška ~ mortuary, morgue

véžba exercise, drill, training, practice

vgra|díti to build in; ~jena omara built-in wardrobe

vgravírati to engrave

vhòd entrance, entry, way in; input

ví you

viadúkt viaduct

vibrírati to vibrate, to oscillate

více purgatory

víd eyesight, sight, vision; dober (slab) ~ good (poor) sight

**vídec** prophet, seer

**víden** visible, apparent, evident; *(ugleden)* prominent, outstanding

**vídeti** to see, to perceive, to notice, to witness

**vídez** appearance, look, aspect; **na ~** apparently; by sight

**vidík** point of view, viewpoint; **na ~u** in sight

**vidírati** to initial, to mark; **~ potni list** to visa a passport

**vidljívost** visibility; **odlična (zmanjšana) ~** excellent (restricted) visibility

**vídra** otter

**vídva** you (both)

**vígenj** forge

**vihár** storm, tempest; gale; **peščeni ~** sandstorm; **snežni ~** blizzard, snowstorm; **vrtinčasti ~** tornado; **~ protestov** storm of protest; **~ smeha** gales of laughter

**viháren** stormy, turbulent

**víhati** to turn up, to cock

**vihráti** to storm, to flutter

**vihtéti** to brandish, to swing, to wave

**viják** screw; **~ z matico** bolt and nut

**vijólica** violet

**vijóličast** violet, bluish purple

**vijúga** bend, turn, serpentine, winding, curve

**vijúgast** winding, full of twists and turns

**vijúgati se** to wind, to twist and turn, *(reka)* to meander

**vík** cry, shout, clamour

**vikár** vicar

**víkati** to address someone formally

**víkend** weekend; **~áš** weekender

**víla** fairy, sprite; **vodna ~** water nymph; *(zgradba)* villa

**víle** fork; **gnojne ~** dungfork; **senene ~** hayfork, pitchfork

**vílice** fork; **glasbene ~** tuning fork

**víme** udder

**vinárstvo** wine trade

**víničar** vinedresser, vintager

**vínjak** vine-knife; cognac, brandy

**vínjen** drunk, tipsy, intoxicated

**vínjenost** drunkenness, tipsiness, intoxication

**vinjéta** vignette

**víno** wine; **buteljčno (namizno) ~** bottled (table) wine; **krščeno (močno) ~** adulterated (heady) wine; **kuhano ~** mulled wine; **peneče (se) ~** sparkling wine; **sladko (suho) ~** sweet (dry) wine; **vrhunsko ~** vintage wine

**vinógrad** vineyard

**vinográdnik** winegrower, viticulturer

**vinográdništvo** winegrowing, viticulture

**vinoród|en** **~no področje** winegrowing region

**vinotòč** wine shop

**vínsk|i ~i bratec** tippler, boon companion; **~i cvet** spirit(s) of wine; **~a klet** wine-cellar; **~i trgovec** wine merchant, vintner; **~a trta** grapevine, vine

**vióla** viola

violína violin; fiddle
violiníst violinist; fiddler
violínski ~ ključ treble clef; ~ lok violin bow
vír source; spring, well, fountain; origin; ~ informacij information source; novice iz prvega ~a first-hand news; iz zanesljivega ~a straight from the horse's mouth; Navedite ~e! Quote your authorities!
vírman transfer
virtuóz virtuoso
viséč hanging; ~i most suspension bridge; ~a mreža hammock
viséti to hang, to be suspended; to droop, to sag
víski (Scotch) whisky; (na Irskem in v ZDA) whiskey
víslice gallows (pl), gibbet
visočánstvo highness; vaše kraljevsko ~ your Royal Highness
vis|òk high, tall; ~ôko drevo tall tree; ~ôka družba high society; ~ôka napetost high voltage
visokošólec university student, undergraduate
višávje highlands (pl); upland
víšek climax, maximum, heyday, zenith
višína height, altitude; elevation; pitch
višinomér altimeter, height indicator
višínsk|i ~o sonce mountain sun
víšji higher, superior, upper; (po položaju) senior

víšnja mahaleb cherry, marasca
víšnjev blue, azure
víšnjevec mahaleb-cherry brandy, maraschino
vitálen vital, essential; vigorous, active
vitamín vitamin
vítek slender, slim
vítel winch, windlass; jack
víteški knightly, chivalrous, gallant
víteštvo knighthood, chivalry, gallantry
vítez knight, cavalier
víti to twist, to wind
vítica tendril
vítkost slenderness, slimness
vítrih skeleton key; master key, pass key
vitrína china cabinet, glass case
vízija vision, apparition
vizítka visiting card, (Am) calling card
vízum visa; obnoviti (podaljšati) svoj ~ to renew (to extend) one's visa
vkleníti to fetter, to shackle, to put in chains
vklesáti to cut in (with a chisel)
vkljúčiti to include, to comprise, to incorporate; to switch on, to turn on
vkljúčno including, inclusively
vknjížba booking, entry, registration
vknjížiti to book, to make an entry, to register
vkorákati to march in, to enter

**vkováti** to enchain, to put in irons

**vkŕcati** to embark, to ship; to load a vessel; ~ **se** to embark, to go on board, to take ship; (v letalo) to board a plane

**vkúhati** to preserve, to bottle, to conserve

**vkùp** together

**vlačílec** tug(boat), towboat

**vlačíti** to draw, to drag, to trail, to haul

**vlačúga** prostitute, streetwalker, whore, tart, (Am) hooker

**vlád|a** government, (Br) cabinet; reign, rule, domination; **koalicijska (začasna) ~a** coalition (interim) government; **marionetna ~a** puppet government; **~a v senci** (Br) shadow cabinet; **sestaviti ~o** to form a government

**vladár** ruler, sovereign, monarch

**vládati** to govern; to rule, to reign

**vlád|en ~na politika** government policy; **~ne ustanove** governmental institutions

**vlága** moisture, dampness, humidity

**vlagátelj** depositor, investor

**vlák** train; **oklepni ~** armoured train; **potniški ~** passenger train; **tovorni ~** goods (ali freight) train; **~ rib** shoal of fish

**vlákno** fibre; ply, thread, filament

**vlakovódja** chief guard; (Am) conductor

**vlážen** damp, humid, moist, wet

**vlážnost** dampness, humidity, moisture

**vléč|i** to draw, to pull, to tow, to tug, to drag, to haul; Tukaj ~e. It is draughty here.

**vléčka** train

**vléčnica** ski lift

**vlék|a** traction, tow; **električna ~a** electric traction; **vrv za ~o** towrope

**vlíti** to pour into; to infuse, to instil

**vljúden** polite, courteous, civil

**vljúdnost** politeness, courtesy, civility

**vlóg|a** (v banki) deposit; (pri upravnih organih) application; (filmska, gledališka) part, role; **glavna (naslovna) ~a** leading (ali title) role (ali part); **zasedba ~** cast; Igra ~o Hamleta. He plays the part of Hamlet.; **igrati klavrno ~o** to cut a poor figure; To ne igra nobene ~e. That makes no difference.

**vlòm** housebreaking, burglary

**vlomílec** burglar, housebreaker

**vlomíti** to break in(to); ~ **vrata** to force a door

**vlóžek** (pri igri) stake; **higienski ~** sanitary towel, pad; (Am) sanitary napkin; **lasni ~** toupee, hairpiece; **rezervni ~** refill

**vložèn** inlaid, invested; preserved; pickled

**vložíti** to put in, to lay in;

to deposit, to invest; *(sadje)* to bottle, to pot, to preserve; *(v kis)* to pickle

**vmés** between, among; **poseči ~** to intervene, to interfere, to step in

**vmés|en** intermediate; **~ni čas** *(pri smučarskih tekmah)* split time; **~ni prostor** space between

**vmešávati se** to interfere in, to intervene in; **~ v politiko** to meddle in politics

**vnapréj** in advance, beforehand, ahead

**vnebohòd** Ascension Day

**vnebovzétje** Assumption Day

**vnéma** eagerness, fervour, ardour, zest, enthusiasm, passion

**vnémar púščati** to neglect, to disregard

**vnêsti (v)** to enter in, to record

**vnét** eager, keen; inflamed, sore

**vnéti se** to catch fire, to kindle; *(rana)* to inflame

**vnétje** inflammation, sore

**vnetljív** inflammable

**vnóvič** once more, again

**vnúk** grandson; **~inja** granddaughter; grandchild

**vòd** duct, cable, wire, pipe; *(vojaška enota)* squad, platoon, detachment; **ozemljitveni ~** earth lead; **visokonapetostni ~** high tension cable

**vôda** water; **pitna (tekoča) ~** drinking (running) water; **sladka (morska, mineralna)** ~ fresh (salt, mineral) water; **talna ~** groundwater

**vodarína** water rate

**vóden** guided; **~i izstrelki** guided missiles

**vôd|en** water, aquatic; **~na kreša** watercress; **~no letalo** seaplane; **~na ondulacija** wash and blowdry; **~ni športi ~** aquatic sports; **~na tehtnica** spirit level

**vodén** watery, thin; **~a barva** watercolour

**vodeníca** dropsy, hydropsy

**vodíč** guide; guidebook; **~ po Italiji** *(knjiga)* guide to Italy

**vodík** hydrogen

**vodílen** leading, ruling; managerial

**vodílo** lead, principle, clue, roller, ruler; handlebar, steering wheel

**vodítelj** leader; **~ oddaje** *(radio, TV)* anchor man

**vodíti** to lead, to guide; to direct, to manage, to run; **~ potovanje** to conduct *(ali to* guide) a tour; **~ sestanek** to be in the chair, to preside over a meeting

**vódja** chief, head, leader

**vodljív** dirigible, guidable

**vodnják** well, fountain

**vodokàz** watermark

**vodómec** kingfisher

**vodomér** water gauge, water meter

**vodomèt** fountain, jet of water

**vodoráven** horizontal

**vodotês|en** watertight; **~na ura** water resistant watch

**vodóvje** waters *(pl)*; flood

**vodovòd** water supply; waterworks *(pl)*, aqueduct

**vodovód|en** ~**na cev** conduit pipe; **glavna** ~**na cev** water main; ~**na napeljava** *(v hiši)* plumbing; ~**na pipa** water tap, *(Am)* faucet

**vódstvo** leadership, guidance; management, administration, conduct

**vogál** corner; **na** ~**u** at the corner

**vógel|en** ~**ni kamen** cornerstone; ~**na soba** corner room

**vóh** (sense of) smell, scent

**vóhati** to smell, to scent

**vohún** spy; mole

**vohúniti** to spy (on)

**vohúnstvo** spying, espionage

**voják** soldier; **najemniški** ~ mercenary; **navadni** ~ private; **odsluženi** ~ ex-serviceman; **iti k** ~**om** to join the army

**vojáščina** military service

**vojášk|i** military, army; ~**a akademija** military academy; ~**a oblast** military authority; ~**i obveznik** national serviceman; ~**o oporišče** military base; ~**a policija** military police; **sposoben za** ~**o službo** fit to serve

**vojášnica** barracks *(pl)*

**vojáštvo** army, soldiers

**vôj|en** of war, wartime; ~**na ladja** man-of-war, battleship; ~**na mornarica** navy; ~**na napoved** declaration of war; ~**na odškodnina** war indemnity; ~**ni plen** war booty, loot; ~**no stanje** state of war; ~**ni ujetnik** prisoner of war

**vôjna** war; **državljanska (hladna, jedrska)** ~ civil (cold, nuclear) war; **napadalna** ~ war of aggression; **narodnoosvobodilna** ~ war of (*ali* struggle for) national liberation; **obrambna** ~ defensive war; **napovedati** ~**o** to declare war; **sprožiti atomsko** ~**o** to unleash an atomic war

**vôjska** army, troops *(pl)*

**vojskováti se** to make war, to be at war with

**vojskovódja** army leader, commander-in-chief

**vojskujóč se** engaged in war, belligerent

**vojščák** warrior, combatant, soldier

**vójvod|a** duke; ~**inja** duchess

**vójvodina** duchy, dukedom

**vokál|en** ~**na glasba** vocal music

**vòl** ox, *(pl)* oxen

**volán** steering wheel

**volčják** Alsatian; **irski** ~ Irish wolfhound

**vólčj|i** ~**a češnja** deadly nightshade, belladonna; ~**e krdelo** pack of wolves

**volíl|en** electoral; ~**ni imenik** electoral register; ~**ni listek** ballot paper; ~**na kampanja** election campaign, canvassing; ~**ni odbor** electoral board (*ali* committee); ~**ni okoliš** constituency; ~**na**

**pravica** right to vote; **~na skrinjica** ballot box

**volílo** legacy, bequest

**volíšče** polling station

**volíti** to vote, to poll, to elect; to choose

**volítv|e** election, elections *(pl)*; polls *(pl)*; **javne ~e** open voting; **nadomestne ~e** by-elections; **splošne ~e** general elections; **tajne ~e** secret ballot; **razpisati ~e** to issue writs for an election; **voditi pri ~ah** to top the poll

**volívec** elector, voter, constituent; **neupravičeni ~** *(Am)* floater

**vólj|a** will, will-power; wish; mood, temper; **poslednja ~a** last will; **biti dobre (slabe) ~e** to be in a good (bad) mood; **biti na ~o** to be at hand, to be available; **nisem pri ~i za** I am not in the humour for; *Za božjo ~o!* For heaven's sake!; Good gracious!

**vóljen** willing, ready to; handy, able to; soft, smooth; gentle, mild

**vólk** wolf, *(pl)* wolves

**volkodlák** werewolf

**volkúlja** she-wolf

**vólna** wool; **steklena ~** glass wool; **~ za pletenje** knitting wool

**volnén** woollen; **~o blago** woollen cloth (*ali* material)

**volóvsk|i ~i jarem** yoke; **~o oko** *(bot)* oxeye; **~i rep** oxtail

**vólt** volt

**volúhar** vole

**volúmen** volume

**vónj** odour, smell, scent, perfume, aroma, fragrance

**vósek** wax; **pečatni ~** sealing wax

**voščén** waxen, waxy, wax; **~o platno** oilcloth

**voščénka** wax candle; *(jabolko)* wax apple

**voščílec** congratulator, well-wisher

**voščílo** congratulation, good wish

**voščíti** to congratulate, to compliment

**vótel** hollow

**votlína** cave, cavern; *(brlog)* den

**vóz** carriage, cart, chariot, wagon

**vozáč** driver, carter, rider; **~ na delo (v šolo)** commuter

**vôzel** knot; **narediti ~** to make a knot; **razvezati ~** to untie (*ali* to undo) a knot

**vôz|en** passable, clear; **~ni listek** ticket; **~ni park** rolling stock; **~ni pas** lane; **~ni red** timetable

**vozíček** handcart, *(Am)* pushcart; *(tiskalna glava)* carriage; **invalidski ~** invalid chair; **otroški ~** perambulator, pram; **samopostrežni ~** trolley

**vozílo** vehicle

**vozíti** to drive, to ride; to transport, to convey; **~ avto** to drive a car; **~ se z avtobusom (vlakom)** to go by bus (train); **~ se s kolesom** to ride a bicycle; **~ se z ladjo** to go by boat, to sail

**vozláti** to tie knots, to kink

**voznik** driver, chauffeur; *(tovornjaka)* lorry driver, *(Am)* truck driver; *(kočije)* coachman

**vozóvnica mesečna (delavska, dijaška)** ~ season ticket, commutation ticket; **enosmerna** ~ single *(ali* one-way*)* ticket; **povratna** ~ return ticket

**vôžnja** drive, ride, run

**vpàd** invasion, drop-in, raid

**vpásti** to invade, to drop in; *(v besedo)* to interrupt, to cut in

**vpeljáti** to introduce to, to acquaint with; *(v družbo)* to bring out

**vpís** inscription, entry; matriculation, registration, enrolment

**vpísati** to inscribe; ~ **se** to matriculate, to register, to enrol, to enter for, to subscribe

**vpisnína** entrance fee, registration fee

**vpíti** to shout, to scream, to cry, to yell; *(vsrkati)* to absorb, to soak up

**vpláčati** to pay in

**vplačílo** payment; **delno** ~ *(obrok)* instalment

**vplêsti** to interlace, to interweave; to involve in

**vplív** influence, impact, ascendancy

**vplívati** to influence, to affect

**vplíven** influential, weighty, potent

**vpoglèd** insight; **imeti** ~ **v** to have an insight into; **poslati na** ~ to send for examination *(ali* on approval*)*

**vpoklíc** call-up, enrolment, enlistment

**vpoklícati** to call up, to enrol, to enlist

**vprašáj** question mark

**vprašál|en** interrogative; ~**na pola**, ~**nik** questionnaire

**vprašánje** question, query; **manjšinsko** ~ question of ethnic minorities; **pereče (nerešeno)** ~ burning (pending) question; **stanovanjsko** ~ housing problem; **načeti** ~ to raise a question

**vprášati** to ask (a question)

**vpraševálec** questioner, inquirer, interrogator

**vpraševáti** to question, to interrogate, to ask questions

**vpréči** ~ **konja (v voz)** to harness a horse (to a wagon)

**vpréga** *(konjska)* team, pair; *(volovska)* yoke, *(Am)* span

**vpréž|en** ~**na žival** draught animal

**vpríčo** in the face of, in the presence of

**vrábec** sparrow

**vráč** witch doctor, medicine man

**vračúnati** to take into account, to include in the price *(ali* sum*)*

**vrág** devil, Satan

**vragolíja** practical joke, prank

**vrána** crow; **bela** ~ rare bird

**vránica** milt, spleen

**vrásti se** to grow into

**vrát** neck, *(grlo)* throat; **na** ~ **na nos** head over heels

**vráta** door; *(vrtna)* gate, *(pri*

*športu)* goal; **glavna (nihalna, smučna, vrtljiva)** ~ front (swing, sliding, revolving) door; ~ **za slalom** slalom gates; *V~ so odprta (zaprta, priprta).* The door is open (closed, ajar).; **odpreti** ~ *(ko pozvoni)* to answer the door; **zaloputniti** ~ to slam the door

**vratár** doorman; **hotelski** ~ *(Br)* porter; **nogometni** ~ goalkeeper

**vratolómen** breakneck, neckbreaking, dangerous

**vraževérje** superstition

**vrážji** devilish, satanic, diabolic

**vŕba** willow (tree); ~ **žalujka** weeping willow

**vŕč** jug, pitcher, jar

**vŕček** mug, tankard

**vréča** sack, bag, pouch; **spalna** ~ sleeping bag

**vrečevína** sackcloth, burlap

**vréči** to throw, to cast, to fling, to toss, to hurl; **proč** ~ to throw away; ~ **iz službe** to fire, to give the sack; ~ **se po kom** to take after

**vréčka papirnata** ~ paper bag

**vréd** together (with); **z obrestmi** ~ including interest; **s postrežbo** ~ service included

**vréd|en** worth, worthy; *Ni ~no truda.* It isn't worth the trouble.

**vrédnost** worth, wealth, value; **hranilna** ~ nutritional value; **menjalna (presežna, uporabna)** ~ exchange (surplus, use) value; **nominalna** ~ face value; **tržna** ~ market value

**vrédnost|en** ~**ni papirji** securities *(pl)*; ~**ni predmeti** valuables *(pl)*

**vrednôtiti** to assess, to evaluate, to value

**vrél** boiling, seething

**vrélec** source, spring, well

**vrelíšče** boiling point

**vréme** weather; *Kakšno je ~?* What is the weather like?

**vremenoslóvec** meteorologist, weatherman

**vremenoslóvje** meteorology

**vreménsk|i** ~**a karta** weather chart *(ali* map); ~**a napoved** weather forecast; ~**a postaja** weather station

**vrênje** boiling; *(vina)* fermentation; agitation

**vrésje** heather

**vreščáti** to scream, to shriek

**vretênce** vertebra, *(pl)* vertebrae; bobbin, reel

**vretêno** spindle; **lončarsko** ~ potter's wheel

**vréti** to boil, to seethe, to bubble up; to ferment

**vrézati** to engrave, to cut (into), to incise

**vŕh** top summit, peak; **sestanek na** ~**u** summit meeting; **od** ~**a do tal** from top to bottom; ~ **tega** besides, in addition

**vŕhnji** upper, top

**vrhóv|en** ~**ni poveljnik** supreme commander; ~**no sodišče** Supreme Court

**vrhúnec** culmination, climax, summit

**vríniti** to insert, to interpolate; **~ se** to insinuate oneself into, to intrude (on)

**vrískati** to shout for joy, to exult

**vríšč** scream, shriek

**vŕl** brave, honest, upright

**vrlína** virtue, goodness

**vrníti** to return, to give back; to refund, to reimburse

**vr|òč** hot, burning; fervent, ardent; **~óča razprava** animated (*ali* heated) discussion

**vročekŕven** hot-blooded, hot-tempered, bilious

**vročekŕvnež** hot-tempered person

**vročíca** fever, temperature

**vročíčen** feverish, hectic

**vročína** heat, fever, temperature

**vročíti** to hand (over)

**vŕst|a** row, line, queue; kind, sort, type, species; **po ~i** one at a time, in turn; *Jaz sem na ~i.* It is my turn.; **čakati v ~i** to queue (up), to stand in a line; **korakati v ~i** to march in file; **sedeti v prvi ~i** to sit in the first row

**vŕst|en ~na hiša** terrace house; **abecedni ~ni red** alphabetical order

**vrstíca** line, row of words; **prebrati kaj med ~mi** to read between the lines

**vrstíl|en** (*gram*) **~ni števnik** ordinal number

**vrstíti se** to alternate (with), to take turns

**vrstník** contemporary, equal, coeval

**vršáti** to rush, to rustle, to whizz

**vršílec ~ dolžnosti direktorja** acting manager (director)

**vršíti** to perform, to carry out, to execute; **~ se** to take place

**vŕt** garden; **sadni ~** orchard; **zelenjavni ~** kitchen garden

**vrtáča** sinkhole; funnel--shaped hole in the Karst region

**vŕtati** to bore, to drill

**vrtávka** (spinning) top

**vŕtec otroški ~** kindergarten, nursery school

**vrtênje** turning, rotation, revolution

**vrt|éti (se)** to turn, to rotate, to revolve, to spin; *V~í se mi.* I feel giddy.; My head reels.

**vrtilják** merry-go-round, roundabout

**vrtína naftna ~** oil well

**vrtínčiti se** to whirl, to swirl, to eddy

**vrtínec** whirl, eddy, whirlpool

**vrtljív ~i oder** revolving stage; **~i stol** swivel chair

**vrtnár** gardener; **~riti** to garden

**vrtnárstvo** gardening, horticulture

**vŕtnica** rose

**vrtoglàv** giddy, dizzy

**vrtoglávica** giddiness, dizziness, vertigo

**vŕv** rope, cord; (*za perilo*) line

**vrvár** ropemaker, cordmaker

**vrvárna** ropery, rope factory

**vrvéti** to swarm, to bustle

**vívež** swarm, bustle

**vívica** string, thread; **ribiška ~** fishing line; **vžigalna ~** fuse (cord); **~ za psa** leash, lead

**vrvohódec** rope walker

**vrzél** gap, opening, break, blank, vacancy; **~ v zakonu** loophole in the law, legal loophole

**vsadíti** to plant, to implant

**vsáj** at least

**vsák** every, each; **na ~ način** at any rate

**vsakdánji** everyday, daily; common, ordinary

**vsákdo** everybody, everyone, anybody, anyone; *(ločeno)* each

**vsakodnéven** daily, quotidian

**vsákokrat** every time, each time

**vsakoléten** annual, yearly

**vsákršen** various, manifold, of all sorts

**vsè** all, everything; **~ zaman** all in vain

**vsebína** contents *(pl)*, tenor; **kratka ~** summary

**vsebováti** to contain, to comprise, to include

**vsèèno** all the same, nevertheless; *Meni je ~.* I don't care *(ali* mind).

**vsejáti** to sow

**vsèkakor** at any rate, in any case, by all means

**vsèlej** always; **enkrat za ~** once and for all

**vselíti se** to move in, to immigrate; **~ brez dovoljenja** to squat

**vsemírje** universe, outer space

**vsemogóčen** almighty, omnipotent

**vsèobséžen** all-embracing

**vsèpovsód** everywhere, all over

**vsesáti** to absorb, to suck in

**vsestránski** universal, general-purpose, versatile, comprehensive; **~ športnik** all--rounder

**vseučilíšče** *glej* UNIVERZA

**vsevéd** know-all, polymath

**vsevéden** omniscient, all--knowing

**vsevédnost** omniscience, polymathy

**vseznàl** jack of all trades

**vsí** everybody, everyone; all; **~ sveti** All Saints' Day

**vsíliti** to impose *(ali* to inflict) something on somebody; **~ se** to barge in; to intrude

**vsiljív** obtrusive, intrusive

**vsiljívec** intruder, interloper; gatecrasher

**vsiljívost** intrusion, obtrusion, infliction

**vskočíti** *(namesto koga)* to deputize for, to step in for

**vsôta** sum, amount; *(seštevek)* addition, **skupna ~** (sum) total

**vsŕkati** to absorb, to soak up

**vstája** insurrection, rebellion, uprising

**vstajênje** Resurrection

**vstáti** to rise, to get up, to stand up

**vstáviti** to insert, to put in, to interpolate

**vstòp** entry, entrance, admission; *V~ prepovedan!* No admittance!; *Nezaposlenim ~ prepovedan!* No admittance except on business!

**vstopíti** to enter, to come in; ~ **v vojsko** to join the army

**vstópnica** (entrance) ticket, admission ticket

**vstopnína** entrance fee, admission fee, gate money

**vstrán** aside, apart

**všéč biti** ~ to like, to be fond of, to be pleased with; *Ni mu ~ moderno slikarstvo.* He dislikes modern painting.

**vštéti** to include in, to add to

**vštríc** abreast, side by side, alongside

**vtakníti** to put into; ~ **se** to interfere in, to meddle with

**vtêpsti** ~ **si kaj v glavo** to put something into one's head

**vtihotápiti** to smuggle in

**vtikáč** jack, plug

**vtíkati se** to meddle (in, with); to interfere (in, with)

**vtís** impression, effect; mark, stamp; **napraviti globok ~ na** to make a profound impression on

**vtísniti** to impress, to imprint; ~ **komu v spomin** to impress on someone's memory

**vtkáti** to interweave

**vtréti** to rub in

**vulgáren** vulgar, coarse, ill--mannered, common

**vulgárnost** vulgarity, coarseness

**vulkán** volcano; **aktivni (mirujoč, ugasli)** ~ active (dormant, extinct) volcano

**vulkanizêr** tire repairs

**vzajém|en** mutual, reciprocal; ~**na pomoč** solidarity

**vzajémnost** mutuality, reciprocity, correlation

**vzbóčen** convex, embossed

**vzbóčiti** to bend, to curve

**vzbrstéti** to bud, to shoot up, to burst into leaf

**vzcvetéti** to bloom, to burst into blossom

**vzdévek** nickname; **dati komu** ~ to nickname someone

**vzdígniti** to lift, to raise

**vzdíh** sigh; ~**niti** to sigh

**vzdólž** along (side)

**vzdržáti** to hold out, to stand, to endure; ~ **se** to abstain from, to resist

**vzdŕžen** supportable, bearable, moderate, abstemious

**vzdrževalnína** maintenance, alimony, allowance

**vzdrževáti** to keep, to maintain, to support; to service

**vzdŕžnost** abstinence, abstemiousness, temperance

**vzdúšje** atmosphere

**vzéti** to take; ~ **posojilo** to raise a loan; ~ **slovo** to take leave; ~ **kaj za samoumevno** to take something for granted; ~ **koga v avto** to give someone a lift; ~ **koga v službo** to engage (*ali* to hire) someone; ~ **na znanje** to take notice of

**vzgajalíšče** educational institution

**vzgájati** to educate, to bring up, to breed, to raise, to rear

**vzgója** education, upbringing, breeding

**vzgójen** educational
**vzgojèn dobro ~** well-bred, well-mannered; **slabo ~** ill--bred, coarse, rude
**vzgojítelj** educator, educationalist, pedagogue, teacher, tutor
**vzgojíteljica** governess, tutoress
**vzgojíti** to educate, to bring up
**vzgòn** buoyancy, lifting power
**vzhájati** to rise
**vzh|òd** east; **na ~ódu** in the east; **sončni ~òd** sunrise
**vzhód|en** east, eastern, easterly; **v ~ni Sloveniji** in eastern Slovenia; **~no od Slovenije** to the east of Slovenia
**vzídati** to build in, to immure
**vzíti** to rise, to ascend
**vzkipéti** to boil up, to bubble up; **~ od jeze** to lose one's temper, to boil over with anger
**vzklík** excalamation, shout, cry
**vzklíkati ~ komu** to cheer someone
**vzklíkniti** to exclaim, to cry out
**vzklíti** to germinate, to shoot up, to spring
**vzlèt** flying up; *(letala)* takeoff; *(rakete)* lift-off, blast-off
**vzletéti** to fly up, to take off, to lift of
**vzletíšče** runway
**vzljubíti** to take to, to get fond of
**vzmét** spring

**vzmétnica posteljna ~** spring mattress
**vznák** on one's back
**vznemíriti** to alarm, to agitate, to upset, to excite; **~ se** to get alarmed
**vznemírjen** alarmed, agitated, upset, excited, anxious
**vznemirljív** alarming, exciting
**vzníkniti** to rise, to shoot up
**vznóžj|e ob ~u hriba (stopnic)** at the foot of a hill (stairs)
**vzòr** model, ideal, pattern
**vzórčiti** to sample
**vzórec** sample, pattern, specimen, exemplar; *(gram)* paradigm
**vzóren** ideal, perfect, model, exemplary
**vzórnik** ideal, model
**vzpenjáča** cable railway, suspension railway, aerial cableway
**vzpénjati se** to climb, to rise, to go up, to mount
**vzpetína** elevation, rise, gradient, ascent
**vzplamenéti** to flare up, to blaze up
**vzpòn** climb, ascent; gradient slope
**vzporéden** parallel
**vzporedíti** to compare, to parallel
**vzporédnica** parallel line, parallel road (class)
**vzporédnik** parallel (of latitude)
**vzpostáviti** to restore, to reinstate; **~ mir** to restore the peace

**vzredíti** to breed, to rear, to raise

**vzróčnost** causality

**vzrojíti** to fly into a passion, to get into a rage

**vzròk** cause, reason, ground, motive

**vztrájati** to persevere (in), to insist on, to persist in

**vztrájen** persevering, persistent, steady

**vztrájnost** perseverance, persistence; stamina, endurance

**vzvalováti** to undulate

**vzvalovíti** to agitate, to stir up

**vzvíšen** elevated, exalted, dignified

**vzvòd** lever

**vzvrát|en** retroactive, reverse; ~no ogledalo rearview mirror; ~na prestava reverse gear

**vžgáti** to light, to set fire to; (znamenje) to brand; ~ se to catch fire, to ignite

**vžíg** ignition

**vžigál|en** ~na vrvica fuse cord

**vžigálic|a** match; prižgati ~o to strike a match

**vžigálnik** lighter

**vžigálo** fuse, tinder, igniter

**vživéti se** to get accustomed (to), to adopt to; ~ v vlogo Hamleta to adopt the part of Hamlet

# Z

**Z** letter Z

**z/s** with; by

**za** for, in favour of; behind, after, during; **dan ~ dnem** day by day; **eden ~ drugim** one after another; **~ gorami** beyond the mountains; **Z~ menoj!** Follow me!; **~ sedaj** for the time being

**zaárati** to pay earnest money

**zabarikadírati** to barricade, to obstruct

**zabáva** amusement, entertainment, pastime; party; **~ ob vselitvi v novo stanovanje** house-warming (party)

**zabávati** to amuse, to entertain; **~ se** to amuse oneself, to enjoy oneself, to have a good time

**zabáven** entertaining, amusing, funny, humorous, comic(al)

**zabavíšče** place of amusement, recreation ground

**zabávljati** to nag, to grumble at (*ali* over, about)

**zabavljíca** satirical poem

**zabéla** fat, lard, butter, oil

**zabeléžiti** to note, to put down, to register, to jot down

**zabéliti** to add lard (*ali* butter *itd.*); to season, to spice

**zabíčati** to inculcate, to drum in

**zabijáč** ram; (*za zabijanje pilotov*) pile driver

**zabít** stupid, silly; nailed, riveted

**zabíti** to drive in, to ram in; to pile

**zableščáti se** to flash, to flare up, to sparkle

**zablískati se** to lighten, to flash

**zablóda** error, mistake, aberration

**zablodíti** to lose one's way, to go astray

**zabobnéti** to boom (out), to resound

**zabòj** chest, case, box, trunk; (*iz lesenih letev*) crate

**zaboléti** to hurt, to feel pain; to give pain, to grieve

**zabôsti** to stab, to jab, to pierce

**zabrêsti** to wade (into); (*zaiti*) to lose one's way; **~ v dolgove** to run into debt

**zabrísati** to rub out, to efface, to blur; **~ sledove** to remove traces

**zabúhel** puffed up, swollen, bloated

**zabušànt** shirker, skiver

**zabušávati** to shirk, to skive

**zacelíti** to heal (up)

**zacementírati** to cement

**zacvíliti** to whimper, to whine, to squeak

**začáran** enchanted, bewitched

**začárati** to cast a spell on, to enchant, to bewitch

**začása** (ob pravem času) in (good) time

**začásen** temporary, provisional, interim

**začepíti** to plug, to block

**začétek** beginning, start, origin

**začéten** initial, original, primary, rudimentary

**začéti** to begin, to start; to initiate

**začétnica** beginner; (črka) initial; (učbenik) primer, first reader, spelling book

**začétnik** beginner, novice, pioneer

**začímba** spice, flavour, seasoning

**začíniti** to spice, to flavour, to season

**začŕtati** to trace, to mark, to sketch

**začúden** astonished, amazed

**začudíti se** to be astonished (ali amazed), to wonder

**začutíti** to sense, to feel; to perceive

**zadàh** unpleasant smell, stench

**zádaj** behind, at the back

**zadáti** ~ rano to inflict a wound; ~ udarec to deal a blow; ~ si nalogo to set oneself a task

**zadáviti** to strangle, to throttle, to choke

**zádek** (žuželke) abdomen

**zádenjski** backward(s)

**zadétek** hit; (na loteriji) prize

**zadéti** to hit, to win (a prize); ~ ob to knock against

**zadév|a** matter, business, affair; javne ~e public affairs; notranje (zunanje) ~e internal (foreign) affairs

**zadíhati se** to become winded, to gasp for air

**zadímiti** to fill with smoke

**zadírčen** harsh, biting, gruff

**zádnji** last, final, ultimate; rear, posterior

**zádnjica** buttocks (pl), backside, behind, bottom

**zádnjič** the other day; for the last time

**zadôben** posterior

**zadolžèn** indebted, in the red, mortgaged

**zadolžíti se** to involve in debt, to run into debt

**zadólžnica** bond, promissory note

**zadonéti** to sound, to resound, to ring

**zadôsten** sufficient, adequate

**zadôsti** enough, sufficiently

**zadostíti** to satisfy, to content; ~ zahtevam to meet the requirements

**zadostová|ti** to suffice, to be enough; To bo ~lo. That will do.

**zadoščênje** satisfaction

**zadovóljen** satisfied, pleased, content

**zadovoljíti** to content, to satisfy, to please

**zadovoljív** satisfactory, satisfying, sufficient

**zadovóljstvo** satisfaction, contentment

**zadrég|a** embarrassment, difficulty; **biti v ~i** to be at a loss

**zadrémati** to doze off, to fall asleep, to snooze

**zadréti ~ se na** to shout at; **~ si trn** to run a thorn into

**zadŕga** zip (fastener)

**zadŕgniti** to tie up, to knot, to lace (tight)

**zadrhtéti** to shiver, to tremble

**zádruga** co-operative (society); **kmetijska ~** agricultural co-operative

**zádružen** co-operative

**zadržán** retained, held up; constrained, unsociable

**zadržánost** restraint; constraint

**zadržáti** to hold back, to retain, to restrain

**zadŕžek** hindrance, obstacle, impediment

**zadušíti** to suffocate, to strangle, to choke; **~ upor** to stifle a rebellion

**zadušljív** stale, sultry

**zadúšnica** requiem, mass for the dead

**zafrčkáti** to fritter away, to squander, to waste

**zafrkávati** to tease, to rag

**zagáta** blind alley, deadlock, dilemma; **prometna ~** traffic jam

**zagáziti ~ v blato** to sink into mud; **~ v težave** to get into trouble

**zaglávje** occiput, back part of the skull

**zaglédati** to catch sight of, to see; **~ se v koga** to fall in love with

**zagnáti** to fling, to throw, to cast, to hurl

**zagnúsiti** to disgust, to sicken

**zagòn** impetus, drive, momentum

**zagôrel** sunburnt, tanned, bronzed

**zagoréti** to begin to burn, to catch fire; **~ od sonca** to get sunburnt

**zagospodováti** to take over the rule, to begin to govern

**zagósti ~ jo komu** to play a trick on someone

**zagotovílo** assurance, assertion

**zagotovíti** to assure, to secure, to grant

**zagovárjati** to defend someone, to speak in favour of, to plead (for), to advocate something; **~ se** to defend oneself

**zagóvor** defence, pleading, plea, justification

**zagovórnik** defender, pleader, advocate

**zagózd|a** wedge; **~íti** to wedge

**zagrabíti** to seize, to grasp, to grab

**zagráda** barrier, fence, bar

**zagradíti** to put up a barrier, to block, to fence in

**zagrêbsti** to bury, to inter

**zagreníti** to embitter, to fester

**zagrenjênost** bitterness

**zagrešíti ~ napako (zločin)** to commit a fault (a crime)

**zagrinjálo** curtain

**zagrízen** fanatical, enthusiastic, chauvinistic, jingoistic

**zagrízenost** great enthusiasm, fanaticism, chauvinism, jingoism

**zagrméti** to thunder

**zagrníti** to cover, to veil, to curtain

**zagrozíti** to threaten, to menace

**zahájati** (sonce) to set, to go down; (obiskovati) to frequent, to keep visiting

**zahihitáti se** to chuckle, to giggle

**zahòd** west; sončni ~ sunset

**zahód|en** west, western; ~no od Ljubljane to the west of Ljubljana; v ~ni Sloveniji in western Slovenia

**zahódnik** west wind

**zahodnják** westerner

**zahotéti** to long for, to desire

**zahŕbten** treacherous, deceitful, perfidious

**zahŕbtnost** treachery, perfidy

**zahrepenéti** to long for, to desire

**zahreščáti** to crack, to creak

**zahŕzati** to neigh

**zahtéva** demand, claim, request, requirement

**zahtévati** to demand, to claim, to request, to require

**zahtéven** demanding, exacting, pretentious

**zahúpati** to honk, to hoot

**zahvála** thanks (pl)

**zahvál|en** ~ni dan (Am) Thanksgiving Day; ~no pismo letter of thanks

**zahvalíti se** to thank, to return thanks

**zahválnica** thanksgiving hymn

**zaigráti** to begin to play; to lose by gambling

**zaímek** (gram) pronoun; osebni (kazalni, svojilni, vprašalni) ~ personal (demonstrative, possessive, interrogative) pronoun; oziralni (nedoločni, povratni) ~ relative (indefinite, reflexive) pronoun

**zainteresírati** ~ koga za to interest someone in; ~ se za to take an interest in

**zaíti** to lose one's way, to go astray; (sonce) to set, to go down

**zajáhati** ~ konja to mount a horse

**zajámčiti** to warrant, to guarantee, to ensure, to vouch for

**zájec** hare; (kunec) rabbit; (strahopetec) coward, chicken; poskusni ~ guinea pig; ~ za sezuvanje škornjev bootjack

**zajédati** to live like a parasite; to sponge on a person

**zajedávec** parasite; leech

**zajedljív** sarcastic, waspish, mordant

**zajemálka** ladle, scoop

**zajémati** to ladle out, to scoop; ~ z žlico to spoon

**zajéti** to scoop; to capture, to take prisoner

**zajezíti** to dam up; to check, to restrain

**zájtrk** breakfast; ~ in kosilo obenem brunch

**zajtrkoválnica** breakfast room

**zajtrkováti** to have one's breakfast, to breakfast

**zakadíti** to fill with smoke; ~ **se** *(steči, zdirjati)* to rush, to dash

**zakáj** why, for what reason, what for

**zakajèn** *(prostor)* smoky, full of smoke

**zakasnèl** behind time, late, belated, overdue

**zakasníti** to delay; ~ **se** to be late, to be behind time

**zakášljati** (to begin) to cough

**zaklàd** treasure, hoard

**zakládni|ca** treasury; ~**k** treasurer

**zakláti** to slaughter, to kill; ~ **prašiča** to stick a pig

**zakleníti** to lock (up); ~ **z žabico** to padlock

**zakléti** to curse, to swear; ~ **se** to swear by

**zaklícati** to call, to cry out

**zaklínjati** to conjure, to beseech

**zakljúček** conclusion, decision

**zakljúčiti** to conclude, to bring to an end; ~ **se** to close, to end

**zaklòn** shelter, cover, dugout

**zakloníšče** refuge; **protiletalsko** ~ air-raid shelter

**zakloníti** to shelter, to shield, to protect

**zaklópka** valve; **srčna** ~ cardiac valve; **varnostna** ~ safety valve

**zakòl** živina za ~ slaughter cattle

**zák|on** law, act; **kazenski** ~**on** criminal law; **tržni**

~**óni** laws of the market; **ustavni** ~**on** constitutional law; ~**on plemenske skupnosti** tribal law; ~**on ponudbe in povpraševanja** law of supply and demand; **izdati** ~**on** to pass a law; **kršiti** ~**on** to violate a law; **spoštovati** ~**on** to observe the law

**zákon** marriage, matrimony, wedlock; **civilni** ~ civil marriage; **divji** ~ cohabitation; ~ **iz koristoljubja** marriage of convenience

**zakónec** spouse, consort

**zakoník** code, set of laws; **kazenski** ~ penal code

**zakonít** lawful, legal, legitimate

**zakonítost** lawfulness, legality

**zakonodáj|a** legislation; ~**álec** legislator, lawmaker

**zakonodáj|en** legislative; ~**no telo** legislative body

**zakónski** legal, lawful; ~ **osnutek** bill, draft of a law

**zakónski** matrimonial, marital, conjugal; ~ **otrok** legitimate child; ~ **par** married couple; ~ **prepir** matrimonial dispute

**zakopáti** to bury, to inter

**zakoreníniti se** to take root

**zakoreнínjen** (deeply) rooted

**zakotalíti** to roll

**zakóten** remote, distant, obscure

**zakóv|ica** rivet; ~**íčiti** to rivet

**zakramènt** sacrament

**zakričáti** to cry out, to shout

**zakríliti** to flutter, to flap the

wings; ~ z rokami to swing one's arms

**zakrínkati** to mask

**zakristíja** sacristy, vestry

**zakríti** to hide, to conceal, to cover

**zakrivíti** to bend, to curve, to crook; ~ zločin to commit a crime

**zakrívljen** bent, curved, crooked

**zakŕkniti** to harden, to coagulate

**zakŕknjen** ~a jajca poached eggs; ~ samec confirmed bachelor; ~o sovraštvo inveterate hatred; ~ zločinec hardened criminal

**zakrnéti** to atrophy, to degenerate, to be stunted

**zakrohotáti se** to burst out laughing

**zakŕpati** to patch, to mend; *(nogavice)* to darn

**zakúp** lease, rent, tenancy

**zakúpnik** leaseholder, renter, tenant

**zakuríti** to make a fire; ~ peč to heat the stove

**zakúska** snack, luncheon

**zál** pretty, handsome

**zalágati** to provide with, to supply with; *(knjige)* to publish

**zaléči** to do, to be of use, to be effective

**zaleden|éti** to freeze up; ~èl icebound

**zalédje** hinterland, rear

**zaléga** brood

**zalepíti** to paste, to glue, to stick together

**zalèt** run, rush; *(del smučarske*

*skakalnice)* inrun; **vzeti ~** to take a run

**zaletéti se** to take a run; ~ v to run into, to bump into *(ali* against); *(trčiti)* to collide

**zalezováti** to waylay somebody, to follow, to pursue, to be after

**zaležáti se** to oversleep

**zalíti** to water, to add water; ~ kupčijo to wet a bargain

**zalív** gulf, bay

**zalívski** Z~ tok Gulf Stream

**zalízki** whiskers *(pl)*

**zaljubíti se** to fall in love (with)

**zaljúbljen** in love (with), amorous; **slepo ~** madly in love

**zalóg|a** stock, store, supply, reserve; **v/na ~i** in stock; **delati si ~e** to stockpile; **ne imeti na ~i** to be out of stock

**zalogáj** mouthful, morsel

**zalopútniti** ~ vrata to slam *(ali* to bang) the door

**zalotíti** to catch, to take by surprise; ~ pri dejanju to catch red-handed

**zalóžba** publishing house, publishers *(pl)*

**založíti** *(knjigo)* to publish, to bring out; *(oskrbeti)* to provide, to supply with; *(dati kaj kam in to pozabiti)* to mislay, to misplace something

**založní|k** publisher; ~štvo book publishing

**zalúčati** to fling, to throw, to cast, to sling

**zamahníti** to swing, to brandish, to wave

**zamájati se** to shake, to quake, to quiver

**zamáknjenost** ecstasy, rapture, trance

**zamamíti** to allure, to seduce, to tempt

**zamàn** in vain, to no purpose, useless

**zamastíti** to grease; to fatten, to put on weight

**zamášek** stopper, cork

**zamašíti** to stopper, to cork (up)

**zamázan** dirty, grubby

**zamázati** to dirty, to soil, to stain, to smear

**zameglíti** to fog, to mist, to blur

**zaméj|ec** a person of Slovene descent, living in the border region of Italy or Austria of Hungary; **~stvo** the border regions of Italy, Austria and Hungary where the Slovene ethnic minorities live

**zaména** exchange, interchange

**zaménjati** to exchange, to swap, to barter; **~ osebo** to take for, to confound with (somebody); **~ funkcijo** to rotate; **~ stražo** to relieve the guard

**zamenjáva** exchange, swap, barter

**zaméra** offence, grudge, resentment, rancour

**zamériti** to take offence (at), to resent

**zamerljív** resentful, touchy, pettish

**zamesíti** to knead dough

**zamêsti** to snow in (up)

**zaméšati** to mix, to entangle

**zamèt** snowdrift

**zametáti** to discard, to reject, to disdain

**zamétek** source, origin, rudiment, embryo

**zamísel** idea, conception, thought

**zamísliti ~ si** to imagine; **~ se** to be absorbed in thought

**zamíšljen** thoughtful, pensive, absent-minded

**zamižáti** to shut one's eyes

**zamolčáti** to keep secret, to withhold

**zamólkel** dull, hollow

**zamór|ec** black; Negro, nigger; **~ka** black; Negro, Negress

**zamoríti** to extinguish, to destroy; to disappoint; to bore

**zamótan** complicated, complex, intricate

**zamotáti** to complicate, to embroil, to entangle; **~ v papir** to wrap up

**zamotíti** to divert

**zamréti** to die away

**zamréžen ~o okno** lattice window, barred window

**zamréžiti** to furnish with a grate (*ali* lattice)

**zamrmráti** to mumble, to mutter

**zamrznítev** freeze-up; **~ plač (cen)** wage (price) freeze

**zamŕzniti** to freeze (over, up)

**zamrzoválnik** freezer, deep freeze

**zamúda** delay, coming behind one's time

**zamúd|en ~no delo** time-consuming work

**zamudíti** to be late for, to be behind the schedule; to miss; ~ **se** to stay too long; ~ **vlak** to miss the train

**zamúdnik** latecomer, laggard

**zanalàšč** on purpose, intentionally, deliberately

**zanámec** descendant, offspring

**zanemáriti** to neglect

**zanemárjen** neglected, uncared-for, untidy, sloppy

**zanesenják** enthusiast, fanatic; freak

**zanesljív** reliable, trustworthy, dependable

**zanesljívo** for certain, definitely, without fail

**zanesljívost** reliability, trustworthiness

**zanês|ti** to carry to (*ali* towards, away); ~ **se na** to rely on (*ali* upon); *Avto je ~lo v zid.* The car skidded into a wall.; *Z~lo jo je, pa je padla.* She staggered and fell.

**zanétiti** ~ **ogenj** to light (*ali* to kindle) a fire; ~ **revolucijo** to start a revolution

**zanìč** of no use, useless, good for nothing

**zaničeváti** to feel contempt for, to despise, to disdain

**zaničljív** disdainful, scornful

**zaníkati** to deny, to answer in the negative

**zaníkrn** careless, negligent

**zaníkrnost** carelessness, negligence

**zanímati** to interest, to be of interest; ~ **se za** to be interested in

**zanimív** interesting

**zanimívost** curiosity, attraction; **ogledovanje ~i kakega kraja** sightseeing

**zánka** snare, sling, mesh, loop

**zanòs** enthusiasm, ecstasy, pathos

**zanosíti** to conceive, to become pregnant

**zaobljúba** vow, solemn promise, pledge

**zaobljubíti se** to make a vow; (*redovnik*) to take vows (*pl*)

**zaokrožíti** to round up (*ali* off)

**zaostája|ti** to lag behind, to fall behind; ~**ti s plačilom** to be in arrears with one's payment; *Moja ura ~.* My watch is slow.

**zaostàl duševno ~i otrok** retarded child; ~**o področje** underdeveloped region; ~**i davki** tax arrears (*pl*)

**zaostálost** backwardness, retardation

**zaostán|ek** arrears (*pl*); **biti v ~ku** to be in arrears, to be behind in

**zaostáti** to lag behind

**zaostríti** to point, to sharpen; ~ **se** to come to a critical point, to become tense

**zapàd** west; **proti ~u** westward

**zapádel** overdue, due, payable

**zapádlost** maturity, expiration

**zapáh** bolt; ~**níti** to bolt

**zapalíti** to light, to ignite, to set fire to, to set on fire

**zapásti** (*sneg*) to fall; (*menica*)

to mature, to become due; *(viza)* to expire

**zapazíti** to catch sight of, to perceive, to notice

**zapečátiti** to seal, to put a seal on

**zapéček** chimney corner, fireside

**zapečèn** overdone, burned

**zapéči** to overdo, to burn

**zapéčkar** stay-at-home

**zapeljáti** to seduce, to mislead; to drive, to carry

**zapeljív** seductive, alluring, tempting

**zapeljívec** seducer

**zapéstje** wrist

**zapéstnica** bracelet

**zapéti** *(zapôjem)* to begin to sing, to start singing; ~ **pesem** to sing a song; ~ **podoknico** to serenade

**zapéti** *(zapnèm)* to button, to clasp, to buckle; ~ **gumb** to do up a button; ~ **plašč** to button up one's coat

**zapíčiti** to thrust in, to pierce

**zapísati** to write down, to put down, to record, to take a note of

**zapísek** note, record

**zapískati** to whistle

**zapísnik** minutes *(pl)*; protocol, record; **pisati ~** to take the minutes

**zapítek** bill, *(Am)* check; shot, score; **plačati ~** to stand treat

**zapíti** to spend money on drinks; ~ **se** to take to drink, to be addicted to drink

**záplata** patch

**zaplémba** confiscation, seizure, alienation

**zapleníti** to confiscate, to seize, to alienate

**zaplésati** (to begin) to dance

**zaplêsti** to complicate, to implicate, to involve; ~ **se** to entangle oneself

**zaplèt** complication, implication, entanglement; ~ **zgodbe** plot, story line

**zapletèn** involved; complicated, tricky, puzzling; entangled

**zaplodíti** to engender, to breed; *(otroka)* to procreate, to father

**zaplôskati** to clasp one's hands

**zapodíti** to drive away, to chase away; ~ **v beg** to put to flight; ~ **se za** to rush after

**zapómniti si** to keep in mind, to remember, to memorize

**zapónka** buckle, clasp, clip

**zapopásti** to understand, to comprehend, to grasp

**zapòr** imprisonment, arrest; *(na policiji)* custody; *(prostor)* prison, jail; **hišni ~** confinement to quarters *(pl)*; **preiskovalni ~** remand prison; imprisonment pending trial; ~ **v samici** solitary (confinement); **strogi ~** close arrest

**zapóra** blockade; stop, bar; ~ **ceste** roadblock

**zaporéd|en** successive, consecutive, sequential; **~na številka** serial *(ali* running) number

**zaporédje** succession, sequence, series

**zaporédoma** successively,

consecutively; **trikrat ~** three times running

**zapór|en ~ni ogenj** barrage; **~no povelje** warrant for someone's arrest

**zapórnica** *(oseba)* woman prisoner; *(vodna)* sluice, lock, floodgate; *(železniška)* barrier, gate

**zapórničar** sluice-keeper, lockkeeper; gatekeeper

**zapórnik** prisoner; **politični ~** state prisoner; **~ zaradi ugovora vesti** prisoner of conscience

**zaposlèn** employed, busy

**zaposlítev** occupation, employment, job; **polna (polovična) ~** full-time (part-time) job; **stalna ~** permanent employment

**zaposlíti** to occupy, to employ, to engage

**zapostáviti** to discriminate, to treat with disdain, to give preference to someone else

**zapostávljen** disregarded, treated with disdain

**zapóved** order, command; **deset božjih ~i** The Ten Commandments

**zapovédati** to order, to command

**zapovedník** commander, master, ruler

**zapovrstjó** in turn, successively, one after another

**zapovŕstnost** succession, sequence, turn

**zapoznèl** belated, tardy, overdue

**zapraš|íti** to cover with dust; **~èn** dusty

**zapráviti** to spend

**zaprávljati** to squander, to waste, to dissipate, to spend lavishly

**zapravljív** wasteful, extravagant, lavish

**zapravljívec** squanderer, waster, spendthrift

**zapravljívost** wastefulness, extravagance, lavishness

**zapréči** *(konje)* to harness; to put horses to a cart; *(vole)* to yoke

**zaprédek** pupa; cocoon

**zapréga** *(konj)* team; *(volov)* yoke

**zapréti** to imprison, to arrest; to shut, to close; **~ cesto** to block a road; **~ dežnik** to close one's umbrella; **~ tovarno** to shut down a factory

**zapretíti** to threaten, to menace

**zapriséči** to administer an oath; **~ koga** to swear someone in

**zapriséga** swearing in, oath taking

**zaprosíti** to ask, to request; **~ za roko** to propose, to ask for someone's hand in marriage; **~ za službo** to apply for a job

**zapŕt** closed, shut; imprisoned, confined; constipated

**zapŕtost** constipation; *(zadržanost)* reserve, reticence, taciturnity

**zapustíti** to leave, to desert, to abandon; *(v oporoki)* to will, to bequeath

**zapuščèn** abandoned, deserted; solitary, lonely

**zapuščína** legacy, bequest, inheritance

**zaračúnati** to charge (for)

**zarádi** because of, owing to, for the sake of

**zarána** early, early in the morning

**zarásti se** to overgrow; *(rana)* to heal up, to close up

**zardéti** to blush, to flush, to turn red

**zarébrnica** cutlet, chop

**zarêči se** to make a slip of the tongue

**zarenčáti** to snarl, to growl

**zarés** truly, really, indeed

**zaréza** cut, notch, incision, slot

**zarézati** to cut into, to notch, to make an incision

**zarežáti se** to grin

**zarípel** flushed, puffed up

**zarísati** to draw, to mark, to delineate

**zárja** jutranja ~ dawn, aurora; **večerna** ~ evening red, afterglow

**zarjavèl** rusty

**zarjavéti** to rust, to get rusty

**zarjúti** to roar

**zarobíti** to hem, to seam, to make an edge *(ali* border)

**zaróbljen** hemmed, furnished with an edge *(ali* border); *(neuglajen, robat)* rude, coarse, ill-bred

**zaročên|ec** fiancé; **~ka** fiancée

**zaroč|íti se** to get engaged; **~èn** engaged (to)

**zárod** brood, offspring, descendants *(pl)*, progeny

**zaródek** embryo

**zarók|a** engagement; **razdreti ~o** to break off an engagement

**zaróta** plot, conspiracy, collusion

**zarotíti se** to plot, to conspire (against)

**zarótnik** plotter, conspirator

**zarožljáti** to rattle, to clatter

**zarubíti** to seize

**zasáčiti** to catch; **~ pri dejanju** to catch in the act, to catch red-handed

**zasadíti** to plant; to thrust, to set; **~ komu nož** to stab someone

**zasánjati se** to lapse into reverie

**zaséb|en** private; **~no** in private, privately

**zasébnost** privacy

**zaséči** to seize, to confiscate

**zaséd|a** ambush, wait, trap; **ležati v ~i** to lie in ambush; **napasti iz ~e** to attack from an ambush, to ambush; **postaviti ~o** to lay an ambush

**zasédanje** sitting; *(parlamenta)* session

**zasédati** to be in session

**zasédba** occupation; **~ vlog** *(film, gledališče)* cast

**zasèk** cut, notch, incision

**zasélek** hamlet, settlement

**zasénčiti** to shade, to screen from light; **~ koga** to overshadow, to throw someone into the shade; **~ žaromete** to dip the headlights (of a car)

**zasésti** to occupy; **~ prestol** to ascend the throne

**zasídrati** to anchor, to moor; ~ **se** to drop anchor

**zasijáti** to begin to shine

**zasíl|en** ~**ni izhod** emergency exit; ~**ni pristanek letala** forced landing; ~**na zavora** communication cord

**zaskočíti** (*kravo, kobilo*) to cover; ~ **se** to get stuck

**zaskomínati** to set one's teeth on edge

**zaskrbéti** to get alarmed, to get anxious

**zaskrbljèn** anxious, alarmed

**zaskrbljènost** anxiety, worry, concern

**zasledíti** to trace, to detect, to track down

**zasledoválec** pursuer, persecutor

**zasledováti** to follow, to pursue, to persecute, to trace

**zaslepíti** to blind, to dazzle

**zaslepljèn** blinded, dazzled

**zaslepljènost** blindness, self-deception

**zaslíšati** to hear; to interrogate, to examine, to question; **križno** ~ to crossexamine

**zaslómba** support, backing, help

**zaslòn** screen, display; ~ **pri peči** fireguard

**zaslovéti** to become famous

**zaslúg|a** merit; credit; **po vaši** ~**i** thanks to you; **imeti** ~**e** to deserve well (**za** of); **lastiti si** ~**e za** to take credit for

**zaslutíti** to have a presentiment, to anticipate, to foreshadow

**zaslúžek** earnings (*pl*), wages (*pl*), salary, income

**zaslúžen** earned; deserving, meritorious

**zaslužíti** to earn, to gain; to deserve, to merit, to be entitled to

**zasmehováti** to ridicule, to poke fun at, to make fun of, to mock

**zasmejáti se** to burst into laughter

**zasmíliti se** to feel sorry for, to take pity on

**zasnováti** to plan, to project, to design

**zasnubíti** to propose, to woo

**zasópel** out of breath, breathless

**zasovražíti** to begin to hate

**zaspán** sleepy, drowsy

**zaspánec** sleepyhead

**zaspáti** to fall asleep; (*predolgo spati*) to oversleep

**zasramoválen** reviling, mocking, insulting

**zasramováti** to revile, to mock, to insult

**zastájati** to stagnate

**zastárati** to become obsolete; to lose validity; **pravica (dolg), ki zastara** prescriptive right (debt)

**zastarèl** obsolete, out-of-date, old-fashioned

**zastáti** to stop, to come to a standstill

**zastáv|a** flag, colours (*pl*), standard, banner; ~ **na pol droga** flag at half-mast; **dvigniti (spustiti)** ~**o** to hoist (to lower) the flag; **pripogniti** ~**o** (*nad grob*) to dip the

flag; pozdrav ~i (Br) troop-
ing the colour
zastávica (signalna) signal
flag; (trikotna) pennant
zastáviti to pawn, to pledge,
to mortgage
zastavljálnica pawn shop
zastavonóša ensign, stan-
dard-bearer
zasteklíti ~ okno to glaze a
window
zasteníčen buggy, infested
with bugs
zastòj standstill, stagnation,
deadlock; ~ v prometu traf-
fic jam, hold-up
zastónj gratis, free (of
charge); in vain
zastópati to represent, to
deputize, to act as deputy
(for), to stand proxy (for)
zastópnik representative,
agent, deputy, proxy
zastópstvo representation,
agency
zást|or curtain; dvigniti
(spustiti) ~or to raise (to
drop) the curtain; potegniti
~ôre (skupaj) to draw the
curtains
zastrašíti to intimidate, to
frighten, to terrorize
zastrážiti to surround with
guards
zastréti to curtain, to veil, to
screen
zastrupíti to poison; ~ se to
take poison
zasúkati to turn (round), to
swing; ~ rokave to roll up
one's sleeves
zasúti to fill up, to cover with,
to bury beneath

zasúžnjiti to enslave
zasvetíti se to flash up, to
light up
zasvítati se to dawn, to grow
light
zaščít|a protection, safe-
guard; civilna ~a civil de-
fence; vzeti v ~o to take un-
der one's wing
zaščít|en protective, shield-
ing; ~no cepljenje protec-
tive inoculation; ~na če-
lada crash helmet; ~ni znak
trademark
zaščítiti to protect from, to
shield against, to shelter, to
cover
zaščítnik protector, patron
zašepetáti to whisper, to
speak in a low voice
zašíti to sew (up)
zaškrípati to creak, to make
a creaking sound
zašuméti to rustle, to rush
zatajíti to deny, to renounce,
to disown
zatakníti to stick (v into); ~
se to get stuck
zatêči to swell; ~ koga to
catch, to take by surprise
zategníti to pull tight, to
tighten
zatemníti to darken, to dim,
to black out
zatípkati se to use the wrong
keys
zatirálec oppressor, persecu-
tor
zatíran oppressed, persecut-
ed
zatírati to oppress, to perse-
cute
zatísniti to close, to shut

**zatíšje** calm, shelter

**zatláčiti** *(odejo, bluzo)* to tuck in; *(zapolniti)* to stop up, to fill

**zató** therefore, for this reason, that is why

**zatočíšče** refuge, shelter, asylum, sanctuary

**zatóhel** stuffy, fusty, musty

**zatòn** sunset; fall, decline

**zatoníti** to set, to go down; to decline, to wane

**zatopíti se** to be absorbed in

**zatóž|en** ~na klop dock

**zatožíti** to accuse of, to bring an accusation against; *(v šoli)* to sneak on someone (to)

**zatrdílo** assurance, assertion

**zatréti** to suppress, to crush; ~ upor to put down a riot

**zatrjeváti** to affirm, to assert, to assure someone of

**zatrobíti** to blow a trumpet *(ali* a horn)

**zatulíti** to howl, to roar

**zaúpanj|e** confidence, trust, faith; ~ v samega sebe self-confidence; ~a vreden trustworthy, reliable

**zaúpati** to confide (in), to trust, to rely upon; ne ~ to distrust, to mistrust

**zaúp|en** confidential; intimate; ~ni dokumenti classified documents; strogo ~no strictly confidential

**zaupljív** confiding, trusting; reliant

**zaúpnica** vote of confidence

**zaúpni|k** confidant; ~ca confidante

**zaustáviti** to stop; ~ kri to stanch blood; ~ se to stop

**zaúšnica** box on the ear, slap in the face

**zaužíti** to eat up, to consume

**zavalíti (se)** to roll

**zavarovál|en** ~na družba insurance company; ~na polica (premija) insurance policy (premium)

**zavaroválnica** insurance company

**zavarovalnína** premium, insurance money

**zavarovánec** policy-holder, insured person

**zavarovánje** insurance; nezgodno (zdravstveno) ~ accident (health) insurance; socialno (življenjsko) ~ social (life) insurance; starostno ~ old-age insurance

**zavarováti** to insure, to cover; ~ se to insure oneself

**zavédati se** to be aware of, to be conscious of, to realize

**zavéden** conscious; ~ Slovenec nationally conscious Slovene

**zavédeti se** to come to (one's senses)

**zavédnost** consciousness, awareness; narodna ~ national feeling

**zavérovan** infatuated with; *(v knjigo)* absorbed in

**zavésa** curtain; dimna ~ smoke screen; železna ~ *(fig)* Iron Curtain

**zavést** consciousness; *Ona ni pri ~i.* She is unconscious.; razredna (politična, človeška, družbena) ~ class (political, human, social) consciousness

**zavêsti** to seduce, to mislead
**zavetíšče** refuge, asylum, shelter, sanctuary
**zavétje** shelter, refuge
**zavéz|a** obligation, liability; **družba z omejeno ~o** Limited Liability Company; **stara (nova) ~a** Old (New) Testament; **skrinja ~e** Ark of the Covenant
**zavézati** to bind up; **~ oči** to blindfold; **~ rano** to dress a wound
**zavéznik** ally, confederate; **~i** the Allies (pl)
**zavézništvo** alliance, confederation
**zavídanj|e** envy, grudge; **~a vreden** enviable
**zavídati** to envy, to grudge
**zavidljív** envious, invidious, covetous
**zavíhati** to turn up, to roll up, to tuck up
**zavíhek** (zavihani del ovratnika) lapel; **hlačni ~** turn-up; **rokavni ~** cuff
**zavihtéti** to swing, to brandish
**zavíjati** (pes, volk) to howl; (zateglo jokati) to wail; (spreminjati smer) to turn, **~ na levo** to turn left
**zaviráč** brake(s)man
**zavírati** to brake, to put a brake on; to interfere (with), to hinder, to obstruct
**zavíst** envy, invidiousness
**zavítek** small parcel (ali packet); **jabolčni ~** apple strudel
**zavíti** to wrap (up), to pack (up); (besede) to distort, to

misrepresent; (rano) to dress (a wound)
**zavlačeváti** to delay, to temporize, to retard
**zavládati** to take over the rule, to become predominant
**závod** institution, establishment; **denarni ~** financial institution; **poboljševalni ~** approved school, borstal; **~ za slepe** home for the blind
**zavóhati** to scent, to smell; to get wind of
**závòj** parcel, packet; bend, turn, twist
**zavojeválec** conqueror, invader
**zavojeváti** to conquer, to make a conquest
**zavóra** brake; **ročna ~** handbrake; **zasilna ~** communication cord
**zavozíti** to take the wrong road; **~ podjetje** to bankrupt an enterprise
**zavozlán** knotty, intricate
**zavozláti** to knot, to tie a knot
**zavráčati** to reject, to turn down
**zavráten** insidious, malicious
**zavréči** to reject, to discard, to turn down
**zavréti** to start boiling; to put the brake on, to apply the brake(s)
**zavrískati** to shout out with joy
**zavrníti** to reject, to refuse, to turn down, to overrule
**zavrtéti** to turn round, to rotate, to revolve; **~ telefonsko številko** to dial

**zavržen** abandoned, rejected
**zavržene** outcast, pariah
**zavzét biti ~ za kaj** to have a liking for
**zavzéti** to conquer, to occupy, to capture, to take; **~ se za koga pri kom** to intercede for somebody with; to pull strings (pl)
**zazdéti se** to seem, to appear
**zazébsti** to feel cold
**zazévati** to yawn, to gape
**zazíbati** to rock, to cradle, to lull to sleep
**zazidál|en ~na površina** built-up area
**zazídati** to wall in, to immure
**zazijáti** to gape, to stare
**zaznamováti** to mark, to denote; to label, to tag
**zaznáti** to perceive, to learn, to become aware of
**zažaréti** to glow up, to flare up
**zaželéti** to long for, to wish for
**zažgáti** to set on fire; **~ kaj** to set fire to, to commit arson
**zažigálec** arsonist
**zažigál|en** incendiary; **~na bomba** incendiary bomb
**zažúgati** to threaten, to menace
**zažvížgati** to whistle
**zbádati** to prick, to sting; to tease, to nag
**zbadljív** teasing, nagging, biting, sarcastic, pungent, caustic
**zbadljívka** gibe, jibe
**zbáti se** to be afraid of, to be frightened of, to fear
**zbégan** confused, bewildered, puzzled, embarrassed
**zbégati** to puzzle, to bewilder, to embarrass, to confuse
**zbesnéti** to enrage, to fly into a passion
**zbezljáti** (konj) to shy; to run away
**zbežáti** to run away, to flee, to take to flight, to take to one's heels
**zbíjati** to nail (ali to join) together; **~ šale** to crack jokes
**zbirálec** collector, gatherer
**zbiralíšče** meeting place, rallying point
**zbírati** to collect, to accumulate; **~ se** to gather, to assemble, to rally
**zbírka** collection; **~ znamk (plošč)** stamp (record) collection; **pesniška ~** collection of poems
**zbít|i** to nail together; **~i cene** to bring down prices; **~i letalo** to shoot down a plane; (coll) **biti ~ kot turška fana** to be dead tired
**zblaznéti** to go mad, to go out of one's senses
**zbledéti** to grow pale, to fade
**zblêsti se** to go crazy (ali mad)
**zblížati** to bring closer, to reconcile
**zbógom** goodbye, farewell
**zboléti** to fall ill, to be taken ill
**zbòr** meeting, assembly, gathering, convention; **diplomatski ~** diplomatic corps; **državni ~** National Assembly; **pevski ~** choir,

chorus; **učiteljski ~** teaching staff

**zbórnica** chamber; assembly hall; **gospodarska ~** chamber of economy; **odvetniška ~** bar association; **učiteljska ~** teachers' staff room

**zbórnik** code, codex, anthology

**zborovánje** meeting, assembly; **politično ~** political rally; **sklicati ~** to convene a meeting; **razpustiti ~** to dissolve a meeting

**zborováti** to hold a meeting, to hold an assembly

**zborovódja** choirmaster, choir conductor

**zbôsti** to prick, to sting

**zbránost** concentration

**zbráti** to collect, to gather; **~ se** to assemble, to rally

**zbrísati** to wipe off, to erase, to delete

**zbudíti se** to wake up, to awake(n)

**zdàj** now, this moment, at present; **za ~** for the time being

**zdávnaj** long ago

**zdélan** tired, exhausted, worn out

**zdélati** to tire, to fatigue, to wear out; *(razred)* to pass, to get through

**zdéti se** to seem, to appear

**zdihováti** to sigh

**zdivjáti** to turn wild, to get furious, to fly into a passion

**zdolgočásiti** to bore, to weary, to annoy

**zdráha** discord, dissension, conflict

**zdramíti** to wake, to awake; **~ se** to wake up

**zdràv** healthy, in good health, sound; **~a pamet** common sense

**zdrávamaríja** *(molitev)* Hail Mary

**zdravíc|a** toast; **izreči ~o** to drink a toast to, to toast someone

**zdravíl|en** healing, good for, wholesome; **~no zelišče** medicinal herb

**zdravilíšče** health resort; health farm

**zdravílo** medicine, medicament, remedy, medication; **~ proti bolečinam** painkiller

**zdravílstvo** medicine

**zdráviti** to treat, to cure, to heal; **~ se** to be treated, to undergo a treatment

**zdrávje** health; **paziti na svoje ~** to take care of one's health; **piti komu na ~** to drink someone's health

**zdrávljenje** medical treatment, cure

**zdravníca** woman (*ali* lady) doctor

**zdravník** doctor, physician; **splošni ~** general practitioner

**zdravníšk|i ~a pomoč** medical assistance; **~i pregled** medical examination, check-up; **~o spričevalo** medical certificate, bill of health

**zdrávo** hello!, hallo!, hi!, cheerio!

**zdrávstven** sanitary, hygienic; **~i dom** health (*ali* medical) centre; **~a služba**

Health Service; **~o stanje** state of health

**zdrávstvo** health service, health care

**zdrážba** dissension, quarrel

**zdrčáti** to glide off, to slip

**zdrdráti** to rattle (off)

**zdríz** jelly, gelatin(e)

**zdŕkniti** to slip, to slide, to glide out

**zdrób** groats (pl), grits (pl); **pšenični ~** semolina

**zdrobíti** to crush, to crumble; **~ v prah** to pulverize

**zdŕsniti** to slip, to slide; **~ vstran** to skid

**zdrúžba** (npr. rastlinska) association

**zdrúžen** associated, joint, united; **Z~e države Amerike (ZDA)** The United States of Amerika (USA); **Z~i narodi** The United Nations; **Z~o kraljestvo Velike Britanije in Severne Irske** The United Kingdom of Great Britain and Northern Ireland

**zdrúženje** union, association; **poslovno ~** business association

**združíti (se)** to unite, to fuse; (podjetja) to merge

**združljív** compatible

**zdrvéti** to rush, to hurry

**zdŕzniti se** to wince, to flinch, to start (ob at)

**zdržáti** to endure, to stand, to face, to hold out

**zébra** zebra

**zébsti** to be (ali to feel) cold

**zedíniti** to unite; **~ se** to agree, to come to an agreement

**zedínjenje** unification, union

**zefír** soft breeze, zephyr

**zéhati** to yawn

**zèl, zlà, zlò** evil, malicious

**zel|èn** green; **~éni varovalni pas okoli mesta** green belt

**zélena** celery

**zelênec** (začetnik) greenhorn; (kuščar) green lizard

**zelenéti** to grow green; to be green

**zeleníca** green plot; oasis, (pl) oases

**zelenjádar** greengrocer

**zelenjáva** vegetables (pl), greens (pl)

**zelênje** greenery

**zelénkast** greenish

**zelíščar** herbalist

**zelíšče** herb; **zdravilno ~** medicinal herb

**zélje** cabbage; **kislo ~** sauerkraut

**zélnik** cabbage field

**zeló** very, extremely, highly

**zêmeljsk|i** earthly, terrestrial; **~i plaz** landslip, landslide; **~i plin** natural gas; **~a težnost** earth's gravity

**zêmlj|a** earth, land, ground, soil; **bogata (slaba) ~a** fertile (poor) soil; **obdelovati ~o** to till the soil

**zemljarína** land tax; ground rent

**zemljemér|stvo** (land) surveying; **~ec** (land) surveyor

**zemljepís** geography; **~ec** geographer

**zemljepís|en ~na dolžina** longitude; **~na širina** latitude

**zemljevíd** map; (pomorska karta) chart

**zemljíšče** piece (*ali* plot) of land; **gradbeno ~** building plot, building site

**zemljíšk|i ~i davek** land tax; **~a knjiga** land register; **~i urad** land registry; **~i posestnik** landowner

**zeníca** pupil of the eye

**zenít** zenith

**zèt** son-in-law

**zèv** gap, opening, hiatus

**zévati** to gape, to yawn

**zgág|a** heartburn; (*nevšečnost*) trouble, nuisance; **delati ~o** to cause trouble

**zganíti** (*časopis*) to fold; **~ se** to move, to stir

**zgaráti** to overwork

**zgíb** movement; joint

**zglasíti se (pri)** to call (on), to present oneself at

**zglávje** pillow, head of a bed

**zglèd** example, case, sample, exemplar

**zgléden** exemplary, ideal, model

**zgledováti se (po)** to follow someone's example, to model oneself on someone

**zgnêsti** to knead, to crush

**zgníti** to rot, to putrefy

**zgódaj** early, at an early hour

**zgódba** story, tale

**zgodíti se** to occur, to happen, to take place

**zgódnji** early

**zgodovína** history; **umetnostna ~** history of art

**zgodovínar** historian

**zgodovínsk|i** historic, historical; **~i trenutek (sprememba)** historic moment (change); **~i dogodki** (*resnični*) historical events; **~a knjiga** historical book

**zgôraj** above, upstairs; **~ omenjeni** above-mentioned, above-named

**zgoréti** to burn down (*ali* up), to be destroyed by fire

**zgorévanje** combustion; **motor z notranjim ~m** internal combustion engine

**zgorljív** inflammable, combustible

**zgórnji** upper, above; **~ sloj družbe** the upper ten (thousand)

**zgostíti (se)** to condense, to thicken

**zgovóren** talkative, eloquent, communicative

**zgovoríti se** to agree on, to make an agreement

**zgrabíti** to seize, to grasp, to grab; to catch, to snatch

**zgrádba** building, edifice

**zgradíti** to build, to erect, to construct

**zgrážati se** to be outraged (*ali* indignant), to be scandalized

**zgrbánčiti** to wrinkle; **~ čelo** to frown

**zgŕbljen** hunched, bent, stooping

**zgŕda zlepa ali ~** by fair means or foul

**zgrešíti** to miss, to fail to hit; to take the wrong turning

**zgrníti** to fold up; **~ se** to assemble, to throng

**zgrozíti se** to shudder, to be horrified

**zgrúditi se** to collapse, to break down, to drop

**zgubánčiti** to fold, to wrinkle

**zíbati** to swing, to rock, to cradle; *(na kolenih)* to dandle

**zíbelka** cradle, crib

**zíd** wall; zvočni ~ sound barrier

**zidák** brick

**zídanica** vineyard cottage

**zidár** bricklayer, mason

**zidársk|i** ~ oder scaffold; ~a žlica trowel

**zidárstvo** masonry, bricklayer's trade

**zídati** to build, to construct, to erect

**zijál|o** gaper, rubberneck; prodajati ~a to stand agape *(ali* gaping)

**zijáti** to stare, to gaze, to gape

**zíma** winter, wintertime; huda (mila) ~ hard (mild) winter

**zimovíšče** winter quarters *(pl)*, winter resort

**zímsk|i** winter, wintry; ~i šport winter sports *(pl)*; ~o spanje hibernation, winter sleep

**zímzelèn** evergreen

**zíniti** to open one's mouth; to utter

**zjasníti se** to clear up

**zjokáti se** to have a good cry

**zjútraj** in the morning; danes ~ this morning

**zlágati** to put together, to pile up; *(pesmi)* to compose; ~ se to agree with, to harmonize

**zlagáti se** to tell a lie, to lie

**zláhka** easily, without trouble

**zlasáti** to pull one's hair

**zlásti** particularly, especially, mainly

**zlát** gold, made of gold; golden; ~a doba golden age; ~a mrzlica gold rush; ~a poroka golden wedding *(ali* anniversary); ~a ribica goldfish

**zlatár** goldsmith, jeweller

**zlaténica** jaundice

**zlatíca** buttercup

**zlatník** gold coin

**zlatnína** jewellery

**zlató** gold; čisto (18-karatno) ~ pure (18-carat) gold; ~ v palicah gold bars, bullion; plačati v zlátu to pay in gold

**zlatolàs** with golden hair; ~ka goldilocks

**zlatonôsen** auriferious, goldbearing

**zlatóvčica** *(zool)* brook trout

**zledenéti** to turn to ice, to ice up, to freeze

**zlékniti** to stretch; ~ se to stretch one's legs, to sprawl

**zlépa** in a friendly manner

**zlésti** to creep, to climb

**zletéti** to fly away, to rise in the air

**zlíkati** to iron, to press

**zlíkovec** delinquent, evildoer, criminal

**zlíti** to pour (into), to cast, to alloy

**zlítina** alloy

**zl|ò** evil, harm; delati ~ò to do evil; iti po ~ù to go to the dogs, to go downhill; vzeti za ~ò to take amiss, to be offended at

**zlôba** ill will, wickedness, malice

**zlôben** wicked, malicious

**zlôbnež** malicious person

**zločín** crime, misdeed, felony; **storiti ~** to commit a crime

**zločínec** criminal, offender, felon

**zlódej** devil, the evil one

**zlòg** syllable

**zloglásen** notorious, infamous, disreputable

**zlogováti** to syllabify

**zlohôten** malevolent, evil-minded

**zlôm** break, fracture; **živčni ~** nervous breakdown

**zlómek** devil, deuce

**zlomíti** to break, to fracture

**zlomljív** breakable, brittle

**zlonaméren** malevolent, evil-minded

**zloråba** misuse, abuse; **~ oblasti** abuse of power

**zlorábiti** to abuse, to misuse, to mistreat

**zlovéšč** fatal, ominous, sinister

**zložênka** (gram) compound word

**zložíti** to fold, to furl, to put together; to compose

**zložljív** folding; **~i cilinder** opera hat; **~a postelja** folding bed

**zmága** victory

**zmågati** to win, to be victorious, to carry the day

**zmagosláven** triumphant, victorious

**zmagoslávje** triumph

**zmagoválec** victor, winner

**zmàj** dragon; (igrača) kite; **spuščati ~a** to fly a kite

**zmajáti** **~ z glavo** to shake one's head

**zmánjkati** to run short, to run out of, to give out

**zmánjšati** to reduce, to diminish, to retrench

**zmašíti (v)** to stuff, to cram, to botch

**zmázati** (načečkati) to scribble, to scrawl

**zmázek** smear, (slikarski) daub, (čačke) scrawl, scribble

**zmečkanína** bruise, contusion

**zmečkáti** to crush, to crease, to crumple; (krompir) to mash

**zméda** mess, confusion, chaos

**zméden** confused, puzzled, bewildered

**zmédenost** bewilderment, confusion

**zmedíti** (sadje) to mellow

**zmehčáti** to soften, to mollify

**zmének** appointment, date

**zmeníti se** to agree about (ali on); **~ za** to heed, to take note of, to care about

**zméraj** always; **za ~** for good

**zméren** moderate, temperate, reasonable

**zmérjati** to scold, to call names, to insult

**zmérnost** moderation, temperance

**zmés** mixture, compound

**zmêsti** to confuse, to embarrass, to puzzle

**zméšan** mixed, disarranged; (duševno) deranged, mad, crazy

**zmésa|ti** to mix, to mingle (with); to disarrange, to muddle (up); to confuse, to confound; *Z~lo se mu je.* He has gone out of his mind.

**zmešnjáva** confusion, disorder, muddle, mess

**zmetá|ti** ~ti proč **(na tla, v koš)** to throw away (on the floor, into the basket); *Letala so ~la bombe na mesto.* Planes dropped bombs on the city.

**zmlkávt** purloiner, pilferer, thief

**zmléti** to grind; *(meso)* to mince

**zmnóžek** product

**zmnožíti** to multiply

**zmóči** to be able to, to manage to, to afford; *(premagati)* to overcome

**zmočíti** to wet, to moisten, to drench

**zmogljívost** capacity, potency, efficiency, working power

**zmóta** error, mistake

**zmóten** erroneous, incorrect, wrong

**zmotíti** to distract, to disturb; ~ se to be mistaken, to make a mistake

**zmotljív** fallible

**zmóžen** capable, able, clever, apt, fit for

**zmóžnost** capability, ability, capacity

**zmračíti se** to get dark, to darken

**zmrcváriti** to massacre

**zmrdováti se** to turn one's nose up at something

**zmŕšiti** to dishevel, to tousle, to ruffle

**zmrzál** frost

**zmrzljívec** chilly person

**zmŕzniti** to freeze, to turn to ice

**zmŕznjen** frozen

**zmrzováti** to freeze; to suffer cold

**značáj** character, nature

**značájen** of strong character, principled

**značíl|en** characteristic, significant, specific, typical; ~na poteza characteristic feature

**značílnost** characteristic, feature

**znáčka** badge, emblem, token, tag

**znájti se** to find one's way around; to take one's bearings, to be resourceful

**znák** mark, character, sign, symbol, signal, symptom; badge, token

**znamenít** famous, eminent, renowned, prominent, well--known

**znamenítost** place worth seeing, curiosity; ~i Londona the sights of London; **ogledovati si** ~i to go sightseeing

**známenje** sign, signal, mark; **materino** ~ birthmark, mole; **slabo (dobro)** ~ bad (good) omen

**známka** stamp; *(avto, radio)* make; **blagovna** ~ trademark

**znàn** (well-)known, noted; ~ **glas** familiar voice; **biti** ~ **s kom** to be acquainted with

**známec** acquaintance

**znanílec** herald, harbinger

**známje** knowledge

**znán|ost** science; **~stven**
scientific
**znánstvenik** scientist
**znášati** to carry together; to
come to, to amount to, to
total; **~ se nad kom** to wreak
one's anger to
**znáten** considerable, impor-
tant
**znáti** to know; **~ na pamet** to
know by heart
**znebíti se** to get rid of; to
remove, to dispose
**znések** amount, sum
**znêsti** to come to, to amount
to, to total; **~ jajce** to lay an
egg
**znížanje** reduction, decrease;
**~ cen** price cutting
**znížati** to reduce, to decrease,
to lower, to cut
**znočíti se** to grow dark
**znój** sweat, perspiration
**znôjen** sweaty, soaked with
sweat, clammy
**znojíti se** to sweat, to per-
spire
**znoréti** to go mad (*ali* crazy,
insane), to lose one's mind;
*Si znôrel?* Are you out of
your senses (*ali* mind)?
**znôsen** bearable, endurable,
tolerable
**znótraj** in, within, inside,
indoors
**znóva** again, anew, afresh
**zób** tooth, (*pl*) teeth; *Z~ me
boli.* I have got (a) toothache.
**zobár** dentist
**zobàt** toothed, cogged; **~o
kolo** cog-wheel
**zób|en ~ni kamen** tartar; **~na
obloga** plaque; **~na pasta**

toothpaste; **~na proteza**
dentures (*pl*); **~na ščetka**
toothbrush
**zóber** European bison
**zobobòl** toothache
**zobotrébec** toothpick
**zobóvje** set of teeth; **umetno
~** (set of) false teeth
**zobozdravník** dentist, dental
surgeon
**zobozdrávstvo** dentistry
**zófa** sofa
**zoglenéti** to char, to car-
bonize
**zóna** (*groza*) horror, shudder
**zóper** against; *Nimam nič ~.* I
have no objection (to).
**zópet** again, once more
**zóprn** disagreeable, unpleas-
ant, tiresome
**zôra** dawn, daybreak
**zoréti** to ripen, to mature
**zóžiti (se)** to narrow, to con-
tract; (*krilo*) to take in
**zráč|en** airy, atmospheric;
**~na blazina** air cushion; **~na
črta** beeline; **~na kopel** air
bath; **~na luknja** air pocket;
**~ni most** airlift; **~ni napad**
air raid; **~na pošta** airmail;
**~ni promet** air traffic; **~ni
prostor** airspace; **~na puška**
air rifle, air gun; **po ~ni poti**
by air
**zráčiti** to air, to ventilate
**zráčnica** (inner) tube
**zračúnati** to calculate, to
reckon up
**zrahljáti** to loosen, to shake
up
**zràk** air; **pognati v ~** to
blow up; **neprepusten za ~**
airtight

**zrakoplòv** airship, balloon
**zrásti** to grow (up)
**zráven** beside, close to, close by
**zravnáti** to level, to make level, to even up
**zrcáliti** to reflect, to mirror; ~ se to be reflected
**zrcálo** mirror, looking-glass
**zredíti se** to put on weight, to grow fat
**zrèl** ripe, mature
**zrélost** maturity, ripeness
**zrélost|en** ~ni izpit final examination, leaving examination
**zrésniti se** to become serious
**zrézati** to cut up, to carve, to shred
**zrézek** steak; goveji ~ beefsteak; **telečji** ~ veal cutlet, escalope
**zŕnat** grainy, grained
**zŕno** grain; **kavno** ~ coffee bean
**zrúšiti** to pull down, to demolish, to destroy; ~ se to collapse; (letalo) to crash
**zúbelj** (tongue of) flame
**zúnaj** out-of-doors, outside; out of; ~ **mesta** out of town; ~ **uradnih ur** out of office hours
**zunánj|i** outer, external, exterior; ~e ministrstvo Foreign Office; (Am) State Department
**zunánjost** exterior, appearance, look
**zvabíti** to lure, to decoy, to entice; to seduce
**zvalíti** to roll (over, down); ~ se to tumble, to fall down;

~ **odgovornost na druge** to pass the buck
**zválnik** (gram) vocative (case)
**zvaríti** to weld; to brew
**zvečér** in the evening; **danes** ~ this evening
**zvedàv** curious, inquisitive
**zvédeti** to find out, to come to know, to learn, to hear
**zvedríti se** to clear up
**zvelíčar** Saviour, Redeemer
**zvelíčati** to save, to redeem; ~ se to be saved, to be redeemed
**zven|èč** voiced, sonorous; ~éči soglasniki voiced consonants
**zven|éti** to sound; V ušesih mi ~í. My ears are ringing.
**zvéniti** to fade away, to wither
**zvér** beast, wild animal
**zverína** beast; brute; **velika** ~ (ugledna oseba) big bug, big fish
**zverinják** menagerie
**zverínstvo** bestiality, brutality, cruelty, savagery
**zverjád** wild beasts (pl), big game
**zvést** loyal, faithful, true
**zvestôba** loyalty, fidelity, faithfulness
**zvéz|a** union, association, alliance, league, federation; connection, relation, link; ~a **držav** confederacy; ~a **komunistov** League of Communists; **oficir za** ~e liaison officer; **Planinska** ~a **Slovenije** the Slovene Alpine Association; **zakonska** ~a matrimony, mar-

riage; **v ~i z vašim pismom** with reference to your letter
**zvézati** to bind, to fasten, to tie up, to connect
**zvézda** star; **morska ~** starfish
**zvézdica** little star, starlet, asterisk
**zvézdnat ~a noč** starry night; **~i utrinek** shooting (*ali* falling) star
**zvézek** exercise book, copybook, notebook; volume, part
**zvéz|en** federal; **~na država** federal state
**zvijáča** trick, ruse, guile, artifice
**zvijáčen** cunning, sly, guileful, artful
**zvíjati** to fold, to bend, to roll; **~ po trebuhu** to have collywobbles (*pl*); **~ se** to wind, to twist, to wriggle; **~ se v bolečinah** to writhe with pain
**zvíniti** to sprain, to dislocate
**zvíšati** to raise, to increase, to rise
**zvíška ~ gledati na** to look down on, to despise
**zvít** cunning, sly, artful, shrewd; rolled up, furled, folded; bent, crooked, twisted
**zvíti** to roll, to furl, to fold; to bend; **~ si gleženj** to twist one's ankle
**zvóč|en** sonorous, acoustic; **~ni film** sound film,

talking picture, talkie; **~ni učinek** sound effect; **~ni zapis** soundtrack; **~ni zid** sound barrier
**zvóčnik** loudspeaker
**zvóčnost** sonority, resonance
**zvodenéti** to grow watery; (*kri*) to grow serous
**zvodník** procurer, ponce, pimp
**zvók** sound, tune
**zvón** bell; **mrliški ~** death knell; **potapljaški ~** diving bell; **večerni ~** evening Angelus (bell); **uliti ~** to cast a bell; **zvoniti z ~ovi** to ring church bells
**zvonár** campanologist, bell-ringer; (*livar*) bell-founder
**zvônček** (*roža*) snowdrop; hand-bell
**zvônčnica** bellflower, bluebell
**zvônec hišni ~** doorbell; (*odpreti vrata, če pozvoni*) to answer the doorbell
**zvoník** church tower, belfry
**zvoníti** to ring a bell; (*potrkavati*) to chime; (*za umrlim*) to toll, to knell
**zvŕhan** stricken, heaped
**zvŕhati** to heap up
**zvrníti** to overturn, to turn over, to tip
**zvŕst** species, kind, sort
**zvrstíti se** to range, to take one's turn, to rank
**zvrté|ti** to turn; **Z~lo se mi je.** I felt dizzy., I had a dizzy spell.

# Ž

**Ž** letter Ž

**žába** frog; **človek ~** frogman; **ženske ~e** (*oblačilo*) tights (*pl*)

**žábica** (*ključavnica*) padlock

**žafrán** saffron; autumnal crocus

**žága** saw; sawmill

**žáganje** sawing; (*žagovina*) sawdust

**žága|ti** to saw; **~r** sawyer

**žájbelj** sage

**žák|elj** sack; **dati koga v ~elj** to drive someone into a corner; **kupiti mačka v ~lju** to buy a pig in a poke

**žakét** morning coat

**žàl** unfortunately, to my regret; **Ž~ mi je.** I am sorry.

**žál|en ~na koračnica** funeral march; **~na obleka** mourning dress; **~ni sprevod** funeral procession

**žalítev** insult, offence

**žalíti** to insult, to offend, to hurt

**žaljív** insulting, offensive

**žaljívka** offensive word

**žaloígra** tragedy

**žálost** sadness, sorrow, grief, mourning

**žálosten** sad, mournful, sorrowful, gloomy

**žalostínka** elegy, funeral hymn

**žalostíti** to grieve, to distress; **~ se** to be sad, to be distressed

**žaloválec** mourner

**žalovánje** mourning; **nositi črnino v času ~a** to be in mourning

**žalováti** to mourn for, to grieve over

**žáltav** rancid; **postati ~** to turn rancid

**žalújka vrba ~** weeping willow

**žámet** velvet

**žandár** gendarme, constable

**žanjíca** reaper, harvester

**žár** glow, blaze; ardour, enthusiasm; **meso na ~u** grilled meat

**žára** urn

**žarèč** radiant, glowing, red-hot; ardent, fervent

**žár|ek** ray, beam; **rentgenski ~ki** X-rays

**žaréti** to radiate, to glow, to beam

**žargón** jargon, slang

**žaríšče** focus, focal point

**žárnica** light bulb; **matirana ~** frosted bulb; **40-vatna ~** forty-watt light bulb

**žaromèt** searchlight, headlight, spotlight

**žbíc|a nageljnove ~e** cloves (*pl*)

**ždéti** to sit quietly, to stare absentmindedly, to be half asleep

**žé** already, as early as, yet

**žebèlj** nail, tack

**žebljár|stvo** nailmaking; ~ nailmaker, nailer

**žebljíček** tack; **risalni ~** drawing pin

**žéj|a** thirst; **pogasiti ~o** to quench one's thirst

**žéja|ti** *Ž~ me.* I am thirsty.

**žéjen** thirsty; **biti ~** to be thirsty (for)

**želatína** gelatin, jelly

**želéti** to wish, to want, to desire, to long for

**železárna** ironworks *(pl)*

**želéz|en** iron, made of iron; ~**na cesta** *(fig)* railway, *(Am)* railroad; ~**na doba** Iron Age; ~**ova ruda** iron ore; ~**na zavesa** *(fig)* Iron Curtain; *(v gledališču)* fireproof curtain

**železje** ironwork, irons *(pl)*

**železnica** railway, *(Am)* railroad; **podzemna ~** underground, tube, *(Am)* subway

**železničar** railwayman

**železnína** ironware, hardware

**železnišk|i** ~**o križišče** railway junction; ~**a postaja** railway station; ~**i prehod** level crossing; ~**a proga (omrežje)** railway line (network); ~**i tir (tračnica)** track (rail)

**želézo** iron; **kovano ~** wrought iron; **lito ~** cast iron; **staro ~** scrap iron; **surovo ~** pig iron; **valjano ~** rolled iron

**železobetón** reinforced concrete

**železolívárna** ironfoundry

**žélja** wish, request, desire

**žéljen** anxious, eager, keen on

**žéljno** eagerly

**žélo** sting

**žélod** acorn

**želódč|en** gastric; ~**na kislina** gastric acid; ~**ne težave** gastric trouble *(ali* disorder); ~**ni ulkus** gastric ulcer

**želód|ec** stomach, *(coll)* tummy; *(prežvekoválski)* maw; *(ptičji, mlin)* gizzard; **pokvariti si ~ec** to upset one's stomach; *V ~cu mi kruli.* My stomach is rumbling.; *Ž~ec se mi obrača.* My stomach turns.

**žélva** tortoise, turtle

**žémlja** roll, bun

**žèna** woman, *(pl)* women; wife, *(pl)* wives

**žénin** bridegroom

**ženitovánje** wedding feast, nuptials *(pl)*

**žénska** woman, *(pl)* women; female

**žénskar** womanizer, skirt chaser, lady-killer

**žénsk|i** female, feminine, woman's; ~**a družba** *(zabava)* hen party; ~**a ročna dela** needlework; ~**i samostan** convent, nunnery; ~**i spol** *(gram)* female gender

**žénskost** femininity, womanliness

**žèp** pocket; **imeti prazen ~** to be broke *(ali* penniless)

**žêpar** pickpocket
**žêp|en** ~na izdaja pocket edition; ~ni robec handkerchief; ~na ura pocket watch
**žepnína** pocket money
**žerjàv** crane; derrick
**žerjávica** live coals (pl), embers (pl)
**žétev** harvest (time), crop
**žéti** to reap, to cut, to harvest
**žetón** (pri igrah na srečo) chip, counter; (za prevoz) token, (Am) slug
**žêzlo** sceptre, mace
**žgánci** zhgantsi
**žganjárna** distillery
**žgánj|e** brandy; šilce hruškovega ~a a drum of pear brandy
**žgáti** to burn, to singe, to scorch, to distil; (kavo) to roast
**žgečkáti** to tickle
**žgôč** burning, ardent, stinging
**žgoléti** to twitter, to warble
**žíca** wire; bodeča ~ barbed wire
**žícar** (coll) scrounger
**žíč|en** ~na mreža wire netting; ~na ovira barbed-wire entanglement; ~ne škarje wire cutters (pl)
**žíčnica** cableway, aerial ropeway; (kabina) cable car
**Žíd** Jew; ~inja Jewess; ž~ovski Jewish
**žíg** stamp, mark; brand; (na zlatu) hallmark; (štampiljka) rubber stamp; **poštni ~** postmark
**žigósati** to stamp, to mark; to brand

**žíla** vein, artery; krčna ~ varicose vein; prometna ~ thoroughfare
**žílav** sinewy, tough; tenacious
**žíma** horsehair
**žímnica** mattress; vzmetna ~ spring mattress
**žír bukov (hrastov) ~** beech (oak) mast
**žiráfa** giraffe
**žiránt** endorser, backer
**žiríj|a** panel of judges; član ~e juryman, juror
**žirírati** to endorse; ~ menico to back a bill
**žiró ~ račun** giro account
**žít|en** cereal; ~no polje cornfield
**žítnica** granary
**žíto** corn, cereals (pl)
**žitoróden** corn-growing, rich in corn
**žív** living, alive; lively, vivacious; ~o apno quicklime; ~a meja hedge; ~o srebro mercury
**živáhen** lively, vivacious, frisky
**živáhnost** liveliness, vivacity
**živál** animal, beast; domače ~i domestic animals
**živálski** animal, brutal, bestial; ~ vrt zoological garden, zoo
**živálstvo** animal kingdom, fauna
**žívč|en** nervous, jittery, tense; ~ni zlom nervous breakdown
**žívčevje** nervous system
**žívčnost** nervousness, irritability, agitation
**žív|ec** nerve; slušni (vidni)

~ auditory (optic) nerve; **ki gre na ~ce** nerve-racking; **izgubiti ~ce** to lose one's nerve (*ali* temper), to go to pieces

**žível** hail! long live!

**živéti** to live, to be alive, to exist

**žívež** food, provisions (*pl*)

**živíla** provisions (*pl*), victuals (*pl*), foodstuff

**živílsk|i** ~**a industrija** food industry; ~**i trg** market place

**živína** cattle, livestock; **plemenska ~** breeding cattle; **tovorna ~** pack animals; **vprežna ~** draught animals

**živinoréja** stockbreeding, cattle breeding

**živinoréjec** stockbreeder, cattle breeder

**živinozdravník** veterinary surgeon, (*Am*) veterinarian, vet

**živínsk|i** bestial, brutish; ~**a krma** cattle food; ~**i sejem** cattle market; ~**i vagon** cattle truck

**žívio klicati** ~ to cheer

**življênj|e** life, existence; **dolgo ~e** longevity; **družbeno ~e** social life; **posmrtno ~e** afterlife; **vsakdanje ~e** everyday life; **v cvetu ~a** in the prime of life; **streči komu po ~u** to make an attempt on someone's life; **vzeti si ~e** to commit suicide

**življenjepís** biography; **lastni ~** autobiography

**življenjepísec** biographer

**življênjsk|i** (of) life, vital; ~**o delo** lifework; ~**a doba** lifes-

pan; ~**i stil** life style, way of life; ~**o vprašanje** vital question

**žívòt** body, waist

**životáriti** to vegetate, to linger on

**živžáv** warbling, twitter, chirp

**žláht|a** (*coll*) relatives (*pl*), members of a family; **daljna (ožja) ~a** (*coll*) distant (near) relation; **biti v ~i (s kom)** (*coll*) to be related to, to be a relative of

**žláht|en** noble, precious; ~**ni kamen** precious stone, gem; ~**na kovina** precious (*ali* noble) metal; ~**na vina** vintage wines

**žlampáti** to guzzle, to swill

**žléb** gutter, channel, groove

**žléza** gland; ~ **strupnica** poison gland

**žlíca** spoon; **majhna ~** teaspoon; **desertna ~** dessert-spoon; **jedilna ~** soup-spoon; **velika ~** tablespoon; ~ **za obuvanje** shoehorn; **zidarska ~** trowel

**žlíčnik** dumpling

**žlíndra** slag, dross

**žlobudráti** to chatter, to babble, to gibber

**žóga** ball; ~**ti se** to play ball

**žólca** jelly, aspic

**žólč** gall, bile; ~**evòd** bile duct

**žólč|en** (*jezljiv*) bilious, irritable, bad-tempered; ~**ni kamen** gallstone; ~**ni mehur** gall bladder; ~**ni napad** bilious attack

**žólhar** blackbeetle, cockroach

**žólna** woodpecker, pecker

**žongl|êr** juggler; ~**írati** to juggle

**žréb** lot; ~**ati** to draw lots

**žrebčárna** stud, stud farm

**žrebè** foal, colt

**žréb|ec** stallion; ~**íca** filly

**žrêlo** gullet, throat; abyss, gorge; crater

**žréti** to eat greedily, to devour

**žŕtev** victim; sacrifice; offering

**žrtveník** offering altar

**žrtvováti** to sacrifice; (*živali*) to immolate; ~ **se** to sacrifice oneself

**žuboréti** to purl, to gurgle

**žúgati** to menace, to threaten

**žulíti** to pinch, to hurt, to rub sore

**žúlj** blister, callus

**žúljav** callous, horny; ~**a roka** horny hand

**župàn** mayor; **vršilec dolžnosti** ~**a** acting mayor; **londonski** ~ Lord Mayor

**župánja** mayoress; Lady Mayoress

**žup|níja** parish, rectory; ~**ljàn** parishioner

**župníjski** parochial, parish

**župnik** parish priest, rector, vicar

**župníšče** (*v Veliki Britaniji*) rectory, parsonage, vicarage; (*katoliško*) priest's house

**žurnál modni** ~ fashion magazine; women's periodical

**žurnalíst** journalist, newspaperman, reporter

**žužélka** insect, (*Am*) bug

**žužkojéd** insectivore

**žvéčiti** to chew, to masticate, to munch

**žvenketáti** to clink, to clank, to clatter

**žvepláti** to sulphurize

**žveplén** sulphuric; ~**i cvet** flowers of sulphur; ~**a kislina** sulphuric acid

**žveplénka** *glej* VŽIGALICA

**žvêplo** sulphur; brimstone

**žvížg** whistle, hiss, catcall

**žvížgati** to whistle; (*krogla*) to whiz; (*v gledališču*) to hiss, to catcall; (*po zraku*) to swish

**žvrgoléti** to twitter, to warble, to chirrup

**žvrkljáti** to whisk, to twirl

# ABBREVIATIONS

## A

| | |
|---|---|
| A | Austria |
| AC | alternating current |
| AD | in the year of the Lord, *(Lat)* Anno Domini |
| AIDS | acquired immune deficiency syndrome |
| a.m. | between midnight and noon, *(Lat)* ante meridiem |
| Apr. | April |
| Aug. | August |
| AWACS | airborne warning and control system |

## B

| | |
|---|---|
| BA | Bachelor of Arts; British Academy |
| BASIC | Beginner's All-purpose Symbolic Instruction Code |
| BBC | British Broadcasting Corporation |
| BC | before Christ |
| BO | body odour |
| BS | Bachelor of Science |
| B.Sc. | Bachelor of Sciences |
| BST | British Summer Time |

## C

| | |
|---|---|
| CAE | Certificate in Advanced English |
| CARE | Cooperative for American Relief to Everywhere |
| cc | cubic centimetres |
| CC | Corps Consulaire |
| CD | compact disk; Corps Diplomatique |
| CET | Central European Time |
| cf. | compare, *(Lat)* confer |
| CIA | Central Intelligence Agency |
| CND | Campaign for Nuclear Disarmament |
| Co. | company |

| | |
|---|---|
| CO | commanding officer |
| c/o | care of |
| contd. | continued |
| CPE | Certificate of Proficiency in English (Cambridge) |
| CRO | Croatia |
| CSCE | Conference on Security and Cooperation in Europe |

## D

| | |
|---|---|
| DA | District Attorney |
| DC | direct current; District of Columbia |
| Dec. | December |
| dept. | department |
| DIY | do-it-yourself |
| DJ | disc jockey |
| D.Mus. | Doctor of Music |
| D.Phil. | Doctor of Philosophy |
| Dr | Doctor |

## E

| | |
|---|---|
| EC | European Community |
| EDP | electronic data processing |
| EEC | European Economic Community |
| EFL | English as a Foreign Language |
| EFTA | European Free Trade Association |
| e.g. | for example, *(Lat)* exempli gratia |
| ELT | English Language Teaching |
| EP | extended play |
| ESL | English as a Second Language |
| ESP | English for special purposes |
| Esq. | esquire |
| etc. | and so on, *(Lat)* et cetera |

## F

| | |
|---|---|
| FAO | Food and Agriculture Organization |
| FBI | Federal Bureau of Investigation |
| FCE | First Certificate in English |
| FD | Defender of the Faith, *(Lat)* Fidei Defensor |
| Feb. | February |
| FO | Foreign Office |
| f.o.b. | free on board |

| | |
|---|---|
| Fri. | Friday |
| ft. | foot, feet |

## G

| | |
|---|---|
| GA | General Assembly; *(Am)* Georgia |
| GATT | General Agreement on Tariffs and Trade |
| GI | government issue |
| GMT | Greenwich Mean Time |
| GNP | Gross National Product |
| GP | general practitioner |
| GPO | General Post Office |

## H

| | |
|---|---|
| H | Hungary |
| HF | high frequency |
| HG | His/Her Grace |
| HGV | heavy goods vehicle |
| HH | His/Her Highness |
| HM | His/Her Majesty |
| HNC | High National Certificate |
| HND | High National Diploma |
| HO | Home Office |
| HP | horsepower; hire purchase |
| HQ | headquarters |
| HRH | His/Her Royal Highness |

## I

| | |
|---|---|
| I | Italy |
| i.e. | that is to say, *(Lat)* id est |
| ILO | International Labour Organization |
| IMF | International Monetary Fund |
| incl. | including |
| inst. | instant |
| Interpol | International Police Commission |
| IOC | International Olympic Committee |
| IOU | I owe you |
| IQ | intelligence quotient |
| IRA | Irish Republican Army |
| IRO | International Refugee Organization |
| ITT | International Telephone and Telegraph Corporation |
| ITV | Independent Television |

## J

| | |
|---|---|
| Jan. | January |
| Jr., Jnr. | Junior |
| JP | Justice of the Peace |
| Jul. | July |
| Jun. | June |

## K

| | |
|---|---|
| KO, k.o. | knockout |
| k.p.h. | kilometres per hour |
| kW | kilowatt |

## L

| | |
|---|---|
| L | large (size); learner driver |
| £ | pound (100 pence) |
| laser | light amplification by stimulated emission of radiation |
| lb. | pound (45,328 dag), *(Lat)* libra |
| LP | long-playing (record) |
| LSD | lysergic acid diethylamide |
| LST | Local Standard Time |
| Ltd. | limited liability |

## M

| | |
|---|---|
| M | medium (size) |
| MA. | Master of Arts |
| Mar. | March |
| MD | Doctor of Medicine, *(Lat)* Medicinae Doctor |
| Mon. | Monday |
| MP | Member of Parliament; military police |
| m.p.g. | miles per gallon |
| Mr | Mister, the title used before the name of a married or unmarried man |
| Mrs | the title used before the name of a married woman |
| Ms | the title used before the name of a married or unmarried woman |
| MS | manuscript |
| M.Sc. | master of science |
| Mt. | mount |

# N

| | |
|---|---|
| n/a | not applicable |
| NASA | National Aeronautics and Space Administration |
| NATO | North Atlantic Treaty Organization |
| NCO | non-commissioned officer |
| NE | north-east |
| NHS | National Health Service |
| NI | National Insurance |
| Nov. | November |

# O

| | |
|---|---|
| OAP | old-age pensioner |
| Oct. | October |
| OHMS | On His/Her Majesty's Service |
| OK | okay, all correct |
| o.n.o. | or near offer |
| OPEC | Organization of Petroleum-Exporting Countries |
| OXFAM | Oxford Committee for Famine Relief |

# P

| | |
|---|---|
| p.a. | by the year, *(Lat)* per annum |
| PAYE | pay as you earn |
| PC | personal computer; police constable |
| PE | physical education |
| PEN | International Association of Poets, Playwrights, Editors, Essayists and Novelists |
| PET | Preliminary English Test |
| PM | Prime Minister |
| p.m. | between noon and midnight, *(Lat)* post meridiem; post mortem |
| PMT | premenstrual tension |
| PO | Post Office |
| POW | prisoner of war |
| PR | public relations |
| PS | postscript, *(Lat)* postscriptum; Public School |
| PT | physical training |
| PTO | please turn over |

# R

| | |
|---|---|
| radar | radio detecting and ranging |
| RAF | Royal Air Force |

| RC | Roman Catholic; Red Cross |
| Rd. | road |
| RE | religious education |
| retd. | retired |
| RP | received pronunciation |
| RSVP | please reply, *(Fr)* répondez s'il vous plaîit |

## S

| SA | Salvation Army; South Africa |
| s.a.e. | stamped addressed envelope |
| SALT | Strategic Arms Limitation Talks |
| Sat. | Saturday |
| Sep. | September |
| SOS | Save our Souls |
| sq. | square |
| Sr. | Senior |
| SRN | State Registered Nurse |
| St | Saint |
| St. | street |
| STD | subscriber trunk dialling |
| Sun. | Sunday |

## T

| TEFL | teaching English as a foreign language |
| TESL | teaching English as a second language |
| Thur(s). | Thursday |
| TM | trademark |
| TUC | Trades Union Congress |
| Tue(s). | Tuesday |

## U

| UFO | unidentified flying object |
| UK | United Kingdom |
| UNESCO | United Nations Educational, Scientific and Cultural Organization |
| UNICEF | United Nations Children's Fund |
| UNO | United Nations Organization |
| UNPROFOR | United Nations Protection Forces |
| USA | United States of America |
| USSR | Union of Soviet Socialist Republics |
| usu. | usual |

# V

| | |
|---|---|
| VAT | value-added tax |
| VCR | video cassette recorder |
| VDU | video display unit |
| VHF | very high frequency |
| VIP | very important person |
| VP | Vice President |
| VSO | Voluntary Service Overseas |

# W

| | |
|---|---|
| WB | World Bank |
| WC | water closet; without charge |
| WEA | Workers' Educational Association |
| Wed. | Wednesday |
| WHO | World Health Organization |
| WP | word processing; word processor |
| WTC | World Trade Centre |
| WWF | World Wildlife Fund |

# X

| | |
|---|---|
| XL | extra large (size) |

# Y

| | |
|---|---|
| YHA | Youth Hostels Association |
| YMCA | Young Men's Christian Association |
| YWCA | Young Women's Christian Association |

# KRATICE

## A

| | |
|---|---|
| a | ar |
| A | amper |
| AD | v letu Gospodovem, *(Lat)* Anno Domini |
| AG | Akademija za glasbo |
| AGRFT | Akademija za gledališče, radio, film in televizijo |
| ALU | Akademija za likovno umetnost |
| AMD | avto-moto društvo |
| AOP | avtomatska obdelava podatkov |
| AP | avtonomna pokrajina |
| apr. | april |
| APZ | Akademski pevski zbor |
| ATC | avtomatska telefonska centrala |
| avg. | avgust |

## B

| | |
|---|---|
| BF | Biotehniška fakulteta |
| BiH | Bosna in Hercegovina |
| bp | brez posebnosti |
| BRT | brutoregistrska tona |
| bto | kosmata teža, bruto |
| BS | Banka Slovenije |

## C

| | |
|---|---|
| c. | cesta; citiran, naveden |
| C | Celzij; sto, *(Lat)* centum |
| ca. | približno, okoli |
| CC | konzularni zbor |
| CD | kompaktna plošča; Cankarjev dom; diplomatski zbor |
| CE | Celje |
| cf. | primerjaj, *(Lat)* confer |
| cal | kalorija |

| | |
|---|---|
| CARE | Družba za ameriško pomoč svetu |
| cl | centiliter |
| cm | centimeter |
| CMD | Ciril-Metodova družba |
| Co. | družba (trgovska) |
| corr. | korigiral, popravil, *(Lat)* correxit |
| CZ | Cankarjeva založba |

# Č

| | |
|---|---|
| čet. | četrtek |
| čl. | člen |

# D

| | |
|---|---|
| dag | dekagram |
| DAS | Državni arhiv Slovenije |
| d. d. | delniška družba |
| dec. | december |
| DEM | nemška marka |
| dl | deciliter |
| dm | decimeter |
| d. o. o. | družba z omejeno odgovornostjo |
| DPM | Društvo prijateljev mladine |
| dr. | doktor |
| dr. h. c. | častni doktor, *(Lat)* doctor honoris causa |
| DS | Demokratska stranka |
| DSM | Družba sv. Mohorja |
| dv. | dvojina |
| DZS | Državna založba Slovenije |

# E

| | |
|---|---|
| ed./edn. | ednina |
| EF | Ekonomska fakulteta |
| e. g. | na primer, *(Lat)* exempli gratia |
| EGS | Evropska gospodarska skupnost |
| EKG | elektrokardiogram |
| eksp. | pošilja, odpošilja |
| err. | napaka, *(Lat)* erratum |
| ev. | mogoče, eventualno |

# F

| | |
|---|---|
| FAGG | Fakulteta za arhitekturo, gradbeništvo in geodezijo |

| | |
|---|---|
| faks. | posnetek, faksimile |
| FAO | Organizacija za prehrano in poljedelstvo |
| fco | franko (stroški prevoza so plačani) |
| FDV | Fakulteta za družbene vede |
| febr. | februar |
| FER | Fakulteta za elektrotehniko in računalništvo |
| FF | Filozofska fakulteta |
| FNT | Fakulteta za naravoslovje in tehnologijo |
| FS | Fakulteta za strojništvo |
| FŠ | Fakulteta za šport |

## G

| | |
|---|---|
| g | gram |
| g. | gospod |
| ga. | gospa |
| GATT | Splošni trgovinski in tarifni sporazum |
| gdč. | gospodična |
| GG | gozdno gospodarstvo |
| GO | Nova Gorica |
| GRS | Gorska reševalna služba |
| GZS | Gospodarska zbornica Slovenije |

## H

| | |
|---|---|
| ha | hektar |
| h. c. | hišna centrala |
| HE | hidroelektrarna |
| hl | hektoliter |

## I

| | |
|---|---|
| ib. | ravno tam, *(Lat)* ibidem |
| i. e. | to je, to pomeni, *(Lat)* id est |
| ILO | Mednarodna organizacija dela |
| IMF | Mednarodni monetarni sklad |
| ing., inž. | inženir |
| Interpol | Mednarodna policijska organizacija |
| IOC | Mednarodni olimpijski odbor |
| ipd. | in podobno |
| IRO | Mednarodna begunska organizacija |
| IS | izvršni svet |
| itd. | in tako dalje |

# J

| | |
|---|---|
| j. | jug |
| jan. | januar |
| JE | jedrska elektrarna |
| jul. | julij |
| jun. | junij; junior, mlajši |
| jv. | jugovzhod |
| jz. | jugozahod |

# K

| | |
|---|---|
| kg | kilogram |
| k. g. | kot gost |
| KK | Krško |
| km | kilometer |
| KM | konjska moč |
| KP | Koper |
| KR | Kranj |
| KUD | kulturno-umetniško društvo |
| KVSE | Konferenca za varnost in sodelovanje v Evropi |
| kW | kilovat |
| KZ | kmetijska zadruga |

# L

| | |
|---|---|
| l | liter |
| l. | leto |
| £ | britanski funt |
| LB | Ljubljanska banka |
| LDS | Liberalno demokratska stranka |
| LJ | Ljubljana |
| l. r. | lastnoročno |

# M

| | |
|---|---|
| m | meter; minuta; moški |
| m. | mesec |
| mag. | magister |
| mar. | marec |
| MB | Maribor |
| MD | Mohorjeva družba |
| MF | Medicinska fakulteta |
| mg | miligram |
| MK | Mladinska knjiga |

| ml. | mlajši |
| mm | milimeter |
| mn. | množina |
| m. p. | lastnoročno, *(Lat)* manu propria |
| MS | Murska Sobota |
| msgr. | monsignor(e) |
| MW | megavat |

## N

| No | številka, numero |
| NATO | Organizacija severnoatlantskega pakta |
| NB | pazi, ne pozabi, *(Lat)* nota bene |
| N. C. | naročniška centrala |
| ned. | nedelja |
| NM | Novo mesto |
| nov. | november |
| npr. | na primer |
| NUK | Narodna in univerzitetna knjižnica |

## O

| OF | Osvobodilna fronta |
| OK | že dobro, prav |
| okt. | oktober |
| op. | delo, opus; opomba |
| OZN | Organizacija združenih narodov |

## P

| PEN | Mednarodna zveza književnikov |
| pet. | petek |
| PF | Pravna fakulteta |
| PeF | Pedagoška fakulteta |
| pl. | množina, plural |
| p. m. | prejšnjega meseca |
| p. n. | s polnim naslovom, *(Lat)* pleno nomine |
| PO | Postojna |
| pon. | ponedeljek |
| p. p. | poštni predal |
| pr. Kr. | pred Kristusom |
| pr. n. š. | pred našim štetjem |
| prof. | profesor |
| ps. | psevdonim |
| P. S. | pripis, *(Lat)* post scriptum |

| | |
|---|---|
| PTT | pošta, telegraf, telefon |
| PZS | Planinska zveza Slovenije; Počitniška zveza Slovenije |

## R

| | |
|---|---|
| r | polmer, radij |
| ref. | referent |
| R. I. P. | naj počiva(jo) v miru, *(Lat)* requiesca(n)t in pace |
| r. k. | rimskokatoliški |
| RKS | Rdeči križ Slovenije |
| Rp | recept |
| RS | Republika Slovenija; Radio Slovenija |
| RT | registrska tona |
| RTV | radiotelevizija |

## S

| | |
|---|---|
| s. | sever |
| $ | ameriški dolar |
| SAZU | Slovenska akademija znanosti in umetnosti |
| SDP | Stranka demokratične prenove |
| SDSS | Socialdemokratska stranka Slovenije |
| sen. | starejši, senior |
| sept. | september |
| SF | Slovenska filharmonija |
| SFRJ | Socialistična federativna republika Jugoslavija |
| SG | Slovenj Gradec |
| sg. | singular, ednina |
| SIM | Slovenska izseljenska matica |
| SIT | slovenski tolar |
| SKD | Slovenski krščanski demokrati |
| sl. | slika; sledeč; slovenski |
| SLO | Slovenija |
| slov. | slovenski; slovanski |
| SLS | Slovenska ljudska stranka |
| SM | Slovenska matica |
| SNG | Slovensko narodno gledališče |
| SNS | Slovenska nacionalna stranka |
| sob. | sobota |
| SOS | na pomoč (rešite naše duše) |
| sp. | spol |
| SPD | Slovensko planinsko društvo |

| SR | socialistična republika |
| s. r. | svojeročno |
| sre. | sreda |
| st. | starejši; stoletje |
| STA | Slovenska tiskovna agencija |
| str. | stran |
| sv. | severovzhod; sveti |
| sz. | severozahod |
| SŽ | Slovenske železnice |

## Š

| ŠD | športno društvo |
| št. | številka |

## T

| t | tona |
| tab. | tabela |
| TBC | tuberkoloza |
| t. i. | tako imenovan |
| tj., t. j. | to je |
| t. l. | tega leta |
| t. m. | tega meseca |
| TO | teritorialna obramba |
| tor. | torek |
| tov. | tovariš(ica) |
| TV | televizija |

## U

| UDV | Uprava državne varnosti |
| UNESCO | Organizacija združenih narodov za vzgojo, znanost in kulturo |
| UNICEF | Mednarodni fond združenih narodov za pomoč otrokom |
| UNO | Organizacija združenih narodov |

## V

| v. | vzhod |
| v. d. | vršilec dožnosti |
| VF | Veterinarska fakulteta |
| VIS | Varnostno-informativna služba |
| v. p. | v pokoju |

| | |
|---|---|
| VPPŠ | Višja pomorska in prometna šola Piran |
| VS | Varnostni svet |
| VŠNZ | Višja šola za notranje zadeve |
| VŠSD | Višja šola za socialne delavce |
| VŠZD | Višja šola za zdravstvene delavce |
| VTVŠ | Višja tehniška varnostna šola |
| VUŠ | Višja upravna šola |

## W

| | |
|---|---|
| WB | Svetovna banka |
| WC | stranišče |
| WHO | Svetovna zdravstvena organizacija |
| WTC | Svetovni trgovinski center |

## Z

| | |
|---|---|
| z. | zahod |
| ZB | Zveza borcev |
| ZDA | Združene države Amerike |
| ZMS | Zveza mladine Slovenije |
| ZL | Združena lista |
| ZS | Zeleni Slovenije |
| ZSSR | Zveza sovjetskih socialističnih republik |
| ZSSS | Zveza svobodnih sindikatov Slovenije |

## Ž

| | |
|---|---|
| ž. | ženski |

# APPENDIX – DODATEK

| Days of the week | Dnevi v tednu |
|---|---|
| Sunday | nedélja |
| Monday | ponedéljek |
| Tuesday | tôrek |
| Wednesday | sréda |
| Thursday | četŕtek |
| Friday | pétek |
| Saturday | sobóta |

| Months | Meseci |
|---|---|
| January | jánuar |
| February | fébruar |
| March | márec |
| April | apríl |
| May | máj |
| June | júnij |
| July | júlij |
| August | avgúst |
| September | septêmber |
| October | október |
| November | novêmber |
| December | decêmber |

| Seasons | Letni časi |
|---|---|
| Spring | pomlád |
| Summer | polétje |
| Autumn | jesén |
| Winter | zíma |

# NUMERICAL EXPRESSIONS
# ŠTEVILČNI IZRAZI

## NUMERALS – ŠTEVNIKI

|     | **Cardinal** | **Glavni** |
|-----|--------------|------------|
| 1   | one          | êna        |
| 2   | two          | dvé        |
| 3   | three        | trí        |
| 4   | four         | štíri      |
| 5   | five         | pét        |
| 6   | six          | šést       |
| 7   | seven        | sédem      |
| 8   | eight        | ósem       |
| 9   | nine         | dévet      |
| 10  | ten          | desét      |
| 11  | eleven       | enájst     |
| 12  | twelve       | dvánajst   |
| 13  | thirteen     | trínajst   |
| 14  | fourteen     | štírinajst |
| 15  | fifteen      | pétnajst   |
| 16  | sixteen      | šéstnajst  |
| 17  | seventeen    | sédemnajst |
| 18  | eighteen     | ósemnajst  |
| 19  | nineteen     | devétnajst |
| 20  | twenty       | dvájset    |
| 21  | twenty-one   | ênaindvájset |
| 22  | twenty-two   | dváindvájset |
| 23  | twenty-three | tríindvájset |
| 24  | twenty-four  | štíriindvájset |
| 25  | twenty-five  | pétindvájset |
| 26  | twenty-six   | šéstindvájset |
| 27  | twenty-seven | sédemindvájset |
| 28  | twenty-eight | ósemindvájset |
| 29  | twenty-nine  | devétindvájset |
| 30  | thirty       | trídeset   |
| 40  | forty        | štírideset |
| 50  | fifty        | pétdeset   |

| | | |
|---|---|---|
| 60 | sixty | šéstdeset |
| 70 | seventy | sédemdeset |
| 80 | eighty | ósemdeset |
| 90 | ninety | dévetdeset |
| 100 | a (one) hundred | stó |
| 102 | one hundred and two | stó dvá |
| 157 | one hundred and fifty-seven | stó sédeminpétdeset |
| 200 | two hundred | dvésto |
| 300 | three hundred | trísto |
| 694 | six hundred and ninety-four | šéststo štíriindevét-deset |
| 908 | nine hundred and eight | devétsto ósem |
| 1,000 | one thousand | tísoč |
| 3,472 | three thousand four hundred and seventy-two | trí tísoč štíristo dváinsédemdeset |
| 10,000 | ten thousand | desét tísoč |
| 100,000 | one hundred thousand | stó tísoč |
| 1,000,000 | one million | milijón |

| | **Ordinal** | **Vrstilni** |
|---|---|---|
| 1 | first | pŕvi |
| 2 | second | drúgi |
| 3 | third | trétji |
| 4 | fourth | četŕti |
| 5 | fifth | pêti |
| 6 | sixth | šêsti |
| 7 | seventh | sêdmi |
| 8 | eighth | ôsmi |
| 9 | ninth | devêti |
| 10 | tenth | desêti |
| 11 | eleventh | enájsti |
| 12 | twelfth | dvánajsti |
| 13 | thirteenth | trínajsti |
| 14 | fourteenth | štírinajsti |
| 15 | fifteenth | pétnajsti |
| 16 | sixteenth | šéstnajsti |
| 17 | seventeenth | sédemnajsti |

| | | |
|---|---|---|
| 18 | eighteenth | ósemnajsti |
| 19 | nineteenth | devétnajsti |
| 20 | twentieth | dvájseti |
| 21 | twenty-first | ênaindvájseti |
| 22 | twenty-second | dváindvájseti |
| 27 | twenty-seventh | sédemindvájseti |
| 30 | thirtieth | trídeseti |
| 40 | fortieth | štírideseti |
| 50 | fiftieth | pétdeseti |
| 60 | sixtieth | šéstdeseti |
| 70 | seventieth | sédemdeseti |
| 80 | eightieth | ósemdeseti |
| 90 | ninetieth | devétdeseti |
| 100 | (one) hundredth | stôti |
| 101 | (one) hundred and first | stópŕvi |
| 153 | (one) hundred and fifty-third | stótríinpétdeseti |
| 800 | eight hundredth | ósemstoti |
| 2,000 | two thousandth | dvátísoči |
| 100,000 | (one) hundred thousandth | stótísoči |
| 1,000,000 | (one) millionth | milijónti |

| | **FRACTIONS** | **ULOMKI** |
|---|---|---|
| 1/2 | one half | polovíca |
| 1/4 | one fourth (a quarter) | četrtína (četŕt) |
| 3/4 | three fourths (three quarters) | trí četrtíne (trí četŕt) |
| 1/3 | one third | tretjína |
| 1/5 | one fifth | petína |
| 5/6 | five sixths | pét šestín |
| 3/20 | three twentieths | trí dvajsetíne |
| 3 7/8 | three and seven eights | trí céle sédem osmín |
| 2.5 | two point five | dvé céli pét |
| 1 + 1 = 2 | one and/plus one equals two | ena in/plus ena je dve |

| | | |
|---|---|---|
| 2 - 1 = 1 | two minus one leaves one; one from two leaves one | dva manj/minus ena je ena |
| 2 × 4 = 8 | four times two equals eight; two multiplied by four equals eight | dvakrat štiri je osem |
| 4 : 2 = 2 | four divided by two equals two; two in four goes twice | štiri deljeno z dve je dve |

## MEASURES AND WEIGHTS
## MERE IN UTEŽI

### Linear Measures      Dolžinske mere

| | |
|---|---|
| 1 inch | 2,54 cm |
| 1 foot - 12 inches | 30,48 cm |
| 1 yard - 3 feet | 91,44 cm |
| 1 mile - 1760 yards | 1609 m |
| 1 nautical (or geographical) mile | 1852 m |

### Square Measures      Ploskovne mere

| | |
|---|---|
| 1 sq. inch | 6,45 cm$^2$ |
| 1 sq. foot - 144 sq. inches | 9,29 dm$^2$ |
| 1 sq. yard - 9 sq. feet | 83,6 dm$^2$ |
| 1 acre - 4.840 sq. yards | 0,405 ha |
| 1 sq. mile - 640 acres | 259 ha |

### Measures of Capacity      Votle mere

| | |
|---|---|
| 1 gill | 1,42 dl (Am 1,18 dl) |
| 1 pint - 4 gills | 0,568 l (Am 0,473 l) |
| 1 quart - 2 pints | 1,136 l (Am 0,946 l) |
| 1 gallon - 4 quarts | 4,546 l (Am 3,787 l) |

### Weights      Uteži

| | |
|---|---|
| 1 ounce | 28,35 g |
| 1 pound - 16 ounces | 0,454 kg |
| 1 stone - 14 pounds | 6,35 kg |

# USEFUL EVERYDAY EXPRESSIONS
# KORISTNI VSAKDANJI IZRAZI

**Asking the Time** | **Sprašujemo za čas**

What's the time? | Koliko je ura?
What time is it? |

It's three o'clock. | Ura je tri.
It's five past four. | Je štiri in pet minut.
It's a quarter past two. | Ura je četrt na tri.
It's half past five. | Pol šestih je.
It's a quarter to one. | Ura je tričetrt na eno.
It's ten to seven. | Deset minut manjka do sedmih.

At what time? | Ob kateri uri?
At seven (o'clock) sharp. | Točno ob sedmih.
When? | Kdaj?
Today. | Danes.
This morning (evening). | Danes zjutraj (zvečer).
Tomorrow. | Jutri.
Tomorrow afternoon. | Jutri popoldne.
The day after tomorrow (in the morning). | Pojutrišnjem (zjutraj).
Yesterday (afternoon). | Včeraj (popoldne).
The day before yesterday (in the evening). | Predvčerajšnjim (zvečer).
Three days ago. | Pred tremi dnevi.
A fortnight ago. | Pred štirinajstimi dnevi.
Next year (week). | Naslednje leto (teden).
In a month (year). | Čez en mesec (leto).

**Social Contacts** | **Družabni stiki**

Good morning. | Dobro jutro.
Good afternoon. | Dober dan. *(Po dvanajsti uri.)*
Good day. | Dober dan.
Good evening. | Dober večer.
Good night. | Lahko noč.
Good bye. So long. | Na svidenje.
Welcome. | Dobrodošli.

| | |
|---|---|
| What's your name? | Kako se pišete? |
| | Kako vam je ime? |
| My name is ... | Pišem se ... Ime mi je ... |
| I'm Slovene. | Slovenec sem. |
| Where are you from? | Od kod ste? |
| I'm from Ljubljana. | Iz Ljubljane sem. |
| What do you do? | Kaj ste po poklicu? |
| I'm an engineer. | Inženir sem. |
| May I introduce my wife? | Vam smem predstaviti svojo ženo? |
| | |
| How do you do. | Pozdravljeni. |
| Pleased to meet you. | Me veseli. |
| Will you take a seat, please! | Sedite, prosim! |
| Thank you. | Hvala. |
| *(Br)* Don't mention it. | Prosim. Ni za kaj. |
| *(Am)* You're welcome. | |
| How are you? | Kako ste kaj? |
| Fine, thank you. | Dobro, hvala. |
| Do you understand what I say? | Ali razumete, kaj govorim? |
| I don't understand. | Ne razumem. |
| I can't speak English. | Ne znam angleško. |
| Speak slowly (distinctly), please. | Govorite počasi (razločno), prosim. |
| Repeat, please. | Ponovite, prosim. |
| Do you speak Slovene? | Ali govorite slovensko? |
| Does anyone here speak Slovene? | Ali kdo od vas govori slovensko? |
| How do you say ... in English? | Kako rečete ... po angleško? |
| Excuse me, may I ... | Dovolite, ali smem ... |
| Pardon, I didn't quite catch you. | Oprostite, nisem vas dobro razumel. |
| I'm afraid I'm rather late. | Obžalujem, da sem tako pozen. |
| I'm very sorry. | Oprostite, zelo mi je žal. |
| It doesn't matter. | Nič ne de. |
| That's all right. | Je že prav. |
| Would you help me, please? | Bi mi, prosim, pomagali? |
| Certainly. Of course. | Seveda. |
| Will you come tonight? | Boste prišli nocoj? |

| | |
|---|---|
| I'll be glad to. With pleasure. | Z veseljem. |
| Unfortunately not. | Žal ne. |
| Good luck! | Srečno! |
| Cheers! | Živio! Na zdravje! |
| To your health! | Na vaše zdravje! |
| Enjoy your meal! | Dober tek! |
| Congratulations! | Čestitam! |
| A pleasant journey! | Srečno pot! |
| My deepest sympathy. | Moje iskreno sožalje. |

## At the Customs

## Na carini

| | |
|---|---|
| Have your passports ready! | Pripravite potne liste! |
| Is this your luggage? | Je ta prtljaga vaša? |
| Anything to declare? | Boste kaj prijavili? |
| Only personal belongings. | Samo osebno prtljago. |
| You are allowed that free. | To je prosto carine. |
| I'm afraid we'll have to charge some duty on this. | Obžalujem, to bomo morali zacariniti. |
| I'll tell you how much it is. | Takoj vam bom povedal znesek. |

## Travelling

## Na potovanju

| | |
|---|---|
| Where is the railway station (airport terminal)? | Kje je železniška postaja (letališki terminal)? |
| A return (single, one-way) ticket to ... | Povratno (navadno) karto do ... |
| How much does the ticket supplement for 1$^{st}$ class cost? | Koliko stane doplačilo za prvi razred? |
| How long does it take to get to ...? | Koliko časa traja vožnja do ...? |
| At what time does the train arrive (leave)? | Kdaj pripelje (odpelje) vlak? |
| Where is the train for ...? | Kje stoji vlak za ...? |
| Platform 6, track 4. | Šesti peron, četrti tir. |
| Does the train stop at ...? | Ali se vlak ustavi v ...? |
| Is there a connection for ...? | Ali imam zvezo z ...? |
| Is there a bus from here to ...? | Ali vozi avtobus v ... od tukaj ? |
| When is the next plane to ...? | Kdaj odpelje naslednje letalo v ...? |
| I would like to book a pas- | Rad bi rezerviral prevoz za |

sage for one car and three passengers on the ferry-boat leaving for ... at ...

avto in tri potnike na trajektu za ... ob ...

## Asking the Way

## Sprašujemo za pot

Excuse me, could you tell me the way to the post office?

Oprostite, bi mi lahko povedali, kako pridem do pošte?

How do I get there?
Kako pridem tja?

Go straight along this road.
Pojdite naravnost po tej cesti.

Then turn to the left (right).
Potem zavijte na levo (desno).

How far is it?
Kako daleč je?

Can I walk there?
Ali lahko grem tja peš?

Can I give you a lift?
Vas lahko popeljem?
Boste prisedli (v avto)?

## At the Hotel

## V hotelu

Rooms to let.
Oddajamo sobe.

Are there any vacancies?
Imate še kaj prostih sob?

Sorry, we are full at the present.
Žal, trenutno so vse sobe zasedene.

How much is bed and break-fast?
Koliko stane prenočišče z zajtrkom?

Is there another hotel here?
Je v tem kraju še kakšen hotel?

I want a double room.
Rad bi dvoposteljno sobo.

We have booked three single rooms.
Rezervirali smo tri enoposteljne sobe.

May I have your name?
Bi mi, prosim, povedali svoje ime?

How long do you intend to stay?
Kako dolgo nameravate ostati?

Fill in the registration form, please.
Izpolnite prijavnico, prosim.

Where can I leave my car?
Kje lahko pustim avto?

Would you call me at ..., please.
Bi me zbudili ob ..., prosim.

I'm leaving tomorrow.
Jutri odpotujem.

Have my bill ready, please.
Pripravite mi račun, prosim.

By what time am I expected to vacate the room?
Do kdaj naj izpraznim sobo?

## At the Restaurant

Can you recommend a good restaurant?
A table for three, please.
Is this seat free?
Do you mind sharing the table?
Could you bring the menu (wine list), please.
What will you have?
Could I have another glass (some more bread)?
Would you like anything else?
Nothing else, thank you.
The bill *(Am)* check, please!

## V restavraciji

Mi lahko priporočite dobro restavracijo?
Mizo za tri osebe, prosim.
Je tu še prosto?
Smem prisesti?

Bi prinesli jedilni list (vinsko karto), prosim.
S čim vam smem postreči?
Lahko dobim še en kozarec (še kruha)?
Želite še kaj?

Ne, hvala.
Račun, prosim!

## At the Post Office

Where is the nearest post office?
I want some stamps.
What's the postage on a letter (picture postcard)?
I'd like to send a telegram (registered letter)?
Fill out the form, please.
Can I cash a postal order here?
Can I have the phone book?

I'd like to make a phone call.
Can you tell me the dialling code for Germany?

Can I dial straight through to ...?

## Na pošti

Kje je najbližja pošta?

Rad bi nekaj znamk.
Kolikšna je poštnina za pismo (razglednico)?
Rad bi poslal brzojavko (priporočeno pismo).
Izpolnite obrazec, prosim.
Ali lahko vnovčim denarno nakaznico pri vas?
Lahko dobim telefonski imenik?
Rad bi telefoniral.
Mi lahko poveste mednarodno karakteristično številko za Nemčijo?
Lahko kličem direktno v ...?

| | |
|---|---|
| Where is the poste restante (general delivery) window? | Kje je okence za poštno ležeče pošiljke? |
| Is there any mail for ...? | Je kaj pošte za ...? |

## At the Bank

## V banki

| | |
|---|---|
| Where can I change tolars into foreign currency? | Kje lahko zamenjam tolarje v devize? |
| Can you change 100 dollars into pounds, please. | Mi lahko zamenjate 100 dolarjev v funte, prosim. |
| What is the rate of exchange? | Kakšen je menjalni tečaj? |
| Could you give me small denominations? | Ali mi lahko daste bankovce (kovance) manjše vrednosti? |
| Have you got change for a hundred-tolar note? | Ali imate drobiža za stotolarski bankovec? |
| Do you accept cheques? | Ali sprejemate čeke? |
| Can I cash traveller's cheques here? | Ali lahko pri vas vnovčim potovalne čeke? |
| Would you sign here, please. | Bi podpisali tukaj, prosim. |

## Shopping

## Nakupovanje

| | |
|---|---|
| What can I do for you? Can I help? | S čim vam lahko postrežem? |
| Have you got any coloured (plain) postcards of Bled? | Imate barvne (navadne) razglednice Bleda? |
| Here you are, some views of the mountains. | Izvolite, nekaj planinskih motivov. |
| I'd like to buy a shirt. | Rad bi kupil srajco. |
| What size? | Katero številko? |
| Can I try it on? | Jo lahko pomerim? |
| I need a smaller size. | Potrebujem manjšo številko. |
| It doesn't fit. | Ta mi ni prav. |
| May I exchange it later? | Ali jo pozneje lahko zamenjam? |
| How much is it? How much does it cost? | Koliko stane? |
| It is too expensive. | Predrago je. |
| Can you show me something cheaper? | Mi lahko pokažete kaj cenejšega? |
| We are out of stock at the moment. | Trenutno tega nimamo na zalogi. |
| That will be ... | Zneslo bo ... |

| | |
|---|---|
| Do you take credit cards? | Ali sprejemate kreditne kartice? |
| Could you give me a bill (a receipt), please. | Ali lahko dobim račun (potrdilo), prosim. |

## Driving

## Na poti z avtomobilom

| | |
|---|---|
| Is there a petrol station nearby? | Je kje v bližini bencinska črpalka? |
| ~ there is one five km down (up) the road. | Da, črpalka je pet km naprej (nazaj) po cesti. |
| How much petrol do you want? | Koliko bencina želite? |
| Fill it right up, please. | Polno, prosim. |
| Super (ordinary grade, unleaded), please. | Super (navadnega, neosvinčenega), prosim. |
| I think the oil is a bit low. | Mislim, da imam premalo olja. |
| Will you top it up, please. | Mi ga lahko prilijete, prosim. |
| Check the tyre pressure! | Preverite tlak v zračnicah! |
| How do you like them? | Koliko jih naj napolnim? |
| Could I have my car washed? | Mi lahko operete avto? |
| I would like to rent a car for ... days. | Rad bi najel avto za ... dni. |
| The car won't start. | Avto ne vžge. |
| I have a flat tyre. | Imam prazno gumo. |
| I need a tow truck. | Potrebujem vlečno službo. |
| Help me to call the highway repair service! | Pomagajte mi poklicati pomoč-informacije! |
| Can you direct me to a mechanic (service station)? | Me lahko napotite do kakega mehanika (servisa)? |
| Have you got any spare parts? | Imate rezervne dele? |
| When can I collect the car? | Kdaj lahko pridem po avto? |
| You were breaking the speed limit. | Prehitro ste vozili. |
| Your driver's licence, car registration and the international insurance certificate, please! | Vozniško dovoljenje, prometno dovoljenje in zeleno karto, prosim! |
| You have to take a breath test. | Pihali boste. Naredili bomo alkotest. |

## Being Ill

I'm not well.
I fell sick.
I've got an upset stomach.
I've got indigestion.
My eyes hurt.
I have a headache.
I have a severe pain in my back.

I'm allergic to ...
I have injured my knee.
I wear contact lenses.
I need a new pair of glasses.
Where can I get a doctor?
Is there a hospital in this place?

Call an ambulance, quickly!
What's the matter with you?

I'll give you a prescription.
Is the chemist (pharmacy) open now?
I'd like a painkiller.

## V primeru bolezni

Ne počutim se dobro.
Slabo mi je.
Imam pokvarjen želodec.
Imam slabo prebavo.
Oči me bolijo.
Glava me boli.
V hrbtu me močno boli.

Alergičen sem na ...
Poškodoval sem si koleno.
Nosim kontaktne leče.
Potrebujem nova očala.
Kje bi lahko dobil zdravnika?
Je v tem kraju bolnica?

Hitro pokličite rešilca!
Kaj vam je?
   Kaj je narobe z vami?
Napisal vam bom recept.
So lekarne zdaj odprte?

Rad bi kaj proti bolečinam.


## SIGNS

ALLOWED FOR ...
BEWARE OF THE DOG
CAUTION, STEP
CLOSED
DETOUR/DIVERSION
EMERGENCY EXIT
EMPLOYEES ONLY

ENGAGED
ENTRANCE
EXIT
FOR SALE
GO SLOW
HALT! MAJOR ROAD AHEAD
KEEP OFF THE GRASS

## NAPISI

DOVOLJENO ZA ...
POZOR, HUD PES
PAZI, STOPNICA
ZAPRTO
OBVOZ
ZASILNI IZHOD
NEZAPOSLENIM VSTOP PREPOVEDAN
ZASEDENO
VHOD
IZHOD/IZSTOP
NAPRODAJ
VOZI POČASI
STOJ! PREDNOSTNA CESTA

NE HODI PO TRAVI

| | |
|---|---|
| KEEP TO THE LEFT/RIGHT | DRŽITE SE LEVE/DESNE |
| LEVEL CROSSING | ŽELEZNIŠKI PREHOD |
| MEN/GENTLEMEN | MOŠKO STRANIŠČE |
| NO ADMISSION CHARGE | VSTOP PROST |
| NO ADMITTANCE/ ENTRANCE | VSTOP PREPOVEDAN |
| NO ENTRY | ZAPRTA CESTA |
| NON-SMOKERS | NEKADILCI |
| NO PARKING | PREPOVEDANO PARKIRANJE |
| NO PICTURE TAKING | FOTOGRAFIRATI PREPOVEDANO |
| NO SMOKING | KADITI PREPOVEDANO |
| NO OVERTAKING | PREPOVEDANO PREHITEVANJE |
| OFFICE HOURS | URADNE URE |
| ONE-WAY STREET | ENOSMERNA CESTA |
| OPEN | ODPRTO |
| PULL | POTEGNI/VLECI |
| PUSH | POTISNI/RINI |
| RESERVED | REZERVIRANO |
| ROAD WORKS | DELO NA CESTI |
| SALE | RAZPRODAJA |
| SPEED LIMIT | OMEJITEV HITROSTI |
| STAY OFF TRACKS | NE HODI ČEZ PROGO |
| STOP | STOJ |
| USE BEFORE ... | UPORABNO DO ... |
| VACANT | PROSTO |
| WET PAINT | SVEŽE PLESKANO |
| WOMEN/LADIES | ŽENSKO STRANIŠČE |

# Practical Dictionaries From Hippocrene:

AFRIKAANS-ENGLISH/ENGLISH
AFRIKAANS PRACTICAL DICTIONARY
430 pages • 4 ½ x 6 ½ • 14,000 entries • 0-7818-0052-8 • NA •
(134)

ALBANIAN-ENGLISH/ENGLISH-ALBANIAN
PRACTICAL DICTIONARY
400 pages • 4 3/8 x 7 • 18,000 entries • 0-7818-0419-1 • W
except Albania • $14.95pb · (483)

BULGARIAN-ENGLISH/ENGLISH-
BULGARIAN PRACTICAL DICTIONARY
323 pages • 4 3/8 x 7 • 6,500 entries • 0-87052-145-4 • NA •
$14.95pb • (331)

DANISH-ENGLISH/ENGLISH-DANISH
PRACTICAL DICTIONARY
601 pages • 4 3/8 x 7 • 32,000 entries • 0-7818-0823-8 • NA •
$14.95pb • (198)

FRENCH-ENGLISH/ENGLISH-FRENCH
PRACTICAL DICTIONARY, with larger print
386 pages • 5 ½ x 8 ¼ • 35,00 entries • 0-7818-0355-1 • W •
$9.95pb • (499)

FULANI-ENGLISH PRACTICAL DICTIONARY
264 pages • 5 x 7 ¼ • 0-7818-0404-3 • W • $14.95pb • (38)

GERMAN-ENGLISH/ENGLISH-GERMAN
PRACTICAL DICTIONARY, with larger print
400 pages • 5 ½ x 8 ¼ • 35,000 entries • 0-7818-0355-1 • W •
$9.95pb • (200)

## HINDI-ENGLISH/ENGLISH-HINDI PRACTICAL DICTIONARY
**745 pages • 4 3/8 x 7 • 25,000 entries • 0-7818-0084-6 • W • $19.95pb • (442)**

## ENGLISH-HINDI PRACTICAL DICTIONARY
**399 pages • 4 3/8 x 7 • 15,000 entries • 0-87052-978-1 • NA • $11.95pb • (362)**

## INDIONESIAN-ENGLISH/ENGLISH-INDONESIAN PRACTICAL DICTIONARY
**289 pages • 4 1/4 x 7 • 17,000 entries • 0-87052-810-6 • NA • $11.95pb • (127)**

## ITALIAN-ENGLISH/ENGLISH-ITALIAN PRACTICAL DICTIONARY, with larger print
**488 pages • 5 1/2 x 8 1/4 • 35,000 entries • 0-7818-0354-3 • W • $9.95p • (201)**

## KOREAN-ENGLISH/ENGLISH-KOREAN PRACTICAL DICTIONARY
**365 pages • 4 x 7 1/4 • 8,500 entries • 0-87052-092-x • Asia and NA • 414.95pb • (399)**

## LATVIAN-ENGLISH/ENGLISH-LATVIAN PRACTICAL DICTIONARY
**474 pages • 4 3/8 x 7 • 16,000 entries • 0-7818-0059-5 • NA • $16.95pb • (194)**

## POLISH-ENGLISH/ ENGLISH-POLISH PRACTICAL DICTIONARY
**703 pages • 5 1/4 x 8 1/2 • 31,000 entries • 0-7818-0085-4 • W • $11.95pb • (450)**

### SERBO-CROATIAN-ENGLISH/ENGLISH-SERBO-CROATIAN PRACTICAL DICTIONARY

**400 pages • 5 3/8 x 7 • 24,000 entries • 0-7818-0445-0 • W • $16.95pb • (130)**

### UKRAINIAN-ENGLISH/ ENGLISH-UKRAINIAN PRACTICAL DICTIONARY,

Revised edition with menu terms

**406 pages • 4 ¼ x 7 • 16,000 entries • 0-7818-0306-3 • W • $14.95pb • (343)**

### YIDDISH-ENGLISH/ENGLISH-YIDDISH PRACTICAL DICTIONARY, Expanded edition

**215 pages • 4 ½ x 7 • 4,000 entries • 0-7818-0439-6 • W • $9.95pb • (431)**

# DICTIONARY & PHRASEBOOK SERIES

### AUSTRALIAN DICTIONARY AND PHRASEBOOK

*Helen Jonsen*

Displaying the diversity of English, this book provides terms connected with specific situations such as driving, size conversion charts, travel options, and sightseeing trips are just a few of the many topics provided.

**131 pp • 3 ¾ x 7 • 1,500 entries • 0-7818-0539-2 • W • $11.95pb • (626)**

### BASQUE-ENGLISH/ENGLISH-BASQUE DICTIONARY AND PHRASEBOOK

**240 pages • 3 ¾ x 7 • 1,500 entries • 0-7818-0622-4 • W • $11.95pb**

## BOSNIAN-ENGLISH/ENGLISH-BOSNIAN DICTIONARY AND PHRASEBOOK

**175 pp • 3 ¾ x 7 • 1,500 entries • 0-7818-0596-1 • W • $11.95pb • (691)**

## BRETON-ENGLISH/ENGLISH-BRETON DICTIONARY AND PHRASEBOOK

**131 pp • 3 ¾ x 7 • 1,500 entries • 0-7818-0540-6 • W • $11.95pb • (627)**

## BRITISH-AMERICAN/AMERICAN-BRITISH DICTIONARY AND PHRASEBOOK

**160 pp • 3 ¾ x 7 • 1,400 entries • 0-7818-0450-7 • W • $11.95pb • (247)**

## CHECHEN-ENGLISH/ENGLISH-CHECHEN DICTIONARY AND PHRASEBOOK

**160 pp • 3 ¾ x 7 • 1,400 entries • 0-7818-0446-9 • NA • $11.95pb • (183)**

## GEORGIAN-ENGLISH/ENGLISH-GEORGIAN DICTIONARY AND PHRASEBOOK

**150 pp • 3 ¾ x 7 • 1,300 entries • 0-7818-0542-2 • W • $11.95pb • (630)**

## GREEK-ENGLISH/ENGLISH-GREEK DICTIONARY AND PHRASEBOOK

**175 pages • 3 ¾ x 7 • 1,500 entries • 0-7818-0635-6 • W • $11.95pb • (715)**

## IRISH-ENGLISH/ENGLISH-IRISH DICTIONARY AND PHRASEBOOK

**160 pp • 3 ¾ x 7 • 1,400 entries/phrases • 0-87052-110-1 NA • $7.95pb • (385)**

## LINGALA-ENGLISH/ENGLISH-LINGALA DICTIONARY AND PHRASEBOOK
**120 pp • 3 ¾ x 7 • 0-7818-0456-6 • W • $11.95pb • (296)**

## MALTESE-ENGLISH/ENGLISH-MALTESE DICTIONARY AND PHRASEBOOK
**175 pp 3 ¾ x 7 • 1,500 entries • 0-7818-0565-1 • W • $11.95pb • (697)**

## POLISH DICTIONARY AND PHRASEBOOK
**252 pp • 5 ½ x 8 ½ • 0-7818-0134-6 • W • $11.95pb • (192)**
**Cassettes—Vol I: 0-7818-0340-3 • W • $12.95 • (492)**
**Vol II: 0-7818-0384-5 • W • $12.95 ˙ (486)**

## RUSSIAN DICTIONARY AND PHRASEBOOK, Revised
**256pp • 5 ½ x 8 ½ • 3,000 entries • 0-7818-0190-7 • W • $9.95pb • (597)**

## UKRAINIAN DICTIONARY AND PHRASEBOOK
**205pp • 5 ½ x 8 ½ • 3,000 Entries • 0-7818-0188-5 • W • $11.95pb • (28)**

# Hippocrene's Beginner's Seris..

Do you know what it takes to make a phone call in Russia? Or how to get through customs in Japan? This new language instruction series shows how to handle oneself in typical situations by introducing the business person or traveler not only to the vocabulary, grammar, and phrases of a new language, but also the history, customs, and daily practices of a foreign country.

The Beginner's Series consists of basic language instruction, which also includes vocabulary, grammar, and common phrases and review questions, along with cultural insights, interesting historical background, the country's basic facts and hints about everyday living-driving, shopping, eating out, and more.

**Arabic For Beginners**
186 pages • 5 ¼ x 8 ¼ • 0-7818-01141 • $9.95pb • (18)

**Beginner's Chinese**
150 pages • 5 ½ x 8 • 0-7818-0566-x • $14.95pb • (690)

**Beginner's Bulgarian**
207 pages • 5 ½ x 8 ½ • 0-7818-0300-4 • $9.95pb • (76)

**Beginner's Czech**
200 pages • 5 ½ x 8 ½ • 0-7818-0231-8 • $9.95pb • (74)

**Beginner's Esperanto**
400 pages • 5 ½ x 8 ½ • 0-7818-0230-x • $14.95pb • (51)

**Beginner's Hungarian**
200 pages • 5 ½ x 7 • 0-7818-0209-1 • $7.95pb • (68)

**Beginner's Japanese**
200 pages • 5 ½ x 8 ½ • 0-7818-0234-2 • $11.95pb • (53)

**Beginner's Maori**
121 pages • 5 ½ x 8 ½ • 0-7818-0605-4 • $8.95pb • (703)

**Beginner's Persian**
150 pages • 5 ½ x 8 • 0-7818-0567-8 • $14.95pb • (696)

**Beginner's Polish**
200 pages • 5 ½ x 8 ½ • 0-7818-0299-7 • $9.95pb • (82)

**Beginner's Romanian**
200 pages • 5 ½ x 8 ½ • 0-7818-0208-3 • $7.95pb • (79)

Beginner's Russian
**200 pages • 5 ½ x 8 ½ • 0-7818-0232-6 • $9.95pb • (61)**

Beginner's Swahili
**200 pages • 5 ½ x 8 ½ • 0-7818-0335-7 • $9.95pb • (52)**

Beginner's Ukrainian
**130 pages • 5 ½ x 8 ½ • 0-7818-0443-4 • $11.95pb • (88)**

Beginner's Vietnamese
**517 pages • 7 x 10 • 30 lessons • 0-7818-0411-6 • $19.95pb • (253)**

Beginner's Welsh
**210 pages • 5 ½ x 8 ½ • 0-7818-0589-9 • $9.95pb • (712)**

# About out Mastering Series...

These imaginative courses, designed for both individual and classroom use, assume no previous knowledge of the language. The unique combination of practical exercises and step-by-step grammar emphasizes a functional approach to new scripts and their vocabularies. Everyday situations and local customs are explored variously through dialogues, newspaper extracts, drawings and photos. Cassettes are available for each language.

MASTERING ARABIC
**320 pp • 5 ¼ x 8 ¼ • 0-87052-922-6 • USA • $14.95pb • (501)**
**2 cassettes: 0-87052-984-6 • (507)**

MASTERING FINNISH
**278 pp • 5 ½ x 8 ½ • 0-7818-0233-4 • W • $14.95pb • (184)**
**2 Cassettes: 0-7818-0265-2 • W • $12.95 • (231)**

## MASTERING FRENCH
**288 pp • 5 ½ x 8 ½ • 0-87052-055-5 USA • $14.95pb • (511)**
**2 Cassettes: • 0-87052-060-1 USA • $12.95 • (512)**

## MASTERING ADVANCED FRENCH
**348 pp • 5 ½ x 8 ½ • 0-7818-0312-8 • W • $14.95pb • (41)**
**2 Cassettes: • 0-7818-0313-6 • W • $12.95 • (54)**

## MASTERING GERMAN
**340 pp • 5 ½ x 8 ½ • 0-87052-056-3 USA • $11.95pb • (514)**
**2 Cassettes: • 0-87052-061-X USA • $12.95 • (515)**

## MASTERING ITALIAN
**360 pp • 5 ½ x 8 ½ • 0-87052-057-1 • USA • $11.95pb • (517)**
**2 Cassettes: 0-87052-066-0 • USA • $12.95 • (521)**

## MASTERING ADVANCED ITALIAN
**278 pp • 5 ½ x 8 ½ • 0-7818-0333-0 • W • $14.95pb • (160)**
**2 Cassettes: 0-7818-0334-9 • W • $12.95 • (161)**

## MASTERING JAPANESE
**368 pp • 5 ½ x 8 ½ • 0-87052-923-4 • USA • $14.95pb • (523)**
**2 Cassettes: • 0-87052-983-8 USA • $12.95 • (524)**

## MASTERING NORWEGIAN
**183 pp • 5 ½ x 8 ½ • 0-7818-0320-9 • W • $14.95pb • (472)**

## MASTERING POLISH
**288 pp • 5 ½ x 8 ½ • 0-7818-0015-3 • W • $14.95pb • (381)**
**2 Cassettes: • 0-7818-0016-1 • W • $12.95 • (389)**

## MASTERING RUSSIAN
**278 pp • 5 ½ x 8 ½ • 0-7818-0270-9 • W • $14.95pb • (11)**
**2 Cassettes: • 0-7818-0271-7 • W • $12.95 • (13)**

## MASTERING SPANISH
**338 pp • 5 ½ x 8 ½ • 0-87052-059-8 USA • $11.95 • (527)**
**2 Cassettes: • 0-87052-067-9 USA • $12.95 • (528)**

## MASTERING ADVANCED SPANISH
**326 pp • 5 ½ x 8 ½ • 0-7818-0081-1 • W • $14.95pb • (413)**
**2 Cassettes: • 0-7818-0089-7 • W • $12.95 • (426)**

All prices are subject to change. To order Hippocrene Books, contact your local bookstore, call (718) 454-2366, or write to: Hippocrene Books, 171 Madison Ave. New York, NY 10016. Please enclose check or money order adding $5.00 shipping (UPS) for the first book and $.50 for each additional title.